Weltentwicklungsbericht 1992
Entwicklung und Umwelt

Weltbank
Washington, D.C., USA

Die englische Originalfassung dieses Berichts publizierte
die Weltbank unter dem Titel *World Development Report 1992*
bei Oxford University Press

Copyright © 1992 Internationale Bank
für Wiederaufbau und Entwicklung/WELTBANK
1818 H Street, N. W., Washington, D.C. 20433 U.S.A.

Erste Auflage, August 1992

Alle Rechte vorbehalten. Diese Publikation darf ohne vorherige
Genehmigung der Weltbank weder vollständig noch auszugsweise
reproduziert, auf Datenträgern erfaßt oder in jeglicher Form oder
Art übertragen werden, sei es elektronisch, mechanisch, durch
Fotokopie, Tonbandaufzeichnung oder auf andere Weise.

Mit den Bezeichnungen, Gruppierungen, Grenzen und Farben, die
in den Karten des *Weltentwicklungsberichts* verwendet werden, verbinden
die Weltbank, die ihr angeschlossenen Institute, ihr Direktorium
oder ihre Mitgliedsländer keinerlei Urteil über den rechtlichen
oder sonstigen Status irgendwelcher Länder, Territorien, Städte und Gebiete
oder deren Regierungen und ebensowenig irgendeine Bekräftigung
oder Anerkennung irgendwelcher Grenzen oder nationaler Zugehörigkeiten.
Die Karten dienen allein dem leichteren Zugang für den Leser.

ISBN 0-8213-2074-2

Das montierte Satellitenbild auf dem Deckumschlag wurde reproduziert
mit Erlaubnis des The GeoSphere Project, Tom Van Sant, Inc. 146 Entrada Drive,
Santa Monica, Calif. 90402, U.S.A.

Für die Weltbank vertrieben von:

UNO-Verlag	Verlag Fritz Knapp	Gerold & Co.	Librairie Payot
Poppelsdorfer Allee 55	Postfach 11 11 51	Graben 31	6, rue Grenus
D-5300 Bonn 1	D-6000 Frankfurt 1	A-1011 Wien	CH-1211 Genève 11

Vorwort

Der *Weltentwicklungsbericht 1992*, der fünfzehnte im Rahmen dieser jährlichen Berichterstattung, untersucht die Beziehungen zwischen wirtschaftlicher Entwicklung und Umwelt. Der Bericht des Jahres 1990 über die Armut, der letztjährige Bericht über Entwicklungsstrategien und der vorliegende Bericht bilden eine Trilogie über die Ziele und Mittel der Entwicklung.

Die Hauptbotschaft des Berichts unterstreicht, wie notwendig es ist, umweltbezogene Aspekte in den entwicklungspolitischen Entscheidungsprozeß einzubeziehen. Der Wert der Umwelt wurde über einen zu langen Zeitraum unterschätzt, was zu gesundheitlichen Schäden für die Menschen, einer verringerten Produktivität und einer Aushöhlung zukünftiger Entwicklungsperspektiven geführt hat. In dem Bericht wird argumentiert, daß eine anhaltende, ja selbst eine beschleunigte wirtschaftliche und menschliche Entwicklung auf Dauer tragfähig *ist* und mit einer *Verbesserung* der Umweltbedingungen in Einklang stehen kann, daß dies jedoch substantielle Veränderungen in der Politik, in den Programmen und in den Institutionen erfordert. Notwendig ist eine Doppelstrategie. Was den ersten Komplex betrifft, so müssen die positiven („sich gegenseitig verstärkenden") Beziehungen zwischen effizientem Einkommenswachstum und der Umwelt mit aller Kraft ausgenutzt werden. Dies erfordert zum Beispiel die Beseitigung wirtschaftspolitisch verzerrender Maßnahmen (wie Subventionen für den Energieverbrauch, den Einsatz chemischer Vorleistungen, den Wasserverbrauch und das Holzfällen), die eine übermäßige Beanspruchung der natürlichen Ressourcen fördern. Erforderlich ist auch eine wachsende Betonung bevölkerungspolitischer Programme, von Bildungsmaßnahmen für Frauen, der landwirtschaftlichen Fortbildung und Forschung, des Kanalisationswesens und der Wasserreinhaltung. Des weiteren sind eine größere örtliche Beteiligung bei der Aufstellung und Durchführung von Entwicklungsprogrammen notwendig sowie auf den Weltmarkt ausgerichtete Handels- und Investitionsmaßnahmen, die die technische Innovation und den Technologietransfer fördern. Hinsichtlich des zweiten Aspekts bedarf es energischer Maßnahmen und der Errichtung starker Institutionen, um die Entwicklungsträger – Unternehmen, Haushalte, Bauern und Regierungen – zu veranlassen, auf Verhaltensweisen überzugehen, die weniger Schaden verursachen. Beide Maßnahmenkomplexe sind von essentieller Bedeutung.

In den Fällen, in denen das Wachstum der Einkommen und die Qualität der Umwelt nicht auf einen Nenner gebracht werden können, spricht sich der Bericht für eine sorgfältige Abwägung der Kosten und Nutzen alternativer Maßnahmen aus, wobei die Unwägbarkeiten und irreversiblen Effekte im Zusammenhang mit ökologischen Prozessen mit in Rechnung gestellt werden müssen. Einige würden einem rigideren umweltpolitischen Ansatz den Vorzug geben, für wirtschaftspolitische Entscheidungsträger, die bei knapper Ressourcenausstattung bestrebt sind, das Wohlergehen ihrer Bürger in umweltpolitisch verantwortungsvoller Weise zu verbessern, ist es aber von größter Wichtigkeit, daß negative Wechselwirkungen zwischen wirtschaftlicher Entwicklung und Qualität der Umwelt in rationaler Art gelöst und kostengünstige Strategien entwickelt werden. Der Bericht zeigt auf, daß gegenwärtig bei nur geringen oder gar keinen Vorteilen in Form steigender Einkommen erheblicher Schaden verursacht wird, und daß eine sorgfältige Abwägung von Nutzen und Kosten zu deutlich geringerer Umweltzerstörung führen kann.

In seiner Betonung des unentbehrlichen Zusammenspiels zwischen einer soliden Entwicklungs- und Umweltpolitik folgt der Bericht der Tradition früherer Analysen, einschließlich der zukunftsträchtigen Arbeit der World Commission on Environment and Development (*Our Common Future, 1987*). Er stützt sich auch auf Forschungen und Erfahrungen in vielen Teilen der Welt und baut auf Grundlagen auf, die von der Hauptabteilung Umwelt der Bank und von den regionalen Umweltabteilungen gelegt wurden, die im Jahr 1987 eingerichtet worden waren. Die mit der Vorbereitung dieses Berichts verbundenen Diskussionen und Forschungsarbeiten haben unsere Volkswirte, Sektorspezialisten und Umweltexperten dazu ermutigt, klarer und konstruktiver über die Beziehungen zwischen Umwelt und Entwicklung und über die

Konzipierung von Maßnahmen und Entwicklungsprogrammen nachzudenken, die auf Dauer tragfähig sind. Das bleibende Resultat ist, daß Umwelterwägungen bei jedem Aspekt der Arbeiten der Bank eine intensivere Berücksichtigung finden werden.

Wie seine Vorgänger enthält der *Weltentwicklungsbericht 1992* die Kennzahlen der Weltentwicklung, die ausgewählte soziale und ökonomische Daten für 125 Länder bieten. Der Bericht ist eine Untersuchung des Mitarbeiterstabes der Weltbank, und die hier vertretenen Ansichten stimmen nicht notwendigerweise mit den Auffassungen des Exekutivdirektoriums oder der von ihm vertretenen Regierungen überein.

Lewis T. Preston
Präsident der Weltbank

31. März 1992

Dieser Bericht wurde unter Leitung von Andrew Steer von einer Arbeitsgruppe verfaßt, der Dennis Anderson, Patricia Annez, John Briscoe, John A. Dixon, Gordon Hughes, Maritta Koch-Weser, William Magrath, Stephen Mink, Kenneth Piddington, Nemat Shafik und Sudhir Shetty angehörten. Wichtige Papiere und wertvolle Ratschläge lieferten Jock Anderson, Wilfred Beckerman, Nancy Birdsall, Ravi Kanbur, Theodore Panayotou, David Pearce, Anwar Shah und David Wheeler. Die Arbeitsgruppe wurde unterstützt durch Lara Akinbami, Ifediora Amobi, Wendy Ayres, Sushenjit Bandyopadhyay, William Cavendish, Nathalie Johnson, Andrew Parker und Salenna Wong-Price. Die Arbeit wurde unter der allgemeinen Leitung von Lawrence H. Summers durchgeführt.

Viele andere Personen innerhalb und außerhalb der Bank gaben hilfreiche Kommentare ab und lieferten Beiträge (vgl. Anmerkungen zu den verwendeten Quellen). Mohamed T. El-Ashry war beratend tätig und koordinierte die Lieferungen der Hauptabteilung Umwelt der Bank. Die Hauptabteilung für internationale Wirtschaft erstellte die in Kapitel 1 enthaltenen Zahlenangaben und Vorausschätzungen und den umweltstatistischen Anhang. Sie ist auch verantwortlich für die Kennzahlen der Weltentwicklung. Zum Produktionsstab des Berichts gehörten Ann Beasley, Kathryn Kline Dahl, Stephanie Gerard, Jeffrey N. Lecksell, Nancy Levine, Hugh Nees, Carol Rosen, Kathy Rosen, Walton Rosenquist und Brian J. Svikhart. Die technischen Mitarbeiter wurden geleitet von Rhoda Blade-Charest; zu ihnen gehörten Laitan Alli, Trinidad S. Angeles, Kathleen Freeman, Denise M. George, Jajuk Kadarmanto und Lucy Kimani. Der Chefredakteur war Frances Cairncross.

Inhaltsverzeichnis

Kurzwörter und Abkürzungen *XI*

Definitionen und statistische Anmerkungen *XII*

Überblick *1*

    Konzentration auf die richtigen Probleme *4*
    Entwicklung, Umwelt und die langfristigen Aussichten *8*
    Strategien für Entwicklung und Umwelt *13*
    Beseitigung von Widerständen gegen Umweltpolitik *17*
    Die Umsetzung von Maßnahmen *19*
    Die Kosten einer besseren Umwelt *28*

1 Entwicklung und Umwelt: ein falscher Gegensatz *33*

    Der Kontext: Bevölkerung, Armut und Wirtschaftswachstum *33*
    Nachhaltige Entwicklung *43*
    Worin die Aufgabe besteht *52*

2 Umweltpolitische Prioritäten für die Entwicklung *55*

    Wasser *56*
    Luftverschmutzung *62*
    Müll und gefährliche Abfälle *67*
    Land und Lebensraum *68*
    Veränderungen der Atmosphäre *75*
    Schlußfolgerungen *78*

3 Märkte, Staat und Umwelt *79*

    Umweltschäden: unterschiedliche Probleme, gemeinsame Ursachen *79*
    Einführung einer soliden Entwicklungspolitik *80*
    Anwendung gezielter Umweltmaßnahmen *86*

4 Herbeiführung besserer Entscheidungen: Informationen, Institutionen und Mitwirkung der Betroffenen *101*

    Die politische Ökonomie der Umweltschädigung *101*
    Ausweitung des Wissens und Verbesserung des Verständnisses *104*
    Institutionelle Veränderungen: den öffentlichen Sektor reagibler machen *107*
    Die Einbeziehung der örtlichen Bevölkerung *113*

5 Kanalisationswesen und sauberes Wasser *119*

    Wasserversorgung und Kanalisationswesen als Prioritäten in der Umweltpolitik *119*
    Bessere Bewirtschaftung der Wasservorräte *122*
    Bereitstellung von Dienstleistungen, die die Bevölkerung verlangt und für die sie zu zahlen bereit ist *125*
    Wachsende Investitionen in das Kanalisationswesen *126*
    Überdenken der institutionellen Strukturen *133*
    Was erreicht werden könnte *137*

6   Energie und Industrie   *139*
    Energie   *141*
    Industrie   *155*
    Schlußfolgerungen   *161*

7   Umweltpolitik auf dem Lande   *163*
    Der Umgang mit natürlichen Ressourcen durch Einzelpersonen und Unternehmen   *166*
    Der Umgang mit natürlichen Ressourcen durch gemeinschaftliche Nutzer   *173*
    Der Umgang des Staates mit natürlichen Ressourcen   *176*
    Schlußfolgerungen   *186*

8   Internationale Umweltprobleme   *189*
    Einige Lehren aus der Erfahrung   *190*
    Reaktionen auf die Gefahr des Treibhauseffekts   *195*
    Biologische Artenvielfalt: Eine Vorgehensweise im Hinblick auf gemeinsame Anliegen   *205*

9   Die Kosten einer besseren Umwelt   *211*
    Finanzierung und örtliche Umwelt   *211*
    Die Finanzierung von Umweltausgaben   *217*
    Entwicklung im 21. Jahrhundert   *221*

Anmerkungen zu den verwendeten Quellen   *223*

Kennzahlen der Weltentwicklung   237

Sonderbeiträge

1	Entwicklung und Umwelt: Zentrale Aussagen dieses Berichts	*2*
2	Nachhaltige Entwicklung	*9*
3	Luftverschmutzung in den Entwicklungsländern: Drei Szenarien	*22*
4	Sieben Vorschläge für die nationale Umweltpolitik	*28*
5	Ergänzende Richtlinien für die internationale Gemeinschaft	*29*
1.1	Der Zusammenhang zwischen Bevölkerung, Landwirtschaft und Umwelt in Afrika südlich der Sahara	*35*
1.2	Dürre, Armut und Umwelt	*40*
1.3	Die rechnerische Erfassung natürlicher Ressourcen und der Umwelt	*46*
1.4	Die trostlose Wissenschaft – Ökonomie und Knappheit natürlicher Ressourcen	*47*
1.5	Der Aralsee: Lehren aus einer ökologischen Katastrophe	*48*
1.6	Die Entkoppelung von Wachstum und Umweltverschmutzung: Lehren von den Industrieländern	*51*
2.1	Umweltschäden – Warum sind sie von Bedeutung?	*56*
2.2	Das Aufstellen von Richtwerten zur Umweltverschmutzung	*62*
2.3	Wichtige Tierarten: groß und klein	*73*
2.4	Was ist der Treibhauseffekt?	*76*
3.1	Handelspolitik und Umwelt: Eine Problemübersicht	*82*
3.2	Natürliche Ressourcen, offener Zugang und Eigentumsrechte	*86*
3.3	Die Bewertung der Kosten von Umweltschäden	*87*

3.4	Die Bekämpfung der Luftverschmutzung durch den Verkehr: der Fall von Mexiko-Stadt	*90*
3.5	Das Verursacherprinzip: Was es leistet und was nicht	*94*
3.6	Die Bewertung von Umweltressourcen: zwei Beispiele	*97*
3.7	Integration von Umwelterwägungen in die Kreditvergabe der Weltbank	*98*
4.1	Chiles neues Fischereigesetz	*102*
4.2	Unabhängige Kommissionen und verbesserte Umweltanalysen	*106*
4.3	Festlegung von Prioritäten in Burkina Faso	*108*
4.4	Die Kluft zwischen Politik und praktischer Durchsetzung	*110*
4.5	Japan: Reduzierung der Umweltverschmutzung bei schnellem Wachstum	*112*
4.6	Wertvorstellungen und Kenntnisse der Naturvölker über Land und Umwelt	*114*
4.7	Reform der Umsiedlungspolitik durch Mitwirkung der Betroffenen: Mexiko und Thailand	*117*
5.1	Spezifische, gesundheitsrelevante Investitionen	*121*
5.2	Verbesserung der Umwelt, Bewirtschaftung der Wasservorräte und der private Sektor in Mexiko	*125*
5.3	Bereitschaft, für die Wasserversorgung in ländlichen Regionen zu zahlen	*127*
5.4	Befreiung aus der „Falle eines Gleichgewichts auf niedrigem Niveau" im Nordosten Thailands	*129*
5.5	Neuartige Abwasserkanalisation im Nordosten Brasiliens: Das Kondominial-System	*131*
5.6	Neuartige Abwasserkanalisation in einer Behelfssiedlung von Karatschi: Das Orangi Pilotprojekt	*132*
6.1	Technische Neuerungen beim Emissionsschutz und die Effizienz der Stromerzeugung aus fossilen Brennstoffen	*144*
6.2	Die Perspektiven für Programme zur Verbesserung von Öfen	*154*
6.3	Sanfter technologischer Wandel: Die Holzschliffindustrie	*157*
6.4	Kontrolle des Schadstoffausstoßes von öffentlichen Unternehmen: Brasilien und Polen	*160*
6.5	Die Regulierung von Sondermüll: Ein innovativer Ansatz in Thailand	*161*
7.1	Wie eine landwirtschaftliche Intensivierung den Druck auf die Wälder verringern kann	*164*
7.2	Vergrößerung der Wissensgrundlage zur Befriedigung eines wachsenden Nahrungsmittelbedarfs	*167*
7.3	Langfristige Agrarversuche	*168*
7.4	Schädlingsbekämpfungsmittel, Agrarhandel und Armut	*171*
7.5	Partizipatorische Landbewirtschaftung in Burkina Faso	*179*
7.6	Aufstellung von Flächennutzungsplänen in Rondônia	*180*
7.7	Naturschutz in Costa Rica: Der Aufbau leistungsfähiger Institutionen	*185*
7.8	Ein Vergleich der Kosten und Nutzen von Naturschutz und wirtschaftlicher Erschließung	*186*
8.1	Durchsetzung internationaler Verpflichtungen: Wie das internationale Rechtssystem funktioniert	*191*
8.2	Die Verhandlungen über den sauren Regen in Europa	*192*
8.3	Wie sich der Kenntnisstand über Treibhausgase und das Klima entwickelt hat	*197*
8.4	Kohlenstoffbesteuerung, Energiepreise und Steuerreform	*200*
8.5	Die Aufforstung: Kein Allheilmittel zur Verhinderung klimatischer Veränderungen	*202*
8.6	Alternative Maßnahmen für die Bekämpfung des Treibhauseffekts in Entwicklungsländern: Die Fälle Ägypten und Indien	*203*

8.7	Schutz der biologischen Artenvielfalt: Wichtige ergänzende Effekte zu örtlichen Entwicklungsaktivitäten	*206*
8.8	Der Tausch von Schulden gegen die Erhaltung der Natur: innovativ, aber nur begrenzt einsetzbar	*209*
9.1	Innovative Ansätze in der Umweltpolitik	*212*
9.2	Private Finanzierung und Umwelt	*218*
9.3	Die Globale Umweltfazilität: Prioritäten für Projekte zur Bekämpfung des Treibhauseffekts	*219*
9.4	Der brasilianische Fonds für den tropischen Regenwald: Internationale Kooperation zum Schutz Amazoniens	*220*
9.5	Agenda 21	*221*

Schaubilder

1	Luftverschmutzung in den Städten: durchschnittliche Konzentration von Schwebeteilchen, nach Länder-Einkommensgruppen	*6*
2	Verlust an tropischen Wäldern in den Entwicklungsregionen, 1980 bis 1990	*7*
3	Wasserverbrauch- und -knappheit, nach Regionen	*11*
4	Umwelt-Indikatoren bei unterschiedlichem Einkommensniveau der Länder	*12*
5	Auswirkungen unterschiedlicher Energiepreise auf die Luftverschmutzung in Polen, 1988 bis 2000	*14*
6	Weltweite Kohlendioxid-Emissionen durch den Verbrauch fossiler Energieträger und die Zementproduktion, 1965 und 1989	*30*
1.1	Projektionen der Weltbevölkerung bei unterschiedlicher Entwicklung der Fruchtbarkeit, 1985 bis 2160	*34*
1.2	Land- und Stadtbevölkerung in den Entwicklungsregionen und den Ländern mit hohem Einkommen, 1960 bis 2025	*37*
1.3	BIP und BIP pro Kopf in den Entwicklungsregionen und den Ländern mit hohem Einkommen, 1990 und 2030	*43*
1.4	Wirtschaftliche Aktivität und Umwelt	*49*
1.5	Veränderungen in der städtischen Versorgung mit sanitären Einrichtungen und der Konzentration von Schwefeldioxid im Zeitablauf bei unterschiedlichem Einkommensniveau der Länder	*52*
2.1	Gelöster Sauerstoff in Flüssen: Niveau und Trend nach Länder-Einkommensgruppen	*58*
2.2	Verfügbarkeit von sauberem Wasser und ausreichenden sanitären Einrichtungen in Entwicklungsländern, 1980 und 1990	*59*
2.3	Niveau und Trend städtischer Luftverschmutzung: Konzentration von Schwebeteilchen nach Länder-Einkommensgruppen	*63*
2.4	Belastung der städtischen Bevölkerung durch Schadstoffe in der Luft, achtziger Jahre	*64*
2.5	Niveau und Trend der städtischen Luftverschmutzung: Konzentration von Schwefeldioxid nach Länder-Einkommensgruppen	*66*
2.6	Veränderung der Ernteerträge in ausgewählten Ländern, 1970 bis 1990	*69*
2.7	Nachgewiesenes Aussterben von Säugetieren und Vögeln, 1700 bis 1987	*72*
3.1	Erträge und Kosten von Umweltschutzmaßnahmen	*81*
3.2	Verhältnis von Preis zu Produktionskosten, ausgewählte Energieträger und landwirtschaftliche Hilfsstoffe	*84*
3.3	Schätzung der gesamten Erträge und Kosten einer Verringerung der Belastung durch Luftschadstoffe in Tarnobrzeg, Polen	*88*

3.4	Maßnahmen zur Verringerung der Schwefeldioxid-Emissionen bei der Stromerzeugung	*96*
4.1	Teilnehmerländer am GEMS-Projekt zur Überwachung der Luftqualität in Städten	*105*
5.1	Lebenserwartung und Verbesserungen in der Wasserversorgung und im Kanalisationswesen in ausgewählten französischen Städten, 1820 bis 1900	*120*
5.2	Wasserversorgung städtischer Gebiete: Gegenwärtige Kosten und projektierte Zukunftskosten	*123*
5.3	Wassereinsparung als Alternative zur Ausweitung der Wasserversorgung in Peking	*124*
5.4	Wie die Zuverlässigkeit der Versorgung die Bereitschaft beeinflußt, für Leitungswasser zu bezahlen: Punjab (Pakistan)	*128*
5.5	Wie die zeitliche Streckung der Anschlußkosten die Bereitschaft beeinflußt, für Leitungswasser zu bezahlen: Kerala (Indien)	*128*
5.6	Versorgung mit sauberem Wasser und angemessenes Kanalisationssystem: Drei Szenarien, 1990 bis 2030	*137*
6.1	Energieverbrauch nach Ländergruppen: Ein Szenario „rationeller Energieverwendung", 1970 bis 2030	*140*
6.2	Herkunft und Verbrauch von Energie	*141*
6.3	Gebühren für elektrischen Strom, 1988	*142*
6.4	Nachgewiesene Erdgasreserven, ausgewählte Jahre, 1965 bis 1990	*146*
6.5	Ausweitung der Stromerzeugung in Entwicklungsländern: Auswirkungen auf die Umweltbelastung sowie Investitionsbedarf bei drei Szenarien, 1990 bis 2030	*147*
6.6	Weltweiter Landverbrauch für den Anbau ausgewählter Agrarprodukte und hypothetischer Landbedarf für die Erzeugung von Solarenergie, 1989	*149*
6.7	Erzeugung elektrischer Energie: Kosten und thermischer Wirkungsgrad in den Vereinigten Staaten, 1900 bis 1990	*150*
6.8	Kosten alternativer Methoden der Stromerzeugung in Regionen mit hoher Sonneneinstrahlung, 1970 bis 2020	*150*
6.9	Fahrzeugemissionen in städtischen Regionen in Entwicklungsländern: Drei Szenarien, 1990 bis 2030	*152*
7.1	Weltgetreideproduktion zur Ernährung einer wachsenden Bevölkerung: Jüngere Entwicklungen und Herausforderungen der Zukunft	*165*
7.2	Typische Eigentumsregelungen für natürliche Ressourcen in Entwicklungsländern	*166*
7.3	Einsatz von Düngemitteln und Getreideerträge in Entwicklungsländern und Ländern mit hohem Einkommen, 1989	*169*
7.4	Rodungsgebühren für das Fällen von Nutzholz in Relation zu den Wiederaufforstungskosten in ausgewählten Ländern, Ende der achtziger Jahre	*182*
8.1	Einfluß einer größeren Nutzung alternativer Energieträger auf die Kohlenstoffemissionen, 1990 bis 2050	*201*
8.2	Szenarien für eine Allokation von Emissionsrechten für Kohlendioxid, wenn die Erwärmung aufgrund des Treibhauseffekts bei $2 \times CO_2$ stabilisiert würde	*204*
8.3	Vorrangige Gebiete für den Naturschutz: drei Vorgehensweisen	*207*

Texttabellen

1	Hauptfolgen einer ökologischen Mißwirtschaft für Gesundheit und Produktivität	5
1.1	Armut in den Entwicklungsländern, 1985 bis 2000	39
1.2	Wachstum des realen Pro-Kopf-Einkommens in den Industrie- und Entwicklungsländern, 1960 bis 2000	42
2.1	Verfügbarkeit von Wasser nach Regionen	60
2.2	Auswirkungen verbesserter Wasserqualität und sanitärer Einrichtungen auf Krankheiten	61
2.3	Auswirkungen verbesserter Wasserversorgung und sanitärer Einrichtungen auf die Häufigkeit von Diarrhöe-Erkrankungen	61
2.4	Verschmutzung der Innenraumluft durch Verbrennung von Biomasse in Entwicklungsländern	65
2.5	Weltweit geschätzte Anzahl und Seltenheit von Arten	74
2.6	Verringerung des Lebensraumes wilder Tiere in zwei Regionen	74
3.1	Maßnahmen zur Änderung des Verhaltens	89
3.2	Simulationen alternativer Maßnahmen zur Kontrolle der Luftverschmutzung	92
5.1	Wasserinanspruchnahme der Sektoren, nach Einkommensgruppen der Länder	122
6.1	Emissionsstandards für neue benzinbetriebene Kraftfahrzeuge in Brasilien, Mexiko und den Vereinigten Staaten	151
6.2	Kosten der Verringerung der Umweltbelastung, Vereinigte Staaten, 1989	156
6.3	Potential zur Müllverringerung durch abfallsparende Poduktionsverfahren, Deutschland	157
7.1	Beiträge vergrößerter Anbauflächen und höherer Erträge zum Wachstum der Getreideproduktion in Entwicklungsländern und Ländern mit hohem Einkommen, 1961 bis 1990	165
7.2	Einfluß kostengünstiger Verfahren zur Bodenerhaltung auf die Erosion und die Ernteerträge	168
8.1	Effekte einer Abschaffung der Subventionen des kommerziellen Energieverbrauchs in Osteuropa und der ehemaligen UdSSR und in den Entwicklungsländern	199
8.2	Naturschutzausgaben in ausgewählten Ländern	208
9.1	Geschätzte Kosten und langfristige Erträge ausgewählter Umweltprogramme in Entwicklungsländern	216

Kurzwörter und Abkürzungen

BIP	Bruttoinlandsprodukt	**NSO**	Nichtstaatliche Organisation
BSP	Bruttosozialprodukt	**OECD**	Organisation für wirtschaftliche Zusammenarbeit und Entwicklung (Organization for Economic Cooperation and Development); ihr gehören an: Australien, Belgien, Dänemark, Deutschland, Finnland, Frankreich, Griechenland, Großbritannien, Irland, Island, Italien, Japan, Kanada, Luxemburg, Neuseeland, die Niederlande, Norwegen, Österreich, Portugal, Schweden, die Schweiz, Spanien, die Türkei und die Vereinigten Staaten
CITES	Washingtoner Artenschutzabkommen (Convention on International Trade in Endangered Species of Fauna and Flora)		
EG	Europäische Gemeinschaft; ihr gehören an: Belgien, Dänemark, Deutschland, Frankreich, Griechenland, Großbritannien, Irland, Italien, Luxemburg, die Niederlande, Portugal und Spanien		
FAO	Organisation für Ernährung und Landwirtschaft (Food and Agriculture Organization)	**THG**	Treibhausgas
		UNCED	Umwelt- und Entwicklungskonferenz der Vereinten Nationen (United Nations Conference on Environment and Development)
FCKW	Fluorchlorkohlenwasserstoff		
FuE	Forschung und Entwicklung		
G7	Siebenergruppe; ihr gehören an: Deutschland, Frankreich, Großbritannien, Italien, Japan, Kanada, Vereinigte Staaten	**UNCLES**	Seerechtskonvention der Vereinten Nationen (United Nations Convention on the Law of the Sea)
GATT	Allgemeines Zoll- und Handelsabkommen (General Agreement on Tariffs and Trade)	**UNDP**	Entwicklungsprogramm der Vereinten Nationen (United Nations Development Programme)
GEMS	Globales Umweltüberwachungssystem (Global Environment Monitoring System)	**UNEP**	Umweltprogramm der Vereinten Nationen (United Nations Environment Programme)
GUF	Globale Umweltfazilität	**UNIDO**	Organisation der Vereinten Nationen für industrielle Entwicklung (United Nations Industrial Development Organization)
IBRD	Internationale Bank für Wiederaufbau und Entwicklung – Weltbank (International Bank for Reconstruction and Development – The World Bank)		
IEA	Internationale Energieagentur	**UNSO**	Statistisches Amt der Vereinten Nationen (United Nations Statistical Office)
IFC	Internationale Finanz-Corporation		
IUCN	Internationaler Naturschutzverband (International Union for the Conservation of Nature and Natural Resources; jetzt: World Conservation Union)	**USAID**	Entwicklungshilfebehörde der Vereinigten Staaten (U.S. Agency for International Development)
IWF	Internationaler Währungsfonds	**WHO**	Weltgesundheitsorganisation (World Health Organization)
IPCC	Internationales Regierungsforum für Klimaveränderungen (Intergovernmental Panel on Climate Change)		

Definitionen und statistische Anmerkungen

Ländergruppen

Für operationale und analytische Zwecke verwendet die Weltbank das Bruttosozialprodukt (BSP) pro Kopf als Hauptkriterium für die Einstufung einzelner Länder. Jedes Land wird einer der folgenden Gruppen zugewiesen: Länder mit niedrigem Einkommen, Länder mit mittlerem Einkommen (unterteilt in solche der unteren und der oberen Kategorie) und Länder mit hohem Einkommen. Zusätzlich zur Klassifizierung nach Einkommen werden andere analytische Gruppen gebildet, basierend auf Regionen, Exporten und dem Stand der Auslandsschulden.

In dieser Ausgabe des *Weltentwicklungsberichts* und in dessen statistischem Anhang, den Kennzahlen der Weltentwicklung (KdW), wurde die Gruppe Europa, Naher Osten und Nordafrika in zwei Gruppen unterteilt, und zwar (a) Europa und (b) Naher Osten und Nordafrika. Dieser Bericht verwendet, wie bereits die früheren Ausgaben, zur Klassifizierung der Länder die neuesten Schätzungen über das BSP pro Kopf. Die ländermäßige Zusammensetzung jeder Einkommensgruppe kann daher von Ausgabe zu Ausgabe variieren. Wenn die Zusammensetzung für die jeweilige Ausgabe festgelegt ist, basieren alle historischen Angaben auf der gleichen Ländergruppierung. Die in diesem Bericht verwendeten Ländergruppen sind folgendermaßen definiert:

- *Länder mit niedrigem Einkommen* sind jene, deren BSP pro Kopf im Jahr 1990 610 Dollar oder weniger betrug.
- *Länder mit mittlerem Einkommen* sind jene, deren BSP pro Kopf im Jahr 1990 mehr als 610 Dollar, aber weniger als 7.620 Dollar betrug; des weiteren wird unterschieden zwischen der unteren und oberen Kategorie der Länder mit mittlerem Einkommen, wobei die Trennungslinie bei einem BSP pro Kopf von 2.465 Dollar im Jahr 1990 gezogen wurde.
- *Länder mit hohem Einkommen* sind jene, deren BSP pro Kopf im Jahr 1990 7.620 Dollar oder mehr betrug.

Manchmal werden Länder mit niedrigem und mittlerem Einkommen als „Entwicklungsländer" bezeichnet. Die Verwendung dieses Ausdrucks ist zweckmäßig; es wird nicht beabsichtigt zu unterstellen, daß alle Volkswirtschaften dieser Gruppe ähnliche Entwicklungen durchlaufen oder daß andere Volkswirtschaften ein bevorzugtes oder endgültiges Entwicklungsstadium erreicht hätten. Die Gruppierung nach Einkommen spiegelt nicht notwendigerweise den Entwicklungsstand wider. (In den Kennzahlen der Weltentwicklung wurden die Länder mit hohem Einkommen, die von den Vereinten Nationen oder von ihren eigenen Behörden als Entwicklungsländer eingestuft wurden, mit dem Symbol † gekennzeichnet.) Die Verwendung des Ausdrucks „Länder" in bezug auf Volkswirtschaften beinhaltet kein Urteil der Weltbank über den rechtlichen oder anderweitigen Gebietsstatus.

- *„Andere Länder"* sind die Demokratische Volksrepublik Korea, Kuba und die ehemalige Union der Sozialistischen Sowjetrepubliken (UdSSR). In den Haupttabellen der Kennzahlen der Weltentwicklung werden für diese Gruppe nur aggregierte Zahlen ausgewiesen; der Sonderbeitrag A.2 in den Technischen Erläuterungen zu den Kennzahlen der Weltentwicklung enthält jedoch ausgewählte Indikatoren für jedes dieser Länder.
- Die *„Welt"* umfaßt alle Länder, einschließlich der Länder mit weniger als 1 Million Einwohner, die in den Haupttabellen nicht einzeln ausgewiesen werden. Hinsichtlich der Aggregationsmethoden, die verwendet wurden, um die gleiche Ländergruppe über den Zeitablauf hinaus beizubehalten, siehe die Technischen Erläuterungen zu den Kennzahlen der Weltentwicklung.

Gruppierungen zu analytischen Zwecken

Neben den geographisch abgegrenzten Ländergruppen werden zu analytischen Zwecken verschiedene sich überschneidende Gruppen verwendet, wobei die Klassifizierung sich hauptsächlich nach den Exporten oder den Auslandsschulden richtet. Die Volkswirtschaften dieser Gruppen mit einer Bevölkerungszahl von über 1 Million sind im folgenden aufgeführt. Länder mit einer geringeren Bevölkerungszahl als 1 Million werden zwar nicht einzeln aufgeführt, sind aber in den Gesamtangaben für die Gruppen enthalten.

- *Brennstoffexportierende Länder* sind Länder, deren Exporte (und Reexporte) von Erdöl und Erdgas mindestens 50 Prozent der Waren- und Dienstleistungsausfuhr im Zeitraum 1987 bis 1989 ausmachen, nämlich: Algerien, Angola, Irak, Islamische Republik Iran, Kongo, Libyen, Nigeria, Oman, Saudi-Arabien, Trinidad und Tobago, Venezuela und Vereinigte Arabische Emirate. Obgleich die ehemalige UdSSR das zugrundeliegende Kriterium erfüllt, ist sie aufgrund der Datenlage nicht in dieser Gruppe vertreten.
- *Länder mit mittlerem Einkommen und gravierenden Schuldenproblemen* (in den Kennzahlen der Weltentwicklung findet sich die abgekürzte Gruppenbezeichnung „Länder mit gravierenden Schuldenproblemen") sind fünfzehn Länder, von denen angenommen wird, daß sie sich in ernsthaften Schuldendienstschwierigkeiten befunden haben. Hierunter fallen Länder, in denen im Durchschnitt der Jahre 1988 bis 1990 drei der vier Schlüsselrelationen ein kritisches Niveau überschreiten: Schuldenstand zu BSP (50 Prozent), Schuldenstand zu Exporten von Waren und allen Dienstleistungen (275 Prozent), aufgelaufener Schuldendienst zu Exporten (30 Prozent) und aufgelaufene Zinsverpflichtungen zu Exporten (20 Prozent). Die fünfzehn Länder sind: Algerien, Argentinien, Bolivien, Brasilien, Bulgarien, Côte d'Ivoire, Ecuador, Kongo, Marokko, Mexiko, Nicaragua, Peru, Polen, die Syrische Arabische Republik und Venezuela.
- In den Kennzahlen der Weltentwicklung und im Anhang über Umweltdaten umfassen die *OECD-Länder* eine Untergruppe der „Länder mit hohem Einkommen"; es sind dies die Mitglieder der Organisation für wirtschaftliche Zusammenarbeit und Entwicklung, ohne Griechenland, Portugal und die Türkei, die zu den Ländern mit mittlerem Einkommen zählen. Im Haupttext des *Weltentwicklungsberichts* umfaßt der Ausdruck „OECD-Länder" alle OECD-Mitgliedsländer, sofern nichts gegenteiliges angemerkt ist.

Geographische Regionen
(Länder mit niedrigem und mittlerem Einkommen)

- *Afrika südlich der Sahara* besteht aus allen Ländern südlich der Sahara ohne Südafrika.
- Zu *Ostasien und dem Pazifik* gehören alle Länder mit niedrigem und mittlerem Einkommen Ost- und Südostasiens und des Pazifik, die östlich Chinas und Thailands liegen, einschließlich dieser beiden Länder.
- Zu *Südasien* gehören Bangladesch, Bhutan, Indien, die Malediven, Myanmar, Nepal, Pakistan und Sri Lanka.
- *Europa* umfaßt die europäischen Länder mit mittlerem Einkommen (Albanien, Bulgarien, Griechenland, Jugoslawien, Polen, Portugal, Rumänien, die Tschechoslowakei, die Türkei und Ungarn). Für einige Analysen des *Weltentwicklungsberichts* wird „Osteuropa und die ehemalige UdSSR" als eigene Ländergruppe behandelt.
- Der *Nahe Osten und Nordafrika* umfaßt folgende Länder mit niedrigem und mittlerem Einkommen: Ägypten, Afghanistan, Algerien, Irak, Iran, die Republik Jemen, Jordanien, Libanon, Libyen, Marokko, Oman, Saudi-Arabien, die Syrische Arabische Republik und Tunesien.
- Zu *Lateinamerika und der Karibik* gehören alle amerikanischen und karibischen Länder südlich der Vereinigten Staaten.

Angaben zu den Daten

- *Dollar* sind US-Dollar zu jeweiligen Preisen, falls nicht anders angegeben.
- Sämtliche *Zuwachsraten* basieren auf realen Größen und wurden, falls nicht anders angegeben, anhand der Methode kleinster quadratischer Abweichungen errechnet. Hinsichtlich der Einzelheiten dieser Methode kleinster quadratischer Abweichungen siehe die Technischen Erläuterungen zu den Kennzahlen der Weltentwicklung.
- Das *Zeichen* / in Zahlenangaben wie „1988/1989" bedeutet, daß der Zeitraum weniger als zwei Jahre umfassen kann, jedoch zwei Kalenderjahre berührt und sich auf ein Erntejahr, ein Berichtsjahr oder ein Fiskaljahr bezieht.
- Das *Zeichen* .. in Tabellen bedeutet „nicht verfügbar".
- Das *Zeichen* – in Tabellen bedeutet „nicht zutreffend".
- Die *Zahlen* 0 oder 0,0 in Tabellen und Schaubildern bedeuten „Null oder weniger als die Hälfte der jeweiligen Einheit", sowie „nicht genauer bekannt".

Der Stichtag für alle Angaben in den Kennzahlen der Weltentwicklung ist der 31. März 1992.

Die Zahlen, die im vorliegenden Bericht für Vergangenheitswerte ausgewiesen werden, können von früheren Berichten abweichen, da sie, sobald bessere Angaben und Daten verfügbar sind, laufend aktualisiert werden – aufgrund des Übergangs auf ein neues Basisjahr bei realen Preisangaben und aufgrund von Veränderungen in der Länderzusammensetzung bei den Einkommens- und analytischen Gruppen.

Die *wirtschaftlichen und demographischen Begriffe* sind in den Technischen Erläuterungen zu den Kennzahlen der Weltentwicklung definiert.

Überblick

Die Verwirklichung einer nachhaltigen und sozial ausgewogenen Entwicklung ist weiterhin die größte Herausforderung der Menschheit. Trotz beachtlicher Fortschritte während der letzten Generation leben noch immer über eine Milliarde Menschen in akuter Armut und leiden unter einem völlig unzureichenden Angebot jener Ressourcen – Ausbildung, Gesundheitsdienste, Infrastruktur, Landbesitz und Kredit –, die notwendig sind, um ihnen ein besseres Leben zu ermöglichen. Die zentrale Aufgabe von Entwicklung besteht darin, diesen Menschen und den Hunderten von Millionen, denen es nicht viel besser geht, die Möglichkeit zu verschaffen, ihr vorhandenes Potential auszuschöpfen.

Während die Entwicklung überall auf der Welt als anzustrebendes Ziel anerkannt wird, sind in den letzten Jahren zunehmend Besorgnisse laut geworden, daß die Umweltbedingungen der Entwicklung Grenzen setzen und daß der Entwicklungsprozeß zu schwerwiegenden Umweltschäden führen könnte – was die Lebensqualität dieser und künftiger Generationen beeinträchtigen würde. Diese Bedenken kommen keineswegs zu früh. Es gibt bereits eine ganze Reihe von sehr ernsten Umweltproblemen, die dringend Beachtung erfordern. Beim Schutz der Umwelt steht für die Menschheit ein ungeheurer Einsatz auf dem Spiel, nachdem das Umweltkapital in der Vergangenheit all zu oft vernachlässigt wurde.

Dieser Bericht untersucht die Wechselwirkungen zwischen Entwicklung und Umwelt. Er zeigt auf, wie Umweltprobleme die Ziele der Entwicklung untergraben können und dies tatsächlich tun. Das kann auf zweierlei Weise geschehen. Erstens ist die Qualität der Umwelt – Wasser, das gesundheitlich unbedenklich und reichlich verfügbar ist, sowie gesunde Luft – selbst ein Teil der Verbesserung der Lebensbedingungen, die durch die Entwicklung erreicht werden soll. Wenn die Vorteile steigender Einkommen von den gesundheitlichen Kosten der Umweltverschmutzung und den Einbußen an Lebensqualität aufgewogen werden, kann man nicht von Entwicklung sprechen. Zweitens können Umweltschäden die künftige Produktivität beeinträchtigen. Wenn heute Böden verschlechtert, Wasserreservoire erschöpft und Ökosysteme vernichtet werden, um das gegenwärtige Einkommen zu steigern, werden die Chancen für künftige Einkommenserzielung aufs Spiel gesetzt.

Der Bericht untersucht auch die positiven oder negativen Auswirkungen des Wirtschaftswachstums auf die Umwelt. Er arbeitet die Bedingungen heraus, unter denen effiziente Maßnahmen zur Wachstumsförderung gleichzeitig auch den Umweltschutz fördern, und zeigt Zielkonflikte auf. Die Schlußfolgerungen sind günstig. Es gibt überzeugende Möglichkeiten, die beiden Zielen gerecht werden, aber bisher nicht genutzt wurden. Die wichtigste dieser Möglichkeiten betrifft die Bekämpfung der Armut: Diese ist nicht nur ein moralisches Gebot, sondern ist auch unabdingbar für einen haushälterischen Umgang mit der Umwelt. Zudem können Maßnahmen, die allein schon aus wirtschaftlichen Gründen gerechtfertigt sind, beträchtliche Umweltvorteile bringen. Beispiele für solche Maßnahmen, die sowohl der wirtschaftlichen Effizienz als auch der Umwelt dienen, sind: die Abschaffung von Subventionen für den Verbrauch von fossilen Brennstoffen und von Wasser; die Zuweisung von Eigentumsrechten an arme Bauern für das von ihnen bewirtschaftete Land; die Steigerung der Wettbewerbsfähigkeit von Staatsunternehmen, die starke Umweltverschmutzer sind; die Abschaffung von Rechtsnormen, die das Roden von Wäldern mit Eigentumsrechten am Boden belohnen. Ebenso können Investitionen zur Verbesserung sanitärer Einrichtungen und der Trinkwasserversorgung sowie in Forschungs- und Beratungseinrichtungen sowohl der Umwelt nutzen als auch die Einkommen steigern.

Eine solche Politik reicht jedoch nicht aus, um die Qualität der Umwelt zu sichern. Starke staatliche Institutionen und wirksame Umweltschutzmaßnahmen sind ebenfalls erforderlich. Während der letzten zwanzig Jahre hat man weltweit gelernt, die Förderung der Entwicklung mehr dem Markt als dem Staat zu überlassen. Der Umweltschutz ist jedoch einer der Bereiche, in denen dem Staat eine Schlüsselrolle zukommt. Die Märkte des privaten Sektors bieten wenig oder gar keine Anreize zur Einschränkung der Umweltverschmutzung. Sei es die Luftverschmutzung in Ballungsräumen, die

Sonderbeitrag 1 Entwicklung und Umwelt: Zentrale Aussagen dieses Berichts

Der Schutz der Umwelt ist ein unverzichtbares Element der Entwicklung. Ohne angemessenen Umweltschutz wird die Entwicklung untergraben; ohne Entwicklung fehlen die Ressourcen für die notwendigen Investitionen, und der Schutz der Umwelt ist nicht gewährleistet.

Im Laufe der nächsten Generation wird die Menschheit vor völlig neuen Aufgaben und Möglichkeiten stehen. Von 1990 bis 2030 wird die Weltbevölkerung um 3,7 Milliarden Menschen zunehmen, die Nahrungsmittelproduktion wird sich verdoppeln müssen, die Industrieproduktion und der Energieverbrauch werden sich weltweit vermutlich verdreifachen und in den Entwicklungsländern verfünffachen. Dieses Wachstum birgt das Risiko unerträglicher Umweltschäden. Es bietet aber auch die Chance eines verbesserten Umweltschutzes, von sauberer Luft und sauberem Wasser und einer weitgehenden Beseitigung der Armut. Ob die eine oder andere Möglichkeit eintritt, wird von den politischen Entscheidungen abhängen.

Handlungsprioritäten

Den Umweltproblemen, die die Gesundheit und Produktivität der Mehrzahl der Menschen, insbesondere der Armen, schädigen, wurde bisher zu wenig Aufmerksamkeit geschenkt. Vorrang verdienen dabei:

- Jenes Drittel der Weltbevölkerung, dem angemessene sanitäre Einrichtungen fehlen, und die 1 Milliarde Menschen ohne Trinkwasserversorgung.
- Die 1,3 Milliarden Menschen, die einer gesundheitsschädlichen Einwirkung von Ruß und Rauch ausgesetzt sind.
- Die 300 bis 700 Millionen Frauen und Kinder, die unter einer gravierenden Verschmutzung der Raumluft durch Herdfeuer leiden.
- Die Hunderte von Millionen Bauern, Waldbewohnern und Eingeborenen, die auf die Natur angewiesen sind und deren Lebensunterhalt von einem pfleglichen Umgang mit der Umwelt abhängt.

Die Bewältigung der Umweltprobleme, von denen diese Menschen betroffen sind, wird größere Fortschritte bei der Bekämpfung der Armut und der Steigerung der Produktivität erfordern. Es ist entscheidend, daß die gegenwärtige günstige Weltlage genutzt wird, um eine Beschleunigung der menschlichen und wirtschaftlichen Entwicklung zu erreichen, die nachhaltig und sozial ausgewogen ist.

Maßnahmen für eine nachhaltige Entwicklung

Zwei Arten von Maßnahmen sind notwendig: Maßnahmen, die positive Wechselwirkungen zwischen Entwicklung und Umwelt verstärken, und Maßnahmen, die negative Wechselwirkungen unterbinden.

Nutzung der positiven Wechselwirkungen

Für Maßnahmen zur Förderung des Einkommenswachstums, der Armutslinderung und der Umweltverbesserung gibt es einen sehr großen Spielraum, besonders in den Entwicklungsländern. Zu solchen Maßnahmen, die eine „doppelte Gewinnchance" bieten, gehören:

- Abschaffung von Subventionen, die einen überhöhten Verbrauch von fossilen Energieträgern, von Wasser zu Bewässerungszwecken, von Schädlingsbekämpfungsmitteln und einen exzessiven Holzeinschlag fördern.
- Etablierung eindeutiger Nutzungs- und Eigentumsrechte an Boden, Wäldern und Fischgründen.
- Ausbau der Versorgung mit sanitären Einrichtungen und Trinkwasser, des Erziehungsangebots (insbesondere für Mädchen), der Familienplanung sowie der Beratung, des Kreditangebots und der Forschung im Agrarsektor.
- Maßnahmen zur Autorisierung, Ausbildung und Partizipation von Bauern, örtlichen Gemeinschaften, Eingeborenen und Frauen, damit diese in die Lage versetzt werden, gemäß ihren eigenen langfristigen Interessen zu entscheiden und zu investieren.

Gezielte Umweltmaßnahmen

Eine solche Politik, die auf die positiven Wechselwirkungen zwischen Entwicklung und Umwelt setzt, ist jedoch nicht ausreichend. Ebenso notwendig sind wirksame Maßnahmen und starke Institutionen, die auf spezifische Umweltprobleme ausgerichtet sind. Eine effektive Umweltpolitik sollte die folgenden Erfahrungen beherzigen:

- Konflikte zwischen dem Lebensstandard und der Umweltqualität müssen gründlich geprüft werden, wobei die Langfristigkeit, Unsicherheit und Irreversibilität von Umwelteffekten zu berücksichtigen sind. Ein sorgfältiges Abwägen von Kosten und Erträgen ist besonders für Entwicklungsländer wichtig, wo die Mittel knapp sind und Grundbedürfnisse noch erfüllt werden müssen.
- Die Umweltnormen und die Umweltpolitik müssen realistisch sein und an die im Land gegebenen Möglichkeiten zur Überwachung und Durchsetzung und seine Verwaltungstradition angepaßt sein.
- Für Entwicklungsländer dürften unkomplizierte und sich selbst durchsetzende Maßnahmen attraktiv sein. Die Umweltpolitik muß sich den Marktmechanismus zunutze machen, statt gegen den Markt zu arbeiten, und deshalb Marktanreize anstelle von Regulierungen einsetzen, wo immer dies möglich ist.
- Die Regierungen müssen sich politische Unterstützung für einen Wandel verschaffen – um die Macht von Interessengruppen zu überwinden, die Verantwortlich-

keit von Institutionen zu stärken und die Zahlungsbereitschaft für die Kosten des Umweltschutzes zu steigern. Die Partizipation der örtlich Betroffenen an der Planung und Umsetzung von Umweltmaßnahmen und -investitionen wird hohe Erträge bringen.

Die Kosten einer besseren Umwelt

Die Kosten des Schutzes und der Verbesserung der Umwelt sind absolut gesehen hoch, doch halten sie sich im Vergleich zu ihren Erträgen und den potentiellen Wachstumsgewinnen im Rahmen. Zur Verbesserung der ökologischen Grundlagen der Entwicklung dürfte eine Erhöhung der Investitionsquote der Entwicklungsländer um 2 bis 3 Prozent des BIP bis zum Ende dieses Jahrzehnts notwendig werden. Damit würde ermöglicht: die Stabilisierung der Bodenbedingungen, ein verstärkter Schutz von Wäldern und natürlichen Lebensräumen, eine verbesserte Luft- und Wasserqualität, eine Verdoppelung der Ausgaben für die Familienplanung, eine wesentlich höhere Einschulungsquote für Mädchen und eine generelle Versorgung mit sanitären Einrichtungen und Trinkwasser bis zum Jahr 2030. Zusätzliche Kosten würden im Zusammenhang mit den Weltklimaproblemen entstehen.

Partnerschaftliche Problembewältigung

Die Erarbeitung, Durchführung und Finanzierung der Lösung ökologischer Probleme wird eine gemeinsame Anstrengung aller Staaten erfordern, und zwar vor allem in folgenden Bereichen:
● Verbessertes Know-how, neue Technologien und höhere Investitionen sind unerläßlich. Ein weltoffenes Handels- und Finanzsystem, die Wiederherstellung der Kreditwürdigkeit durch wirtschaftspolitische Reformen und Schuldenerleichterungen in Einzelfällen und ein robustes umweltverträgliches Wachstum der Weltwirtschaft – all dies wird notwendig sein.
● Der enge Zusammenhang zwischen Armut und Umweltproblemen ist ein zwingendes Argument für zusätzliche Hilfen zur Verringerung der Armut und Eindämmung des Bevölkerungswachstums sowie für die Bekämpfung von Umweltschäden, die die Armen besonders belasten.
● Die Länder mit hohem Einkommen müssen bei der Finanzierung des Schutzes von natürlichen Lebensräumen in Entwicklungsländern, der der ganzen Welt zugute kommt, eine Hauptrolle spielen. Auch für die Lösung von weltweiten Problemen, die hauptsächlich von ihnen verursacht werden (der Treibhauseffekt und der Ozonschwund in der Stratosphäre) müssen sie die primäre Verantwortung übernehmen.

Einleitung von Schadstoffen in öffentliche Gewässer oder der Raubbau an Böden mit ungeklärten Eigentumsverhältnissen – in allen Fällen gibt es zwingende Argumente für ein Einschreiten des Staates. Dabei können Zielkonflikte zwischen dem Einkommenswachstum und dem Umweltschutz auftreten. Solche Konflikte verlangen ein sorgfältiges Abwägen der Vorteile und Kosten alternativer Maßnahmen, da sowohl die heutige als auch künftige Generationen betroffen sind. Die bisherigen Erfahrungen zeigen, daß Umweltschutz oft hohe Erträge bringt, während die Kosten in Form von entgangenem Einkommen bei Anwendung geeigneter Maßnahmen moderat sind. Erfahrungsgemäß ist eine Politik am wirksamsten, die auf die eigentlichen Ursachen statt auf die Symptome abstellt, die sich auf jene Probleme konzentriert, bei denen Reformen die größten Vorteile bringen, die sich soweit wie möglich auf Anreize statt auf Vorschriften stützt, und die den administrativen Beschränkungen Rechnung trägt.

Eine wirksame Umweltpolitik ergänzt und verstärkt die Entwicklung. Häufig leiden gerade die Ärmsten am meisten unter den Folgen der Verschmutzung und Verschlechterung der Umwelt. Anders als die Reichen können es sich die Armen nicht leisten, sich gegen verseuchtes Wasser zu schützen; in den Städten verbringen sie in der Regel mehr Zeit auf offener Straße, wo sie verschmutzte Luft einatmen; auf dem Land kochen sie häufiger über offenem Holz- oder Dungfeuer und inhalieren dessen gesundheitsschädlichen Rauch; und ihre Felder unterliegen sehr wahrscheinlich der Bodenerosion. Die Armen dürften auch einen großen Teil ihres Lebensunterhalts aus der Nutzung von natürlichen Ressourcen außerhalb des Marktsystems beziehen, beispielsweise von Weideland im Gemeineigentum oder aus Wäldern, in denen sie herkömmlicherweise Nahrungsmittel, Brennholz und Baumaterial sammeln. Der Verlust solcher Ressourcen kann die Armen besonders treffen. Eine vernünftige Umweltpolitik dürfte daher auch ein sehr wirksames Instrument der Einkommensumverteilung sein.

Bei manchen Umweltproblemen wird die Entscheidungsfindung dadurch erschwert, daß physikalische und ökologische Prozesse nicht mit Sicherheit bekannt sind, ihre Auswirkungen langfristiger Natur sind und möglicherweise kritische Schwellenwerte existieren, bei deren Überschreiten unerwartete oder irreversible Effekte auftreten können. Neue Erkenntnisse, daß sich die Fluorchlorkohlenwasserstoffe (FCKW) auf den Ozonschwund in der

Stratosphäre stärker auswirken als bisher angenommen, kommen gerade zur rechten Zeit, um uns an die Begrenztheit unseres Wissens zu erinnern. Angesichts solcher Ungewißheiten muß der Forschung und der Planung flexibler Vorsorgemaßnahmen viel mehr Aufmerksamkeit gewidmet werden.

„Entwicklung und Umwelt" lautet das Thema dieses Berichts, und somit steht die Lebensqualität der Entwicklungsländer in seinem Mittelpunkt. Die dringendsten Umweltprobleme der Entwicklungsländer – ungesundes Wasser, ungenügende sanitäre Einrichtungen, Raubbau am Boden, der Rauch von Feuerstellen innerhalb des Hauses und die Emissionen der Kohleverbrennung – sind anders gelagert und stellen eine direktere Gefährdung des Lebens dar als jene Umweltprobleme, die mit dem Wohlstand der reichen Länder einhergehen – wie die Emissionen von Kohlendioxid, die Zerstörung der Ozonschicht der Stratosphäre, der photochemische Smog, der saure Regen und die gefährlichen Abfälle. Die Industrieländer müssen ihre eigenen Probleme lösen, doch kommt ihnen zugleich eine entscheidende Rolle zu bei den Bemühungen um die Verbesserung der Umwelt der Entwicklungsländer.

- Erstens müssen den Entwicklungsländern umweltschonendere Techniken zur Verfügung gestellt werden, und sie müssen aus den Erfolgen und Fehlschlägen der Umweltpolitik der Industrieländer lernen.
- Zweitens kommt ein Teil der Erträge der Umweltpolitik der Entwicklungsländer – beispielsweise der Schutz der tropischen Wälder und des Artenreichtums – auch den Industrieländern zugute, die deshalb einen entsprechenden Teil der Kosten übernehmen sollten.
- Drittens haben einige potentielle Umweltprobleme der Entwicklungsländer – insbesondere die Aufheizung der Erdatmosphäre und der Ozonschwund – ihren Ursprung im hohen Lebensstandard der reichen Länder; deshalb wäre es die Aufgabe der reichen Länder, Lösungen dafür zu finden und zu realisieren.
- Viertens zwingt die zunehmende Erkenntnis des Zusammenhangs zwischen Armutsbekämpfung und Umweltschutz dazu, die Programme zur Verringerung der Armut und des Bevölkerungswachstums stärker zu unterstützen.
- Fünftens wird die Fähigkeit der Entwicklungsländer, ein nachhaltiges Einkommenswachstum zu erlangen, von der Wirtschaftspolitik der Industrieländer abhängen; der Abbau von Handelsschranken und ein verbesserter Zugang zu den Kapitalmärkten, Maßnahmen zur Steigerung der Sparquote und zur Senkung des Weltzinsniveaus sowie eine Politik, die ein robustes und umweltverträgliches Wachstum in den Industrieländern fördert, sind dabei alle hilfreich.

Um eine beschleunigte Entwicklung und ein verbessertes Umweltmanagement zu erreichen, sind Reformen der Politik und institutionelle Veränderungen notwendig. Die Hürden sind hoch; gleichwohl sind gegenwärtig die Chancen für einen Wandel so günstig wie noch nie. Das zunehmende Bewußtsein der Wichtigkeit von Umweltproblemen, die zügige Einleitung von Wirtschaftsreformen rund um die Welt und die Tendenzen der Demokratisierung und Partizipation im Entwicklungsprozeß weisen alle in die richtige Richtung. Die Umwelt- und Entwicklungskonferenz der Vereinten Nationen (United Nations Conference on Environment and Development, UNCED) – die Gipfelkonferenz über die Erde – im Juni 1992 hat den Staaten der Welt eine Gelegenheit geboten, sich auf ein Reformprogramm zu verpflichten. Es ist von entscheidender Bedeutung, daß sich die von UNCED freigesetzten Energien nicht verflüchtigen, sondern in die Bewältigung jener Umweltprobleme gelenkt werden, welche die Entwicklung am stärksten bedrohen.

Konzentration auf die richtigen Probleme

Dieser Bericht versucht nicht, die Umweltprobleme in ihrer Gesamtheit zu erörtern, sondern will die größten Herausforderungen bestimmen und Strategien für ihre Bewältigung vorschlagen. Nicht alle Probleme sind für alle Länder in gleicher Weise bedeutsam. Der Bericht geht davon aus, daß jene Umweltprobleme die höchste Priorität haben, von denen die Wohlfahrt einer großen Zahl von Menschen unmittelbar betroffen ist, und gelangt zu dem Schluß, daß die gegenwärtige Umweltdebatte den Problemen der sanitären Einrichtungen und der Versorgung mit sauberem Wasser, der städtischen Luftverschmutzung, der Luftverschmutzung in Wohnräumen und der bedenklichen Bodenverschlechterung zu wenig Aufmerksamkeit schenkt.

Umweltschäden können die gegenwärtige und künftige Wohlfahrt der Menschen in dreifacher Hinsicht mindern. Sie können die Gesundheit der Menschen beeinträchtigen Sie können die wirtschaftliche Produktivität verringern. Schließlich kann die Freude oder Befriedigung, die eine natürliche Umwelt bereitet, – ihr sogenannter Erlebniswert – verlorengehen. Alle diese Arten von Umweltschäden sind schwer zu messen, insbesondere die letztgenannte. Zum „Erlebniswert" der Umwelt gehört eine Skala von Werten, die vom Erholungsnutzen der Umwelt bis zum spirituellen Glauben an einen inhärenten Wert der natürlichen Welt reichen. Die Schwierigkeiten bei der Messung des Erlebniswerts der Umwelt sprechen für ein viel stärkeres Engagement des Staates bei der Festlegung von Prioritäten. Tabelle 1 gibt einen Überblick über die möglichen Folgen eines falschen Umgangs mit der Umwelt für die Gesundheit und die Produktivität. Da die Probleme von Land zu Land und in Abhängigkeit vom Stand der Industrialisierung variieren, muß jedes Land sorgfältig prüfen, welche Prioritäten es sich setzt.

Sauberes Wasser und sanitäre Einrichtungen

Für die 1 Milliarde Menschen in den Entwicklungsländern, die keinen Zugang zu sauberem Wasser haben, und die 1,7 Milliarden Menschen, die über keine sanitären Einrichtungen verfügen, sind dies die wichtigsten umweltpolitischen Probleme überhaupt. Deren gesundheitliche Konsequenzen sind alarmierend: Sie sind die Hauptursache für die 900 Millionen jährlicher Fälle von Durchfallerkrankungen, die zum Tod von über 3 Millionen Kindern

Tabelle 1 Hauptfolgen einer ökologischen Mißwirtschaft für Gesundheit und Produktivität

Umweltproblem	Wirkungen auf die Gesundheit	Wirkungen auf die Produktivität
Wasserverschmutzung und Wasserknappheit	Über 2 Millionen Sterbefälle und Milliarden Krankheitsfälle pro Jahr durch Wasserverschmutzung; mangelnde häusliche Hygiene und zusätzliche Gesundheitsrisiken infolge der Wasserknappheit	Sinkende Erträge der Fischerei; Zeitaufwand der ländlichen Haushalte und Kosten der Kommunen für die Versorgung mit Trinkwasser; Erschöpfung von Grundwasservorkommen mit der Folge irreversibler Bodenverdichtung; Beschränkung der Wirtschaftsaktivität durch Wassermangel
Luftverschmutzung	Zahlreiche akute und chronische Gesundheitsauswirkungen: der überhöhte Gehalt von Schwebeteilchen in der Stadtluft ist für 300.000 bis 700.000 vorzeitige Sterbefälle jährlich sowie für die Hälfte aller Fälle von chronischem Husten bei Kindern verantwortlich; 400 bis 700 Millionen Menschen, hauptsächlich Frauen und Kinder in armen ländlichen Regionen, sind durch Rauch in der Raumluft belastet	Beschränkungen des Kfz-Verkehrs und der Industrieproduktion während kritischer Wetterlagen; Auswirkungen des sauren Regens auf Wälder und Gewässer
Festmüll und gefährliche Abfälle	Verbreitung von Krankheiten durch verrottenden Müll und verstopfte Kanalisationssysteme. Risiken gefährlicher Abfälle typischerweise örtlich begrenzt, aber häufig akut	Verschmutzung des Grundwassers
Bodenverschlechterung	Reduziertes Ernährungsangebot für arme Bauern auf erschöpften Böden; größere Anfälligkeit für Dürre	Verarbeitete Einbußen an Flächenproduktivität in Höhe von 0,5 bis 1,5 Prozent des Bruttosozialprodukts (BSP) auf tropischen Böden; Verschlammung von Wasserreservoiren, Binnenschiffahrtsstraßen und anderen wasserwirtschaftlichen Bauten außerhalb des unmittelbaren Schadensbereichs
Entwaldung	Örtliche Überschwemmungen mit der Folge von Todesfällen und Krankheiten	Verlust des nachhaltigen Einschlagspotentials sowie des Erosionsschutzes, der Stabilität von Wassereinzugsgebieten und der Kohlendioxid-Bindung durch die Wälder
Verlust der Artenvielfalt	Möglicher Verlust von neuen Medikamenten	Minderung der Anpassungsmöglichkeit von Ökosystemen und Verlust genetischer Ressourcen
Veränderungen der Erdatmosphäre	Mögliche Verlagerungen von Krankheiten, die durch Bakterienüberträger verbreitet werden; Risiken von klimabedingten Naturkatastrophen; durch Ozonschwund bedingte Erkrankungen (möglicherweise 300.000 zusätzliche Erkrankungen an Hautkrebs weltweit pro Jahr) und 1,7 Millionen Fälle von grauem Star)	Schäden an Küstenbauten durch steigenden Meeresspiegel; regionale Veränderungen der Produktivität der Landwirtschaft; Unterbrechung der maritimen Nahrungskette

führen; 2 Millionen dieser Sterbefälle könnten durch ausreichende sanitäre Einrichtungen und eine Versorgung mit sauberem Wasser verhindert werden. Ständig leiden 200 Millionen an Schistosomiase oder Bilharziose und 900 Millionen am Hakenwurm. Auch Cholera, Typhus und Paratyphus spielen den Menschen weiterhin übel mit. Die Versorgung mit sanitären Einrichtungen und sauberem Wasser würde zwar diese Krankheiten nicht alle vollständig ausrotten, doch wäre sie die wirkungsvollste Einzelmaßnahme zur Linderung von menschlichem Leid.

Eine unzureichende Versorgung ist auch mit hohen wirtschaftlichen Verlusten verbunden. In Afrika verbringen viele Frauen mehr als zwei Stunden täglich mit dem Wasserholen. In Jakarta wird jedes Jahr der Gegenwert von 1 Prozent des Bruttoinlandsprodukts (BIP) der Stadt für das Abkochen von Wasser ausgegeben, und in Bangkok, Mexiko-Stadt und Jakarta hat die exzessive Entnahme von Grundwasser zur Absenkung des Bodens, zu Gebäudeschäden und Überschwemmungen geführt.

Saubere Luft

Emissionen der Industrie und des Verkehrs sowie des häuslichen Energieverbrauchs führen zu schwerwiegenden Einbußen an Gesundheit und Produktivität. Im Hinblick auf die Belastung der Menschen stehen drei Probleme im Vordergrund:

SCHWEBENDE PARTIKEL. In der zweiten Hälfte der achtziger Jahre lebten weltweit etwa 1,3 Milliarden Menschen in Ballungsräumen, wo die Luft nicht den Normen der Weltgesundheitsorganisation (WHO) für schwebende Partikel (Staub in der Luft und Rauch) entsprach. Diese Menschen waren somit dem Risiko von schweren Störungen der Atemwege und Krebserkrankungen ausgesetzt (vgl. Schaubild 1). Wenn die Emissionen reduziert werden könnten, so daß die Normen der WHO überall eingehalten würden, könnte jedes Jahr das Leben von schätzungsweise 300.000 bis 700.000 Menschen erhalten werden, und einer viel größeren Zahl von Menschen bliebe das Leid chronischer Atemwegserkrankungen erspart.

BLEI. Eine hohe Bleibelastung, die hauptsächlich von Fahrzeugemissionen stammt, wurde in einer Reihe von großen Städten der Entwicklungsländer als das wichtigste Umweltrisiko identifiziert. In

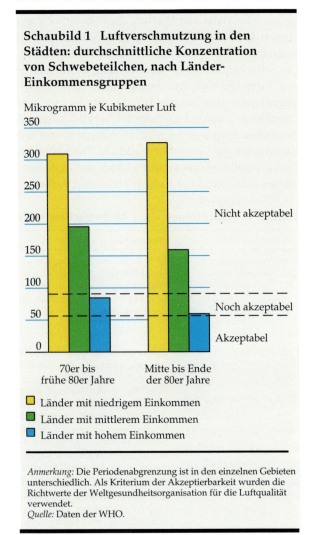

Die Ruß- und Rauchbelastung nimmt in den armen Ländern zu, während sie in den Ländern mit mittlerem und hohem Einkommen abnimmt

Schaubild 1 Luftverschmutzung in den Städten: durchschnittliche Konzentration von Schwebeteilchen, nach Länder-Einkommensgruppen

Anmerkung: Die Periodenabgrenzung ist in den einzelnen Gebieten unterschiedlich. Als Kriterium der Akzeptierbarkeit wurden die Richtwerte der Weltgesundheitsorganisation für die Luftqualität verwendet.
Quelle: Daten der WHO.

Bangkok verliert ein Kind bis zum Alter von sieben Jahren schätzungsweise vier oder mehr IQ-Punkte als Resultat der überhöhten Bleibelastung, was sich nachhaltig auf seine Produktivität als Erwachsener auswirkt. Bei den Erwachsenen gehören zu den Folgen das Risiko des Bluthochdrucks, ein verstärktes Auftreten von Herzattacken und Schlaganfällen sowie ein erhöhtes Sterberisiko. In Mexiko-Stadt dürfte die Bleibelastung für nicht weniger als 20 Prozent aller Fälle von Bluthochdruck verantwortlich sein.

LUFTVERSCHMUTZUNG IM HAUS. Weltweit sind Hunderte von Millionen Arme durch den Rauch und Qualm der häuslichen Verbrennung von Biomasse (wie Holz, Stroh und Dung) einem viel größeren Gesundheitsrisiko ausgesetzt als durch die gesamte Verschmutzung der Außenluft. Frauen und Kinder leiden am meisten unter dieser Form der Umweltverschmutzung, deren gesundheitliche Konsequenzen oft denjenigen des Rauchens von mehreren Schachteln Zigaretten am Tag gleichkommen.

ANDERE FORMEN DER UMWELTVERSCHMUTZUNG. Schätzungsweise 1 Milliarde Menschen leben in Städten, wo die WHO-Grenzwerte für Schwefeldioxid überschritten werden. Stickoxide und flüchtige organische Verbindungen werden in einer kleineren, aber wachsenden Zahl von Städten mit rasch expandierender Industrie und starkem Verkehr zum Problem.

Boden, Wasser und Agrarproduktivität

Der Verlust an Produktionspotential in ländlichen Gebieten stellt ein Problem dar, das weiter verbreitet und wichtiger, wenn auch weniger dramatisch, ist als jenes, das die Bilder vom Vordringen der Wüsten heraufbeschwören. Die Bodenverschlechterung ist in vielen Ländern die Hauptursache für die partielle Stagnation oder den Rückgang der Erträge, insbesondere auf Grenzböden, denen die ärmsten Bauern ihren Lebensunterhalt abzuringen versuchen. Die Erosion ist das sichtbarste Symptom der Bodenverschlechterung. Zwar sind die Daten über die Bodenqualität wenig zuverlässig, doch lassen grobe Schätzungen den Schluß zu, daß in manchen Ländern die Einbußen an Produktionspotential aufgrund des Substanzverlustes des Bodens sich jährlich auf 0,5 bis 1,5 Prozent des BIP belaufen dürften. Die Erosion kann auch Schäden an der wirtschaftlichen Infrastruktur, etwa an tiefer liegenden Dammbauten hervorrufen. Selbst dort, wo die Erosion unbedeutend ist, können die Böden unter einem Verlust von Nährstoffen, physikalischer und biologischer Substanz leiden.

Vernässung und Versalzung bilden in manchen bewässerten Gebieten ernste Probleme – oftmals als Resultat eines Verhaltens und einer Infrastruktur, die der zunehmenden Knappheit des Wassers nicht genügend Rechnung tragen. Der zunehmende Wettbewerb um die Wassernutzung bedeutet, daß ein weiteres Wachstum der Agrarproduktivität künftig nur bei einer effizienteren Bewässerung, und in manchen Regionen nur bei einer Reduzierung des gesamten Wasserverbrauchs, möglich sein wird.

Die Intensivierung der Landwirtschaft wird sich fortsetzen, da eine Ausdehnung der Anbaufläche schwieriger wird. Ein hoher Verbrauch von Einsatzstoffen und Veränderungen der Bodennutzung werden die bäuerlichen Gemeinschaften und andere Bereiche der Wirtschaft vor Probleme stellen. Solche Schwierigkeiten, die früher auf die hochintensive Landwirtschaft Europas und Nordamerikas beschränkt waren, gewinnen heutzutage in Gebieten wie dem Pandschab, auf Java und in Teilen Chinas zunehmend an Bedeutung.

Natürliche Lebensräume und Verlust der Artenvielfalt

Wälder (insbesondere die tropischen Regenwälder), Feuchtgebiete an Küsten und im Binnenland, Koral-

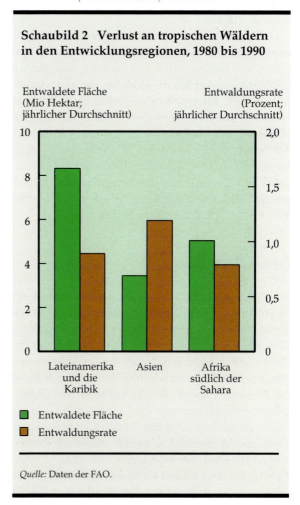

Tropische Wälder wurden in den achtziger Jahren in einem beispiellosen Ausmaß vernichtet

Schaubild 2   Verlust an tropischen Wäldern in den Entwicklungsregionen, 1980 bis 1990

Quelle: Daten der FAO.

lenriffe und andere Ökosysteme unterliegen heute einer viel stärkeren Veränderung oder Verschlechterung als in früheren Zeiten. Die tropischen Wälder sind im Verlauf dieses Jahrhunderts um ein Fünftel zurückgegangen, und zwar mit zunehmender Rate. Wie das Schaubild 2 zeigt, betrug die Entwaldungsrate in den Tropen in den achtziger Jahren 0,9 Prozent jährlich, wobei Asien eine etwas höhere Rate (1,2 Prozent) und Afrika südlich der Sahara eine etwas geringere Rate (0,8 Prozent) aufwies. Die Vernichtung von Wäldern ist mit schwerwiegenden ökologischen und wirtschaftlichen Kosten verbunden – nämlich Gefährdung von Wassereinzugsgebieten, örtliche Klimaveränderungen, Gefährdung von Küstenbereichen und Verlust von Fischgründen – und wirkt sich negativ auf das Leben der Menschen aus. In Afrika müssen die Frauen auf der Suche nach Brennholz weitere Wege gehen, in Amazonien erliegen die Waldindianer den von Siedlern eingeschleppten Krankheiten, und auf den Philippinen kamen jüngst 5.000 Dorfbewohner bei Überschwemmungen ums Leben, die unter anderem durch die Entwaldung von Hanglagen verursacht wurden.

Die Vernichtung von Arten schreitet heute mit einem im historischen Vergleich raschen Tempo voran, und weitere Arten sind bedroht, weil sie ihre Lebensräume verlieren. Modelle, die die Auslöschung von Arten mit dem Verlust ihres Lebensraums verknüpfen, legen den Schluß nahe, daß sich eine rasch zunehmende Vernichtung von Arten, die das Ausmaß prähistorischer Massenvernichtungen erreicht, im nächsten Jahrhundert kaum vermeiden lassen wird, wenn nicht das Tempo, in dem gegenwärtig Wälder und andere natürliche Lebensräume verloren gehen, drastisch reduziert wird.

Erwärmung der Erde

Die Zunahme des Kohlendioxids und anderer Treibhausgase wird die Durchschnittstemperaturen auf der Erde steigen lassen. Das Ausmaß dieses Effektes ist nach wie vor unklar, doch nach der am besten gesicherten Schätzung des Internationalen Forums für Klimaveränderung (International Panel on Climate Change, IPCC) könnten die Durchschnittstemperaturen auf der Erde bis zum Ende des nächsten Jahrhunderts um 3 Grad Celsius steigen, wenn die Menschheit so weiter macht wie bisher, wobei der Unsicherheitsbereich von unter 2 Grad Celsius bis über 5 Grad Celsius reicht. Noch ungewisser als das Ausmaß der Erderwärmung sind die Konsequenzen dieser Veränderung. Zwar haben jüngste Forschungsergebnisse die Befürchtungen, daß die Eisdecken der Pole schmelzen oder der Meeresspiegel schlagartig steigen könnte, gemindert, doch gibt es weiterhin Grund zur Besorgnis. Länder, die nur wenig über Meeresniveau liegen, sind gefährdet, und Wälder sowie Ökosysteme dürften sich kaum reibungslos an die Verschiebungen der Klimazonen anpassen. Die Konsequenzen werden zum einen davon abhängen, ob Maßnahmen zur Einschränkung der Emissionen ergriffen werden, zum anderen wird es auf die Effizienz ankommen, mit der sich die Volkswirtschaften an die steigenden Temperaturen anpassen. Die besten verfügbaren Schätzungen, die immer noch sehr grob sind und weitgehend auf Untersuchungen von Industrieländern beruhen, gehen dahin, daß die wirtschaftlichen Kosten der Erderwärmung, verglichen mit den Wohlfahrtsgewinnen durch steigende Einkommen, moderat sein dürften. Doch werden diese Kosten ungleich verteilt sein: Die Klimaveränderungen werden unterschiedlich ausfallen, die Länder werden diese Veränderungen nicht alle in gleicher Weise bewältigen können, und die Bedeutung der Landwirtschaft – des am stärksten vom Klima abhängigen Wirtschaftszweiges – variiert von Land zu Land. In bescheidenem Umfang beginnt man gegenwärtig mit Forschungen über die möglichen Auswirkungen auf die Landwirtschaft in den Tropen; es muß aber noch mehr getan werden.

Entwicklung, Umwelt und die langfristigen Aussichten

Die Umweltprobleme der einzelnen Länder unterscheiden sich je nach ihrem Entwicklungsstand, der jeweiligen Wirtschaftsstruktur und der nationalen Umweltpolitik. Manche Probleme resultieren aus einem niedrigen Entwicklungsstand; so ist die Armut letztlich die Ursache für die Unzulänglichkeit der sanitären Einrichtungen und der Trinkwasserversorgung, für die Verschmutzung der Raumluft durch Verbrennung von Biomasse und für viele Formen der Bodenverschlechterung in den Entwicklungsländern. Hier besteht die Aufgabe darin, das Einkommenswachstum, das allen zugute kommt, zu beschleunigen, und den Zugang zu den notwendigen Ressourcen und Techniken zu erleichtern. Viele andere Probleme werden jedoch durch das wirtschaftliche Wachstum verschärft. Die – lokale und globale – Umweltverschmutzung durch

Sonderbeitrag 2 Nachhaltige Entwicklung

Der Begriff „nachhaltige Entwicklung" wurde von der World Commission on Environment and Development (der sogenannten Brundtland-Kommission) in ihrem wegweisenden Bericht von 1987 *(Our Common Future)* allgemein bekannt gemacht. Der Gedanke, daß die Erde als Lebensgrundlage erhalten bleiben müsse, hat sich als sehr wirksam erwiesen, das Umweltbewußtsein der Öffentlichkeit zu erhöhen und auf die Notwendigkeit eines schonenderen Umgangs mit der Umwelt aufmerksam zu machen.

Die Definition der Brundtland-Kommission – „den Bedarf der heutigen Generation decken, ohne den Bedarf künftiger Generationen zu gefährden" – hat sich dieser Bericht voll zu eigen gemacht. Wir stimmen mit der Brundtland-Kommission auch darin überein, daß die Deckung des Bedarfs der Armen in dieser Generation ein unverzichtbares Element der nachhaltigen Bedarfsdeckung künftiger Generationen darstellt. Zwischen den Zielen der Entwicklungspolitik und einem sachgerechten Umweltschutz gibt es keinen Widerspruch. Beide müssen auf die Steigerung der Wohlfahrt abzielen.

Die Präzisierung des Konzeptes der „Nachhaltigkeit" hat sich allerdings als schwierig erwiesen. Es wäre nicht vernünftig, die Auffassung zu vertreten, daß alle natürlichen Ressourcen erhalten werden sollten. Erfolgreiche Entwicklung bedeutet zwangsläufig, daß in gewissem Umfang neues Land erschlossen wird, nach Erdöl gebohrt wird, Flüsse aufgestaut und Sümpfe trockengelegt werden. Verschiedentlich wird die Meinung vertreten, daß das natürliche Kapital im Sinn eines Aggregats erhalten werden sollte, indem Einbußen in einem Bereich durch Gewinne in anderen Bereichen ausgeglichen werden. Dieser Ansatz hat sich insofern als nützlich erwiesen, als er die Aufmerksamkeit auf die notwendige Schätzung des Wertes des Umweltkapitals sowie auf die Bedeutung des Schutzes bestimmter zentraler Ökosysteme lenkte.

Dieser Bericht unterstützt die Bemühungen um die wertmäßige Erfassung des Umweltkapitals, doch geht er darüber hinaus. Die Länder mögen sich dafür entscheiden, Humankapital (durch Ausbildung und technischen Fortschritt) oder Sachkapital zu akkumulieren, indem sie beispielsweise ihre Bodenschätze abbauen oder Land einer anderen Nutzung zuführen. Letztlich kommt es darauf an, ob die gesamte Produktivität des akkumulierten Kapitals – einschließlich seiner Auswirkungen auf die Gesundheit der Menschen und ihr seelisches Wohlbefinden, wie auch auf die Einkommen – den eventuellen Verlust von natürlichem Kapital überkompensiert. In der Vergangenheit hat man die Erträge der menschlichen Tätigkeit oft überbewertet, während man die Kosten der Umweltverschlechterung nicht zur Kenntnis nahm. Diese Kosten müssen in die Entscheidungen eingebaut werden, und sämtliche kurz- und langfristigen Umwelteffekte müssen sorgfältig untersucht werden. Die Unsicherheiten und die mögliche Irreversibilität mancher ökologischer Prozesse sind dabei zu beachten, und man muß sich bewußt sein, daß manche Umwelterträge immaterieller Art sind und manche Auswirkungen weit in der Zukunft liegen. Es ist weder möglich noch wünschenswert, alle Umweltressourcen in Geld zu bewerten, doch sind Zielkonflikte so explizit wie nur möglich herauszuarbeiten.

Verschiedentlich wird die Meinung vertreten, daß Investitionen in das Humankapital nur vorübergehend Vorteile brächten, während der Nutzen einer naturbelassenen Umwelt in alle Ewigkeit anhalte. Daraus wurde abgeleitet, daß bei der Bewertung von Umweltprojekten eine niedrigere Abzinsungsrate anzuwenden wäre. Ein solches Vorgehen kann aber letztlich *mehr* Schaden verursachen (indem zusätzliche Investitionen angeregt werden) als Nutzen stiften. Die Antwort auf die Umweltproblematik liegt nicht darin, bei der Projektanalyse künstlich niedrige Abzinsungsraten anzuwenden, sondern sicherzustellen, daß die Erträge einer wachsenden Wirtschaft reinvestiert werden.

Wenn die Entwicklungs- und Umweltpolitik auf einem Abwägen von Kosten und Erträgen und einer sorgfältigen gesamtwirtschaftlichen Analyse beruhen, wird dies den Umweltschutz stärken und zu einem wachsenden Wohlfahrtsniveau auf tragfähiger Basis führen. Wenn in diesem Bericht von „nachhaltiger Entwicklung" und „umweltverträglicher Entwicklung" die Rede ist, so ist diese engere Definition gemeint.

---

die Industrie und den Energieverbrauch, die Waldvernichtung durch kommerziellen Holzeinschlag und die Verschwendung von Wasser sind das Ergebnis einer wirtschaftlichen Expansion, die auf den Wert der Umwelt keine Rücksicht nimmt. Hier muß dafür gesorgt werden, daß die natürlichen Ressourcen in die Entscheidungsfindung einbezogen werden (Sonderbeitrag 2). Auf allen Stufen der Entwicklung kann ein rasches Bevölkerungswachstum die Bewältigung zahlreicher Umweltprobleme erschweren.

Die Bedeutung von Bevölkerungs- und Armutsprogrammen

Die Weltbevölkerung wächst gegenwärtig um etwa 1,7 Prozent pro Jahr. Zwar ist die Zuwachsrate nicht mehr so hoch wie in den späten sechziger Jahren, als sie einen Höchststand von 2,1 Prozent erreicht hatte, doch ist der absolute Zuwachs an Menschen – nahezu 100 Millionen pro Jahr – noch nie so groß gewesen. Im Zeitraum 1990 bis 2030 dürfte die Weltbevölkerung um 3,7 Milliarden Menschen wachsen – eine Zunahme, die viel größer ist als jemals innerhalb einer Generation und auch den Bevölkerungszuwachs während aller künftigen Generationen weit übertreffen dürfte. Neunzig Prozent des Bevölkerungswachstums werden in den Entwicklungsländern stattfinden. Während der kommenden vier Jahrzehnte wird die Bevölkerung von Afrika südlich der Sahara voraussichtlich von 500 Millionen auf 1,5 Milliarden Menschen wachsen, die Bevölkerung Asiens von 3,1 Milliarden auf 5,1 Milliarden und die Lateinamerikas von 450 Millionen auf 750 Millionen.

Ein rasches Bevölkerungswachstum trägt oft zu Umweltschäden bei. Die herkömmlichen Systeme der Bodennutzung und Ressourcenbewirtschaftung werden sich nicht so rasch anpassen können, um einen Raubbau zu vermeiden, und den Regierungen mag es nicht immer gelingen, einer wachsenden Bevölkerung die nötige Infrastruktur und Grundversorgung anzubieten. Außerdem wird allein schon die zunehmende Bevölkerungsdichte zur umweltpolitischen Herausforderung. Abgesehen von kleinen Inseln und Stadtstaaten weisen gegenwärtig nur Bangladesch, die Republik Korea, die Niederlande und die indonesische Insel Java eine Bevölkerungsdichte von mehr als 400 Menschen je Quadratkilometer auf. Um die Mitte des nächsten Jahrhunderts wird vermutlich ein Drittel der Weltbevölkerung in Ländern mit einer derartigen Bevölkerungsdichte leben. Praktisch ganz Südasien dürfte dann eine solche Bevölkerungsdichte aufweisen (in Bangladesch dürfte sie auf 1700 Menschen je Quadratkilometer steigen), und gleiches wird für eine erhebliche Zahl afrikanischer Länder, die Philippinen und Vietnam gelten.

Ein rasches Bevölkerungswachstum kann die negative Wechselwirkung zwischen Armut und Umweltzerstörung verschärfen. Die Armen sind im Hinblick auf die Umwelt sowohl Opfer als auch Täter. Da ihnen Kapital und Kenntnisse fehlen, verlegen sich die Bauern bei zunehmender Knappheit des Bodens auf die Kultivierung erosionsgefährdeter Hanglagen oder wandern in die tropischen Urwaldgebiete ab, wo die Erträge der gerodeten Flächen nach nur ein paar Jahren gewöhnlich rasch verfallen. Arme Familien müssen oft einen unabweisbaren kurzfristigen Bedarf befriedigen, der sie dazu nötigt, das Kapital der Natur „abzubauen", indem sie beispielsweise exzessiv Brennholz einschlagen oder darauf verzichten, dem Boden entzogene Nährstoffe zu ersetzen.

Die Stagnation der Landwirtschaft in Afrika südlich der Sahara ist ein besonders anschauliches Beispiel für den Wirkungszusammenhang von Armut, Bevölkerungswachstum und Umweltschädigung. Der Prozeß der allmählichen Intensivierung der dortigen Landwirtschaft während der ersten Hälfte dieses Jahrhunderts wurde durch das stark beschleunigte Bevölkerungswachstum während der letzten vier Jahrzehnte unterbrochen. Die niedrige Agrarproduktivität, die hauptsächlich durch ungenügende Anreize und ein dürftiges Angebot landwirtschaftlicher Dienstleistungen verursacht wird, verzögerte den demographischen Übergang und förderte die Bodenverschlechterung und Entwaldung, die ihrerseits die Produktivität minderten. Die Wälder Afrikas sind während der achtziger Jahre um 8 Prozent zurückgegangen; 80 Prozent des kultivierten und offenen Weidelands in Afrika weist Schäden auf; und in Ländern wie Burundi, Kenia, Lesotho, Liberia, Mauretanien und Ruanda reichen die Brachzeiten oft nicht aus, um die Bodenfruchtbarkeit zu regenerieren.

Die Zunahme der Weltbevölkerung wird sich zu neunzig Prozent auf die Stadtregionen konzentrieren. In der Tat wird damit gerechnet, daß die Landbevölkerung während der nächsten Generation nur noch in Afrika südlich der Sahara, im Nahen Osten und Nordafrika sowie in Mittelamerika wachsen wird. Die Verstädterung wird dazu beitragen, daß der Druck auf die ländliche Umwelt nachläßt, doch bringt sie durch das Wachstum der Industrie, durch Emissionen und Müll ihre eigenen Probleme mit sich.

Die einzige dauerhafte Lösung für die verschiedenen Probleme, die ein rasches Bevölkerungswachstum verursacht, besteht in einer Politik, die das Humankapital entwickelt, die Produktivität erhöht und damit die Einkommen steigert. Eine Verbesserung der Ausbildung der Mädchen dürfte in Afrika und anderen Entwicklungsregionen die wichtigste langfristig wirkende Umweltschutzmaßnahme darstellen. Die Schulbildung hat einen ganz entscheidenden Einfluß auf den Rückgang der Fruchtbarkeit; nach einer jüngst durchgeführten internationalen Querschnittsuntersuchung führt der Abschluß einer weiterführenden Schule dazu, daß die Kinderzahl einer Frau von sieben auf drei zurückgeht. Das Angebot an Familienplanungsleistungen muß ebenfalls gesteigert werden. Der Anteil der Paare, die Empfängnisverhütung anwenden, stieg in den Entwicklungsländern von 40 Prozent im Jahr 1980 auf 49 Prozent im Jahr 1990. Die oben erwähnten Bevölkerungsprojektionen beruhen auf der Annahme, daß diese Quote bis zum Jahr

2000 auf 56 Prozent und bis zum Jahr 2010 auf 61 Prozent steigt. Dafür ist es erforderlich, daß die Ausgaben für Familienplanungsprogramme im Verlauf der neunziger Jahre von 5 Mrd Dollar auf 8 Mrd Dollar zunehmen.

Wirtschaftswachstum und Umwelt

Welchen Druck wird das Wirtschaftswachstum in den kommenden Jahren auf die natürliche Umwelt ausüben? Um dies abzuschätzen, untersucht der vorliegende Bericht eine Langfristprojektion der Wirtschaftsleistung. Bei der gegenwärtigen Produktivitätsentwicklung und dem projizierten Bevölkerungswachstum dürfte die Produktion der Entwicklungsländer im Zeitraum 1990 bis 2030 jährlich um 4 bis 5 Prozent steigen und wäre damit am Ende dieser Periode etwa fünfmal so hoch wie gegenwärtig. Die Produktion der Industrieländer würde zwar langsamer wachsen, sich aber immer noch bis zum Jahr 2030 verdreifachen. Die Produktion der Welt im Jahr 2030 wäre 3,5mal so hoch wie heute und würde damit etwa 69 Billionen Dollar betragen (zu Preisen von 1990). Falls Umweltverschmutzung und -verschlechterung im Gleichschritt mit einem solchen Produktionswachstum zunehmen sollten, käme es zu einer unerträglichen Belastung und Schädigung der Umwelt. In zweistelliger Millionenzahl würden jedes Jahr Menschen zusätzlich umweltbedingt erkranken oder sterben. Die Wasserknappheit wäre unertragbar und tropische Wälder und andere natürliche Lebensräume würden auf einen Bruchteil ihres gegenwärtigen Umfangs reduziert. Eine solche Entwicklung ist zum Glück nicht zwangsläufig, und sie wird nicht eintreten, wenn die richtigen Maßnahmen und wirksame institutionelle Vorkehrungen getroffen werden.

Die „Quellen" der Erde sind ebenso begrenzt wie die Aufnahmefähigkeit ihrer „Abflüsse". Inwieweit diese Begrenzungen dem Wachstum der menschlichen Aktivität Schranken setzen, wird von den Möglichkeiten für Substitutionsprozesse, technischem Fortschritt und strukturellem Wandel abhängen. Werden Entscheidungsträger dazu gezwungen, auf die Knappheit und die Kapazitätsgrenzen natürlicher Ressourcen Rücksicht zu nehmen, so beeinflußt dies ihre Handlungen ganz erheblich. Beispielsweise waren noch vor fünfzehn Jahren Besorgnisse wegen einer Erschöpfung der weltweiten Reserven an Metallen und anderen Mineralien im Schwange, während heutzutage das potentielle Angebot solcher Bodenschätze die Nachfrage über-

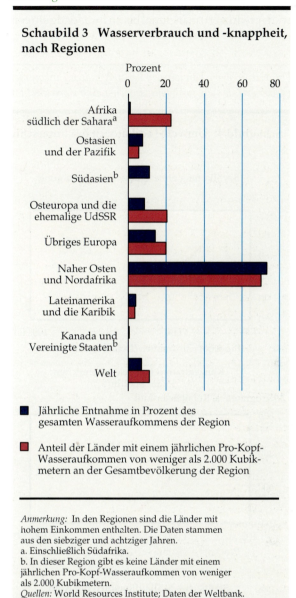

In manchen Gebieten ist die Wasserknappheit kritisch, doch insgesamt ist Wasser reichlich vorhanden

Schaubild 3 Wasserverbrauch und -knappheit, nach Regionen

■ Jährliche Entnahme in Prozent des gesamten Wasseraufkommens der Region

■ Anteil der Länder mit einem jährlichen Pro-Kopf-Wasseraufkommen von weniger als 2.000 Kubikmetern an der Gesamtbevölkerung der Region

Anmerkung: In den Regionen sind die Länder mit hohem Einkommen enthalten. Die Daten stammen aus den siebziger und achtziger Jahren.
a. Einschließlich Südafrika.
b. In dieser Region gibt es keine Länder mit einem jährlichen Pro-Kopf-Wasseraufkommen von weniger als 2.000 Kubikmetern.
Quellen: World Resources Institute; Daten der Weltbank.

steigt. Die Preise von Mineralien wiesen während der letzten hundert Jahre einen recht kontinuierlichen Abwärtstrend auf. In den achtziger Jahren sind sie infolge eines Überangebots stark verfallen, so daß die auf Rohstoffexporte angewiesenen Länder zu verarmen drohten.

Bei manchen anderen natürlichen Ressourcen dagegen übersteigt die Nachfrage häufig das Angebot. Dies gilt besonders für den Wasserbedarf, und zwar nicht nur in den niederschlagsarmen Gebieten des Nahen Ostens, sondern auch im Norden Chinas, im östlichen Java und in Teilen Indiens (vgl. Schaubild 3). Grundwasservorkommen werden immer weiter reduziert, manchmal bis zu ihrer endgültigen Erschöpfung, und die Wasserentnahme aus Flüssen ist oft derart intensiv, daß sie deren ökologische Funktionen beeinträchtigt und der weitere Ausbau der Bewässerung zunehmend erschwert wird.

Umweltprobleme können sich bei steigendem Einkommen verschlechtern oder verbessern; in manchen Fällen verbessern sie sich, nachdem zunächst eine Verschlechterung eingetreten war

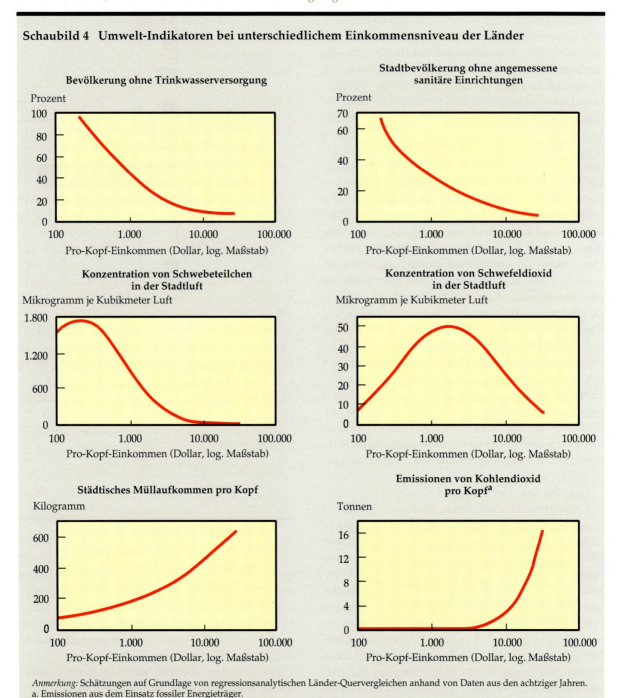

Schaubild 4 Umwelt-Indikatoren bei unterschiedlichem Einkommensniveau der Länder

Anmerkung: Schätzungen auf Grundlage von regressionsanalytischen Länder-Quervergleichen anhand von Daten aus den achtziger Jahren.
a. Emissionen aus dem Einsatz fossiler Energieträger.
Quellen: Shafik und Bandyopadhyay, Hintergrundpapier; Daten der Weltbank.

Wenn manche natürlichen Ressourcen – Wasser, Wälder und saubere Luft – vom Menschen zunehmend „bedrängt" werden, während dies bei anderen Ressouren – Metallen, Mineralien und Energieträgern – nicht der Fall ist, so hängt dies damit zusammen, daß sich die Knappheit der letzteren in den Marktpreisen widerspiegelt und somit die Substitution, der technische Fortschritt und der Strukturwandel ihre Kräfte entfalten können. Für die erstgenannten Ressourcen ist ein freier Zugang typisch, mit der Folge, daß es keine Anreize zu einer sparsamen Verwendung gibt. Deshalb sind Maßnahmen und Institutionen notwendig, die die Entscheidungsträger – Unternehmen, Landwirte, Haushalte und Gebietskörperschaften – dazu zwingen, den gesellschaftlichen Wert solcher Ressourcen bei ihrem Handeln zu berücksichtigen. Dies ist keine einfache Aufgabe. Die Erfahrung zeigt jedoch, daß dann, wenn eine Umweltpolitik von der Öffentlichkeit getragen und entschlossen durchgesetzt wird, die Kräfte der Substitution, des technischen Fortschritts und des Strukturwandels ebenso wirkungsvoll sein können wie bei Metallen und Mineralien oder anderen am Markt gehandelten Rohstoffen. Dies erklärt, weshalb in der Umweltdebatte zu Recht nicht mehr die *physischen Grenzen* des Wachstums im Mittelpunkt stehen, sondern die Anreize für das *menschliche Verhalten* sowie Maßnahmen zur *Korrektur des Marktversagens und falscher Politik*.

Schaubild 4 illustriert, wie eine zunehmende Wirtschaftsleistung Umweltprobleme verursachen kann, aber auch wie sie zu deren Bewältigung beitragen kann, wenn eine sachgerechte Politik und wirksame Institutionen vorhanden sind. Es lassen sich drei verschiedene Ablaufmuster feststellen:

• Manche Probleme verlieren mit steigendem Einkommen an Gewicht. Dies hängt damit zusammen, daß ein zunehmendes Einkommen die Mittel für öffentliche Leistungen wie Abwasserbeseitigung und ländliche Stromversorgung schafft. Wenn die Individuen der Sorge um ihr tägliches Überleben enthoben sind, können sie Ressourcen für ertragreiche Investitionen zur Erhaltung der Umwelt aufwenden. Solche Synergieeffekte zwischen Wirtschaftswachstum und Umweltqualität dürfen nicht unterschätzt werden.

• Manche Probleme verschlimmern sich zunächst, bilden sich aber bei weiter steigendem Einkommen zurück. Diesem Verlauf folgen die meisten Arten der Luft- und Wasserverschmutzung, wie auch manche Formen der Waldvernichtung und der Eingriffe in natürliche Lebensräume. Die Lage verbessert sich jedoch nicht von selbst, sondern nur, wenn der Staat gezielt zu Maßnahmen greift, die gewährleisten, daß zusätzliche Mittel zur Lösung der Umweltprobleme eingesetzt werden.

• Manche Indikatoren der Umweltbelastung verschlechtern sich bei steigendem Einkommen. Aktuelle Beispiele dafür sind die Emissionen von Kohlenstoff und Stickoxiden sowie der Müll in den Städten. In diesen Fällen ist eine Eindämmung relativ aufwendig, während die mit den Emissionen und Abfällen verbundenen Kosten noch als tragbar angesehen werden – häufig deshalb, weil sie von einer anderen Stelle übernommen werden. Auch hier ist die Politik der Schlüssel zur Lösung. In den meisten Ländern gibt es für Verbraucher und Unternehmen zu wenig Anreize, die Abfälle und Emissionen zu beschränken; diese Umweltbelastungen werden zunehmen, solange solche Anreize – aufgrund von Umweltvorschriften, Gebühren oder anderen Maßnahmen – fehlen. Die Erfahrungen mit anderen Arten der Umweltverschmutzung, bei denen eine Trendwende erreicht wurde, zeigen aber, welche Erfolge möglich sind, wenn sich die Politik erst einmal der Sache angenommen hat.

Aus Schaubild 4 folgt nicht, daß ein zwangsläufiger Zusammenhang zwischen dem Einkommensniveau und bestimmten Umweltproblemen besteht; je nach der von den Ländern verfolgten Politik können die Umweltbedingungen eines Landes viel besser (oder schlechter) sein als in anderen Ländern auf einem ähnlichen Einkommensniveau. Die dargestellten Zusammenhänge sind auch keineswegs als statisch anzusehen; aufgrund des technischen Fortschritts haben sich einige dieser Kurven während der letzten Jahrzehnte nach unten verschoben, was den Ländern die Chance gibt, sich in einer weniger umweltbelastenden Weise zu entwickeln als dies in früheren Jahren möglich war.

Strategien für Entwicklung und Umwelt

Zwei Maßnahmenkomplexe sind erforderlich, um die eigentlichen Ursachen von Umweltschäden zu bekämpfen. Beide Politikbereiche sind notwendig, und keiner von beiden ist allein ausreichend.

• Maßnahmen, die die positiven Zusammenhänge zwischen Entwicklung und Umwelt nutzbar machen, indem sie Fehler der Politik korrigieren oder verhindern, den Zugang zu Ressourcen und Technologien verbessern und ein sozial ausgewogenes Einkommenswachstum fördern.

• Maßnahmen, die auf spezielle Umweltprobleme abstellen: Regulierungen und Anreize, die erforderlich sind, damit die Belange der Umwelt in die Entscheidungen einbezogen werden.

Nutzung der positiven Wechselwirkung

Glücklicherweise nützen viele Maßnahmen, die die wirtschaftliche Effizienz fördern, auch der Umwelt. Eine Politik zur Effizienzsteigerung führt zu weniger Abfall, reduziertem Rohstoffeinsatz und mehr technischem Fortschritt.

Der *Weltentwicklungsbericht 1991* beschrieb die Elemente einer „marktfreundlichen" Entwicklungspolitik. Dazu gehörten: Investitionen in die Menschen durch Erziehung, Gesundheits- und Ernährungsfürsorge und Familienplanung; Schaffung der richtigen Rahmenbedingungen für das Unternehmertum durch Sicherstellung von Wettbewerbsmärkten, Beseitigung von Marktunvollkommenheiten, Aufbau eines transparenten Rechtswesens und Bereitstellung von Infrastruktur; Förderung der Integration in die Weltwirtschaft durch ein weltoffenes Außenhandelsregime und freien Kapitalverkehr und Gewährleistung der gesamtwirtschaftlichen Stabilität.

Jede dieser Maßnahmen kann einen besseren Umgang mit der Umwelt ermöglichen. So ist ein verbessertes Ausbildungswesen eine essentielle Voraussetzung für die allgemeine Einführung umweltschonender Agrartechniken, die mehr Kenntnisse erfordern als herkömmliche Verfahren. So kann die Freizügigkeit des Kapitalverkehrs den Transfer neuer und sauberer Verfahren erleichtern. Zwei Elemente dieses Bündels von Maßnahmen sind jedoch besonders wichtig: die Beseitigung von Verzerrungen, die zu einem überhöhten Ressourcenverbrauch anregen, und die Schaffung eindeutiger Eigentumsrechte.

BESEITIGUNG VON VERZERRUNGEN.. Manche wirtschaftspolitischen Maßnahmen sind unmittelbar schädlich für die Umwelt. Wichtig sind in diesem Zusammenhang die Preisverzerrungen im allgemeinen und die Subventionierung von Betriebsstoffen im besonderen. Die Subventionierung des Energieverbrauchs beispielsweise kostet die Regierungen der Entwicklungsländer jährlich über 230 Mrd Dollar – das ist mehr als viermal so viel wie der Gesamtbetrag der öffentlichen Entwicklungshilfe. Der Löwenanteil dieses Betrages (180 Mrd Dollar) entfällt auf die ehemalige Sowjetunion und Osteuropa; nach Schätzungen dürfte über die Hälfte der gesamten Luftverschmutzung der Region auf diese

Die Abschaffung von Subventionen und Besteuerung des Energieverbrauchs können die Luftverschmutzung drastisch reduzieren

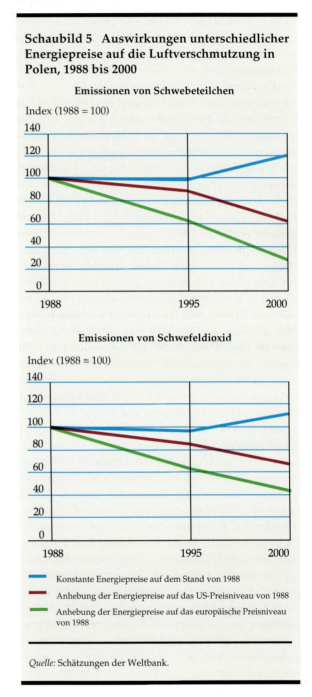

Schaubild 5 Auswirkungen unterschiedlicher Energiepreise auf die Luftverschmutzung in Polen, 1988 bis 2000

Quelle: Schätzungen der Weltbank.

Verzerrungen zurückzuführen sein (vgl. Schaubild 5). Die Abschaffung aller Energiesubventionen – einschließlich der Kohlesubventionen in den Industrieländern – würde nicht nur große Vorteile für die volkswirtschaftliche Effizienz und die öffentlichen Finanzen bringen, sondern würde auch die örtliche

Luftverschmutzung drastisch senken und die weltweiten Emissionen von Kohlenstoffen durch den Energieverbrauch um 10 Prozent vermindern. Andere Preisverzerrungen haben ebenfalls zu schwerwiegenden Umweltfolgen geführt. In einer Auswahl von fünf afrikanischen Ländern machten die Gebühren für den Holzeinschlag nur zwischen 1 und 33 Prozent der Kosten der Aufforstung aus. In den meisten asiatischen Ländern deckten die Bewässerungsgebühren weniger als 20 Prozent der Kosten des Wasserangebots ab. Und die Subventionen für Schädlingsbekämpfungsmittel bewegten sich in sieben ausgewählten Ländern Lateinamerikas, Afrikas und Asiens zwischen 19 und 83 Prozent der Kosten.

Häufig ist das Verhalten von Staatsunternehmen in besonderem Maß durch verzerrte Anreizsysteme geprägt. Dieser Umstand ist wichtig, da viele Wirtschaftszweige, in denen die Staatsunternehmen eine herausragende Rolle spielen – Energieerzeugung, Zementproduktion, Stahlerzeugung und Bergbau – hochgradige Umweltverschmutzer sind; die „Kommandozentralen" der Wirtschaft sind zugleich auch ihre „Verschmutzungszentralen". Deshalb kann die Umwelt profitieren, wenn das Management von Staatsunternehmen stärker zur Verantwortung gezogen und dem gleichen Wettbewerb ausgesetzt wird wie der private Sektor.

SCHAFFUNG EINDEUTIGER EIGENTUMSRECHTE. Bei einem freien Zugang zu Wäldern, Weideland und Fischgründen neigen die Menschen zu einer übermäßigen Ausbeutung dieser Ressourcen. Die Übertragung von Bodeneigentum an die Bauern in Thailand trug dazu bei, daß die Waldschäden abnahmen. Nachdem Slumbewohner in Bandung, Indonesien, Eigentumsrechte erhalten hatten, verdreifachten sich die Investitionen der Haushalte in sanitäre Einrichtungen. Durch die rechtliche Absicherung des Grundbesitzes von Bauern im Hügelland Kenias konnte die Bodenerosion reduziert werden. Die Schaffung von förmlichen Rechtsnormen für das gemeinschaftliche Bodeneigentum hat in Burkina Faso die Bodenbewirtschaftung drastisch verbessert. Und die Verteilung von übertragbaren Nutzungsrechten an Fischbeständen hat in Neuseeland die Überfischung eingedämmt. Der schwerwiegendste Fehler, der einer Regierung bei dem Versuch, den freien Zugang zu beschränken, unterlaufen kann, ist die Verstaatlichung von Ressourcen zum Zweck ihrer Erhaltung. Die Verstaatlichung resultierte oft daraus, daß Politiker und Hilfsorganisationen nicht hinreichend differenzierten zwischen den traditionellen Systemen des Gemeinschaftseigentums, die eine sinnvolle Nutzung von natürlichen Ressourcen fördern, und Systemen mit freiem Zugang, die zum Raubbau führen. Wenn der Boden und die Gewässer verstaatlicht und die traditionellen Nutzungssysteme aufgegeben wurden, stellten sich oft schlimme Umweltkonsequenzen ein, wie dies in den Wäldern Nepals der Fall war.

Gezielte Maßnahmen zur Beinflussung des Verhaltens

Die oben genannten Maßnahmen sind wichtig, aber nicht ausreichend. Die Abschaffung der Treibstoffsubventionen genügt nicht, um der Luftverschmutzung in Peking oder Mexiko-Stadt ein Ende zu setzen. Und es ist schlechthin nicht praktikabel, durch die Zuweisung von Eigentumsrechten die meisten jener Umweltprobleme zu lösen, welche eine große Zahl von Menschen weit entfernt von der Schadensquelle betreffen – wie die Verschmutzung von Luft und Wasser, die Zerstörung von Wassereinzugsgebieten, der Verlust der Artenvielfalt und ähnliche Probleme. Diese Situationen erfordern spezifische Maßnahmen, welche die Nutzer von Ressourcen dazu anregen oder verpflichten, die Nebenwirkungen ihrer Handlungen auf die restliche Bevölkerung in Betracht zu ziehen.

Maßnahmen, die das Verhalten verändern sollen, lassen sich in zwei allgemeine Kategorien einteilen: zum einen die auf Anreizen beruhenden („marktkonformen") Maßnahmen, durch die Umweltverschmutzer entsprechend den von ihnen verursachten Schäden mit Steuern oder Gebühren belastet werden, zum anderen die quantitativen Beschränkungen („Gebote und Verbote"), bei denen eine solche flexible Anpassung nicht möglich ist.

Marktkonforme Maßnahmen sind grundsätzlich allen anderen vorzuziehen und funktionieren oft auch in der Praxis am besten. Sie regen jene Umweltverschmutzer zu den wirksamsten Abhilfemaßnahmen an, die diese mit den niedrigsten Kosten durchführen können, und belasten damit die Volkswirtschaft weniger als andere Maßnahmen. Eine Auswertung von sechs Untersuchungen über die Kontrolle der Luftverschmutzung in den Vereinigten Staaten ergab, daß eine kostenminimierende Politik die Kosten gegenüber den tatsächlich durchgeführten Maßnahmen um 45 bis 95 Prozent gesenkt hätte. Wirtschaftliche Anreize werden seit Jahren in mittelbarer oder auch unmittelbarer Form angewendet, wie bei den Treibstoff- und Kraftfahrzeugsteuern (in den meisten OECD-Ländern), den städtischen Zufahrtsgebühren (in Singapur) und den Zuschlägen für Einsatzstoffe mit Gefährdungspotential, etwa Pestiziden und Kunststoffen (in Dänemark und Schweden). Gebühren mit spezifischem Anwendungsbereich gewinnen an Bedeutung; Beispiele dafür sind die neu eingeführten Kohlenstoffsteuern in einigen europäischen Ländern, handelbare Zertifikate für Luftverschmutzer (in den Vereinigten Staaten), Pfandsysteme für Flaschen und Batterien (in verschiedenen europäischen Ländern), Gebühren für gefährliche Abfälle und Umweltgarantien, deren Einführung gegenwärtig in Bangkok geprüft wird, sowie Zuschläge zu den Holzeinschlagsgebühren zur Finanzierung der Aufforstung in Indonesien. Die Industrieländer haben mit der Einführung marktkonformer Umweltmaßnahmen lange gezögert, u.a. weil die Umweltschützer den Standpunkt vertraten, eine Verschlechterung der Umwelt sei um jeden Preis zu vermeiden, vor allem aber, weil die Wirtschaft befürchtete, Emissionsstandards einhalten und zugleich Gebühren für die verbleibenden Emissionen zahlen zu müssen. Heute ist man sich überwiegend einig, daß marktkonforme Instrumente zu wenig genutzt wurden. Solche Instrumente bieten sich besonders für die Entwicklungsländer an, die es sich nicht leisten können, die unnötigen Zusatzkosten von weniger flexiblen Instrumenten zu tragen, die die OECD-Länder in Kauf nahmen.

Quantitative Gebote und Verbote, wie spezifische Vorschriften über die von bestimmten Industrien anzuwendenden Umweltschutzmaßnahmen, sind in den letzten Jahren wegen ihrer Kosten und innovationshemmenden Wirkungen in Verruf gekommen. Doch dürften sie in manchen Situationen die besten Instrumente sein, die zur Verfügung stehen. Dort, wo eine kleine Zahl von starken Umweltverschmutzern am Werk ist, wie dies in der brasilianischen Industriestadt Cubatão der Fall war, dürfte die direkte Regulierung das am schnellsten und effektivsten wirkende Mittel sein. Die Steuerung der Bodennutzung in Neulandgebieten ist ein anderes Beispiel für eine Situation, die direkte Eingriffe erfordern dürfte.

Die sachgerechte Auswahl der Instrumente wird von den Umständen abhängen. Eine wichtige Überlegung ist dabei die Schonung knapper Verwaltungskapazitäten. Für viele Entwicklungsländer dürften sich relativ grobe Instrumente, die ohne eine detaillierte Überwachung auskommen, empfehlen. Dazu dürften Steuern oder Abgaben auf umweltbelastende Einsatzstoffe – statt auf die Umweltverschmutzung selbst – gehören. Auch Maßnahmen, die sich selbst verstärkende Anreize bieten, wie Pfandsysteme und Umweltgarantien, erscheinen attraktiv.

Aus den jüngsten Erfahrungen können verschiedene Lehren gezogen werden:

- *Umweltnormen sollten realistisch und durchsetzbar sein.* Zahlreiche Entwicklungsländer haben unrealistisch niedrige Grenzwerte – häufig die gleichen wie in den OECD-Ländern – festgelegt, sie aber nicht einheitlich durchgesetzt. Auf diese Weise wurden Mittel verschwendet, die Korruption erleichtert und die Glaubwürdigkeit der gesamten Umweltpolitik untergraben. Umweltvorschriften in den Gesetzessammlungen und Flächennutzungspläne an den Wänden der Regierungsbüros sind oft ein Zeichen für echtes Engagement; wenn aber die Politik nicht umgesetzt wird, können sie den falschen Eindruck vermitteln, daß gravierende Probleme unter Kontrolle sind. Da ist es besser, wenigere, aber realistischere Umweltnormen vorzugeben, die wirklich durchgesetzt werden.
- *Die Umweltpolitik muß zum allgemeinen wirtschaftspolitischen Umfeld passen.* Viele gut gemeinte Umweltmaßnahmen wurden durch eine konträre Politik in anderen Bereichen durchkreuzt. In China wie in Polen wird die Umweltverschmutzung seit Jahren mit Abgaben belastet; diese Maßnahmen blieben jedoch wirkungslos, da den Staatsunternehmen ihre Rentabilität gleichgültig war. Die Planung der Bodennutzung in Afrika südlich der Sahara war gewöhnlich erfolglos, da ihr eine Politik entgegenstand, welche die Intensivierung und die Beschäftigung außerhalb der Landwirtschaft nicht förderte. Die Bemühungen Brasiliens, die Überfischung vor der Küste von Bahia einzudämmen, wurden in den frühen achtziger Jahren durch staatliche Subventionen für neue Nylonnetze untergraben.
- *In vielen Fällen ist ein Bündel von Maßnahmen notwendig.* Da Umweltschäden häufig von unterschiedlichen Sektoren und aus unterschiedlichen Gründen verursacht werden, wird eine Einzelmaßnahme nicht immer ausreichen. Um beispielsweise die Luftverschmutzung durch Kraftfahrzeuge in Mexiko-Stadt zu reduzieren, werden verbindliche Normen für die Abgase und die Motorleistung, Verbesserungen der Kraftstoffe und Benzinsteuern notwendig sein.

Überprüfung der öffentlichen Ausgaben

Die öffentlichen Ausgaben können sich erheblich auf die Umwelt auswirken, und zwar zum Schlechten wie zum Guten. Heute ist man sich darüber im klaren, daß zahllose öffentliche Investitionsprojekte – die oft von Entwicklungshilfeeinrichtungen, einschließlich der Weltbank, gefördert wurden – Umweltschäden verursacht haben, weil versäumt wurde, die Umweltaspekte zu berücksichtigen, oder die Größenordnung der Effekte unterschätzt wurde. Das Transmigrationsprogramm in Indonesien, der Mahaweli-Plan in Sri Lanka und die Polonoreste-Projekte in Brasilien sind Beispiele für Großprojekte, die in früheren Jahren unerwartete Schäden verursacht haben. Ebenso wichtig sind jedoch die Fragen der Planung einzelner Projektelemente – die Linienführung von Straßen, die Planung von Wassersystemen und die Anlage der Zugänge zu Wäldern und Feuchtgebieten.

Ausgehend von der Untersuchung von Wasserkraftwerken in den Vereinigten Staaten während der fünfziger und sechziger Jahre wurden bei der Anwendung der Kosten-Nutzen-Analyse auf Umweltfragen beträchtliche Fortschritte gemacht. Aufgrund solcher Untersuchungen haben sich die geschätzten Ertragsraten von manchen forstwirtschaftlichen Projekten verdreifacht, während sie sich bei manchen Wasserkraftwerken und Straßenbauvorhaben halbierten, was diese unattraktiv machte.

Die meisten Länder und Entwicklungshilfeeinrichtungen haben in jüngster Zeit Verfahren zur ökologischen Bewertung eingeführt. Diese Verfahren befinden sich noch im Anfangsstadium; die Methoden müssen noch weiterentwickelt werden, und es sind Erfahrungen zu sammeln bezüglich der kritischen Punkte bei der Einbeziehung der – häufig qualitativen – Bewertungsergebnisse in die Entscheidungsfindung. Es hat sich gezeigt, daß die Qualität und die Wirksamkeit des Entscheidungsprozesses wesentlich verbessert werden können, wenn der Prozeß transparent gemacht wird. Die Anhörung der örtlich Betroffenen hat sich ebenfalls als essentiell erwiesen; seitens der Weltbank wurde u.a. die Erfahrung gemacht, daß die örtliche Bevölkerung bereits in einem frühen Stadium des Projekts zu informieren ist und daß die Stellungnahmen der betroffenen Gemeinschaften in die Projektplanung einfließen müssen.

Beseitigung von Widerständen gegen Umweltpolitik

Selbst wenn es direkte Mittel zur Bewältigung von Umweltproblemen gibt, erweist es sich für den Staat oft als schwierig, sie in wirksame Politik umzusetzen. Zu den Gründen für die Kluft zwischen politischem Wollen und praktischem Erfolg gehören: politischer Druck, Mangel an Daten und Kenntnissen, schwache Institutionen und eine ungenügende Beteiligung der örtlichen Bevölkerung an der Problemlösung.

Abwehr von politischem Druck

Das Abstellen von Umweltschäden bedingt oft, daß Personen, die politisch einflußreich sein können, Rechte verlieren. Unternehmer, Bauern, Holzfäller und Fischer verteidigen vehement ihre Rechte, die Umwelt zu verschmutzen oder Ressourcen auszubeuten. Beispiele für die Resultate politischen Drucks sind: die Modifikation der geplanten Steuern auf Kohlenstoffemissionen in Europa mit dem Ziel, die energieintensiven Industriezweige zu entlasten, die Verzögerungen bei der Einführung von übertragbaren Fischereirechten in Chile infolge des Drucks einer mächtigen Fischereilobby und die fast überall zu beobachtende Blockade einer Einführung von Bewässerungsabgaben. Diejenigen, die geschädigt werden, wenn sich die Umwelt verschlechtert, und die am meisten von einer vernünftigen Politik profitieren könnten, sind oft die Armen und Schwachen. Ihr politischer Einfluß ist unter Umständen geringer als derjenige der Verschmutzer, mit denen sich die Regierungen auseinandersetzen müssen.

Ein zweiter Grund für eine enttäuschende Leistung der Politik hängt mit der Unfähigkeit des Staates zusammen, sich selbst Umweltnormen aufzuerlegen. Das Problem entsteht teils dadurch, daß staatliche Stellen widersprüchliche soziale und ökonomische Ziele verfolgen, die es ihnen erlauben, ihre Ressourcen weniger effizient einzusetzen, und teils aufgrund der inhärenten Widersprüche ihrer Doppelrolle als „Wildhüter" und „Wilderer". So sind in den Vereinigten Staaten kommunale Kläranlagen die hartnäckigsten Verletzer der Normen für Abwassereinleitungen.

Während private und öffentliche Umweltverschmutzer Obstruktion betreiben können, mögen andere Einflüsse den Staat dazu verleiten, die falschen Prioritäten zu setzen. Internationaler Druck kann dazu führen, daß Umweltprobleme, an denen die Geberländer ein besonderes Interesse haben, in den Vordergrund gerückt werden. Auch besteht immer die Neigung, sich eher auf dramatische als auf chronische Probleme zu konzentrieren; wenige

Interessengruppen nehmen z.B. Einfluß zugunsten einer verbesserten Abwasserbeseitigung oder einer Reduktion der Luftverschmutzung in Innenräumen. Überdies mag der Staat unter dem Druck stehen, sich bevorzugt Problemen wie der Luftverschmutzung zu widmen, die alle, auch die Reichen betreffen, an Stelle von Problemen wie den fäkalen Kolibakterien in Flüssen, vor denen sich die Reichen schützen können.

Verbesserung der Information

Die Unkenntnis stellt eine hohe Hürde beim Finden von Lösungen dar. Regierungen fällen oft Entscheidungen, ohne über die elementarsten Informationen zu verfügen. Internationale Initiativen sind dringend notwendig, um gravierende Informationsdefizite in einigen Bereichen zu überwinden, beispielsweise hinsichtlich der Bodenverschlechterung (speziell in Afrika), der Bodenproduktivität innerhalb und in der Nähe tropischer Wälder sowie der Fragen der Erdatmosphäre. Die Länder können große Erträge erzielen durch Investitionen in die Sammlung grundlegender Daten über die Belastung durch Emissionen und unhygienische Lebensbedingungen, den Substanzverlust des Bodens und der Wasserreserven, die Ertragskraft des Bodens sowie den Verlust von Wäldern und natürlichen Lebensräumen.

Die Ursachen und Wirkungen von Umweltschäden zu verstehen sowie die Kosten und Erträge von Maßnahmen abzuschätzen, stellt den nächsten Schritt dar. Nach einer sorgfältigen Analyse kam die Verwaltung von Bangkok zu dem Ergebnis, daß die Bekämpfung der Emissionen von Blei und Schwebstoffen höchste Priorität verdiente. Die Umweltschutzbehörde der Vereinigten Staaten schätzte, daß es im Hinblick auf die Abwendung von Todesfällen 1.000mal kostengünstiger war, Vorschriften für unventilierte Gebäudeheizungen einzuführen als bestimmte Normen für gefährliche Abfälle weiter zu verschärfen. Eine Studie für Südpolen stellte fest, daß der Nutzen einer Reduzierung der Schwebstoffemissionen die Kosten bei weitem übersteigen würde, daß dies aber nicht für eine Kontrolle der Schwefeldioxid-Emissionen gelten würde.

Unabhängige Kommissionen haben sich für die Regierungen als nützlicher Weg erwiesen, technischen Sachverstand in Anspruch zu nehmen. Eine wachsende Zahl von Entwicklungsländern, darunter Nigeria, Thailand und Ungarn stellt fest, daß Ad-hoc-Ausschüsse in besonders umstrittenen Fragen fachliche Objektivität vermitteln können. In Afrika beziehen nationale Aktionsprogramme für die Umwelt, die für Lesotho, Madagaskar und Mauritius bereits fertiggestellt wurden und für siebzehn andere Länder vorbereitet werden, technische Experten und Bürgergruppen in den Entscheidungsprozeß über Prioritäten und Maßnahmen ein.

Stärkung der institutionellen Grundlagen

Überall auf der Welt bemühen sich die Regierungen darum, ihre institutionelle Leistungsfähigkeit für das Umweltmanagement zu stärken. Neben dem offensichtlichen Bedarf an verbesserten technischen Fertigkeiten, adäquater Finanzierung und Transparenz der Umweltschutzvorschriften gibt es erfahrungsgemäß vier Prioritäten:

- *Präzisierung der Ziele und Sicherstellung von Verantwortlichkeit.* Öffentliche Stellen, die Umweltprogramme durchführen – forst- und landwirtschaftliche Behörden, Bewässerungs- und Wasserversorgungsämter, Baubehörden und landwirtschaftliche Beratungsdienste – müssen für die ökologischen Auswirkungen ihrer Tätigkeit verantwortlich gemacht werden. Das gleiche gilt für Geberländer und Hilfsorganisationen.

- *Erteilung der Kompetenz zur Prioritätensetzung und Durchführungskontrolle.* Für Umweltinstitutionen gibt es keine ideale Blaupause, doch könnte eine auf hoher Ebene angesiedelte Umweltbehörde mit der Kompetenz, Maßnahmen zu ergreifen und ihre Durchführung in allen Sektoren zu überwachen, das Umweltmanagement in Brasilien, China und Nigeria durchgreifend verbessern.

- *Sicherstellung einer flächendeckenden Koordinierung.* Dort, wo sektorübergreifende Entscheidungen getroffen werden müssen – bei der Wasserbewirtschaftung in einem Stromgebiet, in der kommunalen Umweltpolitik und Müllwirtschaft, beim Schutz eines großen bevölkerten Waldgebietes – ist Koordination erforderlich, um Konsistenz der Maßnahmen und Kosteneffizienz sicherzustellen. Flächendeckende Organisationen, die für die Durchführung sektorübergreifender Programme verantwortlich waren, sind im allgemeinen gescheitert. Koordinierungsmechanismen sind jedoch unbedingt erforderlich: die kürzlich eingerichteten regionalen Umweltschutzeinheiten in Santiago und Mexiko-Stadt sind vielversprechende Beispiele.

- *Regulieren auf Distanz.* Die ausführenden Stellen sollten für die Auswirkungen ihrer Aktivitäten verantwortlich gemacht werden und sollten von den regulierenden und überwachenden Behörden unabhängig sein.

Einbeziehung der örtlichen Bevölkerung

Die Entscheidung zwischen wirtschaftlichen oder gesellschaftlichen Vorteilen und Umweltkosten verlangt oft eine subjektive Beurteilung und genaue Kenntnis der örtlichen Situation. Weder der Staat noch Hilfsorganisationen können beurteilen, wie die örtliche Bevölkerung ihre Umwelt bewertet. Ein Verfahren, das ihre Mitwirkung ermöglicht, ist unbedingt erforderlich. Die örtliche Partizipation bringt außerdem hohe wirtschaftliche und ökologische Erträge bei der Programmdurchführung in den Bereichen Aufforstung, Bodenerhaltung, Naturschutz, Wasserbewirtschaftung, Abwasserbeseitigung, Bodenentwässerung und Hochwasserschutz.

Entwicklungsprojekte, die die Stärken bestehender Verfahren nicht nutzten, sind oft fehlgeschlagen. Das von oben verordnete Aufforstungsprogramm in Haiti wurde erst dann zum Erfolg, als man den Kleinbauern und Dorfgemeinschaften erlaubte, die Baumarten selbst auszuwählen und zu bestimmen, wo sie gepflanzt werden sollten. So kam es, daß statt der geplanten 3 Millionen Bäume auf 6.000 Bauernhöfen 20 Millionen Bäume auf 75.000 Höfen gepflanzt wurden. Ein großes Bewässerungsprojekt auf Bali, Indonesien, bei dem die Vorteile der traditionellen Methoden der Schädlingsbekämpfung verkannt wurden, hatte katastrophale Folgen. Ein Folgeprojekt, das sich die Vorteile der einheimischen Verfahren zunutze machte, war dagegen erfolgreich.

Die Einbeziehung der Bevölkerung kann kostspielig werden, und in manchen Fällen kann sie nicht nur den Entscheidungsprozeß lähmen, sondern auch dazu führen, daß öffentliche Investitionen zur Geisel eines unproduktiven Verweigerungsaktionismus werden, und sie kann örtliche Machtstrukturen verstärken. Erfahrungsgemäß ist der Erfolg am größten, wenn Aufgaben selektiv entsprechend den gezeigten Leistungen übertragen werden. Die Stärkung der Kompetenzen der lokalen Verwaltungen spielt in diesem Prozeß eine wichtige Rolle. Staatliche Stellen müssen in der Anwendung von Partizipationsverfahren erst unterwiesen werden und brauchen klare Vorgaben seitens ihrer Führung über die Wichtigkeit der Partizipation.

Die Umsetzung von Maßnahmen

Wie lassen sich diese Grundsätze in der Praxis anwenden? Dieser Bericht gliedert die Diskussion in vier Themenbereiche: Wasser und sanitäre Einrichtungen, Emissionen von Energiewirtschaft und Industrie, Umweltpolitik auf dem Land sowie grenzüberschreitende Umweltaufgaben.

Wasser und sanitäre Einrichtungen

Investitionen in die Trinkwasserversorgung und die Abwasserbeseitigung sind hinsichtlich ihres wirtschaftlichen, sozialen und ökologischen Nutzens überall auf der Welt besonders ertragreich. Die achtziger Jahre brachten Fortschritte im Angebot solcher Leistungen, doch die Kosten einer unzureichenden Versorgung sind nach wie vor gewaltig. In Indien gibt es kein einziges Wasserversorgungssystem, das zuverlässig über vierundzwanzig Stunden pro Tag Wasser liefert. Im ländlichen Pakistan funktionierten zehn Jahre nach ihrer Installierung nur noch 10 Prozent der öffentlichen Handpumpen. Während der ersten zehn Wochen der jüngsten Choleraepidemie in Peru waren die Verluste an landwirtschaftlichen Exporten und Tourismuseinnahmen mehr als dreimal so hoch wie der Betrag, den das Land während der achtziger Jahre in die Abwasserbeseitigung und die Wasserversorgung investiert hatte. Die Erkenntnis wächst, daß die gegenwärtige Handhabung den Erfordernissen der kommenden Jahre nicht genügen wird. Veränderungen sind auf vier Gebieten notwendig:

VERBESSERUNGEN DER WASSERWIRTSCHAFT. Der häusliche Wasserverbrauch wird in den Entwicklungsländern in den kommenden vier Jahrzehnten um das Sechsfache steigen müssen. Der Großteil der Nachfrage wird aus den Stadtregionen kommen, wo die Bevölkerung sich verdreifachen wird. Diese Zunahme wird dem Aufkommen von Oberflächen- und Grundwasser schweren Belastungen aussetzen und eine sehr viel effizientere Allokation innerhalb der Stromgebiete erfordern.

Die Bewässerung ist für mehr als 90 Prozent des Wasserverbrauchs in Ländern mit niedrigem Einkommen und für 70 Prozent des Verbrauchs in Ländern mit mittlerem Einkommen verantwortlich, macht aber in Ländern mit hohem Einkommen nur 39 Prozent des Verbrauchs aus. Da der häusliche Verbrauch fast immer einen sehr viel höheren privaten und sozialen Nutzen als die Bewässerung aufweist, muß also das Wasser zu Lasten der Bewässerung umgelenkt werden. Überall in der Welt müssen sich die Regierungen, oft erfolglos, mit komplizierten rechtlichen und kulturellen Hindernissen herumschlagen, die einer Umverteilung des Wassers entgegenstehen. Den ländlichen Gebieten Wasserrechte zu entziehen, kann aus rechtlichen oder politischen Gründen unmöglich oder aus Gründen der Gerechtigkeit unerwünscht sein. Für die Stadtregionen besteht eine Lösung darin, die Bauern für den Verlust von Wasser zu Bewässerungszwecken zu entschädigen. Die Kosten müssen keineswegs zu hoch sein; gegenwärtig ist der Wassereinsatz in der Bewässerung so ineffizient, daß oft eine spürbare Einschränkung des Verbrauchs bei nur geringen Ertragseinbußen in der Landwirtschaft möglich ist.

Auch das städtische Wasserangebot muß effizienter genutzt werden. Nichtberechnetes Wasser, das in erheblichem Maß ungenutzt bleibt, macht 58 Prozent des Leitungswasserverbrauchs in Manila und etwa 40 Prozent des Verbrauchs in den meisten lateinamerikanischen Ländern aus. Die Wiedergewinnung von verbrauchtem Wasser hilft in einer wachsenden Zahl von Städten, so in Mexiko-Stadt und Singapur, Wasservorräte zu erhalten, und wird weiter zunehmen.

REAGIEREN AUF DIE KUNDENNACHFRAGE. Das wirkungsvollste Mittel zur Förderung einer effizienten Wasserverwendung ist die Erhebung und Durchsetzung von Gebühren. Im Durchschnitt tragen die Haushalte in Entwicklungsländern nur 35 Prozent der Kosten der Wasserversorgung. Die große Mehrheit der Stadtbevölkerung wünscht eine Wasserversorgung im Haus und ist bereit, die Kosten voll zu tragen. In den meisten Ländern ging man jedoch davon aus, daß es sich die Bevölkerung nicht leisten könnte, die gesamten Kosten zu bezahlen, und setzte daher knappe öffentliche Mittel ein, um eine Versorgung auf niedrigem Niveau für eine begrenzte Zahl von Menschen zu schaffen. Es folgt dann der Teufelskreis eines schlechten und unzuverlässigen Angebots, das zu einer entsprechend geringen Zahlungswilligkeit führt. Die Armen sind die Hauptleidtragenden dieser Politik, die gerade ihnen helfen sollte. Mangels eines Anschlusses an die öffentliche Wasserversorgung müssen sie den Wasserverkäufern für einen Liter Wasser zehnmal so viel bezahlen wie für einen Liter Leitungswasser bei kostendeckenden Gebühren. Dem läßt sich aber ein Ende setzen. Erstens müssen die Zahlungswilligen mit einem guten Angebot zu kostendeckenden Gebühren versorgt werden. Zweitens ist zu prüfen, auf welche Weise sich diejenigen versorgen lassen, die nicht bezahlen können (und die bei weitem nicht so zahlreich sind, wie bisher angenommen); dies könnte durch die Festlegung längerer Rückflußzeiten für die Kapitalkosten oder die Gewährung von Sozialtarifen für genau bestimmte Zielgruppen – oder eine Kombination beider Maßnahmen – geschehen. Drittens müßte für die verschiedenen Einkommensschichten eine größere Auswahl an Leistungen und Tarifen angeboten werden.

HÖHERE INVESTITIONEN IN SANITÄRE EINRICHTUNGEN. Die gesamten Investitionen in die Wasserversorgung und Abwasserbeseitigung waren in den achtziger Jahren unzureichend (die öffentlichen Investitionen betrugen etwa 0,5 Prozent des BIP), aber besonders niedrig waren die Investitionen in die Abwasserbeseitigung. Die Investitionen betrafen hauptsächlich die Sammlung von Abwässern, wobei fast nichts für die Kläranlagen aufgewendet wurde. In Lateinamerika werden heute nur 2 Prozent der Abwässer geklärt. In Ländern wie Brasilien, Burkina Faso, Ghana und Pakistan wird immer deutlicher, daß in allen Einkommensschichten die Bereitschaft, für die Beseitigung von Haushaltsabwässern zu zahlen, sehr viel größer ist als bisher angenommen. Die Zahlungsbereitschaft entspricht in etwa derjenigen für die Wasser- und Stromversorgung. Dies deutet darauf hin, daß es eine ganze Reihe von Möglichkeiten zur Finanzierung dieser Dienstleistungen gibt, wenn die Einrichtungen auf die Einkommen zugeschnitten werden können. Diese Aufgabe könnte durch wichtige Innovationen erleichtert werden, die zur Zeit im Bereich der Abwasserbeseitigung stattfinden.

ÜBERDENKEN DES INSTITUTIONELLEN RAHMENS. Ein jüngster Rückblick auf die vierzigjährigen Erfahrungen der Weltbank im Bereich der Wasserversorgung und Abwasserbeseitigung stellte fest, daß das Versagen von Institutionen die häufigste und nachhaltigste Ursache ungenügender Leistungen ist. Die Anzahl der Beschäftigten pro 1.000 Wasseranschlüsse beträgt in Westeuropa zwei bis drei, aber zehn bis zwanzig in Lateinamerika. Gleichwohl sind in Städten wie Caracas und Mexiko-Stadt 30 Prozent der Wasseranschlüsse nicht registriert. Damit bessere Ergebnisse erzielt werden, sind zwei Voraussetzungen unabdingbar: Zum einen müssen die Versorgungsbetriebe mehr Autonomie erhalten und mehr Verantwortung für ihre Leistungen übernehmen. Zum anderen sind sie durch eine angemessene Preispolitik auf eine gesündere finanzielle Basis zu stellen. Der private Sektor muß ebenfalls eine größere Rolle spielen. Côte d'Ivoire war ein Pionier bei der Privatisierung der Wasserversorgung; das Wasserwerk in Abidjan ist einer der am besten geführten Betriebe Afrikas. Als Guinea begann, die Wasserversorgung auf ein Franchisesystem umzustellte, stieg der Anteil der Gebührenzahler in achtzehn Monaten von 15 auf 70 Prozent. Santiago, das viele Bereiche seiner Wasserversorgung an private Unternehmen vergeben hat, weist in diesem Sektor die höchste Arbeitsproduktivität von Lateinamerika auf. Was für die Wasserversorgung gilt, trifft noch mehr auf die Müllwirtschaft zu.

Die Privatisierung ist kein Allheilmittel. Die Fragen der Beaufsichtigung sind kompliziert, und in einigen Ländern finden sich keine privaten Firmen, die an einem Auftrag interessiert wären. Gleichwohl steht fest, daß sich der Trend zur Privatisierung in den neunziger Jahren verstärken wird.

Emissionen von Energiewirtschaft und Industrie

Die Umweltverschmutzung durch Industrie, Energiewirtschaft und Verkehr verursacht bereits hohe Kosten, die exponentiell steigen werden, wenn man diese Probleme vernachlässigt. Die Förderung des Energiesparens ist ein nützlicher erster Schritt im Kampf gegen die Umweltverschmutzung. Sie kann aber das Problem nicht alleine lösen. Das Bevölkerungswachstum und die Auswirkungen steigender Einkommen würden bald jede Verringerung der Pro-Kopf-Nachfrage überspielen. Deshalb ist es unumgänglich, die Emissionen je Produkteinheit zu reduzieren. Dies erfordert Investitionen in neue Ausrüstungen und die Entwicklung neuer Techniken.

REDUZIERUNG DER UMWELTVERSCHMUTZUNG DURCH DEN ENERGIEVERBRAUCH DER HAUSHALTE. Der Energieverbrauch im Haushalt führt sowohl zu einer Verschmutzung der Raumluft als auch der Außenluft. Die Verschmutzung der Raumluft ist in Afrika und Südasien sehr bedenklich, wo Biomasse zum Kochen in Räumen ohne Entlüftung verbrannt wird. Die Verschmutzung der Außenluft ist dort ein großes Problem, wo Kohle minderer Qualität verbrannt wird, wie in China, Indien und Osteuropa.

Bei der Bekämpfung der Luftverschmutzung in Innenräumen war der Fortschritt bisher enttäuschend gering. Höhere Einkommen und verbesserte Distributionssysteme für vermarktete Brennstoffe und Elektrizität werden zu einer Verlagerung der Nachfrage zu Lasten der Biomasse führen, die zur Zeit 35 Prozent des Energieverbrauchs der Entwicklungsländer ausmacht. In der Zwischenzeit können verbesserte Biomasseherde, deren Verbrennungseffizienz höher ist und die weniger Emissionen produzieren, einen wichtigen Beitrag leisten. Hierfür ist eine stärkere Unterstützung durch die Geberländer angezeigt.

Eine Verminderung der Außenluftverschmutzung durch den Kohleverbrauch in Haushalten wird (wie in den Industrieländern in den fünfziger und sechziger Jahren) von zwei Bedingungen abhängig sein: von Maßnahmen, die den Einsatz reiner Kohle (wie Anthrazit) begünstigen, sowie von dem Übergang auf Erdöl, Gas, Elektrizität und in manchen Fällen auf Fernwärme als Energiequellen für den Haushalt.

REDUZIERUNG DER UMWELTVERSCHMUTZUNG BEI DER STROMERZEUGUNG. Da die Elektrizitätserzeugung für 30 Prozent des weltweiten Verbrauchs fossiler Brennstoffe und für 50 Prozent des gesamten Kohleverbrauchs verantwortlich ist, bringt eine Reduzierung dieser Umweltverschmutzung beträchtliche Gewinne. Der Übergang auf Erdgas und die Anwendung von Reinkohleverfahren können die Emissionen von Schwebstoffen und Kohlenmonoxid um 99,9 Prozent sowie die Emissionen von Schwefeldioxid und Stickoxiden um mehr als 90 Prozent vermindern. Bei der Drosselung der Schwebstoffemissionen sollte zuerst angesetzt werden. Sie kostet wenig – im Durchschnitt 1 bis 2 Prozent der gesamten Kapitalkosten der Elektrizitätsversorgung – und ist, wie bereits bemerkt, wichtig für die Gesundheit der Menschen. Alle neuen Kraftwerke sollten über Einrichtungen für die Rückhaltung von Schwebstoffen verfügen. Die meisten neuen Kraftwerke besitzen diese Ausrüstung, doch läßt ihre Instandhaltung oft zu wünschen übrig. Die Eindämmung des Ausstoßes von Schwefeldioxid und Stickoxiden ist dagegen mit 5 bis 10 Prozent der Kapitalkosten aufwendiger (sofern kein Erdgas verfügbar ist). Die Verminderung dieser Emissionen ist für die Gesundheit gewöhnlich nicht so bedeutsam wie ein reduzierter Ausstoß von Schwebstoffen, und die Einwirkungen auf Wälder, Landwirtschaft und Gebäude sind regional sehr unterschiedlich. Inwieweit strikte Normen erforderlich sind, wird von den Umständen abhängen.

Sonderbeitrag 3 Luftverschmutzung in den Entwicklungsländern: Drei Szenarien

Dieser Bericht zeigt für eine Reihe von Umweltproblemen drei unterschiedliche Möglichkeiten der zukünftigen Entwicklung auf. Die erste Möglichkeit, das „Status Quo"-Szenario, beruht auf der Annahme, daß die Umweltpolitik und die Struktur des Ressourcenverbrauchs auf dem Stand von 1990 verharren. Das zweite Szenario zeigt auf, was eintreten würde, wenn es zu einer Reform der Politik und der Wirtschaftspraktiken zugunsten eines effizienteren Ressourceneinsatzes käme. Das dritte Szenario zeigt die Auswirkungen einer Steigerung der Effizienz in Verbindung mit der Anwendung sauberer Techniken und Verfahren.

Quantitative Szenarien dieser Art wurden erstellt für folgende Problembereiche: Umweltverschmutzung durch Energiewirtschaft und Verkehr, Einsatz erneuerbarer Energien zur langfristigen Bewältigung des Problems der Erderwärmung sowie sanitäre Einrichtungen und Wasserversorgung (vgl. Kapitel 5, 6 und 8). Als Beispiel wird in der oberen Hälfte von Schaubild 3 A der Fall der Emissionen von Schwebeteilchen durch Elektrizitätswerke illustriert. In den Entwicklungsländern verdoppelt sich die aus fossilen Brennstoffen gewonnene elektrische Energie alle fünf bis zehn Jahre – und in gleichem Ausmaß würde die Verschmutzung zunehmen, wenn keine Auflagen erfolgen (obere Kurve im Schaubild). Eine allmähliche Anhebung der Strompreise auf das Kostenniveau (wie sie der mittleren Kurve zugrundeliegt) würde die unnötige Vergeudung durch Verbraucher reduzieren, die Zunahme der Verschmutzung dämpfen und den Versorgungsbetrieben mehr finanzielle Mittel für Investitionen in sauberere Verfahren verschaffen. Die untere Kurve zeigt den Effekt von Maßnahmen zur Verbesserung der Wirtschaftlichkeit in Verbindung mit Umweltauflagen. In Kohlekraftwerken läßt sich der Ausstoß von Schwebeteilchen je erzeugter Energieeinheit durch Rückhalteeinrichtungen langfristig um 99,9 Prozent reduzieren (vgl. Kapitel 6 bezüglich der Einzelheiten). Die Investitionskosten für solche Anlagen sind bescheiden und werden von den Effizienzgewinnen des Abbaus der Subventionierung im Verhältnis zehn zu eins übertroffen.

Die Steuern auf Kraftstoffe sind in den Entwicklungsländern (und auch in den Vereinigten Staaten) niedrig, und städtische Zufahrtsgebühren werden kaum angewendet. Das wirtschaftliche Reformszenario (die mittlere

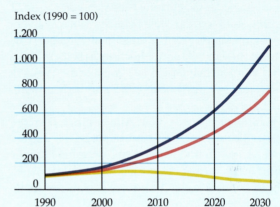

Schaubild 3 A Ausgewählte Luftschadstoffe in den Entwicklungsländern: drei Szenarien

Emissionen von Schwebeteilchen bei der Elektrizitätserzeugung

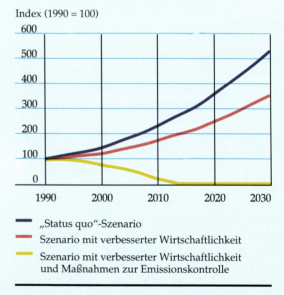

Blei-Emissionen von Fahrzeugen

— „Status quo"-Szenario
— Szenario mit verbesserter Wirtschaftlichkeit
— Szenario mit verbesserter Wirtschaftlichkeit und Maßnahmen zur Emissionskontrolle

Quelle: Anderson und Cavendish, Hintergrundpapier.

Sonderbeitrag 3 zeigt, weshalb für eine Verminderung der Umweltverschmutzung bei der Stromerzeugung sowohl Effizienzsteigerungen als auch Investitionen zur Eindämmung des Schadstoffausstoßes notwendig sind. In Entwicklungsländern decken die Preise im Durchschnitt weniger als die Hälfte der Kosten der Stromversorgung, und die Verluste bei der Stromübertragung sind oft drei- oder viermal so hoch wie in den Industrieländern. Ein verbessertes Management und eine angemessene Preispolitik wird Ressourcen sparen und Investitionen zur Verminderung der Umweltbelastung erleichtern. So würde in Asien die Verminderung der Übertragungsverluste um lediglich ein Zehntel den Investitionsbedarf in der Stromerzeugung während der neunziger Jahre um etwa 8 Mrd Dollar

Kurve in der unteren Hälfte des Schaubilds) illustriert die Auswirkungen auf die Emissionen (bei unveränderten Kraftstoffen), die bei einer allmählichen Anhebung der Steuern auf das europäische Niveau und der Einführung von Zufahrtsgebühren in den Großstadtbereichen (nach dem Vorbild von Singapur) eintreten könnten. Dieser Schritt würde nicht nur bedeutende wirtschaftliche Vorteile bringen (vgl. Kapitel 6 und 8), sondern auch die Umweltverschmutzung verringern. Gleichwohl würden sich die Emissionen von Kraftfahrzeugen in den Entwicklungsländern bis zum Jahr 2030 vervierfachen. Die Einführung von saubereren Treibstoffen und Techniken ist somit entscheidend, wie dies für die Bleiemissionen in der unteren Hälfte des Schaubilds dargestellt ist. Malaysia, Singapur und jetzt auch Mexiko gehen zu bleifreien Treibstoffen über, wobei sie sowohl marktmäßige Anreize (differenzierte Benzin- und Kraftfahrzeugsteuern) als auch Regulierungen (Katalysatorzwang und verbindliche Abgasgrenzwerte) anwenden. Derartige gezielte Maßnahmen würden die Umweltbelastung durch den Verkehr dramatisch reduzieren (untere Kurve), wobei die Kosten nur einen Bruchteil der wirtschaftlichen Gewinne und der gesundheitlichen Vorteile ausmachen würden.

reduzieren – ein Betrag, der fast ausreichen würde, um jedes neue Kraftwerk, das in den neunziger Jahren in den Entwicklungsländern errichtet werden soll, mit Anlagen zur Rückhaltung von Schwebstoffemissionen auszurüsten.

FÖRDERUNG DES VERBRAUCHS VON ERNEUERBAREN ENERGIEN. Nichtfossile Energiequellen, speziell erneuerbare Energien, bieten vielversprechende Aussichten. Sonnenenergie dürfte langfristig die besten Aussichten bieten, besonders wenn entschlossene Maßnahmen gegen Kohlenstoffemissionen unternommen werden müssen (siehe unten). Jedes Jahr erhält die Erde etwa zehnmal so viel Energie von der Sonne wie in den gesamten Reserven an fossilen Brennstoffen und Uran gespeichert ist – das entspricht dem 15000fachen des Weltverbrauchs an Primärenergie. Die Stückkosten der Produktion von photovoltaischen und sonnenthermischen Systemen sind in den letzten zwanzig Jahren um 95 Prozent gefallen. Der Markt für photovoltaische Elemente vergrößerte sich in den achtziger Jahren um das Zehnfache und wächst um 20 Prozent pro Jahr, wenngleich er noch klein ist. Zum Anwendungsbereich der Photovoltaik gehören die Elektrifizierung von Dörfern, Pumpen in Bewässerungsanlagen und die Stromversorgung von ländlichen Krankenstationen. Weniger dramatische, aber doch bedeutsame Fortschritte gab es bei der Verbilligung und der Anwendung von Biomasse- und Windkrafttechnologien. Für eine anhaltende rasche Stückkostensenkung, die eine Anwendung solcher Energiequellen in großem Maßstab ermöglichen kann, wird die Hilfe der Industrieländer notwendig sein. Gegenwärtig werden nur 6 Prozent der öffentlichen Mittel für die Energieforschung im Bereich der erneuerbaren Energiequellen eingesetzt (60 Prozent fließen in die Kernenergieforschung und 15 Prozent in die Forschung über fossile Energieträger). Die Prioritäten auf diesem Gebiet müssen überdacht werden.

REDUZIERUNG DER UMWELTVERSCHMUTZUNG DURCH DEN VERKEHR. Fahrzeuge sind in den meisten Entwicklungsländern für die Hälfte des Ölverbrauchs verantwortlich und verursachen in manchen Ländern 90 bis 95 Prozent der Blei- und Kohlenmonoxid-Emissionen. Die Probleme werden dadurch verschlimmert, daß sich die Fahrzeuge oft in einem schlechten Zustand befinden, die Fahrzeugnutzung stark konzentriert ist (in Mexiko und Thailand verkehrt die Hälfte der Fahrzeuge in der Hauptstadt) und Fußgänger sich sehr viel länger im Freien aufhalten als in Industrieländern. Blei ist das Hauptproblem. In einigen Ländern wird es wirksam und relativ billig bekämpft; so sanken die Bleikonzentrationen in den letzten zwanzig Jahren in den Vereinigten Staaten um 85 Prozent und in Europa um 50 Prozent. Der Sonderbeitrag 3 beschreibt, wie die Blei-Emissionen von Kraftfahrzeugen in den Entwicklungsländern während der nächsten Jahrzehnte entweder um das Fünffache steigen oder auf ein geringfügiges Niveau sinken werden. Welches Ergebnis eintritt, hängt ganz von der Umweltpolitik ab.

REDUZIERUNG DER INDUSTRIELLEN UMWELTVERSCHMUTZUNG. Bei der Bekämpfung der industriellen Umweltverschmutzung und der Industrieabfälle muß man unterscheiden zwischen den großen Unternehmen, die einzeln überwacht und reguliert werden können, und den Tausenden von Kleinbetrieben, bei denen dies nicht möglich ist. Die erstgenannten dominieren die verschmutzungsintensive Schwerindustrie (Chemie, Erzeugung von Eisen, Stahl und NE-Metallen, Zementproduktion, Bergbau und Papier- und Zellstoffproduktion). Zu den schlimmsten Problemen gehören die Schwermetallemissionen von Verhüttungs- und Verarbeitungsbetrieben (speziell in Osteuropa) sowie toxische Emissionen von Chemieunternehmen und Kunstdüngerfabriken, speziell in Lateinamerika, Asien und Osteuropa. Die Wasserverschmutzung, die den Flüssen den Sauerstoff entzieht und das Leben in den Flüssen abtötet, ist überall ein Problem. Die Verfahren zur Bewältigung dieser Probleme sind bereits bekannt und sie müssen keineswegs kostspielig sein, wenn man von den schwersten Umweltverschmutzern einmal absieht. Die Investitionen für entsprechende Schutzmaßnahmen machten in den achtziger Jahren in Deutschland, Japan und den USA 5 Prozent der gesamten industriellen Investitionen aus.

Für die großen Umweltverschmutzer ist ein pragmatischer Ansatz erforderlich. Die übliche Praxis, Normen von Industrieländern zu übernehmen und dann mit den einzelnen Firmen über die Einhaltung zu verhandeln, hat nicht funktioniert. Sie hat zu Verzerrungen geführt, so daß in einigen Fällen, wie im chilenischen Kupferbergbau, Unternehmen im Auslandsbesitz sich für strenge Normen aussprachen, die gleichmäßig angewendet werden. Instrumente, die einen Anreiz zur Verringerung der Umweltbelastung geben, müssen vermehrt eingesetzt werden. Abwassergebühren werden in Zukunft eine wichtige Rolle spielen, und in manchen Ländern wie in Thailand denkt man über innovative Ansätze nach, etwa die Anwendung von Leistungsgarantien bei der Entsorgung gefährlicher Abfälle. Die Einnahmen aus solchen Gebühren können für Aufbereitungsanlagen verwendet werden sowie zur Deckung der Verwaltungskosten, die durch Umweltschutzprüfungen und die Durchsetzung von Umweltnormen entstehen.

Die Kontrolle der Emissionen kleinerer Fabriken ist schwieriger und erfordert indirekte Instrumente. Die Besteuerung von Produktionsfaktoren – Energie, Chemikalien und technische Verfahren – kann dabei helfen, und Pfandsysteme können recht wirkungsvoll sein. Die Ledergerberei und der kleinbetriebliche Goldbergbau werfen wegen ihrer giftigen Einleitungen in die Flüsse besondere Probleme auf.

Umweltpolitik auf dem Land

Die Landbevölkerung und die Umweltpolitiker stehen beim Schutz der Umwelt und der natürlichen Ressourcen vor zwei wichtigen Aufgaben:

• Abwehr der Ressourcenverschlechterung, die aus einem rasch wachsenden Bedarf an Nahrungsmitteln, Brennstoffen und Fasern sowie der Ausbeutung der Ressourcen infolge von Armut, Ignoranz und Korruption resultieren kann.

• Schutz wertvoller Naturwälder, Feuchtgebiete, Küstenregionen und Prärien vor einer Inanspruchnahme durch relativ geringwertige Nutzungen, die durch falsche Politik, unvollkommene Märkte und mangelhafte Institutionen künstlich gefördert werden.

PROBLEME IM BEREICH DER BAUERNHÖFE. Neunzig Prozent der Verdoppelung der Nahrungsmittelproduktion während des letzten Vierteljahrhunderts resultierten aus höheren Erträgen, und nur 10 Prozent aus der Erweiterung der Anbaufläche. Die Intensivierung der Bodennutzung, die für den Großteil des künftigen Produktionsanstiegs verantwortlich sein wird, schafft Umweltprobleme. Die notwendigen Maßnahmen lassen sich in zwei Kategorien einteilen: Maßnahmen, die den Bauern erlauben, in ihrem eigenen Interesse zu handeln, etwa durch eine bessere Bodenbewirtschaftung, sowie Maßnahmen, die dazu veranlassen, ein primär für andere schädliches Verhalten abzustellen.

Der Schutz der Böden vor Erosion und Nährstoffentzug – eine dringende Priorität in vielen Teilen der Welt – fällt hauptsächlich in die erste Kategorie. Viele Möglichkeiten stehen dafür zur Verfügung, etwa eine dem Bodenprofil angepaßte Bewirtschaftung, der Zwischenfruchtanbau, die Agroforstwirtschaft sowie Veränderungen beim Einsatz von Düngemitteln und in der Tierhaltung. Solche Verbesserungen können die Erosion drastisch vermindern sowie die Erträge und Einkommen steigern. Warum werden sie dann nicht allgemein vorgenommen?

Gründe dafür sind der fehlende Zugang zu den Kreditmärkten und unzureichendes Wissen über die Kosten und Erträge. Manchmal kann das Versagen des Staates die Ursache sein; künstlich niedrige Erzeugerpreise mögen die Rentabilität der Agrarproduktion untergraben, oder Düngemittel können infolge einer Subventionierung oder eines schlechten Verteilungssystems knapp sein. In all diesen Fällen sind Entwicklungspolitik und Umweltschutz nur zwei verschiedene Aspekte ein und derselben Aufgabe. Die Reformierung der Agrarpolitik kann politisch schwierig sein. Der Ausbau der Forschung, der landwirtschaftlichen Beratung und des Kreditsystems am Ort, um den Bauern die notwendigen Investitionen zu ermöglichen, erfordert ein langfristiges Engagement und eine größere Unterstützung seitens der Geberländer. Es gibt jedoch keine Alternative, wenn die Landwirtschaft auf eine tragfähige Basis gestellt werden soll.

Der übermäßige Einsatz von Schädlingsbekämpfungsmitteln verursacht zwei Probleme: eine sinkende Wirksamkeit aufgrund des Auftretens von Resistenz sowie Gesundheitsschäden in bestimmten Gebieten infolge der Auswaschung solcher Mittel durch den Regen. Die Regierungen gehen auf drei Wegen dagegen vor. Erstens werden Subventionen für Pestizide gestrichen und Steuern erhoben. Zweitens entwickelt die Forschung Pestizide, deren Gifte kürzer wirken, sowie Pflanzen, die weniger anfällig für Schädlinge sind. Schließlich wird die integrierte Schädlingsbekämpfung – dabei werden kleine und zeitlich genau abgestimmte Dosierungen angewendet – in zahlreichen Ländern eingeführt; diese Methode ist für die Bauern kostengünstig, erfordert aber eine sorgfältige Schulung und Nachbetreuung.

GEMEINSCHAFTLICHE BEWIRTSCHAFTUNG VON RESSOURCEN. In den Entwicklungsländern werden viele natürliche Ressourcen gemeinschaftlich bewirtschaftet. Dies führt oft zu einem pfleglichen Umgang mit der Umwelt. In manchen Fällen aber führen der Bevölkerungsdruck, der technische Wandel oder die Kommerzialisierung der Landwirtschaft zum Zusammenbruch des Bewirtschaftungssystems. Die Überweidung von offenem Weideland, die Vernichtung dörflicher Waldungen durch die Beschaffung von Brennholz, der Verfall kleinerer Bewässerungssysteme und das Überfischen von Seen und Küstengewässern stellen solche Probleme dar.

Dort, wo die Probleme schwerwiegend sind, kann die Umweltpolitik versuchen, entweder die Rechte und Verantwortung der *Gemeinschaft* bei der Bewirtschaftung oder diejenigen der *Individuen* innerhalb der Gruppe zu stärken. Welche Politik richtig ist, wird von gesellschaftlichen Faktoren sowie dem Verwaltungs- und Rechtssystem abhängen. Die Stärkung der bestehenden Institutionen sollte immer der erste Ansatzpunkt sein. Die Erfahrungen mit den Weidegemeinschaften in Westafrika und anderen Regionen legen den Schluß nahe, daß erfolgreiche Gruppen gekennzeichnet sind durch einen angemessenen rechtlichen Schutz, eindeutige Führungskompetenzen und die Befugnis, finanzielle Beiträge zu verlangen. Der Staat und nichtstaatliche Gruppen können dabei helfen, Schwachpunkte in diesen Bereichen zu beseitigen. Allzu massive Eingriffe, wie etwa die Projekte kollektiver Weidelandnutzung in Kenia, können aber den sozialen Zusammenhalt aushöhlen und das individuelle Eigentum an den Ressourcen zur einzigen Alternative machen. Die Verstaatlichung von Ressourcen stellt fast nie eine zweckmäßige Reaktion auf diese Probleme dar.

RESSOURCEN UNTER STAATLICHER VERWALTUNG. In vielen Ländern besitzt der Staat den größten Teil des Bodens und der natürlichen Ressourcen und muß ökologisch verantwortungsbewußt über die Verteilung der Nutzungsrechte entscheiden.

Für die Nachfrage nach Land ist nicht zuletzt die Neulanderschließung durch Siedler verantwortlich. Bei einem großen Teil der 4,5 Millionen Hektar Land, die jedes Jahr erschlossen werden, handelt es sich um gefährdete Böden, und auf die Bodenerschließung für die Landwirtschaft entfallen 60 Prozent der Waldvernichtung in den Tropen. Zu oft beutet der vordringende Mensch die Ressourcen auf eine Weise aus, die weder ökonomisch sinnvoll noch umweltverträglich ist. Die einzige langfristige Lösung für dieses Problem besteht darin, für alternative Möglichkeiten der Einkommenserzielung sowohl durch nichtlandwirtschaftliche Arbeitsplätze als auch durch die Intensivierung der Landwirtschaft zu sorgen – ein weiteres Argument zugunsten einer vernünftigen Agrarpolitik und der Entwicklung des Humankapitals. Eine Untersuchung in Thailand ergab, daß die Schaffung von Bildungseinrichtungen die auf lange Sicht wirksamste Einzelmaßnahme zur Erhaltung der Wälder ist.

In der Absicht, eine umweltverträgliche Landerschließung zu fördern, haben manche Regierungen offizielle Siedlungsprogramme unterstützt. Die Resultate dieser Politik waren unterschiedlich. Eine jüngste Bestandsaufnahme der Weltbank kam zu dem Schluß, daß solche Programme, die im Durchschnitt 10.000 Dollar je Familie kosten, zu oft von quantitativen Zielen und Planungen beherrscht wurden; daß sie dazu tendierten, die Siedler anhand der falschen Kriterien auszuwählen; daß oft eine sachgerechte Untersuchung der Böden und des Wasserhaushalts versäumt wurde und daß zur Urbarmachung des Bodens ungeeignete Maschinen eingesetzt wurden. Erfahrungen aus Kolumbien und Indonesien deuten darauf hin, daß eine spontane Besiedlung, wenn die Eigentumsrechte eindeutig geregelt sind, die Ressourcen besser nutzen kann als eine offiziell geförderte, da die Siedler im ersten Fall Kosten und Risiken berücksichtigen. Gleichwohl muß jede Besiedlung gelenkt und unterstützt werden. Lebensfähige Siedlungsgebiete müssen durch eine bessere Erkundung als in früheren Jahren bestimmt werden; Grundeigentum ist an jene Siedler zu vergeben, die ihre Fähigkeit für eine solide Bewirtschaftung beweisen, und Forschung und Beratung über umweltschonende Agrartechniken sind notwendig. Die Aufstellung von Flächennutzungsplänen, die bisher gewöhnlich ihre Ziele verfehlte, muß ergänzt werden durch ein Dienstleistungsangebot, durch die Zuweisung von Rechtstiteln und durch Strafen bei Zuwiderhandeln. Innovative Ansätze für ein integriertes Flächenmanagement, das Flächen für die Kultivation, den Holzeinschlag und den Abbau von Bodenschätzen zuteilt und gleichzeitig die Rechte der Eingeborenen sichert, werden zur Zeit in Amazonien, Westafrika und Malaysia erprobt.

Gebiete, die für die Ökologie oder als natürlicher Lebensraum besonders wichtig sind, bedürfen eines speziellen Schutzes. Der herkömmliche Schutz durch Wächter und Patrouillen wird heute ergänzt durch integrierte Projekte zur Erhaltung und Entwicklung von Gebieten, die auf dem Prinzip beruhen, daß die örtlichen Gemeinschaften an der Planung und Durchführung von Schutzmaßnahmen mitwirken müssen. Nepal und Simbabwe waren Vorreiter bei der Einrichtung von „Pufferzonen" für einige Schutzgebiete; diese Zonen werden von der örtlichen Bevölkerung umfassend verwaltet, damit sie dort Einkommen erzielen kann, und der Zugang wird reguliert, um ein künftiges Vordringen in die Schutzgebiete zu beschränken.

Zwar ist der Holzeinschlag unmittelbar für nur 20 Prozent der Entwaldung in Entwicklungsländern verantwortlich, doch reichen seine Auswirkungen weiter, da er den Zugang für Bauern und Viehzüchter öffnet. Die Praktiken der Holzwirtschaft waren schon immer bekannt dafür, welchen Schaden sie anrichten; und ein kürzlich von der Internationalen Tropenholzorganisation (International Tropical Timber Organization) veröffentlichter Überblick zeigte, daß weniger als 1 Prozent der tropischen Wälder, in denen Holz gefällt wird, bestandserhaltend bewirtschaftet wird. Die kommerzielle Holzfällerei muß auf Gebiete begrenzt werden, in denen eine ordentliche Bewirtschaftung möglich ist und tatsächlich durchgeführt wird. Die Erhaltung intakter tropischer Wälder und die Aufforstung von geschädigten Gebieten sollte Priorität erhalten. An den meisten Plätzen wird es notwendig sein, die Gebühren für den Holzeinschlag und die flächenbezogenen Konzessionsabgaben anzuheben, damit sie die Opportunitätskosten des Abholzens widerspiegeln. Lizenzen oder Pachtverträge für den Holzeinschlag und einzelne Einschlagsrechte lassen sich durch Auktionen zuteilen, an denen der private Sektor, örtliche Gemeinschaften und nichtstaatliche Organisationen (NSOs) teilnehmen können.

Internationale Herausforderungen der Umweltpolitik

Die institutionellen Strukturen, die für die Bewältigung grenzüberschreitender Ressourcen- und Umweltprobleme sowohl regionaler als auch globaler Art zur Verfügung stehen, sind weniger gut entwickelt als die auf nationaler Ebene für die Entscheidungsfindung vorhandenen. Gleichwohl konnte man durch frühere Verhandlungen Erfahrungen sammeln, zum Beispiel durch die Seerechtskonferenzen, zahlreiche Fischereiabkommen, Vereinbarungen über internationale Flüsse, Konventionen über Gefahrguttransporte und das Montrealer Protokoll über den Ozonschwund. Dabei hat sich gezeigt, daß diejenigen Abkommen am erfolgreichsten sind, die auf Gegenseitigkeit und ausgeprägten nationalen Interessen beruhen; daß internationale Vereinbarungen oft auf einseitige oder regionale Maßnahmen folgen, die gewissermaßen als Katalysator wirken; daß die Effektivität solcher Vereinbarungen vor allem durch fehlende Möglichkeiten zur Durchsetzung gemindert wurde und daß finanzielle und technische Hilfe für den Erfolg entscheidend sein können.

DER TREIBHAUSEFFEKT. Unser Wissen reicht aus, um die Gefahr eines Klimawechsels infolge einer zunehmenden Konzentration von Treibhausgasen zu erkennen; doch reicht es nicht so weit, um abschätzen zu können, welches Ausmaß der Klimawandel annehmen und wie schnell er eintreten wird, welche Regionen besonders betroffen sein werden und welche Auswirkungen für die menschliche Gesellschaft zu erwarten sind. Hier wird eine dreifache Strategie vorgeschlagen.

Erstens sollten Maßnahmen ergriffen werden, die vor allem aufgrund ihrer positiven Auswirkungen auf die Effizienz und die lokale Umweltverschmutzung gerechtfertigt sind. Der erste Schritt sollte die Abschaffung der Energiesubventionen sein, der nächste wäre die Anpassung der Energiesteuern. Die Energiebesteuerung in den meisten Industrieländern begünstigt häufig die Energieträger mit dem höchsten Kohlenstoffgehalt – speziell die Kohle. Abgaben auf Kohlenstoffe wurden in Finnland, den Niederlanden, Norwegen und Schweden eingeführt. Die Länder der Europäischen Gemeinschaft (EG) beraten über den Vorschlag einer Abgabe auf Kohlenstoff und Energie. Eine Reihe anderer Maßnahmen sind ebenfalls wünschenswert, hauptsächlich wegen ihrer Vorteile in anderen Bereichen. Zum Beispiel bringen Aufforstungsprogramme in Wassereinzugsgebieten und auf landwirtschaftlich genutzten Flächen (in der Form der Agroforstwirtschaft) oft gute Erträge, da sie für den Schutz von Wassereinzugsgebieten und Böden bedeutsam sind. In Entwicklungsländern stellen sie zudem eine Quelle für Brennholz dar. Die Kohlenstoffbindung durch die Bäume macht diese Programme zusätzlich attraktiv.

Zweitens müssen sowohl das Ausmaß des Problems, insbesondere soweit es die Entwicklungsländer betreffen kann, als auch Möglichkeiten zu seiner Lösung dringend erforscht werden. Die Verminderung der Unsicherheit über die möglichen Kosten und Erträge ist unbedingt notwendig, damit eine wirkungsvolle Politik erarbeitet werden kann; doch wird dies eine große Anstrengung erfordern. Die Forschung auf den Gebieten der Energieeinsparung und der erneuerbaren Energiequellen sollte hohe Priorität erhalten.

Drittens müssen Pilotprogramme und innovative Ansätze bei der Suche nach dauerhaften Lösungen für die Entwicklungsländer von den Industrieländern finanziert werden. International koordinierte Bemühungen sind angezeigt, um die Doppelarbeit soweit wie möglich auszuschließen und um sicherzustellen, daß diese Initiativen mit der allgemeinen Entwicklungspolitik vereinbar sind. Die Globale Umweltfazilität (GEF) war bahnbrechend bei der Finanzierung von Pilotprojekten, in deren Rahmen die Möglichkeiten einer weitverbreiteten Anwendung kostengünstiger Technologien und Verfahren zur Verminderung der Nettoemissionen von Treibhausgasen untersucht werden. Die Hauptanliegen sind dabei die Eindämmung der Entwaldung und die Förderung der Aufforstung; die Entwicklung erneuerbarer Energiequellen wie Biomasse, Sonnenenergie und kleine Wasserkraftwerke; die Steigerung der Effizienz beim Endverbrauch von Energie sowie die Verringerung der Methan-Emissionen von Bergbaubetrieben, Gasleitungen und Mülldeponien.

Die Weltgemeinschaft muß sich unbedingt darauf vorbereiten, rasch und gemeinsam handeln zu können, wenn sich die wissenschaftlichen Erkenntnisse mehren, daß entschlossenere gemeinsame Anstrengungen notwendig sind. Die gegenwärtige Diskussion in der Frage einer Klimakonvention kann wesentlich dazu beitragen, eine solche Reaktion zu erleichtern.

SCHUTZ DER ARTENVIELFALT. Die meisten der auf der Welt vorkommenden Arten leben in Entwicklungsländern, die meisten Gelder für den Artenschutz werden jedoch in den Industrieländern ausgegeben. Das gemeinsame internationale Interesse an den biologischen Ressourcen ist ein überzeugendes Argument zugunsten größerer internationaler Anstrengungen bei der Bereitstellung finanzieller und technischer Hilfe für die Entwicklungsländer.

Der wirkungsvolle Schutz von Arten und natürlichen Lebensräumen erfordert eine zweigleisige Strategie der Empfängerländer und der Geberländer. Erstens sollte die komplementäre Beziehung zwischen dem Ziel der Entwicklung und dem Ziel des Schutzes von Arten und Lebensräumen genutzt werden. Maßnahmen, die eine gesunde Landwirtschaft, die Beschäftigung außerhalb des Agrarsektors und eine bestandserhaltende Holzwirtschaft fördern, werden zugleich von Übergriffen auf natürliche Lebensräume abhalten. Umweltverträglicher Tourismus, eine bestandserhaltende Fischereiwirtschaft und die Erschließung von genetischen Ressourcen werden der Entwicklung wie dem Schutz der Artenvielfalt zugute kommen. Zweitens sollten spezielle Maßnahmen zum Schutz natürlicher Lebensräume mit finanzieller Unterstützung durch die Industrieländer ergriffen werden. Solche Finanzmittel sollten weder als Entwicklungshilfe betrachtet noch aus den Entwicklungshilfebudgets abgezweigt werden.

Bei einem wachsenden Volumen der internationalen Finanzierungsbeiträge werden zwei Aufgaben zu bewältigen sein: Erstens ist eine verbesserte Koordination zwischen den Geberländern erforderlich. Der brasilianische Fonds für den tropischen

Sonderbeitrag 4   Sieben Vorschläge für die nationale Umweltpolitik

1. Einbeziehung der Umwelt in den Entscheidungsprozeß

Umweltfragen müssen ein integraler Bestandteil des Entscheidungsprozesses sein und dürfen nicht erst im nachhinein hinzugefügt werden. Bereits bei der Projektanalyse sind Feststellungen über die ökologischen Auswirkungen bedeutsam. Auch in den Bereichen der Politikreformen müssen sie Eingang finden. Wenn wirtschaftspolitische Maßnahmen Umweltvorteile bringen, ist dies ein zusätzliches Reformargument; sind die Maßnahmen mit möglichen Umweltkosten verbunden, so sollten die Anpassungsprogramme gezielte Umweltmaßnahmen enthalten, die diesen Belastungen entgegenwirken.

2. Priorität für das Bevölkerungsproblem

Sowohl unter Entwicklungs- als auch unter Umweltaspekten muß den Bevölkerungsfragen mehr Aufmerksamkeit geschenkt werden. Die Ausbildung der Mädchen, die Befähigung der Frauen, eigenes Geldeinkommen zu erwerben und uneingeschränkt an den Entscheidungen der Familien teilzuhaben und Investitionen in besser ausgestattete und finanzierte Familienplanungsprogramme, ermöglichen es den Frauen, ihr Reproduktionsverhalten selbst zu bestimmen. Bis diese Maßnahmen sich auf die Umwelt auswirken, vergeht einige Zeit – um so dringlicher ist es, daß jetzt gehandelt wird.

3. Vorrangige Bekämpfung der örtlichen Umweltschäden

Verschmutztes Wasser, fehlende sanitäre Einrichtungen, der Rauch des Herdfeuers, Staub- und Bleiemissionen in den Städten gefährden das Leben und die Gesundheit vieler Menschen in den Entwicklungsländern. Böden, die durch Erosion ausgelaugt oder durch die unsachgemäße Anwendung von Chemikalien vergiftet sind, erschweren die Ernährung der Bevölkerung in den Entwicklungsländern. Die Lösung dieser Umweltprobleme bringt die größten Gewinne für Gesundheit und Wohlfahrt.

4. Sparsamer Umgang mit der administrativen Kapazität

Bei der Durchführung der Umweltpolitik werden knappe Finanzmittel und Arbeitskraft eingesetzt. Um die Verwaltungskosten gering zu halten, müssen sich die Länder realistische Ziele vornehmen, die sie dann auch durchsetzen; sie müssen die Marktkräfte nutzen, wo immer dies möglich ist, statt gegen diese anzukämpfen; sie sollten den sich selbst regulierenden Instrumenten, wie Pfandsystemen, den Vorrang geben; und sie sollten sich der Unterstützung der Bevölkerung durch deren Beteiligung am Ort versichern.

5. Zielkonflikte einschätzen – und sie minimieren

Die Regierungen müssen in der Lage sein, die Kosten von Umweltschäden und die kostengünstigen Möglichkeiten des Umweltschutzes abzuschätzen. Umweltpolitik sollte auf der Grundlage eines expliziten Abwägens von Kosten und Erträgen erfolgen. Die Staatsbürger müssen darüber informiert sein, was im Namen des Wirtschaftswachstums aufgegeben und worauf im Namen des Umweltschutzes verzichtet wird.

6. Forschung, Information und Ausbildung in Umweltfragen

Die Forschung sollte sich auf geeignete Techniken konzentrieren: kostengünstige Kamine zur Ableitung des Rauchs bei der Verbrennung von Biomasse, einfache sanitäre Einrichtungen zur Versorgung der armen Bevölkerung. Eine gute Informationsgrundlage zahlt sich in hohem Maß aus, da sie bei der Erarbeitung vernünftiger Umweltprioritäten hilft. Eine verbesserte Ausbildung kann zur Lösung von Umweltproblemen beitragen, wie der unsachgemäßen Anwendung von Pestiziden oder der falschen Behandlung giftiger Abfälle.

7. Zur Erinnerung:
„Vorsorgen ist besser als Heilen"

Es ist billiger, neue Investitionen von vornherein umweltverträglich zu gestalten, als im nachhinein Umweltschutzmaßnahmen zu treffen. Neue Techniken sind umweltverträglicher als alte. Entwicklungsländer mit offenen Märkten können vom Import sauberer Technologien, die bereits in den Industrieländern angewendet werden, profitieren.

Regenwald, eine gemeinsame Initiative der brasilianischen Regierung und der Länder der Siebenergruppe (G-7), dessen erste Tranche mit 250 Mio Dollar ausgestattet wurde, ist ein Beispiel dafür, wie ein koordiniertes Vorgehen sichergestellt werden kann. Zweitens ist das Problem der Anschlußfinanzierung der Kosten zu lösen, damit ein fortlaufender Schutz dort gesichert ist, wo er sich nicht selbst finanziert. Die Tatsache, daß das im Rahmen der GEF aufgelegte Pilotprogramm bei der Finanzierung solcher Kosten auf Probleme stößt, unterstreicht, wie notwendig eine auf Dauer angelegte finanzielle Basis ist.

Die Kosten einer besseren Umwelt

Politiken und Programme zur Beschleunigung eines umweltverträglichen Entwicklungsprozesses werden sich nicht von selbst einstellen. Es ist daher

> **Sonderbeitrag 5 Ergänzende Richtlinien für die internationale Gemeinschaft**
>
> *1. Anpassung der Struktur der Entwicklungshilfe*
>
> Die Zusammensetzung und der Umfang von Hilfsprogrammen müssen die Kosten einer geschädigten Umwelt für die Gesundheit und die Produktivität widerspiegeln. Die Abwehr von Umweltschäden und die Erhaltung der natürlichen Ressourcen sind legitime Ziele von Hilfsprogrammen. Die engen Zusammenhänge zwischen Armut, Bevölkerung und Umweltschädigung erfordern eine Aufstockung der Hilfe.
>
> *2. Investitionen in die Forschung und technische Entwicklung*
>
> Die Lücken im Grundlagenwissen müssen geschlossen werden. Zu den vorrangigen Aufgaben der internationalen Zusammenarbeit in der Forschung gehören das Ausmaß und die Ursachen der Bodenverschlechterung (insbesondere in Afrika), das nachhaltige landwirtschaftliche Potential der tropischen Wälder, die möglichen Effekte einer Klimaveränderung und die Techniken erneuerbarer Energien.
>
> *3. Sicherung eines offenen Handelssystems und der Freizügigkeit des Kapitals*
>
> Ein freier Zugang zu den Märkten der Industrieländer ist für die Entwicklungsländer notwendig, damit sie sich industrialisieren und wachsen können (nur wenn beide Bedingungen gegeben sind, läßt sich der Druck auf die natürlichen Ressourcen verringern), und damit sie umweltverträglichere Techniken einsetzen können. Ein sofortiger erfolgreicher Abschluß der Uruguay-Runde würde den Entwicklungsländern zusätzliche Deviseneinnahmen verschaffen, die höher wären als die Kosten des Umweltschutzes.
>
> *4. Ökologische Dienstleistungen sind zu bezahlen*
>
> Wenn die Industrieländer von den Entwicklungsländern ökologische Leistungen erwarten (Erhaltung der Artenvielfalt, Eindämmung der Emissionen von Treibhausgasen und ähnliches), dann sollten sie zu Ausgleichszahlungen bereit sein. Solche Zahlungen wären nicht als Entwicklungshilfe, sondern als ein Äquivalent für Importzahlungen zu betrachten.

wichtig, die gegenwärtige Gelegenheit zu ergreifen, um einen wirklichen Wandel herbeizuführen. Der Ausgangspunkt sollten Veränderungen der Politik sein, die auf Einkommenswachstum und ein besseres Umweltmanagement abzielen (vgl. Sonderbeitrag 4). Einige dieser Maßnahmen verursachen nur geringe oder gar keine Kosten, doch können sie mit großen politischen Opfern verbunden sein. Subventionen und andere Markteingriffe werden typischerweise durch mächtige Interessengruppen unterstützt. Die begünstigten Privatpersonen – und die Beamten, die aus ihrer Machtposition bei der Verteilung von Subventionen und der Durchführung von Markteingriffen Nutzen ziehen – werden für deren Erhalt kämpfen. Die Regierung muß daher die Unterstützung durch andere Gruppen gewinnen – indem sie zum Beispiel die Öffentlichkeit über die günstigen ökonomischen und ökologischen Auswirkungen von Reformen informiert.

Eine zweite Gruppe von Maßnahmen wird mit finanziellem Aufwand verbunden sein. Es wird notwendig sein, die Institutionen der Umweltpolitik auszubauen, die öffentlichen Investitionen in die soziale und physische Infrastruktur und den Umweltschutz werden zunehmen, und der private Sektor wird mehr Geld für den Umweltschutz ausgeben. Dieser Bericht enthält grobe Schätzungen der Kosten für wichtige Sektoren. Der zusätzliche Aufwand für lokale Umweltschutzprogramme – von denen viele zu einem Wachstum von Einkommen und Beschäftigung beitragen würden – könnte Ende der neunziger Jahre 2 bis 3 Prozent des BIP der Entwicklungsländer betragen. Damit wären die Kosten folgender Maßnahmen abgedeckt: Kontrolle der Umweltverschmutzung durch Energiewirtschaft, Industrie und Verkehr sowie erweiterte Programme in den Bereichen Wasserversorgung und sanitäre Einrichtungen, Bodenerhaltung, landwirtschaftliche Beratung und Forschung, Schutz der Wälder, Familienplanung, Ausbildung der Frauen. Auch wenn diese Summen, absolut gesehen, hoch erscheinen, sind sie doch, gemessen an ihren Erträgen und an den Ressourcen, die das Wirtschaftswachstum schafft, bescheiden.

Die Finanzierung des Programms

Der Großteil dieser Investitionen wird von den Kunden jener privaten und öffentlichen Unternehmen zu tragen sein, die für die Schäden verantwortlich sind, sowie von den Nutznießern der verbesserten Umweltbedingungen. Gleichwohl werden zusätzliche Gelder für Investitionen notwendig sein. Daneben werden auch die Regierungen mehr ausgeben müssen für die Überwachung und Durchsetzung von Umweltnormen, für Forschung und Entwicklung, für Erziehung, Ausbildung und Beratungsdienste sowie den Schutz natürlicher Lebensräume. Die Mittel für diese Ausgaben werden hauptsächlich aus dem zunehmenden inländischen Sparaufkommen stammen – doch werden auch internationale Gelder eine zentrale Rolle spielen (Sonderbeitrag 5).

INTERNATIONALE FINANZIERUNG LOKALER AUFGABEN. Zur Erleichterung des Technologietransfers durch Kapitalimporte wird der Zugang zu den Finanzmärkten – in Verbindung mit höheren ausländischen Investitionen – entscheidend sein. Das Aufleben der kommerziellen Kapitalzuflüsse in Länder wie Chile, Mexiko und Venezuela in den vergangenen zwei Jahren ist ermutigend; eine solche Entwicklung muß aber einen viel größeren Länderkreis erfassen. Dies erfordert eine schlüssigere Politik seitens der Schuldnerländer, die durch Schuldenerleichterungen zugunsten einer Reihe von Ländern unterstützt werden müßte.

Für lokale ökologische Aufgaben müßte zusätzliche Entwicklungshilfe geleistet werden. Eine solche Hilfe sollte nicht als eine separate Kategorie neben der laufenden Entwicklungshilfe gesehen werden; vielmehr wäre sie in die offiziellen Hilfsprogramme zu integrieren. Entwicklungshilfeorganisationen und Regierungen müssen den engen Zusammenhang zwischen der Umweltqualität und der Bekämpfung der Armut stärker betonen. Dies rechtfertigt zusätzliche Hilfe zu konzessionären Bedingungen, vor allem für Beratungs-, Kredit- und Erziehungsprogramme und für die Versorgung von Slums sowie ländlichen Gebieten mit Trinkwasser und sanitären Einrichtungen. Außerdem müssen Bevölkerungsprogramme eine höhere Priorität erhalten; in den neunziger Jahren sollte die Unterstützung für solche Programme real verdoppelt werden. Der enge Zusammenhang zwischen einer effizienten Verwendung von Ressourcen und einer vernünftigen Umweltpolitik rechtfertigt eine fortgesetzte Unterstützung jener Länder, die Anpassungsprogramme durchführen.

FINANZIERUNG GLOBALER AUFGABEN. Die Industrieländer müssen den Löwenanteil der Kosten der Auseinandersetzung mit globalen Umweltproblemen tragen, insbesondere wenn die benötigten Investitionen nicht im direkten Interesse der Entwicklungsländer liegen. Die Industrieländer sind für den größten Teil der Emissionen von Treibhausgasen und FCKWs verantwortlich (vgl. Schaubild 6) und sie werden, gemeinsam mit den Entwicklungsländern, vom Schutz natürlicher Lebensräume und

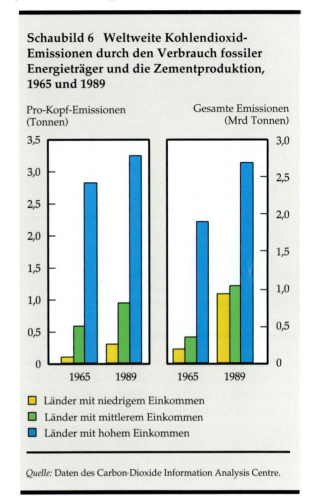

Die Industrieländer sind die Hauptverantwortlichen für den Treibhauseffekt

Schaubild 6 Weltweite Kohlendioxid-Emissionen durch den Verbrauch fossiler Energieträger und die Zementproduktion, 1965 und 1989

□ Länder mit niedrigem Einkommen
□ Länder mit mittlerem Einkommen
■ Länder mit hohem Einkommen

Quelle: Daten des Carbon-Dioxide Information Analysis Centre.

der Artenvielfalt profitieren. Alles spricht dafür, institutionelle Vorkehrungen zu schaffen, die es reichen Ländern ermöglichen, arme Länder bei der Durchführung notwendiger Veränderungen zu unterstützen. Solche Arrangements bieten die Chance, daß sich alle Länder besser stellen, wenn die weltweite Zahlungsbereitschaft für eine veränderte Politik die Kosten dieser Maßnahmen übersteigt. Absolut unumgänglich ist dabei, daß die im Rahmen solcher Arrangements geleisteten Zahlungen weder als Entwicklungshilfe angesehen werden noch aus Mitteln stammen, die ansonsten für die Entwicklungshilfe zur Verfügung stünden. Sie besitzen vielmehr den Charakter von Importzahlungen – nämlich für Importe von Dienstleistungen – und sind von den Hilfsleistungen für Entwicklungsländer zu unterscheiden. Als weltweite Antwort auf eine weltweite Herausforderung sollten diese Mittel so verteilt werden, daß sie am wirkungsvollsten zur Steigerung der Welt-Wohlfahrt beitragen, statt bloß nationale Bedürfnisse zu befriedigen.

Der Katalog der notwendigen Reformen ist umfangreich. Akzeptiert man die Herausforderung, den Entwicklungsprozeß in einer umweltverträglichen Weise zu beschleunigen, so muß man sich auf substantielle Veränderungen der Politik und der Prioritäten sowie hohe Kosten einstellen. Noch teurer wäre es jedoch, sich dieser Aufgabe zu entziehen.

1 Entwicklung und Umwelt: ein falscher Gegensatz

Wirtschaftliche Entwicklung und ein vernünftiger Umgang mit der Umwelt sind zwei komplementäre Aspekte ein und derselben Aufgabe. Ohne angemessenen Schutz der Umwelt wird die Entwicklung untergraben; ohne Entwicklung bleibt der Umweltschutz erfolglos.

Über eine Milliarde Menschen leben heutzutage in tiefster Armut. Innerhalb der nächsten Generation wird die Weltbevölkerung um 3,7 Milliarden Menschen wachsen, selbst wenn bei der Eindämmung des Bevölkerungswachstums wachsende Fortschritte erzielt werden. Die meisten dieser Menschen werden Kinder von armen Familien sein. Die Bekämpfung der Armut ist nicht nur ein humanitäres Gebot, sondern auch eine notwendige Voraussetzung für die Erhaltung der ökologischen Grundlagen.

Ein nachhaltiger Rückgang der Armut ist ohne Wirtschaftswachstum nicht möglich, doch hat das Wachstum oft zu schlimmen Umweltschäden geführt. Zum Glück lassen sich solche negativen Auswirkungen erheblich reduzieren, und wenn gleichzeitig eine wirksame Umweltpolitik sowie effektive Institutionen vorhanden sind, wird das Einkommenswachstum die Mittel für einen besseren Umgang mit der Umwelt bereitstellen.

Die ökologischen Fehler der Vergangenheit müssen sich nicht wiederholen. Heutzutage verfügen die Länder über einen größeren Handlungsspielraum. Sie können sich für Maßnahmen und Investitionen entscheiden, die einen effizienteren Ressourceneinsatz fördern, die Substitution knapper Ressourcen anregen und zur Anwendung von Techniken und Verfahren anhalten, die die Umwelt weniger belasten. Solche Veränderungen bieten die Gewähr dafür, daß die Verbesserungen der menschlichen Lebensbedingungen, die die Entwicklung bringt, von Dauer sind.

Zu keinem anderen Zeitpunkt in der Geschichte der Menschheit erfreuen sich mehr Menschen eines längeren, gesünderen und produktiveren Lebens. Doch die Fortschritte waren unzureichend und sind ungleich verteilt. Über eine Milliarde Menschen leben immer noch in tiefster Armut. Um die Armut zu verringern, ist ein nachhaltiges und sozial ausgewogenes Wirtschaftswachstum notwendig. In der Vergangenheit ging das Wirtschaftswachstum aber häufig mit einer schwerwiegenden Verschlechterung der natürlichen Umwelt einher. Vordergründig betrachtet scheint ein Zielkonflikt zu bestehen zwischen der Deckung des Bedarfs der Menschen – dem zentralen Ziel von Entwicklung – und dem Schutz der Umwelt. Dieser Bericht vertritt die Auffassung, daß sich in jedem Bereich der wirtschaftlichen Aktivität eine nachhaltigere Entwicklung erreichen läßt. Der Schlüssel zur Lösung liegt nicht darin, weniger zu produzieren, sondern auf andere Weise zu produzieren. Dieses Kapitel untersucht den Zusammenhang zwischen wirtschaftlicher Aktivität und Umwelt, wobei die Probleme der Entwicklungsländer im Mittelpunkt stehen.

Der Kontext: Bevölkerung, Armut und Wirtschaftswachstum

Bevölkerungswachstum

Die zweite Hälfte des zwanzigsten Jahrhunderts brachte eine demographische Zäsur. Zur Mitte des Jahrhunderts hatte das Bevölkerungswachstum in den Entwicklungsländern aufgrund des Rückgangs der Sterblichkeit und der steigenden Lebenserwartung einen historischen Höchststand erreicht. Diese Entwicklung war das Resultat des gestiegenen Lebensstandards, der verbesserten hygienischen Bedingungen und der Fortschritte im öffentlichen Gesundheitswesen, insbesondere der Einführung der Antibiotika, der zunehmenden Anwendung von Schutzimpfungen und der Malariabekämpfung. Das Wachstum der Weltbevölkerung erreichte in den Jahren 1965 bis 1970 mit einer Rate von 2,1 Prozent einen historischen Höhepunkt. Die Bevölkerungszunahme hat sich nunmehr auf 1,7 Prozent abgeschwächt, da in einer wachsenden Zahl von Ländern ein Übergang zu niedriger Fruchtbarkeit

Die Weltbevölkerung wird sich zumindest verdoppeln und könnte auf das Vierfache steigen

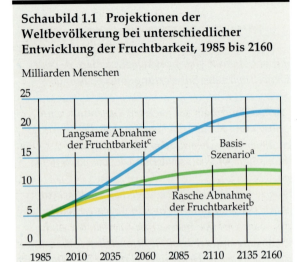

Schaubild 1.1 Projektionen der Weltbevölkerung bei unterschiedlicher Entwicklung der Fruchtbarkeit, 1985 bis 2160

a. In Ländern mit einer hohen und bisher stabilen Fruchtbarkeit setzt der Übergang zu einer geringeren Fruchtbarkeit im Jahr 2005 ein, und im Verlauf der folgenden vierzig Jahre nimmt die Fruchtbarkeit beträchtlich ab – in vielen Fällen um mehr als die Hälfte. In allen Ländern sinkt die Fruchtbarkeit bis zum Jahr 2060 auf das bestandserhaltende Niveau.
b. In Ländern, wo der Übergang zu einer geringeren Fruchtbarkeit bisher ausgeblieben ist, setzt er sofort ein. In Ländern, die sich bereits im Übergang befinden, sinkt die Fruchtbarkeit doppelt so rasch wie im Basis-Szenario.
c. In den meisten Ländern mit niedrigem Einkommen setzt der Übergang zu einer geringeren Fruchtbarkeit (ausgelöst von einer Zunahme der Lebenserwartung auf 53 Jahre) nach dem Jahr 2020 ein. In den Ländern, die sich im Übergang befinden, sinkt die Fruchtbarkeit nur halb so rasch wie im Basis-Szenario.
Quelle: Daten der Weltbank.

einsetzte. Gleichwohl zählt die Weltbevölkerung gegenwärtig 5,3 Milliarden Menschen und nimmt jedes Jahr um 93 Millionen zu.

Um den künftigen Trend der Fruchtbarkeit – des wichtigsten Bestimmungsfaktors des Bevölkerungswachstums – abzuschätzen, muß man sich über zwei Schlüsselfragen ein Urteil bilden: Wann setzt der demographische Übergang in einem Land ein, und wie rasch wird die Fruchtbarkeit im Verlauf der Übergangsphase sinken? Schaubild 1.1 illustriert drei alternative Entwicklungspfade der Weltbevölkerung. Nach dem Basisszenario der Weltbank würde das jährliche Wachstum der Weltbevölkerung langsam abnehmen, nämlich von 1,7 Prozent im Jahr 1990 auf etwa 1 Prozent im Jahr 2030. Die Weltbevölkerung würde sich gegenüber dem gegenwärtigen Stand mehr als verdoppeln und sich etwa um die Mitte des zweiundzwanzigsten Jahrhunderts bei 12,5 Milliarden Menschen stabilisieren.

Von dem gesamten Zuwachs würden sich zwei Drittel in der Zeit bis zum Jahr 2050 einstellen, und 95 Prozent des Wachstums würden in den Entwicklungsländern stattfinden.

Alternative Entwicklungen sind möglich. Das Szenario eines raschen Fruchtbarkeitsrückgangs, wie es in Schaubild 1.1 illustriert wird, ist vergleichbar mit den historischen Erfahrungen von Ländern wie Costa Rica, Hongkong, Jamaika, Mexiko und Thailand. Das Szenario eines langsamen Rückgangs der Fruchtbarkeit entspricht den Erfahrungen von Ländern wie Paraguay, Sri Lanka, Surinam und der Türkei. Die stationäre Bevölkerung von 10,1 Milliarden Menschen im Szenario eines raschen Rückgangs ist etwa 2,4 Milliarden geringer als diejenige des Basisszenarios, doch ist sie gleichwohl fast doppelt so groß wie die gegenwärtige. In auffälligem Kontrast dazu steht die Bevölkerungszunahme bei einem langsamen Rückgang der Fruchtbarkeit: In diesem Fall wird sich die Weltbevölkerung mit einem Anstieg auf etwa 23 Milliarden Menschen mehr als vervierfachen und erst gegen Ende des zweiundzwanzigsten Jahrhunderts stabilisieren. Nur wenige Bevölkerungswissenschaftler erwarten eine Zunahme der Weltbevölkerung auf 23 Milliarden, doch zeigt die Projektion, was geschehen könnte, wenn der demographische Übergang sich in einer großen Zahl von Ländern verzögern sollte.

Die enorme Spannweite der möglichen Bevölkerungstrends ist hauptsächlich davon abhängig, was in Afrika und dem Nahen Osten geschieht. Zusammengenommen sind diese Regionen für 85 bis 90 Prozent des Unterschieds zwischen den alternativen Szenarien und dem Basiszenario verantwortlich. Afrika südlich der Sahara trägt allein zwei Drittel der Differenz zwischen der Basisprojektion und dem Szenario eines langsamen Fruchtbarkeitsrückgangs bei. Die zusammengefaßten Geburtenziffern (gemessen an der Zahl der Kinder je Frau) blieben in Afrika südlich der Sahara insgesamt gesehen während der letzten fünfundzwanzig Jahre mit 6,5 unverändert – ein Niveau, das viel höher ist als in anderen Weltregionen mit ähnlichem Einkommen, ähnlicher Lebenserwartung und Ausbildung der Frauen.

Neueste Daten sind ermutigende Anzeichen, daß eine Reihe afrikanischer Länder einen entscheidenden Wendepunkt in ihrer Bevölkerungsentwicklung erreicht haben oder sich diesem annähern. Die zusammengefaßten Geburtenziffern sind bereits gesunken in Botsuana (von 6,9 im Jahr 1965 auf 4,7 im Jahr 1990), in Simbabwe (von 8,0 im Jahr 1965 auf 4,9 im Jahr 1990) und in Kenia (von 8,0 im Jahr 1965

Sonderbeitrag 1.1 Der Zusammenhang zwischen Bevölkerung, Landwirtschaft und Umwelt in Afrika südlich der Sahara

Rasches Bevölkerungswachstum, Stagnation der Landwirtschaft und Verschlechterung der Umwelt haben in den letzten Jahrzehnten die meisten Länder Afrikas südlich der Sahara geprägt. Diese drei Faktoren haben sich gegenseitig verstärkt. Die Weltbank hat kürzlich eine Studie über diese „Verflechtung" fertiggestellt, deren Ziel ein besseres Verständnis der Kausalzusammenhänge sowie die Identifizierung von Abhilfemaßnahmen war. Die vorläufigen Ergebnisse dieser Untersuchung werden hier zusammengefaßt.

Ein gestörtes Gleichgewicht

Der traditionelle Wanderfeldbau und die Weidewirtschaft waren eine zweckmäßige Anpassung an ein Umfeld, das durch einen Überfluß an Boden, Knappheit von Kapital und ein niedriges Niveau der Agrartechnik gekennzeichnet war. Bei langsam steigender Bevölkerungsdichte während der ersten Hälfte dieses Jahrhunderts entwickelte sich diese extensive Bewirtschaftung allmählich zu Systemen mit höherer Intensität, wie in Ruanda, Burundi, dem Hochland von Kenia und auf dem Kivu-Plateau von Zaire. Dieser langsame Systemwandel erwies sich jedoch als ungeeignet, um das rasch zunehmende Bevölkerungswachstum in den letzten vier Jahrzehnten zu akkomodieren. Die herkömmliche Nutzung von Land und Brennholz hat den Boden und die Wälder erschöpft und zur Stagnation der Landwirtschaft beigetragen. Die Stagnation der Einkommen und ausbleibende Verbesserungen der Lebensbedingungen der Menschen haben den demographischen Übergang behindert. Eine hohe Bevölkerungsdichte in Verbindung mit niedrigen Investitionen ließ die landwirtschaftliche Anbaufläche je Einwohner von 0,5 Hektar im Jahr 1965 auf 0,3 Hektar im Jahr 1987 sinken. So kam es, daß in vielen Teilen von Burundi, Kenia, Lesotho, Liberia, Mauretanien und Ruanda die Brachzeiten nicht mehr ausreichen, um die Bodenfruchtbarkeit wiederherzustellen.

Das Bevölkerungswachstum treibt einen Teil der Menschen dazu, Land zu kultivieren, das bisher nicht für den Anbau genutzt wurde – semiaride Gebiete und tropische Wälder, wo die Boden- und Klimaverhältnisse wenig geeignet sind für einen jährlichen Anbau oder für die von den Ansiedlern angewendeten Verfahren. Diese Probleme sind besonders ausgeprägt in Teilen der Sahelzone, des gebirgigen Ostafrika und in dem Dürregürtel, der sich von Namibia über Botsuana, Lesotho und das südliche Mosambik erstreckt. Es gibt deutliche Beweise dafür, daß die wirtschaftliche Stagnation den Rückgang der Fruchtbarkeit verzögert; auch kann es dazu kommen, daß die Kinderzahl (wegen der zusätzlichen Arbeitskräfte) dort höher ist, wo der Boden am stärksten geschädigt und die Brennholzvorräte erschöpft sind. Zur Lösung des Problems ist ein umfassender Ansatz notwendig.

Wege zur Lösung

Der traditionelle entwicklungspolitische Ansatz, der das Angebot an landwirtschaftlichen Diensten und Techniken betonte, muß ergänzt werden durch eine Strategie der Förderung der „Nachfrage", und zwar nach zweckmäßigen landwirtschaftlichen Verfahren und Einsatzstoffen, nach Beschränkung der Kinderzahl und nach Erhaltung der Ressourcen. Das Interesse daran kann auf folgende Weise gefördert werden:
- Abschaffung von Subventionen, die die Preise und Anreize verzerren – zur Förderung eines effizienteren Ressourceneinsatzes;
- Verbesserung der Flächennutzungsplanung – zur Förderung der Intensivierung und zum Schutz wertvoller Ökosysteme;
- Klärung der Eigentumsverhältnisse an den Ressourcen und am Boden, rechtliche Anerkennung der traditionellen gemeinschaftlichen Bewirtschaftungssysteme und des Privateigentums, Einschränkung des Staatseigentums – zur Förderung der Investitionen;
- Ausbau der Erziehungsprogramme für die Mädchen und des Beschäftigungsangebots für die Frauen und Verbesserung der Kenntnisse über Gesundheit und Ernährung, und zwar in allen Fällen durch Einschaltung von örtlichen Gruppen, nichtstaatlichen Organisationen und des privaten Sektors – zur Förderung der „Nachfrage" nach kleineren Familien;
- Ausweitung der Investitionen in die ländliche Infrastruktur und deren Erhaltung, insbesondere in Straßen, Wasserversorgung und sanitäre Einrichtungen – zur Verbesserung der Produktionsanreize, der Produktivität und der Gesundheit.

---

auf 6,5 im Jahr 1990), und in Ghana, im Sudan sowie in Togo hat der Rückgang eingesetzt. Die Basisprojektion, der die Annahme einer Fortsetzung dieser günstigen Entwicklung zugrundeliegt, impliziert, daß die Bevölkerung von Afrika südlich der Sahara von gegenwärtig 500 Millionen Menschen auf 1,5 Milliarden im Jahr 2030 und auf fast 3 Milliarden im Jahr 2100 wächst. Der AIDS-Virus könnte, von seinen schrecklichen Konsequenzen für die Gesundheit und die Wohlfahrt der Menschen abgesehen, in den ersten Jahrzehnten des nächsten Jahrhunderts das Bevölkerungswachstum in Afrika um nicht weniger als 0,5 bis 1,0 Prozentpunkte reduzieren. Da aber eine höhere Sterblichkeit durch AIDS den Rückgang der Fruchtbarkeit verzögern könnte, ist der Gesamteffekt dieser Krankheit unklar.

BEVÖLKERUNGSWACHSTUM UND UMWELT. Das Bevölkerungswachstum erhöht die Nachfrage nach Gütern und Dienstleistungen und bringt bei unveränderten Praktiken zunehmende Umweltschäden mit sich. Eine wachsende Bevölkerung benötigt auch mehr Arbeitsplätze und Erwerbsmöglichkeiten, wodurch – insbesondere in überbevölkerten ländlichen Gebieten – ein zusätzlicher unmittelbarer Druck auf die natürlichen Ressourcen entsteht. Mehr Menschen produzieren außerdem mehr Abfall, der die Gesundheit der örtlichen Bevölkerung bedroht und die Aufnahmefähigkeit der Erde zusätzlichen Belastungen aussetzt.

In Ländern mit höherem Bevölkerungswachstum geht die Umwandlung von Boden in landwirtschaftliche Nutzfläche erfahrungsgemäß rascher voran als anderswo, so daß das Land und die natürlichen Lebensräume einem stärkeren Druck ausgesetzt sind. Eine ökonometrische Untersuchung von dreiundzwanzig Ländern in Lateinamerika ergab, daß die Ausdehnung der Anbaufläche weiterhin in einem positiven Zusammenhang mit dem Bevölkerungswachstum steht, auch wenn Faktoren wie der Agrarhandel, der Ertragszuwachs und die Verfügbarkeit von Land ausgeschaltet werden. Eine Untersuchung von sechs Ländern in Afrika südlich der Sahara zeigt, daß die Innovation der Agrartechnik mit den Anforderungen einer rasch wachsenden Landbevölkerung nicht Schritt hält. Als Konsequenz wird die Bodenbewirtschaftung in vielen Fällen – wie in Äthiopien, im südlichen Malawi, im östlichen Nigeria und in Sierra Leone – durch eine Verkürzung der Brachzeiten intensiviert statt durch den Einsatz verbesserter Hilfsstoffe oder Verfahren. In diesen Gebieten hat das rasche Bevölkerungswachstum zum Raubbau am Boden und zur Stagnation oder zum Rückgang der Bodenerträge geführt. In manchen Fällen, insbesondere im ländlichen Afrika, wuchs die Bevölkerung so schnell, daß die herkömmlichen Systeme der Bodenbewirtschaftung sich nicht anpassen konnten, um eine Bodenverschlechterung abzuwenden. Das Ergebnis sind Überweidung, Entwaldung, Erschöpfung von Wasservorkommen und der Verlust natürlicher Lebensräume (Sonderbeitrag 1.1).

Auch die Verteilung der Bevölkerung auf Stadt und Land hat beträchtliche Implikationen für die Art der Umweltbelastung. Im Jahr 1990 lebten die meisten Menschen auf dem Land. Im Jahr 2030 wird es gerade umgekehrt sein: In den Städten werden zweimal soviel Menschen leben wie auf dem Land. In den Entwicklungsländern werden die Städte in diesem Zeitraum insgesamt um 160 Prozent wachsen, während die Landbevölkerung nur um 10 Prozent zunehmen wird. Im Jahr 2000 wird es auf der Welt einundzwanzig Städte mit mehr als 10 Millionen Einwohnern geben, und siebzehn davon werden sich in den Entwicklungsländern befinden.

Die Entwicklung der Verstädterung wird in den Regionen sehr unterschiedlich sein. Während der nächsten dreißig Jahre wird die Stadtbevölkerung in Lateinamerika durchschnittlich um 1,6 Prozent pro Jahr wachsen, diejenige von Afrika südlich der Sahara um 4,6 Prozent und diejenige Asiens um 3 Prozent. Die Landbevölkerung dürfte innerhalb einer Generation in allen Regionen absolut abnehmen, ausgenommen in Afrika südlich der Sahara, im Nahen Osten und in Nordafrika sowie in Mittelamerika (Schaubild 1.2). Die Landbevölkerung Asiens wird bis zur Jahrhundertwende weiter anwachsen, doch wird erwartet, daß sie bis zum Jahr 2015 wieder auf den gegenwärtigen Stand zurückgeht. In den Ländern mit hohem Einkommen und in Osteuropa und der ehemaligen UdSSR ist die Zahl der auf dem Land lebenden Menschen kontinuierlich gesunken, und auch in den meisten Ländern Südamerikas war die Verstädterung von einem gewissen Rückgang der Landbevölkerung begleitet.

Der Verstädterungsprozeß stellt die Städte vor enorme Umweltprobleme. Aus diesem Grund beschäftigt sich dieser Bericht ausführlich mit den Problemen der sanitären Einrichtungen, der Trinkwasserversorgung und der Umweltverschmutzung durch Industrie, Energiewirtschaft und Verkehr. Die Verstädterung wird aber auch die umweltpolitischen Aufgaben in den ländlichen Gebieten beeinflussen. Eine erfolgreiche Verstädterung und das damit verbundene Einkommenswachstum sollte den Druck auf die natürlichen Ressourcen abschwächen, der durch das Eindringen in natürliche Lebensräume entsteht – ein Vorgang, der vor allem durch den Zwang zur Einkommenserzielung und Beschäftigung angetrieben wird –, doch wird sie zugleich den Druck steigern, der durch die Marktnachfrage nach Nahrungsmitteln, Wasser und Holz ausgelöst wird. In großen Teilen von Afrika südlich der Sahara, des Nahen Ostens und Nordafrikas sowie von Mittelamerika dürfte die Landbevölkerung während der nächsten Generation um etwa

Erstmals in der Geschichte wird die Stadtbevölkerung zahlreicher sein als die Landbevölkerung

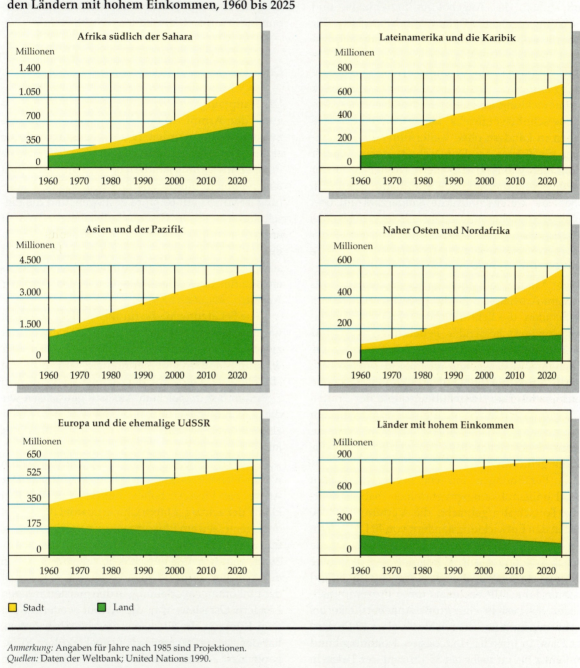

Schaubild 1.2 Land- und Stadtbevölkerung in den Entwicklungsregionen und den Ländern mit hohem Einkommen, 1960 bis 2025

Anmerkung: Angaben für Jahre nach 1985 sind Projektionen.
Quellen: Daten der Weltbank; United Nations 1990.

50 Prozent wachsen, und der direkte Druck auf die natürlichen Ressourcen, insbesondere durch die armen Bauern der Subsistenzlandwirtschaft, wird an Intensität zunehmen.

MASSNAHMEN ZUR VERRINGERUNG DES BEVÖLKERUNGSWACHSTUMS. Die sinkenden Fruchtbarkeitsziffern der Basisprojektion dürfen nicht als gesichert angesehen werden. Gemessen an den historischen

Erfahrungswerten handelt es sich um einen raschen Rückgang, der substantielle Fortschritte in vier Bereichen erfordert: Die Einkommen der armen Haushalte müssen steigen, die Kindersterblichkeit muß sinken, das Angebot an Erziehungs- und Beschäftigungsmöglichkeiten (insbesondere für Frauen) muß zunehmen und Familienplanungsdienste müssen verstärkt angeboten werden.

Investitionen in die Ausbildung der Frauen gehören zu den ertragreichsten Ausgaben im Hinblick auf Entwicklung und Umwelt. Anhand eines Länderquerschnittsvergleichs läßt sich zeigen, daß Frauen in Ländern ohne weiterführende Schulbildung für Frauen im Durchschnitt sieben Kinder bekommen, während in Ländern, wo 40 Prozent der Frauen eine weiterführende Schulbildung erhalten haben, die durchschnittliche Kinderzahl auf drei sinkt, selbst wenn andere Einflußfaktoren wie das Einkommen ausgeschaltet werden. Frauen mit einer besseren Ausbildung ziehen außerdem gesündere Kinder heran, sie haben weniger aber besser ausgebildete Kinder und sind sowohl im Haushalt als auch am Arbeitsplatz produktiver. Investitionen in die Schulen, die Lehrkräfte und das Lehrmaterial sind von entscheidender Bedeutung, doch sind Maßnahmen zur Förderung des Schulbesuchs, wie Stipendien, nicht weniger wichtig. In Bangladesch wurde durch ein Stipendienprogramm fast eine Verdoppelung der Einschulungsquote der Frauen an weiterführenden Schulen erreicht und zugleich eine stärkere Beteiligung am Erwerbsleben, ein späteres Heiratsalter sowie eine geringere Fruchtbarkeit gefördert.

Die Bemühungen um ein breiteres Angebot von Familienplanungsprogrammen haben deutliche Fortschritte gebracht; die Verhütungsquote stieg in den Entwicklungsländern von 40 Prozent im Jahr 1980 auf 49 Prozent im Jahr 1990. Damit die Basisprojektion realisiert wird, muß aber die Quote bis zum Jahr 2000 um weitere 7 Prozentpunkte und bis zum Jahr 2010 nochmals um 5 Prozentpunkte steigen. Es besteht eine große Angebotslücke bei Verhütungsmitteln – sie reicht von etwa 15 Prozent der Paare in Brasilien, Indonesien, Kolumbien und Sri Lanka bis zu mehr als 35 Prozent der Paare in Bolivien, Ghana, Kenia und Togo. Wenn auch nur die Basisprojektion erreicht werden soll, ist es unerläßlich, daß dieser Bedarf befriedigt wird, wozu eine Steigerung der jährlichen Ausgaben für Familienplanung von etwa 5 Mrd Dollar auf etwa 8 Mrd Dollar im Jahr 2000 (zu Preisen von 1990) erforderlich erscheint. Zusätzliche Mittel in Höhe von 3 Mrd Dollar wären notwendig, um das Szenario eines raschen Fruchtbarkeitsrückgangs zu erreichen. Von den Entscheidungen, die heute im Bereich der Familienplanung und des Erziehungswesens getroffen werden, sind der Umfang der Weltbevölkerung im nächsten Jahrhundert und die damit verbundenen Umweltkonsequenzen abhängig.

Die Persistenz der Armut

Die Hauptaufgabe von Entwicklung ist die Beseitigung der Armut. Während der letzten fünfundzwanzig Jahre wurden beträchtliche Fortschritte erzielt. Der durchschnittliche Pro-Kopf-Verbrauch in den Entwicklungsländern hat real um 70 Prozent zugenommen, die durchschnittliche Lebenserwartung ist von 51 auf 63 Jahre gestiegen, und die Einschulungsquote an Grundschulen hat 89 Prozent erreicht. Wenn diese Verbesserungen sich gleichmäßig verteilen würden, wäre die Armut auf der Welt zum großen Teil beseitigt. Statt dessen lebt mehr als ein Fünftel der Menschheit immer noch in tiefer Armut.

Neue Schätzungen, die für diesen Bericht erstellt wurden, zeigen, daß sich die Armut während der zweiten Hälfte der achtziger Jahre in den Entwicklungsländern nur geringfügig verringert hat (Tabelle 1.1). Die Zahl der Armen ist in diesem Zeitraum fast in gleichem Ausmaß gewachsen wie die Gesamtbevölkerung, und zwar von etwas mehr als 1 Milliarde im Jahr 1985 auf über 1,1 Milliarden im Jahr 1990.

Asien mit seinem raschen Einkommenswachstum weist weiterhin die größten Erfolge beim Abbau der Armut auf. Eine Ausnahme bildete in der zweiten Hälfte der achtziger Jahre China; obwohl die Armut dort, gemessen am Einkommensniveau des Landes, nur wenig verbreitet ist, zeigen die neuesten Schätzungen eine gewisse Verschlechterung der Situation der Ärmsten aufgrund einer größeren Ungleichheit der Einkommensverteilung. In den meisten anderen Ländern Ostasiens war die Armut weiterhin auf dem Rückzug. In Südasien, einschließlich Indien, hat der stetige, wenngleich unspektakuläre Rückgang der Armut angehalten. Die Situation in anderen Entwicklungsregionen unterschied sich deutlich von derjenigen Asiens. In Afrika südlich der Sahara, im Nahen Osten und Nordafrika sowie in Lateinamerika und der Karibik haben sich sämtliche Armutsindikatoren verschlechtert.

Wie stehen die Aussichten für eine Linderung der Armut bis zum Ende dieses Jahrhunderts? Die in

Tabelle 1.1 Armut in den Entwicklungsländern, 1985 bis 2000

Region	Prozentsatz der Bevölkerung unterhalb der Armutsgrenze			Zahl der Armen (Millionen)		
	1985	1990	2000	1985	1990	2000
Alle Entwicklungsregionen	30,5	29,7	24,1	1.051	1.133	1.107
Südasien	51,8	49,0	36,9	532	562	511
Ostasien	13,2	11,3	4,2	182	169	73
Afrika südlich der Sahara	47,6	47,8	49,7	184	216	304
Naher Osten und Nordafrika	30,6	33,1	30,6	60	73	89
Osteuropa[a]	7,1	7,1	5,8	5	5	4
Lateinamerika und die Karibik	22,4	25,5	24,9	87	108	126

Anmerkung: Die hier zugrundegelegte Armutsgrenze – ein Pro-Kopf-Jahreseinkommen von 370 Dollar der Kaufkraft von 1985 – beruht auf Schätzungen der Armutsgrenzen für eine Reihe von Ländern mit niedrigem Durchschnittseinkommen. Auf Basis der Preise von 1990 würde die Armutsgrenze ungefähr bei einem Pro-Kopf-Jahreseinkommen von 420 Dollar liegen. Die Schätzungen für 1985 wurden gegenüber denen des *Weltentwicklungsberichts 1990* aktualisiert, um neue Daten zu berücksichtigen und die zeitliche Vergleichbarkeit zu gewährleisten.
a. Ohne die ehemalige UdSSR.
Quelle: Ravallion, Datt und Chen 1992.

Tabelle 1.1 enthaltenen Schätzungen beruhen auf den Projektionen des Einkommenswachstums, die weiter unten (vgl. Tabelle 1.2) vorgelegt werden, und auf der Annahme, daß die Einkommensverteilung innerhalb der Länder konstant bleibt. Unter diesen Voraussetzungen würde die Zahl der Armen in Asien weiter sinken, und die ungünstige Armutsentwicklung in Lateinamerika und Osteuropa würde im Zuge der wirtschaftlichen Erholung dieser Regionen umgekehrt. Afrika südlich der Sahara ist die einzige Region, in der eine Verschlechterung der Armutssituation erwartet wird; bei einem steigenden Anteil der Armen an der Bevölkerung würde die Zahl der Armen dort im Durchschnitt um 9 Millionen pro Jahr wachsen. Am Ende des Jahrzehnts wird etwa die Hälfte der Armen der Welt in Asien leben, und ein Viertel wird auf Afrika südlich der Sahara entfallen.

Ein Vergleich dieser Schätzungen mit denjenigen des *Weltentwicklungsberichts 1990* stimmt sehr nachdenklich. Dieser Bericht zeigte einen Pfad der Armutsverringerung auf, der die absolute Zahl der Armen in der Welt von 1985 bis 2000 um 300 Millionen reduzieren sollte. Dieses Szenario wurde vorgelegt, um aufzuzeigen, was durch vernünftige Politiken der Entwicklungsländer wie der Industrieländer erreicht werden könnte. Leider scheint dieses Ziel nicht mehr erreichbar zu sein, unter anderem auch wegen der Tiefe der gegenwärtigen Rezession und wegen des enttäuschend geringen Fortschritts in den Jahren 1985 bis 1990. Selbst unter ziemlich optimistischen Annahmen über die wirtschaftliche Erholung in den verbleibenden Jahren der Dekade dürfte die absolute Zahl der Armen weltweit am Ende dieses Jahrhunderts vermutlich größer sein als im Jahr 1985.

ARMUT UND UMWELT. Die Bekämpfung der Armut ist nicht nur ein humanitäres Gebot, sondern auch eine Voraussetzung für eine umweltverträgliche Entwicklung. Die Armen sind sowohl Opfer als auch Verursacher von Umweltschäden. Etwa die Hälfte aller Armen leben in ökologisch fragilen ländlichen Gebieten und sind von natürlichen Ressourcen abhängig, auf die sie nur einen begrenzten Rechtsanspruch besitzen. Landhungrige Bauern nehmen Zuflucht zur Bewirtschaftung ungeeigneter Flächen – abschüssigen und erosionsgefährdeten Hanglagen; semiariden Gebieten mit rascher Bodenverschlechterung; und tropischen Wäldern, wo die Erträge auf gerodeten Feldern oft nach wenigen Jahren verfallen. Arme Menschen in überbevölkerten Slums leiden oft unter einer ungenügenden Versorgung mit Trinkwasser und sanitären Einrichtungen, sind gefährdet durch Überschwemmungen und Erdrutsche, Industrieunfälle und -emissionen sowie die Umweltverschmutzung durch den Verkehr. Die Armen sind häufig den höchsten Gesundheitsrisiken durch die Umweltverschmutzung ausgesetzt und sie sind gerade wegen ihrer Armut tendenziell am stärksten gefährdet durch solche Risiken. Die Auswirkungen der Umweltverschlechterung auf die Armen werden im Kapitel 2 aufgezeigt.

Armen Familien fehlen häufig die Mittel, um eine Umweltverschlechterung zu vermeiden. Für die ganz Armen, die sich am Rande des Existenzminimums durchkämpfen, steht der Kampf um das tägliche Überleben an erster Stelle. Es wäre falsch anzunehmen, daß die Armen an sich nur über einen kurzfristigen Zeithorizont verfügten; arme Gemeinschaften weisen oft einen ausgeprägten Verantwortungssinn für einen haushälterischen Umgang mit

Sonderbeitrag 1.2 Dürre, Armut und Umwelt

Die Landwirtschaft ist überall auf der Welt ein risikoreiches Gewerbe, doch das bedrohlichste Risiko stellt wohl die Dürre in den semiariden Gebieten der Tropen dar. Die Haushalte in den armen ländlichen Gesellschaften, die viele dieser Gebiete bewohnen, verfügen kaum über Reserven. Das gleichzeitige Auftreten von Armut und Dürre kann auch schlimme Folgen für die Umwelt haben, die die künftige Produktivität der Landwirtschaft bedrohen und die Erhaltung der natürlichen Ressourcen gefährden. So werden die Armen in Dürreperioden die Natur intensiver durchstöbern, um Holz und andere organische Brennstoffe, wildlebende Tiere und eßbare Pflanzen einzusammeln, sowohl zur eigenen Versorgung als auch zum Verkauf. Da aber Pflanzen, Bäume und Tierwelt durch die Dürre ohnehin schon belastet sind, verschlimmert diese Sammlertätigkeit die Entwaldung und den Schaden an Wassereinzugsgebieten und am Boden. Die Viehzüchter neigen dazu, ihre Herden während der Dürrezeiten in der Nähe der Wasserlöcher zu konzentrieren, und die damit einhergehende Überweidung kann dem Boden langfristig Schaden zufügen.

Viele landwirtschaftliche Verfahren in den semiariden Zonen sind geeignet, die schädlichen Folgen von Dürrezeiten für die natürlichen Ressourcen zu verschlimmern. So setzt der Ackerbau durch das Umpflügen den Boden den Einflüssen von Wind und Wetter aus und macht ihn anfälliger für die Erosion durch Wind und Regen sowie für den Verlust an Feuchtigkeit und Nährstoffen. Diese Auswirkungen können schon in normalen Jahren ausgeprägt sein, sind aber in Dürrezeiten besonders gravierend. Da die Bauern die Dürre nicht vorhersehen können, bearbeiten und bepflanzen sie das Land für eine normale Saison. Wenn in der Folgezeit die Pflanzen eingehen, ist der Boden schutzlos der vollen Einwirkung von Sonne, Wind und Regen ausgesetzt.

Obwohl die Maßnahmen der Bauern zur Risikoverminderung aus ihrer eigenen Sicht durchaus rational sind, können sie manchmal zu Umweltkosten für die örtliche Gemeinschaft führen. So mag es sein, daß bäuerliche Haushalte verschiedene Felder bestellen, um unterschiedliche örtliche Bedingungen auszunutzen und damit das Anbaurisiko zu verringern. Da aber die Bauern jeweils kleinere Ackerstücke haben, sind die Umweltkosten ihrer Bewirtschaftungsverfahren (wie die Bodenerosion und die Wasserableitung) weniger auf ihren eigenen Bauernhöfen spürbar, sondern sie werden überwiegend von den Nachbarn getragen. Für die einzelnen Bauern gibt es wenig Anreiz, sich mit diesem Problem auseinanderzusetzen. Selbst wenn sie dazu bereit sind, mag eine Lösung schwierig sein, da sie ein Zusammenwirken von benachbarten Bauern zur Vornahme einer gemeinsamen Investition erfordert (wie des Konturanbaus oder der Terrassierung).

Ein ähnliches Problem kann bei der gemeinschaftlichen Nutzung von Weideland auftreten, wenn die Bauern ihren Viehbestand zur Vorsorge gegen Dürrezeiten vergrößern. Da die Bauern dazu tendieren, den Verkauf des Viehs solange wie möglich hinauszuschieben, führt diese einfache Form der Absicherung in Dürreperioden häufig zur Überweidung, was die Gefahr einer permanenten Schädigung des Weidelands erhöht.

Auch der Marktmechanismus reicht in dürregefährdeten Regionen nicht aus, um einen Risikoausgleich herbeizuführen, da so viele Menschen gleichzeitig betroffen sind. Zwar können Kreditmärkte dazu dienen, das Verbrauchsniveau während der normalen Schwankungen der Haushaltseinkommen aufrechtzuerhalten, doch dürften diese Märkte nicht in der Lage sein, die enormen Summen an Krediten aufzubringen, die in Dürrezeiten benötigt werden, wenn eine große Zahl von Menschen gleichzeitig Kredite braucht. Die Regierungen müssen deshalb in Dürrezeiten für Unterstützung durch Arbeitsbeschaffungsprogramme und eine gezielte Nahrungsmittelhilfe sorgen, und eine wirksame Dürre-Versicherung dürfte ebenfalls notwendig sein.

---

ihrem angestammten Land auf. Ihre fragilen und begrenzten Ressourcen, die oft unklaren Eigentumsverhältnisse und ihr begrenzter Zugang zu Krediten und Versicherungen erlauben es ihnen aber nicht, die zum Schutz der Umwelt notwendigen Investitionen vorzunehmen (Sonderbeitrag 1.2). Wenn sie investieren, können sie nicht lange auf die Erträge warten. So ergaben Untersuchungen in Indien, daß arme Bauern mit impliziten Diskontsätzen von 30 bis 40 Prozent rechneten, d.h. sie waren zu einer Investition nur bereit, wenn sie ihren Wert innerhalb von drei Jahren verdreifachte. In ähnlicher Weise zeigte sich bei Bemühungen um die Einführung von Maßnahmen zur Bodenerhaltung und Wassersammlung in Burkina Faso, daß jene Verfahren am ehesten akzeptiert wurden, die einen Ertragszuwachs innerhalb von zwei bis drei Jahren erbrachten. In vielen Ländern sind Versuche zur Förderung der Aufforstung durch ländliche Gemeinschaften fehlgeschlagen, wenn die Menschen bis zur Ausreifung der Bäume warten mußten, bevor sie einen Ertrag realisieren konnten; doch waren die Versuche erfolgreich, wenn Produkte wie Bauholz und Futter rascher verfügbar waren.

In vielen Teilen der Welt spielen die Frauen eine Hauptrolle in der Bewirtschaftung von Ressourcen;

gleichwohl steht ihnen nur ein wesentlich geringeres Angebot von Ausbildung, Krediten, Beratungsdiensten und Agrartechniken zur Verfügung als den Männern. In Afrika südlich der Sahara leisten Frauen schätzungsweise 50 bis 80 Prozent der Arbeit in der Landwirtschaft und bei der Verarbeitung von Agrarprodukten. Trotz ihrer hohen Beteiligung an der wirtschaftlichen Aktivität verfügen Frauen in vielen Ländern aber nur über eingeschränkte oder gar keine Rechte an Grund und Boden sowie an Baumpflanzungen. Dies beschränkt ihren Zugang zu Krediten für Investitionen in neue Verfahren. Von den land- und forstwirtschaftlichen Beratungsdiensten werden die Frauen ebenfalls häufig vernachlässigt. Dort, wo sie gleiche Chancen erhielten (wie bei der Bekämpfung der Bodenerosion in Kamerun), haben sie ihre Fähigkeit zu einer effektiven Bewirtschaftung natürlicher Ressourcen unter Beweis gestellt.

Zwischen der Bekämpfung der Armut und dem Schutz der Umwelt gibt es beträchtliche Synergieeffekte. Da die Armen weniger Möglichkeiten haben als die Reichen, sich aus Umweltproblemen „herauszukaufen", profitieren sie oft am meisten von Umweltverbesserungen. Zudem sind die wirtschaftlichen Aktivitäten, die durch die Umweltpolitik angeregt werden – wie die Anwendung der Agroforstwirtschaft, die Anlage von Windbrechern zur Eindämmung der Bodenerosion und die Schaffung der Infrastruktur für Trinkwasserversorgung und Abwasserbeseitigung –, häufig arbeitsintensiv und können somit für Beschäftigung sorgen. Gezielt eingesetzte Maßnahmen zur sozialen Absicherung ermöglichen es den Armen, in Krisenzeiten weniger Raubbau an natürlichen Ressourcen zu treiben. Beratungs- und Kreditprogramme und die Zuweisung von Grundeigentum an Siedler stärken die Fähigkeit der Armen, Investitionen in die Umwelt vorzunehmen und Risiken zu bewältigen. Investitionen in die Wasserversorgung und sanitäre Einrichtungen sowie in die Eindämmung der Umweltverschmutzung werden ebenfalls den Armen zugutekommen, da sie deren Gesundheit und Leistungsfähigkeit verbessern. Am dringendsten wird aber ein sozial ausgewogenes Wirtschaftswachstum gebraucht, das einhergeht mit Erziehung und Gesundheitsfürsorge. Dies wird die Armen in die Lage versetzen, Investitionen in die Umwelt vorzunehmen, die ihren eigenen langfristigen Interessen dienen. Ein solches Wachstum wird auch für eine Beschleunigung des demographischen Übergangs entscheidend sein; wenn es den Menschen besser geht und sie besser ausgebildet sind, haben sie weniger Kinder.

*Wirtschaftswachstum –
langfristige Trends und Aussichten*

Das durchschnittliche Pro-Kopf-Einkommen in den Entwicklungsländern ist in der Periode 1950 bis 1990 jährlich um 2,7 Prozent gestiegen – das war das stärkste anhaltende Wachstum in der Geschichte. Doch war das Wirtschaftswachstum von Region zu Region sehr unterschiedlich. Die Länder Asiens, in denen 65 Prozent der Bevölkerung aller Entwicklungsländer leben, wuchsen in den siebziger Jahren mit durchschnittlich 5,2 Prozent pro Jahr und in den achtziger Jahren mit 7,3 Prozent, während das Wachstum außerhalb Asiens sich von 5,6 Prozent in den siebziger Jahren auf 2,8 Prozent in den achtziger Jahren verlangsamte. Asien war in den achtziger Jahren die einzige Entwicklungsregion, die ein anhaltendes Wachstum des Pro-Kopf-Einkommens erreichte.

DIE JÜNGSTE WIRTSCHAFTSENTWICKLUNG. Die neunziger Jahre begannen für die Entwicklungsländer mit einem schlechten Start. Sowohl im Jahr 1990 als auch 1991 ist das Pro-Kopf-Einkommen in den Entwicklungsländern insgesamt gesehen gesunken, nachdem es seit 1965 jedes Jahr gewachsen war. Dieser Rückschlag wurde im wesentlichen durch Sondereinflüsse verursacht – nämlich den Krieg im Nahen Osten und den wirtschaftlichen Einbruch in Osteuropa und der ehemaligen UdSSR. Die Rezession in verschiedenen Ländern mit hohem Einkommen trug ebenfalls zur Stagnation des Exportwachstums der Entwicklungsländer bei. Die Projektionen in Tabelle 1.2 beruhen auf der Annahme, daß die Industrieländer in den neunziger Jahren langsamer wachsen werden als in den Achtzigern. Vor diesem Hintergrund erscheinen die wirtschaftspolitischen Reformen in den Entwicklungsländern um so dringlicher. Erfahrungsgemäß wirkt sich die nationale Politik doppelt so stark auf das langfristige Wachstum aus wie die Veränderungen des außenwirtschaftlichen Umfelds.

Unter der Annahme weiterer Fortschritte bei den Wirtschaftsreformen in den Entwicklungsländern gehen die Projektionen von einer Zunahme des BIP-Wachstums der Entwicklungsländer auf etwa 5 Prozent im Durchschnitt der neunziger Jahre aus – deutlich mehr als die in den achtziger Jahren erreichte Wachstumsrate von 3,4 Prozent. Für Asien wird ein Rückgang des Wachstums gegenüber den hohen Zuwachsraten der achtziger Jahre erwartet, doch wird die Region weiterhin deutlich rascher wachsen als der Durchschnitt der Entwicklungslän-

Tabelle 1.2 Wachstum des realen Pro-Kopf-Einkommens in den Industrie- und Entwicklungsländern, 1960 bis 2000
(durchschnittliche jährliche Veränderung in Prozent)

Ländergruppe	1960–70	1970–80	1980–90	1990	1991[a]	1990–2000[a]
Länder mit hohem Einkommen	4,1	2,4	2,4	2,1	0,7	2,1
Entwicklungsländer	3,3	3,0	1,2	–0,2	–0,2	2,9
Afrika südlich der Sahara	0,6	0,9	–0,9	–2,0	–1,0	0,3
Asien und der Pazifik	2,5	3,1	5,1	3,9	4,2	4,8
Ostasien	3,6	4,6	6,3	4,6	5,6	5,7
Südasien	1,4	1,1	3,1	2,6	1,5	3,1
Naher Osten und Nordafrika	6,0	3,1	–2,5	–1,9	–4,6	1,6
Lateinamerika und die Karibik	2,5	3,1	–0,5	–2,4	0,6	2,2
Europa	4,9	4,4	1,2	–3,8	–8,6	1,9
Osteuropa	5,2	5,4	0,9	–8,3	–14,2	1,6
nachrichtlich:						
Entwicklungsländer, gewichtet mit der Bevölkerungszahl	3,9	3,7	2,2	1,7	2,2	3,6

Anmerkung: In den zusammenfassenden Angaben ist die ehemalige UdSSR nicht enthalten.
a. Schätzungen.
Quelle: Weltbank 1992.

der. In Lateinamerika, Osteuropa sowie im Nahen Osten und Nordafrika soll sich nach den Projektionen im weiteren Verlauf der neunziger Jahre das Wachstum durchweg beschleunigen. Die Wachstumsrate von Afrika südlich der Sahara wird sich im Vergleich zu den achtziger Jahren verbessern, doch wird der Fortschritt bescheiden sein.

LÄNGERFRISTIGE AUSSICHTEN. Da sich viele Umweltprobleme über einen längeren Zeitraum aufbauen, wählt dieser Bericht einen längeren Zeithorizont als üblich und widmet den nächsten vier Jahrzehnten besondere Aufmerksamkeit. Im Verlauf dieser Periode wird die Weltbevölkerung um etwa 3,7 Milliarden Menschen zunehmen – das sind ungleich mehr als während aller früheren Generationen und vermutlich auch mehr als während aller künftigen Generationen. Wirtschaftsprojektionen über einen so langen Zeitraum sind naturgemäß mit besonderer Unsicherheit behaftet. Ihre Präsentation in Schaubild 1.3 ist nicht als eine Vorhersage zu verstehen, sondern soll eine Entwicklung aufzeigen, die man aufgrund der historischen Erfahrung als wahrscheinlich ansehen kann.

Das weltweite BIP könnte von etwa 20 Billionen Dollar im Jahr 1990 auf real 69 Billionen Dollar im Jahr 2030 steigen. In den Entwicklungsländern insgesamt könnte sich das durchschnittliche Pro-Kopf-Einkommen, real betrachtet, mehr als verdreifachen, nämlich von gegenwärtig durchschnittlich 750 Dollar (dem Einkommensniveau von Côte d'Ivoire) auf etwa 2.500 Dollar im Jahr 2030, was dem derzeitigen Pro-Kopf-Einkommen von Mexiko entspricht. Beträchtliche regionale Einkommensunterschiede würden weiterhin bestehen bleiben, wenngleich der Einkommensabstand zwischen den Entwicklungsländern und den Industrieländern sich im Durchschnitt verringern würde. Bis zur Mitte des nächsten Jahrhunderts dürfte der Anteil der Entwicklungsländer am Welteinkommen von weniger als einem Viertel auf fast die Hälfte gestiegen sein, und wenn sich dieser Trend fortsetzen sollte, würde der Anteil bis zum Jahr 2100 mehr als drei Viertel erreichen. Die stärkste Wachstumsdynamik wird für Asien erwartet, insbesondere für Ostasien, wo die Pro-Kopf-Einkommen im Jahr 2030 3.300 Dollar übersteigen dürften. Obgleich für Südasien mit einem robusten Wachstum gerechnet wird, wird das Pro-Kopf-Einkommen dort trotz einer Verdreifachung während der nächsten Generation nur etwa 1.000 Dollar erreichen. Die durchschnittlichen Pro-Kopf-Einkommen in Lateinamerika sowie im Nahen Osten und Nordafrika könnten 5.000 Dollar bzw. 4.000 Dollar übersteigen – und würden damit deutlich über dem Durchschnitt für alle Entwicklungsländer liegen. Eine wirtschaftliche Erholung in Osteuropa würde das durchschnittliche Pro-Kopf-Einkommen bis zum Jahr 2030 auf mehr als 9.000 Dollar steigen lassen, während es in der ehemaligen UdSSR auf über 8.000 Dollar zunehmen könnte. Die Projektionen für Afrika südlich der Sahara stimmen am wenigsten hoffnungsvoll; bei der gegenwärtigen Produktivitätsentwicklung und der zugrundegelegten Bevölkerungsprojektion

Das durchschnittliche Pro-Kopf-Einkommen der Entwicklungsländer wird bis zum Jahr 2030 auf das Dreifache steigen

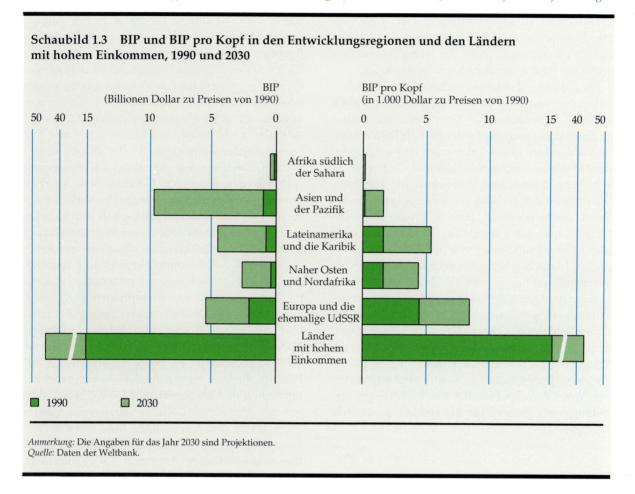

Schaubild 1.3 BIP und BIP pro Kopf in den Entwicklungsregionen und den Ländern mit hohem Einkommen, 1990 und 2030

Anmerkung: Die Angaben für das Jahr 2030 sind Projektionen.
Quelle: Daten der Weltbank.

würde sich zwar die Produktion insgesamt vervierfachen, doch das Pro-Kopf-Einkommen würde nur 400 Dollar erreichen.

Nachhaltige Entwicklung

Gemessen am Einkommen und der Produktion wird die Welt im nächsten Jahrhundert einen wesentlich höheren Reichtum aufweisen. Wird aber die Umwelt viel ärmer sein? Wird es künftigen Generationen aufgrund einer Umweltverschlechterung, die das Resultat der heute getroffenen ökonomischen Entscheidungen ist, schlechter gehen? Kann angesichts eines zunehmenden Drucks auf die natürlichen Ressourcen die Ausweitung der Wirtschaftsaktivität von Dauer sein? Voraussichtliche Veränderungen in dem oben beschriebenen Ausmaß werfen die grundsätzlichen Fragen auf, welche Welt wir unseren Kindern hinterlassen wollen und worin das Wesen und die Ziele von Entwicklung bestehen.

Was ist Entwicklung?

Entwicklung zielt auf die Verbesserung der Lebensbedingungen der Menschen ab. Die Steigerung des Lebensstandards und die Verbesserung der Ausbildung, der Gesundheit und der Chancengleichheit bilden die entscheidenden Elemente der wirtschaftlichen Entwicklung. Die Gewährleistung von politischen und Bürgerrechten ist das Ziel einer umfassender definierten Entwicklung. Das Wirtschaftswachstum ist ein notwendiges Mittel, um Entwicklung zu erreichen, doch ist es als solches nur ein höchst unvollkommener Indikator für den Fortschritt.

Der erste Schritt zur Verbesserung der gesellschaftlichen Entscheidungen besteht darin, den Fortschritt richtig zu messen. Es ist seit langem unbestritten, daß beispielsweise Indikatoren des Ausbildungsangebots, der Säuglingssterblichkeit oder der Ernährungsgrundlage eine notwendige Ergänzung zum BIP oder BSP bilden. Von einigen

Stellen wurde sogar versucht, solche Indikatoren zu einem umfassenden Maß des Fortschritts in der Entwicklung zusammenzufassen. Der vom Entwicklungsprogramm der Vereinten Nationen (UNDP) konstruierte Index der menschlichen Entwicklung stellt einen derartigen Versuch dar.

Die Tatsache, daß Umweltschäden die Menschen belasten – und zwar sowohl die heutige als auch künftige Generationen – liefert ein zusätzliches Argument, die gängige Art der Fortschrittsmessung zu überdenken. In der Tat werden dadurch besondere Probleme aufgeworfen, denn im Gegensatz zu Erziehung, Gesundheit, Ernährung und Lebenserwartung, zu denen das Wirtschaftswachstum in der Regel einen positiven Beitrag leistet, wird die Umwelt manchmal durch das Wachstum beschädigt. Außerdem können von den Umweltschäden andere Menschen betroffen sein als jene, die vom Wachstum profitieren. Bei den Betroffenen mag es sich um die Armen der Gegenwart handeln oder um künftige Generationen, die eine verschlechterte Umwelt erben. Aus diesen Gründen ist es notwendig, die Wohlfahrtseinbußen, die durch Umweltschäden entstehen, abzuschätzen – ein zentrales Anliegen dieses Berichtes – und die Implikationen der Umweltpolitik für die Einkommensverteilung, insbesondere für die Armen, zu berücksichtigen.

Was heißt Nachhaltigkeit?

Nachhaltig ist jene Entwicklung, die von Dauer ist. Ein besonderes Problem besteht darin, daß jene, die in der Gegenwart die Vorteile der Entwicklung genießen, die Lage künftiger Generationen verschlechtern, indem sie an den Ressourcen der Erde Raubbau treiben und die Umwelt verschlechtern. Das allgemeine Prinzip einer nachhaltigen Entwicklung, das von der World Commission on Environment and Development *(Our Common Future, 1987)* angenommen wurde – daß die gegenwärtige Generation „ihren Bedarf befriedigen soll, ohne die Fähigkeit künftiger Generationen zur Befriedigung ihres eigenen Bedarfs zu beeinträchtigen" –, hat eine breite Zustimmung gefunden und wird von diesem Bericht entschieden unterstützt.

Die Umsetzung des Konzeptes der nachhaltigen Entwicklung in praktische Politik wirft die grundsätzliche Frage auf, wie sich die Wohlfahrt gegenwärtiger und künftiger Generationen bewerten läßt. Was müssen wir unseren Kindern und Enkeln hinterlassen, damit sie mit der größtmöglichen Wahrscheinlichkeit mindestens ebenso gut gestellt sind wie wir selbst? Dieses Problem ist um so schwieriger, als unsere Kinder nicht nur von der gegenwärtigen Umweltverschmutzung und dem Raubbau an den Ressourcen betroffen sind, sondern auch von den Früchten unserer Arbeit in Form von Erziehung, Ausbildung und technischem Wissen (also in Form des Humankapitals) sowie vom hinterlassenen Sachkapital profitieren. Auch Investitionen in die natürlichen Ressourcen – wie Verbesserung der Bodenqualität oder Aufforstung – können ihnen zugute kommen. Bei der Überlegung, was wir den künftigen Generationen vererben, müssen wir also die ganze Breite des vorhandenen Sach-, Human- und Umweltkapitals berücksichtigen, von dem ihre Wohlfahrt und ihre Hinterlassenschaft für ihre Nachkommen abhängen werden.

Derartige generationenübergreifende Entscheidungen spiegeln sich in dem Diskontsatz wider, der bei der Bewertung von Investitionen angewendet wird. Durch den Diskontsatz werden gegenwärtige und zukünftige Kosten und Erträge auf einen Nenner gebracht. Je niedriger der Diskontsatz ist, desto lohnender ist es, heute zu investieren, um künftige Erträge zu erhalten. Es wird manchmal behauptet, daß ein niedriger Diskontsatz – oder gar ein Zinssatz von Null – angewendet werden sollte, damit den langfristigen Konsequenzen von Umweltveränderungen angemessen Rechnung getragen wird. Dieses Argument ist unzutreffend. Unter der Voraussetzung, daß die Umwelteffekte von Projekten voll berücksichtigt werden – was eben oft nicht geschieht – ist es immer am wirtschaftlichsten, jene Investitionen zu wählen, die den höchsten Nettoertrag bringen. Eine Beeinflussung der Entscheidung zugunsten von Investitionen mit niedrigerem Nettoertrag wäre nicht rationell; eine solche Wahl führt zu einer Wohlfahrtseinbuße und einem Verlust an Einkommen, das man für Umweltzwecke hätte verwenden können.

Abwägen von Kosten und Erträgen

Die Auseinandersetzung mit Umweltproblemen bedeutet nicht, daß die Diskontsätze künstlich reduziert werden, sondern daß der Wert der Umwelt in die Entscheidung einbezogen wird. Werte, deren Messung schwierig ist, gehen oft in indirekter Form in den Entscheidungsprozeß ein, doch werden die Zielkonflikte dabei nicht gründlich durchdacht. Es ist unbedingt notwendig, solche Kosten und Erträge so explizit wie nur möglich zu machen, damit die

Entscheidungsträger und die Bürger besser informiert werden. Damit ist nicht gemeint, daß es möglich oder auch nur wünschbar wäre, sämtliche Umweltfaktoren mit Geldbeträgen zu bewerten. Es sollte aber klar sein, in welchem Umfang Einbußen an Umweltqualität zugunsten von Entwicklung in Kauf genommen werden und in welchem Umfang auf Entwicklung zugunsten des Umweltschutzes verzichtet wird. Dieser Bericht ist der Auffassung, daß gegenwärtig mit der Umweltqualität zu großzügig umgegangen wird. Es besteht jedoch die Gefahr, daß zuviel künftiges Einkommenswachstum aufgegeben wird, weil zuwenig getan wird, um Zielkonflikte abzuklären und zu minimieren, und weil Maßnahmen, die sowohl dem Wirtschaftswachstum als auch der Umwelt zugute kommen, zuwenig genutzt werden.

Um solche Zielkonflikte auf nationaler Ebene erkennbar zu machen, bemüht man sich in einer Reihe von Ländern, die Volkswirtschaftlichen Gesamtrechnungen zu ergänzen. Solche Vorhaben können aus zwei Gründen nützlich sein. Erstens können sie dazu beitragen, daß erkennbar wird, welche Umweltkosten das BIP-Wachstum für die heutige Bevölkerung mit sich bringen kann. So sollten die Kosten der Umweltverschmutzung für Gesundheit und Produktivität in der gleichen Weise berücksichtigt werden wie andere Wohlfahrtsindikatoren. Zweitens läßt sich auf diese Weise ein realistischeres Maß von der Produktionskapazität einer Volkswirtschaft gewinnen. Zu diesem Zweck sind die Investitionen um die Abschreibungen auf das Sach- und das Umweltkapital zu korrigieren. Doch müssen auch die Akkumulation des Humankapitals und die Erträge des technischen Fortschritts berücksichtigt werden, um ein Gesamtbild der Produktionskapazität einer Volkswirtschaft zu erhalten.

Verschiedene Länder haben eine Reihe von Ansätzen zur Messung von Umweltkosten erprobt (Sonderbeitrag 1.3). Eine jüngste Pilotstudie über die Volkswirtschaftliche Gesamtrechnung von Mexiko gibt eine Vorstellung von den möglichen Größenordnungen der notwendigen Korrekturen. Wenn der Verbrauch von Ölreserven, Wäldern und Grundwasser berücksichtigt wurde, so ergab sich ein um fast 7 Prozent geringeres Nettosozialprodukt Mexikos. Eine zusätzliche Korrektur hinsichtlich der Kosten für die Vermeidung der Umweltverschlechterung, insbesondere der Luft- und Wasserverschmutzung sowie der Bodenerosion, reduzierte das Sozialprodukt um weitere 7 Prozent. Diese Schätzungen sind vorläufig und sollen nur die Vorgehensweise illustrieren. Nützlicher als solche aggregierten Daten sind sektorale Berechnungen. In der Viehwirtschaft zum Beispiel ging die Nettowertschöpfung drastisch zurück, wenn die Kosten der Bodenerosion berücksichtigt wurden. Diese Berechnungen geben als solche der Politik noch keinen Aufschluß darüber, ob die natürlichen Ressourcen Mexikos zum größten Vorteil des Landes genutzt werden, doch können sie nützlich sein, um den Entscheidungsträgern mögliche Zielkonflikte bewußt zu machen und die Definition von sektoralen Prioritäten zu erleichtern.

Wirtschaftsaktivität und Umwelt:
Zentrale Zusammenhänge

Nach Auffassung dieses Berichts ist es möglich, die negativen Auswirkungen des Wirtschaftswachstums auf den Zustand der Umwelt wesentlich zu reduzieren. Ein mangelhafter Umgang mit natürlichen Ressourcen setzt bereits in manchen Gebieten der Entwicklung Grenzen, und die zunehmende Wirtschaftsaktivität wird die Umweltpolitik mit ernsten Problemen konfrontieren. Doch kann das Einkommenswachstum in Verbindung mit einer vernünftigen Umweltpolitik und zweckmäßigen Institutionen eine Grundlage schaffen, um sowohl die Umweltprobleme als auch die Entwicklungsaufgabe zu bewältigen. Der Schlüssel zu einer nachhaltigeren Entwicklung liegt nicht darin, weniger zu produzieren, sondern anders zu produzieren. In bestimmten Fällen, etwa beim Schutz von Wäldern oder der Emissionskontrolle, können richtige Umweltmaßnahmen zu einem kurzfristigen Rückgang des Wachstums führen, auch wenn die Wohlfahrt steigt. In anderen Fällen – so bei der Verbesserung der Bodenkonservierung oder bei Investitionen in die Wasserversorgung – dürften sich die Maßnahmen auf Produktion und Einkommen positiv auswirken. In wieder anderen Fällen sind die Auswirkungen unklar. Was jedoch unzweideutig feststeht, ist die Tatsache, daß ein umweltpolitisches Versagen die Möglichkeiten für eine langfristige Entwicklung einschränkt.

VERSTÄNDNIS FÜR DAS PROBLEM. Jede wirtschaftliche Betätigung ist mit einer Veränderung der natürlichen Welt verbunden. Weshalb führt die wirtschaftliche Aktivität aber manchmal zu einer exzessiven Verschlechterung der Umwelt? Ein Grund dafür ist, daß viele natürliche Ressourcen gemeinschaftlich genutzt werden und die Nutzer vieler Umweltgüter und -leistungen nicht deren wahren

Sonderbeitrag 1.3 Die rechnerische Erfassung natürlicher Ressourcen und der Umwelt

Die Grenzen der konventionellen Maßgrößen der Wirtschaftsaktivität, wie des BSP und des Volkseinkommens, als Indikatoren der gesellschaftlichen Wohlfahrt sind seit Jahrzehnten bekannt. In den letzten Jahren ist man sich zunehmend bewußt geworden, daß diese Indikatoren, die auf dem System der Volkswirtschaftlichen Gesamtrechnungen der Vereinten Nationen (United Nations System of National Accounts, SNA) beruhen, die Verschlechterung der Umwelt und den Verbrauch natürlicher Ressourcen nicht korrekt widerspiegeln. Eine Reihe alternativer Ansätze wurde entwickelt. Erste Arbeiten auf diesem Gebiet wurden in einigen OECD-Ländern unternommen, insbesondere von Norwegen und Frankreich. Jüngste Versuche zur Anwendung einer Ressourcenrechnung auf Entwicklungsländer unternahmen das UNEP, das Statistische Amt der Vereinten Nationen (UNSO), die Weltbank und das World Resources Institute. Diese Ansätze unterscheiden sich sowohl hinsichtlich ihrer Breite als auch ihrer Zielsetzung.

Allgemein betrachtet gibt es zwei Kritikpunkte an dem Rahmenwerk des SNA. Erstens können Aggregate wie das BSP als Maß der Wirtschaftsaktivität unzureichend sein, wenn diese mit Umweltschäden einhergeht. Die Abschreibung auf bestimmte Arten des Kapitals, wie den Maschinenbestand, wird berücksichtigt, doch die Investitionen in das Humankapital und der Verbrauch von Umweltkapital, einschließlich der nicht-erneuerbaren natürlichen Ressourcen, werden nicht erfaßt.

Zweitens wird kritisiert, daß das SNA die Dienstleistungen außer acht läßt, die von den natürlichen Ressourcen erbracht werden, und damit den Entscheidungsträgern nur beschränkte Informationen liefert. Diese Dienstleistungen nicht zu berücksichtigen bedeutet, daß der Einfluß der Wirtschaftsaktivität auf die Umwelt vernachlässigt wird, und zwar in ihrer Rolle, Abfälle aufzunehmen und Vorleistungen zu erbringen. Es wird argumentiert, daß die Vernachlässigung dieser Dienstleistungen und ihrer Effekte auf die Wirtschaftsaktivität die Volkswirtschaftlichen Gesamtrechnungen zu einem ungeeigneten Instrument für die Formulierung der Wirtschaftspolitik macht, insbesondere in Volkswirtschaften mit einer starken Abhängigkeit von natürlichen Ressourcen.

Die diversen Ansätze einer Ressourcen- und Umweltrechnung verfolgen unterschiedliche Zielsetzungen. Jede Rechnung setzt bei einem anderen Problem der SNA an. Die einfachsten Ansätze versuchen eine genauere Messung der Einflüsse von Umweltverschlechterung und Umweltschutz, welche die Volkswirtschaftlichen Gesamtrechnungen bereits in unvollkommener Weise erfassen. Beispiele dafür sind die Arbeiten in Deutschland, den Niederlanden und den Vereinigten Staaten zur Schätzung der Kosten von Umweltschutzmaßnahmen. Ein zweiter Ansatz geht von der inkonsistenten Erfassung des natürlichen Kapitals in der SNA aus und versucht, den Verbrauch von solchem Kapital explizit zu berücksichtigen; Schätzwerte für diesen Verbrauch werden vom Einkommen in üblicher Definition abgezogen, so daß sich ein Nettoeinkommen ergibt. Diese Methode wurde in Indonesien auf Wälder, Erdöl und Böden angewendet, in Costa Rica auf Fischbestände und Wälder sowie in China auf Mineralien. Schließlich sind die von Norwegen angewendete Methode der physischen Buchhaltung und die Bemühungen des UNSO um eine Integration des Umwelt- und Ressourcenverbrauchs in die Wirtschaftsaktivität zu erwähnen; beide Ansätze versuchen, die Informationsgrundlage der Umweltpolitik zu verbessern. Das norwegische System konzentriert sich auf die wichtigen natürlichen Ressourcen des Landes – Erdöl, Holz, Fischbestände und Wasserkraft. Der ehrgeizigere Ansatz des UNSO, der gegenwärtig in Zusammenarbeit mit der jeweiligen Regierung und der Weltbank auf Mexiko und Papua-Neuguinea angewendet wird, zielt auf die Entwicklung eines Systems von „Satellitenrechnungen" ab, die den Zusammenhang zwischen der Wirtschaftsaktivität und dem Einsatz natürlicher und ökologischer Ressourcen explizit berücksichtigen.

Wert zu bezahlen haben. Manche natürlichen Ressourcen werden gemeinschaftlich genutzt, weil es keine Mechanismen zur Durchsetzung von Eigentumsrechten gibt, wie bei der Erschließung von Grenzland, und bei anderen ergibt sich die Gemeinschaftsnutzung zwangsläufig, weil Eigentumsrechte sich überhaupt nicht durchsetzen lassen, wie bei der Luft. Falls eine explizite Nutzungsvereinbarung nicht zustande kommt, unterliegen gemeinschaftliche Ressourcen einer allmählichen Verschlechterung, insbesondere wenn Bevölkerung und Wirtschaftsaktivität zunehmen. In manchen Fällen kann eine staatliche Politik, die die Umweltverschlechterung begünstigt, zusätzlichen Schaden anrichten. In anderen Fällen mögen die Armen, mangels anderer Vermögenswerte, keine andere Wahl haben, als an den natürlichen Ressourcen Raubbau zu treiben.

Die dringlichsten Umweltprobleme treten bei jenen erneuerbaren Ressourcen auf, die unterbewertet sind und deshalb dem Risiko völliger Erschöpfung unterliegen. Luft und Wasser sind erneuerbare Ressourcen, doch verfügen sie nur über eine begrenzte Kapazität zur Aufnahme von Emissionen und Abfällen. Wenn die Verschmutzung diese Kapazität überschreitet, können sich die Ökosysteme rapide verschlechtern. Wenn Fischbestände oder

Sonderbeitrag 1.4   Die trostlose Wissenschaft – Ökonomie und Knappheit natürlicher Ressourcen

Die Diskussion darüber, ob die Weltreserven an nichterneuerbaren Ressourcen einmal zu Ende gehen könnten, ist so alt wie die Nationalökonomie. Die Schriften von Malthus und Ricardo, die eine rasch wachsende Bevölkerung und eine zunehmende Knappheit von Ressourcen vorhersagten, trugen der Wirtschaftswissenschaft den Namen der „trostlosen Wissenschaft" *(dismal science)* ein. Bei natürlichen Ressourcen, die nicht erneuerbar sind, bedeutet eine Zunahme des Verbrauchs zwangsläufig eine Verringerung des vorhandenen Bestandes. Es gibt jedoch keine empirischen Belege dafür, daß vermarktete nicht-erneuerbare Ressourcen, wie Metalle, Mineralien und Energieträger, im wirtschaftlichen Sinn knapper werden. Dies hängt damit zusammen, daß eine potentielle oder tatsächliche Verknappung sich in steigenden Marktpreisen widerspiegelt, die ihrerseits Entdeckungen neuer Lagerstätten, Verbesserungen der Effizienz, Substitutionsmöglichkeiten und technische Neuerungen ausgelöst haben.

Die steigenden Preise für Energieträger und Metalle in den siebziger Jahren förderten Effizienzgewinne im Ressourceneinsatz und Substitutionsprozesse, die schließlich das Wachstum der Nachfrage dämpften. Beispiele für solche technischen Neuerungen sind die Glasfaseroptik, die das Kupfer in der Nachrichtentechnik ersetzte, die Materialeinsparungen bei der Beschichtung mit Zinn, Nickel und Zink in einer Reihe von Industrien, die Entwicklung von synthetischen Ersatzstoffen und die Wiederaufbereitung von Aluminium und anderen Materialien. Ähnliche Effizienzgewinne wurden im Energiesektor erreicht. Der Verbrauch von Metallen und Energie je Produkteinheit ist in den Industrieländern kontinuierlich gesunken, wenngleich er in den Entwicklungsländern im allgemeinen steigt. Bei einer Reihe von Mineralien und Energieträgern ist der laufende Verbrauch in Relation zu den nachgewiesenen Reserven zurückgegangen (Tabelle 1.4 A). Tendenziell sinkende Preise deuten außerdem darauf hin, daß viele nicht-erneuerbare Ressourcen eher reichlicher als spärlicher vorhanden sind (Schaubild 1.4 A).

Die weltweiten Vorräte an vermarkteten nicht-erneuerbaren Energieträgern und Rohstoffen gehen nicht zur Neige, doch die nicht marktwirksamen Nebeneffekte ihres Abbaus und Verbrauchs sind zu einem ernsten Problem geworden. Bei den fossilen Energieträgern geht es nicht um eine mögliche Knappheit, sondern um die Umwelteffekte ihres Verbrauchs, insbesondere die örtliche Luftverschmutzung und die Emissionen von Kohlendioxid. In ähnlicher Weise ist der Abbau von Mineralien mit Umweltverschmutzung und Zerstörung natürlicher Lebensräume verbunden. Da 95 Prozent des gesamten Abbauvolumens auf den Abraum entfallen, der häufig Schwermetalle wie Kupfer, Eisen, Zinn und Quecksilber enthält, finden diese Bestandteile in der Regel ihren Weg in Gewässer, Grundwasservorkommen und Böden.

Tabelle 1.4 A   Reserven und Verbrauch von Energieträgern und Mineralien, 1970 und 1988

	Index der wirtschaftlich nutzbaren Reserven, 1988 (1970 = 100)	Jährlicher Verbrauch in Prozent der Reserven	
		1970	1988
Energieträger			
Gas	265	2,1	1,5
Rohöl	163	2,7	2,2
Mineralien			
Bauxit	373	0,2	0,1
Blei	75	4,7	8,1
Eisenerz	74	0,5	0,8
Kupfer	131	2,6	3,1
Nickel	72	0,8	1,7
Zinn	150	5,4	3,7
Zink	176	0,3	0,2

Quelle: Daten der Weltbank.

Schaubild 1.4 A   Langfristige Preisentwicklung von Nichteisenmetallen, 1900 bis 1991

Anmerkung: Der Index basiert auf den realen Preisen von Aluminium, Blei, Kupfer, Zinn und Zink, gewichtet mit dem Wert der entsprechenden Exporte der Entwicklungsländer im Zeitraum 1979/81.
Quelle: Daten der Weltbank.

Sonderbeitrag 1.5   Der Aralsee: Lehren aus einer ökologischen Katastrophe

Der Aralsee liegt im Sterben. Aufgrund der enormen Wasserentnahme, die während der vergangenen dreißig Jahre hauptsächlich für Bewässerungszwecke vorgenommen wurde, ist das Volumen des Sees um zwei Drittel reduziert worden. Die Oberfläche des Sees ist drastisch geschrumpft, das Wasser im See und das Grundwasser in den angrenzenden Gebieten sind zunehmend versalzt, und die Wasserversorgung und die Gesundheit von fast 50 Millionen Menschen in der Senke des Aralsees sind gefährdet. Weite Flächen salzhaltiger Niederungen wurden durch den Rückgang des Wasserspiegels offengelegt, und das Salz dieser Böden wird vom Wind über die Ebene auf angrenzende Anbauflächen und Weiden getragen, wo es ökologische Schäden verursacht. Die frostfreie Periode im Delta des Amudarja-Flusses, der den Aralsee speist, hat sich auf weniger als 180 Tage verkürzt – und liegt damit unter dem Minimum, das für den Anbau von Baumwolle, des wichtigsten Agrarproduktes der Region, notwendig ist. Die Veränderung des Sees hat eine bedeutende Fischwirtschaft praktisch zum Erliegen gebracht, und die Vielfalt der Fauna in der Region hat drastisch abgenommen. Wenn sich die gegenwärtige Entwicklung ungebremst fortsetzen sollte, würde der See schließlich auf einen Salzsee zusammenschrumpfen, der nur ein Sechstel so groß wäre wie der Aralsee im Jahr 1960.

Diese Umweltkatastrophe ist die Folge einer exzessiven Wasserentnahme für Bewässerungszwecke aus den Flüssen Amudarja und Syrdarja, die den Aralsee speisen. Die gesamte Wasserzufuhr zum Aralsee ist von durchschnittlich 55 Kubikkilometern pro Jahr während der fünfziger Jahre auf Null in den frühen achtziger Jahren gesunken. Die Bewässerungsanlagen, die der Bevölkerung der zentralasiatischen Republiken – Kasachstan, Kyrgystan, Tadschikistan, Turkmenistan und Usbekistan – dienen sollten, waren für diese von zwiespältigem Nutzen. Die Umleitung des Wassers hat den ansässigen Bauern ein Auskommen verschafft, doch unter Inkaufnahme beträchtlicher Umweltkosten. Böden wurden durch Salz vergiftet, Überwässerung hat Weideland in Morast verwandelt, das Wasser wurde durch Rückstände von Schädlingsbekämpfungs- und Düngemitteln verschmutzt, und die verschlechterte Qualität des Trinkwassers und der sanitären Einrichtungen führt zu einer schweren Belastung der Gesundheit der Menschen. Zwar läßt sich unschwer erkennen, wie man die ökologischen Probleme am Aralsee hätte vermeiden können, doch sind Lösungen schwierig. Offenkundig ist eine Kombination von verbessertem technischen Management mit sachgerechten Anreizen unerläßlich: Bewässerungsgebühren oder die Zuteilung von Wasser zu den ertragreichsten Verwendungen könnten zu einer Veränderung der Anbaustruktur führen und mehr Wasser für die Industrie und die Haushalte verfügbar machen.

Doch sind gewaltige Umstellungen notwendig, und der Manövrierspielraum ist sehr begrenzt. Die zentralasiatischen Republiken (ausgenommen Kasachstan) sind arm: ihr Einkommen erreicht nur 65 Prozent des Durchschnittseinkommens in der ehemaligen UdSSR. In der Vergangenheit machten die Transfers von der Zentralregierung in Kyrgystan und Tadschikistan mehr als 20 Prozent und in Usbekistan mehr als 12 Prozent des Volkseinkommens aus. Solche Transfers stehen nicht mehr zur Verfügung. Die regionale Bevölkerung von 35 Millionen Menschen wächst rasch, nämlich um 2,7 Prozent jährlich, und die Säuglingssterblichkeit ist hoch. Die Republiken sind von einer spezialisierten Agrarproduktion abhängig geworden, die sich nicht mehr aufrechterhalten läßt. Die Produktion von Baumwolle, Weintrauben, Obst und Gemüse auf bewässertem Land erbringt den Großteil der Exporterlöse. Eine rasche Verringerung des Wassereinsatzes bei der Bewässerung wird den Lebensstandard weiter senken, falls diese Volkswirtschaften keine Unterstützung erhalten, um neben der bewässerungsgestützten Landwirtschaft neue Produktionszweige aufzubauen. Unterdessen führen die Versalzung und Staubstürme zu einer weiteren Erosion des bewässerten Bodens. Dies ist eines der drastischsten eindeutigsten Beispiele für die Notwendigkeit, Entwicklung mit einer vernünftigen Umweltpolitik zu verbinden.

Wälder zur Befriedigung des menschlichen Bedarfs exzessiv genutzt werden, können kritische Schwellenwerte unterschritten werden, so daß Ökosysteme und Arten vollständig verlorengehen. Engpässe bei nicht erneuerbaren Ressourcen, wie Metallen, Mineralien und Energieträgern, deren mögliche Erschöpfung im Zentrum früherer Umweltdiskussionen stand, sind weniger problematisch. Die Erfahrung legt den Schluß nahe, daß es nicht zu einer wirklichen Knappheit solcher nicht erneuerbaren Ressourcen kommt, wenn der wahre Wert dieser Ressourcen in den Marktpreisen zum Ausdruck kommt (Sonderbeitrag 1.4).

Wasser ist ein Beispiel für eine unterbewertete erneuerbare Ressource, bei der sich eine Verknappung abzeichnet. Bis zum Ende der neunziger Jahre wird das erneuerbare Wasseraufkommen in sechs ostafrikanischen Ländern und in ganz Nordafrika unter das Niveau gesunken sein, bei dem erfahrungsgemäß Wasser allgemein als knapp angesehen wird. In China stehen fünfzig Städte vor einer akuten Wasserknappheit, da der Grundwasserspiegel jährlich um ein bis zwei Meter absinkt. In Mexiko-Stadt übersteigt die Entnahme von Grundwasser die natürliche Wiederauffüllung um 40 Prozent. Solche Engpässe entstehen, wenn Wasser

Umfang, Struktur und Effizienz der wirtschaftlichen Aktivität sowie die Schadensintensität bestimmen die Umweltwirkungen

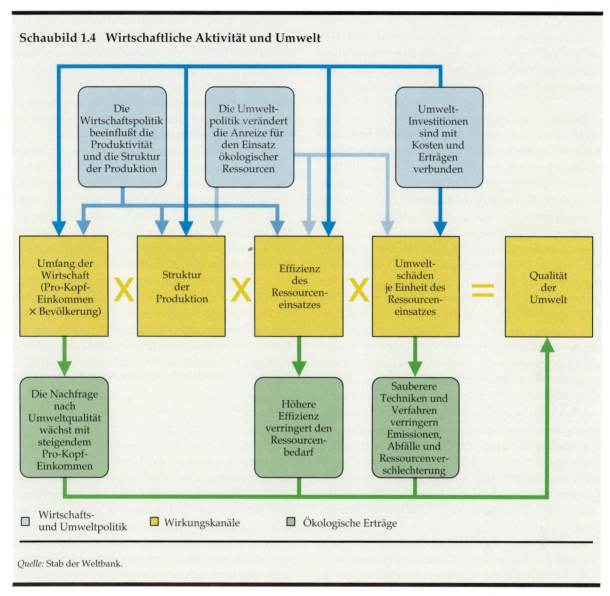

Schaubild 1.4 Wirtschaftliche Aktivität und Umwelt

Quelle: Stab der Weltbank.

verlorengeht oder vergeudet wird, weil man seinen wirklichen Knappheitswert nicht berücksichtigt. In Städten wie Kairo, Jakarta, Lima, Manila und Mexiko-Stadt verschwindet über die Hälfte des gesamten städtischen Wasserangebots spurlos. In vielen Ländern wird knappes Wasser für den Anbau geringwertiger Agrarprodukte verbraucht, und die Bauern brauchen das von ihnen verbrauchte Wasser nicht einmal zu bezahlen. Die Vergeudung des Wassers im Aralsee in Zentralasien ist ein extremes Beispiel dafür, daß der Wert einer natürlichen Ressource nicht zur Kenntnis genommen wurde (Sonderbeitrag 1.5).

Die Beurteilung der Frage, ob die Regenerationsfähigkeit einer natürlichen Ressource überschritten ist, wird dadurch erschwert, daß die Auswirkungen der Wirtschaftsaktivität auf die Umwelt unsicher sind. In den Fällen der Bodenerosion, der Luftverschmutzung und des Verlustes der Artenvielfalt herrscht in der Wissenschaft oft beträchtliche Unsicherheit bezüglich des Ausmaßes der Umweltverschlechterung. Auch die Konsequenzen der Verschlechterung sind kontrovers. Wie wirken sich bestimmte Schadstoffe auf die Gesundheit aus? Wie wird eine Klimaveränderung das Ökosystem beeinflussen? Können sich die tropischen Wälder regenerieren? Nicht weniger unklar sind oft die Lösungen. Wie rasch kann sich die Atmosphäre regenerieren? Wann werden bestimmte saubere Techniken zu akzeptablen Kosten verfügbar sein? Diese Ungewißheit ist allen Umweltproblemen immanent. Um sie zu verringern, brauchen die Umweltpolitiker bessere Informationen über die ökologischen Prozesse und über die Präferenzen der Gesellschaft.

EFFIZIENZ, TECHNOLOGIE UND SUBSTITUTION. Die Auffassung, daß eine zunehmende Wirtschaftsaktivität zwangsläufig die Umwelt schädige, beruht auf statistischen Annahmen über die Technik, die Präferenzen und die Umweltinvestitionen. Nach dieser Sicht der Dinge wird eine wachsende Wirtschaft mit zunehmender Bevölkerung und steigendem Einkommen einen größeren Ressourceneinsatz erfordern (und damit die „Quellen" der Erde erschöpfen) und mehr Emissionen und Abfälle produzieren (und damit die „Abflüsse" der Erde überlasten). Mit zunehmender Wirtschaftsaktivität würde somit die „Belastbarkeit" der Erde überschritten. In der Realität dagegen unterliegen die Zusammenhänge zwischen Ressourcenverbrauch und Produktion und die Gesamteffekte der Wirtschaftsaktivität auf die Umwelt einem ständigen Wandel. Das Schaubild 1.4 illustriert, daß die Größe einer Wirtschaft nur einer der Faktoren ist, welche die Umweltqualität bestimmen. Die entscheidende Frage ist, ob die Faktoren, die tendenziell dazu führen, daß die Umweltbelastung je Einheit des Sozialprodukts sinkt, die negativen Auswirkungen des steigenden Aktivitätsniveaus überkompensieren können. Faktoren, die dabei eine besonders wichtige Rolle spielen können, sind:
- *Die Struktur*: die Güter und Dienstleistungen, die von der Volkswirtschaft produziert werden.
- *Die Effizienz*: der Verbrauch von Ressourcen je Produkteinheit in der Wirtschaft.
- *Die Substitution:* die Fähigkeit, knapper werdende Ressourcen durch andere zu ersetzen.
- *Saubere Technik und Managementverfahren:* die Fähigkeit, die Umweltbelastung je Input- oder Produkteinheit zu verringern.

Wirtschaftspolitik, Umweltpolitik und Umweltinvestitionen müssen alle dazu beitragen, daß die individuellen Entscheidungen die wirklichen Werte der natürlichen Ressourcen berücksichtigen. Die Wirtschaftspolitik beeinflußt den Umfang, die Zusammensetzung und die Effizienz der Produktion, die mit positiven oder negativen Auswirkungen auf die Umwelt verbunden sein können. Effizienzverbesserungen aufgrund wirtschaftspolitischer Maßnahmen werden oft den Bedarf an natürlichen Ressourcen in der Produktion verringern. Die Umweltpolitik kann die Effizienz des Ressourceneinsatzes zusätzlich steigern und Anreize zur Einführung umweltschonender Techniken und Verfahren geben. Die von der Umweltpolitik ausgelösten Investitionen werden die Produktionsverfahren für Güter und Dienste verändern und können zu einer niedrigeren Produktion führen, doch werden sie zugleich Umweltvorteile bringen, die die Wohlfahrt der Menschen erhöhen können.

Mit steigendem Einkommen wird die Nachfrage nach Verbesserungen der Umweltqualität zunehmen, und zugleich werden größere Mittel für Umweltinvestitionen zur Verfügung stehen. Wenn Anreize zu einer sparsamen Verwendung knapper Ressourcen fehlen, ist der Druck zur Vermeidung von Umweltschäden schwächer, und die negativen Auswirkungen des Wirtschaftswachstums dürften überwiegen. Wenn sich aber die Knappheit natürlicher Ressourcen in den Entscheidungen über ihren Einsatz korrekt widerspiegelt, werden die Kräfte der Substitution, des Produktivitätsfortschritts, der Innovation und des Strukturwandels ihre positive Wirkung voll entfalten können. In den Industrieländern trugen diese Faktoren erheblich zur Verbesserung der Umweltqualität bei, ohne das Wachstum zu beeinträchtigen (Sonderbeitrag 1.6).

Die Umweltprobleme der armen Länder unterscheiden sich von denen der wohlhabenderen Länder (vgl. Schaubild 4 im Überblick). In manchen Fällen verbessert sich die Umweltqualität mit steigendem Einkommen. Dies hängt damit zusammen, daß ein höheres Einkommen es der Gesellschaft erlaubt, öffentliche Güter wie die Abwasserbeseitigung bereitzustellen, und daß die Individuen, wenn sie einmal der Sorge um das tägliche Überleben enthoben sind, sich ertragreiche Investitionen in die Umwelt leisten können.

Bei manchen Problemen zeigt sich eine Verschlimmerung mit steigendem Einkommen. Die Emissionen von Kohlendioxid und der Müll in den Städten sind Indikatoren einer Umweltbelastung, die bei steigendem Einkommen anscheinend laufend zunimmt. Doch liegt dies daran, daß es bisher an Anreizen zu Verhaltensänderung fehlt. Die Eindämmung der Umweltbelastung verursacht in diesen Fällen relativ hohe Kosten, und der Nutzen eines veränderten Verhaltens wird als gering eingeschätzt – unter anderem (so im Fall des Kohlendioxids) deshalb, weil die Vorteile hauptsächlich anderen Ländern zugute kämen. Wenn sich die Länder dazu entschlossen haben, eine Verhaltensänderung

Sonderbeitrag 1.6   Die Entkoppelung von Wachstum und Umweltverschmutzung: Lehren von den Industrieländern

Die Industrieländer haben bei anhaltendem Wachstum beträchtliche Verbesserungen der Umweltqualität erzielt. Ein jüngster Bericht der OECD beschreibt, was seit 1970 erreicht wurde. Sauberes Wasser, sachgerechte sanitäre Einrichtungen und kommunale Müllentsorgung sind heute praktisch überall verfügbar. Die Luftqualität in den OECD-Ländern hat sich enorm verbessert; die Emissionen von Partikeln sind um 60 Prozent und die von Schwefeloxiden um 38 Prozent gesunken. Die Blei-Emissionen sind in Nordamerika um 85 Prozent gefallen und in den meisten europäischen Städten um 50 Prozent. Japan, das beträchtliche Summen zur Eindämmung der Verschmutzung ausgegeben hat, konnte die größten Verbesserungen der Luftqualität erzielen. Die Emissionen von Schwefeloxiden, Partikeln und Stickoxiden sind in Japan, relativ zum BIP, weniger als ein Viertel so hoch wie im Durchschnitt der OECD. Schwer abbaubare Schadstoffe wie DDT, polychlorierte Biphenyle (PCBs) und Quecksilberverbindungen sind in den OECD-Ländern ebenfalls zurückgedrängt worden, wie auch die Häufigkeit von großen Havarien und Ölverschmutzungen abgenommen hat. In fast allen Ländern haben die bewaldeten Flächen und die geschützten Gebiete und Lebensräume zugenommen. Diese Fortschritte wurden erreicht durch jährliche Ausgaben für den Umweltschutz in Höhe von 0,8 bis 1,5 Prozent des BIP seit den siebziger Jahren. Jeweils etwa die Hälfte dieser Ausgaben wurde vom öffentlichen Sektor bzw. vom privaten Sektor getragen.

Diese Verbesserungen der Umweltqualität sind um so bemerkenswerter, wenn man bedenkt, daß die Wirtschaft in den OECD-Ländern in der gleichen Zeit um etwa 80 Prozent gewachsen ist. In vielen Fällen kommt es zu einer „Entkoppelung" von Umweltverschmutzung und Wachstum, indem der Kapitalbestand auf umweltverträgliche Verfahren ausgerichtet wird (Schaubild 1.6 A).

Der OECD-Bericht stellte aber auch fest, daß es eine umfangreiche Agenda unerledigter Umweltprobleme gibt, sowie neuartige Fragen, mit denen man sich noch auseinandersetzen muß. Die Stickoxide, die hauptsächlich vom Verkehr emittiert werden, haben in den OECD-Ländern (ausgenommen Japan) seit 1970 um 12 Prozent zugenommen, weil die Umweltmaßnahmen und die Technologie mit dem steigenden Verkehrsvolumen nicht Schritt gehalten haben. Das Müllaufkommen in den Städten ist von 1975 bis 1990 um 26 Prozent gestiegen, und die Emissionen von Kohlendioxid haben während des letzten Jahrzehnts um 15 Prozent zugenommen. Die Belastung der Menschen durch Umweltgifte wie Benzol, Cadmium, Radon und Asbest ist nach wie vor bedenklich. Das Grundwasser wird zunehmend verschmutzt durch Versalzung, Eintragung von Düngemitteln und Pestiziden und die Kontamination aus städtischen und Industriegebieten. In manchen Regionen hält die Bodenverschlechterung an, und die Übergriffe auf Küstenlandschaften, Feuchtgebiete und andere natürliche Lebensräume geben weiterhin Anlaß zur Sorge. Eine Reihe von Pflanzen- und Tierarten sind akut gefährdet, und eine noch größere Zahl ist bedroht.

Was folgt aus den Erfahrungen der OECD-Länder für die Umweltaufgaben der Entwicklungsländer? Zum ersten lassen sich daraus viele Lehren für die Umweltpolitik ableiten – etwa, daß es oft billiger ist, eine Umweltverschlechterung von vornherein zu verhindern als sie später zu „kurieren" zu versuchen. Die kostspielige Sanierung von verseuchten Deponien in verschiedenen OECD-Ländern gibt eine Vorstellung davon, welche Folgen die Vernachlässigung der Umwelt für andere Länder einmal haben könnte. Zweitens können zahlreiche der umweltschonenden Techniken und Verfahren, die in den OECD-Ländern entwickelt wurden, an die Bedürfnisse der Entwicklungsländer angepaßt werden. Reinere Techniken und Verfahren lassen sich durch den Außenhandel und ausländische Direktinvestitionen oder auch durch die internationale Zusammenarbeit erwerben. Drittens gilt: Soweit, wie die Entwicklungsländer von der Umweltverschlechterung in den OECD-Ländern betroffen sind, wie im Falle der Klimaveränderung und des Ozonschwunds, sollten die Verschmutzer dafür aufkommen und die Geschädigten einen Ausgleich erhalten.

Schaubild 1.6 A   Entkoppelung des Zusammenhangs von Umweltverschmutzung und Wachstum des BIP

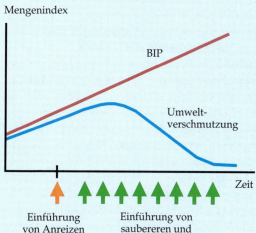

Die Praxis: BIP und Emissionen in den OECD-Ländern

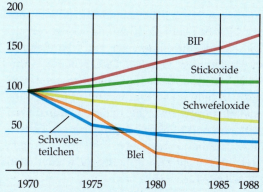

Anmerkung: Die Angaben über das BIP, die Emissionen von Stickoxiden und die Emissionen von Schwefeloxiden sind OECD-Durchschnitte. Die Emissionen von Schwebeteilchen wurden geschätzt anhand der Durchschnittswerte für Deutschland, Großbritannien, Italien, die Niederlande und die Vereinigten Staaten. Die Angaben über die Blei-Emissionen beziehen sich auf die Vereinigten Staaaten.
Quellen: OECD 1991; U.S. Environmental Protection Agency 1991.

zu erzwingen – durch Vorschriften, Abgaben oder andere Mittel – hat sich die Umweltqualität verbessert. Die Fortschritte bei der Eindämmung der Wasserverschmutzung und der Emissionen von Staubpartikeln, Blei und Schwefeldioxid sind beispielhaft dafür, wie es den Ländern mit höherem Einkommen gelungen ist, den Konnex zwischen Wachstum und Umweltverschlechterung aufzubrechen. Dies ist keine leichte Aufgabe – sie erfordert starke Institutionen und eine effektive Politik –, doch kann sie bewältigt werden. Diese Entwicklung erklärt auch, weshalb so viele Umweltindikatoren im Zeitablauf zunächst eine Verschlechterung zeigen, auf die bei weiter steigendem Einkommen eine Verbesserung folgt. Mit zunehmendem Einkommensniveau wachsen die Fähigkeit und die Bereitschaft zu Investitionen in die Umwelt.

Die Umweltverschlechterung braucht nicht dem Muster früherer Jahre zu folgen. Einzelne Länder können sich für eine Politik entscheiden, die zu wesentlich besseren (oder auch schlechteren) Umweltbedingungen führt als sie in anderen Ländern mit ähnlichem Einkommen herrschen. Außerdem macht es der technische Fortschritt in Verbindung mit einem besseren Verständnis der Zusammenhänge zwischen Wirtschaftsaktivität und Umweltschäden möglich, daß die Länder ein rascheres Wachstum mit geringeren Umweltfolgen als in früheren Jahren verwirklichen. Das Schaubild 1.5 illustriert diesen Zusammenhang für einen Querschnitt von Ländern. Bei einem gegebenen Einkommensniveau ist heute ein größerer Prozentsatz der Bevölkerung in jedem einzelnen Land mit sanitären Einrichtungen versorgt als dies früher der Fall war. Ein ähnlicher Fortschritt ist im Bereich der Luftverschmutzung möglich. Die Schwefeldioxid-Konzentrationen liegen heute niedriger als in der Vergangenheit, so daß die Einwohner eines Landes mit einem Einkommen von 500 Dollar heute wahrscheinlich eine sauberere Luft einatmen als in früheren Jahrzehnten. Die Einführung umweltpolitischer Maßnahmen und die dadurch induzierten Investitionen und technischen Neuerungen bedeuten, daß sich die ökologischen Fehlentwicklungen früherer Jahre nicht zwangsläufig zu wiederholen brauchen.

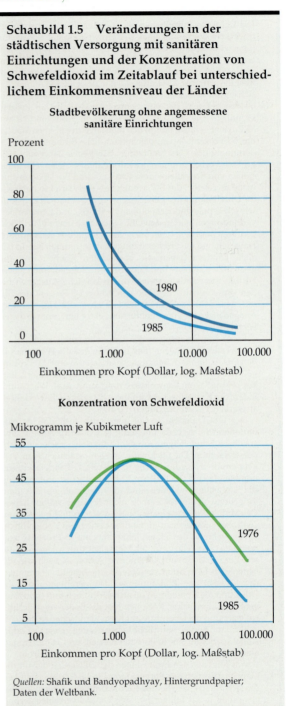

Häufig verbessert sich die Qualität der Umwelt im Zeitablauf

Schaubild 1.5   Veränderungen in der städtischen Versorgung mit sanitären Einrichtungen und der Konzentration von Schwefeldioxid im Zeitablauf bei unterschiedlichem Einkommensniveau der Länder

Quellen: Shafik und Bandyopadhyay, Hintergrundpapier; Daten der Weltbank.

Worin die Aufgabe besteht

Während des Erwerbslebens der heute geborenen Kinder wird sich die Weltbevölkerung beinahe verdoppeln. Um die Mitte des nächsten Jahrhunderts wird fast ein Drittel der Weltbevölkerung in Ländern mit einer Bevölkerungsdichte von mehr als 400 Einwohnern je Quadratkilometer leben – was der heutigen Bevölkerungsdichte der Niederlande oder der Republik Korea entspricht. Während der nächsten Generation wird sich außerdem die Weltwirtschaft verdreifachen. Würde an den gegenwärtigen Wirtschaftspraktiken unverändert festgehalten, müßte dieses Wachstum zu einer schwerwiegenden Umweltverschlechterung führen. In praktisch allen Wirtschaftssektoren sind aber umweltschonendere Verfahren verfügbar, und sie werden in einer Reihe von Ländern auch angewendet. In fast allen Aufgabenbereichen – Wasserversorgung und sanitäre Einrichtungen, Energiewirtschaft und Industrieproduktion sowie Nahrungsproduktion – sind die Möglichkeiten für ein nachhaltigeres Wachstum vorhanden.

Im Bereich der Wasserversorgung und der sanitären Einrichtungen wird es darum gehen, die unbefriedigte Nachfrage zu decken und zugleich eine wachsende Bevölkerung zu versorgen. Damit alle Menschen in der nächsten Generation über Trinkwasser verfügen, müssen zusätzliche 3,7 Milliarden Menschen in den Stadtregionen und etwa 1,2 Milliarden auf dem Land versorgt werden. Da heute nur etwa 1,5 Milliarden Stadtbewohner Zugang zu Trinkwasser haben, ist die Größenordnung der Aufgabe evident. Bei den sanitären Einrichtungen ist das Problem sogar noch größer, da heute kaum mehr als 1 Milliarde Menschen in den Städten damit versorgt sind. Soll in einem Land wie Nigeria die ganze Bevölkerung bis zum Jahr 2030 über sauberes Wasser verfügen, so bedeutet dies, daß die Zahl der städtischen Wasseranschlüsse auf das Vierfache und die der ländlichen Anschlüsse beinahe auf das Neunfache gesteigert wird. Um nur die Zahl der Menschen ohne Zugang zu angemessenen sanitären Einrichtungen konstant zu halten, muß die versorgte Bevölkerung 6,5mal so hoch sein wie gegenwärtig. Maßnahmen zur Bewältigung dieser Aufgaben werden im Kapitel 5 erörtert.

In der Energiewirtschaft und der Industrie stellt sich die Herausforderung, den projektierten Nachfrageanstieg zu decken und zugleich die Umweltverschmutzung zu begrenzen. Die gesamte Industrieproduktion in den Entwicklungsländern soll bis zum Jahr 2030 auf das Sechsfache des gegenwärtigen Niveaus steigen. Um die Gesamtemissionen der Elektrizitätswirtschaft auf dem jetzigen Stand zu begrenzen, müßten die durchschnittlichen Emissionen von Schadstoffen je Einheit erzeugter Energie um 90 Prozent reduziert werden. Auch in den stark verschmutzenden Industrien – Chemie, Metallurgie, Papier- und Baustofferzeugung – ist eine massive Einschränkung des Ausstoßes von Luft- und Wasserschadstoffen sowie von Abfällen erforderlich, wenn eine Verschlechterung der Umweltbelastung durch die Industrie verhindert werden soll. So wird auf den Philippinen die Industrieproduktion wahrscheinlich auf das Neun- oder Zehnfache ihres gegenwärtigen Standes steigen, und die Nachfrage nach Elektrizität wird sogar noch rascher wachsen. Dies bedeutet, daß viele Wirtschaftszweige ihre Emissionen je Produkteinheit um 90 bis 95 Prozent verringern müssen, um eine Zunahme der Umweltverschmutzung zu vermeiden.

In den meisten Fällen sind die Technologien, die eine solche Verringerung der Emissionen von Energiewirtschaft und Industrie ermöglichen, bereits verfügbar. Es gibt auch zahlreiche Möglichkeiten für dramatische Verbesserungen bei der Vorsorge gegen Verschmutzung – beispielsweise der Übergang zu Energieträgern höherer Reinheit oder die Wiederaufbereitung von industriellen Abwässern. Darüber hinaus bringen sauberere Verfahren oft Produktivitätsgewinne und Kosteneinsparungen mit sich, da sie die Einsatzstoffe sparsamer nutzen. Die Möglichkeiten zur Eindämmung und Verhinderung der Umweltbelastung durch Industrie und Energiewirtschaft und die Maßnahmen zur Förderung solcher neuen Techniken werden in Kapitel 6 erörtert.

Die Landwirtschaft wird vor der Aufgabe stehen, die erwartete Nachfrage der Entwicklungsländer nach Nahrungsmitteln zu decken. Der Weltverbrauch von Getreide aller Art wird sich bis zum Jahr 2030 fast verdoppeln. Um fragile Böden und natürliche Lebensräume zu schützen, wird es notwendig sein, fast die gesamte Produktionszunahme durch eine Steigerung der Erträge auf der gegenwärtigen Anbaufläche statt durch eine Ausweitung dieser Fläche zu erzielen. Es bestehen kaum Zweifel, daß die landwirtschaftliche Nutzfläche über die Kapazität zur Befriedigung des zusätzlichen weltweiten Bedarfs an Agrarprodukten verfügt, sofern die Böden richtig bewirtschaftet werden. Die Intensivierung der Produktion wird aber einen viel höheren Einsatz von Dünger und Schädlingsbekämpfungsmitteln erfordern, wie auch beträchtliche Verbesserungen im Bewässerungswesen. In Indien kann die Verdoppelung der Nahrungsmittelproduktion bis zum Jahr 2030 bei einem Anhalten der bisherigen Ertragssteigerungen erreicht werden, doch wird der Einsatz von Düngemitteln auf das Vierfache gesteigert werden müssen. Im Jahr 2030 müßten die Durchschnittserträge in Indien das gegenwärtig in China herrschende Niveau erreichen.

Eine derartige Zunahme der Nahrungsmittelerzeugung erhöht die Risiken der Bodenverschlechterung, des Mißbrauchs von Schädlingsbekämpfungsmitteln, der Verseuchung durch Chemikalien und der exzessiven Wasserentnahme. Verfahren wie die integrierte Schädlingsbekämpfung, das Minimalpflügen, die Agroforstwirtschaft, die Integration von Pflanzenbau und Viehwirtschaft sowie bodenverbessernde Fruchtfolgen werden notwendig sein, um die Bodenverschlechterung zu reduzieren und die Erträge zu steigern. In vielen Fällen wird dies eine bessere Ausbildung der Bauern und manchmal auch gesellschaftliche Veränderungen erfordern. Wenn der Staat sich dazu bereit findet, mehr Mittel für Forschungs- und Beratungsdienste zur Verfügung zu stellen und Anreize zu bieten, die nicht verzerrend wirken, werden viele Bauern mit einer raschen Einführung solcher umweltverträglicheren Verfahren reagieren. Maßnahmen zur Verbesserung der Bewirtschaftung von natürlichen Ressourcen, insbesondere der landwirtschaftlichen Nutzfläche, werden im Kapitel 7 erörtert.

Politik und Institutionen

Ohne Techniken und Verfahren, die zu akzeptablen Kosten angewendet werden können, ist eine Verbesserung der Umwelt schwierig. Wenn aber die Unterstützung durch eine sachgerechte Umweltpolitik fehlt, werden selbst die umweltschonendsten Techniken und Verfahren kaum angewendet werden, es sei denn, sie sind wirtschaftlicher als die herkömmlichen Methoden (was in der Industrie häufig der Fall ist). Die Prinzipien einer vernünftigen Umweltpolitik (wie sie in Kapitel 3 beschrieben werden) sind nicht strittig. Doch tun sich die Regierungen nicht leicht, diesen Grundsätzen auf nationaler Ebene Geltung zu verschaffen oder sie gar in internationale Vereinbarungen umzusetzen. Auf nationaler Ebene mögen die Regierungen zögern, gegen Umweltschädiger vorzugehen; diese verfügen häufig über Reichtum und Einfluß, während oft die Armen und Machtlosen von den Umweltschäden am meisten betroffen sind. Die institutionellen Hindernisse für eine nachhaltige Entwicklung werden in Kapitel 4 erörtert.

Wenn schon die Bewältigung nationaler Umweltprobleme auf große institutionelle Hindernisse stößt, so sind diese Hindernisse bei internationalen Problemen, wie dem Treibhauseffekt und der Erhaltung der Artenvielfalt, noch größer. Für eine Vielzahl von unterschiedlichen Ländern, die alle ihre eigene Interessenlage haben, mag es schwierig sein, sich zu einigen. Falls einzelne Regierungen meinen, daß die Vorteile einer Vereinbarung geringer sind als die Kosten einer Verweigerung der Zusammenarbeit, werden sie sich vielleicht nur dann zur Kooperation bereitfinden, wenn andere Länder sie dafür entschädigen. Die Komplikationen bei der Bekämpfung globaler Umweltprobleme werden in Kapitel 8 untersucht.

Eine Strategie für nachhaltige Entwicklung

Die heutige Generation steht vor ungeheuren Aufgaben. Viele Länder haben immer noch keinen akzeptablen Lebensstandard für ihre Bevölkerung erreicht. Ein Wirtschaftswachstum, das die Wohlfahrt der Menschen verbessert, ist dringend erforderlich. Der Schutz der Umwelt wird einen wichtigen Beitrag zur Steigerung der Lebensqualität der heutigen Generation wie auch der Lebensqualität ihrer Kinder und Enkelkinder leisten. Um die Aufgabe der nachhaltigen Entwicklung zu bewältigen, schlägt dieser Bericht eine Strategie vor, die auf drei Elementen beruht.

• *Nutzung der Synergieeffekte.* Eine Wachstumspolitik fördert den effizienten Ressourceneinsatz, den Technologietransfer und die Funktionsfähigkeit der Märkte – die alle die Lösung von Umweltaufgaben erleichtern können. Aus einem steigenden Einkommen können Investitionen zur Verbesserung der Umwelt aufgebracht werden. Eine wirksame Politik der Armutsbekämpfung wird zur Verringerung des Bevölkerungswachstums beitragen und die Armen mit den Mitteln und Kenntnissen ausstatten, die ihnen zu einer längerfristigen Perspektive verhelfen.

• *Unterbrechung der negativen Wechselwirkungen.* Steigendes Einkommen und technischer Fortschritt machen eine nachhaltige Entwicklung möglich, sind aber keine Garantie dafür. In der Regel sind zusätzliche wirtschaftliche Anreize, die die wirklichen Werte der natürlichen Ressourcen widerspiegeln, erforderlich, um ein weniger umweltschädliches Verhalten herbeizuführen. Eine wirksame Umweltpolitik und starke Institutionen sind unverzichtbar.

• *Klärung und Steuerung unsicherer Zusammenhänge.* Viele Zusammenhänge zwischen der Tätigkeit des Menschen und der Umwelt sind nach wie vor unklar, und man muß immer auf Überraschungen gefaßt sein. Wenn große Unsicherheit herrscht und langfristige Risiken von irreversiblen Schäden oder hohen Kosten bestehen, sollte darauf mit Investitionen in die Informationsbeschaffung und die Forschung sowie mit der Einführung von Vorsichtsmaßnahmen – wie unbedenklicher Grenzwerte – reagiert werden.

2 Umweltpolitische Prioritäten für die Entwicklung

Das Setzen umweltpolitischer Prioritäten bedeutet zwangsläufig, eine Auswahl zu treffen. Die Entwicklungsländer sollten sich vorrangig auf die Risiken für Gesundheit und wirtschaftliche Produktivität konzentrieren, die mit schmutzigem Wasser, unzureichenden sanitären Einrichtungen, Luftverschmutzung und Bodenverschlechterung verbunden sind und die in einem ungeheuren Ausmaß Krankheit und Tod verursachen.

In armen Ländern gibt es folgende Probleme:
- *Durch Diarrhöe-Krankheiten infolge verseuchten Wassers sterben jedes Jahr etwa 2 Millionen Kinder, und rund 900 Millionen Krankheitsfälle treten auf.*
- *Die Luftverschmutzung in Innenräumen durch das Verbrennen von Holz, Holzkohle und Dung gefährdet die Gesundheit von 400 bis 700 Millionen Menschen.*
- *Staub und Ruß in der Stadtluft verursachen zwischen 300.000 und 700.000 vorzeitige Todesfälle im Jahr.*
- *Die Bodenerosion kann jährliche ökonomische Verluste in Höhe von 0,5 bis 1,5 Prozent des BSP verursachen.*
- *Ein Viertel des gesamten bewässerten Landes leidet unter Versalzung.*
- *Von den tropischen Wäldern, die die Hauptlebensgrundlage für rund 140 Millionen Menschen darstellen, verschwinden jährlich 0,9 Prozent.*

Die Sorge über die Abnahme der Ozonschicht wächst weiter. Die Auswirkungen des Verlustes der Artenvielfalt und des Treibhauseffektes sind weniger bestimmt, sie halten aber wahrscheinlich bis in die ferne Zukunft an und sind tatsächlich irreversibel.

Die Umweltverschlechterung hat drei schädliche Wirkungen: Sie beeinträchtigt die menschliche Gesundheit, vermindert die wirtschaftliche Produktivität und führt zu einem Verlust des „Erlebniswerts" der Umwelt, ein Begriff, der die vielen anderen Möglichkeiten umschreibt, wie die Menschen von der Existenz einer intakten Umwelt profitieren. Der Erlebniswert der Umwelt ist schwieriger zu messen als die Kosten für Gesundheit und Produktivität, er kann aber ebensohoch bewertet werden (vgl. Sonderbeitrag 2.1). Gegenstand dieses Kapitels sind die Prioritäten in der Umweltpolitik: In welchen Fällen ist es am wahrscheinlichsten, daß die Erträge für die Entwicklungsländer die Kosten der Maßnahmen übersteigen? In Kapitel 3 schließt sich eine Diskussion über Möglichkeiten an, die Kosten der Politik einzudämmen, indem sichergestellt wird, daß umweltpolitische Maßnahmen so kostengünstig wie möglich sind; spätere Kapitel befassen sich ausführlicher mit solchen Politikmaßnahmen.

Die Gesundheit Hunderter Millionen Menschen ist bedroht durch verseuchtes Trinkwasser, Schmutzpartikel in der Stadtluft und verräucherte Wohnraumluft infolge der Verwendung von Dung und Holz als Brennstoffe zum Kochen. In vielen Teilen der Welt vermindert sich die Produktivität der natürlichen Ressourcen aufgrund der Verschmutzung und des Raubbaus an erneuerbaren Ressourcen wie Boden, Wasser, Wäldern und ähnlichen. Der von der natürlichen Umwelt ausgehende Erlebniswert, wie die Freude an einer klaren Aussicht oder die Befriedigung, daß eine Spezies vor dem Aussterben geschützt ist, ist mit der Verschlechterung der Lebensräume oder ihrer Umwandlung für andere Nutzungen verlorengegangen. Da die Wechselwirkungen verschiedener Schadstoffe mit anderen menschlichen und natürlichen Faktoren schwer voraussagbar sein dürften, könnten einige Umweltprobleme Verluste in allen drei Bereichen mit sich bringen: Gesundheit, Produktivität und Erlebniswert der Umwelt.

Die Politiker müssen in der Umweltpolitik Prioritäten setzen. Sowohl in Entwicklungs- als auch in Industrieländern messen die Regierungen mit Recht der Umweltschädigung die größte Dringlichkeit zu, die die menschliche Gesundheit oder das Produktionspotential beeinträchtigt. Die Prioritäten, die die

Entwicklungsländer für ihre eigene Umwelt setzen, werden nicht notwendigerweise solche sein, die die Menschen in reicheren Ländern von ihnen erwarten würden. Daher werden die Regierungen der meisten Entwicklungsländer, obwohl einige Kulturen in armen Ländern ihr natürliches Erbe hoch bewerten, der Beeinträchtigung des Erlebniswerts der Umwelt so lange eine geringere Priorität einräumen, wie menschliche Grundbedürfnisse unbefriedigt bleiben.

Die nationalen Prioritäten werden unterschiedlich sein. So tragen in Afrika südlich der Sahara verseuchtes Trinkwasser und unzureichende sanitäre Einrichtungen zu ansteckenden und parasitischen Erkrankungen bei, auf die mehr als 62 Prozent aller Todesfälle entfallen – dies ist das Doppelte des Niveaus in Lateinamerika und das zwölfmal so hoch wie in den Industrieländern. Länder mit höherem Einkommen haben diese wasserbedingten Gesundheitsrisiken nahezu eliminiert, aber sie sind mit anderen Gesundheitsgefahren konfrontiert, und zwar infolge der Emissionen des Verkehrswesens und der Industrie. Die Bedeutung, die Gesellschaften den verschiedenen Umweltproblemen beimessen, entwickelt sich häufig rasch in Reaktion auf einen gestiegenen Lebensstandard und andere soziale Veränderungen. Beispielsweise wird sich mit der höheren Lebenserwartung der Bevölkerung in Lateinamerika der Anteil von chronischen und degenerativen Erkrankungen Erwachsener an der zusammengefaßten Sterbeziffer mehr als verdoppeln und der Anteil ansteckender Kinderkrankheiten vermindern. Zum Teil wird die Zunahme der Erwachsenensterblichkeit eine verzögerte Reaktion auf die heutige Belastung durch die Umweltverschmutzung sein, und in vielen Fällen werden vorbeugende Maßnahmen in der Gegenwart billiger sein als Heilmaßnahmen in der Zukunft.

Wasser

Der Zugang zu sauberem Wasser bleibt in vielen Ländern ein dringendes menschliches Bedürfnis.

Sonderbeitrag 2.1   Umweltschäden – Warum sind sie von Bedeutung?

Der Wert für die Menschen

Die Kosten von Umweltschäden für die Menschen – die sogleich oder irgendwann in der Zukunft anfallen können – sind prinzipiell Verluste an Gesundheit, Produktivität und Erlebniswert. Es gibt praktische Verfahren für die Messung solcher Kosten, aber nicht für die Bewertung der fundamental ethischen Frage des Schadens menschlicher Aktivität für andere Lebewesen.

Gesundheit. Die menschliche Wohlfahrt wird durch Krankheit und vorzeitigen Tod reduziert, die durch die Verschlechterung von Luft- und Wasserqualität sowie durch andere Umweltrisiken verursacht werden. Die Schadstoffe können Gesundheitsprobleme durch direkte Belastung oder indirekt durch Veränderungen des physischen Umfeldes verursachen – Effekte, die von erhöhter Sonneneinstrahlung bis zu schlechter Ernährung reichen. Die Zusammenhänge zwischen Schadstoffen und Gesundheit werden zunehmend durch epidemiologische Untersuchungen identifiziert, und zwar in erster Linie in Ländern mit hohem Einkommen. In Ländern mit niedrigem Einkommen, wo die Menschen weniger gesund und weniger gut genährt sind, ist mit stärkeren Auswirkungen zu rechnen.

Produktivität. Gesundheitsschäden können die menschliche Produktivität verringern, und Umweltverschlechterung reduziert die Produktivität vieler Ressourcen, die der Mensch unmittelbar nutzt. Wasserverschmutzung schädigt die Fischerei, und stauende Nässe sowie Versalzung des Bodens vermindert die Ernteerträge. Manche Produktivitätsrückgänge resultieren aus der Schädigung ökologischer Ressourcen, die die Menschen indirekt nutzen: Wenn bewaldete Wassereinzugsgebiete stark abgeholzt werden, können sich wirtschaftliche Verluste durch einen erhöhten Wasserabfluß einstellen.

Erlebniswert der Umwelt. Eine freie Sicht oder ein sauberes und ruhiges Umfeld trägt zur Lebensqualität bei. Der Wert der Umwelt wird häufig auch von denjenigen Menschen geschätzt, denen er niemals direkt zugute kommt, die sich aber daran erfreuen, daß es sie gibt und die die Aussicht zu schätzen wissen, daß sie auch künftigen Generationen zugute kommen wird. Eine solche Wertschätzung kann zunehmen, wenn Umweltressourcen einzigartig oder bedroht sind.

Intakte Umwelt als „Wert an sich"

Viele Menschen glauben, daß andere Geschöpfe in der Natur einen „Wert an sich" darstellen, und zwar unabhängig von ihrem Wert für die Menschen. Dieser Glaube ist sicherlich nicht auf die Wohlhabenden beschränkt; viele Gruppen von Eingeborenen sind zutiefst von einem solchen Wert überzeugt. Die Messung des Wertes an sich ist nicht möglich; es können lediglich die Auffassungen der Menschen über solche Werte gemessen werden. Daher lassen sich innere Werte nur unzureichend und partiell im Rahmen des Erlebniswerts erfassen.

Ein Teil des Problems stellt die Verseuchung dar; beträchtliches menschliches Leid wird durch Krankheiten verursacht, die weitgehend besiegt sind, wenn eine angemessene Wasserversorgung und Abwassersysteme installiert sind. Dieses Problem ist in einigen Gegenden mit zunehmender Wasserknappheit verbunden, wodurch die steigende Nachfrage schwer zu befriedigen ist, es sei denn zu eskalierenden Kosten.

Die am meisten verbreitete Verunreinigung des Wassers stammt von krankheitserregenden menschlichen Abfällen, die üblicherweise durch Messung des fäkalen Koliformgehaltes des Wassers ermittelt werden. Menschliche Abfälle stellen große Gesundheitsrisiken für die vielen Menschen dar, die gezwungen sind, ungeklärtes Wasser aus Flüssen und Teichen zu trinken oder sich damit zu waschen. Angaben des Globalen Umweltüberwachungssystems (Global Environment Monitoring System, GEMS) des UNEP belegen die enormen Probleme einer solchen Verseuchung mit der unzureichenden und sich verschlechternden Qualität des Oberflächenwassers in vielen Ländern. Die Wasserverschmutzung durch menschliche Abfälle spielt in den Ländern eine geringere Rolle, die es sich leisten können, das gesamte Wasserangebot zu klären, und im Prinzip kann dieses Problem durch angemessene Investitionen in Kläranlagen vermindert werden. Aber auch in einigen Ländern mit hohem Einkommen hat sich die Wasserqualität weiter verschlechtert.

In Flüssen ist das Leben im Wasser beeinträchtigt, wenn die Auflösung der Schadstoffe den Sauerstoffgehalt des Wassers vermindert. Anders als bei fäkaler Verunreinigung bedroht der Sauerstoffverlust nicht direkt die Gesundheit, aber seine Auswirkungen auf die Fischgründe können wirtschaftlich bedeutsam sein. Menschliche und agroindustrielle Abwässer sind die Hauptgründe für dieses Problem; die Nährstofferschöpfung in Agrargebieten mit intensiver Düngerverwendung trägt ebenfalls dazu bei. Obwohl unzureichende Mengen an gelöstem Sauerstoff tendenziell kürzere Flußstrecken bedrohen als die fäkale Verseuchung, hat eine von GEMS-Überwachungsstellen Mitte der achtziger Jahre durchgeführte Stichprobe herausgefunden, daß 12 Prozent einen so niedrigen Gehalt an gelöstem Sauerstoff aufweisen, daß die Fischbestände gefährdet sind. Das Problem war dort am größten, wo die Flüsse durch größere Städte oder Industriezentren flossen. In China war nur in fünf von fünfzehn ausgewählten Flußläufen in der Nähe großer Städte Fischleben möglich. In Ländern mit hohem Einkommen hat sich die Situation im letzten Jahrzehnt etwas verbessert. In Ländern mit mittlerem Einkommen zeigt sich im Durchschnitt keine Veränderung und in solchen mit niedrigem Einkommen hat sich die Lage weiter verschlechtert (vgl. Schaubild 2.1).

Wo Industrie, Bergbau und die Verwendung von Agrarchemikalien zunehmen, werden die Flüsse mit giftigen Chemikalien und Schwermetallen wie Blei und Quecksilber verseucht. Mit gewöhnlichen Kläranlagen sind diese Schadstoffe schwer aus dem Trinkwasser zu entziehen. Sie können sich in Schalentieren und Fischen ansammeln, die von Menschen verzehrt werden können, die die Verseuchung der Nahrung nicht realisieren. Bei einer Auswahl von Fisch- und Schalentierfängen in der Djakarta-Bucht, Indonesien, überstiegen 44 Prozent die WHO-Richtwerte für Blei, 38 Prozent diejenigen für Quecksilber und 76 Prozent diejenigen für Kadmium. Nachdem Malaysia herausgefunden hatte, daß der Bleigehalt in zwölf Flüssen häufig die nationalen Standards für sauberes Trinkwasser überstieg, begann das Land die Flüsse nach Schwermetallen zu überwachen. Während der achtziger Jahre stieg auch in einigen Flüssen Brasiliens (Paraíba und Guandu), Koreas (Han) und der Türkei (Sakarya) der Bleigehalt oder wurde erstmals zum Problem.

Da das Oberflächenwasser in der Nähe von kleinen und großen Städten zunehmend verschmutzt und teuer zu reinigen ist, gingen öffentliche Wasserwerke und andere städtische Wasserverbraucher dazu über, Grundwasser als potentielle Quelle für eine billigere und sauberere Versorgung zu nutzen. Die Kontrolle des Grundwassers auf Verseuchung ist hinter der Kontrolle des Oberflächenwassers zurückgeblieben, aber dies beginnt sich zu ändern, da das Grundwasser in vielen Gegenden ebenfalls verseucht wird. Häufig ist es wichtiger, die Verseuchung von Grundwasser als die von Oberflächenwasser zu verhindern. Grundwasserreservoire besitzen nicht die Selbstreinigungskapazität von Flüssen, und wenn sie einmal verschmutzt sind, ist es schwierig und teuer, sie zu reinigen.

Eine der Hauptquellen der Grundwasserverschmutzung ist die Versickerung unsachgemäß verwendeter und entsorgter Schwermetalle, synthetischer Chemikalien und anderer gefährlicher Abfälle. So scheint sich in Lateinamerika die Menge solcher Stoffe, die das Grundwasser von Müllhalden her erreichen, alle fünfzehn Jahre zu verdoppeln. Manchmal werden industrielle Abwässer

Keine Verbesserung des Lebens im Wasser in den schmutzigsten Flüssen der Länder mit niedrigem und mittlerem Einkommen

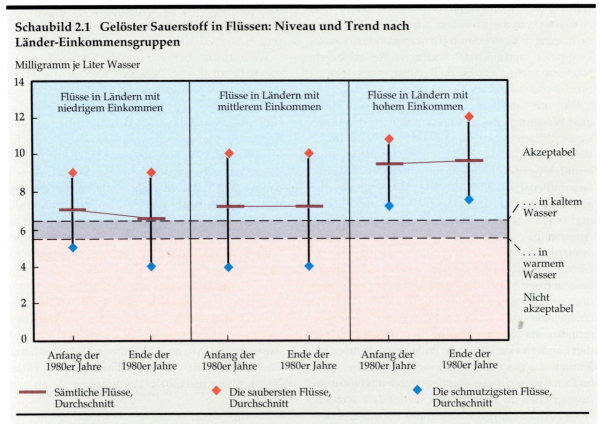

Schaubild 2.1 Gelöster Sauerstoff in Flüssen: Niveau und Trend nach Länder-Einkommensgruppen

Anmerkung: Die Angaben beziehen sich auf zwanzig Gebiete in Ländern mit niedrigem Einkommen, einunddreißig Gebiete in Ländern mit mittlerem Einkommen und siebzehn Gebiete in Ländern mit hohem Einkommen. Die „saubersten Flüsse" bzw. „schmutzigsten Flüsse" sind das erste bzw. letzte Quartil der nach Wasserqualität geordneten Gebiete. Die Periodenabgrenzungen der Zeitreihen weichen je nach Gebiet etwas voneinander ab. Als Kriterium für die Akzeptabilität wurden die Standards der US-Umweltschutzbehörde für die Erhaltung des Lebens im Wasser verwendet.
Quelle: Daten des Global Environment Monitoring System (GEMS/Water).

direkt in das Grundwasser abgelassen. In Küstengebieten führt die Überentnahme von Grundwasser dazu, daß Salzwasser in die Frischwasserreservoire einsickert. In einigen Städten ist die Verseuchung auf eine fehlende Kanalisation und die unzureichende Wartung von Faulgruben zurückzuführen. Wo eine intensiv betriebene Landwirtschaft Chemikalien in Verbindung mit der Bewässerung einsetzt, versickern diese Chemikalien häufig ins Grundwasser.

Trotz erheblicher Fortschritte bei der Versorgung der Weltbevölkerung mit sanitären Einrichtungen hat sich die Wasserqualität weiterhin verschlechtert. Es ist wenig geschehen, um die Klärung menschlicher Abwässer auszuweiten. Der Ersatz von Faulgrubensystemen durch Rohrleitungskanalisationen vermindert die Risiken der Grundwasserverschmutzung erheblich, führt jedoch zu erhöhter Verschmutzung des Oberflächenwassers, sofern die Abwässer nicht geklärt werden. Bisher werden in Lateinamerika ganze 2 Prozent der Abwässer aufbereitet. Darüber hinaus ist in den achtziger Jahren trotz der Ausweitung der sanitären Einrichtungen die absolute Zahl der Menschen in städtischen Gebieten ohne Zugang zu diesen Dienstleistungen um mehr als 70 Millionen gewachsen, und weltweit verfügen mehr als 1,7 Milliarden Menschen über keine sanitären Einrichtungen (vgl. Schaubild 2.2).

Die Versorgung mit unverseuchtem Wasser hat mit dem Bevölkerungswachstum kaum Schritt gehalten. Amtliche Zahlen der WHO deuten darauf hin, daß zwischen 1980 und 1990 mehr als 1,6 Milliarden Menschen zusätzlich Zugang zu Wasser mit ausreichender Qualität erhalten haben. Tatsächlich trinken jedoch viele von denen, die offiziell die Möglichkeit haben, immer noch verschmutztes

Wasser. Mindestens 170 Millionen Menschen in städtischen Gebieten mangelt es an Trinkwasser in der Nähe ihrer Wohnungen, und in ländlichen Gebieten sind mehr als 855 Millionen Menschen noch ohne sauberes Wasser, obwohl sich die Versorgung mit Trinkwasser in den vergangenen zehn Jahren beträchtlich erhöht hat (vgl. Schaubild 2.2).

Es sind die Armen, die den Hauptrisiken verseuchten Wassers ausgesetzt sind – die Frau in Niamey, die das Wasser einem offenen Abwasserkanal entnimmt, oder das Kind in Bangladesch, das Haushaltsgegenstände in einem Becken wäscht, das auch als Latrine benutzt wird. Die Unterschiede bei der Verfügbarkeit über sauberes Wasser je nach Einkommen bestehen innerhalb der Länder und zwischen den Ländern. Die Versorgungslücke zwischen Ländern mit niedrigem und höherem Einkommen hat sich nur langsam verringert, und innerhalb der Länder sind die Ungleichheiten weiterhin auffallend. So ist es für eine Familie im oberen Einkommensfünftel in Peru, der Dominikanischen Republik oder Ghana dreimal, sechsmal bzw. zwölfmal wahrscheinlicher, einen Hauswasseranschluß zu haben als für eine Familie im unteren Einkommensfünftel in diesen Ländern. Für die Armen auf dem Land ist es wahrscheinlicher, daß sie ihren Wasserbedarf direkt aus Flüssen, Seen und ungeschützten Flachbrunnen decken und am wenigsten in der Lage sind, die Kosten einfacher Vorbeugungsmaßnahmen zu tragen wie etwa das Abkochen von Wasser zur Verwendung als Trinkwasser. In vielen Städten der Entwicklungsländer kaufen arme Haushalte, die nicht durch kommunale Wassersysteme versorgt sind, Wasser von privaten Verkäufern zu Preisen, die typischerweise um ein Mehrfaches höher sind als die Gebühren für Haushalte mit kommunalen Gemeinschaftseinrichtungen.

Wasserknappheit

Weltweit ist frisches Wasser reichlich vorhanden. Jedes Jahr fließen durchschnittlich mehr als 7.000 Kubikmeter pro Kopf in Flüsse und Reservoire. Das Wasser ist nicht immer dort und dann vorhanden, wo und wenn es gebraucht wird. Bereits zweiundzwanzig Länder haben erneuerbare Wasserressourcen von weniger als 1.000 Kubikmeter pro Kopf – ein Niveau, das üblicherweise als Indikator dafür angesehen wird, daß Wassermangel ein ernstes Problem darstellt. Weitere achtzehn Länder verfügen über durchschnittlich weniger als 2.000 Kubikmeter pro Kopf, was in Jahren mit geringen Niederschlägen

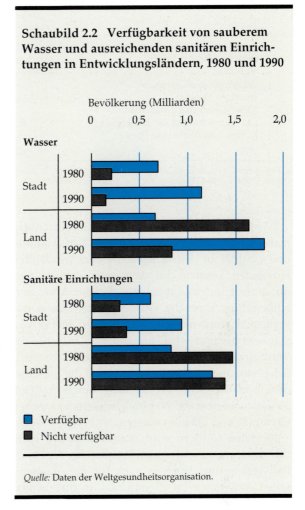

Mehr Menschen verfügen über sauberes Wasser, aber die sanitären Bedingungen in den Städten verschlechtern sich

Schaubild 2.2 Verfügbarkeit von sauberem Wasser und ausreichenden sanitären Einrichtungen in Entwicklungsländern, 1980 und 1990

Quelle: Daten der Weltgesundheitsorganisation.

gefährlich wenig ist. Die meisten der Länder mit begrenztem Wasseraufkommen befinden sich im Nahen Osten, in Nordafrika und in Afrika südlich der Sahara – also in den Regionen, wo die Bevölkerung am raschesten wächst (vgl. Tabelle 2.1). Woanders ist die Wasserknappheit auf nationaler Ebene weniger problematisch, sie stellt sich aber nichtsdestotrotz in bestimmten Wassereinzugsgebieten Nordchinas, West- und Südindiens sowie in Mexiko als gravierend dar.

Wasserknappheit ist häufig ein regionales Problem. Mehr als 200 Flußsysteme, die über die Hälfte der Landoberfläche der Erde durchziehen, durchqueren zwei oder mehr Länder. Die übermäßige Entnahme aus Grundwasserreservoiren, die sich über die politischen Grenzen hinweg erstrecken, konfrontiert außerdem die internationale Politik mit dem Management von Wassermangel.

Tabelle 2.1 Verfügbarkeit von Wasser nach Regionen

Region[a]	Jährlich intern erneuerbares Wasser		Prozentualer Anteil der Bevölkerung, der in Ländern mit einem knappen Wasseraufkommen lebt (pro Kopf und Jahr)	
	Insgesamt (in tausend Kubikkilometern)	Pro Kopf (in tausend Kubikmetern)	Weniger als 1.000 m^3	1.000–2.000 m^3
Afrika südlich der Sahara	3,8	7,1	8	16
Ostasien und der Pazifik	9,3	5,3	<1	6
Südasien	4,9	4,2	0	0
Osteuropa und ehemalige UdSSR	4,7	11,4	3	19
Sonstiges Europa	2,0	4,6	6	15
Naher Osten und Nordafrika	0,3	1,0	53	18
Lateinamerika und die Karibik	10,6	23,9	<1	4
Kanada und Vereinigte Staaten	5,4	19,4	0	0
Welt	40,9	7,7	4	8

a. Regionalgruppen einschließlich Volkswirtschaften mit hohem Einkommen. Afrika südlich der Sahara einschließlich Südafrika.
Quellen: Daten des World Resources Institute; Daten der Weltbank.

Wenn Wasser knapp ist, haben die Länder manchmal schwierige Entscheidungen zwischen Quantität und Qualität zu treffen. Bei schwächer werdenden Flußläufen werden die Abwässer weniger verdünnt. In Ländern mit unzureichender Abwasseraufbereitung kann die Wasserqualität häufig nur verbessert werden, wenn das Wasserangebot von Stauseen genutzt wird, um die Flußläufe für die Verdünnung zu erhalten statt für andere wirtschaftliche Nutzungen. Häufig können sich die verschiedenen in die Wasserverwaltung eingeschalteten Stellen nicht über die Wahlmöglichkeiten zwischen Quantität und Qualität einigen.

In vielen Ländern wird Wasserknappheit nicht nur zu einem zunehmenden Problem für die Haushaltsversorgung, sondern auch für die ökonomischen Aktivitäten im allgemeinen. In flußabwärts gelegenen Städten kann Wasser, wenn es flußaufwärts entnommen wurde, so knapp werden, daß die dort ansässige Industrie saisonal zu einem eingeschränkten Betrieb gezwungen wird. Dies geschieht in der Tat regelmäßig während der Trockenmonate in der indonesischen Regionalhauptstadt von Surabaya. Mit dem Wachstum von Industrie, Bewässerung und Bevölkerung steigen auch die ökonomischen und die Umweltkosten von Investitionen in zusätzliche Wasserversorgung. Man ist sich zunehmend darüber bewußt, daß es notwendig ist, das Management des Wasserbedarfs der verschiedenen volkswirtschaftlichen Sektoren zu integrieren.

Gesundheitseffekte

Die Verwendung verschmutzten Wassers zum Trinken und Waschen ist eine der Hauptursachen für die Infektion mit Krankheiten, die jährlich Millionen Menschen töten und mehr als 1 Milliarde Menschen erkranken lassen. Krankheiten wie Typhus und Cholera werden durch infiziertes Trinkwasser hervorgerufen; andere Krankheiten breiten sich aus, wenn sich die Menschen in verseuchtem Wasser waschen. Wegen ihrer Auswirkungen auf die menschliche Wohlfahrt und das wirtschaftliche Wachstum stellen eine mangelhafte Wasserversorgung und unzulängliche sanitäre Einrichtungen die ernsthaftesten Umweltprobleme dar, denen sich die Entwicklungsländer heute gegenübersehen. Zunächst werden die Konsequenzen für die Gesundheit erörtert.

Die direkten Auswirkungen wasserbedingter Krankheiten sind beträchtlich, insbesondere bei Kindern und den Armen, die am meisten bedroht sind. Unsauberes Wasser spielt in vielen Fällen von Durchfallerkrankungen eine Rolle, die zusammen genommen jährlich mehr als 3 Millionen Todesfälle, meistens Kinder, und rund 900 Millionen Krankheitsfälle verursachen. Gleichzeitig erkranken mehr als 900 Millionen Menschen an Spulwurminfektionen und 200 Millionen an Schistosomiase. In vielen dieser Fälle ergeben sich große indirekte Gesundheitsauswirkungen – so kann ein Kind durch häufige Durchfallerkrankungen für Krankheit und Tod anfällig werden, die durch andere Ursachen hervorgerufen werden.

Eine Schlüsselfrage ist, inwieweit diese Last von Krankheit und Tod durch eine Verbesserung der Wasserversorgung und der sanitären Einrichtungen vermindert würde. Dies ist keine Frage, die einfach zu beantworten ist, oder über die sich sämtliche Epidemiologen einig sind. Es ist zu wenig darüber bekannt, wie die Risiken und Erkrankungen verteilt sind und wie sie sich gegenseitig beeinflussen, und es bleibt unklar, in welchem Ausmaß moderate Veränderungen der Infrastruktur die Gesundheitslage langfristig verbessern können. Ein gewisser Eindruck kann aber aus einer jüngsten umfassenden Übersicht der Entwicklungshilfebehörde der USA (U.S. Agency for International Development, USAID) gewonnen werden, die die Ergebnisse von rund 100 Untersuchungen über die Gesundheitsauswirkungen von Verbesserungen der Wasserversorgung und sanitärer Einrichtungen zusammenfaßte (vgl. Tabelle 2.2). Die meisten der untersuchten Eingriffe betrafen Verbesserungen der Qualität oder Verfügbarkeit von Wasser oder die Beseitigung von Exkrementen. Die Übersicht zeigte, daß die Auswirkungen dieser Verbesserungen groß sind, und durchschnittlich verringerten sich die Erkrankungen um 22 Prozent bei Diarrhöe und um 76 Prozent beim Guinea-Wurm. Sie zeigte auch, daß Umweltverbesserungen größere Auswirkungen auf die Sterblichkeit als auf die Krankheitsfälle haben, wobei die Abnahme der Todesfälle bei Diarrhöe-Erkrankungen im Mittel 60 Prozent beträgt. Eine begleitende Analyse der WHO über die größte Gruppe von Untersuchungen über Gesundheitsfolgen – jene über die Auswirkungen der Wasserversorgung und sanitärer Einrichtungen auf Durchfallerkrankungen – deutet darauf hin, daß sich die Effekte annähernd addieren, wenn verschiedene Verbesserungsmaßnahmen zur gleichen Zeit vorgenommen werden (etwa bei der Qualität und Verfügbarkeit des Wassers; vgl. Tabelle 2.3). Projekterfahrungen zeigen, daß sich die Gewinne durch die Unterweisung der Mütter und Verbesserungen der Hygiene erhöhen.

Werden diese Untersuchungen als Anhaltspunkt genommen, dann ist es möglich, eine grobe Schätzung der Auswirkungen der Versorgung mit sauberem Wasser und angemessenen sanitären Einrichtungen für alle diejenigen vorzunehmen, denen es

Tabelle 2.2 Auswirkungen verbesserter Wasserqualität und sanitärer Einrichtungen auf Krankheiten

Krankheit	Millionen kranker Menschen	Mittlere Verringerung infolge Verbesserungen (in Prozent)
Diarrhöe	900[a]	22
Spulwurm	900	28
Guinea-Wurm	4	76
Schistosomiase	200	73

a. Beziehen sich auf die Zahl der Fälle pro Jahr.
Quelle: Esrey und andere 1990.

Tabelle 2.3 Auswirkungen verbesserter Wasserversorgung und sanitärer Einrichtungen auf die Häufigkeit von Diarrhöe-Erkrankungen

Art der Verbesserung	Mittlere Verringerung der Erkrankungshäufigkeit (in Prozent)
Wasserqualität	16
Verfügbarkeit von Wasser	25
Qualität und Verfügbarkeit von Wasser	37
Beseitigung von Fäkalien	22

Quelle: Esrey, Feachem und Hughes 1985.

daran gegenwärtig mangelt. Würden die Gesundheitsrisiken dieser Menschen in dem Maße verringert, wie dies in Tabelle 2.2 dargestellt wird, dann ergäbe sich folgendes:

• Jährlich 2 Millionen weniger Todesfälle wegen Durchfallerkrankungen bei Kindern unter fünf Jahren (zum Vergleich sei darauf hingewiesen, daß in den Entwicklungsländern jedes Jahr insgesamt rund 10 Millionen Kinder sterben),
• Jährlich 200 Millionen weniger Diarrhöe-Krankheitsfälle,
• 300 Millionen weniger Menschen mit Spulwurminfektionen,
• 150 Millionen weniger Menschen mit Schistosomiase-Erkrankungen,
• 2 Millionen weniger mit Guinea-Wurm infizierte Menschen.

Sonstige Auswirkungen

Zu den Kosten der Wasserverschmutzung gehört die Schädigung der Fischerei, die in vielen Ländern die Hauptquelle der Proteinversorgung darstellt und zum Lebensunterhalt vieler ländlicher Bewohner beiträgt. So hatte die Verschmutzung der Küstengewässer in Nordchina zusammen mit der Überfischung einen starken Rückgang der Garnelen- und Schalentierfänge zur Folge. Wie in der Bacuit-Bucht in Palawan auf den Philippinen haben schwere Schlamm-Massen, die durch Landentwicklung und Holzeinschlag verstärkt wurden, die Küstenkorallen sowie die sich dort ernährenden und vermehrenden Fischbestände reduziert. Fisch ist häufig durch Abwässer und giftige Substanzen verseucht, der ihn für den menschlichen Verzehr ungeeignet macht. Die abwasserbedingte Verseuchung von Meerestieren wird für einen gefährlichen Ausbruch von Hepatitis A in Shanghai und für die jüngste Ausbreitung der Cholera in Peru verantwortlich gemacht.

Übermäßige Wasserentnahme trägt zu anderen Umweltproblemen bei. Zusätzlich zur Verdrängung von Bewohnern und der Überflutung von Ackerland ändert die Eindämmung von Flüssen zur Schaffung von Reservoiren die Zusammensetzung von Süß- und Salzwasser in den Flußmündungen, wirkt sich auf die Stabilität der Küstengebiete durch Beeinflussung der Ablagerungen aus und führt dazu, daß sich die Fischerei aufgrund der Verlagerung der Laichgründe und der Änderung der Flußwasserbeschaffenheit umstellen muß. Wird Grundwasser über die natürliche Wiederauffüllung hinaus entnommen, sinkt der Wasserspiegel. In Chinas nördlichen Provinzen, wo zehn große Städte zur Basisversorgung mit Wasser auf Grundwasser angewiesen sind, ist der Wasserspiegel gesunken, und zwar in den Brunnen, die Peking, Sian und Tientsin versorgen, um einen Meter pro Jahr. Im Staat Tamil Nadu in Südindien hat ein Jahrzehnt starker Wasserentnahme den Wasserspiegel um mehr als 25 Meter sinken lassen. Die Kosten sind oft erheblich und übersteigen die zusätzlichen Kosten des Pumpens aus größeren Tiefen sowie des Ersatzes von Flachbrunnen durch tiefe Rohrleitungsbrunnen. Küstennahe Wasserreservoire können versalzen, und die Landabsenkung kann die Untergrundreservoire zusammendrängen und ihre Regenerationskapazität dauerhaft vermindern. Abwasserkanäle und Straßen können ebenfalls beschädigt werden, wie dies in Mexiko-Stadt und Bangkok geschehen ist.

Luftverschmutzung

Obwohl die regelmäßige Kontrolle der Luftverschmutzung in den Städten der Erde erst etwas länger als ein Jahrzehnt durchgeführt wird, hat sich bereits gezeigt, daß verschiedene Schadstoffe häufig das Niveau überschreiten, das für die Gesundheit als ungefährlich betrachtet wird. Die ernsthaftesten Gesundheitsrisiken entstehen durch die Belastung mit Schwebeteilchen (ST), durch Verschmutzung der Luft in den Innenräumen sowie durch Blei. Eine Vielzahl von Menschen ist auch den etwas weniger gesundheitsschädlichen Auswirkungen von Schwefeldioxid ausgesetzt.

Die Luftverschmutzung hat drei menschlich verursachte Hauptquellen – Energieverbrauch, kraftfahrzeugbedingte Emissionen und Industrieproduktion –, die bei wirtschaftlichem Wachstum alle eine steigende Tendenz aufweisen, sofern nicht angemessene Maßnahmen zur Bekämpfung der Umweltverschmutzung ergriffen werden. In den Entwicklungsregionen steigen die Verstädterung sowie der Energieverbrauch pro Kopf rasch an. Ohne aggressive Gegenmaßnahmen wird die Luft-

---

Sonderbeitrag 2.2 Das Aufstellen von Richtwerten zur Umweltverschmutzung

Im Idealfall sollten Umweltrichtwerte auf einem Vergleich der Kosten und der Erträge basieren, die bei der Verringerung von Umweltschäden anfallen. Richtwerte für die Luftqualität sollten sicherstellen, daß die Erträge der verminderten Belastung durch Luftverschmutzung mindestens die Kosten der Verschmutzungskontrolle aufwiegen. Mit wenigen Ausnahmen aber (wie den Regelungen über den Bleigehalt des Benzins in den USA) haben die Länder ihre Grenzwerte selten auf solche expliziten Analysen gestützt, weil es üblicherweise Schwierigkeiten bereitete, die Erträge genau abzuschätzen. Statt dessen haben viele Entwicklungsländer nationale Grenzwerte in Anlehnung an die OECD- oder WHO-Richtwerte eingeführt.

Die WHO-Belastungsrichtwerte, die in diesem Bericht herangezogen werden, bestimmen sich durch das Verschmutzungsniveau, bei dem die Wahrscheinlichkeit ungünstiger Auswirkungen (beispielsweise Gesundheitsrisiken) von einem niedrigem Niveau aus zu steigen beginnt. Dies ist eine striktere Vorgehensweise als die Aufstellung von Richtwerten, die sich an jenem Niveau orientieren, bei dem der gesundheitliche Nutzen der Verminderung der Umweltrisiken die Kosten überschreitet. Es ist unwahrscheinlich, daß die WHO-Richtwerte in naher Zukunft von vielen Ländern eingehalten werden können, falls die Emissionen nicht strikter kontrolliert werden; so haben sich einige Länder die Richtwerte als langfristige Ziele gesetzt, die über Zwischenziele schrittweise erreicht werden sollen.

Richtwerte der Umweltverschmutzung, insbesondere für die Luftverschmutzung, berücksichtigen häufig die unterschiedlichen Auswirkungen einer starken, aber kurzfristigen Verschmutzung (Höchstwerte) und einer dauernden Verschmutzung auf niedrigerem Niveau (jährliche Richtwerte). Von der erstgenannten Art von Verschmutzung sind vor allem Menschen betroffen, deren Gesundheit bereits labil ist, wozu Asthmatiker, ältere Menschen und Kinder gehören. Die letztere führt zur Gesundheitsschädigung breiter Bevölkerungsschichten.

In armen Ländern ist selbst die beste Stadtluft schlecht, aber das Problem vermindert sich mit wachsendem Einkommen

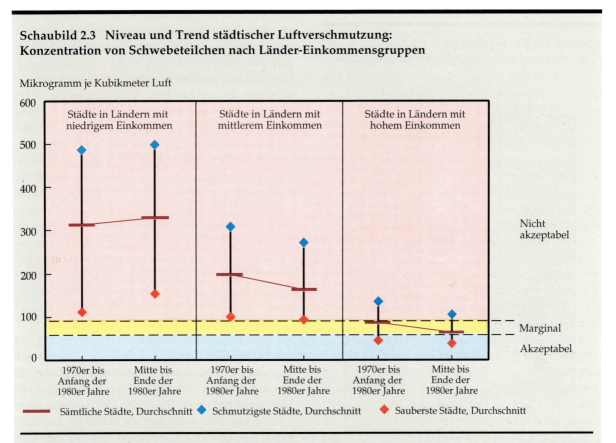

Schaubild 2.3 Niveau und Trend städtischer Luftverschmutzung: Konzentration von Schwebeteilchen nach Länder-Einkommensgruppen

Anmerkung: Die Angaben beziehen sich auf zwanzig städtische Gebiete in Ländern mit niedrigem Einkommen, fünfzehn städtische Gebiete in Ländern mit mittlerem Einkommen und dreißig städtische Gebiete in Ländern mit hohem Einkommen. Die „saubersten Städte" bzw. „schmutzigsten Städte" sind das erste bzw. letzte Quartil der nach Luftqualität geordneten Gebiete. Die Periodenabgrenzungen der Zeitreihen weichen je nach Gebiet etwas voneinander ab. Als Kriterium für die Akzeptabilität wurden die Richtwerte der Weltgesundheitsorganisation für die Luftqualität verwendet.
Quelle: Daten der Weltgesundheitsorganisation.

verschmutzung in den kommenden Jahren stark zunehmen. Wenn das projektierte Wachstum der Nachfrage nach Verkehrsleistungen und Elektrizität mit den gegenwärtig angewandten Technologien befriedigt wird, würden die Emissionen der Hauptschadstoffe aus diesen Quellen bis etwa zum Jahre 2030 auf das Fünffache bzw. Elffache zunehmen. Wie in Kapitel 6 erörtert wird, könnte der größte Teil dieser potentiellen Zunahme durch Verbesserungen von Effizienz und Investitionen in Technologien zur Bekämpfung der Umweltverschmutzung eliminiert werden.

In denjenigen Entwicklungsländern, die sich jetzt inmitten des Industrialisierungsprozesses befinden, ist die Verschmutzung der städtischen Luft weitaus schlimmer als in den heutigen Industrieländern. Zu Beginn der achtziger Jahre wurden in Städten wie Bangkok, Kalkutta, Neu-Delhi, Peking und Teheran an mehr als zweihundert Tagen pro Jahr die ST-Konzentrationen überschritten, die nach den Leitlinien der WHO an nicht mehr als sieben Tagen pro Jahr überschritten werden sollten (vgl. Sonderbeitrag 2.2). Wo ausreichende Daten zur Verfügung stehen, zeigt sich, daß Städte in Ländern mit niedrigem Einkommen ein weit höheres ST-Niveau aufweisen als solche in entwickelteren Ländern. In der Tat ist das Verschmutzungsniveau selbst im schlechtesten Viertel der Städte mit hohem Einkommen noch besser als im besten Viertel der Städte mit niedrigem Einkommen. Die Diskrepanz ist im Verlauf des letzten Jahrzehnts geringfügig gestiegen: Länder mit hohem Einkommen haben Maßnahmen zur Eindämmung der Emissionen ergriffen, während sich das Verschmutzungsniveau in Ländern mit niedrigem Einkommen verschlechtert hat (vgl. Schaubild 2.3).

Mehr als eine Milliarde Stadtbewohner atmen ungesunde Luft

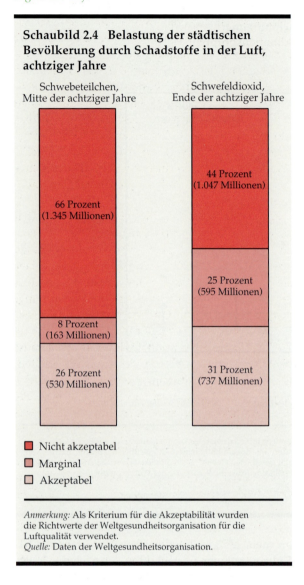

Schaubild 2.4 **Belastung der städtischen Bevölkerung durch Schadstoffe in der Luft, achtziger Jahre**

Schwebeteilchen, Mitte der achtziger Jahre:
- 66 Prozent (1.345 Millionen) – Nicht akzeptabel
- 8 Prozent (163 Millionen) – Marginal
- 26 Prozent (530 Millionen) – Akzeptabel

Schwefeldioxid, Ende der achtziger Jahre:
- 44 Prozent (1.047 Millionen) – Nicht akzeptabel
- 25 Prozent (595 Millionen) – Marginal
- 31 Prozent (737 Millionen) – Akzeptabel

Anmerkung: Als Kriterium für die Akzeptabilität wurden die Richtwerte der Weltgesundheitsorganisation für die Luftqualität verwendet.
Quelle: Daten der Weltgesundheitsorganisation.

Werden Indikatoren der Luftverschmutzung mit der Zahl der Menschen kombiniert, die einer solchen Luftverschmutzung ausgesetzt sind, so zeigt sich, wie ernst es um die ungesunde Stadtluft bestellt ist. Eine Extrapolation mit Hilfe von GEMS-Daten über die in der Luft befindlichen Partikel für eine Stichprobe von etwa fünfzig Städten zeigt, daß Mitte der achtziger Jahre rund 1,3 Milliarden Menschen – vor allem in den Entwicklungsländern – in kleineren oder größeren Städten (mit mehr als 250.000 Menschen) lebten, die die WHO-Standards für ST nicht erfüllten (vgl. Schaubild 2.4).

Was sind die Gesundheitskonsequenzen für das Fünftel der Menschheit, das einem gefährlichen Niveau an städtischer Luftverschmutzung ausgesetzt ist? Die Erfahrung weist zunehmend darauf hin, daß mit ST zusammenhängende Krankheiten und Tod die wichtigsten Gesundheitskonsequenzen der städtischen Luftverschmutzung sind. Schätzungen der umweltbedingten Gesundheitsrisiken in Entwicklungsländern beruhen immer noch auf vorsichtigen Extrapolationen von Erfahrungen mit Mengenreaktionen in den Industrieländern. Unzureichende Gesundheit und Ernährung in den Entwicklungsländern machen die dortige Bevölkerung wahrscheinlich anfälliger für die Auswirkungen der Umweltverschmutzung. Selbst das in reicheren Ländern typischerweise niedrigere Niveau an ST verursacht Atmungsprobleme. Untersuchungen zeigen außerdem eine zunehmende Sterblichkeit bei höheren Partikelkonzentrationen, insbesondere unter älteren Menschen mit chronischen asthmatischen Lungenerkrankungen, Lungenentzündungen und Herzerkrankungen, da diese Art der Umweltverschmutzung für Menschen mit bereits unzureichender Gesundheit besonders belastend ist.

Überschlägliche Schätzungen deuten darauf hin, daß in den Entwicklungsländern zwischen 300.000 und 700.000 vorzeitiger Todesfälle pro Jahr abgewendet werden könnten, wenn das ungesunde ST-Niveau auf einen jährlichen Durchschnitt abgesenkt werden könnte, den die WHO als gefahrlos betrachtet. Diese Zahl entspricht 2 bis 5 Prozent aller Todesfälle in städtischen Gebieten, die ein übermäßiges Niveau an Partikelverschmutzung aufweisen. Viele dieser vermiedenen Todesfälle ergäben sich in China und Indien. Zusätzlich zur verringerten Sterberate könnte der chronische Husten bei Stadtkindern unter vierzehn Jahren um die Hälfte (oder um rund 50 Millionen Fälle jährlich) reduziert werden, wodurch die Wahrscheinlichkeit zurückginge, daß diese Kinder permanente Atmungsschäden davontragen. Übermäßige Partikelverschmutzung führt auch zu einem Produktivitätsverlust: In städtischen Gebieten mit einem durchschnittlichem ST-Niveau oberhalb der WHO-Standards gehen pro Jahr für jede erwachsene Arbeitskraft mindestens 0,6 und unter Umständen 2,1 Arbeitstage durch Atmungserkrankungen verloren.

In vielen Entwicklungsländern stellt die Verschmutzung der Innenraumluft eine kaum geringere Ursache atmungsbedingter Gesundheitsschäden dar als die schlechte städtische Luftqualität. Etwas weniger Menschen, hauptsächlich Frauen und Kinder, sind den Risiken der Innenraumluft statt der Außenluft ausgesetzt – nach groben Schätzungen der WHO 400 bis 700 Millionen Menschen –, aber das Belastungsniveau ist häufig um ein Vielfaches höher. In Ländern mit hohem Einkommen stellen die Hauptrisiken der Raumluftverschmutzung die Emissionen von synthetischen Materialien und Harzen sowie von Radongas dar. In den Entwicklungsländern entstehen die Probleme durch das Kochen oder Heizen der Haushalte mit Biomasse (Holz, Stroh oder Dung). Für arme Haushalte, vor allem in ländlichen Gebieten, sind diese häufig die einzigen verfügbaren oder erschwinglichen Brennmaterialien.

Untersuchungen, die den Dunst von Biomasse in den Küchen von Haushalten in armen ländlichen Gegenden gemessen haben, stellten ST-Belastungen fest, die regelmäßig um ein Vielfaches das nach WHO-Standards ungefährliche Niveau überstiegen (vgl. Tabelle 2.4). Die mit der Essenszubereitung beschäftigten Menschen können solchen Belastungen mehrere Stunden pro Tag ausgesetzt sein. Einige andere Komponenten des Küchendunstes, dem Frauen und Kinder ausgesetzt sind, sind weitgehend die gleichen wie diejenigen der Außenluftverschmutzung. Es ist daher wichtig, Raumluftverschmutzung bei der Einschätzung der gesamten Gesundheitsrisiken durch Luftschadstoffe zu berücksichtigen. Das Verbrennen von Biomasse ist häufig mit Waldvernichtung verbunden, die eine eigenständige Quelle der Umweltschädigung darstellt.

Erst im letzten Jahrzehnt wurde man auf die Gesundheitsauswirkungen der Innenraumluftverschmutzung durch die Verbrennung von Biomasse etwas aufmerksam, aber vereinzelte Untersuchungen wiesen bereits auf ihre Bedenklichkeit hin. Der Qualm trägt zu akuten Infektionen der Atmungsorgane bei, die jährlich schätzungsweise 4 Millionen Todesfälle unter Säuglingen und Kindern verursachen. Wiederkehrende Fälle solcher Infektionen führen zu permanenten Schädigungen der Lunge, die sich bei Erwachsenen als chronische Bronchitis und Emphysema zeigen und gelegentlich zum Herzversagen beitragen. Untersuchungen nichtrauchender Frauen in Nepal und Indien, die dem Smog der Biomasse-Verbrennung ausgesetzt waren, ergaben anomal häufige chronische Erkrankungen der Atmungsorgane, wobei die dadurch bedingte Sterblichkeit in weit jüngeren Jahren einsetzte als in anderen Bevölkerungsgruppen und vergleichbar war mit derjenigen stark rauchender Männer. Emissionen von Kohlenmonoxiden können Luftverhältnisse verursachen, die die normale Aufnahmefähigkeit von Sauerstoff bei der Atmung beeinträchtigen.

Blei gehört zu den Schwermetallen, die örtlich begrenzte Gesundheitsrisiken darstellen, da es häufig in schädlichen Mengen vorkommt. Anders als einige andere Schadstoffe kann Blei die Gesundheit auf verschiedene Weise beeinflussen, eingeschlossen durch die Nahrungsaufnahme und Einatmung. Eine der wichtigsten Quellen ist die verkehrsbedingte Emission in Ländern, wo Blei noch als Treibstoffbeigabe verwendet wird. Das Problem ist besonders akut in kleineren und größeren Städten, wo die Zahl der Motorfahrzeuge rasch wächst. Die meisten OECD-Länder sind im Begriff, dieses Problem erfolgreich zu bewältigen, indem sie zunehmend striktere Grenzwerte festsetzen, die den Bleigehalt im Benzin begrenzen (eine Vorgehensweise, die unlängst von Malaysia, Mexiko und Thailand übernommen wurde), aber viele Entwicklungsländer haben dieses Problem noch in Angriff zu nehmen.

In Ländern, die den Bleigehalt im Treibstoff reduziert haben, ist der Bleigehalt im Blut drastisch gesunken. In den Vereinigten Staaten und Japan betragen die durchschnittlichen Bleikonzentratio-

Tabelle 2.4 Verschmutzung der Innenraumluft durch Verbrennung von Biomasse in Entwicklungsländern

Land und Jahr der Untersuchung	*Zeitraum der Messung*	*Konzentrationen von Schwebeteilchen als Vielfaches des maximalen WHO-Richtwertes*[a]
China, 1987	Kochzeit	11
Gambia, 1988	Durchschnitt während des gesamten Tages	4–11
Indien, 1987–88	Kochzeit	16–91
Kenia		
1987	Durchschnitt während des gesamten Tages	5–8
1972	Nachts (Raumheizung)	12–34
Nepal, 1986	Kochzeit	9–38
Papua-Neuguinea	Nachts (Raumheizung)	1–39

Anmerkung: Die Untersuchungen sind wegen unterschiedlicher Meßmethoden nicht voll vergleichbar.
a. Der maximale (auf das 98. Perzentil bezogene) Richtwert der WHO empfiehlt, daß eine Konzentration von 230 Mikrogramm je Kubikmeter höchstens während 2 Prozent des Jahres (sieben Tage) überschritten wird.
Quelle: Smith 1988.

Die Umweltverschmutzung durch Schwefeldioxid nimmt in den armen Ländern zu und sinkt in den Ländern mit höherem Einkommen

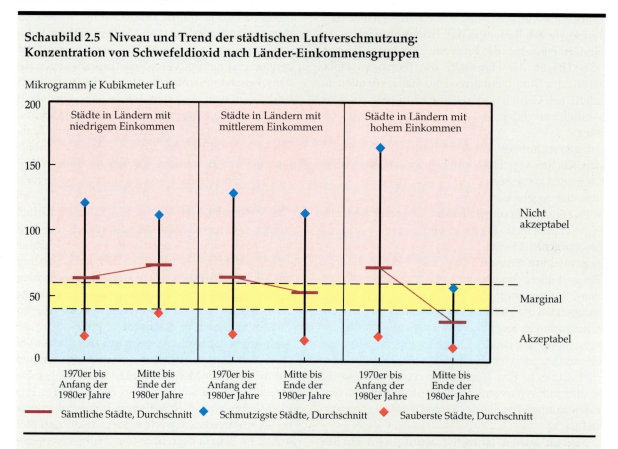

Schaubild 2.5 Niveau und Trend der städtischen Luftverschmutzung: Konzentration von Schwefeldioxid nach Länder-Einkommensgruppen

Anmerkung: Die Angaben beziehen sich auf siebzehn städtische Gebiete in Ländern mit niedrigem Einkommen, neunzehn städtische Gebiete in Ländern mit mittlerem Einkommen und zweiundvierzig städtische Gebiete in Ländern mit hohem Einkommen. Die „saubersten Städte" bzw. „schmutzigsten Städte" sind das erste bzw. letzte Quartil der nach Luftqualität geordneten Gebiete. Die Periodenabgrenzungen der Zeitreihen weichen je nach Gebiet etwas voneinander ab. Als Kriterium für die Akzeptabilität wurden die Richtwerte der Weltgesundheitsorganisation für die Luftqualität verwendet.
Quelle: Daten der Weltgesundheitsorganisation.

nen im Blut gegenwärtig nur ein Drittel des Niveaus Mitte der siebziger Jahre. In den Entwicklungsländern lassen mit der zunehmenden direkten Kontrolle des Bleigehalts vereinzelte Untersuchungsergebnisse klar ein Niveau erkennen, das wahrscheinlich gesundheitsgefährlich ist. Ein hoher Bleigehalt im Blut von Kindern ist mit gestörter neurologischer Entwicklung verbunden einschließlich eines geringeren Intelligenzquotienten (IQ) und verminderter Aufgewecktheit. Grobe Schätzungen für Bangkok deuten darauf hin, daß Kinder bis zum Alter von sieben Jahren infolge erhöhter Bleibelastung durchschnittlich vier oder mehr IQ-Punkte einbüßen, was bleibende Auswirkungen auf ihre Leistungsfähigkeit als Erwachsene hat. Im Stadtgebiet von Mexiko-Stadt, wo 95 Prozent des Autobenzins immer noch bleihaltig sind, weisen 29 Prozent aller Kinder einen ungesund hohen Bleigehalt im Blut auf. Bei Erwachsenen gehören zu den Folgen die Risiken von Bluthochdruck, insbesondere bei Männern, sowie höhere Risiken von Herzattacken, Schlaganfällen und Tod. In Mexiko-Stadt dürfte die Bleibelastung zu 20 Prozent für das Auftreten von Bluthochdruck verantwortlich sein, während in Bangkok eine übermäßige Bleibelastung 200.000 bis 500.000 Fälle von Bluthochdruck verursacht, die zu bis zu 400 Todesfällen pro Jahr führen. Überhöhter Bleigehalt im Blut ist auch im Umfeld veralteter Bleischmelzen in verschiedenen Ländern Osteuropas festgestellt worden.

Schwefeldioxidkonzentrationen stellen außerdem in den Ländern ein ernsthaftes Problem dar, die auf Brennstoffe mit hohem Schwefelgehalt angewiesen sind. Ende der siebziger Jahre lagen die Konzentrationen in Ländern mit niedrigem Einkommen durchschnittlich unterhalb derer in reichen Ländern. Während des vergangenen Jahrzehnts sind die Konzentrationen in armen Ländern gestiegen, während sie in vielen Ländern mit mittlerem und hohem Einkommen gesunken sind (vgl. Schaubild 2.5). Im Ergebnis ist die Schwefeldioxidverschmutzung in Ländern mit niedrigem und mittlerem Einkommen nun am schlimmsten und belastet mehr als 1 Milliarde Menschen mit einem ungesund hohen Niveau (vgl. Schaubild 2.4). Gleichwohl gibt es ermutigende Ausnahmen, die darauf hindeuten, daß das Einkommensniveau eines Landes keine Restriktion im Kampf gegen die Luftverschmutzung darstellen muß. Eine Reihe von Städten in Ländern mit niedrigem und mittlerem Einkommen – Peking und Caracas beispielsweise – haben im vergangenen Jahrzehnt die Trends steigender Schwefeldioxidkonzentrationen umgekehrt, und zwar in einem weit früheren Stadium der Wirtschaftsentwicklung, als dies in Städten der Industrieländer der Fall war.

Müll und gefährliche Abfälle

Viele Städte erzeugen mehr Müll als sie einsammeln oder beseitigen können. Das Volumen steigt mit dem Einkommen. In Ländern mit niedrigem und mittlerem Einkommen verschlingt die kommunale Müllabfuhr häufig zwischen einem Fünftel und der Hälfte der städtischen Haushaltsmittel, obgleich ein großer Teil des Mülls nicht beseitigt wird. Vom anfallenden Müll werden in Jakarta 30 Prozent, in Dar Es Salaam vier Fünftel und in Karatschi mehr als zwei Drittel nicht eingesammelt. Eine weit bessere Entsorgung wird in verschiedenen Städten Südamerikas erreicht; in Städten wie Caracas, Santiago, Buenos Aires, São Paulo und Rio de Janeiro belaufen sich die Müllabfuhrquoten auf 91 bis 99 Prozent. In Armenvierteln fallen geringere Mengen Müll pro Kopf an, aber sie verfügen typischerweise über die schlechteste Entsorgung, da die Straßen oft so verstopft sind, daß die herkömmlichen Methoden der Müllabfuhr nahezu unmöglich anzuwenden sind.

Selbst wenn die Kommunalhaushalte für die Müllabfuhr ausreichend ausgestattet sind, bleibt die sichere Beseitigung der gesammelten Abfälle häufig ein Problem. Offene Schuttabladeplätze und unkontrollierte Müllkippen bleiben in vielen Entwicklungsländern die Hauptbeseitigungsmethoden; hygienisch einwandfreie Deponien werden nur in einer Handvoll von Städten zur Norm.

Unzureichende Müllabfuhr und ungesteuerte Müllbeseitigung stellen für die menschliche Gesundheit und die Produktivität eine Reihe von Problemen dar. Nicht eingesammelte Abfälle, die auf öffentliche Grundstücke oder in Wasserläufe gekippt werden, tragen zur Verbreitung von Krankheiten bei. In Vierteln mit niedrigem Einkommen ohne sanitäre Einrichtungen vermischen sich Müllhaufen mit menschlichen Exkrementen. Häufig werden den kommunalen Müllhalden industrielle und gefährliche Abfälle zugeführt, die dann in die Wasservorräte versickern können. Mehr lokale Probleme wie die Luftverschmutzung durch Verbrennung, gashaltige Emissionen sowie sogar durch Explosionen treten in der Nähe unzulänglich gemanagter Müllhalden auf.

Die Erzeugung gefährlicher Stoffe und Abfälle nimmt zu, aber die Mengen sind von Land zu Land sehr unterschiedlich. In den Industrieländern werden typischerweise rund fünftausend Tonnen pro eine Milliarde Dollar BIP produziert, während der Gesamtausstoß in vielen Entwicklungsländern nur einige hundert Tonnen betragen dürfte. Singapur und Hongkong zusammen erzeugen als Nebenprodukt der Industrie mehr giftige Schwermetalle als sämtliche afrikanische Länder südlich der Sahara (ohne Südafrika). Obwohl die giftigen Abfälle noch kein weitverbreitetes Problem darstellen, kann das Industriewachstum das erzeugte Volumen erhöhen. In Thailand gab es beispielsweise im Jahre 1969 nur rund 500 Fabriken, und ungefähr die Hälfte von ihnen produzierte gefährliche Abfallstoffe. Jetzt produzieren mehr als 26.000 Fabriken gefährlichen Müll, und ihre Zahl könnte sich in einem Jahrzehnt nahezu verdreifachen. Bei Fortsetzung der gegenwärtigen Trends wird das Volumen der erzeugten giftigen Schwermetalle in so unterschiedlichen Länder wie China, Indien, Korea und der Türkei innerhalb von fünfzehn Jahren ein Niveau erreichen, das mit dem jetzigen Niveau in Frankreich und Großbritannien vergleichbar ist.

Die Risiken der Belastung durch gefährliche Substanzen können jedoch nicht einfach aus den produzierten Mengen extrapoliert werden. Ihr Schadenspotential ist von Land zu Land höchst unterschiedlich und hängt hauptsächlich davon ab, wie mit ihnen umgegangen wird. Obwohl sich das Management gefährlicher Abfälle in einigen Ländern verbessert, werden in vielen anderen Ländern Abfälle ins Wasser oder auf Landflächen unter minimalen Vorsichtsmaßnahmen gekippt. Eine ernsthafte Belastung durch gefährliche Materialien kann durch Industrieunfälle sowie durch verbotenen Handel und Abladung von Müll verursacht werden, und zwar manchmal über die nationalen Grenzen hinaus. In einigen Berufen sind Menschen besonders gefährdet, beispielsweise Straßenkehrer in den Mülldeponien vieler armer Städte.

Obwohl die Belastung durch Verschmutzung mit giftigen Abfällen lokal bedenklich sein kann, ist sie selten so weit verbreitet wie die Belastungen durch andere zuvor erwähnte Wasser- und Luftschadstoffe – mit Ausnahme der Verseuchung des Oberflächen- und Grundwassers. Gleichwohl ist es üblicherweise billiger, die Erzeugung gefährlicher Abfälle zu minimieren und die gefährlichen Ablagerungspraktiken zu beschränken, anstatt die Müllkippen zu säubern.

Die Gesundheitseffekte der Verseuchung der Luft, des Wassers und des Bodens mit gefährlichen Abfällen sind in einigen Fällen erwiesenermaßen schwerwiegend, und neue Verbindungen, vielleicht mit ungeprüften potentiellen Auswirkungen auf den Zustand der Umwelt, werden permanent entwickelt. Manchmal ist es schwierig, die karzinogenen Folgen gefährlicher Abfälle, die üblicherweise in geringen Dosen auftreten, von denjenigen der natürlich vorkommenden Karzinogene zu unterscheiden, insbesondere, wenn die Konsequenzen vermutlich erst nach vielen Jahren in Erscheinung treten. Andere Gefahren für die Gesundheit dürften in der Tat bedeutender sein. In den Vereinigten Staaten deutet die epidemiologische Evidenz von 2 bis 3 Prozent aller Krebserkrankungen, die mit der Umweltverschmutzung verbunden sind, darauf hin, daß die Belastung durch gefährliche Abfälle ein geringeres Risiko darstellt als die Belastung durch Radon in Innenräumen und durch schädliche Rückstände in den Nahrungsmitteln.

Land und Lebensraum

Boden

Schätzungen der durch Bodenverschlechterung geschädigten oder für die landwirtschaftliche Nutzung verlorenen Landflächen reichen von moderat bis apokalyptisch. Die Arten der Verschlechterung sind so unterschiedlich wie die Landknappheit in den ländlichen Gebieten. Der wachsenden Bevölkerung von armen, landhungrigen Bauern, die sich auf den Hängen des Hochlandes von Ecuador, Nepal und Indonesien kümmerlich durchschlagen, fällt es sehr schwer, ihre Ernten vor dem Wegschwemmen von den Hängen zu bewahren. In der Sahelzone setzt die Ausweitung der Anbaugebiete mit immer kürzeren Brachperioden in Gebieten mit marginalen Niederschlägen den Boden der Winderosion aus. Drei Arten der Bodenverschlechterung – Wüstenbildung, Erosion und Versalzung oder Vernässung – wird die meiste Aufmerksamkeit gewidmet, obwohl die Wüstenbildung keine so große und um sich greifende Auswirkung auf die Produktivität hat wie die anderen beiden. In Kapitel 7 werden Wege zur Verminderung dieser Probleme angesprochen.

Die Wüstenbildung in Form des Vorrückens von Sandflächen, die Weideland und Ackerland verschlingen, wie sie häufig in den Medien gezeigt wird, ist in Trockengebieten nicht das schwerwiegendste Problem, obwohl sie örtlich zu beobachten ist. Die Definitionen der Wüstenbildung sind jedoch üblicherweise weiter und umfassen die Verluste an der Pflanzendecke und Pflanzenvielfalt, die in gewisser Hinsicht zum menschlichen Leben gehören, ebenso wie das Element der Irreversibilität. Wüstenbildung in diesem Sinne ist schwierig zu messen. Sie beeinflußt eindeutig einige Trockengebiete, aber die wirkliche irreversible Schädigung ist wahrscheinlich weniger verbreitet als allgemein angenommen wird. Satellitenaufnahmen der Sahelzone in Afrika südlich der Sahara zeigen, daß die Vegetationsgrenze zwischen regenreichen und trockenen Jahren während der achtziger Jahre um bis zu 200 Kilometer vorrückte und zurückwich, aber sie zeigen keinerlei grundlegenden Trend.

Verbreiteter als die Wüstenbildung, wenngleich weniger dramatisch, ist die allmähliche Verschlechterung des Ackerbodens, insbesondere in Trockengebieten. Ergebnisse einer globalen Bewertung der Bodenverschlechterung, die durch UNEP finanziell unterstützt wurde (vgl. Oldemann, Hakkeling und Sombroeck, 1990), zeigen, daß 1,2 Milliarden Hektar oder fast 11 Prozent der bewachsenen Erdoberfläche während der vergangenen fünfundvierzig Jahre infolge der Bewirtschaftung durch den Menschen einer moderaten oder starken Bodenverschlechterung unterworfen waren. Die meisten Bauern und Viehzüchter können nur schwer auf die Produktivitätskonsequenzen dieser Verschlechterung reagieren. Als Folge der Bodenverschlechterung sind die Erträge und gesamten Ernteergebnisse wichtiger Nahrungsmittel in einer Reihe von Ländern zurückgegangen, insbesondere in Afrika südlich der Sahara, und zwar im Gegensatz zum globalen Trend wachsender Erträge (vgl. Schaubild 2.6). Die Erosion ist eine der Schlüsselkomponenten der Bodenverschlechterung. Ihre Unumkehrbarkeit

In einigen Ländern, jedoch nicht weltweit, verschlechtern sich mit den Böden die Erträge

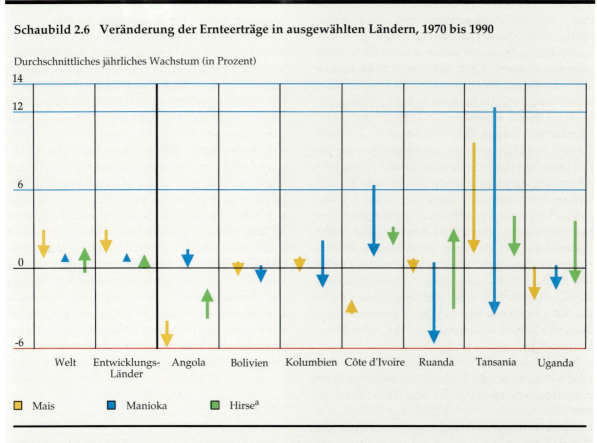

Schaubild 2.6 Veränderung der Ernteerträge in ausgewählten Ländern, 1970 bis 1990

Anmerkung: Die Pfeile zeigen die Veränderung zwischen 1970/80 und 1980/1990 an.
a. Hirse wird in Bolivien und Kolumbien kaum angebaut.
Quelle: Daten der Weltbank.

und ihre potentiellen Wirkungen jenseits des Entstehungsortes unterscheiden sie von anderen gefährlichen Elementen der Bodenverschlechterung – dem Verlust an Pflanzennährstoffen, organischen Stoffen und Mikroorganismen.

Die wenigen umfassenden Untersuchungen der Bodenerosion, die in Gebieten mit gemäßigtem Klima vorgenommen wurden, zeigen, daß die Folgen für die Gesamtproduktivität der Landwirtschaft nicht groß sind, obwohl sie bei empfindlichen Böden lokal ein Problem darstellen. Verschiedene Untersuchungen kamen zu dem Schluß, daß die Erosion in den Vereinigten Staaten dazu führen dürfte, daß die Getreideerträge Ende des nächsten Jahrhunderts um 3 bis 10 Prozent niedriger als sonst ausfallen. Erheblich größer ist das Problem in den tropischen Entwicklungsländern, wo Böden, Niederschläge und landwirtschaftliche Praktiken die Erosion stärker fördern. Viele Berichte zeigen, daß hier die Bodenverluste deutlich höher sind als die natürliche Rate der Bodenbildung. Verschiedene Länderuntersuchungen, die Testmessungen der Bruttoverluste an Boden auf die Agrarproduktivität extrapolieren, deuten auf erhebliche volkswirtschaftliche Verluste hin. Diese Verluste werden für Länder wie Costa Rica, Malawi, Mali und Mexiko auf jährlich etwa 0,5 bis 1,5 Prozent des BIP geschätzt, und sie kompensieren einen erheblichen Teil des konventionell gemessenen Wirtschaftswachstums.

Bei vollständiger Erfassung der Erosionskosten wären, anders als bei diesen Schätzungen, die Auswirkungen der Erosion jenseits ihres Entstehungsortes zu berücksichtigen. Obwohl solch eine Rechnung selten verfügbar ist, dürften die vorhandenen Teilschätzungen im großen und ganzen die gesamten ökonomischen Kosten richtig widerspiegeln, denn einige der übergreifenden Wirkungen gleichen sich gegenseitig aus. Erstens kann die Bodenerosion die Produktivität beeinträchtigen, indem sie zur Ablagerung von Treibsand in Dämmen, Bewässerungssystemen und Flußkanälen führt und die Fischereiwirtschaft schädigt. Teilkostenrechnungen, die für Java und Costa Rica vorgenommen wurden, zeigen, daß diese Effekte jenseits des Entstehungsortes signifikant, aber ökonomisch weit weniger wichtig sind als die Produktivitätsverluste auf den Bauernhöfen. Zweitens überschätzen Standardmessungen der Bodenerosion auf Testflächen typischerweise die Konsequenzen für die Produktivität, denn der erodierte Boden kann jahrzehntelang woanders landwirtschaftlich genutzt werden, bevor er in die Ozeane gespült wird. Daher stellt ein Teil der Erosion am Entstehungsort vom Standpunkt der Agrarproduktivität eher einen Werttransfer dar als einen vollständigen Verlust. Geographische Verschiebungen der Produktivität haben jedoch potentiell wichtige Verteilungsfolgen; für Nepal ist es kein Trost, daß Bangladesch durch die Ablagerung von Himalaja-Sedimenten in seinen Flußmündungen Ackerland und Bodenfruchtbarkeit gewinnt.

Agronomische Forschungen und Projekterfahrungen zeigen, daß die Erosion am besten durch ein ausgewogenes Management von Bodenfeuchtigkeit, Nährstoffen und organischen Substanzen verhindert wird. Kostengünstige Techniken der Bodenerhaltung, die auf die Verbesserung der Bodenfeuchtigkeit abstellen, können die Erträge innerhalb der ersten paar Jahre ausreichend erhöhen, um die Interventionen von sich aus profitabel zu machen, und zwar unabhängig von den langfristigen Erträgen der Bodenerhaltung. Verglichen mit traditionellen Anbaumethoden können Praktiken wie Mulchen, Mistbeetanbau, Flachpflügen, Profilbewirtschaftung und die Agroforstwirtschaft häufig den Abfluß von Oberflächenwasser, den Verlust an Sedimenten und die Erosion um 50 Prozent und mehr reduzieren. Die Anwendung dieser Techniken ist noch nicht weit verbreitet. Sie werden zur Einschränkung der Bodenverschlechterung nur dann beitragen, wenn praktische Hindernisse wie der Mangel an Geldmitteln und Arbeitskräften sowie die Verwendung von Dung- und Mulchmaterialien als Haushaltsbrennstoffe zuerst abgebaut würden.

Gleich nach der raschen Ausbreitung der Bewässerung während der vergangenen vierzig Jahre stellten sich mit der Versalzung und der Vernässung zunehmende Probleme ein, die die Produktivität der Bewässerungsinvestitionen absorbierten. Das bewässerte Land verschlechtert sich in Teilgebieten vieler Länder wie in China, Ägypten, Indien, Mexiko, Pakistan, den zentralasiatischen Republiken sowie im Westen der Vereinigten Staaten.

Die Versalzung von bewässertem Land ist Teil eines viel größeren Problems, nämlich des Managements der Produktivität von Böden, die von Salzen bedroht werden. Global sind vielleicht 950 Millionen Hektar oder nahezu ein Drittel des bebaubaren Landes von erhöhten Salzkonzentrationen betroffen. Der größte Teil dieser Versalzung entsteht auf natürliche Weise. Aber etwa 60 Millionen Hektar oder rund 24 Prozent aller bewässerten Landflächen leiden unter Versalzung, die durch unzulängliche Bewässerungspraktiken verursacht wurde. Einigen Schätzungen zufolge sind rund 24 Millionen Hektar oder ein Zehntel des bewässerten Landes von einem schwerwiegenden Rückgang der Produktivität betroffen. Obwohl man sich der Probleme bewußt ist und trotz jahrzehntelanger Bemühungen um Landgewinnung verschlechtern sich neue Gebiete rascher als andere Böden saniert werden. Vorsichtsmaßnahmen und Landgewinnung dürften weiterhin durch die damit verbundenen Kosten und komplexe Steuerungsprobleme erschwert werden.

Wälder

Umweltverschmutzung und Bodenverschlechterung treffen hauptsächlich diejenigen, die in diesen Regionen leben. Andere Arten der Umweltschädigung berühren die Menschen in vielen anderen Ländern, und zwar manchmal durch die direkte Beeinträchtigung der Gesundheit oder der wirtschaftlichen Produktivität, aber auch oft durch den Verlust an dem Erlebniswert der Umwelt – der Wert, den viele Menschen aus dem Bewußtsein ableiten, daß eine bestimmte Umweltressource vorhanden ist. Waldvernichtung gehört in beide Kategorien. Sie verursacht Produktivitätsverluste in einzelnen Ländern (die häufig extrem unterschätzt werden), und sie vermindert die Artenvielfalt und die Ökosysteme, was die örtliche Bevölkerung und die Fremden in unterschiedlicher Weise bewerten dürften.

Die Wälder, die mehr als ein Viertel der Landfläche der Erde bedecken, bestehen im großen und ganzen aus drei Typen – den tropischen Regen- und Trockenwäldern, den Wäldern in den gemäßigten Zonen und dem degradierten Waldgebiet. Die Hauptsorge gilt den tropischen Regenwäldern, die in einem Tempo verschwinden, das die von ihnen ausgeübten ökonomischen und ökologischen Funktionen bedroht. Diese Wälder, die immer noch mehr als 1,5 Milliarden Hektar Erde bedecken, sind nach Biomasse und Artenvielfalt die reichsten Ökosysteme der Erde. Etwa zwei Drittel befinden sich in Lateinamerika, hauptsächlich im Amazonasbecken, und der Rest ist auf Afrika und Asien verteilt. Die tropischen Trockenwälder machen ebenfalls insgesamt etwa 1,5 Milliarden Hektar aus, wovon drei Viertel in Afrika liegen. Diese Wälder bestehen hauptsächlich aus offenen Waldungen, und das Wachstum anderer Pflanzen folgt der wechselnden Bebauung. Die Wälder in gemäßigten Zonen belaufen sich auf rund 1,6 Milliarden Hektar, davon befinden sich rund drei Viertel in Industrieländern.

Die Wälder sind nicht nur eine Quelle für Holz; sie erfüllen eine breite Palette sozialer und ökologischer Funktionen. Sie bieten Lebensunterhalt und kulturelle Integrität für Waldbewohner sowie Lebensraum für einen Pflanzen- und Tierreichtum. Sie schützen und reichern den Boden an, bewirken eine natürliche Regulierung des Wasserhaushalts, wirken sich durch Verdunstung auf das lokale und regionale Klima aus, beeinflussen die Einzugsgebiete von Oberflächen- und Grundwasser und tragen beim Wachstum durch die Absonderung von Kohlenstoff zur Stabilisierung des globalen Klimas bei. Viele Wälder haben für diejenigen, die in ihnen leben, und für diejenigen, die sie niemals aufsuchen dürften, aber dennoch den Gedanken an ihre Existenz schätzen, eine tiefere spirituelle Bedeutung. Wenn Bäume rücksichtslos gefällt werden, gehen die meisten oder sämtliche dieser Funktionen verloren. In Wäldern in gemäßigten Zonen erlauben es strenge Bewirtschaftungspraktiken, zu denen gezielter Holzeinschlag oder Aufforstung gehören, eine kommerzielle Holzwirtschaft zu betreiben, ohne alle diese Funktionen des Waldes zu opfern. In tropischen Regenwäldern werden jedoch vergleichbare Techniken selten praktiziert, und eine nachhaltige Holzproduktion ist noch nicht erreicht worden, von der Erhaltung der ökologischen Funktionen ganz abgesehen. Selbst wenn in den tropischen Regenwäldern versucht wird, aufzuforsten oder gezielt Holz einzuschlagen, sind viele Funktionen der Wälder immer noch bedroht.

Alle Arten von Wäldern dienen in verschiedenem Maße als Kohlenstoffbecken und spielen eine Rolle für den lokalen Wasserhaushalt, aber sie unterscheiden sich in ihrem Beitrag für andere Funktionen. Die tropischen Regenwälder weisen eine besonders große Artenvielfalt auf. Obwohl sie nur 7 Prozent der Landmasse der Erde bedecken, bieten sie für etwa die Hälfte aller bekannten Arten Lebensraum. Sie sind auch die Hauptquelle des Lebensunterhalts für rund 140 Millionen Menschen, die in ihnen oder an ihren Rändern leben, und sie liefern rund 15 Prozent des kommerziellen Holzaufkommens der Welt. Das unter den Wäldern befindliche Land kann jedoch häufig keiner anderen Nutzung zugeführt werden. Die tropischen Trockenwälder weisen keinen so großen Artenreichtum auf wie die tropischen Regenwälder, aber sie bieten wichtigen Schutz gegen die Bodenerosion. Ihr wichtigster wirtschaftlicher Nutzen liegt darin, daß sie der Landbevölkerung als Viehweiden und zum Sammeln von Brennholz dienen. Die Wälder in gemäßigten Zonen weisen von den drei Waldtypen die geringste Artenvielfalt auf, obwohl sie viele einmalige Arten schützen. Sie sind die Hauptquelle für industrielle Hölzer und werden auch intensiv zur Erholung genutzt.

Die gegenwärtig rasch fortschreitende Entwaldung in den Entwicklungsländern erinnert an frühere Epochen in den Industrieländern, als ein Drittel der Wälder in den gemäßigten Zonen für die Landwirtschaft sowie die Gewinnung von Baumaterialien und Brennholz abgeholzt wurde. Per saldo hat sich die Waldvernichtung in den meisten Industrieländern stabilisiert, und insgesamt gesehen nehmen die Waldgebiete in den gemäßigten Zonen zu. Die Waldvernichtung in den Entwicklungsländern ist ein neueres Phänomen, wobei die tropischen Wälder in diesem Jahrhundert bisher um nahezu ein Fünftel zurückgegangen sind. Die erste amtliche Schätzung des weltweiten Verlustes an Tropenwäldern, die aufgrund von Teildaten extrapoliert wurde, kam zu dem Schluß, daß zu Beginn der achtziger Jahre jährlich 11,4 Millionen Hektar verschwanden. Nachfolgende Länderuntersuchungen und die zunehmende Verwendung von Satellitenaufnahmen, die durch zusätzliche Kontrollen gestützt wurden, haben die Schätzwerte für die späten achtziger Jahre auf 17 bis 20 Millionen Hektar jährlich steigen lassen. Die neuesten Statistiken über die Waldvernichtung deuten darauf hin, daß im Falle der tropischen Wälder die gesamte Entwaldungsrate in den achtziger Jahren 0,9 Prozent pro Jahr betrug. Dies gilt auch für Lateinamerika, während die Rate in Asien mit 1,2 etwas höher und in Afrika mit 0,8 etwas niedriger liegt.

Die Waldvernichtung wird durch Bauern, Viehzüchter, Holz- und Bergbauunternehmen sowie Brennholzsammler verursacht, die jeweils private Interessen verfolgen, die häufig durch eine falsche

Politik der Regierung verzerrt werden. Selten ist nur eine Störquelle verantwortlich. Tatsächlich dürften die ersten Eindringlinge verhältnismäßig geringe Schäden verursachen, aber sie erleichtern den nachfolgenden den Zugang. Auf den Holzeinschlag für Brennholzzwecke entfällt in den Entwicklungsländern der größte Teil der Waldnutzung, er konzentriert sich jedoch auf die tropischen Trockenwälder und bewaldete Gebiete in der Nähe dichtbesiedelter Gegenden in Afrika und Südasien. Die tropischen Regenwälder gehen größtenteils zugunsten von Agrarsiedlungen verloren (ungefähr 60 Prozent des jährlichen Verlustes), während sich der Rest etwa gleichmäßig auf Holzwirtschaft und andere Verwendungen aufteilt. Häufig sind in solche Umwandlungen Kleinbauern in landarmen Ländern Zentralamerikas, Zentral- und Ostafrikas sowie in Südasien involviert. In der Amazonasregion ist jedoch ein Großteil der Waldzerstörung auf die Viehzüchter zurückzuführen, die üblicherweise den Baumbewuchs niederbrennen. In Ostasien werden die tropischen Regenwälder hauptsächlich wegen des Holzes durch Holzfirmen ausgebeutet.

Die Anreize zum Fällen von Bäumen werden groß bleiben. Das Wachstum von Bevölkerung und Einkommen führt zu einer steigenden Nachfrage nach Brennholz. Die sinkende Nachfrage nach Arbeitskräften in bestehenden Agrargebieten – ob als Ergebnis der Mechanisierung, der Konsolidierung von Landeigentum oder wirtschaftlicher Stagnation – hat in einigen Ländern eine Flut von Emigranten ausgelöst, die in den Waldrandgebieten einen neuen Lebensunterhalt suchen. Diese Grenzbereiche sind dank des Bergbaus, der Ölsuche, des Baus von Straßen und Eisenbahnen sowie der Kontrolle von Krankheiten in Ländern wie Brasilien, Ecuador und Indonesien zunehmend attraktiv und zugänglich geworden. Oft wurden solche Siedlungen durch die Regierungen (mit Unterstützung der Weltbank und anderer Geldgeber) durch billige Kredite, Land- und Siedlungszuschüsse, Bereitstellung von Infrastruktur und niedrige Rodegebühren aktiv unterstützt. Einige Regierungen beginnen, eine solche Politik zu ändern.

Artenvielfalt

Die Artenvielfalt – eine Mischung aus genetischer Information, Tier- und Pflanzenarten und Ökosystemen – liefert materiellen Wohlstand in Form von Nahrungsmitteln, Fasern, Medizin und Einsatzstoffen für industrielle Prozesse. Sie bietet die Rohstoffe,

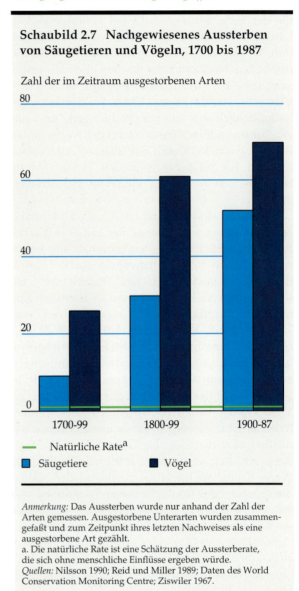

Das Aussterben von Arten vollzieht sich viel rascher als unter natürlichen Bedingungen und ist im Steigen begriffen

Schaubild 2.7 Nachgewiesenes Aussterben von Säugetieren und Vögeln, 1700 bis 1987

Anmerkung: Das Aussterben wurde nur anhand der Zahl der Arten gemessen. Ausgestorbene Unterarten wurden zusammengefaßt und zum Zeitpunkt ihres letzten Nachweises als eine ausgestorbene Art gezählt.
a. Die natürliche Rate ist eine Schätzung der Aussterberate, die sich ohne menschliche Einflüsse ergeben würde.
Quellen: Nilsson 1990; Reid und Miller 1989; Daten des World Conservation Monitoring Centre; Ziswiler 1967.

die den Menschen helfen können, sich an zukünftige und unvorhersehbare Umweltbelastungen anzupassen. Außerdem schätzen es viele Menschen, sich die Erde mit einer Vielzahl anderer Formen des Lebens zu teilen, und sie möchten dieses Erbe zukünftigen Generationen hinterlassen. Diese schöngeistigen Werte sind bereits durch den Verlust der Artenvielfalt bedroht. Das Aufzeigen der unmittelbaren Risiken für die Gesundheit oder die Produktivität ist vergleichsweise schwierig und durch gegenwärtig unzureichende Kenntnisse begrenzt.

Diese Risiken könnten jedoch zunehmen und deutlicher hervortreten. Zwar leben wir vielleicht im reichsten geologischen Zeitalter im Sinne der Artenvielfalt, doch droht dieser Wohlstand vergeudet zu werden, und zwar durch unwiederbringliche Artenverluste und die Zerstörung der Ökosysteme mit Folgen, die unter den Umweltveränderungen am wenigsten voraussehbar sind.

Wenn Arten ausgerottet werden, entsteht ein unwiderruflicher Verlust. Das Aussterben von Arten ist ein wichtiges – wenngleich unvollständiges – Maß für den starken und wachsenden Druck auf das Überleben der Tierwelt in ihrem natürlichen Lebensraum. Die registrierte Artenvernichtung nimmt ständig weiter zu (vgl. Schaubild 2.7). Ebenso wichtig sind jedoch der Rückgang der Populationen und ihr lokales Verschwinden. Versuche, das Aussterben der bekannten und der geschätzten Arten auf der Basis des Verlustes an Lebensraum zu projizieren, deuten darauf hin, daß das Ausrottungsniveau Größenordnungen erreichen würde, die mit früheren Perioden von Massenausrottungen vergleichbar sind, wenn sich das jüngste Tempo der Lebensraumveränderung im nächsten Jahrhundert fortsetzt. Solche Projektionen sind wissenschaftlich nicht exakt, und die Unsicherheiten sind groß. In jedem Falle ist die Vermeidung der Massenausrottung nicht die einzige Sorge. Das komplexe Netz der Interaktionen, das die Lebenskraft der Ökosysteme erhält, kann ausfasern, selbst wenn nur eine kleine Zahl von Arten mit einer Schlüsselfunktion verschwindet. Das Verständnis wächst, daß die Vernichtung einzelner Arten von Raubtieren, von blütenbestäubenden Vögeln und Insekten, von großen Pflanzenfressern und von wichtigen Nutzpflanzen das Gleichgewicht von bestimmten Ökosystemen fundamental und unvorhersehbar verändern kann (vgl. Sonderbeitrag 2.3).

Die Überwachung der identifizierten Arten beleuchtet nur einen Teil der Bedrohung der Artenvielfalt, denn in vielen Ökosystemen sind nur einige Arten katalogisiert worden. Es ist schwierig, die Artenverluste genau anzugeben, denn für einige Kategorien von Organismen gibt es nur vage Kenntnisse des Gesamtbestandes. Am vollständigsten ist die Katalogisierung bei Wirbeltieren – vermutlich rund 90 bis 98 Prozent der Säugetiere, Reptilien, Fische, Vögel und Amphibien sind bekannt, und von diesen sind rund 4 Prozent seltene Arten (vgl. Tabelle 2.5). Etwa zehnmal soviel Pflanzen als

Sonderbeitrag 2.3 Wichtige Tierarten: groß und klein

„Schlüssel"-Tierarten haben stärkere Auswirkungen auf ihr Ökosystem als andere Arten. Sie sind Organismen, die aufgrund eines komplexen Systems von Abhängigkeiten für den Bestand anderer Arten essentiell sind. Ihr Verschwinden kann dazu führen, daß die abhängigen Arten ebenfalls verschwinden. Häufig wird die Bedeutung der Schlüssel-Arten erst dann richtig eingeschätzt oder verstanden, wenn ein anderer Teil des Ökosystems zusammenbricht.

Schlüssel-Arten können so klein sein wie eine Fledermaus oder so groß wie ein Elefant. In Malaysia begann in den siebziger Jahren das Angebot einer populären Frucht, der Durianfrucht, auf unerklärliche Weise zu sinken, wodurch eine Fruchtindustrie in der Größenordnung von 100 Mio Dollar pro Jahr bedroht war. Die Durianbäume waren intakt und anscheinend gesund, aber sie trugen weniger Früchte. Das Rätsel wurde gelöst, als man zufällig entdeckte, daß die Blüten des Durianbaumes durch eine einzige Art von Fledermäusen bestäubt werden, deren Bestand stark zurückging. Zwar bestäubten die Fledermäuse die Durianbäume, doch bestand ihre Hauptnahrungsquelle in blühenden Bäumen in den Mangrovensümpfen, die durch die Entwicklung der Garnelenzucht verändert wurden. Außerdem wurden die Kalksteinhöhlen, in denen die Fledermäuse schliefen, von einer örtlichen Zementfabrik vernichtet. Bemühungen zum Schutz der Kalksteinhügel und -höhlen führten zur Schließung der Zementfabrik. Die Fledermäuse und die Durianfruchtindustrie erholten sich sodann.

Im Hluhluwe Großwildreservat in Südafrika sind seit der Ausrottung des Elefantenbestandes vor einem Jahrhundert drei Arten von Antilopen lokal ausgestorben, und die Zahl der im offenen Weideland grasenden Tiere, wie Weißschwanzgnu und Wasserbock, ist zurückgegangen. Weidende und grasende Großsäugetiere wie Elefanten beeinflussen die Struktur der Vegetation ihres Lebensraums in erheblichem Ausmaß. Durch das Niedertrampeln und Abweiden von Baumschößlingen verhindern sie, daß sich über offenen Lichtungen eine geschlossene Baumdecke bildet, Buschland sich bewaldet und Graslandflecken zu hochwüchsigem Grasland werden. Das erhält den Lebensraum, in dem kleinere Pflanzenfresser gedeihen können. Die Beseitigung großer Pflanzenfresser kann zu einer Verdichtung der Vegetation führen, die den Lebensraum kleinerer Pflanzenfresser beschränkt oder beseitigt.

Tabelle 2.5 Weltweit geschätzte Anzahl und Seltenheit von Arten

Gruppe	Anzahl der identifizierten Arten	Geschätzte Gesamtzahl der Arten	Anzahl der identifizierten Arten in Prozent der geschätzten Gesamtzahl	Anzahl seltener Arten[a]	Anzahl der seltenen Arten in Prozent der identifizierten Arten[a]
Säugetiere, Reptilien und Amphibien	14.484	15.210	95	728	5
Vögel	9.040	9.225	98	683	8
Fische	19.056	21.000	90	472	3
Pflanzen	322.311	480.000[b]	67	..	..
Insekten	751.000	30.000.000	3	895	<1
Sonstige Wirbellose und Mikroorganismen	276.594	3.000.000[b]	9	530	<1
Insgesamt[c]	1.392.485	33.525.435	4	..	..

a. Seltene Arten sind diejenigen, die vom IUCN als bedroht, gefährdet oder selten oder als zu dieser Gruppe von Kategorien gehörend klassifiziert werden. Bei einigen Taxonomien wurden nur wenige Arten überprüft.
b. Die Zahlen stammen aus World Resources Institute 1989, S. 93.
c. Da diese Zahlen stark von der geschätzten Anzahl der Insektenarten abhängen, über die es große Meinungsunterschiede und Unsicherheiten gibt, sollten sie nur als grobe Schätzungen betrachtet werden.
Quellen: Wilson und Peter 1988; Wolf 1987; IUCN 1990.

Tabelle 2.6 Verringerung des Lebensraumes wilder Tiere in zwei Regionen

Art der Vegetation	Ursprungsgebiet (tausend Quadratkilometer)	Verbleibendes Gebiet in Prozent 1986	Prozentanteil der geschützten Gebiete
Indomalaysischer Bereich[a]			
Trockenwälder	3.414	28	11
Regenwälder	3.362	37	8
Savanne/Grasland	46	36	21
Buschwerk/Wüste	816	15	21
Feuchtgebiet/Marschland	414	39	10
Mangroven	95	42	8
Afrotropischer Bereich[b]			
Trockenwälder	8.217	42	15
Regenwälder	4.700	40	7
Savanne/Grasland	6.955	41	11
Feuchtgebiet/Marschland	177	98	10
Mangroven	88	45	3

a. Süd- und Südostasien, Taiwan (China) und Südchina.
b. Afrika südlich der Sahara.
Quelle: World Resources Institute 1990.

Wirbeltiere sind identifiziert worden, aber die bekannten Arten dürften nur zwei Drittel aller existierenden Pflanzenarten darstellen. Am wenigsten weiß man über Insekten, von denen vermutlich nur 3 Prozent identifiziert worden sind. Die meisten der nichtbekannten Arten gibt es in tropischen Regenwäldern.

Anders als früher wird das Aussterben von Arten gegenwärtig grundsätzlich durch menschliche Aktivitäten verursacht. Der Verlust und die Zerstückelung von Lebensräumen aufgrund der Nutzung durch den Menschen ist die Hauptbedrohung, obwohl der Zusammenhang nicht einfach ist. Der Raubbau, die Einschleppung von Arten und die Umweltverschmutzung spielen eine wichtige sekundäre Rolle. Die größte Aufmerksamkeit ist dem Verlust der tropischen Wälder zuteil geworden, denn sie weisen die höchsten Konzentrationen von Arten auf und sind in beispiellosem Ausmaß geschrumpft. Andere Lebensräume – wie Küsten- und Frischwasserfeuchtgebiete sowie Korallenriffe – leiden jedoch ebenfalls unter einer schwerwiegenden Verschlechterung und Verlusten. Die Arbeit zur Errichtung einer Basis für globale Schätzungen des Verlustes an Ökosystemen hat erst unlängst begonnen, dabei werden Vegetationsübersichten, Angaben über Landnutzung und neuere Instrumente der Satellitenaufnahme verwendet. Mitte der achtziger Jahre vom Internationalen Naturschutzverband (International Union for the Conservation of Natur and Natural Resources, IUCN) und vom UNEP durchgeführte Untersuchungen deuten darauf hin, daß 65

Prozent der ursprünglichen Lebensräume der Tierwelt im tropischen Afrika und 68 Prozent in den tropischen Ländern Süd- und Ostasiens anderen Nutzungen zugeführt worden sind (vgl. Tabelle 2.6). Der Mangel an vergleichbaren Schätzungen für andere Regionen hinterläßt eine große Lücke in unserer Kenntnis, denn die Umwandlung von Lebensräumen spielt in diesen Gebieten ebenfalls eine wichtige Rolle.

Arten sterben aus, obwohl zunehmend große Lebensräume nominell geschützt sind. Weltweit hat sich das Gebiet, das nationalen Schutzsystemen unterliegt, zwischen 1972 und 1990 verdreifacht, und zwar von 1,6 auf 4,8 Prozent der gesamten Landfläche der Erde. Da jedoch die Mittel für das Management unzureichend und die Anreize für Übergriffe stark sind und außerdem die Naturschutzgesetze nicht effizient durchgesetzt werden, wurden diese Gebiete selten angemessen geschützt. In Kapitel 7 werden die Aussichten für die Verbesserung des Umgangs mit den natürlichen Lebensräumen erörtert.

Veränderungen der Atmosphäre

Während viele Folgen der Umweltverschmutzung und des Verlustes der Artenvielfalt gegenwärtig deutlich zu Tage treten, werden einige Umweltgefährdungen erst in der Zukunft ihre Hauptwirkungen entfalten. Das schafft besondere Probleme für Politiker mit begrenzten Mitteln, die entscheiden müssen, wieviel davon sie für den Kampf gegen bekannte Gefährdungen der gegenwärtigen Bevölkerung und wieviel sie für den Kampf gegen unbestimmte und irreversible Bedrohungen künftiger Generationen einsetzen wollen. Zwei Beispiele sind der Treibhauseffekt und der Ozonschwund.

Treibhauseffekt

Die atmosphärischen Konzentrationen der Gase, die den Treibhauseffekt verursachen – die Treibhausgase (THG) –, sind im Begriff zu steigen. Kohlendioxid, das wichtigste THG, hat in den vergangenen dreißig Jahren um mehr als 12 Prozent zugenommen. Die Veränderung der THG-Konzentrationen ist hauptsächlich das Ergebnis menschlicher Aktivitäten. Die Emissionen von Kohlendioxiden infolge dieser Aktivitäten haben sich in der gleichen Periode mehr als verdoppelt (vgl. Sonderbeitrag 2.4).

Künftige Trends der THG-Konzentrationen hängen von einer Vielzahl von Faktoren ab – dem Wirtschaftswachstum, der Energieintensität der Produktion und der chemischen Zusammensetzung von Atmosphäre, Biosphäre und den Ozeanen –, von denen nicht alle voll verstanden werden. Gleichwohl ist die Richtung klar, wie eine unlängst vom Internationalen Regierungsforum für Klimaveränderungen vorgenommene wissenschaftliche Einschätzung hervorhebt. Irgendwann im nächsten Jahrhundert wird die Wärmerückhaltung (oder die „Strahlenverstärkung") infolge der Zunahme der Treibhausgase wahrscheinlich ein Niveau erreichen, das einer Verdoppelung der Kohlendioxidkonzentrationen gegenüber ihrem vorindustriellen Niveau entspricht. Kapitel 8 erörtert mögliche Reaktionen auf die Bedrohungen durch den Treibhauseffekt.

Die direkten Auswirkungen der erwarteten Zunahme der atmosphärischen Konzentrationen von Treibhausgasen auf die Wärmerückhaltung sind mit einiger Sicherheit bekannt – bei einem Unsicherheitsfaktor von rund 20 Prozent. Man schätzt, daß die Verdoppelung des Kohlendioxids in der Atmosphäre direkt einen Temperaturanstieg von rund 1,2 Grad Celsius verursacht. Die endgültigen Auswirkungen der Veränderungen der THG-Konzentrationen auf die Erwärmung hängen von ihren sekundären Effekten in Form der Veränderungen der Erde und der Ozeane ab – Effekte, die zu Rückkopplungen führen, die die Temperaturveränderungen verstärken werden oder ihnen entgegenwirken. Über diese Rückkopplungen ist relativ wenig bekannt. Am bekanntesten ist diejenige des Wasserdampfes, die den direkten Wärmeeffekt wahrscheinlich um weitere 0,7 Grad Celsius erhöht. Zu weiteren wichtigen Rückkopplungen, von denen einige die Erwärmung abschwächen würden, gehören die von Wolken, Eis und Schnee ausgehenden Wirkungen. Außerdem spielt das Meer bei der Bestimmung des zeitlichen Ablaufs und der geographischen Lage der Erwärmung eine große Rolle. Klimamodelle, die diese Rückkopplungen zu berücksichtigen versuchen, unterscheiden sich beträchtlich in ihren Voraussagen hinsichtlich der Änderung der Gleichgewichtstemperatur infolge einer Verdoppelung der Kohlendioxidkonzentrationen, und zwar von ungefähr 1,5 Grad bis zu 4,5 Grad Celsius. Während des vergangenen Jahrhunderts haben die durchschnittlichen globalen Temperaturen um 0,3 bis 0,6 Grad Celsius zugenommen, was konsistent ist mit einer Vielzahl langfristiger Temperaturreaktionen auf erhöhte THG-Konzentrationen.

Sonderbeitrag 2.4 Was ist der Treibhauseffekt?

Das Klima der Erde wird durch die Sonnenstrahlung gesteuert. Langfristig muß die absorbierte Sonnenenergie durch die Energieabstrahlung der Erde und der Atmosphäre ausgeglichen werden. Ein Teil dieser abgegebenen Energie wird absorbiert und wieder abgegeben durch die Ausstrahlung atmosphärischer Gase („Treibhausgase"), wodurch die Nettoemission von Energie in den Weltraum verringert wird. Um das globale Energiegleichgewicht zu erhalten, werden sich sowohl die Atmosphäre als auch die Erdoberfläche so weit erwärmen, bis die abgegebene Energie der aufgenommenen Energie entspricht. Dies ist der Treibhauseffekt.

Die wichtigsten natürlichen Treibhausgase sind Wasserdampf (der den größten Beitrag zum Treibhauseffekt leistet), Kohlendioxid, Methan, Stickoxid und Ozon. Es gibt auch ausschließlich vom Menschen erzeugte Treibhausgase, wozu viele den Ozonschwund verursachende Substanzen wie die FCKW gehören, die dem Montrealer Protokoll unterliegen. Die wichtigsten Treibhausgase, die in Tabelle 2.4 A aufgeführt werden, unterscheiden sich in der Intensität der Wärmerückhaltung (oder „Strahlverstärkung") sowie der Lebensdauer in der Atmosphäre und damit in ihrer Fähigkeit, das Strahlungsgleichgewicht der Erde zu beeinflussen. FCKW und Stickoxid sind um ein Vielfaches wirksamer als die gleiche Menge von Kohlendioxid oder Methan.

Die zusätzlichen Mengen an Kohlendioxid, die durch die menschliche Aktivität in den Jahren 1980 bis 1989 in die Atmosphäre gelangten, stammten hauptsächlich von fossilen Brennstoffen. Zusätzliche Mengen aufgrund von Änderungen der Landnutzung, wie etwa der Entwaldung, machten schätzungsweise ein Fünftel bis zur Hälfte dieses Volumens aus. All diese durch menschliche Aktivitäten erzeugten zusätzlichen Mengen werden bei weitem übertroffen durch den natürlichen Austausch von Kohlenstoff zwischen der Erde und der Atmosphäre.

Die größten Quellen für Methan in der Atmosphäre sind natürliche Feuchtgebiete, Reisfelder und Viehbestände. Die Produktion von Erdgas (das Bohren, Auffangen und Weiterleiten), die Verbrennung von Biomasse, Termiten, Deponien und der Kohlenbergbau setzen ebenfalls Methan frei. Stickoxid wird durch die Meere und den Boden freigesetzt, aber auch menschliche Aktivitäten wie das Verbrennen von Biomasse und die Verwendung von Kunstdünger spielen eine Rolle, die noch nicht ganz verstanden wird oder quantifiziert werden kann. Hinsichtlich des Gesamtumfangs der Quellen von Methan wie von Stickoxid herrscht noch große Unsicherheit.

Tabelle 2.4 A Wichtige Treibhausgase, die durch menschliche Aktivitäten beeinflußt werden
(in Prozent)

Auswirkung	Kohlendioxid	Methangas	Fluorchlorkohlenwasserstoffe[a]	Stickoxide
Zunahme der Konzentration in der Atmosphäre				
Vorindustriell bis 1990	26	115	*	8
1990 bis 2025[b]	23	51	—[c]	10
Beitrag zur Veränderung der Erderwärmung				
Vorindustriell bis 1990	61	23	12	4
1990 bis 2025[b]	68	17	10	5

* Kein vorindustrielles Vorkommen in der Atmosphäre.
Anmerkung: Ozon ist mangels genauer Daten nicht enthalten.
a. Einschließlich Hydrofluorchlorkohlenwasserstoffe.
b. Die Projektionen basieren auf den IPCC-Annahmen einer „normalen" Entwicklung.
c. Der Zuwachs im Zeitraum 1990 bis 2025 beträgt 73 Prozent bei CFC-11 und 86 Prozent bei CFC-12; eine Gesamtangabe ist nicht verfügbar.
Quelle: Houghton und andere 1990.

Die komplexen dynamischen Modelle, die entwickelt wurden, um jene direkten und indirekten Wechselwirkungen zu untersuchen, beanspruchen selbst die Kapazitäten der höchstentwickelten Computer bis an ihre Grenzen. Als stilisierte Darstellungen des globalen Klimas nehmen sie Vereinfachungen vor, die sowohl Lücken in unserem Verständnis für wichtige, das Klima beeinflussende physikalische Prozesse widerspiegeln als auch die Notwendigkeit, die Kalkulationen steuerbar zu erhalten. Sämtliche Modelle indizieren, daß die THG-Akkumulationen große Auswirkungen auf das Klima haben werden. Wichtige Fragen hinsichtlich des Umfangs, des Musters und des zeitlichen Ablaufs der Veränderungen sowie über ihre endgültigen Auswirkungen bleiben bestehen:

• *Wie rasch?* Die meisten Klimamodelle prüfen nur die Gleichgewichtsreaktion auf eine einmalige Veränderung der THG-Konzentrationen. Wachsende Aufmerksamkeit wird nun dem Tempo gewidmet, mit dem sich das Klima bei steigenden THG-Konzentrationen auf das Gleichgewicht zubewegen würde. Anpassungsverzögerungen bedeuten, daß sich das Klima Jahrzehnte, möglicherweise Jahrhunderte, verändern könnte, bis das Gleichgewicht erreicht wird. Wieviel mehr Zeit vergeht, ist noch unbekannt, aber Gegenstand intensiver Forschungen.

- *Wo?* Die Klimaveränderungen werden auf dem Erdball unterschiedlich sein. Für einzelne Länder und Regionen ist diese geographische Verteilung interessanter als die durchschnittliche globale Temperatur. Diese Voraussagen beanspruchen die Modellkapazitäten noch mehr als die Modellierung der globalen Temperaturänderung. Sowohl Richtung als auch Ausmaß der vorausgesagten Klimaänderungen in einzelnen Regionen unterscheiden sich je nach Modell erheblich, und die Modelle haben große Schwierigkeiten, die historischen Entwicklungen des regionalen Klimas zu reproduzieren.

- *Wieviel wird es ausmachen?* Man ist sich ziemlich sicher, daß die Erwärmung eintreten wird, auch wenn es schwierig ist, ihre Geschwindigkeit und ihr Ausmaß vorauszusagen. Viel schwieriger ist es, das Ausmaß und das Tempo der Erwärmung herauszufinden, das schwerwiegende Auswirkungen für die menschliche Gesellschaft haben würde. Mögliche signifikante Effekte sind wahrscheinlich mehr das Ergebnis von damit verbundenen Veränderungen der Bodenfeuchtigkeit und des Meeresspiegels sowie von Stürmen als von den Temperaturveränderungen als solchen, und diese Veränderungen sind schwieriger vorauszusagen. Es gibt eine gewisse Übereinstimmung, daß klimatische Veränderungen, die durch den Treibhauseffekt induziert werden, trockenere Böden inmitten der Kontinente verursachen und zu einem erheblichen Anstieg des Meeresspiegels führen könnten. Das plausible Argument, daß tropische Stürme häufiger und stärker auftreten würden, muß noch überzeugend nachgewiesen werden. Es ist immer noch nicht möglich, entweder kostspielige Klimaauswirkungen der Treibhausgasakkumulationen auszuschließen oder ihr wahrscheinliches Auftreten zwingend nachzuweisen. Da es in der Tat so schwierig ist, den Bereich der möglichen Antworten einzugrenzen, können aus diesen Erkenntnissen sehr unterschiedliche politische Schlußfolgerungen gezogen werden.

Ozonschwund

Im Jahre 1985 ist das Auftreten einer dramatischen Ozonreduktion im Frühjahr über der Antarktis bestätigt worden. Ozonschwund ist hauptsächlich das Ergebnis zunehmender Chlorkonzentrationen in der Atmosphäre, die ihren Ursprung von Fluorchlorkohlenwasserstoffen (FCKW) haben. Die am Montrealer Protokoll beteiligten Länder (vgl. Kapitel 8) kamen überein, die Produktion von FCKW auslaufen zu lassen – eine Entscheidung, die durch nachfolgende rasche Fortschritte im wissenschaftlichen Verständnis unterstützt wurde. Der Abbau der schützenden Ozonschicht geschah rascher als vorhergesehen, und wird sich mindestens ein Jahrzehnt lang fortsetzen, bevor diese Entwicklung umgekehrt werden kann. Die langfristigen Folgen für die Gesundheit und die Leistungsfähigkeit der Meeres- und Landsysteme werden ungünstig sein.

Man erwartet, daß die FCKW in der Atmosphäre etwa im Jahr 2000 ihre höchsten Konzentrationen erreichen. In der Zwischenzeit werden das Tempo, das geographische Ausmaß und die saisonalen Höhepunkte des Abbaus der Ozonschicht weiter zunehmen. Die größte Schädigung der Ozonschicht zeigt sich über der Antarktis, wo ihr maximaler Schwund – rund 50 Prozent verglichen mit früheren Niveaus – im Jahre 1991 so groß und intensiv war wie zu jeder beliebigen Zeit seit Beginn der Messungen. Die allerjüngsten Erkenntnisse, die vom Scientific Assessment Panel der UNEP gesammelt wurden, bestätigen darüber hinaus für das vergangene Jahrzehnt einen geringeren Ozonabbau von 5 bis 10 Prozent in der oberen Atmosphäre über einem Großteil der mittleren und höheren Breiten in beiden Hemisphären; bisher gibt es keinen Hinweis darauf, daß auch die tropischen Breiten davon betroffen sind. Im nächsten Jahrzehnt dürften die Verluste das gleiche Ausmaß erreichen, obwohl die Kenntnisse über die möglichen Auswirkungen von Wolken, chemischen Partikeln und bodennahen Schadstoffen unzureichend bleiben. Die allmähliche Wiederherstellung der schützenden Ozonschicht wird nach dem Jahr 2000 erwartet, wobei ein Rückgang der Chlorkonzentrationen in der Atmosphäre auf das Niveau der späten siebziger Jahre für etwa die Mitte des nächsten Jahrhunderts projiziert wird.

Eine wichtige Folge des Ozonabbaus ist die Zunahme der ultravioletten (UV) Sonneneinstrahlung auf die Erdoberfläche. Die biologisch schädliche UV-Strahlung hat sich während des Auftretens des Ozonlochs in der Antarktis mehr als verdoppelt. Die Gefahr des Eindringens von UV-Strahlung auf das Bodenniveau wird sich sicher erhöhen, obwohl verschiedene Faktoren, wie die zunehmende Ozonverschmutzung der unteren Atmosphäre, die Entdeckung der mit dem Ozonabbau in der oberen Atmosphäre längerfristig verbundenen Veränderungen erschweren. Die Auswirkungen der zunehmenden UV-Strahlung werden wahrscheinlich zuerst in der südlichen Hemisphäre auftreten.

Ändert sich das menschliche Verhalten hinsichtlich des Schutzes gegen die Belastung mit Sonnenstrahlen nicht, so würde ein anhaltender Ozonabbau von 10 Prozent, der gegenwärtig für die mittleren Breiten antizipiert wird, zu einer Zunahme des nichtmelanomen Hautkrebses – der in erster Linie hellhäutige Menschen betrifft –, um etwa 25 Prozent (300.000 zusätzliche Fälle pro Jahr) innerhalb mehrerer Jahrzehnte führen. Außerdem ist eine Zunahme der Augenschädigungen durch grauen Star um etwa 7 Prozent (1,7 Millionen Fälle pro Jahr) zu erwarten. Die Gesundheitsrisiken könnten verringert werden, wenn die Menschen durch geringfügige Veränderungen ihres Verhaltens unnötige Belastungen vermeiden würden. In Ländern mit einer guten Gesundheitsvorsorge hat sich die Schwere der Gesundheitsfolgen dieser Erkrankungen durch beträchtliche Verbesserungen der Behandlungsmethoden ständig verringert. Beunruhigender sind vorläufige Erkenntnisse, daß Belastungen durch die zunehmende UV-Strahlung das Immunsystem der Menschen aller Hautfarben beeinträchtigen können; dies hätte weitaus größere schädliche Auswirkungen auf die Gesundheit.

Die Besorgnis über die Auswirkung der erhöhten UV-Strahlung auf die Ertragskraft der Pflanzen hat die Forschung angespornt, aber die Ergebnisse sind noch nicht ausreichend, um die Konsequenzen für die Land- und Forstwirtschaft und die natürlichen Ökosysteme vorherzusagen. Länger anhaltende Schwankungen des Ozongehalts der Atmosphäre sowie der UV-Strahlung auf die Erdoberfläche hat es auch zuvor gegeben, und viele Organismen haben schützende Abwehrmechanismen entwickelt. Untersuchungen von Feldfrüchten haben gewisse Beeinträchtigungen des Wachstums und der Photosynthese nachgewiesen, wenn die Pflanzen erhöhter UV-Strahlung ausgesetzt sind. Aber einige Pflanzen wie die Reiskulturen zeigen eine beträchtliche Fähigkeit zur Anpassung und Regeneration. Sorge bereitet die Frage, ob das Tempo der jüngsten und der erwarteten Veränderungen so hoch ist, daß die natürlichen Abwehrkräfte nicht mehr ausreichen. Pflanzenzüchtungen eröffnen einen gewissen Spielraum, um mit der erhöhten UV-Strahlung fertig zu werden. Die durch die verminderte Fruchtbarkeit des pflanzlichen Planktons verursachte Schädigung der Meeressysteme ist ein unmittelbares Problem, insbesondere wegen des wichtigen Stellenwertes dieser Organismen in der Meeresnahrungskette, die in den hoch produktiven Gewässern der Antarktis beginnt. Jüngste Untersuchungen zeigen, daß die erhöhte UV-Strahlung in der Antarktis während des Höhepunktes des Ozonloches ausreicht, um einen gewissen saisonalen Rückgang (6 bis 12 Prozent) bei der Produktion des pflanzlichen Planktons zu verursachen. Weitergehende Auswirkungen auf die Meeresfruchtbarkeit und die Ökosysteme sind noch nicht erforscht.

Schlußfolgerungen

Dieses Kapitel hat darzustellen versucht, warum Entwicklungsländer ebenso wie Industrieländer die Verschlechterung der Umwelt beachten sollten. Diese Aufgabe ist in der Tat in armen Ländern noch größer. Schmutzige Luft und verschmutztes Wasser schädigen oder töten zur Zeit mehr Menschen in den Entwicklungsländern als dies der Fall war, als die heutigen Industrieländer ihre eigene „viktorianische Rußperiode" durchliefen. Darüber hinaus nehmen einige Arten von Umweltschädigungen stark zu, und dieser Trend wird sich bei der gegenwärtigen Politik mit wachsender Bevölkerung und anhaltender Industrialisierung der Volkswirtschaften fortsetzen. Da die natürlichen Systeme auf komplizierte und wechselseitige Weise arbeiten, was immer noch unzulänglich verstanden wird, können sich einige der Effekte heutiger Umweltmißachtung als ernsthaftere Folgen für Gesundheit, Produktivität und Lebensqualität erweisen, als es bisher erscheint.

Aber die Umweltverschlechterung kann unter Kontrolle gebracht werden. Es gibt Maßnahmen, die es den Entwicklungsländern ermöglichen werden, die Effizienz ihrer Volkswirtschaften zu verbessern und gleichzeitig viele der Umweltschäden zu bekämpfen, die in diesem Kapitel beschrieben wurden. Entwicklungsländer müssen denjenigen Schädigungen Priorität einräumen, die am unmittelbarsten die Lebensqualität ihrer Bürger bedrohen. Die folgenden Kapitel beschreiben, welche Maßnahmen wahrscheinlich am effektivsten sind.

3 *Märkte, Staat und Umwelt*

Ein verbessertes Umweltmanagement erfordert, daß Unternehmen, Haushalte, Landwirte und Regierungen ihr Verhalten ändern. Zwei Arten von Maßnahmen sind erforderlich.

Erstens sollten die Maßnahmen an die positiven Zusammenhänge zwischen Entwicklung und Umwelt anknüpfen. Maßnahmen, die sowohl dem Wachstum als auch der Umwelt schaden, sollten abgeschafft werden: Subventionen für Energie, Schädlingsbekämpfungsmittel, Wasser und Holzeinschlag wären zu beseitigen; Rechte zur Bewirtschaftung und zum Besitz von Land, Wäldern und Fischbeständen sollten gesichert werden, und die öffentlichen Unternehmen wären für ihren Umgang mit der Umwelt rechenschaftspflichtig zu machen. Andere entwicklungspolitische Maßnahmen, wie die Förderung der gesamtwirtschaftlichen Stabilität, die Verbesserung des Zugangs der Armen zu Erziehung und Familienplanung sowie die Liberalisierung von Handel und Investitionen werden den Umweltschutz fördern.

Zweitens sind gezielte Maßnahmen erforderlich, um sicherzustellen, daß die Wirtschaftsaktivitäten des privaten und öffentlichen Sektors dem Wert der Umwelt angemessen Rechnung tragen. Am erfolgreichsten sind Eingriffe, die Anreize und Regulierungen kombinieren, administrative Beschränkungen berücksichtigen und auf spezifische Probleme zugeschnitten sind.

Das Ziel von Entwicklungspolitik und Umweltpolitik ist die Steigerung der Wohlfahrt. In Kapitel 1 wurde dargelegt, daß eine erhöhte Wohlfahrt aufgrund steigenden Einkommens nicht notwendigerweise zu Lasten der Umweltverbesserung gehen muß. In Kapitel 2 wurde jedoch betont, daß menschliche Aktivität häufig Umweltschäden verursacht und zu erheblichen Kosten geführt hat. Die mangelnde Berücksichtigung dieser Kosten kann zu falschen Entscheidungen führen, so daß die Wohlfahrtsgewinne aus dem Einkommenswachstum durch die Verluste infolge von Umweltschäden überkompensiert werden können. Außerdem sind die Nutznießer des höheren Einkommens häufig andere Personen als diejenigen, die die Kosten der Umweltverschlechterung zu tragen haben. Dieses Kapitel erörtert die erforderlichen Maßnahmen, die sicherstellen sollen, daß Entscheidungen die Bedeutung der Umwelt besser widerspiegeln. Im folgenden Kapitel wird untersucht, weshalb die Durchführung solcher Maßnahmen politisch so schwierig ist.

Umweltschäden: unterschiedliche Probleme, gemeinsame Ursachen

Zur Verschlechterung der Umwelt, sei es die Vernichtung tropischer Wälder in Afrika oder die Luftverschmutzung in Osteuropa, kommt es, wenn diejenigen, die die Entscheidungen über die Ressourcennutzung treffen, die Kosten der Umweltschäden für die Gesellschaft ignorieren oder unterschätzen. Die Gründe für diese Divergenz der Interessen lassen sich in zwei Hauptkategorien einteilen.

Marktversagen

Märkte tragen häufig dem sozialen Wert der Umwelt nur ungenügend Rechnung, und zwar aus verschiedenen Gründen:

• Es besteht kein Markt, weil es schwierig ist, die Eigentums- oder Nutzungsrechte an der Umwelt abzugrenzen oder durchzusetzen, wie etwa bei der

Luftqualität. Daher spiegeln die Preise nicht die negativen Auswirkungen der Schadstoffe wider, und das Ergebnis ist eine zu hohe Luftverschmutzung.

- Einige Ressourcennutzungen werden vermarktet, aber andere nicht – wie etwa bei den tropischen Regenwäldern, wo das Holz vermarktet wird, der Schutz des Wassereinzugsgebiets dagegen nicht. Die nicht vermarkteten Erträge werden häufig ignoriert, während bei anderen Ressourcennutzungen Raubbau getrieben wird.
- Ein offener Zugang zu den Ressourcen erlaubt eine Ausbeutung durch jedermann, wie etwa bei den Regenwäldern Amazoniens und den Sardinenbeständen vor der Küste Costa Ricas. In diesen Fällen werden die Umwelteffekte von den Benutzern nicht realisiert (und werden so zu externen Effekten). Die Ergebnisse sind Waldvernichtung und Überfischung.
- Den Individuen und der Gesellschaft fehlen Informationen über die Umweltauswirkungen oder über kostengünstige Wege zur Vermeidung von Umweltschäden – wie etwa bei dem Zusammenhang zwischen FCKW und Ozonschwund, der erst jetzt in vollem Umfang erkannt wird. Private Unternehmen dürften keine besseren Informationen zur Verfügung stellen, weil es für sie schwierig ist, sich die damit verbundenen Erträge anzueignen.

Politikversagen

Manchmal begünstigt der Staat unwirtschaftliches Verhalten, das seinerseits Umweltschäden verursacht. Beispiele hierfür sind Subventionen für landwirtschaftliche Betriebsmittel und Energieträger sowie für Holzwirtschaft und Viehhaltung; die Tatsache, daß Umweltverschmutzer des öffentlichen Sektors nicht zur Verantwortung gezogen werden; die Inanspruchnahme von Dienstleistungen wie Elektrizität, Wasser und sanitäre Einrichtungen zu subventionierten Preisen sowie das ineffiziente Management von Böden und Wäldern im öffentlichen Besitz.

Das Versagen staatlicher Politik kann die Umweltschädigung infolge des Marktversagens verstärken, wie dies im brasilianischen Amazonasgebiet geschah. Die seit 1970 betriebene Rodung zum Zwecke der Weidewirtschaft in Mato Grosso und Para war das gemeinsame Resultat eines freien Zugangs und steuerlicher Anreize für die Viehhaltung.

Zusätzliche Faktoren

Die Schädigung aufgrund dieser Hauptursachen wird häufig durch Armut und wirtschaftliche Instabilität verstärkt. Armen Menschen dürfte es mehr darauf ankommen, aus den Umweltressourcen möglichst heute ein Maximum herauszuholen, als sie für morgen zu bewahren: Das Ergebnis ist häufig das genaue Gegenteil einer dauerhaften Nutzung, da Wälder und Böden übermäßig ausgebeutet werden. Wirtschaftliche (oder politische) Unsicherheit begünstigt ebenfalls ein kurzsichtiges Verhalten.

Die Umweltschädigung kann auch durch Bevölkerungswachstum und Wanderungsbewegungen verstärkt werden. Die unmittelbaren Ursachen für die Waldvernichtung im philippinischen Hochland sind der offene Zugang zu den öffentlichen Wäldern und niedrige Konzessionsgebühren. Das rasche Bevölkerungswachstum beschleunigt jedoch die Waldvernichtung, weil es die Nachfrage nach Agrarland und nach Holz als Brennstoff und Baumaterial erhöht.

Selbst wenn die Umweltpolitik auf die Bekämpfung sämtlicher Hauptursachen der Umweltzerstörung gerichtet ist, wird dennoch eine gewisse Verschlechterung eintreten. Für die Gesellschaft ist es zu kostspielig, die Luftverschmutzung gänzlich zu eliminieren oder sämtliche Wälder zu erhalten. Eine richtige Mischung der Nutzungen zugunsten der Umwelt sorgt für ein Gleichgewicht zwischen den Grenzkosten und Grenzerträgen alternativer Nutzungen – einschließlich der Erhaltung. Wird dieses Gleichgewicht nicht erreicht, kommt es entweder zu einer exzessiven Umweltbelastung oder zu einer übertriebenen Umweltschonung.

Einführung einer soliden Entwicklungspolitik

Armut, Unsicherheit und Unwissenheit sind die Verbündeten der Umweltverschlechterung. Ihre Bekämpfung ist daher das erste Erfordernis einer wirksamen Umweltpolitik. Der *Weltentwicklungsbericht 1991* identifizierte vier Elemente einer „marktfreundlichen" Entwicklungsstrategie: ein verbessertes Klima für die Unternehmen; Integration in die Weltwirtschaft; Investitionen in das Humankapital und die Erhaltung der gesamtwirtschaftlichen Stabilität. Eine solche Politik wird auch den Umweltschutz erleichtern. Bei einer soliden gesamtwirtschaftlichen Politik, die zu Preisstabilität und außenwirtschaftlichem Gleichgewicht beiträgt, werden deutlichere Marktsignale gegeben, die Un-

Maßnahmen und Investitionen zum Schutz der Umwelt sind mit vielfältigen Erträgen und Kosten verbunden

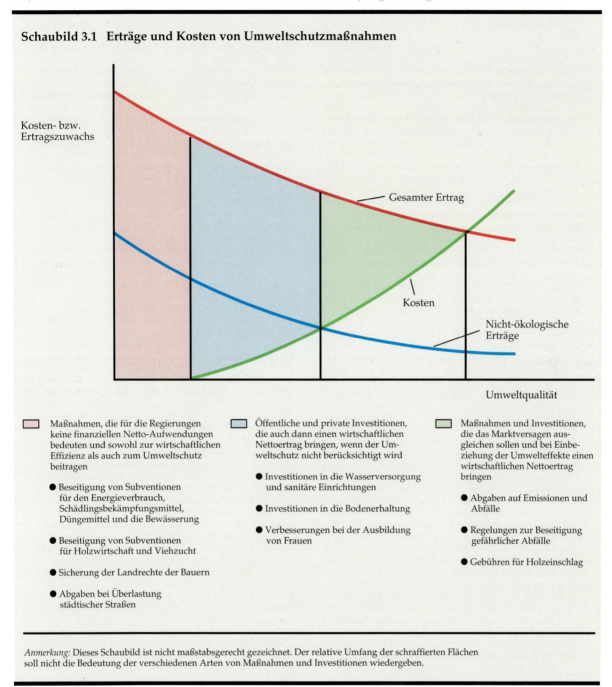

Schaubild 3.1 Erträge und Kosten von Umweltschutzmaßnahmen

□ Maßnahmen, die für die Regierungen keine finanziellen Netto-Aufwendungen bedeuten und sowohl zur wirtschaftlichen Effizienz als auch zum Umweltschutz beitragen

- Beseitigung von Subventionen für den Energieverbrauch, Schädlingsbekämpfungsmittel, Düngemittel und die Bewässerung
- Beseitigung von Subventionen für Holzwirtschaft und Viehzucht
- Sicherung der Landrechte der Bauern
- Abgaben bei Überlastung städtischer Straßen

□ Öffentliche und private Investitionen, die auch dann einen wirtschaftlichen Nettoertrag bringen, wenn der Umweltschutz nicht berücksichtigt wird

- Investitionen in die Wasserversorgung und sanitäre Einrichtungen
- Investitionen in die Bodenerhaltung
- Verbesserungen bei der Ausbildung von Frauen

□ Maßnahmen und Investitionen, die das Marktversagen ausgleichen sollen und bei Einbeziehung der Umwelteffekte einen wirtschaftlichen Nettoertrag bringen

- Abgaben auf Emissionen und Abfälle
- Regelungen zur Beseitigung gefährlicher Abfälle
- Gebühren für Holzeinschlag

Anmerkung: Dieses Schaubild ist nicht maßstabsgerecht gezeichnet. Der relative Umfang der schraffierten Flächen soll nicht die Bedeutung der verschiedenen Arten von Maßnahmen und Investitionen wiedergeben.

sicherheit vermindert und Anreize für Auslandsinvestitionen geschaffen. Die weiter unten beschriebene Umweltpolitik wird dann wirksamer sein. Die Erweiterung des Zugangs armer Menschen zu Gesundheitsdiensten und Familienplanung wird zu einer Reduzierung des Bevölkerungswachstums beitragen. Und besser ausgebildete Menschen sind eher bereit, umweltverträgliche aber komplizierte Techniken anzuwenden, wie etwa die integrierte Schädlingsbekämpfung.

Allgemein betrachtet gibt es zwei Arten von Entwicklungspolitiken, die zum Umweltschutz beitragen. Zum einen Bereich, der im Schaubild 3.1 durch die blaue Fläche repräsentiert wird, gehören

Sonderbeitrag 3.1 Handelspolitik und Umwelt: Eine Problemübersicht

Die Zusammenhänge zwischen Außenhandel und Umwelt werfen drei Hauptfragen auf.

- *Worin bestehen die Umwelteffekte der Handelsliberalisierung?* Die Befürchtung, daß diese Effekte im allgemeinen negativ sind, hat zu Forderungen geführt, die Handelspolitiken zu ergänzen, um Umweltziele ausdrücklich zu berücksichtigen. Die jüngsten Kontroversen betreffen die negativen Auswirkungen des geplanten nordamerikanischen Freihandelsabkommens auf die Luft- und Wasserqualität in Mexiko und im Südwesten der Vereinigten Staaten, die Folgen der Liberalisierung der Maniok-Exporte in die EG für die Bodenerosion in Thailand und die Konsequenzen der Wechselkursabwertung für die Waldvernichtung in Ghana. Der Einsatz von Handelsbeschränkungen zur Bewältigung von Umweltproblemen ist jedoch ineffizient und im allgemeinen ineffektiv. Ein liberalisierter Außenhandel trägt zu größerer Effizienz und höherer Produktivität bei und kann sogar die Umweltverschmutzung verringern, indem er das Wachstum von weniger verschmutzenden Industriezweigen sowie die Übernahme und Verbreitung sauberer Techniken fördert.

Bei diesen und anderen Beispielen liegt die Hauptursache für die Umweltprobleme nicht im liberalisierten Außenhandel, sondern in der unzureichenden Bewertung von Umweltressourcen durch die Märkte und den Staat. Handelspolitische Maßnahmen sind ein stumpfes und unsicheres Instrument des Umweltmanagements, weil sie die Nutzung der Umweltressourcen nur indirekt beeinflussen. Die Modifikation der Handelspolitik aus Gründen der Umweltpolitik kann sogar die Umweltverschlechterung verschlimmern. So steigert die Beschränkung des Exports von Baumstämmen, wie in Indonesien praktiziert, die Erträge der inländischen Holzindustrie und kann zu einer ineffizienten und teuren Produktion beitragen, die die Waldvernichtung verstärken könnte. In der Regel stehen zur Bekämpfung der Waldvernichtung, der Bodenerosion oder der industriellen Umweltverschmutzung direktere Instrumente als die Handelspolitik zur Verfügung. Die Handelsliberalisierung sollte von einer sachgerechteren Anwendung dieser gezielten Maßnahmen begleitet werden.

- *Soll die Handelspolitik eingesetzt werden, um die Umweltstandards in anderen Ländern zu beeinflussen?* Beispielsweise wurde vorgeschlagen, daß das Allgemeine Zoll- und Handelsabkommen (GATT) dahingehend ergänzt werden sollte, daß es den Ländern erlaubt, internationale Unterschiede bei den Ausgaben für den Umweltschutz und den Umweltnormen durch Einführung von Ausgleichszöllen zu neutralisieren. Die oben vorgetragenen Argumente gelten auch hier und werden durch eine andere Erwägung gestützt: Gewisse Unterschiede der Umweltstandards zwischen Regionen und Ländern sind gerechtfertigt durch abweichende Prioritäten und die unterschiedlichen Möglichkeiten zur Absorption von Schadstoffen oder zur Bewältigung der Ressourcenverschlechterung. Wenn Länder (typischerweise die größeren und reicheren) handelspolitische Maßnahmen anwenden, um ihre Umweltstandards durchzusetzen, wirkt das wie ein Schutz der einheimischen Produzenten gegen ausländische Konkurrenz. Die Vorgabe gleicher Standards für die heimische Produktion und für Importe kann gerechtfertigt sein, wenn der Verbrauch der Produkte zu Umweltschäden führt, wie im Falle von Automobilen oder Schädlingsbekämpfungsmitteln. Aber auch in diesen Fällen sind Umwelterwägungen kein hinreichender Grund für eine Uniformität zwischen den Ländern.

Es gibt Belege dafür, daß Entwicklungsländer nicht um ausländische Investitionen in „schmutzigen" Wirtschaftszweigen konkurrieren, indem sie ihre Umweltstandards senken (vgl. Hintergrundpapier von Dean sowie GATT 1992). Der Hauptgrund besteht darin, daß Umweltkosten einen geringen Anteil des Produktionswerts ausmachen – im Durchschnitt aller Industriezweige in den USA betrug er im Jahr 1988 rund 0,5 Prozent und bei den am meisten umweltverschmutzenden Industriezweigen nur 3 Prozent (wegen Einzelheiten siehe die demnächst erscheinende Veröffentlichung von Low). Die Auslandsinvestitionsströme werden daher nicht wesentlich zu Standorten mit einer laxen Umweltpolitik umgelenkt (sogenannte Verschmutzeroasen). Gewisse Daten aus Chile und anderen Ländern deuten eher auf das Gegenteil hin: Da es für multinationale Unternehmen billiger ist, die gleichen Techniken wie in den Industrieländern anzuwenden, kann von diesen Unternehmen eine erhebliche Umweltverbesserung ausgehen.

- *Sollen handelspolitische Maßnahmen angewendet werden, um internationale Umweltabkommen durchzusetzen oder durchzuführen?* Ein Beispiel für ihre Anwendung als ein Durchsetzungsinstrument wäre die Androhung von Handelssanktionen gegenüber Ländern, die bestehende Verpflichtungen aus Abkommen über den Artenschutz oder die Emissionen von Treibhausgasen nicht erfüllen. Wenn jedoch jene Länder die Abkommen aus freien Stücken unterzeichnet haben, wird von der Drohung mit Handelssanktionen nur in Ausnahmefällen Gebrauch gemacht werden müssen.

Zu den Handelsmaßnahmen zur Durchführung von Umweltschutzabkommen gehören das Montrealer Protokoll, wonach die Produktion von Chemikalien, die zum Ozonschwund beitragen, eingestellt wird, die Baseler Konvention (die im Mai 1992 in Kraft trat) zur Kontrolle der grenzüberschreitenden Transporte und der Beseitigung gefährlicher Abfälle sowie das Washingtoner Artenschutzabkommen (Convention on International Trade in Endangered Species, CITES), das dem Embargo des Elfenbeinhandels zugrundeliegt. In einigen dieser Fälle könnte die Anwendung von handelspolitischen Instrumenten gerechtfertigt sein. So ist die in der Baseler Konvention vorgesehene Beschränkung des Handels mit gefährlichen und giftigen Abfällen angemessen, wenn eine zuverlässige Überwachung und Entsorgung solcher Abfälle in vielen Ländern nicht garantiert ist. In den meisten Ländern aber ist der Umfang eines solchen Handels gering im Vergleich zum inländischen Aufkommen gefährlicher Abfälle. Daher sollte das Hauptaugenmerk auf die Minimierung der Produktion dieser Abfälle und auf die Schaffung einer sicheren Entsorgung gerichtet sein. Ein totales Verbot des gesamten Handels mit gefährlichen und giftigen Abfällen wäre kontraproduktiv, weil es die Entwicklung kollektiver Mechanismen zur Behandlung und Beseitigung dieser Abfälle selbst dort behindern würde, wo sich einzelne Länder, wie in Westeuropa, auf eine sichere und kostengünstige Beseitigung spezialisieren können.

Das Verbot des Elfenbeinhandels zum Schutz der afrikanischen Elefanten involviert ebenfalls schwierige Zielkonflikte. Nach den verfügbaren Informationen sind seit dem Wirksamwerden des Verbots die Elfenbeinpreise gefallen, und die Wilderei hat abgenommen. Von Ländern wie Botsuana, Südafrika und Simbabwe wurde aber argumentiert, daß das Verbot des Elfenbeinhandels durch langfristig steigende Preise die Wilderei nur lukrativer machen wird. (Untersuchungen des Londoner Zentrums für Umweltökonomie unterstützen diese Einschätzung.) Diese Länder beklagen zudem, daß das Verbot ihren Bemühungen zuwiderläuft, den Elefantenbestand nachhaltig zu bewirtschaften, indem sie die Einnahmen aus der Jagd und dem Tourismus zur Verbesserung des Einkommens der örtlichen Bevölkerung und zur Finanzierung der Durchsetzung der Jagdvorschriften verwenden.

Maßnahmen, die Investitionen erfordern, wie die Verbesserung der Ausbildung der Frauen oder der Wasserversorgung. Diese Maßnahmen werfen jedoch nicht nur ökonomische Erträge ab (dargestellt durch die blaue Kurve im Schaubild), sondern auch zusätzliche Umwelterträge, die zu berücksichtigen sind.

Andere entwicklungspolitische Maßnahmen, die der Umwelt nutzen – manchmal Maßnahmen „mit doppelter Gewinnchance" genannt – werden im Schaubild durch die hellrote Fläche repräsentiert. Sie verbessern die wirtschaftliche Effizienz und verringern die Umweltschäden ohne eine finanzielle Nettobelastung des Staates. Beispiele hierfür sind die Abschaffung von Subventionen für die Ressourcennutzung durch den privaten und öffentlichen Sektor sowie die Sicherung von Eigentumsrechten, die weiter unten erörtert werden. Die grüne Fläche im Schaubild steht schließlich für Maßnahmen, die diese Entwicklungspolitik ergänzen. Diese zusätzlichen Maßnahmen, die im nächsten Abschnitt diskutiert werden, zielen speziell auf die Lösung von Umweltproblemen ab. Wie das Schaubild zeigt, sind sie nur deshalb gerechtfertigt, weil ihre Umwelterträge ihre Kosten übersteigen.

Manchmal scheinen gleichwohl die Erfordernisse einer gesunden Wirtschaftspolitik die Umweltziele aufs Spiel zu setzen. Ein Beispiel hierfür ist die Liberalisierungspolitik im Bereich des Außenhandels und der Investitionen, die häufig durch eine gesteigerte ökonomische Effizienz Umweltverbesserungen mit sich bringt, manchmal aber auch zu umweltschädigenden Veränderungen der Wirtschaftsstruktur führen kann. Im letzteren Falle ist es gewöhnlich angebrachter, bessere Umweltschutzmaßnahmen durchzuführen, als ökonomische Vorteile durch Handelsbeschränkungen zu opfern.

Offene Außenhandels- und Investitionspolitik

Am Beispiel handelspolitischer Maßnahmen zeigt sich der Spielraum möglicher Kollisionen zwischen Wirtschafts- und Umweltzielen. Durch die Förderung von Spezialisierung und Wettbewerb sowie des technischen Fortschritts steigert eine offene Außenhandels- und Investitionspolitik die Produktivität und verbessert die Effizienz – einschließlich der effizienten Nutzung der Umweltressourcen. Die Art und Weise des Übergangs zur thermomechanischen Zellstoffherstellung in der Papier- und Zellstoffindustrie illustriert diesen Punkt (vgl. Sonderbeitrag 6.3). Diese Technik wurde in den siebziger Jahren entwickelt und zuerst in den Vereinigten Staaten und in Westeuropa in Reaktion auf Umweltvorschriften angewandt. Die thermomechanische Zellstoffherstellung war nicht nur weniger umweltbelastend als die frühere Technik auf Chemiebasis, sondern senkte auch die durchschnittlichen Herstellungskosten auf die Hälfte. Die erste Einführung und spätere Verbreitung erfolgten in Entwicklungsländern mit geringeren Handelsbeschränkungen deutlich rascher als anderswo. Bis 1989 hatte nicht ein einziger Zellstoffhersteller in Osteuropa diese Technik übernommen.

Da jedoch eine größere Marktoffenheit die Exportindustrie auch profitabler macht, kann sie den Druck auf die Umwelt verstärken. Wo ein offener Marktzugang gegeben ist, kann ein liberalisierter Außenhandel die intensivere Ressourcenausbeutung fördern. So würde in Malaysia eine Handelsliberalisierung bei Holz und Holzprodukten die Waldvernichtung verstärken, wenn die Einschlagsgebühren zu niedrig und die Konzessionserteilung zu kurzfristig wären, um eine nachhaltige Holzwirtschaft zu fördern. Auf ähnliche Weise haben Wechselkursabwertungen, indem sie die Rodung von Wäldern für den Anbau von Kakao in Ghana bzw. von Baumwolle in Nigeria profitabler machten, dort die Tendenz zur Waldvernichtung verstärkt, wo die Eigentumsrechte an Wäldern nicht klar definiert sind. Solche Beispiele sprechen aber üblicherweise nicht für Handelsbeschränkungen, sondern eher für andere Maßnahmen zur Bewältigung der Umweltprobleme, die sich sonst verschlimmern könnten (vgl. Sonderbeitrag 3.1). In einigen Fällen, wie bei gefährlichen Abfällen, sind Handelsbeschränkungen angemessen, weil spezifischere Maßnahmen sich nicht durchführen lassen.

Beseitigung von Subventionen bei der Ressourcennutzung

Wie Schaubild 3.2 zeigt, sind Subventionen, die durch die Förderung der Ressourcennutzung Umweltschäden verursachen, weit verbreitet. Sowohl wirtschaftliche als auch ökologische Erträge werden erzielt durch die Beseitigung von Subventionen, die den Verbrauch von Kohle, Elektrizität, Schädlingsbekämpfungsmitteln sowie die Bewässerung anregen und die Ausweitung des Weidelandes und des Holzeinschlags auf Grund und Boden in öffentlichem Besitz fördern. Diese Reformen werden eine beträchtliche politische Anstrengung erfordern, weil die Subventionen typischerweise die

Subventionen, die den Energieverbrauch und den Einsatz von Hilfsstoffen in der Landwirtschaft anregen, sind weit verbreitet

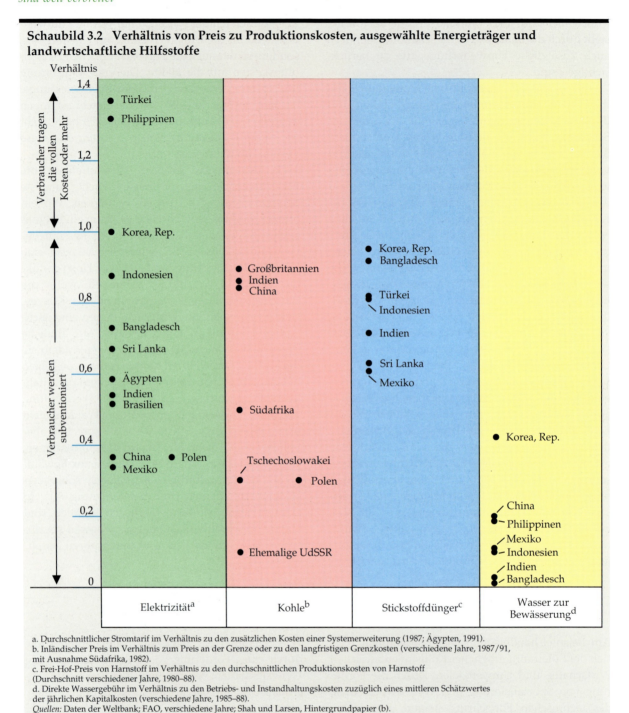

Schaubild 3.2 Verhältnis von Preis zu Produktionskosten, ausgewählte Energieträger und landwirtschaftliche Hilfsstoffe

a. Durchschnittlicher Stromtarif im Verhältnis zu den zusätzlichen Kosten einer Systemerweiterung (1987; Ägypten, 1991).
b. Inländischer Preis im Verhältnis zum Preis an der Grenze oder zu den langfristigen Grenzkosten (verschiedene Jahre, 1987/91, mit Ausnahme Südafrika, 1982).
c. Frei-Hof-Preis von Harnstoff im Verhältnis zu den durchschnittlichen Produktionskosten von Harnstoff (Durchschnitt verschiedener Jahre, 1980–88).
d. Direkte Wassergebühr im Verhältnis zu den Betriebs- und Instandhaltungskosten zuzüglich eines mittleren Schätzwertes der jährlichen Kapitalkosten (verschiedene Jahre, 1985–88).
Quellen: Daten der Weltbank; FAO, verschiedene Jahre; Shah und Larsen, Hintergrundpapier (b).

politisch Einflußreichen begünstigen oder solchen Zielen wie der Selbstversorgung mit Nahrungsmitteln und der raschen Industrialisierung dienen sollen.

Das Erkennen der Umweltkosten solcher Subventionen wird ein zusätzliches wirksames Argument für ihre Beseitigung liefern. Häufig können die gleichen Ziele auf billigere Weise erreicht werden. Nach Schätzungen würde in Polen allein die Beseitigung der Energiesubventionen die Emissionen von Schwebeteilchen und Schwefeloxiden zwischen 1989 und 1995 um mehr als 30 Prozent senken. In

Indonesien machten die Subventionen der Schädlingsbekämpfungsmittel im Jahr 1985 noch mehr als 80 Prozent des Einzelhandelspreises aus; sie wurden jedoch bis Ende 1988 vollständig beseitigt. Dieser Schritt reduzierte die exzessive Anwendung von Schädlingsbekämpfungsmitteln (zugunsten eines erfolgreichen Programms der integrierten Schädlingsbekämpfung) und führte zu Budgeteinsparungen von mehr als 120 Mio Dollar pro Jahr. In Brasilien erbrachte die Aussetzung der steuerlichen und Finanzierungsanreize für die Weidewirtschaft eine Ersparnis von rund 300 Mio Dollar jährlich und verringerte zugleich den Druck auf die Wälder (wenngleich sie diesen nicht eliminierte).

In vielen Ländern muß die Subventionierung der staatlichen Industrieunternehmen – in Form eines bevorzugten Zugangs zur Staatskasse, wie in Osteuropa, oder einer Abschottung gegen inländische und ausländische Konkurrenz – beseitigt werden. Die Ineffizienzen, zu denen diese Subventionen beitragen, haben die Umweltverschmutzung in jenen Ländern gesteigert, wo sich das öffentliche Eigentum auf kapitalintensive und stark umweltverschmutzende Industrien konzentrierte.

Öffentlichen Unternehmen ist größere Eigenständigkeit einzuräumen, und sie müssen dem Wettbewerb ausgesetzt werden. Wenn die Manager öffentlicher Versorgungsbetriebe für ihre Führungsleistung verantwortlich sind, werden sie die Gebühren eher an der Kostendeckung orientieren, und sie werden Kosten und Erträge von Investitionen systematischer vergleichen. Private Investitionen sollten ebenfalls angeregt werden, vor allem dort, wo die privaten Erträge hoch sind – insbesondere in der Bewässerung und Wasserversorgung – aber auch in der Müllabfuhr und der Klärung von Industrieabwässern. In vielen lateinamerikanischen Städten, wie in Caracas, Santiago und São Paulo arbeitet die private Müllabfuhr bereits erfolgreich.

Sicherung und Durchsetzung von Eigentumsrechten

Die Sicherung von Eigentums- und Nutzungsrechten wäre für die Umwelt vorteilhaft, und zwar insbesondere wenn diejenigen, die in den Umweltschutz investieren, auch am meisten begünstigt würden. In Thailand machte die jüngste Übertragung von Eigentumstiteln und Besitzrechten es in den vergangenen Jahren für Landwirte attraktiver, in die Bodenerhaltung und -verbesserung zu investieren und damit die Erosion einzudämmen. Die Stärkung der Rechte von Individuen und Gemeinschaften kann auch in vielen Fällen hilfreich sein, in denen die Regierungen auf die Gefahr eines Raubbaus an natürlichen Ressourcen reagiert haben, indem sie die Verantwortung für deren Bewirtschaftung übernahmen. In den fünfziger Jahren führte Nepal anstelle der gemeinschaftlichen Systeme, die die Nutzung wirksam geregelt hatten, das Staatseigentum an den Wäldern ein. Wie aber die dortige Waldvernichtung und die Überweidung des staatlichen Landes in vielen anderen Teilen der Welt zeigen, haben staatliches Eigentum und Management häufig zu einer übermäßigen Nutzung geführt.

Selbst bei anderen natürlichen Ressourcen als Boden – Mineralien, Bäume und Fischbestände – werden im Fall klar definierter Eigentumsrechte die am Eigeninteresse orientierten Entscheidungen der privaten Besitzer zu umweltfreundlicheren Ergebnissen führen als bei offenem Zugang. Private Waldbesitzer beispielsweise werden die Erträge des Holzeinschlags in der Gegenwart (einschließlich der zu erzielenden Zinsen bei der Anlage dieser Einnahmen) abwägen gegen zukünftige Einnahmen, wobei sie die Preistrends und den erwarteten Anstieg der Holzerträge berücksichtigen werden. Eine Verlängerung der Fristen und bessere rechtliche Absicherung der Konzessionen in der südostasiatischen Forstwirtschaft fördern einen auf Dauer tragbaren Holzeinschlag.

Wie jedoch die Auseinandersetzungen über den exzessiven Holzeinschlag auch in Privatwäldern in den Vereinigten Staaten und anderswo illustrieren, sind solche Maßnahmen kein Allheilmittel. Gesicherte Eigentumsrechte können private Nutzer zu einem „korrekten" Holzeinschlag veranlassen, der gegenwärtige und zukünftige Erträge der Holzwirtschaft berücksichtigt, aber sie bieten keine Anreize, die Kosten der Waldvernichtung für die außerhalb der Wälder lebenden Menschen zu berücksichtigen – beispielsweise die erhöhte Bodenerosion und der Verlust an Artenvielfalt. In diesen Fällen sind häufig zusätzliche Umweltauflagen erforderlich.

Systeme des Gemeinschaftseigentums – bei denen die örtlichen Gemeinschaften Regeln zur Steuerung des Zugangs und der Nutzung aufstellen – sind in der Lage, die Nutzung von Weideland, Wäldern, Bewässerungssystemen und Fischbeständen zu regulieren. Da solche Arrangements auf Gemeinschaftsbasis schwierig wiederherzustellen sind, wenn sie einmal zusammengebrochen sind, sollten sie staatlicherseits nicht durch gesetzliche Regelungen unterlaufen werden, die das Eindringen von Außenseitern erleichtern, wie das bei der Küsten-

Sonderbeitrag 3.2 Natürliche Ressourcen, offener Zugang und Eigentumsrechte

Wenn natürliche Ressourcen keinen Eigentumsrechten unterliegen oder solche nicht durchgesetzt werden – wenn der Zugang somit offen ist –, tragen die einzelnen Nutzer nur einen Bruchteil der gesamten Kosten der Umweltverschlechterung, und es gibt keinen Mechanismus zur Steuerung der Ressourcennutzung. Das Ergebnis ist eine Übernutzung – was Garrett Hardin die „Tragödie der Allmende" nannte. Überfischung, Überweidung, übermäßige Entnahme von Grundwasser und Raubbau an der „globalen Allmende" sind Beispiele dafür.

Zwei umweltpolitische Optionen sind die Schaffung privater Eigentumsrechte oder die Durchsetzung einer staatlichen Ressourcenkontrolle. Privates Eigentum schafft Rechte, die übertragbar sind und vom Staat durchgesetzt werden, um andere von der Ressourcennutzung auszuschließen. Befindet sich eine Ressource im Staatseigentum, wie das bei öffentlichen Wäldern der Fall ist, entscheidet die Regierung über ihre Nutzung. Politischer Druck führt dann häufig zu Überausbeutung und Mißbrauch. Eine dritte Option besteht darin, daß die Ressource von einer Gruppe verwaltet und genutzt wird, und zwar in Form des Gemeinschafts- oder Gemeindeeigentums. Die Gruppe schließt Außenstehende von der Ressourcennutzung aus und steuert den Zugang ihrer Mitglieder. Es gibt eine Vielzahl von Beispielen für das Management natürlicher Ressourcen in Gemeinschaftseigentum. Einige haben argumentiert, daß selbst die mittelalterliche englische Allmende (die Hardin als Beleg für seine These heranzog) tatsächlich von der Kommune verwaltet wurde, die den Zugang auf bestimmte Dorfbewohner beschränkte und die Zahl der dort grasenden Tiere begrenzte. Faktisch hat das System der Allmende Hunderte von Jahren überdauert – was keineswegs ein Unglück war! Ähnliche Systeme einer gemeinschaftlichen Bewirtschaftung bestehen für Wälder in Japan, Weiden in den Schweizer Alpen, im Himalaja und in den Anden, Fischgründe in der Türkei sowie Bewässerungsanlagen in Südindien. In allen Fällen haben die Benutzer Mechanismen entwickelt, die den Zugang von Außenstehenden begrenzen, den Gruppenmitgliedern Nutzungsrechte zuweisen und diese Ressourcenzuweisungen überwachen und durchsetzen.

Privateigentum und Gemeinschaftseigentum können nebeneinander bestehen und tun es auch. In Japan befanden sich Wälder, Wiesen und Bewässerungssysteme im Gemeindeeigentum, während das kultivierte Land Privateigentum war. In den Schweizer Alpen ist das Ackerland im Privatbesitz, während Wälder und Almen als Gemeinschaftseigentum bewirtschaftet werden. Die Eigentumssysteme können auch von Saison zu Saison wechseln oder sich im Laufe der Zeit wandeln. In Ghana, Kenia und Ruanda unterlag das kommunale Bodeneigentum in Reaktion auf den Bevölkerungsdruck, das Wachstum der kommerziellen Landwirtschaft und den technischen Wandel zunehmend der Individualisierung.

Systeme des Gemeinschaftseigentums können durch eine unverträgliche staatliche Politik beeinträchtigt werden. So wurden traditionelle genossenschaftliche Fischereisysteme im südlichen Bahia, Brasilien, dadurch untergraben, daß Subventionen der staatlichen Fischereibehörde Außenstehende und einige Fischer innerhalb der Gruppe zur Verwendung von Nylonnetzen anstelle der herkömmlichen Ausrüstung anregten. Da außerdem die brasilianischen Gesetze regionale Exklusivrechte für die Küstenfischerei nicht anerkennen, konnte jedes registrierte brasilianische Fischerboot legal die lokalen Fischgründe befahren, so daß die Kooperativen nicht in der Lage waren, Außenstehende auszuschließen.

---

fischerei in Nordostbrasilien geschehen ist (Sonderbeitrag 3.2).

Anwendung gezielter Umweltmaßnahmen

Die Beseitigung wirtschaftspolitischer Verzerrungen wird häufig sowohl die Umweltqualität als auch das Wirtschaftswachstum steigern (auch bei konventioneller Messung). Einige Umweltressourcen werden jedoch weiterhin dem Risiko einer übermäßigen Ausbeutung ausgesetzt sein. Da in einer Vielzahl von Fällen die Märkte die Umweltkosten nicht genau widerspiegeln, müssen die Regierungen erwägen, über die Beseitigung wirtschaftspolitischer Verzerrungen hinauszugehen. Richtig konzipierte öffentliche Maßnahmen und Investitionen, die auf das Marktversagen reagieren, können häufig die Wohlfahrt steigern. Dieser Abschnitt erörtert, wie solche Maßnahmen beschaffen sein sollten.

Die Rolle der Bewertung

Umweltschäden belasten die Gesellschaft mit Kosten, denen die Märkte häufig nicht Rechnung tragen. Der Vergleich dieser Erträge des Umweltschutzes mit den Kosten der Beseitigung der Umweltschäden hilft den Politikern, bessere Entscheidungen zu treffen. Bei der Entscheidung über ökologische Prioritäten, Normen und Maßnahmen nehmen die Regierungen eine implizite Bewertung

Sonderbeitrag 3.3 Die Bewertung der Kosten von Umweltschäden

Ein entscheidender Schritt bei der Auseinandersetzung mit Umweltschäden besteht darin, sie zu bewerten und mit den Kosten ihrer Verhinderung zu vergleichen. Auf eine Messung kann nicht verzichtet werden, denn Zielkonflikte sind unausweichlich. Bei der Ableitung glaubwürdiger Schätzungen des wirtschaftlichen Wertes gibt es viele praktische Probleme. Für die Bestimmung von Prioritäten für die Umweltpolitik können jedoch vier allgemeine Ansätze angewendet werden.

Marktpreise

Marktpreise werden für die Bewertung angewendet, wenn Umweltschäden zu Produktivitätsverlusten oder zu negativen Gesundheitswirkungen führen. Übliche Anwendungsgebiete sind die Bewertung von Schäden durch Bodenerosion, Waldvernichtung sowie Luft- und Wasserverschmutzung. Bei Anwendung dieses Ansatzes wird die physikalische oder ökologische Beziehung zwischen dem Umweltschaden und seinen Auswirkungen auf Produktion oder Gesundheit – die Dosis-Reaktions-Funktion – geschätzt und mit den Preisen kombiniert, um Geldwerte abzuleiten. Für umweltbedingte Gesundheitsschäden werden manchmal Einkommensverluste infolge Krankheit oder vorzeitigem Tod zur Messung der Wohlfahrtsverluste herangezogen. Solche Schätzungen sind nur partiell aussagekräftig und umstritten, weil sie ausschließlich Einkommensverluste berücksichtigen und kausale Zusammenhänge anwenden, die schwierig zu quantifizieren sind oder auf Untersuchungen von Ländern mit hohem Einkommen beruhen, deren Ergebnisse sich kaum auf andere Länder übertragen lassen.

Kosten von Ersatzlösungen

Menschen und Unternehmen können auf Umweltverschlechterung reagieren, indem sie Ausgaben zur Verhinderung von Schäden oder zur Kompensation möglicher Folgen tätigen. Obwohl einige Effekte der Verschlechterung nicht berücksichtigt werden, können diese Ausgaben eine Schätzung des Umweltschadens abgeben. Wenn beispielsweise das Wasser verschmutzt ist, können Unternehmen in private Rohrbrunnen investieren, und Haushalte können Wasser von Verkäufern erwerben. Verluste an Bodenfruchtbarkeit infolge der Erosion lassen sich näherungsweise ermitteln durch die Kosten von zugekauften Düngemitteln zum Ersatz der Nährstoffe.

Indirekte Marktbewertung

Umweltverschlechterung kann manchmal durch ihre Auswirkungen auf andere Märkte bewertet werden – insbesondere auf Immobilienpreise und Löhne. So wird saubere Luft implizit auf den Immobilienmärkten gehandelt, denn die Käufer werden die Umweltsituation als Ausstattungsmerkmal der Immobilien betrachten. Ähnlich werden Umweltrisiken, die mit den einzelnen Arbeitsplätzen verbunden sind, auf den Arbeitsmärkten gehandelt, und das Lohnniveau für Arbeitsplätze mit größeren Risiken wird einen größeren Risikozuschlag enthalten. Dieses Verfahren ist schwierig anzuwenden, wenn die Immobilienbesitzer oder die Arbeiter sich der Umweltprobleme nicht bewußt sind oder auf diese nur begrenzt reagieren können.

Umwelterhebungen

Direkte Befragungen können feststellen, welchen Wert die Menschen Umweltveränderungen beimessen. Dieser Ansatz ist besonders dort relevant, wo es keine Märkte gibt oder wo Menschen eine Umweltressource bewerten, die sie nicht nutzen. Solche Erhebungen wurden zunehmend anspruchsvoller, um die Verzerrungen zu minimieren, die sich bei Antworten auf hypothetische Fragen ergeben können. Sie werden zunehmend eingesetzt, um den Erlebniswert von Arten oder Landstrichen zu bestimmen. In Entwicklungsländern werden sie noch selten aber in steigendem Umfang angewendet; Beispiele sind Erhebungen zur Feststellung der Zahlungsbereitschaft für eine bessere Trinkwasserversorgung in Brasilien und für verbesserte sanitäre Einrichtungen in Ghana sowie zur Ermittlung des Wertes von Elefanten für den Tourismus in Kenia.

---

der verschiedenen Arten von Umweltschäden vor. Es ist besser, solche Entscheidungen an Vergleichen der Kosten und Erträge von Umweltverbesserungen zu orientieren. Mit verbesserten analytischen Instrumenten, Daten und wissenschaftlichen Erkenntnissen wird die Umweltbewertung in neue Bereiche der Entscheidungsfindung Eingang finden. Ihre Anwendung bleibt jedoch umstritten, weil Umwelterträge häufig schwierig zu messen sind (Sonderbeitrag 3.3). Insbesondere dann, wenn der Schaden irreversibel ist oder in ferner Zukunft entstehen würde, mag die Abschätzung von Zielkonflikten nicht sinnvoll erscheinen. Aber selbst hier ist eine gewisse Bewertung – auch wenn sie unvollkommen ist, wie etwa die Einschätzung von Risiken und Schwellenwerten – immer noch besser als gar keine.

FESTLEGUNG VON PRIORITÄTEN. Die Entscheidung, welche Umweltprobleme angegangen werden sollen, erfordert zwangsläufig einen Vergleich der Kosten der Schäden mit den Kosten der Scha-

Die Verringerung von Schwebstoffen führt zu einem Nettoertrag; die Verringerung von Schwefeldioxid nicht

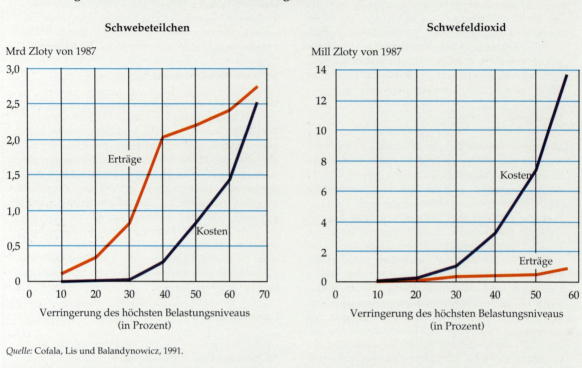

Schaubild 3.3 Schätzung der gesamten Erträge und Kosten einer Verringerung der Belastung durch Luftschadstoffe in Tarnobrzeg, Polen

Quelle: Cofala, Lis und Balandynowicz, 1991.

densverhinderung. Solche Techniken werden in größerem Umfang bei umweltpolitischen Analysen angewandt, wie dies eine jüngste Untersuchung der Luftverschmutzung in der südostpolnischen Stadt Tarnobrzek illustriert. Der wirtschaftliche Nutzen einer reduzierten Luftverschmutzung für die lokale Bevölkerung – ein niedrigeres Sterbe- und Erkrankungsrisiko sowie geringere materielle Schäden und Verschmutzung – wurde verglichen mit dem Aufwand für eine reduzierte Belastung durch Schwebeteilchen und Schwefeldioxid. Die Ergebnisse waren überraschend: Während die Erträge aus der Reduzierung des Schwefeldioxids in allen Fällen geringer waren als die Kosten, waren die Erträge der Reduzierung von Schwebeteilchen um bis zu 70 Prozent höher als die Kosten, wobei eine Reduktion um rund 40 Prozent den höchsten Nettoertrag brachte (Schaubild 3.3). Aus lokaler Sicht sind daher Maßnahmen zur Reduzierung von Schwebeteilchen in dieser Region Polens von höherer Priorität als die Eindämmung der Schwefeldioxid-Emissionen.

AUFSTELLUNG VON NORMEN. Im Idealfall sollten Länder Umweltziele aufstellen, indem sie die Erträge der Umweltverbesserungen mit deren Kosten vergleichen. Die US-Umweltschutzbehörde beschritt diesen Weg bei der Festlegung von Grenzwerten für den Bleigehalt von Benzin. Die Erträge der Reduzierung des Bleigehalts von 1,1 auf 0,1 Gramm je Gallone (3,79 Liter) wurden geschätzt, indem die Verbesserungen der Gesundheit von Kindern und Erwachsenen wie auch die Ersparnisse durch richtigere Treibstoffwahl, niedrigere Instandhaltungskosten und einen sparsameren Benzinverbrauch bewertet wurden. Diese Erträge wurden verglichen mit den Kosten der Raffinerien aufgrund des Verzichts auf Blei als Mittel zur Erhöhung der Oktanzahl. Die Ergebnisse zeigten, daß die Vorteile einer reduzierten Bleikonzentration erheblich größer waren als die Kosten, und 1985 wurden strengere Grenzwerte eingeführt.

Trotz der Attraktivität dieser Verfahren sind sie jedoch nicht immer anwendbar, weil einige der Erträge schwierig zu bewerten sind. Umweltziele werden daher üblicherweise in Reaktion auf greifbare Schadensanzeichen aufgestellt. In diesen Fällen ist es dennoch wichtig, kostengünstige Maßnahmen auszuwählen – solche, durch die die speziellen umweltpolitischen Ziele mit den geringsten Kosten erreicht werden. In der Praxis sind manche Umweltmaßnahmen mit hohen Kosten bei geringen Erträgen verbunden, während andere Maßnahmen mit weitaus günstigeren Resultaten ignoriert werden. In den Vereinigten Staaten beispielsweise ergab eine Wirtschaftlichkeitsanalyse verschiedener Gesundheits- und Sicherheitsvorschriften, die die Durchführungskosten, Sterblichkeitsrisiken und die geschätzte Zahl vermiedener Todesfälle berücksichtigte, daß die Kosten der Verhinderung eines vorzeitigen Todesfalles mittels der Vorschriften von 100.000 Dollar bis zu über 100 Mio Dollar variierten.

Regulierung und wirtschaftliche Anreize

Bei der Wahl der Maßnahmen haben die regulierenden Stellen drei miteinander verbundene Grundentscheidungen zu treffen, was in Tabelle 3.1 aufgezeigt wird. Ist die Regulierung voraussichtlich wirksamer als der Rückgriff auf wirtschaftliche Anreize? Sollen die Maßnahmen auf den Umfang oder den Preis der Umweltverschmutzung oder der Ressourcennutzung abstellen, oder sollen bestimmte Verfahren vorgeschrieben werden? Und sollen die Maßnahmen auf die schädlichen Aktivitäten direkt oder indirekt abzielen?

Da Umweltmaßnahmen sich hinsichtlich Kosten und Wirksamkeit erheblich voneinander unterscheiden und da sich die Entwicklungsländer die Vergeudung von Ressourcen nicht leisten können, sollte sich die Auswahl der Maßnahmen grundsätzlich an den Kosten einer wirksamen Durchführung orientieren. Die kostengünstigste Politik hängt im allgemeinen von der Art des jeweiligen Umweltproblems ebenso ab wie von den Fähigkeiten der regulierenden Institutionen. In den meisten Fällen ist eine Kombination von Maßnahmen, und zwar regulierender sowie marktorientierter, am wirtschaftlichsten. Der Sonderbeitrag 3.4 zeigt dies für die Bekämpfung der Luftverschmutzung durch den Verkehr in Mexiko-Stadt.

Das Verhalten von Umweltverschmutzern und Ressourcennutzern kann auf zwei Wegen beeinflußt werden: durch Festsetzung von Umweltnormen und Erlaß von Vorschriften (Politik der Gebote und Verbote) oder durch Verteuerung zusätzlicher Umweltverschmutzung oder zusätzlicher Ressourcennutzung (anreizorientierte oder marktorientierte Politik). Zwar ist der regulierende Ansatz in den meisten Ländern vorherrschend, doch hat sich das Interesse an anreizorientierten Maßnahmen belebt. Zu den beachtenswerten Beispielen solcher Maßnahmen gehören Gebühren für die Einleitung von Abwässern in den Niederlanden und in Deutschland; Emissionsgebühren für Schwefeldioxid in

Tabelle 3.1 Maßnahmen zur Änderung des Verhaltens

	Beeinflußte Variable		
Art der Maßnahme	Preis	Volumen	Technologie
Anreiz			
Direkt	Abwassergebühren (Niederlande, China) Holzeinschlaggebühren (Kanada, Vereinigte Staaten) Pfandsysteme (Getränkebehälter, Nordeuropa)	Handelbare Emissionskontingente (Emissionshandelsprogramm, Vereinigte Staaten) Handelbare Fischereikontingente (Neuseeland)	Technologiesteuern auf der Basis vermuteter Emissionen (Kontrolle der Wasserverschmutzung, Deutschland, Frankreich)
Indirekt	Treibstoffsteuern (Schweden, Niederlande) Umweltgarantien (gefährliche Abfälle, Thailand)	Handelbare Kontingente für Produktion und Einsatzstoffe (Bleihandelsprogramm, Vereinigte Staaten)	Subventionen für F&E sowie Treibstoffeinsparung (Katalysator, Vereinigte Staaten, Japan, Westeuropa)
Regulierung			
Direkt	–	Emissionsstandards (Vereinigte Staaten, China) Holzeinschlagsquoten und -verbote (Thailand)	Verbindliche technische Normen (Katalysatoren, Vereinigte Staaten, Japan, Westeuropa)
Indirekt	–	Flächennutzungspläne (Rondônia, Brasilien) Verbote und Quoten für Enderzeugnisse und Einsatzstoffe (stark schwefelhaltiger Treibstoff, São Paulo, Brasilien)	Leistungsnormen für Einsatzstoffe oder Verfahren (Normen für Treibstoffeinsparung, Vereinigte Staaten)

Quelle: Eskeland und Jimenez 1991.

Sonderbeitrag 3.4 Die Bekämpfung der Luftverschmutzung durch den Verkehr: der Fall von Mexiko-Stadt

Der Verkehr ist eine wichtige Quelle der Luftverschmutzung in Mexiko-Stadt; er ist verantwortlich für rund 97 Prozent des Kohlenmonoxid, 66 Prozent der Stickoxide, 54 Prozent der flüchtigen organischen Verbindungen und 48 Prozent der nach Schadstoffgehalt gewichteten Gesamtemissionen. Auf private Kraftfahrzeuge (Autos und Taxis) entfällt ein unverhältnismäßig hoher Anteil der Emissionen. Pro Personenkilometer gerechnet sind die Emissionen von privaten Kraftfahrzeugen doppelt so hoch wie die von Kleinst- und Minibussen und liegen im Vergleich zu großen Bussen sogar noch höher.

Da eine dauernde Überwachung der individuellen Emissionen des Verkehrs offensichtlich unmöglich ist, gibt es keine Emissionssteuer, die sich einfach und effizient anwenden ließe. Deshalb müssen indirekte Maßnahmen angewendet werden, die auf Ersatzgrößen für die Emissionen abzielen. Diese Maßnahmen verrin-

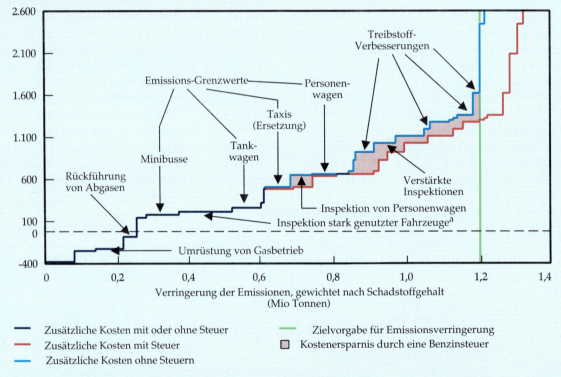

Schaubild 3.4 A Kontrolle der Luftverschmutzung durch den Verkehr in Mexiko-Stadt

a. Dazu gehören Taxis, Kleinlastwagen und Minibusse.
Quelle: Eskeland 1992.

Japan; Abgaben auf Treibstoffe, Automobile, Schädlingsbekämpfungs- und Düngemittel und Pfandsysteme für Getränkeverpackungen und Autobatterien in Nordeuropa sowie handelbare Emissionszertifikate für Luftschadstoffe in den Vereinigten Staaten.

Wo REGULIERUNG ZWECKMÄSSIG IST. Umweltvorschriften, die sowohl in Industrie- als auch in Entwicklungsländern extensiv angewandt werden, sind am besten geeignet in Fällen, in denen eine kleine Zahl öffentlicher Unternehmen und nicht im Wettbewerb stehende private Firmen betroffen

gern die Emissionen durch Reduzierung der Gesamtnachfrage nach Verkehrsleistungen, durch Umlenkung der Verkehrsnachfrage auf umweltfreundlichere oder weniger treibstoffintensive Transportarbeiten oder durch Senkung der Emissionen je gefahrenen Kilometer. Die Vereinigten Staaten haben sich fast ausschließlich auf die dritte Option konzentriert, vor allem indem sie Emissionsgrenzwerte für alle neuen Kraftfahrzeuge eingeführt und Kraftfahrzeuginspektionen vorgeschrieben haben.

Wie eine jüngste Untersuchung über Mexiko-Stadt durch die mexikanischen Umweltbehörden und die Weltbank illustriert, bietet jedoch eine Kombination von Maßnahmen, die alle drei Optionen einbezieht, Vorteile. Schaubild 3.4 A zeigt die zusätzlichen Kosten der Emissionsverringerung im Verkehrswesen von Mexiko-Stadt. Die obere Kurve zeigt die Kosten der Verringerung der Gesamtemissionen um unterschiedliche Beträge, wenn lediglich Maßnahmen zur Emissionsverringerung pro gefahrenen Kilometer angewendet werden. Die untere Kurve zeigt, wie die zusätzlichen Kontrollkosten sinken, wenn die gleichen Maßnahmen kombiniert werden mit einer Benzinsteuer, die die Nachfrage reduziert und zur Wahl treibstoffsparender Transportarten anregt.

Durch die Anwendung von Maßnahmen zur Verringerung der Emissionen pro Kilometer könnten in Mexiko-Stadt die laufenden Emissionen des Verkehrs um 1,2 Mio Tonnen (mehr als 50 Prozent) reduziert werden, und zwar zu Kosten von 560 Mio Dollar. Durch die zusätzliche Einführung einer Benzinsteuer würde die gleiche Reduktion mit einer Kostenersparnis von rund 20 Prozent erreicht (die hellrote Fläche im Schaubild). Die Steuer würde zudem allein im Stadtgebiet öffentliche Einnahmen von rund 300 Mio Dollar bringen, die zum Abbau anderer Steuern mit stärkerer Verzerrungswirkung verwendet werden könnten.

Mexiko-Stadt hat bereits begonnen, verschiedene der im Schaubild gezeigten Maßnahmen durchzuführen, so die Umrüstung von starkgenutzten Kraftfahrzeugen auf Gasbetrieb, die Einführung von Emissionsgrenzwerten und Inspektionsprogrammen für sämtliche Kraftfahrzeuge sowie die Ablösung älterer Taxis durch neuere, mit Katalysatoren ausgestattete Modelle. Zusätzlich wurde bleifreies Benzin eingeführt, und die Preise für bleihaltiges und bleifreies Benzin wurden um rund 50 Prozent angehoben.

sind. Dies gilt insbesondere dann, wenn die Verfahren zur Eindämmung der Umweltverschmutzung oder der Ressourcennutzung verhältnismäßig uniform und von den regulierenden Stellen leicht zu spezifizieren sind. Hierfür bietet Cubatão in Brasilien ein gutes Beispiel (vgl. Sonderbeitrag 6.4). Um die starke Umweltverschmutzung durch Schwebeteilchen und Schwefeldioxid zu bekämpfen, zwang CETESB (die staatliche Umweltbehörde) die großen Umweltverschmutzer – der öffentliche Sektor und multinationale Unternehmen –, Vorrichtungen zur Ausfällung der Schadstoffe einzubauen und zur Verwendung von Öl mit niedrigem Schwefelgehalt überzugehen. Das Ergebnis war eine dramatische Verbesserung der Luftqualität. Diese Erfahrung zeigt auch, wie wichtig es ist, daß die regulierenden Stellen die Umweltnormen gegenüber allen Unternehmen im öffentlichen wie im privaten Sektor gleichmäßig anwenden.

Ein anderer Bereich, in dem Vorschriften zweckmäßig sein können, ist die Bodennutzung. Regierungen können mit Hilfe von Flächennutzungsplänen versuchen, eine andere Bodennutzung zu erreichen, als sie sich bei einer Allokation durch die Marktkräfte ergäbe. Das Ziel des Flächennutzungsrechts in ländlichen Gebieten besteht typischerweise darin, die Umwandlung von Agrarland zu verlangsamen oder ökologisch empfindliche Lebensräume zu schützen. Flächennutzungspläne in Städten suchen die verschiedenen Bodennutzungen zu separieren, um negative Auswirkungen, etwa der industriellen Luftverschmutzung, zu verringern.

WIRTSCHAFTLICHE ANREIZE. Eine wirksam durchgeführte Umweltpolitik, die auf wirtschaftlichen Anreizen wie Gebühren beruht, wird das Erreichen von Umweltzielen häufig zu geringeren Kosten ermöglichen als Vorschriften. Bei marktorientierten Maßnahmen werden sämtliche Umweltverschmutzer oder Ressourcennutzer mit dem gleichen Preis konfrontiert und müssen individuell über ihre Reaktion entscheiden. So würde eine Benzinsteuer wie die in Mexiko-Stadt vorgeschlagene (Sonderbeitrag 3.4) sämtliche Kraftfahrer dazu anreizen, die Benutzung der Kraftfahrzeuge bis zu dem Punkt einzuschränken, an dem der Wert des entgangenen Nutzens für jeden Kraftfahrer gleich ist. Im Gegensatz dazu fördern die gegenwärtigen Vorschriften in Athen und Mexiko-Stadt, die den Verkehr in der Innenstadt auf Basis der Kennzeichen beschränken, Umgehungen und sind zudem kostspielig, weil sie alle Kraftfahrer zum Verzicht auf den gleichen Anteil an Fahrten zwingen, ungeachtet des sehr unterschiedlichen Nutzens. Bei Maßnahmen, die sich auf wirtschaftliche Anreize stützen, entscheidet jeder Verbraucher, ob er weniger Ressourcen in Anspruch nimmt oder für eine höhere Inanspruchnahme zahlt. Vorschriften dagegen überlassen diese Entscheidungen den regulierenden Stellen, die zumeist über die relativen Kosten und Erträge aus Sicht der Benutzer schlecht informiert sind.

Anreizorientierte Maßnahmen, bei denen für Umweltschäden zu zahlen ist, treffen sämtliche Umweltverschmutzer, im Gegensatz zu Vorschriften, die nur diejenigen treffen, die die Normen nicht erfüllen. Das bedeutet, daß anreizorientierte Maßnahmen die langfristig richtigen Signale für die Ressourcennutzer setzen. Dem Verschmutzer oder Ressourcennutzer wird ein Anreiz geboten, jene Verfahren zu nutzen, die die Umweltbelastung am kostengünstigsten verringern. Regulierungen, die die Einhaltung von Umweltnormen vorschreiben, bieten den Verschmutzern keinen Grund, über die geforderten Normen hinauszugehen. In der Tat verfestigen Vorschriften, die die Verfahren zur Schadstoffkontrolle vorgeben – also technische Auflagen, wie sie in den Vereinigten Staaten und Westeuropa üblich sind –, die bestehenden Umweltstandards und geben den Unternehmen wenig Anreize, zu saubereren Produktionsverfahren oder wirksameren Kontrolltechniken überzugehen.

Die potentiellen Ersparnisse durch Anwendung wirtschaftlicher Anreize sind in Tabelle 3.2 illustriert, die die Erfahrungen aus Simulationsuntersuchungen der Kontrolle der Luftverschmutzung in den Vereinigten Staaten und Großbritannien zusammenfaßt. Die Untersuchungen stellen eine mit Vorschriften arbeitende Politik (wie sie gegenwärtig betrieben wird) einer kostenminimierenden Politik bei gleichem Niveau an Umweltverschmutzung gegenüber. Zwar führen anreizorientierte Maßnahmen in der Praxis nicht exakt zum gleichen Ergebnis wie eine Kostenminimierung, doch zeigen die Zahlen, wie teuer Vorschriften sein können.

Eine Politik, die wirtschaftliche Anreize anwendet, wird nur in dem Maße wirksam sein, wie Umweltverschmutzer und Ressourcennutzer auf sie reagieren. Die Reagibilität hängt von drei Faktoren ab: Eigentumsverhältnisse, Wettbewerb und Unterschiede zwischen den Ressourcennutzern. Wie die Erfahrungen in Polen und China mit Verschmutzungsgebühren zeigen, sind staatliche Unternehmen besonders unempfindlich gegenüber der Politik wirtschaftlicher Anreize, weil sie sich im allgemeinen nicht kostenbewußt verhalten. Fehlende inländische oder ausländische Konkurrenz entlastet auch private Unternehmen von dem Druck, ihre Kosten zu minimieren. Daher würde in Ländern wie Indien, Mexiko und Thailand, in denen die Ölraffinerien dem Staat gehören, die Anwendung von Gebühren oder handelbaren Umweltkontingenten kaum dazu beitragen, daß auf die Verwendung von bleihaltigem Benzin verzichtet wird. Im Gegensatz dazu hat Mitte der achtziger Jahre in den Vereinigten Staaten ein System, das den sehr wettbewerbsintensiven privaten Raffinerien den Handel von Bleiverwendungsrechten erlaubte, beim Abgehen von bleihaltigem Benzin Einsparungen von schätzungsweise rund 250 Mio Dollar erbracht.

Solche Maßnahmen sind auch dann am wirksamsten, wenn die Benutzer auf Preisänderungen unterschiedlich reagieren, wie dies für private Firmen und Haushalte charakteristisch ist. Die Erfahrungen, die in den Niederlanden mit Gebühren bei der Bekämpfung von Wasserverschmutzung gemacht wurden, illustrieren deren Wirksamkeit als Mittel zur Beeinflussung des Verhaltens privater Unternehmen. Die Gebühren wurden 1970 für sämtliche organische Schadstoffe industriellen Ursprungs eingeführt und während des folgenden Jahrzehnts real betrachtet um rund 83 Prozent erhöht. Als Ergebnis sank die organische Verschmutzung zwischen 1970

Tabelle 3.2 Simulationen alternativer Maßnahmen zur Kontrolle der Luftverschmutzung

Schadstoff	Geographisches Gebiet	Verhältnis der Kosten von Regulierungsmaßnahmen zu denen der kostengünstigsten Maßnahmen (in Prozent)	Untersuchung und Jahr
Sulfate	Los Angeles, Kalifornien	110	Hahn und Noll (1982)
Stickstoffdioxid	Baltimore, Maryland	600	Krupnick (1983)
Schwebeteilchen	Baltimore, Maryland	420	McGartland (1984)
Schwefeldioxid	Unteres Delaware-Tal	180 ⎫	Spofford (1984)
Schwebeteilchen	Vereinigte Staaten	2.200 ⎭	
Kohlenwasserstoffe	Sämtliche Fabriken der Firma Dupont in den USA	420	Maloney und Yandle (1984)
Schwefeldioxid	Fünf Regionen der USA	190	Gollop und Roberts (1985)
Schwefeldioxid	Großbritannien	140–250	Welsch (1988)

Quelle: In Anlehnung an Tietenberg 1988.

und 1983 um fast 70 Prozent, und zwar trotz eines Anstiegs der Industrieproduktion um 27 Prozent. Auf ähnliche Weise wendet Malaysia variable Genehmigungsgebühren an, um die Palmölverarbeiter für ihre Einleitungen in Ströme und Flüsse zu belasten. Diese Gebühren waren ein wirksames Instrument, das im Zeitraum 1982 bis 1987 die Freisetzung von biologischem Sauerstoffbedarf seitens der Palmölverarbeitung um fast 90 Prozent reduzierte. Der Umweltfonds zur Aufbereitung gefährlicher Abfälle von privaten Unternehmen, der in Thailand erwogen wird, wird die Unternehmen zur Minimierung des Abfallaufkommens anhalten, indem die Firmen mit Gebühren belastet werden bzw. Rabatte erhalten, wenn sie weniger Abfall produzieren als vorgesehen (vgl. Sonderbeitrag 6.5). Diese Vorteile von Gebühren kommen auch in der kommerziellen Landwirtschaft zum Tragen, wo Gebühren für Schädlingsbekämpfungsmittel und Düngemittel wie in Österreich und Schweden, deren übermäßigen Einsatz auf wirtschaftlichere Weise bekämpfen, als dies durch Vorschriften über die Anwendung möglich wäre.

Wenn Individuen und Unternehmen nicht in der Lage sind, ihr Verhalten wesentlich zu ändern – weil etwa die Ressourcennutzung bereits weitgehend kontrolliert wird – werden wirtschaftliche Anreize nur geringe Einsparungen erbringen. Wie Tabelle 3.2 zeigt, ist in Los Angeles die Kontrolle der industriellen Sulfat-Emissionen durch Vorschriften nicht teurer als die kostenminimierende Option, weil für die meisten industriellen Umweltverschmutzer bereits strenge Normen gelten. Im Gegensatz dazu würden anreizorientierte Maßnahmen in den meisten Städten der Entwicklungsländer bei einer stark differenzierten und weitgehend unkontrollierten Industrie, wie in Santiago, weit größere Gewinne bringen.

MENGE ODER PREIS? Die Verschlechterung der Umwelt kann entweder durch Veränderung der Preise der ökologischen Ressourcen – etwa durch Anwendung von Gebühren oder Steuern – oder durch Begrenzung der Inanspruchnahme, wie durch Holzeinschlagserlaubnisse, Emissionsgrenzwerte und Flächennutzungspläne bekämpft werden. Maßnahmen, die das Volumen der Umweltverschmutzung oder der Ressourcennutzung spezifizieren, fixieren das Niveau des Umweltschadens, während Preisveränderungen die Kosten der Bekämpfung der Umweltschädigung fixieren. Mengenorientierte Maßnahmen haben häufig die Form von Vorschriften. Aber selbst wenn die Gesamtmenge an Umweltverschmutzung oder Ressourcennutzung fixiert ist, kann durch die Verwendung handelbarer Umweltkontingente die Zuteilung des Gesamtvolumens dennoch dem Markt überlassen werden. Ein solches Verfahren stellt sicher, daß die Ressourcen von denen genutzt werden, die sie am höchsten bewerten.

Mengenorientierte Maßnahmen sind auch dann angemessen, wenn bestimmte Schwellenwerte unbedingt eingehalten werden müssen, wie bei radioaktiven und giftigen Abfällen. In diesen Fällen werden die Kosten der stärkeren Umweltschädigung zu Recht als gravierender eingeschätzt als die Möglichkeit, daß die Bekämpfung der Umweltverschmutzung teurer sein könnte als erwartet. Im Gegensatz dazu erhöhen sich die sozialen Kosten anderer Arten von Umweltschäden – durch Partikelemissionen oder den Bergbau – nicht dramatisch, wenn Grenzwerte leicht überschritten werden. In diesen Fällen ist es wichtiger, überhöhte Ausgaben bei der Bekämpfung der Verschlechterung zu vermeiden als eine etwas stärkere Umweltschädigung abzuwehren.

Mengenorientierte Maßnahmen eignen sich daher am meisten für Umweltprobleme, bei denen es um gesundheitsrelevante Schwellenwerte geht (wie bei gefährlichen Abfällen und Schwermetallen), und für den Schutz natürlicher Ressourcen, wie einzigartiger Lebensräume. In ähnlicher Weise können beim Schutz einzigartiger Lebensräume, wie Feuchtgebieten, empfindlichen Küstenbereichen und Korallenriffen, durchsetzbare Flächennutzungsvorschriften verläßlicher sein als differenzierte Grundsteuern. Costa Rica ist eines von vielen lateinamerikanischen Ländern, die ein Programm zum Schutz ihrer Küstenzone anwenden, um die kommerzielle Erschließung zu steuern.

Innerhalb der anreizorientierten Maßnahmen hängt die Wahl zwischen Gebühren und handelbaren Umweltkontingenten teilweise von der Leistungsfähigkeit der regulierenden Stellen ab. Zwar hat man zur Kontrolle der Luft- und Wasserverschmutzung in den Vereinigten Staaten und der Fischerei in Neuseeland handelbare Umweltkontingente angewendet, und sie werden zur Beschränkung der Emissionen von Treibhausgasen vorgeschlagen, doch sind sie in der Regel administrativ anspruchsvoller als Gebühren, die normalerweise durch das bestehende Finanzsystem erhoben werden können.

VERTEILUNGSASPEKTE. Ein Hinderungsgrund für das Ergreifen marktkonformer Umweltmaßnahmen kann darin bestehen, daß Unternehmen und Individuen unter Umständen nicht in der Lage sind, in neue Techniken zu investieren oder für sauberere Erzeugnisse zu zahlen. Beispiele hierfür sind die verfallende Schwerindustrie in Osteuropa und arme Menschen, die Kerosin als Hauptbrennstoff zum Kochen benutzen. Gelegentlich haben Regierungen die Umstellungen subventioniert, indem sie Umweltschutzvorrichtungen direkt finanzierten oder die Mittel von Umweltschutzfonds zur Finanzierung von Investitionen einsetzten. Die Subventionierung der Beseitigung von Umweltschäden oder einer umweltverträglichen Ressourcennutzung ist offensichtlich problematisch: Sie vermittelt den Ressourcennutzern die falschen Signale und gerät mit der üblichen Interpretation des Verursacherprinzips in Konflikt (Sonderbeitrag 3.5). Subventionen können daher zu einer langfristigen Zunahme der Umweltschäden beitragen, und sie sollten genau gezielt, von vornherein befristet und sorgfältig überwacht werden – etwa indem sie nur für die erstmalige Anschaffung von Umweltschutzausrüstungen gewährt werden.

Anders als Umweltvorschriften bringen anreizorientierte Maßnahmen, wie Abgaben, zusätzliche Einnahmen. Diese Maßnahmen können für den Staat von Vorteil sein, wenn sie Einnahmequellen mit stärkeren Verzerrungseffekten ersetzen, wie sie in Entwicklungsländern üblich sind, etwa Zölle und Unternehmenssteuern. Einnahmeerzielung und Umweltschutz ergänzen sich dann. Obwohl die potentiellen Einnahmen aus anreizorientierten Maßnahmen erheblich sind – nämlich etwa so hoch wie die Umweltschutzkosten der Industrie –, sind

---

Sonderbeitrag 3.5 Das Verursacherprinzip: Was es leistet und was nicht

Das Verursacherprinzip (VP), das 1972 von der OECD übernommen wurde, besagt, daß „der Umweltverschmutzer die Kosten der vom Staat beschlossenen Maßnahmen zur Reduzierung der Verschmutzung tragen soll, mit denen ein akzeptabler Zustand der Umwelt gesichert werden soll". Das Hauptziel ist die Harmonisierung der Umweltpolitiken zwischen den OECD-Mitgliedern, damit unterschiedliche Umweltvorschriften nicht die komparativen Vorteile und Handelsströme verzerren. Das Prinzip ist als Richtschnur für umweltpolitische Entscheidungen durch Regierungen und Entwicklungshilfeorganisationen weithin akzeptiert. Das Verursacherprinzip ist ein nützlicher Ausgangspunkt, aber es bietet wenig Hilfe bei der Beurteilung der Wirtschaftlichkeit alternativer Maßnahmen. Ein Problem besteht darin, daß das Prinzip auf zwei verschiedene Weisen interpretiert werden kann: daß die Verschmutzer nur die Kosten der Verschmutzungskontrolle und der Umweltsäuberung zahlen müssen (Standard-VP) oder daß sie darüber hinaus die Bürger für die durch die Verschmutzung erlittenen Beeinträchtigungen entschädigen müssen (erweitertes VP) – eine Interpretation, die den Bürgern ein Anrecht auf eine saubere Umwelt verschafft. Keine der beiden Interpretationen beinhaltet notwendigerweise die Anwendung wirtschaftlicher Anreize – Gebühren oder handelbare Umweltkontingente –, obwohl diese in vielen Fällen kostengünstig sind.

Zudem hilft das Prinzip kaum bei der Auswahl kostengünstiger Maßnahmen, wenn die Verschmutzer oder Ressourcennutzer schwierig zu identifizieren und zu überwachen sind. So ist es kostengünstiger und wirksamer, anstelle von Emissionsgebühren zur Verringerung der Verschmutzung durch Kraftfahrzeuge und Kleinunternehmen pauschale Maßnahmen, wie Steuern auf den Einsatz von Hilfsstoffen und auf die Produktion, anzuwenden. Ein ähnliches Problem der Identifizierung der Verschmutzer ergibt sich bei der Beseitigung von Altlasten. Die Vereinigten Staaten versuchten das Verursacherprinzip im Rahmen des sog. Superfondsprogramms anzuwenden. Dieses Programm dient der Sanierung von Deponien gefährlicher Abfälle durch Steuern auf Rohöl und petrochemische Zwischenprodukte und soll sich finanziell dadurch regenerieren, daß die Säuberungskosten bei den früheren Verschmutzern eingetrieben werden. Dieser Versuch war ein Fehlschlag: ein großer Teil der Mittel ist für Prozesse und nur ein kleiner Teil für die Säuberung verwendet worden.

Wenn Umwelteffekte über nationale Grenzen und Zuständigkeitsbereiche hinausgreifen, kann es schließlich notwendig sein, an verschmutzende oder ressourcennutzende Länder finanzielle Leistungen zu erbringen, damit sie bei der Durchführung wirtschaftlicher Lösungen kooperieren (Beispiele sind die Verluste an Artenvielfalt infolge der Vernichtung tropischer Wälder und Schwefeldioxid-Emissionen, die zu saurem Regen außerhalb des Ursprungslandes beitragen.) Diese Anreize oder „Ausgleichszahlungen" an dritte Länder verwandeln das Verursacherprinzip in ein „Opferprinzip", aber ohne sie gäbe es wenig oder gar keine Motivation zur Zusammenarbeit bei der Verbesserung der Umweltqualität.

Daher sollte das Verursacherprinzip nicht als Richtschnur bei der Gestaltung kostengünstiger Maßnahmen angesehen werden. Es ist vielmehr eine spezielle Art der Verteilung von Umweltschutzkosten zwischen den Verschmutzern oder Ressourcennutzern und den durch die Verbesserungen Begünstigten.

die tatsächlichen Einnahmen selbst in den OECD-Ländern heutzutage sehr gering.

Das Pendant solcher Einnahmen sind jedoch die dadurch entstehenden Kosten. Emissionsgrenzwerte gestatten eine Umweltverschmutzung innerhalb der entsprechenden Grenzen; die Erhebung von Gebühren zwingt die Verschmutzer aber, für ihre gesamten Emissionen zu zahlen. Ähnlich verhält es sich, wenn Vorschriften über Luftschadstoffe durch handelbare Umweltkontingente abgelöst werden; die Gesamtkosten der Luftverschmutzungskontrolle sinken, aber die Unternehmen haben eventuell für die Kontingente an den Staat zu zahlen. Das kann die Unternehmen ein Vielfaches der Summe kosten, die sie für die Einhaltung von Emissionsvorschriften aufzubringen hätten. Die Anwendung wirtschaftlicher Anreize – die häufig kostengünstiger sind als Vorschriften – kann für die Gesellschaft als ganzes, aber nicht für die einzelnen Umweltverschmutzer, vorteilhaft sein. Darüber hinaus verteilen sich die Gewinne auf eine Vielzahl von Menschen, die nicht einmal realisieren mögen, daß es ihnen besser geht, während die Kostenbelastung durch den Übergang zu wirtschaftlichen Anreizen sich auf relativ wenige Verschmutzer konzentriert – die deutlich erkennen, daß sie schlechter gestellt sind, und lautstark protestieren werden. Es überrascht daher nicht, daß es häufig politisch einfacher ist, Vorschriften anzuwenden.

Läßt sich eine kostengünstige Umweltpolitik so ausgestalten, daß sie politische Unterstützung gewinnt? Zweifellos: Die Einnahmen können für Umweltfonds reserviert werden oder handelbare Umweltkontingente können hauptsächlich den vorhandenen Nutzern zugewiesen werden („Besitzstandswahrung"). Einnahmen aus Umweltgebühren wurden in Westeuropa in großem Umfang zur Finanzierung der Reinigung von verschmutztem Wasser verwendet. Solche Regelungen gewinnen nicht nur deshalb Unterstützung, weil Gebühren geringere wirtschaftliche Kosten als Vorschriften verursachen; sie sind auch bei denen populär, die von der Art der Mittelverwendung profitieren.

Die Besitzstandswahrung kann ein wirksames Mittel sein, um die Opposition gegen die Einführung einer kostengünstigen Politik zu schwächen. In den Vereinigten Staaten trug sie dazu bei, daß sich in der Wirtschaft Unterstützung für anreizorientierte Maßnahmen fand, durch die bleihaltiges Benzin abgeschafft und die Emissionen von Schwefeldioxid reduziert werden sollten, und in Neuseeland erleichterte sie die Begrenzung des Fischfangs. Aber Maßnahmen, die die vorhandenen Produzenten begünstigten, wie dies Subventionen aus besonderen Umweltfonds und die Besitzstandswahrung tun, sind nicht kostenlos. Da das US-Gesetz über saubere Luft strengere Grenzwerte für neue Verschmutzungsquellen einführte (eine Art von Besitzstandswahrung), tendierten die Unternehmen dazu, die Ersetzung älterer weniger effizienter Verfahren zu verzögern.

DIREKTE ODER INDIREKTE MASSNAHMEN. Neben der Entscheidung, ob Anreize geboten werden sollen oder nicht, müssen die Umweltbehörden auch eine Wahl treffen zwischen direkten Maßnahmen, die auf Indikatoren für die Umweltschädigung abzielen, wie etwa industrielle Emissionen oder Holzeinschlag, und pauschaleren Maßnahmen, die ein nur indirekt umweltschädliches Verhalten beeinflussen, wie die Verwendung von bleihaltigem Benzin oder die Bodennutzung. Im Idealfall würden die Behörden versuchen, das Verhalten der Ressourcennutzer auf direktem Wege zu verändern – beispielsweise durch die Erhebung von Emissionsgebühren oder den Erlaß von Emissionsvorschriften. Diese Maßnahmen sind aber mit einem hohem Verwaltungsaufwand verbunden, weil sie auf individuelle Verschmutzer oder Ressourcennutzer abzielen. Pauschale Maßnahmen, wie die Besteuerung von umweltschädigenden Einsatzstoffen und flächenbezogene Forstwirtschaftsgebühren, sind weniger anspruchsvoll, weil sie mittels des Steuersystems realisiert werden können. In der Umweltschutzbehörde der Vereinigten Staaten, die hauptsächlich direkte Maßnahmen anwenden, stieg der Anteil der Mitarbeiter, die mit der Durchführung dieser Maßnahmen befaßt waren, in den achtziger Jahren kontinuierlich an und machte 1991 mehr als ein Viertel aller Beschäftigten aus – obwohl die Selbstkontrolle der großen Verschmutzer das Hauptinstrument zur Sicherstellung der Einhaltung der Maßnahmen darstellt. In vielen Fällen wird es daher zweckmäßig sein, daß Entwicklungsländer pauschale Maßnahmen anwenden, die eine weniger strenge Überwachung erfordern.

Die Schwierigkeiten, die mit der Überwachung des Verhaltens einzelner Ressourcennutzer verbunden sind, und damit die Anwendungsmöglichkeit direkter Maßnahmen, hängt von vier Faktoren ab. Zum ersten ist offensichtlich, daß Maßnahmen, die eine dauernde Überwachung erfordern, um so kostspieliger sind, je zahlreicher und verstreuter die Quellen der Umweltschädigung sind, wie im Verkehrswesen. Zweitens ist es nahezu unmöglich, das Verhalten von Ressourcennutzern zu überwachen,

Direkte Maßnahmen zielen auf die Emissionen; indirekte Maßnahmen richten sich auf den Ausstoß, den Mitteleinsatz oder den Produktionsprozeß

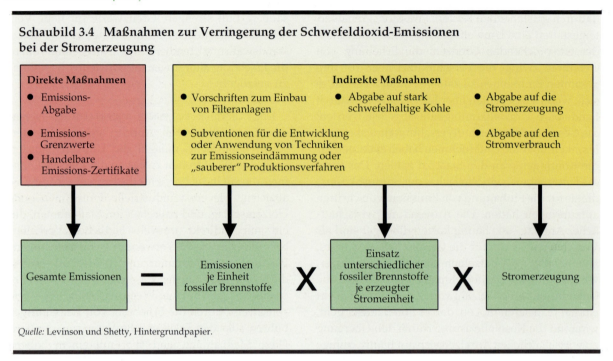

Schaubild 3.4 Maßnahmen zur Verringerung der Schwefeldioxid-Emissionen bei der Stromerzeugung

Quelle: Levinson und Shetty, Hintergrundpapier.

die sich nicht lokalisieren lassen, wie die Brennholzsammler in den ländlichen Gegenden Afrikas und die Goldschürfer in Amazonien. Drittens hängt der Überwachungsaufwand von den verfügbaren technischen Lösungen ab. Nachdem das bleihaltige Benzin abgeschafft war (wie in den Vereinigten Staaten und Japan) oder besteuert wurde (wie in Westeuropa), war der Einsatz von Katalysatoren zur Eindämmung der Autoabgase leichter durchsetzbar, weil sich ihre Funktionsfähigkeit im Rahmen der üblichen Autoinspektionen einfach überprüfen ließ. Schließlich kann es bei Umweltproblemen, die über die nationalen Grenzen hinausgehen – wie der saure Regen in Europa und Asien oder die Artenvielfalt in den tropischen Wäldern, an deren Erhaltung anderen Ländern gelegen ist, – für die Länder wirtschaftlicher sein, die Durchsetzung ihrer umweltpolitischen Maßnahmen zu koordinieren, statt einseitig zu handeln.

Daher sind die Bedingungen, unter denen direkte Maßnahmen (ob anreizorientiert oder nicht) sich besonders empfehlen, am ehesten gegeben bei Umweltproblemen, in die große, allgemein „sichtbare" Unternehmen involviert sind – insbesondere bei den Emissionen von Partikeln und Schwefeldioxid durch die Stromversorger, der Umweltverschmutzung durch staatliche Industrie- und Bergbaubetriebe und beim Holzeinschlag durch Holzwirtschaftsunternehmen. Die seit 1985 in Cubatão stattfindende Umweltsäuberung (siehe oben) wurde hauptsächlich durch Emissions- und Verfahrensauflagen erreicht und war erfolgreich, weil es sich bei den Hauptverschmutzern um Großunternehmen des öffentlichen oder privaten Sektors handelte. Ähnlich wird der Handel von Kontingenten für Schwefeldioxid-Emissionen, der gemäß dem US-Gesetz über saubere Luft demnächst erlaubt werden soll – eine direkte Maßnahme mit wirtschaftlichen Anreizen –, zunächst nur für Stromversorgungsunternehmen zugelassen, die aufgrund ihrer Größe leichter zu überwachen sind.

Indirekte Maßnahmen sind besonders dann nützlich, wenn es den regulierenden Stellen an Überwachungs- und Durchsetzungsfähigkeit mangelt. Die Luftverschmutzung durch den Autoverkehr und den häuslichen Energieverbrauch, die exzessive Abholzung durch kleine Holzwirtschaftsbetriebe, die Eintragungen von Schädlingsbekämpfungsmitteln und Kunstdünger durch die Landwirtschaft, die gefährlichen Abfälle von Kleinbetrieben, sowie der Müll privater Haushalte sind allesamt Probleme, die sich für die Anwendung pauschaler Maßnahmen besonders eignen. So sind selektive Flächennutzungspläne zur Schaffung von Pufferzonen um geschützte Gebiete – die in Brasilien diskutiert werden – ein weniger direktes Instrument zum

Schutz von Naturreservaten als eine umfassende Planung der Bodennutzung. Durch die Begrenzung der verbindlichen Flächenplanung auf kleinere Gebiete läßt sich der Zugang zu Schutzgebieten zu deutlich niedrigeren Kosten steuern. Eine anspruchsvollere Flächenplanung im Amazonasgebiet Brasiliens dürfte kaum erfolgreich sein, weil sie angesichts des Drucks zur Rodung von Flächen nicht hinreichend durchgesetzt werden kann.

Da pauschale Umweltschutzmaßnahmen auf vielen unterschiedlichen Ebenen ansetzen können – bei der Entstehung von Abfällen oder der Ressourcenausbeutung, bei der Art der Ressourcennutzung oder -umwandlung oder bei der Struktur der Nachfrage – gibt es zahlreiche Alternativen, um spezifische Umweltprobleme anzugehen (Schaubild 3.4). Da aber diese Maßnahmen häufig auf Ersatzgrößen abzielen, die mit den Emissionen oder der Ressourcenausbeutung nur in einem lockeren Zusammenhang stehen, wird die einzelne indirekte Maßnahme nicht immer kostengünstiger sein und kann in der Tat die Ressourcennutzer zu einem Verhalten anreizen, das den Umweltschaden erhöht. Die Erhebung von flächenbezogenen Forstwirtschaftsgebühren anstelle von Konzessionsgebühren, die nach Volumen und Art des Holzeinschlags genau differenzieren, mag zwar ein größeres Waldgebiet schützen, kann aber dazu führen, daß verstärkt höherwertige Baumarten gefällt werden. Die Kosten der Anwendung vieler solcher Maßnahmen sind abzuwägen gegen die möglichen administrativen Einsparungen.

Verbesserung öffentlicher Investitionen

Die Änderung des Verhaltens von Individuen und Unternehmen muß mit Schritten zur Verbesserung der Investitionsentscheidungen von Ministerien und sonstigen staatlichen Stellen einhergehen.

BERÜCKSICHTIGUNG VON UMWELTKOSTEN. Die mangelnde Berücksichtigung von Umweltkosten und -erträgen führt dazu, daß Regierungen Projekte mit negativen Umweltauswirkungen durchführen oder Investitionen unterlassen, die Umweltvorteile bringen könnten. Das Verständnis der Umweltwirkungen solcher öffentlicher Projekte wird eine bessere Analyse der Umweltkosten und -erträge erfordern, wozu die in Sonderbeitrag 3.3 beschriebenen Verfahren dienen. Die ländlichen Entwicklungs- und Autobahnprojekte im Rahmen des Polonoreste-Programms in Brasilien, die teilweise mit einem Kredit der Weltbank finanziert wurden, sowie das Mahaweli-Bewässerungsprojekt in Sri Lanka sind eindrucksvolle Beispiele für die Umweltschädigung durch schlecht konzipierte und mangelhaft durchgeführte Entwicklungsprojekte. Eine bessere Pro-

---

Sonderbeitrag 3.6 Die Bewertung von Umweltressourcen: zwei Beispiele

Bei den hier zitierten Beispielen handelt es sich um zwei Fälle, in denen die Schätzung der Umwelterträge zu einer verbesserten Entscheidungsfindung beitrug.

Verbesserung der Waldbewirtschaftung

Um die Gewinne eines Waldentwicklungsprojekts in Nepal zu schätzen, wurden Marktpreise zugrundegelegt. Das Projekt sollte die Waldvernichtung eindämmen, indem Bäume und Büsche gepflanzt werden, die als Brennholz und Futter geeignet sind und so Buschland und Wälder verbessern. Die Preise für Milch und Düngemittel – zwei der Erzeugnisse mit erhöhtem Ertrag – waren gegeben, und der Wert des Brennholzes wurde auf der Basis des Preises für ein Substitut, nämlich Viehdung, geschätzt. Allein der erhöhte Wert der Bodennutzung – selbst ohne Berücksichtigung der weniger einfach quantifizierbaren Erträge durch den Schutz vor Bodenerosion und Überflutung – verlieh dem Projekt eine Ertragsrate von rund 9 Prozent.

Investitionen in die Wasserversorgung

Wenn Preise nicht verfügbar sind, können die Verbraucherwünsche herangezogen werden, um die Erträge einer verbesserten Wasserversorgung und sanitärer Einrichtungen sowie anderer Infrastrukturmaßnahmen zu bewerten. In Ukundu, Kenia, hatten die Bewohner drei Bezugsquellen für Wasser – Wasserverkäufer, Kioske und Brunnen – mit jeweils unterschiedlichen Kosten in Geld und Zeit. Wasser von Haus-zu-Haus-Verkäufern kostete am meisten, erforderte aber die geringste Beschaffungszeit. Eine Untersuchung ergab, daß die Dorfbewohner bereit waren, einen erheblichen Teil ihres Einkommens – rund 8 Prozent – im Austausch für größere Bequemlichkeit und geringeren Zeitaufwand auszugeben. Dieses Ergebnis und ähnliche aus anderen Entwicklungsländern wurden als Argument für die Ausweitung einer zuverlässigen öffentlichen Wasserversorgung auch auf arme Kommunen herangezogen.

Sonderbeitrag 3.7 Integration von Umwelterwägungen in die Kreditvergabe der Weltbank

Die Geschäftspolitische Direktive der Weltbank über die ökologische Bewertung (die im Jahre 1989 genehmigt und 1991 erheblich erweitert wurde) ist das Hauptinstrument, um Umwelteffekte bei der Vergabe von Projektkrediten der Bank zu berücksichtigen. Das Geschäftsjahr 1991 war das erste Jahr, in dem sämtliche von der Bank genehmigten Projekte Gegenstand dieses Verfahrens waren. Wie im letzten Jahresbericht der Bank über Umweltfragen dargelegt, erforderte nahezu die Hälfte aller Projekte eine ökologische Bewertung. Ökologische Bewertungen (ÖB) sind für alle Projekte erforderlich, die sich signifikant auf die Umwelt auswirken könnten. Da solche Bewertungen in einer frühen Phase der Projektvorbereitung vorgeschrieben sind, trägt die Direktive dazu bei, die Risiken von Kostenüberschreitungen und Verzögerungen bei der Durchführung aufgrund nicht vorhergesehener Umweltbeeinträchtigungen zu reduzieren. Die vier regionalen Umweltabteilungen der Bank sind für die Koordinierung des Verfahrens verantwortlich, aber die letzte Verantwortung für die ÖB bleibt beim Kreditnehmer. Sämtliche potentiellen Projekte der Bank werden jetzt auf mögliche Umwelteffekte durchleuchtet und, entsprechend dem jeweils notwendigen Aufwand zur Eindämmung von Umweltschäden, einer von drei Kategorien zugeordnet.

So werden sämtliche Projekte, die ernste Umweltschäden verursachen könnten, wie der Ausbau der Wasserkraft und der thermischen Energieerzeugung, große Bewässerungs- und Überflutungsschutz-Projekte sowie die Forstwirtschaft in Kategorie A klassifiziert, die eine umfangreiche und detaillierte ÖB erfordert. Eine Überprüfung von unlängst genehmigten Projekten der Kategorie A zeigt, daß verschiedene Projekte infolge der ÖB modifiziert wurden. So wurde für das Überflutungsschutz-Projekt am Unterlauf des Guayas in Ecuador eine Kanaltrasse geändert, um die Zerstörung einer Lagune zu vermeiden.

Um das Verständnis und die Durchführung dieser Prozeduren zu verbessern, ist im Jahr 1991 ein Handbuch für die ökologische Bewertung (*Environmental Assessment Sourcebook*) veröffentlicht worden. Es enthält Einzelheiten über die geschäftspolitische Direktive, darunter auch einen Abschnitt zur Frage, wie die Standpunkte von betroffenen Gruppen und nichtstaatlichen Organisationen bei der Vorbereitung der ÖB sowie während der Gestaltung und Durchführung des Projekts zu berücksichtigen sind.

Es ist vorgesehen, daß die gegenwärtige Version der Direktive anhand der Erfahrungen der Bank und ihrer Kreditnehmer überprüft und angepaßt werden wird, wie das 1991 der Fall war.

---

jektgestaltung und -bewertung hätte zumindestens einige dieser Auswirkungen erkennen lassen. Im Falle des Polonoreste-Programms hätte man antizipieren müssen, daß der Bau von Straßen und anderer Infrastruktur viele zusätzliche Zuwanderer in das Programmgebiet anziehen würde, so daß die finanziell bereits unzulänglich ausgestatteten öffentlichen Stellen noch weniger in der Lage sein würden, die großräumige Waldvernichtung einzudämmen. In ähnlicher Weise nahm man bei der Bewertung des Mahaweli-Projekts an, daß es die Waldvernichtung nicht beschleunigen würde, obwohl es große Landflächen in vier Wildreservaten beanspruchte.

Zudem wird die Bewertung der Umwelterträge einige Investitionen attraktiver machen. Ein Beispiel hierfür ist ein forstwirtschaftliches Projekt in Nordnigeria, das von der Weltbank finanziert wurde. Zur Berechnung der volkswirtschaftlichen Ertragsrate wurden zu den Erträgen der gestiegenen Holzproduktion die Verringerung der Bodenerosion, die höheren Ernteerträge und das zusätzliche Aufkommen an Futter und Walderzeugnissen hinzugerechnet. Diese Erträge (auf Basis laufender bzw. geschätzter künftiger Marktpreise) ließen die Ertragsrate des Projekts auf fast das Dreifache steigen und machten es somit lohnender. Zwei andere staatliche Investitionsentscheidungen, die Umweltauswirkungen berücksichtigen, sind in Sonderbeitrag 3.6 zusammenfassend dargestellt.

Wenn es schwierig ist, die Umwelterträge zu bewerten, so können Umweltverträglichkeitsprüfungen nützlich sein. Obwohl sie nur qualitativer Art sind, zwingen sie dazu, daß die Umweltrisiken staatlicher Projekte zur Kenntnis genommen werden. Die Notwendigkeit solcher Umweltprüfungen wird heute voll anerkannt, und ihre Durchführung wird in vielen Ländern sowie seitens der bedeutenden Geldgeber vorgeschrieben. (In Sonderbeitrag 3.7 wird der Ansatz der Weltbank diskutiert.) Umweltprüfungen erfolgen jedoch häufig zu spät, um die Projektgestaltung und -genehmigung zu beeinflussen.

Weitere Reformen sind bei den Verfahren von Regierungen und Gebern (einschließlich der Weltbank) erforderlich, mit denen sie Investitionsprojekte identifizieren und bewerten. Für solche Reformen ist es hilfreich, wenn die Stelle, die das Projekt durchführt, auch die dadurch entstehenden Kosten von eventuellen Umweltschäden trägt. Die Reformen können entweder durch die Schaffung von Entwicklungsbehörden mit regionaler Zuständigkeit (Behörden für Stromgebiete oder Wassereinzugsgebiete) oder durch institutionelle Regelungen, die die durchführende Stelle für die finanziellen Konsequenzen des Projekts verantwortlich machen, erreicht werden. Auch sollten öfters Benutzergebühren erhoben werden – beispielsweise bei Bewässerungsprojekten –, um Zusatzgewinne für einige Begünstigte einzuschränken und damit den politischen Druck zugunsten staatlicher Investitionen zu reduzieren, die sich volkswirtschaftlich kaum rechtfertigen lassen. In Marokko war die finanzielle Autonomie des regionalen Landwirtschaftsentwicklungsbüros (ORMVAD), die durch eine volle Kostendeckung erreicht wurde, ein wichtiger Grund für den Erfolg der Bewässerungsprojekte von Doukkala.

Die Projektbewertung sollte ergänzt werden durch Bewertungen externer Sachverständiger, die von der durchführenden Stellen unabhängig sind. So wurde das Indira-Sarovar-Bewässerungsprojekt in Indien in den späten achtziger Jahren umgestaltet, nachdem der ursprüngliche Entwurf von verschiedenen Stellen, unter anderen den Ministerien für Umwelt und Naturschutz überprüft und kritisiert worden war. Schließlich muß, wie dies in Kapitel 4 erörtert wird, der Verbesserung der Kenntnisse über Umweltauswirkungen mehr Aufmerksamkeit gewidmet werden.

VERBESSERUNG DES DIENSTLEISTUNGSANGEBOTS. Manchmal kann die mangelnde Berücksichtigung von Umwelterträgen dazu führen, daß der öffentliche Sektor eher zu wenig als zu viel investiert. Dies gilt insbesondere für Dienstleistungen wie Wasserversorgung, sanitäre Einrichtungen, Abwasserreinigung und Bewässerung. Diese Dienstleistungen werden von den Märkten kaum in genügendem Umfang angeboten, entweder, weil der Ausschluß nicht zahlender Benutzer kostspielig ist (Regenwasserkanalisation) oder weil die Dienstleistung ein natürliches Monopol darstellt und ein durch staatliche Auflagen nicht gebundener privater Anbieter das Leistungsvolumen beschränken würde, um die Preise anzuheben (Wasserversorgung und Abwässerreinigung).

Häufig stellt der Staat diese Dienstleistungen zur Verfügung, hält aber den Preis für die Benutzer künstlich niedrig. Wenn die privaten Erträge hoch sind, wie bei der Wasserversorgung und der Abwassersammlung, können durch Anwendung realistischer Preise mehr Investitionen finanziert werden. Bei anderen Dienstleistungen, wie der Müllabfuhr und der Abwasserreinigung, übersteigt der soziale Nutzen deutlich die Vorteile für die Benutzer. Dann wird es selten angemessen sein, die vollen Kosten zu berechnen, und die Investitionen werden teilweise durch Subventionen zu finanzieren sein (vgl. Kapitel 5).

Ausrichtung umweltpolitischer Reformen

Entwicklungs- und Industrieländer haben zumeist direkte Vorschriften angewendet, um Umweltprobleme zu bewältigen. Die Vereinigten Staaten sind ein typischer Fall: Ihr Gesetz zur Reinhaltung der Luft schreibt hauptsächlich Emissionsgrenzwerte oder Verfahren zur Schadstoffkontrolle vor; das Gesetz über sauberes Wasser enthält Auflagen über die Abwasserkontrolle; das Gesetz über die Erhaltung und Erneuerung von Ressourcen regelt den Transport und die Lagerung gefährlicher Abfälle, und mehr als 28 Prozent des Landes befinden sich in öffentlichem Besitz und werden durch verschiedene Regierungsstellen verwaltet. Eine direkte Regulierung ist nicht immer wirtschaftlich. Umweltverbesserungen – bei der Luft- und Wasserqualität in Industrieländern beispielsweise – sind wahrscheinlich mit einem höheren Aufwand erreicht worden, als wenn man ökonomische Anreize in größerem Umfang eingesetzt hätte.

In den Entwicklungsländern hat diese verbreitete Vorliebe für die direkte Regulierung von Umweltverschmutzern und Ressourcennutzern auch die administrative Kapazität stark belastet, insbesondere im Bereich der Überwachung und Durchführung. Nur wenige umweltpolitische Maßnahmen wurden konsequent durchgeführt. So bleibt trotz ambitiöser Ziele und Vorschriften die Luftverschmutzung in den meisten Städten der Entwicklungsländer ein Problem. Die Unfähigkeit, bestehende Vorschriften durchzusetzen, ist ein wichtiger Grund für die Unwirksamkeit der oft strikten Umweltgesetze.

Umweltpolitische Reformen werden wegen ihrer Auswirkungen auf die Einkommensverteilung erhebliches politisches Standvermögen erfordern. Die Vorteile einer richtig gestalteten Umweltpolitik für die Entwicklungsländer sind jedoch enorm. Die Reformen sollten in vier Richtungen vorangetrieben werden.

Erstens wird es im allgemeinen erforderlich sein, eine Reihenfolge der Reformschritte festzulegen. Der erste Schritt besteht in der Beseitigung wirtschaftspolitischer Verzerrungen, die die Umwelt schädigen und das Wachstum beeinträchtigen. Diese Maßnahmen sind häufig zu ergänzen durch andere, die staatliche Stellen und den privaten Sektor dazu veranlassen, Umweltauswirkungen zu berücksichtigen. Selbst hier wird üblicherweise eine Kombination von Maßnahmen erforderlich sein, weil Umweltprobleme verschiedene Ursachen haben – die Waldvernichtung beispielsweise ist das Ergebnis der Tätigkeit von Regierungsstellen, Holzwirtschaftsunternehmen, Landwirten und Brennholzsammlern. Es muß nicht jede einzelne Schadensquelle angegangen werden, aber selbst zur Kontrolle der Hauptschadensquellen wird eine Kombination von Maßnahmen – die Beseitigung von Verzerrungen, Vorschriften (wie Grenzwerte und Flächennutzungspläne) sowie wirtschaftliche Anreize – erforderlich sein.

Zweitens sollten Maßnahmen zur Beeinflussung des Verhaltens sich mehr auf wirtschaftliche Anreize wie Gebühren, Steuern und Pfandsysteme stützen. Eine Zahlungspflicht für Umweltschäden würde zur Verringerung der Durchführungskosten beitragen, die rasche Übernahme umweltverträglicher Techniken fördern und zusätzliche öffentliche Einnahmen bringen. Solche anreizorientierten Maßnahmen werden sich nicht auf alle Umweltprobleme anwenden lassen, insbesondere dann, wenn es nur um einige wenige Großunternehmen geht, die vor Wettbewerb geschützt sind oder sich im staatlichen Besitz befinden. Die meisten Länder, auch die Industrieländer, haben jedoch bei der Bekämpfung von Umweltproblemen wirtschaftliche Anreize zu wenig genutzt.

Drittens sollten indirekte Maßnahmen, wie Gebühren auf umweltverschmutzende Einsatzstoffe und Produkte, von selbst laufende Pfandsysteme sowie Umweltgarantien häufiger angewandt werden. Da die meisten Umweltprobleme in den Entwicklungsländern aus den Handlungen einer Vielzahl verstreuter Ressourcenbenutzer resultieren, ist die Durchsetzung einer direkten Regulierung kostspielig und verbietet sich häufig von selbst. Pauschale umweltpolitische Maßnahmen würden die administrative Handhabung vereinfachen und so die Durchsetzung wahrscheinlicher machen. Eine verstärkte Anwendung indirekter Maßnahmen wird typischerweise auch bedeuten, daß eine Kombination von Maßnahmen angewendet werden muß. Ähnlich wie in Mexiko-Stadt (vgl. Sonderbeitrag 3.4) werden Benzinsteuern allein die Kraftfahrzeugbesitzer noch nicht dazu veranlassen, umweltschädliche Motoren zu ersetzen oder Emissionsgrenzwerte einzuhalten. Steuern müssen mit Vorschriften kombiniert werden.

Viertens kann frühzeitiges Handeln die Kosten der Durchführung einer wirksamen Umweltpolitik verringern. Wie bei der Luftverschmutzung durch den Verkehr oder den gefährlichen Abfällen der chemischen Industrie läßt sich das Auftreten zahlreicher Umweltprobleme voraussehen. In der Regel ist es möglich, Maßnahmen zu ergreifen, wie die Schaffung von Umweltbehörden, die Einführung von Gebühren und Anreize zur Übernahme sauberer Techniken, die den künftigen Umfang des Problems reduzieren können. Länder, die erst dann handeln, wenn ein Problem zur Krise geworden ist, werden schließlich zu extremen und kostspieligen Maßnahmen greifen müssen, wie der Schließung von Industrieanlagen und der Einschränkung der Kraftfahrzeugbenutzung.

Herbeiführung besserer Entscheidungen: Informationen, Institutionen und Mitwirkung der Betroffenen

Die Grundzüge einer soliden Umweltpolitik stehen nicht im Widerspruch zu entwicklungspolitischen Zielen. Warum aber bilden dann vernünftige politische Maßnahmen häufig die Ausnahme? Ein Hauptgrund ist darin zu sehen, daß solche Maßnahmen oft die Rücknahme festinstallierter „Rechte" – zur Umweltverschmutzung oder zur Nutzung von Ressourcen – beinhalten, die tendenziell die Wohlhabenden und Einflußreichen begünstigen, oft zu Lasten der Armen. Wirksame staatliche Maßnahmen werden auch durch unvollständige Informationen, Unsicherheiten und schwach entwickelte gesetzliche Organe behindert.

Wenn die Regierungen Veränderungen in die Tat umsetzen, müssen sie ihre knappen Verwaltungskapazitäten bestmöglich nutzen. Dazu brauchen sie erstens verbesserte Informationen und Analysen, um sich bei der Festlegung von Prioritäten und der politischen Gestaltung auf Orientierungshilfen stützen zu können; zweitens brauchen sie verantwortliche und leistungsfähige Institutionen, die den Verwaltungstraditionen des jeweiligen Landes angemessen sind, und drittens bedarf es einer größeren örtlichen Mitwirkung bei der politischen Entscheidungsfindung, Überwachung und Durchsetzung. Die Vorteile einer öffentlichen Mitwirkung übertreffen häufig deren Kosten.

Dieses Kapitel wirft die Frage auf, warum es den Regierungen so schwerfällt, vernünftige Umweltpolitiken zu entwickeln und auf den Weg zu bringen. Die Richtlinien für umweltpolitisches Handeln, die im Kapitel 3 erörtert worden sind, sind leichter zu beschreiben als in die Praxis umzusetzen, so daß in Industrie- wie in Entwicklungsländern eine Diskrepanz zwischen der Politik und ihrer Umsetzung besteht. Beispielsweise setzen viele Länder mit mittlerem und niedrigem Einkommen Umweltstandards fest, die unrealistisch hoch sind – und können sie dann nicht durchsetzen. In einigen Ländern werden ernste Umweltprobleme offensichtlich ignoriert, während in anderen die Entscheidungen oft mit Blick auf Interessengruppen der Industrie oder auf engagierte Umweltschützer getroffen werden, statt auf der Grundlage ausgewogener Analysen. Manchmal werden öffentliche Investitionen mit wenig oder ohne Rücksicht auf deren Umwelteinfluß durchgeführt, während andere Investitionen durch egoistische Kampagnen („nicht in meinem Hinterhof") vereitelt werden, die eine nüchterne Analyse der Nutzen und Kosten alternativer Maßnahmen erschweren.

Die politische Ökonomie der Umweltschädigung

Regierungen sind vielfältigem Druck ausgesetzt, wenn sie Umweltpolitik betreiben. Streitende Interessengruppen melden sich lautstark zu Wort, die öffentliche Meinung ruft eher bei den drastischsten als bei den wichtigsten Problemen nach Maßnahmen, und sogar für den Staat ist es schwierig, seine eigenen schädlichen Verhaltensweisen in Grenzen zu halten. Unterstützergruppen aufzubauen ist daher ein wichtiger Beitrag, um diesem Druck zu begegnen.

Umverteilung der Rechte an der natürlichen Umwelt

Menschen profitieren davon, die natürliche Umwelt nutzen zu können, ohne dafür zu bezahlen, und die Beseitigung dieser Vorteile hat direkte verteilungspolitische Konsequenzen. Oft sind die Nutznießer dieser Vorteile die wohlhabendsten und politisch einflußreichsten Mitglieder der Gesellschaft. Ihnen das Recht wegzunehmen, die Umwelt zu verschmutzen oder die Ressourcen auszubeuten, kann politisch gesehen mühsam sein und wird oft Kompromisse erfordern. Zweitbeste Lösungen sind zwar nicht wünschenswert, wenn sie jedoch gut umgesetzt werden, sind sie oft „perfekten" Maßnahmen vorzuziehen, die nicht durchgesetzt werden. Chiles neues Fischereigesetz (Sonderbeitrag 4.1) ist dafür ein Beispiel.

Während die Reichen ihre Positionen oft gut verteidigen, spielen die Armen – ob sie Slumbewohner in Manila, Lagos oder Rio de Janeiro sind, Hirten in Ostafrika oder einfache Fischer in Peru und Indonesien – in der Umweltdebatte tendenziell eine geringe Rolle. In der Regel aber sind es sie, die der Umweltschädigung ohne jeglichen Schutz ausgesetzt sind. Sie können diejenigen sein, die am meisten darunter leiden, wenn Wälder, die ihnen einst unentgeltlich Brennstoffe lieferten, gerodet werden oder wenn Fabriken Flüsse verunreinigen. Anders als den Bessergestellten fehlen ihnen die Mittel zu ihrer Verteidigung – indem man beispielsweise zu anderen Brennstoffen übergeht oder verschmutztes Wasser abkocht. Daher können die Armen im allgemeinen am meisten von einer wirksamen Umweltpolitik profitieren. Die Regierungen müssen die Interessen jener Menschen vertreten, die keine Stimme in der Öffentlichkeit haben, darunter auch die städtischen Armen und ethnischen Minoritäten.

Krisenorientierte Politik

Auch wenn die Ursachen und Auswirkungen der Umweltprobleme von Wissenschaftlern klar erkannt werden, kann der einzelne Bürger bei der Festlegung der Prioritäten irrige Vorstellungen über die relativen Risiken haben. Die Menschen sind mehr über Krebserkrankungen und atomare Unfälle besorgt als über viele bekannte Gesundheitsprobleme. Auch Überreaktionen auf Umweltkatastrophen sind weitverbreitet. Dramatische Bilder einer Ölpest oder von Lecks bei Giftmülldeponien haben die öffentliche Aufmerksamkeit in Beschlag genommen und spielten eine bedeutsame Rolle bei der Inangriffnahme politischer Reformen. Weniger Aufmerksamkeit wurde den schleichenden, chronischen Problemen einer Belastung durch hohen Schadstoffausstoß oder durch unzureichende Trinkwasserqualität gewidmet – Umweltproblemen,

---

Sonderbeitrag 4.1   Chiles neues Fischereigesetz

Chile besitzt eine der fünf größten Fischindustrien der Welt. Im Jahr 1990 beliefen sich die Exporte von Fisch und Fischprodukten auf über 900 Mio Dollar, womit der Sektor nach dem Bergbau der zweitwichtigste Devisenbringer war. Die Verwaltung der frei zugänglichen Fischerei wurde schwieriger, als zusätzliche Investitionen im Fischereisektor zu einer Überfischung führten. Die chilenische Regierung reagierte mit einem neuen Gesetz *(Ley de Pesca)*, das darauf abzielte, die Überausbeutung des Meeres und den Zusammenbruch jeder Art von Fischerei dadurch zu verhindern, daß die Genehmigung zum Fang der einzelnen Fischarten reglementiert wurde. Da jeder Entwurf für eine Bewirtschaftung bestimmte Einschränkungen beim Fischfang zur Folge haben würde, wurde das Gesetz zum Gegenstand einer öffentlichen Auseinandersetzung. Die Entstehung des Gesetzes illustriert einige der Zwänge, denen die Umweltpolitik ausgesetzt ist.

Bei der Gestaltung der neuen Bewirtschaftung wurden drei Hauptregulierungssysteme in Erwägung gezogen: Generelle Fangquoten, individuell transferierbare Quoten (ITQ) und Obergrenzen für einzelne Boote und ihr Fanggerät. Die endgültige Version des Gesetzes verbindet einen freien Zugang zur Fischereiausübung (innerhalb eines Gesamtkontingents) mit ausgewählten Kontrollen auf den Booten und einem Lizenzierungssystem, das schrittweise nach dem dritten Jahr in Kraft treten soll und auf prozentualen Anteilen am Gesamtfang basiert.

Das neue Gesetz ist eine Verbesserung gegenüber dem vorherigen Zustand eines vollkommen freien Zugangs zur Fischerei ohne Fangbegrenzung. Es war jedoch nicht möglich, ein striktes ITQ-System durchzusetzen – die am besten geeignete Methode sowohl vom Standpunkt einer tragbaren Fischereibewirtschaftung aus gesehen als auch aus Sicht der wirtschaftlichen Überlebensfähigkeit der Fischer. Fischereigesellschaften im Norden widersetzten sich der Aufnahme von ITQ im Gesetz. Sie favorisierten einen freien Zugang innerhalb von Gesamtkontingenten, was ihnen gestatten würde, ihre Boote von Fischgründen mit sinkenden Erträgen in andere Gebiete zu bringen. Viele Fischer betrachteten jegliche Fangbegrenzung als ein Nullsummenspiel, bei dem sie die Verlierer sein würden.

Das neue Fischereigesetz stellt einen wichtigen Schritt dar und demonstriert, daß eine Kompromißlösung häufig besser ist als gar keine Lösung. Seine Durchführung muß sorgfältig überwacht werden. Chile bekommt von den nordischen Ländern und der Weltbank Unterstützung, damit es die Fischindustrie besser überwachen und analysieren kann.

durch die das Leben von wesentlich mehr Menschen Risiken ausgesetzt sein dürfte.

Das Dramatische oder Photogene zu nutzen, um allgemeine Unterstützung zu suchen und Spenden zu sammeln, ist weitverbreitet. Nach Ansicht vieler Umweltschützer eignen sich solche Bilder als einflußreiche Metaphern für eine weiterverbreitete Sorge um die Umwelt. Es besteht jedoch die Gefahr, daß die Prioritäten verzerrt werden können. Die Regierungen müssen besonnene Entscheidungen über die relative Bedeutung unterschiedlicher Umweltprobleme treffen und die Prioritäten klug und kosteneffizient setzen.

Schwierigkeiten bei der Selbstregulierung

In vielen Ländern besitzt der staatliche Sektor die am stärksten die Umwelt verschmutzenden Industrien und kontrolliert wichtige Naturschätze. Anstatt Umweltschutzkriterien besser zu erfüllen als private Unternehmen, sind staatseigene Unternehmen tendenziell weniger effizient, verbrauchen mehr Ressourcen und erzeugen mehr Abfall. Der staatliche Sektor tut sich auch ganz offenkundig schwer mit seiner Selbstverwaltung. Dies demonstrieren eindeutig die Umweltprobleme Osteuropas und der ehemaligen UdSSR. Man kann nicht gleichzeitig Wilddieb und Wildhüter sein, insbesondere dann nicht, wenn staatliche Behörden für solch bedeutsame aber schwierige Aufgaben wie die Behandlung der Abwässer oder die Beseitigung fester Abfälle verantwortlich sind.

Eine größere Trennung zwischen dem Regulierenden und dem Regulierten herzustellen, ist die eine Möglichkeit. Die Errichtung halbselbständiger Steuerungsbehörden oder die Nutzung unabhängiger Kommissionen, um solche naturrelevanten Dinge wie die überregionale Wasserversorgung, den Fischfang oder die Forstpolitik zu regeln, tragen zu entpolitisierten Entscheidungen bei und schaffen eine größere Verantwortung für die Selbstregulierung. Auch die Privatisierung mit geeigneter Regulierung kann hilfreich sein; als in Großbritannien die Wasserversorgungsunternehmen privatisiert wurden, kamen sie unter strengere staatliche Überwachung.

Der Aufbau von Unterstützergruppen

Wenn der Staat gegen vorhandene Umweltverschmutzer vorgehen oder bestehende Rechte an Ressourcen neu verteilen soll, muß er auf eine breitere Unterstützung für eine gute Umweltpolitik bauen können und diese Unterstützung fördern. Vieles spricht dafür, daß die Basis für eine derartige Unterstützung bereits vorhanden ist, was manchmal durch besondere Umweltprobleme, manchmal durch ein einflußreiches Buch (wie Rachel Carsons Buch *„Der stumme Frühling"*) oder einen Expertenbericht gefördert worden ist. Ob als Wähler, Demonstrant oder Verbraucher – die Menschen zeigen in vielen Ländern ein ähnliches Interesse an Umweltangelegenheiten.

„Grüne" politische Parteien sind in zahlreichen Staaten entstanden, und die zunehmende Aktivität von nichtstaatlichen Organisationen machte Regierungen und öffentliche Institutionen für ihre Handlungen stärker verantwortlich. Umweltprobleme überbrücken häufig herkömmliche politische Trennungslinien. Ja, sogar in den Ländern, wo die konventionelle politische Mitwirkung verhindert wird, kann die Umwelt ein Betätigungsfeld sein, in dem die Regierung bereit ist, öffentlichen Protest zu dulden und darauf zu reagieren. Es ist kein Zufall, daß die Bewegung zu mehr demokratischen Regierungsformen mit der weltweiten Zunahme des öffentlichen Umweltbewußtseins Hand in Hand geht.

Auch das Verbraucher- und Produzentenverhalten ändert sich. In vielen Ländern sind die Menschen bereit, das Recycling zu unterstützen, intensiver über die Nutzung von Energie und Rohstoffen nachzudenken und ihre Verbrauchergewohnheiten zu ändern. Die Unternehmen reagieren häufig darauf, indem sie die Umwelt als Verkaufsargument benutzen. „Grüne Etikettierungen", zunehmende Verwendung wiederverwendbarer und biologisch abbaubarer Verpackungen und stärker energiesparende Technologien sind in den Industrieländern weitverbreitet, die gleichen Tendenzen zeigen sich aber auch in einigen Entwicklungsländern. Die Wirtschaft argumentiert manchmal, daß Umweltschutzmaßnahmen die Wettbewerbsfähigkeit verringern oder zu Arbeitsplatzverlusten führen; dabei liegt sie aber in der Regel falsch. (Wie in Kapitel 3 ausgeführt, haben viele Umweltschutzmaßnahmen auf die Wettbewerbsfähigkeit wenig Einfluß.) Die Wirtschaft realisiert zunehmend, daß sie Maßnahmen ergreifen kann, die sowohl umweltpolitisch als auch wirtschaftlich vorteilhaft sind. Beispielsweise vertritt der Bericht *Changing Course* (Schmidheiny 1992), der vom Business Council for Sustainable Development in Vorwegnahme auf die Umwelt- und Entwicklungskonferenz der Vereinten Nationen (UNCED) erstellt worden ist, energisch die Idee, daß ein gutes Umweltmanagement auch wirtschaftlich gesehen gut ist.

Angesichts der Vielfalt der Umweltprobleme und der politischen Einflußnahmen müssen die Regierungen ihre knappen Verwaltungskapazitäten sachgerecht nutzen. Um gute Umweltpolitiken zu entwickeln, brauchen sie sachkundige Analysen auf der Basis exakter Informationen. Sie müssen auch die Art und Weise verbessern, in der die Verwaltung ihre Entscheidungen trifft und durchsetzt. Um Maßnahmen in die Tat umzusetzen, müssen sie öffentliche Unterstützung finden und die örtliche Mitwirkung fördern. Diese Punkte bilden die Themen der folgenden Abschnitte.

Ausweitung des Wissens und Verbesserung des Verständnisses

Unwissenheit ist eine wichtige Ursache für Umweltschäden und ein ernstzunehmendes Hindernis bei der Suche nach Lösungen. Dies gilt für internationale Unterhändler und arme Haushalte gleichermaßen, wie die weltweiten Schäden zeigen, die durch die FCKW's der Ozonschicht zugefügt werden sowie durch die schwerwiegenden Einflüsse auf die Gesundheit der Familien durch die Wohnraumluftverschmutzung. Es ist erstens nötig, die Fakten zu kennen, zweitens Werte festzulegen und Nutzen und Kosten alternativer Maßnahmen zu analysieren sowie drittens sicherzustellen, daß die Informationen verfügbar gemacht werden, um staatliche und private Entscheidungen zu beeinflussen.

Sammlung der Fakten

Insbesondere in Entwicklungsländern werden häufig Entscheidungen ohne umweltpolitische Informationen getroffen. Die grundlegenden Daten zu sammeln kann teuer sein, die Erträge sind jedoch in der Regel hoch. Obwohl die einzelnen Länder unterschiedliche Probleme haben, gibt es einige generelle Merkmale. Beispielsweise legt die Diskussion in Kapitel 2 für die Überwachung der Umweltverschmutzung und der Müllprobleme folgende Schwerpunkte nahe:
- Qualität und Verfügbarkeit von Trinkwasser- und Kanalisationsanlagen,
- Belastung durch luftverschmutzende Substanzen in städtischen Regionen, insbesondere Schmutzpartikel und Blei,
- fäkale Koliforme und Schwermetalle in Flüssen und Seen,
- Umweltverschmutzung in Wohnungen durch die Verbrennung von Biomasse,
- gefährliche Abfälle und Pestizide in ausgewählten „Brennpunkten".

Grundlegende Managementinformationen über die Nutzung von Land und Naturschätzen, die für eine bessere Verwaltung dieser Ressourcen erforderlich sind (vgl. Kapitel 7), umfassen:
- Daten über die Böden, aufgrund von Bodenstichproben und Bodenuntersuchungen in jeder landwirtschaftlich genutzten Zone,
- Grad der Erschöpfung der Grundwasservorräte und Qualität des Grundwassers in gefährdeten grundwasserführenden Schichten,
- Veränderungen bei den Waldflächen und Daten über den Holzeinschlag und die Rekultivierung,
- Daten über Fischereierträge und die Abnahme des Wildbestandes in gefährdeten Regionen,
- Schäden in Küstenregionen und Feuchtgebieten.

Es werden Anstrengungen unternommen, um Ländern mit Hilfe von Umweltüberwachungsmaßnahmen zu helfen und um international vergleichbare Daten zusammenzustellen. Das globale System der Umweltüberwachung (Global Environmental Monitoring System, GEMS), das vom Umweltprogramm der Vereinten Nationen (UNEP) verwaltet wird, ist bezüglich der Luft- und Wasserqualität in 142 Ländern tätig. Die Überwachung der städtischen Luftqualität begann im Jahre 1974. Die Mehrzahl der Städte in Schaubild 4.1 meldet Konzentrationen von Schwefeldioxid und Schmutzpartikeln, beides wichtige luftverschmutzende Substanzen. Leider war die Höhe der Finanzhilfe bis jetzt unzureichend, und daher ist der Umfang und die Qualität der erfaßten Daten schlechter, als es wünschenswert wäre.

Angesichts der begrenzten Mittel ist es besser, sich auf die wichtigsten umweltverschmutzenden Substanzen zu konzentrieren und die Meßstellen auf eine Zahl zu begrenzen, die exakt überwacht werden kann. Ende der achtziger Jahre überwachte Polen angeblich regelmäßig die Flußverschmutzung an mehr als 1.000 Stellen. Auch wenn alle gesammelten Stichproben ordentlich analysiert worden wären, würde die zusätzliche Kenntnis über die Flußqualität, die über ein System von 100 bis 200 Meßstellen hinaus zu erreichen wäre, ein derart aufwendiges System nicht rechtfertigen.

Ein weltweites Netz überwacht die Luftverschmutzung

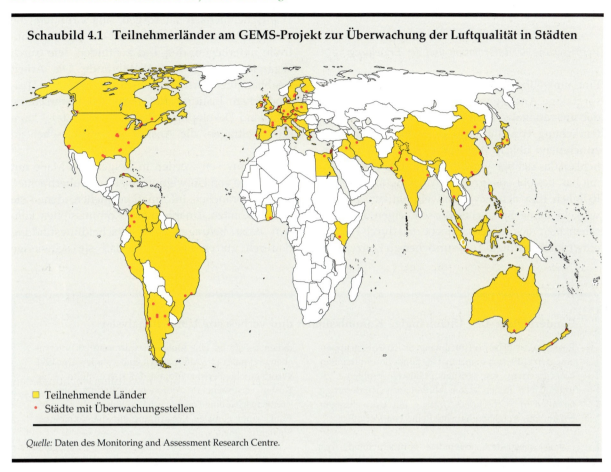

Schaubild 4.1 Teilnehmerländer am GEMS-Projekt zur Überwachung der Luftqualität in Städten

☐ Teilnehmende Länder
• Städte mit Überwachungsstellen

Quelle: Daten des Monitoring and Assessment Research Centre.

*Bewertung der Ressourcen und Analyse
von Nutzen und Kosten*

Die Beendigung von eingefahrenen aber umweltschädlichen Praktiken ist für Regierungen schon dann schwierig genug, wenn der Schaden ohne weiteres quantifizierbar ist. Wenn Umweltschäden die Gesundheit bedrohen oder die wirtschaftliche Produktion gefährden, ist es relativ leicht, auf die Vorteile wirtschaftspolitischer Reformen hinzuweisen. Wie jedoch die voranstehenden Kapitel gezeigt haben, sind einige Umweltqualitäten – die für Arme und Reiche gleich wichtig sind – nicht nur marktmäßig unbewertbar, sondern auch nicht unmittelbar greifbar. Je schwieriger es ist, die Vorteile eines Erhalts dieser Umweltwerte zu quantifizieren, desto schwieriger ist es für die politischen Entscheidungsträger, die Gewinne einer Erhaltung der Umwelt gegen die schnellen Profite, die aus der Ausbeutung der Ressourcen oder der Umweltverschmutzung gezogen werden, aufzuwiegen. Wie jedoch in Kapitel 3 beschrieben wird, ermöglichen es jetzt ver-

feinerte Methoden, den Wert wenig faßbarer Umweltvorteile zu schätzen.

In zahlreichen Fällen kann sich die örtliche Kosten-Nutzen-Analyse auf internationale Erfahrungen stützen. Forscher in Bangkok, die die Einflüsse der Umweltverschmutzung auf die Gesundheit untersuchten, verglichen die örtlichen Daten mit den Erfahrungen in anderen Ländern hinsichtlich der Zusammenhänge zwischen Umweltbelastung und Gesundheit. Sie entdeckten, daß die größten gesundheitlichen Bedrohungen von Schmutzpartikeln, Blei und bakteriellen Erkrankungen ausgingen. Andere Umweltprobleme, die traditionell eine erhebliche Aufmerksamkeit erregen – die Verschmutzung des Grund- und Oberflächenwassers, luftverschmutzende Substanzen wie Schwefeldioxid, Stickstoffdioxid und Ozon sowie die Beseitigung gefährlicher Abfälle – waren weit weniger riskant. (In der Tat waren die schlimmsten Bedrohungen mindestens hundertmal so gravierend wie die, die von den am wenigsten gefährlichen Risiken ausgingen.) Diese Erkenntnis wurde dazu genutzt, kosteneffiziente Umweltschutzmaßnahmen zu entwickeln.

Verbesserung der Information und der Erziehung

Eine umweltbewußte Erziehung, die sich auf eine sorgfältige Analyse gründet, kann in die Umweltdebatte rationales Denken einbringen. Die Veröffentlichung von jährlichen Umweltberichten wird zunehmend üblich. Wenn eine informierte Öffentlichkeit das richtige Verständnis für Umweltprobleme hat, besteht eine größere Aussicht, aktive, statt lediglich rein defensive Umweltpolitiken zu entwickeln. Ohne ein solches Wissen neigen die Menschen dazu, sich auf sensationelle und durch Fremdeinwirkung bedingte Todesursachen zu konzentrieren (wie beispielsweise technische Katastrophen und atomare Unfälle) und sich weniger um die Wahrscheinlichkeit zu sorgen, aus Gründen, die weniger dramatisch sind und oft der eigenen Kontrolle unterliegen, den Tod zu finden, wie durch Zigarettenrauchen und Waldbrände. Die Arbeit unabhängiger Forschungsinstitute – wie des Thailändischen Instituts für Entwicklungsforschung (Thailand Development Research Institute) – kann dazu beitragen, die Ansichten der Menschen zu ändern.

Gemeinwesen werden in steigendem Maße mit einer Fülle von Umweltinformationen überfrachtet, und sie brauchen Informationsquellen, denen sie trauen können. Unabhängige Kommissionen können dazu beitragen, die Entscheidungsfindung dadurch zu entpolitisieren, daß sie schwierige

---

Sonderbeitrag 4.2 Unabhängige Kommissionen und verbesserte Umweltanalysen

Regierungen haben oft unabhängige Expertengruppen eingesetzt (die sich manchmal als Sonderkommissionen konstituierten), um strittige politische Probleme zu untersuchen. In den letzten Jahren haben sich derartige Gremien in wachsendem Umfang mit Umweltfragen befaßt. Das Vorgehen hat eine Reihe von Vorteilen.

• Es vermindert, zumindest vorübergehend, den Druck, eine frühzeitige Entscheidung zu treffen.

• Es erleichtert eine offene Debatte, manchmal mittels öffentlicher Vorlagen oder Anhörungen, ohne daß die Regierung verpflichtet wird, irgendwelche Empfehlungen anzunehmen, die sich daraus ergeben könnten. Wissenschaftliche Meinungsverschiedenheiten können geklärt und die Öffentlichkeit kann unterrichtet werden.

• Es bewirkt, daß eine Anzahl wissenschaftlicher Disziplinen und Interessengruppen zusammengebracht wird. Ein Konsens entsteht eher, wenn die Kommission von einer unabhängigen Person anstatt von einem Regierungsvertreter geleitet wird.

Es gibt mehrere interessante Beispiele für die Nützlichkeit dieses Vorgehens.

Bei globalen Problemen. Im Jahr 1990 legte die Enquete-Kommission über Vorsorgemaßnahmen zum Schutz der Erdatmosphäre dem Deutschen Bundestag einen umfassenden Bericht vor. Die Kommission, die sich aus Wissenschaftlern und Vertretern der wichtigsten politischen Parteien des Landes zusammensetzte, gab spezifische Empfehlungen nicht nur zur nationalen Energiepolitik, sondern auch zu internationalen Maßnahmen ab.

In den Vereinigten Staaten beauftragte der Kongreß die Nationale Akademie der Wissenschaften, die vorhandenen Belege für eine globale Erwärmung zu untersuchen und politische Alternativen zu beurteilen. Der 1991 veröffentlichte Bericht empfahl, daß ausgewählte, wenig Kosten verursachende Aktionen zur Reduzierung der Treibhausgase eingeleitet werden sollten, auch wenn der Effekt einer globalen Erwärmung auf die Vereinigten Staaten ungewiß wäre.

Bei nationalen Prioritäten. Industrieländer haben gelegentlich Expertengruppen eingesetzt, um die Entwicklung nationaler Umweltstrategien vorzubereiten. Großbritannien hatte seit 1970 eine Königliche Kommission für Fragen der Umweltverschmutzung. Die Mitglieder wurden ad personam, und nicht als Vertreter von Organisationen oder Berufsgruppen, für mindestens drei Jahre berufen. Die Kommission ist ermächtigt, Dokumente anzufordern und sogar vor Ort tätig zu werden. Im Laufe der Jahre hat sie fünfzehn Berichte angefertigt, von denen die meisten die Politik beeinflußt haben. Beispielsweise wurden infolge des Berichts von 1983 über Blei der Bleianteil im Benzin verringert und unverbleite Treibstoffe eingeführt.

Bei besonderen Umweltproblemen. Die Staaten finanzieren in zunehmendem Maße unabhängige „Denkfabriken", wie das Thailändische Institut für Entwicklungsforschung, das einen großen Bereich von Problemen untersucht, darunter auch Umweltfragen. Manchmal stützen sich die Länder auf behördenübergreifende Sondergruppen, um einzelne Probleme zu untersuchen. In Ungarn bewertete eine Arbeitsgruppe einen geplanten Damm für ein Wasserkraftwerk an der Donau; in Mexiko wird eine Sondergruppe den Einsatz ökonomischer Instrumente für die Kontrolle der Umweltverschmutzung und die Verwaltung der Naturschätze analysieren.

Umweltfragen kritisch untersuchen und Empfehlungen für politisches Handeln aussprechen. Sonderbeitrag 4.2 zeigt, wie einige dieser Gremien zur Entwicklung des politisch notwendigen Konsenses über so komplexe Themen wie die globale Erwärmung, die Kontrolle der Umweltverschmutzung und die Stadtplanung beigetragen haben. Unabhängige Kommissionen können auch öffentliche Behörden prüfen und sie so stärker verantwortungspflichtig machen.

Der wichtigste Effekt einer verbesserten Information und umweltbewußten Erziehung ist die Veränderung der Verhaltensweisen. Gutinformierte Bürger können aus einer besseren Position heraus Druck auf Regierungen und Umweltverschmutzer ausüben und akzeptieren wahrscheinlich eher die Kosten und Unbequemlichkeiten umweltpolitischer Maßnahmen. Die Ergebnisse können drastisch ausfallen. In Curitiba (Brasilien) hat ein energischer Bürgermeister, zusammen mit einer pflichtbewußten Stadtverwaltung und einer informierten und engagierten Öffentlichkeit, viele umweltpolitische Reformen durchgesetzt und eine bessere Lebensqualität in dieser Stadt mit 2 Millionen Menschen erreicht. Öffentliche Transportmittel werden von der Mehrheit der Bevölkerung benutzt, Grünflächen sind ausgeweitet worden, das Recycling wird weitgehend praktiziert und die Ansiedlung und Produktionsstruktur der Industrie wurden sorgfältig ausgewählt, um die Umweltverschmutzung möglichst niedrig zu halten.

Institutionelle Veränderungen: den öffentlichen Sektor reagibler machen

Angesichts der Tatsache, daß die knappste staatliche Ressource oft nicht das Geld, sondern die Verwaltungskapazität ist, und weil politischer Druck die Umweltpolitik in besonderem Maße erschwert, muß der Staat sorgfältig abwägen, was er macht und wie er es macht. Das „Was" der Umweltpolitik umfaßt die Festlegung von Prioritäten, die Koordinierung von Aktivitäten und die Konfliktlösung sowie die Errichtung reagibler Regulierungs- und Überwachungsorgane. Die institutionelle Antwort auf diese Aufgaben – das „Wie" der Herausforderung – umfaßt die Entwicklung gesetzgeberischer und administrativer Strukturen, die Bereitstellung benötigter Fachkenntnisse, die Sicherung der Finanzierung und die Koordinierung der Geber sowie die Dezentralisierung und Übertragung von Verwaltungskompetenzen.

Wesentliche staatliche Funktionen

FESTLEGUNG DER PRIORITÄTEN UND FORMULIERUNG DER POLITIK. Da alle Länder sich mit zahlreichen Umweltproblemen konfrontiert sehen, müssen die Regierungen auf Basis fundierter Analysen Prioritäten festlegen, so daß sie den wirksamsten Gebrauch von den knappen administrativen und finanziellen Ressourcen machen können. Oft ist eine *bessere* Umweltpolitik wichtiger als ein *Mehr* an Umweltpolitik. In vielen Entwicklungsländern muß die höchste Priorität den Umwelteinflüssen auf Gesundheit und Produktivität gewidmet werden (vgl. Kapitel 2). Die tatsächlichen Prioritäten werden davon abhängen, ob ein Land überwiegend ländlich oder städtisch strukturiert ist, sowie vom Durchschnittsniveau (und der Verteilung) der Einkommen. In stark verstädterten Ländern wie Argentinien, Korea und Polen wird die Luft- und Wasserverschmutzung in den Städten Priorität genießen. In mehr ländlich geprägten Staaten, wie in vielen Ländern Afrikas südlich der Sahara, in Teilen Mittelamerikas sowie in Indien und Bangladesch, dürften die Bewirtschaftung des Bodens, der Wälder und die Wasserversorgung die höchste Priorität genießen.

Wichtig ist, wie sich die Auswirkungen verteilen. Wohlhabendere Stadtbewohner, die selbst in der Lage sind, sich gegen verunreinigtes Wasser zu schützen, können die Regierungen zu beeinflussen suchen, der Bekämpfung der Luftverschmutzung, die die Reichen und Armen gleichermaßen tangiert, eine höhere Priorität einzuräumen, statt eine Versorgung mit sauberem Wasser sicherzustellen. Doch können Investitionen in die Wasserversorgung einen viel größeren unmittelbaren Gesundheitseffekt haben.

Nationale Umweltpläne erweisen sich als nützliche Instrumente für die Festlegung von Prioritäten. Pläne werden derzeit für eine Anzahl afrikanischer Länder aufgestellt und sind bereits für Lesotho, Madagaskar und Mauritius fertiggestellt worden. Die Erfahrungen Burkina Fasos mit einem derartigen Plan (Sonderbeitrag 4.3) unterstreichen, wie wichtig es ist, einen Konsens herzustellen und Handlungswillen zu zeigen.

KOORDINIERUNG UND PLANUNG. Wenn die Prioritäten gesetzt und entsprechende Maßnahmen formuliert worden sind, kommt es entscheidend darauf an, die Politik durchzusetzen und die Konflikte zu lösen. Umweltpolitik überschreitet oft die normalen Grenzen verwaltungsmäßiger Verantwort-

Sonderbeitrag 4.3 Festlegung von Prioritäten in Burkina Faso

Ein verbessertes Umweltmanagement erfordert sowohl das Engagement der Regierung als auch der breiten Öffentlichkeit. Die in jüngster Zeit von Burkina Faso gemachten Erfahrungen bei der Entwicklung eines nationalen Umweltplans zeigen, wie der Gestaltungsprozeß selbst ein wesentlicher Bestandteil bei der Schaffung eines Umweltbewußtseins und der Herausbildung des erforderlichen politischen Handlungswillens sein kann.

Als Burkina Faso seinen Plan zu entwickeln begann, stützte sich der Prozeß auf eine Reihe vorausgegangener nationaler Treffen, deren Ergebnisse in Berichten zusammengefaßt wurden, die bei örtlichen Beratern in Auftrag gegeben worden waren. Diese Berichte führten zur Festlegung verschiedener Hauptprogrammbereiche: die Entwicklung eines fähigen Umweltmanagements auf allen Ebenen, die Verbesserung der Lebensbedingungen in ländlicher und städtischer Umwelt, die Konzentrierung auf das Umweltmanagement auf dörflicher („Mikro"-)Ebene, die Hinwendung zu wichtigen nationalen Ressourcenproblemen („Makro-Ebene") sowie die Steuerung der Informationen über die Umwelt, um alle diese Punkte unterstützen zu können.

Mit Finanzierungshilfe durch eine Reihe bilateraler und multilateraler Organisationen, darunter der Weltbank, nahm dieser ganze Prozeß drei Jahre in Anspruch und kostete rund 450.000 Dollar. Es wurde ein nationales Seminar abgehalten, um den Planentwurf zu erörtern und die Prioritäten festzulegen und damit die Verabschiedung durch das Kabinett im September 1991 vorzubereiten. Für Mitte 1992 ist ein Treffen geplant, auf dem die Kreditgeber gebeten werden, Unterstützung für bestimmte Projekte zuzusagen, die im Aktionsplan enthalten sind.

Die wichtigste Lehre, die aus dem Vorgehen in Burkina Faso gezogen werden kann, besteht darin, daß es durch die Zusammenarbeit von Regierung und örtlichen Beratern möglich war, einen Plan zu entwickeln, der die Arbeit derjenigen berücksichtigt, die den Plan durchzuführen haben. Obwohl es schneller gegangen wäre und billiger hätte sein können, den Plan mit Hilfe ausländischer Berater aufzustellen, wäre der Plan doch kein Produkt von Burkina Faso gewesen und wäre wahrscheinlich neben anderen „externen" Plänen im Bücherregal gelandet, statt in die Tat umgesetzt zu werden.

---

lichkeiten. Ob es sich um eine Flußgebietsbewirtschaftung zum Schutze eines neuen Staudamms, die Verteilung der Wasservorräte einer Region auf konkurrierende Benutzer oder um das komplexe Problem der Regulierung der Luftqualität einer Stadt handelt – stets müssen viele verschiedene Parteien zusammengebracht werden. Behördenstellen müssen zusammenarbeiten, und es bedarf gewisser Mechanismen zur Lösung von Konfliktsituationen. Obwohl es bei Regierungen eine natürliche bürokratische Tendenz gibt, auf sektorübergreifende Konflikte mit der Gründung regionaler Organisationen zu reagieren, waren diese in der Vergangenheit nur in seltenen Fällen erfolgreich, weil sie unvermeidlich mit gut etablierten, sektoral organisierten Regierungsstellen in Konflikte gerieten.

Ein generelles Problem bei Umweltfragen, die über normale Zuständigkeitsbereiche der Verwaltung hinausgehen, ist das Fehlen wirksamer Mechanismen zur Koordinierung der Arbeiten. In São Paulo (Brasilien) unterhält die Stadtregion eine Planungsbehörde, während der Bundesstaat über Behörden verfügt, die für Umweltschutz, Wasserversorgung und Kanalisation verantwortlich sind. Eine Konsequenz der getrennten Verantwortlichkeiten ist, daß Programme zur Kontrolle der industriellen Umweltverschmutzung nicht mit Investitionen in die Abwasseraufbereitung integriert worden sind, und der Kanalisationsplan ist nicht vernünftig umgesetzt worden. (Beispielsweise wurden Aufbereitungsanlagen gebaut, nicht jedoch die erforderlichen Auffangbecken und Abflußkanäle.)

Wenn eine regionale Umweltplanung erfolgreich sein soll, brauchen die Länder flexible Verwaltungsstrukturen, die die Verantwortlichen dazu ermutigen, „global zu denken und sektoral zu handeln". In ländlichen Regionen sollte die Bewertung der verfügbaren Ressourcen und die Planung für einzelne Flußläufe und Bewässerungssysteme auf örtlicher Ebene erfolgen, auch wenn federführende Ministerien die Verantwortung für die Durchführung übernehmen. In Städten erfordert der Umgang mit der Luft- und Wasserverschmutzung einen funktionierenden Mechanismus für eine sektorübergreifende Planung und Koordinierung. Santiago und Mexiko-Stadt errichteten beispielsweise in letzter Zeit spezielle Organisationen, um Strategien zur Reduzierung der Umweltverschmutzung zu planen, die von verantwortlichen Behörden für das größere Stadtgebiet durchgesetzt werden sollen; in Mexiko-Stadt wird das Amt sowohl für einen Teil des Staates Mexiko als auch für die Bundeshauptstadt zuständig sein. In Jakarta hat die Arbeit verschiedener sektorübergreifender Stellen dazu geführt, daß ein

Programm zum Schutz der für den Stadtbereich ökologisch empfindlichen Flußläufe relativ erfolgreich umgesetzt werden konnte, indem man das Wachstum vom Süden, wo die Flußgebiete liegen, in den Osten und Westen der Stadt verlagerte.

REGULIERUNG UND DURCHSETZUNG. Behörden, denen es ständig an Geld und Personal mangelt, müssen kosteneffiziente Wege zur Durchsetzung der Politik finden. Eine Möglichkeit besteht darin, den Bürgern größere Rechte einzuräumen, um gegen Umweltverschmutzer vorzugehen, seien diese staatliche oder private. Beispielsweise könnten öffentliche Umweltbehörden örtlichen Gemeinwesen oder Freiwilligen-Organisationen eine beträchtliche Verantwortung für die Durchsetzung oder Überwachung von Programmen übertragen. Dieses Vorgehen kann durch die Gesetzgebung formalisiert werden. Im Gesetz zur Reinhaltung der Luft von 1970 ermächtigte der US-Kongreß private Bürger, gerichtliche Verfügungen (und in einigen Fällen Geldbußen) gegen Firmen zu beantragen, die gegen die Voraussetzungen für ihre Betriebsgenehmigung verstoßen hatten; damit fiel die Überwachung der Umwelt nicht länger in die ausschließliche Verantwortung des Staates.

Die Überwachung kann dadurch gefördert werden, daß man mehr auf den privaten Sektor oder auf nichtstaatliche Gruppierungen zurückgreift. Viele Regierungen engagieren jetzt private Unternehmen oder technische Beratungsfirmen, um Umweltfragen zu beurteilen, Daten zu sammeln und zu analysieren, Überwachungen und Inspektionen durchzuführen und Fachberatung zu gewähren. Mexiko-Stadt führt beispielsweise Maßnahmen zur Kontrolle der Luftverschmutzung mit Hilfe privater Inspektionsstellen für Kraftfahrzeuge ein, und man überlegt, private Labors für die Analyse von Luft- und Wasserproben heranzuziehen.

Kommunale Gruppierungen können bei der Durchsetzung der Umweltpolitik eine wichtige Rolle spielen. In Indien wurde ein „Umwelt-Prüfungsverfahren" für das 500-Megawatt-Wärmekraftwerksprojekt Dahanu entwickelt, das sich derzeit in Bau befindet. Die für die Kontrolle der Umweltverschmutzung verantwortlichen Behörden planen, an örtliche Gemeinden und nichtstaatliche Organisationen kurzgefaßte und allgemeinverständlich gehaltene Zusammenstellungen über die Ergebnisse der Umweltüberwachung zu verteilen. Kommunale Gruppierungen können dann die Emissionen mit den gesetzlichen Vorschriften vergleichen und, falls erforderlich, vor Gericht Abhilfe einklagen.

Der Erfolg solcher Maßnahmen wird teilweise davon abhängen, inwieweit Informationen über umweltverschmutzende Aktivitäten frei verfügbar sind. Manchmal wird allein die Verpflichtung großer Umweltverschmutzer, Informationen über spezifische Emissionen zu veröffentlichen, das Verhalten in gewisser Weise beeinflussen. Die Gesetzgebung verlangt in den Vereinigten Staaten, daß nunmehr etwa 20.000 Betriebe die Öffentlichkeit über ihre jährliche Freisetzung von 320 potentiell krebserregenden Substanzen informieren. Die Veröffentlichungen können auch dazu beitragen, daß die Aufmerksamkeit des leitenden Personals auf den Schadstoffausstoß und die Möglichkeiten zu seiner Verringerung verlagert wird, und sie können die offizielle Überwachung durch die staatliche und kommunale Aufsicht ergänzen.

Die Reaktion der Institutionen

Die Politik hat häufig schneller zu Maßnahmen gegriffen als die administrativen Kapazitäten in der Lage waren, diese zu analysieren und durchzusetzen. Die Anzahl der Gesetze vervielfachte sich, und oft mündete dies in eine Vielzahl widersprüchlicher Regelungen, die die Fähigkeiten des Staates, sie durchzusetzen, überforderte. Eine solche Situation, in Verbindung mit Untätigkeit in Umweltfragen, schürt die Skepsis gegenüber Gesetzen im allgemeinen und der staatlichen Verpflichtung zum Umweltschutz im besonderen, und es kann die Korruption fördern. Es ist ganz entscheidend, die Diskrepanz zwischen Gesetzgebungsmaßnahmen und ihrer Durchsetzbarkeit zu schließen. Das bedeutet, daß die Art und Weise, wie die Staatsmaschinerie Umweltprobleme handhabt, geändert werden muß.

Als die Weltbank die Darlehensgewährung für Zwecke der Umweltpolitik in den achtziger Jahren ausweitete, war es offensichtlich, daß der öffentliche Sektor häufig nicht in der Lage war, die erwarteten Ergebnisse zu liefern. Die Weltbank und die Mitgliedsstaaten begannen daher, umfassende Länderpläne für Umweltaktivitäten aufzustellen. Diese Pläne berücksichtigen sowohl die rechtlichen als auch die administrativen Rahmenbedingungen so unterschiedlicher Länder wie Brasilien, Polen und die Philippinen (Sonderbeitrag 4.4). Die mit diesen Plänen gemachten Erfahrungen zeigten, daß an eine erfolgreiche politische Umsetzung fünf Hauptanforderungen gestellt werden müssen: eindeutige gesetzliche Rahmenbedingungen, geeignete Verwaltungsstrukturen, technische Fertigkeiten, ausreichende Geldmittel und dezentralisierte Verantwortlichkeiten.

SCHAFFEN DES GESETZLICHEN RAHMENS. Wenn die gesetzlichen Grundlagen für die Umweltpolitik festgelegt werden sollen, erfordert dies oft, überholte Gesetze außer Kraft zu setzen und neue Vorstellungen rechtlich zu fixieren. Sofern die Gesetze ihre Wirksamkeit entfalten sollen, müssen auch detaillierte Durchführungsbestimmungen entwickelt werden, ohne die die meisten Gesetze nur allgemeine Rechtsprinzipien darstellen. Neue Umweltbestimmungen müssen in bestehende staatliche Verfahren oder in die traditionelle örtliche Rechtsordnung integriert werden. In Chile bestand einer der ersten Schritte der neuen nationalen Umweltkommission (CONAMA) darin, die bestehende Gesetzgebung einer Überprüfung zu unterziehen und ein umfassendes Umweltgesetz vorzubereiten. Dieses Gesetz und ein Begleitgesetz, das Durchführungsbestimmungen für die Bewertung von Umweltfragen festlegt, werden einen vernünftigen Rahmen für die Umweltpolitik bilden (beide Gesetzeswerke befinden sich derzeit in der Beratungsphase).

AUFBAU DER VERWALTUNGSSTRUKTUREN. Der Aufbau von Institutionen ist eine langwierige Angelegenheit. Er ist abhängig von örtlichen Gegebenheiten, politischen Faktoren und der Verfügbarkeit von Arbeitskräften und Geld. Oft ist es am einfachsten, auf bereits bestehende Institutionen zurückzugreifen. In der Praxis ist die Struktur der Umweltadministration viel weniger wichtig als die Fähigkeit, die Aufgabe in den Griff zu kriegen. Wie oben ausgeführt, brauchen die Regierungen die Kraft, Prioritä-

---

Sonderbeitrag 4.4 Die Kluft zwischen Politik und praktischer Durchsetzung

In einer wachsenden Zahl von Schuldnerländern umfaßt die Unterstützung der Weltbank bei der Aufstellung nationaler Umweltpläne auch Hilfe beim Aufbau von Institutionen. Im folgenden sind einige Beispiele für Versuche angeführt, wie die Kluft zwischen der Politik auf dem Papier und den Ergebnissen in der Praxis verringert werden kann.

Das Nationale Umweltprojekt von Brasilien, ein Mitte der neunziger Jahre unterzeichnetes Darlehensprogramm in Höhe von 117 Mio Dollar, soll den institutionellen und regulativen Rahmen stärken und eine bessere Bewirtschaftung der biologischen Ressourcen fördern. Als Unterstützung der ersten Dreijahresphase des Nationalen Umweltprogramms Brasiliens, finanziert das Projekt die Stärkung der nationalen Naturschutzbehörden, die Verbesserung des Umweltmanagements in bedrohten Ökosystemen im Pantanal, in den Wäldern am Atlantik und der brasilianischen Küste und die Förderung der IBAMA (Brasiliens nationaler Umweltbehörde, die das Projekt betreut) sowie bundesstaatliche Umweltbehörden. Das Darlehensprogramm gibt Finanzhilfen für die Ausbildung des Personals, für die Ausstattung, für ein besseres technisches Informationswesen und für rechtliche und technische Hilfe, für die Verbesserung der Regulierungen und der technischen Richtlinien beim Umweltmanagement sowie für eine umweltbewußte Erziehung. Die Durchführung des Projekts wurde durch Fiskal- und Verwaltungsprobleme verzögert. Der langsame Start unterstreicht die Notwendigkeit, die Verwaltungskapazitäten der Ausführungsbehörden zu verbessern, bevor sie die Projektdurchführung wirksam in Angriff nehmen können.

Der Aufbau von Institutionen für den Umweltschutz ist in Osteuropa von entscheidender Bedeutung. Das für Polen im April 1990 genehmigte Umweltschutzprojekt stellte das dritte Darlehensprogramm der Weltbank für das Land dar, und es war das erste für Umweltangelegenheiten. Das Darlehen von 18 Mio Dollar ist vorgesehen für die Stärkung des Umweltmanagements, die Einführung konsistenter Standards und deren Durchsetzung, die Verbesserung der Kontrolle und die Regionalisierung des Umweltmanagements. Die Regierung hat die am stärksten verschmutzten Gebiete identifiziert und die achtzig größten industriellen Umweltverschmutzer angewiesen, ihren Umweltschutz sofort zu verbessern. Gleichzeitig revidieren staatliche Sonderausschüsse das System der Regulierungen und entwickeln eine nationale Strategie der Umweltüberwachung.

Auf den Philippinen soll ein Darlehens- und Kreditprogramm im Gesamtbetrag von 224 Mio Dollar, das 1991 gebilligt worden ist, wirtschaftspolitische Reformen fördern und die Institutionen stärken. Das Darlehensprogramm sieht Schritte vor, die zum Schutz der Artenvielfalt im Land beitragen. Da die größten Bedrohungen für die Artenvielfalt vom Vordringen landhungriger Farmer und von illegalen kommerziellen Waldrodungen ausgehen, unterstützt das Projekt eine auf Dauer tragfähige Ressourcennutzung durch Kleinbauern, im Austausch gegen sichere Besitzrechte; außerdem verbessert es die Durchsetzung der Bestimmungen über Waldrodungen unter anderem durch den Ausbau der regionalen und lokalen Amtsstellen des Ministeriums für Umwelt und Naturschätze. Das Darlehensprogramm unterstützt auch die Planung eines Netzes von Naturschutzgebieten und stellt Mittel zur Verfügung, um zehn Schutzgebiete höchster Priorität zu verwalten.

ten zu setzen, zu koordinieren und Konfliktsituationen zu lösen sowie Regulierungen einzuführen und zu überwachen. Die Länder werden diese Aufgaben unterschiedlich lösen: Beispielsweise kann die Koordinierung und Konfliktlösung durch eine unabhängige Verwaltungsbehörde erfolgen, sie kann von einer interministeriellen Kommission wahrgenommen werden oder von einer kleinen, politisch und technisch hochqualifizierten Gruppe im Präsidentenamt. Der ausschlaggebende Faktor ist die klare gesetzliche Kompetenz, in Verbindung mit der Autorität, Meinungsverschiedenheiten innerhalb der Regierung zu lösen, und der Fähigkeit, die Kontinuität zu wahren, wenn die Regierung wechselt.

Institutionelle Lösungen, die sich als hilfreich erwiesen haben, sind:

- Eine offizielle, hochrangige Behörde, die die Politik beraten kann und die Umsetzung der Politik überwacht. Beispiele sind die IBAMA in Brasilien, die Bundesumweltschutzbehörde (FEPA) in Nigeria und die staatliche Kommission für Umweltschutz in China.
- Umweltarbeitsgruppen in den wichtigsten Ministerien, die der zentralen Institution mit technischem Rat beistehen können und diejenigen Umweltmaßnahmen überwachen, für deren Durchführung die Ministerien verantwortlich sind. Die Aufsicht über die generelle Qualität der Umwelt (insbesondere der Luft und des Wassers) obliegt, aus der Perspektive der öffentlichen Gesundheitspolitik, häufig dem Gesundheitsministerium, und die Bewirtschaftung und Erhaltung der Naturschätze kann auf staatliche Stellen verteilt sein, die für die Landwirtschaft, die Forstwirtschaft, die Fischerei sowie für Naturparks und die Wildbestände die Verantwortung tragen.
- Regionale und lokale Umweltarbeitsgruppen, die die örtliche Durchführung und Überwachung ermöglichen und die Informationen an die nationale Regierung weitergeben (siehe unten).

BESEITIGUNG DES MANGELS AN FACHLEUTEN. Dem staatlichen Sektor fehlt es in vielen Entwicklungsländern auf allen Ebenen an qualifiziertem Personal. Die erforderlichen Fachleute dürften vorhanden sein, der Staatsdienst ist jedoch nicht attraktiv, weil die Gehälter dort deutlich unter dem Marktniveau liegen. Umweltbehörden sind deshalb dazu gezwungen, sich des Personals der Privatfirmen zu bedienen, die sie mit der Regulierung beauftragen, oder sie können gezwungen sein, sich auf Expertisen teurer, zeitweilig tätiger Berater zu stützen.

Einige Länder haben Mittel und Wege gefunden, dieses Problem zu lindern. Beispielsweise führen in Lateinamerika Stiftungen und Institute, die aus nichtstaatlichen Quellen finanziert werden, oft sowohl die politische Analyse als auch das Ressourcen-Management durch.

Ein anderes weitverbreitetes Problem stellt das Ungleichgewicht an beruflichen Qualifikationen dar. In einigen Ländern werden die Behörden von Ingenieuren dominiert und verfügen nur über wenige Natur- oder Sozialwissenschaftler; in anderen Ländern ist es genau umgekehrt. Praktische Umweltpolitik verlangt aber beides: Naturwissenschaftler oder Biologen, um erneuerbare Ressourcen zu bewirtschaften, Sozialwissenschaftler – Volkswirte, Soziologen und Anthropologen –, um die Probleme zu erkennen und politische Strategien zu formulieren, und Ingenieure, um Lösungen zu entwickeln.

Ökonomische Analysen sind besonders wichtig (und fehlen häufig) im Dialog zwischen den für die Umweltpolitik Verantwortlichen und denen, die für den Staatshaushalt, die Planung und die Wirtschaftspolitik die Verantwortung tragen. Ein für die Umweltökonomie zuständiger Ausschuß im Ministerium oder in der Behörde, die für die Wirtschaftsplanung und die öffentlichen Finanzen zuständig ist, kann diese Rolle übernehmen, indem er die Verteilung der Haushaltsmittel beurteilt, sicherstellt, daß ökonomische Anreize mit umweltpolitischen Zielen vereinbar sind und dazu beiträgt, bei der Festlegung der Entwicklungsprioritäten ein angemessenes Gleichgewicht zwischen umweltpolitischen und wirtschaftlichen Zielen herzustellen.

BESCHAFFUNG DER FINANZMITTEL. Umweltbehörden haben beim Wettbewerb um knappe staatliche Mittel ihre Position noch nicht fest ausgebaut. Angesichts der sekundären Bedeutung, die der Umweltpolitik in der Regel zuerkannt wird, ist die Verteilung der Haushaltsmittel manchmal unzureichend und starken Schwankungen unterworfen. Wenn das Geld fehlt, können daraus unverhältnismäßig hohe Schäden entstehen. Bedeuten beispielsweise knappe Kassen, daß die Überwachung der Bestimmungen zur Wasserreinhaltung eingestellt werden muß, kann sich daraus ein beträchtlicher Schaden für das Grund- und Oberflächenwasser ergeben. Bleibt ein Nationalpark während einer Trockenperiode aufgrund fehlender Mittel ungeschützt, so können Wilddiebe schnell vernichten, was in Jahren aufgebaut wurde.

> **Sonderbeitrag 4.5   Japan: Reduzierung der Umweltverschmutzung bei schnellem Wachstum**
>
> Japans Wiederaufbau nach dem Krieg hatte sowohl ein schnelles Wirtschaftswachstum als auch beträchtliche Umweltprobleme zur Folge. In den sechziger Jahren, als Japan noch ein Land mit mittlerem Einkommen war, begann es, intensiv in Kontrolltechniken zu investieren, um die hauptsächlich von der Industrie ausgehende gravierende Luft- und Wasserverschmutzung zu bekämpfen. Die Ausgaben großer Firmen für die Eindämmung der Umweltverschmutzung hatten Mitte der siebziger Jahre mit mehr als 900 Mrd Yen ihren Höchststand erreicht, bevor sie bis 1980 auf 400 Mrd Yen oder weniger zurückgegangen waren. Japan genießt nun die Erfolge seiner Investitionen: Zwischen 1970 und dem Ende der achtziger Jahre sanken die Emissionen von Schwefeloxiden um 83 Prozent, von Stickstoffoxiden um 29 Prozent, und die Kohlenmonoxidkonzentrationen gingen um 60 Prozent zurück. Ähnliche Fortschritte wurden bei der Verbesserung der Wasserqualität gemacht. Diese Ergebnisse wurden durch strenge staatliche Regulierungen und durch Verhandlungen zwischen der Industrie und den Kommunen erzielt, durch die Lösungsmöglichkeiten gefunden werden sollten, die an die unterschiedlichen örtlichen Erfordernisse angepaßt werden konnten. Schätzungsweise 28.000 derartige Vereinbarungen sind nun in Kraft.
>
> Den heutigen Ländern mit mittlerem Einkommen können drei Lehren aus der japanischen Erfahrung als nützliche Leitlinien dienen:
>
> • *Es ist ein nationales politisches Rahmensystem zu errichten.* Der ursprüngliche, vom Parlament beschlossene rechtliche Rahmen umfaßte das grundlegende Gesetz zur Kontrolle der Umweltverschmutzung (1967), die Gesetze zur Kontrolle der Luftverschmutzung (1967 und 1970) und das Gesetz zur Kontrolle der Wasserverschmutzung (1970). Diese Gesetze definieren die Verantwortlichkeiten und übertragen sie auf verschiedene Regierungsebenen, private Firmen und Einzelpersonen, womit die Dezentralisierung des Umweltmanagements gefördert wurde.
> • *Es sind Vereinbarungen auf örtlicher Ebene abzuschließen.* Das freie Aushandeln von Vereinbarungen zwischen den umweltverschmutzenden Industrien, den örtlichen Behörden und den Bürgergruppen führte oft zu Emissionen, die beträchtlich unter den vom Gesetz verlangten Mindeststandards lagen.
> • *Es ist die Flexibilität bei der Festlegung der Emissionsstandards zu ermöglichen, und Selbstregulierungen sind zu fördern.* Weil Industrien oft mitten in Wohngebieten angesiedelt waren, reagierten die Firmen sehr einfühlsam auf örtliche Umweltbesorgnisse. Der Verhandlungsprozeß ermöglichte es, Emissionswerte nach Maßgabe der örtlichen Bedingungen festzulegen und förderte auch die Selbstregulierung durch die Industrie, wodurch die Idee eines guten nachbarschaftlichen Miteinanders mit der Industrie begünstigt wurde.

Auch bei einem knappen Budget kann die Umweltadministration oft verbessert werden. Eine Umweltbehörde braucht jedoch einen Kernbestand an erfahrenen technischen Mitarbeitern, sowie Labors und andere Überwachungseinrichtungen, um ihre Arbeit ordentlich verrichten zu können. In einigen Ländern wird mehr Geld zur Verfügung gestellt, da die Umweltpolitik als wichtiges nationales Ziel akzeptiert wird. Wirtschaftliche Maßnahmen – Geldbußen für Umweltverschmutzer, Gebühren für die Nutzung der Wälder und Ausübung der Fischerei, Eintrittsgelder für Parks und Schutzgebiete und so weiter – können dazu beitragen, die Überwachung und die Verwaltung zu finanzieren.

Die Geldgeber, einschließlich der Entwicklungsbanken und multinationalen Behörden, halten sich oft dabei zurück, wenn es darum geht, das am dringendsten Benötigte zu finanzieren – nämlich eine verbesserte Arbeitsweise und die Erhaltung neu entstandener Umweltadministrationen. Sie führen lieber spezifische Investitionen durch, die das knappe örtliche Personal binden. Manchmal kommen Beitragsleistungen in Form von technischer Hilfe und sonstiger zweckgebundener Hilfe, was nicht notwendigerweise die örtlichen Möglichkeiten stärkt, und manchmal überschwemmen die Geberländer die örtlichen Funktionäre mit gutgemeinten, aber nicht abgestimmten Hilfsangeboten. Schließlich sind die meisten von Geberländern finanzierten Projekte relativ kurzfristiger Natur und klein dimensioniert. Was hauptsächlich benötigt wird, ist eine längerfristige, solide Finanzierung, insbesondere für den Aufbau von Institutionen und für die Forschung.

DEZENTRALISIERUNG UND ÜBERTRAGUNG VON KOMPETENZEN. Sobald nationale Prioritäten und Politiken festgelegt worden sind, ist es oft kostengünstiger, die Probleme auf lokaler Ebene zu lösen. Viele Regierungen übertragen daher die Verantwortung für das Tagesgeschäft auf örtliche Stellen. Dieser Ansatz wurde mit Erfolg in Japan umgesetzt (Sonderbeitrag 4.5) und findet in wachsendem

Maße in anderen Ländern Anwendung. In China beispielsweise wird die eigentliche Umweltschutzarbeit hauptsächlich auf den unteren Regierungsebenen geleistet. Die Provinzen sind dafür verantwortlich, die zentralstaatliche Politik der Staatlichen Umweltschutzkommission auszuführen. Alle Provinzen und Gemeindeverwaltungen und die meisten Verwaltungsbezirke besitzen jetzt Umweltschutzbüros, die einer örtlichen Umweltschutzkommission unterstehen, die von einem Vizegouverneur oder einem hohen Beamten geleitet wird. Chinas Netz von Umweltschutzagenturen besteht somit aus den Zentralstellen und ungefähr 2.400 Umweltschutzbüros, die zusammen mehr als 16.500 Personen beschäftigen.

In Nigeria, einem Bundesstaat, wird die Politik zumeist auf Ebene der Einzelstaaten umgesetzt. In der Vergangenheit haben die Einzelstaaten ihre Umweltprobleme durch ihre Verwaltungssysteme überwacht, in denen sich Vertreter der örtlichen Gemeinden befinden. Das Leistungsvermögen der Gemeinden war jedoch gering. Mit dem Dekret von 1988 wurde in Nigeria die FEPA errichtet, und es ermutigte zum Aufbau lokaler Umweltschutzstellen; die meisten verfügen jedoch über nur begrenzte Kapazitäten, um ihrer Verantwortung für die Handhabung der Umweltaufgaben gerecht werden zu können. Wenn die Dezentralisierung funktionieren soll, muß sie mit einem Transfer finanzieller Mittel einhergehen. Ansonsten wird ein politisches Vakuum geschaffen: Das Zentrum delegiert Verantwortlichkeiten, die örtlichen Behörden sind jedoch zu schlecht ausgestattet, um die Aufgaben wahrzunehmen.

Einige Länder haben örtlichen Verwaltungen spezielle Mittel für Umweltinvestitionen zugeteilt. China und Kolumbien zum Beispiel verabschiedeten nationale Gesetze, wodurch den örtlichen Regierungsstellen auf Dauer ein prozentualer Anteil an den Einnahmen aus Wasserkraftwerken zukommt, um den Schutz von Wassereinzugsgebieten, eine umweltbezogene Ausbildung, den Bodenschutz und Umweltausbildungsprogramme für kommunale Beamte zu finanzieren. In anderen Ländern dienen Emissionsabgaben als örtliche Finanzierungsquelle. Das kommunale Umweltschutzbüro von Tianjin (China) hat einen Fonds zur industriellen Emissionskontrolle geschaffen, der durch Emissionsabgaben aufgrund nationaler Gesetzgebung finanziert wird. Die Einnahmen werden dazu verwendet, Investitionen für Kontroll- und Aufbereitungsmaßnahmen in einzelnen Unternehmen zu finanzieren. Investitionen in die dezentralisierte Abwasseraufbereitung ließen die Aufbereitungsquote von 1985 bis 1990 von 35 auf 46 Prozent steigen.

Die Einbeziehung der örtlichen Bevölkerung

Viele Umweltprobleme lassen sich ohne die aktive Mitwirkung der örtlichen Bevölkerung nicht lösen. Nur wenige Staaten können sich die Kosten für die Zwangsdurchsetzung von Verwaltungsprogrammen leisten, die die örtliche Bevölkerung nicht akzeptiert. Eine Mitwirkung kann auch hilfreich sein bei der Aufforstung, der Erhaltung der Wildbestände, der Parkverwaltung, der Verbesserung des Kanalisationswesens und der Entwässerungsanlagen und bei Schutzmaßnahmen gegen Überschwemmung. Die örtliche Bevölkerung kann Personal und Erfahrung beim Umgang mit den Nachwirkungen von Umweltkatastrophen bereitstellen, und die örtliche Kenntnis der genetischen Artenvielfalt hat zum Durchbruch bei der Nahrungsmittelproduktion geführt.

Konzepte zur Förderung der örtlichen Mitarbeit bieten drei Hauptvorteile: a) Sie eröffnen den Planern ein besseres Verständnis der örtlichen Werte, Kenntnisse und Erfahrungen; b) sie sichern die Unterstützung der Gemeinden für die Projektziele und die Hilfe der Gemeinden bei der örtlichen Durchführung und c) sie können dazu beitragen, Konflikte über die Nutzung von Ressourcen zu lösen.

Einbeziehung örtlicher Wertvorstellungen, Kenntnisse und Erfahrungen

Wie die Menschen ihre Umwelt sehen, beeinflußt stark, wie sie mit ihr umgehen. Auch wenn die Haltung gegenüber der natürlichen Umwelt nicht das in Sonderbeitrag 4.6 beschriebene Niveau erreicht, halten doch wenige Kulturen die natürlichen Ressourcen nur gerade für so wertvoll, wie es ihrem Geldwert am Markt entspricht. Nur wenn Umweltprogramme die örtlichen Überzeugungen, Wertvorstellungen und Ideologien berücksichtigen, wird die Gemeinschaft sie unterstützen.

Der Glaube, daß das traditionelle Wissen über die Umwelt schlicht sei und sich nicht mehr vergrößere, wandelt sich schnell. Immer mehr Entwicklungsprojekte ziehen aus örtlicher Kenntnis über die Handhabung der Umweltaufgaben Nutzen. Beispielsweise haben sich die Menschen in den tropischen Regenwäldern des Amazonas und Südostasiens ein wertvolles Verständnis der örtlichen Ökosysteme erworben, und die afrikanischen Hirtenvölker, wie die Massai und die Samburu in Kenia, sind in der Lage, offensichtliche Grenzböden der Savanne zu nutzen (siehe Sonderbeitrag 4.6).

Sonderbeitrag 4.6 Wertvorstellungen und Kenntnisse der Naturvölker über Land und Umwelt

Viele der auf der Erde noch lebenden Naturvölker – ihre Zahl wird auf über 250 Millionen Menschen geschätzt, die in mehr als siebzig Ländern leben – haben ein Verhältnis zur Natur, das sich deutlich von den sonst üblichen Verhaltensweisen unterscheidet. Eine für diesen Bericht in Auftrag gegebene Studie (Davis, Hintergrundpapier) untersucht die Verhaltensweisen drei verschiedener Naturvölker: der Quechua-sprechenden Indios in den Regenwäldern des östlichen Ecuador, der nomadischen Hirtenvölker der Massai und Samburu in Kenia sowie der umherziehenden (die Wälder rodenden und niederbrennenden) Bauern in den Hochlandregionen der Philippinen. Die Studie kommt zu dem Ergebnis, daß viele Naturvölker das Land nicht als eine Ware ansehen, die auf anonymen Märkten gekauft und verkauft werden kann, sondern als eine mit heiliger Kraft ausgestattete Materie, eingebettet in soziale Beziehungen und von fundamentaler Bedeutung für das Verständnis der Existenz und Identität der Gruppe.

Die philippinischen Volksstämme betrachten das Land als ein Symbol ihrer historischen Identität: ein angestammtes Erbe, das verteidigt und für die kommenden Generationen bewahrt werden muß. Die in der Studie der Bank zitierte bischöfliche Kommission für die philippinischen Volksstämme führt aus:

Sie glauben, daß sie dort, wo sie geboren wurden, auch sterben und begraben werden sollen, und daß ihre eigenen Gräber der Beweis seien für ihre rechtmäßigen Eigentumsansprüche auf das Land. Dies symbolisiert ihre Stammesidentität, weil es für ihre Einheit steht, und wenn das Land verloren ist, wird auch der Stamm verloren sein.
Das Eigentum an Land wird als auf die Gemeinschaft als Ganzes übertragen angesehen. Das Recht auf Eigentum an Land wird durch angestammte Inbesitznahme und rege Bearbeitung erworben. Für sie hat niemand das Recht, das Land zu verkaufen, weil es nicht einer Generation allein gehört, sondern für alle kommenden Generationen bewahrt werden sollte. (S. 68)

Wie viele Naturvölker, so stützen sich auch die überlebenden Stämme in den Regenwäldern Südamerikas auf traditionelle Kenntnisse und Bräuche, um in einer fragilen Umwelt leben zu können. Die Studie führt aus:

Die Bewirtschaftung des Waldes durch die Quechua-Indios wird von Außenstehenden, die damit nicht vertraut sind, oft verkannt und nicht geschätzt, zum Teil weil die benutzten Methoden zur Beeinflussung des Nachwachsens der Wälder technisch einfach sind (sie bestehen aus Axt und Machete und einer großen Menge Erfahrung), aber auch weil der nachwachsende Wald artenreich und komplex ist und von einem natürlich belassenen ausgereiften Regenwald kaum zu unterscheiden ist. Die Quechua-Indios aus dem Tiefland erreichen diesen Effekt dadurch, daß sie die Zusammensetzung der Arten, die in ihren landwirtschaftlich genutzten Rodungen wachsen, verändern ... (Das Resultat ist) ein Flickenteppich von natürlichen Lebensräumen unterschiedlichen Alters in verschiedenen Stadien des Nachwachsens und mit einer unterschiedlichen Mischung an nützlichen Naturschätzen. (S. 12)

In den meisten Ländern ist die gesetzliche Anerkennung und der praktische Schutz der herkömmlichen Land- und Territorialrechte der Naturvölker nur begrenzt oder überhaupt nicht vorhanden. Hirtenvölker in Afrika stehen vor besonderen Problemen, wenn sie den Zugang zu ihren traditionellen Weidegebieten aufrechterhalten wollen. Ein Beispiel ist das Schicksal der Massai und Samburu in Kenia. Einst hoffte die Regierung Kenias mit der Errichtung von kollektiven Viehfarmen einen Weg gefunden zu haben, um den Rindfleischexport zu steigern und zugleich an einer gemeinschaftlichen Bewirtschaftung festhalten zu können. In jüngerer Zeit hat die Regierung die Privatisierung dieser Viehfarmen gefördert, da sie geltend macht, daß der gemeinschaftliche Landbesitz eine rationale Bewirtschaftung des Landes verhindere. Die Studie der Weltbank stellt fest, daß die älteren Massai privaten Landbesitz als ein „fremdes Konzept" ansehen und die Besorgnis ausdrücken, daß die „Aufteilung zu einer verheerenden Änderung der Lebensgewohnheiten des Volkes der Massai führen könnte".

Die einzige Einkommensquelle der Massai ist der Viehbestand. Ihre Kultur bietet ihnen einen Weg, wie sie die trockenen und halbtrockenen Regionen erhalten können ... und zwar derart, daß sie in Dürreperioden bestimmte Gebiete meiden, um die Weidegebiete in gutem Zustand zu erhalten. Obwohl dies in letzter Zeit schwieriger geworden ist, klappt es immer noch bei Viehfarmern, die das Land gemeinschaftlich bewirtschaften, besonders dort, wo hochgezüchtete Rinderrassen eingeführt worden sind. In anfälligen (halb-)trockenen Gebieten könnte es jedoch sogar unmöglich werden, Vieh auf individueller Basis auf kleinen Landparzellen zu halten; dies wird auch unwiderruflich zu einer Erosion der Böden, einer Überinanspruchnahme der Wasserreserven und zur Wüstenbildung führen. (S. 37 bis 38)

Auf diese Kräfte zu bauen, erfordert große Sorgfalt, Klugheit und Geduld. Entwicklungsprojekte, die jedoch vorhandene Verhaltensweisen nicht in Rechnung stellen, schlagen oft fehl.

Ein besonders kostspieliger Fall für die Vernachlässigung örtlicher Praktiken ereignete sich in Bali (Indonesien). Seit Jahrhunderten war der traditionelle balinesische Bewässerungskalender ein sehr wirksames Instrument, um die Wasservorräte und die Bodenfruchtbarkeit bestmöglich zu nutzen und den Schädlingsbefall zu begrenzen. Als ein großes, international finanziertes Landwirtschaftsprojekt versuchte, die traditionellen Reissorten durch importierte Sorten, die einen hohen Vorleistungsaufwand erforderten, zu ersetzen, war das Ergebnis ein plötzlicher Anstieg des Insektenbefalls, gefolgt von sinkenden Ernteerträgen. Ein danach eingeleitetes Projekt, das auf dem einheimischen Produktionssystem aufbaute, war sehr viel erfolgreicher.

Gelegentlich kann örtliches Fachwissen in anderen Teilen der Welt angewendet werden. Seit Jahrhunderten ist Vetivergras im hügeligen Gelände von Tamil Nadu und anderen Teilen Indiens als Viehstreu und Heckenbepflanzung genutzt worden, um die Böden zu schützen und die Feuchtigkeit zu binden. Erfahrungen aus dem Entwicklungsprojekt für das Wassereinzugsgebiet Kabbalama veranlaßten im Jahr 1987 die Weltbank, die Verwendung von Vetivergras in so unterschiedlichen Ländern wie China, Madagaskar, Nepal, Nigeria, den Philippinen, Simbabwe und Sri Lanka zu fördern. Die Kosten für das Vetivergras beliefen sich auf ein Fünfzehntel der Kosten für Bodenerhaltungssysteme, die sich mehr auf die Technik stützten (siehe Kapitel 7). Örtliche Verwaltungspraktiken sind jedoch – da sie in spezifische Kulturen eingebettet sind – nicht immer so übertragbar.

Verbesserung der Projektplanung und -durchführung

Projekte sind erfolgreicher, wenn Planung und Durchführung unter örtlicher Mitwirkung stattfinden. Eine Auswertung von über dreißig abgeschlossenen Weltbankprojekten seit den siebziger Jahren ermittelte bei Projekten, die als kulturell adäquat beurteilt wurden, eine durchschnittliche Rendite von 18 Prozent; bei Projekten, die keine Mechanismen zur sozialen und kulturellen Anpassung beinhalteten, belief sich die Rendite auf nur 9 Prozent. Eine detailliertere Untersuchung von 52 Projekten der USAID fand einen ähnlich starken Zusammenhang zwischen Projektmitwirkung und Projekterfolg, vor allem wenn die Mitwirkung durch Organisationen erfolgte, die von den Begünstigten selbst geschaffen und verwaltet worden waren.

Die Unterschiede zwischen vorteilhaften Umweltprojekten, die auf Prinzipien der Mitwirkung beruhten, und denen, die Mitwirkungsmodelle ausschlossen, können auffallend hoch sein. Haitis von oben angeordnetes Aufforstungsprogramm, das unter hohen Verlustquoten bei jungen Schößlingen auf staatlichem Forstgelände und Konflikten mit Dorfbewohnern litt, blieb ständig hinter den Aufforstungszielen zurück. Mit Beginn des Jahres 1981 wurde ein alternatives Vorgehen versucht. Von Bauernfamilien ausgesuchte Bäume wurden mit Unterstützung nichtstaatlicher Organisationen bereitgestellt. Das Ergebnis war dramatisch: Statt der ursprünglich geplanten 3 Millionen Bäume auf dem Gelände von 6.000 Farmfamilien wurden 20 Millionen Schößlinge auf den Höfen von 75.000 Familien gepflanzt, die sich freiwillig an dem Programm beteiligten.

Im Idealfall profitieren sowohl die örtlichen Gemeinwesen als auch die verantwortlichen Behörden von der Mitwirkung, wie die Erfahrung der nationalen Bewässerungsbehörde (National Irrigation Authority, NIA) auf den Philippinen zeigt. Eine frühzeitige Einbindung kommunaler Gruppierungen bei der Bauplanung und bei der Suche nach Wegen, die Verschlammung von Kanälen und Abflußrinnen zu vermeiden, hatte eine bessere Erhaltung der Bewässerungsanlagen und höhere landwirtschaftliche Erträge zur Folge. Die Benutzer waren auch eher bereit, für die Dienstleistungen der NIA zu bezahlen.

Eine wachsende Zahl von Ländern plant Partnerschaften mit der örtlichen Bevölkerung, um kommunale Umweltdienstleistungen bereitzustellen. In Accra haben sich die Leistungen des Kanalisationswesens in Bezirken mit niedrigem Einkommen erheblich verbessert, seit es nichtstaatlichen Organisationen und ortsansässigen Unternehmern erlaubt ist, verbesserte kommunale Latrinengruben in Betrieb zu halten. Schlamm und Abfälle werden durch das zentrale Stadtreinigungsamt beseitigt. Diese Aufgabenteilung hat sich als wirksamer erwiesen als der Versuch, ein komplett zentralisiertes Abwassersystem, das reparaturbedürftig geworden war, zu unterhalten. In Jakarta organisieren Stadtbezirke die Sammlung fester Abfälle, indem sie monatlich Gebühren einziehen, die zum Kauf eines Karrens und für die Entlohnung eines örtlichen Müllsammlers verwendet werden. Mindestens einmal im Monat hilft ein freiwilliger Mitarbeiter aus jeder Familie bei der Müllsammlung und Reinigung des Entwässerungssystems des Stadtbezirkes mit. Der Müll wird zu einem Sammelplatz gebracht. Dort wird er durch städtische Behörden beseitigt, eine Aufgabe, die man allmählich auf private Gesellschaften überträgt. Diese Kombination einer Müllabfuhr auf gemeindlicher Ebene mit einer zentralisierten Müllbeseitigung ermöglichte es Jakarta, eine Müllerfassungsquote von 80 Prozent zu erreichen – eine hohe Rate, gemessen an den Standards eines Entwicklungslandes.

Lösen örtlicher Konflikte

Eine gründlich geplante Mitwirkung erleichtert die Lösung von Konflikten, die Entscheidungen über Umweltfragen unumgänglich mit sich bringen. Wenn Mechanismen zur Konfliktlösung existieren, besteht geringere Gefahr, daß die Menschen die Naturschätze übermäßig in Anspruch nehmen, weil sie befürchten, den Zugang zu ihnen zu verlieren. Allzu oft erscheinen Anordnungen von oben nach unten, die den Zugang zu den Naturschätzen regeln, als willkürlich und unfair. Viele Regierungen verändern jetzt die Regelungen über die Verteilung der Ressourcen, um Konflikte zwischen Behörden und örtlichen Gemeinwesen abzubauen und Verfahren festzulegen, mit denen Streitigkeiten unter denjenigen gelöst werden können, die mit ihren Ansprüchen um die Ressourcen konkurrieren.

Wenn große Infrastrukturinvestitionen – Staudämme, Bewässerungsanlagen, Straßen und Häfen – geplant werden, ist die Anhörung der öffentlichen Meinung und örtlicher nichtstaatlicher Organisationen in einem frühen Stadium ein guter Weg, um spätere Schwierigkeiten zu vermeiden. Wenn dies nicht erfolgt, kann die örtliche Opposition an Dynamik gewinnen und das Projekt verzögern oder stoppen. Eine gründliche Einschätzung der Umweltverträglichkeit sollte die möglichen ökologischen und sozialen Konsequenzen klären, umweltschonende Maßnahmen vorschlagen und die Kosten und Nutzen von Alternativen aufzeigen.

Besonders hohe Ansprüche an die Konfliktlösung entstehen durch Projekte wie Staudämme, Fernstraßen und bei bestimmten Naturreservaten, die in die Landnutzung verändernd eingreifen und zu einer unfreiwilligen Verdrängung und Umsiedlung der Bevölkerung führen. Selten sind die örtlichen Ansichten bei derartigen Investitionsentscheidungen in ausreichendem Ausmaß gehört worden, auch nicht bis vor kurzem bei der Planung von Umsiedlungsprogrammen. Diese Unterlassung hat zu Unwirtschaftlichkeiten und zu Ungerechtigkeiten geführt; die traditionelle Umsiedlung hat sich als unnötig langsam und kostspielig erwiesen. Regierungen und Geldgeber sind sich nun über bestimmte Grundsätze weitgehend einig: a) Projektplaner sollten Mittel und Wege suchen, um den Umsiedlungsbedarf möglichst gering zu halten; b) der Lebensstandard der Umgesiedelten sollte so hoch oder höher sein als vor der Umsiedlung; c) der Ausgleich für verlorenes Gut sollte zu Wiederbeschaffungskosten erfolgen und d) die Gemeinwesen sollten dazu ermutigt werden, in allen Phasen an der Planung und Durchführung der Umsiedlungen teilzuhaben. Beispiele aus Mexiko und Thailand illustrieren dieses neue Vorgehen (Sonderbeitrag 4.7).

Die Grenzen und Kosten der Mitwirkung

Die Mitwirkung der Öffentlichkeit hat ihre Schattenseiten. Eine umfangreiche Mitwirkung kann, vor allem wenn die Informationen nicht ausreichend sind, den Entscheidungsprozeß verzögern. Gemeinwesen mit politischem Einfluß lehnen manchmal Vorschläge zum Bau von Anlagen, etwa zur Müllentsorgung, an den dafür am besten geeigneten Standorten wegen des Einflusses auf örtliche Eigentumsrechte, aus ästhetischen oder Sicherheitsgründen ab. Wenn man Ausgleichszahlungen zur örtlichen Verwendung leistet und den Gemeinwesen das Kontrollrecht darüber einräumt, wo das Projekt lokalisiert und wie es geplant wird, dann kann dies dazu beitragen, den Widerstand zu überwinden.

Ein mitwirkungsorientiertes Vorgehen ist tendenziell teuer. Die Konsultationen erfordern viel Arbeitsaufwand und Zeit, und staatliche Behörden, die ohnedies wenig Mittel haben, gehen lieber den direkten Weg. Wenn sie aber so vorgehen, werden die entlegendsten und kleinsten – und oft die wirtschaftlich schwächsten – Gemeinden die Leidtragenden sein.

Die zusätzlichen Nettoausgaben aufgrund des Bemühens um Mitwirkung müssen jedoch nicht hoch sein. In dem weiter oben beschriebenen Beispiel von den Philippinen beliefen sich die zusätzlichen Kosten für das gemeindliche Organisationsprogramm auf rund 25 Dollar pro Hektar, aber die Einsparungen bei den Baukosten – weitgehend infolge der von den Bauern zur Verfügung gestellten Informationen – senkten die Zusatzkosten auf weniger als 2,50 Dollar pro Hektar. Das Ergebnis war ein besseres Bewässerungssystem mit größerer Nutzbarkeit und höheren Einnahmen. Die erweiterte Mitwirkung war eindeutig kostengünstig.

Ein möglicher Nachteil der politischen Mitwirkung besteht darin, daß die Dezentralisierung der Entscheidungsfindung leicht zu einem erneuten Machtzuwachs örtlicher Eliten führt. In diesen Fällen ist eine konsequente Überwachung erforderlich, um lokale Konflikte zu überwinden.

Wenn Projekte mit der freiwilligen Bereitstellung von Arbeitskraft verbunden sind, kann die örtliche Mitwirkung die Einkommensunterschiede vergrößern. Dies geschah häufig in den siebziger und frühen achtziger Jahren bei kommunalen Aufforstungsprogrammen in Indien. Trotz eines angeblich auf dörfliche Mitwirkung beruhenden Vorgehens, stellten arme Dorfbewohner häufig bei vielen dieser Projekte fest, daß ihre Zeit und Arbeitskraft zwar willkommen waren, die wohlhabenderen Bürger, die einen kleineren Beitrag leisteten, aber unverhältnismäßig stark profitierten. Man muß intensiver über Mittel und Wege nachdenken, wie sichergestellt werden kann, daß ein Vorgehen unter örtlicher Mitwirkung die Ansprüche unterschiedlicher Gruppen auszugleichen vermag.

Sonderbeitrag 4.7   Reform der Umsiedlungspolitik durch Mitwirkung der Betroffenen: Mexiko und Thailand

Die Umsiedlung von Menschen, die durch große Kraftwerksstaudämme verdrängt wurden, war der typische Extremfall für eine Planung ohne Mitwirkung der Betroffenen. Die mit zwei Projekten in Mexiko und Thailand in jüngster Zeit gemachten Erfahrungen zeigen aber, wie die Mitwirkung bei so schwierigen Problemen wie der unfreiwilligen Verdrängung und Umsiedlung helfen kann.

Der 200-m-Staudamm bei Zimapan (Zentralmexiko) und der 17-m-Damm von Pak Mun am Mun-Fluß in Thailand sind das Herzstück zweier von der Weltbank unterstützter Projekte, die dringend benötigte saubere Energie liefern sollen. Die nationalen Vorteile der Staudämme bedeuteten jedoch den fast 25.000 Menschen wenig, die verdrängt werden sollten. Außerdem waren frühere Erfahrungen in beiden Ländern nicht ermutigend; neue Wohnungen und die Erstattungen für verlorenes Eigentum waren kein Ersatz für das überflutete Land und die vernichteten Gemeinden. Es war nicht überraschend, daß den Umsiedlungsvorschlägen mit Skepsis und Opposition begegnet wurde.

In beiden Ländern wurde der Effekt der Umsiedlung bei der Planung der Staudämme in Rechnung gestellt. Im Falle von Pak Mun ergab eine Überprüfung der technischen Alternativen, daß eine Verlagerung des Damms etwas flußaufwärts und eine Reduzierung seiner Höhe die Zahl der umzusiedelnden Menschen von annähernd 20.000 auf weniger als 2.000 verringern würde. Es wurden detaillierte Umsiedlungspläne nach den Richtlinien der Weltbank entworfen, um den betroffenen Bauern zu helfen, eine neue Basis für ihren verlorenen Lebensunterhalt zu finden. Nach wiederholten Ermahnungen von seiten nichtstaatlicher Organisationen und kommunaler Gruppierungen begann die Energiegesellschaft, mit den betroffenen Gemeinden zusammenzuarbeiten, um ihr Vorgehen bei der Umsiedlung zu verbessern. Wenngleich nicht alle Probleme geklärt wurden, waren wichtige Schritte in Richtung auf die Verbesserung des Umsiedlungsprogramms die Weitergabe von Informationen über Alternativen der Umsiedlung, die Vorbereitung von Versammlungen und das Anfertigen von Publikationen, um die Umsiedler über ihre Rechte und Ansprüche aufzuklären, sowie die Überlassung von Ersatzland guter Qualität an die Bauern.

Um die Umsiedlungsmaßnahmen beim mexikanischen Zimapan-Projekt durchzuführen, setzte die Muttergesellschaft eine Dienststelle ein, die direkt dem Präsidenten der Gesellschaft Bericht erstattete. Die Dienststelle setzte sich zusammen aus Anthropologen, Technikern, Ökonomen, Architekten und Sozialarbeitern, die alle in den betroffenen Ortschaften wohnen, örtliche Sorgen und Wünsche bezüglich der Umsiedlungen herausfinden und einen Kommunikationsstrang zwischen den Bewohnern der Dörfer und der Gesellschaft herstellen sollten. Als sich die Bewohner in Zimapan organisierten, lehnten sie den örtlichen Gemeinderat ab und wählten ihren eigenen, viel energischeren Rat, um die Verhandlungen über die Erstattung und Umsiedlung zu führen. Die Bauern engagierten sich aktiv bei der Auswahl und der Beaufsichtigung der Pläne für die Ersatzwohnungen, und die Gesellschaft hat funktionierende, produktive Bauernhöfe gekauft und an die Umsiedler weitergegeben, so daß diese ihre Einkommen und ihren Lebensstandard steigern werden.

In keinem Fall führte die Mitwirkung bei der Umsiedlungsplanung zum Verschwinden der Opposition – das war auch nicht der Zweck. Tatsächlich bleibt die Opposition stark, und es gibt weiterhin von Konfrontation geprägte Treffen zwischen der Gesellschaft und Anti-Staudammorganisationen. Gleichwohl führte bei beiden Projekten der Druck auf eine aktivere Mitwirkung durch die örtliche Bevölkerung zu sichtbaren Verbesserungen bei diesen Vorgängen, die immer schwierig sein werden. Die Mitwirkung ermöglichte es den am stärksten von den Projekten betroffenen Menschen, aktiv mitbestimmen zu können, welchen Verlauf die Umsiedlung nimmt.

Wie die Mitwirkung verbessert werden kann

Wie können die großen Vorteile der Mitwirkung realisiert werden, bei gleichzeitiger Minimierung der Kosten? Kommunale Organisationen fordern oft eine Stärkung mittels technischer Hilfe, Managementausbildung und allmählich steigender Verantwortlichkeiten. Verschiedene Maßnahmen können die Wirkung verbessern.

NUTZUNG EINHEIMISCHER INSTITUTIONEN. Einheimische Institutionen (wie die *Subak* in Bali, eine traditionelle Gruppe von Wasserverbrauchern), die schon mit der Bewirtschaftung von Naturschätzen befaßt sind, können nützlich sein, insbesondere wenn Entscheidungen über die Verwendung von Land getroffen werden müssen. Wo derartige Institutionen nicht existieren, ist es oft nötig, sie zu schaffen. Allzuoft sind jedoch Verbrauchergruppierungen durch Erlaß geschaffen worden, anstatt sie auf Grundlage bestehender sozialer Strukturen zu errichten. Verbrauchergruppierungen können nur wirkungsvoll arbeiten, wenn sie eine breit angelegte örtliche Unterstützung genießen.

NUTZUNG ÖRTLICHER FREIWILLIGEN-ORGANISATIONEN. Zu den Stärken der kommunalen Gruppierungen und nichtstaatlichen Organisationen (NSO) zählt deren Fähigkeit, die Armen auf dem Land in entlegenen Regionen zu erreichen und die örtliche Mitwirkung zu fördern; ferner ihre effiziente Nutzung kostengünstiger Techniken und ihre Innovationsfreudigkeit. Sie arbeiten am wirkungsvollsten, wenn sie den staatlichen Sektor ergänzen, können aber auch eine wichtige „Aufpasserfunktion" haben und dadurch die Politik beeinflussen. Zu den Nachteilen der NSO zählen eine generell schwache finanzielle Basis und unzureichende Verwaltungsstrukturen sowie ihre begrenzten technischen Möglichkeiten. Viele NSO sind klein, und es kann nicht erwartet werden, daß sie auf sich selbst gestellt große Bevölkerungsteile erreichen. Die Aufgabe besteht darin, die Erfahrung und Tatkraft der NSO beizubehalten und gleichzeitig ihre finanzielle und administrative Basis zu erweitern.

VERBESSERTER ZUGANG ZU INFORMATIONEN. Viele Länder unterstützen jetzt die örtliche Einbindung bei der Bewertung von Umwelteinflüssen. Wenn jedoch derartige Konsultationen wirkungsvoll sein sollen, müssen die betroffenen Menschen gut informiert sein. Zu den Wegen, um dieses zu erreichen, gehören: a) frühzeitig die örtlichen Gemeinden an den Informationen über ein geplantes Projekt beteiligen, b) über die örtlichen Ängste mit den betroffenen Gemeinden diskutieren, c) öffentliche Stellungnahmen zu Hintergrundpapieren tolerieren, d) öffentliche Stellungnahmen zu Entwürfen über die Bewertung von Umwelteinflüssen fördern und e) die Ergebnisse der Anhörungen und der kritischen Stellungnahmen in das Schlußdokument aufnehmen. Die Weltbank erwartet, daß ihre Kreditnehmer bei Projekten, die sie finanziert, öffentliche Anhörungen über die Bewertung der Umweltfolgen durchführen.

INSTITUTIONELLE REFORMEN. Die Haltung der Bürokratien vereitelt oft, daß aus der örtlichen Mitwirkung Vorteile gezogen werden. Forstwirtschaftliche Ressorts sehen es beispielsweise im allgemeinen als ihre Bestimmung an, die Wälder vor den Menschen zu schützen. Naturschutzbehörden unterscheiden (manchmal berechtigterweise) nicht zwischen örtlichen Gemeinwesen und Wilddieben. Oft werden diejenigen Verwaltungsstellen, welche die besten Beziehungen zu den örtlichen Gemeinwesen unterhalten, in ihren eigenen Behörden selbst an den Rand gedrückt. Die Mehrzahl der technischen Behörden ist nicht in der Lage, die Mitwirkung zu fördern. Mit hoher Priorität sollte deshalb versucht werden, zum einen das organisatorische Gewicht derjenigen Verwaltungsstellen zu erhöhen, die auf die Mitwirkung besonders eingestellt sind, zum anderen fachlich spezialisierte Arbeitskräfte einzustellen, die eine Ausbildung in Sozialwissenschaften haben, sowie institutionelle Anreize für die Mitwirkung zu bieten.

Die folgenden Kapitel beschreiben besondere umweltpolitische Problembereiche. Für jeden Bereich gibt es Maßnahmen, um die schlimmsten Auswirkungen der Umweltverschmutzung und des Raubbaus zu mildern, ohne die wirtschaftliche Entwicklung aufs Spiel zu setzen. Obwohl solche Maßnahmen einfach und logisch erscheinen mögen, sollte doch niemand die politischen Schwierigkeiten unterschätzen, die mit der Durchsetzung dieser Maßnahmen verbunden sind. Wie dieses Kapitel ausführte, können die Regierungen derartige Schwierigkeiten zum einen dadurch verringern, daß sie wohldurchdachte Verwaltungsstrukturen aufbauen, um Umweltpolitik gestalten und durchführen zu können, sowie zum anderen dadurch, daß sie sorgfältig Gruppierungen aufbauen, die sie unterstützen.

5 Kanalisationswesen und sauberes Wasser

Für viele Menschen in den Entwicklungsländern stellen die Wasserversorgung, das Kanalisationswesen und die festen Abfälle die wichtigsten Umweltprobleme dar. Mehr als 2 Millionen Todesfälle allein als Folge von Durchfallerkrankungen könnten pro Jahr vermieden werden, wenn alle Menschen über eine vernünftige Wasserversorgung und Kanalisation verfügen würden. Hohe ökonomische und ökologische Kosten werden außerdem dadurch verursacht, daß man versucht, die durch unzureichende Leistungen eingetretenen Schäden wiedergutzumachen.

Dieses Kapitel legt dar, daß große Fortschritte erzielt werden können – bei der Umweltqualität, Gesundheit, Gerechtigkeit und hinsichtlich direkter wirtschaftlicher Erträge –, wenn man ein Konzept verfolgt, das vier Hauptelemente umfaßt:

- *Bessere Bewirtschaftung der Wasservorräte, wobei die wirtschaftliche Effizienz und die Umweltverträglichkeit berücksichtigt werden;*
- *Bereitstellung solcher „privater" Dienstleistungen bei voller Kostendeckung, die die Menschen wünschen und wofür sie zu zahlen bereit sind (darunter die Wasserversorgung und die Beseitigung menschlicher Exkremente, von Abwässern und von festem Müll);*
- *Verwendung knapper öffentlicher Mittel nur für solche Dienstleistungen (insbesondere die Behandlung und Entsorgung menschlicher Exkremente, von Abwässern und von festem Müll), die größere gemeinschaftliche Vorteile mit sich bringen;*
- *Entwicklung flexibler und reagibler institutioneller Mechanismen, um diese Leistungen bereitzustellen, wobei kommunalen Organisationen und dem privaten Sektor eine größere Rolle zukommen sollte.*

Obwohl die Versorgung mit sauberem Wasser und einem Kanalisationssystem oft auf der Prioritätenskala der umweltpolitischen Herausforderungen fehlt, rangieren sie in vielen Entwicklungsländern doch ganz oben. Dabei geht es um zwei Umweltprobleme: die Kosten der Wasserverunreinigung und unzureichender Kanalisationssysteme für die menschliche Gesundheit und Leistungsfähigkeit sowie die Belastung der Wasservorräte durch die schnell wachsende Nachfrage der Menschen nach Wasser. Dieses Kapitel legt dar, daß man sich, wenn man das erste Problem in Angriff nehmen will, auch mit dem zweiten befassen muß. Dies erfordert eine bessere Bewirtschaftung und einen effizienteren Verbrauch von Wasser. Es kann bedeuten, daß die Landwirtschaft ihre Erzeugung mit weniger Wasser wird steigern müssen (wie in Kapitel 7 erörtert wird), und es wird mit Sicherheit bei der Bereitstellung von Kanalisations- und Wasserversorgungssystemen ein Umdenken erfordern – das Hauptthema dieses Kapitels.

Wasserversorgung und Kanalisationswesen als Prioritäten in der Umweltpolitik

Unzureichende Kanalisationssysteme sind eine der Hauptursachen für die Qualitätsverschlechterung des Grund- und Oberflächenwassers, wie es in Kapitel 2 beschrieben wird. Wirtschaftliches Wachstum führt zu einer größeren Einleitung von Abwässern und zu mehr festem Müll pro Kopf. Unzureichende Investitionen in die Abfallsammlung und -beseitigung haben zur Folge, daß große Abfallmengen sowohl in das Grund- als auch in das Oberflächenwasser gelangen. Eine Verseuchung des Grundwassers ist weniger sichtbar, aber häufig viel gravierender, weil es Jahrzehnte dauern kann, bis verschmutzte grundwasserführende Schichten sich selbst reinigen und weil viele Menschen unbehandeltes Grundwasser trinken.

Weitere Umweltschäden entstehen, wenn Menschen versuchen, sich bei unzureichender Wasserversorgung schadlos zu halten. Eine mangelhafte

Investitionen in die Wasserversorgung und das Kanalisationswesen haben gesundheitliche Vorteile zur Folge

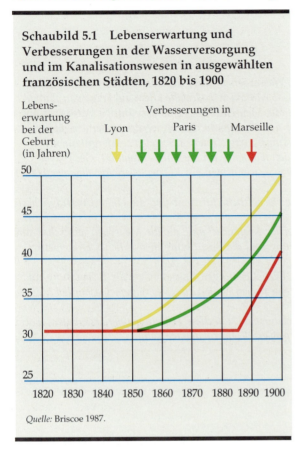

Schaubild 5.1 Lebenserwartung und Verbesserungen in der Wasserversorgung und im Kanalisationswesen in ausgewählten französischen Städten, 1820 bis 1900

Quelle: Briscoe 1987.

oder unzuverlässige Versorgung mit Leitungswasser veranlaßt die Haushalte, ihre eigenen Brunnen zu bohren, was oft zum überhöhten Abpumpen des Wassers und zum Versiegen der Brunnen führt. In Städten wie Jakarta, wo fast zwei Drittel der Bevölkerung auf Grundwasser angewiesen sind, hat sich der Grundwasserspiegel seit den siebziger Jahren drastisch gesenkt. In Küstenregionen kann dies dazu führen, daß Salzwasser eindringt, wodurch das Wasser manchmal für den menschlichen Gebrauch auf Dauer ungeeignet wird. In Bangkok hat beispielsweise das überhöhte Abpumpen auch zu Bodensenkungen, rissigen Straßendecken, zerborstenen Wasser- und Abwasserleitungen, zum Einsickern von Meerwasser und zu Überschwemmungen geführt.

Eine unzureichende Wasserversorgung veranlaßt die Menschen auch, das Wasser abzukochen und damit Energie zu verwenden. Dieses Verhalten ist vor allem in Asien weit verbreitet. In Jakarta werden von den Haushalten jährlich mehr als 50 Mio Dollar für diesen Zweck aufgewendet – ein Betrag, der einem Prozent des BIP der Stadt entspricht. Investitionen in die Wasserversorgung können deshalb den Verbrauch an Brennholz und die Luftverschmutzung verringern.

Auswirkungen auf die Gesundheit

Die gesundheitlichen Vorteile einer besseren Wasserversorgung und eines besseren Kanalisationssystems sind groß, wie in Kapitel 2 ausgeführt wurde. Als in den Industrieländern im neunzehnten und zwanzigsten Jahrhundert diese Leistungen verbessert wurden, waren die Auswirkungen auf die Gesundheit revolutionär. Die Lebenserwartung in den französischen Städten stieg zum Beispiel von rund 32 Jahren im Jahr 1850 auf rund 45 Jahre im Jahr 1900, wobei die Veränderungen zeitlich eng einhergingen mit den Verbesserungen in der Wasserversorgung und der Abwasserbeseitigung (Schaubild 5.1). Heutzutage sind angemessene Leistungen in der Wasserversorgung und im Kanalisationswesen ebenso lebenswichtig: Die Todesraten als Folge von Durchfallerkrankungen sind bei Kindern aus Haushalten mit adäquaten Versorgungseinrichtungen in der Regel etwa 60 Prozent niedriger als bei Kindern aus Haushalten ohne derartige Einrichtungen. Sonderbeitrag 5.1 beschreibt die Fortschritte, die für eine Verbesserung der Gesundheit ausschlaggebend sind.

Auswirkungen auf die Produktivität

Ein verbessertes, umweltgerechtes Kanalisationssystem hat wirtschaftliche Vorteile. Man sieht es am Beispiel der Abwassersammlung in Santiago (Chile). Die Hauptbegründung für die Investitionen war die Notwendigkeit, die außerordentlich hohe Zahl von Typhusfällen in der Stadt zu verringern. Ein sekundäres Ziel war, den Zugang zu den Märkten der Industrieländer für Chiles zunehmend wichtiger werdende Exporte von Obst und Gemüse offenzuhalten. Um die hygienisch einwandfreie Qualität dieser Ausfuhrprodukte sicherzustellen, war es erforderlich, die Verwendung unbehandelter Abwässer bei ihrer Erzeugung zu stoppen. Angesichts der gegenwärtigen Cholera-Epidemie in Lateinamerika war diese Überlegung von Weitsicht geprägt. Allein in den ersten zehn Wochen der Cholera-Epidemie in Peru beliefen sich die Verluste aufgrund rückläufiger Agrarexporte und im Tourismus auf schätzungsweise 1 Mrd Dollar – das ist mehr als das Dreifache des Betrages, den das Land in den achtziger Jahren in die Wasserversorgung und das Kanalisationswesen investiert hatte.

Eine verbesserte Wasserversorgung und ein besseres Kanalisationssystem bringen auch direkte wirtschaftliche Vorteile mit sich. Für viele Menschen auf dem Lande ist das Heranholen von Wasser eine zeitaufwendige und schwere Arbeit, die bis zu 15 Prozent der Arbeitszeit der Frauen in Anspruch nimmt. Dieser Zeitaufwand ist durch Verbesserungsprojekte beträchtlich verkürzt worden. In einem Dorf auf dem Mueda Plateau in Mosambik verringerte sich zum Beispiel die durchschnittliche Zeitdauer, die eine Frau damit verbrachte, Wasser zu holen, von 120 auf 25 Minuten pro Tag. Das Wohlergehen der Familien wurde dadurch verbessert, da die Zeitersparnis dazu verwendet werden konnte, das Feld zu bestellen, einen Hausgarten zu bewirtschaften, auf dem Markt Handel zu treiben, Kleinvieh zu halten, für die Kinder zu sorgen oder sich nur auszuruhen. Weil die Nutznießer diese Zeitersparnis deutlich merken, sind sie bereit, für eine bessere Wasserversorgung erhebliche Zahlungen zu leisten (wie weiter unten erörtert wird).

Wenn die Leistungen von offizieller Seite nicht erbracht werden, müssen sich die Menschen selbst darum kümmern, was oft hohe Kosten verursacht. In Jakarta haben beispielsweise etwa 800.000 Haushalte Faulgruben gebaut, wobei jede mehrere hundert Dollar kostet (nicht eingerechnet die Kosten für das Land). Und in vielen Städten und Gemeinden kaufen die Menschen in großer Zahl das Wasser von Wasserverkäufern. Eine Untersuchung des Wasserverkaufs in sechzehn Städten zeigt, daß die Literkosten für verkauftes Wasser durchweg erheblich höher sind als für städtisches Leitungswasser – um das 4- bis 100fache, bei einem Mittelwert von etwa dem 12fachen. Typisch ist die Situation in Lima; obwohl eine arme Familie nur ein Sechstel der Wassermenge einer Familie aus der Mittelklasse verbraucht, ist ihre monatliche Wasserrechnung dreimal so hoch. Infolgedessen verzehren die Wasserkosten einen Großteil des Haushaltseinkommens der Armen in den Slumgürteln vieler Städte – beispielsweise 18 Prozent in Onitsha (Nigeria) und 20 Prozent in Port-au-Prince.

Die volkswirtschaftlichen Kosten der Selbsthilfe gegen unzuverlässige Dienstleistungen sind beträchtlich – infolge des Baus häuslicher Vorratslager, des Brunnenbaus oder der Installation von Zusatzpumpen (die verunreinigtes Grundwasser in das Wasserverteilungssystem einleiten können). In Tegucigalpa beispielsweise summieren sich derartige Investitionen auf ein Niveau, das ausreichen würde, um die Zahl der Tiefbrunnen, die das Wasser für die Stadt liefern, zu verdoppeln. Auch die

---

Sonderbeitrag 5.1 Spezifische, gesundheitsrelevante Investitionen

Die potentiellen gesundheitlichen Effekte verbesserter Wasser- und Kanalisationsleistungen sind enorm. Welche Verbesserungen sind notwendig, um diese Vorteile sicherzustellen?

• *Wasserqualität.* Anders als gemeinhin geglaubt wird, ist die Wasserverunreinigung in den Häusern selbst relativ unbedeutend. Entscheidend ist, ob das aus der Zapfstelle oder Pumpe kommende Wasser verunreinigt ist. In den meisten Entwicklungsländern ist es zwingend erforderlich, von einer „schlechten" Wasserqualität (mit etwa über 1.000 fäkalen Koliformen pro 100 Milliliter) zu einer „mittleren" Qualität zu kommen (mit weniger als 10 fäkalen Koliformen pro 100 Milliliter), nicht unbedingt aber die stringenten Qualitätsstandards der Industrieländer zu erfüllen.

• *Wasserverfügbarkeit.* Solange Familien das Grundstück verlassen müssen, um Wasser zu holen, werden die verbrauchten Wassermengen niedrig bleiben (in der Regel zwischen 15 und 30 Liter pro Kopf täglich). Der Wasserverbrauch für die persönliche Hygiene erhöht sich im allgemeinen nur, wenn die Verfügbarkeit auf etwa 50 Liter pro Kopf täglich steigt, und er hängt generell davon ab, ob das Grundstück oder das Haus mit Wasser beliefert wird.

• *Beseitigung der Fäkalien.* Es ist notwendig, zwischen den Auswirkungen auf die Haushalte und auf die Umgebung zu unterscheiden. Für die Haushalte hängen die gesundheitlichen Wirkungen einer Verbesserung der Kanalisationsanlagen nur davon ab, daß die Fäkalien aus dem Haus kommen, und die Effekte sind daher ähnlich, egal ob die Familienmitglieder eine verbesserte Latrinengrube, eine Senkgrube mit Abfluß in eine Straßenkanalisation oder ein konventionelles Abwassersystem benutzen. Für die Umgebung kommt es dagegen auf die Beseitigung der Fäkalien an; diese Aufgabe kann durch eine Fülle von technischen Systemen gut gelöst werden, viele der häufig verwendeten Verfahren sind jedoch ungeeignet (wie die Sammlung der Fäkalien und nicht geleerte Faulgruben). Weil alle fäkalisch-oralen Übertragungswege um so bedeutsamer sind, je enger die Menschen zusammenleben, sind die krankheitsverursachenden Wirkungen eines unzureichenden Kanalisationswesens in dicht bevölkerten städtischen Siedlungen am größten.

Kosten für die Aufbereitung von Wasser schlechter Qualität sind hoch. In Bangladesch würde das Abkochen von Trinkwasser 11 Prozent des Einkommens einer Familie im untersten Viertel der Einkommenspyramide beanspruchen. Bei Ausbruch der Cholera in Peru hat das Gesundheitsministerium allen Bewohnern dringend empfohlen, das Trinkwasser zehn Minuten lang abzukochen. Die Kosten dafür würden sich auf 29 Prozent des durchschnittlichen Haushaltseinkommens in einer Behelfssiedlung belaufen.

Was muß getan werden?

Investitionen im Bereich des Kanalisationswesens und der Wasserversorgung bieten hohe volkswirtschaftliche, soziale und umweltpolitische Erträge. Die allgemeine Bereitstellung dieser Leistungen sollte und könnte in der kommenden Generation zur Realität werden. In den nächsten vier Jahrzehnten wird sich jedoch die städtische Bevölkerung in den Entwicklungsländern verdreifachen, und die häusliche Nachfrage nach Wasser wird sich verfünffachen. Mit den gegenwärtigen Konzepten wird man diese Nachfrage nicht befriedigen können, und es besteht die reale Möglichkeit, daß die Zahl der nicht an die Wasserversorgung Angeschlossenen sich beträchtlich erhöhen könnte, selbst wenn die grundwasserführenden Schichten erschöpft und die Flüsse ausgebeutet werden. Im restlichen Teil dieses Kapitels werden vier entscheidende Reformen erörtert, die durchgeführt werden müssen.

Bessere Bewirtschaftung der Wasservorräte

Als es nur wenig Wettbewerb um Wasser gab, wurde es (zu Recht) in großen Mengen für Zwecke genutzt, bei denen der Wert einer Wassereinheit relativ niedrig war. In vielen Ländern wurde die künstlich bewässerte Landwirtschaft zum dominierenden Wasserverbraucher, der große Wassermengen bei niedriger Wertschöpfung beanspruchte. Heute erfolgt rund 73 Prozent der gesamten Wasserinanspruchnahme für die künstliche Bewässerung (bei höheren Anteilen für die konsumtive Verwendung). Dieser Anteil ist in Ländern mit niedrigem Einkommen sogar noch größer, wie in Tabelle 5.1 gezeigt wird. In den meisten Ländern wird dieses Wasser zu hochsubventionierten Preisen zur Verfügung gestellt, wobei die Benutzer selten mehr als 10 Prozent der Betriebskosten zahlen.

Tabelle 5.1 Wasserinanspruchnahme der Sektoren, nach Einkommensgruppen der Länder

Einkommensgruppe	Jährliche Inanspruchnahme pro Kopf (in Kubikmeter)	Inanspruchnahme nach Sektoren (in %)		
		Haushalte	Industrie	Landwirtschaft
Länder mit				
niedrigem Einkommen	386	4	5	91
mittlerem Einkommen	453	13	18	69
hohem Einkommen	1.167	14	47	39

Quelle: World Resources Institute 1990.

Da die Nachfrage von seiten der Haushalte, der Industrie und der Bauern steigt, fällt es den Regierungen schwer, bestehende Vereinbarungen zu ändern. Die Verteilung des Wassers ist in allen Ländern ein komplexes Problem und wird durch rechtliche und kulturelle Traditionen bestimmt. Die Benutzer verfügen in der Regel über gutfundierte Rechte. Eine Umverteilung ist ein umstrittener und mühsamer Prozeß, der im allgemeinen auf Nachfrageverschiebungen nur mit starker zeitlicher Verzögerung reagiert. Obgleich die Wasserverwendung in der Landwirtschaft pro Kubikmeter den niedrigsten Nutzen erbringt, besteht eine starke politische Opposition gegen die Umleitung von Wasser aus der Landwirtschaft weg zu anderen Sektoren hin. Das Ergebnis ist, daß in vielen Ländern, sowohl Industrie- als auch Entwicklungsländern, große Wassermengen für die künstliche Bewässerung der Landwirtschaft verwendet werden, wo sie nur geringen volkswirtschaftlichen Nutzen erbringen, während die Städte und die Industrie, die gern mehr zahlen würden, nicht genug Wasser bekommen können.

Dieses Mißverhältnis ist am offensichtlichsten im Umfeld großer Städte. Im Westen der Vereinigten Staaten zahlen beispielsweise die Farmer in Arizona weniger als 1 Cent pro Kubikmeter Wasser, während Bewohner der Stadt Phoenix rund 25 Cent zahlen. Im industriellen Herzen Chinas in der Umgebung von Peking und Tianjin wird 65 Prozent des Wassers relativ unökonomisch für die wenig Nutzen bringende künstliche Bewässerung verwendet, während hohe Ausgaben ins Auge gefaßt werden, um Wasser aus anderen Flußgebieten in die Städte zu bringen.

Paradoxerweise bergen diese Verzerrungen auch eine gute Nachricht in sich. Allein ihre Dimension ist ein Indiz dafür, daß die Wasserknappheit in den Städten durch nur geringe Umverteilungen behoben werden könnte. Beispielsweise reicht in Arizona der Aufkauf der Wasserrechte von nur einer Farm aus, um Wasser für zehntausende von Stadtbewohnern bereitzustellen. Wegen des nur geringen Nutzens, den das Wasser bei der künstlichen Bewässerung in der Landwirtschaft erbringt, hat der Verlust dieser marginalen Wassermenge nur einen geringen Gesamteffekt auf die landwirtschaftliche Produktion. Um die Übertragung der Wasserrechte zu erleichtern, sind neue, marktorientierte Methoden der Umverteilung entwickelt worden. Als in letzter Zeit eine Dürre die verfügbaren Wasservorräte gefährlich reduzierte, errichtete der Staat Kalifornien eine freiwillige „Wasserbank", die Wasser von Farmern aufkaufte und es an städtische Regionen verkaufte. Die Farmer machten dadurch, daß sie das Wasser zu einem höheren Preis verkauften, als es für sie wert war, einen Gewinn, während die Städte das Wasser zu Kosten bekamen, die deutlich unter denen anderer Bezugsmöglichkeiten lagen.

Auch in Entwicklungsländern ist ein Anfang gemacht worden, um neue Methoden bei der Bewirtschaftung der Wasservorräte anzuwenden. Die Staatliche Wissenschafts- und Technologiekommission in China kam zu dem Ergebnis, daß der volkswirtschaftliche Ertrag aus einem Kubikmeter Wasser bei Verwendung in der Landwirtschaft sich auf weniger als 10 Prozent des Ertrages bei Verwendung in Kommunen und der Industrie belief. Sobald die Benutzer in der Landwirtschaft und in der Stadt akzeptierten, daß sie Wasser als ein Wirtschaftsgut ansehen mußten, das einen Preis hat, waren Fortschritte – auch eine Umverteilung – möglich. Auch Jakarta war bei der Drosselung des überzogenen Abpumpens seiner grundwasserführenden Schichten recht erfolgreich, wobei die Verbraucher von Grundwasser registriert wurden (insbesondere die kommerziellen und industriellen Unternehmen) und man eine Grundwasserabgabe einführte.

Die entscheidenden Merkmale dieser „marktorientierten" Umverteilungsmethoden bestanden darin, daß sie freiwillig waren, sowohl den Käufern als auch den Verkäufern wirtschaftliche Vorteile brachten, die Umweltprobleme durch den verschwenderischen Wasserverbrauch bei künstlicher Bewässerung verringerten und die Notwendigkeit zum Bau neuer Staudämme verminderten.

Ohne eine wirksame Bewirtschaftung der Wasservorräte werden die Kosten der Wasserversorgung für die Städte weiter steigen. Die drastischsten Beispiele werden in großen und wachsenden städtischen Agglomerationen auftreten. In Mexiko-Stadt, wo viel Wasser für die künstliche Bewässerung verwendet wird, stellt die Stadt Überlegungen

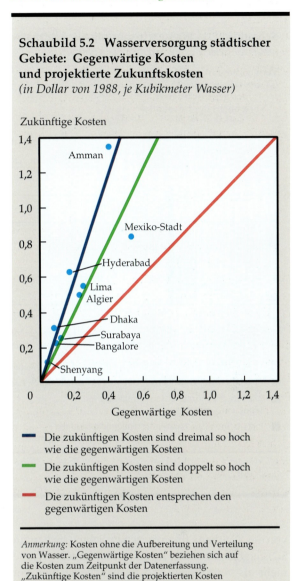

Die Kosten sind hoch und steigen schnell

Schaubild 5.2 Wasserversorgung städtischer Gebiete: Gegenwärtige Kosten und projektierte Zukunftskosten
(in Dollar von 1988, je Kubikmeter Wasser)

— Die zukünftigen Kosten sind dreimal so hoch wie die gegenwärtigen Kosten
— Die zukünftigen Kosten sind doppelt so hoch wie die gegenwärtigen Kosten
— Die zukünftigen Kosten entsprechen den gegenwärtigen Kosten

Anmerkung: Kosten ohne die Aufbereitung und Verteilung von Wasser. „Gegenwärtige Kosten" beziehen sich auf die Kosten zum Zeitpunkt der Datenerfassung. „Zukünftige Kosten" sind die projektierten Kosten bei einem neuen Wasserentwicklungsprojekt.
Quelle: Daten der Weltbank.

an, Wasser über eine Höhendifferenz von mehr als 1.000 Meter ins Hochtal von Mexiko zu pumpen; in Lima hat die Verschmutzung des oberen Stromlaufs die Aufbereitungskosten um rund 30 Prozent erhöht; in Shanghai sind die Wasseransaugrohre schon mehr als 40 Kilometer flußaufwärts verlegt worden, was Kosten von rund 300 Mio Dollar verursachte; und in Amman wird in allerneuester Zeit Wasser 1.200 Meter hochgepumpt, von einer Stelle aus, die etwa 40 Kilometer von der Stadt entfernt ist. Eine jüngere Studie über die Kosten ungereinigten Wassers für städtische Regionen bei

Sparen kann billiger sein als der Bau neuer Anlagen

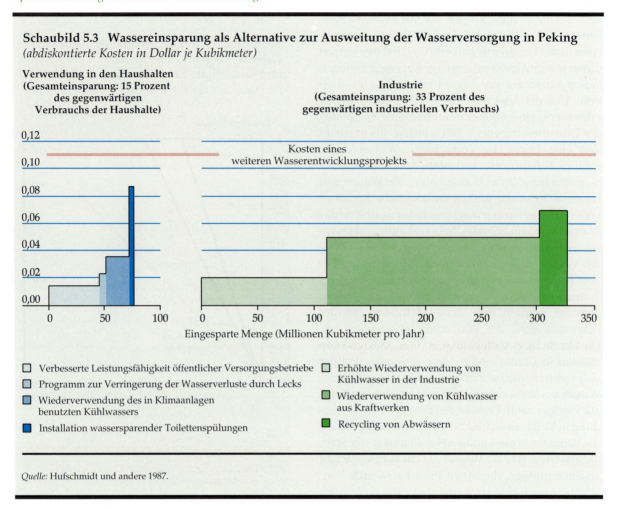

von der Weltbank finanzierten Projekten (Schaubild 5.2) zeigt, daß sich die Kosten je Kubikmeter Wasser mehr als verdoppeln und in manchen Fällen verdreifachen würden, wenn ein neues Wasserentwicklungsprojekt notwendig würde.

Der Industrie und den privaten Haushalten müssen auch Anreize zum sparsamen Wasserverbrauch geboten werden. Die Städte neigten – wie die Bauern – dazu, die Nachfrage als gegeben zu betrachten und es als ihre Aufgabe anzusehen, zu ihrer Befriedigung das Angebot zu erhöhen. Wie es schon bei der Energie vor zwanzig Jahren der Fall war, so wurde der Einsparung und der Nachfragesteuerung auch in der Wasserwirtschaft wenig Beachtung geschenkt. Dies ist sowohl unökonomisch als auch umweltpolitisch schädlich. Man betrachte die Situation von Washington (DC). In den sechziger Jahren entschied die US-Regierung, daß sechzehn Staudämme und über 400 Mio Dollar erforderlich seien, um den Wasserbedarf der Hauptstadtregion zu befriedigen. Wegen des Widerstands von Umweltschützern gegen den Bau der Staudämme mußte der Plan neu durchdacht werden. Schließlich wurde die Zahl der Staudämme auf einen reduziert und die Gesamtkosten des Projekts auf 30 Mio Dollar verringert. Die ausschlaggebenden Veränderungen betrafen eine Planrevision für die Nachfragesteuerung in Dürreperioden und effizientere Betriebsvorschriften. Dies zeigt einmal mehr, daß eine bessere Wirtschaftlichkeit und eine bessere Umweltpolitik kompatibel sind.

Die Erfahrungen in Industrie- und Entwicklungsländern zeigen gleichermaßen, welches Potential für eine kosteneffizientere Wasserverwendung in der Industrie vorhanden ist. In den Vereinigten Staaten wird erwartet, daß die Entnahme von Frischwasser durch die Verarbeitende Industrie im Jahr 2000 um 62 Prozent geringer sein wird als im

Jahr 1977, und zwar hauptsächlich wegen der gestiegenen Kosten, die die Industrie für die Beseitigung der industriellen Abwässer aufwenden muß. In São Paulo (Brasilien) führte die Einführung von Abwassergebühren bei drei Industriebetrieben dazu, daß sie die Wassernachfrage um 42 bis 62 Prozent verringerten. Schaubild 5.3 zeigt, wie in Peking ein Bündel von Sparmaßnahmen in Industrie und Haushalten eine erhebliche Wassermenge freisetzte, und zwar zu beträchtlich geringeren Kosten je Kubikmeter als es bei einem zusätzlichen Projekt zur Steigerung des Wasserangebots der Fall gewesen wäre.

Eine besonders wichtige Einsparungsmöglichkeit ist die Abwasseraufbereitung. Wasseraufbereitung für kommunale, industrielle und landwirtschaftliche Verwendungszwecke ist sowohl zur Verbesserung der Umwelt als auch zur Reduzierung der Kosten des Wasserangebots attraktiv. Aufbereitetes Abwasser wird seit vielen Jahren für die Toilettenspülung in Wohn- und Geschäftshäusern in Japan und Singapur benutzt. Ein neues Aufbereitungsprojekt in der Vallejo-Region von Mexiko-Stadt (Sonderbeitrag 5.2) zeigt das – volkswirtschaftlich und umweltpolitisch – große Potential der Abwasserwiederverwendung sowie – um ein im folgenden behandeltes Thema vorwegzunehmen – die Möglichkeiten für eine Betätigung des privaten Sektors.

Gegenwärtig sind in den meisten Ländern die Bewirtschaftungsstrukturen der Wasservorräte zersplittert (industrielle Wasserverbraucher müssen beispielsweise nicht die Kosten berücksichtigen, die durch ihre Nutzung und ihre Wasserverschmutzung den Haushalten flußabwärts entstehen), und die Bewirtschaftung erfolgt durch „Anordnung und Kontrolle" (die meisten Wasserzuteilungen erfolgen durch administrativen Erlaß). Die Herausforderung besteht darin, dieses System durch eines zu ersetzen, das die gesamten Aspekte dieses Naturschatzes und seinen wirtschaftlichen Wert berücksichtigt und das sich hauptsächlich auf Preise und andere Anreize zur Förderung einer effizienten Nutzung der Wasservorräte stützt.

Bereitstellung von Dienstleistungen, die die Bevölkerung verlangt und für die sie zu zahlen bereit ist

In den achtziger Jahren, im Zehnjahreszeitraum des Trinkwasser- und Kanalisationsprogramms der Vereinten Nationen, verbesserte sich die Versorgung (siehe Kapitel 2). Aber rund 1 Milliarde Menschen verfügen noch immer nicht über eine ausreichende Wasserversorgung, und etwa 1,7 Milliarden Menschen sind nicht an ein geeignetes Kanalisationssystem angeschlossen. Die Qualität der Dienstleistungen ist oft unzureichend. In Lateinamerika sind zum Beispiel Lecks und Rohrbrüche viermal, beziehungsweise zwanzigmal, häufiger, als es in Industrieländern üblich ist. In Lima stellten 70 Prozent der Bezirke, die Wasser verteilen, das Wasser mit unzureichendem Druck zur Verfügung. In Mexiko haben 20 Prozent der Wasserversor-

---

Sonderbeitrag 5.2 Verbesserung der Umwelt, Bewirtschaftung der Wasservorräte und der private Sektor in Mexiko

Im Jahr 1989 suchte eine Gruppe von Unternehmen, konfrontiert mit steigenden Wasserpreisen und potentiellem Wassermangel, in der Vallejo-Region von Mexiko-Stadt eine Alternative zur Wasserversorgung durch staatliche Behörden. Etwa zur gleichen Zeit entschloß sich die mexikanische Regierung, den privaten Sektor in die Wasserversorgung und die Abwasseraufbereitung mit einzubeziehen.

Die Industriellen stellten fest, daß eine hinreichende Aufbereitung der Abwässer eine kostengünstige und zuverlässige Quelle für Industriewasser bieten könnte (und außerdem könnte die Umwelt durch die Abwasseraufbereitung verbessert sowie der Bedarf an neuen Wasserquellen verringert werden). Sechsundzwanzig Unternehmen aus der Vallejo-Region gründeten eine neue gewinnorientierte Firma, Aguas Industriales de Vallejo (AIV), um eine alte kommunale Abwasserkläranlage zu sanieren. Jedes Unternehmen stellte als Anteilseigner Eigenmittel auf Basis seines Wasserbedarfs zur Verfügung, wobei sich die gesamten Eigenmittel auf 900.000 Dollar beliefen.

AIV betreibt die Anlage mit einer Zehnjahreskonzession von seiten der Regierung. Die Anlage liefert jetzt 60 Liter pro Sekunde an die Anteilseigner und 30 Liter pro Sekunde an den Staat als Entgelt für die Konzession. Das Konzessionsabkommen gibt AIV das Recht, bis zu 200 Liter pro Sekunde an Abwässern aus dem kommunalen Hauptabwasserkanal zu entnehmen. AIV plant, die Kapazität der Anlage innerhalb von fünf Jahren mit geschätzten Kosten von 1,5 Mio Dollar zu verdoppeln. Die Firma liefert den Anteilseignern gereinigtes Wasser zu einem Preis, der sich auf 75 Prozent des vom Staat geforderten Wasserpreises beläuft (gegenwärtig 0,95 Dollar pro Kubikmeter).

gungssysteme nur unzuverlässige Möglichkeiten der Chlorung.

Was geleistet wurde

Entwicklungsländer können es sich nicht leisten, alle Menschen mit häuslichen Leitungswasser- und Abwasseranschlüssen zu versorgen. Die Maßnahmen konzentrierten sich im allgemeinen insbesondere auf die (subventionierte) Bereitstellung von Wasser, häufig mittels Hausanschlüssen für die Bessergestellten, und auf Zapfstellen oder Handpumpen für die Armen.

Die Verbraucher in den meisten Industrieländern zahlen die gesamten laufenden Kosten (Betriebskosten, Unterhaltskosten und den Schuldendienst) für die Bereitstellung von Wasser und Abwasserleistungen. Sie zahlen auch den Hauptteil der Kapitalkosten für die Wasserversorgung und einen großen und steigenden Teil (in der Regel über die Hälfte) der Kapitalkosten für die Abwasserversorgung. In den Entwicklungsländern zahlen dagegen die Verbraucher weitaus weniger. Eine neuere Untersuchung von der Weltbank finanzierter Projekte zeigte, daß der für Wasser geforderte effektive Preis nur rund 35 Prozent der durchschnittlichen Bereitstellungskosten deckt. Der Teil der gesamten Projektfinanzierung, der von den Versorgungsbetrieben aufgebracht wird, deutet in die gleiche Richtung: Die interne Mittelaufbringung macht nur 8 Prozent der Projektkosten in Asien aus, 9 Prozent in Afrika südlich der Sahara, 21 Prozent in Lateinamerika und der Karibik und 35 Prozent im Nahen Osten und Nordafrika.

Ein neuer Ansatz

Es gibt zahlreiche Belege dafür, daß die meisten Menschen in städtischen Regionen eine hinreichend zuverlässige Wasserversorgung in der Wohnung wünschen und bereit sind, die vollen Kosten dieser Leistungen zu bezahlen. In einigen Regionen muß eine solche Standardlösung entsprechend angepaßt werden, und es müssen besondere Anstrengungen unternommen werden, um die Armen zu versorgen. In Lateinamerika und in jüngerer Zeit in Marokko haben Versorgungsbetriebe dazu beigetragen, daß arme Familien sich einen Anschluß installieren und eine Rohrleitung ins Haus legen lassen konnten, indem sie ihnen die Möglichkeit einräumten, die Zahlungen über mehrere Jahre zu strecken. Eine weitere Möglichkeit bietet ein „sozialer Tarif", wobei die Bessergestellten die Armen subventionieren. Wenn man solche Maßnahmen ordentlich durchführt, sind sie sowohl vernünftig (da die Armen relativ wenig Wasser verbrauchen) als auch sozial angebracht. Es gibt aber Gefahren. Sozial gestaffelte Tarife können zu einer generellen Ausweitung der Subventionen führen. Und öffentlichen Unternehmen nichtkommerzielle Ziele zuzuweisen, hat in der Regel einen ungünstigen Effekt auf die Erreichung aller sonstiger Ziele, sowohl kommerzieller als auch nichtkommerzieller Art.

Es wird weitgehend unterstellt, daß die Bedarfslage in ländlichen Regionen von ganz anderer Art ist, daß dort nämlich die Menschen nur einen „Grundbedarf" haben, der mit einer öffentlichen Zapfstelle oder Handpumpe gedeckt werden kann. Eine neuere, mehrere Länder umfassende Studie der Weltbank über den Wasserbedarf in ländlichen Regionen (Sonderbeitrag 5.3) kam jedoch zu dem Ergebnis, daß die meisten Menschen auf dem Lande ein relativ hohes Niveau der Versorgung wünschen (Zapfstellen auf dem Hof) und dafür zu zahlen bereit sind. Wie Schaubild 5.4 zeigt, wollen sie beträchtlich mehr zahlen, wenn diese Leistung verläßlich erbracht wird. Wie Schaubild 5.5 zeigt, wollen auch mehr Menschen von einer besseren Wasserversorgung Gebrauch machen, sofern ihnen neue Finanzierungsmöglichkeiten geboten werden.

Zwanzig Jahre Erfahrung mit der Wasserversorgung in ländlichen Regionen Thailands (Sonderbeitrag 5.4) zeigen, wie es möglich ist, aus der Falle einer gleichgewichtigen „Versorgung auf niedrigem Niveau" auszubrechen (bei der ein niedriges Leistungsniveau bereitgestellt wird, die Zahlungsbereitschaft und somit die Einnahmen niedrig sind und sich die Einrichtungen folglich verschlechtern) und zu einer gleichgewichtigen „Versorgung auf hohem Niveau" zu gelangen, wo die Verbraucher ein hohes Leistungsniveau erhalten, dafür zahlen und das gewünschte System betriebsbereit halten.

Wachsende Investitionen in das Kanalisationswesen

Öffentliche Investitionen in die Wasserversorgung und das Kanalisationssystem machen 10 Prozent der gesamten öffentlichen Investitionen in Entwicklungsländern oder rund 0,6 Prozent des BIP aus. Die Ausgaben für das Abwasser- und Kanalisationswesen belaufen sich auf deutlich weniger als ein

Fünftel der Kreditvergabe für von der Weltbank finanzierte Projekte. Der Großteil davon ging in Abwassersammelanlagen, und nur wenig wurde für die Abwasseraufbereitung ausgegeben. Ein Indikator dafür, daß in die Abwasseraufbereitung deutlich unterinvestiert wird, ist die Tatsache, daß nur 2 Prozent der Abwässer in Lateinamerika aufbereitet werden. In ähnlicher Weise wird nur ein kleiner

---

Sonderbeitrag 5.3   Bereitschaft, für die Wasserversorgung in ländlichen Regionen zu zahlen

Die Weltbank stellte in letzter Zeit, in Zusammenarbeit mit anderen Behörden, eine Studie über die Nachfrage nach Wasser in ländlichen Gebieten Brasiliens, Haitis, Indiens, Nigerias, Pakistans, Simbabwes und Tansanias fertig. Die Studie kommt zu dem Ergebnis, daß sich bezüglich der Nachfrage nach Wasser vier generelle Kategorien von ländlichen Gemeinden unterscheiden lassen.

Typ I: Die Bereitschaft, für private Anschlüsse zu bezahlen, ist hoch, und die Bereitschaft, für öffentliche Wasserstellen zu bezahlen, ist gering. In Gemeinden dieser Gruppe bieten sich weitreichende Möglichkeiten, weil die Menschen bereit und gewillt sind, die gesamten Kosten einer privaten zuverlässigen Wasserversorgung zu tragen, die über Anschlüsse mit Zählern auf das Grundstück oder ins Haus erfolgt. Die Bereitstellung freier öffentlicher Zapfstellen (für die Armen) wird die Nachfrage nach privaten Anschlüssen nicht fühlbar beeinflussen. Das angemessene Konzept besteht darin, private Anschlüsse anzubieten und sogar zu fördern (insbesondere durch die Amortisierung der Anschlußkosten über die monatlichen Wasserrechnungen), alle Kosten durch den Tarif zu decken und zuverlässige Leistungen zu bieten. Ein bemerkenswertes Resultat der Weltbankstudie ist, daß diese Kategorie größer ist, als gemeinhin angenommen wird: Sie umfaßt wahrscheinlich viele Kommunen in Südostasien, Südasien, Lateinamerika sowie im Nahen Osten und Nordafrika.

Typ II: Nur eine Minderheit der Haushalte ist bereit, die Gesamtkosten für Privatanschlüsse zu tragen, die meisten Haushalte sind aber gewillt, die Gesamtkosten für öffentliche Wasserstellen zu entrichten. Obwohl die generelle Bereitschaft, für verbesserte Wasserleistungen zu bezahlen, in Kommunen vom Typ II beträchtlich ist, sind die Verbraucher in sehr unterschiedlichem Maße gewillt, für verschiedene Leistungsniveaus zu bezahlen. In diesen Dörfern würde die unentgeltliche Bereitstellung öffentlicher Wasserstellen (wie Standrohre, Brunnen oder Bohrlöcher) die Nachfrage nach privaten Anschlüssen beträchtlich vermindern. Wenn es eine starke Vorliebe für die Benutzung öffentlicher Wasserstellen gibt, muß eine gewisse Gebühr für das Wasser aus diesen Quellen erhoben werden, um das System zu finanzieren. Hier besteht die größte Herausforderung in der Entwicklung von Gebühreneinzugssystemen, die flexibel hinsichtlich der Präferenzen der Menschen reagieren, d. h. wann sie Wasser kaufen und wie sie dafür bezahlen wollen. Gebührenhäuschen scheinen für viele Haushalte eine attraktive und flexible Möglichkeit darzustellen. Diejenigen, die Hausanschlüsse wünschen, sollten diese bekommen können, sie müssen aber Anschlüsse mit Zählern haben und die gesamten Kosten tragen. Viele der bessergestellten Kommunen in Afrika südlich der Sahara und ärmere Kommunen in Asien und Lateinamerika fallen wahrscheinlich in diese Kategorie.

Typ III: Die Bereitschaft der Haushalte, für verbesserte Leistungen zu zahlen, ist hoch, aber nicht hoch genug, um die gesamten Kosten einer verbesserten Leistung zu tragen. Diese Gruppe umfaßt typischerweise arme Kommunen in den Trockenzonen Südasiens und Afrikas südlich der Sahara. Wie in Dörfern des Typs II sind die Menschen bereit, einen relativ großen Teil ihres Einkommens für eine verbesserte Wasserversorgung aufzuwenden. Der Unterschied besteht darin, daß die Versorgungskosten aufgrund der Trockenheit in Verbindung mit einer niedrigen Bevölkerungsdichte so hoch sind, daß verbesserte Systeme ohne Subventionen nicht gebaut und betrieben werden. Angesichts des hohen Stellenwerts, den die Menschen einer verbesserten Wasserversorgung einräumen, wären die Haushalte in aller Regel gewillt, die Mittel für eine verbesserte Wasserversorgung aufzuwenden, wenn vom zentralen Haushalt oder von ausländischen Gebern finanzielle Mittel transferiert würden. In solchen Kommunen würden in erster Linie öffentliche Zapfstellen, Brunnen oder Bohrlöcher angeboten werden, obgleich bei Rohrleitungssystemen Zapfstellen mit Zählern auf den Grundstücken möglich sein sollten, wobei die Gebühren die gesamten Kosten decken müßten.

Typ IV: Die Bereitschaft, für jegliche Art verbesserter Leistungen zu bezahlen, ist gering. Diese Gruppe umfaßt typischerweise arme Kommunen, bei denen a) die traditionellen Wasserversorgungssysteme von der Bevölkerung als mehr oder weniger ausreichend angesehen werden, oder b) die Wasserversorgung als in der finanziellen Verantwortung des Staates gelegen angesehen wird. In derartigen Kommunen sind selbstfinanzierte verbesserte Wasserversorgungssysteme nicht sinnvoll. Angesichts des niedrigen Stellenwerts, der einer verbesserten Wasserversorgung beigemessen wird, könnten verfügbare Subventionen besser für die Bereitstellung anderer, höher eingeschätzter Infrastrukturleistungen eingesetzt werden. Bis auf weiteres besteht in solchen Fällen die angemessene Wasserversorgungspolitik in ländlichen Regionen schlicht darin, nichts zu tun. Sofern die staatliche Fürsorge für Kommunen der zweiten Kategorie einmal beendet wird, könnten die Gemeinden des Typs IV ihre Bereitschaft zu erkennen geben, für die Leistungen zu bezahlen, und sie werden dann zu Kommunen des Typs II.

Die Verbraucher wünschen eine zuverlässige Versorgung

Kredite für Wasseranschlüsse sind von größter Bedeutung

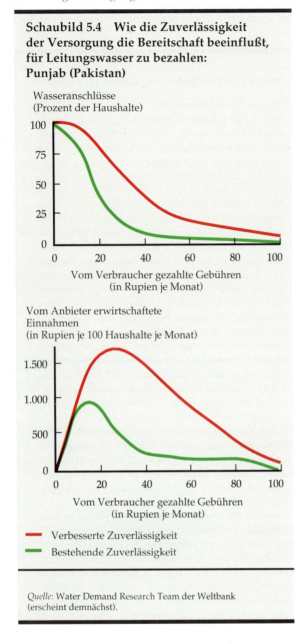

Schaubild 5.4 Wie die Zuverlässigkeit der Versorgung die Bereitschaft beeinflußt, für Leitungswasser zu bezahlen: Punjab (Pakistan)

— Verbesserte Zuverlässigkeit
— Bestehende Zuverlässigkeit

Quelle: Water Demand Research Team der Weltbank (erscheint demnächst).

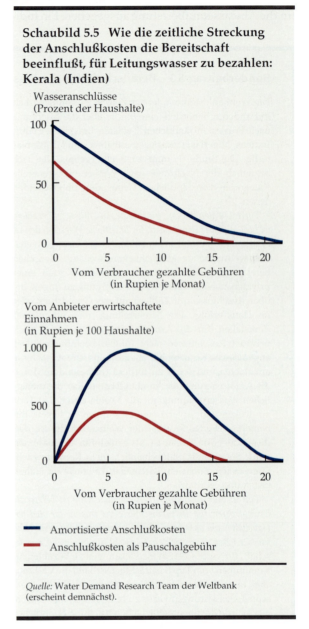

Schaubild 5.5 Wie die zeitliche Streckung der Anschlußkosten die Bereitschaft beeinflußt, für Leitungswasser zu bezahlen: Kerala (Indien)

— Amortisierte Anschlußkosten
— Anschlußkosten als Pauschalgebühr

Quelle: Water Demand Research Team der Weltbank (erscheint demnächst).

Prozentsatz der Gesamtausgaben (in der Regel 5 Prozent in Entwicklungsländern, verglichen mit 25 Prozent in Industrieländern) für feste Abfälle und deren sichere Entsorgung bereitgestellt.

Die Nachfrage mit ins Kalkül ziehen

Es gibt zahlreiche Hinweise darauf, daß Familien in städtischen Regionen bereit sind, für die Beseitigung von Exkrementen und Abwässern aus ihren Wohnbezirken beträchtliche Beträge aufzuwenden. Die Menschen wollen ihre private Sphäre, ihren Komfort und sozialen Status schützen; verschmutztes Wasser riecht unangenehm und zieht Moskitos an; außerdem erhöht der Einbau von Abwasserkanalisationen in aller Regel die Grundstückspreise. Bei der Kanalisation ist es nicht anders als bei der Wasserversorgung: Wo eine öffentliche Leistungsbereitstellung fehlt, zahlen die Menschen erhebliche Summen für privat bereitgestellte Leistungen. Sogar in armen Städten sind die aufgewendeten Beträge beträchtlich. In Kumasi (Ghana) wird beispielsweise für die Benutzung öffentlicher Toiletten und Latrinenkübel ein großer Teil der laufenden Ausgaben ausgegeben – etwa 2,5 beziehungsweise 1 Prozent des Familieneinkommens. In Kumasi und in Ouagadougou sind die Familien bereit, etwa 2 Prozent des Haushaltseinkommens für ein verbessertes Kanalisationssystem zu zahlen. Dies ist etwa der Betrag, der für Wasser und Elektrizität gezahlt wird. Die Beispiele aus Nordostbrasilien und von Orangi (Pakistan), die in den Sonderbeiträgen 5.5 und 5.6 erörtert werden, zeigen die Bereitschaft der Haushalte, für die Beseitigung der Abwässer aus den Wohngebieten (mittels einer kostengünstigen Abwasserleitung) zu zahlen.

Die Palette der Angebotsmöglichkeiten erweitern

Ein entscheidendes Element einer nachfragebestimmten Strategie im Kanalisationswesen besteht darin, die Palette der Leistungen auszuweiten, aus denen die Benutzer auswählen können.

In Stadtzentren gibt es keine Alternative zu kostspieligen Wasserkanalisationssystemen. Aber selbst in relativ armen Städten sind die Probleme nicht unlösbar. In Fortaleza, einer armen Stadt in Nordostbrasilien, sind die Bauherren aller höheren Gebäude verpflichtet, und sie entsprechen dem auch, Abwassersammelbehälter und Aufbereitungsanlagen zu installieren. Der springende Punkt dabei ist nicht, daß dies eine gute technische Lösung darstellt, sondern daß sogar in einer relativ armen Stadt die Bauherren derartige Kosten leicht auffangen und an diejenigen weiterwälzen können, die in den Gebäuden Wohnungen kaufen.

Außerhalb der städtischen Kerngebiete sind jedoch konventionelle Abwasserkanalisationsanlagen (bei durchschnittlichen Kosten pro Haushalt von ungefähr 300 bis 1.000 Dollar) für die meisten Entwicklungsländer zu teuer. In den letzten Jahrzehnten sind Anstrengungen unternommen worden, um technische Alternativen zu entwickeln.

Sonderbeitrag 5.4 Befreiung aus der „Falle eines Gleichgewichts auf niedrigem Niveau" im Nordosten Thailands

Ein über zwanzig Jahre gut dokumentiertes Beispiel aus dem Nordosten Thailands zeigt, wie wichtig es ist, die Wünsche der Wasserverbraucher in ländlichen Gebieten kennenzulernen, anstatt Annahmen über ihre Reaktionen zu treffen.

Da die Menschen in der Region arm waren, zielte das ursprüngliche Projekt darauf ab, sauberes Wasser zu den geringstmöglichen Kosten bereitzustellen. Weil in der Region Grundwasser reichlich vorhanden ist, wurden Handpumpen als technische Lösung gewählt. Nach fünf Jahren waren die meisten Handpumpen nicht mehr betriebsbereit, und die Wasserverbrauchsgewohnheiten hatten sich kaum geändert. In der Folgephase lieferten Motorpumpen Rohrleitungswasser zu kommunalen Standrohren. Wieder schlug das Projekt fehl. Fünf Jahre nach der Installation waren 50 Prozent der Anlagen überhaupt nicht mehr in Betrieb, und weitere 25 Prozent arbeiteten mit Unterbrechungen.

Entsprechend den üblichen Annahmen wurden die Mißerfolge auf technische Anlagen zurückgeführt, die für die Instandhaltung zu kompliziert wären, sowie auf die Unfähigkeit der Dorfbewohner, für die verbesserte Versorgung zu bezahlen. Allmählich wurde jedoch klar, daß das Hauptproblem nicht die Leistungsfähigkeit der Dorfbewohner war, sondern die Tatsache, daß die angebotenen Leistungen nicht dem entsprachen, was sie wünschten. Sie wollten keine Handpumpen, die sie nicht als Verbesserung gegenüber dem traditionellen System mit Seil und Eimer ansahen. Und Standrohre, die nicht näher lagen als ihre traditionellen Wasserstellen, boten keine sichtbaren Vorteile. Nur eine Leitungswasserversorgung mit Zapfstellen auf den Grundstücken konnte die Wünsche der Leute befriedigen.

Im nächsten Projekt wurden Zapfstellen auf den Grundstücken angelegt, wobei die Verbraucher für die vollen Kosten des Anschlusses zahlten. Fünf Jahre später lautete das Urteil: 90 Prozent der Anlagen arbeiteten zuverlässig, 80 Prozent der Leute wurden durch Zapfstellen auf dem Grundstück versorgt, Zähler waren installiert und auf die örtlichen Verhältnisse angepaßte Gebührensysteme waren entwickelt worden. Nicht nur waren die Anlagen gut instandgehalten, sondern wegen der Beliebtheit dieser Art der Wasserversorgung hatten viele Anlagen ihre Verteilungsnetze auf bislang nicht versorgte Gebiete ausgedehnt.

Mit anderen Worten und unter Verwendung der in Sonderbeitrag 5.3 diskutierten Kategorien: Als diese (armen) Leute in den „Typ IV" eingeordnet worden waren, führte dies zur bekannten Falle eines Gleichgewichts auf niedrigem Niveau. Als sie wie Kommunen des „Typs I" behandelt wurden, wurde der Kreis durchbrochen, und es stellte sich ein Gleichgewicht auf hohem Niveau ein.

Diese Arbeit erstreckte sich zumeist auf die Beseitigung menschlicher Exkremente an Ort und Stelle. Latrinen mit Spülung und verbesserte belüftete Latrinengruben sind oft die bevorzugten technischen Varianten – sie bieten gute Funktionen (Wahrung der Privatsphäre und wenig Geruchsentwicklung) zu angemessenen Kosten (in der Regel etwa 100 bis 200 Dollar pro Einheit), und ihre Installation und Funktionsweise hängt nicht von der Gemeindeverwaltung oder anderen Organisationen ab. Zu sogar noch niedrigeren Kosten gibt es noch einfachere Verbesserungsmöglichkeiten, wie das Programm zur Abdeckung der Latrinen, das sich erfolgreich in Mosambik bewährte.

Aus einer Reihe von Gründen – hohe Wohnungsdichte, undurchlässige Böden und die Notwendigkeit, beträchtliche Mengen häuslicher Abwässer zu beseitigen – funktionieren die Lösungen an Ort und Stelle in vielen städtischen Regionen nicht zufriedenstellend. Abwässer und Schmutzwasser, die sich in den Straßen und an niedriggelegenen Stellen sammeln, schaffen schwierige ästhetische und gesundheitliche Probleme. Und in vielen Wohngebieten trachten die Menschen nach „der echten Lösung" – einer Abwasserkanalisation.

Gegenwärtig bestehen die alternativen Möglichkeiten im Kanalisationswesen aus einem Rolls-Royce-Modell (konventionelle Abwasserkanalisation), einer Motorrad-Variante (eine verbesserte Latrine) und einem Fahrrad-Modell (eine nicht verbesserte Latrine). Was fehlt, ist ein Volkswagen-Modell – das im Grunde die gleiche Leistung erbringt wie die Rolls-Royce-Variante, das sich aber viel mehr Menschen leisten können. Mehrere derartige Technologien werden entwickelt:

• Ein Abwasserableitungssystem ist eine Mischung zwischen einer Faulgrube und einem konventionellen Kanalisationssystem. Das entscheidende Merkmal ist ein Behälter, der sich zwischen dem Hausabwasserkanal und dem Straßenkanal befindet und die festen Abfälle zurückhält, wodurch es möglich ist, kleinere Abwasserkanäle mit flacherem Gefälle und mit weniger Kanalschächten anzulegen. Derartige Systeme sind weitverbreitet in kleineren Städten in den Vereinigten Staaten und Australien sowie in Argentinien, Brasilien, Indien, Kolumbien, Mosambik und Sambia. Die (unvollständig verfügbaren) Kostendaten lassen darauf schließen, daß die von festen Abfällen befreiten Kanalisationssysteme etwa 20 Prozent weniger kosten als konventionelle Kanalisationsanlagen.

• Vereinfachte Abwasserkanalisationen, die in São Paulo entwickelt wurden, erlauben den Bau kleinerer, schmalerer und ebenerer Abwasserkanäle mit weniger Kanalschächten. Diese vereinfachte Konstruktion funktioniert ebenso gut wie ein konventionelles Kanalisationssystem, kostet aber etwa 30 Prozent weniger. Sie wird nun routinemäßig in Brasilien benutzt.

• Das in Sonderbeitrag 5.5 beschriebene Kondominial-System wurde in Nordostbrasilien entwickelt und angewendet. Es besteht aus oberflächennah im Hinterhof angebrachten Abwasserleitungen mit kleinem Durchmesser und geringem Gefälle und kostet etwa 70 Prozent weniger als ein konventionelles System.

• Das Orangi Pilotprojekt in Karatschi (in Sonderbeitrag 5.6 beschrieben) paßte die Grundelemente eines Abwasserableitungssystems und eines vereinfachten Kanalisationssystems an die Gegebenheiten einer hügeligen Behelfssiedlung in Karatschi an. Das Ergebnis – nicht bloß das Resultat einer klugen Ingenieurleistung – war eine drastische Kostensenkung der Abwasserkanalisation, von 1.000 Dollar pro Haushalt, wie es Standard war in Karatschi, auf weniger als 50 Dollar pro Haushalt (ohne die Kosten für die Abwasserrohre). Die Leistung ist außerordentlich – rund 600.000 Menschen in Orangi sind jetzt mit selbstfinanzierten Abwasseranlagen versorgt.

Investitionen in die Abfallbeseitigung

Es gibt einen wichtigen Unterschied zwischen „privaten Gütern" (einschließlich der Wasserversorgung und sogar der Abwassersammlung und der Abfuhr festen Mülls), bei denen die Hauptvorteile den einzelnen Haushalten zuzurechnen sind, und der Müllaufbereitung und -beseitigung, bei der für die Gemeinschaft insgesamt Vorteile entstehen. Im ersten Fall stellt die Bereitschaft, für die Leistung zu bezahlen, einen angemessenen Maßstab für das Leistungsniveau dar, das bereitgestellt werden sollte, und die wichtigste Finanzierungsquelle sollten direkte Abgaben der Benutzer sein. Im Falle der Abfallbeseitigung ist jedoch eine staatliche Finanzierung entscheidend. Regierungen, die die „private" Wasserversorgung und Abwassersammlung subventionieren, haben weniger Mittel übrig, um Leistungen der Müllaufbereitung und -beseitigung zu finanzieren.

Kein Entwicklungsland wird sich jedoch den Luxus leisten können, von allen Haushalten die Abwässer zu sammeln und aufzubereiten. Weil die

Sonderbeitrag 5.5 Neuartige Abwasserkanalisation im Nordosten Brasiliens: Das Kondominial-System

Das Kondominial-System ist das geistige Kind von José Carlos de Melo, einem sozial engagierten Ingenieur aus Recife. Der Name „Kondominial" wurde aus zwei Gründen gewählt. Erstens, weil ein Block von Häusern als ein horizontales Apartementhaus – oder *condominiais* auf Portugiesisch – angesehen wurde. Zweitens, weil „Condominial" der Titel einer populären brasilianischen Fernsehserie war und so mit den besten Seiten des Stadtlebens assoziiert wurde! Wie in Schaubild 5.5 A ersichtlich, ist der Entwurf radikal anders als konventionelle Systeme, mit einem kürzeren Gitter von kleineren und flacheren „Zuleitungs"kanälen, die durch die Hinterhöfe verlaufen, sowie mit der Folge flacherer Anschlüsse an die sich durch das System ziehenden Hauptabwasserkanäle. Diese Neuerungen senkten die Baukosten auf zwischen 20 und 30 Prozent der Kosten eines konventionellen Systems.

Die grundlegendere und radikalere Neuerung besteht jedoch in der aktiven Beteiligung der Bevölkerung bei der Wahl des Leistungsstandards und beim Betrieb und der Instandhaltung der „Zuleitungs"-Infrastruktur. Die Familien können sich weiterhin für ihr bisheriges Kanalisationssystem oder für einen Anschluß an ein konventionelles Abwassersystem entscheiden (was in der Regel einen Sammeltank erfordert, der in einen offenen Straßenkanal abfließt), oder aber sie optieren für einen Anschluß an ein „Kondominial"-System.

Wenn sich eine Familie für den Anschluß an ein Kondominial-System entscheidet, muß sie ein Anschlußentgelt (das von der Wassergesellschaft finanziert wird) von, angenommen X Cruzeiros zahlen und eine monatliche Gebühr von Y Cruzeiros. Wenn sie einen konventionellen Anschluß wünscht, muß sie einen Anfangsbetrag von etwa 3X Cruzeiros und eine monatliche Gebühr von 3Y Cruzeiros zahlen, was die höheren Kapital- und Betriebskosten des konventionellen Systems widerspiegelt.

Den Familien ist es freigestellt, ihr bisheriges System beizubehalten. In den meisten Fällen ändern jedoch diejenigen Familien, die sich ursprünglich nicht anschließen lassen wollten, am Ende ihre Meinung. Entweder geben sie starkem Druck ihrer Nachbarn nach, oder sie finden es nicht mehr tolerierbar, daß sich in und um ihre Häuser Abwässer ansammeln, sobald die (angeschlossenen) Nachbarn die Reste des offenen Abwasserkanals zuschütten.

Die einzelnen Haushalte sind für die Instandhaltung der Zuleitungskanäle verantwortlich, und die öffentliche Behörde kümmert sich nur um die Hauptkanalisationsleitungen. Dies hat mehrere positive Effekte. Erstens erhöht sich das Verantwortungsgefühl der Kommune für das System. Zweitens schlägt sich der Mißbrauch in jedem Teil des Zuleitungssystems (beispielsweise indem man feste Abfälle in die Toilette wirft) alsbald in einer Verstopfung im Abwasserkanalbereich des Nachbarn nieder. Die Folge ist eine schnelle, direkte und informative Rückkoppelung mit dem Störer. Dies macht es praktisch nicht erforderlich, die Benutzer des Systems dahingehend zu „erziehen", was sie dürfen und was nicht, und es führt im Ergebnis zu weniger Verstopfungen als in konventionellen Systemen. Und drittens sind die Betriebskosten wegen der deutlich reduzierten Verantwortlichkeit des Versorgungsunternehmens wesentlich niedriger.

Das Kondominial-System bedient nun Hunderttausende von städtischen Bewohnern im Nordosten Brasiliens. Die Gefahr besteht darin, daß die intelligente technische Lösung als „das System" schlechthin angesehen werden könnte. An Orten, in denen die Kommune versagte und die organisatorischen Aspekte unzureichend gelöst waren, funktionierte die Technik nur schlecht (wie in Joinville, Santa Catarina) oder überhaupt nicht (wie in Baixada Fluminense in Rio de Janeiro).

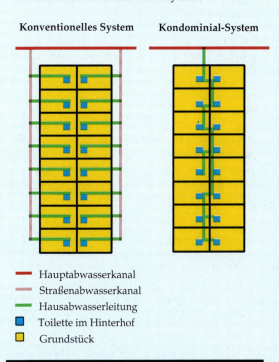

Schaubild 5.5A Konventionelle und Kondominial-Abwassersammelsysteme

Kosten einer Verwirklichung solcher Ziele extrem hoch wären, ist sogar in den Industrieländern nicht die ganze Bevölkerung an Abwasseraufbereitungsanlagen angeschlossen; nur 66 Prozent der Bevölkerung in Kanada und 52 Prozent in Frankreich werden entsprechend versorgt. Bei der nicht zu umgehenden Auswahl wird in der Regel das beste Verhältnis von Nutzen zu Kosten erreicht werden, wenn der Großteil der öffentlichen Mittel auf die Müllaufbereitung in großen Städten konzentriert wird, insbesondere in denjenigen Städten, die flußaufwärts von großen Bevölkerungsagglomerationen liegen.

In den letzten Jahrzehnten sind einige wichtige Fortschritte bei neuen Abwasseraufbereitungstechniken gemacht worden. Am unteren Ende des Spektrums befindet sich der Stabilisierungsteich, eine Technik, die sich als robust, leicht zu handhaben und (wo Land nicht teuer ist) als relativ preiswert erwiesen hat. Eine vielversprechende, in der Mitte liegende Technik (sowohl kostenmäßig als auch hinsichtlich der Schwierigkeit der Hand-

---

Sonderbeitrag 5.6 Neuartige Abwasserkanalisation in einer Behelfssiedlung von Karatschi: Das Orangi Pilotprojekt

In den frühen achtziger Jahren begann Akhter Hameed Khan, ein weltweit renommierter Stadtplaner, in den Slums von Karatschi zu arbeiten. Er fragte, bei der Lösung welcher Probleme er helfen könne und erhielt zur Antwort, daß „die Straßen voll seien von Exkrementen und Abwässern, was die Fortbewegung schwierig mache und enorme Gesundheitsrisiken schaffe". Was wünschten die Menschen, und wie dachten sie, es zu bekommen, fragte er. Was sie wünschten, war klar – „die Menschen hofften auf ein traditionelles Abwassersystem... Es würde schwer sein, sie dazu zu veranlassen, irgend etwas anderes zu finanzieren." Und wie sie es bekommen würden, war auch klar – sie würden Dr. Khan die Entwicklungsbehörde von Karatschi (Karachi Development Authority, KDA) überreden lassen, es ihnen gratis bereitzustellen, wie es die Behörde (zumindest nach Ansicht der Armen) bei den reicheren Stadtbezirken gemacht hatte.

Dr. Khan verbrachte Monate damit, zusammen mit Vertretern der Kommune die KDA zu ersuchen, die Leistung bereitzustellen. Als es klar war, daß dies nie der Fall sein würde, war Dr. Khan bereit, mit der Kommune zusammenzuarbeiten, um Alternativen zu finden. (Er würde später diesen ersten Schritt als das wichtigste beschreiben, was er in Orangi tat - die Leute, wie er es formulierte, vom träge machenden Mythos staatlicher Versprechungen zu befreien.)

Mit einem kleinen fremdfinanzierten Grundbetrag wurde das Orangi Pilotprojekt (OPP) gestartet. Es war klar, welche Leistungen die Leute wünschten; die Aufgabe bestand darin, die Kosten auf ein tragbares Niveau zu drücken und Organisationen zu entwickeln, die die Anlagen bereitstellen und betreiben konnten. In technischer Hinsicht waren die Leistungen der Architekten und Ingenieure von OPP bemerkenswert und innovativ. Teilweise infolge der Ausschaltung von Korruption und aufgrund der Bereitstellung von Arbeitsleistungen durch Mitglieder der Siedlung beliefen sich die Kosten (für eine hygienische Latrine im Hausinnern und eine Abwasserleitung für das Haus auf dem Grundstück sowie unterirdisch verlegte Abwasserkanäle in den Gassen und Straßen) auf weniger als 50 Dollar pro Haushalt.

Ebenso beeindruckend waren die dazugehörenden organisatorischen Leistungen. Mitarbeiter des OPP spielten dabei eine Art Verstärkerrolle: Sie erklären den Anwohnern die Vorteile eines Kanalisationssystems und die technischen Möglichkeiten, stellen Untersuchungen an und geben technische Hilfe. Die OPP-Mitglieder bedienen sich niemals des Geldes der Kommune. (Die Gesamtkosten der Tätigkeiten des OPP beliefen sich, auch in den ersten Jahren des Projekts, auf weniger als 15 Prozent des von der Kommune investierten Betrages.) Die Pflichten der Haushalte erstrecken sich auf die Finanzierung ihrer Kostenanteile, die Mithilfe beim Bau und die Wahl eines „Bereichsmanagers", der typischerweise etwa fünfzehn Haushalte vertritt. Die Bereichskomitees wiederum wählen die Mitglieder der Nachbarschaftskomitees (die typischerweise etwa 600 Häuser vertreten), die für die Hauptabwasserkanäle zuständig sind.

Die vom Projekt erzielten frühen Erfolge hatten einen „Schneeballeffekt" zur Folge, teilweise aufgrund der Wertsteigerungen bei Grundstücken mit Abwasserkanalisationen. Als der Einfluß der OPP-Organisationen wuchs, waren sie in der Lage, auf die Stadtverwaltung Druck auszuüben, damit diese Mittel zum Bau von Hauptabwasserkanälen bereitstellte.

Das Orangi Pilotprojekt führte dazu, daß für über 600.000 arme Menschen in Karatschi Abwasserkanalisationen bereitgestellt wurden, und das Projekt löste in jüngster Zeit Initiativen mehrerer Stadtverwaltungen in Pakistan aus, den OPP-Methoden nachzueifern; nach den Worten von OPP-Chef Arif Hasan hat sich „die Regierung verhalten wie eine NSO". Sogar in Karatschi akzeptiert der Bürgermeister jetzt formell das Prinzip einer „internen" Entwicklung durch die Anwohner und einer „externen" Entwicklung (wie bei Hauptabwasserkanälen und der Wasseraufbereitung) durch die städtischen Behörden.

habung) ist das flußaufwärts gelegene anaerobe Schlammkontaktverfahren, das sich in Brasilien und Kolumbien bewährt hat. Von entscheidender Bedeutung ist die Entwicklung technischer Lösungen, die den klimatischen, wirtschaftlichen und verwaltungsmäßigen Gegebenheiten der Entwicklungsländer angepaßt sind.

Überdenken der institutionellen Strukturen

Ein jüngster, umfassender Überblick über vierzig Jahre Weltbankerfahrung mit der Wasserversorgung und dem Kanalisationswesen macht „institutionelles Versagen" als die häufigste und nachhaltigste Ursache für schlechte Leistungen öffentlicher Versorgungsbetriebe aus. Dieser Abschnitt behandelt die Hauptbereiche für institutionelle Reformen.

Verbesserung der Leistung öffentlicher Versorgungsbetriebe

Eine Weltbankuntersuchung von über 120 Projekten dieses Sektors im Zeitraum von dreiundzwanzig Jahren kommt zu dem Ergebnis, daß nur in vier Ländern – Botsuana, Korea, Singapur und Tunesien – die Versorgungsunternehmen im Bereich der öffentlichen Wasserversorgung und Kanalisation einen akzeptablen Leistungsstand erreichten. Einige wenige Beispiele illustrieren, wie ernst die Lage ist:

- In Accra wurden bei einem Abwasserkanalisationssystem, das für 2.000 Anschlüsse ausgelegt worden ist, nur 130 Anschlüsse gezählt.
- In Caracas und Mexiko-Stadt sind schätzungsweise 30 Prozent der Anschlüsse nicht registriert.
- Der nicht erfaßte Wasserverbrauch, der sich in Singapur auf 8 Prozent beläuft, beträgt in Manila 58 Prozent und etwa 40 Prozent in den meisten lateinamerikanischen Städten. Für ganz Lateinamerika kosten derartige Wasserverluste zwischen 1 Mrd und 1,5 Mrd Dollar jährlich an nicht erzielten Einnahmen.
- Die Zahl der Beschäftigten pro 1.000 Wasseranschlüsse liegt in Westeuropa zwischen zwei und drei und bei einem gutgeführten Versorgungsbetrieb in einem Entwicklungsland (Santiago) bei etwa vier, aber zwischen zehn und zwanzig bei den meisten lateinamerikanischen Versorgungsbetrieben.

Die finanzielle Entwicklung ist gleichermaßen schlecht. Eine neuere Untersuchung von Weltbankprojekten kam zu dem Ergebnis, daß die Schuldner häufig ihre finanziellen Leistungszusagen nicht einhielten. Eine Folge davon ist, daß die Fehlbeträge durch hohe Zuführungen öffentlicher Mittel ausgeglichen werden müssen. In Brasilien wurden von Mitte der siebziger bis Mitte der achtziger Jahre etwa 1 Mrd Dollar öffentlicher Gelder pro Jahr in die Wasserwirtschaft investiert. Die jährlichen Subventionen der Bundesregierung an Mexiko-Stadt belaufen sich für die Wasserversorgung und Abwasserkanalisation auf mehr als 1 Mrd Dollar jährlich oder 0,6 Prozent des nationalen BIP.

Öffentliche Versorgungsbetriebe spielen bei der Bereitstellung von Leistungen auf dem Gebiet der Wasserversorgung und des Kanalisationswesens in der ganzen Welt eine führende Rolle. Daß derartige Versorgungsbetriebe effizient arbeiten können, zeigen zahlreiche Beispiele aus Industrieländern und, wie oben beschrieben, gibt es auch einige wenige Fälle dieser Art in Entwicklungsländern. Eine wesentliche Voraussetzung für eine leistungsfähige Versorgung besteht darin, daß sowohl das Versorgungsunternehmen als auch die Aufsichtsbehörde (die bei derartigen natürlichen Monopolen unentbehrlich ist) frei von unzulässigen politischen Eingriffen sind. Im Falle des Versorgungsbetriebes liegt der entscheidende Aspekt in der Unabhängigkeit der Betriebsführung, vor allem was die Personalpolitik angeht; im Falle der Aufsichtsbehörde ist es die Festlegung vernünftiger Tarife. Obwohl dies Rezept einfach ist und in vielen Industrieländern mit Erfolg getestet wurde, war es außerordentlich schwer in solchen Entwicklungsländern durchzusetzen, die nicht über ein hohes Niveau der Regierungsführung verfügten. Manchmal sind Versorgungsunternehmen und Aufsichtsbehörden nominell selbständig, in der Regel werden jedoch die entscheidenden Maßnahmen (beispielsweise hinsichtlich der Investitionen, der Personalpolitik und der Tarife) tatsächlich von der Regierung festgelegt und stark von kurzfristigen politischen Überlegungen beeinflußt.

Viele von ausländischen Stellen finanzierte Projekte widmeten sich den Problemen der öffentlichen Wasserwirtschaftsunternehmen mit Hilfe von umfangreichen Aktionsplänen, technischen Hilfsmaßnahmen und durch die Konditionalität der Hilfe. Einige dieser Anstrengungen, wie die in letzter Zeit von der Nationalen Wasserversorgungs- und Entwässerungsbehörde in Sri Lanka durchgeführten Maßnahmen, führten zu deutlichen Verbesserungen bei der Leistungserstellung. Wie jedoch auch bei öffentlichen Unternehmen in anderen Sektoren, schlugen diese Anstrengungen in den meisten Fällen deshalb fehl, weil – mit den Worten einer neueren Weltbankuntersuchung – „öffentliche Unternehmen ... Schlüsselstellen für die Ämterpatronage sind, ... eine Überausstattung mit Personal ist häufig weitverbreitet, und die Ernennungen für leitende Managementpositionen erfolgen oft eher auf Basis politischer Verbindungen als nach Verdienst". Und die Dinge haben sich eher zum Schlechteren als zum Besseren entwickelt. Wurden bei von der Weltbank finanzierten Wasserversorgungs- und Kanalisationsprojekten die institutionellen Ziele Ende der siebziger Jahre noch in etwa zwei von drei Fällen erreicht, so war dies zehn Jahre später nur noch bei weniger als einem von zwei Projekten der Fall.

Die Leistung öffentlicher Versorgungsunternehmen zu verbessern, bleibt dennoch aus zwei Gründen ein wichtiges Ziel. Erstens werden öffentliche Versorgungsunternehmen mittelfristig weiterhin für viele Menschen Dienstleistungen bereitstellen. Zweitens ist die Verbesserung der Leistungsfähigkeit öffentlicher Versorgungsbetriebe häufig eine Vorbedingung, wenn private Betreiber dazu gebracht werden sollen, sich zu beteiligen.

Trennung von Leistungserbringung und Regulierung

Die Erfahrung in den Industrieländern zeigt, daß ein zentrales Problem bei der Verbesserung der Umweltqualität darin besteht, daß der öffentliche Sektor sowohl als Anbieter von Leistungen der Wasserversorgung und der Abwasserbeseitigung auftritt als auch als Umweltschützer – er ist Wildhüter und Wilderer zugleich. Die Ergebnisse dieses Interessenkonflikts sind in der ganzen Welt ähnlich. In England und Wales wurden diejenigen, die für die Abwasserreinigung verantwortlich waren, nur selten strafrechtlich verfolgt, wenn die Flußgebietsbehörden für die Bewirtschaftung der Wasservorräte, für Umweltschutz und für die Bereitstellung der Dienstleistungen verantwortlich waren. Im Jahr 1989 wurde die Verantwortung für die Wasserversorgung und für die Abwasserkanalisation privaten Gesellschaften übertragen (wobei die staatlichen Behörden die Regulierungsvollmachten beibehielten). Seitdem haben sich die Geldbußen beträchtlich erhöht, und die Rechtsverletzer sind gerichtlich verfolgt worden. Die andere Seite der Gewaltentrennung ist die Tatsache, daß im Laufe der Zeit die Dienstleistungsbehörden davon befreit werden, mehreren Aufgaben gleichzeitig dienen zu müssen und sie klar definierte und spezifische Ziele verfolgen können.

Die Rolle des privaten Sektors ausweiten

Ein stärkeres Engagement des privaten Sektors ist in zwei Bereichen gerechtfertigt. Der eine Bereich sind die Leistungen für öffentliche Versorgungsbetriebe. In Industrieländern wird der Bau öffentlicher Projekte von privaten Firmen beherrscht, deren Überleben vom guten Ruf ihrer Leistungsfähigkeit abhängt und die die gesetzliche Haftung für die Folgen eines fachlichen Fehlers übernehmen. Dies sind starke Anreize dafür, kosteneffiziente, qualitativ hochstehende Leistungen anzubieten und gleichzeitig einen strengen Rahmen für eine beaufsichtigte Lehrlingsausbildung zu schaffen, die in diesen Ländern ein notwendiger Teil der beruflichen Qualifikation ist. Im Gegensatz dazu wird in vielen Entwicklungsländern (vor allem in Asien und Afrika) der Bau öffentlicher Projekte von großen staatlichen Bürokratien dominiert. Der Arbeitsplatz ist vollständig gesichert, die Beförderung erfolgt allein nach dem Dienstalter, gute Arbeit bleibt unbeachtet, schlechte Arbeit zieht keine Konsequenzen nach sich, und es herrscht ein Klima der Interesselosigkeit. Die direkte Folge davon ist die Errichtung von Betrieben, die mit hohen Kosten und niedriger Qualität arbeiten; die indirekten Folgen sind beruflich wenig leistungsfähige Arbeitskräfte. Die naheliegenden Reaktionen hierauf sind erstens ein Abbau des direkten staatlichen Engagements bei öffentlichen Arbeiten und zweitens die Förderung eines wettbewerbsstarken Beratungswesens im technischen Bereich.

Auch ein stärkeres privates Engagement beim Betreiben von Unternehmen aus den Bereichen Wasserversorgung, Abwasserkanalisation und Beseitigung fester Abfälle ist berechtigt. Viele Industrieländer kamen zu der Erkenntnis, daß es schwierig ist, öffentliche Unternehmen zu reformieren, es sei denn, im Rahmen einer allgemeinen Privatisierung. In der Tat wird die Privatisierung zunehmend als ein Weg gesehen, um nicht nur Leistungsverbesserungen zu bewirken, sondern auch um in die Gewinnzone vorzudringen.

In Entwicklungsländern gab es einige Erfahrungen mit privatwirtschaftlich betriebenen Wasserversorgungs- und Kanalisationsunternehmen. Côte d'Ivoire war hier ein Pionierland – SODECI (in Abidjan) wird als eines der bestgeführten Versorgungsunternehmen in Afrika angesehen. Nachdem Macaos Wasserversorgungsbetrieb im Jahr 1985 privatisiert worden war, verbesserte sich die Leistungsfähigkeit drastisch; der Prozentsatz des nichterfaßten Wasserverbrauchs sank im Zeitraum von sechs Jahren um 50 Prozent. Guinea, das in jüngster Zeit einen Leasingvertrag für die Wasserversorgung seiner wichtigsten Städte abgeschlossen hat, erzielte in gerade achtzehn Monaten aufgrund einer Steigerung des Rechnungsinkassos von 15 auf 70 Prozent drastische Verbesserungen in der finanziellen Lage des Versorgungsbetriebes.

Andere Länder bevorzugten Ansätze mit zunächst kleineren Schritten. EMOS, das Versorgungsunternehmen für Santiago, stützte sich auf private Verträge für Arbeiten wie Zählerablesen, Wartung der Leitungen, Rechnungsstellung und Leasing von Fahrzeugen. Dies führte dazu, daß es eine hohe Arbeitsproduktivität aufwies, drei- bis sechsmal höher als die anderer Gesellschaften in der Region. Viele andere Länder, die sich mit anhaltend schlechten Leistungen ihrer öffentlichen Versorgungsbetriebe konfrontiert sehen, ziehen ernsthaft ein größeres Engagement des privaten Sektors in Betracht, wobei man sich im allgemeinen am französischen Modell orientiert. In Lateinamerika werden beispielsweise in Buenos Aires und Caracas jetzt Konzessionen für die Wasserversorgung und für die Abwasserkanalisation erteilt.

Privates Engagement in diesem Sektor ist kein Allheilmittel und niemals einfach. In Großbritannien wird die Privatisierung der Wasserversorgung allgemein als das komplizierteste aller Privatisierungsvorhaben angesehen. In Entwicklungsländern gibt es ganz erhebliche Probleme. Der Privatunternehmer geht in der Regel ein hohes Risiko ein. Zusätzlich zu den offenkundigen politischen und gesamtwirtschaftlichen Risiken ist die Kenntnis vom Zustand der Vermögenswerte gewöhnlich nur rudimentär, und über die Zustimmung der Regierung zu den Vertragsbedingungen herrscht Unsicherheit. Gruppierungen, wie bereits bestehende Behörden und Gewerkschaften, die bei einem stärkeren Engagement des privaten Sektors verlieren werden, widersetzen sich oft energisch einer Privatisierung.

Auch für die Regierung gibt es Probleme. Wegen der Kostendegression ist es praktisch unmöglich, in einem speziellen Gebiet unter Anbietern direkte Konkurrenz herzustellen. Die Länder haben verschiedene Lösungsmöglichkeiten gesucht: In Frankreich werden die Märkte periodisch dem Wettbewerb ausgesetzt, und in England und Wales belohnen ökonomische Regulatoren die Wirtschaftlichkeit der Unternehmen, indem sie die relative Leistungsfähigkeit verschiedener Betriebe vergleichen (ein Vorgehen, das wahrscheinlich andernorts nicht angewendet werden kann). Außerdem ist es in vielen Entwicklungsländern oft schwierig, das Interesse des privaten Sektors zu wecken. Nur eine Handvoll Unternehmen konkurriert international um derartige Verträge.

Die Argumente für eine Einbeziehung des privaten Sektors haben noch größeres Gewicht im Geschäft mit der Sammlung fester Abfälle. Während man bei einer ausländischen Kontrolle über die Wasserversorgung oft unterstellt, daß damit auch ein Souveränitätsverlust in einem strategischen Sektor einhergeht, kümmert es niemanden, wenn Ausländer die Müllabfuhr betreiben. Außerdem gibt es bei Bevölkerungszahlen von über 50.000 keine Kostendegression und damit kein natürliches Monopol. Die Erfahrungen haben in vielen Ländern – wie in Argentinien, Brasilien, Chile, Japan, Kanada, Kolumbien, der Schweiz und den Vereinigten Staaten – gezeigt, daß der private Sektor die festen Abfälle nahezu durchweg wirtschaftlicher sammelt als die Gemeinden. Die Stückkosten sind bei öffentlichen Behörden um 50 bis 200 Prozent höher, wobei die Effizienzgewinne des privaten Sektors offensichtlich am größten in den genannten Entwicklungsländern sind.

Das Engagement der Gemeinden stärken

Kommunale Gruppierungen und andere NSO müssen bei der Wasserversorgung und im Kanalisationswesen sowie bei der Müllabfuhr ebenfalls eine wichtige Rolle übernehmen. Wie die Beispiele des Kondominial-Systems (Sonderbeitrag 5.5) und des Orangi-Projekts (Sonderbeitrag 5.6) zeigen, ist in Stadtrandgebieten das System der Partnerschaft die nutzbringendste Beziehung zwischen kommunalen Gruppierungen und dem offiziellen Sektor, wobei der offizielle Sektor die Verantwortung für die „externe" oder „Rumpf"-Infrastruktur trägt und die kommunalen Gruppierungen für die Bezahlung, Bereitstellung und Verwaltung der „internen" oder „Zubringer"-Infrastruktur verantwortlich sind.

Weil viele Dienstleistungsunternehmen des Wasser- und Kanalisationswesens Monopolbetriebe sind, können die Verbraucher die Anbieter nicht zur Rechenschaftspflicht zwingen, indem sie zu einem Konkurrenten überwechseln. Um den Verbrauchern eine Stimme im politischen Konzert einzuräumen, sind Verbraucherverbände und Vereinigungen der Abgabenzahler lebenswichtig. Da ein so offensichtlicher Bedarf an Überwachung bei den Aktivitäten eines privaten Betreibers eines natürlichen Monopolbetriebes besteht, fördert paradoxerweise ein stärkeres Engagement des privaten Sektors ein stärkeres Engagement der Verbraucher. Beispielsweise haben in Großbritannien die Wasserverbraucher seit der Privatisierung nunmehr einen sehr viel größeren Einfluß auf die Industrie.

In den letzten Jahren haben sowohl ausländische Behörden als auch die Regierungen erkannt, daß in ländlichen Regionen das Engagement der Verbraucher entscheidend ist, wenn die Wasserversorgung aufrechterhalten werden soll. Generell ist angenommen worden, daß die Unterstützung ländlicher Gemeinden – in Form von Information, Motivation und technischer Hilfe – von seiten des Staates erbracht wird. Die Schwierigkeit besteht darin, daß der Staat, insbesondere in ländlichen Regionen, oft unzureichend ausgestattet ist und seine Beamten kaum Anreize verspüren, Unterstützung zu gewähren. Hier könnte der private Sektor (einschließlich der NSO) in der Lage sein zu helfen.

Mehrere vielversprechende Beispiele für die Einbeziehung kleiner Privatunternehmer in Entwicklungsländern sind zu verzeichnen:

• In ländlichen Gebieten Pakistans sind etwa 3 Mio Familien mit Brunnen versorgt, die mit Pumpen ausgestattet sind, davon viele mit Motorpumpen. Die Wasserversorgung wird in voller Höhe von den Familien bezahlt, und die gesamte Ausrüstung wird von einer vitalen, örtlichen Privatindustrie bereitgestellt und gewartet.

• In Lesotho bildete der Staat Maurer aus, um verbesserte Latrinengruben zu bauen. Regierungsbanken stellten auch (nichtsubventionierte) Kredite zur Verfügung, um die Latrinen zu finanzieren. Das Programm war ein einzigartiger Erfolg, hauptsächlich dank der energischen Rolle der Maurer bei der Ausweitung ihrer Märkte (und auch bei der Bereitstellung von Dienstleistungen).

• In Westafrika entwickelte ein privater Hersteller von Handpumpen ein System nach dem „Sears Roebuck"-Typ, wobei der Kauf einer Pumpe von einer fünfjährigen Unterstützungsaktion begleitet wird, einschließlich Ausbildung und Bereitstellung von Ersatzteilen. Später kann die Gemeinde die Pumpen instandhalten und die benötigten Ersatzteile von den örtlichen Händlern kaufen. Weil der Privatunternehmer ein eindeutiges Interesse daran hat, die Leistungen effizient anzubieten, dürfte diese Regelung besser funktionieren als staatliche Unterstützung an die Gemeinden.

Schließlich spielen die Frauen bei diesen Reformen eine zentrale Rolle. In den meisten Ländern wurde das Herbeischaffen von Wasser als „Frauenarbeit" angesehen (außer da, wo das Wasser verkauft wird!). Erst in jüngster Zeit wurden jedoch systematische Anstrengungen unternommen, um die Frauen bei der Projektauswahl, Projektentwicklung, Instandhaltung und Wartung zu beteiligen. Die Ergebnisse waren generell ermutigend. In einem städtischen Slumgebiet in Sambia verbesserte eine Frauenorganisation die Entwässerung um öffentliche Zapfstellen. Frauen wurden in Bangladesch, Indien, Kenia, Lesotho und im Sudan als Wartungskräfte für Handpumpen ausgebildet. In Mosambik arbeiten Ingenieurinnen und Pumpen-Mechanikerinnen mit ihren männlichen Kollegen Seite an Seite und ebenso effektiv. In Sri Lanka wurden Frauenkooperativen eingerichtet, um eine örtlich produzierte Handpumpe zu montieren und instandzuhalten. Frauen-Kooperativen handhaben in Honduras, Kenia und auf den Philippinen die kommunalen Wasserzapfstellen und ziehen Gebühren ein, um das nach Verbrauch gemessene Wasser zu bezahlen. Frauen, die dafür ausgebildet sind, kommunale Wasserversorgungssysteme zu leiten und instandzuhalten, tun das oft besser als Männer, weil sie mit weniger Wahrscheinlichkeit wegziehen, es eher gewohnt sind, freiwillige Arbeit zu leisten und man ihnen eher zutraut, die Mittel ehrlich zu verwalten.

Eine leistungsfähige Umwelt schaffen

Dieses Kapitel hat dargelegt, daß massive Verbesserungen auf dem Gebiet der Gesundheit, der wirtschaftlichen Leistungsfähigkeit und Gerechtigkeit durch eine bessere Versorgung im Kanalisationswesen und der Wasserversorgung ermöglicht werden können. Der Schlüssel dazu liegt eindeutig in den Händen der Regierungen, da der wichtigste erforderliche Faktor der politische Handlungswille ist. Wo es lange etablierte und festgefügte Traditionen einer soliden Regierungstätigkeit gibt (wie in Botsuana, Korea und Singapur), ist es offensichtlich, daß selbständige, rechenschaftspflichtige, öffentliche Stellen effizient und gerecht Leistungen erbringen können. In vielen Ländern sind jedoch solche Regierungsstandards kurzfristig nicht erreichbar, so daß ein stärkeres Engagement des privaten Sektors

Eine gute Politik kann die Lebensqualität entscheidend beeinflussen

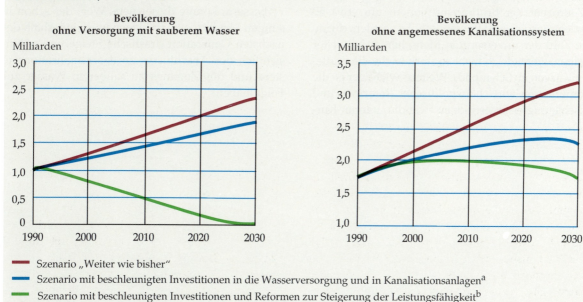

Schaubild 5.6 Versorgung mit sauberem Wasser und angemessenes Kanalisationssystem: Drei Szenarien, 1990 bis 2030

— Szenario „Weiter wie bisher"
— Szenario mit beschleunigten Investitionen in die Wasserversorgung und in Kanalisationsanlagen[a]
— Szenario mit beschleunigten Investitionen und Reformen zur Steigerung der Leistungsfähigkeit[b]

Anmerkung: Folgende Annahmen liegen zugrunde: Wachstum des Pro-Kopf-Einkommens und der Bevölkerung wie in Kapitel 1 angenommen; Elastizität des Pro-Kopf-Einkommens von 0,3; Preiselastizität von –0,25; die Anfangspreise in Höhe von 60 % der marginalen Kosten steigen allmählich im Verlaufe einer 25-Jahresperiode auf Wirtschaftlichkeitsniveaus; die ursprünglichen Angebotskosten sind 50 % höher als sie bei guter Politik wären (infolge von Mängeln beim Management), sie werden allmählich im Gleichschritt mit Reformen zur Steigerung der Preiseffizienz verringert; die marginalen Kosten steigen um 3 % pro Jahr.
a. Im Verlauf der Periode steigen die Investitionen in die Wasserversorgung um 30 % und die Investitionen in Kanalisationsleistungen um 50 %.
b. Um dieses Szenario in Ländern mit niedrigem Einkommen realisieren zu können, müßten die Reformen zur Steigerung der Leistungsfähigkeit – und der sich ergebende Anstieg der Investitionsquoten – größer als im Durchschnitt sein.
Quelle: Schätzungen der Weltbank, auf Basis von Anderson und Cavendish, Hintergrundpapier.

und der NSO für die Bereitstellung verantwortlicher und effizienter Leistungen entscheidend ist.

Damit sinnvolle Veränderungen Platz greifen können, muß sich die Regierung auf die Aufgaben konzentrieren, die sie – und nur sie – erfüllen kann. Ihre Aufgabe ist es, ein geeignetes gesetzliches, regulatives und administratives Rahmenwerk zu schaffen und durchzusetzen. Das beinhaltet so grundlegende und unterschiedliche Aufgaben wie Gesetzesänderungen, damit Wassermärkte entstehen können, die Revision des Handelsrechts, damit der private Sektor sich unter Vertrauensschutz am Markt engagieren kann, die Entwicklung von Sachverstand zur Regulierung von Umwelt- und, falls erforderlich, Wirtschaftsfragen, die Schaffung finanzieller Gestaltungsspielräume für Versorgungsbetriebe, die auf einen sparsamen Verbrauch hinwirken und die Festlegung und Durchsetzung von Qualitätsstandards für die Ausrüstung. Die Regierung muß auch die Voraussetzungen schaffen, unter denen andere – der private Sektor, die NSO, Gemeinden und Verbraucher – ihren Part spielen können.

Was erreicht werden könnte

Mehr als 1 Milliarde Menschen haben noch immer keinen Zugang zu sauberem Wasser, und 1,7 Milliarden Menschen sind nicht an adäquate Kanalisationssysteme angeschlossen. Sehr einfache Berechnungen zeigen, daß ein Szenario auf der Basis „keine Änderung der Politik" oder „weiter wie bisher" in den kommenden Jahrzehnten zu einer steigenden Zahl der Menschen führen würde, die ohne diese Leistungen auskommen muß (vgl. die obersten Kurven in Schaubild 5.6). Dies ist sowohl die Folge steigender Stückkosten, als auch beispielloser Bevölkerungszuwächse. Wenn der Teil der Gesamtinvestitionen, der für das Kanalisationswesen bereitgestellt wird (gegenwärtig 0,6 Prozent der Bruttoinvestitionen) beziehungsweise die für die Wasserversorgung investierten Mittel (gegenwärtig 1,7 Prozent der Bruttoinvestitionen) um etwa 50 beziehungsweise 30 Prozent erhöht würden, dürfte die Zahl der unversorgten Menschen zwar weiter steigen, wenngleich nicht so stark (siehe die mittleren Kurven im Schaubild). Weitaus wichtiger ist die Kombination wirtschaftspolitischer Reformen und beschleunigter Investitionen (wie die unteren Kurven zeigen). Durch die Bindung von Finanz- und Verwaltungsexperten sowie sonstiger Fachkräfte an den Sektor sowie durch größere Gestaltungsspielräume für die Unternehmen, damit diese in der Lage sind, mehr zu investieren und die Instandhaltung zu verbessern, könnte dieser neue Weg, der schon in einigen Ländern eingeschlagen wird, innerhalb der nächsten Generation drastische Steigerungen hinsichtlich des Anschlusses an das Kanalisationssystem und des Zugangs zu sauberem Wasser zur Folge haben.

6 Energie und Industrie

Infolge einer Vervielfachung der Nachfrage nach Industriegütern wird sich ohne eine Änderung der Politik in den nächsten vierzig Jahren die Umweltverschmutzung durch die Erzeugung elektrischer Energie aus fossilen Brennstoffen verzehnfachen, die Umweltverschmutzung durch Kraftfahrzeuge mehr als verfünffachen und durch industrielle Emissionen und Abfälle ebenfalls mehr als verfünffachen.

Mit Abfall sparenden und „sauberen" Techniken und Verfahren ist es möglich, den örtlichen Verschmutzungsgrad bei gleichzeitiger Steigerung der Produktion spürbar zu verringern. Es bieten sich auch zunehmend alternative Möglichkeiten, um auf lange Sicht die Kohlendioxidemissionen durch die Nutzung erneuerbarer Energiequellen und durch eine größere Effizienz bei der Energieerzeugung zu reduzieren. Um die Anwendung derartiger Technologien zu fördern, müssen die Regierungen eine Politik verfolgen, die den Wirkungsgrad des Energieverbrauchs verbessert. Zu derartigen Maßnahmen gehören die Abschaffung der Subventionierung der Energieerzeugung und, in vielen Ländern, der Autokraftstoffe und der Kohle. Effizienzsteigerungen tragen dazu bei, die Umweltverschmutzung zu verringern und zugleich die wirtschaftliche Leistung eines Landes zu erhöhen. Maßnahmen, die die Verschmutzung der Umwelt direkt reduzieren und die sich dabei auf ökonomische Anreize, Gesetze und Bestimmungen stützen, sind ebenfalls erforderlich.

Indem die Volkswirtschaften der Entwicklungsländer wachsen, werden sie beginnen, zum Stand des Energieverbrauchs und der Industrieproduktion in Ländern mit hohem Einkommen aufzuschließen. In den heutigen Industrieländern war die Hauptperiode der Industrialisierung mit schnell steigender Umweltverschmutzung verbunden. Wie können es die Entwicklungsländer vermeiden, diese Fehler zu wiederholen und statt dessen von der Art und Weise profitieren, mit der die reicheren Länder es verstanden haben, auch bei steigender Erzeugung die vom Energieverbrauch und der industriellen Produktion ausgehende Umweltbelastung zu reduzieren?

Gegenwärtig stehen die Anzeichen dafür schlecht. Kapitel 2 kam zu dem Schluß, daß in Entwicklungsländern der aktuelle Stand der Luftverschmutzung und der Wasserverunreinigung sowie das Volumen der gefährlichen Abfälle ernste Bedrohungen für die menschliche Gesundheit, die Produktivität und die allgemeine Wohlfahrt darstellen. Diese Arten der Umweltverschmutzung entstehen hauptsächlich infolge des Energieverbrauchs und der Industrieproduktion. Wenn sich das Wachstum mit den gegenwärtigen oder höheren Zuwachsraten fortsetzt – wie es nötig ist, wenn sich die Armut verringern soll –, dann wird sich bei den aktuellen Trends wegen des wachsenden Energieverbrauchs und der steigenden Industrieproduktion die Umweltverschmutzung enorm erhöhen.

Der gewerbliche Energieverbrauch in den Entwicklungsländern steigt schnell und wird bald die Energiemärkte weltweit dominieren (Schaubild 6.1). Trotz der Ölpreisschocks und der Finanzkrisen verdreifachte er sich von 1970 bis 1990 und beläuft sich nun auf 27 Prozent des gesamten Weltenergieverbrauchs. Auch wenn die Nachfrage der Entwicklungsländer nach Primärenergie mit einer Rate wachsen sollte, die um 1 bis 2 Prozentpunkte unter der Rate des langfristigen Wachstumstrends liegt, dürfte sich die Nachfrage voraussichtlich bis zum Jahre 2010 auf 100 Mio Barrel pro Tag Erdöläquivalent (mbdoe) und bis zum Jahre 2030 auf vielleicht 200 mbdoe belaufen. Dennoch läge in diesen Ländern der Energieverbrauch pro Kopf weiterhin viel niedriger als in Industrieländern.

Auch die Produktion und der Verbrauch von Industriegütern hat sich in den Entwicklungslän-

Die Entwicklungsländer werden bald zum größten Markt für kommerzielle Energie

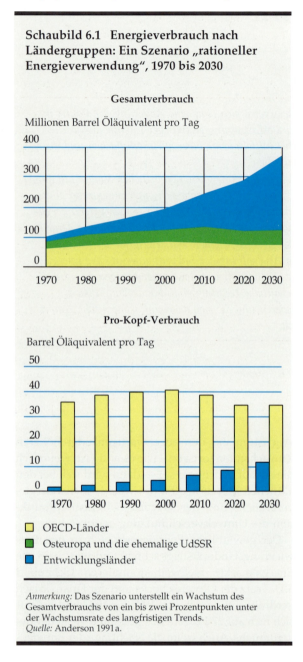

Schaubild 6.1 Energieverbrauch nach Ländergruppen: Ein Szenario „rationeller Energieverwendung", 1970 bis 2030

Gesamtverbrauch
Millionen Barrel Öläquivalent pro Tag

Pro-Kopf-Verbrauch
Barrel Öläquivalent pro Tag

- OECD-Länder
- Osteuropa und die ehemalige UdSSR
- Entwicklungsländer

Anmerkung: Das Szenario unterstellt ein Wachstum des Gesamtverbrauchs von ein bis zwei Prozentpunkten unter der Wachstumsrate des langfristigen Trends.
Quelle: Anderson 1991a.

dern stark erhöht. In vielerlei Hinsicht hat das Tempo des industriellen Wachstums in der Vergangenheit und Gegenwart dasjenige der Industrieländer übertroffen und wird es auch weiterhin tun, soweit das Pro-Kopf-Einkommen steigt. Mit steigenden Einkommen wird sich auch die Verbrauchsstruktur ändern. Industrieerzeugnisse unterliegen einer hohen Einkommenselastizität der Nachfrage, und die durch die wirtschaftliche Entwicklung hervorgerufenen strukturellen Veränderungen werden wahrscheinlich die Umwelt schweren Belastungen aussetzen. Das Wachstum der verarbeitenden Industrie in den Entwicklungsländern belief sich im Zeitraum 1965 bis 1980 auf durchschnittlich 8,0 Prozent und im Zeitraum 1980 bis 1990 auf 6,0 Prozent, verglichen mit 3,1 beziehungsweise 3,3 Prozent für diese Perioden in den Industrieländern (siehe Kennzahlen der Weltentwicklung, Tabelle 2). Die Produktion der verarbeitenden Industrie wird sich wahrscheinlich in den nächsten zwanzig Jahren verdreifachen und in den nächsten dreißig Jahren verfünffachen.

Hinsichtlich des Energieverbrauchs bestehen die gravierendsten Probleme für die Entwicklungsländer in den örtlichen Auswirkungen der Emissionen von Schmutzpartikeln (Staub und Qualm), in der Verwendung verbleiter Kraftstoffe und in der Luftverschmutzung in Wohnungen, die eine Folge der Verwendung von Biomasse als Brennstoff ist. In einer wachsenden Zahl von Regionen muß auch auf die Schwefeldioxide, Stickoxide, unverbrannten Kohlenwasserstoffe und Kohlenmonoxide geachtet werden. Die meisten dieser Schadstoffe entstehen bei der industriellen Produktion, ebenso wie Abwässer und Abfälle, die mit dem Voranschreiten der Industrialisierung immer zahlreicher, giftiger und ungewöhnlicher werden. Die Entwicklungsländer brauchen ebenso wie die Industrieländer politische Konzepte, um das Problem der „globalen Schadstoffe", wie der FCKW's und der Treibhausgase, in den Griff zu bekommen.

Beim Versuch, die umweltbelastendsten Stadien der Industrialisierung zu überspringen, haben die Entwicklungsländer einige spezielle Vorteile. Sie sind in der Lage, auf technologische und verfahrensmäßige Fortschritte zurückzugreifen, die bereits in Industrieländern unter dem Druck zunehmend strengerer Umweltschutzkontrollen entwickelt wurden. Und da die Entwicklungsländer schnell expandieren, bauen sie im allgemeinen eher neue Kraftwerke und Industrieanlagen, statt bestehende zu modernisieren. Mit Hilfe von Investitionen sollte ihnen daher der direkte Übergang zu Techniken mit niedrigem Schadstoffausstoß möglich sein. Entwicklungsländer können aus solchen Fortschritten eher Nutzen ziehen, wenn sie den Außenhandel und die Auslandsinvestitionen fördern und umweltorientierte Steuern, Gesetze und Regulierungen übernehmen, die sauberere Produktionstechniken profitabel werden lassen und umweltverschmutzende unprofitabel, womit ein wirtschaftliches Interesse an einer sauberen Umwelt geschaffen wird.

Kommerzielle Energie verdrängt im Laufe der wirtschaftlichen Entwicklung die traditionellen Energieträger aus Biomasse

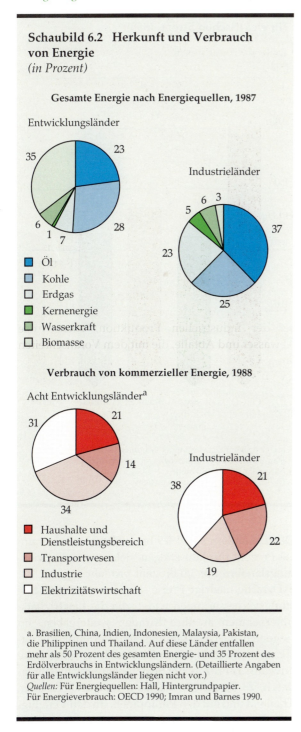

Schaubild 6.2 Herkunft und Verbrauch von Energie
(in Prozent)

Gesamte Energie nach Energiequellen, 1987

Entwicklungsländer

Industrieländer

- Öl
- Kohle
- Erdgas
- Kernenergie
- Wasserkraft
- Biomasse

Verbrauch von kommerzieller Energie, 1988

Acht Entwicklungsländer[a]

Industrieländer

- Haushalte und Dienstleistungsbereich
- Transportwesen
- Industrie
- Elektrizitätswirtschaft

a. Brasilien, China, Indien, Indonesien, Malaysia, Pakistan, die Philippinen und Thailand. Auf diese Länder entfallen mehr als 50 Prozent des gesamten Energie- und 35 Prozent des Erdölverbrauchs in Entwicklungsländern. (Detaillierte Angaben für alle Entwicklungsländer liegen nicht vor.)
Quellen: Für Energiequellen: Hall, Hintergrundpapier. Für Energieverbrauch: OECD 1990; Imran und Barnes 1990.

Energie

Schaubild 6.2 zeigt den Weltenergiemarkt nach den wichtigsten Energieträgern und dem Energieverbrauch. Für Entwicklungsländer stellt Biomasse, die hauptsächlich von den Haushalten verbraucht wird, den wichtigsten Energieträger dar, dessen effiziente Verwendung für die Eindämmung der Luftverschmutzung entscheidend sein wird. Kohle, Öl und Gas sind die nächstwichtigsten Energieträger. Elektrizitätserzeugung durch Wasserkraft stellt 6 Prozent des Energiebedarfs der Entwicklungsländer bereit, während die Kernkraft weniger als 1 Prozent ausmacht.

Wie in Kapitel 1 ausgeführt wurde, sind Befürchtungen unbegründet, daß weltweit die fossilen Energieträger zur Neige gehen könnten. Die gesicherten Weltreserven an Öl und Erdgas beliefen sich 1950 auf 30 Mrd Tonnen Öläquivalent (btoe); heute übersteigen sie 250 btoe, ungeachtet eines Weltverbrauchs von insgesamt 100 btoe in diesem Vierzigjahreszeitraum. Die gesicherten Kohlereserven stiegen in der gleichen Periode von 450 auf 570 btoe. Die Reserven an Erdgas haben sich seit 1965 mehr als verfünffacht (trotz einer Verdreifachung der Förderung in diesem Zeitraum). Sie sind jetzt mit mehr als 100 btoe nahezu ebenso hoch wie die gesicherten Weltölreserven; die Vorräte in den Entwicklungsländern sind beträchtlich und verbessern sich weiter. Die Schätzungen über die „letztlich abbaubaren" weltweiten fossilen Brennstoffreserven belaufen sich auf mehr als das 600fache der gegenwärtigen Jahresförderung. Insgesamt gesehen reichen die Reserven an fossilen Brennstoffen wahrscheinlich aus, um die weltweite Energienachfrage für das nächste Jahrhundert, vielleicht noch länger, zu decken.

Maßnahmen, um die Auswirkungen der Energiegewinnung und des Energieverbrauchs auf die Umwelt zu mildern, gehen von zwei einander ergänzenden Ansätzen aus. Der erste verwendet ökonomische Instrumente und stützt sich auf institutionelle Reformen, um eine effizientere Energieverwendung zu fördern. Der zweite besteht darin, entweder Techniken zu entwickeln, die die umweltverschmutzenden Effekte konventioneller Brennstoffe verringern, oder weniger umweltverschmutzende Substitute zu verwenden. Bei der Diskussion über den Energieverbrauch für die Stromerzeugung und für das Transportwesen – den zwei am schnellsten wachsenden Bereichen – untersucht dieses Kapitel drei Szenarien: ein Szenario mit „unveränderten Verfahrenstechniken", ohne umweltpolitische Maßnahmen; ein Szenario mit wirtschaftlichen und institutionellen Reformen, um den Wirkungsgrad bei der Verwendung fossiler Brennstoffe zu verbessern, und ein Szenario, das in wachsendem Maße umweltpolitisch vorteilhafte Technologien anwendet. Eine Kombination des zweiten und dritten Szenarios verringert nicht nur beträchtlich die örtliche Umweltbelastung, sondern steigert auch die wirtschaftliche Leistungsfähigkeit.

Die Verwendung sauberer fossiler Brennstoffe und Technologien und die Steigerung der Effizienz wird aber nicht automatisch das langfristige Problem der Stabilisierung der Konzentration von Kohlendioxid in der Atmosphäre lösen (vgl. Kapitel 8). Dies wird eine viel stärkere Verwendung der Kernkraft oder von erneuerbarer Energie erfordern. Dieses Kapitel (das sich hauptsächlich auf die örtliche Umweltverschmutzung konzentriert) wird zeigen, daß Solarenergie, Biomasse und andere erneuerbare Energieträger sich als umweltpolitisch und wirtschaftlich wettbewerbsfähige Energiequellen rasch entwickeln.

Stromerzeugung aus fossilen Brennstoffen

Mehr als die Hälfte des weltweiten Kohleverbrauchs und 30 Prozent des Verbrauchs an fossilen Brennstoffen werden für die Stromerzeugung verwendet. Die mit fossilen Brennstoffen betriebenen Kraftwerke wiederum stellen zwei Drittel der Stromerzeugungskapazität in der Welt bereit, gegenwärtig 2,6 Mio Megawatt. In den achtziger Jahren stieg die Stromerzeugung in den Industrieländern um 60 Prozent und um mehr als 110 Prozent in den Entwicklungsländern (wo die Nachfrage nach elektrischem Strom jährlich um 8 Prozent wächst, was etwa 50.000 Megawatt an zusätzlicher Kapazität pro Jahr erfordert). In einem Szenario mit „unveränderten Verfahrenstechniken", wo Technologien zur Verminderung der Umweltbelastung nicht weitverbreitet sind, werden sich die Schadstoffemissionen in den nächsten zwanzig Jahren mehr als vervierfachen und in den nächsten vierzig Jahren verzehnfachen. Durch eine gute Politik könnten diese finsteren Aussichten vermieden werden.

WIRTSCHAFTLICHE UND INSTITUTIONELLE REFORMEN. Ein zweites in diesem Abschnitt untersuchtes Szenario fragt nach den möglichen Auswirkungen von Preissteigerungen und institutionellen Reformen. Gegenwärtig ist in den meisten Entwicklungsländern der zu billige Verkauf von Elektrizität die Regel, nicht die Ausnahme. Die Preise decken im Durchschnitt kaum mehr als ein Drittel der Kosten der Stromerzeugung und belaufen sich auf die Hälfte der Preise in den Industrieländern (Schaubild 6.3). Während die Durchschnittsgebühren in den

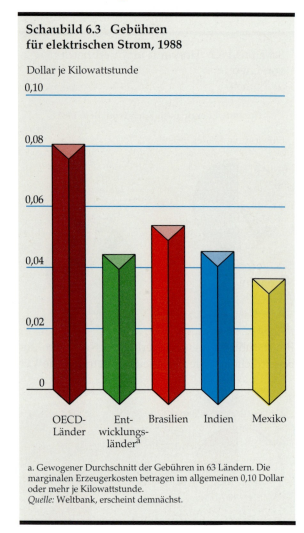

Viele Entwicklungsländer verkaufen elektrischen Strom weit unter den Erzeugerkosten

a. Gewogener Durchschnitt der Gebühren in 63 Ländern. Die marginalen Erzeugerkosten betragen im allgemeinen 0,10 Dollar oder mehr je Kilowattstunde.
Quelle: Weltbank, erscheint demnächst.

OECD-Ländern von 1979 bis 1988 real gesehen um 1,4 Prozent pro Jahr stiegen, fielen sie in Entwicklungsländern um 3,5 Prozent pro Jahr.

Derartig niedrige Preise spiegeln nicht etwa Leistungsverbesserungen wider, die die Elektrizitätsunternehmen an ihre Kunden weitergeben. Im Gegenteil, die Übertragungs- und Verteilungsverluste, teilweise infolge von Diebstahl, erreichen hohe Niveaus: 31 Prozent der Stromerzeugung in Bangladesch, 28 Prozent in Pakistan und 22 Prozent in Thailand und auf den Philippinen. (In den Vereinigten Staaten belaufen sich die Stromverluste durch die Stromübertragung nur auf 8 Prozent, in Japan auf 7 Prozent.) Diese Verluste, die einer Stromkapazität von etwa 75.000 Megawatt und 300 Terawattstunden jährlich (300 Mrd Kilowattstunden) entsprechen, bedeuten für die Entwicklungsländer einen Verlust von annähernd 30 Mrd Dollar pro Jahr in Form erhöhter Angebotskosten. Schlimmer ist noch, daß sich bis Ende dieses Jahrhunderts bei dem gegenwärtigen Trend die aggregierten Verluste verdoppeln würden.

Die Gründe für die permanent zu niedrige Preisfestsetzung sind weitgehend institutioneller Art. Die Ausführungen in Kapitel 5 über den Betrieb der Wasserversorgungsunternehmen treffen gleichermaßen auf Elektrizitätsunternehmen zu. Die Regierungen greifen in die täglichen Geschäftsdispositionen der Versorgungsunternehmen ein, und sie befürchten, daß Preiserhöhungen die Inflation anheizen werden. Die Betriebsleitung und die Vorstände haben bei der Preisfestlegung oder bei Investitionsentscheidungen wenig Einfluß. Mangel an Rechenschaftslegung und Transparenz führt zu einem unzureichenden Management, entweder bei den Versorgungsbetrieben selbst oder bei den staatlichen Zulieferbetrieben für Brennstoffe.

Eine Subventionierung des Strompreises verursacht einerseits ökonomische Kosten und hat andererseits Auswirkungen auf die Umwelt. Niedrige Preise führen zu einer überhöhten Nachfrage und beeinträchtigen die Fähigkeit der Betriebe, die Versorgung bereitzustellen und aufrechtzuerhalten, da die Einnahmenseite geschwächt wird; Entwicklungsländer verbrauchen etwa 20 Prozent mehr Elektrizität als dies der Fall wäre, wenn die Verbraucher die echten marginalen Erzeugerkosten zahlen würden. Zu niedrige Strompreise schrecken auch von Investitionen in neue, sauberere Technologien ab.

Weil es notwendig ist, die Schulden für die zum Bau neuer Kraftwerkskapazitäten aufgenommenen Kredite zu bedienen, beginnen einige Entwicklungsländer jetzt, die Stromtarife zu erhöhen. Einige ziehen Privatisierungsprogramme in Betracht (in wenigen Fällen werden solche Programme zur Zeit durchgeführt), und zwar in der Regel mit der Hoffnung, die Kapitalmärkte zu erschließen, um neue Kapazitäten aufbauen zu können. Preiserhöhungen dürften in Ländern, in denen Teile der Energiewirtschaft privatisiert sind, leichter durchzuführen sein, und das Management wird wahrscheinlich auch verbessert.

EINSPARUNGEN. Vernünftige Energiepreise beeinflussen nicht nur die Energieerzeugung, sondern auch den Energieverbrauch von Industrie und Haushalten. Sie schaffen Anreize für die Industrie, die Abwärme zu nutzen – beispielsweise durch einen Leistungsverbund, der die Stromerzeugung mit der Nutzung der restlichen Wärmeenergie für andere Zwecke kombiniert – sowie die Leistungsausbeute beim Heizen, bei der Antriebskraft, beim Kühlen und Beleuchten zu verbessern.

Ein Paradoxon des Energiemarktes besteht darin, daß die Endverbraucher von Elektrizität oft erheblich größere Ansprüche an den Einbau energiesparender Einrichtungen zu stellen scheinen, als die Stromerzeuger beim Bau neuer Kraftwerke. Dies hat in einigen Ländern dazu geführt, neue energiesparende Investitionen von Stromverbrauchern zu subventionieren, wobei die Mittel entweder vom Staat oder (wie in mehreren US-Einzelstaaten) von den Elektrizitätsunternehmen selbst aufgebracht werden. Bessere Informationen in Form einer Kennzeichnungspflicht oder durch Beratungsdienste, die den Verbrauchern helfen, gut fundierte Entscheidungen zu treffen, sind ebenfalls erforderlich. In Entwicklungsländern haben Industrieberatungsdienste manchmal Wege gefunden, wie der Energieverbrauch pro Produkteinheit sowie andere Kosten gesenkt werden können. Solche Initiativen sind wichtig, um die Energieausbeute zu verbessern, deren Erfolge werden aber in hohem Maße auch von Preisen abhängen, die die vollen wirtschaftlichen und ökologischen Kosten der Energie widerspiegeln. Derartige Preise werden aus sich selbst heraus dazu beitragen, energieeffiziente Techniken für die Industrie und den einzelnen finanziell attraktiver zu machen.

TECHNOLOGIEN. Da Preisreformen und institutionelle Verbesserungen starke Anreize bieten, um Elektrizität auf effizientere Art und Weise zu erzeugen und zu nutzen, haben sie den Vorteil, daß sie die Reduzierung aller umweltverschmutzenden Emissionen je Produkteinheit (einschließlich Kohlendioxid) fördern. Allerdings sind auch weniger umweltverschmutzende Verfahren der Stromerzeugung erforderlich, um die Verschmutzung beträchtlich zu verringern. Das dritte Szenario, das weiter unten entwickelt wird, verbindet deshalb die oben erörterten Reformen hinsichtlich der Leistungsfähigkeit mit der schrittweisen Anwendung verbesserter Umwelttechnologien und -verfahren.

Durch den technischen Fortschritt sind die Entwicklungsländer heute besser in der Lage, alle Arten der Umweltverschmutzung infolge der Stromerzeugung zu reduzieren, als es bei den Industrieländern vor gerade einmal zwanzig Jahren der Fall war. In den Industrieländern braucht der Kapitalstock etwa dreißig Jahre, um umgeschlagen zu werden, und nachträgliche Einbauten zur Verbesserung der Leistungsfähigkeit sind teuer. Da die Entwicklungsländer neue Investitionen vornehmen, haben sie die Chance, sofort weniger umweltverschmutzende Anlagen zu installieren.

Es gibt im großen und ganzen vier Techniken, um schädliche Emissionen zu verringern: a) Wechsel des Energieträgers, indem man zu Kohle, Öl und Gas mit niedrigem Schwefelgehalt übergeht; b) Reinigung der Kohle vor der Verbrennung; c) Emissionskontrollen und d) die effizientere Verwendung bestehender Energieträger, hauptsächlich durch die Anwendung fortschrittlicher, sehr leistungsfähiger Technologien mit niedrigen Emissionen. Sonderbeitrag 6.1 faßt die neuesten Bewertungen dieser Optionen und deren Kosten zusammen. Wenn Kohle verwendet wird, ist es nicht ungewöhnlich, daß zwei oder drei der angesprochenen Möglichkeiten miteinander kombiniert werden – beispielsweise, um sich den ziemlich unterschiedlichen Problemen zuzuwenden, die durch Schmutzpartikel, Schwefeldioxide und Stickoxide aufgeworfen werden.

KOHLE. Kohlebetriebene Kraftwerke stellen gegenwärtig unter den Kraftwerken die Hauptemissionsquelle dar, weil sie zum einen mehr als die Hälfte der gesamten Wärmeerzeugungskapazitäten auf sich vereinigen und zum anderen der Schwefelgehalt der Kohle in vielen Regionen hoch ist. Der Wirkungsgrad der Verbrennung ist häufig niedrig, und moderne Techniken zur Eindämmung der Emissionen sind kaum verbreitet; dies führt zu hohen Emissionsraten bei Schmutzpartikeln und Schwefeldioxid. Die in Sonderbeitrag 6.1 beschriebenen technischen Entwicklungen bedeuten, daß nun Möglichkeiten vorhanden sind oder entstehen, um alle wichtigen umweltverschmutzenden Stoffe, die sich bei der Kohleverbrennung bilden (mit Ausnahme von Kohlendioxid), auf niedrige Niveaus je Produkteinheit zu reduzieren. Die Kosten dieser alternativen Möglichkeiten fallen unterschiedlich aus, wie die letzte Spalte in Tabelle 6.1 A zeigt, sie sind aber nicht so hoch, daß die Fähigkeit der Entwicklungsländer, ihre wachsende Nachfrage zu befriedigen, gefährdet würde, wenn sie vernünftige Maßnahmen zur Eindämmung der Umweltbelastung ergriffen.

GAS. Dort zu Erdgas überzugehen, wo es wirtschaftlich machbar ist, hat zahlreiche umweltpolitische Vorteile. Die Verwendung von Erdgas ermöglicht eine Reduzierung der Staubpartikel und von Schwefeldioxid um mehr als 99,9 Prozent, vergli-

---

Sonderbeitrag 6.1 Technische Neuerungen beim Emissionsschutz und die Effizienz der Stromerzeugung aus fossilen Brennstoffen

Der Schadstoffausstoß durch Schornsteine von Kraftwerksanlagen kann zum großen Teil durch Verbrennungstechniken von sauberer Kohle oder Erdöl oder durch Verwendung von Erdgas verringert werden. Tabelle 6.1 A zeigt typische Emissionsmerkmale. Für Kohle sind verschiedene Techniken vorhanden oder in der Entwicklung begriffen. Die ersten drei werden bereits kommerziell angewendet, und die anderen befinden sich in fortgeschrittenen Stadien der Entwicklung.

• Techniken der Kohlereinigung zur Verringerung der nichtbrennbaren mineralischen Rückstände (Asche). Diese Methoden können auch den 10- bis 30prozentigen Schwefelanteil beseitigen, der chemisch in anorganischer Form gebunden ist (vor allem als Pyrit). Die gereinigte Kohle hat einen höheren Wärmewert und belastet die Kessel weniger mit Asche.

• Mechanische und elektrische Vorrichtungen zur Beseitigung der Schmutzpartikel. Diese Vorrichtungen, die in Industrieländern in den vergangenen vierzig Jahren eingeführt worden sind, können mehr als 99 Prozent der Schmutzpartikel zurückhalten. Verbesserungen bei den Verbrennungstechniken und beim thermischen Wirkungsgrad haben auch die Emissionen von Kohlenmonoxid beseitigt, die jetzt kaum noch in marktwirtschaftlichen Industrieländern als bedeutsame umweltverschmutzende Stoffe aus Kraftwerksanlagen genannt werden.

• Rauchgasentschwefelungsverfahren („Waschanlagen"). Diese Methoden, die ebenfalls bereits kommerziell angewendet werden, sind in der Lage, über 90 Prozent der Schwefelemissionen zu beseitigen, wenngleich mit einigem Kostenaufwand. Man hat auch Methoden entwickelt, um die Emissionen von Stickoxiden zu verringern, wobei man Katalysatoren verwendet und die Verbrennungstemperaturen herabsetzt sowie eine zu große Luftzufuhr zu den Brennkammern vermeidet.

• Wirbelschichtverbrennung, wobei gemahlene Kohle mit Sand, Kohleasche oder ungebranntem Kalk vermischt wird und die Partikel in einem starken aufwärtssteigenden Luftstrom bewegt werden. Der Kontakt der Schwefelverbindungen mit dem Kalk ermöglicht es, den Schwefel direkt von der Brennkammer fernzuhalten. Rauchgasentschwefelung ist nicht erforderlich, und die Wirksamkeit des Schwefeldioxidabbaus beläuft sich auf bis zu 90 Prozent. Eine bessere Kontrolle der Ofentemperaturen macht es auch möglich, die Stickoxide

---

chen mit konventionellen kohlebeheizten Kesseln, die über unzureichende oder gar keine Techniken zur Emissionskontrolle verfügen. Die Verwendung gasbeheizter, kombinierter Verbrennungs- und Wärmekraftwerke hat ebenfalls gewisse Veringe-

beträchtlich zu reduzieren, während die Verwirbelung der Staubschichten zu einer wirksameren Verbrennung führt.

• Integrierte Kohlevergasungstechniken mit kombinierter Wirbelschichtverbrennung. Diese Techniken vergasen entweder die Kohle, bevor sie verbrannt wird, um eine Gasturbine anzutreiben, oder man benutzt die heißen Gase einer unter Druck stehenden Brennkammer mit Wirbelschichtverbrennung. In beiden Fällen wurden bei Pilotprojekten merkbare Verbesserungen im thermischen Wirkungsgrad erzielt, bei weiter verringerten Emissionen von Schwefeldioxid und Stickoxiden.

Tabelle 6.1 A   Emissionskontrolle durch verbesserte Technik bei der Stromerzeugung

Brennstoff und Art der Anlage	Emissionsschutzmaßnahme	Prozentuale Senkung der Umweltbelastung im Verhältnis zum Normalfall			Thermischer Wirkungsgrad (in Prozent)	Zusätzliche Kosten in Prozent der Stromerzeugungskosten[a]
		Schmutzpartikel	SO_2	NO_x		
Normalfall						
Kohle, konventioneller Kessel	Keine	0	0	0	34,0	–
Mit Verbesserungen und Schutzmaßnahmen						
Kohle						
Konventioneller Kessel	Mechanische Reinigung (Zyklon)	90	0	0	34,0	<1
Konventioneller Kessel	Staubfilter („Schlauchfilter")	>99	0	0	34,0	2–4
Konventioneller Kessel	Elektrostatische Abscheidung (ESA)	>99	0	0	34,0	2–4
Konventioneller Kessel	ESA/Kohlereinigung	>99	10–30	0	34,0	4–6
Konventioneller Kessel	ESA/SO_2-Kontrollen	>99	90	0	34,0	12–15
Konventioneller Kessel	ESA/SO_2- und NO_x-Kontrollen	>99	90	90	33,1	17–20
Wirbelschichtverbrennung	ESA	>99	90	56	33,8	
Wirbelschichtverbrennung unter Druck/Verbundsystem[b]	ESA	>99	93	50	38,9	<0–2
Integrierte Kohlevergasung/Verbundsystem[b]	Keine	>99	99	50	38,0	
Schweröl						
Konventioneller Kessel	Keine	97	30	12	35,2	–[c]
Konventioneller Kessel	ESA/SO_2-Kontrollen	>99,9	93	12	35,2	10–12[d]
Verbundsystem[b]	ESA/SO_2- und NO_x-Kontrollen	>99,9	93	90	34,4	13–15[d]
Erdgas						
Konventioneller Kessel	Keine	>99,9	>99,9	37	35,2	
Konventioneller Kessel	NO_x-Kontrollen	>99,9	>99,9	45	35,2	<0
Verbundsystem[b]	Keine	>99,9	>99,9	62	44,7	

Anmerkung: SO_2 = Schwefeldioxid, NO_x = Stickoxide. Die Zahlen für Kohle und Schweröl basieren auf einem Schwefelgehalt von 3 Prozent.
a. Im Verhältnis zum Normalfall. Die Prozentzahlen fußen auf Stromerzeugungskosten von 5 Cent pro Kilowattstunde, ohne Übertragungs- und Verteilungskosten.
b. Eine Verbundsystem-Anlage benutzt sowohl Gas- als auch Dampfturbinen zum Antrieb der Generatoren. Die Gasturbinen werden durch die heißen Gase angetrieben, die direkt aus der Brennkammer kommen. Der Dampf wird ebenfalls in der Brennkammer erzeugt sowie durch die Verwendung der heißen Auspuffgase aus den Gasturbinen. Die Verbesserungen im Wirkungsgrad ergeben sich durch die thermodynamischen Vorteile höherer Eintrittstemperaturen in der Wärmemaschine (Turbine).
c. Schwankt mit den relativen Kosten für Öl und Kohle.
d. Im Verhältnis zum konventionellen Ölheizkessel ohne Umweltschutzeinrichtungen.
Quellen: Basiert auf OECD 1987a und 1989; Asiatische Entwicklungsbank 1991; Bates und Moore (Hintergrundpapier); Anderson 1991a.

rungen der Emissionen von Stickoxiden pro erzeugter Energieeinheit zur Folge. Der gegenwärtige Wirkungsgrad kombinierter Gaskraftwerke (der Anteil der Energie, der aus Brennstoff in Elektrizität umgewandelt wird) beläuft sich auf etwa 45 Prozent und könnte auf über 50 Prozent steigen – nahezu doppelt so hoch wie bei konventionellen kohlebeheizten Kraftwerken vor fünfunddreißig Jahren. Die Bauzeiten sind ebenfalls kurz (ungefähr vier Jahre). Für viele Länder bietet Gas sowohl die Aussicht auf

Die entdeckten Erdgasvorkommen sind beträchtlich gestiegen

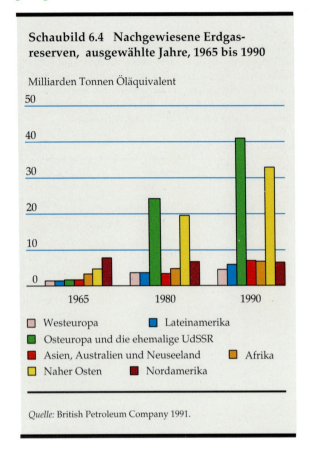

Schaubild 6.4 Nachgewiesene Erdgasreserven, ausgewählte Jahre, 1965 bis 1990

Milliarden Tonnen Öläquivalent

☐ Westeuropa ☐ Lateinamerika
☐ Osteuropa und die ehemalige UdSSR
☐ Asien, Australien und Neuseeland ☐ Afrika
☐ Naher Osten ☐ Nordamerika

Quelle: British Petroleum Company 1991.

eine billigere elektrische Energieerzeugung als auch auf eine geringere örtliche Umweltverschmutzung.

Diese Entwicklungen bei der wirtschaftlichen Nutzung des Erdgases für die Stromerzeugung gingen in den letzten fünfundzwanzig Jahren mit einer bemerkenswerten Zunahme der gesicherten Vorräte einher (Schaubild 6.4). Zusätzlich zu den gesicherten Erdgasvorkommen gibt es verschiedene „unkonventionelle" Methangaslager, die für weitaus ergiebiger als die konventionellen Vorkommen in einigen Ländern gehalten werden – beispielsweise Methangas in Kohlelagern, „feste" Gasvorkommen, in denen das Gas in Gesteinsschichten von geringer Durchlässigkeit gebunden ist und Technologien zur Zertrümmerung der Gesteinsschichten erforderlich sind, um eine ergiebige Förderung zu ermöglichen; sowie einige bislang nicht ökonomisch ausbeutbare Reserven, wie Gasschiefer-Lager. Die Kosten für die Ausbeutung der Erdgasvorkommen schwanken entsprechend den jeweiligen Verhältnissen, generell sind sie aber gesunken. Die marginalen Kosten in den Entwicklungsländern liegen zwischen einem Viertel und drei Viertel der Kosten für Kraftwerkskohle, dem billigsten importierten alternativen Energieträger.

Ein Haupthindernis für die Entwicklung waren die hohen Fixkosten bei der Exploration und Produktion sowie beim Bau der Hauptverteilungsnetze. Für diejenigen Länder, die über Erdgasvorkommen verfügen, sie aber noch nicht ausbeuten, kann die Entwicklung gasbeheizter Kraftwerksanlagen der wirtschaftlich gerechtfertigte Start zum Aufbau einer weitverzweigten Erdgasindustrie werden. Der Handel mit Erdgas wird ebenfalls wichtig werden, und zwar sowohl in kommerzieller als auch in umweltpolitischer Sicht; es bestehen hervorragende Perspektiven für die Lieferung verflüssigten Erdgases in die wichtigen Nachfragezentren sowie für den Gasexport durch Pipelines aus der ehemaligen UdSSR, Europa, dem Nahen Osten und Nordafrika.

HEIZÖL. Die Schadstoffemissionen aufgrund der Verwendung von Heizöl zur Erzeugung elektrischer Energie können in ähnlicher Weise auf sehr niedrige Niveaus reduziert werden. Die Emissionen von Schmutzpartikeln sind bei Öl naturbedingt viel niedriger als bei Kohle und können durch die Anwendung der in Sonderbeitrag 6.1 beschriebenen Techniken praktisch beseitigt werden. Die Verwendung von Heizöl mit niedrigem Schwefelgehalt oder die Rauchgasentschwefelung kann die Emissionen von Schwefeldioxid um mehr als 90 Prozent verringern. Auch sind katalytische Verfahren verfügbar, um die Stickoxide in den Abgasen beträchtlich zu reduzieren. Die Kosten für die Eindämmung der Schadstoffemissionen von ölbeheizten Kraftwerken sind niedriger als bei Kraftwerken, die auf Kohlebasis betrieben werden.

REGULIERUNGEN. Um die Anwendung schadstoffverringernder Technologien durch die Elektrizitätsunternehmen zu fördern, greifen die Regierungen im allgemeinen auf Regulierungsmaßnahmen zurück. Diese Maßnahmen hatten in Industrieländern Erfolg (waren jedoch nicht immer kosteneffizient), weil dort die Umweltverschmutzung aus einer relativ kleinen Zahl leicht zu überwachender Einzelquellen stammt. Außerdem sind die Versorgungsunternehmen Monopolbetriebe, die bereits Regulierungen unterliegen und wahrscheinlich stärker auf Regulierungen als auf Steuern reagieren. Die Lage kann sich bei Zunahme des Privateigentums an Kraftwerksanlagen ändern; Emissionsabgaben (zum Beispiel auf Schwefelemissionen) würden dazu beitragen, die Kraftwerke zu veranlassen,

Die Nachfrage nach elektrischem Strom wird wachsen, aber die Umweltbelastung kann gedrosselt und die Kosten können verringert werden

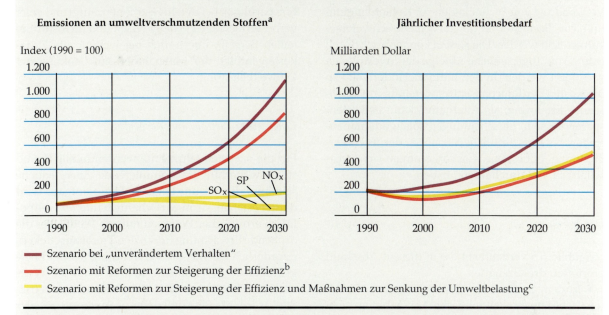

Schaubild 6.5   Ausweitung der Stromerzeugung in Entwicklungsländern: Auswirkungen auf die Umweltbelastung sowie Investitionsbedarf bei drei Szenarien, 1990 bis 2030

— Szenario bei „unverändertem Verhalten"
— Szenario mit Reformen zur Steigerung der Effizienz[b]
— Szenario mit Reformen zur Steigerung der Effizienz und Maßnahmen zur Senkung der Umweltbelastung[c]

Anmerkung: NO_x = Stickoxide; SP = Schmutzpartikel; SO_x = Schwefeloxide. Folgende Annahmen liegen zugrunde: Wachstum des Pro-Kopf-Einkommens und der Bevölkerung wie in Kapitel 1 angenommen; Elastizität des Pro-Kopf-Einkommens von 1,5; Preiselastizität von –0,5; Technologien und Kosten zur Senkung der Umweltbelastung wie in Sonderbeitrag 6.1 unterstellt; durchschnittliche Strompreise am Anfang der Periode wie in Schaubild 6.3 angenommen; Unzulänglichkeiten beim Management und hinsichtlich der Institutionen, die am Anfang um 50 Prozent höhere Kosten zur Folge haben als bei guter Betriebsführung.
a. Die oberen zwei Kurven stellen Indizes für alle umweltverschmutzenden Stoffe dar, die sich gleichzeitig erhöhen.
b. Die Preisbildung anhand der marginalen Kosten wird über einen fünfundzwanzigjährigen Zeitraum schrittweise eingeführt, und die Verluste bei der Stromübertragung und durch ungenutzte Kapazitäten werden auf den Stand bei „bester Betriebsführung" reduziert.
c. Technologien zur Senkung der Umweltbelastung werden über einen zwanzigjährigen Zeitraum schrittweise eingeführt.
Quelle: Anderson und Cavendish, Hintergrundpapier.

kosteneffizientere Maßnahmen zur Schadstoffreduzierung anzuwenden.

Es ist kennzeichnend für Regulierungen, daß sie Maßstäbe zur Schadstoffreduzierung festlegen. Erfreulicherweise ist die Technologie zur Bekämpfung eines der schwerwiegendsten Umweltprobleme bei der Stromerzeugung – den Emissionen von Staubpartikeln – relativ einfach und nicht teuer. Die zunehmende Verwendung erdgasbeheizter Kraftwerke wird in dieser Hinsicht von Bedeutung sein. Wo der bevorzugte Brennstoff die Kohle ist, werden der Bau hoher Schornsteine, die Anlage von Kraftwerken abseits großer Bevölkerungszentren und der Einsatz der in Sonderbeitrag 6.1 erörterten Umweltschutzeinrichtungen dazu beitragen, die Unannehmlichkeiten zu verringern und die Gesundheitsrisiken durch die Kohleverbrennung zu begrenzen. Diese Techniken tragen weniger als 2 Prozent zu den gesamten Erzeugerkosten bei und dürften Kostensenkungen zur Folge haben. China besitzt beispielsweise zahlreiche kleine kohleheizte Kraftwerke, die pro erzeugte Kilowattstunde dreimal bis achtmal mehr Staubpartikel ausstoßen als große Anlagen, jedoch 30 Prozent höhere Kapitalkosten, 60 Prozent höhere Betriebskosten und eine geringere Effizienz aufweisen als große Kraftwerke. Angesichts der Kosten für Leben und Gesundheit durch die Emissionen von Schmutzpartikeln (siehe Kapitel 2) und wegen der mäßigen Kosten für die Verringerung der Emissionen auf niedrige Niveaus, sprechen eindeutige Gründe dafür, auf hohe Standards für den Abbau der Umweltverschmutzung hinzuarbeiten.

Die Festlegung von Emissionsgrenzwerten für Stickoxide und Schwefeldioxid wird eine kritischere Untersuchung der Zielkonflikte erforderlich machen (wie es beispielsweise in Polen geschah, siehe Schaubild 3.3), sofern nicht Erdgas zu wirtschaftlichen Bedingungen verfügbar ist. Ausführliche Untersuchungen in Europa und Nordamerika kamen zu dem Resultat, daß der von diesen umweltverschmutzenden Stoffen angerichtete Schaden sehr stark in Abhängigkeit von der jeweiligen Region schwankt. Vieles kann durch die Verwendung von Technologien zur Kohlereinigung und von Brennstoffen mit niedrigem Schwefelgehalt erreicht werden. Die Kosten können auch durch eine vernünftige zeitliche Abfolge der Investitionen verringert werden. In den Industrieländern sinken die Kosten der Rauchgasentschwefelung mit wachsender Erfahrung; als Alternative kann es kostensparender sein, Entscheidungen solange hintanzustellen, bis fortschrittliche Verfahren der Kohleverbrennung oder neue Gasvorkommen sich wirtschaftlich voll durchgesetzt haben.

Die drei Szenarien

Schaubild 6.5 verdeutlicht die in diesem Abschnitt erörterten drei Szenarien.
- In dem Szenario bei „unverändertem Verhalten" werden umweltpolitische Maßnahmen nicht durchgeführt, und die steigende Nachfrage nach elektrischer Energie wird auf Kosten einer exponentiellen Zunahme der Umweltverschmutzung befriedigt.
- Im zweiten Szenario werden über einen Zeitraum von fünfundzwanzig Jahren Reformen eingeführt, um die oben erwähnten Preisunzulänglichkeiten und die Probleme bei der Rechenschaftslegung zu korrigieren. Die Umweltverschmutzung steigt weiter (wenngleich langsamer), aber es findet ein weniger verschwenderischer Einsatz von Kapital, Brennstoffen und Betriebsmitteln auf der Angebotsseite statt, und es gibt weniger Energieverschwendung beim Verbrauch – ein eindeutiger Beleg dafür, daß eine gute Wirtschaftspolitik auch gut für die Umwelt ist. Die Investitionsaufwendungen für die Ausweitung der Stromerzeugung sind niedriger (das zweite Feld in Schaubild 6.5) und könnten sogar bei wachsender Produktion eine Zeitlang zurückgehen, eine Folge verbesserter Kapazitätsauslastung und geringerer Stromverluste. Die Nettoerträge der Elektrizitätserzeugung sind ebenfalls höher. Die Steigerung der Effizienz in der Stromerzeugung und -verwendung verringert somit die Umweltverschmutzung, während die Einkommen und die Wohlfahrt steigen.
- Im dritten Szenario gehen schrittweise verbesserte Umwelttechnologien und -verfahren in den Kapitalstock ein, zusätzlich zur Steigerung der Effizienz im Energiebereich. Die Umweltverschmutzung steigt anfänglich noch wegen Verzögerungen und Schwierigkeiten bei der Einführung neuer Maßnahmen und Verfahren, aber schließlich sinkt sie, während die Produktion zunimmt. Die Einsparungen bei den Investitionen, aufgrund einer verbesserten Lage bei den Preisen und im institutionellen Bereich, übertreffen bei weitem alle Extrakosten infolge der Maßnahmen zur Senkung der Umweltbelastung.

Erneuerbare Energie und Kernenergie

Für die nächsten Jahrzehnte werden fossile Brennstoffe weiterhin die dominierende Energiequelle sein, und die vor uns liegende Hauptaufgabe wird darin bestehen, sie in wirtschaftlich und umweltpolitisch erträglicher Weise zu nutzen. Wenn aber die drohende Erwärmung durch den Treibhauseffekt es erforderlich machte, die Verwendung fossiler Energieträger zu beschränken, könnte dann die Weltnachfrage nach kommerzieller Energie noch befriedigt werden? Eine effizientere Nutzung fossiler Brennstoffe und der Übergang von der Kohle auf Energieträger mit niedrigem Kohlenstoffanteil könnte die Emissionen von Kohlendioxid pro Produkteinheit beträchtlich verringern. Darüber hinaus böten sich als alternative Möglichkeiten die Kernenergie oder erneuerbare Energieträger an (hauptsächlich Sonnenenergie, Biomasse, Erdwärme, Wasserkraft und Wind).

Wie Schaubild 6.2 zeigt, befriedigt die Kernenergie weniger als 1 Prozent des Energieverbrauchs in Entwicklungsländern. Dieser Anteil dürfte sich kaum deutlich erhöhen. Ganz abgesehen von den reichlich vorhandenen fossilen Brennstoffreserven, die als Bremse für die Nachfrage nach allen anderen Energieträgern wirken werden, hat die Kernenergie zwei Nachteile: ihre Kosten und ihre Risiken für die Umwelt. Die Entdeckungen fossiler Brennstoffreserven und die Fortschritte in der Förderungs- und Konversionstechnik haben dazu beigetragen, die Preise für fossile Energieträger niedrig zu halten. Gleichzeitig haben sich die Kosten für Kernkraftwerke aus einer Reihe von Gründen erhöht: lange Anlaufzeiten und Verzögerungen beim Genehmigungsverfahren, bei der Suche nach umweltgerechten Schutzmaßnahmen und beim Bau der Anlagen, die Kosten und Risiken der Entsorgung der radioaktiven Abfälle sowie die zu erwartenden Kosten bei der Außerdienststellung der Kraftwerke. Neuere Schätzungen (OECD 1989) zeigen, daß fossile Energieträger immer noch billiger sind als die Kernenergie, vielleicht ausgenommen bei einem niedrigen Kalkulationszinsfuß.

Während sich die Kosten der Kernenergie erhöht haben, führten in den siebziger und achtziger Jahren die Entwicklungen auf dem Gebiet der erneuerbaren Energieträger – vor allem bei Sonnenenergie, Wind und Energie aus Biomasse – zu bemerkenswerten Kostensenkungen für diese Technologien. Man ist sich nun in wachsendem Maße bewußt, daß erneuerbare Energie eine reichlich vorhandene Energiequelle darstellt, die man sich nutzbar machen kann.

Jedes Jahr empfängt die Erdoberfläche von der Sonne etwa zehnmal soviel Energie, wie in den gesamten fossilen Brennstoffreserven und Uranvorkommen der Erde gespeichert ist. Diese Energie – sie entspricht dem 15.000fachen der Primärenergienachfrage der Welt – kann in Sonnenwärmesystemen eingefangen werden, die Wärme für die Stromerzeugung und für den privaten und kommerziellen Gebrauch produzieren, oder sie kann mit fotogalvanischen Systemen genutzt werden, die elektrische Energie direkt aus dem Sonnenlicht erzeugen. Beide Systeme sind für die Erzeugung von Wasserstoff in Betracht gezogen worden, der als Energieträger im Transportwesen, in Haushalten oder in der Industrie verwendet werden könnte. Solarenergie kann auch in wachsenden Pflanzen gespeichert werden und in Form von Biomasse als Rohmaterial für die Erzeugung kommerzieller Brennstoffe und elektrischer Energie verwendet werden.

In der Vergangenheit gab es für Systeme zur Nutzung der Sonnenenergie immer zwei wirtschaftliche Hindernisse: den Umfang der erforderlichen Landfläche und deren Kosten. Beides geht zurück. In Entwicklungsländern entspricht die Sonneneinstrahlung etwa dem 6.500fachen des jährlichen kommerziellen Energieverbrauchs. Bei bestehendem Wirkungsgrad der Konversion von Sonnenenergie von 15 Prozent, würde theoretisch weniger als 0,1 Prozent der Landfläche dieser Länder benötigt werden, um deren gesamten Primärenergieverbrauch zu befriedigen. In Industrieländern beläuft sich der Flächenanteil auf 0,5 Prozent. Diese Flächen sind kleiner als diejenigen, die gegenwärtig weltweit für Wasserkraftwerke in Anspruch genommen werden, und sie sind sehr klein, wenn man sie in Beziehung zur agrarwirtschaftlich genutzten Fläche setzt (siehe Schaubild 6.6). In der Tat beträgt der Landbedarf von Sonnenkraftwerken im Durchschnitt nur ein Zwanzigstel desjenigen der Wasser-

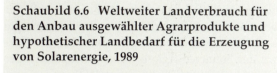

Die Erzeugung von Solarenergie würde relativ wenig Landfläche beanspruchen

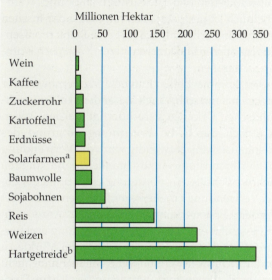

Schaubild 6.6 Weltweiter Landverbrauch für den Anbau ausgewählter Agrarprodukte und hypothetischer Landbedarf für die Erzeugung von Solarenergie, 1989

a. Die Balken zeigen die Fläche, die theoretisch erforderlich wäre, um die weltweite Nachfrage nach kommerzieller Energie zu befriedigen, wenn nur Solarenergie verwendet würde. Es wird unterstellt, daß die Solarfarmen sich in Regionen mit Sonneneinstrahlungen von 2.000 Kilowattstunden pro Quadratmeter im Jahr befinden würden, daß die Wirksamkeit der Nettoumwandlung der Sonnenenergie 10 Prozent beträgt, die Primärenergienachfrage sich auf 8 Mrd Tonnen Öläquivalent beläuft, 50 Prozent der Primärenergie für die Elektrizitätserzeugung verwendet wird und die Umwandlungsfaktoren 12.000 beziehungsweise 4.000 Kilowattstunden pro Tonne Öläquivalent für nichtelektrische beziehungsweise elektrische Energie betragen.
b. Gerste, Mais, Hirse, Hafer, Roggen und Sorghum.
Quelle: FAO 1990 b.

kraftwerke und manchmal sogar beträchtlich weniger – er beträgt zum Beispiel weniger als ein Hundertstel des Landbedarfs des Assuan-Staudammes. Außerdem werden die idealen Standorte oft kaum bewohnte Trockengebiete sein, und die Technologie ist modular und gestattet eine flexible Wahl des Standorts. Somit werden Sonnenkraftwerke nur minimal oder überhaupt nicht von drei Problemen betroffen, die manchmal Wasserkraftwerkssysteme stark tangieren – die Überflutung von Acker- oder Forstland, ökologische Nebeneffekte und die Umsiedlung von Menschen.

Die Kosten für alle kommerziellen Formen erneuerbarer Energie sind in den vergangenen zwei Jahrzehnten beträchtlich gesunken (wie es zu Anfang dieses Jahrhunderts bei der Stromerzeugung aus fossilen Brennstoffen der Fall war; siehe Schaubild 6.7). Die Kosten der Sonnenenergie können durchaus weiter fallen. In Regionen mit hoher Sonneneinstrahlung scheinen die Kosten der Stromerzeugung aus Solarenergie ungefähr innerhalb der nächsten zehn Jahre mit denen der Kernenergie gleichziehen zu können (auch wenn man die Vorteile der Sonnenenergie bei der Verringerung der Umweltkosten unberücksichtigt läßt) und wahrscheinlich längerfristig auch mit denen der fossilen Brennstoffe. Schaubild 6.8 faßt eine Reihe repräsentativer, aber recht konservativer Kostenschätzungen zusammen.

Die kommerzielle Entwicklung erneuerbarer Energien kann somit auch aus anderen als umweltpolitischen Gründen gerechtfertigt werden. Wenn es jedoch durch die Erwärmung aufgrund des Treibhauseffekts notwendig wird, die Verwendung fossiler Brennstoffe einzuschränken, dann könnten mehrere Schritte zur Förderung einer umfassenderen Verwendung erneuerbarer Energien eingeleitet werden. Erstens könnten finanzielle Anreize in Kraft gesetzt werden, um die Anwendung erneuerbarer Energien und die Erschließung der Märkte zu fördern. Umweltsteuern (wie Kohlenstoffabgaben) auf fossile Brennstoffe würden erneuerbare Ener-

Effizienzsteigerungen haben die Kosten in diesem Jahrhundert beträchtlich reduziert

Schaubild 6.7 Erzeugung elektrischer Energie: Kosten und thermischer Wirkungsgrad in den Vereinigten Staaten, 1900 bis 1990

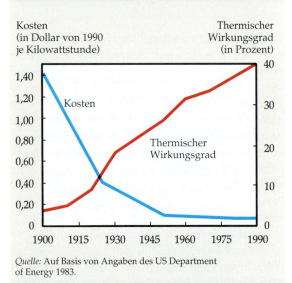

Quelle: Auf Basis von Angaben des US Department of Energy 1983.

Der technische Fortschritt wird erneuerbare Energie wettbewerbsfähig machen

Schaubild 6.8 Kosten alternativer Methoden der Stromerzeugung in Regionen mit hoher Sonneneinstrahlung, 1970 bis 2020

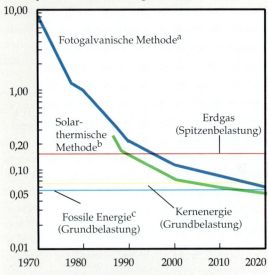

Anmerkungen: Daten für den Zeitraum nach 1990 sind Vorausschätzungen. Die zukünftigen Kosten der Stromerzeugung durch fossile Brennstoffe und Kernenergie sind unsicher; sie werden durch Faktoren wie Nachfrageverschiebungen, technische Änderungen, Umweltprobleme und politische Verhältnisse beeinflußt, die in die entgegengesetzte Richtung wirken können.
a. Ohne Speicherkosten.
b. Einschließlich Speicherkosten (auf Basis eines hybriden Erdgas-/Solarverfahrens bis 1990 und Wärmespeicherung in den Folgejahren).
c. Erdgas und Kohle.
Quellen: Für solare Energiequellen: US Department of Energy 1990; für andere Energiequellen: *Scientific American* 1990.

gien begünstigen und die Forschung und Entwicklung (FuE) in der Privatwirtschaft fördern. Zweitens könnten insbesondere die Industrieländer einen größeren Teil ihrer nationalen FuE-Etats für Energie auf erneuerbare Energieträger umschichten. Bisher wies die FuE in starkem Maße eine Schieflage zugunsten der Kernenergie auf. Die Mitgliedsländer der Internationalen Energie-Agentur (IEA) verwendeten 60 Prozent ihrer FuE-Etats (die sich 1989 auf insgesamt 7,3 Mrd Dollar beliefen) für die Kernenergie, 15 Prozent für Kohle, Erdöl und Gas sowie 19 Prozent für Stromübertragung und sonstige Bereiche, aber nur 6 Prozent für erneuerbare Energieträger. Auch die internationale Zusammenarbeit der Forschung auf dem Gebiet erneuerbarer Energien verdient es, unterstützt zu werden. Mehrere Entwicklungsländer – wie Brasilien, China, Indien und Thailand – verfügen bereits über die Keimzelle für gute Forschungsprogramme. Drittens könnte die Verwendung solcher Energieträger in Entwicklungsländern dadurch gefördert werden, daß die globale Umweltfazilität und die Finanzierung zu konzessionären Bedingungen (siehe Kapitel 9) ausgeweitet wird.

Autokraftstoffe

Die Umweltverschmutzung, die durch im Verkehr verbrauchte Kraftstoffe verursacht wird, erhöht sich in den Entwicklungsländern mit dem Anstieg des Personen- und Güterverkehrs rapide. Der Treibstoffverbrauch im Verkehrswesen macht mehr als 55 Prozent des gesamten Ölverbrauchs der Entwicklungsländer aus, der seit 1980 um 50 Prozent gestiegen ist, verglichen mit 10 Prozent in den OECD-Ländern.

In den Städten der Entwicklungsländer sind die Kraftfahrzeuge eine wichtige Quelle für die toxischen Schmutzpartikel in der Luft; auf sie entfallen bis zu 95 Prozent der Bleiemissionen. Drei Faktoren lassen die Emissionen aus Kraftfahrzeugen zu einem ernsteren Problem werden als in den Industrieländern. Erstens befinden sich viele Fahrzeuge in einem schlechten Zustand, und es werden Kraftstoffe geringerer Qualität benutzt. Zweitens konzentrieren sich die Autos in wenigen großen Städten. In Mexiko und Thailand fährt etwa die Hälfte aller Kraftfahrzeuge in der Hauptstadt, und in Brasilien fährt ein Viertel in São Paulo. Drittens lebt und wohnt ein weit größerer Prozentsatz der Bevölkerung unter freiem Himmel und ist somit der Umweltverschmutzung durch Automobile stärker ausgesetzt. Am meisten betroffen sind in der Regel die Armen. Sie und ihre Kinder gehen wahrscheinlich eher zu Fuß als daß sie fahren, und sie sind damit schädlichen Abgasen und Blei ausgesetzt, von dem bekannt ist, daß es die geistige Entwicklung und das Nervensystem beeinträchtigt. Blei und andere umweltverschmutzende Stoffe kontaminieren auch die Speisen in Gaststätten unter freiem Himmel, die von den Armen besucht werden.

Die OECD-Länder konnten bei der Begrenzung der wichtigsten umweltbelastenden Stoffe aus Kraftfahrzeugen gewisse Erfolge verzeichnen. Zunehmend strenge Regulierungsvorschriften haben zu Änderungen im Motorenbau, in den Systemen zur Kontrolle der Abgasemissionen und bei den verwendeten Treibstoffarten geführt. Viele dieser Entwicklungen haben noch keinen vollständigen Eingang in den Kraftfahrzeugbestand gefunden, das Ergebnis war jedoch eine bemerkenswerte Abnahme der Bleiemissionen und die Eindämmung anderer Schadstoffemissionen. Die Bleikonzentrationen in den Städten sanken in Nordamerika im Durchschnitt um 85 Prozent und in großen europäischen Städten um etwa 50 Prozent. Die Emissionen von flüchtigen organischen Substanzen und Stickoxiden haben jedoch, verglichen mit Anfang der siebziger Jahre, allgemein zugenommen, weil der Kraftfahrzeugbestand und die Kilometerleistung viel schneller gestiegen sind als die Einführung der Emissionsschutzmaßnahmen. In Entwicklungsländern finden verbleite Kraftstoffe noch weithin Verwendung, und Emissionsstandards sind entweder nicht vorhanden oder werden sehr viel lockerer gehandhabt als in den OECD-Ländern, wie im Falle von Brasilien und Mexiko zu sehen ist (Tabelle 6.1).

Tabelle 6.1 Emissionsstandards für neue benzinbetriebene Kraftfahrzeuge in Brasilien, Mexiko und den Vereinigten Staaten
(Gramm pro Kilometer)

Land und Jahr	Kohlen-monoxid	Flüchtige organische Substanzen	Stick-oxide
Brasilien, 1989	24	2,1	2,0
Mexiko, 1990	24	2,9	3,2
Vereinigte Staaten			
Vor Einführung der Kontrollen	54	5,4	2,5
1968	32	3,7	3,1
1983	2,1	0,3	0,6

Quelle: Faiz und andere 1990.

Drei sich gegenseitig verstärkende Maßnahmen könnten angewendet werden, um zu versuchen, die Umweltbelastung durch Kraftfahrzeuge zu verringern: effizientere Preissetzung für Kraftstoffe, geringere Verkehrskonzentrationen in den Städten und Förderung sauberer Kraftstoffe und Motortechniken. Dieser Abschnitt untersucht die drei Szenarien im Hinblick auf alternative Maßnahmen im Verkehrswesen (Schaubild 6.9). Im Szenario mit „unverändertem Verhalten" bleiben die Möglichkeiten zur Steigerung der Effizienz und zur Senkung der Umweltbelastung unberücksichtigt, und alle Arten der Umweltverschmutzung steigen exponentiell mit der Zunahme des Kraftstoffverbrauchs (wie es auch nicht anders sein kann). Das zweite Szenario zeigt die Auswirkung auf die Emissionen, die von

Eine gute Politik und Maßnahmen zur Verringerung der Umweltbelastung können die Umweltverschmutzung drastisch reduzieren

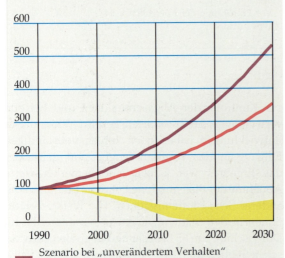

Schaubild 6.9 Fahrzeugemissionen in städtischen Regionen in Entwicklungsländern: Drei Szenarien, 1990 bis 2030

— Szenario bei „unverändertem Verhalten"
— Szenario mit Reformen zur Steigerung der Effizienz[a]
— Szenario mit Reformen zur Steigerung der Effizienz und Maßnahmen zur Senkung der Umweltbelastung[b]

Anmerkung: Die Berechnungen sind beispielhaft und basieren auf folgenden Annahmen: Die Wachstumsraten des Pro-Kopf-Einkommens und der Bevölkerung entsprechen den Annahmen in Kapitel 1. Die Elastizität des Pro-Kopf-Einkommens in bezug auf die Nachfrage nach Autokraftstoffen beträgt 1,2, und die Preiselastizitäten für Kraftstoffe und für Fahrten in stauanfälligen Ballungsräumen betragen –0,5 beziehungsweise –0,6. Das durchschnittliche Lebensalter von Autos beläuft sich auf fünfzehn Jahre. Benzin und Dieselöl tragen jeweils rund die Hälfte zum Gesamtverbrauch bei.
a. Reformen zur Steigerung der Effizienz umfassen Gebühren für die Fahrt in stauanfälligen Ballungsräumen (auf Basis von Angaben des Area Licensing Scheme von Singapur) und höhere Mineralölsteuern (angenommen ist eine Erhöhung im Zeitraum von fünfundzwanzig Jahren auf derzeit in Europa bestehende Niveaus).
b. Maßnahmen zur Senkung der Umweltbelastung umfassen Emissionskontrollen und die allmähliche Einführung sauberer Brennstoffe in einem Zeitraum von zwanzig Jahren. Bei diesem Szenario sinken die Bleiemissionen allmählich bis zum unteren Rand des gelben Bandes; die Emissionsniveaus der Schmutzpartikel, Kohlenwasserstoffe und Schwefeldioxide liegen innerhalb des Bandes, und Stickoxide liegen am oberen Rand des Bandes.
Quellen: Für Emissionskoeffizienten bei Automobilen: OECD 1987a und 1988; Faiz und Carbajo 1991. Für detaillierte methodische Hinweise siehe Anderson und Cavendish, Hintergrundpapier.

zwei vieldiskutierten Möglichkeiten zur Verbesserung der wirtschaftlichen Leistungsfähigkeit bei gleichzeitiger Verringerung der Umweltverschmutzung ausgehen: a) Verminderung der Preisunzulänglichkeiten durch Abbau der Subventionen und Erhöhung der Steuern auf Autokraftstoffe und b) Verringerung des Verkehrsaufkommens in städtischen Ballungsgebieten. Im dritten Szenario (hier treten die größten Effekte auf) werden die zusätzlichen Auswirkungen bei einer allmählichen Einführung sauberer Kraftstoffe und einer verbesserten Motortechnik berücksichtigt.

EFFIZIENTE PREISE UND STEUERN FÜR KRAFTSTOFFE. In Europa und Japan liegen die Preise für Benzin zwischen 3,00 und 4,00 Dollar je US-Gallone. In den Vereinigten Staaten und in den Entwicklungsländern belaufen sich die Preise auf weniger als ein Drittel bis auf die Hälfte dieser Spanne; im Durchschnitt betragen sie 1,25 Dollar je Gallone und schwanken zwischen 0,40 Dollar je Gallone (in Venezuela) bis 2,60 Dollar je Gallone (in Indien). Derartige internationale Unterschiede ergeben sich aus Unterschieden bei der Benzinbesteuerung. Geringere – wenngleich immer noch große – Unterschiede gibt es auch bei der Besteuerung von Dieselkraftstoff. Einige Länder haben sich aus mehreren Gründen für hohe Mineralölsteuern entschieden: Um die Kosten für den Straßenbau und Straßenunterhalt zu decken, um die Steuereinnahmen zu erhöhen (weil Mineralölsteuern niedrigere ökonomische oder „Erhebungs"-Verluste haben dürften als bestimmte andere spezielle Steuern) und weil sie relativ leicht zu verwalten sind.

VERRINGERUNG DER VERKEHRSKONZENTRATION. Städtische Verkehrskonzentrationen sind gleichzeitig eine Ursache für Umweltverschmutzung, für wirtschaftliche Unproduktivität (sie verringern die wirtschaftliche Nettoleistung im Stadtgebiet) und für Einbußen bei der menschlichen Wohlfahrt und den Annehmlichkeiten des Lebens im weiteren Sinne. Eine Handlungsmöglichkeit besteht in der Verkehrslenkung durch solche Maßnahmen wie die Trennung des motorisierten vom nichtmotorisierten Verkehr, die Förderung eines weitverbreiteten Gebrauchs von Fahrrädern und der Schaffung gesonderter Radwege, durch die Errichtung von autofreien Fußgängerzonen, durch Anreize zu höheren Investitionen in öffentliche Verkehrsmittel und für deren Benutzung, durch Anreize für eine höhere Personenauslastung der Fahrzeuge und durch Parkkontrollen. Projekte dieser Art können den Kraftstoffverbrauch in den städtischen Regionen um mehr als 30 Prozent verringern, zusätzlich zur Reduzierung der Zahl der Unfälle, in die Fußgänger und Radfahrer verwickelt sind – ein wichtiges Problem in Entwicklungsländern. Städte in China, Ghana, Indonesien, Japan und den Niederlanden erwägen die Einführung solcher Systeme, wobei stärkeres Gewicht auf den nichtmotorisierten Verkehr und die Belange der Fußgänger gelegt werden soll. Der Verkehr kann auch durch Maßnahmen quantitativer Verkehrslenkung beschränkt werden, wie durch regionale Fahrverbote, die auf Basis der Ziffern auf den Nummernschildern in Athen, Mexiko-Stadt und Santiago eingeführt wurden. Dies sind jedoch lediglich Behelfsmaßnahmen – und können manchmal zur Verschlimmerung der Lage beitragen, da die Bessergestellten einfach einen Zweitwagen kaufen und sich ein Markt für gefälschte Nummernschilder entwickelt. Eine dritte Möglichkeit stellt die Verkehrslenkung durch eine Art von Preismechanismus dar, wie Zulassungsgebühren in Ballungsräumen, Zugangsgebühren zu Stadtzentren, höhere Gebühren und Steuern für das Parken während der Geschäftszeiten und elektronische Erfassung von Straßengebühren. Trotz des sehr erfolgreichen Beispiels von Singapurs regionalem Zulassungssystem und der Vorteile und des praktischen Nutzens derartiger Maßnahmen wurden sie mehr diskutiert als durchgeführt.

SAUBERERE KRAFTSTOFFE UND VERBESSERTE TECHNOLOGIEN. Eine differenzierte Besteuerung kann dazu dienen, den Verbrauch von saubereren Kraftstoffen zu fördern. Die Einnahmen aus Mineralölsteuern können wiederum dazu verwendet werden, die Kosten der Kraftfahrzeuginspektionen und der Überprüfung der Umweltverschmutzung zu finanzieren. Beispiele hierfür sind differenzierte Besteuerungen von verbleitem und bleifreiem Benzin, Preisaufschläge bei Kraftstoffen auf Basis des Schwefelgehalts von Dieselöl und niedrigere Steuern auf „saubere" Kraftstoffe wie Flüssiggas. Einige empirische Belege aus den Vereinigten Staaten und die jüngsten Erfahrungen Großbritanniens mit Steuerermäßigungen für bleifreies Benzin zeigen, daß die Wahl des Kraftstoffes sehr stark vom Preis abhängt. Das gleiche würde wahrscheinlich auch für steuerliche Anreize bei der Anwendung von Methoden zur Emissionskontrolle gelten – beispielsweise für Katalysatoren bei Benzinmotoren und den Schadstoffiltern, die für Dieselmotoren entwickelt worden sind. Die Erfahrung deutet jedoch darauf hin, daß bei einer Politik, die wirksam sein soll, alle steuerlichen Anreize von Regulierungen bezüglich der Standards und der Emissionskontrolle begleitet sein müßten (siehe Sonderbeitrag 3.4).

Energie im Haushalt

Ungefähr die Hälfte der Bevölkerung der Erde kocht ihre gesamten Mahlzeiten oder einen Teil davon mit Brennstoffen aus Biomasse. Bis zum zwanzigsten Jahrhundert lieferten derartige Brennstoffe – zumeist Feuerholz – den Hauptteil der weltweiten Energie. Heute befriedigt Biomasse in allen ihren Formen (Holz, landwirtschaftliche und forstwirtschaftliche Abfälle und Dung) etwa 14 Prozent der weltweiten Energienachfrage. Über 80 Prozent wird in Entwicklungsländern verbraucht (siehe Schaubild 6.2), wo sie immer noch 35 Prozent des Energieangebots ausmacht – mehr als durch Kohle, Öl, Gas oder Wasserkraft bereitgestellt wird. Biomasse wird nicht nur zum Kochen verwendet, sondern auch in kleinen Dienstleistungsbetrieben, in der landwirtschaftlichen Verarbeitungsindustrie und bei der Herstellung von Ziegeln, Kacheln, Zement und Kunstdünger. Solche Verwendungszwecke können von beträchtlicher Bedeutung sein, besonders in Gemeinden und Städten und deren Umgebung.

Die Verwendung von Brennstoffen aus Biomasse zum Kochen verursacht einen hohen Grad an häuslicher Luftverschmutzung (Kapitel 2). Sie ist auch eine Ursache für ökologische Schäden: Die Verwendung von Dung und Ernterückständen führt zur Erschöpfung der Bodenfruchtbarkeit, und die Entwaldung führt oft zur Bodenerosion. Schließlich kann der schlechte thermische Wirkungsgrad der Biomasse dazu beitragen, die relativ hohe Energieintensität vieler Entwicklungsländer mit niedrigem Einkommen zu erklären und deren hohen Kohlendioxid- und Schadstoffausstoß im Verhältnis zum Energieverbrauch.

Der Übergang von der Nutzung der Biomasse zu kommerziellen Brennstoffen wird langsam vor sich gehen und schwierig sein, und es gibt keinen naheliegenden Weg, um den Prozeß zu beschleunigen. Einige Länder subventionieren Kerosin; dies führt zu einer gewissen zusätzlichen Substitution, aber die Menschen kaufen auch zusätzliche Mengen und verkaufen sie als einen (sehr umweltbelastenden) Ersatzstoff für Dieselöl weiter. Haiti besteuert im Gegensatz dazu Kerosin, was dessen Verwendung einschränkte. Die Substitution wird des weiteren durch eine schlechte Infrastruktur, durch eine verstreut wohnende Bevölkerung und unzureichende Liefermöglichkeiten in vielen Regionen, vor allem in Afrika, behindert.

Ein vielversprechender Weg besteht darin, weniger umweltschädliche Methoden der Verbrennung

Sonderbeitrag 6.2 Die Perspektiven für Programme zur Verbesserung von Öfen

Gegenwärtig beläuft sich der weltweite Handel mit Brennholz auf etwa 7 Mrd Dollar, und rund 2 Millionen Menschen sind hauptberuflich mit der Erzeugung und Vermarktung beschäftigt. Obwohl die Menschen letzten Endes zum Kochen mit modernen Brennstoffen übergehen werden, werden viele Hunderte von Millionen für Jahrzehnte noch Biomasse benutzen. Was lernte man aus den Bemühungen, bessere Öfen für Biomasse zu fördern?

Die möglichen Vorteile eines Programms zur Verbesserung der Öfen sind beträchtlich. Neben den erheblichen, direkten Vorteilen der Energieeinsparung, so neueren Untersuchungen zufolge, führen verbesserte Öfen zu Umwelt- und Gesundheitsvorteilen, deren Wirtschaftlichkeitswert sich auf 25 bis 100 Dollar jährlich je Ofen beläuft, was für die Gesellschaft zu einer Kapitalrückflußdauer von nur wenigen Monaten führt.

Verbesserte Öfen für Biomasse sind eine Zwischenstufe zwischen traditionellen Öfen und modernen Brennstoffen. Der Großteil der umfangreichen Investitionen in die Ofenprogramme stammte aus den einzelnen Ländern; die Beteiligung von Geberländern war bescheiden. Die beiden weltweit größten Programme laufen in Indien und China, wo praktisch die gesamten Investitionsmittel intern aufgebracht wurden.

Erfolgreiche Ofenprogramme wiesen die folgenden Merkmale auf:

• Sie konzentrierten sich auf solche Benutzer, die am ehesten davon profitieren würden. Diejenigen, die als erste verbesserte Öfen für Biomasse anschaffen, sind in der Regel nicht die Ärmsten, aber gleichwohl Bevölkerungskreise, die nur über ein beschränktes Einkommen verfügen und einen Großteil davon für Brennstoff zum Kochen ausgeben.
• Die Konstrukteure und Produzenten der Öfen tauschen sich untereinander aus und besprechen deren Eigenschaften mit den Benutzern.
• Das Programm stützt sich auf Öfen und Ofenteile, die in Massenproduktion hergestellt werden, was erfolgreicher zu sein scheint als nach Maß angefertigte Öfen.
• Subventionen werden für die Entwicklung der Öfen verwendet, anstatt sie den Verbrauchern beim Kauf der Öfen zufließen zu lassen.

All diese Merkmale sind in einem erfolgreichen Ofenprogramm in Ruanda zu finden. Die potentiellen Benutzer, Hersteller und Händler wurden in jedem Stadium des Programms beteiligt, und mehrere Modelle wurden von Haushalten getestet. Hohe Preise für Holzkohle und nichtregulierte Preise für die Öfen selbst sicherten die Rentabilität für die Hersteller und eine kurze Kapitalrückflußdauer für die Verbraucher. Regierungsstellen waren nur auf dem Gebiet der technischen Hilfe engagiert. Die Werbung für die Öfen wurde von Frauen gemacht, die die Öfen verwendet hatten.

---

von Biomasse zu entwickeln. Einige Länder haben im Laufe der letzten zwei Jahrzehnte verbesserte Öfen für Biomasse entwickelt und unter die Leute gebracht, wenngleich mit unterschiedlichem Erfolg. Vieles hat man jedoch dazugelernt, und eine weitere Unterstützung dieser Anstrengungen wird von Bedeutung sein (Sonderbeitrag 6.2). Der Bau von Kaminen hat die Akzeptanz dieser Öfen erhöht – beispielsweise in China, wo 100 Millionen verbesserter Öfen abgesetzt worden sind.

Wenn von Biomasse zu Kohle oder Braunkohle übergegangen wird, wie in China und der Türkei, entsteht eine Verschmutzung der Außenluft in einem so gravierenden Ausmaß, wie sie beispielsweise in Sheffield, Pittsburgh, an der Ruhr und in vielen anderen Industriegebieten vor fünfzig Jahren zu beobachten war. Die Entwicklung dieser Regionen zeigt, daß die Verringerung der Umweltverschmutzung durch Haushaltsbrennstoffe von zwei Faktoren abhängt. Der eine ist der Übergang zu Öl, Gas, Elektrizität und Sammelheizungen; für viele Städte wird dies mehrere Jahrzehnte dauern. Der zweite ist der Gebrauch sauberer Kohle, wie Anthrazit, dessen Schadstoffemissionen nur ungefähr ein Zwanzigstel derjenigen von teerhaltiger Kohle betragen. In China, wo der Kohleverbrauch für häusliche und gewerbliche Zwecke sich auf jährlich mehr als 200 Mio Tonnen beläuft und sich in den achtziger Jahren fast verdoppelt hat, wird diese Möglichkeit in Erwägung gezogen. Technologien zur sauberen Kohleverbrennung in Sammelheizwerken und in kleineren gewerblichen Unternehmen werden ebenfalls erforderlich sein und dürften dazu beitragen, die Kosten durch Steigerung der Effizienz zu verringern.

Die Verringerung des Schadstoffausstoßes in den Wohnungen und der Außenwelt aufgrund des Verbrauchs von Biomasse und Kohle durch die Haushalte der Entwicklungsländer stellt eines der schwierigeren Entwicklungsprobleme dar und wird zwei oder drei Jahrzehnte der Anstrengungen bedürfen – vielleicht auch länger. So wie es bei der Umweltverschmutzung durch andere Formen des Energieverbrauchs der Fall ist, kann das Problem nicht allein durch Effizienzsteigerungen gelöst werden, so wichtig dies auch sein wird. Es wird vor allem vom Wachstum des Pro-Kopf-Einkommens und von der erfolgreichen Entwicklung kommerzieller Energiequellen abhängen.

Industrie

Drei Faktoren verstärken die Umweltprobleme, die mit der schnellen Industrialisierung verbunden sind. Weil sich erstens die Emissionen bereits existierender Industriebetriebe erhöhen, übersteigen sie die Grenze, bis zu der sie von der Umwelt ohne Schwierigkeit absorbiert werden können. Da sich zweitens die Industriestädte ausdehnen, werden mehr Menschen der Umweltverschmutzung ausgesetzt. Drittens verlagert sich innerhalb des Industriesektors die Struktur weg von Aktivitäten, die eine moderate Umweltverschmutzung zur Folge haben – wie die Herstellung von Textilien, Holzprodukten und die Nahrungsmittelverarbeitung – und hin zu anderen Aktivitäten mit einem viel größeren umweltbelastenden Potential, wie die Metall- und chemische Industrie und die Papierherstellung.

Die aufgegebenen oder hochbelasteten Industriegebiete und Flüsse, die in allen Ländern mit hohem Einkommen zu finden sind, sind für die Dritte Welt zugleich eine Warnung und eine Herausforderung. Die Herausforderung besteht darin, den Weg durch die „dunkle satanische" Phase des industriellen Wachstums zu vermeiden. Die Reaktion der Wirtschaftspolitik muß darin bestehen, sich den ziemlich unterschiedlichen Umweltproblemen zuzuwenden, die einerseits durch große Fabriken und Bergwerke und andererseits durch die große Zahl der kleinen Industriebetriebe entstehen.

Einige wenige Industriebereiche, in denen große Fabrikanlagen dominieren, sind für einen beträchtlichen Teil der industriellen Umweltverschmutzung verantwortlich. Außer der Energieerzeugung gehören zu diesen Bereichen die Eisen- und Nichteisenhüttenwerke, die chemische Industrie, Papier- und Zellstoffindustrie, Zementindustrie und der Bergbau. Ungereinigt schädigen die von diesen Industriezweigen ausgestoßenen umweltbelastenden Stoffe die Gesundheit der örtlichen Bevölkerung, verringern den Ertrag der örtlichen Landwirtschaft und die Produktion der Industrie und schädigen die Infrastruktur und die Gebäude. Kleine und mittelgroße Industriebetriebe, die in Entwicklungsländern für einen großen Teil der Beschäftigung und des Produktivitätswachstums sorgen, verursachen zahlreiche Umweltverschmutzungen gleichen Typs wie größere Unternehmen und sind in besonderem Maße verantwortlich für organische Abfälle in den Abwässern und unzureichend behandelten Sondermüll.

Technische Mittel zur Verbesserung der Umweltverträglichkeit vieler industrieller Aktivitäten sind bereits vorhanden; sie wurden oft in Reaktion auf strikte Umweltkontrollen in Ländern mit hohem Einkommen entwickelt. Um einige Beispiele herauszugreifen: Die Luftverschmutzung in verschiedenen Industriezweigen, wie bei der Zementindustrie und im Bergbau, wird hauptsächlich durch Staubemissionen verursacht und kann durch den Einbau geeigneter Staubfilter in Grenzen gehalten werden; die Abwässer von großen Chemie- und Zellstofffabriken können gereinigt werden, sobald die biologisch abbaubaren und die nicht biologisch abbaubaren Emissionen voneinander getrennt worden sind; und die Umweltverschmutzung, die durch die Verwendung von Kohle bei der Stahlproduktion und als Brennstoff für Heizkessel zur Erzeugung von Prozeßwärme verursacht wird (frühere Hauptquellen der energiebezogenen Umweltverschmutzung in Industrieländern), kann dadurch verringert werden, daß man zu Erdgas übergeht, die Prozeßabläufe elektrifiziert oder eine der verschiedenen technischen Verfahren zur Vorverbrennung, Hauptverbrennung und Nachverbrennung anwendet, die in Sonderbeitrag 6.1 beschrieben werden.

Die Existenz besserer Techniken garantiert jedoch noch nicht, daß sie angewendet werden, insbesondere von Kleinbetrieben, für die die Kosten des Umweltschutzes im Verhältnis zur Produktion erheblich sein können. Die Durchsetzung ist offenkundig schwierig, wie in Kapitel 4 dargelegt wurde. Weil sie so zahlreich und verschieden sind, sind Kleinbetriebe besonders schwer zu regulieren oder zu besteuern – ob zu umweltpolitischen oder anderen Zwecken –, und in der Tat sind die meisten nicht einmal in Firmenverzeichnissen erfaßt.

Kosten und die Aussichten auf Kostensenkungen

Die Techniken sind also oft vorhanden, aber die Kosten sind manchmal noch hoch, insbesondere für Kleinunternehmen. Für die gesamte Industrie beliefen sich Ende der siebziger und Anfang der achtziger Jahre die Investitionen in Maßnahmen zur Senkung der Umweltbelastung in Deutschland, Japan und den Vereinigten Staaten auf etwa 5 Prozent der gesamten industriellen Investitionen (obgleich sie in Japan Anfang der siebziger Jahre auf 17 Prozent gestiegen waren). Tabelle 6.2 zeigt, daß

Tabelle 6.2 Kosten der Verringerung der Umweltbelastung, Vereinigte Staaten, 1989

Sektor	Gesamte Investitionen in neue Anlagen und Ausrüstungen				Jährliche Kosten der Verringerung der Umweltbelastung			
	Mio Dollar	Anteil der Investitionen für die Verringerung der Umweltbelastung (in Prozent)	Art der Verringerung (in Prozent)		Mio Dollar	Als Anteil am gesamten Produktionswert (in Prozent)	Art der Verringerung (in Prozent)	
			Luft	Wasser			Luft	Wasser
Nahrungsmittel und Getränke	8.330	3	20	70	1.056	0,3	13	63
Textilien	2.280	1	33	56	136	0,3	14	59
Papier	10.070	8	49	32	1.449	1,1	27	47
Chemikalien	13.480	9	32	50	3.509	1,3	23	46
Erdöl	3.330	13	35	55	2.170	1,5	58	27
Gummi	4.570	2	64	20	403	0,4	21	25
Steine, Erden und Glas	2.870	3	75	18	592	0,9	56	14
Rohmetalle	5.660	7	53	34	1.931	1,3	46	27
Bearbeitete Metalle	4.610	3	33	47	896	0,6	14	43
Maschinen	8.050	2	59	32	572	0,2	14	30
Elektrische Ausrüstungen	8.660	2	35	50	729	0,4	14	42
Transportausrüstungen	9.970	3	54	29	1.000	0,3	21	32
Gesamte Verarbeitende Industrie	97.190	4	42	42	15.626	0,5	30	37

Quelle: US Bureau of the Census 1990 und 1991.

– in absoluten Beträgen gemessen – die größten Kostenbelastungen in den Vereinigten Staaten die chemische Industrie, die Mineralölindustrie, die Metallerzeugung und die Papierindustrie zu tragen hatten. (Man beachte, daß die Ausgaben im Verhältnis zum gesamten Produktionswert ziemlich gering sind – sie liegen in einer Spanne von 0,3 bis 1,5 Prozent.)

Diese Zahlen überzeichnen die mögliche Last der Ausgaben zur Senkung der Umweltbelastung für Industriezweige in Entwicklungsländern, zumindest für große Anlagen. Die ersten Schritte für den Umweltschutz kosten tendenziell am wenigsten. Bis zu 60 bis 80 Prozent der Umweltverschmutzung kann mit nur geringen Kostensteigerungen beseitigt werden. Danach steigen die zusätzlichen („marginalen") Kosten steil an, wenn die Umweltbelastung weiter verringert wird; im Gegensatz dazu sind die Vorteile bei jedem neuen Schritt zur Senkung der Belastung zuerst groß und nehmen dann ab. Die Emissionsstandards haben in einigen Industrieländern den Punkt erreicht, wo die Kosten zusätzlicher Senkungsmaßnahmen scharf steigen, während die Vorteile nur langsam zunehmen. Die Entwicklungsländer befinden sich in einem früheren Stadium.

Die Emissionen können oft ohne Zusatzkosten drastisch verringert werden, wenn man Techniken einbaut, die in Industrieländern schon allgemein Verwendung finden. Dort sanken die Emissionen aus großen Industrieanlagen schon vor der Hauptwelle der Investitionen in den Umweltschutz, die auf die Verabschiedung der entscheidenden Gesetze Ende der sechziger und Anfang der siebziger Jahre einsetzte – ein gutes Beispiel dafür, daß die Innovationen den Gesetzen und Regulierungen vorangehen, statt ihnen zu folgen.

Die Industrie der Entwicklungsländer hat den Vorteil, daß sie eher neue Investitionen durchführen kann als alte Ausrüstungen ersetzen zu müssen. In den Industrieländern können grundlegende Änderungen der Produktionsabläufe oft nicht leicht in bestehende Fabrikanlagen eingepaßt werden. Das führte dazu, daß Industrieländer dazu neigten, die Emissionen hauptsächlich durch zusätzliche neue Technologien in Grenzen zu halten. Weniger als ein Viertel der Kapitalaufwendungen für den Umweltschutz von deutschen Firmen der Verarbeitenden Industrie war in den Jahren 1975 bis 1984 für Änderungen der Produktionsabläufe bestimmt, im Unterschied zum Einbau von Kontrolleinrichtungen am Endpunkt des Produktionsprozesses. Wenn eine neue Anlage gebaut wird, ist es jedoch in der Regel kostengünstiger, Produktionsprozesse zu wählen, die die Abfallprodukte recyceln oder weniger Abfälle produzieren – die sogenannten „abfallarmen" Prozesse. Diese können, zusammen mit verbesserten Betriebsabläufen, die Leck- und Überlaufverluste verhindern und beträchtliche Verringerungen der industriellen Emissionen herbeiführen. Tabelle 6.3 verdeutlicht, gestützt auf eine Untersuchung der deutschen Industrie, das vorhandene Potential für eine Reduzierung des Sondermülls mittels solcher Veränderungen. Sonderbeitrag 6.3 zeigt an einem Beispiel, wie technische Veränderun-

Tabelle 6.3 Potential zur Müllverringerung durch abfallsparende Produktionsverfahren, Deutschland

Abfallart	Menge der Abfälle, 1983 (in Mio Tonnen)	Potentielle Müllverringerung (in Prozent)
Schwefelhaltiger Abfall (Säuren, Gips)	2,2	80
Emulsionen	0,5	40–50
Farbstoffe und Farbreste	0,3	60–70
Lösungsmittel	0,3	60–70
Galvanische Schlämme	0,2	60–70
Salzschlacken	0,2	100
Sonstige Abfälle	1,2	Low
Insgesamt	4,9	50–60

Quelle: OECD 1991, S. 197.

gen eine größere Effizienz bei niedrigeren Emissionen in der Zellstoff- und Papierindustrie bewirkt haben. Neuere Untersuchungen der Organisation der Vereinten Nationen für Industrielle Entwicklung (UNIDO 1991) und anderer Quellen haben ergeben, daß es umfangreiche Möglichkeiten zur gleichzeitigen Verringerung der Abfälle und der Kosten gibt.

In Entwicklungsländern dürften Kontrollmechanismen am Endpunkt des Produktionsprozesses weniger wichtig sein, weil ihre Industriesektoren rapide expandieren. Jede neue Investition bietet eine Chance zum Einbau kosteneffizienter Umweltschutzmaßnahmen. Im Zeitraum von zehn Jahren werden neue Anlagen mehr als die Hälfte der industriellen Erzeugung in Entwicklungsländern bereitstellen und in zwanzig Jahren praktisch die gesamte. Daher dürften Maßnahmen, die zu einem sinnvollen Verbund von abfallarmen Produktionsprozessen und Kontrollen am Endpunkt des Produktionsprozesses führen, den Entwicklungsländern erlauben, die Emissionen großer Industrieanlagen (bei steigender Produktion) zu niedrigeren Kosten zu verringern, als es bei den Industrieländern der Fall ist.

Politische Maßnahmen

Im frühesten Stadium des politischen Entscheidungsprozesses muß die Überlegung im Vorder-

---

Sonderbeitrag 6.3   Sanfter technologischer Wandel: Die Holzschliffindustrie

Bis Mitte der siebziger Jahre wurde der Großteil (67 Prozent) des weltweiten Holzschliffs – dem wichtigsten Rohmaterial für die Papierherstellung – mit chemischen Mitteln erzeugt. Auf mechanische Verfahren entfielen 25 Prozent und auf Kombinationen beider Verfahren (semichemische Prozesse) der Rest. Jede Methode hat technische und ökologische Vor- und Nachteile. Mechanische Verfahren haben eine hohe Ausbeute an Fasern geringer Stärke. Sie erfordern einen relativ großen Energieeinsatz, aber darüber hinaus beeinflussen sie die Umwelt wenig. Chemische Verfahren haben einen geringeren Energiebedarf, aber auch eine geringere Ausbeute. Die Fasern sind stark und von hoher Qualität: Sie sind jedoch dunkel und werden üblicherweise mit Chlor gebleicht, was dann ein Abfallproblem schafft. Chemische Verfahren erzeugen auch einen großen biologischen Sauerstoffbedarf und Schwefelemissionen, sofern nicht geeignete Umweltschutzvorkehrungen installiert werden.

Der größte Papiermarkt ist der für Zeitungspapier, das üblicherweise aus einer Mischung von 15 bis 25 Prozent chemischen Holzschliffs und 75 bis 85 Prozent mechanischen Holzschliffs hergestellt wird. Der sprunghafte Anstieg der Energiepreise Mitte der siebziger Jahre trieb die Kosten des mechanischen Holzschliffs in die Höhe, und auch der Preis des chemischen Holzschliffs erhöhte sich wegen der strengeren Umweltauflagen und der hohen Preise für Holz und Chemikalien. Die Industrie wandte sich damals einem Holzschliff zu, der mit thermomechanischen Verfahren hergestellt wird; die Ausbeute und der Energiebedarf dieses Verfahrens ähnelt dem des mechanischen Verfahrens, es werden aber stärkere Fasern erzeugt, die nicht mit Chlor gebleicht werden müssen. Die Menge des erzeugten biologischen Sauerstoffbedarfs ist relativ gering. Durch die Verwendung thermomechanisch hergestellten Holzschliffs in ihrer Holzschliffmischung konnten die Zeitungspapierhersteller ihre Rohstoffkosten um 5 Prozent oder mehr senken.

Dieser Kostenvorteil und die Notwendigkeit neuer Investitionen, um einem Engpaß bei Holzschliffkapazitäten zu begegnen, bewirkten zusammen eine starke Zunahme der thermomechanischen Holzschliff-Fabriken. Im Jahre 1974 gab es nur vier thermomechanische Papiermühlen auf der Welt. Bis Ende 1977 waren es fünfzig, bei weiteren dreißig, die sich in Bau befanden oder bestellt waren. Chemische Verfahren sind in der Industrie immer noch vorherrschend, aber rund die Hälfte der Holzschliffkapazitäten, die in den OECD-Ländern während der achtziger Jahre zusätzlich errichtet worden sind, bestehen aus thermomechanischen Anlagen. Thermomechanischer Holzschliff bietet für Entwicklungsländer klare Vorteile – niedrigere Kapitalkosten, weniger komplexe Technik und weniger Umweltbelastung als bei chemischen Verfahren sowie stärkere Fasern besserer Qualität als die von mechanischen Anlagen erzeugten.

grund stehen, wie erstens sichergestellt werden kann, daß die Anfangsmaßnahmen unzweideutig und leicht durchzusetzen sind und zweitens gewährleistet ist, daß man sich auf solche Emissionen und Abfälle konzentriert, die die meisten Schäden verursachen, insbesondere für die Gesundheit.

SCHWIERIGKEITEN DER DURCHSETZUNG. Die von Industrieländern aufgestellten Standards mögen vernünftige langfristige Ziele festlegen, aber die Entwicklungsländer haben nur selten die Mittel oder stehen nur selten vor der Notwendigkeit, sie sofort anzuwenden. Statt dessen muß jedes Land seine eigenen Prioritäten festlegen. Emissionsstandards müssen unter dem Aspekt eines Gleichgewichts zwischen den marginalen Kosten der von den Hauptschadstoffen verursachten Schäden und den marginalen Kosten der Verringerung derartiger Emissionen festgelegt werden.

Eine gängige Praxis bestand darin, in Industrieländern verbreitete Emissionsstandards zu übernehmen und dann mit den Firmen über deren Durchsetzung zu verhandeln. Dies stellt die Ehrlichkeit der Beamten auf eine enorme Belastungsprobe. Die Unternehmen werden hinsichtlich der Umweltstandards, die sie voraussichtlich zu erfüllen haben werden, im Ungewissen bleiben und im Falle einer ungleichen Behandlung im Vergleich zu ihren Konkurrenten unzufrieden sein. In der Tat kann eine ungleiche Durchsetzung der Umweltstandards ausländische Investoren zu Befürwortern strenger und wirksamer Umweltstandards machen. Beispielsweise ließ die Furcht vor staatlicher Kritik ausländische Investoren im Kupferbergbau von Chile bereitwilliger in hochentwickelte Umweltschutzmaßnahmen investieren als heimische Unternehmen.

Welche Instrumente auch gewählt werden, sie müssen den administrativen Möglichkeiten der regulierenden Behörden angepaßt sein. Nicht durchgesetzte Standards oder nicht erzwungene Geldbußen sind nicht nur nutzlos, sondern schlimmer: sie untergraben das Vertrauen in die Umweltkontrollen und ermutigen die Unternehmen, mehr nach Wegen zur Vermeidung von Strafen zu suchen als die Umweltverschmutzung zu verringern. Die Erfahrung zeigt, daß fünf Bedingungen (alle institutioneller Art) erfüllt sein müssen, wenn Maßnahmen den angestrebten Effekt haben sollen: Man benötigt örtliche Rahmenbedingungen für Verhandlungen zwischen den Umweltverschmutzern und den von der Umweltverschmutzung Betroffenen, ein eindeutiges und öffentlich verfügbares Verzeichnis über die erlassenen Standards und festgelegten Übereinkommen, ein Instrument zur Überwachung und stichprobenartigen Kontrolle der Umweltverschmutzung vor Ort, ein Strafmittel gegen Umweltsünder sowie eine faire und gleichmäßige Anwendung der Gesetze und Regulierungen gegenüber jedermann.

Die knappen Verwaltungskapazitäten sollten in erster Linie auf die Emissionskontrolle bei großen Industrieanlagen und Bergbaubetrieben ausgerichtet werden – den am stärksten konzentriert auftretenden Emissionsquellen. Die Maßnahmen werden nur in (vielleicht widerstrebender) Zusammenarbeit mit den für diese Industrieanlagen verantwortlichen Unternehmen greifen können. Sogar die Umweltschutzbehörde der USA, die über das bestentwickeltste Umweltüberwachungssystem der Welt verfügt, muß sich bei der großen Mehrheit der Emissionsquellen und Umweltverschmutzer auf von diesen selbst übermittelte Emissionsangaben stützten. Für Entwicklungsländer dürfte es daher vorteilhaft sein, wenn sie ihre Überwachungskapazitäten zum einen auf stichprobenartige Kontrollen vor Ort konzentrieren, um solche Eigenangaben nachzuprüfen, und zum anderen auf ein Grundsystem ausrichten, das dazu dient, die Daten in den umweltbelasteten Regionen zu erfassen. Aktionen zur Durchsetzung von Maßnahmen müssen als ein Element innerhalb eines Dialoges zwischen den Regulierungsbehörden und den Unternehmen gesehen werden, dessen Ziel es ist, die Umweltverträglichkeit der überprüften Industrieanlagen zu verbessern.

Ein derartiger Dialog ist besonders schwierig, wenn beide Parteien staatliche Stellen sind. Auf staatliche Unternehmen entfällt ein beträchtlicher Teil der Produktion in Sektoren, die die Umwelt am stärksten verschmutzen. In Tansania sind sie für die gesamte Kunstdünger-, Zement- sowie Eisen- und Stahlproduktion verantwortlich und für fast 83 Prozent der Zellstoff- und Papiererzeugung. In Indien, Mexiko und Venezuela befinden sich alle Ölraffinerien und Ölhandelsgesellschaften sowie ein großer Teil der Metallerzeugung in staatlicher Hand; etwa 94 Prozent der Bergbauproduktion in Indien wird im staatlichen Sektor erbracht. In der Türkei stammen 95 Prozent der Bergbauproduktion, etwa 60 Prozent der chemischen Erzeugung und 70 Prozent der Metallerzeugung von öffentlichen Unternehmen. Auf staatseigene Firmen in Argentinien und Brasilien entfällt ein wichtiger Teil des Bergbau-, Mineralöl-, metallerzeugenden und chemischen Sektors. Diese Unternehmen sind ebenso wie Monopolbetriebe des Privatsektors oftmals auch vor der Importkonkurrenz geschützt und unterliegen folglich nicht dem gleichen Druck zur Kostenminimierung wie private, im Wettbewerb stehende Firmen. Umweltschutzmaßnahmen auf Basis von Anreizsystemen sind wahrscheinlich weniger wirksam als Regulierungen auf dem Verordnungswege, um diese Firmen zur Verringerung ihrer Emissionen zu veranlassen. Die Unwirksamkeit wirtschaftlicher Anreize, um staatliche Unternehmen ohne strengen Budgetrahmen zur Verringerung der Emissionen zu veranlassen, läßt sich gut am Beispiel von Polen zeigen, und die Effizienz von Kontrollen am Beispiel von Cubatão in Brasilien (Sonderbeitrag 6.4).

Eine Beteiligung von Kommunen kann dazu beitragen, die offizielle Durchsetzung von Maßnahmen zu verbessern. Eine neuere Untersuchung über Unternehmen in Bangladesch kam beispielsweise zu dem Ergebnis, daß Ortschaften am Flußufer überraschend bereit und in der Lage waren, mit flußaufwärts gelegenen Umweltverschmutzern über finanzielle Entschädigung und Abwässerreinigung Vereinbarungen auszuhandeln. Bei besserer Information und gesetzlicher Unterstützung könnten solche örtlichen Vereinbarungen kosteneffiziente Möglichkeiten bieten, um sowohl zentrale Regulierungsstellen zu unterstützen als auch diese zur Rechenschaftslegung anzuhalten.

MARKTORIENTIERTE ANREIZE. Mit der Weiterentwicklung der Umweltpolitik bietet sich eine gute Möglichkeit, um in stärkerem Maße von marktorientierten Anreizen Gebrauch zu machen, wie sie in Kapitel 3 erörtert wurden. Diese Maßnahmen verringern die Akzeptanzkosten, sind oft verwaltungsmäßig einfacher zu handhaben als Regulierungsmaßnahmen und bieten einen finanziellen Anreiz, um Innovationen beim Umweltschutz und bei abfallarmen Technologien und Verfahren zu entwickeln. Sie können auch (ohne große Kosten) auf praktische und wirkungsvolle Weise verfeinert werden. Zum Beispiel wird, im Rahmen eines in jüngster Zeit in Osteuropa eingeführten Systems nichtproportionaler Gebühren und Geldbußen, die Belastung erhöht – in Polen um das Zehnfache –, wenn der Schadstoffausstoß bestimmte Grenzwerte überschreitet.

Die in Industrieländern gemachten Erfahrungen zeigen, daß die Einleitung industrieller Abwässer in öffentliche Abwässerkanäle recht deutlich auf Gebühren reagiert, die nach der Einleitungsmenge und der Abwasserkonzentration festgelegt werden. In den Niederlanden gelang es beispielsweise, die Einleitungsmengen durch Abwassergebühren zu verringern, als die Gebühr ausreichend hoch war, um innerhalb des gesamten Betriebsaufwands des betroffenen Unternehmens eine wichtige Kostengröße darzustellen. Die Gebührensysteme müssen nicht kompliziert sein; sie müssen nur die Unternehmen dazu anhalten, Innovationen im Fertigungsprozeß durchzuführen, die zur Verringerung der gesamten Abwassermenge führen und die Einleitung hochkonzentrierter Abwässer in öffentliche Abwasserkanäle verhindern. Generell hat eine Politik, die die Umweltverschmutzung (oder die schadstoffträchtigen Vorleistungen) besteuert, den Vorteil, daß sie zahlreiche Aktivitäten beeinflußt und sowohl von verwaltungsmäßigem als auch umweltpolitischem und volkswirtschaftlichem Reiz ist.

REGULIERUNGSTECHNIKEN UND GIFTMÜLL. Auch wenn die Umweltverschmutzung mit Gebühren belastet wird, müssen einige Regulierungsvorschriften beibehalten werden. Dies gilt besonders für Giftmüll, wo die wichtigste Aufgabe darin besteht, Sicherheitsstandards und Vorsichtsmaßnahmen festzulegen. Verschmutzungsgebühren können durch illegale Dumpingmethoden umgangen werden, was sogar noch schlimmere Probleme zur Folge hat als eine legale, aber schlecht überwachte Handhabung gefährlicher Abfälle. Das entscheidende Problem ist die Überwachung und Handhabung des Sondermülls. Es müssen sorgfältige Aufzeichnungen geführt und Lagerstellen regelmäßig überwacht werden, um sicherzustellen, daß Grundwasservorräte nicht durch giftige Stoffe, die aus undichten Stellen auslaufen, verunreinigt werden. Dies hat einen administrativen Aufwand zur Folge, der manchmal die Kapazität einer Umweltschutzbehörde übersteigen kann. In derartigen Fällen besteht eine Alternative darin, Regulierungsmaßnahmen mit marktorientierten Anreizen zu kombinieren. Letztere können sich auf indirekte Maßnahmen stützen, wie Steuern auf umweltbelastende Vorleistungen, Produktgebühren, Rückerstattungen hinterlegter Beträge und Gewährleistungsgarantien. Die Aufgabe der Regulierungsbehörden besteht darin, Informationen zusammenzutragen über die Stellen, bei denen die überwachten Schadstoffe anfallen, und ein Maßnahmenpaket zu schnüren, das die Schadstoffproduktion kosteneffizient verringern kann. Ein System, das für gefährliche Abfälle einige der Merkmale einer Rückerstattungsver-

Sonderbeitrag 6.4　Kontrolle des Schadstoffausstoßes von öffentlichen Unternehmen: Brasilien und Polen

In Cubatão (Brasilien) und in Kattowitz (Polen) sind staatseigene Unternehmen in gravierende und seit langem andauernde Probleme der Luftverschmutzung verwickelt, die zu einer extremen Belastung durch Schmutzpartikel führten. In Cubatão waren die Hauptverschmutzer Fabriken der Stahl-, Kunstdünger-, Petrochemischen und Zementindustrie. In Kattowitz waren die wichtigsten Umweltverschmutzer Stahlwerke, Hüttenwerke für Nichteisenmetalle, chemische Werke, Kraftwerke sowie zahlreiche andere Industrieanlagen.

Im September 1984 veranlaßten eine Inversionswetterlage und steigende Schmutzpartikelbelastungen den Gouverneur des Staates São Paulo, in Cubatão erstmalig den Notstand auszurufen. Die staatliche Umweltschutzbehörde schloß sofort neun Industriebetriebe in der Region von Vila Parisi und ordnete die Evakuierung an. Aus der Stadt São Paulo wurde Polizei entsandt, um bei der Evakuierung mitzuhelfen und Plünderungen zu verhindern. Der Bürgermeister von Cubatão ließ das Fußballstadion für die evakuierten Bewohner bereitstellen und verteilte Nahrungsmittel und Decken. Als sich die Wetterlage verbesserte, wurde der Notstand auf den Zustand der Alarmbereitschaft herabgestuft (der achte Fall in jenem Jahr), und der Bevölkerung wurde gestattet, in ihre Häuser zurückzukehren.

Wenige Monate später brach eine Rohrleitung in einer Kunstdüngerfabrik, und große Mengen von Ammoniakgas strömten aus. Sechstausend Bewohner wurden evakuiert, und über sechzig Personen wurden in Krankenhäuser eingewiesen. Die Kunstdüngerfabrik wurde mit einer Geldstrafe belegt, aber der Gouverneur des Staates protestierte, daß die Strafe zu gering wäre.

Die Verhältnisse in Cubatão haben sich seitdem verbessert (obwohl hin und wieder immer noch Krisenlagen auftreten); die Fabriken bauen Umweltschutzanlagen ein und gehen zu weniger umweltbelastenden Brennstoffen über, und Tausende von Bewohnern bekommen Hilfe, um in besser geeignete Gebiete überzusiedeln. Die Umweltschutzbehörde ging energischer gegen widerspenstige Umweltverschmutzer vor, wobei sie Geldstrafen verhängte und vorübergehende Fabrikschließungen anordnete, und die Regierung initiierte öffentliche Bürgeraktionen, um die geschädigten Feuchtgebiete, Wasserläufe und Berghänge zu sanieren. Eine ausgiebige Berichterstattung über das Umweltdrama in Cubatão durch Zeitungen und Fernsehen bot dem ganzen Land eine Lehrstunde in Umweltfragen.

Während der ganzen achtziger Jahre versuchte die Provinzregierung in Kattowitz, die Luftqualität in der Stadt dadurch zu verbessern, daß sie Gebühren für Schadstoffemissionen erhob, die die zulässigen Grenzwerte überstiegen. Zwar waren die Gebührensätze doppelt so hoch wie die durch die nationale Regierung für das restliche Polen festgelegten Sätze, doch wurden sie im Verlaufe der achtziger Jahre häufig revidiert und gingen real gerechnet stark zurück, als die Preise stiegen. Da außerdem die Industriefabriken darauf verwiesen, daß ihnen die Mittel für Investitionen in bessere Umweltschutzmaßnahmen fehlen würden, wurden in der Regel die Emissionsrichtwerte viel zu hoch angesetzt, um eine akzeptable Luftqualität in der Umgebung zu erreichen, und oft wurde Unternehmen die Bezahlung von Gebühren und Geldbußen erlassen. Zwar konnte die Provinzregierung technisch gesehen Fabrikanlagen wegen fortdauernder Verletzung des Emissionsstandards schließen, aber diese Machtbefugnis scheint nur einmal ausgeübt worden zu sein – im Falle einer Aluminiumfabrik in Krakau, die ohnehin geschlossen werden sollte.

Die Lage in Kattowitz hat sich seit 1990 radikal geändert. Die Luftqualität hat sich beträchtlich verbessert, und die Unternehmen planen Investitionen in den Umweltschutz oder führen diese bereits durch. Für diesen Wandel gibt es drei Gründe: a) Einige der schlimmsten Umweltverschmutzer wurden für immer geschlossen; b) die Höhe der Gebühren und Geldstrafen wurde in realer Rechnung mehr als verzehnfacht, und die Bezahlung wird angesichts einer konkreten Drohung, den Betrieb zu schließen, durchgesetzt; und c) bedeutet die Aussicht auf Privatisierung, daß die Unternehmen nicht länger mit einem „weichen" Budgetrahmen rechnen können und die Provinzbehörden sich nicht länger darum bemühen, die industrielle Produktion zu Lasten anderer Zielsetzungen aufrechtzuerhalten.

Die Lehren, die aus diesen zwei Beispielen gezogen werden können, lauten, daß solange staatliche Unternehmen nicht „harten" Budgetzwängen unterliegen und der Öffentlichkeit gegenüber rechenschaftspflichtig sind, wirtschaftliche Anreize für den Umweltschutz wahrscheinlich unwirksam sind und direkte Regulierungen erforderlich sein dürften.

---

einbarung anwendet, ist für Thailand vorgeschlagen worden (Sonderbeitrag 6.5).

Industrielle Raumplanung ist ein weiteres Beispiel für eine Regulierungstechnik, die nicht ohne weiteres durch Preismechanismen ersetzt werden kann. Das Hauptargument für die Raumplanung ist, daß es beim Umgang mit Umweltproblemen Einsparungen gibt, wenn die Industrieanlagen an einem Ort konzentriert werden. Außerdem kann kaum sichergestellt werden, daß eine regionale Differenzierung der Verschmutzungsgebühren ausreicht, um eine effiziente Konzentration oder Ver-

> **Sonderbeitrag 6.5   Die Regulierung von Sondermüll: Ein innovativer Ansatz in Thailand**
>
> Um gefährliche Abfälle industriellen Ursprungs zu kontrollieren, hat das Thailand Development Research Institute die Errichtung eines selbständigen Industriellen Umweltfonds vorgeschlagen. In Übereinstimmung mit dem „Verursacherprinzip" sollte der Fonds aus Abfallgebühren finanziert werden, die zunächst für jeden Industriezweig geschätzt und später durch eine Umweltprüfung auf ihre Richtigkeit hin untersucht werden würden. Die Gebühr sollte so hoch festgelegt werden, daß die Kosten für den Transport, die Aufbereitung und die Beseitigung des Sondermülls gedeckt und eine Gewinnspanne für den Unterhalt des Programms erzielt werden würde. Eine Gebühr von 1.000 Baht pro Tonne für die für 1991 geschätzten 600.000 Tonnen gefährlichen Industriemülls würde 600 Millionen Baht einbringen. Dies stellt nur 0,3 Prozent des BIP dar, das in den 17.000 Industrieanlagen in Thailand, die Sondermüll produzieren, erwirtschaftet wird, beziehungsweise 1,5 Prozent der Nettogewinne.
>
> Die Einnahmen würden dazu verwendet werden, Kapazitäten für die zentrale Aufbereitung und Beseitigung von industriellem Sondermüll aufzubauen und zu unterhalten. Die Fabriken würden beim Fonds ihre Abfallgebühren für das ganze Jahr hinterlegen. Fabrikanlagen, die weniger Abfall je Produkteinheit erzielen würden, was von beglaubigten privaten Umweltprüfungsfirmen nachgewiesen werden müßte, könnten dann einen Preisnachlaß erhalten. Der Unterhalt der Anlagen zur Müllaufbereitung und -beseitigung würde im freien Wettbewerb durch Ausschreibungen an private Müllabfuhrunternehmen vergeben werden.
>
> Diese Initiative läßt vor allem erkennen, daß die Kosten der Umweltschutzmaßnahmen minimiert werden können, wenn die Anreize richtig gewählt werden. Je effizienter ein industrieller Produktionsprozeß abläuft, um so weniger Abfall wird erzeugt und um so weniger zahlt man für die Müllaufbereitung und -beseitigung. Das System würde somit der Industrie einen Anreiz bieten, die Abfälle zu verringern, und es würde die Entwicklung unternehmerischer Möglichkeiten für die Handhabung von Sondermüll fördern.

teilung der Industrieanlagen zu erreichen. Obwohl die Raumplanung ein grobes Instrument darstellt, könnte sie die beste Methode sein, um räumliche Differenzierungen der Umweltschäden in den Griff zu bekommen, die durch besondere Formen der Umweltverschmutzung verursacht werden.

BERATUNGSDIENSTE. Ein wirkungsvoller Weg, um auf kleinere Firmen einzuwirken, ergibt sich durch Betreuungs- und Beratungsdienste. Beispielsweise arbeitet die Umweltkontrollstelle des National Productivity Council im indischen Arbeitsministerium an Lösungen, die sowohl die Umweltverschmutzung verringern als auch die Erträge verbessern. Wirkungsvolle Methoden zur Verringerung der Emissionen und des Wasserbrauchs wurden für die Galvanisierung, Nahrungsmittelherstellung, Bleichung und Färbung, für kleine Zementwerke, die Zellstoff- und Papierherstellung, Arzneimittelherstellung und für Gerbereien entwickelt. Manchmal kann eine Zusammenarbeit hilfreich sein. In Hyderabad errichtete beispielsweise eine Gruppe von vierzig Kleinunternehmen eine gemeinsame Abwasseraufbereitungsanlage, die sie zusammen auf gemeinnütziger Basis betreibt. In Gujarat machten 400 Kleinunternehmen dasselbe. Derartige Vereinbarungen sind billiger als individuelle Aufbereitungsanlagen bei jedem Betrieb, und es ist leichter, eine Großanlage zu betreiben, zu unterhalten und zu überwachen als zahlreiche verstreut gelegene kleine Anlagen.

Schlußfolgerungen

Bei der Erörterung der Frage, wie die Ausweitung des Energiebedarfs und der industriellen Aktivitäten in Entwicklungsländern in Übereinstimmung zu bringen ist mit dem Ziel einer Verringerung der Umweltverschmutzung auf annehmbar niedrige Niveaus, hat dieses Kapitel vier Aspekte hervorgehoben.

• Es gibt Möglichkeiten, um die Umweltverschmutzung je Produkteinheit in der Energiewirtschaft und der Industrie zu verringern, und zwar – je nach dem Einzelfall – um den Faktor zehn, hundert oder manchmal auch mehr.

• Die Investitions- und Betriebsaufwendungen sind nicht so hoch, als daß das Wirtschaftswachstum in den Entwicklungsländern in Mitleidenschaft gezogen würde. In Bereichen größter Dringlichkeit, wie bei Schmutzpartikeln, Blei sowie industriellen Abwässern und Abfällen, sind die Investitionsaufwendungen niedrig. Tatsächlich ging die Senkung der Umweltbelastung oft Hand in Hand mit Kostensenkungen. Die Kosten des Umweltschutzes können noch weiter verringert werden, wenn man die Umweltstandards angemessen festgelegt und die Instrumente der Umweltpolitik umsichtig auswählt. Ausgeglichen werden diese Kosten durch die zahlreichen Vorteile einer geringeren Umweltbelastung; hierzu gehören eine gesündere Bevölkerung und eine bessere Lebensqualität in den Städten, was dazu beitragen wird, die wirtschaftlichen Perspektiven zu verbessern.

- Die Reaktionszeiten können sich jedoch hinziehen, auch wenn die Maßnahmen beschlossen sind und durchgeführt werden. Die hohe Investitionsquote in den Entwicklungsländern kann paradoxerweise die Reaktionszeiten (und Kosten) verringern, da weniger umweltbelastende Verfahren leichter in neue Investitionsvorhaben eingebaut werden können.

- Eine höhere Wirtschaftlichkeit, sowohl bei der Erzeugung und beim Verbrauch von Energie als auch bei der Herstellung und beim Verbrauch von Industriegütern, kann beträchtlich zur Senkung der Umweltbelastung beitragen.

7 Umweltpolitik auf dem Lande

Mit der Zunahme der Weltbevölkerung um zwei Drittel in den nächsten vierzig Jahren wird die Nachfrage nach Nahrungsmitteln, Brenn- und Faserstoffen gewaltig steigen. Um diese Nachfrage zu befriedigen, wird eine intensivere und extensivere Nutzung vieler natürlicher Ressourcen erforderlich sein – insbesondere von landwirtschaftlichen Bodenflächen, Wäldern, Wasservorräten und Fischbeständen. Je stärker durch eine sorgfältige und tragfähige Bewirtschaftung die Erträge solcher Ressourcen gesteigert werden können, die bereits genutzt werden, desto leichter wird man dem Druck widerstehen können, neue Ressourcen in Anspruch zu nehmen: Feuchtgebiete zu entwässern, Wälder zu roden und in den natürlichen Lebensraum von Pflanzen und Tieren einzudringen.

Einem vernünftigen Ressourcenmanagement stehen drei Hindernisse im Wege: Mangelnde Einsicht in die Knappheitsbedingungen der Natur, mangelnde Sicherstellung der Rechenschaftslegung solcher Institutionen, die mit den natürlichen Ressourcen befaßt sind und mangelnde Mobilisierung des Wissens darüber, wie mit Umweltproblemen umzugehen ist.

Um diese Hindernisse zu überwinden, müssen die Menschen Zugang haben zu den einschlägigen Kenntnissen und den notwendigen Mitteln, so daß sie die richtigen Investitionen vornehmen können, und es sind Anreize nötig, die gewährleisten, daß die Aktivitäten einzelner anderen keine Kosten auferlegen. Gemeinschaftlich verwaltete Ressourcen benötigen einen eindeutigen rechtlichen Rahmen und unterstützende Leistungen. Der Staat muß die Verantwortung für die Inanspruchnahme einer Reihe von Ressourcen auf Einzelpersonen, Gemeinden und fiskalisch verantwortliche Einrichtungen übertragen. Er muß bei der Allokation einiger Ressourcen stärker auf Preismechanismen zurückgreifen, Eigentumsrechte schützen und die Forschung sowie die Verbreitung von Kenntnissen über zuverlässige Umweltpraktiken unterstützen.

Da die Weltbevölkerung in den nächsten vierzig Jahren auf 9 Milliarden ansteigt, wird sich der weltweite Verbrauch von Nahrungsmitteln fast verdoppeln bzw. in den Entwicklungsländern mehr als verdoppeln. Um diese Nachfragesteigerung zu befriedigen, wird die gesamte Getreideerzeugung um etwa 1,6 Prozent jährlich steigen müssen – ein schwer zu erreichendes Ziel. Der erforderliche Zuwachs ist aber geringer als die in den vergangenen drei Jahrzehnten erzielte Steigerung von 2,0 Prozent im Jahr. Diese Nachfrage nach Getreide (die mehr als vier Fünftel der in Entwicklungsländern verbrauchten pflanzlichen Nahrungsmittel repräsentiert) und die Nachfrage nach anderen Nahrungsmitteln, Brennstoffen und Faserstoffen, wird den Druck auf die Naturschätze enorm erhöhen, und zwar nicht nur im Hinblick auf landwirtschaftliche Bodenflächen, sondern auch auf Wasser-, Fisch- und Waldbestände.

Mit den Ressourcen der Natur muß daher mit großer Sorgfalt umgegangen werden. Sie müssen geschützt werden vor unsachgemäßer Inanspruchnahme, die aus Armut, Bevölkerungsdruck, Ignoranz oder Korruption resultiert. Natürliche Wälder, Feuchtgebiete, Küsten- und Graslandschaften, allesamt von hohem ökologischen Wert, müssen vor Überbeanspruchung und Raubbau geschützt werden.

Bauern und andere Nutzer ländlicher Ressourcen haben die Wahl zwischen zwei Möglichkeiten: die Erzeugung auf bereits genutzten Bodenflächen zu intensivieren oder sie auf neue Flächen auszudehnen. In gewissem Maße gibt es hier Zielkonflikte. Wenn auf den gleichen Landflächen mehr Nahrungsmittel erzeugt werden können, so lindert dies den Druck, neues Land kultivieren zu müssen und erlaubt die Erhaltung intakter Naturgebiete (Sonderbeitrag 7.1). In der Tat entfielen während des letzten Vierteljahrhunderts 92 Prozent der zusätzlichen Nahrungsmittelerzeugung auf Ertragszuwächse und auf die Ausweitung der Nutzungsflächen nur 8 Prozent (Tabelle 7.1). Eine intensivere Nutzung kann jedoch auch Probleme mit sich bringen. Wenn die Erträge durch vermehrten Einsatz von Chemikalien gesteigert werden, durch die stärkere Nutzung von Wasser für die Bewässerung und durch eine veränderte Bodennutzung, so kann dies Probleme an anderen Stellen verursachen. Einleitungen von Kunstdünger und tierischem

Sonderbeitrag 7.1 Wie eine landwirtschaftliche Intensivierung den Druck auf die Wälder verringern kann

Die Expansion der Landwirtschaft ist einer der wichtigsten Gründe für die Abholzung in den tropischen Feuchtgebieten. Forscher in Brasilien, Indonesien und Peru suchen nach Möglichkeiten, die Produktivität gerodeten Landes aufrechtzuerhalten, und so den Druck in Richtung auf eine weitere Abholzung der Wälder zu verringern. Es gibt bereits einige erfolgversprechende Ergebnisse. Farmversuche in Yurimaguas (Peru) zeigen, daß je zusätzlichem Hektar Ackerland mit dauerhaft hoher Produktivität jedes Jahr schätzungsweise 5 bis 10 Hektar tropischen Regenwaldes vor der Axt und den nachfolgenden Wanderbauern gerettet werden können.

Der Übergang von der zeitweiligen zur dauerhaften Kultivierung beginnt bei diesen Versuchen damit, daß zweitrangige Brachflächen im Wald, die eine auf Schlag und Brand basierende Landwirtschaft hinterläßt, zum Anbau von Produkten mit niedrigem Vorleistungsaufwand genutzt wird; es werden Pflanzen angebaut, die saure Böden vertragen, alle Nährstoffe in der Asche werden ausgenutzt, es erfolgt ein Maximum an Nährstoffregelung und keine Bodenbearbeitung (es wird lediglich ein Pflanzenstock verwendet), und es gibt eine gewisse Hege der Brachflächen zur Eindämmung des Unkrautwachstums. Der Gewinn in dieser ersten Phase beläuft sich auf durchschnittlich 1.100 Dollar je Hektar und Jahr oder 120 Prozent Ertrag im Vergleich zu den Gesamtkosten (überwiegend für Arbeitskräfte) der Kleinbauern. Mögliche Optionen für darauffolgende Phasen umfassen einen intensiven dauerhaften Anbau, eine auf Leguminosen basierende Viehwirtschaft oder die Agroforstwirtschaft.

Kontinuierlicher Fruchtwechsel

Nach mehreren Jahren solcher Systeme mit geringem Vorleistungsaufwand ist manchmal ein Übergang zu einem intensiven, auf Kunstdünger basierenden und dauerhaften Anbau möglich. Wenn es die Neigung der Böden gestattet, können die Felder mechanisch beackert werden, nachdem sich der größte Teil der gefällten Vegetation zersetzt hat. Vierzig Anbauprodukte, die über siebzehn Jahre hinweg kontinuierlich in Yurimaguas angepflanzt wurden, zeigen, daß die Produktivität aufrechterhalten werden kann. Das System wird aber nur dann wirtschaftlich attraktiv sein, wenn der Bau von Straßen, der Zugang zu Krediten und die Infrastruktur der Märkte ausreichend entwickelt sind.

Viehwirtschaft auf Basis von Leguminosen

Ein Anbausystem mit niedrigen Vorleistungen kann einen ersten Schritt darstellen in Richtung auf eine verbesserte, meist gegen saure Böden unanfällige Weidewirtschaft, die Rindfleisch und Milch erzeugt. Der Übergang vom gewerblichen Anbau von Nahrungsmitteln hin zur Viehwirtschaft wird erreicht durch den Anbau von besonderen Futterpflanzen unter einem Reisdach und durch die jährlich oder alle zwei Jahre zum Zuge kommende Anwendung von Düngemitteln. Verschiedene Kombinationen und der Fruchtwechsel zwischen ausgewählten Gräsern und Leguminosen zeitigten nachhaltige hohe Gewichtszunahmen der Rinder über einen Versuchszeitraum von acht Jahren. Erschöpfte Weideflächen wurden unter Anwendung ähnlicher Verfahren wieder regeneriert.

Agroforstwirtschaft

Der Anbau von Produkten mit niedrigem Vorleistungsaufwand ist eine gute Methode, direktes Einkommen zu erzielen; außerdem wird hierdurch während der Aufwuchsphase von Baumpflanzungen, die unempfindlich sind gegen saure Böden, die Bodenbedeckung angereichert. Dies gilt gleichermaßen für die Anpflanzung von Bäumen für gewerbliche Zwecke (Kautschuk, Palmöl und Guarana), die Erzeugung von Lebensmitteln (Pfirsichbäume) oder Streifenanpflanzungen.

Dünger können das Algenwachstum beschleunigen und die Überdüngung von Seen, Meeresarmen und Flußmündungen sowie von Binnenmeeren verursachen. Obwohl diese Erscheinungen mehr in Westeuropa und Nordamerika verbreitet sind, wird die Verschmutzung durch landwirtschaftliche Verursacher in Osteuropa und anderen Teilen der Dritten Welt zunehmend wichtiger; so ist im Punjab in Indien und Pakistan sowie auf Java (Indonesien) der Einsatz chemischer Vorleistungen fast so umfangreich wie in den Industrieländern.

Die Alternative zu einer intensiveren Nutzung ist jedoch ebenso problematisch. Bereits jetzt gehen schätzungsweise 60 Prozent der Abholzung von Wäldern in den Entwicklungsländern auf die Ausweitung von Agrarflächen zurück, wobei die stärksten Eingriffe in Lateinamerika und Afrika stattfinden. Hauptverantwortliche hierfür dürften Subsistenzbauern sein, die ein Auskommen suchen, oder aber es steht eine zunehmende Nachfrage auf den Märkten dahinter. Solche Erweiterungen der landwirtschaftlich genutzten Fläche befriedigen zwar

Tabelle 7.1 Beiträge vergrößerter Anbauflächen und höherer Erträge zum Wachstum der Getreideproduktion in Entwicklungsländern und Ländern mit hohem Einkommen, 1961 bis 1990

Ländergruppe	Gegenwärtige Produktion (Durchschnitt 1988–1990, in Millionen Tonnen)	Anstieg seit 1961–1963 (in Prozent)			Gegenwärtige Erträge (1988–1990, in Tonnen je Hektar)
		Insgesamt	Aufgrund vergrößerter Anbauflächen	Aufgrund höherer Durchschnittserträge	
Entwicklungsländer	1.315	118	8	92	2,3
Afrika südlich der Sahara	57	73	47	52	1,0
Ostasien	499	189	6	94	3,7
Südasien	261	114	14	86	1,9
Lateinamerika	105	111	30	71	2,1
Naher Osten und Nordafrika	41	68	23	77	1,4
Europa und die ehemalige UdSSR	336	76	–13	113	2,2
Länder mit hohem Einkommen	543	67	2	98	4,0
Welt	1.858	100	8	92	2,6

Anmerkung: In den Angaben für die Gruppe der Entwicklungsländer ist Südafrika enthalten, nicht jedoch in Angaben bezüglich der regionalen Untergruppen.
Quelle: Daten der FAO.

den oft dringenden Bedarf an Nahrungsmitteln und Einkommen; sie sind jedoch keine langfristigen Lösungen, wenn es sich um anfällige Böden handelt. Die große Herausforderung der Zukunft ist, einen Ausgleich zu finden zwischen intensivem und extensivem Wachstum der Landwirtschaft, um dadurch die Umweltschäden und Produktivitätseinbußen zu vermeiden, die beide Möglichkeiten verursachen können (Schaubild 7.1).

Maßnahmen zur Ressourcenbewirtschaftung müssen drei essentielle Bestandteile in sich vereinigen:

- Das Verständnis für den wahren Wert natürlicher Vorkommen. Die fehlende Einsicht, daß die Schätze der Natur letztlich eben nicht unendlich zur Verfügung stehen, und die Unterschiede zwischen den privaten und gesellschaftlichen Kosten der Ressourcenausbeutung sind die Hauptverursacher vieler Umweltprobleme – der Erosion gerodeter Berghänge, der Freisetzung von Kohlendioxid durch Brandrodung und der Verluste an biologischer Artenvielfalt infolge unzureichender Kontrollen der Abholzung.

- Institutionen, in denen der Verantwortung für die Verwaltung der Ressourcen eine mit gleichem Gewicht versehene Rechenschaftslegungspflicht für die erzielten Ergebnisse gegenübersteht. Der öffentliche Sektor wird zwangsläufig für die Allokation einiger der empfindlichsten Naturschätze verantwortlich bleiben; oft stehen sie in seinem Besitz, manchmal ist er für ihre Bewirtschaftung zuständig. Die Regierungen müssen sicherstellen, daß diejenigen, die die natürlichen Ressourcen nutzen, die dabei anfallenden Kosten in vollem Umfang tragen.

Wo aber öffentliche Institutionen selbst direkt in die Produktion eingebunden waren, ist dies nur selten der Fall gewesen.

Die zukünftigen Relationen zwischen Ertrags- und Anbauflächenwachstum bei der Getreideproduktion zur Ernährung der wachsenden Bevölkerung sind ungewiß

Schaubild 7.1 Weltgetreideproduktion zur Ernährung einer wachsenden Bevölkerung: Jüngere Entwicklung und Herausforderungen der Zukunft

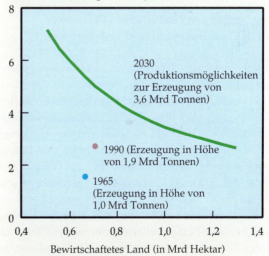

Anmerkung: Die Weltbevölkerung belief sich im Jahr 1965 auf 3,3 Milliarden Menschen, im Jahr 1990 auf 5,3 Milliarden; für das Jahr 2030 wird eine Bevölkerungszahl von 9,0 Milliarden vorausgeschätzt (siehe Annahmen des „Basisfalls" in Schaubild 1.1).
Quelle: Daten der Weltbank.

• Bessere Information über den Umfang, die Qualität und das Potential der Ressourcenbasis. Gegenwärtig werden die aufkommenden Beschränkungen in der Bewirtschaftung der Ressourcen oft nur unzureichend begriffen; die Forschung ist mangels ausreichender Mittel nur eingeschränkt möglich. Neben der Entwicklung neuer Kenntnisse und Techniken ist die Verbreitung vorhandener Technologien voranzutreiben, die zu einem umweltgerechten Produktionsanstieg beitragen können (Sonderbeitrag 7.2).

Dieses Kapitel untersucht Möglichkeiten, mit denen die Handhabung der natürlichen Ressourcen verbessert werden kann. Einige Naturschätze haben, wie in Kapitel 3 dargelegt, keinen eindeutigen Eigentümer; es sind diese frei zugänglichen Ressourcen, die einer Überbeanspruchung am stärksten ausgesetzt sind. Andere Ressourcen werden auf dreierlei Weise verwaltet: als Privateigentum, Gemeinschaftseigentum oder Staatseigentum (Schaubild 7.2). Die Eigentumsstruktur fällt von Land zu Land (und Kultur zu Kultur) anders aus und ist selbst innerhalb eines einzelnen Landes selten eindeutig. Zum Beispiel kontrollieren in vielen Ländern öffentliche Behörden das Oberflächenwasser, bis es zu einzelnen Bauernhöfen gelangt oder zu Kanälen, die von Gemeinden bewirtschaftet werden. Maßnahmen zur verbesserten Nutzung eines bestimmten Naturguts hängen zu einem großen Teil von der Kategorie ab, in die dieses Gut einzuordnen ist.

Der Umgang mit natürlichen Ressourcen durch Einzelpersonen und Unternehmen

Privat geführte Bauernhöfe und Forstbetriebe erzeugen den größten Teil dessen, was die Menschen an Nahrungsmitteln, Faser- und Brennstoffen verbrauchen. Auf diesen Landgebieten entscheidet sich die zentrale Frage nach der Art des Umgangs mit natürlichen Ressourcen: Läßt sich die Erzeugung steigern, um die Nachfrage zu befriedigen, ohne der Umwelt unakzeptable Schäden zuzufügen?

Wenn sich das Land in Privatbesitz befindet und es in privater Regie bewirtschaftet wird, stellen sich einige Umweltprobleme weniger drängend dar. Es ist weniger wahrscheinlich, daß der Boden überbeansprucht wird, wenn die Eigentümer eindeutige Rechtstitel besitzen. Menschen, deren Rechte auf das Land, das sie kultivieren, gesichert sind, werden bei der Bearbeitung des Bodens mit größerer Wahr-

Die Eigentumsregelungen für natürliche Ressourcen weisen in ländlichen Gebieten erhebliche Unterschiede auf

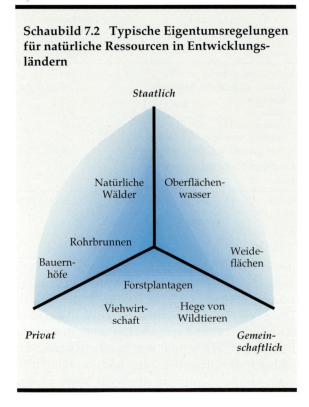

Schaubild 7.2 Typische Eigentumsregelungen für natürliche Ressourcen in Entwicklungsländern

scheinlichkeit einer langfristigen Perspektive den Vorzug geben. Eine der wenigen genauen Untersuchungen über die Beziehungen zwischen größerer Rechtssicherheit und verbesserter Bodenbewirtschaftung, die in Thailand durchgeführt wurde, zeigt einen eindeutigen positiven Bezug zwischen größerer Sicherheit des Landnutzers, dem Zugang zu formellen Kreditquellen und den landwirtschaftlichen Investitionen.

Umweltverträglichere Techniken, wie eine integrierte Schädlingsbekämpfung, sind jedoch oft mit hohem Informationsaufwand verbunden, und ihre wirkungsvolle Anwendung erfordert Ausbildungsmaßnahmen für die Bauern. Solche Techniken können den Bauern auch zu kostspielig sein, und die Kreditmöglichkeiten sind oft unzureichend. Die Armut trägt verständlicherweise dazu bei, daß sich die Bauern gegenüber neuen und unbekannten Risiken abweisend verhalten.

Selbst wenn diese Beschränkungen erfolgreich überwunden werden, liefert das Privateigentum aber nicht immer ideale Ergebnisse aus Sicht der Gesellschaft. Wie aus einigen Beispielen dieses Abschnitts deutlich wird, sind sich die Privateigen-

Sonderbeitrag 7.2   Vergrößerung der Wissensgrundlage zur Befriedigung eines wachsenden Nahrungsmittelbedarfs

Die Befriedigung des doppelten Nahrungsmittelbedarfs, der für das Jahr 2030 erwartet wird, ist erreichbar; hierfür werden jedoch beträchtliche Produktivitätszuwächse notwendig sein. Dies geht aus einer Studie hervor, die für diesen Bericht erstellt wurde. Entscheidend für die Bewältigung dieser Herausforderung einer Produktivitätssteigerung wird eine bessere Anwendung der bestehenden (aber nicht voll genutzten) Kenntnisse über die Verwaltung der Ressourcen und die Entwicklung neuer landwirtschaftlicher Technologien sein.

Unter den Anreizmechanismen, welche die Bauern dazu anregen würden, bestehende, bessere Verfahren und Methoden anzuwenden, ist keiner so wichtig wie die Zuteilung von Eigentumsrechten und deren Schutz. Zusätzlich sind angesichts der ausgefeilteren Technologien eine Weiterbildung der Bauern und ein Ausbau der Ausbildungssysteme von ausschlaggebender Bedeutung. Die Ausbreitung von Praktiken wie der schonenden Bodenbearbeitung und der integrierten Schädlingsbekämpfung demonstrieren, daß bei der Eindämmung der Umweltkosten der Landwirtschaft umweltfreundliche und wirtschaftlich attraktive Technologien praktische Alternativen zur Regulierung und zur Subventionierung bieten. Aber selbst wenn die vorhandenen Kenntnisse voll genutzt werden, wird die Verfügbarkeit und die Qualität des Bodens und der Bewässerung nicht ausreichen, um den Bedarf zu decken. (Die genetischen Pflanzenressourcen und klimatischen Veränderungen sind weniger akute Begrenzungsfaktoren für eine Steigerung der Weltproduktion.) Eine weitere Ausdehnung des Ackerlandes um vielleicht 25 Prozent und von bewässertem Land um 50 Prozent liegt im Bereich des Möglichen, wird aber die Umwelt belasten. Neues Wissen wird notwendig sein.

Die Erfahrungen während der letzten Jahrzehnte haben gezeigt, daß die Schaffung neuen Wissens der vielversprechendste und kostengünstigste Weg zu einer Produktivitätssteigerung ist. Diese Ausweitung des Wissens durch Forschung und Entwicklung muß dabei das Humankapital, institutionelle Innovationen und neue Technologien gleichermaßen umfassen. Neue und ertragreichere Pflanzenkulturen werden erforderlich sein, zusammen mit Forschungsarbeiten über Landwirtschaftsstrukturen, die sich auf das Zusammenwirken von Viehhaltung und Ackerbau und auf die Fragen der Veränderung des physikalischen Umfeldes, in dem die Pflanzen gedeihen, konzentrieren; Beispiele hierfür sind Maßnahmen, die die Bodenfeuchtigkeit erhalten und die eine dauerhafte Kultivierung von unfruchtbaren, sauren Böden erlauben, wie sie in vielen tropischen Gebieten in aller Regel anzutreffen sind.

Wohlüberlegte Investitionen in die landwirtschaftliche Forschung und Entwicklung waren nie wichtiger als heute. Dennoch stagnieren die Ausgaben für die landwirtschaftliche Forschung. Die Forschung muß sich mit den wachsenden Einschränkungen befassen, die ihr durch die Folgen der landwirtschaftlichen Entwicklung für die Umwelt auferlegt werden. Die beratende Gruppe für internationale landwirtschaftliche Forschung (Consultative Group on International Agricultural Research – CGIAR) legt stärkeren Wert auf landwirtschaftliche Ressourcensysteme und auf relativ vernachlässigte Gebiete wie die Forstwirtschaft, die Schädlingsbekämpfung, die Bodenerhaltung und die Bewässerung, um die traditionelle Ausrichtung auf Produktprogramme zu ergänzen. Diese Veränderungen müssen verstärkt werden und ihren Gegenpart in der Verpflichtung finden, nationale Forschungssysteme in die gleiche Richtung voranzutreiben.

---

tümer nicht zwangsläufig darüber im klaren, ob die Nebeneffekte ihrer Tätigkeit anderen Mitgliedern der Gesellschaft Kosten auferlegen. Selbst wenn sie aber um die Kosten wissen, mag der einzelne Bauer nicht mit zu Lösungen beitragen, es sei denn, die Erträge seiner eigenen Felder werden dadurch gesteigert. Es sind diese privat geführten Bauernhöfe und Forstgebiete sowie die sie umgebenden Landstriche, bei denen die Einsicht in Knappheiten und Nebeneffekte – die erste Voraussetzung für einen guten Umgang mit natürlichen Ressourcen – von größter Wichtigkeit sind. Und gerade auf diesen Bodenflächen ist ganz offensichtlich, daß eine vernünftige Agrarpolitik gleichbedeutend ist mit einer vernünftigen Umweltpolitik.

Bewahrung der Bodenfruchtbarkeit

Die Bauern sind sich gewöhnlich über die Folgen einer Bodenverschlechterung und -erosion für ihre Ernteerträge im klaren und wollen die Schäden vermeiden. Viele Projekte aber, die auf eine entsprechende Unterstützung der Bauern abzielten, schlugen fehl, weil dort auf eine einzige Methode für die Erhaltung der Böden vertraut wurde. Die größten Erfolge stellen sich ein, wenn die Bauern aus einem ganzen Bündel von Techniken auswählen können, die den örtlichen Bedingungen angepaßt sind. Der Nutzen einer Methode kann für die Bauern sehr unterschiedlich ausfallen, und zwar in Abhängigkeit von den besonderen Eigenschaften des Bodens,

Sonderbeitrag 7.3 Langfristige Agrarversuche

Es gibt erschreckend wenig Informationen über die langfristige Produktivität der Landwirtschaft in Entwicklungsländern. Nur ganz wenige Untersuchungen haben die Wirkungen landwirtschaftlicher Methoden auf die Bodenfruchtbarkeit, den Anbau, die Bodenverluste und die hydrologischen Prozesse systematisch beobachtet. Nur Studien, die sich über mehrere Jahrzehnte oder sogar Jahrhunderte erstrecken, können kleine aber entscheidende Veränderungen in der Dynamik landwirtschaftlicher Systeme aufdecken.

Die wenigen landwirtschaftlichen Experimente, die über 100 Jahre durchgehalten wurden, wurden allesamt in den Industrieländern der gemäßigten Zone durchgeführt. Diese Studien – zu denen die Versuche an der Rothamstead Experiment Station im Vereinigten Königreich (begonnen 1843) ebenso gehören wie Morrow Plots (1876), Sanborn Field (1888) und Magruder Plots (1892) in den Vereinigten Staaten – erbrachten zum Beispiel Antworten über die Wirkungen des Naturdüngers und des Fruchtwechsels auf die langfristigen Erträge. Sie bestätigten, daß die landwirtschaftlichen Erträge auf den Prärieböden des amerikanischen Mittelwestens auf Dauer aufrechterhalten werden können, sie legten die Grundlagen für die moderne Wissenschaft der Versorgung der Pflanzen mit Nährstoffen, und es wurden Generationen von Agrarwissenschaftlern fortgebildet. Zwar sind viele der bei Versuchen in gemäßigten Zonen gewonnenen Ergebnisse übertragbar; die unterschiedlichen Böden, die Anbautechniken und die Schädlings- und Krankheitsprobleme in den meisten Entwicklungsländern schränken jedoch die Nützlichkeit der gewonnenen Erkenntnisse ein. Untersuchungen, die während der Kolonialzeit in vielen afrikanischen und asiatischen Ländern begonnen wurden, sind abgebrochen worden, und die dort gewonnenen Daten wurden nie analysiert.

Vergleichsweise jüngere Arbeiten von kürzerer Dauer deuten jetzt zunehmend auf den potentiellen Wert langfristiger Versuche in der tropischen Landwirtschaft hin. Das Internationale Reis-Forschungsinstitut (International Rice Research Institute) auf den Philippinen begann im Jahr 1964, die Entwicklungen auf kontinuierlich bebauten Reisfeldern zu überwachen. Diese Untersuchungen deuten jetzt auf langsam rückläufige Erträge hin, und zwar verursacht durch einen zunehmenden Schädlingsbefall, einen Entzug von Mikronährstoffen im Boden und die Anreicherung schädlicher Chemikalien infolge der schlechten Qualität des Wassers. Nur langfristige Beobachtungen werden es ermöglichen, die Probleme zu verstehen und mit ihnen fertig zu werden.

---

der Zusammensetzung der Anbauprodukte und der Verfügbarkeit von Arbeitskräften. Die Erfahrung zeigt, daß es auch in Fällen, in denen die Erosion anderen Parteien Kosten aufbürdet, wie etwa bei Ablagerungen und Verschlammungen von Dämmen, wichtig ist, die Bauern zuerst zu einem Verhalten zu bewegen, das in ihrem eigenen Interesse liegt. Dies ist in aller Regel weniger kompliziert, als die Bauern für anderweitig verursachte Kosten in die Verantwortung zu nehmen und trägt auf alle Fälle dazu bei, diese Art von Kosten zu verringern.

Die Bewirtschaftung von Böden mit dem Ziel, ihre Fruchtbarkeit aufrechtzuerhalten, erfordert es, ein Gleichgewicht zu erreichen zwischen Nährstoffverlusten (durch die Erzeugung pflanzlicher oder tierischer Produkte) und der erneuten Nährstoffzuführung durch Naturdünger, anorganische Düngemittel und andere Stoffe. Zusätzlich muß die Fähigkeit der Böden gewahrt werden, Nährstoffe zu liefern und Feuchtigkeit zu speichern, was abhängig ist von der Bodenstruktur. Grundlegende Anliegen, wie die langfristige Möglichkeit zur Aufrechterhaltung einer kontinuierlichen Bodennutzung in einigen tropischen Gebieten, sind kaum erforscht (Sonderbeitrag 7.3). Eine Auswertung von über 200 Untersuchungen zeigt die potentielle Wirksamkeit kostengünstiger Technologien bei der Eindämmung der Erosion und der Steigerung der Erträge (Tabelle 7.2). Die kostengünstigste Kultivierung, und zwar unabhängig von der Nutzung der Böden, ist eine Konturstreifenkultivierung (den Konturen des Geländes angepaßt). In Indien trugen Konturgräben zu einer vierfach höheren Überlebenschance von Baumsetzlingen bei und verfünffachten das Höhen-

Tabelle 7.2 Einfluß kostengünstiger Verfahren zur Bodenerhaltung auf die Erosion und die Ernteerträge

Verfahren	Rückgang der Erosion (in Prozent)	Ertragssteigerung (in Prozent)
Mulchen	73–98	7–188
Konturanbau	50–86	6–66
Konturgrasstreifen	40–70	38–73

Anmerkung: Diese Angaben geben Bandbreiten wider, die aus einer Auswertung von über 200 Untersuchungen abgeleitet wurden.
Quelle: Doolette und Smyle 1990.

Düngemittel sind ein entscheidender Faktor für die Erhaltung der Böden im Zuge einer intensiveren Erzeugung

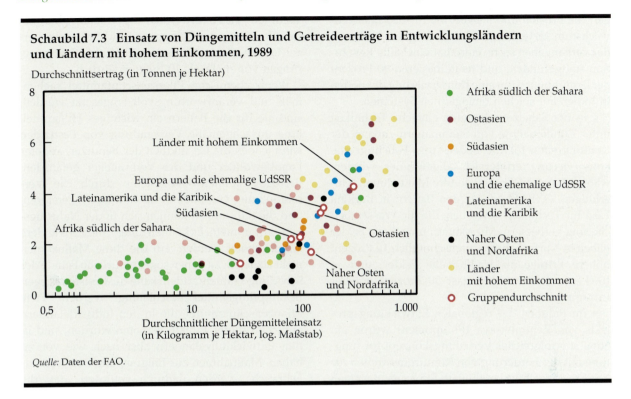

Schaubild 7.3 Einsatz von Düngemitteln und Getreideerträge in Entwicklungsländern und Ländern mit hohem Einkommen, 1989

Quelle: Daten der FAO.

wachstum in der Anfangsphase. Bodenbewuchs – durch Gräser, Blattwerk und andere Gewächse – schützt die Böden vor Erosion und erhöht ihre Fähigkeit, Regenwasser aufzunehmen.

Soll eine intensivere Nutzung der Böden erfolgreich sein, so bedarf es neben den oben beschriebenen Techniken auch eines größeren Einsatzes von Vorprodukten, und zwar insbesondere von anorganischen Düngemitteln, die etwa 40 Prozent der Nährstoffe für den weltweiten Pflanzenanbau liefern. In den Ländern Afrikas südlich der Sahara erreichen die Getreideerträge durchschnittlich nur ein Drittel der Erträge in Ostasien. Teilweise hängt dies mit der unterschiedlichen Bodenqualität zusammen, aber eben auch damit, daß der Düngemitteleinsatz in Afrika südlich der Sahara weniger als ein Fünftel des Durchschnitts in Ostasien beträgt (Schaubild 7.3). In den Entwicklungsländern sind die niedrigen Verwendungsraten und der daraus folgende Abbau von Bodennährstoffen ein weitaus größeres Problem als die übermäßige und unsachgemäße Verwendung von Düngemitteln.

Um die Fruchtbarkeit der Böden zu erhalten, müssen auch Agrartechniken wie die Agroforstwirtschaft und integrierte Anbau- und Tierhaltungskonzepte besser genutzt werden. Durch eine Agroforstwirtschaft werden dem Boden Nährstoffe zugeführt, der Wasserverlust der Böden und eine Verdunstung des Oberflächenwassers werden reduziert, es wird für Gründünger und Mulch gesorgt und die Bodenerosion vermindert. Dadurch erhöht sich der Ernteertrag, und weil die Erde mehr Feuchtigkeit und Nährstoffe speichert, wird ein Rückgang der Erträge in trockenen Jahren vermieden. Die Agroforstwirtschaft bietet Trockenfutter und Schatten für das Vieh, und es bilden sich gute Möglichkeiten für den Obstanbau, für Feuerholz und andere Nebenprodukte. Die Einbeziehung der Tierhaltung in die Landwirtschaft trägt nicht nur zum Angebot an Nahrungsmitteln und zu zusätzlichem Einkommen bei, sondern ermöglicht auch die Nutzung natürlichen Düngers und damit die Rückführung von Nährstoffen, die nicht zuletzt von sonst geringwertigen Ernteresten, Gräsern und Laub stammen. Kleinbauern werden sich stärker für die Aufzucht von Viehbeständen interessieren, wenn die Märkte für Milch- und Fleischprodukte durch staatliche Hilfsdienste gestützt werden.

Methoden der Bodenerhaltung unter Kontrolle der Bauern lassen sich zu tragbaren Kosten entwickeln und durchführen:

• In Indien wird eine jahrhundertealte Praxis wiederentdeckt, angepaßt und gefördert. Die tiefen Wurzeln und die Heckenbildung des Vetivergrases

– in Konturstreifen entlang der Berghänge gepflanzt – verlangsamt den Wasserabfluß drastisch, verringert die Erosion und steigert die für das Pflanzenwachstum verfügbare Bodenfeuchtigkeit. Während der vergangenen sechs Jahre hat eine stille Revolution stattgefunden, und heute basieren 90 Prozent der Bemühungen um eine Konservierung der Böden in Indien auf solchen biologischen Systemen.

- In der Sahelzone konnten einfache Techniken unter Zuhilfenahme von Steinmauern entlang der Konturstreifen für die Boden- und Feuchtigkeitskonservierung erfolgreich angewendet werden, während andere, kompliziertere Maßnahmen fehlschlugen. OXFAM hat bei den Bauern in Burkina Faso für Techniken geworben, die die Wasserspeicherung verbessern. Mit Mauern umgebene Felder haben in Normaljahren durchschnittlich 10 Prozent höhere Erträge als traditionelle Felder, und in trockenen Jahren ist ein fast 50 Prozent höherer Ertrag zu erzielen.

- Im Rahmen des regionalen Entwicklungsprojekts von Zentralvisaya (Philippinen) wurde ein äußerst erfolgreiches Verteilungskonzept für Jungtiere mit der Förderung von Konturgrasstreifen für den Erosionsschutz kombiniert. Ein Bauer, der einen 100-Meter-Streifen mit Napiergras anlegt, ist berechtigt, sich eine tragende Kuh von der Projektstelle zu leihen. Der Bauer kümmert sich um Kuh und Kalb, bis das Kalb entwöhnt und die Kuh wieder trächtig ist. Die Kuh geht dann an einen anderen Bauern über. Die Nachfrage wurde so umfangreich, daß eine Lotterie erforderlich war, um die Kühe zu verteilen.

- Nach einem kostspieligen und erfolglosen Versuch zur Eindämmung der Bodenerosion in den höher gelegenen Gebieten Javas (vor allem durch bauliche Maßnahmen), schwenkte Indonesien auf einen dezentralen, auf die Bauern orientierten Kurs um. Die Verwendung einer Vielzahl einfacher ackerbaulicher und das Pflanzenwachstum fördernder Maßnahmen, auf die die Bauern Einfluß nehmen konnten, hat zu einer höheren Beteiligungsrate geführt.

*Schädlingsbekämpfungsmittel,
Schutz vor unsachgemäßer Handhabung und
Widerstandsfähigkeit gegen Pestizide*

Gefördert durch die Regierungen, ist die Nachfrage nach chemischen Pflanzenschutzmitteln während der letzten zwanzig Jahre gewaltig gestiegen. Zwar ist der Einsatz von Pestiziden in Afrika südlich der Sahara nach wie vor gering, der asiatisch-pazifische Markt ist aber bis Mitte der achtziger Jahre auf ein Volumen von 2,5 Mrd Dollar angewachsen. Indonesien, Pakistan, die Philippinen und Sri Lanka verzeichneten allesamt zwischen 1980 und 1985 Steigerungen von mehr als 10 Prozent jährlich.

Wenn chemische Pflanzenschutzmittel sachgemäß und verantwortungsvoll eingesetzt werden, sind sie für die Bauern ein wichtiges Hilfsmittel. Eine unsachgemäße Verwendung von Pestiziden kann jedoch die Gesundheit der Benutzer, anderer Landbewohner und der Verbraucher gefährden. Pestizide können Ökosysteme durch die Verschmutzung von Böden und Gewässern zerstören, und die Substanzen können sich in der Nahrungskette ansammeln. Es können unterschiedslos andere Arten getötet werden, auf die diese Maßnahmen nicht abzielen, zu denen sogar natürliche Feinde der Schädlinge zählen; zudem kann die Resistenz gegen Bekämpfungsmittel beschleunigt werden. Viele Pflanzenschutzmittel, die in den Industrieländern aufgrund dieser Effekte verboten wurden, sind in den Entwicklungsländern aber nach wie vor zu haben. Maßnahmen zur Eingrenzung des Pestizidgebrauchs werden dadurch gefördert, daß die Importländer Höchstgrenzen für Pestizidrückstände in Lebensmitteln festlegen (Sonderbeitrag 7.4).

In den meisten Ländern mit niedrigem Einkommen ist der landwirtschaftliche Einsatz von Schädlingsbekämpfungsmitteln minimal. Die Zuwachsraten im Rahmen intensiverer Nutzung landwirtschaftlicher Flächen und der Malariabekämpfung hatten jedoch meßbare und in manchen Fällen alarmierende Einflüsse in den Entwicklungsländern. Muttermilchproben von Frauen in den Baumwollanbaugebieten von Guatemala und Nicaragua enthielten mit die höchsten DDT-Werte, die jemals im Menschen festgestellt wurden. Außerdem erreichten die Krankheits- und Todesziffern infolge von Pestizidvergiftungen in diesen Gebieten die Größenordnungen von bedeutenden Krankheiten.

Da der Pestizideinsatz eines einzelnen Bauern nur wenig zu einer generell erhöhten Widerstandsfähigkeit der Schädlinge beiträgt, besteht für den einzelnen Landwirt kein Anreiz, weniger Pflanzenschutzmittel zu verwenden. Ein höherer Einsatz von Pestiziden hat aber seit Beginn dieses Jahrhunderts zum Wachstum resistenter Schädlingsstämme beigetragen. Ausgehend von einem niedrigen Stand, hat die Anzahl resistenter Arten schnell zugenommen, wodurch es zu solch bedrohlichen Ausbrüchen kam wie dem Befall mit dem braunen Pflanzenspringer in den achtziger Jahren in Indonesien.

Sonderbeitrag 7.4   Schädlingsbekämpfungsmittel, Agrarhandel und Armut

Im Jahr 1987 wies der Rat für die Landwirtschaft der Nationalen Akademie der Wissenschaften der Vereinigten Staaten darauf hin, daß die geringen Rückstände von achtundzwanzig Schädlingsbekämpfungsmitteln, die bei der Nahrungsmittelproduktion eingesetzt werden, eine der wichtigsten Umweltursachen für Krebserkrankungen sein können. Die daraufhin in mehreren Industrieländern ergriffenen Maßnahmen zum Schutz der Gesundheit des Verbrauchers können die landwirtschaftliche Diversifizierung in vielen Entwicklungsländern behindern und vor allem die ärmeren Bauern treffen.

In Mittelamerika fördern Geldgeber ein schnelles Wachstum der nicht-traditionellen Lebensmittelexporte. Großbauern erhalten Unterstützungsmittel, um sicherzustellen, daß ihre Erzeugnisse nicht die Grenzwerte für Pestizidrückstände überschreiten; kleinere, unabhängige Bauern genießen keine solche Unterstützung. Infolgedessen mußten viele Kleinerzeuger feststellen, daß ihre Produkte nicht für die Ausfuhr in die Vereinigten Staaten zugelassen werden, oder daß sich die Ausfuhrunternehmen weigern, mit ihnen zusammenzuarbeiten.

Eine Untersuchung in Guatemala kam zu dem Ergebnis, daß 95 Prozent der größeren Bauern technische Hilfe beim Gebrauch von Schädlingsbekämpfungsmitteln erhalten; dagegen erhielten nur 51 Prozent der kleineren Erzeuger entsprechende Unterstützung, und die kleinen unabhängigen Produzenten bekamen keinerlei Hilfe. Die kleineren Bauern verwendeten dreimal soviel Pestizide wie die größeren Erzeuger, und zwar vor allem, weil sie routinemäßig sprühten, anstatt nur bei starkem Befall. Wenige Kleinbauern wußten von der Notwendigkeit, einen angemessenen Zeitraum zwischen Besprühung und Ernte verstreichen zu lassen. Fast 75 Prozent aller Bauern steigerten ihren Einsatz von Pestiziden, und nur 7 Prozent kannten andere Möglichkeiten, wie biologische Schädlingsbekämpfung oder eine integrierte Bekämpfungsstrategie.

Die kleinen unabhängigen Bauern werden besonderer Unterstützung bedürfen, wenn alle Bauern vom Exportwachstum profitieren sollen. Es wäre kaum nachzuvollziehen, wenn Gesundheitsbesorgnisse in den Industrieländern die ärmsten Bauern in den Entwicklungsländern noch stärker verarmen lassen würden.

Da die Effekte eines übermäßigen Einsatzes von chemischen Schädlingsbekämpfungsmitteln jetzt zunehmend besser verstanden werden, sind verschiedene Maßnahmen ergriffen worden. Pestizide sind jetzt, soweit dies möglich ist, genau spezifiziert, um einen ganz bestimmten Schädlingsbefall gezielt bekämpfen zu können. Ihre giftige Wirkung ist zeitlich verkürzt worden, um eine Akkumulierung in der Umwelt zu verringern. Einige Regierungen haben Subventionen für Pestizide abgeschafft und besteuern sogar den Pestizideinsatz, womit sie den Bauern zu verstehen geben, daß der Einsatz chemischer Mittel sowohl mit Kosten für die Umwelt als auch mit Kosten finanzieller Art verbunden ist.

Es gibt zwei technische Entwicklungen, die Alternativen zum Einsatz von Chemikalien bieten: Integrierte Schädlingsbekämpfung und biotechnische Entwicklung neuer Pflanzenarten. Integrierte Schädlingsbekämpfungsmethoden erfordern eine selektive Sprühung von Pestiziden zu sorgfältig ausgewählten Zeitpunkten, dies wird unterstützt durch die Förderung natürlicher Feinde der Schädlinge, durch den Einsatz resistenterer Pflanzenarten und durch den Fruchtwechsel. Chemische Pestizide werden nach wie vor eingesetzt, jedoch weniger häufig und in geringerem Maße. Damit dieses Verfahren Erfolg hat, bedarf es Forschungsarbeiten und Testuntersuchungen vor Ort, Anpassungen an spezifische Befallarten und eines Gespürs für sozioökonomische Bedingungen. Die Bauern müssen gut ausgebildet werden und bedürfen umfangreicher Expertenhilfe.

Eine Spielart der integrierten Schädlingsbekämpfung, die klassische biologische Methode, nutzt natürliche Feinde der Schädlinge, um den Schaden zu begrenzen. Die Entwicklungskosten können beträchtlich sein, aber es sind auch enorme Erfolge zu erzielen; dies zeigt das afrikanische Programm zur Bekämpfung der Kassava-Fliege. Diese Fliege, in den frühen siebziger Jahren zufällig aus Südamerika eingeführt, hatte die Maniok-Ernte 1983 um zwei Drittel gesenkt. Schließlich entdeckten Biologen natürliche Feinde der Fliege, die ihre Ausbreitung eindämmten. Mit Hilfe der Massenzucht und von Verteilungstechniken, die am Internationalen Institut für tropische Landwirtschaft in Nigeria und dem Internationalen Zentrum für tropische Landwirtschaft entwickelt wurden, sind diese natürlichen Feinde jetzt in gut 90 Prozent der Maniok-Anbaugebiete Afrikas beheimatet, und die Verluste werden dadurch eingeschränkt. Diese Anstrengungen, ohne Einsatz von Chemikalien und mit geringen

Risiken für die Umwelt, retteten eine Pflanzenart, die ein Viertel der in Afrika südlich der Sahara verbrauchten Nahrungsmittelenergie liefert, und dies bei einer geschätzten Kennzahl zwischen Nutzen und Kosten von annähernd 150 zu 1.

Durch konventionelle Pflanzenzucht konnten schädlingsresistente Arten entwickelt werden, die die Ernteverluste in Entwicklungsländern bereits beträchtlich vermindert haben. Eines der drastischsten Beispiele war die genetische Widerstandsfähigkeit verbesserter Reisvarietäten gegenüber dem braunen Pflanzenspringer. Zwar sind Insekten in der Lage, eine zuchtimmanente Widerstandsfähigkeit zu überwinden; die kontinuierliche Entwicklung neuer Arten sowie andere Techniken, wie die gestaffelt angeordnete Anpflanzung von Arten mit unterschiedlichen Widerstandseigenschaften, können einen dauerhafteren Schutz bieten als chemische Pflanzenschutzmittel allein.

Die Regierungen müssen die Vorschriften verschärfen, die den Einsatz solcher Pestizide verbieten oder beschränken, die für die menschliche Gesundheit und die Umwelt große Risiken darstellen. Fast alle Länder verfügen über die Grundzüge eines solchen Regulierungssystems; allerdings erstreckt sich dieses meist nur auf Teilbereiche, und die Durchsetzungsmaßnahmen sind lax. Die Herstellung und die Einfuhr von Pestiziden lassen sich leicht überwachen und bieten sich daher als Ansatzpunkt für eine Regelung und Kontrolle an. Ein derartiges Vorgehen eignet sich besonders in Fällen, in denen die Verwender von Pestiziden zum größten Teil nicht lesen können und nur geringes Verständnis für wissenschaftliche Zusammenhänge haben sowie auch dort, wo die Einzelhändler die Pestizide in unstandardisierten Mengen verkaufen und damit die Gefahr unsachgemäßer Verwendung heraufbeschwören.

Intensiviertere Nutzung von Privatwäldern

Die Holzknappheit für den häuslichen Gebrauch – zum Feuern und zum Hausbau – ist auch weiterhin in vielen Ländern ein ernstes Problem. Besonders stark betroffen sind die Armen auf dem Lande, und zwar vor allem die Frauen; sie müssen erhebliche Zeit dafür aufwenden, Holz zu sammeln und schwere Holzbündel nach Hause zu tragen. Die Erfolge regierungsamtlicher Bemühungen zur Anpflanzung von Bäumen waren unterschiedlich. Aus Fällen, in denen Erfolge erzielt wurden, läßt sich eine wichtige Lehre ziehen: Bäume können eine höchst profitable Einkommensquelle sein – den Bauern muß jedoch das Eigentumsrecht an den Bäumen zugebilligt werden, es muß ihnen erlaubt sein, sie zu fällen und zu fairen Marktpreisen zu verkaufen.

Wenn sich die Holzknappheit und die Vorteile eines Baumbestands in den Preisen und Kosten widerspiegeln, dann pflanzen die Bauern Bäume. In Nepal belegen Luftaufnahmen aus dem Jahr 1964 und Bodenerhebungen aus dem Jahr 1988, daß die Baumdichte auf regenbewässertem Ackerland in zwei abgelegenen ländlichen Distrikten von 65 auf 298 Bäume je Hektar gestiegen ist – und zwar nicht durch Zufall, sondern weil die Bauern auf Anreize zur Anpflanzung von Bäumen reagiert haben. Die Bevölkerung in den beiden Distrikten hatte sich in den vorangegangenen dreißig Jahren verdoppelt, Gemeinde- und Staatsforste waren weniger zugänglich geworden und die Kosten für Holz und Viehfutter aus dem Wald waren gestiegen.

Baumpflanzungen durch Kleinbauern in Kenia zeigen die gleiche Reaktion auf aufkommende Märkte für Holz und Holzprodukte. Die Aufforstungsbemühungen der Regierung, von Hilfsagenturen und von örtlichen nichtstaatlichen Organisationen gingen oft von der Annahme aus, daß die Bauern gegen eine Anpflanzung von Bäumen auf ihrem eigenen Land wären. Im dicht bevölkerten Muranga-Distrikt, wo Holz knapp wurde, unterhielten die Bauern jedoch ohne jede Vorgabe fast 14 Prozent des Gebiets mit heimischem Baumbestand und pflanzten oder kultivierten Bäume auf weiteren 9 Prozent des Bodens.

Gewerbliche Plantagen mit hohen Erträgen – meist im Privatbesitz, aber in manchen Fällen auch unterhalten mit staatlicher technischer Hilfe oder staatlichen Subventionen – entlasten natürliche Wälder und bieten produktive Möglichkeiten zur Landnutzung. Vor über 30 Jahren begannen Kenia, Sambia und Tansania, Forstplantagen aufzubauen, und zwar als Alternative zur Ausbeutung der natürlichen Wälder. In Kenia wurde in den fünfziger Jahren etwa 90 Prozent des industriellen Holzbedarfs des Landes durch eine selektive Abholzung natürlicher Waldgebiete gedeckt. Zu Beginn der siebziger Jahre hatten es schnellwachsende Pinien- und Zypressenplantagen möglich gemacht, daß 80 Prozent des Industriebedarfs durch anhaltende Erträge der Anpflanzungen auf 180.000 Hektar befriedigt werden konnte; diese Fläche entspricht weniger als 10 Prozent der natürlichen Waldregion. Durch eine solche Strategie wurde das Vordringen in die natürlichen Wälder durch traditionelle Abholzung verlangsamt, und es wurde möglich, große Teile des Naturwaldes als Nationalparks oder Wassereinzugsgebiete auszuweisen. In jüngerer Zeit wird die Forstverwaltung bei ihren Bemühungen, diese Erfolge zu stabilisieren, mit Problemen der Wiederaufforstung, der Kostendeckung und der Schadenseindämmung infolge des Blattlausbefalls der in Monokultur gezogenen Zypressenplantagen konfrontiert.

In Chile hat die Regierung Privatinvestitionen in Forstplantagen durch direkte Suventionen, eine größere Pachtsicherheit für Waldland und ein stabileres gesamtwirtschaftliches und regulatives Klima gefördert. Die industrielle Rundholzproduktion aus Plantagen verdoppelte sich zwischen 1960 und 1977 und nochmals zwischen 1977 und 1984, wodurch Chile zu einem der erfolgreichsten Entwicklungsländer auf dem internationalen Markt für Hölzer wurde.

Der Umgang mit natürlichen Ressourcen durch gemeinschaftliche Nutzer

Eine Vielzahl natürlicher Ressourcen – Gemeindeflächen, Weideflächen, Wasservorräte und küstennahe Fischereigründe – werden gemeinschaftlich verwaltet. In vielen Fällen hat dies zu einer jahrhundertelangen sinnvollen Sachverwaltung geführt. Wenn die gemeinschaftliche Verwaltung aber zusammengebrochen ist, haben diese Gebiete unter den schlimmsten Formen der Überbeanspruchung gelitten. Oft sind die Kräfte, die zu einem Zusammenbruch der gemeinschaftlichen Verwaltung führen, unüberwindbar, und dann verbleiben nur das private oder das staatliche Eigentum bzw. die private oder staatliche Kontrolle.

Ein zwingender Grund für die Unterstützung einer gemeinschaftlichen Ressourcenverwaltung liegt in ihrer Bedeutung für die Armen. In vielen Teilen der Welt sind es allein die Rechte an gemeinschaftlichen Eigentumstiteln, die die Landlosen und kleinen Grundbesitzer vor bitterer Armut bewahren. In Indien zum Beispiel zeigen Forschungsarbeiten des International Crops Research Institute for the Semi-Arid Tropics, daß gemeinschaftliche Eigentumsrechte zwischen 14 und 23 Prozent zum Einkommen der armen Haushalte in sieben Staaten beitragen, und daß nicht weniger als 84 Prozent des Futters für den Viehbestand der Armen aus der Abweidung von Flächen in gemeinschaftlichem Eigentum stammt. Im Gegensatz dazu bezogen wohlhabende Haushalte lediglich 3 Prozent ihrer Einkommen aus Bodenflächen in Gemeinschaftseigentum und weniger als 38 Prozent des Futters ihrer Viehbestände stammte von solchen Bodenflächen.

Probleme für die gemeinschaftliche Verwaltung

Das Bevölkerungswachstum, der technologische Wandel, Schwierigkeiten bei der Kapitalbeschaffung und staatliche Einflußnahme können allesamt dazu beitragen, daß die gemeinschaftliche Ressourcenverwaltung schwieriger aufrechtzuerhalten ist. In dieser Lage könnte die Lösung darin liegen, die kollektive Bewirtschaftung und Entscheidungsfindung neu zu entwickeln und wiederherzustellen. Das wird aber nicht leicht sein. Damit eine gemeinsame Eigentumsverwaltung funktioniert, bedarf es lokaler Zuständigkeiten, wirksamer Mechanismen zur Auflösung von Konflikten und einer nationalen Unterstützung von der politischen Ebene. Ein Schlüssel zum Erfolg scheint in einer Art „politischem Unternehmertum" zu liegen. Der politische Unternehmer motiviert andere, schafft Vertrauen und demonstriert die greifbaren Vorteile gemeinsamer Handlungen. Dieser zentrale Aspekt ist zudem wahrscheinlich der am seltensten zu findende, der am schwierigsten zu definierende und der für die ländliche Entwicklung am wenigsten zu ersetzende. Selbst wenn die Voraussetzungen gegeben sind, bleibt die Frage eines größeren oder geringeren staatlichen Engagements und die Angemessenheit staatlicher Handlungen schwierig zu beantworten. Eine schwache gemeinschaftliche Verwaltung von Böden, Fischgründen oder Forstgebieten läßt sich in manchen Fällen auch wieder auf eine solide Basis stellen, indem einander entgegengerichtete Besitzstörungen gestoppt und unterstützende Dienstleistungen bereitgestellt werden.

ÜBERWEIDUNG. Millionen von Menschen in Afrika und Asien halten ihr Vieh auf Weide- oder Grasland, das wegen geringer Qualität oder unstetigem Regenfall wenig ergiebig ist. Hirten und ihr Grasland sind durch Überweidung, durch Landaneignung von Bauern oder den Staat und durch die Inanspruchnahme von Wasserstellen für konkurrierende Zwecke bedroht.

Hirtenverbände in Westafrika haben mit unterschiedlichem Erfolg versucht, die Produktivität von gemeinschaftlichen Weideflächen und Wasserstellen zu steigern. Neben der Bewirtschaftung der Wasservorräte und Weideflächen beziehen sie Vorleistungen und Dienstleistungen und sind mit dem Verkauf von Erzeugnissen befaßt. Erfolgreiche Verbände verfügen über eindeutige Leistungsstrukturen, einen angemessenen rechtlichen Schutz sowie über Mechanismen zur Aufnahme von Kapital. Der gesetzliche Schutz war erforderlich, um den Rechtsstatus dieser Verbände zu bestätigen, sowie die legale Verteilung von Weide- und Wasserstellen und die Durchsetzungspflichten der örtlichen Behörden. Selbst mit einem anerkannten Rechtsstatus haben Hirtenverbände kaum Zugang zu formalen Kreditfazilitäten, nicht einmal für kurzfristige Kredite für Betriebsmittel. In Mauretanien werden die Mittel gegenwärtig durch Jahresbeiträge der Mitglieder beschafft, während in Mali der Brunnenbau mit Zahlungen finanziert wird, welche die Mitglieder entrichten müssen, wenn sie ihr Vieh an die Wasserstellen führen.

Auch staatliche Stellen und nichtstaatliche Organisationen können in die Rolle eines politischen Unternehmers schlüpfen. Das Aga-Khan-Programm zur Unterstützung der ländlichen Gebiete hat in Pakistan mit Erfolg dazu beigetragen, die Bewirtschaftung der gemeinschaftlichen Weideflächen zu verbessern. Im Rahmen des Programms wurde mit Kreditmitteln und technischer Unterstützung die dörfliche Infrastruktur aufgebaut.

ÜBERFISCHUNG. Systeme gemeinschaftlichen Eigentums sind abhängig von ständigen, selbstauferlegten Einschränkungen, deren Durchsetzung durch die Gruppenmitglieder gewährleistet wird. Solche Systeme können leicht instabil werden. So war die erfolgreiche Selbstverwaltung eines Fischerdorfes in Sri Lanka zu guter Letzt nicht mehr in der Lage, mit dem Bevölkerungswachstum und den höheren Preisen fertig zu werden, und die seit langem bestehenden kooperativen Vereinbarungen zwischen Fischern im südlichen Bahia (Brasilien) wurden brüchig, als im Rahmen eines Regierungsprogramms Nylonnetze eingeführt wurden (siehe Sonderbeitrag 3.2).

Anderswo hat sich eine gemeinschaftliche Eigentumsverwaltung als dauerhafter erwiesen. So kamen die örtlichen Küstenfischer im türkischen Alanya in den siebziger Jahren überein, die durch zunehmenden Fischfang entstandenen Konflikte zu lösen. Sie entwickelten ein rotierendes System der Sperrung und Öffnung ausgewählter Fischereigebiete unter Einschluß von Mechanismen für die Überwachung und Durchsetzung der Regeln. Dieses System schützte vor einer Überfischung und verringerte kostspielige Konflikte.

Neue Technologien und politisches Unternehmertum seitens entwicklungspolitischer Stellen ermöglichten in manchen Fällen die Zusammenarbeit von Küstengemeinden mit dem Ziel, den Umgang mit den natürlichen Ressourcen zu verbessern. Um dem Fischfang mit Dynamit Einhalt zu gebieten, der die Fischbestände auf den Philippinen fast völlig erschöpft und Korallenriffe zerstört hatte, schuf das Regionalprojekt für Zentralvisaya Fischschutzgebiete durch die Anlegung künstlicher Riffe aus örtlich verfügbaren Materialien und bot auch alternative Beschäftigungsmöglichkeiten durch die Förderung des Straßenbaus und den Ausbau der dörflichen Wasserversorgung an.

VERNICHTUNG DÖRFLICHER WALDFLÄCHEN. Ländliche Gemeinden in vielen Entwicklungsländern haben ihre traditionelle Verantwortung für die Bewirtschaftung dörflicher Waldflächen verloren, was oft zu einer Vernachlässigung und übermäßigen Inanspruchnahme führte. Schuld daran war häufig eine Verstaatlichung der Waldgebiete. In den fünfziger Jahren verstaatlichte Nepal Waldgebiete, „um den Wald zum Vorteil des gesamten Landes zu schützen, zu verwalten und zu bewahren". In Untersuchungen ist dieser Bruch mit dem früheren System – wenn nicht sogar dessen Zerstörung – dokumentiert. Da die Regierung nicht über die Mittel verfügte, um die Nutzung zu regulieren, wurde das Gemeinschaftseigentum in Wirklichkeit zu einem für jedermann zugängigen Grund und Boden, und dies im Namen der Erhaltung durch staatliche Kontrolle. In den späten siebziger Jahren revidierte Nepal seine Politik und begann damit, Waldgebiete und geschädigte Forstbestände an die Dörfer und Gemeinden zurückzugeben. Zunächst wurden die Wälder formal auf *Panchayats* übertragen; dies waren große Verwaltungseinheiten mit ursprünglich geringer Einbindung in forstwirtschaftliche Fragen. Diese Stellen übergaben den Gemeinden die am stärksten geschädigten Waldgebiete, für die hohe Investitionen zur Wiedergesundung erforderlich waren und die nur für spätere Zeiten Vorteile boten. Die Weltbank unterstützt jetzt zum einen die Bemühungen zur Übertragung der Verwaltung auf kleinere Gruppierungen, die enger mit speziellen Forstabschnitten verbunden sind, und zum anderen solche Bestrebungen, die auf eine Übertragung nicht nur geschädigter, sondern auch intakter Waldgebiete abzielen.

In Niger wurden die Waldgebiete unter französischer Kolonialherrschaft verstaatlicht, weil sie wegen des Bedarfs an Feuerholz ausgezehrt wurden. Das Abholzen wurde verboten, mit Ausnahme des kontrollierten Einschlags unter Vergabe von

Lizenzen, und Zuwiderhandlungen wurden bestraft. Im Ergebnis wurden alle Anreize für Private und Gemeinden zugunsten einer sinnvollen Bewirtschaftung und Wiederaufforstung beseitigt. Die Waldhüter und die Polizei entdeckten, daß sie den Holzsammlern Gelder für die eigenen Taschen abpressen konnten, anstatt offizielle Strafgelder zu erheben.

Aussichten für eine gemeinschaftliche Bewirtschaftung

Viele Entwicklungsbehörden und Wissenschaftler setzen große Hoffnungen in Systeme gemeinschaftlichen Eigentums als Mittel zur Bewirtschaftung natürlicher Ressourcen. Zwar zeigen die angeführten Beispiele, daß Erfolge möglich sind, häufiger sind jedoch Fehlschläge und Zusammenbrüche mit dem Ergebnis eines völlig ungeregelten offenen Zugangs. Es ist noch zu früh, um beurteilen zu können, ob die Vorteile einer gemeinschaftlichen Bewirtschaftung höher sind als die Kosten einer Wiederherstellung zusammengebrochener Gemeindeverwaltungssysteme oder deren Errichtung in neuen Gebieten.

Die Regierungen müssen erkennen, daß kleinere Organisationseinheiten, wie Dörfer oder Verbände von Viehhirten besser in der Lage sind, ihre eigenen Ressourcen zu verwalten als große Behörden, und daß sie eine leistungsfähigere Basis für die ländliche Entwicklung sowie eine rationellere Ressourcenverwaltung bilden können als von außen aufgezwungene Institutionen. In Afrika südlich der Sahara ist das Handeln im Gruppenverband tief verwurzelt – bei der Bearbeitung von Land, bei der kooperativen Vermarktung der Produkte und bei der Bereitstellung von Produktionsmitteln, bei der Verwaltung von Ersparnissen des Verbandes und der Handhabung von Krediten sowie bei der Zusammenführung von Arbeitskräften im Falle dringend notwendiger Arbeiten. Damit die Kooperativen Erfolg haben können, müssen sie auf Freiwilligkeit beruhen und von den Gruppenmitgliedern in eigener Regie verwaltet werden. Sie können sich auf Grundlage hergebrachter sozialer Strukturen bilden. Der Staat kann Beratungsleistungen bereitstellen in Bereichen wie Buchführung und Rechtsberatung sowie auf technischem Gebiet, und er kann einen rechtlichen Rahmen für die Errichtung, Anerkennung und Auflösung von Kooperativen schaffen. Am wichtigsten ist dabei eine allgemeine Beteiligung auf Dorfebene, die sinnvoll durch nichtstaatliche Organisationen oder Basisgruppen gefördert werden kann (siehe Kapitel 4).

Es ist von großer Bedeutung, daß der Staat die Sicherheit des Landbesitzes garantiert. Bauern mit einem eindeutigen Rechtsanspruch auf ihr Land haben besseren Zugang zu formalen Kreditquellen, und sie investieren in größerem Umfang in ihren Landbesitz. Landsicherheit ist nicht gleichbedeutend mit dem Besitz eines formellen individuellen Rechtstitels. Insbesondere in Afrika südlich der Sahara könnte eine größere Rechtssicherheit dadurch erreicht werden, daß die örtlichen und gewohnheitsmäßigen Landrechte gestärkt werden. Die Vorteile gehen weit über die Bodenerhaltung durch die einzelnen Bauern hinaus. Rechtlich eindeutige Regelungen und die Durchsetzung von Gruppenrechten haben sich bei der Verbesserung der Bodenbewirtschaftung bei gemeinsamem Eigentum wie Grasland als wichtig erwiesen.

Im größten Teil Afrikas südlich der Sahara entwickeln sich Besitzrechte an Land, und sie nehmen oft eine Zwischenform von privatem Eigentum und gemeinschaftlichem Zugang an. Aufgrund der Komplexität, der scheinbar guten Ergebnisse und einer kontinuierlichen Weiterentwicklung ortstypischer Systeme des Landbesitzes sollte sich die Politik mit Eingriffen zurückhalten. Sofern solche Besitzsysteme nicht in sich geschwächt sind (zum Beispiel durch Bürgerkriege oder Umsiedlungen), ist kaum zu erwarten, daß die Schaffung von formellen Rechtstiteln für Grund und Boden den Umgang mit Land verbessert, sie kann vielmehr ohne Not zum Entstehen landloser Schichten beitragen. Maßnahmen zur Stärkung ortstypischer Besitzsysteme, zum Beispiel durch rechtliche Anerkennung des Gruppeneigentums und freiwillige Registrierung von vertraglichen Vereinbarungen über landbezogene Rechte, können sich als fruchtbar erweisen. Es muß jedoch sorgfältig vermieden werden, daß Beschränkungen eingeführt werden, die die Entwicklung von Bodenrechten und -märkten behindern.

Der Landbesitz in Afrika südlich der Sahara liegt traditionell in Händen der Gemeinschaft, den Bauern wird aber das Recht zugewiesen, spezielle Parzellen zu nutzen. Die Rechte gewährleisten eine ausreichende Sicherheit, um den Ackerbau zu betreiben, und wenn sie auf die Kinder übertragbar sind, fördern sie ein langfristiges Interesse am Umgang mit dem Land. Die Bauern mögen zwar nur beschränkte Rechte bei der Übertragung des von ihnen bestellten Landes auf andere ohne die Einwilligung von Familien- oder Dorfältesten haben, und Dritte mögen ebenfalls gewisse Nutzungsrechte für das gleiche Land besitzen – etwa für

175

Weidezwecke während der Trockenzeit oder für das Sammeln von Holz oder Früchten. Derartige Einschränkungen hatten jedoch bislang offenbar keine signifikanten Einflüsse auf die Investitionen in die Verbesserung des Bodens oder auf die Bodenerträge. Darüber hinaus werden Landflächen im Zuge des Bevölkerungswachstums und der Kommerzialisierung zunehmend knapper und wertvoller, und sie werden mehr und mehr privatisiert. Die ortstypischen Systeme des gemeinschaftlichen Landbesitzes erscheinen als hinreichend flexibel, um mit der zunehmenden Landknappheit und dem entsprechenden Bedarf an einer größeren Sicherheit der Landrechte einhergehen zu können. Gleichzeitig trägt die Beibehaltung eines gewissen Maßes an Gemeinschaftskontrolle über das Land dazu bei, die Bildung landloser Bevölkerungsgruppen zu verhindern.

Der Umgang des Staates mit natürlichen Ressourcen

Der Staat spielt in zweierlei Hinsicht eine wichtige Rolle bei der Verwaltung der natürlichen Ressourcen. Oft ist er Eigentümer und beeinflußt ihre Allokation durch Vorgabe des rechtlichen Rahmens sowie infolge von Maßnahmen, welche das Verhalten anderer Nutzer der Naturschätze beeinflussen.

In vielen Ländern, insbesondere Entwicklungsländern, sind die wirtschaftlich und umweltpolitisch wichtigsten Naturschätze in den Händen des Staates. Fast durchweg befinden sich tropische Regenwälder in öffentlichem Eigentum, und die Infrastruktur von Wasservorkommen wird oft vom staatlichen Sektor entwickelt und in Besitz genommen. Die Rechtfertigung für eine staatliche Verwaltung der Ressourcen liegt darin, daß die öffentliche Hand am ehesten in der Lage ist, mehrere Ziele gleichzeitig zu verfolgen – wie etwa wirtschaftliches Wachstum, regionale Entwicklung, Umweltschutz und Unterstützung eingeborener Volksgruppen und des kulturellen Erbes des Landes. Bei der Verfolgung solcher Ziele muß das staatliche Eigentum und die staatliche Verwaltung aber wirkungsvoll sein, wenn sie an die Stelle der Anreize für eine private Nutzung tritt. In der Praxis hat die staatliche Regie von Ressourcen eine gemischte Bilanz von Erfolgen und Fehlschlägen zu verzeichnen.

Die Gründe hierfür liegen zum Teil bei den Bürokratien, welche die staatlichen Naturschätze verwalten. Oft arbeiten diese ineffizient und haben zu viele Beschäftigte. Eine mangelnde Bezahlung, Arbeitsplatzunsicherheit und eine hohe Personalfluktuation tragen dazu bei, daß die Anreize für neue Verwaltungstechniken erstickt werden. Ein zu niedriger Preis für natürliche Ressourcen setzt die Verwaltungsorgane unter zusätzlichen Druck, und zwar sowohl in den Industrie- als auch in den Entwicklungsländern. Durch die Schaffung eines enormen Potentials für Korruption und Gewinnerzielung werden diese Stellen infolge der zu niedrigen Preissetzung anfällig gegen den Einfluß der politisch Mächtigen. Forstbehörden sind dem Druck ausgesetzt, billige Vormaterialien für die Industrie zu liefern; Wasserbehörden sollen Bewässerungsanlagen bauen, die politisch wichtigen Gebieten zugute kommen. Gleichzeitig werden wesentliche Aufgaben mit wenig politischer Anziehungskraft – wie die Instandhaltung und die Regenerierung – vernachlässigt.

In vielen Fällen wird eine Reform nur gelingen, wenn die Verantwortung für die Investitionen und die Durchführung der Maßnahmen von den Zentralbehörden auf Einzelpersonen, Gemeinden und staatlich unabhängige Einrichtungen übertragen wird. Die Regierungen hingegen sollten sich auf Forschungsarbeiten konzentrieren, die neues Wissen schaffen, sie sollten die Eigentumsrechte sicherstellen und faire Konfliktlösungen gewährleisten.

Oft wurden rechtliche Rahmenwerke und wirtschaftliche Anreize geschaffen, sie blieben aber weiterhin wenig durchschaubar und hatten kontraproduktive Wirkungen. Gesetze und Regulierungsmaßnahmen bedürfen einer ständigen Überprüfung, damit sie in sich konsistent bleiben, reagible Privatinvestitionen nicht abschrecken und die Rechte der Ortsansässigen und Waldsiedler bewahren. Wirtschaftliche Anreize, die umweltzerstörende Praktiken fördern, müssen beseitigt werden. Eine stabile Politik ist unverzichtbar, denn Unsicherheiten fördern die Ausbeutung, um kurzfristige Vorteile zu erzielen.

Allokationsentscheidungen

Theoretisch gesehen bietet der Preis den idealen Mechanismus für eine Allokation der Ressourcen. In der Praxis ist es jedoch nicht ohne weiteres möglich, zu einem geeigneten Preismechanismus für natürliche Ressourcen zu gelangen. Jede mögliche Form ist mit unterschiedlichen Schwierigkeiten verbunden. Zwar ist der Preismechanismus kein Allheilmittel für die Lösung der Allokationsprobleme natürlicher Ressourcen, in vielen Ländern wird von ihm aber nicht ausreichend Gebrauch gemacht. Wie im Falle des Aralsees ersichtlich, können die Folgen zu einer ökologischen und ökonomischen Katastrophe führen (siehe Sonderbeitrag 1.5). Eine Reihe von Entwicklungsländern untersucht und verwendet marktorientierte Mechanismen zur Verteilung der Ressourcen und erreicht dabei gute Ergebnisse. Stützt man sich nicht auf den Preismechanismus, müssen andere Mechanismen greifen, damit die Knappheitsbedingungen auf die Entscheidungsebene durchdringen. Ein derartiger Mechanismus besteht in der Aufstellung von Flächennutzungsplänen.

WASSERVERTEILUNG UND -VERWENDUNG. Die Konkurrenz zwischen Stadt und Land um die Wasservorräte schränkt bereits heute die Entwicklungsstrategien vieler Länder ein. Das Problem wird sich mit dem Anstieg der Bevölkerung und der wirtschaftlichen Expansion weiter akzentuieren. Die hohen Fixkosten der Wasserverteilung, Unsicherheiten über die tatsächliche Wasserverfügbarkeit von Jahr zu Jahr und weit verbreitete kulturelle und religiöse Vorbehalte gegen die Behandlung des Wassers als reine Ware werden allesamt wohl den Staat dazu nötigen, die Wasservorräte auch künftig auf administrativem Wege zu verteilen.

Der größte zu Buche schlagende Einzelposten des Wasserverbrauchs ist die Bewässerung. Eine ineffiziente Verwendung von Wasservorräten für die Bewässerung setzt andere Verbraucher unter Druck und verursacht umweltpolitische Kosten. Fünfundachtzig Prozent des bewässerten Landes ist abhängig von traditionellen Oberflächenbewässerungssystemen in Form von Kanälen mit natürlichem Bergabstrom des Wassers. Die Art, wie diese Systeme konstruiert sind, führt dazu, daß sie nicht hinreichend flexibel gewartet werden können, um das Wasser so zeitgerecht und verläßlich bereitzustellen wie es sich die Bauern wünschen, wenn sie neue Arten anpflanzen und den Anbau intensivieren und diversifizieren wollen. Vielmehr erfolgt der Wasserzufluß eher zufällig und nur für eine beschränkte Zeit, und die Verbrauchsanreize werden durch subventionierte Preise zusätzlich verzerrt. Darauf reagieren die Bauern, indem sie immer so viel Wasser verbrauchen, wie sie gerade können. Das Ergebnis ist oft eine Verschwendung von Wasser, eine Zurückhaltung von Wasser und ein Auswaschen der Bodennährstoffe sowie ein übermäßiges Ausschwemmen landwirtschaftlicher Chemikalien mit dem abfließenden Wasser.

Oft ist es besser, vorhandene Systeme zu verbessern als neue zu bauen. Eine Auskleidung der Kanäle vermindert die Wasserverluste, und eine Installierung von Drainageeinrichtungen bekämpft die Versalzung und Wasserzurückhaltung. Eine Modernisierung bestehender Installationen ist im allgemeinen aber kostspieliger als eine verbesserte Bewirtschaftung, mit der vergleichbare Erfolge erzielt werden können.

Eine bessere Preisgestaltung des Wasserverbrauchs (und der Elektrizität, die für Grundwasserpumpen verbraucht wird), um die Knappheitsbedingungen und die Umweltkosten eines übermäßigen Verbrauchs zu erfassen, ist für jede verbesserte Wasserbewirtschaftung von ausschlaggebender Bedeutung. Die Regierungen sind oft darüber besorgt, daß ein Abbau der Subventionen die armen Bauern trifft und nicht akzeptabel ist, wenn das Wasserangebot nicht verläßlich garantiert werden kann. Eine bessere Preisgestaltung durchzusetzen ist schwierig. In einem für die meisten Bewässerungssysteme typischen offenen Kanalsystem sind die Wasserströme nur schwer meßbar. Versorgungssysteme mit geschlossenen Leitungen eignen sich am besten für die Abrechnung nach dem Mengenverbrauch, sie sind jedoch gegen Manipulationen und Beschädigungen der Verbrauchsmeßgeräte anfällig, wenn zwischen den Bauern und der Wasserbehörde kein gutes Verhältnis besteht.

In einer Reihe von Ländern ist festzustellen, daß Fortschritte möglich sind. In China verkaufen finanziell semi-autonome Wasserwerke praktisch zu Großhandelsbedingungen an Wasserverbraucher, die ihrerseits im dörflichen und städtischen Gruppenverband organisiert sind: Die Abrechnung erfolgt teilweise auf Basis der Verbrauchsmengen. Die Verbraucherverbände wiederum erheben bei ihren Mitgliedern entsprechend Gebühren; im Regelfall basieren diese auf der Fläche des bewässerten Landes oder in weniger häufigen Fällen auf dem Wasserverbrauch. Zwar liegen die Gebühren im allgemeinen deutlich unter den wirklichen Kosten, der Bezug zur Verbrauchsmenge fördert aber den sparsamen Umgang mit Wasser. Darüber hinaus verstärkt das System die finanzielle Verantwortung auf jedem einzelnen Niveau, weil die eingenommenen Gebühren im Budget der Bewässerungseinrichtung verbleiben. Der insgesamt enger gewordene Spielraum in den Gesamthaushalten hat in anderen Ländern zu einer Anhebung der subventionierten Wassergebühren geführt.

Zusätzliche öffentliche Investitionen in die Oberflächenbewässerung müssen steigende Infrastrukturkosten ebenso in Rechnung stellen wie niedrige Rohstoffpreise und umweltbezogene Kosten. Durch die Umweltfolgen einer Reservoirüberflutung, der Umlenkung von Wasserläufen, einer zunehmenden Wasserverschmutzung durch die Landwirtschaft und der Veränderung der hydrologischen Systeme scheiden einige Entwicklungsmöglichkeiten aus.

Neue Techniken wie Tropf- und Sprinklersysteme erlauben einen wirkungsvolleren Wassereinsatz und liefern das Wasser zu dem Zeitpunkt, zu dem es der Bauer benötigt. Zwar werden diese die großen Oberflächenbewässerungssysteme für den Getreideanbau kaum verdrängen können, solche Techniken werden aber beim zukünftigen Ausbau von Bewässerungseinrichtungen eine wichtigere Rolle spielen. Dies hängt teilweise auch damit zusammen, daß sie für den Anbau hochwertiger Produkte auf unnivelliertem Land und durchlässigen Böden eingesetzt werden können, wo eine traditionelle Oberflächenbewässerung nicht möglich ist. Solche Techniken verbreiten sich bereits in verschiedenen Entwicklungsländern, vor allem in Nordafrika und dem Nahen Osten, in China und in Brasilien.

Die Verbreitung dieser Techniken wird einen Wandel in der traditionellen Rolle der Regierungen bei der Bewässerung erforderlich machen. Die neuen Techniken arbeiten auf erheblich kleinerer Basis als die traditionellen Oberflächenwassersysteme, und die Wasserquelle ist in der Regel ein privater Bohrbrunnen und nicht ein staatlich verwalteter Damm. Auf eine Förderung durch die Hersteller kann man sich bei diesen Systemen verlassen, weil hier zu einem größeren Anteil marktfähige Ausrüstungen Eingang finden als in Kanalsystemen an der Oberfläche. Jede Preisverzerrung, die die Investitionsentwicklung der Bauern beeinträchtigt, muß korrigiert werden, da eher die Bauern als die öffentlichen Direktinvestitionen die Hauptträger der Expansion sind. Die Regierungen müssen auch den Gesamtverbrauch an Grundwasser überwachen und die Wasserversorgung aus Bohrbrunnen regeln, um eine übermäßige Belastung der grundwasserführenden Schichten zu vermeiden.

Wenn die potentiellen Vorteile dieser Technologien für die Effizienz des Wasserverbrauchs genutzt werden sollen, müssen die neuen Verfahren in eine breit angelegte Strategie des Zusammenspiels von Wasser, Pflanzen, Böden, Nährstoffen und anderen landwirtschaftlichen Produktionsmitteln eingebettet sein. Die Bauern müssen von Forschung und Beratung unterstützt werden, um sich die neuen Bewirtschaftungstechniken anzueignen, und sie benötigen Kreditmittel, um sich die mechanische Ausrüstung leisten zu können. Zudem müssen die Rechtsansprüche auf das Wasser gesichert sein, um die Bauern zu Investitionen in die neue Technologie zu ermutigen.

VERÄNDERTE BODENNUTZUNG. Flächennutzungspläne werden auf dem Lande aus den gleichen Gründen aufgestellt wie in den Städten: Entscheidungen einzelner über die Landnutzung führen nicht notwendigerweise zu den für die Gesamtgesellschaft besten Ergebnissen. Da Flächennutzungspläne die Landnutzung in einer Weise einschränken, die den dem Individualverhalten zugrundeliegenden Anreizen zuwiderläuft, hängt deren Wirksamkeit davon ab, ob die Pläne durchgesetzt werden und inwieweit die privatwirtschaftlichen Anreize geschwächt werden können. In den Fällen, in denen die wirtschaftlichen Anreize die Haupttriebkraft des Individualverhaltens sind, stellt die Aufstellung von Flächennutzungsplänen allein nur eine schwache Maßnahme zur Bestimmung der Landnutzung dar. Sie kann aber an Bedeutung gewinnen, wenn sie politische Unterstützung genießt und die das Individualverhalten bestimmenden Anreize nur schwach ausgeprägt sind. Die Erfahrung mit Flächennutzungsplänen in Entwicklungsländern, etwa zum Schutz von Wäldern oder zwecks Zuweisung von Gebieten für die landwirtschaftliche Nutzung, ist nicht ermutigend. Viele Länder haben hohe Geldbeträge für die Kartographierung und für Flächennutzungspläne ausgegeben, waren aber nicht in der Lage, diese Aktivitäten in ein wirkungsvolles Programm zur Bodenbewirtschaftung zu integrieren.

Flächennutzungspläne in der Landwirtschaft zielten in Afrika traditionell vor allem darauf ab, Ackerbau und Viehzucht voneinander zu trennen – oder die Agrarwirtschaft einzelner Gruppen auf spezifische Regionen zu beschränken. In verschiedenen Ländern gehörten solche Kolonialgesetze, die Landflächen in europäisch oder afrikanisch genutzte Flächen aufteilten, nach der Unabhängigkeit zu den ersten Zielscheiben für eine Veränderung. In Kenia ging man anschließend daran, Bodenflächen mit festen Grenzverläufen für Hirten zu registrieren, wobei diese Weidegebiete auf Gruppenbasis verwaltet wurden. In verschiedenen Fällen lagen diese Flächen unmittelbar neben Wildreservaten. Um diese Gruppenranchen zu fördern, versprach man den Hirten eine Entschädigung für Wildschäden, eine Beteiligung an den Touristeneinnahmen aus den angrenzenden Wildparks, eine Aufbesserung des Viehbestands und den Zugang zu Krediten. Die

Sonderbeitrag 7.5 Partizipatorische Landbewirtschaftung in Burkina Faso

Landhungrige Bauern in Afrika drängen in neue Gebiete. Konflikte zwischen Gemeinden mit Ackerbau einerseits und Weidewirtschaft andererseits sind an der Tagesordnung, und der Zusammenbruch der natürlichen Ressourcenbasis ist eine zunehmende Bedrohung. In Burkina Faso werden bei der Bewirtschaftung der natürlichen Ressourcen neue Wege gegangen; eingesessene Institutionen und eine nachhaltige örtliche Beteiligung werden aktiviert, um Probleme der Ressourcenallokation und der Umweltzerstörung zu lösen.

Die Grundlage für diesen Ansatz bilden Gemeinde *Terroirs* (verwaltete Gebiete); seinen Eigenschaften nach ist dieses Vorgehen dezentral (um die besonderen Eigenheiten eines jeden *Terroirs* zu berücksichtigen), sektorübergreifend (d.h. Landwirtschaft, Forstwirtschaft und Viehzucht werden gleichermaßen in Rechnung gestellt), beteiligungsorientiert (die Ziele und Ressourcen der Gemeinden werden respektiert) und iterativ (die Ergebnisse werden überwacht und bei Bedarf Änderungen vorgenommen). Um diese Grundsätze in die Praxis umzusetzen, sind verschiedene entscheidende Schritte erforderlich.

• Die Gemeinde ernennt einen Ausschuß zur Verwaltung der natürlichen Ressourcen, in dem Vertreter der wichtigsten sozialen Gruppen des Dorfes und der Nutznießer, wie Hirten, Bauern und Bäuerinnen und Fischer, vertreten sind. Der Ausschuß ist verantwortlich für die Verteilung der Ressourcen und für die Vertretung gegenüber Nachbargemeinden sowie in einschlägigen Fragen gegenüber der Regierung.

• Anschließend wird mit Unterstützung technischer Berater ein Plan zur Verwaltung der Ressourcen aufgestellt. Der Plan umfaßt eine Formulierung der Ziele der Gemeinde, eine sektorübergreifende umweltbezogene Einschätzung des *Terroirs* und die Auswahl der Verfahren, die am ehesten eine dauerhafte Produktion, den Schutz der wichtigsten Naturschätze und die Einkommenserzielung für die Gemeinde gewährleisten.

• Der Verwaltungsplan des *Terroirs* wird vom Ausschuß und von der Regierung gemeinschaftlich beschlossen. Diese Vereinbarung legt die Maßnahmen und Ausgaben fest, die zur Durchführung des Planes erforderlich sind. Die Gemeinde kann zum Beispiel Maßnahmen und Zielsetzungen zur Verbesserung der Weidegebiete zustimmen, zum Anpflanzen von Bäumen und zur Anwendung verbesserter Praktiken der Bodenerhaltung. Im Gegenzug hilft die Regierung der Gemeinde, die grundlegende Infrastruktur und sonstige Leistungen zu erhalten, kofinanziert einige Projekte und bietet Schutz gegen Eingriffe in aufgewertetes Land. Die Vereinbarung umfaßt auch eine offizielle Anerkennung der Landrechte der Gemeinde und aller vorgenommenen Verbesserungen.

• Die Überwachung ist ein Kernbestandteil der Durchführungsphase, und in Verbindung mit Veränderungen in den Zielen der Gemeinde, dem Zustand der Umweltverhältnisse und der Wirksamkeit der gewählten Verfahren kann sie zu einer Revision der Pläne führen.

Wie die Erfahrung Burkina Fasos zeigt, kann eine Beteiligung der Betroffenen zu einer besseren Ressourcenbewirtschaftung führen; die beteiligten Parteien müssen aber auch bereit sein, die Entscheidungen über die Ressourcenbewirtschaftung auf eine andere Basis zu stellen. Die örtlichen Institutionen kommen dabei als ein Baustein für den Ressourcenvertrag in Betracht, sie müssen jedoch verändert und angepaßt werden, um mit den neuen Herausforderungen infolge der Zuwanderung und eines Zusammenbruchs der Ressourcengrundlage fertig zu werden. Dieses Verwaltungskonzept wird gegenwärtig auf andere Länder in der Sahel-Zone ausgeweitet, darunter auf Mali und Niger.

Erfolgsbilanz war gemischt, und das Weideland der Hirten unterliegt auch weiterhin dem Druck einer anderweitigen Nutzung. Einige Gruppen mußten feststellen, daß die Touristeneinnahmen in andere Quellen flossen, daß die versprochene Infrastruktur für die Wasserversorgung nicht ausreichend funktionierte, und daß die geschützten Wildtiere die Weiden abgrasten. Die aus solchen Erfahrungen gezogenen Lehren haben zu neuen Wegen bei der Abgrenzung der Ressourcennutzung geführt. Burkina Faso stützt sich bei der Entwicklung von Plänen zur Ressourcenbewirtschaftung auf die Kommunen (Sonderbeitrag 7.5). Auch Botsuana verläßt sich auf eine partizipatorische Planung innerhalb der einzelnen Distrikte, um eine Nutzung der Flächen für private und kommunale Viehbetriebe, den Ackerbau, Wildreservate, Schutzzonen und für die städtische Entwicklung festzulegen und zu unterstützen.

Mit Flächennutzungsplänen für Forstgebiete wird angestrebt, Waldgebiete abzugrenzen und Flächen für verschiedene Nutzungsarten auszuweisen. Bis Bewirtschaftungsmethoden für tropische Wälder entwickelt sind, die eine Nutzung ermöglichen, die mit der Erhaltung der biologischen Artenvielfalt und des natürlichen Ökosystems vereinbar ist, müssen Gebiete mit hohem Wert für die Umwelt abgegrenzt und geschützt werden. Ebenso bedürfen Wasserschutzgebiete ernstzunehmender und verteidigungsfähiger Grenzen. In Uganda begann in den fünfziger Jahren unter dem Druck einer steigenden Bevölkerung die Besiedlung registrierter Waldreservate, gleichwohl wurden diese Reservate bis in die frühen siebziger Jahre forstwirtschaftlich recht wirkungsvoll verwaltet. Der spätere Zusammenbruch der öffentlichen Ordnung und der anhaltende Bevölkerungsdruck führte zu einer massiven Einwanderung in diese Schutzgebiete. Die Regierung steht jetzt vor einem langwierigen und schwierigen Prozeß, diese Ansiedler ohne Rechtstitel aus den Waldgebieten herauszudrängen. Kenia und Nigeria hatten ähnliche Erfahrungen machen müssen.

In verschiedenen Ländern wird mit Hilfe von agro-ökologischen Flächennutzungsplänen versucht, ein weiteres Eindringen in die Wälder zu verhindern. Eine simple Abgrenzung von Gebieten reicht jedoch eindeutig nicht aus, um ein illegales Vordringen zu verhindern. Solche Maßnahmen müssen durch wirtschaftliche und finanzielle Anreize unterstützt werden, die einer Wanderungsbewegung entgegenwirken. Durch Investitionen ist die Landnutzung geeigneter Gebiete zu intensivieren, eine extensive Erzeugung in Gebieten zu entwickeln, die waldbedeckt bleiben sollen, und es sind die Grenzen der Schutzzonen zu verteidigen. (In Sonderbeitrag 7.6 werden die Erfahrungen in Rondônia, Brasilien, beschrieben.) Flächennutzungspläne sind durch Maßnahmen zu ergänzen, die ihre Durchsetzung fördern; hierzu zählen die Ausbildung von Personal und ihre angemessene Bezahlung, Investitionen in die Ausrüstung und eine Stärkung der

---

Sonderbeitrag 7.6   Aufstellung von Flächennutzungsplänen in Rondônia

Wachsende sozioökonomische Probleme infolge einer beschleunigten Zuwanderung in das nordwestliche Randgebiet von Rondônia veranlaßten die brasilianische Regierung im Jahr 1980 zum Start eines Investitionsprogramms. Das integrierte Entwicklungsprogramm für den Nordwesten Brasiliens (Polonoroeste) zielte darauf ab, die Zuwanderung zu fördern und sie in geordneten Bahnen durchzuführen. Hierzu wurden eine Fernstraße und Anschlußstraßen gebaut, jedoch ging das Programm mit einer wachsenden Abholzung von Wäldern einher.

Ein agroökologischer Flächennutzungsplan hat jetzt Gebiete ausgewiesen, die einerseits für die Entwicklung tauglich sind und andererseits besondere ökologische oder soziale Bedeutung haben oder langfristig kein landwirtschaftliches Potential besitzen. Die Regierung erhofft sich eine geringere Zuwanderung, eine Konzentration der vorhandenen Bevölkerung auf Gebiete mit Potential für eine dauerhafte Landwirtschaft und ein vermindertes Eindringen in Gebiete, die waldbedeckt bleiben sollten. Es sind aktive Eingriffe nötig, um eine Ausbreitung der Wanderlandwirtschaft zu verhindern. Rondônias neuer Verfassung und den Begleitgesetzen zufolge sind agroökologische Flächennutzungspläne eines der grundlegenden Kriterien für die Bestimmung rechtmäßiger Inbesitznahme von Land. Flächennutzungspläne haben keine Wirkungen, wenn sie nicht von anderen Maßnahmen flankiert werden. In Rondônia werden sie von folgenden Reformen gestützt:

• Öffentliche Investitionen werden auf ihre Vereinbarkeit mit den agroökologischen Flächennutzungsplänen überprüft. Neue Straßen und sonstige Infrastrukturleistungen werden nicht länger dort gebaut, wo eine Landwirtschaft auf Dauer nicht aufrechtzuerhalten ist, sondern auf Gebiete konzentriert, die sich für eine Ansiedlung am besten eignen und die bereits überwiegend gerodet sind.

• Die Waldrodung wird nicht länger ein Kriterium dafür sein, einen Rechtstitel für Grund und Boden zu bekommen. Inkonsistente Landregulierungen und Gesetze werden angepaßt, und die für die Vergabe von Eigentumsrechten zuständigen Institutionen werden gestärkt.

• Steuerliche Anreize für die Rinderzucht und die Waldrodung wurden bereits abgeschafft und Kreditprogramme wurden auf Aktivitäten zusammengeschnitten, die mit den Flächennutzungsplänen in Einklang stehen.

• Der größte Teil des für die indianische Bevölkerung reservierten Landes – 20 Prozent des Staatsgebiets – wurde festgelegt und in seinen Grenzen abgesteckt; die Maßnahmen und Programme für deren verbesserten Schutz werden in Gang gesetzt.

• Es läuft eine Öffentlichkeitskampagne, die die Flächennutzungsbeschränkungen für die Verwendung des Landes erklärt und von der Zuwanderung nach Rondônia abrät.

• Örtliche nichtstaatliche Organisationen partizipieren in beratenden Regierungsausschüssen, um ihre Gemeinden bei den Diskussionen über Maßnahmen und bei den jährlichen Vorschlägen für öffentliche Investitionen zu vertreten.

Die agroökologische Flächennutzungsplanung, ein stärkeres Engagement der Regierung und eine engere Einbindung der Gemeinden verbessern in erheblichem Maße sowohl die Aussichten für eine tragfähige landwirtschaftliche und rohstoffgewinnende Entwicklung als auch für den Schutz der Umwelt.

staatlichen Fähigkeit, gegen illegale Holzfäller und gegen unrechtmäßiges Vordringen in Waldgebiete mit rechtlichen Mitteln vorzugehen. Die Ausbildung von Strafverfolgungskräften, des Aufsichtspersonals und der Richter in der Behandlung von solchen Fällen der Land- und Waldnutzung könnte in vielen Ländern eine wichtige Maßnahme darstellen.

Die Besiedlung neuer Gebiete, die sich oft in staatlichem Eigentum befinden, war ein wichtiger und zunehmend kontroverser Teilaspekt des Entwicklungsprozesses. Die Besiedelung findet statt, weil die Menschen ein besseres Leben wollen und die Regierungen bestrebt sind, den Bevölkerungsdruck zu entschärfen, die landwirtschaftliche Erzeugung zu steigern, Beschäftigungsmöglichkeiten zu schaffen, die politische Kontrolle auszubauen und den Menschen eine neue Heimat zu bieten, die durch Naturkatastrophen und Entwicklungsprojekte ihre alte Heimstatt verloren haben. Die jedes Jahr zusätzlich kultivierten 4,5 Millionen Hektar sind eine relativ kleine Fläche im Vergleich zu den fast 1,3 Milliarden Hektar potentiellen Ackerlandes in den Entwicklungsländern. Die Landbesiedelung kann aber dort, wo sie erfolgt, die Länder umgestalten. Landbesiedelungsprojekte wurden manchmal in Gebieten gefördert, die sich nach einer gründlicheren Vorbereitung als ungeeignet erwiesen hätten. Umsiedelungsprojekte sind teuer – nach einer Stichprobe von weltbankgeförderten Projekten belaufen sich die Kosten auf 10.000 US-$ pro Familie – und führten daher leicht zu kostspieligen Fehlern, wenn sie schlecht ausgewählt wurden.

Einige Länder haben die Umsiedelung dadurch gefördert, daß Investitionen in unterentwickelten Gebieten steuerlich gefördert wurden. Diese Anreize ermutigten zu unwirtschaftlichen und umweltzerstörenden Praktiken, wie zum Beispiel die Viehzucht im Amazonasgebiet Brasiliens. Von 1966 bis in die jüngste Zeit bot das brasilianische Steuersystem den Steuerzahlern, die in genehmigten Agrarprojekten im Amazonasgebiet investierten, die Möglichkeit zu einem Antrag auf Steuernachlaß von bis zu 50 Prozent auf ihre Bundeseinkommensteuerschuld. Die Investoren reagierten fast euphorisch und schufen bis Ende der achtziger Jahre Weideflächen auf über 8,4 Millionen Hektar. Die Anreize zur Rodung der Wälder wurden durch subventionierte Agrarkredite weiter gesteigert, die in noch größerem Umfang zur Verfügung standen als Steuererleichterungen. Der Abschaffung solcher Maßnahmen – teilweise aufgrund von umweltpolitischen Besorgnissen, vor allem aber aus Haushaltsgründen – illustriert, daß Reformen der Umwelt- und der Wirtschaftspolitik komplementären Charakter haben können.

In vielen Ländern – darunter in Indonesien, Kolumbien und dem Senegal – spielen freiwillige Siedler, die auf eigene Initiative und Kosten zuwandern, bereits jetzt eine wichtige Rolle bei der Landbesiedelung. Deren Einschätzung der Kosten und Risiken – eine Art von Test der wahrscheinlichen wirtschaftlichen Tragfähigkeit der Besiedelung – verringert die Kosten der Regierung und die Unwägbarkeiten von Plänen und Zielen. Spontane Ansiedlungen lassen sich durch politische Maßnahmen steuern; zu nennen wären hier die Bereitstellung von Infrastruktur- und sozialen Leistungen, Beratungsprogramme über tragfähige landwirtschaftliche Strategien und die Schaffung eines rechtlich einwandfreien Status für die Inbesitznahme von Land. Neben der Schaffung derartiger attraktiver Faktoren, um Siedler in akzeptable Gebiete zu lenken, müssen die Regierungen aber nach wie vor die Besiedelung von Gebieten regulieren, in denen der Einfluß auf die Umwelt nicht zu akzeptieren wäre.

Bewirtschaftung natürlicher Ressourcen: Gewerbliche Forstwirtschaft

Viele der natürlichen Ressourcen, auf die sich die Entwicklungsländer stützen, befinden sich im öffentlichen Eigentum und werden dies auch weiterhin bleiben. Der Staat sollte anstreben, die Bewirtschaftung der Ressourcen im öffentlichen Eigentum darauf auszurichten, daß der gesamtgesellschaftliche Nutzen maximiert wird. Eine derartige Politik hat zweierlei Vorteile: Die Ressourcen tragen zur Entwicklung bei, und die Verbraucher haben Anreize zum sparsamen Verbrauch, zur Entwicklung von Substituten und zu Investitionen in ein tragfähiges Ertragskonzept für Ressourcen in Privatbesitz.

Oft verbleibt das Eigentum an Forstgebieten in staatlicher Hand, weil versucht wird, sicherzustellen, daß mehrere Ziele gleichzeitig verfolgt werden können. Neben der Holzproduktion gehört zu diesen Zielen die Bodenerhaltung, der Hochwasserschutz und die Erhaltung der Artenvielfalt. Oft dominiert das Fällen der Bäume, weil es Geld bringt, und bis vor kurzem wurde den nicht mit der Holzgewinnung verbundenen Funktionen des Waldes und deren Handhabung nur relativ wenig Aufmerksamkeit zuteil. Diese Lage verändert sich jedoch; die Entwicklungsländer erkennen, daß es

Abholzungsgebühren sind oft niedriger als die Kosten der Wiederaufforstung

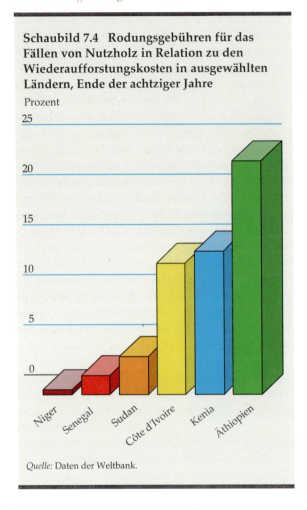

Schaubild 7.4 Rodungsgebühren für das Fällen von Nutzholz in Relation zu den Wiederaufforstungskosten in ausgewählten Ländern, Ende der achtziger Jahre

Quelle: Daten der Weltbank.

der früheren Forstverwaltung kaum gelungen ist, die Holzgewinnung auf eine dauerhaft tragfähige Basis zu stellen, ganz abgesehen von den anderen genannten Funktionen der Waldgebiete.

Für die Bestimmung der Zukunft der Wälder ist die Abholzungspolitik von besonderer Bedeutung. Zwar trägt die Holzgewinnung nur zu etwa einem Fünftel zu der gesamten Waldvernichtung bei, eine angemessene Abholzungspolitik kann aber dazu beitragen, den Ackerbau und die Viehzucht, die ihr häufig nachfolgen, zu kontrollieren. Die gewerbliche Holzgewinnung könnte der forstwirtschaftliche Teilbereich sein, der sich für eine Reform am unmittelbarsten anbietet.

Die Bemühungen der Regierungen vieler Länder, die gewerbliche Holzwirtschaft zu rationalisieren, sind ein weiteres Beispiel dafür, wie sinnvoll ein marktorientierter Ansatz erscheint und welche Schwierigkeiten sich bei der praktischen Umsetzung einstellen. Die den Holzfällern abverlangten Sätze für stehende Bäume (Stumpfgebühren) entsprechen selten auch nur annähernd den Kosten der Wiederaufforstung des geschlagenen Holzvolumens im Rahmen von Plantagenanpflanzungen (Schaubild 7.4).

AUF DAUER TRAGFÄHIGE BEWIRTSCHAFTUNGSTECHNIKEN. Eine jüngere Untersuchung der tropischen Forstverwaltung durch die International Tropical Timber Organization (Internationale Organisation für tropische Hölzer) kam zu dem Ergebnis, daß gegenwärtig weniger als 1 Prozent der Tropenwälder wirklich tragfähig bewirtschaftet wird. Einige Länder versuchen, diesen Prozentsatz anzuheben, indem sie verbesserte Holzschlagtechniken anwenden und Straßen bauen, die den Wald in geringerem Maße beeinträchtigen. In Peru wurden die Bäume in langen und engen Streifen gefällt; damit sollen ähnliche Waldlücken geschaffen werden, wie sie entstehen, wenn Bäume auf natürlichem Wege umstürzen. Die abgeholzten Streifen werden sorgfältig ausgewählt, und es werden Zugtiere eingesetzt, um eine Verdichtung des Erdbodens zu vermeiden. Dieses Vorgehen gestattet eine umweltschonende Art des Holzfällens, und die Regeneration erfolgt schnell, reichlich und unter Einschluß vieler Pflanzenarten. Dieses Experiment wurde in Zusammenarbeit mit der Yanesha Forstkooperative durchgeführt, einer Gruppe von Einheimischen, die das Land gemeinschaftlich besitzen.

Bei der Suche nach wissenschaftlich soliden Pflanztechniken sind erheblich größere Anstrengungen erforderlich, und wir müssen lernen, wie der natürliche Wald funktioniert. Die Fortschritte bei der Plantagenwirtschaft und dem kommerziellen Holzschlag erfolgten nur langsam, was teilweise auf eine ungenügende Forschungsarbeit zurückzuführen ist. In Asien (ohne China) arbeiten mindestens 5.000 Wissenschaftler in der Reisforschung, aber weniger als 1.000 auf dem Gebiet der Forstwirtschaft. In Indien belaufen sich die Ausgaben für forstwissenschaftliche Arbeiten auf weniger als 0,01 Prozent des Wertes der jedes Jahr verbrauchten Forstprodukte.

Natürliche Tropenwälder, speziell tropische Regenwälder, sind nur sehr schwierig einer Bewirtschaftung zu unterwerfen, und zwar selbst im Hinblick auf so eindeutige Ziele wie die Nutzholzproduktion. Ihre Ökosysteme reagieren auf Eingriffe höchst empfindlich und häufig auf unerwartete Weise. Zum Beispiel können viele wichtige Baumarten nur wachsen, wenn die Walddecke durch Absterben oder Beseitigung älterer Bäume geöffnet bleibt. Während anderer Stufen ihres Lebenszyklus hängen viele dieser Arten jedoch von Mikroorganismen am Boden ab, die kein Licht vertragen. Selbst eine selektive Abholzung verändert die Arten- und die Größenzusammensetzung des Waldes und kann eine Kettenreaktion von Veränderungen in Gang setzen, die eine Regeneration der ursprünglichen Artenzusammensetzung unwahrscheinlich werden läßt. Die Ausbeutung von Nutzholz muß mit äußerster Sorgfalt erfolgen, wenn die Gesamtheit des Waldes als Ökosystem keinen Schaden nehmen soll.

DIE ÜBERWACHUNG PRIVATER HOLZFÄLLER. Der Holzeinschlag in tropischen Wäldern wird typischerweise von Privatfirmen durchgeführt; formal betrachtet arbeiten diese unter Bedingungen, die von der Regierung festgelegt wurden. In diesen Bedingungen können die Abholzungspraktiken ebenso festgeschrieben werden wie die zu zahlenden Gebühren, die Dauer der Holzeinschlagsrechte und die Verpflichtungen des Abholzunternehmers zur Nachbehandlung des Waldes. Leider werden diese Vereinbarungen häufig sträflich mißachtet, und die Forstbehörden waren durchweg entweder nicht willens oder nicht in der Lage, ihnen Nachdruck zu verleihen. Den Forstbehörden fehlt es oft an Transportkapazitäten und an gutem Kartenmaterial. Sie sind daher nicht fähig, den Wert der Ressourcen auszumachen, die sie schützen sollen. Die Holzfäller haben dagegen Gründe, sich dieser Werte voll bewußt zu sein und Bemühungen zu untergraben oder negativ zu beeinflussen, die ihre Operationen eingrenzen wollen. In vielen Ländern wurden Angestellte der Forstbehörden, die versuchten, die Restriktionen durchzusetzen, tätlich angegriffen und sogar getötet. Diesen Risiken ausgesetzt, und in aller Regel unterbezahlt, ignorieren die Forstangestellten Vergehen oder nehmen von den Holzfällern Bestechungsgelder an, um solche Regelverletzungen zu übersehen.

Eine Möglichkeit zur Verringerung solcher Durchsetzungsprobleme besteht darin, die Nutzholzkonzessionen mit angemessenen Anreizen auszustatten, welche eine Regeneration sicherstellen. Allzu häufig haben die Konzessionsvereinbarungen eine zu kurze Laufzeit, als daß forstkulturelle Aktivitäten des Konzessionsnehmers nach dem ersten Holzeinschlag lohnend wären, und es gibt keine Vorkehrungen für eine öffentlich finanzierte Regeneration. In Sabah (Malaysia) zum Beispiel hat die Hälfte aller Konzessionen eine Laufzeit von einundzwanzig Jahren, der Rest lautet ganz überwiegend auf zehn Jahre und fünf Prozent auf ein Jahr. Der volle Nutzholzkreislauf dagegen erstreckt sich auf mehr als siebzig Jahre. Die Konzessionsnehmer mögen im Verlauf der einundzwanzigjährigen Vertragsperiode durchaus graduell abholzen, sie haben aber kaum Anlaß zu einer Aufforstung. Längerfristige Verträge oder Verträge mit der Maßgabe einer ertragsorientierten Ausbeutung, wie in Kanada, können die Kosten, die der anfängliche Holzeinschlag im Hinblick auf die künftigen Erträge des entsprechenden Forstgebiets verursacht, auf die Konzessionsnehmer abwälzen. Solche Verträge ermöglichen es den Konzessionsnehmern auch, die zukünftigen Erträge zu realisieren; es sind dies die notwendigen Anreize für gute Abholz- und Wiederaufforstungspraktiken.

Eine andere Möglichkeit, die Durchsetzungsschwierigkeiten zu verringern, liegt in der Mobilisierung der örtlichen Kommunen zur Berichterstattung über illegale Vorgänge. In Indonesien werden private nationale und internationale Unternehmen für die Aufgabe herangezogen, die Einhaltung der Abholzkonzessionen zu überwachen. Wenn es gelingt, die Überwachungs- und Durchsetzungskapazitäten der Entwicklungsländer zu verbessern, können die Bemühungen, die Anreize für die Holzfäller neu zu gestalten, schrittweise an Wirksamkeit gewinnen.

Bewirtschaftung natürlicher Ressourcen: Natürliche Lebensräume

Den kostbarsten natürlichen Lebensräumen wird man wahrscheinlich am besten dadurch dienen, daß man sie in irgendeiner Form dem öffentlichen Eigentum unterstellt. Dies ist jedoch nicht zwangsläufig gleichzusetzen mit einer Verwaltung durch die Zentralregierung. Einige erfolgreiche Ansätze zum Schutz empfindlicher Ökosysteme stützen sich auf ein Zusammenwirken von öffentlichem Eigentum und kommunaler Verwaltung.

Einige empfindliche und besonders anfällige Ökosysteme bedürfen stets des Schutzes gegen Eingriffe und Überbeanspruchung. Die Abgrenzung geschützter Gebiete sollte im Einklang stehen mit den Naturschutzzielen. Sri Lanka ist eines der wenigen Länder, das mehr als 10 Prozent seiner Landesfläche für den Schutz von Wildgebieten reserviert; jedoch liegen etwa 90 Prozent dieser Schutzflächen außerhalb der Feuchtgebiete – dem

Lebensraum des Landes mit der größten biologischen Vielfalt. Zudem sind viele der Schutzgebiete wahrscheinlich zu klein für eine wirksame Erhaltung der Arten. Die Kosten der Naturschutzprogramme, sowohl in rein finanzieller als auch in gesamtwirtschaftlicher Sicht, können erheblich in die Höhe schnellen, wenn die Schutzgebiete nicht sorgfältig ausgewählt werden. Eine Konsolidierung solcher Naturparks und eine Kennzeichnung der zu wenig geschützten Lebensräume sind daher erste wichtige Schritte bei der Umstrukturierung von Naturschutzprogrammen.

Obwohl 5 Prozent der natürlichen Lebensräume der Welt formal vor Entwicklungsaktivitäten geschützt sind, ist ein großer Teil dieser Gebiete durch Eingriffe in Form von landwirtschaftlichen Ansiedlungen, Holzeinschlag und anderen Aktivitäten bedroht. Es muß nicht nur das Niveau der Schutzmaßnahmen in offiziell geschützten Gebieten angehoben werden; die Werte der Natur müssen und können auch in Gebieten außerhalb von Naturparks oder Schutzgebieten bewahrt werden. In den Entwicklungsländern werden mehrere Verfahren getestet. Es liegt auf der Hand, daß die Einbindung der örtlichen Bevölkerung und der für sie damit verbundenen Vorteile der Schlüssel zum dauerhaften Erfolg eines Programms sind.

Integrierte Landschaftsschutz- und Entwicklungsprojekte stützen sich auf den Grundsatz, daß die örtlichen Gemeinden in die Suche nach Möglichkeiten zum Schutz der Naturparks eingebunden werden müssen. Wenn die Anlieger eines Naturparks bei einem Eingriff in diese Gebiete wirtschaftliche Vorteile erlangen können, so müssen bessere Alternativen gefunden werden. Der Schutz der Naturparks vor der örtlichen Bevölkerung kann unvertretbare Kosten verursachen, ganz abgesehen davon, daß dies ethisch kaum zu vertreten ist. Verschiedene neuere Verfahren sehen die Errichtung eines Kerngebietes innerhalb der Schutzzone vor, das umgeben wird von Pufferzonen, welche mehreren Nutzungszwecken offenstehen. Diese Pufferzonen werden von den örtlichen Kommunen intensiv bewirtschaftet, mit dem Ziel, zu produzieren und Einkommen zu erwirtschaften. Vereinbarte Zugangsregeln bilden die Grundlage für eine Begrenzung zukünftiger Eingriffe in das Schutzgebiet.

Ein Land, das seine Naturschutzstrategie von der traditionellen Methode auf dieses neuere Verfahren umstellt, ist Nepal. Der Royal Chitwan Park in der fruchtbaren Terai-Ebene ist ein bedeutendes Tourismusziel; den örtlichen Gemeinden aber brachte er nur geringe Vorteile. Im Zuge der Eindämmung der Malaria und eines raschen Bevölkerungswachstums in Bereich der Ebene, geriet der Park unter starken Druck; das Eindringen der Bevölkerung konnte teilweise nur durch den Einsatz der Streitkräfte verhindert werden und damit nur unter Inkaufnahme von entstehenden Feindseligkeiten. Im Gegensatz dazu wurde im 1986 errichteten nepalesischen Annapurna-Schutzgebiet kein Nationalpark, sondern ein Gebiet mit Mehrfachnutzung geschaffen, und die Zusammenarbeit zwischen der Regierung und den lokalen Gemeindeverbänden führte zur Errichtung und Durchsetzung eines Landnutzungssystems, das die örtlichen Vorteile aus dem Tourismus steigerte und der örtlichen Bevölkerung die Möglichkeit zur Fortbildung in Fragen der Landschaftspflege und der Forstverwaltung bot. Mit Hilfe des Projekts konnte eine skeptische Bevölkerung erfolgreich dazu bewogen werden, sich an der Verwaltung des Gebiets zu beteiligen, und die in Chitwan aufgetretenen Konflikte wurden vermieden.

Nur wenigen Entwicklungsländern ist es gelungen, Prioritäten zu formulieren, ihre Maßnahmen anzupassen und Schutzgebiete wirksam zu verwalten. Selbst solchen Ländern, die ihre für die Landschaftspflege verantwortlichen Institutionen auf eine solide Basis stellen konnten, sahen sich Schwierigkeiten gegenüber bei der Abstimmung der Einzelmaßnahmen, bei der Festlegung der Arbeitsteilung zwischen lokalen und zentralen Stellen, bei der Zusammenarbeit mit nichtstaatlichen Organisationen und bei der Suche nach Anreizen für eine wirkungsvolle Verwaltung (Sonderbeitrag 7.7).

In Afrika führt eine Ausdehnung der Besiedelung auf Randgebiete zu einer Verringerung der landwirtschaftlichen Produktivität und zu einer Verdrängung der wildlebenden Tiere aus ihren Lebensräumen. Naturschützer und Entwicklungsplaner suchen nach Wegen, um Wildreservate als Quelle für Nahrungsmittel und Einkommen zu nutzen. Diese Möglichkeiten wurden in den halbtrockenen Steppengebieten und vor allem im südlichen Afrika am intensivsten erforscht, wo die kommerzielle Nutzung der Wildnis in vielen Fällen an die Stelle des Viehhütens tritt. Nach den Erfahrungen Simbabwes hat die Wildnis beträchtliche Vorteile in diesem Ökosystem: Sie bringt größere Erträge und verursacht geringere Schäden im Hinblick auf Böden und Vegetation. Die Anwendungsmöglichkeiten eines kommunal gestützten Programms zur Bewirtschaftung unkultivierter Landstriche hängen

Sonderbeitrag 7.7 Naturschutz in Costa Rica: Der Aufbau leistungsfähiger Institutionen

Costa Rica hat hart darum gerungen, eines der führenden Länder im Naturschutz zu werden. In den sechziger und siebziger Jahren wurde fast die Hälfte der gesamten Landesfläche unter irgendeine Form des Schutzes gestellt. Ein Mangel an finanziellen Mitteln, verschärft durch die wirtschaftliche Krise des Landes, führte jedoch in den achtziger Jahren dazu, daß die Parks und Schutzgebiete des Landes ernsthaft bedroht waren. Der Armutsdruck führte zu einer steigenden Einwanderung in diese Gebiete, und zwar vor allem wegen der Suche nach Nutzholz, Brennstoffen und landwirtschaftlichen Flächen. Zwischen den verschiedenen, für den Schutz der Parks, für die Forstwirtschaft und die Verwaltung der Naturschutzgebiete verantwortlichen Stellen gab es keine Koordinierung, und Maßnahmen zur Durchsetzung bestehender Regelungen waren selten.

Im Jahr 1986 entschied sich eine neue Regierung, mit internationaler finanzieller Unterstützung, für eine Umstrukturierung der Institutionen, um die Schutzgebiete zu erhalten und die Akzeptanz für den Naturschutz zu steigern. Eine Vielzahl von Behörden wurde im Ministerium für natürliche Ressourcen, Energie und Bergbau zusammengelegt; der Zweck war eine verbesserte Koordinierung und eine Stärkung des nationalen Naturschutzes. Um die Einwanderung in Schutzgebiete einzudämmen, dezentralisierte die Regierung die Verwaltung der Parks. Ein nationales System von Schutzgebieten unterteilte das Land in neun Regionen oder „Megaparks". Um die örtliche Unterstützung zu gewinnen, bekamen Regionen mit solchen Parks wirtschaftliche Vorteile. Der Direktor eines jeden Megaparks ist verantwortlich für die Überwachung aller geschützten Gebiete und für die Zusammenarbeit mit den lokalen Gemeinden.

Diese Veränderungen und die Inbesitznahme von Landgebieten wurden durch innovative Finanzvereinbarungen finanziert. Schenkungen und Zuschüsse von internationalen Stiftungen und nichtstaatlichen Organisationen wurden in lokale Fonds umgewandelt, die unter der Kontrolle der Nationalen Parkstiftung standen; dies ist eine private Organisation, die von der Regierung ins Leben gerufen wurde, um die finanzielle Unterstützung für die Parks zu kanalisieren. Die Stiftung fungiert als Finanzintermediär, sie erhält die Mittel aus Swapvereinbarungen, in denen Schulden gegen die Erhaltung der Natur getauscht werden (debt-for-nature swaps), und ist für den Finanzstatus und die Verwaltung verantwortlich.

Einige Probleme haben sich eingestellt. In ihren Bemühungen, ein langfristiges Engagement zu fördern, hat die Nationale Parkstiftung internationale Geber dazu angeregt, bestimmte Megaparks zu unterstützen. Bislang hat dies zu einer ungleichmäßigen landesweiten Finanzierung geführt. Ein Wettbewerb der Regionen um Gebermittel bringt das Risiko mit sich, daß die nationale Kontrolle über den Naturschutz beeinträchtigt wird. Was geschieht, wenn es einem der Megaparks nicht gelingt, Mittel zu mobilisieren? Warum sollte das Geld in die Gebiete mit der besten Öffentlichkeitsarbeit fließen, anstatt auf Grundlage des Bedarfs verteilt zu werden? Spielt es eine Rolle, daß ausländische Mittel und Schenkungen und nicht Zuweisungen aus dem staatlichen Zentralhaushalt das System finanziell stützen?

Ein System des Naturschutzes einzuführen, das gekennzeichnet ist durch dezentrale Entscheidungsstrukturen und finanzielle Kontrollinstanzen, stellt sicherlich eine Herausforderung dar; dies gilt selbst für ein Land wie Costa Rica, das die Vorteile einer gut ausgebildeten Bevölkerung, starker nationaler wissenschaftlicher Kapazitäten und einer guten physischen Infrastruktur besitzt. Die Mobilisierung finanzieller Unterstützung ist lediglich ein Baustein für ein wirkungsvolles System des Naturschutzes.

---

jedoch vom wirtschaftlichen Wert solcher Gebiete im Vergleich zu einer alternativen Nutzung ab.

Überall in den halbtrockenen Steppengebieten Afrikas könnte die Nutzung der Wildgebiete erheblich gesteigert werden, falls eine Reihe von Verzerrungen beseitigt würde. Der wichtigste Aspekt ist hier, daß diese Gebiete sich zwar technisch gesehen im Staatseigentum befinden, de facto aber ein Gebiet mit freiem Zugang darstellen. Der Zugang muß kontrolliert und eine Auslese vorgenommen werden. Andere Verzerrungen resultieren aus direkten oder indirekten Subventionen für die Viehwirtschaft, aus Quarantäne- oder Veterinärmaßnahmen, die die Verwertung von Wildtieren behindern, dem örtlichen Verkauf und der Ausfuhr von Wildfleisch und der mangelnden Berücksichtigung der Schäden für die Umwelt (Sonderbeitrag 7.8).

Die Errichtung von Nutzreservaten für die Gewinnung von Waldprodukten (ohne Nutzholz) hat sich als vielversprechendes Konzept erwiesen, um die wirtschaftliche Nutzung und die Erhaltung der Umwelt in Einklang zu bringen. Viele derartige Waldprodukte lassen sich gewinnen, ohne daß die Waldbedeckung zerstört wird. Die Errichtung solcher Nutzgebiete unterscheidet sich von herkömmlichen Maßnahmen zum Schutz des Waldes, die,

> **Sonderbeitrag 7.8 Ein Vergleich der Kosten und Nutzen von Naturschutz und wirtschaftlicher Erschließung**
>
> Das Beispiel des Korup Nationalparks in Kamerun zeigt, wie eine Bewertung von Umweltschäden und Naturschutzkosten zu fundierten Alternativen über die Nutzung der Umwelt beitragen kann. Der Park umschließt Afrikas ältesten Regenwald, die Heimat zahlloser einmaliger und gefährdeter Arten von Pflanzen und Tieren. Zunehmender Druck zur Umwandlung des Waldes in landwirtschaftliche Flächen veranlaßte die Regierung, einen Naturschutzplan für etwa 126.000 Hektar der Naturparkfläche zu entwerfen. Zur Schätzung des Schadens, den eine wirtschaftliche Erschließung dieser Regenwaldgebiete verursachen würde – oder umgekehrt ausgedrückt, um den Nutzen ihrer Erhaltung zu ermitteln – wurden wirtschaftliche Bewertungstechniken herangezogen, und dieser Nutzen wurde verglichen mit den Kosten eines Naturschutzprogramms.
>
> Ein Schutz des Gebiets würde lokale, nationale und internationale Nutzeneffekte haben, nicht alle jedoch ließen sich schätzen. Der meßbare Nutzen des Naturschutzgebiets für Kamerun umfaßte direkte Erträge, zum Beispiel durch den Verkauf von Forsterzeugnissen (32 Prozent des meßbaren Nutzens), sowie indirekte Vorteile, wie den Schutz von Fischereigründen und Böden (68 Prozent). Diese Zahlen wurden den Verwaltungskosten (88 Prozent) und den entgangenen Erträgen durch kommerzielle Forsterzeugnisse (12 Prozent) gegenübergestellt. Das Ergebnis dieser Rechnungen war, daß (bei einem Rechnungszins von 8 Prozent) die meßbaren Vorteile des Naturschutzgebietes für Kamerun geringer waren als die Kosten.
>
> Jedoch waren nicht alle Vorteile quantitativ erfaßbar. Die Menschen in Kamerun und der ganzen Welt ziehen noch weiteren Nutzen aus einer Erhaltung des Naturparks. Hierzu gehören „Eventualwerte" (Schutz gegen den Verlust zukünftiger Werte – etwa der Entwicklung medizinischer Präparate aus heimischen Pflanzen) sowie „bestehende Werte", die dadurch entstehen, daß Menschen die Erhaltung von Arten selbst dann hoch einschätzen, wenn sie sich davon keine weiteren Vorteile versprechen – sei es heute oder in Zukunft. Da die meisten dieser Vorteile, die nicht direkt mit der Nutzung zusammenhängen, Nutzeneffekte für die Menschen außerhalb Kameruns darstellen, repräsentiert die für Kamerun entstehende Differenz zwischen Nutzen und Kosten der Erhaltung des Naturschutzparks – etwa 6 Mrd Dollar – den internationalen Beitrag, der nötig wäre, um den Naturschutz aus ökonomischen Gründen zu rechtfertigen. Der Transferbetrag pro Hektar wäre wertmäßig niedriger als der entsprechende Beitrag für die Erhaltung des tropischen Regenwaldes zum Beispiel in Costa Rica. Angesichts der Artenvielfalt im Korup Park wäre die Aufbringung dieser Transferleistung ein Vorteil für die internationale Gemeinschaft. Es stellt sich sodann die Frage, ob der Rest der Welt bereit ist, Kamerun die Kosten für den Schutz eines Umweltguts zu erstatten, das für die gesamte Welt wertvoll ist.

durch eine Zugangsbeschränkung zu traditionell genutzten Ressourcen, die örtlichen Kulturen und Volkswirtschaften beeinträchtigen.

Im Jahr 1985 schloß sich eine Kautschuksammlergemeinschaft in Brasilien mit der Regierung zusammen, um bei der schonenden Nutzung von Teilen des Amazonaswaldes neue Wege zu gehen. Die Errichtung von Nutzreservaten ging einher mit der Schaffung einer rechtlichen Absicherung des Waldlandes, das traditionell von Kautschuksammlern, Nußsammlern und anderen Anwohnern genutzt wurde. Zwar wurden keine individuellen Eigentumsrechte übertragen, jedoch behielten die einzelnen Familien ihre Rechte, innerhalb des Schutzgebiets ihre traditionellen Sammelgebiete weiter zu nutzen. Das Land darf nicht verkauft oder anderweitig verwendet werden, auf kleinen Flächen dürfen jedoch Pflanzungen für den Eigenverbrauch erfolgen. Zwanzig dieser Nutzreservate wurden vorgeschlagen; die ersten sechs wurden in Acre errichtet, einem der brasilianischen Bundesstaaten, der von der Abholzung der Wälder am stärksten bedroht ist.

Schlußfolgerungen

Ein gängiger Punkt im Hinblick auf viele Aspekte der Nutzung natürlicher Ressourcen ist die Notwendigkeit einer besseren Forschung. Dieser Bedarf wird wachsen: Indem Entwicklung und Wachstum voranschreiten, werden neue Probleme aufkommen. Wir wissen noch immer wenig darüber, wie die Ressourcenbasis ausreichend geschützt werden kann, um die wachsende Weltbevölkerung zu ernähren. Wir wissen wenig über die Verbesserung einfacher Technologien: Die Ausgestaltung der Oberflächenbewässerung und von Drainagesystemen hat sich über Jahre hinweg nicht verändert und dies ungeachtet einer wachsenden Nachfrage der

Bauern nach einer besseren Wassernutzung. Indem die Länder wohlhabender werden, verändern sich zwar die Ansprüche an ihre natürlichen Ressourcen, sie werden jedoch nicht geringer. Steigende Einkommen in den Industrieländern haben zu neuen Ansprüchen geführt – nach offenen Räumen, einer Erhaltung der Wildgebiete und nach anderen Erlebniswerten – die vor fünfzig Jahren nicht vorhergesehen werden konnten.

Forschungsarbeiten über die Erhaltung und die Nutzung der Naturschätze sollten hauptsächlich auf nationaler Ebene angesiedelt sein. Die CGIAR betont bereits stärker die Bedeutung der Forstwirtschaft, der Schädlingsbekämpfung, der Bodenerhaltung und der Bewässerung. Oft wird in den Ländern gesagt, sie glaubten an den Bedarf für eine umfassendere Agrarforschung. Dennoch: Obwohl die landwirtschaftliche Forschung, gemessen an ihren Erträgen, zu den bestmöglichen öffentlichen Investitionen gehört, geht die Unterstützung für die Forschung zurück. Wenn dieser Trend anhält, sind die Aussichten für eine umweltgerechte Intensivierung der Landwirtschaft in der Tat schlecht, und die Implikationen für den Schutz natürlicher Lebensräume vor Eingriffen sind nur in düsteren Farben zu malen.

Internationale Umweltprobleme

Internationale Umweltprobleme sind schwieriger lösbar als nationale; hierfür ausschlaggebend sind zwei Gründe. Erstens gibt es keine einzelne Instanz, die Maßnahmen beschließen und durchsetzen kann. Zweitens müssen Lösungen großen Unterschieden bei der Abwägung von Nutzen und Kosten für verschiedene Länder gerecht werden. Einige Länder können drängendere örtliche Probleme und weniger finanzielle Mittel haben, um diese lösen zu können. Um den Handlungsspielraum zu bewahren, müssen die reichen Länder in manchen Fällen den armen Ländern Gelder zur Verfügung stellen.

Angesichts der großen Unsicherheiten über die wahrscheinlichen Folgen des Treibhauseffekts würde eine umsichtige Politik solche Maßnahmen umfassen, welche sowohl das Emissionsvolumen reduzieren als auch die wirtschaftliche Entwicklung verbessern. Hierzu gehören zum Beispiel die Abschaffung von Subventionen für den Verbrauch fossiler Brennstoffe und die Rodung von Wäldern, Investitionen in eine verbesserte Information zur Vermeidung der Risiken einer kostspieligen Über- oder Unterreaktion, Vorsichtsmaßnahmen zur sofortigen Verminderung der Emissionen zu erträglichen Kosten und zur Reduzierung der Kosten einer künftigen Emissionseindämmung sowie finanzielle Transfers, um den Entwicklungsländern zu helfen, das Spektrum ihrer technologischen Wahlmöglichkeiten zu erweitern. Es sind pragmatischere internationale Schritte notwendig, um die Artenvielfalt zu bewahren. Die einzelnen Länder können mehr tun, um diese Ressourcen in ihrem eigenen Interesse zu schützen, zusätzliche Transfers werden aber nötig sein, um das Maß an Umweltschutz sicherzustellen, das sich der Rest der Welt wünscht.

Wenn sich umweltschädigende Wirkungen über nationale Grenzen hinweg bemerkbar machen, wird das Problem der Konzipierung und Durchführung von Maßnahmen noch erheblich komplizierter. Anders als im Falle eines einzelnen Landes kann man nicht auf ein gängiges gesetzliches Regelwerk, Regulierungskontrollen, wirtschaftliche Anreize und, wenn nötig, auf Zwangsmaßnahmen der nationalen Regierung zurückgreifen. Lösungen internationaler Umweltprobleme müssen auf gemeinsamen Grundsätzen und Regeln der Zusammenarbeit zwischen souveränen Staaten basieren, und sie müssen durch Überzeugungsarbeit und Verhandlungen gestützt werden. Die Festlegung von Prioritäten in der internationalen Umweltpolitik ist ebenfalls ein besonders komplexer Prozeß. Die Kosten des Nichtstuns können anderen Staaten auferlegt werden, die Vorteile von entsprechenden Schritten stellen sich unter Umständen nicht in den Ländern ein, die sich am stärksten engagieren. Vor allem bringt die Frage, wie den Interessen der Armen und der politisch Schwachen angemessen Rechnung getragen werden kann, ein besonders hohes Maß an Verantwortung für die mächtigeren Länder der Welt mit sich.

Vorangegangene Kapitel dieses Berichts haben die Ernsthaftigkeit verschiedener örtlicher Umweltprobleme in den ärmeren Ländern der Welt aufgezeigt. Dem gemeinsamen Anliegen wird nicht gedient, wenn internationale Fragen, um die sich hauptsächlich die reicheren Länder sorgen, in den Vordergrund gerückt werden und Mittel beanspruchen, die für die oben genannten drängenden Probleme zur Verfügung stehen müßten. Außerdem können die armen Länder mit Recht erwarten, daß sie dafür entlohnt werden, wenn sie sich den Umweltbesorgnissen der reichen Länder widmen. Es kann ein angemessener Ausgleich gefunden werden, jedoch nur, wenn die führenden Personen der Welt bereit sind, verantwortlich und pragmatisch zu handeln.

Drei Kategorien von Fragen bedürfen internationaler Lösungen. Erstens gibt es regionale Probleme, die dann entstehen, wenn Nachbarländer gemeinsam das gleiche Naturgut in Anspruch nehmen und die Handlungen eines Landes dabei die Verhältnisse des anderen beeinflussen. Hierzu gehören die meisten Probleme der grenzüberschreitenden Verschmutzung, einschließlich des sauren Regens und der Umgang mit internationalen Flußläufen oder Meeren von regionaler Bedeutung.

Zweitens verfügt die Welt über gemeinsame globale Umweltgüter wie die Atmosphäre und die großen Ozeane. Jede Handlungsweise eines Landes, das die „Gemeinschaftsgüter" beeinträchtigt, hat Wirkungen, wenn auch vielleicht recht geringe, auf alle anderen Länder. In diese Kategorie fallen die Anreicherung mit Treibhausgasen und der Abbau der Ozonschicht durch die Emission von FCKW. (Der Ausdruck „Gemeinschaftsgüter", wie er hier verwendet wird, reflektiert seine Bedeutung in der Standardliteratur über Umweltfragen und nicht zwangsläufig seinen Sinngehalt im internationalen Recht.)

Drittens gibt es Ressourcen, die eindeutig einem Land gehören, dennoch aber für die internationale Gemeinschaft Werte besitzen, die sich aber nicht in den Marktpreisen widerspiegeln. Hierzu gehören die tropischen Regenwälder, andere besondere ökologische Lebensräume und einzelne Arten.

Einige Lehren aus der Erfahrung

Ein wachsendes Bewußtsein für Umweltfragen hat sowohl auf internationaler als auch auf nationaler Ebene zu institutionellen Neuerungen geführt. Internationale Organisationen wie die EG, die OECD, die Organisation für Afrikanische Einheit und die Organisation Amerikanischer Staaten haben ihre Kooperationsfelder auf den Umweltschutz ausgedehnt. Ein ganzes Spektrum spezialisierter Einrichtungen, offizieller und nichtstaatlicher, befassen sich mit speziellen internationalen Umweltproblemen wie der Verschmutzung der Meere, der Handhabung von atomarem und giftigem Müll, dem Schutz bedrohter Arten und der Erhaltung von Erbgütern der Natur. Das UNEP spielt eine besondere koordinierende Rolle und war das wichtigste Forum für die Schaffung eines rechtlichen Rahmens für internationale Umweltfragen.

Internationales Recht: Seine Rolle und seine Grenzen

Die Nationen stehen zu internationalen Vereinbarungen über den Umweltschutz, weil sie diese als Angelegenheit von eigenem Interesse ansehen. Die Vorteile einer Zusammenarbeit können erheblich sein, wie jedoch in Sonderbeitrag 8.1 erklärt wird, sind mit der Durchsetzung und Überwachung internationaler Vereinbarungen verschiedene Probleme verbunden.

Der Aufbau eines internationalen Konsenses erfolgt oft nur langsam und ist kostspielig. Es dauerte über zehn Jahre bis zur Ausarbeitung der Seerechtskonvention der Vereinten Nationen (UNCLOS), und ein Jahrzehnt nach Abschluß der Verhandlungen ist sie noch immer nicht in Kraft getreten. Diese Zeit wurde nicht vollkommen verschwendet. Die Verhandlungen über die Seerechtskonvention führten zu einer Kodifizierung von Entscheidungen über die Errichtung ausschließlicher Wirtschaftszonen, die sich 200 Meilen seewärts erstrecken. Die meisten Länder haben die wirtschaftlichen und umweltpolitischen Vorteile einer „Nationalisierung" zuvor internationaler Gewässer erkannt und haben daher diese speziellen Maßnahmen ergriffen. Über die Schaffung einer supranationalen Behörde mit der Befugnis, eine gleichmäßige Verteilung und Verwaltung der Mineralvorkommen und anderer Naturschätze der Tiefsee sicherzustellen, gab es keine derartige Übereinstimmung.

Die Regierungen konnten jedoch eine Anzahl begrenzter Vereinbarungen über die Meeresverschmutzung abschließen. Internationale Konventionen verbieten die Verklappung radioaktiver und anderer Abfälle in den Ozeanen, und es gibt international vereinbarte Verfahren über die Behandlung sonstigen Abfalls. Von vielen Ländern wurden Richtlinien über den Seetransport gefährlicher Güter übernommen. Da die Richtlinien generell als beste Verfahrensmöglichkeiten anerkannt sind, haben die Spediteure einen starken Anreiz, diesen Folge zu leisten.

Inanspruchnahme und Aufbau nationaler Kapazitäten

Die effektive Durchsetzung der Maßnahmen zur Lösung internationaler Umweltprobleme liegt in der Hand der nationalen Regierungen, die letztlich dazu in der Lage sind, Maßnahmen zu erlassen und diese durchzusetzen. Die positiven Lehren der Errichtung einer 200-Meilen-Wirtschaftszone waren, daß es in Fällen, in denen eine Übertragung der Verantwortung für die Handhabung der Ressourcen auf die Nationen möglich war, diese wirksamer aktiv werden können als internationale Einrichtungen. Die Länder verfügen jetzt über die Anreize und die rechtlichen Möglichkeiten, ihre Fisch-

**Sonderbeitrag 8.1 Durchsetzung internationaler Verpflichtungen:
Wie das internationale Rechtssystem funktioniert**

Das internationale Rechtssystem unterscheidet sich in mehrfacher Hinsicht von nationalen Rechtssystemen. Nationale Rechtssysteme verfügen über eine Zentralmacht, die das Recht schafft, und über Institutionen, die den Rechtsbruch verfolgen und Rechtsbrecher bestrafen. Im internationalen Recht gibt es kein zentrales Organ der „Rechtsschaffung", keine zentrale Überwachungsstelle und keine Gerichte mit vollstreckbarer Rechtsprechung.

Dennoch reguliert internationales Recht mit Erfolg eine Vielzahl wirtschaftlicher, technischer und gesellschaftlicher Aktivitäten. Die meisten Staaten unterwerfen sich diesen Regeln freiwillig und akzeptieren eine gewisse Einschränkung ihrer Souveränität im Gegenzug für ähnliche Konzessionen anderer Staaten. Dies erklärt zum Beispiel, warum die Staaten internationale Regelungen über, sagen wir, die internationale Telekommunikation oder die Datensammlung über Epidemien schaffen – auf Gebieten also, auf denen das nationale Recht unzureichend ist.

Die Regeln des internationalen Rechts basieren entweder auf „Gewohnheiten" (staatlichen Praktiken oder Konventionen) oder auf ausdrücklichen Vertragsvereinbarungen. Wenn die Staaten der Auffassung sind, daß eine Kooperation in ihrem Interesse liegt, so verhandeln sie über eine Kodifizierung ihrer gemeinsamen Interessengebiete. Daraufhin können die Staaten entscheiden, ob sie Rechtsdokumente unterzeichnen, um damit ihre Zustimmung zu den Zielen zum Ausdruck zu bringen. Eine für die Staaten verbindliche Verpflichtung ergibt sich aber erst nach der Ratifizierung, und erst durch diesen Akt werden die entsprechenden Regelungen in das nationale Recht übernommen. Sind die internationalen Vereinbarungen erst einmal in das nationale Recht übernommen, so profitieren sie von Mechanismen zur Durchsetzung des Rechts, wie sie in jedem Staat geregelt sind. Verträge können darüber hinaus auch Mechanismen enthalten, wie die Vereinbarungen international durchgesetzt werden.

Der internationale Rechtsprozeß bietet verschiedene Mechanismen zur Überwachung und Durchsetzung. Zu diesen zählen die im Rahmen der Charta der Vereinten Nationen errichteten Gremien, und hier vor allem der Sicherheitsrat, diplomatische Missionen und Untersuchungsausschüsse, Prüfungs- und Berichtssysteme (zum Beispiel die von der Internationalen Arbeitsorganisation und den Konventionen über die Menschenrechte aufgestellten Systeme), sowie durch internationale Verträge geschaffene Mechanismen (zum Beispiel die Inspektion von Kernkraftwerken durch die Internationale Atomenergie-Agentur). Das internationale Recht stützt sich weitestgehend auf die Bereitschaft der Staaten, ihr Verhalten einer internationalen Überprüfung zu unterziehen.

Was kann getan werden, wenn ein Bruch einer internationalen Regelung entdeckt wird? Der Internationale Gerichtshof kann nicht tätig werden, ohne daß sich die streitenden Parteien einvernehmlich seiner Rechtsprechung unterwerfen. Andere Methoden der Konfliktlösung sind Schlichtungen, Vergleiche, Vermittlungen oder Verhandlungen. Das internationale Recht kann auf Sanktionen zurückgreifen, insbesondere auf solche, die in Körperschaften wie den Vereinten Nationen vereinbart wurden. Wie die jüngeren Reaktionen des Sicherheitsrates gegen die Invasion Kuwaits durch den Irak zeigen, können manche Sanktionen auch die Anwendung von Gewalt einschließen, um ihre Einhaltung durchzusetzen. Die meisten Sanktionen wenden jedoch politische und wirtschaftliche Druckmittel an.

---

gründe so zu verwalten, daß deren Wert maximiert wird. Zwar haben einige Länder ihre küstennahen Fischgründe übermäßig ausgebeutet, andere aber haben die Möglichkeiten weitsichtig genutzt. Die Perspektiven für die Fischerei haben sich in Ländern wie Australien, Island und Neuseeland drastisch verbessert.

Selbst wenn Länder den Wunsch haben, umweltpolitisch zu handeln, fehlt es ihnen doch oft an technischen und administrativen Kapazitäten. Erfahrungen mit „weichen Regelungen" – nicht verpflichtende internationale Richtlinien, die von anerkannten Experten ausgearbeitet wurden – zeigen einen beträchtlichen Bedarf für technische Beratung in Umweltfragen. Bereits jetzt umfassen einige internationale Vereinbarungen Vorkehrungen für die technische und finanzielle Durchführungshilfe – das Montrealer Protokoll ist hierfür ein Beispiel – und die Globale Umweltfazilität bietet Unterstützung bei der Umsetzung der Konvention über die Verhinderung der Verschmutzung durch Schiffe (MARPOL) an. Solche Initiativen müssen gestärkt werden.

Gelder für internationale Umweltinitiativen

Die potentiellen Partner eines internationalen Umweltabkommens werden davon nur selten in gleichem Maße profitieren oder Einbußen erleiden.

Wenn eine Übereinkunft funktionieren soll, muß sie entweder so ausreichend hohe Effizienzgewinne mit sich bringen, daß sich davon alle Parteien versprechen können, bessergestellt zu werden (was selten vorkommt), oder die Länder müssen bereit sein, Transferzahlungen auszuhandeln, um denjenigen zu helfen, die auf der Verliererseite stehen. Sonderbeitrag 8.2 illustriert einige dieser Aspekte in bezug auf das Problem des sauren Regens in Europa. Die Einigung über solche Transferzahlungen ist nicht einfach. Die vielen potentiellen Partner bei einer solchen Übereinkunft haben vielleicht nicht die gleiche Auffassung über die Dringlichkeit des Problems oder über mögliche Lösungen. Es ist extrem schwierig, sicherzustellen, daß den Ländern weder zuviel noch zu wenig gezahlt wird, verglichen mit den zusätzlichen Kosten, die bei der Erfüllung ihrer internationalen Verpflichtungen anfallen. Jedes Land hat einen Anreiz, die Kosten und Nutzen der in Angriff zu nehmenden Maßnahmen zu verzerren.

Zwar bieten zwischenstaatliche Transferleistungen eine wirksame Möglichkeit, um internationale Vereinbarungen funktionsfähig zu machen, doch bedeutet dies nicht, daß einzelne Verschmutzer in den Empfängerländern subventioniert werden sollten. Auf nationaler Ebene gibt es wirksamere Möglichkeiten, um eine Umweltverschmutzung zu unterbinden (siehe Kapitel 3). Den einzelnen Ländern sollte es gestattet sein, die Maßnahmen zu ergreifen, die sich am besten in das bestehende Umfeld einfügen. Mit internationalen Vereinbarungen sollten nationale Ziele, nicht aber nationale Maßnahmen festgeschrieben werden, um diese Ziele zu erreichen. Um eine Beeinflussung der nationalen Politik zu vermeiden, sollten Transferzahlungen in Form von Pauschalzahlungen vorgenommen werden, anstatt in Gestalt von Finanzmitteln zur Finanzierung spezifischer Investitionen.

Beispiel eines regionalen Problems:
Internationale Wasserströme

Über Jahrhunderte hinweg haben sich Länder über die Handhabung internationaler Wasserströme ent-

---

Sonderbeitrag 8.2   Die Verhandlungen über den sauren Regen in Europa

Der saure Regen in Europa steht in Verbindung mit der Säurebildung in den Seen Skandinaviens, dem Waldsterben in Mitteleuropa und der Schädigung von Eigentum in vielen Ländern. Eine der Hauptursachen des sauren Regens ist die Freisetzung von Schwefeldioxid durch Kraftwerke und andere Großverbrennungsanlagen. Etwa die Hälfte aller Schwefelablagerungen innerhalb Europas sind grenzüberschreitend, so daß zur Eindämmung des sauren Regens internationale Vereinbarungen erforderlich sind. Im Jahr 1985 unterzeichneten einundzwanzig Länder das Helsinki-Protokoll zur Reduzierung ihrer Schwefeldioxidemissionen bis 1993 auf höchstens 70 Prozent des Niveaus von 1980. Weitere dreizehn Länder, darunter Großbritannien, Polen und Spanien, unterzeichneten das Protokoll nicht.

Einheitsziele dieser Art sind äußerst unwirksam, da sich Kosten wie Nutzen verringerter Schwefelemissionen sehr stark von Land zu Land unterscheiden. Eine Untersuchung ermittelte, daß der von den Kosten her gesehen wirksamste Weg zur Reduzierung der gesamten Schwefelemissionen um 30 Prozent darin besteht, daß fünf Länder (darunter Großbritannien, Jugoslawien und Ungarn) ihre Freisetzungen um 60 Prozent verringern, und zehn Länder (darunter Schweden, Spanien und die ehemalige UdSSR) ihre Menge um weniger als 10 Prozent abbauen.

Es besteht Uneinigkeit darüber, ob der Gesamtnutzen einer Eindämmung der Schwefelemissionen höher liegt als die entsprechenden Kosten; ausschlaggebend hierfür ist, daß die Nutzeneffekte schwierig zu messen sind. Eine andere Untersuchung, die diese Nutzeneffekte aus dem Verhalten der Regierungen ableitete, kam zu dem Ergebnis, daß eine Verringerung der gesamten europäischen Schwefelemissionen um 39 Prozent gerechtfertigt wäre, es jedoch von Land zu Land ganz erhebliche Unterschiede bei den Reduzierungszielen geben würde. Der zusammengefaßte Nettonutzen einer Reduzierung der Schwefelemissionen wäre beträchtlich. Drei Länder jedoch – Großbritannien, Italien und Spanien – würden erhebliche Netto-Verluste verzeichnen. Ohne eine Art von Vergütung für ihre zusätzlichen Kosten wären sie nicht zu einer Zusammenarbeit bei der Emissionsverringerung bereit. Dennoch hätten die Netto-Gewinner einen starken Anreiz zu Zahlungen an die Netto-Verlierer, um damit eine Vereinbarung zu ermöglichen, da sich die gesamten Netto-Verluste auf weniger als 10 Prozent der gesamten Netto-Gewinne belaufen. Eine der offenkundigen Schwierigkeiten besteht darin, daß aufgrund der vorherrschenden Windrichtung die größten Netto-Profiteure Länder Mittel- und Osteuropas sind, und diese wiederum erheblich ärmer sind als die Netto-Verlierer. Aber selbst wenn die Emissionsreduzierungen und die Zahlungen an die Netto-Verlierer auf die EG-Länder beschränkt würden, könnten alle Parteien per saldo davon profitieren.

zweit und darüber verhandelt. Mehr als 200 Verträge wurden über Wasserfragen zwischen einzelnen Ländern unterzeichnet, jedoch überwiegend in Europa und Nordamerika. Über viele Flüsse, die durch Entwicklungsländer strömen, sind noch immer keine derartigen Vereinbarungen getroffen worden. Im Laufe der Zeit hat der Bedarf für eine internationale Zusammenarbeit zugenommen. Eine expandierende Bevölkerung und steigende Lebensstandards haben die Nachfrage nach Wasser gesteigert. Die technischen Fähigkeiten zur Inanspruchnahme von Wasserressourcen haben sich verbessert. Die Anzahl der Nationalstaaten ist gestiegen, und die Menschen machen sich jetzt größere Sorgen um die Umwelt. Es steht eine Menge auf dem Spiel. Über 200 Stromgebiete, die mehr als die Hälfte der Landgebiete der Welt erfassen, werden von mehr als einem Land genutzt. Über 40 Prozent der Weltbevölkerung lebt in Stromgebieten, die nationale Grenzen berühren.

Die optimale Lösung für eine Handhabung internationaler Wasserströme läßt sich am ehesten finden, wenn alle Anrainerstaaten miteinander kooperieren. Erstens hat eine Vereinbarung über Stromgebiete eine Verteilungsdimension – d. h. sie beinhaltet die Aufteilung einer knappen produktiven Ressource –, was zu Streitigkeiten führen kann oder Vereinbarungen unter Umständen gänzlich unmöglich werden läßt. Die am Oberlauf des Flusses sehen womöglich wenig Veranlassung, den Wasserfluß in die flußabwärts liegenden Länder zu steigern. Oft bedürfen Länder starker Impulse, wie etwa eines drohenden bewaffneten Konflikts oder der Wahrscheinlichkeit eines permanenten Wasserverlusts für alle, bevor sie sich auf einen Kompromiß einlassen. Ein zweites Hindernis besteht in der Ermangelung eines klaren internationalen Rechts in dieser Frage. Es gibt keine globale Konvention, die vereinbarte Rechtsnormen über internationale Wasserverläufe enthält – in der Tat gibt es nicht einmal eine allgemein akzeptierte Definition eines internationalen Wasserlaufs. Die Arbeit verschiedener internationaler Gremien und Juristen hat jedoch zwei anerkannte Grundprinzipien hervorgebracht: Jedes Land hat die Pflicht, anderen keinen nennenswerten Schaden zuzufügen, die den gleichen Wasserlauf teilen, und die Wasserrechte sollten zwischen den beteiligten Parteien gleichmäßig verteilt werden.

Eine der erfolgreichsten Vereinbarungen über internationale Wasserläufe ist die Aufteilung des Indus-Stromgebiets zwischen Indien und Pakistan. Nach der Teilung im Jahr 1947 war Pakistan im Hinblick auf seine Bewässerung von Indien größtenteils abhängig. Nach dreizehn Jahren des Disputs standen beide Länder am Rande des Kriegs; 1960 vereinbarten sie eine Aufteilung der Flüsse des Indus-Systems. Verschiedene Faktoren – davon einige, die nur schwierig duplizierbar sind – begünstigten den Erfolg. Erstens hatten Indien und Pakistan starkes Eigeninteresse an einem Kompromiß: Beide benötigten eine adäquate Wasserversorgung für die Bewässerung, die technischen Informationen standen unmittelbar zur Verfügung, und keines der beiden Länder wollte einen bewaffneten Konflikt. Zweitens wurde die Vereinbarung mit Hilfe einer dritten Partei erreicht, nämlich der Weltbank. Drittens gewährten ausländische Geber und die Weltbank einen Gesamtbetrag von 720 Mio Dollar, zusätzlich zu Indiens Beitrag von 174 Mio Dollar, um Pakistan bei der Durchführung der Arbeiten zur Kompensierung der Wassermengen zu unterstützen, die Indien zugeteilt worden waren. Schließlich wurde der Koordinierungsbedarf dadurch minimiert, daß der Vereinbarung zufolge jedem Land der Wasserstrom separater Flüsse des Stromnetzes zugeteilt worden war.

Es gibt weitere Beispiele für eine Zusammenarbeit: Im Hinblick auf den Sambesi wurde zum Beispiel eine Vereinbarung getroffen, die sich nicht nur auf den Wasserstrom erstreckte, sondern auch auf andere umweltbezogene Aspekte der Flußverwaltung. Ein anderer innovativer Fall ist der des Lesotho-Hochland-Wasserprojekts, wo zwischenstaatliche Zahlungen die Kooperation erleichterten. Lesotho hat umfangreiche Anlagen am Sengu errichtet, um Südafrika mit Wasser zu versorgen. Im Gegenzug hat Südafrika die dafür aufgenommenen Kreditmittel beschafft und besorgt den Schuldendienst. Lesotho profitiert von den Wassergebühren, die Südafrika bezahlt, während Südafrika die Kosten seiner Wasserversorgung reduzierte, weil Lesotho der bessere Ort für den Bau des Dammes war.

In vielen anderen Fällen war es schwierig, praktikable Lösungen zu finden. Ein Beispiel ist der Nil. Die Flußlänge beträgt 6.800 Kilometer, und er strömt durch drei Klimazonen und neun Länder. Zwar hätte eine koordinierte Verwaltung für die Wasserbevorratung, die Bewässerungssysteme und die Eindämmung der Bodenerosion für das gesamte Stromnetz potentielle Vorteile für alle beteiligten Länder, jedoch gibt es keine Vereinbarung, die sich auf das gesamte Nilgebiet erstreckt. Die Unfähigkeit zur Aushandlung eines Kompromisses hat die Realisierung der Nutzeneffekte einer Kooperation verhindert, wenngleich die jüngere Errichtung einer

Koordinierungsgruppe der Anrainerstaaten eine positive Entwicklung darstellt.

Um auf eine Zusammenarbeit hinzuwirken, hat die Weltbank Leitlinien aufgestellt, die zur Finanzierung von internationalen Flußprojekten verwendet werden sollen. Diese erfordern, daß andere Länder entlang des Flusses benachrichtigt werden. Ziel ist es, sicherzustellen, daß das Projekt nicht die Interessen der anderen Länder spürbar beeinträchtigt und es ausgeschlossen ist, daß das Projekt unter deren möglichen Plänen leidet.

*Beispiel für ein globales Problem:
die Ozonschicht und das Montrealer Protokoll*

Das Montrealer Protokoll über Substanzen, die die Ozonschicht zerstören, unterzeichnet im Jahr 1987, ist ein bahnbrechendes internationales Abkommen im Bereich der umweltpolitischen „Global-Übel". Das Protokoll zielt darauf ab, den Verbrauch und damit die Freisetzung von FCKW und verwandten Substanzen einzudämmen, die die Ozonschicht zerstören (siehe Kapitel 2). Mitte der achtziger Jahre belief sich der Weltverbrauch von FCKW auf etwa 1 Mio Tonnen pro Jahr; 80 Prozent davon entfielen auf die Industrieländer.

DER WEG ZUR VEREINBARUNG. Die ersten Hinweise auf eine nicht zu vernachlässigende Wirkung des FCKW stammen aus den frühen siebziger Jahren. Im Jahr 1977 verbot der Kongreß der Vereinigten Staaten das FCKW in Aerosolen. Dieses Verbot stimulierte die Entwicklung alternativer Technologien, und zwar zu niedrigeren Kosten als vorhergesagt, wodurch die Befürchtung, ein schrittweiser Verzicht auf das FCKW wäre unmöglich und unverantwortbar kostspielig, gedämpft wurde. Die Belege für eine Schädigung der Ozonschicht kumulierten sich weiter, und, obwohl Unsicherheiten verblieben, wurden in den späten achtziger Jahren zunehmend ehrgeizigere Vereinbarungen getroffen, die 1990 schließlich ihren Höhepunkt in einer bindenden Verpflichtung fanden, den Verbrauch von FCKW und verwandten Chemikalien in den Industrieländern bis zum Jahr 2000 völlig auszuschließen.

Das Montrealer Protokoll und seine anschließenden Revisionen sehen vor, daß der FCKW-Verbrauch der Entwicklungsländer bis zu einem bestimmten Grenzwert ansteigen darf und 1996 eingefroren wird; danach muß er bis zum Jahr 2010 schrittweise bis auf Null abgebaut werden. Der Handel zwischen den Vertragsparteien und mit Nicht-Vertragsparteien des Protokolls mit Substanzen, die durch das Protokoll kontrolliert werden, mit Produkten, die mit ihnen hergestellt werden, und mit Produkten, die diese Substanzen enthalten, wurde verboten. Dennoch werden die Chlorgaskonzentrationen in der Atmosphäre wohl kaum bis zum Ende des Jahrhunderts auf ihr Niveau vor Ingebrauchnahme des FCKW zurückgehen. Die Vereinbarung umschließt auch zwei wichtige neue Regelungen: einen multilateralen Interimsfonds, um den Entwicklungsländern zu helfen, FCKW-Ersatzstoffe zu verwenden, wenn dies zu Mehrkosten führt, und Klauseln über den Technologietransfer, die die Vertragsparteien drängen, den Transfer der besten Technologie „unter fairen und meistbegünstigenden Bedingungen" sicherzustellen. Der Fonds wurde für eine Pilotphase von drei Jahren geschaffen. Für diesen Zeitraum wurden die Sonderkosten einer schrittweisen Abschaffung des FCKW-Verbrauchs für alle Länder, die sich den Erwartungen nach für eine Unterstützung qualifizieren, auf 240 Mio Dollar geschätzt.

ZUKUNFTSFRAGEN. Das Montrealer Protokoll, zusammen mit den Vereinbarungen über finanzielle und technische Hilfe, ist ein Pilotprogramm. Wenn das Programm zur Überprüfung ansteht, werden zu den wichtigsten Fragen die folgenden zählen:

• *Sicherstellung, daß das Programm sich nicht nachteilig auf wirksame Maßnahmen zum schrittweisen Verwendungsabbau der kontrollierten Substanzen auswirkt.* Die Länder verfügen über eine Reihe wirtschaftspolitischer Optionen. Eine Möglichkeit besteht für die Regierungen darin, alternative Technologien zu finden und in diese zu investieren. Dieser Ansatz bezieht die Regierungen in Aufgabenstellungen ein, für die sie im allgemeinen nicht geeignet sind: die Auswahl guter Investitionsprojekte. Die Finanzierung spezifischer Investitionen hat jedoch den Vorteil, daß der Einsatz finanzieller Mittel für die Geber und die örtliche Industrie transparenter wird. Eine Alternative liegt im Einsatz marktorientierter Mechanismen – zum Beispiel die Verteilung einiger Einfuhrquoten durch Versteigerung in Singapur. Solche Maßnahmen bieten dem Privatsektor Anreize, zum jeweils billigsten Substitutionsverfahren zu greifen, und sie ermuntern den Verbraucher, zu weniger FCKW-intensiven Produkten zu wechseln; es könnte jedoch schwieriger sein, die damit verbundenen Zusatzkosten zu kalkulieren.

• *Gesamtkosten.* Der Interimsfonds stellt nur für die ersten drei Jahre des Programms Finanzmittel bereit. Die endgültigen Kosten können erheblich höher sein, und eine Ausweitung der Mittel kann erforderlich werden.

• *Übergangsfristen.* Den Entwicklungsländern wurden längere Übergangsfristen gewährt als den Industrieländern. Wenn diese Fristen jedoch nur dazu genutzt würden, Handlungen hinauszuschieben, würden sie freilich ihrer Intention nicht gerecht, die darin liegt, die Anpassungslasten der Entwicklungsländer so gering wie möglich zu halten. Die gegenwärtigen Vereinbarungen bieten keinen Anreiz für einen schnelleren als vertragsmäßig vorgesehenen Verzicht, obwohl die Vorteile eines rascheren Vorgehens nunmehr nach allgemeiner Auffassung größer sind als die entsprechenden Kosten. Dessenungeachtet planen einige Entwicklungsländer, schneller auf FCKW zu verzichten als vorgeschrieben, und die Privatindustrie vieler Länder ist nachhaltig dabei, nach Ersatzstoffen zu suchen.

Das Montrealer Protokoll wird oft als Beispiel dafür angesehen, was durch internationale Zusammenarbeit erreichbar ist. In der Realität könnte sich das Montrealer Protokoll jedoch mehr als Sonderfall denn als Modell für das Vorgehen bei komplexeren und kostspieligeren globalen Fragen erweisen, wie etwa denen im Zusammenhang mit dem Treibhauseffekt oder der Artenvielfalt. Eine Reihe von begünstigenden Faktoren kamen beim Montrealer Protokoll zusammen. Hierzu gehörten zum Beispiel:

• Es fiel leichter zu handeln, nachdem die Schädigung der Ozonschicht tatsächlich beobachtet werden konnte und nicht nur von der Wissenschaft postuliert wurde.

• Es ist nur eine kleine Gruppe von Produkten betroffen, deren Ersetzung zwar teurer wird, aber technisch möglich erscheint.

• Die Tatsache, daß es weltweit nur wenige Produzenten gibt, und daß die wichtigsten FCKW-Erzeuger auch die Hauptsubstitute herstellen, läßt eine wirksame Umsetzung wahrscheinlicher werden.

Die meisten der Vertragspartner des Montrealer Protokolls gingen daher davon aus, daß die Vorteile einer Kooperation größer wären als die Kosten bei einer Ablehnung. Aus den Verhandlungen lassen sich eine Reihe weiterer wichtiger Schlüsse ziehen:

• Selbst bei einem Problem, das mit relativ geringen Kosten angegangen werden kann, können die erforderlichen Verhandlungen recht umfassend sein.

• Die explizite Einbeziehung von Zahlungen in das formale Vertragswerk, mit denen die Kosten eines schrittweisen Abbaus des FCKW-Verbrauchs aufgefangen werden konnten, trug dazu bei, daß einige der wichtigsten Parteien in das Abkommen einbezogen werden konnten.

• Zahlungen an Länder, die für eine Unterstützung in Frage kamen, erwiesen sich als durchaus mühevolle Angelegenheit. Ende 1991 waren die Einzahlungen in den Fonds nicht in der vorgesehenen Höhe eingegangen (weniger als die Hälfte der fälligen Einzahlungen waren eingegangen), und es gab noch keinen reibungslos funktionierenden Mechanismus für die Auszahlung von Mitteln.

Reaktionen auf die Gefahr des Treibhauseffekts

Der Treibhauseffekt ist ein globales Problem, weil die Freisetzung von Treibhausgasen ungeachtet ihrer Herkunft das Klima beeinträchtigt. Die Kosten und Nutzen von Maßnahmen zur Linderung des Treibhauseffekts können sich jedoch von Land zu Land unterschiedlich darstellen. Infolgedessen werden die Verhandlungen in Richtung auf ein wie auch immer ausgestaltetes internationales Abkommen über die Erwärmung der Erdatmosphäre schwierig und langwierig sein.

Zu den in Rechnung zu stellenden Faktoren gehören die folgenden:

• Klimatische Veränderungen werden von Land zu Land unterschiedlich ausfallen. Regionale Klimavorhersagen sind höchst ungewiß. Die vorliegenden Belege deuten darauf hin, daß die klimatischen Veränderungen in den äquatorialen Gebieten geringer sind, sich aber schneller vollziehen als in den gemäßigten Zonen.

• Im ländermäßigen Vergleich werden die Schäden unterschiedlich ausfallen. In einigen Ländern wird man der Auffassung sein, daß sich das Klima verbessert und daraus Vorteile erwachsen, während in anderen Ländern solche Effekte wie ein mäßiger Rückgang der Regenfälle als schwerwiegender Schaden angesehen wird. Selbst wenn sich die klimatischen Veränderungen nach einem ähnlichen Muster vollziehen, können die Länder unterschiedlich betroffen sein, und zwar auf Grund von Unterschieden in der Ökologie, der wirtschaftlichen Aktivität oder im Stellenwert natürlicher Lebensräume oder anderer Umweltgüter.

• Die Länder sind in unterschiedlichem Maße für die Freisetzung von Treibhausgasen verantwortlich. Die reicheren Länder haben über viele Jahre hinweg größere Mengen freigesetzt und zu einem überproportionalen Anteil akkumulierter Gase in der Atmosphäre beigetragen (etwa 60 Prozent des Kohlendioxids aus fossilen Brennstoffen stammt aus den reicheren Ländern). Andererseits wachsen die Emissionen der Länder mit niedrigem Einkommen, ausgehend von einer niedrigeren Basis, schneller und werden in der Zukunft ein höheres Gewicht haben.

• Maßnahmen zur Verringerung der freigesetzten Stoffe sind eine Antwort auf die Gefahr klimatischer Veränderungen – mit ihrer Hilfe wird versucht, das Problem zu vermeiden. Eine andere Möglichkeit stellen Anpassungsmaßnahmen dar, und zwar in Gestalt von Investitionen in Aktiva, die den Einfluß klimatischer Veränderungen auf wirtschaftliche und gesellschaftliche Aktivitäten verringern. Die relativen Kosten und Nutzen dieser beiden Vorgehensweisen werden von Land zu Land unterschiedlich ausfallen.

• Einige Länder sind stark abhängig von der Ausfuhr fossiler Brennstoffe, und sie würden wohl unter Maßnahmen zur Verringerung des entsprechenden weltweiten Verbrauchs leiden. Um die Nachfrage zu stimulieren, könnten sie auf solche Schritte mit Preissenkungen reagieren.

Ungeachtet dieser Schwierigkeiten gibt es verschiedene Maßnahmen, die auf nationaler und internationaler Ebene ergriffen werden können, um den gegenwärtigen Umfang freigesetzter Treibhausgase zu verringern und die Welt besser in die Lage zu versetzen, das Problem anzugehen. In mehrfacher Hinsicht überschneiden sich solche Maßnahmen mit Schritten zur Förderung einer leistungsfähigeren Erzeugung und eines effizienten Verbrauchs von Energie und der Entwicklung sauberer Energietechniken, die in Kapitel 6 genannt werden.

Unsicherheiten und die Bandbreite alternativer Maßnahmen

Abgesehen von den Problemen im Hinblick auf die Einigung über eine globale Strategie gibt es zwei fundamentale Gründe, weshalb es außergewöhnlich schwierig ist, eine geeignete Antwort auf die Erwärmung der Erdatmosphäre zu finden.

Erstens ist nicht zu vermeiden, daß zwischen Maßnahmen und deren Wirkungen lange zeitliche Abstände bestehen. Selbst wenn sofort stringente Maßnahmen zur Verringerung der Freisetzung langlebiger Treibhausgase ergriffen würden, so würden sich diese doch noch bis spät in das nächste Jahrhundert hinein in zunehmendem Maße in der Atmosphäre konzentrieren. Dies bedeutet, daß sich eine gewisse klimatische Veränderung mit Sicherheit vollzieht und wahrscheinlich Investitionen erforderlich werden, um diese Wirkungen abzumildern – gleichgültig, welche Umweltpolitik verfolgt wird.

Zweitens besteht eine große Unsicherheit über die Beziehungen zwischen einer Konzentration der Gase in der Atmosphäre und klimatischen Veränderungen sowie den wirtschaftlichen und sozialen Effekten des Treibhauseffekts (siehe Kapitel 2). Die Forschungsarbeiten während der letzten dreißig Jahre haben viele Ergebnisse gebracht (Sonderbeitrag 8.3), über entscheidende Beziehungen gibt es aber nach wie vor nur sehr unzureichende Kenntnisse, und die Spannweite möglicher Entwicklungen ist immer noch ganz erheblich. Einige Wissenschaftler sorgen sich über die Möglichkeit einer unumkehrbaren Veränderung der Ökosysteme oder über Grenzwerte, nach deren Überschreiten sich klimatische Veränderungen rasch beschleunigen. Ein Teil der Wissenschaft zieht den Schluß, daß diese Unsicherheiten die Dringlichkeit sofortiger und stringenter Maßnahmen unterstreichen, während andere Forscher schlußfolgern, daß eine derartige Reaktion ohne bessere Wissensgrundlagen nicht angezeigt ist.

Die Vielzahl möglicher Maßnahmen der Umweltpolitik läßt sich grob in drei Kategorien untergliedern:

• *Nichtstun.* Finanzierung weiterer Forschungsarbeiten, jedoch keine Übernahme weiterer Kosten, bis Ausmaß und Implikationen der Erwärmung klarer werden.

• *Rückversicherungsmaßnahmen.* Ergreifen von Vorsichtsmaßnahmen mit gemäßigtem Kostenaufwand in der Gegenwart, aber kostendämpfenden Wirkungen im Falle eines zukünftig erforderlich werdenden umfassenderen Maßnahmenpakets. Je größeres Gewicht auf die schlimmstmöglichen Folgen einer Klimaveränderung gelegt wird, selbst wenn diese nur sehr geringe Eintrittswahrscheinlichkeiten haben, desto höhere finanzielle Mittel sollten für solche Vorsichtsmaßnahmen aufgewendet werden.

• *Sofortmaßnahmen zur Stabilisierung oder Verringerung des Gesamtausstoßes von Treibhausgasen.* Welcher dieser Optionen der Vorzug gegeben wird, ist abhängig von der Einschätzung der relativen Kosten und Nutzen einer Abschwächung der Erwärmung durch den Treibhauseffekt. In allen drei Fällen sind alle Maßnahmen begrüßenswert, die – wie die Abschaffung von Subventionen des Ener-

Sonderbeitrag 8.3   Wie sich der Kenntnisstand über Treibhausgase und das Klima entwickelt hat

Über Jahrzehnte hinweg haben Wissenschaftler die klimatischen Wirkungen von Treibhausgas (THG) untersucht. Im Jahr 1827 ersann Fourier die Theorie des Treibhauseffekts. Arrhenius veröffentlichte im Jahr 1896 eine Analyse der möglichen klimatischen Veränderungen infolge der industriellen Freisetzung aufsteigender aktiver Gase. Zu Beginn des zwanzigsten Jahrhunderts gab es eine lebhafte wissenschaftliche Debatte, ob Kohlendioxide in der Atmosphäre zunehmen und zu einer Erwärmung führen würden oder ob sie abnähmen und es so zu einer Abkühlung käme. Wichtige Fortschritte bei der Messung von Treibhausgaskonzentrationen und physikalische Berechnungen des Treibhauseffekts stammen aus den fünfziger und sechziger Jahren. Kohlendioxidkonzentrationen wurden erstmals als nationales Problem in den Vereinigten Staaten erwähnt, und zwar in einem Bericht des wissenschaftlichen Beratungsausschusses des Präsidenten im Jahr 1965.

In den siebziger Jahren verlagerte sich die Aufmerksamkeit von der Treibhauserwärmung auf die Möglichkeit einer globalen Abkühlung, was zum Teil auf den 1940 einsetzenden Abkühlungstrend zurückzuführen war. Zu Beginn der achtziger Jahre lebten die Befürchtungen über eine weltweite Erwärmung wieder auf, was wiederum teilweise damit zusammenhing, daß die Temperaturentwicklung ein Ende des Abkühlungstrends anzeigte. Bis Mitte der achtziger Jahre hatten eine Reihe nationaler und internationaler Wissenschaftsforen Berichte veröffentlicht, die nahelegten, daß die mittlere Welttemperatur irgendwann im einundzwanzigsten Jahrhundert um 1,5 bis 4,5 Grad Celsius (und möglicherweise mehr) ansteigen würde (Carbon Dioxide Assessment Committee 1983; Bolin und andere 1986).

Was sind die Lehren?

- Die vielleicht wichtigste Lehre der jüngeren wissenschaftlichen Forschung über die weltweite Erwärmung ist die Bedeutung vorübergehender Veränderungen (der im Zeitverlauf zu verzeichnende Veränderungspfad vor dem Hintergrund zeitlicher Verzögerungen im Klimasystem) im Vergleich zu Gleichgewichtsveränderungen (die Veränderung, die sich nach voller Wirkung aller zeitlichen Verzögerungen auf das System einstellen würde, was Jahrzehnte, wenn nicht Jahrhunderte, dauern kann). Leider können vorübergehende klimatische Veränderungen nur äußerst grob simuliert werden.

- Anspruchsvollere Analysen der historischen Temperaturentwicklungen deuten darauf hin, daß der Einfluß von Treibhausgasen auf die Temperatur im unteren Bereich der Vorhersagen der Klimamodelle liegen dürfte.

- In den frühen achtziger Jahren wurde ein Anstieg des Meeresspiegels um mehrere Meter als möglich erachtet. Im Jahr 1990 schwankten die Schätzungen zwischen 0,2 und 0,7 Meter bis zum Jahr 2070 (Houghton, Jenkins und Ephraums 1990).

Was könnten die Lehren sein?

Verbesserungen der Berechnungsmöglichkeiten werden verfeinerte Simulationen über den Pfad der klimatischen Veränderungen gestatten sowie ein besseres Verständnis zentraler klimatischer Prozesse, wie die Rückwirkungen auf die Wolkenbildung und die Ozeane, ermöglichen. Verbesserungen bei der Sammlung und der Analyse von Temperaturdaten würden die Wissenschaftler in die Lage versetzen, die Ergebnisse ihrer Klimamodelle zu verifizieren. Schließlich könnten detailliertere Wirkungsanalysen, zusammen mit besseren Schätzungen über zeitliche Verläufe und die regionale Verteilung der Veränderungen, dazu beitragen, die Kosten und Nutzen alternativer Maßnahmen abzuschätzen.

---

gieverbrauchs – gleichzeitig auf eine verbesserte wirtschaftliche Leistung und eine verringerte Freisetzung von Treibhausgasen hinwirken.

DIE VORTEILE EINER ABSCHWÄCHUNG DES TREIBHAUSEFFEKTS. Die klimatischen Veränderungen, die sich durch die für das nächste Jahrhundert vorhergesagte ansteigende Konzentration der Treibhausgase vollziehen könnten, könnten weitreichende Wirkungen haben.

- Landwirtschaft und Viehzucht würden beeinflußt, wenngleich es ungewiß ist, ob das weltweite landwirtschaftliche Potential zu- oder abnehmen würde. In einigen Gebieten könnten die Effekte erheblichen Umfang erreichen, vor allem in den heutigen Randgebieten. Es liegen nicht genügend Belege vor, um Rückschlüsse auf systematische Gewinne oder Verluste für die Entwicklungsländer zu ziehen.

- Wälder und andere natürliche Ökosysteme könnten in Gefahr geraten. Einige Arten oder Ökosysteme könnten im Endeffekt verloren gehen, andere wiederum könnten sich bestens entwickeln, wenn sich die für ihr Wachstum besonders geeigneten Gebiete ausdehnen.

- Ansiedlungen der Menschen, vor allem in Gebieten, die bereits heute bedroht sind durch Überschwemmungen, Trockenheit, Erdrutsche und

Orkane, könnten erheblich in Mitleidenschaft gezogen werden. Ein Anstieg des Meeresspiegels könnte Agrarflächen in stark bevölkerten und tiefliegenden Küstengebieten überschwemmen. Von Bazillen und Viren verursachte Erkrankungen könnten sich auf höher gelegene Gebiete ausdehnen und weitere Teile der Bevölkerung bedrohen. In einigen Gebieten könnten sich jedoch die klimatischen Bedingungen für menschliche Ansiedlungen auch verbessern.

Jedes komplexe und nur rudimentär verstandene System kann Überraschungsmomente bereithalten. Dies gilt auch im Hinblick auf das Klima und seinen Einfluß auf menschliche Gesellschaften und natürliche Ökosysteme. Ein globaler Temperaturanstieg könnte radikale Veränderungen verursachen, wenngleich sich deren Umfang und Wahrscheinlichkeit noch nicht analysieren lassen. Es ist noch nicht möglich, diese Veränderungen ernsthaft in Erwägung zu ziehen oder sie auszuschließen, und es ist unmöglich, die damit verbundenen Schäden ohne ein besseres Verständnis darüber abzuschätzen, wie es zu solchen Veränderungen kommen kann und worin sie bestehen könnten.

Detaillierte Untersuchungen über die möglichen Schäden von Klimaveränderungen wurden bislang nur für Industrieländer in Angriff genommen, insbesondere im Hinblick auf die Vereinigten Staaten. Die bislang verfügbaren, nur sehr lückenhaften Belege deuten darauf hin, daß die Schäden wahrscheinlich relativ bescheiden ausfallen. Eine Untersuchung (IPCC 1990) schätzt die Kosten von Schutzmaßnahmen gegen Überschwemmungen bei einem Anstieg des Meeresspiegels um 1 Meter auf 0,04 Prozent des weltweiten BIP. Für einige Länder jedoch, wie etwa kleine Inselstaaten, wären die Kosten weit höher. Untersuchungen für die Vereinigten Staaten veranschlagten die Kosten einer Anpassung an klimatische Veränderungen infolge einer doppelt so hohen Kohlendioxidkonzentration auf etwa 1 Prozent des BIP (Cline 1991; Nordhaus 1990, 1991, 1992 und National Academy of Sciences, erscheint demnächst). Bei einer längerfristigen Erwärmung über die nächsten 250 Jahre hinweg, könnten sich die Kosten in den Vereinigten Staaten auf 6 Prozent des BIP belaufen (Cline 1991). Wie bereits weiter oben betont wurde, unterliegen diese Schätzungen einem hohen Unsicherheitsgrad. Einige Kosten entziehen sich einer Quantifizierung und sind nicht in den Analysen berücksichtigt; hierzu gehört vor allem die Schädigung natürlicher Ökosysteme einschließlich des Aussterbens von Arten. Auch dürften einige Vorteile klimatischer Veränderungen in bestimmten Gebieten nicht berücksichtigt worden sein. Veränderungen in der Struktur der Weltwirtschaft während des nächsten Jahrhunderts werden diese Kostenschätzungen ebenfalls beträchtlich beeinflussen.

DIE KOSTEN EINER VERMEIDUNG KLIMATISCHER VERÄNDERUNGEN. Die Kosten einer Vermeidung von Klimaveränderungen steigen mit dem Umfang und der Geschwindigkeit einer Verringerung der Emission von Treibhausgasen. Im Falle des Kohlendioxids ließen sich moderate Verringerungen ohne bzw. mit nur geringem Kostenaufwand dadurch erreichen, daß Subventionen des Energieverbrauchs und für die Rodung von Wäldern abgeschafft und Informationen über wirksame energiesparende Techniken verbreitet würden. Eine zweite Gruppe von Maßnahmen wäre deshalb mit nur geringen Kosten verbunden, weil Synergieeffekte zwischen der Verringerung von Treibhausgasemissionen und der Erreichung anderer lokaler, umweltbezogener und wirtschaftlicher Ziele ausgenutzt würden. Zum Beispiel könnten Maßnahmen zur Eindämmung des Kohleverbrauchs teilweise dadurch gerechtfertigt sein, daß sie die Verschmutzung der örtlichen Luft durch Staubpartikel verringern. Über diesen Umfang weiter hinaus reichende Maßnahmen zur Verringerung der Emissionen gehen mit einem starken Anstieg der Grenzkosten einher, da höhere Steuern oder andere Kontrollen die Effizienz der Ressourcenallokation, der Produktion und des zukünftigen Wachstums beeinflussen. Diese Kosten können dadurch verringert werden, daß man die Emissionskürzungen stufenweise vornimmt und die Entwicklung alternativer Technologien fördert. Den Kosten einer Reduzierung der Kohlenwasserstoff-Freisetzung wurde bislang weniger starke Beachtung zuteil. Die größte Quelle dieser Methangasemissionen im Zusammenhang mit den Aktivitäten der Menschen sind der Ackerbau und die Viehhaltung. Nach dem gegenwärtigen Kenntnisstand wäre es erforderlich, die Erzeugung einiger landwirtschaftlicher Produkte zurückzufahren, um die Freisetzung von Kohlenwasserstoff zu reduzieren. Damit verbunden wären zusätzliche Kosten für die Erzeugung alternativer Nahrungsmittel.

Viele Untersuchungen haben die Kosten einer Verringerung der Emission von Treibhausgasen abgeschätzt. Die Spannweite ist beträchtlich und spiegelt die unterschiedlichen Annahmen über das Wachstum, die Kapitalmobilität, die Kosten alternativer Technologien und der zugrundeliegenden Rate des Rückgangs des Energieverbrauchs pro

Produktionseinheit wider. Verschiedene Studien deuten darauf hin, daß eine Stabilisierung der Treibhausgasemissionen auf gegenwärtigem Niveau offenbar eine Verringerung des weltweiten BIP von 3 bis 7 Prozent bis zum Ende des nächsten Jahrhunderts bedeutet (Hoeller, Dean und Nicolaisen 1990). Für die Entwicklungsländer könnten die Kosten deutlich höher ausfallen. Zwei Globalstudien, die ein oder mehrere Entwicklungsländer mit einbeziehen, legen nahe, daß sie mit Kosten in bezug auf das BIP konfrontiert werden können, die fast doppelt so hoch sind wie im weltweiten Durchschnitt (Manne und Richels, erscheint demnächst; Whalley und Wigle 1991). Die hohen Aufwendungen für diese Länder spiegeln eine Reihe von Faktoren wider, die eine Anpassung schwieriger machen – eingeschränktere Fähigkeiten zur Verringerung des Energieverbrauchs in der Industrie, eine geringere Kapitalmobilität, mangelnde Finanzierungsmittel für Investitionen und eine starke Abhängigkeit von billigen aber stark kohlenstoffhaltigen Energieträgern.

Wahl der wirtschaftspolitischen Option

Faßt man die verschiedenen Schätzungen der wirtschaftlichen Kosten und Nutzen zusammen, so führt dies zu einer einfachen Schlußfolgerung: Eine ausgewogene Würdigung der zur Verfügung stehenden Belege unterstützt nicht den Fall des Nichtstuns, jedoch auch nicht stringente Maßnahmen zur sofortigen Verringerung der Emissionen – deren Kosten sind im Vergleich zu den voraussichtlichen Vorteilen zu hoch. Diese Schlußfolgerung trifft vor allem auf die Entwicklungsländer zu, bei denen eine Verringerung der Treibhausgase mit hohen Kosten verbunden ist. In der Tat impliziert das Belegmaterial, daß durch Investitionen mit realen Ertragsraten von nur 5 Prozent mehr für die kommenden Generationen getan werden könnte als mit Investitionen in umfassende Verringerungen der Treibhausgasemissionen. Die Auswirkungen von Klimaveränderungen könnten jedoch vor allem die armen und besonders anfälligen Länder stark in Mitleidenschaft ziehen. In diesem Fall sollten diese Länder finanzielle Unterstützung erhalten, um ihre Verluste abzudecken. Der Einkommenszuwachs durch zusätzliche allgemeine Investitionen würde mehr als ausreichen, um eine derartige Hilfe abzudecken.

Der vernünftigste Weg besteht darin, den Ausstoß von Treibhausgasen sofort in moderatem Umfang zurückzuführen und Investitionen vorzunehmen, die darauf abzielen, die Kosten zur Erreichung eines größeren Abbaus zu senken, falls dies in der Zukunft notwendig werden sollte. Eine derartige Politik der Rückversicherung, die über das hinausgeht, was aufgrund einer alleinigen Betrachtung der ökonomischen Effizienz erforderlich wäre, läßt sich rechtfertigen durch die Ungewißheit über die physikalischen und wirtschaftlichen Effekte klimatischer Veränderungen und durch die zeitlichen Verzögerungen zwischen Aktion und Reaktion.

Eine Politik der Vorsicht

INFORMATION UND FORSCHUNG. Die Wahl zugunsten der Option einer Rückversicherung gründet sich auf den gegenwärtigen Kenntnisstand über den Treibhauseffekt sowie die geschätzten Kosten und Nutzen einer Reduzierung der Emissionen. Wie aber angemerkt, werden die Erträge einer Verringerung der beträchtlichen Unsicherheit über die wirtschaftlichen, sozialen und umweltmäßigen Effekte klimatischer Änderungen ein beträchtliches Ausmaß erreichen. Ein entscheidender Bestandteil einer jeden Strategie der Rückversicherung wird daher

Tabelle 8.1 Effekte einer Abschaffung der Subventionen des kommerziellen Energieverbrauchs in Osteuropa und der ehemaligen UdSSR und in den Entwicklungsländern

Effekte	Osteuropa und ehemalige UdSSR	Entwicklungsländer
Verringerung der Emissionen, 1995		
Summe (in Millionen Tonnen Kohlenstoff)	446	234
Als Anteil an den vorausgeschätzten regionalen Emissionen (in Prozent)	29	11
Als Anteil an den vorausgeschätzten weltweiten Emissionen (in Prozent)	7	4
Kumulative Verringerung, 1991 bis 2000		
Summe (in Millionen Tonnen Kohlenstoff)	3.796	2.318
Als Anteil an den vorausgeschätzten kumulativen regionalen Emissionen (in Prozent)	24	11
Als Anteil an den vorausgeschätzten kumulativen weltweiten Emissionen (in Prozent)	6	4

Anmerkung: Der Basisfall wurde aus Vorausschätzungen der Weltbank über die Energienachfrage abgeleitet. In diesem Szenario steigen die weltweiten Kohlendioxidemissionen von 1990 bis zum Jahr 2000 um etwa 20 Prozent.
Quellen: Schätzungen des Mitarbeiterstabes der Weltbank unter Verwendung von Bates und Moore, Hintergrundpapier; Imran und Barnes 1990; Marland und andere 1989; Hughes 1991.

Sonderbeitrag 8.4 Kohlenstoffbesteuerung, Energiepreise und Steuerreform

Der Energieverbrauch läßt sich relativ einfach besteuern, und viele Länder nutzen Energiesteuern als Einnahmequelle. Gleichwohl entspricht die Struktur der Energiepreise oft nicht dem, was aufgrund wirtschaftlicher oder umweltpolitischer Erwägungen wünschenswert wäre. Da der Energieverbrauch eine Vielzahl von Umwelteffekten mit sich bringt, wird eine Besteuerung jeder einzelnen Schmutzquelle nicht zwangsläufig den Zielen einer Energiebesteuerung gleichermaßen gerecht.

Die Kernfragen sind die nach dem Gesamtniveau der Besteuerung des Energieverbrauchs und dem Maß der Differenzierung zwischen den Brennstoffen. Das Mindeste ist, daß kein Brennstoff subventioniert werden sollte. Besteuerungen des Kohlenstoffgehalts von Brennstoffen richten sich vor allem auf die Freisetzung von Kohlendioxid. Durch eine Veränderung der relativen Preise verschiedener Energiequellen werden Substitutionsprozesse eingeleitet, und zwar zu Lasten kohlenstoffreicher Brennstoffe. Der Kohleverbrauch führt zu stärkster Freisetzung von Kohlenstoff, und er ist auch die wichtigste Ursache für eine mit dem Energieverbrauch zusammenhängende Verschmutzung vor Ort. Eine Kohlenstoffsteuer kann daher die Wohlfahrt indirekt verbessern, indem sie die Emission von Schmutzpartikeln verringert. Öl ist nach der Kohle die Primärenergiequelle mit dem zweitstärksten Kohlenstoffanteil. Eine Besteuerung des Benzins und des Dieselkraftstoffs stellt ein Substitut für direktere Maßnahmen dar, um die verkehrsbedingte Verschmutzung und die Verstopfung der Städte einzudämmen; eine Kohlenstoffsteuer kann daher wegen ihres Effekts auf den Gebrauch von Kraftfahrzeugen sekundäre Vorteile mit sich bringen.

Eine für diesen Bericht in Auftrag gegebene Untersuchung (Shah und Larsen, Hintergrundpapier [a]) kam zu dem Ergebnis, daß im Falle einer nicht vorhandenen wirksamen Besteuerung der örtlichen Verschmutzung eine höhere Kohlenstoffsteuer allein aus lokalen Umwelterwägungen gerechtfertigt sein kann. Die Gesundheitseffekte im Zusammenhang mit der Verringerung der Stickoxide und des Schwefeldioxids infolge einer Kohlenstoffsteuer von 10 Dollar pro Tonne wären in Ländern mit niedrigen Steuern auf den Energieverbrauch beträchtlich, so etwa in Indonesien und den Vereinigten Staaten.

Erwirtschaftung von Einnahmen

Die Beseitigung der Subventionierung des Energieverbrauchs würde weltweit zu Mehreinnahmen von 230 Mrd Dollar führen (Shah und Larsen, Hintergrundpapier [b]). Darüber hinaus würde die Einführung einer moderaten Kohlenstoffsteuer von 10 Dollar je Tonne zu Einnahmen von 55 Mrd Dollar führen. In Ländern, deren BIP pro Kopf im Jahr 1987 unter 900 Dollar lag, würde eine solche Steuer zu Einnahmen führen, die sich im Durchschnitt auf mehr als 1 Prozent des BIP und 5,7 Prozent der Staatseinnahmen beliefen.

Wohlfahrtskosten

Eine Kohlenstoffsteuer könnte weniger Verzerrungen verursachen als andere wichtige Steuerquellen. Eine Verlagerung der Steuerlast von ineffizienten Steuern auf eine Kohlenstoffsteuer kann zu Wohlfahrtsgewinnen führen. Da aber auf breiter Basis erhobene Steuern, wie Umsatz-, Mehrwert- oder Einkommensteuern, pro vereinnahmter Einheit mit geringeren Wohlfahrtskosten behaftet sind als Brennstoffsteuern (siehe Hughes, erscheint demnächst), sollten Brennstoffsteuern vorwiegend als Instrument zur Erreichung umweltpolitischer Ziele angesehen werden.

---

die Sammlung weiterer Informationen und die Finanzierung wissenschaftlicher Forschung sein. Es werden Mittel gebraucht für Arbeiten, die sich auf die Entwicklungsländer beziehen (siehe Kapitel 9). Die Regierungen sollten auch auf Taten vorbereitet sein, wenn sich herausstellen sollte, daß (a) eine stringentere Verringerung der Treibhausgasemissionen notwendig wird oder (b) ihre Bürger und Volkswirtschaften vor den Wirkungen einer Klimaveränderung geschützt werden müssen.

ENERGIESUBVENTIONEN UND STEUERN. Wie in Kapitel 6 ausgeführt, subventionieren viele Entwicklungsländer den kommerziellen Verbrauch von Energie. Eine Beseitigung solcher Subventionen würde die Freisetzung von Kohlendioxid verringern und gleichzeitig beträchtliche wirtschaftliche Vorteile mit sich bringen. In Tabelle 8.1 sind einige grobe Schätzungen der Wirkungen wiedergegeben, die eine Verringerung der Subventionen auf die Kohlendioxidemission haben würde (wie allgemein üblich, ausgedrückt in Tonnen von Kohlenstoff). Diese Schätzungen stellen eine Obergrenze dar, wobei angenommen wurde, daß die Weltenergiepreise konstant bleiben. Die projektierten Nachfragerückgänge könnten zu niedrigeren Weltmarktpreisen führen, wodurch der Energieverbrauch tendenziell über den vorausgeschätzten Stand hinaus zunehmen würde.

Im Rahmen einer Rückversicherungsstrategie können Energiesteuern eine wichtige Rolle spielen. In vielen europäischen Ländern wird die Kohle, der

Brennstoff mit dem höchsten Kohlenstoffgehalt, am geringsten besteuert. Schon aus dem einfachen Grunde heraus, die Steuereinnahmen auf die am wenigsten verzerrende Weise zu steigern und die Luftqualität vor Ort zu verbessern, solte diese einseitige Bevorzugung der Kohle beseitigt werden. Eine wohlkonzipierte Besteuerung des Kohlenstoffs würde Marktsignale für einen effizienten Energieverbrauch zeitigen und Anreize für die Entwicklung neuer Technologien bieten (Sonderbeitrag 8.4). Die EG prüft eine Kohlenstoffsteuer, sie könnte aber Ausnahmeregelungen für die Schwerindustrie zulassen; hierdurch würden die Anreize für eine Verringerung der Kohlendioxidemissionen erheblich geschwächt, und die Energiebesteuerung würde größere anstatt geringere Verzerrungen mit sich bringen.

ENTWICKLUNG ERNEUERBARER ENERGIEQUELLEN. Jeder langfristigen Strategie zur Stabilisierung der atmosphärischen Konzentration von Treibhausgasen muß es gelingen, das wirtschaftliche Wachstum vom Wachstum der Kohlendioxidemissionen abzukoppeln. Die Verringerung des Energieeinsatzes pro Einheit des BIP wird ein Element einer solchen Strategie sein; von ebenso großer Bedeutung ist aber auch eine Abwendung von fossilen Brennstoffen. In Schaubild 8.1 werden zwei Szenarien für die Entwicklung der gesamten Kohlendioxidemission illustriert, die auf den Projektionen der Weltenergienachfrage beruhen, wie sie in Kapitel 6 dargelegt wurden. Eine anhaltende Verwendung fossiler Brennstoffe führt bis zum Jahr 2050 zu einer Verdreifachung der Emissionen, wohingegen ein Übergang in Richtung erneuerbarer Energieträger zu einer Zunahme um nur 25 Prozent führen würde. Das Szenario auf Grundlage erneuerbarer Energieträger demonstriert die Größe des Umschwungs von fossilen auf erneuerbare Energiequellen, der nötig wäre, um die Kohlendioxidemissionen zu stabilisieren. Selbst wenn der Anteil erneuerbarer Energieträger von weniger als 10 Prozent der gesamten Primärenergienachfrage im Jahr 2000 auf 60 Prozent im Jahr 2050 ansteigen würde – ein beispiellos schneller Umschwung – so würden dennoch die Kohlendioxidemissionen beträchtlich ansteigen.

Ein Umschwung zugunsten erneuerbarer Energiequellen läßt sich durch eine geeignete staatliche Politik fördern. Der Schlüssel liegt – wie oben ausgeführt – bei den Energiepreisen, da diese den Anreiz für die Entwicklung und Installierung neuer

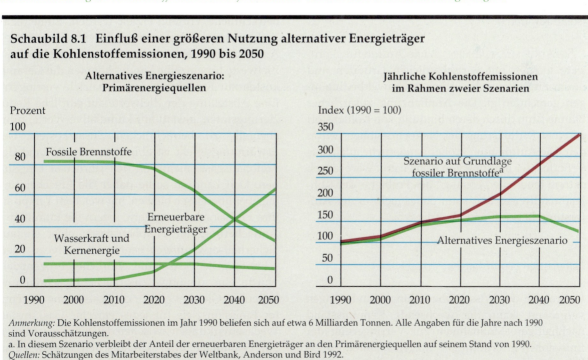

Die Stabilisierung der Kohlenstoffemissionen erfordert einen Wechsel zu erneuerbaren Energieträgern

Schaubild 8.1 Einfluß einer größeren Nutzung alternativer Energieträger auf die Kohlenstoffemissionen, 1990 bis 2050

Anmerkung: Die Kohlenstoffemissionen im Jahr 1990 beliefen sich auf etwa 6 Milliarden Tonnen. Alle Angaben für die Jahre nach 1990 sind Vorausschätzungen.
a. In diesem Szenario verbleibt der Anteil der erneuerbaren Energieträger an den Primärenergiequellen auf seinem Stand von 1990.
Quellen: Schätzungen des Mitarbeiterstabes der Weltbank, Anderson und Bird 1992.

> **Sonderbeitrag 8.5 Die Aufforstung: Kein Allheilmittel zur Verhinderung klimatischer Veränderungen**
>
> Wenn Bäume verfaulen oder verbrannt werden, wird Kohlendioxid freigesetzt. Wenn Bäume wachsen, so binden sie Kohlendioxid. Eine Aufforstung vermindert die Netto-Emission jedoch nur solange, wie das Wachstum der Wälder anhält. Sobald ein Waldgebiet ausgewachsen ist, gleichen sich die Emissionen durch Fäulnis und die Kohlendioxidbindung durch neues Wachstum gerade aus. Wird ein Wald abgeholzt und das Holz verwendet, so wird der Kohlenstoff schließlich wieder an die Atmosphäre zurückgegeben. Eine Neutralisierung der Emissionen fossiler Brennstoffe würde eine kontinuierliche Ausweitung der Waldgebiete erfordern.
>
> Waldgebiete in gemäßigten Zonen binden während ihrer ersten acht Wachstumsjahre etwa 2,7 Tonnen Kohlenstoff pro Hektar und Jahr. In den gemäßigten Zonen wären etwa 400 Mio Hektar im Wachstum befindlicher Waldgebiete erforderlich, um 1 Milliarde der 3 bis 4 Mrd Tonnen Kohlenstoff einzufangen, die sich jedes Jahr in der Atmosphäre ansammeln; dies ist eine größere Fläche als die gegenwärtigen Waldgebiete der Vereinigten Staaten, die etwa 300 Mio Hektar betragen. In den tropischen Gebieten, wo weniger Kohlenstoff je Hektar gebunden wird (Houghton, 1990), würde die Bindung von 1 Mrd Tonnen Kohlenstoff pro Jahr etwa eine Fläche von 600 Mio Hektar im Wachstum befindlicher Wälder erfordern; dies entspricht etwa 75 Prozent des Amazonasgebiets. Eine intensive Waldbewirtschaftung, die den Wachstumszyklus abkürzen würde, könnte zu einer höheren Bindungsfähigkeit je Hektar führen, jedoch nur zu erheblichen Zusatzkosten.
>
> Diese Berechnungen zeigen, daß eine Aufforstung kein Allheilmittel gegen den Treibhauseffekt ist. Gleichwohl können Aufforstungsprojekte, die aufgrund anderer umweltbezogener oder wirtschaftlicher Erwägungen gerechtfertigt sind, auch dazu beitragen, die Netto-Emission von Kohlenstoff zu verringern.

Techniken schaffen. Zusätzlich sollte erneuerbaren Energieträgern ein größerer Teil der nationalen Ausgaben für die Energieforschung und -entwicklung zukommen. Neue Technologien sollten auch durch finanzielle Mittel für die Verbreitung von Informationen und die Errichtung von Pilotprojekten in Entwicklungsländern unterstützt werden (siehe Kapitel 9).

SONSTIGE MASSNAHMEN. Viele Aufforstungsprojekte werden mit wirtschaftlichen Gründen und ihrem Einfluß auf die örtlichen Umweltbedingungen gerechtfertigt. Die Anpflanzung zusätzlicher Bäume kann durch deren Bindung von Kohlenstoff zu einer Reduzierung der Nettoemissionen beitragen. Die Aufforstung großer Landstriche allein aus Gründen der Bindung von Kohlenstoff wäre jedoch extrem teuer; die „Lösung" des Problems der Kohlendioxidfreisetzung kann daher nicht in der Aufforstung liegen (Sonderbeitrag 8.5).

Langfristige Betrachtungen

Indem sich das Wissen über Klimaveränderungen vergrößert, kann der wachsende Kenntnisstand nachhaltigere Maßnahmen zur Verringerung der Emissionen erfordern. Die Kosten könnten erheblichen Umfang erreichen. Es ist daher von größter Bedeutung, Maßnahmen zu ergreifen, die die geringsten Wohlfahrtsverluste nach sich ziehen und ihren Einfluß auf eine gerechte Belastung in Rechnung stellen.

DIE SETZUNG WIRKSAMER ZIELE. Durch effiziente Mittel zur Verringerung der Emissionen können beträchtliche Vorteile erzielt werden. Einheitliche Zielsetzungen belasten einige Länder mit größeren Anpassungskosten als andere. Unterschiedliche Zielwerte für einzelne Länder könnten die Gesamtkosten zur Erreichung der Globalziele verringern. Eine Abstellung der Zielwerte auf jährliche Reduzierungsraten, anstatt auf kumulative Werte, führt ebenfalls zu beträchtlichen Zusatzkosten. Der Erwärmungseffekt ist abhängig vom Bestand der Treibhausgase, nicht von den jährlichen Emissionen. Den Ländern sollte daher die Entscheidung darüber überlassen bleiben, mit welchem Tempo sie ihre Emissionen verringern, sofern die kumulative Anreicherung mit Treibhausgasen nicht ein aus Sicherheitserwägungen begründetes Niveau überschreitet. Die Festsetzung jährlicher Prozentziele würde eine unnötige zusätzliche Einschränkung bedeuten. Gleiches gilt für die Festsetzung getrennter Emissionsziele für jedes einzelne Gas, anstatt Wechselwirkungen zwischen den einzelnen Stoffen auf Grundlage ihrer klimatischen Effekte zuzulassen.

Sonderbeitrag 8.6 Alternative Maßnahmen für die Bekämpfung des Treibhauseffekts in Entwicklungsländern: Die Fälle Ägypten und Indien

Falls letzten Endes Zielwerte für eine substantielle Reduzierung der globalen Emission von Treibhausgasen aufgestellt werden, könnten sich die Entwicklungsländer der Notwendigkeit gegenübersehen, ihr Emissionswachstum eindämmen zu müssen. Hintergrundpapiere von Blitzer und anderen, die für diesen Bericht in Auftrag gegeben wurden, untersuchten, wie die Aufstellung solcher Emissionsziele und die damit verbundenen Anpassungen auf die Wohlfahrtskosten zweier Länder durchschlagen könnten. Für Ägypten und Indien sind Szenarien untersucht worden, wobei dynamische Optimierungsmodelle für den Zeitraum bis in das Jahr 2030 verwendet wurden. Die Modelle berücksichtigen Faktoren, die – wie die industrielle Struktur und der Verbrauch verschiedener Energieträger – für einzelne Länder von Bedeutung sein werden.

Ägypten: Zeitliche Flexibilität

Eine Einschränkung der Treibhausgaskonzentrationen verlangt eine Kontrolle der kumulativen Netto-Emissionen. Eine einfache Methode besteht darin, jährliche Verringerungsraten festzusetzen. Hierzu gibt es jedoch Alternativen, die eine Flexibilität erlauben, welche auf die Möglichkeiten und Präferenzen einzelner Länder zugeschnitten ist und dabei in gleichem Maße zu einer Verringerung der kumulativen Emissionen führt. Die hohen Kosten der einfachen Methode sind im Schaubild 8.6 A aufgeführt. Wenn ein Zielwert für kumulierte Mengen mit einem optimalen Zeitprofil eingeführt wird, anstatt ihn durch feste jährliche Verringerungen zu erreichen, dann gehen die Wohlfahrtskosten erheblich zurück. Diese Vorteile stellen sich jedoch nur ein, wenn akzeptiert wird, daß die Emissionsreduzierung letztendlich bewerkstelligt werden muß. Der Schockeffekt wird durch

Schaubild 8.6 A Beschränkung der Kohlendioxidemissionen in Ägypten: kumulative und jährliche Zielwerte

Wohlfahrtseinbußen (in Prozent)

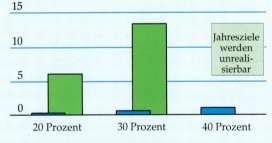

■ Kumulative Emissionszielwerte
■ Jährliche Emissionszielwerte

Anmerkung: Die Wohlfahrt wird gemessen als der Nutzen des abdiskontierten Verbrauchs während des Modellzeitraums. Wohlfahrtseinbußen und Reduzierungen der Emissionen sind ausgedrückt in Relation zu einem Basisfall ohne Emissionsbegrenzungen.
Quelle: Blitzer und andere, Hintergrundpapier (a).

Schaubild 8.6 B Allgemeine und spezifische Zielwerte für die Emission von Treibhausgasen in Indien

Maßstab für die Ineffizienz der Maßnahmen[a]
(Index)

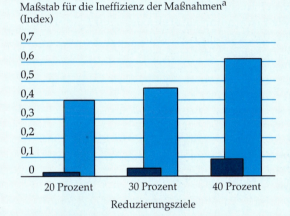

■ Allgemeiner Zielwert für zusätzliche Beiträge zum Erwärmungseffekt
■ Spezifische Zielwerte für jährliche Emissionen von Kohlendioxid und Methangas

a. Verhältnis der prozentualen Wohlfahrtseinbuße zum prozentualen Rückgang des Erwärmungseffekts, jeweils relativ zu einem Basisfall ohne Emissionsbeschränkung. Die Wohlfahrt wird gemessen als der Nutzen des abdiskontierten Verbrauchs während des Modellzeitraums.
Quelle: Blitzer und andere, Hintergrundpapier (b).

eine vorausschauende Planung abgefedert, nicht durch die Aufschiebung einer Entscheidung.

Indien: Einbeziehung von mehr als einem Treibhausgas

Auf Kohlendioxid entfällt ein großer Anteil – über 50 Prozent – des durch menschliche Aktivitäten verursachten Erwärmungseffekts. Aber auch andere Gase spielen eine Rolle. In den Entwicklungsländern kommt dabei dem Methan wahrscheinlich die größte Bedeutung zu. Da diese Emissionen durch den Reisanbau auf bewässerten Flächen und durch die Tierhaltung hervorgerufen werden, würde deren Eindämmung entscheidende wirtschaftliche Bereiche der Entwicklungsländer beeinträchtigen. Der Fall Indiens trägt hier wegen der Bedeutung seines Agrarsektors zur Erhellung bei.

Die technologischen Möglichkeiten zur Verringerung der Methangasemissionen in der Landwirtschaft sind geringer als im Falle des Kohlendioxids, und die Belastungen infolge einer Eindämmung des Methans infolgedessen größer. Eine jährliche Einschränkung der Methangasfreisetzung in gleicher Höhe wie im Falle des Kohlendioxids, führt in etwa zu vierfach höheren Wohlfahrtskosten. Die Möglichkeiten zur Verringerung der Methangasemissionen bei unveränderter landwirtschaftlicher Produktion sind begrenzt. Die Volkswirtschaft müßte daher erheblich stärker schrumpfen, um einem eigenständigen Zielwert für Methan gerecht zu werden, verglichen zu dem Fall eines Landes, das bei der Verringerung die Auswahl zwischen mehreren Treibhausgasen hat, um den gleichen Klimaeffekt zu erzielen (siehe Schaubild 8.6 B).

Der Handel mit Emissionsrechten zwischen reichen und armen Ländern würde es erleichtern, die Zuteilung derartiger Rechtstitel entsprechend der Bevölkerung (anstatt entsprechend des Einkommens) vorzunehmen

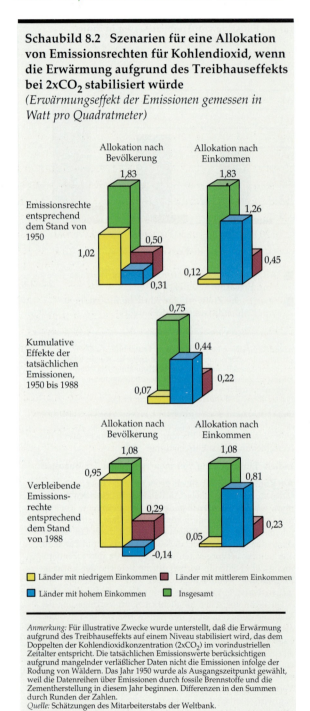

Schaubild 8.2 Szenarien für eine Allokation von Emissionsrechten für Kohlendioxid, wenn die Erwärmung aufgrund des Treibhauseffekts bei 2xCO$_2$ stabilisiert würde
(*Erwärmungseffekt der Emissionen gemessen in Watt pro Quadratmeter*)

Anmerkung: Für illustrative Zwecke wurde unterstellt, daß die Erwärmung aufgrund des Treibhauseffekts auf einem Niveau stabilisiert wird, das dem Doppelten der Kohlendioxidkonzentration (2xCO$_2$) im vorindustriellen Zeitalter entspricht. Die tatsächlichen Emissionswerte berücksichtigen aufgrund mangelnder verläßlicher Daten nicht die Emissionen infolge der Rodung von Wäldern. Das Jahr 1950 wurde als Ausgangszeitpunkt gewählt, weil die Datenreihen über Emissionen durch fossile Brennstoffe und die Zementherstellung in diesem Jahr beginnen. Differenzen in den Summen durch Runden der Zahlen.
Quelle: Schätzungen des Mitarbeiterstabs der Weltbank.

Die Beispiele Ägypten und Indien illustrieren diesen Aspekt (Sonderbeitrag 8.6). Die erheblichen Belastungen lassen sich auf ein eher verträgliches Niveau verringern, wenn wirkungsvolle Anpassungsziele gesetzt werden, und zwar ohne daß hierdurch nennenswerte Unterschiede in den Klimaeffekten in Kauf genommen werden müßten. Der Zugang zu flexiblen Technologien führt darüber hinaus zu weiteren Kostensenkungen. Indem man aber Flexibilität bei der schrittweisen Umsetzung der Emissionsziele zuläßt, schafft man ein größeres Problem. Der optimale Anpassungspfad könnte darin bestehen, den größten Teil der Reduzierung über einen beträchtlichen Zeitraum zu strecken. Schließlich könnten die Länder von lange zuvor eingegangenen Verpflichtungen eingeholt werden, und es könnte schwerfallen, sie dazu zu bringen, diese einzuhalten. Einige Sicherungsmaßnahmen werden erforderlich sein, um zu gewährleisten, daß sich die Länder auch tatsächlich an eine langfristige Strategie halten.

VERTEILUNGSFRAGEN. Die Art und Weise, wie die Zielsetzungen für eine Verringerung der Emissionen festgelegt werden, hat bedeutende Implikation auf Gerechtigkeitserwägungen. Schritte zugunsten einer Eindämmung der Emissionen beeinflussen die Allokation einer gemeinschaftlichen globalen Ressource: die Belastungsfähigkeit der Atmosphäre. Eine Vereinbarung über eine einheitliche prozentuale Emissionsverringerung würde implizieren, daß diese Rechte entsprechend den gegenwärtigen Emissionen verteilt würden, wodurch die reicheren Teile der Weltbevölkerung bevorzugt würden, deren Pro-Kopf-Emissionen hoch sind. Zum Beispiel sind die Kohlendioxidemissionen pro Kopf in den Vereinigten Staaten zehnmal höher als die Chinas. Würde man dagegen unterstellen, daß jeder Mensch gleiches Recht auf die Ressource „Atmosphäre" hat, so würden die zukünftigen Rechte zu deren Nutzung entsprechend der Bevölkerungszahl verteilt werden. Eine andere Möglichkeit besteht in der Verteilung der Rechte anhand eines Maßstabes für die Produktion, wie etwa des BIP. Damit würde die effiziente Nutzung der Energie gefördert, nicht aber eine gerechte Verteilung. Jede Allokation zukünftiger Emissionsrechte sollte die kumulativen Freisetzungen in der Vergangenheit zu einem gewissen Maße in Rechnung stellen, da die vor Jahrzehnten freigesetzten Treibhausgase auch weiterhin zur Erwärmung beitragen.

Wie könnten die Alternativen für eine Allokation der Belastungskapazität der Atmosphäre aussehen? In Schaubild 8.2 wird zur Verdeutlichung unterstellt, daß der Erwärmungseffekt von Treibhausgasen auf einem Niveau stabilisiert wird, das dem

Doppelten des vorindustriellen Kohlendioxidgehalts der Atmosphäre entspricht. Auf dieser Basis wird dann gezeigt, wie die Rechte zur Nutzung dieser festgelegten Belastungskapazität der Atmosphäre aufgeteilt werden könnten.

- Eine Allokation der Rechte entsprechend dem Bevölkerungsstand ließe den Entwicklungsländern beträchtlichen Spielraum zur weiteren Emission von Gasen, während die Länder mit hohem Einkommen ein Netto-Defizit in Höhe ihrer im Zeitraum 1980 bis 1988 freigesetzten Mengen aufweisen würden. Dieser Verteilungsformel zufolge überschreiten daher die kumulativen Emissionen der Vergangenheit der reicheren Länder ihren zukünftigen Anteil an der Belastungskapazität der Atmosphäre; sie hätten ihre Emissionsrechte verbraucht.

- Eine Allokation der Rechte entsprechend den Einkommen, die allen Ländergruppen zukünftigen Spielraum für die Freisetzung von Treibhausgasen läßt, scheint eher durchführbar zu sein. Die reichsten Länder würden sich jedoch den Löwenanteil an dieser potentiell anfälligen Ressource reservieren.

HANDEL MIT EMISSIONSRECHTEN. Diese Methoden zeigen, wie Emissionsrechte verteilt werden könnten, die Allokation muß sich aber nicht zwangsläufig direkt in Emissionsziele umsetzen. Die Länder könnten ihre Nutzungsrechte entsprechend ihrem Anteil an der Belastungskapazität der Atmosphäre gewinnbringend handeln, wenngleich die praktischen Schwierigkeiten zur Ingangsetzung solch eines funktionierenden Marktes beträchtlich sind. Wenn zum Beispiel die Rechte auf Basis der Bevölkerung verteilt worden wären, so würden die Industrieländer von den ärmeren Ländern der Welt Rechte erwerben. Das Endergebnis eines solchen hypothetischen Handelns ist schwer vorherzusagen, die Größenordnungen könnten jedoch erheblich sein. Wenn Emissionsrechte zu 25 Dollar je Tonne Kohlenstoff gehandelt würden, so müßten die Industrieländer den Entwicklungsländern für eine Jahresfreisetzung auf dem Niveau von 1988 etwa 70 Mrd Dollar zahlen. Diese Summe entspricht in etwa der gesamten öffentlichen Entwicklungshilfe des Jahres 1989.

Biologische Artenvielfalt: Eine Vorgehensweise im Hinblick auf gemeinsame Anliegen

Die Menschen auf der Erde befinden sich in vielerlei Gesellschaft. Millionen Arten von Pflanzen, Tieren und anderer Organismen bereichern unsere Umwelt. In den letzten Jahren ist das Bewußtsein über die Bedeutung dieser Artenvielfalt gewachsen, zusammen mit dem Anliegen, daß ein wirksames Vorgehen erforderlich ist, um diese zu bewahren. Der Sinn für Eile ist besonders ausgeprägt, weil die Zerstörung von Ökosystemen und das Aussterben von Arten einen unwiederbringlichen Verlust bedeuten.

Prioritäten für internationale Maßnahmen

Die biologische Artenvielfalt ist eine Angelegenheit von internationalem Interesse, sie ist jedoch kein globales Gemeinschaftsgut. Die Lebensräume, auf die sich die Artenvielfalt stützt, sind – außer internationalen Gewässern – Eigentum einzelner Länder, die auch ein Interesse daran haben, wertvolle nationale Ressourcen sinnvoll zu nutzen. Gleichzeitig ist der Schutz der Artenvielfalt ein internationales Anliegen, weil die damit verbundenen Vorteile nicht nur der örtlichen Bevölkerung zukommen, sondern – manchmal auf recht unterschiedliche Art und Weise – den Menschen auf der gesamten Welt. Teilweise haben diese Vorteile etwas mit persönlichen Wertvorstellungen oder Präferenzen zu tun und sind infolgedessen nur schwierig zu definieren und zu quantifizieren.

Der faßbare Nutzen für die Wirtschaft und die Gesundheit spiegelt sich direkt in der Nutzung von Pflanzen, Tieren und der vorteilhaften Effekte der natürlichen Ökosysteme wider (siehe Kapitel 7). Nutzeneffekte dieser Art lassen sich bis zu einem gewissen Maße durch den Einsatz geeigneter Gebührenordnungen einfangen. Aufgrund ihrer individuellen Präferenzen oder moralischen Ansichten messen viele Menschen außerdem der Existenz von Arten und Lebensräumen, die sie womöglich niemals sehen oder nutzen, Wert zu. Sie wünschen die Erhaltung natürlicher Ökosysteme, die sie zukünftigen Generationen intakt übergeben wollen. Oder aber sie verspüren einfach eine ethische Verantwortung, die Zerstörung einer Vielfalt von Lebensformen zu verhindern, die sich auf der Erde entwickelt hat. Das Wachstum der freiwilligen Beiträge an Naturschutzverbände belegt ebenso die Bedeutung dieser Werte wie die Kritik in Industrieländern an der Umweltpolitik der Entwicklungsländer. An den Märkten werden sich aber die geistigen und emotionalen Freuden, die diese Menschen aus der biologischen Artenvielfalt ziehen, nicht widerspiegeln, da die Menschen nicht für den daraus gezogenen Nutzen zahlen müssen. Infolgedessen werden die eigenständigen Maßnahmen der Länder beim Schutz ihrer biologischen Artenvielfalt tendenziell weniger umfassend ausfallen als im Vergleich zu einem Szenario, in dem sie deren globalen Wert in Rechnung stellen würden.

Zwei Fragen bedürfen näherer Betrachtung:
- Wie können die Entwicklungsländer ihre Ressourcen in ihrem eigenen besten Interesse handhaben?
- Wie sollte die Welt als Ganzes zum Schutz von Ressourcen beitragen, die die Menschen wertschätzen, die ihnen aber nicht gehören?

In beiderlei Hinsicht ist eine wirkungsvolle Bewirtschaftung der natürlichen Ressourcen von größter Bedeutung, und Kapitel 7 beschreibt eine umfassende Bandbreite von Maßnahmen, die hierfür erforderlich sind. Bei der Erhaltung der Artenvielfalt sollte der Ausgangspunkt – wie in anderen Bereichen des Umweltschutzes – bei Maßnahmen liegen, die sowohl die Entwicklung fördern als auch die natürlichen Ressourcen von übermäßiger Belastung befreien (Sonderbeitrag 8.7). Ohne nachhaltige Bemühungen zur Ausnutzung dieser Möglichkeiten mit „doppeltem Gewinn" sind Maßnahmen zum direkten Schutz aller Wahrscheinlichkeit nach zum Scheitern verurteilt.

Je mehr die Entwicklungsländer vom wahren Wert ihrer Ressourcen profitieren können, desto geringer sind die Unterschiede in den nationalen und internationalen Anliegen. Wenn die internationale Gemeinschaft darüber hinaus ein höheres Schutzniveau sicherstellen will, als es sich bei eigenständiger Handlungsweise der Nationen einstellen würde, so ist es die Aufgabe der politischen Entscheidungsträger in den reicheren Ländern der Welt, die Besorgnisse ihrer Bürger in einen Zufluß finanzieller Mittel in die Entwicklungsländer zu transformieren. Sie müssen bereit sein, die vollen Kosten des zusätzlichen Umweltschutzes zu übernehmen. Dies impliziert einen Transfer zusätzlicher Mittel, nicht eine reine Umstrukturierung bestehender Hilfeleistungen.

Viele Entwicklungsländer fühlen sich unwohl bei der Annahme von Mitteln für die Handhabung ihrer Ressourcen, weil damit ein Verlust an Eigenständigkeit verbunden ist. Auch können die Geberländer die Sorge haben, daß sie für Programme bezahlen, welche die Empfängerländer ohnehin in Gang setzen sollten. Um diesen Problemen gerecht zu werden, sollten die Entwicklungsländer sicherstellen, daß bei Annahme internationaler Unterstützung die Nutzung ihrer Ressourcen in Einklang mit ihren eigenen Entwicklungszielen steht. Dessenungeach-

> **Sonderbeitrag 8.7 Schutz der biologischen Artenvielfalt: Wichtige ergänzende Effekte zu örtlichen Entwicklungsaktivitäten**
>
> Zu Programmen, die die wirtschaftliche Leistung in anderen Sektoren steigern und – als Nebenprodukt – den Druck auf Naturschutzgebiete und natürliche Lebensräume verringern, gehören:
> - Maßnahmen, die die landwirtschaftlichen Erträge steigern und die Notwendigkeit zur Flächenexpansion verringern. Hierzu zählen effiziente landwirtschaftliche Preise und Vermarktungsmaßnahmen, die Abschaffung von Subventionen für die Rodung und Mechanisierung, geeignete Praktiken der Bodenerhaltung, agroforstwirtschaftliche Programme und die Entwicklung des Humankapitals in ländlichen Gebieten.
> - Maßnahmen, die die Beschäftigungsmöglichkeiten außerhalb der Landwirtschaft verbessern; etwa wirksame Entwicklungsmaßnahmen für den Handel, die Landwirtschaft und die Industrie.
> - Auf Dauer tragfähige forstwirtschaftliche Methoden, die zum einen Subventionen für den Holzeinschlag und andere Aktivitäten, welche die Abholzung fördern, beseitigen, und zum anderen dauerhafte Aufforstungsprojekte in ökologisch weniger anfälligen Gebieten fördern.
>
> Zu Programmen, die den Wert der biologischen Artenvielfalt für die örtliche Bevölkerung miteinschließen, gehören:
> - Die Entwicklung von Alternativen für eine dauerhafte Ressourcennutzung in Gebieten mit reicher Artenvielfalt.
> - Programme zur Wertsteigerung biologischer Ressourcen (zum Beispiel das Aufspüren und Erfassen genetischen Materials).
> - Entwicklung des Ökotourismus.

tet wird es schwerfallen, das unter der Bezeichnung „moral hazard" bekannte Phänomen vollends auszuschalten.

Die wirtschaftlichen Gesamtkosten einer Erhaltung der biologischen Artenvielfalt werden in aller Regel erheblich über diese direkten Ausgaben zu deren Schutz hinausgehen. Wenn bestimmte Nutzungen natürlicher Lebensräume verboten oder eingeschränkt werden, so ist der verlorengegangene Ertrag ein Kostenbestandteil, und er sollte durch Hilfeleistungen zur Förderung des Erhalts solcher Gebiete abgedeckt werden. Diese Opportunitätskosten verändern sich im Zeitablauf, da sie stark vom Wert des Landes bei alternativer Nutzung abhän-

Vorrangige Gebiete für den Naturschutz befinden sich überwiegend in den Entwicklungsländern

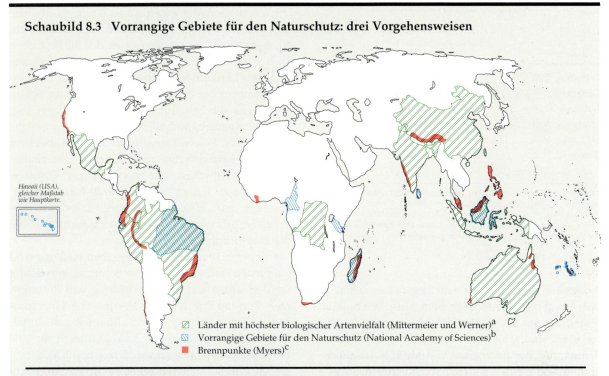

Schaubild 8.3 Vorrangige Gebiete für den Naturschutz: drei Vorgehensweisen

▨ Länder mit höchster biologischer Artenvielfalt (Mittermeier und Werner)[a]
▨ Vorrangige Gebiete für den Naturschutz (National Academy of Sciences)[b]
▮ Brennpunkte (Myers)[c]

a. Zwölf Länder, die zusammen schätzungsweise zumindest 60 bis 70 Prozent der weltweiten biologischen Artenvielfalt auf sich vereinigen.
b. Tropische Gebiete, für die ein besonderer Bedarf an Schutzanstrengungen diagnostiziert wurde, und zwar auf Grundlage der umfangreichen biologischen Artenvielfalt, der großen endemischen Vorkommen an Pflanzen und Tieren und der rasch voranschreitenden Umwandlung von Waldgebieten in anderweitige Nutzflächen.
c. Tropische Waldgebiete und Zonen mediterranen Typs, die wegen ihrer umfangreichen biologischen Artenvielfalt, der großen endemischen Vorkommen an Pflanzen und Tieren und einer rasch voranschreitenden Veränderung der natürlichen Lebensräume als vorrangige Gebiete für den Naturschutz identifiziert wurden. Zusammengenommen bedecken diese Gebiete nur 0,5 Prozent der Erdoberfläche, beheimaten aber schätzungsweise zumindest 20 Prozent der weltweit vorkommenden Arten.
Quellen: Mittermeier 1988; Mittermeier und Werner 1990; National Academy of Sciences 1980; Myers 1988 und 1990.

gen. Ein zunehmender Druck auf die Nutzung von Bodenflächen führt daher zu einer Steigerung der Opportunitätskosten, die anfallen, wenn Teilgebiete natürlicher Lebensräume, die sich für eine landwirtschaftliche Nutzung eignen, ausgegrenzt werden. Finanzielle Vereinbarungen zur Unterstützung von Ländern, die Arten und Lebensräume schützen, werden keinen Bestand haben, wenn sie derartige Veränderungen nicht in Rechnung stellen.

Einige binnenwirtschaftliche Maßnahmen sind ökonomisch ineffizient, und sie können darüber hinaus die Zerstörung natürlicher Lebensräume und Lebensarten fördern. In solchen Fällen kann die internationale Gemeinschaft mit Recht die Entscheidung treffen, Naturschutzprogramme nicht zu unterstützen, mit der Begründung, daß deren Wirksamkeit durch den gesamtpolitischen Rahmen untergraben wird.

Auf längere Sicht bedarf es einer gewissen Übereinstimmung im Hinblick auf die Prioritäten, damit der geeignetste Einsatz der beschränkten Mittel sichergestellt ist. An der systematischen Analyse dieser Fragen wird gearbeitet; diese werden in der Zukunft von Bedeutung sein. Für die Zwischenzeit haben Wissenschaftler versucht, Kriterien aufzustellen, die eine Richtschnur für das heutige Vorgehen darstellen können. Es wurde eine Reihe von Optionen in Betracht gezogen; es besteht keine Einigkeit darüber, welche Option der anderen vorzuziehen ist. Alle stimmen darin überein, daß die Entwicklungsländer hohe Priorität haben sollten, und zwar vor allem, weil die tropischen Ökosysteme so reichhaltig sind, aber auch weil die Industrieländer mittlerweile nur noch über geringe Gebietsflächen ihrer eigenen Lebensräume im ursprünglichen Zustand verfügen. Die geographische Verteilung der verschiedenen Gebiete mit hoher Priorität zeigt Schaubild 8.3.

Tabelle 8.2 Naturschutzausgaben in ausgewählten Ländern

Land und Jahr	Als Anteil an den Staatsausgaben (in Prozent)	Als Anteil am BIP (in Prozent)	Gesamtausgaben (in Mio Dollar)
Botsuana, 1984	0,32	0,11	1,3
Dänemark, 1989	0,11	0,04	45,0
Indonesien, 1988	0,04	0,01	6,0
Malaysia, 1988	0,05	0,01	5,0
Sri Lanka, 1988	0,03	0,01	0,6
Tansania, 1983	0,17	0,05	2,9
Vereinigte Staaten, 1988	0,15	0,04	1.702,3

Quellen: Für Naturschutzausgaben in Botsuana und Tansania: nationale Angaben; für Dänemark und Finnland: UNEP 1990; für die Vereinigten Staaten: US Department of the Interior 1991; für Indonesien, Malaysia und Sri Lanka: Angaben der Weltbank. Für die Zahlen über das BIP: Daten der Weltbank. Für die Wechselkurse und die Staatsausgaben: Daten des IWF.

Diese vorrangigen Gebiete liegen nur selten in den Ländern, die sich die größten Ausgaben für eine Erhaltung leisten können. Befriedigende Zahlenangaben sind schwierig zu ermitteln, weil Naturschutzausgaben unter einer Vielzahl von Ausgabentiteln erfaßt werden. Einige Länder erzielen gewisse Einnahmen aus ihren Nationalparks, so daß die Netto-Ausgaben geringer ausfallen können. Es läßt sich jedoch eine grobe Größenordnung der Ausgaben für die Erhaltung der Artenvielfalt ermitteln, indem man Informationen über die Haushaltszuweisungen für die Verwaltung der Nationalparks heranzieht. Tabelle 8.2 zeigt diese Schätzungen für einige Länder. Diese Zahlen deuten darauf hin, daß die Ausgaben für den Bereich des Naturschutzes etwa 0,01 bis 0,05 Prozent des BIP der Entwicklungsländer und 0,04 Prozent der Industrieländer betragen könnten, was auf eine Gesamtsumme von 6 bis 8 Mrd Dollar pro Jahr hinausliefe. Schätzungen über internationale Transfers für Naturschutzzwecke, die ebenso schwierig aufzustellen sind, kommen auf einen Betrag von 200 Millionen pro Jahr oder etwa 3 Prozent der weltweiten Ausgaben für entsprechende Aufgaben zur Erhaltung der Umwelt (ohne Kreditvergaben multilateraler Entwicklungsbanken, die rasch zunehmen). Der größte Teil der Ausgaben findet in den reicheren Ländern statt. Moderate Steigerungen der Mitteltransfers durch die internationale Gemeinschaft würden einen beträchtlichen Ausgabenanstieg für Zwecke des Naturschutzes in den Entwicklungsländern ermöglichen. In Kapitel 9 werden die Kosten und die Finanzierung eines Programms zum Schutz der biologischen Artenvielfalt weiter erörtert.

Mobilisierung von Finanzmitteln

Die internationale Gemeinschaft sollte zusätzliche Mittel an die Entwicklungsländer transferieren, um ein Ausgabenniveau zu erreichen, das ihr Bestreben nach einem Schutz der Arten und der Lebensräume in diesen Ländern widerspiegelt. Innovative Finanzierungsmechanismen wie der Tausch von Schulden gegen die Erhaltung der Natur in Form sog. „Debt-for-nature swaps" können eine nützliche Rolle spielen. Solche Tauschgeschäfte sind aber kein Ersatz für konzertierte Bemühungen der internationalen Gemeinschaft, die notwendigen Transferzahlungen zu leisten (Sonderbeitrag 8.8). In jedem Konzept zur Effizienzsteigerung internationaler Transfers gibt es drei Elemente von ausschlaggebender Bedeutung.

• Erstens: Wenn höhere Ausgaben wirkungsvoll zugunsten eines verbesserten Schutzes verwendet werden sollen, hat die Entwicklung von Programmen Vorrang vor der Finanzierung von Einzelprojekten. Die Empfängerländer sollten selbst die Initiative bei der Aufstellung von Programmen für eine internationale Finanzierung ergreifen, um sicherzustellen, daß damit den eigenen Prioritäten und dem für sie Durchführbaren Rechnung getragen wird.

• Zweitens: Es ist eine bessere Koordinierung erforderlich, um das zunehmende Interesse privater und öffentlicher Geber an der Unterstützung der Bemühungen der Entwicklungsländer voll auszuschöpfen. Die internationalen Geber erkennen, daß der Wettbewerb um gute Projekte zunimmt. Die Empfängerländer wenden viel Zeit und Mühe für getrennte Gespräche mit einer Anzahl von Gebern auf. Empfängerländer und Geber würden von einer Vorgehensweise ähnlich dem Mechanismus der Gruppenentwicklungshilfe profitieren, der die Erfordernisse des Länderprogramms mit einer Vielzahl unterschiedlicher Möglichkeiten und Interessen der Geber in Einklang bringt. Der Fonds für den brasilianischen tropischen Regenwald ist ein vielversprechendes Beispiel einer solchen Vorgehensweise (siehe Sonderbeitrag 9.4).

• Drittens: Die Finanzierung von Bemühungen zur Erhaltung der Umwelt muß auf einer dauerhaften Basis stehen. Im Gegensatz zur Finanzierung traditioneller Investitionsprojekte werden sich die meisten Naturschutzaktivitäten niemals von selbst tragen. Selbst neue Mechanismen wie die GUF bieten keine langfristige Finanzierung. Wenn über eine lange Frist regelmäßig wiederkehrende Kosten finanziert werden müssen, ist es von größter Bedeutung, die richtige Balance zwischen der notwendi-

Sonderbeitrag 8.8 Der Tausch von Schulden gegen die Erhaltung der Natur: innovativ, aber nur begrenzt einsetzbar

Der Tausch von Schulden gegen die Erhaltung der Natur, sog. „Debt-for-nature swaps", wurde entwickelt, um kommerzielle Schulden von Entwicklungsländern in Finanzmittel zu transformieren, die für die Umwelt zur Verfügung stehen. Diese Transaktionen finden im Prinzip durchaus Anklang, weil sie zwei Zielsetzungen gerecht werden können: der Finanzierung lohnender Umweltvorhaben mit beträchtlichem Spielraum für Gebermittel bei gleichzeitig erleichterter Handhabung der Schulden der Entwicklungsländer. In der Praxis sind diese Transaktionen kompliziert, und die Fälle, in denen es möglich ist, beiden Zielsetzungen mit einem Instrument gleichermaßen optimal gerecht zu werden, sind selten.

Seit das erste Tauschgeschäft dieser Art abgeschlossen wurde (für Bolivien im Jahr 1987), sind weitere sechzehn Swaps in acht Ländern und einer Gesamtentlastung im Bereich der Auslandsschulden von fast 100 Mio Dollar durchgeführt worden; hierbei wurden Schenkungen in Ursprungshöhe von 16 Mio Dollar eingesetzt. Obwohl diese Beträge nur einen Bruchteil der kommerziellen Schulden der Entwicklungsländer darstellen, wurden damit jedoch beträchtliche Naturschutzmaßnahmen finanziert, die in einigen Fällen weit über die bestehenden Ausgabenvolumen hinausgingen.

Auf der Seite der NSO erforderten Swaptransaktionen neues finanzielles Know-how. Auch mußten sie Beziehungen zu örtlichen NSO und Regierungsstellen aufbauen. Für die Empfängerregierungen hatte die Umwandlung von Auslands- in Inlandsverbindlichkeiten verschiedene Implikationen für die Wirtschafts- und Schuldenverwaltung. Erstens bedeutet der Tausch von Schulden gegen die Erhaltung der Natur größere Inlandsausgaben der Schuldnerregierung. Um eine Anheizung der Inflation zu vermeiden, erfolgten solche Swaps nicht gegen die Auszahlung von Barmitteln, sondern gegen Ausgabe von Staatsanleihen mit über mehrere Jahre gestreckten Rückzahlungsmodalitäten. Zweitens haben viele gravierend verschuldete Länder schwerwiegende Haushaltsprobleme, die eine Umwandlung von Auslandsschulden in Inlandsverbindlichkeiten unmöglich machen können.

Ein stets aufs neue aufkommendes Thema ist die Festsetzung des Betrags der auf Inlandswährung lautenden Staatsanleihen im Austausch gegen Auslandsschulden. Wenn die neue Anleihe dem Volumen nach dem Nennwert der Altschulden entspricht, wird damit der finanzielle Einfluß des Gebers maximiert; gleiches trifft aber auch auf die Finanzverbindlichkeiten der betreffenden Regierung zu. In drei Vierteln aller Fälle haben neue „Naturschutzanleihen" einen Wert von etwa 90 Prozent oder mehr der ursprünglichen Schulden.

Derartige „Debt-for-nature swaps", die von NSO finanziert wurden, erreichen in aller Regel nur geringe Größenordnungen, sowohl im Vergleich zu den insgesamt nötigen Mitteln für den Umweltschutz als auch in Relation zu den Auslandsschulden. Nationale Hilfsorganisationen in einer Reihe von Ländern, vor allem in den Niederlanden, Schweden und den Vereinigten Staaten, haben Zuschüsse zur Verfügung gestellt, um einen Teil der ausstehenden Schulden zu erwerben. Diese Tauschtransaktionen von Schulden gegen die Erhaltung der Natur waren für einige Länder von Bedeutung, sie wirkten aber mehr auf eine Umverteilung der Hilfsmittel hin, als daß sie zusätzliche Beträge bereitgestellt hätten. Nunmehr sind auch einige gegenüber offiziellen Gläubigern ausstehende Schuldenbeträge für solche Swaps mobilisierbar. Ein Teil ausgewählter Schulden im Rahmen des Pariser Clubs kann jetzt gegen Mittel in lokaler Währung ausgetauscht werden, die für vereinbarte Umweltschutzmaßnahmen einzusetzen sind. Die US-amerikanische Initiative „Enterprise for the Americas" verlangt, daß die im Zuge der Reduzierung offizieller Schulden gegen die Zahlung lokaler Währung gewonnenen Mittel zur Finanzierung ausgewählter Umweltprojekte in Lateinamerika und der Karibik eingesetzt werden müssen.

gen Lieferung von Anreizen zur Programmentwicklung und dem Anspruch der Geber auf Rechenschaftslegung zu finden. Wenn die Entwicklungsländer knappe Kapazitäten in der Verwaltung und im Bereich der Institutionen für Naturschutzprogramme zur Verfügung stellen, und zwar zum Nutzen der ganzen Welt, dann könnte die Anpassung an ein unstetes Engagement seitens der internationalen Gemeinschaft zu hohen Kosten führen. Die Empfängerländer sollten sicher sein können, daß Mittel zur Aufrechterhaltung der Programme bereitgestellt werden, oder daß sie zumindest in geordneten Bahnen zurückgeführt würden, wenn dies notwendig werden sollte. Den meisten Gebern fällt es jedoch schwer, langfristige bindende Finanzierungszusagen zu machen; der Grund hierfür liegt zum einen in ihren Haushaltszyklen und zum anderen darin, daß sie sich vergewissern wollen, ob die Programme gut verwaltet werden, solange sie die Mittel bereitstellen.

9 Die Kosten einer besseren Umwelt

Die Kosten des Schutzes und der Verbesserung der Umwelt scheinen auf den ersten Blick hoch zu sein. Dennoch muß und kann man sich solche Investitionen leisten. In Verbindung mit einer guten Politik sind die Kosten bescheiden im Vergleich zu den potentiellen Erträgen durch verbesserte Effizienz und erhöhtes wirtschaftliches Wachstum.

Die meisten Investitionen werden sich selbst tragen. Eine stärkere internationale Unterstützung wird aber unbedingt erforderlich sein. Örtliche umweltpolitische Anliegen müssen besser in die offiziellen Hilfsprogramme integriert werden, und der enge Zusammenhang zwischen Umweltqualität und Verringerung der Armut rechtfertigt zusätzliche Hilfe. Für globale Probleme ist die Aufbringung von konzessionären Mitteln erforderlich, diese sollten aber nicht den Entwicklungshilfebudgets entnommen werden. Der Zugang zu den Güter- und Kapitalmärkten der Industrieländer wird für eine nachhaltige Entwicklung entscheidend sein.

Dieses Schlußkapitel untersucht die Kosten der Politiken und Programme, die in den vorausgegangenen Kapiteln erörtert wurden. Es kommt zu dem Ergebnis, daß die Kosten, die durch die Bekämpfung der Hauptumweltprobleme entstehen, tragbar sind – teils aufgrund der damit verbundenen Steigerung der wirtschaftlichen Effizienz, teils aufgrund ihrer ökologischen Erträge. Aber selbst die Maßnahmen, die in ökonomischer Betrachtung kostenlos erscheinen, können einen politischen Preis haben. Der größte Teil der Umweltverschmutzung und der Ressourcenverschlechterung entsteht dadurch, daß den Menschen etwas umsonst zugute kommt. Wenn solche Ansprüche in Gefahr geraten, werden die Umweltverschmutzer Widerstand leisten. Bei der Abwägung der gesamten finanziellen Kosten von Investitionen in die Umwelt müssen solche politischen Kosten ebenfalls mit berücksichtigt werden.

Finanzierung und örtliche Umwelt

Können es sich die Länder leisten, die Qualität ihrer Umwelt zu schützen? Richtigerweise müssen sich viele Länder die umgekehrte Frage stellen: Können sie es sich leisten, dies nicht zu tun? Umweltschäden sind mit realen und manchmal erdrückenden Kosten verbunden. Ein „Leitmotiv" dieses Berichts lautete, daß eine gute Umweltpolitik oft beträchtliche wirtschaftliche Erträge abwirft. Sie ist damit genauso erschwinglich wie andere wünschenswerte Investitionen in den Bereichen Industrie, Landwirtschaft, öffentliche Dienstleistungen oder Humankapital.

Wie die vorangegangenen Kapitel gezeigt haben, können die Kosten der Umweltpolitik außerdem reduziert werden, indem man (a) angemessene Normen wählt und sich auf die Optionen mit den höchsten Nettoerträgen konzentriert, (b) Instrumente auswählt, die die Produzenten und Konsumenten zu einer flexiblen und kostengünstigen Reaktion anhalten, (c) Schäden von Beginn an verhindert und hohe Folgekosten für die Säuberung der Umwelt vermeidet, und (d) Umweltschutzvorrichtungen in neue Anlagen einbaut, anstatt diese später nachzurüsten. Einzelne Entwicklungsländer arbeiten bereits an Lösungen für ihre eigenen Umweltprobleme (Sonderbeitrag 9.1).

Erforderliche Investitionen: Eine Schätzung

Glücklicherweise werden viele Investitionen sich innerhalb weniger Jahre selbst zu tragen beginnen – entweder durch eine erhöhte Produktivität, wie bei der Erhaltung der Böden, oder durch eine verbesserte Gesundheit und Wohlfahrt, wie sie durch Investitionen in die Wasserversorgung und sanitäre Einrichtungen sowie durch verschiedene Formen der Eindämmungen der industriellen Umweltverschmutzung erzielt wird. Andere Investitionen, wie der Schutz der Wälder und die Bekämpfung der Kohlenstoffemissionen, werden zwar unsichere, aber möglicherweise hohe Erträge für zukünftige Generationen bringen. Gleichwohl werden umfangreiche Ausgaben erforderlich sein. Selbst Investitionen mit geringen Kosten benötigen eine sorgfältige Wartung durch ausgebildete Arbeitskräfte und sind mit laufenden Ausgaben verbunden.

Bei der Vorbereitung dieses Berichts wurden für ausgewählte Sektoren grobe Schätzungen der Kosten eines umweltverträglichen Wachstums in Entwicklungsländern (in Preisen von 1990) vorgenommen. Selbstverständlich sind die Kosten abhängig von den gewählten Umweltnormen, von dem zu ihrer Erfüllung notwendigen Zeitraum und den eingesetzten Instrumenten der Umweltpolitik. Es ist klar, daß nicht alle Länder sofort in die saubersten Techniken investieren sollten. Die folgenden Zahlen, die nur als Größenordnungen verstanden werden dürfen, gehen davon aus, daß neue Techniken und Managementverfahren im Verlauf einer Generation allmählich eingeführt werden. So wird unterstellt, daß die Vorrichtungen zur Emissionskontrolle, die im Jahr 2030 im Kapitalstock der Entwicklungsländer enthalten sind, ungefähr den besten Verfahren entsprechen, die heute in den OECD-Ländern zu finden sind.

WASSERVERSORGUNG UND SANITÄRE EINRICHTUNGEN. Eine weltweite Bereitstellung dieser Dienstleistungen bedeutet nicht nur die Versorgung der gegenwärtig 1 Milliarde Menschen, die nicht über Trinkwasser verfügen, sowie der 1,7 Milliarden

---

Sonderbeitrag 9.1   Innovative Ansätze in der Umweltpolitik

Viele Entwicklungsländer haben in den letzten Jahren begonnen, zur Lösung von Umweltproblemen Politiken und Institutionen zu entwickeln. Da sie oft ganz von vorne beginnen und ihre Probleme so dringlich sind, haben sie manchmal Lösungen in Betracht gezogen, die in der industrialisierten Welt unerprobt sind oder nur wenig angewendet werden. Einige Beispiele für solche innovativen Ansätze erscheinen in diesem Bericht.

• *Die Kontrolle der Umweltverschmutzung in Mexiko-Stadt.* Um die Umweltverschmutzung durch den Verkehr in Mexiko-Stadt zu kontrollieren, haben sich die Umweltbehörden dazu entschlossen, eine Kombination von Regulierungen und Anreizen anzuwenden (Sonderbeitrag 3.4). Diese Maßnahmen sind kostengünstiger als eine ausschließliche Regulierung, da sie vom Fahren abhalten, während die meisten Industrieländer lediglich die Verwendung sauberer Motoren und Kraftstoffe fördern. In Mexiko-Stadt werden Maßnahmen wie die Benzinbesteuerung angewendet, um die Nachfrage zu verringern und den Verkehr auf umweltverträglichere Transportmittel zu verlagern.

• *Die Entsorgung gefährlicher Abfallstoffe in Thailand.* Ein Umweltfonds der Industrie wurde vorgeschlagen, um die Entsorgung von gefährlichen Abfallstoffen industriellen Ursprungs zu finanzieren (Sonderbeitrag 6.5). Der Fonds würde aus Gebühren finanziert, die auf die Erzeugung von Abfall erhoben werden, und seine Einnahmen würden dazu verwendet, zentrale Einrichtungen für die Behandlung und Beseitigung der Abfälle aufzubauen und zu unterhalten.

• *Der Schutz natürlicher Lebensräume in Costa Rica.* Als Reaktion auf den zunehmenden Druck auf geschützte Gebiete und eine unzulängliche Verwaltung der Parks und Reservate wurde 1986 ein neues nationales System von Schutzgebieten geschaffen (Sonderbeitrag 7.7). Regionale „Großparks" wurden eingerichtet, die über einen größeren Entscheidungsspielraum und finanzielle Unabhängigkeit verfügen. Jeder dieser Parks wird von einem eigenen Zusammenschluß internationaler Geber unterstützt.

• *Die Verbesserung der sanitären Einrichtungen in Ghana.* In armen Stadtteilen von Akkra unterhalten nichtstaatliche Organisationen und örtliche Unternehmer öffentliche Bedürfnisanstalten, während die Stadtverwaltung für die Entleerung und Entsorgung verantwortlich ist (Kapitel 4).

• *Die Festlegung von Prioritäten in Polen.* Die Nutzen-Kosten-Analyse stellt eine Grundlage für die Festlegung und Erfüllung von Umweltnormen dar. Wie in Kapitel 3 beschrieben, hat eine Studie über die Luftverschmutzung im Südosten Polens herausgefunden, daß die Durchsetzung verschärfter Grenzwerte für die Emissionen von Schwebstoffen höhere Nettoerträge bringt als eine gleichzeitige Kontrolle der Staub- und Schwefeldioxid-Emissionen.

Menschen ohne sanitäre Einrichtungen, sondern auch die Deckung des durch das Bevölkerungswachstum entstehenden zusätzlichen Bedarfs. Die jährlichen Investitionen bewegen sich derzeit zwischen 15 und 20 Mrd Dollar im Jahr – etwa 2,3 Prozent der Bruttoinvestitionen in den Entwicklungsländern. Wenn dieser Anteil während der nächsten 15 bis 20 Jahre konstant bleibt, wird das wirtschaftliche Wachstum eine reale Verdoppelung der Investitionen auf 30 bis 40 Mrd Dollar im Jahr ermöglichen. Trotzdem wird man sich vom Ziel einer weltweiten Versorgung entfernen, wenn sich die Preise und die institutionellen Rahmenbedingungen nicht verändern. Die in Kapitel 5 diskutierten Szenarien sehen vor, daß die Investitionen allmählich auf 3 Prozent der Bruttoinvestitionen bzw. von 0,6 auf 0,8 Prozent des Bruttoinlandsprodukts steigen. In Ländern mit niedrigem Einkommen müssen die Anteile wahrscheinlich noch höher sein, wenn eine weltweite Versorgung in den nächsten vierzig Jahren erreicht werden soll; dies gilt auch, wenn man die Auswirkungen von Reformen der Preise und der Institutionen berücksichtigt.

ELEKTRIZITÄTSVERSORGUNG. Im ungünstigsten Fall werden die Schadstoffemissionen bis zum Jahr 2030 auf das Zehnfache des bereits jetzt nicht akzeptablen Niveaus steigen. Die in Kapitel 6 beschriebenen Alternativen zeigen, wie unnötig dies ist. Die Projektionen gehen davon aus, daß während der nächsten fünfundzwanzig Jahre angemessene Verbesserungen der Effizienz und der Preispolitik erreicht werden, und zugleich die besten der jeweils vorhandenen Techniken der Emissionskontrolle bei allen neuen Investitionen eingesetzt werden. Die Investitionen, die zur Deckung des Nachfragewachstums erforderlich sind, und die schon jetzt mehr als 120 Mrd Dollar im Jahr betragen (etwa 15 Prozent der inländischen Bruttoinvestitionen bzw. 4 Prozent des BIP), werden unter der Voraussetzung solcher Reformen im Durchschnitt auf jährlich mehr als 200 Mrd Dollar in den neunziger Jahren steigen. Die Kontrolle der Emissionen von Schwebstoffen wird die Investitionskosten um ungefähr 1 Prozent bzw. 0,04 Prozent des BIP erhöhen. In Gebieten, in denen die Säureablagerung ein so gravierendes Ausmaß angenommen hat, daß Maßnahmen zur Rückhaltung von Schwefeldioxid und Stickoxiden gerechtfertigt sind, würden zusätzliche Kapitalkosten von 5 bis 15 Prozent (entsprechend etwa 0,5 Prozent des BIP dieser Regionen) entstehen, falls weder Kohle mit niedrigem Schwefelgehalt noch Erdgas verfügbar sind. Durch diese Investitionen wären die Entwicklungsländer im Jahr 2030 in der Lage, zehnmal soviel Elektrizität wie heute zu produzieren, und das bei niedrigeren Emissionen von Schwebstoffen sowie von Schadstoffen, die den sauren Regen verursachen.

STRASSENVERKEHR. Das in Kapitel 6 beschriebene Szenario eines „unveränderten Verhaltens" geht davon aus, daß die Nachfrage nach Treibstoffen für Kraftfahrzeuge in den Entwicklungsländern, die derzeit einem Öl-Äquivalent von 425 Millionen Tonnen im Jahr entspricht, auf 2,3 Milliarden Tonnen im Jahr 2030 steigt. Durch die allmähliche Erhöhung der Mineralölsteuern auf das heute in Westeuropa erreichte Niveau sowie durch die Einführung von städtischen Zufahrtsgebühren würde dieser Verbrauch auf 1,5 Milliarden Tonnen reduziert. Durch Investitionen in sauberere und effizientere Kraftstoffe und Motortechnologien könnten die Hauptemissionen des städtischen Kfz-Verkehrs auf ein sehr viel niedrigeres Niveau als das heutige reduziert werden.

Im Vergleich zu den anderen Kosten der Motorisierung wären solche Investitionen sehr gering. Die zusätzlichen Kosten der Einführung von bleifreiem Benzin liegen in den OECD-Ländern zwischen 2 und 10 Cents je Gallone (etwa 3,8 Liter) und betragen im Durchschnitt etwa 4 Cents je Gallone. Damit würden sich die Ausgaben der Entwicklungsländer für Benzin um ungefähr 2 Mrd Dollar pro Jahr erhöhen; dies entspricht 0,06 Prozent ihres heutigen BIP und weniger als 1 Prozent der Ausgaben für Kraftfahrzeuge und Treibstoffe. Die Reduzierung von Stickstoffoxiden, unverbrannten Kohlenwasserstoffen und Kohlenmonoxid durch die Verwendung von Katalysatoren dürfte die Kosten um zusätzliche 15 Cents je Gallone erhöhen. (Dieser Schätzwert entspricht etwa den jährlichen Kapitalkosten der Katalysatoren, umgelegt auf den durchschnittlichen Kraftstoffverbrauch.) Bei Dieselfahrzeugen entstehen durch die jüngst entwickelten Vorrichtungen zur Rückhaltung von Schwebeteilchen (dem wichtigsten Schadstoff), Stickoxiden und Schwefel Kosten in ähnlicher Größenordnung. Darüber hinaus kann viel (und zu niedrigen Kosten) durch eine Verbesserung der Qualität der Dieselkraftstoffe und – vor allem – der Fahrzeugwartung erreicht werden. Nimmt man an, daß die saubereren Kraftstoffe und die Maßnahmen zur Emissionskontrolle im Verlauf von zwanzig Jahren eingeführt werden, so würden die Kosten einer Annäherung an das in Kapitel 6 erörterte Szenario einer geringen Umweltverschmutzung bis zum Jahr 2000 auf

10 Mrd Dollar pro Jahr, bzw. 0,2 Prozent des BIP, steigen und bis zum Jahr 2010 auf 35 Mrd Dollar pro Jahr, bzw. 0,5 Prozent des BIP, anwachsen.

INDUSTRIELLE EMISSIONEN UND ABFÄLLE. Die beiden Kostenelemente in diesem Bereich sind zum einen spezifische Investitionen für den Umweltschutz am Ende des Produktionsprozesses, zum anderen zusätzliche Ausgaben für eine „saubere" Produktion bzw. für Kontrollmaßnahmen im Produktionsablauf. Die letzteren Kosten entziehen sich oft einer Schätzung, da sie mit der Konstruktion der gesamten Anlage oder des Produktionsprozesses zusammenhängen und nicht ohne weiteres von den allgemeinen Investitionsausgaben abgegrenzt werden können. Einige der heute zunehmend angewandten Maßnahmen zur Abfallvermeidung im Produktionsprozeß reduzieren in der Tat die Kosten und steigern die Gewinne.

Die Kosten von Vorkehrungen am Ende des Produktionsprozesses sowie im Produktionsablauf, mit denen die Industrieemissionen und -abwässer reduziert werden sollen, variieren von Sektor zu Sektor und in Abhängigkeit von den festgelegten Grenzwerten. In den siebziger Jahren betrugen die identifizierbaren Ausgaben für die Reduzierung der Umweltverschmutzung in den Industrieländern typischerweise 2,0 bis 2,5 Prozent der Investitionskosten. Im Zuge der Verschärfung der Umweltnormen sind diese Ausgaben in Deutschland und Japan auf 5 Prozent und in den Vereinigten Staaten auf 4 Prozent dieser Summe gestiegen. Eine effizientere Umweltpolitik würde es den Entwicklungsländern ermöglichen, mit einem geringeren Betrag als dem genannten auszukommen. Wenn die Ausgaben zur Kontrolle der Umweltverschmutzung durch das Verarbeitende Gewerbe 2 bis 3 Prozent der Investitionen erreichen würden, könnten die Entwicklungsländer die Umweltverschmutzung durch die Industrie deutlich reduzieren und die Kosten einer späteren Säuberung der Umwelt vermeiden. Die zusätzlichen Kosten würden sich am Ende dieses Jahrzehnts auf ungefähr 10 bis 15 Mrd Dollar pro Jahr bzw. 0,2 bis 0,3 Prozent des BIP belaufen.

LANDWIRTSCHAFT. Die Kosten des Übergangs zu einer umweltverträglichen Landwirtschaft lassen sich nicht abschätzen. Selbst darüber, wie groß die ökologisch gefährdeten Flächen sind, gibt es keine verläßlichen Angaben. Die Kosten der Verhinderung der Bodenerosion und -verschlechterung sind jedoch vergleichsweise gering, während die Wiederherstellung geschädigter Böden sehr kostspielig sein kann. Die Kapitalkosten des Schutzes der Böden sind abhängig von der Art der landwirtschaftlichen Nutzung, den angewandten Verfahren und der Topographie: für solche Maßnahmen wie die Agrarforstwirtschaft und die Einfriedung mit Vetivergras und anderen natürlichen Schutzwällen sind Ausgaben von 50 bis 150 Dollar je Hektar (manchmal auch weniger) typisch; 200 bis 500 Dollar pro Hektar dürften erforderlich sein, um „strukturelle" Maßnahmen auf intakten Böden durchzuführen (Anlagen von Terrassen, Nivellierung des Bodens, Errichtung von Erdwällen und ähnliches). Die Wiederherstellung von Böden kann dagegen – je nach Grad der Bodenverschlechterung – zwischen 500 und mehreren tausend Dollar pro Hektar kosten. Die Vorsorge muß daher das vordringlichste Anliegen sein. Dank der günstigen Wirkungen von Vorsorgemaßnahmen auf die Agrarproduktion können sich diese Maßnahmen in kurzen Zeiträumen amortisieren (fünf bis zehn Jahre oder weniger). Dies gilt jedoch nur mit der wichtigen Einschränkung, daß die Programme einen hohen Beteiligungsgrad erreichen. Für Forschung, Beratungsdienste, Ausbildung, Erziehung (einschließlich des Aufwands für die Förderung einer Programmbeteiligung der örtlichen Gemeinschaften) sowie für die Verbesserung der Infrastruktur und die Aufforstung werden öffentliche Mittel notwendig sein. Der bei weitem größte Beitrag an Zeit und Ressourcen wird aber von den Landwirten selbst kommen müssen.

Nicht alle landwirtschaftlich genutzten Flächen werden zusätzliche Investitionen für Präventivmaßnahmen benötigen. Über die Situation in vielen Regionen sowie über Schutzmaßnahmen gegen die Bodenerosion und -verschlechterung liegen aber genügende Kenntnisse vor, um sofort ein bedeutendes Programm einzuleiten. So würden Investitionen von 10 bis 15 Mrd Dollar pro Jahr in den neunziger Jahren (0,2 bis 0,3 Prozent des BIP), einschließlich der von den Landwirten selbst getragenen Kosten, wahrscheinlich ausreichen, um bis zu 100 Millionen Hektar pro Jahr einer verbesserten Bodenbewirtschaftung zuzuführen. (Zur Zeit dienen in den Entwicklungsländern 1,1 Mrd Hektar dem Pflanzenanbau, und 2,5 Mrd Hektar werden dauerhaft als Weideland genutzt.) Berücksichtigt man, daß die landwirtschaftlichen Programme in einigen Wassereinzugsgebieten durch Wiederaufforstungsprojekte ergänzt werden müssen, so dürften die Investitionskosten um weitere 2 bis 3 Mrd Dollar pro Jahr steigen (die Kosten je Einheit variieren zwischen 500 und 1.500 Dollar pro Hektar). Die

Haupthindernisse solcher Projekte bestünden in der Leistungsfähigkeit der mit der Programmdurchführung beauftragten Institutionen sowie in den örtlichen Rahmenbedingungen, die das Verhalten der Landwirte beeinflussen, wie das Bodenrecht, die Erzeugerpreise und der Ausbildungsstand.

Es ist dringend notwendig, die Kenntnisse über den Zusammenhang zwischen Landwirtschaft und Umweltschäden zu verbessern und die Umweltbedingungen in ländlichen Gebieten zu erfassen. In Anbetracht der zunehmenden Komplexität der Umweltprobleme auf dem Land und der Notwendigkeit, die Erträge der Landwirtschaft zu steigern, wird mehr Geld für die landwirtschaftliche Forschung benötigt, und zwar speziell für die Untersuchung der Auswirkungen von Anbauverfahren auf die Bodensubstanz und die Bodenfruchtbarkeit (vgl. die Sonderbeiträge 7.2 und 7.3). Die laufenden nationalen Ausgaben der Entwicklungsländer für Forschung und Entwicklung erreichen 5 Mrd Dollar pro Jahr, und die internationalen Ausgaben betragen etwa 350 Mio Dollar. Aus den in Kapitel 7 erörterten Gründen erscheint es notwendig, diese Ausgaben gegenüber den geplanten Beträgen um 30 bis 50 Prozent zu erhöhen. Zusätzlich ist eine entsprechende Aufstockung der Finanzmittel für die landwirtschaftliche Ausbildung und die Verbreitung der Ergebnisse von Forschung und Entwicklung erforderlich. Die Ausgaben der Entwicklungsländer für Beratungsdienste betragen gegenwärtig etwa 4,5 Mrd Dollar im Jahr bzw. 1,5 Dollar je Hektar Anbaufläche und Dauerweideland. Um die landwirtschaftlichen Verfahren auf eine tragfähige Basis zu stellen, müssen die Beratungsdienste neben der derzeit im Vordergrund stehenden Beratung über die Produktionsverfahren auch Fragen der Bodenerhaltung, des integrierten Pflanzenschutzes, der Bewirtschaftung von Weideland sowie – ganz allgemein – des schonenden Umgangs mit der Umwelt in ihr Programm aufnehmen.

BEVÖLKERUNG. Die gesamten Ausgaben für die Familienplanung betragen in den Entwicklungsländern 4,7 Mrd Dollar pro Jahr, wovon 80 Prozent von den Entwicklungsländern selbst getragen werden, während 20 Prozent aus ausländischer Hilfe stammen. Auf die Familienplanungsprogramme entfielen niemals mehr als 2 Prozent der offiziellen Entwicklungshilfe. Um die Projektionen des in Kapitel 1 erörterten Basis-Szenarios zu erreichen, nach dem sich die Weltbevölkerung bei 12,5 Milliarden Menschen stabilisiert, müßten die Ausgaben bis zum Jahr 2000 auf 8 Mrd Dollar erhöht werden.

Damit das Szenario einer niedrigeren Fruchtbarkeit realisiert wird, wären zusätzlich 3 Mrd Dollar pro Jahr erforderlich, womit sich bis zum Jahr 2000 ein Gesamtbetrag von 11 Mrd Dollar pro Jahr bzw. 0,2 Prozent des BIP der Entwicklungsländer ergäbe. (Darüber hinaus sind zusätzlich auch größere Fortschritte bei der Bekämpfung der Armut sowie ein erweitertes Ausbildungsangebot erforderlich.)

BILDUNG DER FRAUEN. Die Verbesserung der Schulbildung der Mädchen dürfte die wichtigste langfristig wirksame umweltpolitische Maßnahme in den Entwicklungsländern darstellen. Frauen mit Schulbildung haben weniger Kinder, und diese sind gewöhnlich gesünder und besser erzogen. Zudem spielen Frauen oft eine Hauptrolle bei der Bewirtschaftung natürlicher Ressourcen; sie sammeln Holz und holen Wasser und verrichten einen großen Teil der Arbeit in der Landwirtschaft. Eine bessere Ausbildung wird ihnen helfen, die natürlichen Ressourcen effizienter zu nutzen und bei der Einkommenserzielung von diesen weniger abhängig zu sein. Ausgebildete Frauen verfügen über größere Möglichkeiten für eine produktive Beschäftigung außerhalb der Landwirtschaft – eine lebenswichtige Einkommensquelle, wenn die Durchschnittsgrößen der Agrarbetriebe sinken. Die Anhebung der Einschulungsquote von Mädchen an Grundschulen auf das gleiche Niveau wie bei den Jungen in Ländern mit niedrigem Einkommen würde bedeuten, daß jedes Jahr zusätzlich 25 Millionen Mädchen unterrichtet werden, was jährliche Gesamtkosten von etwa 950 Mio Dollar verursacht. Die Anhebung der Teilnahmequote der Mädchen am weiterführenden Schulunterricht auf das Niveau der Jungen wäre mit der Ausbildung von zusätzlichen 21 Millionen Mädchen und jährlichen Gesamtkosten von 1,4 Mrd Dollar verbunden. Die Beseitigung der Diskriminierung in der Ausbildung in den Ländern mit niedrigem Einkommen würde somit insgesamt 2,4 Mrd Dollar jährlich bzw. etwa 0,25 Prozent des BIP dieser Länder kosten.

Die Kosten in gesamtwirtschaftlicher Perspektive: Ein Plädoyer für Reformen

Die zusätzlichen Kosten der oben aufgelisteten Investitionen würden sich am Ende des Jahrzehnts auf 75 Mrd Dollar im Jahr oder etwa 1,4 Prozent des gesamten BIP der Entwicklungsländer addieren (Tabelle 9.1). Die Kosten werden noch höher sein, wenn man Projekte berücksichtigt, die in der obigen

Tabelle 9.1 Geschätzte Kosten und langfristige Erträge ausgewählter Umweltprogramme in Entwicklungsländern

Programm	Zusätzliche Investitionen im Jahr 2000			Langfristige Erträge
	Mrd Dollar pro Jahr	Prozentualer Anteil am BIP im Jahr 2000[a]	In Prozent des BIP-Wachstums, 1990–2000[a]	
Erhöhte Investitionen in die Wasserversorgung und sanitäre Einrichtungen	10,0	0,2	0,5	Versorgung von zusätzlich mehr als 2 Milliarden Menschen mit Dienstleistungen. Bedeutende Einsparungen von Arbeitskräften sowie Gesundheits- und Produktivitätsvorteile. Verringerung der Kindersterblichkeit um mehr als 3 Millionen im Jahr.
Kontrolle der Emissionen von Schwebstoffen aus kohlebefeuerten Elektrizitätswerken	2,0	0,04	0,1	Weitgehende Eliminierung der Schwebstoffemissionen. Bedeutender Rückgang der Erkrankungen der Atemwege und der Säureablagerung, sowie Verbesserungen der subjektiven Umweltqualität.
Reduzierung der Säureablagerung aus neuen kohlebefeuerten Kraftwerken[b]	5,0	0,1	0,25	
Übergang zu bleifreien Kraftstoffen; Kontrolle der Hauptschadstoffe von Fahrzeugen[b]	10,0	0,2	0,5	Beseitigung der Umweltverschmutzung durch Blei; Reduktion anderer Schadstoffe um mehr als 90 Prozent, mit Verbesserungen der Gesundheit und der subjektiven Umweltqualität.
Reduzierung der Emissionen, Abwässer und Abfälle der Industrie	10,0–15,0	0,2–0,3	0,5–0,7	Spürbare Verminderungen im Niveau der lokalen Umweltverschmutzung, sowie Verbesserungen von Gesundheit und subjektiver Umweltqualität trotz raschen industriellen Wachstums. Häufige Kosteneinsparungen in der Industrie in Verbindung mit sparsamen Verfahren.
Bodenerhaltung und Aufforstung, einschließlich Beratungsdienste und Ausbildung	15,0–20,0	0,3–0,4	0,7–1,0	Zunahme der Erträge und der Produktivität von Land- und Forstwirtschaft, in Verbindung mit steigenden volkswirtschaftlichen Erträgen der Investitionen. Verringerter Druck auf die natürlichen Wälder. Nutzung aller Gebiete durch langfristig tragbare Anbauverfahren und Beweidung als Endziel.
Aufstockung der Mittel für die land- und forstwirtschaftliche Forschung gegenüber den Planvorgaben, sowie für die Erfassung natürlicher Ressourcen	5,0	0,1	0,2	
Familienplanung (zusätzliche Kosten eines ausgebauten Programms)[c]	7,0	0,1	0,3	Langfristige Stabilisierung der Weltbevölkerung bei 10 Milliarden anstatt bei 12,5 Milliarden Menschen.
Verbesserung der Grundschul- und weiterführenden Ausbildung der Mädchen[c]	2,5	0,05	0,1	Zusätzliche Grundschulausbildung für 25 Millionen Mädchen, zusätzliche weiterführende Ausbildung für 21 Millionen Mädchen. Drastischer Rückgang der Diskriminierung bei der Schulbildung.

a. Das BIP der Entwicklungsländer betrug 1990 3,4 Billionen Dollar und wird schätzungsweise auf 5,4 Billionen Dollar im Jahr 2000 steigen (in Preisen von 1990). Die geschätzte Wachstumsrate des BIP beträgt 4,7 Prozent im Jahr.
b. Die Kosten können möglicherweise durch die Verwendung neuer Verbrennungstechniken und andere in Kapitel 6 erörterte Maßnahmen verringert werden.
c. Laufende Ausgaben in diesen Bereichen werden als Investitionen in das Humankapital erfaßt.

Auflistung nicht veranschlagt sind, wie den Schutz der Wälder, die Rehabilitation ökologisch geschädigter Flächen sowie die Beseitigung von Altlasten.

Außerdem dürften die Kosten im Zeitablauf steigen, auch in Relation zum BIP, wenn die Umweltnormen verschärft werden. Alles in allem erscheinen zusätzliche jährliche Kosten im Bereich von 2 bis 3 Prozent des BIP im Jahr 2000 als angemessen und ausreichend. Diese Schätzungen sind natürlich ungenau und nicht in jeder Hinsicht vollständig; noch weniger stellen sie einen Finanzplan dar, da solche Pläne nur anhand einer sorgfältigen Beurteilung der Prioritäten und Bedingungen jedes einzelnen Landes erstellt werden können. Die Schätzungen sind nur indikativ und sollen allein dazu dienen, die Kosten im Zusammenhang darzustellen.

Auch wenn diese Kosten absolut gesehen hoch erscheinen, so sind sie doch gering im Verhältnis zu den zusätzlichen Einkommen, die durch eine gute Wirtschaftspolitik erzielt werden. So stellte der *Weltentwicklungsbericht 1991* fest, daß Länder mit einer guten Wirtschaftspolitik durchschnittliche Wachstumsraten erreichten, die um nicht weniger als 2,5 Prozentpunkte über denen der Länder mit einer mittelmäßigen oder schlechten Politik und um fast 1 Prozentpunkt über der projektierten durchschnittlichen Wachstumsrate für die neunziger Jahre lagen. Über einen Zeitraum von fünfzehn Jahren sollte das gesamte Realeinkommen der Länder mit einer vernünftigen Politik um 125 Prozent – und damit mehr als doppelt so stark wie in anderen Ländern – zunehmen; dieser Zuwachs wäre zwanzig- bis fünfundzwanzigmal so hoch wie die Kosten eines umfassenden Umweltprogramms. Aufgrund ihrer höheren Einkommen werden sich diese Länder außerdem mehr Umweltschutz leisten können.

Die Finanzierung von Umweltausgaben

Ein beträchtlicher Teil der Investitionen und des laufenden Aufwands für die Umwelt wird von den Unternehmen getragen werden, so daß letztlich die Konsumenten dafür zahlen. Diese zusätzlichen Kosten werden sich in den Preisen der Endprodukte bzw. der Dienstleistungen niederschlagen – wie es dem Verursacherprinzip entspricht. Damit werden umweltschädliche Verfahren und Produkte für die Produzenten weniger profitabel und für die Konsumenten weniger attraktiv, während umweltverträgliche Verfahren und Produkte an Profitabilität und Attraktivität gewinnen, so daß es zu einer Konvergenz von privaten und gesellschaftlichen Interessen kommt. Auf diese Weise werden private Investitionen (und die damit verbundenen technischen und unternehmerischen Fertigkeiten) zur Lösung von Umweltproblemen herangezogen.

Wenn die finanziellen und regulatorischen Anreize für privates Handeln vorliegen, können die öffentlichen Ausgaben auf die folgenden Bereiche konzentriert werden:
- Umweltüberwachung und -forschung sowie Durchführung der Umweltpolitik;
- Technologische Forschung, Entwicklung und Demonstration der Ergebnisse;
- Erziehung und Ausbildung;
- Landwirtschaftliche Forschung und Beratung;
- Bereitstellung unterstützender öffentlicher Leistungen, wie z.B. Aufforstungsprogramme; Schutz von Wäldern, der Tierwelt und natürlichen Lebensräumen; sowie die Einrichtung und Unterhaltung von Nationalparks.

Internationale Finanzierung der nationalen Umweltpolitik

Die Finanzierung von Umweltinvestitionen wird in den kommenden Jahrzehnten eine Zunahme der Exporterlöse und eine Ausweitung der privaten und offiziellen Kapitalströme zugunsten der Entwicklungsländer erfordern.

DIE BEDEUTUNG DES INTERNATIONALEN HANDELS. Für manche Umweltinvestitionen werden importierte Kapitalgüter erforderlich sein. Die bei weitem wichtigste Devisenquelle stellen die Exporterlöse dar. Die Entwicklungsländer werden derzeit durch Importrestriktionen behindert, die in den vergangenen Jahren in einigen Industrieländern verschärft wurden. Ein erfolgreicher Abschluß der handelspolitischen Verhandlungen im Rahmen der Uruguay-Runde, der die tarifären und nichttarifären Handelshemmnisse in den wichtigsten Industrieländern um die Hälfte reduzieren würde, könnte den Entwicklungsländern bis zum Ende des Jahrzehnts zusätzliche jährliche Exporterlöse von 65 Mrd Dollar bringen – ein Betrag, der nur geringfügig niedriger ist als die Kosten des gesamten oben beschriebenen Investitionsprogramms. Ein nachhaltiges umweltverträgliches Wachstum in den Industrieländern kann ebenfalls einen positiven Beitrag leisten. Eine Zunahme des Wachstums in den OECD-Ländern um 1 Prozentpunkt während einer Vierjahresperiode würde den Entwicklungsländern jährliche Deviseneinnahmen von mehr als 80 Mrd Dollar bringen.

WIEDERHERSTELLUNG DES ZUGANGS ZU DEN KAPITALMÄRKTEN. Der Zugang zu kommerziellen Finanzierungsquellen in Verbindung mit verstärkten Auslandsinvestitionen wird die Einfuhr von

> **Sonderbeitrag 9.2   Private Finanzierung und Umwelt**
>
> Die Internationale Finanz-Corporation (IFC) erstellte kürzlich neun Länderstudien, um das Marktpotential und die Marktchancen für private Investitionen im Sektor der Umweltschutzprodukte und -dienstleistungen zu ermitteln. Die Studien – sie betrafen Chile, Indonesien, Malaysia, Mexiko, Pakistan, Polen, Thailand, die Türkei und Ungarn – untersuchten Möglichkeiten im Bereich der Abfallwirtschaft, der Technologien zur Kontrolle der industriellen Umweltverschmutzung sowie einschlägiger Dienstleistungen. Der Markt für Umweltprodukte und -dienstleistungen ist in den Entwicklungsländern noch eng, doch wird er im Verlauf des nächsten Jahrzehnts wahrscheinlich schnell expandieren.
>
> Das Marktwachstum wird von mehreren Faktoren angetrieben, wie von der Dringlichkeit der Umweltprobleme, dem zunehmenden öffentlichen Bewußtsein für Umweltfragen, einer wachsenden politischen Unterstützung sowie dem internationalen Druck auf die Entwicklungsländer, Umweltgesetze und -vorschriften zu harmonisieren und durchzusetzen. Wenn die Regierungen darauf mit einer Umweltgesetzgebung, einem Ausbau der Institutionen für den Umweltschutz und einer verschärften Durchsetzung von Umweltnormen reagieren, entstehen Möglichkeiten für private Investitionen in Umweltprodukte und -dienstleistungen. Die begrenzte Verfügbarkeit öffentlicher Mittel für die Bereitstellung herkömmlicher öffentlicher Leistungen, wie der Abwässerreinigung und der Müllentsorgung, bietet dem privaten Sektor ebenfalls die Möglichkeit, solche Dienste anzubieten. Die Studien identifizierten mehr als zweihundert einschlägige Möglichkeiten für private Anbieter.

sauberen Technologien in Form von Kapitalgütern erleichtern. Es spricht nichts dagegen, daß zusätzliche Ausgaben zur Kontrolle der Umweltverschmutzung kommerziell finanziert werden und auch tatsächlich für die durchführenden Unternehmen rentabel sind (Sonderbeitrag 9.2). Die ermutigende Wiederherstellung der kommerziellen Kapitalströme in Länder wie Chile, Mexiko und Venezuela während der vergangenen zwei Jahre muß einem sehr viel größeren Länderkreis zugute kommen. Dies wird eine konsequentere Politik seitens der kreditnehmenden Länder erfordern und würde durch Maßnahmen zur Anhebung der Sparquoten – vor allem im öffentlichen Sektor – erleichtert werden. In einer Reihe von Ländern werden Schuldenerleichterungen notwendig sein.

OFFIZIELLE HILFE. Es ist unbedingt erforderlich, daß neue internationale Finanzierungen für globale Umweltprobleme (die weiter unten diskutiert werden) nicht von dem dringenden Bedarf der Entwicklungsländer an allgemeiner Entwicklungshilfe ablenken. Vorrangige Bedeutung für die Entwicklung haben weiterhin die Beseitigung der Armut und das Erreichen ökonomischer Stabilität. Wie in diesem Bericht erörtert, bilden diese Ziele eine entscheidende Voraussetzung für die Bewältigung der Umweltprobleme. Daneben wird zusätzliche Entwicklungshilfe erforderlich sein, um nationale Umweltprobleme in Angriff zu nehmen. Solche Hilfe sollte im Zusammenhang mit dem allgemeinen Bedarf an Entwicklung gesehen und in die offiziellen Programme integriert werden. Veränderungen sind in drei verschiedenen Bereichen notwendig. Erstens müssen die Institutionen der Entwicklungshilfe die ökologischen Konsequenzen ihrer gesamten Kreditgewährung gründlich untersuchen, insbesondere bei Infrastrukturprojekten. Dies wird die Weiterentwicklung der Methoden zur ökologischen Bewertung von Projekten notwendig machen. Zweitens müssen innerhalb des Entwicklungshilfeportefeuilles neue Schwerpunkte gesetzt werden. Die Entwicklungshilfeinstitutionen und die Regierungen müssen darüber nachdenken, welchen Beitrag ihre traditionellen Programme zur Verbesserung der Umwelt leisten können. Drittens wird Hilfe für neuartige Projekte benötigt, die ökologische Erträge anstatt rein ökonomischer Gewinne bringen.

Finanzierung und die globale Umwelt

Gelder sind notwendig, um die Entwicklungsländer in die Lage zu versetzen, die zusätzlichen Kosten zu tragen, die durch die Inangriffnahme globaler Umweltprobleme entstehen, und um die Durchführung internationaler Vereinbarungen zu erleichtern. Solche Transfers sollten nicht als Entwicklungshilfe angesehen werden, da sie den Ländern derart zuzuweisen wären, daß die ungleiche Verteilung von Gewinnen und Kosten auf die Länder neutralisiert wird.

DER TREIBHAUSEFFEKT. Um den Entwicklungsländern zu helfen, die unmittelbaren Kosten zu tragen, die mit der Durchführung der in Kapitel 8 erörterten Vorsorgemaßnahmen verbunden sind, werden sofort Finanzmittel benötigt.

Sonderbeitrag 9.3 Die Globale Umweltfazilität: Prioritäten für Projekte zur Bekämpfung des Treibhauseffekts

Die Globale Umweltfazilität (GEF) hat Grundsätze und Prioritäten als Orientierung für die Projektplanung aufgestellt.

Grundsätze

- Mehr Technologien werden benötigt, um Optionen für die Reduzierung von Emissionen zu den geringsten Kosten anzubieten.
- GEF-Mittel sollten erfolgversprechende, aber noch unerprobte Technologien fördern, wenn die technologischen und ökonomischen Bedingungen sowie die Marktverhältnisse noch nicht die „richtigen" sind.
- Erfolgreiche Technologien sind dadurch gekennzeichnet, daß sie das Potential für eine breite Anwendung bieten und schließlich Investitionen aus herkömmlichen Quellen auslösen können.

Prioritäten der Förderung

I. Effizienz im Endverbrauch

- Reduzierung der Energieintensität bei der Verarbeitung von Grundstoffen
- Effiziente Motoren und Antriebe
- Pumpanlagen in Bewässerungssystemen
- Beleuchtung und Warmwasserbereitung
- Treibstoffverbrauch von Kraftfahrzeugen

II. Reduzierung der Emissionsintensität bei der Energieerzeugung

- Erneuerbare Energien wie photovoltaische Energie, Solar- und geothermische Energie und Windkraft
- Gastransformatoren/Gasturbinen für Biomasse
- Nachhaltige Produktion von Biomasse als Ersatz für fossile Brennstoffe
- Fortgeschrittene, effiziente Gasturbinentechnik
- Kleinwasserkraftwerke
- Übergang zu Erdgas als Kraftstoff

III. Reduktion der Nicht-Kohlendioxid-Emissionen

- Städtische und ländliche Abfallbeseitigung
- Einschränkung des Abfackelns und Ablassens von Erdgas
- Reduzierung der Emissionen des Kohlebergbaus

IV. Allgemeine Bereiche

- Effizientere Produktion, Übertragung und Verteilung von Energie
- Eindämmung der Entwaldung
- Abbau von Kohlendioxid (zum Beispiel durch die Aufforstung)

Zusätzliche Erkenntnisse sind dringend notwendig. Studien über die Anfälligkeit einzelner Länder gegenüber klimatischen Veränderungen wären im allgemeinen Interesse, daher sollte den Entwicklungsländern bei solchen Vorhaben geholfen werden.

Obwohl die Entwicklungsländer jene Maßnahmen ergreifen sollten, die am besten geeignet sind, die wirtschaftliche Effizienz zu fördern und die lokalen Umweltbedingungen zu verbessern, wäre es unrealistisch, von ihnen darüber hinausgehende Aktivitäten ohne zusätzliche Anreize zu erwarten. Zusätzliche Maßnahmen im Interesse der internationalen Gemeinschaft erfordern weitere Hilfe von der Art, wie sie bereits in Pilotform im Rahmen der GEF verfügbar ist. Gegenwärtig sollten die Ziele einer solchen Finanzierung darin bestehen, die Möglichkeiten für eine kostengünstige Reduzierung der Emissionen durch technische Neuerungen zu erweitern. Dies bedeutet die Unterstützung solcher Projekte, die die größten Chancen bieten für künftige Kosteneinsparungen, für die künftige Reduzierung der Emissionen von Treibhausgasen und für ein Lernen durch praktische Erfahrung. Im Rahmen der GEF wird daran gearbeitet, erfolgversprechende Bereiche für Investitionen zu bestimmen. Sonderbeitrag 9.3 zählt einige davon auf.

Viele der aussichtsreichsten Bereiche für eine Förderung finden sich auf dem Feld der Stromerzeugung und der damit zusammenhängenden Techniken des Endverbrauchs. Insbesondere würden Investitionen in die Anwendung erneuerbarer Energien die Kosten einer beschleunigten Reaktion auf den Treibhauseffekt drastisch reduzieren, falls sich eine solche als notwendig erweisen sollte. Eine Verlagerung des Schwerpunkts der Forschungs- und Entwicklungsaktivitäten, die sich zur Zeit stark auf die Nuklearenergie und fossile Brennstoffe konzentrieren, sollte mit einer intensiveren internationalen Zusammenarbeit einhergehen. Ein langfristiges Engagement des Staates in der Entwicklung und Anwendung erneuerbarer Energien würde die Hersteller zu einer Ausweitung ihrer derzeit bescheidenen Forschungsaktivitäten anregen. Ausgaben, die am Ende dieses Jahrhunderts 3 bis 4 Mrd Dollar im Jahr erreichen – ein sehr viel geringerer Etat als das Budget der Industrieländer für F & E im Bereich der Kernenergie – würden die Auflegung eines bedeutenden Programms für Forschung, Entwicklung und Demonstrationsprojekte ermöglichen.

ARTENVIELFALT. Schätzungen über die möglichen direkten Kosten eines ausreichenden Schutzes der Artenvielfalt reichen von Millionen bis zu Milliarden Dollar pro Jahr, die im Verlauf des nächsten Jahrzehnts aufzubringen wären. Diese große Bandbreite ist nicht erstaunlich. Man beginnt gerade erst, nationale Prioritäten zu setzen, und zu untersuchen, welche Maßnahmen notwendig sind. Neuartige Ansätze zur Erhaltung der Natur dürften die direkten finanziellen Aufwendungen beträchtlich vermindern. Der Abbau von Subventionen für die Zerstörung von natürlichem Lebensraum könnte in einigen Gebieten eine bedeutende Wirkung entfalten, ebenso wie viele der in den Kapiteln 7 und 8 diskutierten Optionen mit „doppelter Gewinnchance".

Es läßt sich nicht genau abschätzen, wieviel Mittel gebraucht werden, um die biologische Vielfalt auf der Welt zu erhalten, doch können Schätzungen für Programme mit höchster Priorität angestellt werden. Ein großer Teil der Artenvielfalt kann in geschützten Gebieten erhalten werden, die im Zentrum fast aller Erhaltungsstrategien stehen. Die Kosten wären nicht prohibitiv. Zur Zeit sind in den Entwicklungsländern 4,8 Mio Quadratkilometer Land- und Wasserfläche geschützt, doch reichen weder das Schutzniveau noch der Umfang der bereits ausgewiesenen Gebiete aus. Nach Schätzungen wären etwa 2,5 Mrd Dollar im Jahr erforderlich, um die bereits ausgewiesenen Gebiete wirksam zu schützen und die gesamte geschützte Fläche während des nächsten Jahrzehnts um 50 Prozent auszudehnen. Im Vergleich dazu geben die Vereinigten Staaten 2 Mrd Dollar im Jahr für die Nationalparks aus.

Aus der Sicht der Entwicklungsländer dagegen ist offizielle Hilfe zum Schutz der Artenvielfalt nur dann erschwinglich, wenn sie nicht zu Lasten anderer konzessionärer Entwicklungshilfe geht. Zieht man in Betracht, daß die Mittelbereitstellungen durch die Internationale Entwicklungsorganisation (IDA), die ein weites Spektrum von Entwick-

---

Sonderbeitrag 9.4   Der brasilianische Fonds für den tropischen Regenwald: Internationale Kooperation zum Schutz Amazoniens

Das brasilianische Amazonien wird seit langem als ein einzigartiges Reservoir wertvoller natürlicher Ressourcen für die gesamte Welt angesehen. Viele Gruppen in den Industrieländern befürchten, daß diese Ressourcen bedroht sind, und Ökonomen argumentierten, daß man auf internationaler Ebene zum Einsatz finanzieller Mittel bereit sei, um den Verlust dieser Ressourcen abzuwenden. Eine im Dezember 1991 erreichte Vereinbarung, 250 Mio Dollar für die Finanzierung des ersten Abschnitts eines Pilotprogramms zum Schutz des Regenwaldes in Brasilien bereitzustellen, verspricht, diese Anliegen in konkrete Handlungen umzusetzen. Eine Anzahl von Industrieländern, die von der Siebenergruppe angeführt werden, haben sich zu einem Beitrag verpflichtet.

Das Pilotprogramm wird der Beginn eines umfassenden Versuchs sein, den ökologischen Nutzen der brasilianischen Regenwälder im Einklang mit den entwicklungspolitischen Zielen Brasiliens zu maximieren. Die Formulierung dieses Planes war ein Gemeinschaftswerk verschiedener Behörden der brasilianischen Zentralregierung, der neun Landesregierungen der Amazonasregion sowie zahlreicher lokaler und nationaler NSOs. Die spezifischen Ziele der Projekte in der Pilotphase sind: (a) Erhaltung der Artenvielfalt und der Gebiete, in denen Eingeborene leben, (b) Konsolidierung der umweltpolitischen Kursänderungen und Stärkung der mit der Durchführung betrauten Institutionen sowie (c) Erarbeitung von wissenschaftlichen Kenntnissen und praktischen Verfahren für eine umweltverträgliche Entwicklung Amazoniens sowie Förderung der Akzeptanz solcher Verfahren.

Dieses innovative Programm ist das Ergebnis zweier wichtiger Entwicklungen. Erstens hat die brasilianische Regierung in den letzten Jahren einen umfassenden Wandel ihrer Umweltpolitik und -institutionen eingeleitet, um das Umweltmanagement zu verbessern. Für Amazonien bedeutet dies den Versuch, den Lebensstandard der örtlichen Bevölkerung zu verbessern und gleichzeitig die Ressourcen des Regenwaldes zu schützen. Zweitens ersuchten die Staats- und Regierungschefs der Siebenergruppe im Juli 1990 die Weltbank und die EG-Kommission, mit der brasilianischen Regierung bei der Aufstellung eines Pilotprogramms zusammenzuarbeiten, und die Aufbringung der Mittel zu koordinieren. Dies war ein schneller und effektiver Weg zur Mobilisierung von Hilfe für die Erhaltung des Regenwaldes.

lungsaktivitäten abdeckt, in den letzten Jahren ungefähr 4 Mrd Dollar pro Jahr betrugen, so wäre die Umlenkung selbst eines Bruchteils der konzessionären Entwicklungshilfe zugunsten des Artenschutzes höchst unerwünscht. Der brasilianische Fonds für den tropischen Regenwald (Sonderbeitrag 9.4) illustriert, was erreicht werden kann, wenn Geber- und Empfängerländer kooperieren, um die dringendsten Probleme des Schutzes der Artenvielfalt in Angriff zu nehmen.

Entwicklung im 21. Jahrhundert

Dieser Bericht hat den wachsenden Konsens betont, daß sich Maßnahmen zur Steigerung der wirtschaftlichen Effizienz und das Umweltmanagement ergänzen. Eine gute Umweltpolitik ist eine vernünftige Wirtschaftspolitik – und umgekehrt. Ein effizientes Wachstum braucht die Umwelt nicht zu bedrohen, und die besten Maßnahmen zum Schutz der Umwelt werden die wirtschaftliche Entwicklung fördern, statt sie zu bremsen. Die Umwelt- und Entwicklungskonferenz der Vereinten Nationen bietet den Regierungschefs der Welt eine Gelegenheit, sich zu diesen Prinzipien zu bekennen (Sonderbeitrag 9.5).

Vor dem Hintergrund der verringerten Spannungen in der internationalen Politik und angesichts weitgehender Einmütigkeit über die zentrale Bedeutung der Märkte und der Investitionen in das Humankapital für eine erfolgreiche Entwicklung bieten die kommenden Jahrzehnte großartige Chancen für den Fortschritt. Innerhalb der nächsten Generation könnte die Armut als Massenerscheinung beseitigt werden. Sauberes Wasser und angemessene sanitäre Einrichtungen könnten für praktisch jeden Menschen auf der Erde verfügbar werden. Dies wird jedoch nur dann möglich sein, wenn die Einkommen und die Investitionen steigen und Ausbildung und Beschäftigung zunehmen. Die Produktivität der Landwirtschaft könnte mit den derzeitigen Wachstumsraten oder rascher zunehmen, wodurch die Erzeugung von Nahrungsmitteln bis zum Jahr 2030 verdoppelt werden könnte, und zwar in einer Weise, die den Druck auf die natürlichen Lebensräume minimieren würde. Dies wird aber ein Engagement in der Forschung und Beratung sowie die Abkehr von verzerrenden Markteingriffen erfordern. Die Industrieproduktion in den Entwicklungsländern könnte auf das Sechsfache des heutigen Niveaus steigen, bei insgesamt reduzierten Emissionen und Abfällen. Dies verlangt eine beschleunigte Investitionstätigkeit, wirksamere Umweltinstitutionen und einen Technologietransfer, der durch freie Güter- und Kapitalströme unterstützt wird. Der Energiebedarf für eine solche Entwicklung könnte durch saubere Technologien für fossile Brennstoffe und zunehmend durch den Einsatz erneuerbarer Energien gewonnen werden.

Sonderbeitrag 9.5 Agenda 21

Die Umwelt- und Entwicklungskonferenz der Vereinten Nationen (UNCED) im Juni 1992 in Rio de Janeiro bot den Staats- und Regierungschefs eine Gelegenheit, sich auf eine Strategie für eine umweltverträgliche Entwicklung im nächsten Jahrhundert zu einigen. Die meisten Umweltprobleme werden sicherlich auf lokaler und nationaler Ebene anzupacken sein, aber es gibt eine Anzahl von Bereichen, in denen ein internationales Engagement für einen Wandel notwendig ist. Diese sind in Agenda 21 – einer Agenda für das nächste Jahrhundert – aufgeführt; sie ist das Hauptdokument, das auf der Konferenz diskutiert wurde. Diese Bereiche umfassen:

• Verwendung von internationaler Hilfe für Programme, die hohe Erträge bei der Linderung der Armut und einer gesunden Umwelt versprechen, wie die Bereitstellung von sanitären Einrichtungen und sauberem Wasser, die Reduzierung der Luftverschmutzung in Innenräumen sowie die Deckung des Grundbedarfs.

• Investitionen in die Forschung und in Beratungsdienste, um Bodenerosion und -verschlechterung zu reduzieren und die landwirtschaftlichen Verfahren auf eine tragfähige Basis zu stellen.

• Aufstockung der Mittel für die Familienplanung sowie die Grundschulerziehung und weiterführende Schulbildung, insbesondere für Mädchen.

• Unterstützung der Regierungen bei ihren Bemühungen, Marktverzerrungen und makroökonomische Ungleichgewichte, die die Umwelt schädigen, zu beseitigen.

• Bereitstellung von Mitteln zum Schutz natürlicher Lebensräume und der Artenvielfalt.

• Investitionen in die Forschung und Entwicklung von Alternativen zur kohlenstoffhaltigen Energie, um auf Klimaveränderungen reagieren zu können.

• Abwehr von protektionistischen Strömungen und Aufrechterhaltung offener Weltmärkte für Güter und Dienstleistungen, einschließlich der Märkte für Finanzierungsleistungen und Technologie.

Sowohl der öffentliche Sektor als auch der private Sektor werden sich engagieren müssen, um die Entwicklung und Verwendung dieser Technologien und Ressourcen zu beschleunigen. Wertvolle natürliche Lebensräume könnten sehr viel besser als gegenwärtig geschützt werden. Die internationale Gemeinschaft müßte dies zusammen mit den nationalen Regierungen als eine gemeinsame Verpflichtung akzeptieren.

Dies ist keine einfache Agenda. Aber es ist eine, die man sich leisten kann. Beträchtliches Wissen und Erfahrung sind bereits vorhanden, auf denen ein erfolgreiches Programm aufgebaut werden kann. Der Wohlstand der Welt würde gemehrt und ihre Umwelt zum Nutzen künftiger Generationen bewahrt, wenn dieses Programm zum Bestandteil nationaler und internationaler Politik würde.

Anmerkungen zu den verwendeten Quellen

Der vorliegende Bericht stützt sich auf die unterschiedlichsten Weltbank-Quellen – wie gesamtwirtschaftliche, sektorale und projektbezogene Arbeiten über einzelne Länder und Forschungsberichte – sowie auf zahlreiche externe Quellen. Die verwendeten Hauptquellen werden unten aufgeführt und sind ferner in zwei Gruppen aufgelistet: Hintergrundpapiere, die für diesen Bericht in Auftrag gegeben wurden, sowie ausgewählte Literatur. Die meisten Hintergrundpapiere sind bereits auf Anfrage durch das Publikationsbüro zu beziehen. Die in diesen Papieren zum Ausdruck gebrachten Auffassungen stimmen nicht notwendigerweise mit denen der Weltbank oder den in diesem Bericht enthaltenen Ansichten überein.

Zusätzlich zu den unten aufgeführten Quellen haben viele Personen innerhalb und außerhalb der Weltbank an der Erstellung des Berichts mitgewirkt. Die Kern-Arbeitsgruppe möchte sich vor allem bedanken bei Anil Agarwal, Jean Baneth, Carl R. Bartone, David Bloom, Rodolfo Bulatao, Leif E. Christoffersen, Anthony Churchill, Herman Daly, Partha Dasgupta, Mohamed T. El-Ashry, Gunnar Eskeland, Robert Goodland, Johan Holmberg, Ian Johnson, Josef Leitmann, Mohan Munasinghe, Robert Repetto, Ibrahim F. I. Shihata, Vinod Thomas, T. H. Tietenberg, David Turnham und Jeremy Warford. Zu denen, die Vermerke anfertigten oder detaillierte Kommentare abgaben, gehörten Shankar N. Acharya, David Bock, José Carbajo, Armeane M. Choksi, John Clark, Gloria Davis, Shanta Devarajan, Salah El Serafy, S. Shahid Husain, Frida Johansen, Harinder Kohli, Alan Krupnick, Johannes Linn, Karl Maler, Norman Myers, Daniel Ritchie, Robert Schneider, Ediberto L. Segura, Marcelo Selowsky, Anand Seth, Piritta Sorsa, William Tyler und Walter Vergara. Wichtige Beiträge wurden auch von den vorübergehend im Sommer im Team Mitarbeitenden gemacht: Peter Brixsen, Linda Bui, Rafaello Cervighi, Heinz Jansen, Michaela Weber und Min Zhu. Wertvolle Vorleistungen und Beiträge erhielt der Bericht vom Sekretariat der Umwelt- und Entwicklungskonferenz der Vereinten Nationen, der Organisation für Wirtschaftliche Zusammenarbeit und Entwicklung, der Umweltschutzbehörde der USA, dem Konjunkturrat für eine tragfähige Entwicklung (Business Council for Sustainable Development), dem Weltnaturfonds (World Wide Fund for Nature) und dem Internationalen Institut für Umwelt und Entwicklung.

Der Bericht profitierte von Beiträgen der Konferenzen in Senegal und Neu-Delhi des Weltbank-Komitees über nichtstaatliche Organisationen, von Seminaren in zahlreichen Städten und von über vierzig in Washington (D.C.) abgehaltenen Seminaren. Das Institut für Wirtschaftliche Entwicklung der Weltbank (Economic Development Institute, EDI) förderte im Dezember 1991 einen Seminarkursus, auf dem Politiker, Wissenschaftler und Vertreter von nichtstaatlichen Organisationen die Hauptthesen des Berichts erörterten. Das Institut für Strategische und Internationale Studien in Malaysia förderte, zusammen mit dem Publikationsbüro, im Juli 1991 eine Konferenz in Kuala Lumpur, auf der Teilnehmer aus südostasiatischen Ländern die Thesen des Berichts erörterten.

Kapitel 1

Dieses Kapitel stützt sich besonders auf wissenschaftliche Fachliteratur und Arbeiten verschiedener Organisationen. Die Bevölkerungsprojektionen und Szenarien wurden von der Hauptabteilung „Population and Human Resources" der Weltbank erstellt. Die Belege über die Fruchtbarkeitsübergänge und die unbefriedigte Nachfrage nach empfängnisverhütenden Mitteln stützen sich auf Bulatao (1992). Die Diskussion über die Rolle der Frauen bei der Bewirtschaftung der Ressourcen und die Verbindungen zwischen dem Bildungsgrad der Frauen und der Fruchtbarkeit beziehen sich auf Vorschläge von Barbara Herz und Elizabeth Morris-Hughes sowie auf länderübergreifende Erfahrungen, die von Kalanidhi Subbarao bereitgestellt wurden. Sonderbeitrag 1.1 basiert auf Cleaver und Schreiber (1991). Die neuen Schätzungen über die Armut in den Entwicklungsländern wurden von Ravallion, Datt und Chen (1992) erstellt. Die Abschnitte über die Beziehungen zwischen Bevölkerungszahl, Armut und Umwelt stützen sich besonders auf das Hintergrundpapier von Stephen Mink. Sonderbeitrag 1.2 wurde von Peter Hazell erstellt. Die Daten über Wirtschaftswachstum und Zukunftsprojektionen basieren auf der von der Hauptabteilung „International Economics" der Weltbank erstellten Studie *Global Economic Prospects and the Developing Countries*. Der Abschnitt über die langfristigen Perspektiven bis zum Jahr 2030 profitierte von Beurteilungen von Paul Armington und Robert Lynn. Sonderbeitrag 1.3 basiert auf den Arbeiten von Ernst Lutz, Salah El Serafy, Robert Repetto und des Statistischen Amts der Vereinten Nationen. Das Beispiel über die Volkseinkommensberechnung in Mexiko basiert auf Van Tongeren und andere (erscheint demnächst). Der Abschnitt über die Verbindungen zwischen Wirtschaftsaktivität und Umwelt stützt sich auf die Arbeit von Dasgupta (1982) und Maler (1974). Sonderbeitrag 1.4 stützt sich auf das Hintergrundpapier von Margaret Slade. Sonderbeitrag 1.5 basiert auf Vorleistungen von Gordon Hughes und Rory O'Sullivan. Die Entwicklung von Umweltindikatoren bezüglich der Veränderungen des Pro-Kopf-Einkommens basiert auf dem Hintergrundpapier von Shafik und Bandyopadhyay. Die Diskussion über technische Optionen in verschiedenen Bereichen wurde von Anderson und Cavendish (Hintergrundpapier) inspiriert. Sonderbeitrag 1.6 stützt sich auf die OECD (1991). Die Analyse über eine tragfähige Wirtschaftsentwicklung basiert auf Vorleistungen von Ravi Kanbur sowie Dixon und Fallon (1989).

Kapitel 2

Dieses Kapitel stützt sich auf technische Unterlagen der Weltgesundheitsorganisation, des Umweltprogramms der Vereinten Nationen sowie der Weltbank und auf wissenschaftliche Literatur. Joseph Leitmann lieferte Material über Umweltverschmutzung in Städten, Care Bartone über feste Abfälle, das Energy Strategy/Management Assessment Programm (ESMAP) der Weltbank über Luftverschmutzung in Wohnungen und David Wheeler über Sondermüll. Der Abschnitt über die Luft- und Wasserverschmutzung beruht auf dem Hintergrundpapier von Beckermann. Die Materialien über Böden stützen sich auf das Hintergrundpapier von Crosson und Anderson sowie auf Nelson (1990). Die Erörterungen über die Forstwirtschaft basieren auf der Weltbank (1991d). Sonderbeitrag 2.3 basiert auf persönlichen Gesprächen mit Peter Ashton und auf Lewin (1987). Der Abschnitt über die Erwärmung durch den Treibhauseffekt, einschließlich Sonderbeitrag 2.4, profitierte besonders von Houghton, Jenkins und Ephraums (1990). Die Diskussion über den Abbau der Ozonschicht bezieht sich auf UNEP (1991) sowie auf die Weltorganisation für Meteorologie und andere (erscheint demnächst). Das Kapitel profitierte auch von konstruktiven Beiträgen von David Grey, Agnes Kiss, Gerald D. Mahlman und Norman Myers. Hinweise zu Umweltindikatoren und zur Qualität der Daten lieferten Allen Hammond, Eric Rodenberg und Dan Tunstall vom World Resources Institute.

Kapitel 3

Der Abschnitt über Handelspolitik und Umwelt (einschließlich Sonderbeitrag 3.1) basiert auf Material aus den Hintergrundpapieren von Dean und von Lucas, Wheeler und Hettige sowie von Wheeler und Martin (erscheint demnächst), Grossman und Krueger (1991) und Low und Safadi (erscheint demnächst). Die Belege zu den Einflüssen beim Entzug von Subventionen stammen aus dem Hintergrundpapier von Hughes und aus Weltbankberichten. Die Diskussion über gemeinsame Eigentumsrechte basiert auf dem Hintergrundpapier von Kanbur, ebenso Sonderbeitrag 3.2. Das Material über die Bewertung von Umweltvorteilen (einschließlich Sonderbeitrag 3.3) basiert auf dem Hintergrundpapier von Pearce. Sonderbeitrag 3.4 beruht auf Eskeland (1992). Der Abschnitt über Regulierung und wirtschaftliche Anreize bezieht sich auf Bernstein (1991), Eskeland und Jimenez (1991), Wheeler (1992) und auf das Hintergrundpapier von Levinson und Shetty. Der Abschnitt über die Verbesserung der öffentlichen Investitionstätigkeit basiert auf dem Hintergrundpapier von Ascher sowie auf Material von Anderson (1987). Die Beispiele in Sonderbeitrag 3.5 stammen von Dixon und anderen (1988) sowie von Mu, Whittington und Briscoe (1991). Sonderbeitrag 3.6 bezieht sich auf Fargeix (1992). Ausführliche Hinweise gaben William Ascher, Gunnar Eskeland, Antonio Estache, Emmanuel Jimenez, Ravi Kanbur, Alan Krupnick, Arik Levinson, Patrick Low, Ashoka Mody, Vinod Thomas, Tom Tietenberg, David Wheeler und Min Zhu.

Kapitel 4

Dieses Kapitel bezieht sich auf wissenschaftliche Quellen und auf Angaben von nichtstaatlichen Organisationen. Einzelne Mitarbeiter der Hauptabteilung „Umwelt" der Weltbank lieferten wertvolle Beiträge. Von besonderer Bedeutung ist das Papier „Mitwirkung der Betroffenen für eine tragfähige Entwicklung" („Participation for Sustainable Development") von Guggenheim und Koch-Weser, das die Grundlage für den Abschnitt über die Mitwirkung bildete. Barbara Lausche stellte Material über institutionelle Probleme zur Verfügung. Josef Leitmann half mit beim Abschnitt über Dezentralisierung und Koordinierung zur Verbesserung der städtischen Verwaltung, und Glenn Morgan lieferte Material über Verständigung über größere Entfernungen und geografische Informationssysteme. Sonderbeitrag 4.1 basiert auf Presseberichten und chilenischen Veröffentlichungen. Sonderbeitrag 4.5 bezieht sich auf Material, das von Kazuhiko Takemoto und der Japanischen Umweltbehörde (1988) bereitgestellt wurde. Sonderbeitrag 4.6 wurde von Shelton Davis auf Basis seines Hintergrundpapiers bearbeitet. Sonderbeitrag 4.7 wurde von Scott Guggenheim verfaßt. Zu denen, die hilfreiche Kommentare lieferten, gehörten Carl Bartone, Jeremy Berkoff, Alice Hill, David O'Connor, William Partridge und Michael Stevens.

Kapitel 5

Dieses Kapitel stützt sich weitgehend auf gesammelte Erfahrungen der Mitarbeiter des Wasserwirtschaftsbereichs der Weltbank. Insbesondere wurden veröffentlichte und unveröffentlichte Bankstudien von Joszef Buky, Michael Garn, Dale Whittington und Guillermo Yepes intensiv genutzt. Der Abschnitt über Prioritäten in der Umweltpolitik bezieht sich auf Bhatia und Falkenmark (1992). Der Abschnitt über Gesundheit beruht auf Arbeiten von Briscoe (1985 und 1987), Esrey und andere (1991), Feachem und andere (1983), VanDerslice und Briscoe (erscheint demnächst), WHO (1984 b) sowie auf Moe und andere (1991). Die Diskussion über Produktivitätseinflüsse bezieht sich auf Bhatia und Falkenmark (1992), Briscoe und de Ferranti (1988), Cairncross und Cliff (1986), Gilman und Skillicorn (1985), Whittington und andere (1991), Whittington und andere (1988) sowie auf das Hintergrundpapier von Webb. Der Abschnitt über die Bewirtschaftung der Wasserressourcen beruht auf Bhatia und Falkenmark (1992), Falkenmark, Garn und Cestti (1990), Hufschmidt und andere (1987), IFC (erscheint demnächst), Kennedy (1990), McGarry (1990), Miglino (1984), Ramnarong (1991), Repetto (1986), Rogers (1984 und 1986), Smith und Vaughan (1989) und World Resources Institute (1990). Der Abschnitt über die Finanzierung und die Zahlungsbereitschaft stützt sich auf Altaf, Haroon und Whittington (1992), Briscoe und andere (1990), Christmas und de Rooy (1991), Churchill (1987), OECD (1987 b), Singh und andere (erscheint demnächst), Whittington und andere (1992), Weltbank (1990 b und 1991a) und auf das Weltbank-Forschungsteam über den Wasserbedarf (erscheint demnächst). Der Abschnitt über das Kanalisationswesen stützt sich auf Altaf und Hughes (1991), Wright und Bakalian (1990), Bartone, Bernstein und Wright (1990), de Melo (1985), Hasan (1986 und 1990), und auf Okun (1988). Die Diskussion über institutionelle Reformen beruht auf Bartone und andere (1991), Borcherding, Pommerrehne und Schneider (1982), Kinnersley (1991), Lovei und Whittington (1991), Paul (1991), Triche (1990), der Umweltschutzbehörde der USA (1989), der Weltbank (1991e) sowie auf Yepes (1990 und 1991). Sonderbeitrag 5.1 stützt sich auf Moe und andere (1991), Feachem und andere (1983), VanDerslice und Briscoe (erscheint demnächst) und WHO (1984 b). Sonderbeitrag 5.2 ist der Internationalen Finanz-Corporation (erscheint demnächst) entnommen, Sonderbeitrag 5.3 dem Weltbank-Forschungsteam über den Wasserbedarf (erscheint demnächst) und Sonderbeitrag 5.4 von Dworkin und Pillsbury (1980). Sonderbeitrag 5.5 stützt sich auf de Melo (1985) und Sonderbeitrag 5.6 auf Hasan (1986 und 1990). Das Kapitel profitierte auch von detaillierten und konstruktiven Hinweisen der Weltbank-Mitarbeiter Janis Bernstein, Ramesh Bhatia, John Blaxall, Pauline Boerma, Arthur Bruestle, Joszef Buky, Sergio Contreras, Christopher Couzens, Antonio Estache, David Grey, Ian Johnson, Peter Koenig, Ayse Kudat, Andrew Macoun, Geoffrey Matthews, Mohan Munasinghe, Letitia Oliveira, Walter Stottman, Alain Thys, Anthony van Vugt und Albert Wright sowie von Kommentatoren von außerhalb der Bank, wie Anjum Altaf, Charles Griffin, Stein Hansen, Arif Hasan, Richard Helmer, Daniel Okun, Peter Rogers, Sheila Webb, Dale Whittington und James Winpenny.

Kapitel 6

Dieses Kapitel stützt sich auf Hintergrundpapiere von Bates und Moore, Anderson und Cavendish, Hall, Homer und Panayotou sowie auf Anderson (1991 a). Der Abschnitt über Energie beruht auf Asiatische Entwicklungsbank (1991), Balzheiser und Yeager (1987), Davis (1990), Faiz und Carbajo

(1991), Gamba, Caplin und Mulckhuyse (1986), Harrison (1988), Imran und Barnes (1990), Johansson, Bodlung und Williams (1989), OECD (1986 bis 1991), Shell Briefing Service (1991), Energiedepartment der USA (1990), Wirtschafter und Shih (1990), sowie auf der Weltbank (1991c und demnächst erscheinend). Sonderbeitrag 6.1 ist der Asiatischen Entwicklungsbank (1991), OECD (1989) sowie Bates und Moore (Hintergrundpapier) entnommen. Sonderbeitrag 6.2 basiert auf der Weltbank (1991c), eingeschlossen die Arbeiten von Douglas Barnes, der auch viel wertvolles Material über Feuerholz lieferte. Eric Larsen, Joan Ogden, Robert Socolow und Robert Williams vom Energie-Studienzentrum der Princeton-Universität stellten wertvolle Hinweise über Techniken für erneuerbare Energien zur Verfügung; Johansson und andere (erscheint demnächst) lieferten einen technischen Überblick. Der Abschnitt über die Industrie bezieht sich auf Bartone, Bernstein und Wright (1990), Bernstein (1991 und demnächst erscheinend), Eckenfelder (1989), GATT (1971), Hirschhorn und Oldenburg (1991), Kneese und Bower (1968), Krupnick (1983), OECD (1991), Tedder und Pohland (1990), UNIDO (1991) sowie Wheeler und Martin (erscheint demnächst). Bernard Baratz und Kathleen Stephenson lieferten ausführliche Hinweise und Material über industrielle Umweltverschmutzung, ebenso Roger Heath, John Homer, Afsaneh Mashayekhi und Robert Saunders über Energie und Industrie. Sonderbeitrag 6.3 ist Wheeler und Martin (erscheint demnächst) entnommen. Die Diskussion über Cubatão in Sonderbeitrag 6.4 basiert auf Findley (1988). Sonderbeitrag 6.5 bezieht sich auf das Hintergrundpapier von Panayotou. Die Diskussion über das Verkehrswesen beruht auf Faiz und Carbajo (1991), Hau (1990), Heggie (1991), Jones (1989) sowie auf OECD (1986 und 1988). Michael Walsh lieferte hilfreiche Hinweise.

Kapitel 7

Dieses Kapitel profitierte von Hintergrundpapieren von Barbier und Burgess, Crosson und Anderson sowie von Manwan und von Murray und Hoppin (erscheint demnächst). Sanchez, Palm und Smyth (1990) sind die Hauptquelle für Sonderbeitrag 7.1. Sonderbeitrag 7.2 basiert auf dem Hintergrundpapier von Crosson und Anderson. Sonderbeitrag 7.3 wurde von Donald Plucknett und Kerri Wright Platais erstellt. Der Abschnitt über private Bewirtschaftung bezieht sich auf Carter und Gilmour (1989), Dewees (1989), Doolette und Magrath (1990), Georghiou (1986), Kiss und Meerman (1991), Norgaard (1988), Pimental (1991) sowie Wright und Bonkoungou (1986). Sonderbeitrag 7.4 wurde von Montague Yudelman verfaßt und basiert auf Murray und Hoppin (erscheint demnächst) und auf Hoppin (1991). Die Diskussion über gemeinschaftliche Bewirtschaftung stützt sich auf Cernea (1991), Jodha (1991), Migot-Adholla und andere (1991) und die National Academy of Sciences (1986). Das Beispiel von Burkina Faso in Sonderbeitrag 7.5 stammte von der Weltbank und andere (1990). Der Abschnitt über staatliche Bewirtschaftung basiert auf Hyde, Newman und Sedjo (1991), Kiss (1990), Repetto und Gillis (1988), Spears (erscheint demnächst), Wells, Brandon und Hannah (1992) und der Weltbank (1991e und 1992b). Das Material für Sonderbeitrag 7.7 wurde von Katrina Brandon erstellt. Sonderbeitrag 7.8 bezieht sich auf das Hintergrundpapier von Pearce. Wertvolle Hinweise wurden geliefert von Jock Anderson, Pierre Crosson, John Dixon, John Doolette, John English, Richard Grimshaw, Peter Hazell, Heinz Jansen, Norman Myers, John O'Connor, David Pimentel, Donald Plucknett, James Smyle, John Spears, Laura Tuck und Montague Yudelman.

Kapitel 8

Der Abschnitt über internationales Recht bezieht sich auf Hintergrundpapiere von Mensah, Ricker und Tschofen, unter Hilfestellung von Paatii Ofosu-Amaah. Ralph Osterwoldt und Franziska Tschofen lieferten Sonderbeitrag 8.1. Sonderbeitrag 8.2 stützt sich auf Maler (1989 und 1990) und Newbery (1990). Michael Prest stellte Material über internationale Flüsse zur Verfügung, wobei er sich auf Kolars und Mitchell (1991), Rogers (1991), Smith und Al-Rawahy (1990), Vlachos (1990) und Informationen von Raj Krishna bezog. Michael Prest lieferte auch Material über die Ozonschicht und das Montreal-Protokoll, wobei er sich auf Benedick (1991), Munasinghe und King (1991) und Rowland (1990 und 1991) bezog. Andrew Solow von der Woods Hole Oceanographic Institution lieferte die wissenschaftliche Beratung für den Abschnitt über die Erwärmung durch den Treibhauseffekt. Gerald Mahlman von der National Oceanic and Atmospheric Administration der USA und Robert Watson von der National Aeronautics and Space Administration der USA haben den Abschnitt über den Treibhauseffekt kritisch durchgesehen. Die Diskussion über wissenschaftliche

Fragen und die Effekte der Klimaveränderung bezieht sich insbesondere auf Arrhenius und Waltz (1990), Ausubel (1983), Houghton, Jenkins und Ephraums (1990), IPCC (1990), National Academy of Sciences (1991 und demnächst erscheinend), Parry (1990), Rosenberg und andere (1989) und auf Tegart, Sheldon und Griffiths (1990). In Schaubild 8.3 wurde ein Kohlenstoff-Kreislaufmodell (Harvey und Schneider 1985) auf die Daten über Kohlenstoffemissionen von Marland und andere (1989) angewendet. Die Aufheizung als Funktion der Konzentration in der Atmosphäre fußt auf Houghton, Jenkins und Ephraums (1990). Nur die Kohlendioxid-Emissionen seit 1950 sind bei der Allokation berücksichtigt, aber die Effekte früherer Emissionen sind bei der Gesamtgröße in Rechnung gestellt. Der Anteil der anderen Treibhausgase am gesamten Erwärmungseffekt ist in dem $2 \times CO_2$-Szenario auf dem aktuellen Niveau konstant gehalten worden. Der Abschnitt über die Artenvielfalt stützt sich auf Barbier und andere (1990), Dixon und Sherman (1990), McNeeley und andere (1990), Pearce (1991), Reid und Miller (1989), Solow, Polasky und Broadus (erscheint demnächst), Swanson (1991) sowie auf Weitzman (1992a und b). Sonderbeitrag 8.8 wurde von Jeffrey Katz erarbeitet. Die Schätzung über internationale Transfers für den Naturschutz beruht auf Abramovitz (1989) und UNEP (1990). Robert J. Anderson, Nancy Birdsall, Charles Blitzer, Jessica Einhorn, Agnes Kiss, Barbara Lausche, Paatii Ofosu-Amaah, Ralph Osterwoldt, Susan Shen und Ibrahim Shihata gaben detaillierte Hinweise. Richard S. Eckaus stellte für viele Teile des Kapitels Ideen und Rat zur Verfügung. Claudia Alderman, Erik Arrhenius, Charles Feinstein, Mudassar Imran, Robert Kaplan, Kenneth King, John Lethbridge, Eduardo Loayza, Patrick Low, Carl Gustaf Lundin, Donald Plucknett, Michael Wells und Anders Zeijlon gaben Hinweise zu speziellen Punkten. Bita Hadjimichael half bei den Forschungsarbeiten.

Kapitel 9

Die Kostenschätzungen für das Elektrizitätswesen, das Verkehrswesen, die Wasserversorgung und das Kanalisationswesen sind dem Hintergrundpapier von Anderson und Cavendish entnommen; für die Bodenerhaltung und die Aufforstungen von Doolette und Magrath (1990) sowie für die Agrarforschung und die landwirtschaftliche Beratung von Zijp (1992) und Evenson (1991). Die Kostenschätzungen für die Familienplanung basieren auf Bulatao (1992) und auf Gesprächen mit der Hauptabteilung „Population and Human Resources" der Weltbank. Die Kosten für eine gleichwertige Ausbildung der Mädchen sind bei Summers (1991) genannt. Die Stückkosten für den Naturschutz in Schutzgebieten stammen von McNeeley und andere (1990). Die Schaubilder in diesem Bericht profitierten von Gesprächen mit Jan Post und Mario Ramos. Alle Schätzungen profitierten von detaillierten Nachprüfungen durch die Mitarbeiter des Betriebs- und Forschungsbereichs der Weltbank, und hilfreiche Diskussionen fanden mit UNCED statt.

Hintergrundpapiere

Anderson, Dennis. (a) "Economic Growth and the Environment."
——— . (b) "Energy and the Environment."
——— . (c) "Global Warming and Economic Growth."
Anderson, Dennis, and William Cavendish. "Efficiency and Substitution in Pollution Abatement: Simulation Studies in Three Sectors."
Ascher, William. "Coping with the Disappointing Rates of Return of Development Projects with Environmental Aspects."
Barbier, Edward B., and Joanne C. Burgess. "Agricultural Pricing and Environmental Degradation."
Bates, Robin W., and Edwin A. Moore. "Commercial Energy Efficiency and the Environment."
Beckerman, Wilfred. "Economic Development and the Environment: Conflict or Complementarity?"
Bilsborrow, Richard. "Rural Poverty, Migration, and the Environment in Developing Countries: Three Case Studies."
Blitzer, Charles, R. S. Eckaus, Supriya Lahiri, and Alexander Meeraus. (a) "Growth and Welfare Losses from Carbon Emissions Restrictions: A General Equilibrium Analysis for Egypt."
——— . (b) "The Effects of Restrictions of Carbon Dioxide and Methane Emissions on the Indian Economy."
Butcher, David. "Deregulation, Corporatization, Privatization, and the Environment."
Crosson, Pierre R., and Jock Anderson. "Global Food—Resources and Prospects for the Major Cereals."
Davis, Shelton H. "Indigenous Views of Land and the Environment."
Dean, Judith M. "Trade and the Environment: A Survey of the Literature."
Guerami, Behrouz. "Prospects for Coal and Clean Coal Technology."
Gutman, Pablo. "Environment and Development: Perspectives from Latin America."
Hall, David O. "Biomass."
Hammond, Allen, Eric Rodenburg, and Dan Tunstall. "Environmental Indicators."
Hamrin, Robert. "Business' Critical Role in Meeting Developing and Environmental Challenge."
Homer, John B. "Natural Gas in Developing Countries: Evaluating the Benefits to the Environment."
Hughes, Gordon. "Are the Costs of Cleaning Up Eastern Europe Exaggerated? Economic Reform and the Environment."

Kanbur, Ravi. "Heterogeneity, Distribution and Cooperation in Common Property Resource Management."

Levinson, Arik, and Sudhir Shetty. "Efficient Environment Regulation: Case Studies of Urban Air Pollution."

Lucas, Robert, David Wheeler, and Hemamala Hettige. "Economic Development, Environmental Regulation, and the International Migration of Toxic Industrial Pollution: 1960-1988."

Manwan, Ibrahim. "Soil Conservation and Upland Farming Systems in Indonesia."

Mensah, Thomas. "Existing and Emerging State of International Environmental Law."

Mink, Stephen. "Poverty, Population, and the Environment."

Mody, Ashoka, and Robert Evenson. "Innovation and Diffusion of Environmentally Responsive Technologies."

NGO—World Bank Committee. "Economics, Human Development, and Sustainability."

Panayotou, Theodore. "Policy Options for Controlling Urban and Industrial Pollution."

Pearce, David. "Economic Valuation and the Natural World."

Repetto, Robert. "Key Elements of Sustainable Development."

Ricker, Margaret. "Effectiveness of International Environmental Law."

Shafik, Nemat, and Sushenjit Bandyopadhyay. "Economic Growth and Environmental Quality: Time Series and Cross-Country Evidence."

Shah, Anwar, and Bjorn Larsen. (a) "Carbon Taxes, the Greenhouse Effect, and Developing Countries."

———. (b) "World Energy Subsidies and Global Carbon Emissions."

Sinha, Chandra Shekhar. "Renewable Energy Programmes in Brazil, China, India, Philippines, and Thailand."

Slade, Margaret E. (a) "Environmental Costs of Natural-Resource Commodities: Magnitude and Incidence."

———. (b) "Do Markets Underprice Natural-Resource Commodities?"

Sorsa, Piritta. "Environment—A New Challenge to GATT?"

Steer, Andrew, and Robert Hamrin. "Promoting Sustainable Economic Development and the Role of Industry."

Tschofen, Franziska. "Legal Content of the Notion 'Global Commons.'"

Webb, Sheila, and Associates. "Waterborne Diseases in Peru."

Ausgewählte Literatur

Ablasser, Gottfried. 1987. "Issues in Settlement of New Lands." *Finance and Development* 24:45-48.

Abramovitz, Janet. 1989. *A Survey of U.S.-Based Efforts to Research and Conserve Biological Diversity in Developing Countries*. Washington, D.C.: World Resources Institute.

Ahmad, Yusuf J., Salah El Serafy, and Ernst Lutz, eds. 1989. *Environmental Accounting for Sustainable Development*. Washington, D.C.: World Bank.

Altaf, Anjum, Jamal Haroon, and Dale Whittington. 1992. "Households' Willingness to Pay for Water in Rural Areas of the Punjab, Pakistan." Program Report Series. UNDP/World Bank Water and Sanitation Program, Washington, D.C.

Altaf, M. A., and J. A. Hughes. 1991. "Willingness to Pay for Improved Sanitation in Ouagadougou, Burkina Faso: A Contingent Valuation Study." World Bank, Infrastructure and Urban Development Department, Washington, D.C.

Anderson, Dennis. 1987. *The Economics of Afforestation: A Case Study in Africa*. World Bank Occasional Paper 1. Baltimore, Md.: Johns Hopkins University Press.

———. 1990. "Environmental Policy and Public Revenue in Developing Countries." Environment Working Paper 36. World Bank, Sector Policy and Research Staff, Environment Department, Washington, D.C.

———. 1991a. *Energy and the Environment: An Economic Perspective on Recent Technical Developments and Policies*. Special Briefing Paper 1. Edinburgh: Wealth of Nations Foundation.

———. 1991b. *The Forest Industry and the Greenhouse Effect*. Edinburgh: Scottish Forestry Trust.

———. 1992. *The Energy Industry and Global Warming: New Roles for International Aid*. Overseas Development Institute, Development Policy Studies Series. London: ODI Publications.

Anderson, Dennis, and Catherine D. Bird. 1992. "Carbon Accumulations and Technical Progress—A Simulation Study of Costs." *Oxford Bulletin of Economics and Statistics* 54(1):1-29.

Anderson, Robert C., Lisa Hofmann, and Michael Rusin. 1990. "The Use of Economic Incentive Mechanisms in Environmental Management." Research Paper 51. American Petroleum Institute, Washington, D.C.

Arrhenius, Erik, and Thomas W. Waltz. 1990. *The Greenhouse Effect: Implications for Economic Development*. World Bank Discussion Paper 78. Washington, D.C.

Asian Development Bank. 1991. *Environmental Considerations in Energy Development*. Manila.

Ausubel, Jesse H. 1983. "Annex 2: Historical Note." In *Changing Climate: Report of the Carbon Dioxide Assessment Committee*. Washington, D.C.: National Academy Press.

Balzheiser, Richard E., and Kurt E. Yeager. 1987. "Coal-Fired Power Plants for the Future." *Scientific American* 257(3):100-07.

Barbier, Edward B., Joanne C. Burgess, and David W. Pearce. 1991. "Technology Substitution Options for Controlling Greenhouse Emissions." In Rudiger Dornbusch and James M. Poterba, eds., *Global Warming: Economic Policy Responses*. Cambridge, Mass.: Massachusetts Institute of Technology Press.

Barbier, Edward B., Joanne C. Burgess, Timothy Swanson, and David W. Pearce, eds. 1990. *Elephants, Economics, and Ivory*. London: Earthscan Publications.

Barker, Randolph. 1978. "Bars to Efficient Capital Investment in Agriculture." In T.W. Schultz, ed., *Distortions of Agricultural Incentives*. Bloomington: University of Indiana Press.

Barnes, Douglas F., and Liu Qian. 1991. "Urban Interfuel Substitution, Energy Use and Equity in Developing Countries: Some Preliminary Results." Prepared for the 1991 International Conference of the International Association for Energy Economics, East-West Center, Honolulu, July 8-10. World Bank, Industry and Energy Department, Washington, D.C.

Bartone, Carl, Janis Bernstein, and Frederick Wright. 1990. "Investments in Solid Waste Management: Opportunities for Environmental Improvement." PRE Working Paper 405. World Bank Infrastructure and Urban Development Department, Washington, D.C.

Benedick, Richard Elliot. 1991. *Ozone Diplomacy*. Cambridge, Mass.: Harvard University Press.

Bernstein, Janis. 1991. "Alternative Approaches to Pollution Control and Waste Management: Regulatory and Economic Instruments." Urban Management Program Discussion Paper Series 3. World Bank, Washington, D.C.

———. Forthcoming. "Priorities for Urban Waste Management and Pollution Control in Developing Countries." Urban Management Program Discussion Paper Series, World Bank, Washington, D.C.

Bhatia, Ramesh, and Malin Falkenmark. 1992. "Water Resource Policies and the Urban Poor: Innovative Approaches and Policy Imperatives." Background paper for the Working Group on Water and Sustainable Urban Development, International Conference on Water and the Environment: Development Issues for the 21st Century, Dublin, January.

Binkley, Clark S., and Jeffrey R. Vincent. Forthcoming. "Forest-Based Industrialization: A Dynamic Perspective." In Narendra Sharma, ed., *Where Have All the Forests Gone? Local and Global Perspectives*. Baltimore, Md.: Johns Hopkins University Press.

Binswanger, Hans. 1980. "Attitudes toward Risk: Experimental Measurement in Rural India." *American Journal of Agricultural Economics* 62(3): 395–407.

Binswanger, Hans, and Prabhu Pingali. 1988. "Technological Priorities for Farming in Sub-Saharan Africa." *World Bank Research Observer* 3(1).

Bishop, Joshua, and Jennifer Allen. 1989. "The On-Site Costs of Soil Erosion in Mali." Environment Department Working Paper 21. World Bank, Washington, D.C.

Bolin, Bert, Bo R. Doos, Jill Jager, and Richard A. Warrick, eds. 1986. "The Greenhouse Effect, Climatic Change and Ecosystems." In *SCOPE 29 Report*. New York: John Wiley and Sons.

Borcherding, T. E., W. W. Pommerrehne, and F. Schneider. 1982. "Comparing the Efficiency of Private and Public Production: The Evidence from Five Countries." In D. Bos, R. A. Musgrave, and J. Wiseman, eds., "Public Production," *Zeitschrift für Nationalekonomie* Supplement 2:127–56.

Bos, Eduard, Patience W. Stephens, and My T. Vu. Forthcoming. *World Population Projections, 1992–93 Edition*. Baltimore, Md.: Johns Hopkins University Press.

Bradley, David, Sandy Cairncross, Trudy Harpham, and Carolyn Stephens. 1991. "A Review of Environmental Health Impacts in Developing Country Cities." Urban Management Program Discussion Paper 6. World Bank, Washington, D.C.

Bressers, Hans. 1983. "The Role of Effluent Changes in Dutch Water Quality Policy." In P. B. Downing and K. Hanf, eds. *International Comparisons in Implementing Pollution Laws*. Boston, Mass.: Kluwer Nijhoff Publishing.

Briscoe, John. 1987. "A Role for Water Supply and Sanitation in the Child Survival Revolution." *Bulletin of the Pan American Health Organization* 21(2):92–105.

———. 1985. "Evaluating Water Supply and Other Health Programs: Short-Run versus Long-Run Mortality Effects." *Public Health* 99:142–45.

Briscoe, John, and David de Ferranti. 1988. *Water for Rural Communities: Helping People Help Themselves*. Washington, D.C.: World Bank.

Briscoe, John, Paulo Furtado de Castro, Charles Griffin, James North, and Orjan Olsen. 1990. "Toward Equitable and Sustainable Rural Water Supplies: A Contingent Valuation Study in Brazil." *World Bank Economic Review* 4(2): 115–34.

British Petroleum Company. 1991. *BP Statistical Review of World Energy*. London: BP Corporate Communications Services.

Bulatao, Rodolfo A. 1992. "Effective Family Planning Programs." World Bank, Population and Human Resources Department, Washington, D.C.

Buschbacher, Robert J. 1990. "Natural Forest Management in the Humid Tropics: Ecological, Social, and Economic Considerations." *Ambio* 19(5):253–57.

Cairncross, Frances. 1991. *Costing the Earth*. London: Business Books Ltd.

Cairncross, Sandy, and J. Cliff. 1986. "Water and Health in Mueda, Mozambique." *Transactions of the Royal Society of Tropical Medicine and Hygiene*. London

Carbajo, Jose C. 1991. "Regulations and Economic Incentives to Reduce Automotive Air Pollution." *Science of the Total Environment*. Amsterdam: Elsevier.

Carbon Dioxide Assessment Committee. 1983. *Changing Climate*. Washington, D.C.: National Academy Press.

Carmichael, J. B., and K. M. Strzepek. 1987. *Industrial Water Use and Treatment Practices*. London: Cassell Tycooly.

Carter, A. S., and D. A. Gilmour. 1989. "Increase in Tree Cover on Private Land in Central Nepal." *Mountain Research and Development* 9(4).

Cernea, Michael, ed. 1991. *Putting People First*, 2d. ed. New York: Oxford University Press.

Chen, B. H., C. J. Hong, M. R. Pandey, and K. R. Smith. 1990. "Indoor Air Pollution in Developing Countries." *World Health Statistics Quarterly* 43(3):127–38.

Chinese Research Team for Water Resources Policy and Management. 1987. "Report on Water Resources Policy and Management for Beijing-Tianjin Region of China." Beijing, Sino-U.S. Cooperative Research Project on Water Resources.

Christmas, Joseph, and Carel de Rooy. 1991. "The Decade and Beyond: At a Glance." *Water International* 16(3): 127–34.

Churchill, Anthony A. 1987. *Rural Water Supply and Sanitation: Time for a Change*. World Bank Discussion Paper 18, Washington, D.C.

Clark, John. 1991. *Democratizing Development: The Role of Voluntary Organizations*. London: Earthscan Publications.

Cleaver, Kevin, and Gotz Schreiber. 1991. "The Population, Environment and Agriculture Nexus in Sub-Saharan Africa." Africa Region Technical Paper, World Bank, Washington, D.C.

Cline, William. 1991. "Estimating the Benefits of Greenhouse Warming Abatement." Institute for International Economics, Washington, D.C.

Club of Rome. 1972. *The Limits to Growth*. Rome.

Cofala, J., T. Lis, and H. Balandynowicz. 1991. *Cost-Benefit Analysis of Regional Air Pollution Control: Case Study for Tarnobrzeg*. Warsaw: Polish Academy of Sciences.

Dasgupta, Partha. 1982. *The Control of Resources*. Cambridge, Mass.: Harvard University Press.

Davis, Ged R. 1990. "Energy for Planet Earth." *Scientific American* 263(3):55–62.

de Melo, Jose Carlos Rodrigues. 1985. "Sistemas Condominiais de Esgotos." *Engenharia Sanitaria* 24(2):237–38. Rio de Janeiro.

Dewees, Peter. 1989. "The Fuelwood Crisis Reconsidered: Observations on the Dynamics of Abundance and Scarcity." *World Development* 17(8):1159–72.

Dixon, John, Richard Carpenter, Louise Fallon, Paul Sherman, and Supachit Manipomoke. 1988. *Economic Analysis of the Environmental Impacts of Development Projects*. London: Earthscan Publications.

Dixon, John A., and Louise A. Fallon. 1989. "The Concept of Sustainability: Origins, Extensions, and Usefulness for Policy." *Society and Natural Resources* 2:73–84.

Dixon, John, and Paul E. Sherman. 1990. *Economics of Protected Areas: A New Look at Benefits and Costs*. Washington, D.C.: Island Press.

Doolette, John B., and William B. Magrath, eds. 1990. *Watershed Development in Asia: Strategies and Technologies*. World Bank Technical Paper 127. Washington, D.C.

Doolette, John B., and James W. Smyle. 1990. "Soil and Moisture Conservation Technologies: Review of Literature." In John B. Doolette and William B. Magrath, eds. *Watershed Development in Asia: Strategies and Technologies*. World Bank Technical Paper 127. Washington, D.C.

Dworkin, D. M., and B. L. K. Pillsbury. 1980. *The Potable Water Project in Rural Thailand*. Project Impact Evaluation Report 3. Washington, D.C.: U.S. Agency for International Development.

Eckenfelder, W. Wesley, Jr. 1989. *Industrial Water Pollution Control*. McGraw-Hill Series in Water Resources and Environmental Engineering. New York: McGraw-Hill.

Elliott, Philip, and Roger Booth. 1990. *Sustainable Biomass Energy*. Shell Oil Company Selected Papers Series. London: Shell International Petroleum Company.

Eskeland, Gunnar. 1992. "Demand Management in Environmental Protection: Fuel Taxes and Air Pollution in Mexico City." World Bank, Country Economics Department, Washington, D.C.

Eskeland, Gunnar, and Emmanuel Jimenez. 1991. "Choosing Policy Instruments for Pollution Control: A Review." PRE Working Paper 624. World Bank, Country Economics Department, Washington, D.C.

Esrey, Steven A., R. G. Feachem, and J. M. Hughes. 1985. "Interventions for the Control of Diarrhoeal Diseases Among Young Children." *Bulletin of the World Health Organization* 63(4):757–72.

Esrey, Steven A., James B. Potash, Leslie Roberts, and Clive Shiff. 1991. "Effects of Improved Water Supply and Sanitation on Ascariasis, Diarrhoea, Dracunculiasis, Hookworm Infection, Schistosomiasis, and Trachoma." *Bulletin of the World Health Organization* 69(5):609–21.

———. 1990. "Health Benefits from Improvements in Water Supply and Sanitation: Survey and Analysis of the Literature of Selected Diseases." United States Agency for International Development, Water and Sanitation for Health (WASH) Technical Report 66. Washington, D.C.

Evans, J. S., T. D. Tosteson, and P. L. Kinney. 1984. "Cross-Sectional Mortality Studies and Air Pollution Risk Assessment." *Environment International* 10:55–83.

Evenson, Robert. 1991. "The Economics of Extension." In Gwyn E. Jones, ed. *Investing in Rural Extension: Strategies and Goals*. London: Elsevier Applied Science Publishers.

Faiz, Asif, and Jose Carbajo. 1991. "Automotive Air Pollution and Control: Strategic Options for Developing Countries." World Bank, Infrastructure and Urban Development Department, Washington, D.C.

Faiz, Asif, Kumares Sinha, Michael Walsh, and Amiy Varma. 1990. "Automotive Air Pollution—Issues and Options for Developing Countries." PRE Working Paper 492. World Bank, Infrastructure and Urban Development Department, Washington, D.C.

Falkenmark, Malin. 1989. "The Massive Water Scarcity Now Threatening Africa—Why Isn't It Being Addressed?" *Ambio* 18(2):112–18.

Falkenmark, Malin, Harvey Garn, and Rita Cestti. 1990. "Water Resources: A Call for New Ways of Thinking." *Ingenieria Sanitaria* 44(1–2): 66–73.

Falloux, François, and Aleki Mukendi, eds. 1988. *Desertification Control and Renewable Resource Management in the Sahelian and Sudanian Zones of West Africa*. World Bank Technical Paper 70. Washington, D.C.

FAO (Food and Agriculture Organization). Various years. *Fertilizer Yearbook*. Rome.

———. 1990a. *Forest Products Yearbook 1977–88*. Rome.

———. 1990b. *Production Yearbook 1989*. FAO Statistics Series 94. Rome.

———. 1991. Forest Resources Assessment 1990 Project. "Second Interim Report on the State of Tropical Forests." Prepared for the 10th World Forestry Conference, Paris.

Fargeix, Andre. 1992. "Financing of Pollution Control Programs." World Bank, Europe, Middle East and North Africa Region, Environment Division, Washington, D.C.

Feachem, Richard G., David J. Bradley, Hemda Garelick, and D. Duncan Mara. 1983. *Sanitation and Disease: Health Aspects of Excreta and Wastewater Management*. New York: John Wiley and Sons.

Feder, Gershon, and David Feeny. 1991. "Land Tenure and Property Rights: Theory and Implications for Development Policy." *World Bank Economic Review* 5(1): 135–53.

Feder, Gershon, Tongroj Onchan, Yongyuth Chalamwong, and Chira Hongladarom. 1988. *Land Policies and Farm Productivity in Thailand*. Baltimore, Md.: Johns Hopkins University Press.

Findley, Roger W. 1988. "Pollution Control in Brazil." *Ecology Law Quarterly* 15(1): 1–68.

Finsterbusch, Kirk, and Warren A. Van Wicklin III. 1989. "Beneficiary Participation in Development Projects: Empirical Tests of Popular Theory." *Economic Development and Cultural Change* 37 (3): 573–93.

Flavin, Christopher, and Nicholas Lenssen. 1990. *Beyond the Petroleum Age: Designing a Solar Economy*. Worldwatch Paper 100. Washington, D.C.: Worldwatch Institute.

Freeman, Harry M., ed. 1989. *Standard Handbook of Hazardous Waste Treatment and Disposal*. New York: McGraw-Hill.

Gamba, Julio, David A. Caplin, and John J. Mulckhuyse. 1986. *Industrial Energy Rationalization in Developing Countries*. Baltimore, Md.: Johns Hopkins University Press.

GATT (General Agreement on Tariffs and Trade). 1971. "Industrial Pollution Control and International Trade." GATT Studies in International Trade Series 1. Geneva, Switzerland.

———. 1992. "Trade and the Environment." In *International Trade 1990–91*. Geneva: GATT Secretariat.

Georghiou, George P. 1986. "The Magnitude of the Resistance Problem." In *Pesticide Resistance—Strategies and Tactics for Management*. Washington, D.C.: National Academy Press.

Gilman, R. H., and Paul Skillicorn. 1985. "Boiling of Drinking-Water: Can a Fuel-Scarce Community Afford It?" *Bulletin of the World Health Organization* 63(1): 157–63.

Gollop, Frank M., and Mark J. Roberts. 1985. "Cost Minimizing Regulation of Sulphur Emissions." *Review of Economics and Statistics* 67(1): 81–90.

Greene, David L. 1989. "Motor Fuel Choice: An Econometric Analysis." *Transportation Research A*, 23A(3):243–53.

Gregersen, Hans, Sydney Draper, and Dieter Elz, eds. 1989. *People and Trees: The Role of Social Forestry in Sustainable Development*. EDI Seminar Series. Washington, D.C.: World Bank.

Grossman, Gene, and Alan Krueger. 1991. "Environmental Impacts of a North American Free Trade Agreement." Princeton University, Princeton, N.J.

Grubb, Michael. 1990. "Cinderella Options: A Study of Modernized Renewable Energy Technologies: Part 1-A, Technical Assessment." and "Part 2, Political and Policy Analysis." *Energy Policy* 18:525–42, July–August, and 18: 711–25, October.

Guggenheim, Scott E., and John Spears. 1991. "Sociological and Environmental Dimensions of Social Forestry Projects." In M. M. Cernea, ed. *Putting People First*. 2d ed. New York: Oxford University Press.

Hahn, Robert, and Roger G. Noll. 1982. "Designing a Market for Tradable Emissions Permits." In Wesley A. Magat, ed. *Reform of Environmental Regulation*. Cambridge, Mass.: Ballinger.

Hahn, Robert, and Robert Stavins. 1991. "Incentive-Based Environmental Regulation: A New Era from an Old Idea?" *Ecology Law Quarterly* 18, 1:1–42.

Hall, D. O., and R. P. Overend, eds. 1987. *Biomass: Regenerable Energy*. Chichester, U.K.: John Wiley and Sons.

Hamrin, Robert A. 1991. "The Role of Monitoring and Enforcement in Pollution Control in the U.S." World Bank, Country Economics Department, Washington, D.C.

Harrison, J. S. 1988. "Innovation for the Clean Use of Coal." 1988 Robens Coal Science Lecture. British Coal, Cheltenham, U.K.

Harvey, L. D. D., and S. H. Schneider. 1985. "Transient Climate Response to External Forcing on 10^0–10^4 Year Time Scales." *Journal of Geophysical Research* 90:2191–222.

Hasan, Arif. 1986. "The Low Cost of Sanitation Programme of the Orangi Pilot Project and the Process of Change in Orangi." Orangi Pilot Project, Karachi.

———. 1990. "Community Groups and NGOs in the Urban Field in Pakistan." *Environment and Urbanization* 2:74–86.

Hau, Timothy D. 1990. "Developments in Transport Policy: Electronic Road Pricing (Developments in Hong Kong 1983–1989)." *Journal of Transport Economics and Policy* (May): 203–14.

Hazell, Peter. 1991. "Drought, Poverty and the Environment." World Bank, Agricultural Policies Division, Washington, D.C.

Heggie, Ian. 1991. "Improving Management and Charging Policies for Roads: An Agenda for Reform." INU Report 92. World Bank, Infrastructure and Urban Development Department, Washington, D.C.

Herz, Barbara, Kalanidhi Subbarao, and Laura Raney. 1991. *Letting Girls Learn: Promising Approaches in Primary and Secondary Education*. World Bank Discussion Paper 133. Washington, D.C.

Hirschhorn, Joel, and Kirsten U. Oldenburg. 1991. *Prosperity Without Pollution: The Prevention Strategy for Industry and Consumers*. New York: Van Nostrand Reinhold.

Hoeller, Peter, Andrew Dean, and Jon Nicolaisen. 1990. "A Survey of Studies of the Costs of Reducing Greenhouse Gas Emissions." Department of Economics and Statistics Working Paper 89. OECD, Paris.

Hopcraft, Peter. 1981. "Economic Institutions and Pastoral Resource Management: Considerations for a Development Strategy." In John G. Galaty, D. Aronson, P. Saltzman, and A. Chovinard, eds., *The Future of Pastoral Peoples*. Proceedings of a conference in Nairobi, August 1980. IDRC, Ottawa.

Hoppin, Polly. 1991. *Pesticide Use on Four Non-Traditional Crops in Guatemala: Program and Policy Implications*. Baltimore, Md.: Johns Hopkins University Press.

Houghton, J. T., G. J. Jenkins, and J. J. Ephraums, eds. 1990. *Climate Change: The IPPC Scientific Assessment*. Intergovernmental Panel on Climate Change, Report by Working Group 1. Cambridge, U.K.: Press Syndicate of the University of Cambridge.

Houghton, Richard A. 1990. "The Global Effects of Tropical Deforestation." *Environmental Science and Technology* 24:414–22.

Hufschmidt, Maynard M., John A. Dixon, Louise A. Fallon, and Zhongping Zhu. 1987. "Water Management Policy Options for the Beijing-Tianjin Region of China." Report by the Environment and Policy Institute North China Water Project Team, East-West Center, Honolulu.

Hughes, Gordon. 1991. "The Impact of Economic Reform in Eastern Europe on European Energy Markets." Paper presented at the conference on New Developments in the International Marketplace, Amsterdam, November 14–15. Department of Economics, Warwick University, Coventry, U.K.

———. Forthcoming. "Substitution and the Impact of Transportation on Taxation in Tunis." *World Bank Economic Review*.

Hyde, William F., David H. Newman, and Roger A. Sedjo. 1991. *Forest Economics and Policy Analysis—An Overview*. World Bank Discussion Paper 134. Washington, D.C.

International Finance Corporation. Forthcoming. *Investing in the Environment: Business Opportunities in Developing Countries*. IFC Discussion Paper. Washington, D.C.

Imran, Mudassar, and Philip Barnes. 1990. "Energy Demand in the Developing Countries: Prospects for the Future." World Bank Staff Commodity Working Paper 23. Washington, D.C.

IPCC (Intergovernmental Panel on Climate Change). 1990. *Climate Change: The IPCC Response Strategies*, World Meteorological Organization, United Nations Environment Programme, Geneva.

IUCN (World Conservation Union). 1990. *IUCN Red List of Threatened Animals*. Gland, Switzerland.

IUCN, UNEP (United Nations Environment Programme), and WWF (World Wide Fund for Nature). 1991. *Caring for the Earth, a Strategy for Sustainable Living*. Gland, Switzerland.

Japan Environment Agency. 1988. *Quality of the Environment*. Tokyo.

Jodha, N. S. 1991. *Rural Common Property Resources: A Growing Crisis*. International Institute for Environment and Development: Sustainable Agriculture Program. Gatekeeper Series SA 24. London: IIED.

Johansson, Thomas B., Birgit Bodlund, and Robert H. Williams, eds. 1989. *Electricity: Efficient End-Use and New Generation Technologies, and Their Planning Implications*. Lund, Sweden: Lund University Press.

Johansson, Thomas B., Henry Kelly, Amulya K. N. Reddy, and Robert H. Williams, eds. Forthcoming. *Renewables for Fuels and Electricity*. Washington, D.C.: Island Press.

Jones, Peter M. 1989. "The Restraint of Road Traffic in Urban Areas: Objectives, Options and Experiences." Rees Jeffreys' Discussion Paper 3. Transport and Society Research Project. Oxford University, Oxford U.K.

Jopillo, Sylvia Maria G., and Romana P. de los Reyes. 1988. *Partnership in Irrigation: Farmers and Government in Agency-Managed Systems*. Quezon City: Institute of Philippine Culture.

Kennedy, David N. 1990. "Allocating California's Water Supplies During the Current Drought—Discussion Outline." Paper presented at the International Workshop on Comprehensive Water Resource Management, June 1991. World Bank, Agriculture and Rural Development Department, Washington, D.C.

Kinnersley, David. 1991. "Privatisation and the Water Environment: A Note on Water Agencies in Britain." Paper presented at the International Workshop on Comprehensive Water Resource Management, June 1991. World Bank, Agriculture and Rural Development Department, Washington, D.C.

Kiss, Agnes, ed. 1990. *Living with Wildlife: Wildlife Resource Management with Local Participation in Africa*. World Bank Technical Paper 130. Washington, D.C.

Kiss, Agnes, and Frans Meerman. 1991. *Integrated Pest Management and African Agriculture*. World Bank Technical Paper 142. Washington, D.C.

Kneese, Allen V., and Blair T. Bower. 1968. *Managing Water Quality: Economics, Technology, Institutions.* Baltimore, Md.: Johns Hopkins University Press.

Kolars, John F., and William A. Mitchell. 1991. *The Euphrates River and the Southeast Anatolia Development Project.* Carbondale, Ill.: Southern Illinois University Press.

Korten, Frances F., and Benjamin Bagadion. 1991. "Developing Irrigators' Organizations: A Learning Process Approach." In M. M. Cernea, ed. *Putting People First*, 2d ed. New York: Oxford University Press.

Korten, Frances F., and Robert Y. Siy, Jr., eds. 1988. *Transforming a Bureaucracy: The Experience of the Philippine National Irrigation Administration.* West Hartford, Conn.: Kumarian Press.

Kotlyakov, V. M. 1991. "Aral Sea Basin: A Critical Environmental Zone." *Environment* 33:(49):36–38.

Kottak, Conrad Phillip. 1991. "When People Don't Come First: Some Sociological Lessons from Completed Projects." In M. M. Cernea, ed. *Putting People First*, 2d ed. New York: Oxford University Press.

Kreimer, Alcira, and Mohan Munasinghe, eds. 1991. "Managing Natural Disasters and the Environment." Selected Materials from Colloquium on the Environment and Natural Disaster Management, June 27–28. World Bank, Environment Department, Washington, D.C.

Krupnick, Alan J. 1983. "Costs of Alternative Policies for the Control of NO_2 in the Baltimore Region." Working Paper, Resources for the Future, Washington, D.C.

Lambert, P. M., and D. D. Reid. 1970. "Smoking, Air Pollution and Bronchitis in Britain." *Lancet* i:853–57.

Lansing, Stephen. 1991. *Priests and Programmers.* Berkeley: University of California Press.

Lave, L. B., and E. P. Seskin. 1977. *Air Pollution and Human Health.* Baltimore, Md.: Johns Hopkins University Press.

Lele, Uma, and Steven W. Stone. 1989. *Population Pressure, the Environment and Agricultural Intensification: Variations on the Boserup Hypothesis.* MADIA Discussion Paper 4. World Bank, Washington, D.C.

Lewin, Rodger. 1987. "Domino Effect Involved in Ice Age Extinctions." *Science* 238:1509–10.

Lovei, Laszlo, and Dale Whittington. 1991. "Rent-Seeking in Water Supply." Discussion Paper INU 85. World Bank, Infrastructure and Urban Development Department, Washington, D.C.

Low, Patrick. Forthcoming. "Trade Measures and Environmental Quality: The Implications for Mexico's Exports." In Patrick Low, ed. *International Trade and the Environment.* World Bank Discussion Paper, Washington, D.C.

Low, Patrick, and Raed Safadi. Forthcoming. "Trade Policy and Pollution." In Patrick Low, ed. *International Trade and the Environment.* World Bank Discussion Paper, Washington, D.C.

Lutz, Ernst, ed. Forthcoming. *Toward Improvement of Accounting for the Environment.* World Bank Symposium Paper Series. Washington, D.C.

Lutz, Ernst, and Michael Young. 1990. "Agricultural Policies in Industrial Countries and Their Environmental Impacts: Applicability to and Comparisons with Developing Nations." Environment Working Paper 25. World Bank, Environment Department. Washington, D.C.

Magrath, William. 1989. "The Challenge of the Commons: The Allocation of Nonexclusive Resources." Environment Working Paper 14. World Bank, Environment Department. Washington, D.C.

Magrath, William, and Peter Arens. 1989. "The Costs of Soil Erosion on Java: A Natural Resource Accounting Approach." Environment Working Paper 18. World Bank, Environment Department. Washington, D.C.

Maler, Karl-Goran. 1974. *Environmental Economics: A Theoretical Inquiry.* Published for Resources for the Future. Baltimore: Johns Hopkins University Press.

———. 1989. "The Acid Rain Game." Paper presented at workshop on Economic Analysis and Environmental Toxicology, Noordwijkerhout, The Netherlands, May.

———. 1990. "International Environmental Problems." *Oxford Review of Economic Policy* 6(1): 80–108.

Maloney, Michael T., and Bruce Yandle. 1984. "Estimation of the Cost of Air Pollution Control Regulation." *Journal of Environmental Economics and Management* 11(3): 244–63.

Manne, A. S., and R. G. Richels. Forthcoming. "Global CO_2 Emission Reductions—The Impacts of Rising Energy Costs." *Energy Journal.*

Margulis, Sergio. 1992. "Back-of-the-Envelope Estimates of Environmental Damage Costs in Mexico." Policy Research Working Paper 824. World Bank, Country Department II, Latin America and Caribbean Region, Washington, D.C.

Markandya, Anil, and David Pearce. 1991. "Development, the Environment, and the Social Rate of Discount." *World Bank Research Observer* 6(2): 137–52.

Marland, Gregg, and others. 1989. *Estimates of CO_2 Emissions from Fossil Fuel Burning and Cement Manufacturing, Based on the United Nations Energy Statistics and the U.S. Bureau of Mines Cement Manufacturing Data.* ORN/CDIAC-25 NDP030. Oak Ridge, Tenn.: Oak Ridge National Laboratory.

McGarry, Robert. 1990. "Negotiating Water Supply Management Agreements for the National Capital Region." In *Managing Water-Related Conflicts: The Engineers' Role: Proceedings of the Engineering Foundation Conference, November 1989.* New York: American Society of Civil Engineers.

McGartland, Albert M. "Marketable Permit Systems for Air Pollution Control: An Empirical Study." Ph.D. dissertation, University of Maryland, College Park.

McNeeley, J. A., and others. 1990. *Conserving the World's Biological Diversity.* Gland, Switzerland: IUCN.

Miglino, Luis C. Porto, and Joseph J. Harrington. 1984. "O Impacto da Tarifa na Geracão de Efluentes Industriais." *Revista Dae*, São Paulo, 44(138): 212–20.

Migot-Adholla, Shem, and others. 1991. "Indigenous Land Rights Systems in Sub-Saharan Africa: A Constraint on Productivity?" *World Bank Economic Review* 5, 1:155–75.

Mitchell, C. C., R. L. Westerman, J. R. Brown, and T. R. Peck. 1991. "Overview of Long-Term Agronomic Research." *Agronomy Journal* 83, 1:24–29.

Mittermaier, R. A. 1988. "Primate Diversity and the Tropical Forest: Case Studies from Brazil and Madagascar and Importance of Megadiversity Countries." In E. O. Wilson and Frances M. Peter, eds. *Biodiversity.* Washington, D.C.: National Academy Press.

Mittermaier, R. A., and T. B. Werner. 1990. "Wealth of Plants and Animals Unites 'Megadiversity' Countries." *Tropicus* 4(1):1,4–5.

Moe, C. L., M. D. Sobsey, G. P. Samsa, and V. Mesolo. 1991. "Bacterial Indicators of Risk of Diarrhoeal Disease from Drinking-Water in the Philippines." *Bulletin of the World Health Organization* 69(3):305–17.

Mu, Xinming, Dale Whittington, and John Briscoe. 1991. "Modelling Village Water Demand Behavior: A Discrete Choice Approach." *Water Resources Research* 26(4).

Munasinghe, Mohan. 1992. *Water Supply and Environmental Management.* Boulder, Colo.: Westview Press.

Munasinghe, Mohan, and Kenneth King. 1991. "Issues and Options in Implementing the Montreal Protocol in Developing Countries." Environment Working Paper 49. World Bank, Environment Department, Washington, D.C.

Murray, Douglas L., and Polly Hoppin. Forthcoming. "Recurring Contradictions in Agrarian Development: Pesticide Problems in Caribbean Basin Non-Traditional Agriculture," *World Development 1992*, 20.

Myers, Norman. 1988. "Threatened Biotas: Hotspots in Tropical Forests." *Environmentalist* 8(3):1–20.

———. 1990. "The Biodiversity Challenge: Expanded Hot-Spot Analysis." *Environmentalist* 10(4):243–56.

National Academy of Sciences. 1980. *Research Priorities in Tropical Biology*. Washington, D.C.: National Academy Press.

———. 1986. *Common Property Resource Management*. Washington, D.C.: National Academy Press.

———. 1991. *Policy Implications of Greenhouse Warming*. Washington, D.C.: National Academy Press.

———. Forthcoming. *Policy Implications of Greenhouse Warming: Report of the Adaptation Panel*. Washington, D.C.: National Academy Press.

National Research Council. 1986. *Proceedings of the Conference on Common Resource Property Management*. Washington, D.C.: National Academy Press.

Nelson, Randy, and Tom Tietenberg. Forthcoming. "Differential Environmental Regulation: Effects on Electric Utility Capital Turnover and Emissions." *Review of Economics and Statistics*.

Nelson, Ridley. 1990. *Dryland Management: The "Desertification" Problem*. World Bank Technical Paper 116. Washington, D.C.

Newbery, David M. 1990. "Acid Rain." *Economic Policy* (October) 297–346.

Nilsson, Greta. 1990. *The Endangered Species Handbook*. Washington, D.C.: Animal Welfare Institute.

Nordhaus, William. 1990. "Global Warming: Slowing the Greenhouse Express." In Henry Aarons, ed. *Setting National Priorities*. Washington, D.C.: Brookings Institution.

———. 1991. "To Slow or Not to Slow: The Economics of the Greenhouse Effect." *Economic Journal* 101(July): 920–37.

———. 1992. " 'Rolling the Dice': An Optimal Transition Path for Controlling Greenhouse Gases." Paper presented at the Annual Meetings of the American Association for the Advancement of Science (February).

Norgaard, R. B. 1988. "The Biological Control of Cassava Mealybug in Africa." *American Journal of Agricultural Economics* 70 (2):366–71.

OECD (Organization for Economic Cooperation and Development). 1985. *The Macro-Economic Impact of Environmental Expenditure*. Paris.

——— 1986. *Environmental Effects of Automotive Transport: The OECD Compass Project*. Paris.

———. 1987a. *Energy and Cleaner Air: Costs of Reducing Emissions*. Summary and Analysis of Symposium Enclair 86. Paris.

———. 1987b. *Pricing of Water Services*. Paris.

———. 1987c. *Renewable Sources of Energy*. Paris.

———. 1988. *Transport and the Environment*. Paris.

———. 1989. *Energy and the Environment: Policy Overview*. Paris.

———. 1990. *Energy Statistics of OECD Countries 1987-88*. Paris.

———. 1991. *The State of the Environment*. Annual Report. Paris.

Oil and Gas Journal. Various issues.

Okun, Daniel A. 1988. "Water Supply and Sanitation in Developing Countries: An Assessment." *American Journal of Public Health* 78:1463–67.

Oldeman, L. R., R. T. A. Hakkeling, and W. G. Sombroek. 1990. *World Map of the Status of Human-Induced Soil Degradation: An Explanatory Note*. Rev. 2d. ed. Wageningen, The Netherlands: International Soil Reference and Information Centre.

Olson, Mancur. 1965. *The Logic of Collective Action*. Cambridge, Mass.: Harvard University Press.

Opschoor, J. P., and Hans Vos. 1989. *The Application of Economic Instruments for Environmental Protection in OECD Member Countries*. Paris: OECD.

Ostro, Bart D. 1983. "The Effects of Air Pollution on Work Loss and Morbidity." *Journal of Environmental Economics and Management* 10: 371–82.

———. 1984. "A Search for a Threshold in the Relationship of Air Pollution to Mortality: A Reanalysis of Data on London Winters." *Environmental Health Perspectives* 58:397–99.

———. 1987. "Air Pollution and Morbidity Revisited: A Specification Test." *Journal of Environmental Economics and Management* 14:87–98.

———. 1989. "Estimating the Risks of Smoking, Air Pollution, and Passive Smoke on Acute Respiratory Conditions." *Risk Analysis* 9(2):189–96.

Panayotou, Theodore. 1991. "Managing Emissions and Wastes." Harvard Institute for Management, Cambridge, Mass.

Parry, Martin. 1990. *Climate Change and World Agriculture*. London: Earthscan Publications.

Paul, Samuel. 1991. "The Bank's Work on Institutional Development in Sectors—Emerging Tasks and Challenges." Country Economics Department, Public Sector Management and Private Sector Development Division Paper. World Bank, Washington, D.C.

Pearce, David. 1991. "The Global Commons." In David Pearce, ed., *Blueprint 2: The Greening of the Global Economy*. London: Earthscan Publications.

Pearce, David W., and Jeremy J. Warford. Forthcoming. *World Without End: Economics, Environment, and Sustainable Development*. New York: Oxford University Press.

Pimentel, David. 1991. "Global Warming, Population Growth, and Natural Resources for Food Production." *Society and Natural Resources* 4:347–63. October–December.

Pimentel, David, and others. 1991. "Environmental and Economic Effects of Reducing Pesticide Use." *BioScience* 41, 6:402–09.

Plucknett, Donald. 1991. "Modern Crop Production Technologies in Africa: The Conditions for Sustainability." Paper presented at Workshop on Africa's Agricultural Development in the 1990s: Can It Be Sustained? Arusha, Tanzania, May 15–17, 1991. Sasakawa African Association and the Centre for Applied Studies in International Negotiations, Geneva.

Portney, Paul R. 1990. "Air Pollution Policy." In Paul R. Portney, ed. *Public Policies for Environmental Protection*. Washington, D.C.: Resources for the Future.

Ramnarong, Vachi. 1991. "Success Story: Mitigation of Ground Water Crisis and Land Subsidence in Bangkok." Preliminary document of Global Assembly of Women and the Environment, Miami, Fla., October. WorldWIDE Network, Washington, D.C..

Ravallion, Martin, Gaurav Datt, and Dominique Van De Walle. 1991. "Quantifying Absolute Poverty in the Developing World." *Review of Income and Wealth* Series 37(4):345–61.

Ravallion, Martin, Guarav Datt, and Shaohua Chen. 1992. "New Estimates of Aggregate Poverty Measures for the Developing World, 1985–89." World Bank, Population and Human Resources Department, Washington, D.C.

Ravazzani, Carlos, Hilario Wiederkehr Filho, and Jose Paulo Fagnani, eds. 1991. *Curitiba: The Ecological Capital*. Curitiba: Edibran.

Reid, Walter V., and Kenton R. Miller. 1989. *Keeping Options Alive—The Scientific Basis for Conserving Biodiversity*. Washington, D.C.: World Resources Institute.

Repetto, Robert. 1985. *Paying the Price: Pesticide Subsidies in Developing Countries*. Research Report 2. Washington, D.C.: World Resources Institute.

———. 1986. *Skimming the Water: Rent-Seeking and the Performance of Public Irrigation Systems*. Research Report 4. Washington, D.C.: World Resources Institute.

Repetto, Robert, and Malcolm Gillis, eds. 1988. *Public Policies and the Misuse of Forest Resources*, Cambridge, U.K.: Cambridge University Press.

Rogers, Peter. 1984. "Fresh Water." In Robert Repetto, ed. *The Global Possible: Resources, Development, and the New Century*. New Haven, Conn.: Yale University Press.

———. 1986. "This Water Costs Almost Nothing—That's Why We're Running Out." *Technology Review* November/December: 31–43.

———. 1990. "Socio-Economic Development of Arid Regions: Alternative Strategies for the Aral Basin." Paper presented at the International Conference on the Aral Crisis: Causes, Consequences, and Ways of Solution, at Nukus, U.S.S.R., October. Harvard University, Cambridge, Mass.

———. 1991. "International River Basins: Pervasive Unidirectional Externalities." Paper presented at the conference on The Economics of Transnational Commons, Universita di Siena, April.

———. Forthcoming. "World Bank Comprehensive Water Resources Management Policy Paper." Policy Research Working Paper, World Bank, Infrastructure and Urban Development Department, Washington, D.C.

Romieu, Isabell, Henyk Weitzenfeld, and Jacobo Finkelman. 1990. "Urban Air Pollution in Latin America and the Caribbean: Health Perspectives." *World Health Statistics Quarterly* 43: 153–167.

Rosegrant, M. W., and P. L. Pingali. 1991. "Sustaining Rice Production Growth in Asia: A Policy Perspective." IRRI Social Science Division Papers 91-01. Manila.

Rosenberg, Norman, and others, eds. 1989. *Greenhouse Warming: Adaptation and Abatement*. Washington, D.C.: Resources for the Future.

Rowland, F. Sherwood. 1990. "The Global Commons." *Business Week* Special Supplement (June) 18, 35.

———. 1991. "Stratospheric Ozone in the 21st Century: The Chlorofluorocarbon Problem." *Environmental Science and Technology* 25(4): 624.

Russell, Clifford S. 1990. "Monitoring and Enforcement." In Paul R. Portney, ed. *Public Policies for Environmental Protection*. Washington, D.C.: Resources for the Future.

Russell, Clifford S., and N. K. Nicholson, eds. 1981. *Public Choice and Rural Development*. Washington, D.C.: Resources for the Future.

Sanchez, Pedro A., Cheryl A. Palm, and Thomas Jot Smyth. 1990. "Approaches to Mitigate Tropical Deforestation by Sustainable Soil Management Practices." In H. W. Scharpenseel, M. Schomarker, and A. Ayoub, eds. *Developments in Soil Science* 20:211–20. Amsterdam: Elsevier.

Schellinkhout, A. and J. H. C. M. Oomen. 1992. "Anaerobic Sewage Treatment in Colombia." *Land and Water International* 73:13–15.

Schmidheiny, Stephan. 1992. *Changing Course: A Global Business Perspective on Development and the Environment*. Business Council for Sustainable Development. Cambridge, Mass.: MIT Press.

Schramm, Gunter, and Jeremy J. Warford, eds. 1989. *Environmental Management and Economic Development*. Baltimore, Md.: Johns Hopkins University Press.

Scientific American. 1990. "Energy for Planet Earth," Special Issue 263(3).

Sebastian, Iona, and Adelaida Alicbusan. 1990. "Internalizing the Social Costs of Pollution: Overview of Current Issues in Air Pollution." World Bank, Environment Department Divisional Working Paper 1990-14, Washington, D.C.

Shell Briefing Service. 1987. *Synthetic Fuels and Renewable Energy*. SBS 2/PAC/222. London: Shell International Petroleum Company.

———. 1991. *Coal and the Environment*. SBS 1/PAC/233. London: Shell International Petroleum Company.

Shuhua, Gu, Huang Kun, Qiu Daxiong, and Kirk Smith. 1991. "One Hundred Million Improved Cookstoves in China: How Was It Done?" Draft ESMAP Report. World Bank, Industry and Energy Department, Washington, D.C.

Singh, Bhanwar, Radhika Ramasubban, John Briscoe, Charles Griffin, and Chongchun Kim. Forthcoming. "Rural Water Supply in Kerala, India: How to Emerge from a Low-Level Equilibrium Trap." *Water Resources Research*.

Smith, Kirk. 1988. "Air Pollution: Assessing Total Exposure in Developing Countries," *Environment* 30(10): 16–35.

Smith, Rodney T., and Roger Vaughan, eds. 1989. "Evaporating Water Markets? New Contingencies for Urban Water Use." *Water Strategist* 3(2): 11, 16.

Smith, Scott E., and Hussan M. Al-Rawahy. 1990. "The Blue Nile: Potential for Conflict and Alternatives for Meeting Future Demands." *Water International* 15(4): 217–22.

Smyle, J. W., and W. B. Magrath. 1990. *Vetiver Grass—A Hedge Against Erosion*. 3d. ed. Washington, D.C.: World Bank.

Solow, Andrew, Stephen Polasky, and James Broadus. Forthcoming. "On the Measurement of Biological Diversity." *Journal of Environmental Economics and Management*.

Southgate, Douglas. 1990. "Tropical Deforestation and Agricultural Development in Latin America." Environment Department, Divisional Working Paper. World Bank, Washington, D.C.

Spears, John. Forthcoming. *Industrial Forest Management Options in the Tropics: Environmental Implications*. World Bank, Washington, D.C.

Spofford, Walter O., Jr. 1984. "Efficiency Properties of Alternative Source Control Policies for Meeting Ambient Air Quality Standards: An Empirical Application to the Lower Delaware Valley." Discussion Paper D-118. Resources for the Future, Washington, D.C.

Subbarao, Kalanidhi, and Laura Raney. 1992. "Social Gains from Female Education." World Bank, Population and Human Resources Department, Washington, D.C.

Summers, Lawrence H. 1991. "Investing in *All* the People." Paper prepared for the Quad-i-Azam Lecture at the Eighth Annual General Meeting of the Pakistan Society of Development Economists, Islamabad. World Bank, Office of the Vice President, Development Economics, Washington, D.C.

Summers, Robert, and Alan Heston. 1991. "The Penn World Table (Mark 5): An Expanded Set of International Comparisons 1950-1988." *Quarterly Journal of Economics* May.

Swanson, Timothy. 1991. "Conserving Biological Diversity." In David Pearce, ed. *Blueprint 2: Greening the World Economy*. London: Earthscan Publications.

Tedder, D. William, and Frederick G. Pohland, eds. 1990. *Emerging Technologies in Hazardous Waste Management*. Washington, D.C.: American Chemical Society.

Tegart, W. J. McG., G. W. Sheldon, and D. C. Griffiths. 1990. *Climate Change: The IPCC Impacts Assessment*. Canberra: Australian Government Publishing Service.

Thomas, Vinod. 1985. "Evaluating Pollution Control: The Case of São Paulo, Brazil." *Journal of Development Economics* 19:133–46.

Tietenberg, Tom. 1988. *Environmental and Natural Resource Economics*. Glenview, Ill.: Scott, Foresman and Company.

Triche, Thelma A. 1990. "Private Participation in the Delivery of Guinea's Water Supply Services." Water and Sanitation Working Paper 477. World Bank, Infrastructure and Urban Development Department, Washington, D.C.

Trieff, Norman M., ed. 1981. *Environment and Health*. Ann Arbor, Mich.: Ann Arbor Science Publishers, Inc.

Tucker, Compton J., Harold E. Dregne, and Wilber W. Newcomb. 1991. "Expansion and Contraction of the Sahara Desert from 1980 to 1990." *Science* 253 (July 19): 299–301.

UNEP (United Nations Environment Programme). 1990. "Current Multilateral, Bilateral and National Financial Support for Biological Diversity Conservation." Ad Hoc Working Group of Experts on Biological Diversity (June). UNEP/Bio.Div.3/Inf.2. New York.

———. 1991. "Environmental Effects of Ozone Depletion: 1991 Update." Panel report under the Montreal Protocol on Substances that Deplete the Ozone Layer. Nairobi.

UNEP GEMS (Global Environmental Monitoring System). 1988. *Assessment of Urban Air Quality*. Geneva.

UNEP and World Health Organization. 1988. "Global Environment Monitoring System: Assessment of Urban Air Quality." Geneva.

UNIDO (United Nations Industrial Development Organization). 1991. *1990–91 Review of Technological Options—Industry and Environment Annual Report*. Vienna.

United Nations. 1990. *World Urbanization Prospects*. New York.

UNSO (United Nations Statistical Office). Various years. *United Nations Energy Statistics Yearbook*. New York.

U.S. Agency for International Development and U.S. Environmental Protection Agency. 1990. "Ranking Environmental Health Risks in Bangkok, Thailand." Office of Housing and Urban Programs, Washington, D.C.

U.S. Bureau of the Census. 1990. *Manufacturers' Pollution Abatement Capital Expenditures and Operating Costs 1989*. Report MA200(89)-1. Washington, D.C.: Superintendent of Documents.

———. 1991. *Pollutioln Abatement Costs and Expenditures 1989*. Washington, D.C.: Government Printing Office.

U.S. Council on Environmental Quality. 1991. *Environmental Quality: 21st Annual Report*. Washington, D.C.

U.S. Department of Energy. 1983. "The Future of Electric Power in America." Washington, D.C.

———. 1990. "The Potential of Renewable Energy: An Interlaboratory White Paper." Washington, D.C.

U.S. Department of the Interior. 1991. *Fiscal Year Highlights*. Washington, D.C.: Government Printing Office.

U.S. Environmental Protection Agency. 1985. *Costs and Benefits of Reducing Lead in Gasoline: Final Regulatory Impact Analysis*. EPA-230-05-85-006. Washington, D.C.

———. 1986. "Quality Criteria for Water." EPA 440/5-86-001, May 1. Office of Water Regulation and Standards, Washington, D.C.

———. 1989. "Public-Private Partnership Case Studies: Profiles of Success in Providing Environmental Services." PM-225. Washington, D.C.

———. 1991. *National Air Pollutant Emissions Estimates 1940-1989*. Report EPA-450/4-91-004 March. Research Triangle Park, N.C.

VanDerslice, James Albert, and John Briscoe. Forthcoming. "All Pathogens Are Not Created Equal: A Comparison of the Effects of Water Source and In-house Contamination on Infantile Diarrheal Disease." *Water Resources Research*.

Van Tongeren, Jan, Stefan Schweinfest, Ernst Lutz, Maria Gomez Luna, and Guillen Martin. Forthcoming. "Integrated Environmental and Economic Accounting—A Case Study for Mexico." In Ernst Lutz, ed. *Toward Improvement of Accounting for the Environment*. World Bank Symposium Paper Series. Washington, D.C.

Vlachos, Evan. 1990. "Prologue." *Water International* 15(4): 185-88.

Walker, T. S., and John L. Pender, "Experimental Measurement of Time Preference in Rural India." Food Research Institute of Stanford and ICRISAT, Palo Alto, Calif.

Warren, D. Michael. 1991. *Using Indigenous Knowledge in Agricultural Development*. World Bank Discussion Paper 127. Washington, D.C.

Weitzman, Martin L. 1975. "Prices vs. Quantities." *Review of Economic Studies* 41, 477–91.

———. 1992a. "On Diversity." *Quarterly Journal of Economics*. In press.

———. 1992b. "What to Preserve? An Application of Diversity Theory to Crane Conservation." Harvard University, Cambridge, Mass.

Wells, Michael, and Katrina Brandon, with Lee Hannah. 1992. *People and Parks: Linking Protected Area Management with Local Communities*. Washington, D.C.: World Bank, USAID, and World Wildlife Fund-U.S.

Welsch, Heinz. 1988. "A Cost Comparison of Alternative Policies for Sulphur Dioxide Control: The Case of the British Power Plant Sector." *Energy Economics* 10(4):287–97.

Whalley, John, and Randall Wigle. 1991. "The International Incidence of Carbon Taxes." In Rudiger Dornbusch and James M. Poterba, eds. *Global Warming: Economic Policy Responses*, Cambridge, Mass.: MIT Press.

Wheeler, David. 1992. "The Economics of Industrial Pollution Control: An International Perspective." Industry Series Paper 55. World Bank, Industry and Energy Department, Washington, D.C.

Wheeler, David, and Paul Martin. Forthcoming. "Prices, Policies, and the International Diffusion of Clean Technology." World Bank, Environment Department, Washington, D.C.

Whittington, Dale, Donald T. Lauria, Daniel A. Okun, and Xinming Mu. 1988. "Water Vending and Development: Lessons from Two Countries." Water and Sanitation for Health Project. WASH Technical Report 45. USAID, Washington, D.C.

Whittington, Dale, Donald T. Lauria, and Xinming Mu. 1991. "Paying for Urban Services: A Study of Water Vending and Willingness to Pay for Water in Onitsha, Nigeria." *World Development* 19:179-98.

Whittington, Dale, Donald T. Lauria, Albert M. Wright, Kyeongae Choe, Jeffrey A. Hughes, and Venkateswarlu Swarna. 1992. "Household Demand for Improved Sanitation Services: A Case Study of Kumasi, Ghana." Program Report Series. UNDP/World Bank Water and Sanitation Program, Washington, D.C.

WHO (World Health Organization). 1984a. "Biomass Fuel Combustion and Health." Geneva.

———. 1984b. *Guidelines for Drinking-Water Quality*. Volume 1: *Recommendations*. Geneva.

———. 1989. "Health Guidelines for the Use of Wastewater in Agriculture and Aquaculture." Technical Report Series 778. Geneva.

———. 1992. "Our Planet, Our Health." WHO Commission on Health and the Environment, Geneva.

Wickremage, M. 1991. "Institutional Development: A Sri Lankan Experience." Paper presented at the Collaborative Council for Water and Sanitation, Oslo, Norway.

Wiens, Thomas. 1989. "Philippines: Environment and Natural Resource Management Study." World Bank, East Asia and Pacific Country Department, Washington, D.C.

Wilson, Edward O., and Frances M. Peter, eds. 1988. *Biodiversity*. Washington, D.C.: National Academy Press.

Wirtshafter, Robert M., and Shih, Ed. 1990. "Decentralization of China's Electricity Sector: Is Small Beautiful?" *World Development* 18:505-12.

Wolf, E. C. 1987. "On the Brink of Extinction: Conserving the Diversity of Life." Worldwatch Paper 78. Worldwatch Institute, Washington, D.C.

World Bank. 1990a. "Indonesia—Sustainable Development of Forest, Land and Water." Country Department V, Asia Regional Office, Washington, D.C.

———. 1990b. "Overview of Water and Sanitation Activities FY89." Report INU-OR4. Infrastructure and Urban Development Department, Washington, D.C.

———. 1991a. "FY91 Water and Sanitation Sector Review—Issues in Institutional Performance and 1991 Sector Activities, INUWS." Infrastructure and Urban Development Department, Washington, D.C.

———. 1991b. "FY90 Sector Review—Water Supply and Sanitation." Report INU-OR6. Infrastructure and Urban Development Department, Washington, D.C.

———. 1991c. "An Evaluation of Improved Biomass Cookstoves Program: Prospects for Success or Failure." Joint ESMAP/UNDP Report. Industry and Energy Department, Washington, D.C.

———. 1991d. *The Forest Sector*. Washington, D.C.

———. 1991e. *The Reform of Public Sector Management: Lessons from Experience*. Policy and Research Series 18. Country Economics Department, Washington, D.C.

———. 1991f. *The World Bank and the Environment: A Progress Report, Fiscal 1991*. Washington, D.C.

———. 1992a. *Global Economic Prospects and the Developing Countries*. International Economics Department, Washington, D.C.

———. 1992b. *A Strategy for Asian Forestry Development*. Washington, D.C.

———. Various years. *World Development Report*. New York: Oxford University Press.

———. Forthcoming a. "The Bank's Role in the Electric Power Sector: Policies for Effective Institutional, Regulatory, and Financial Reform." Industry and Energy Department, Washington, D.C.

———. Forthcoming b. *Water Supply and Sanitation Projects: The Bank Experience 1967-1989*. Operations Evaluation Department, Washington, D.C.

World Bank Environment Department. 1991. *Environmental Assessment Sourcebook*. Washington, D.C.

World Bank, UNDP, FAO, and Institute for Development Anthropology. 1990. *Land Settlement Review: the Experience with Land Settlement in the OCP River Basins and Strategies for Their Development*. Washington, D.C.: World Bank.

World Bank Water Demand Research Team. Forthcoming. "Towards a New Rural Water Supply Paradigm: Implications of a Multi-Country Study of Households' Willingness to Pay for Improved Water Services." *World Bank Research Observer*.

World Commission on Environment and Development. 1987. *Our Common Future*. New York: Oxford University Press.

World Energy Conference. Various years. *Survey of Energy Resources*. London: Oxford University Press.

World Meteorological Organization, UNEP, U.S. National Aeronautics and Space Administration, U.S. National Oceanic and Atmospheric Administration, and U.K. Department of Environment. Forthcoming. "Scientific Assessment of Ozone Depletion: 1991." WMO Ozone Report 25. UNEP, Nairobi.

World Resources Institute. 1990. *World Resources 1990-91*. New York: Oxford University Press.

———. 1992. *World Resources, 1992-93*. New York: Oxford University Press.

Wright, Albert M., and Alexander E. Bakalian. 1990. "Intermediate Sanitation: Cost Efficient Sewerage." *Infrastructure Notes*. W&S SW-4(July): 1-2. World Bank, Washington, D.C.

Wright, Peter, and Edouard G. Bonkoungou. 1986. "Soil and Water Conservation as a Starting Point for Rural Forestry: the OXFAM Project in Ouahigouya, Burkina Faso. *Rural Africana* 23-24:79-85.

Yepes, Guillermo. 1990. "Management and Operational Practices of Municipal and Regional Water and Sewerage Companies in Latin America and the Caribbean." Report INU-61. World Bank, Infrastructure and Urban Development Department, Washington, D.C.

———. 1991. "Water Supply and Sanitation Sector Maintenance: The Costs of Neglect and Options to Improve It." World Bank, Latin America and Caribbean Region Technical Department, Washington, D.C.

Zijp, Willem. 1992. "From Agricultural Extension to Rural Information Management." Paper presented at the Twelfth Agricultural Symposium, January. World Bank, Europe and Central Asia Regional Office, Washington, D.C.

Ziswiler, Vinzenz. 1967. *Extinct and Vanishing Animals*. New York: Springer-Verlag.

Kennzahlen der Weltentwicklung

Inhaltsverzeichnis

Länderschlüssel *240*

Einführung, Karten und Schaubilder *243*

Tabellen
    1 Grundlegende Kennzahlen *250*

Produktion
    2 Wachstum der Produktion *252*
    3 Produktionsstruktur *254*
    4 Landwirtschaft und Nahrungsmittel *256*
    5 Kommerzielle Energie *258*
    6 Struktur des Verarbeitenden Gewerbes *260*
    7 Einkommen und Produktion im Verarbeitenden Gewerbe *262*

Inländische Absorption
    8 Wachstum von Verbrauch und Investitionen *264*
    9 Struktur der Nachfrage *266*
    10 Struktur des Verbrauchs *268*

Finanzwirtschaft und monetäre Statistiken
    11 Ausgaben der Zentralregierung *270*
    12 Laufende Einnahmen der Zentralregierung *272*
    13 Geldbestände und Zinssätze *274*

Wichtigste internationale Transaktionen
    14 Wachstum des Warenhandels *276*
    15 Struktur der Wareneinfuhr *278*
    16 Struktur der Warenausfuhr *280*
    17 OECD-Importe von Industrieprodukten: Herkunft und Zusammensetzung *282*
    18 Zahlungsbilanzen und Reserven *284*

Auslandsfinanzierung
    19 Öffentliche Entwicklungshilfe der Mitglieder von OECD und OPEC *286*
    20 Einnahmen aus öffentlicher Entwicklungshilfe *288*
    21 Gesamte Auslandsschulden *290*
    22 Zufluß von öffentlichem und privatem Auslandskapital *292*
    23 Gesamte Nettomittelzuflüsse und Nettotransfers *294*
    24 Kennziffern der gesamten Auslandsschulden *296*
    25 Konditionen der öffentlichen Auslandskreditaufnahme *298*

Menschliche und natürliche Ressourcen
    26 Bevölkerungswachstum und -projektionen *300*
    27 Demographie und Fruchtbarkeit *302*
    28 Gesundheit und Ernährung *304*
    29 Erziehungswesen *306*
    30 Einkommensverteilung und IVP-Schätzungen des BIP *308*
    31 Verstädterung *310*
    32 Frauen und Entwicklung *312*
    33 Wälder, geschützte Gebiete und Wasseraufkommen *314*

Technische Erläuterungen *317*
    Sonderbeitrag A.1 Grundlegende Kennzahlen für Länder mit einer Bevölkerung von unter 1 Million *318*
    Sonderbeitrag A.2 Ausgewählte Kennzahlen für Übrige Länder *319*

Datenquellen *345*

Länderschlüssel

In den Haupttabellen sind die Länder innerhalb ihrer Gruppen in steigender Rangfolge nach der Höhe ihres BSP pro Kopf aufgeführt, ausgenommen jene Länder, für die sich ein BSP pro Kopf nicht berechnen läßt. Letztere sind am Ende ihrer Gruppe kursiv in alphabetischer Reihenfolge aufgeführt. Die unten ausgewiesenen Ordnungsnummern entsprechen der Reihenfolge in den Tabellen.

Der Länderschlüssel enthält die Jahre der allerjüngsten Volkszählungen und die Jahre der neuesten demographischen Erhebungen oder wichtiger amtlicher Schätzungen. Diese Informationen wurden einbezogen, um die Aktualität der Quellen für die demographischen Kennzahlen zu zeigen, die ein Indiz für die allgemeine Qualität der Kennzahlen eines Landes sein kann. Für andere als die angegebenen Jahre können demographische Schätzungen mit Hilfe von Projektionsmodellen, Interpolationsverfahren oder anderen Methoden gewonnen worden sein. Erläuterungen, wie die Weltbank Schätzungen und Projektionen aus den Quellen ableitet, sowie weitere Informationen über die Quellen selbst sind enthalten in *World Population Projections, Ausgabe 1992–93* (demnächst erscheinend).

Die Zahlen in den farbigen Zwischenzeilen der Tabellen sind zusammenfassende Kennzahlen für Ländergruppen.

Der Buchstabe *w* bedeutet gewogener Durchschnitt, *m* Medianwert und *s* Summe.

Alle Zuwachsraten sind reale Größen.

Abschlußdatum ist der 31. März 1992.

Das Zeichen .. bedeutet nicht verfügbar.

Die Zahlen 0 und 0,0 bedeuten Null oder weniger als die Hälfte der angegebenen Einheit.

Ein Leerfeld bedeutet „nicht anwendbar".

Das Zeichen * gibt an, daß die Daten für andere als die angegebenen Jahre oder Zeiträume gelten.

Das Zeichen † gibt an, daß Länder von den Vereinten Nationen als Entwicklungsländer eingestuft oder von ihren nationalen Behörden als solche betrachtet werden.

	Länderrangfolge in den Tabellen	Volkszählung	Lebenserwartung	Säuglingssterblichkeit	Zusammengefaßte Geburtenziffer
Afghanistan	38	1979	1979	1970	1979
Ägypten, Arab. Republik	37	1986	1975–77	1988	1988
Albanien	78	1989	1986–87	1989	1989
Algerien	72	1987	1985	1985	1984
Angola	79	1970			1984
Argentinien	76	1980	1979–81	1983	1988
Äthiopien	3	1984			1988
Australien	111	1986	1989	1989	1989
Bangladesch	10	1991	1989	1989	1989
Belgien	108	1981	1990	1990	1990
Benin	22	1979	1961	1977–82	1976–80
Bhutan	7	1969			1984
Bolivien	44	1976	1989	1989	1989
Botsuana	71	1981	1988	1983–88	1983–87
Brasilien	89	1980	1986	1986	1986

	Länder-rangfolge in den Tabellen	Volks-zählung	Lebens-erwartung	Säuglings-sterblichkeit	Zusammen-gefaßte Geburten-ziffer
Bulgarien	73	1985	1985	1990	1990
Burkina Faso	20	1985	1976	1971–76	1961
Burundi	11	1979	1970–71	1982–86	1981–86
Chile	70	1982	1989	1989	1989
China	23	1982	1986	1986	1987
Costa Rica	69	1988	1990	1990	1990
Côte d'Ivoire	48	1975	1988	1978–79	1983–88
Dänemark	118	1981	1989	1989	1990
Deutschland	119	1987	1990	1989	1990
Dominikanische Republik	49	1990	1986	1986	1986
Ecuador	54	1982	1987	1987	1987
El Salvador	57	1971	1988	1988	1988
Finnland	123	1985	1990	1990	1990
Frankreich	114	1990	1989	1989	1989
Gabun	93	1981	1960–61	1960–61	1960–61
Ghana	27	1984	1988	1983–87	1983–87
Griechenland	97	1991	1985	1990	1990
Großbritannien	109	1981	1990	1990	1990
Guatemala	51	1981	1987	1987	1987
Guinea	31	1983	1955	1954–55	1954–55
Haiti	24	1982	1970–71	1987	1987
Honduras	36	1988	1982	1982	1982
†Hongkong	106	1986	1985–86	1990	1990
Indien	21	1991	1981–83	1986	1985
Indonesien	35	1990	1971–80	1986	1988–91
Irak	99	1987	1974–75	1974–75	1974–75
Iran, Islamische Republik	77	1986	1986	1986	1971–75
Irland	102	1986	1990	1989	1990
†Israel	103	1983	1990	1990	1990
Italien	110	1981	1990	1990	1990
Jamaika	64	1982	1969–71	1989	1990
Japan	122	1985	1989	1989	1989
Jemen, Republik	84	1986–88	1979	1979	1981
Jordanien	60	1979	1983	1983	1983
Jugoslawien	91	1981	1990	1990	1990
Kambodscha	39				1982
Kamerun	53	1987	1976–80	1973–78	1985–90
Kanada	116	1986	1989	1989	1989
Kenia	25	1979	1977–78	1973–78	1984–89
Kolumbien	61	1985	1990	1990	1990
Kongo	56	1984	1974	1969–74	1969–74
Korea, Republik	96	1985	1978–79	1985	
†*Kuwait*	125	1985	1987	1987	1987
Laos, Demokr. Volksrepublik	8	1985		1988	1988
Lesotho	34	1986	1977	1972–77	1972–77
Libanon	80	1970	1971	1971	1971
Liberia	40	1984	1975	1981–86	1981–86
Libyen	100	1984		1969	1971–75
Madagaskar	14	1974–75	1984	1979–84	1975–80
Malawi	9	1987	1966–77	1977–82	1972–77
Malaysia	75	1980	1988	1988	1984
Mali	16	1987	1976	1982–86	1982–86
Marokko	52	1982	1987	1987	1987
Mauretanien	33	1988		1975	1987–88
Mauritius	74	1983	1989	1984–86	1985
Mexiko	85	1990	1987	1987	1987
Mongolei	81	1989		1989	1985
Mosambik	1	1980	1985	1975	1976–80
Myanmar	41	1983		1983	1983
Namibia	82	1970			

	Länder-rangfolge in den Tabellen	Volks-zählung	Lebens-erwartung	Säuglings-sterblichkeit	Zusammen-gefaßte Geburten-ziffer
Nepal	5	1991	1974–76	1986	1986
Neuseeland	107	1986	1988	1989	1989
Nicaragua	83	1971	1978	1978	1978
Niederlande	112	1971	1990	1990	1990
Niger	18	1988	1978	1977–78	1959–63
Nigeria	17	1991		1985–90	1985–90
Norwegen	120	1980	1989	1989	1989
Oman	101		1986	1986	1986
Österreich	113	1981	1990	1990	1990
Pakistan	26	1981	1972–81	1972–81	1985
Panama	68	1980	1970–80	1985–87	1986
Papua-Neuguinea	50	1990		1980	1980
Paraquay	58	1982	1982	1990	1990
Peru	59	1981	1981	1986	1986
Philippinen	47	1990	1979–81	1986	1988
Polen	67	1988	1990	1990	1990
Portugal	95	1981	1988	1989	1988
Ruanda	19	1978	1978	1978–83	1978–83
Rumänien	66	1977	1990	1990	1990
Sambia	30	1990	1980	1979–80	1976–80
Saudi-Arabien	98	1974	1974	1974	1974
Schweden	121	1985	1990	1990	1990
Schweiz	124	1980	1990	1990	1990
Senegal	46	1988	1978	1981–85	1981–86
Sierra Leone	15	1985		1971	1971–75
Simbabwe	45	1982	1988	1983–88	1983–88
†Singapur	105	1990	1989	1989	1989
Somalia	4	1987	1976–80	1976–80	1976–80
Spanien	104	1981	1989	1989	1989
Sri Lanka	32	1981	1980–81	1988	1982–86
Südafrika	86	1985	1970	1980	1976–81
Sudan	42	1983	1983	1978–83	1976–80
Syrien, Arab. Republik	55	1981	1976–78	1976–78	1976–80
Tansania	2	1988	1977–78	1977–78	1977–78
Thailand	62	1990	1978	1989	1987
Togo	29	1981	1988	1983–88	1983–88
Trinidad und Tobago	94	1990	1987	1987	1987
Tschad	6	1964	1963–64	1962–64	1963–64
Tschecholslowakei	92	1980	1989	1990	1989
Tunesien	63	1984	1988	1988	1988
Türkei	65	1990	1988	1988	1988
Uganda	13	1991	1991	1983–88	1983–89
Ungarn	90	1980	1990	1990	1990
Uruguay	88	1985	1985	1985	1985
Venezuela	87	1990	1981	1981	1986
†Vereinigte Arab. Emirate	115	1985	1980	1980	1980
Vereinigte Staaten	117	1990	1990	1990	1990
Vietnam	43	1989		1989	1985–89
Zaire	12	1984	1955–57	1979–84	1979–84
Zentralafrikanische Republik	28	1975	1970–75	1970–75	1955–59

Anmerkung: Länder mit einer Bevölkerung von weniger als 1 Million sind in den Haupttabellen nur als Teil der Ländergruppen enthalten, werden aber ausführlicher im Sonderbeitrag A.1 gezeigt. Übrige Länder, die weder in den Haupttabellen noch im Sonderbeitrag A.1 aufgeführt werden, jedoch ebenfalls in den zusammenfassenden Angaben enthalten sind, werden ausführlicher im Sonderbeitrag A.2 gezeigt. Zur Vergleichbarkeit der Daten und ihrer Abgrenzung in den Tabellen vgl. Technische Erläuterungen.

Einführung

Die fünfzehnte Ausgabe der Kennzahlen der Weltentwicklung enthält wirtschaftliche und soziale Kennzahlen sowie solche über natürliche Ressourcen für ausgewählte Zeiträume oder Jahre für 185 Länder und verschiedene analytische und geographische Ländergruppen. Die von der Bank gesammelten Daten betreffen überwiegend Länder mit niedrigem und mittlerem Einkommen. Die Kennzahlen enthalten aber auch vergleichbare Angaben für Länder mit hohem Einkommen, da diese Daten leicht zu beschaffen sind. Zusätzliche Informationen finden sich in anderen Veröffentlichungen der Weltbank, insbesondere im *World Bank Atlas*, den *World Tables*, den *World Debt Tables* und den *Social Indicators of Development*. Diese Daten sind nun auch auf Diskette verfügbar, und zwar im Retrieval-System ☆STARS☆ der Weltbank.

Zwar wurden keine Mühen gescheut, um die Daten zu standardisieren, doch läßt sich eine volle Vergleichbarkeit nicht gewährleisten, und die Kennzahlen dürfen nur mit der gebotenen Vorsicht interpretiert werden. Das statistische Material beruht auf Quellen, die als höchst kompetent gelten, aber die Daten unterliegen beträchtlichen Fehlermargen. Unterschiede der nationalen statistischen Praktiken beeinträchtigen ebenfalls die Vergleichbarkeit der Daten, die daher nur als Indikatoren für Entwicklungstrends und größere Divergenzen zwischen einzelnen Volkswirtschaften verstanden werden sollten und nicht als genaue Quantifizierung dieser Unterschiede herangezogen werden können.

Die Kennzahlen in Tabelle 1 geben eine zusammenfassende Übersicht über die einzelnen Volkswirtschaften. Die Angaben in den übrigen Tabellen betreffen die folgenden Bereiche: Produktion, inländische Absorption, finanzwirtschaftliche und monetäre Größen, wichtigste internationale Transaktionen, Auslandsfinanzierung sowie menschliche und natürliche Ressourcen.

In dieser Ausgabe bietet die Tabelle 30, Einkommensverteilung und IVP-Schätzungen des BIP, durch Einbeziehung extrapolierter und geschätzter Daten eine vollständigere Ländererfassung bei den IVP-Angaben.

Angaben über die Auslandsschulden werden von der Bank direkt aufgrund der Meldungen der Entwicklungsländer zum Schuldenberichtssystem zusammengestellt. Andere Daten stammen hauptsächlich von den Vereinten Nationen und ihren Sonderorganisationen, vom Internationalen Währungsfonds sowie aus Länderberichten an die Weltbank. Es werden auch Schätzungen des Weltbankstabes verwendet, um die Aktualität und Konsistenz der Daten zu verbessern. Für die meisten Länder erhält der Stab der Weltbank im Zuge von Wirtschaftsmissionen Schätzungen über die Volkswirtschaftlichen Gesamtrechnungen durch die Mitgliedsstaaten. In einigen Fällen sind diese Daten vom Weltbankstab angepaßt worden, um sie mit internationalen Definitionen und Konzepten in Übereinstimmung zu bringen und damit bessere Konsistenz und Aktualität zu gewährleisten.

Um die Vergleichbarkeit zu erleichtern, werden üblicherweise nur Verhältniszahlen und Zuwachsraten ausgewiesen; absolute Zahlen sind im allgemeinen in anderen Veröffentlichungen der Weltbank verfügbar, namentlich in der Ausgabe 1991 der *World Tables*. Die meisten Zuwachsraten wurden für zwei Zeiträume ermittelt, 1965 bis 1980 und 1980 bis 1990, und mit Hilfe der Regressionsmethode der kleinsten Quadrate berechnet, soweit nicht anders angegeben. Da dieses Verfahren alle beobachteten Werte innerhalb eines Zeitraums berücksichtigt, reflektieren die so ermittelten Zuwachsraten Entwicklungstrends, die nicht über Gebühr durch außergewöhnliche Werte, insbesondere an den Endpunkten, beeinflußt werden. Um die Inflationseffekte auszuschalten, werden bei der Berechnung der Zuwachsraten Wirtschaftskennzahlen zu konstanten Preisen verwendet. Wegen Einzelheiten dieses Verfahrens vgl. den Anfang der Technischen Erläuterungen. Kursiv gedruckte Zahlen gelten für andere Jahre oder Zeiträume als die angegebenen, und zwar bis zu zwei Jahren früher bei den Wirtschaftszahlen und bis zu drei Jahren früher oder später bei den Sozialkennzahlen, da letztere weniger regelmäßig erhoben werden, sich auf kurze Frist aber weniger stark verändern. Alle Dollar-Angaben beziehen sich auf US-Dollar, soweit nicht anders angegeben. Die verschiedenen Verfahren, die bei der Umrechnung von Angaben in nationaler Währung angewandt wurden, werden in den Technischen Erläuterungen beschrieben.

In dem Bemühen, die internationale Vergleichbarkeit und die analytische Bedeutung der Kennzahlen zu verbessern, überprüft die Bank laufend ihre Verfahren. Die Abweichungen zwischen den hier ausgewiesenen Daten und den letztjährigen Angaben beruhen nicht nur auf der Revision vorläufiger Daten durch die Länder selbst, sondern auch auf der Revision historischer Zeitreihen und auf methodischen Änderungen.

In diesen Anmerkungen bedeutet der Begriff „Land" nicht immer ein politisch unabhängiges Gebiet, sondern bezieht sich auf jedes Territorium, dessen Behörden gesonderte soziale oder ökonomische Statistiken für dieses vorlegen.

Wie im Bericht selbst ist das zur Ländereinteilung und zur allgemeinen Unterscheidung unterschiedlicher ökonomischer Entwicklungsstadien angewandte Hauptkriterium das BSP pro Kopf. Dieses Jahr werden folgende Pro-Kopf-Einkommensgruppen verwendet: Länder mit niedrigem Einkommen, bis zu 610 $ im Jahr 1990 (43 Länder), mit mittlerem Einkommen, 611 bis 7.619 Dollar (54 Länder), mit hohem Einkommen, 7.620 Dollar und mehr (24 Länder). Ein neues Mitgliedsland der Weltbank, Albanien, wurde in den Haupttabellen in die mittlere Einkommensgruppe einbezogen. Volkswirtschaften mit einer Bevölkerung von weniger als einer Million werden in den Haupttabellen nicht gesondert gezeigt, sind aber in den Gruppenkennzahlen enthalten. Grundlegende Kennzahlen für diese Länder und Territorien sowie für Puerto Rico sind in einer separaten Tabelle im Sonderbeitrag A.1 der Technischen Erläuterungen enthalten.

Eine weitere Einteilung der Länder erfolgt nach geographischer Lage, wobei in dieser Ausgabe zwei Änderungen vorgenommen wurden. „Europa" ist

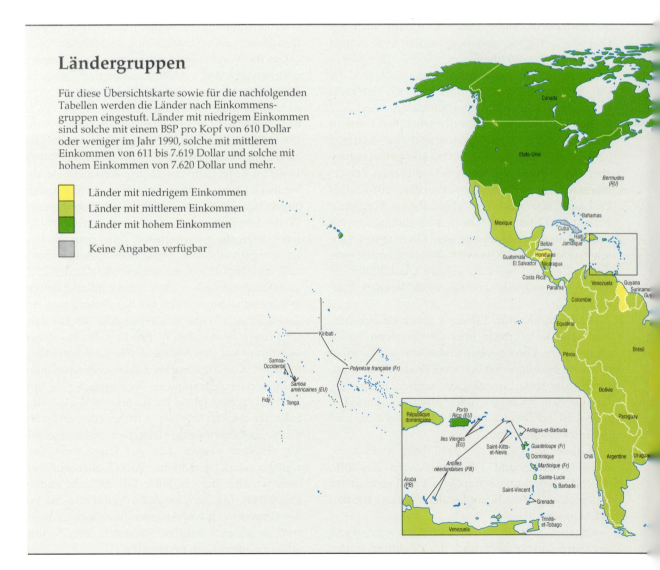

von der letztjährigen Gruppe „Europa, Naher Osten und Nordafrika" getrennt worden, und die Gruppe „Übrige Länder" wurde vom Tabellenende zur Sektion der Länder mit niedrigem und mittlerem Einkommen verschoben. Zur weiteren Einteilung gehören Länder mit mittlerem Einkommen und gravierenden Schuldenproblemen sowie Brennstoffexporteure. Wegen einer Auflistung der Länder in jeder Gruppe vgl. die Definitionen und Statistischen Anmerkungen.

Daten für die Gruppe „Übrige Länder", zu der die Demokratische Volksrepublik Korea, Kuba und die ehemalige Sowjetunion gehören, werden wegen unzureichender Daten, unterschiedlicher Berechnungsverfahren für das Volkseinkommen sowie wegen Schwierigkeiten bei der Währungsumrechnung in den Haupttabellen nur als Summen gezeigt. Einige ausgewählte Kennzahlen für diese Länder sind jedoch im Sonderbeitrag A. 2 der Technischen Erläuterungen enthalten. Vermehrte Daten und Analysen der Weltbank über die ehemalige Sowjetunion werden für diese sich entwickelnden Volkswirtschaften in zukünftigen Ausgaben zu einem besseren Berichtswesen führen.

Die zusammenfassenden Kennzahlen in den farbigen Zwischenzeilen sind für Ländergruppen errechnete Summen (angezeigt durch *s*), gewogene Durchschnitte *(w)* oder Medianwerte *(m)*. Länder, für die wegen geringer Größe, fehlender Berichterstattung oder zu kurzer Geschichte Einzelschätzungen nicht gezeigt werden, sind unter der Annahme berücksichtigt worden, daß sie dem Trend der berichtenden Länder während des betreffenden Zeitabschnitts folgen. Dies führt zu einer konsistenteren Gesamtkennzahl, da der Kreis der erfaßten Länder für jeden gezeigten Zeitraum einheitlich ist.

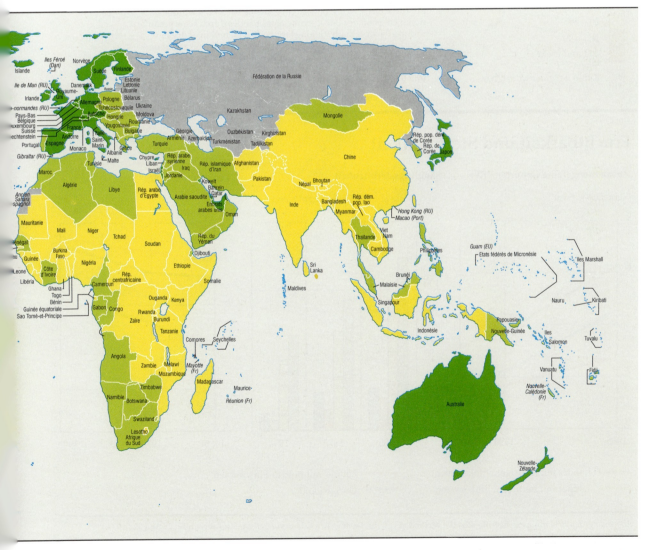

Bevölkerungsdichte

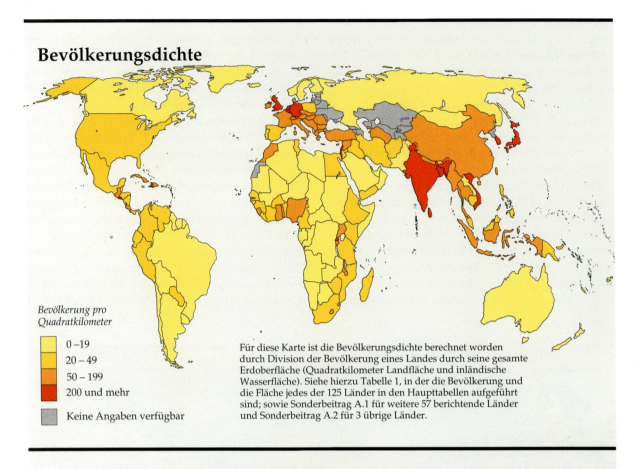

Fruchtbarkeit und Sterblichkeit

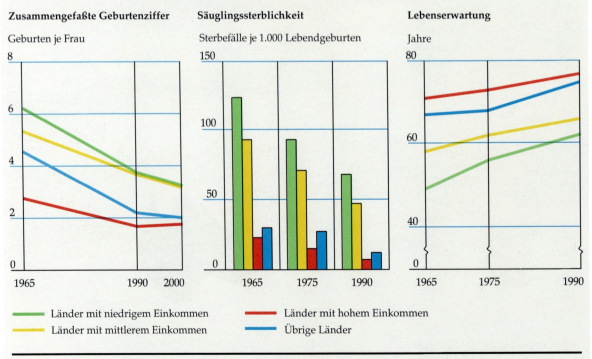

Anmerkung: Zur Erklärung der Begriffe oder der Methoden vgl. die Technischen Erläuterungen zu den Tabellen 27, 28 und 32.

Anteil der Landwirtschaft am BIP

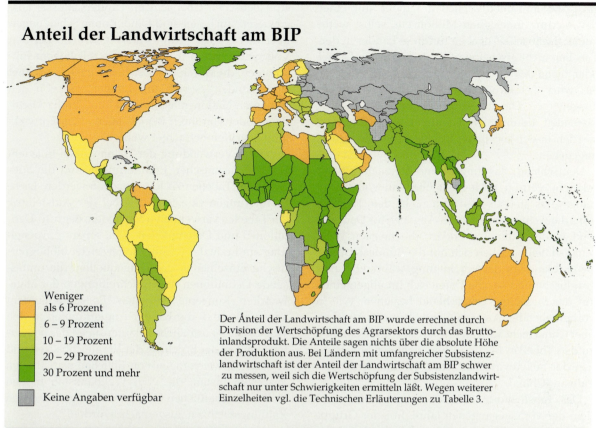

Weniger als 6 Prozent
6 – 9 Prozent
10 – 19 Prozent
20 – 29 Prozent
30 Prozent und mehr
Keine Angaben verfügbar

Der Anteil der Landwirtschaft am BIP wurde errechnet durch Division der Wertschöpfung des Agrarsektors durch das Bruttoinlandsprodukt. Die Anteile sagen nichts über die absolute Höhe der Produktion aus. Bei Ländern mit umfangreicher Subsistenzlandwirtschaft ist der Anteil der Landwirtschaft am BIP schwer zu messen, weil sich die Wertschöpfung der Subsistenzlandwirtschaft nur unter Schwierigkeiten ermitteln läßt. Wegen weiterer Einzelheiten vgl. die Technischen Erläuterungen zu Tabelle 3.

Jährliches Wasseraufkommen

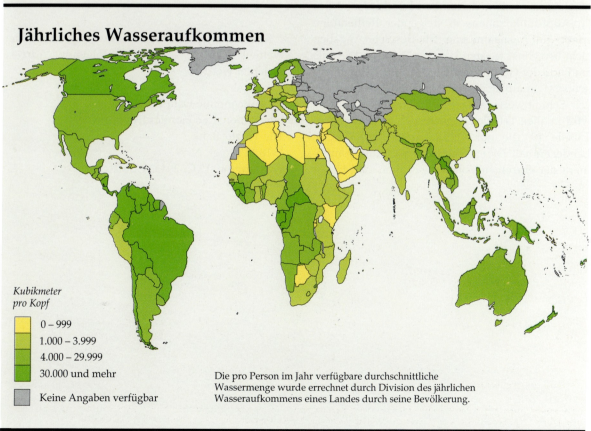

Kubikmeter pro Kopf

0 – 999
1.000 – 3.999
4.000 – 29.999
30.000 und mehr
Keine Angaben verfügbar

Die pro Person im Jahr verfügbare durchschnittliche Wassermenge wurde errechnet durch Division des jährlichen Wasseraufkommens eines Landes durch seine Bevölkerung.

Gruppenkennzahlen schließen Länder mit einer Bevölkerung unter einer Million ein, selbst wenn länderspezifische Angaben für diese Länder in den Tabellen nicht erscheinen. Wenn jedoch ein Drittel oder mehr des Gruppenschätzwertes nicht belegt ist, wird das Gruppenmaß als nicht verfügbar ausgewiesen. Die zur Berechnung der zusammenfassenden Kennzahlen benutzten Gewichtungen werden in der jeweiligen technischen Erläuterung angegeben.

Deutschland, das jüngst seine nationale Einheit erlangte, verfügt noch nicht über ein vollständig integriertes statistisches System. In den Tabellen wird der Geltungsbereich der Angaben für Deutschland in den Fußnoten erklärt; die meisten Wirtschaftsdaten beziehen sich auf die Bundesrepublik Deutschland vor der Vereinigung, während demographische und soziale Daten sich im allgemeinen auf das vereinigte Deutschland beziehen. Wie in vorhergehenden Ausgaben enthalten die Angaben über China nicht Taiwan (China), aber die Fußnoten zu den Tabellen 14, 15, 16 und 18 bieten Schätzungen der außenwirtschaftlichen Transaktionen von Taiwan (China).

Das Tabellenformat dieser Ausgabe entspricht dem der vorangegangenen Jahre. In jeder Gruppe werden die Volkswirtschaften nach der Höhe des Pro-Kopf-Einkommens in steigender Reihenfolge erfaßt – mit Ausnahme jener, für die solche Angaben nicht berechnet werden können. Diese sind jeweils am Ende der Gruppe, der sie vermutlich zuzurechnen sind, in alphabetischer Reihenfolge und kursiver Schreibweise aufgeführt. Diese Anordnung wird in allen Tabellen angewendet, ausgenommen Tabelle 19, die nur OPEC-Länder und OECD-Länder enthält. Die entsprechenden Ordnungsnummern der einzelnen Volkswirtschaften sind in der alphabetischen Übersicht im Länderschlüssel ausgewiesen; auch hier sind Länder ohne Schätzungen über das BSP pro Kopf kursiv gedruckt. Bei den Volkswirtschaften in der Gruppe mit hohem Einkommen, die durch das Zeichen † gekennzeichnet sind, handelt es sich um Länder, die von den Vereinten Nationen als Entwicklungsländer klassifiziert oder von ihren Regierungen als in Entwicklung begriffen betrachtet werden.

Bei der Verwendung der Daten sollten in jedem Fall die Technischen Erläuterungen und die Fußnoten der Tabellen zu Rate gezogen werden. Diese Erläuterungen skizzieren die bei der Aufstellung der Tabellen verwendeten Methoden, Begriffe, Definitionen und Datenquellen. Eine separate Aufstellung am Ende der Erläuterungen bietet bibliographische Einzelheiten der Datenquellen, die umfassende Definitionen und Beschreibungen der angewandten Konzepte enthalten. Es sei außerdem angemerkt, daß die Länder-Anmerkungen in den *World Tables* zusätzliche Erläuterungen der benutzten Quellen, der Brüche in der Vergleichbarkeit und anderer Abweichungen von üblichen statistischen Praktiken bieten, die vom Weltbankstab in den Volkswirtschaftlichen Gesamtrechnungen und den Zahlungsbilanzen ausgemacht wurden.

Kommentare und Fragen zu den Kennzahlen der Weltentwicklung sollten an folgende Adresse gerichtet werden:

Socio-Economic Data Division
International Economics Department
The World Bank
1818 H Street, N.W.
Washington, D.C. 20433 / USA

Tabelle 1 Grundlegende Kennzahlen

	Bevölkerung (in Mio) Mitte 1990	Fläche (in Tsd. Quadrat- kilometern)	BSP pro Kopf[a] in $ 1990	Durch- schnittl. jährlicher Zuwachs (in %) 1965–90	Durchschnittliche jährliche Inflationsrate[a] (in %) 1965–80		Lebens- erwartung bei der Geburt (in Jahren) 1990	Analphabetenquote der Erwachsenen (in %) Frauen 1990	Insgesamt 1990
						1980–90			
Länder mit niedrigem Einkommen	3.058,3s	37.780s	350w	2,9w	8,0w	9,6w	62w	52w	40w
China und Indien	1.983,2s	12.849s	360w	3,7w	3,2w	6,8w	65w	50w	37w
Übrige Länder	1.075,1s	24.931s	320w	1,7w	17,3w	15,1w	55w	56w	45w
1 Mosambik	15,7	802	80	..	..	36,6	47	79	67
2 Tansania[b]	24,5	945	110	−0,2	9,6	25,8	48	..	..
3 Äthiopien	51,2	1.222	120	−0,2	3,4	2,1	48	..	..
4 Somalia	7,8	638	120	−0,1	10,2	49,7	48	86	76
5 Nepal	18,9	141	170	0,5	7,8	9,1	52	87	74
6 Tschad	5,7	1.284	190	−1,1	6,2	1,2	47	82	70
7 Bhutan	1,4	47	190	..	..	8,4	49	75	62
8 Laos, Dem. VR	4,1	237	200	..	..	..	49	..	..
9 Malawi	8,5	118	200	0,9	7,4	14,7	46	..	..
10 Bangladesch	106,7	144	210	0,7	15,9	9,6	52	78	65
11 Burundi	5,4	28	210	3,4	5,0	4,2	47	60	50
12 Zaire	37,3	2.345	220	−2,2	24,7	60,9	52	39	28
13 Uganda	16,3	236	220	−2,4	21,4	107,0	47	65	52
14 Madagaskar	11,7	587	230	−1,9	7,7	17,1	51	27	20
15 Sierra Leone	4,1	72	240	0,0	7,9	56,1	42	89	79
16 Mali	8,5	1.240	270	1,7	9,0	3,0	48	76	68
17 Nigeria	115,5	924	290	0,1	14,6	17,7	52	61	49
18 Niger	7,7	1.267	310	−2,4	7,5	2,9	45	83	72
19 Ruanda	7,1	26	310	1,0	12,5	3,8	48	63	50
20 Burkina Faso	9,0	274	330	1,3	6,3	4,5	48	91	82
21 Indien	849,5	3.288	350	1,9	7,5	7,9	59	66	52
22 Benin	4,7	113	360	−0,1	7,4	1,9	50	84	77
23 China	1.133,7	9.561	370	5,8	−0,3	5,8	70	38	27
24 Haiti	6,5	28	370	0,2	7,3	7,2	54	53	47
25 Kenia	24,2	580	370	1,9	7,2	9,2	59	42	31
26 Pakistan	112,4	796	380	2,5	10,3	6,7	56	79	65
27 Ghana	14,9	239	390	−1,4	22,9	42,5	55	49	40
28 Zentralafrikanische Rep.	3,0	623	390	−0,5	8,2	5,4	49	75	62
29 Togo	3,6	57	410	−0,1	7,1	4,8	54	69	57
30 Sambia	8,1	753	420	−1,9	6,3	42,2	50	35	27
31 Guinea	5,7	246	440	..	..	..	43	87	76
32 Sri Lanka	17,0	66	470	2,9	9,4	11,1	71	17	12
33 Mauretanien	2,0	1.026	500	−0,6	7,6	9,0	47	79	66
34 Lesotho	1,8	30	530	4,9	6,7	12,7	56	..	..
35 Indonesien	178,2	1.905	570	4,5	35,5	8,4	62	32	23
36 Honduras	5,1	112	590	0,5	5,7	5,4	65	29	27
37 Ägypten, Arab. Rep.	52,1	1.001	600	4,1	6,4	11,8	60	66	52
38 *Afghanistan*	..	652	..	..	..	..	42	86	71
39 *Kambodscha*	8,5	181	..	..	..	..	50	78	65
40 *Liberia*	2,6	111	..	..	6,3	..	54	71	61
41 *Myanmar*	41,6	677	..	..	..	..	61	28	19
42 *Sudan*	25,1	2.506	..	..	11,5	..	50	88	73
43 *Vietnam*	66,3	330	..	..	..	..	67	16	12
Länder mit mittlerem Einkommen	1.087,5s	41.139s	2.220w	2,2w	21,1w	85,6w	66w	27w	22w
Untere Einkommenskategorie	629,1s	22.432s	1.530w	1,5w	23,6w	64,8w	65w	32w	25w
44 Bolivien	7,2	1.099	630	−0,7	15,9	317,9	60	29	23
45 Simbabwe	9,8	391	640	0,7	5,8	10,8	61	40	33
46 Senegal	7,4	197	710	−0,6	6,3	6,7	47	75	62
47 Philippinen	61,5	300	730	1,3	11,4	14,9	64	11	10
48 Côte d'Ivoire	11,9	322	750	0,5	9,4	2,3	55	60	46
49 Dominikanische Rep.	7,1	49	830	2,3	6,7	21,8	67	18	17
50 Papua-Neuguinea	3,9	463	860	0,1	8,1	5,3	55	62	48
51 Guatemala	9,2	109	900	0,7	7,1	14,6	63	53	45
52 Marokko	25,1	447	950	2,3	7,0	7,2	62	62	51
53 Kamerun	11,7	475	960	3,0	9,0	5,6	57	57	46
54 Ecuador	10,3	284	980	2,8	10,9	36,6	66	16	14
55 Syrien, Arab. Rep.	12,4	185	1.000	2,9	7,9	14,6	66	49	36
56 Kongo	2,3	342	1.010	3,1	6,8	0,5	53	56	43
57 El Salvador	5,2	21	1.110	−0,4	7,0	17,2	64	30	27
58 Paraguay	4,3	407	1.110	4,6	9,3	24,4	67	12	10
59 Peru	21,7	1.285	1.160	−0,2	20,6	233,9	63	21	15
60 Jordanien[c]	3,2	89	1.240	..	..	..	67	30	20
61 Kolumbien	32,3	1.139	1.260	2,3	17,5	24,8	69	14	13
62 Thailand	55,8	513	1.420	4,4	6,2	3,4	66	10	7
63 Tunesien	8,1	164	1.440	3,2	6,7	7,4	67	44	35
64 Jamaika	2,4	11	1.500	−1,3	12,8	18,3	73	f	f
65 Türkei	56,1	779	1.630	2,6	20,8	43,2	67	29	19
66 Rumänien	23,2	238	1.640	..	..	1,8	70	..	..

Anmerkung: Wegen der Länder mit einer Bevölkerung von weniger als 1 Million vgl. Sonderbeitrag A.1; wegen Übrige Länder vgl. Sonderbeitrag A.2.   Zur Vergleichbarkeit der Daten und ihrer Abgrenzung in den Tabellen vgl. Technische Erläuterungen.   Kursive Zahlen gelten für andere als die angegebenen Jahre.

		Bevölkerung (in Mio) Mitte 1990	Fläche (in Tsd. Quadrat- kilometern)	BSP pro Kopf[a] in $ 1990	Durch- schnittl. jährlicher Zuwachs (in %) 1965–90	Durchschnittliche jährliche Inflationsrate[a] (in %) 1965–80	1980–90	Lebens- erwartung bei der Geburt (in Jahren) 1990	Analphabetenquote der Erwachsenen (in %) Frauen 1990	Insgesamt 1990
67	Polen	38,2	313	1.690	..	..	54,3	71	..	..
68	Panama	2,4	77	1.830	1,4	5,4	2,3	73	12	12
69	Costa Rica	2,8	51	1.900	1,4	11,2	23,5	75	7	7
70	Chile	13,2	757	1.940	0,4	129,9	20,5	72	7	7
71	Botsuana	1,3	582	2.040	8,4	8,4	12,0	67	35	26
72	Algerien	25,1	2.382	2.060	2,1	10,9	6,6	65	55	43
73	Bulgarien	8,8	111	2.250	..	..	2,2	73	..	..
74	Mauritius	1,1	2	2.250	3,2	11,8	8,8	70	..	..
75	Malaysia	17,9	330	2.320	4,0	4,9	1,6	70	30	22
76	Argentinien	32,3	2.767	2.370	−0,3	78,4	395,2	71	5	5
77	Iran, Islam. Rep.	55,8	1.648	2.490[d]	0,1	15,5	13,5	63	57	46
78	Albanien	3,3	29	..	..	..	..	72	..	..
79	Angola	10,0	1.247	..	..	..	..	46	72	58
80	Libanon	..	10	..	..	..	..	65	27	20
81	Mongolei	2,1	1.565	..	..	..	−1,3	63	..	..
82	Namibia	1,8	824	..	..	..	13,4	57	..	..
83	Nicaragua	3,9	130	..	−3,3	8,9	432,3	65	..	..
84	Jemen, Rep.	11,3	528	..	..	..	..	48	74	62
Obere Einkommenskategorie		458,4s	18.706s	3.410w	2,8w	19,3w	102,1w	68w	19w	16w
85	Mexiko	86,2	1.958	2.490	2,8	13,0	70,3	70	15	13
86	Südafrika	35,9	1.221	2.530	1,3	10,3	14,4	62	..	..
87	Venezuela	19,7	912	2.560	−1,0	10,4	19,3	70	10	12
88	Uruguay	3,1	177	2.560	0,8	58,2	61,4	73	4	4
89	Brasilien	150,4	8.512	2.680	3,3	31,3	284,3	66	20	19
90	Ungarn	10,6	93	2.780	..	2,6	9,0	71	..	..
91	Jugoslawien	23,8	256	3.060	2,9	15,2	122,9	72	12	7
92	Tschechoslowakei	15,7	128	3.140	..	..	1,9	72	..	..
93	Gabun	1,1	268	3.330	0,9	12,8	−1,7	53	52	39
94	Trinidad u. Tobago	1,2	5	3.610	0,0	13,7	6,4	71	..	..
95	Portugal	10,4	92	4.900	3,0	11,7	18,1	75	19	15
96	Korea, Rep.	42,8	99	5.400	7,1	18,4	5,1	71	f	f
97	Griechenland	10,1	132	5.990	2,8	10,3	18,0	77	11	7
98	Saudi-Arabien	14,9	2.150	7.050	2,6	17,9	−4,2	64	52	38
99	Irak	18,9	438	..	..	..	..	63	51	40
100	Libyen	4,5	1.760	..	−3,0	15,4	0,2	62	50	36
101	Oman	1,6	212	..	6,4	19,9	..	66	..	..
Länder mit niedr. u. mittl. Eink.		4.145,8s	78.919s	840w	2,5w	16,7w	61,8w	63w	46w	36w
Afrika südlich der Sahara		495,2s	23.066s	340w	0,2w	11,4w	20,0w	51w	62w	50w
Ostasien u. Pazifik		1.577,2s	15.572s	600w	5,3w	9,3w	6,0w	68w	34w	24w
Südasien		1.147,7s	5.158s	330w	1,9w	8,3w	8,0w	58w	67w	53w
Europa		200,3s	2.171s	2.400w	..	13,9w	38,8w	70w	22w	15w
Naher Osten u. Nordafrika		256,4s	11.334s	1.790w	1,8w	13,6w	7,5w	61w	60w	47w
Lateinamerika u. Karibik		433,1s	20.397s	2.180w	1,8w	31,4w	192,1w	68w	18w	16w
Übrige Länder		320,9s	22.634s	..	..	..	..	71w	7w	6w
Länder mit gravierenden Schuldenproblemen		455,2s	21.048s	2.140w	2,1w	27,4w	173,5w	67w	24w	21w
Länder mit hohem Einkommen		816,4s	31.790s	19.590w	2,4w	7,7w	4,5w	77w	5w	4w
OECD-Mitglieder		776,8s	31.243s	20.170w	2,4w	7,6w	4,2w	77w	5w	4w
†Übrige		39,6s	547s	..	..	13,8w	26,1w	75w	33w	27w
102	Irland	3,5	70	9.550	3,0	11,9	6,5	74	..	..
103	†Israel	4,7	21	10.920	2,6	25,2	101,4	76	..	..
104	Spanien	39,0	505	11.020	2,4	12,3	9,2	76	7	5
105	†Singapur	3,0	1	11.160	6,5	5,1	1,7	74	..	..
106	†Hongkong	5,8	1	11.490[e]	6,2	8,1	7,2	78	..	..
107	Neuseeland	3,4	269	12.680	1,1	10,3	10,5	75	f	f
108	Belgien	10,0	31	15.540	2,6	6,6	4,4	76	f	f
109	Großbritannien	57,4	245	16.100	2,0	11,2	5,8	76	f	f
110	Italien	57,7	301	16.830	3,0	11,3	9,9	77	4	3
111	Australien	17,1	7.687	17.000	1,9	9,5	7,4	77	f	f
112	Niederlande	14,9	37	17.320	1,8	7,5	1,9	77	f	f
113	Österreich	7,7	84	19.060	2,9	5,8	3,6	76	f	f
114	Frankreich	56,4	552	19.490	2,4	8,4	6,1	77	f	f
115	†Vereinigte Arab. Emirate	1,6	84	19.860	..	..	1,1	72	..	..
116	Kanada	26,5	9.976	20.470	2,7	7,1	4,4	77	f	f
117	Vereinigte Staaten	250,0	9.373	21.790	1,7	6,5	3,7	76	f	f
118	Dänemark	5,1	43	22.080	2,1	9,3	5,6	75	f	f
119	Deutschland[g]	79,5	357	22.320[h]	2,4[h]	5,2[h]	2,7[h]	76	f	f
120	Norwegen	4,2	324	23.120	3,4	7,7	5,5	77	f	f
121	Schweden	8,6	450	23.660	1,9	8,0	7,4	78	f	f
122	Japan	123,5	378	25.430	4,1	7,7	1,5	79	f	f
123	Finnland	5,0	338	26.040	3,2	10,5	6,8	76	f	f
124	Schweiz	6,7	41	32.680	1,4	5,3	3,7	78	f	f
125	†Kuwait	2,1	18	..	−4,0	15,9	−2,7	74	33	27
Gesamte Welt		5.283,9s	133.342s	4.200w	1,5w	9,2w	14,7w	66w	45w	35w
Brennstoffexporteure ohne ehem. UdSSR		272,9s	12.387s	..	1,1w	14,5w	8,4w	58w	54w	44w

† Von den Vereinten Nationen als Entwicklungsländer eingestufte oder von den nationalen Behörden als solche betrachtete Länder. [a] Vgl. Technische Erläuterungen. [b] In allen Tabellen betreffen die BIP- und BSP-Angaben nur das Festland von Tansania. [c] In allen Tabellen betreffen die Angaben nur Jordanien ohne West-Bank. [d] Spiegelt allerjüngste Revisionen der Bevölkerungs-Schätzungen wider (die vorläufige Schätzung betrug 2.450 $). [e] Die Angaben beziehen sich auf das BIP. [f] Nach Angaben der UNESCO liegt die Analphabetenquote unter 5 Prozent. [g] In allen Tabellen betreffen die Daten das vereinigte Deutschland, sofern nichts anderes angegeben ist. [h] Die Angaben beziehen sich auf die Bundesrepublik Deutschland vor der Vereinigung.

Tabelle 2 Wachstum der Produktion

Durchschnittliche jährliche Wachstumsrate (%)

	BIP		Landwirtschaft		Industrie		Verarbeitendes Gewerbe[a]		Dienstleistungssektor usw.[b]	
	1965–80	1980–90	1965–80	1980–90	1965–80	1980–90	1965–80	1980–90	1965–80	1980–90
Länder mit niedrigem Einkommen	4,9 w	6,1 w	2,6 w	3,9 w	7,3 w	8,2 w	6,7 w	11,1 w	6,2 w	6,5 w
China und Indien	4,9 w	7,6 w	2,7 w	4,6 w	7,0 w	10,3 w	6,8 w	12,0 w	6,5 w	7,7 w
Übrige Länder	4,8 w	3,9 w	2,4 w	2,6 w	8,0 w	3,7 w	6,4 w	7,2 w	5,8 w	4,8 w
1 Mosambik	..	–0,7	..	1,3	..	–4,1	..	..	..	–3,2
2 Tansania	3,9	2,8	1,6	4,1	4,2	0,0	5,6	–0,4	10,8	1,3
3 Äthiopien	2,7	1,8	1,2	–0,1	3,5	2,9	5,1	3,1	5,2	3,7
4 Somalia	3,5	2,4	..	3,3	..	1,0	..	–1,7	..	0,9
5 Nepal	1,9	4,6	1,1	4,8	..	..	..	..	..	..
6 Tschad[c]	0,1	5,9	–0,3	2,7	–0,6	7,9	..	..	0,2	8,6
7 Bhutan	..	7,5	..	4,8	..	14,8	..	15,2	..	7,4
8 Laos, Dem. VR[c]	..	..	..	..	..	..	..	..	..	..
9 Malawi	5,5	2,9	4,1	2,0	6,4	3,0	..	3,6	6,7	3,5
10 Bangladesch[c]	1,7	4,3	0,6	2,6	1,5	4,9	2,8	2,8	3,6	5,8
11 Burundi	7,1	3,9	6,6	3,1	17,4	4,5	6,0	5,5	5,2	5,4
12 Zaire[c]	1,9	1,8	..	2,5	..	2,3	..	2,3	..	1,6
13 Uganda	0,6	2,8	1,2	2,5	–4,3	5,5	–3,7	5,2	1,1	3,3
14 Madagaskar[c]	1,6	1,1	..	2,4	..	1,2	..	..	..	0,3
15 Sierra Leone	2,7	1,5	3,9	2,6	–0,8	–1,5	0,7	–1,6	4,3	1,4
16 Mali[c]	4,2	4,0	2,8	2,3	1,8	6,8	..	..	7,6	5,6
17 Nigeria	6,0	1,4	1,7	3,3	13,1	–1,2	14,6	–1,0	5,9	2,7
18 Niger[c]	0,3	–1,3	–3,4	..	11,4	..	..	..	0,6	..
19 Ruanda[c]	4,9	1,0	..	–1,5	..	1,2	..	1,0	..	3,9
20 Burkina Faso	..	4,3	..	3,3	..	4,4	..	2,6	..	4,9
21 Indien	3,6	5,3	2,5	3,1	4,2	6,6	4,5	7,1	4,4	6,5
22 Benin[c]	2,1	2,8	..	3,6	..	4,8	..	5,8	..	1,8
23 China[c]	6,8	9,5	2,8	6,1	10,0	12,5	8,9[d]	14,4[d]	11,9	9,1
24 Haiti	2,9	–0,6	..	..	9,7	3,9	..	..	7,2	..
25 Kenia	6,8	4,2	5,0	3,3	9,7	3,9	10,5	4,9	7,2	4,9
26 Pakistan	5,2	6,3	3,3	4,3	6,4	7,3	5,7	7,7	5,9	6,9
27 Ghana[c]	1,3	3,0	1,6	1,0	1,4	3,3	2,5	4,0	1,1	5,7
28 Zentralafrikanische Rep.	2,8	1,5	2,1	2,7	5,3	3,0	..	..	2,9	0,0
29 Togo[c]	4,3	1,6	1,9	5,4	6,8	0,3	..	0,7	4,7	–0,2
30 Sambia[c]	2,0	0,8	2,2	3,7	2,1	0,7	5,3	3,5	1,8	0,2
31 Guinea[c]	..	..	..	..	..	..	..	..	..	..
32 Sri Lanka	4,0	4,0	2,7	2,3	4,7	4,6	3,2	6,3	4,6	4,7
33 Mauretanien	2,1	1,4	–2,0	0,7	2,2	4,9	..	..	6,5	0,8
34 Lesotho	6,8	3,1	..	–0,7	..	2,9	..	13,5	..	5,6
35 Indonesien[c]	7,0	5,5	4,3	3,2	11,9	5,6	12,0	12,5	7,3	6,7
36 Honduras	5,0	2,3	2,0	1,8	6,8	2,4	7,5	3,7	5,7	2,4
37 Ägypten, Arab. Rep.	7,3	5,0	2,7	2,5	6,9	4,3	..	..	13,7	6,7
38 *Afghanistan*	..	..	..	..	..	..	..	..	..	..
39 *Kambodscha*	..	..	..	..	..	..	..	..	..	..
40 *Liberia*	..	..	..	..	..	..	..	..	..	..
41 *Myanmar*	..	..	..	..	..	..	..	..	..	..
42 *Sudan*	3,8	..	2,9	..	3,1	..	..	..	4,9	..
43 *Vietnam*	..	..	..	..	..	..	..	..	..	..
Länder mit mittlerem Einkommen	6,3 w	2,5 w	3,4 w	2,4 w	6,7 w	2,3 w	..	3,5 w	7,4 w	2,6 w
Untere Einkommenskategorie	5,5 w	2,6 w	3,6 w	2,5 w	5,0 w	2,8 w	..	..	7,7 w	2,5 w
44 Bolivien[c]	4,4	–0,1	3,8	1,9	3,7	–1,7	5,4	–0,9	5,6	–0,4
45 Simbabwe	5,0	2,9	..	2,4	..	2,4	..	2,8	..	3,4
46 Senegal[c]	2,3	3,0	1,4	3,1	5,5	3,5	4,5	4,8	1,9	2,9
47 Philippinen[c]	5,7	0,9	3,9	1,0	7,7	–0,8	6,8	0,1	5,0	2,6
48 Côte d'Ivoire	6,8	0,5	3,3	1,0	10,4	0,3	..	..	11,8	–0,1
49 Dominikanische Rep.[c]	8,0	2,1	6,3	1,3	10,8	2,3	8,9	0,8	7,3	2,3
50 Papua-Neuguinea[c]	4,1	1,9	3,1	1,7	..	2,7	..	1,9	..	1,4
51 Guatemala	5,9	0,8	5,1	2,6	7,3	1,9	6,5	..	5,7	2,1
52 Marokko[c]	5,7	4,0	2,4	6,4	6,1	2,8	..	3,8	7,1	4,1
53 Kamerun[c]	5,1	2,3	4,2	1,6	7,8	3,1	7,0	10,2	4,8	2,1
54 Ecuador[c]	8,8	2,0	3,4	4,4	13,7	1,5	11,5	0,3	7,6	1,5
55 Syrien, Arab. Rep.[c]	9,1	2,1	5,9	–0,6	12,0	6,8	..	..	10,5	1,6
56 Kongo[c]	6,2	3,6	3,1	3,6	9,9	4,9	..	6,8	4,7	2,3
57 El Salvador[c]	4,3	0,9	3,6	–0,7	5,3	–0,6	4,6	..	4,1	1,7
58 Paraguay[c]	7,0	2,5	4,9	3,6	9,1	–0,5	7,0	5,3	7,4	3,4
59 Peru	3,9	–0,3	1,0	2,8	4,4	–1,2	3,8	–0,5	4,2	–0,4
60 Jordanien	..	..	..	..	..	..	..	..	..	..
61 Kolumbien	5,7	3,7	4,5	3,0	5,7	5,1	6,4	3,4	6,3	2,9
62 Thailand[c]	7,3	7,6	4,6	4,1	9,5	9,0	11,2	8,9	7,4	7,8
63 Tunesien	6,5	3,6	5,5	2,3	7,4	2,6	9,9	6,0	6,4	4,5
64 Jamaika[c]	1,4	1,6	0,5	0,8	–0,1	2,2	0,4	2,4	3,1	1,1
65 Türkei	6,2	5,1	3,2	3,0	7,2	6,2	7,5	7,2	7,6	5,2
66 Rumänien	..	1,2	..	0,1	..	0,7	..	..	..	2,4

Anmerkung: Zur Vergleichbarkeit der Daten und ihrer Abgrenzung vgl. Technische Erläuterungen. Kursive Zahlen gelten für andere als die angegebenen Jahre.

		BIP		Landwirtschaft		Industrie		Verarbeitendes Gewerbe[a]		Dienstleistungssektor usw.[b]	
		1965–80	1980–90	1965–80	1980–90	1965–80	1980–90	1965–80	1980–90	1965–80	1980–90
67	Polen[c]	..	1,8	..	..	..	..	..	..	..	..
68	Panama[c]	5,5	0,2	2,4	1,9	5,9	–3,4	4,7	–1,4	6,0	0,9
69	Costa Rica[c]	6,3	3,0	4,2	3,2	8,7	2,9	..	3,1	5,9	3,1
70	Chile[c]	1,9	3,2	1,6	4,2	0,8	3,4	0,6	3,5	2,7	2,9
71	Botsuana[c]	13,9	11,3	9,7	–4,0	24,0	13,0	13,5	5,3	11,5	11,9
72	Algerien[c]	..	3,1	..	4,3	..	2,9	..	3,0	..	2,9
73	Bulgarien	..	2,6	..	–2,9	..	4,6	..	..	..	1,3
74	Mauritius	5,2	6,0	..	2,6	..	9,2	..	10,8	..	5,1
75	Malaysia[c]	7,4	5,2	..	3,8	..	7,1	..	8,8	..	4,2
76	Argentinien[c]	3,4	–0,4	1,4	1,1	3,3	–1,1	..	..	4,1	–0,1
77	Iran, Islam. Rep.	6,1	2,5	4,5	4,0	2,2	3,4	9,9	0,3	13,5	1,1
78	Albanien	..	..	..	..	..	..	..	..	..	..
79	Angola	..	..	..	–0,5	..	12,6	..	–4,6	..	..
80	Libanon[c]	..	..	..	..	..	..	..	..	..	..
81	Mongolei	..	5,6	..	..	..	..	..	..	..	..
82	Namibia	..	0,4	..	–1,0	..	–2,0	..	1,4	..	3,0
83	Nicaragua[c]	2,5	–2,2	3,8	–2,6	4,2	–4,4	5,1	–4,3	1,0	–1,0
84	Jemen, Rep.[c]	..	..	..	..	..	..	..	..	..	..
Obere Einkommenskategorie		**7,0w**	**2,4w**	**3,2w**	**2,3w**	**7,8w**	**2,0w**	**8,9w**	**3,5w**	**7,4w**	**2,7w**
85	Mexiko[c]	6,5	1,0	3,2	0,4	7,6	1,0	7,4	1,4	6,5	1,1
86	Südafrika	3,7	1,3	3,0	2,6	3,0	0,0	5,6	–0,1	4,7	2,4
87	Venezuela[c]	3,7	1,0	3,9	3,1	1,5	1,5	5,8	4,2	5,8	0,5
88	Uruguay	2,4	0,3	1,0	0,0	2,9	–0,2	..	0,4	2,3	0,8
89	Brasilien	9,0	2,7	3,8	2,8	10,1	2,1	9,8	1,7	9,4	3,4
90	Ungarn[c]	5,7	1,3	2,7	1,6	6,4	–0,5	..	..	6,2	2,8
91	Jugoslawien	6,1	0,8	3,1	0,7	7,8	0,8	..	..	5,5	0,8
92	Tschechoslowakei[c]	..	1,4	..	0,3	..	2,1	..	..	..	1,4
93	Gabun[c]	9,5	2,3	..	..	..	..	..	..	..	..
94	Trinidad u.Tobago	4,8	–4,7	0,0	–6,0	5,0	–5,5	2,6	–3,0	5,3	–3,4
95	Portugal[c]	5,3	2,7	..	..	..	..	..	..	..	..
96	Korea, Rep.[c]	9,9	9,7	3,0	2,8	16,4	12,2	18,7	12,7	9,6	9,2
97	Griechenland	5,8	1,8	2,3	0,7	7,1	1,0	8,4	0,6	6,4	2,6
98	Saudi-Arabien[c]	10,6	–1,8	4,1	14,6	11,6	–4,4	8,1	8,8	9,8	–0,3
99	Irak	..	..	..	..	..	..	..	..	..	..
100	Libyen	4,2	..	10,7	..	1,2	..	13,7	..	15,5	..
101	Oman[c]	13,0	12,8	..	5,1	..	13,7	..	27,0	..	10,5
Länder mit niedr. u. mittl. Eink.		**5,9w**	**3,2w**	**2,9w**	**3,2w**	**6,8w**	**3,8w**	**8,0w**	**6,0w**	**7,1w**	**3,6w**
Afrika südlich der Sahara		4,2w	2,1w	2,0w	2,1w	7,2w	2,0w	..	3,1w	4,7w	2,5w
Ostasien u. Pazifik		7,3w	7,8w	3,2w	4,8w	10,8w	10,2w	10,3w	12,4w	8,9w	8,0w
Südasien		3,6w	5,2w	2,5w	3,0w	4,3w	6,5w	4,5w	6,8w	4,5w	6,3w
Europa		..	2,1w	..	1,0w	..	2,7w	..	..	..	2,7w
Naher Osten u. Nordafrika		6,7w	0,5w	4,3w	4,3w	6,3w	0,7w	..	3,4w	10,9w	1,9w
Lateinamerika u. Karibik		6,0w	1,6w	3,1w	1,9w	6,6w	1,2w	8,3w	1,7w	6,6w	1,7w
Übrige Länder		..	..	..	..	..	..	..	..	..	..
Länder mit gravierenden Schuldenproblemen		**6,3w**	**1,7w**	**3,3w**	**1,8w**	**6,6w**	**1,6w**	**8,4w**	**1,7w**	**6,8w**	**1,9w**
Länder mit hohem Einkommen		**3,7w**	**3,1w**	**..**	**1,7w**	**2,7w**	**..**	**3,2w**	**..**	**4,5w**	**..**
OECD-Mitglieder		3,7w	3,1w	..	1,7w	,8w	..	3,1w	3,3w	4,5w	..
†Übrige		..	2,3w	..	..	..	..	..	..	..	..
102	Irland	4,9	3,1	..	..	..	..	..	..	..	..
103	†Israel[c]	6,8	3,2	..	..	..	..	..	..	..	..
104	Spanien[c]	4,6	3,1	..	..	..	..	..	..	..	..
105	†Singapur[c]	10,0	6,4	2,8	–6,2	11,9	5,4	13,2	6,6	9,1	7,2
106	†Hongkong	8,6	7,1	..	..	..	..	..	..	..	..
107	Neuseeland[c]	2,4	1,9	..	4,7	..	1,7	..	1,3	..	1,6
108	Belgien[c]	3,9	2,0	..	2,0	..	1,9	..	2,8	..	1,6
109	Großbritannien	2,3	3,1	..	–3,1	..	1,3	..	4,8	..	3,0
110	Italien[c]	4,3	2,4	..	0,8	..	1,9	..	2,7	..	2,9
111	Australien[c]	4,0	3,4	..	3,2	..	3,2	..	1,9	..	3,7
112	Niederlande[c]	3,9	1,9	4,3[e]	3,6	2,3[e]	..	..	..	3,8[e]	1,8
113	Österreich[c]	4,3	2,1	2,2	1,0	4,4	1,7	4,6	2,2	4,3	2,1
114	Frankreich[c]	4,0	2,2	..	2,0	..	0,6	..	0,2	..	2,9
115	†Vereinigte Arab. Emirate	..	–4,5	..	9,3	..	–8,7	..	2,7	..	3,7
116	Kanada	4,8	3,4	0,7	0,2	3,5	3,2	3,8	3,4	6,4	3,5
117	Vereinigte Staaten[c]	2,7	3,4	1,0	..	1,7	..	2,6	..	3,3	..
118	Dänemark	2,8	2,4	0,9	2,6	1,9	3,3	3,2	1,5	3,0	2,0
119	Deutschland[c,f]	3,3	2,1	1,4	1,6	2,9	0,4	3,3	0,9	3,7	2,7
120	Norwegen	4,4	2,9	..	..	..	..	..	..	..	..
121	Schweden	2,7	2,2	..	1,1	..	2,8	..	2,7	..	1,4
122	Japan[c]	6,4	4,1	–0,6	1,3	7,1	4,5	7,8	5,3	6,8	3,8
123	Finnland	4,0	3,4	0,0	–0,7	4,3	3,0	4,9	3,3	4,7	3,4
124	Schweiz[c]	2,0	2,2	..	..	..	..	..	..	..	..
125	†Kuwait[c]	1,6	0,7	..	18,8	..	1,0	..	–0,2	..	0,6
Gesamte Welt		**4,0w**	**3,2w**	**1,7w**	**2,7w**	**..**	**..**	**..**	**..**	**..**	**..**
Brennstoffexporteure ohne ehem. UdSSR		**6,6w**	**0,8w**	**3,7w**	**4,3w**	**6,0w**	**–1,0w**	**8,3w**	**3,0w**	**9,6w**	**1,2w**

[a] Da das Verarbeitende Gewerbe im allgemeinen der dynamischste Bereich des Industriesektors ist, wird seine Wachstumsrate gesondert ausgewiesen.   [b] Dienstleistungssektor usw. einschließlich nicht aufgeschlüsselter Positionen.   [c] BIP und seine Komponenten zu Käuferpreisen.   [d] Schätzung der Weltbank.   [e] Die Angaben beziehen sich auf den Zeitraum 1970–80.   [f] Die Angaben beziehen sich auf die Bundesrepublik Deutschland vor der Vereinigung.

Tabelle 3 Produktionsstruktur

	BIP (in Mio $)		Verteilung des Bruttoinlandsprodukts (%)							
			Landwirtschaft		Industrie		Verarbeitendes Gewerbe[a]		Dienstleistungssektor usw.[b]	
	1965	1990	1965	1990	1965	1990	1965	1990	1965	1990
Länder mit niedrigem Einkommen	168.700s	915.520s	41w	31w	26w	36w	19w	27w	32w	35w
China und Indien	117.730s	619.450s	41w	29w	29w	36w	22w	30w	30w	35w
Übrige Länder	49.810s	307.040s	42w	30w	20w	34w	8w	..	38w	38w
1 Mosambik	..	1.320	..	65	..	15	..	7	..	21
2 Tansania	790	2.060	46	59	14	12	8	10	40	29
3 Äthiopien	1.180	5.490	58	41	14	17	7	11	28	42
4 Somalia	220	890	71	65	6	9	3	5	24	26
5 Nepal	730	2.890	65	60	11	14	3	5	23	26
6 Tschad[c]	290	1.100	42	38	15	17	12	14	43	45
7 Bhutan	..	280	..	43	..	27	..	10	..	29
8 Laos, Dem. VR[c]	..	870	..	..	..	..	..	..	..	..
9 Malawi	220	1.660	50	33	13	20	..	14	37	46
10 Bangladesch[c]	4.380	22.880	53	38	11	15	5	9	36	46
11 Burundi	150	1.000	..	56	..	15	..	10	..	29
12 Zaire[c]	4.040	7.540	20	30	32	33	..	13	48	36
13 Uganda	1.100	2.820	52	67	13	7	8	4	35	26
14 Madagaskar[c]	750	2.750	25	33	14	13	..	12	61	54
15 Sierra Leone	320	840	34	32	28	13	6	6	38	55
16 Mali[c]	260	2.450	65	46	9	13	5	8	25	41
17 Nigeria	5.380	34.760	55	36	12	38	5	7	33	25
18 Niger[c]	670	2.520	68	36	3	13	2	5	29	51
19 Ruanda[c]	150	2.130	75	38	7	22	2	15	18	40
20 Burkina Faso	350	3.060	37	32	24	24	11	14	39	44
21 Indien	50.530	254.540	44	31	22	29	16	19	34	40
22 Benin	220	1.810	59	37	8	15	..	7	33	48
23 China[c]	67.200	364.900	38	27	35	42	28[d]	38[d]	27	31
24 Haiti[c]	350	2.760	..	..	..	..	..	..	..	..
25 Kenia	920	7.540	35	28	18	21	11	11	47	51
26 Pakistan	5.450	35.500	40	26	20	25	14	17	40	49
27 Ghana[c]	2.050	6.270	44	48	19	16	10	9	38	37
28 Zentralafrikanische Rep.	140	1.220	46	42	16	17	4	..	38	41
29 Togo[c]	190	1.620	45	33	21	22	10	9	34	46
30 Sambia[c]	1.060	3.120	14	17	54	55	6	43	32	29
31 Guinea[c]	..	2.820	..	28	..	33	..	4	..	39
32 Sri Lanka	1.770	7.250	28	26	21	26	17	15	51	48
33 Mauretanien	160	950	32	26	36	29	4	..	32	44
34 Lesotho	50	340	65	24	5	30	1	14	30	46
35 Indonesien[c]	5.980	107.290	51	22	13	40	8	20	36	38
36 Honduras	460	2.360	40	23	19	24	12	16	41	53
37 Ägypten, Arab. Rep.	4.550	33.210	29	17	27	29	..	16	45	53
38 *Afghanistan*	970	..	..	..	..	..	..	..	..	..
39 *Kambodscha*	870	..	..	..	..	..	..	..	..	..
40 *Liberia*	270	..	27	..	40	..	3	..	34	..
41 *Myanmar*	..	..	..	..	..	..	..	..	..	..
42 *Sudan*	1.330	..	54	..	9	..	4	..	37	..
43 *Vietnam*	..	..	..	..	..	..	..	..	..	..
Länder mit mittlerem Einkommen	209.520s	2.437.660s	19w	12w	34w	37w	20w	..	46w	50w
Untere Einkommenskategorie	108.570s	930.020s	22w	17w	32w	31w	20w	..	44w	50w
44 Bolivien[c]	710	4.480	23	24	31	32	15	13	46	44
45 Simbabwe	960	5.310	18	13	35	40	20	26	47	47
46 Senegal[c]	810	5.840	25	21	18	18	14	13	56	61
47 Philippinen[c]	6.010	43.860	26	22	27	35	20	25	47	43
48 Côte d'Ivoire	760	7.610	47	47	19	27	11	..	33	26
49 Dominikanische Rep.[c]	890	7.310	23	17	22	27	16	13	55	56
50 Papua-Neuguinea[c]	340	3.270	42	29	18	31	..	12	41	40
51 Guatemala[c]	1.330	7.630	..	26	..	19	..	..	..	55
52 Marokko[c]	2.950	25.220	23	16	28	33	16	18	49	51
53 Kamerun[c]	810	11.130	33	27	20	28	10	13	47	46
54 Ecuador[c]	1.150	10.880	27	13	22	42	18	23	50	45
55 Syrien, Arab. Rep.[c]	1.470	14.730	29	28	22	22	..	7	49	50
56 Kongo[c]	200	2.870	19	13	19	39	..	7	62	48
57 El Salvador[c]	800	5.400	29	11	22	21	18	19	49	67
58 Paraguay[c]	440	5.260	37	28	19	23	16	23	45	49
59 Peru[c]	5.020	36.550	18	7	30	37	17	27	53	57
60 Jordanien	..	3.330	..	8	..	26	..	12	..	66
61 Kolumbien	5.910	41.120	27	17	27	32	19	21	47	51
62 Thailand[c]	4.390	80.170	32	12	23	39	14	26	45	48
63 Tunesien	880	11.080	22	16	24	32	9	17	54	52
64 Jamaika[c]	970	3.970	10	5	37	46	17	20	53	49
65 Türkei	7.660	96.500	34	18	25	33	16	24	41	49
66 Rumänien	..	34.730	..	18	..	48	..	..	..	34

Anmerkung: Zur Vergleichbarkeit der Daten und ihrer Abgrenzung vgl. Technische Erläuterungen. Kursive Zahlen gelten für andere als die angegebenen Jahre.

		BIP (in Mio $)		Verteilung des Bruttoinlandsprodukts (%)							
				Landwirtschaft		Industrie		Verarbeitendes Gewerbe[a]		Dienstleistungs- sektor usw.[b]	
		1965	1990	1965	1990	1965	1990	1965	1990	1965	1990
67	Polen[c]	..	63.590	..	14	..	36	..	..	..	50
68	Panama[c]	660	4.750	18	10	19	9	12	7	63	80
69	Costa Rica[c]	590	5.700	24	16	23	26	..	19	53	58
70	Chile[c]	5.880	27.790	9	..	40	..	24	..	52	..
71	Botsuana[c]	60	2.700	34	3	19	57	12	6	47	40
72	Algerien[c]	..	42.150	..	13	..	47	..	12	..	41
73	Bulgarien	..	19.910	..	18	..	52	..	..	..	31
74	Mauritius	190	2.090	16	12	23	33	14	24	61	55
75	Malaysia[c]	3.130	42.400	28	..	25	..	9	..	47	..
76	Argentinien[c]	19.410	93.260	17	13	42	41	33	..	42	45
77	Iran, Islam. Rep.	6.170	116.040	26	21	36	21	12	8	38	58
78	*Albanien*	..	..	..	..	..	..	..	..	..	..
79	*Angola*	..	7.700	..	13	..	44	..	4	..	43
80	Libanon[c]	1.150	..	12	..	21	..	..	..	67	..
81	*Mongolei*	..	..	..	17	..	34	..	..	..	49
82	*Namibia*	..	..	..	11	..	38	..	5	..	50
83	*Nicaragua*[c]	570	..	25	..	24	..	18	..	51	..
84	*Jemen, Rep.*[c]	..	6.690	..	20	..	28	..	8	..	47
	Obere Einkommenskategorie	103.960s	1.520.340s	16w	9w	36w	40w	19w	25w	47w	51w
85	Mexiko[c]	21.640	237.750	14	9	27	30	20	23	59	61
86	Südafrika	10.170	90.720	10	5	41	44	24	26	48	51
87	Venezuela[c]	9.930	48.270	6	6	40	50	..	20	55	45
88	Uruguay	1.810	8.220	18	11	35	34	..	28	47	55
89	Brasilien	19.470	414.060	19	10	33	39	26	26	48	51
90	Ungarn[c]	..	32.920	..	12	..	32	..	27	..	56
91	Jugoslawien	11.190	82.310	23	12	42	48	..	..	35	40
92	Tschechoslowakei[c]	..	44.450	..	8	..	56	..	..	..	36
93	Gabun[c]	230	4.720	26	9	34	49	7	7	40	42
94	Trinidad u. Tobago	690	4.750	8	3	48	48	..	13	44	49
95	Portugal[c]	3.740	56.820	..	..	..	..	..	..	..	..
96	Korea, Rep.[c]	3.000	236.400	38	9	25	45	18	31	37	46
97	Griechenland	5.270	57.900	24	17	26	27	16	14	49	56
98	Saudi-Arabien[c]	2.300	80.890	8	8	60	45	9	9	31	48
99	*Irak*	2.430	..	18	..	46	..	8	..	36	..
100	*Libyen*	1.500	..	5	..	63	..	3	..	33	..
101	Oman[c]	60	7.700	61	3	23	80	0	4	16	18
	Länder mit niedr. u. mittl. Eink.	382.780s	3.334.260s	29w	17w	30w	37w	20w	25w	40w	47w
	Afrika südlich der Sahara	27.020s	162.940s	40w	32w	20w	30w	7w	..	39w	40w
	Ostasien u. Pazifik	92.540s	821.230s	37w	21w	32w	45w	24w	34w	30w	36w
	Südasien	64.510s	345.640s	44w	33w	21w	26w	15w	17w	35w	41w
	Europa	..	489.240s	..	..	..	31w	..	..	..	..
	Naher Osten u. Nordafrika	27.960s	..	20w	..	38w	..	10w	..	40w	..
	Lateinamerika u. Karibik	102.480s	1.015.160s	16w	10w	33w	36w	23w	25w	50w	54w
	Übrige Länder	..	..	..	..	..	..	..	..	..	..
	Länder mit gravierenden Schuldenproblemen	97.440s	1.025.990s	16w	10w	34w	35w	23w	26w	49w	53w
	Länder mit hohem Einkommen	1.413.490s	16.316.290s	5w	..	43w	..	32w	..	54w	..
	OECD-Mitglieder	1.392.410s	15.993.410s	5w	..	43w	..	32w	..	54w	..
	†Übrige	..	..	..	..	..	..	..	..	..	..
102	Irland	2.690	42.500	..	..	..	..	..	..	..	..
103	†Israel[c]	3.590	53.200	..	..	..	..	..	..	..	..
104	Spanien[c]	24.020	491.240	..	..	..	..	..	..	..	..
105	†Singapur[c]	970	34.600	3	0	24	37	15	29	74	63
106	†Hongkong	2.150	59.670	2	0	40	26	24	18	58	73
107	Neuseeland[c]	5.640	42.760	..	9	..	27	..	19	..	65
108	Belgien[c]	16.600	192.390	..	2	..	31	..	23	..	67
109	Großbritannien	100.690	975.150	3	..	46	..	34	..	51	..
110	Italien[c]	66.880	1.090.750	..	4	..	33	..	23	..	63
111	Australien[c]	24.220	296.300	9	4	39	31	26	15	51	64
112	Niederlande[c]	19.890	279.150	..	4	..	31	..	20	..	65
113	Österreich[c]	9.480	157.380	9	3	46	37	33	27	45	60
114	Frankreich[c]	99.300	1.190.780	..	4	..	29	..	21	..	67
115	†Vereinigte Arab. Emirate	..	28.270	..	2	..	55	..	9	..	43
116	Kanada	52.870	570.150	6	..	40	..	26	..	54	..
117	Vereinigte Staaten[c]	701.380	5.392.200	3	..	38	..	28	..	59	..
118	Dänemark	10.180	130.960	9	5	36	28	23	19	55	67
119	Deutschland[c, e]	114.790	1.488.210	4	2	53	39	40	31	43	59
120	Norwegen	7.080	105.830	..	..	..	..	..	..	..	..
121	Schweden	21.980	228.110	..	3	..	35	..	24	..	62
122	Japan[c]	91.290	2.942.890	10	3	44	42	34	29	46	56
123	Finnland	8.320	137.250	16	6	37	36	23	23	47	58
124	Schweiz[c]	13.920	224.850	..	..	..	..	..	..	..	..
125	†Kuwait[c]	2.100	23.540	0	1	70	56	3	9	29	43
	Gesamte Welt	2.039.890s	22.298.850s	10w	..	41w	..	30w	..	51w	..
	Brennstoffexporteure ohne ehem. UdSSR	33.840s	..	20w	..	37w	..	..	..	42w	..

[a] Da das Verarbeitende Gewerbe im allgemeinen der dynamischste Bereich des Industriesektors ist, wird sein Anteil am BIP gesondert ausgewiesen. [b] Dienstleistungssektor usw. einschließlich nicht aufgeschlüsselter Positionen. [c] BIP und seine Komponenten zu Käuferpreisen. [d] Schätzung der Weltbank. [e] Die Angaben beziehen sich auf die Bundesrepublik Deutschland vor der Vereinigung.

Tabelle 4 Landwirtschaft und Nahrungsmittel

	Wertschöpfung in der Landwirtschaft (in Mio laufende $)		Getreideeinfuhr (in Tsd. metr. t)		Nahrungsmittelhilfe in Form von Getreide (in Tsd. metr. t)		Düngemittelverbrauch (in 100 g Pflanzennährstoffe je ha Anbaufläche)		Durchschnittlicher Indexwert der Nahrungsmittelproduktion pro Kopf (1979–81 = 100)
	1970	1990	1974	1990	1974/75	1989/90	1970/71	1989/90	1987–90
Länder mit niedrigem Einkommen	84.469 s	287.958 s	26.538 s	35.748 s	6.643 s	6.599 s	178 w	946 w	119 w
China und Indien	55.737 s	178.447 s	11.294 s	14.166 s	1.582 s	540 s	241 w	1.383 w	127 w
Übrige Länder	28.323 s	109.352 s	15.243 s	21.582 s	5.061 s	6.059 s	91 w	394 w	105 w
1 Mosambik	..	854	62	416	34	493	22	8	81
2 Tansania	483	1.444	431	73	148	22	31	93	88
3 Äthiopien	931	2.271	118	687	54	538	4	70	84
4 Somalia	170	585	42	194	111	90	27	26	94
5 Nepal	579	1.743	18	21	..	6	27	256	115
6 Tschad[a]	142	416	37	36	20	27	7	15	85
7 Bhutan	..	119	3	11	..	6	..	8	93
8 Laos, Dem. VR[a]	..	..	53	54	8	29	2	3	114
9 Malawi	119	554	17	115	0	175	52	227	83
10 Bangladesch[a]	3.650	8.721	1.866	1.726	2.076	1.134	157	993	96
11 Burundi	159	557	7	17	6	2	5	35	92
12 Zaire[a]	721	2.649	343	336	1	107	6	10	97
13 Uganda	929	1.880	36	7	..	35	14	1	95
14 Madagaskar[a]	243	906	114	183	7	31	61	36	88
15 Sierra Leone	108	265	72	146	10	37	17	3	89
16 Mali[a]	207	1.125	281	61	107	38	31	54	97
17 Nigeria	4.787	12.582	389	502	7	..	2	121	106
18 Niger[a]	420	744	155	86	73	35	1	8	71
19 Ruanda[a]	135	812	3	21	19	7	3	14	77
20 Burkina Faso	121	970	99	145	28	44	3	58	114
21 Indien	23.916	78.099	5.261	447	1.582	456	137	687	119
22 Benin[a]	..	..	8	126	9	13	36	18	112
23 China[a]	31.821	100.348	6.033	13.719	..	84	410	2.619	133
24 Haiti	..	..	83	236	25	179	4	41	94
25 Kenia	484	2.131	15	188	2	62	238	481	106
26 Pakistan	3.352	9.165	1.274	2.048	584	428	146	890	101
27 Ghana[a]	1.030	2.980	177	337	33	73	11	31	97
28 Zentralafrikanische Rep.	60	515	7	37	1	4	12	4	91
29 Togo[a]	85	533	6	111	11	11	3	83	88
30 Sambia[a]	191	521	93	100	5	3	73	166	103
31 Guinea[a]	..	776	63	210	49	25	44	11	87
32 Sri Lanka	627	1.910	951	996	271	231	555	1.015	87
33 Mauretanien	58	248	115	205	48	72	11	116	85
34 Lesotho	23	..	48	97	14	30	10	144	86
35 Indonesien[a]	4.340	23.368	1.919	1.828	301	39	133	1.166	123
36 Honduras	212	546	52	162	31	134	156	185	83
37 Ägypten, Arab. Rep.	1.942	5.771	3.877	8.580	610	1.210	1.312	4.043	118
38 *Afghanistan*	..	..	5	322	10	145	24	69	85
39 *Kambodscha*	..	..	223	20	226	11	11	..	165
40 *Liberia*	91	..	42	70	3	28	63	107	84
41 *Myanmar*	..	..	26	..	9	..	21	86	93
42 *Sudan*	757	..	125	586	46	335	28	39	71
43 *Vietnam*	..	..	1.854	204	64	72	513	841	127
Länder mit mittlerem Einkommen	49.480 s	290.333 s	39.283 s	77.607 s	1.284 s	4.483 s	363 w	693 w	102 w
Untere Einkommenskategorie	28.936 s	154.202 s	21.082 s	38.669 s	1.013 s	4.122 s	300 w	601 w	98 w
44 Bolivien[a]	202	1.069	209	147	22	93	7	23	109
45 Simbabwe	214	688	56	83	..	13	446	604	94
46 Senegal[a]	208	1.199	341	534	27	61	17	55	102
47 Philippinen[a]	1.975	9.686	817	2.545	89	59	287	674	84
48 Côte d'Ivoire	462	3.554	172	502	4	26	74	113	101
49 Dominikanische Rep.[a]	345	1.273	252	662	16	6	334	504	90
50 Papua-Neuguinea[a]	240	942	71	222	..	0	58	399	103
51 Guatemala[a]	..	1.978	138	383	9	155	298	728	91
52 Marokko	789	3.963	891	1.578	75	219	117	344	128
53 Kamerun[a]	364	2.964	81	398	4	..	34	41	89
54 Ecuador[a]	401	1.435	152	474	13	38	133	338	100
55 Syrien, Arab. Rep.[a]	435	4.091	339	2.091	47	22	68	454	80
56 Kongo[a]	49	380	34	94	2	7	525	32	94
57 El Salvador[a]	292	605	75	176	4	249	1.043	1.064	97
58 Paraguay[a]	191	1.462	71	2	10	3	98	89	116
59 Peru[a]	1.351	2.420	637	1.562	37	194	300	411	100
60 Jordanien	..	252	171	1.491	79	250	87	771	100
61 Kolumbien	1.806	6.876	502	880	28	7	287	902	104
62 Thailand[a]	1.837	9.948	97	387	..	95	59	365	106
63 Tunesien	245	1.807	307	1.439	59	479	76	232	87
64 Jamaika[a]	93	209	340	262	1	165	873	1.156	95
65 Türkei	3.383	17.485	1.276	3.177	16	13	157	645	97
66 Rumänien	..	6.255	1.381	1.137	..	..	565	1.332	92

Anmerkung: Zur Vergleichbarkeit der Daten und ihrer Abgrenzung vgl. Technische Erläuterungen. Kursive Zahlen gelten für andere als die angegebenen Jahre.

		Wertschöpfung in der Landwirtschaft (in Mio laufende $)		Getreideeinfuhr (in Tsd. metr. t)		Nahrungsmittelhilfe in Form von Getreide (in Tsd. metr. t)		Düngemittelverbrauch (in 100 g Pflanzennährstoffe je ha Anbaufläche)		Durchschnittlicher Indexwert der Nahrungsmittelproduktion pro Kopf (1979-81 = 100)
		1970	1990	1974	1990	1974/75	1989/90	1970/71	1989/90	1987-90
67	Polen	..	8.775	4.185	1.550	..	1.582	1.678	2.052	109
68	Panama[a]	149	482	63	125	3	1	387	541	90
69	Costa Rica	222	915	110	326	1	60	1.001	2.027	91
70	Chile[a]	557	..	1.737	247	323	4	322	800	113
71	Botsuana[a]	28	75	21	87	5	5	15	7	75
72	Algerien[a]	492	5.288	1.816	5.185	54	11	163	283	96
73	Bulgarien[a]	..	3.486	649	475	..	..	1.411	1.946	96
74	Mauritius	30	257	160	210	22	9	2.095	3.302	100
75	Malaysia[a]	1.198	..	1.023	2.582	1	1	436	1.572	147
76	Argentinien[a]	2.693	12.405	0	4	..	..	26	46	93
77	Iran, Islam. Rep.	2.120	24.484	2.076	6.250	..	22	60	797	104
78	Albanien	..	..	48	148	..	..	736	1.506	92
79	Angola	..	997	149	272	..	113	33	74	81
80	Libanon[a]	136	..	354	356	26	16	1.354	917	135
81	Mongolei[a]	..	..	28	57	..	..	22	124	86
82	Namibia	..	187	..	..	..	4	..	..	93
83	Nicaragua[a]	199	..	44	177	3	57	215	648	58
84	Jemen, Rep.[a]	..	1.376	306	2.001	33	..	1	11	..
	Obere Einkommenskategorie	21.267s	140.171s	18.200s	38.938s	271s	361s	459w	824w	109w
85	Mexiko[a]	4.462	21.074	2.881	7.648	..	341	232	728	102
86	Südafrika	1.292	4.594	127	876	..	..	422	575	87
87	Venezuela[a]	835	2.671	1.270	1.603	..	..	170	1.507	96
88	Uruguay	378	893	70	55	6	..	485	454	109
89	Brasilien	4.388	42.288	2.485	3.421	31	20	186	430	115
90	Ungarn[a]	1.010	4.091	408	503	..	..	1.497	2.463	113
91	Jugoslawien	2.212	9.641	992	1.407	..	..	770	1.155	95
92	Tschechoslowakei	..	3.979	1.296	205	..	..	2.404	3.213	119
93	Gabun[a]	60	431	24	57	..	..	..	27	84
94	Trinidad u. Tobago	40	124	208	295	..	..	880	275	87
95	Portugal[a]	..	..	1.861	1.725	..	..	326	727	106
96	Korea, Rep.[a]	2.311	21.364	2.679	9.087	234	..	2.450	4.250	106
97	Griechenland	1.569	8.234	1.341	588	..	..	861	1.752	103
98	Saudi-Arabien[a]	219	6.150	482	5.273	..	..	54	4.008	189
99	Irak	579	..	870	2.834	..	..	34	395	92
100	Libyen	93	..	612	2.290	..	..	62	367	78
101	Oman	40	..	52	338	..	..	..	1.108	..
	Länder mit niedr. u. mittl. Eink.	135.849s	575.864s	65.820s	113.355s	7.928s	11.083s	256w	833w	115w
	Afrika südlich der Sahara	13.167s	51.410s	4.209s	7.838s	910s	2.677s	33w	89w	94w
	Ostasien u. Pazifik	44.838s	176.368s	14.948s	30.955s	923s	391s	364w	1.903w	127w
	Südasien	32.980s	112.436s	9.404s	5.274s	4.522s	2.264s	135w	689w	116w
	Europa	..s	59.446s	13.564s	11.030s	16s	1.595s	878w	1.424w	102w
	Naher Osten u. Nordafrika	7.248s	58.699s	11.879s	38.083s	993s	2.373s	138w	646w	101w
	Lateinamerika u. Karibik	19.843s	104.716s	13.312s	21.698s	563s	1.783s	201w	468w	106w
	Übrige Länder	..	..	10.484s	35.922s	..	..	464w	1.102w	113w
	Länder mit gravierenden Schuldenproblemen	19.194s	106.991s	15.765s	26.512s	288s	2.610s	321w	549w	106w
	Länder mit hohem Einkommen	77.501s	..	73.739s	73.797s	53s	..	1.022w	1.218w	100w
	OECD-Mitglieder	76.637s	..	68.356s	62.607s	..	..	1.017w	1.206w	101w
	†Übrige	..	..	5.383s	11.190s	53s	..	2.192w	4.019w	80w
102	Irland	559	..	640	367	..	..	3.067	7.225	109
103	†Israel[a]	295	..	1.176	1.802	53	..	1.401	2.425	95
104	Spanien[a]	..	18.537	4.675	3.020	..	..	593	1.009	112
105	†Singapur[a]	44	97	682	737	..	..	2.500	5.600	69
106	†Hongkong	62	181	657	754	..	..	..	..	80
107	Neuseeland[a]	913	..	92	279	..	..	7.745	6.558	102
108	Belgien[a]	..	3.136	4.585[b]	4.597[b]	..	..	5.648	5.018	108
109	Großbritannien	2.981	10.735	7.540	3.084	..	..	2.631	3.502	105
110	Italien[a]	8.387	30.542	8.101	6.699	..	..	896	1.507	94
111	Australien[a]	2.277	..	2	41	..	..	232	226	95
112	Niederlande[a]	1.850	9.940	7.199	6.899	..	..	7.493	6.424	111
113	Österreich[a]	992	3.915	164	92	..	..	2.426	2.008	106
114	Frankreich[a]	..	33.598	654	922	..	..	2.435	3.192	103
115	†Vereinigte Arab. Emirate	..	481	132	576	..	..	..	1.615	..
116	Kanada	3.224	..	1.513	840	..	..	191	472	108
117	Vereinigte Staaten[a]	27.856	..	460	2.217	..	..	816	985	92
118	Dänemark	882	4.367	462	140	..	..	2.234	2.503	126
119	Deutschland[a]	5.951[d]	19.207[d]	9.985	5.389	..	..	3.844	3.705	112[d]
120	Norwegen	624	2.551	713	379	..	..	2.443	2.420	100
121	Schweden	..	5.426	300	116	..	..	1.646	1.271	99
122	Japan[c]	12.467	74.085	19.557	27.008	..	..	3.547	4.179	101
123	Finnland	1.205	6.436	222	46	..	..	1.822	2.102	105
124	Schweiz	..	..	1.458	450	..	..	3.831	4.262	101
125	†Kuwait[a]	8	238	101	427	..	..	..	2.000	..
	Gesamte Welt	239.431s	..	150.043s	223.074s	7.981s	11.083s	493w	974w	112w
	Brennstoffexporteure ohne ehem. UdSSR	9.646s	57.828s	8.163s	25.709s	63s	153s	49w	448w	104w

[a] Wertschöpfung in der Landwirtschaft zu Käuferpreisen. [b] Einschließlich Luxemburg. [c] Die Wertschöpfung in der Landwirtschaft bezieht sich auf die inländische Nettoproduktion zu Faktorkosten. [d] Die Angaben beziehen sich auf die Bundesrepublik Deutschland vor der Vereinigung.

Tabelle 5 Kommerzielle Energie

	Durchschnittliche jährliche Zuwachsrate (%)				Energieverbrauch pro Kopf (in kg Öleinheiten)		Energieeinfuhr in % der Warenausfuhr	
	Energieproduktion		Energieverbrauch					
	1965–80	1980–90	1965–80	1980–90	1965	1990	1965	1990
Länder mit niedrigem Einkommen	**10,0**w	**4,7**w	**8,2**w	**5,5**w	**124**w	**339**w	**7,0**w	**4,0**w
China und Indien	9,1w	5,8w	8,8w	5,7w	146w	440w	8,0w	3,0w
Übrige Länder	12,2w	1,7w	5,7w	4,3w	76w	153w	7,0w	6,0w
1 Mosambik	19,8	–43,2	2,2	2,4	81	85	13,0	2,0
2 Tansania	7,3	3,2	3,7	2,0	37	38	..	4,0
3 Äthiopien	7,5	5,5	4,1	3,5	10	20	8,0	25,0
4 Somalia	..	..	16,7	2,0	11	64	9,0	8,0
5 Nepal	18,4	10,7	6,2	9,2	6	25	..	2,0
6 Tschad	..	..	6,6	0,3	12	17	23,0	6,0
7 Bhutan	..	..	..	..	..	13	..	..
8 Laos, Dem.VR	..	0,5	4,2	1,8	24	39	..	..
9 Malawi	18,2	4,4	8,0	1,0	25	41	7,0	17,0
10 Bangladesch	..	12,1	..	7,9	..	57	..	4,0
11 Burundi	..	7,2	6,0	7,3	5	21	11,0	1,0
12 Zaire	9,4	3,1	3,6	1,7	75	71	6,0	4,0
13 Uganda	–0,5	3,3	–0,5	4,7	36	27	1,0	0,0
14 Madagaskar	3,9	7,4	3,5	1,8	34	40	8,0	2,0
15 Sierra Leone	..	..	0,8	–0,1	109	77	11,0	4,0
16 Mali	38,6	6,6	7,0	2,1	14	24	16,0	2,0
17 Nigeria	17,3	0,2	12,9	4,8	34	138	7,0	4,0
18 Niger	..	11,3	12,5	2,3	8	40	9,0	2,0
19 Ruanda	8,8	4,4	15,2	3,1	8	41	10,0	2,0
20 Burkina Faso	..	..	10,5	1,1	7	17	11,0	2,0
21 Indien	5,6	7,0	5,8	5,9	100	231	8,0	24,0
22 Benin	..	8,1	9,9	3,8	21	46	14,0	6,0
23 China	10,0	5,5	9,8	5,6	178	598	..	3,0
24 Haiti	..	5,9	8,4	2,0	23	53	..	2,0
25 Kenia	13,1	6,8	4,5	1,1	110	100	20,0	4,0
26 Pakistan	6,5	6,5	3,5	6,5	135	233	7,0	21,0
27 Ghana	17,7	–5,1	7,8	–4,1	76	68	6,0	4,0
28 Zentralafrikanische Rep.	6,7	2,6	2,2	3,5	22	30	7,0	2,0
29 Togo	2,9	..	10,7	0,7	27	51	6,0	12,0
30 Sambia	25,7	1,7	4,0	1,1	464	379	..	..
31 Guinea	16,5	4,0	2,3	1,5	64	73	..	4,0
32 Sri Lanka	10,4	8,7	2,2	5,1	106	179	6,0	5,0
33 Mauretanien	..	..	9,5	0,2	48	114	2,0	18,0
34 Lesotho	..	..	..	..	0	0	a	a
35 Indonesien	9,9	1,0	8,4	4,1	91	272	3,0	6,0
36 Honduras	14,0	4,7	7,6	2,1	111	198	5,0	3,0
37 Ägypten, Arab.Rep.	10,7	4,8	6,2	5,0	313	598	11,0	10,0
38 *Afghanistan*	15,7	2,4	6,6	8,3	30	90	8,0	1,0
39 *Kambodscha*	..	4,9	7,6	2,5	19	59	..	..
40 Liberia	14,6	1,8	7,9	–4,1	179	169	6,0	2,0
41 *Myanmar*	8,4	4,4	4,9	4,8	39	82	4,0	4,0
42 *Sudan*	17,8	2,1	2,0	0,7	67	58	5,0	3,0
43 *Vietnam*	5,3	2,5	–2,6	2,6	97	100	..	1,0
Länder mit mittlerem Einkommen	**5,1**w	**1,9**w	**6,1**w	**3,6**w	**712**w	**1.357**w	**8,0**w	**14,0**w
Untere Einkommenskategorie	4,9w	4,7w	6,0w	3,6w	579w	1.025w	7,0w	23,0w
44 Bolivien	9,5	0,5	7,7	–0,4	156	257	1,0	2,0
45 Simbabwe	–0,7	3,8	5,2	1,2	441	525	..	0,0
46 Senegal	..	..	–1,2	–0,5	342	156	8,0	10,0
47 Philippinen	9,0	7,5	5,8	2,3	158	215	12,0	17,0
48 Côte d'Ivoire	11,1	–0,1	8,6	2,7	101	173	5,0	2,0
49 Dominikanische Rep.	10,9	4,4	11,5	2,4	127	336	7,0	13,0
50 Papua-Neuguinea	13,7	5,9	13,0	2,4	56	233	7,0	..
51 Guatemala	12,5	4,9	6,8	0,6	150	171	9,0	6,0
52 Marokko	2,5	1,1	7,9	2,9	124	247	5,0	25,0
53 Kamerun	13,0	11,9	6,3	4,5	67	147	6,0	2,0
54 Ecuador	35,0	2,7	11,9	4,4	162	678	11,0	3,0
55 Syrien, Arab.Rep.	56,3	6,8	12,4	4,0	212	913	13,0	3,0
56 Kongo	41,1	7,5	7,8	3,4	90	213	8,0	0,0
57 El Salvador	9,0	3,8	7,0	2,3	140	233	6,0	13,0
58 Paraguay	..	13,5	9,7	5,1	84	232	14,0	26,0
59 Peru	6,6	–1,5	5,0	1,5	395	509	3,0	9,0
60 Jordanien	..	..	9,3	5,8	393	994	42,0	49,0
61 Kolumbien	1,0	11,2	6,0	3,3	412	811	1,0	4,0
62 Thailand	9,0	26,2	10,1	7,2	82	352	11,0	10,0
63 Tunesien	20,4	0,1	8,5	4,6	170	520	12,0	14,0
64 Jamaika	–0,9	4,4	6,1	–1,5	703	931	12,0	24,0
65 Türkei	4,3	8,5	8,5	6,9	257	857	12,0	28,0
66 Rumänien	4,3	0,5	6,6	1,3	1.536	3.623	..	..

Anmerkung: Zur Vergleichbarkeit der Daten und ihrer Abgrenzung vgl. Technische Erläuterungen. Kursive Zahlen gelten für andere als die angegebenen Jahre.

| | | Durchschnittliche jährliche Zuwachsrate (%) | | | | Energieverbrauch pro Kopf (in kg Öleinheiten) | | Energieeinfuhr in % der Warenausfuhr | |
| | | Energieproduktion | | Energieverbrauch | | | | | |
		1965–80	1980–90	1965–80	1980–90	1965	1990	1965	1990
67	Polen	4,0	1,1	4,8	1,2	2.027	3.416	..	..
68	Panama	6,9	10,3	–1,2	0,0	3.065	1.694	61,0	54,0
69	Costa Rica	8,2	6,6	8,8	3,8	267	622	8,0	5,0
70	Chile	1,8	3,1	3,0	2,9	652	887	5,0	9,0
71	Botsuana	8,8	2,6	9,5	3,1	191	425	a	a
72	Algerien	5,3	5,9	11,9	17,8	226	1.956	0,0	2,0
73	Bulgarien	1,3	3,1	6,1	1,7	1.788	4.945	..	..
74	Mauritius	2,1	8,5	7,2	3,5	160	394	6,0	1,0
75	Malaysia	36,9	14,4	6,7	7,8	313	974	11,0	4,0
76	Argentinien	4,5	3,3	4,3	3,5	975	1.801	8,0	5,0
77	Iran, Islam. Rep.	3,6	5,8	8,9	4,5	524	1.026	0,0	3,0
78	*Albanien*	9,4	1,7	7,1	3,1	420	1.152	..	..
79	*Angola*	19,9	12,5	5,3	2,5	114	203	2,0	1,0
80	*Libanon*	2,0	–1,5	2,0	4,1	713	968	50,0	7,0
81	*Mongolei*	10,3	3,0	9,6	3,1	461	1.277	..	..
82	*Namibia*	..	..	..	..	..	..	a	a
83	*Nicaragua*	2,6	2,6	6,5	2,9	172	261	6,0	6,0
84	*Jemen, Rep.*	..	..	21,0	23,8	6	234	..	10,0
	Obere Einkommenskategorie	**5,1**w	**0,4**w	**6,1**w	**3,6**w	**884**w	**1.818**w	**8,0**w	**12,0**w
85	Mexiko	9,7	1,3	7,9	1,2	605	1.300	4,0	4,0
86	Südafrika	5,1	4,3	4,3	3,1	1.744	2.447	10,0a	1,0a
87	Venezuela	–3,1	0,2	4,6	2,1	2.319	2.582	0,0	2,0
88	Uruguay	4,7	7,9	1,3	0,5	765	821	13,0	12,0
89	Brasilien	8,6	7,9	9,9	4,9	286	915	14,0	14,0
90	Ungarn	0,8	1,1	3,8	1,4	1.825	3.211	12,0	11,0
91	Jugoslawien	3,5	3,5	6,0	3,8	898	2.409	7,0	21,0
92	Tschechoslowakei	1,0	0,5	3,2	0,8	3.374	5.081	..	..
93	Gabun	13,7	3,6	14,7	2,5	153	1.158	3,0	0,0
94	Trinidad u. Tobago	3,8	–3,3	3,6	1,4	4.492	5.940	59,0	5,0
95	Portugal	3,6	3,1	6,5	2,8	506	1.507	13,0	16,0
96	Korea, Rep.	4,1	10,4	12,1	8,1	238	1.898	18,0	12,0
97	Griechenland	10,5	6,4	8,5	2,7	615	2.092	29,0	14,0
98	Saudi-Arabien	11,5	–4,2	7,2	9,3	1.759	5.033	0,0	0,0
99	Irak	6,2	7,5	7,4	5,3	399	774	0,0	0,0
100	Libyen	0,6	–1,7	18,2	7,1	222	3.399	2,0	2,0
101	Oman	16,0	8,9	30,5	10,7	14	2.648	..	1,0
	Länder mit niedr. u. mittl. Eink.	**6,2**w	**2,8**w	**6,8**w	**4,3**w	**277**w	**605**w	**8,0**w	**10,0**w
	Afrika südlich der Sahara	15,5w	2,8w	5,3w	2,6w	74w	103w	7,0w	28,0w
	Ostasien u. Pazifik	10,0w	5,4w	9,4w	5,7w	164w	553w	10,0w	8,0w
	Südasien	5,8w	7,0w	5,7w	6,0w	90w	205w	7,0w	..
	Europa	3,3w	1,7w	5,2w	2,0w	1.372w	2.677w	12,0w	19,0w
	Naher Osten u. Nordafrika	7,1w	0,6w	8,4w	7,8w	355w	1.102w	3,0w	20,0w
	Lateinamerika u. Karibik	1,9w	2,5w	6,2w	2,7w	579w	1.057w	8,0w	5,0w
	Übrige Länder	4,9w	2,9w	4,6w	2,8w	2.470w	4.828w	..	..
	Länder mit gravierenden Schuldenproblemen	**2,8**w	**2,5**w	**6,5**w	**3,3**w	**714**w	**1.368**w	**5,0**w	**6,0**w
	Länder mit hohem Einkommen	**2,3**w	**1,7**w	**3,1**w	**1,4**w	**3.566**w	**5.158**w	**11,0**w	**10,0**w
	OECD-Mitglieder	2,2w	1,8w	3,0w	1,5w	3.649w	5.179w	11,0w	10,0w
	†Übrige	3,2w	1,6w	7,0w	–0,4w	1.208w	4.292w	7,0w	10,0w
102	Irland	0,1	2,7	3,9	0,5	1.504	2.653	14,0	5,0
103	†Israel	–15,2	–8,9	4,4	2,3	1.574	2.050	13,0	10,0
104	Spanien	3,6	2,8	6,5	1,5	901	2.201	31,0	19,0
105	†Singapur	..	..	5,7	5,8	2.214	5.685	17,0	15,0
106	†Hongkong	..	..	7,5	3,9	584	1.717	6,0	6,0
107	Neuseeland	4,7	6,4	3,6	5,4	2.622	4.971	7,0	6,0
108	Belgien	..	..	..	..	..	2.807	..	..
109	Großbritannien	3,6	0,7	0,9	0,8	3.483	3.646	13,0	7,0
110	Italien	1,3	0,8	3,7	0,9	1.564	2.754	16,0	13,0
111	Australien	10,5	6,0	5,0	2,2	3.287	5.041	10,0	6,0
112	Niederlande	15,4	–3,5	5,0	1,3	3.134	5.123	12,0	10,0
113	Österreich	0,8	–0,2	4,0	1,5	2.060	3.503	10,0	7,0
114	Frankreich	–0,9	6,9	3,7	1,1	2.468	3.845	16,0	10,0
115	†Vereinigte Arab. Emirate	14,7	4,0	36,6	13,9	126	10.874	..	1,0
116	Kanada	5,7	3,5	4,5	2,1	6.007	10.009	7,0	5,0
117	Vereinigte Staaten	1,1	0,8	2,3	1,5	6.535	7.822	8,0	16,0
118	Dänemark	2,6	38,2	2,3	–0,1	2.911	3.618	13,0	7,0
119	Deutschlandb	–0,1	0,0	3,0	0,3	2.478	3.491	8,0	6,0
120	Norwegen	12,4	7,6	4,1	1,9	4.650	9.083	11,0	3,0
121	Schweden	4,9	4,5	2,5	1,7	4.162	6.347	12,0	7,0
122	Japan	–0,4	4,2	6,1	2,1	1.474	3.563	19,0	16,0
123	Finnland	3,8	4,8	5,1	3,0	2.233	5.650	11,0	10,0
124	Schweiz	3,7	1,1	3,1	1,5	2.501	3.902	8,0	4,0
125	†Kuwait	–1,6	1,6	–0,1	5,0	16.781	6.414	0,0	0,0
	Gesamte Welt	**4,1**w	**2,4**w	**4,1**w	**2,5**w	**1.114**w	**1.567**w	**10,0**w	**10,0**w
	Brennstoffexporteure ohne ehem. UdSSR	**6,0**w	**0,7**w	**7,9**w	**7,1**w	**439**w	**1.171**w	**3,0**w	**5,0**w

[a] Angaben für die südafrikanische Zollunion, der Südafrika, Namibia, Lesotho, Botsuana und Swasiland angehören, sind in den Zahlen für Südafrika enthalten; der Handel zwischen diesen Teilgebieten ist nicht enthalten. [b] Die Angaben beziehen sich auf die Bundesrepublik Deutschland vor der Vereinigung.

Tabelle 6 Struktur des Verarbeitenden Gewerbes

	Wertschöpfung im Verarbeitenden Gewerbe (in Mio $ zu laufenden Preisen)		Verteilung der Wertschöpfung im Verarbeitenden Gewerbe (in % und jeweiligen Preisen)									
			Nahrungsmittel, Getränke und Tabak		Textilien und Bekleidung		Maschinenbau, Elektrotechnik, Fahrzeuge		Chemische Erzeugnisse		Übriges Verarbeitendes Gewerbe[a]	
	1970	1989	1970	1989	1970	1989	1970	1989	1970	1989	1970	1989
Länder mit niedrigem Einkommen	43.345 s	243.089 s										
China und Indien	35.483 s	190.090 s										
Übrige Länder	7.264 s	..										
1 Mosambik	..	..	51	..	13	..	5	..	3	..	28	..
2 Tansania	118	212	36	..	28	..	5	..	4	..	26	..
3 Äthiopien	149	594	46	48	31	19	0	2	2	4	21	28
4 Somalia	27	47	88	..	6	..	0	..	1	..	6	..
5 Nepal	32	151	..	*35*	..	*25*	..	*2*	..	*8*	..	*30*
6 Tschad[b]	51	178										
7 Bhutan	..	19										
8 Laos, Dem.VR[b]	..	..	..	..	..	..	..	..	..	..	..	..
9 Malawi	..	182	51	..	17	..	3	..	10	..	20	..
10 Bangladesch[b]	527	1.730	30	23	47	36	3	5	11	18	10	18
11 Burundi	16	102	*53*	..	*25*	..	*0*	..	*6*	..	*16*	..
12 Zaire[b]	..	986	38	..	16	..	7	..	10	..	29	..
13 Uganda	158	123	40	..	20	..	2	..	4	..	34	..
14 Madagaskar[b]	..	..	36	..	28	..	6	..	7	..	23	..
15 Sierra Leone	22	60	..	..	..	..	..	..	..	..	..	..
16 Mali[b]	25	153	36	..	40	..	4	..	5	..	14	..
17 Nigeria	426	2.365	36	..	26	..	1	..	6	..	31	..
18 Niger[b]	30	124	..	..	..	..	..	..	..	..	..	..
19 Ruanda[b]	8	320	86	..	0	..	3	..	2	..	8	..
20 Burkina Faso	65	360	69	..	9	..	2	..	1	..	19	..
21 Indien	7.928	44.445	13	11	21	12	20	26	14	17	32	33
22 Benin[b]	..	..	..	..	..	..	..	..	..	..	..	..
23 China[b]	27.555 c	145.646 c	..	*12*	..	*14*	..	*26*	..	*12*	..	*36*
24 Haiti[b]	..	..	..	..	..	..	..	..	..	..	..	..
25 Kenia	174	832	33	41	9	10	16	11	9	9	33	29
26 Pakistan	1.462	5.923	24	*30*	38	*19*	6	*8*	9	*16*	23	*27*
27 Ghana[b]	252	525	34	..	16	..	4	..	4	..	41	..
28 Zentralafrikanische Rep.	12	..	..	..	..	..	..	..	..	..	..	..
29 Togo[b]	25	114	..	..	..	..	..	..	..	..	..	..
30 Sambia[b]	181	1.588	49	40	9	13	5	8	10	11	27	28
31 Guinea[b]	..	108										
32 Sri Lanka	369	969	26	*52*	19	*20*	10	*2*	11	*3*	33	*23*
33 Mauretanien	10	..	..	..	..	..	..	..	..	..	..	..
34 Lesotho	3	*49*	..	..	..	..	..	..	..	..	..	..
35 Indonesien[b]	994	17.272	65	..	14	..	2	..	6	..	13	..
36 Honduras	91	461	58	49	10	7	1	3	4	5	28	36
37 Ägypten, Arab. Rep.	..	..	17	31	35	16	9	9	12	8	27	35
38 *Afghanistan*	..	..	..	..	..	..	..	..	..	..	..	..
39 *Kambodscha*	..	..	..	..	..	..	..	..	..	..	..	..
40 *Liberia*	15	..	..	..	..	..	..	..	..	..	..	..
41 *Myanmar*	..	..	..	..	..	..	..	..	..	..	..	..
42 *Sudan*	140	..	39	..	34	..	3	..	5	..	19	..
43 *Vietnam*	..	..	..	..	..	..	..	..	..	..	..	..
Länder mit mittlerem Einkommen	67.652 s	573.015 s										
Untere Einkommenskategorie	28.385 s	..										
44 Bolivien[b]	135	585	33	37	34	8	1	1	6	6	26	47
45 Simbabwe	293	1.384	24	31	16	16	9	10	11	11	40	32
46 Senegal[b]	141	609	51	..	19	..	2	..	6	..	22	..
47 Philippinen[b]	1.665	10.728	39	41	8	8	8	9	13	10	32	32
48 Côte d'Ivoire	149	..	27	..	16	..	10	..	5	..	42	..
49 Dominikanische Rep.[b]	275	925	74	..	5	..	1	..	6	..	14	..
50 Papua-Neuguinea[b]	35	392	23	..	1	..	35	..	4	..	37	..
51 Guatemala[b]	..	..	42	43	14	9	4	3	12	16	27	28
52 Marokko[b]	641	3.932	..	..	..	..	..	..	..	..	..	..
53 Kamerun[b]	119	1.447	50	..	15	..	4	..	3	..	27	..
54 Ecuador[b]	305	2.298	43	33	14	13	3	7	8	9	32	39
55 Syrien, Arab. Rep.[b]	..	..	37	32	40	22	3	5	2	5	20	36
56 Kongo[b]	..	173	65	..	4	..	1	..	8	..	22	..
57 El Salvador[b]	194	1.042	40	..	30	..	3	..	8	..	18	..
58 Paraguay[b]	99	933	56	..	16	..	1	..	5	..	21	..
59 Peru[b]	1.430	7.730	25	*28*	14	*14*	7	*11*	7	*9*	47	*38*
60 Jordanien	..	443	21	*22*	14	*4*	7	*2*	6	*11*	52	*61*
61 Kolumbien	1.487	8.177	31	32	20	15	8	10	11	13	29	30
62 Thailand[b]	1.130	17.635	43	*29*	13	*18*	9	*13*	6	*7*	29	*33*
63 Tunesien	121	1.460	29	17	18	21	4	5	13	9	36	49
64 Jamaika[b]	221	783	46	..	7	..	11	..	5	..	30	..
65 Türkei	1.930	18.030	26	17	15	15	8	14	7	14	45	41
66 Rumänien	..	..	..	14	..	21	..	23	..	4	..	38

Anmerkung: Zur Vergleichbarkeit der Daten und ihrer Abgrenzung vgl. Technische Erläuterungen. Kursive Zahlen gelten für andere als die angegebenen Jahre.

		Wertschöpfung im Verarbeitenden Gewerbe (in Mio $ zu laufenden Preisen)		Verteilung der Wertschöpfung im Verarbeitenden Gewerbe (in % und jeweiligen Preisen)									
				Nahrungsmittel, Getränke und Tabak		Textilien und Bekleidung		Maschinenbau, Elektrotechnik, Fahrzeuge		Chemische Erzeugnisse		Übriges Verarbeitendes Gewerbe[a]	
		1970	1989	1970	1989	1970	1989	1970	1989	1970	1989	1970	1989
67	Polen[b]	..	..	20	16	19	16	24	27	8	6	28	35
68	Panama[b]	127	352	41	54	9	6	1	2	5	8	44	30
69	Costa Rica[b]	203	1.065	48	45	12	8	6	7	7	9	28	31
70	Chile[b]	2.088	..	17	24	12	7	11	4	5	8	55	57
71	Botsuana[b]	5	155	..	..	..	..	..	..	..	..	..	..
72	Algerien[b]	682	4.598	32	20	20	17	9	13	4	3	35	47
73	Bulgarien	..	..	..	..	..	..	..	..	..	..	..	..
74	Mauritius	26	417	75	23	6	51	5	3	3	5	12	18
75	Malaysia[b]	500	..	26	18	3	7	8	23	9	14	54	39
76	Argentinien[b]	5.523	..	18	20	17	10	17	13	8	12	40	44
77	Iran, Islam. Rep.	1.501	10.209	30	23	20	19	18	12	6	7	26	37
78	Albanien	..	..	..	..	..	..	..	..	..	..	..	..
79	Angola	..	308	..	..	..	..	..	..	..	..	..	..
80	Libanon[b]	..	..	27	..	19	..	1	..	3	..	49	..
81	Mongolei	..	..	..	..	..	..	..	..	..	..	..	..
82	Namibia	..	80	..	..	..	..	..	..	..	..	..	..
83	Nicaragua[b]	159	..	53	..	14	..	2	..	8	..	23	..
84	Jemen, Rep.[b]	..	601	20	..	50	..	..	..	1	..	28	..
	Obere Einkommenskategorie	39.180 s	382.108 s										
85	Mexiko[b]	8.449	51.138	28	20	15	11	13	14	11	14	34	42
86	Südafrika	3.892	19.937	15	13	13	8	17	18	10	11	45	49
87	Venezuela[b]	2.163	9.064	30	19	13	6	9	7	8	10	39	57
88	Uruguay	619	2.202	34	32	21	18	7	9	6	10	32	31
89	Brasilien	10.421	120.845	16	12	13	12	22	24	10	12	39	40
90	Ungarn[b]	..	8.724	12	10	13	9	28	29	8	13	39	40
91	Jugoslawien	..	..	10	16	15	19	23	24	7	8	45	31
92	Tschechoslowakei[b]	..	..	9	9	12	11	34	34	6	7	39	38
93	Gabun[b]	22	279	37	..	7	..	6	..	6	..	44	..
94	Trinidad u. Tobago	198	540	18	46	3	4	7	8	2	3	70	39
95	Portugal[b]	..	..	18	17	19	20	13	14	10	10	39	39
96	Korea, Rep.[b]	1.880	66.215	26	17	17	14	11	30	11	9	36	36
97	Griechenland	1.642	8.291	20	22	20	24	13	10	11	7	36	36
98	Saudi-Arabien[b]	372	7.292	..	..	..	..	..	..	..	..	40	36
99	Irak	325	..	26	..	14	..	7	..	3	..	50	..
100	Libyen	81	..	64	..	5	..	0	..	12	..	20	..
101	Oman[b]	0	319	..	..	..	..	..	..	..	..	..	..
	Länder mit niedr. u. mittl. Eink.	112.550 s	815.003 s										
	Afrika südlich der Sahara	3.013 s	..										
	Ostasien u. Pazifik	34.582 s	274.680 s										
	Südasien	10.545 s	54.788 s										
	Europa	..	..										
	Naher Osten u. Nordafrika	4.813 s	38.858 s										
	Lateinamerika u. Karibik	35.817 s	258.271 s										
	Übrige Länder	..	..										
	Länder mit gravierenden Schuldenproblemen	35.199 s	272.336 s										
	Länder mit hohem Einkommen	635.108 s	..										
	OECD-Mitglieder	627.996 s	..										
	†Übrige												
102	Irland	786	..	31	28	19	4	13	30	7	15	30	24
103	†Israel[b]	..	..	15	16	14	8	23	28	7	10	41	38
104	Spanien[b]	..	102.313	13	17	15	8	16	25	11	11	45	39
105	†Singapur[b]	379	8.463	12	5	5	4	28	53	4	11	51	28
106	†Hongkong	1.013	11.034	4	6	41	38	16	22	2	2	36	32
107	Neuseeland[b]	1.809	7.845	24	26	13	9	15	14	4	6	43	45
108	Belgien[b]	..	35.612	17	20	12	7	22	23	9	14	40	37
109	Großbritannien	35.489	..	13	12	9	5	31	32	10	12	37	38
110	Italien[b]	29.093	200.937	10	8	13	13	24	33	13	10	40	36
111	Australien[b]	9.551	44.505	16	18	9	7	24	20	7	8	43	47
112	Niederlande[b]	8.652	45.135	17	19	8	3	27	25	13	13	36	39
113	Österreich[b]	4.873	33.748	17	15	12	7	19	26	6	7	45	44
114	Frankreich[b]	..	204.445	12	13	10	7	26	31	8	9	44	41
115	†Vereinigte Arab. Emirate	..	2.507	..	..	..	..	..	..	..	..	..	..
116	Kanada	16.711	..	16	13	8	5	23	25	7	10	46	46
117	Vereinigte Staaten[b]	254.115	..	12	12	8	5	31	32	10	11	39	40
118	Dänemark	2.929	16.741	20	22	8	5	24	22	8	11	40	40
119	Deutschland[b, d]	70.888	369.689	13	9	8	4	32	41	9	13	38	33
120	Norwegen	2.416	13.064	15	20	7	2	23	22	7	8	49	47
121	Schweden	..	39.815	10	9	6	2	30	34	5	8	49	46
122	Japan[b]	73.339	829.238	8	9	8	5	34	39	11	10	40	37
123	Finnland	2.588	23.477	13	12	10	4	20	22	6	8	51	54
124	Schweiz[b]	..	..	10	..	7	..	31	..	9	..	42	..
125	†Kuwait[b]	..	120	2.032	5	..	4	..	1	..	4	..	86	..
	Gesamte Welt	848.690 s	..										
	Brennstoffexporteure ohne ehem. UdSSR	6.004 s	41.523 s										

[a] Einschließlich nichtzurechenbarer Daten; vgl. Technische Erläuterungen. [b] Wertschöpfung im Verarbeitenden Gewerbe zu Käuferpreisen. [c] Schätzung der Weltbank. [d] Die Angaben beziehen sich auf die Bundesrepublik Deutschland vor der Vereinigung.

Tabelle 7 Einkommen und Produktion im Verarbeitenden Gewerbe

| | Einkommen je Beschäftigten | | | | | Gesamteinkommen in % der Wertschöpfung | | | | Bruttoproduktion je Beschäftigten (1980=100) | | | |
| | Zuwachsrate | | Index (1980=100) | | | | | | | | | | |
	1970–80	1980–89	1987	1988	1989	1970	1987	1988	1989	1970	1987	1988	1989
Länder mit niedrigem Einkommen													
China und Indien													
Übrige Länder													
1 Mosambik	..	..	..	..	..	29	..	..	..	..	..	..	..
2 Tansania	..	−12,7	..	..	..	42	..	..	..	122	..	..	..
3 Äthiopien	−4,6	0,1	106	102	94	24	20	20	19	61	115	115	116
4 Somalia	−5,1	..	..	..	..	28	..	..	..	..	..	..	..
5 Nepal	..	..	..	..	..	..	25	26	..	..	..	..	..
6 Tschad	..	..	..	..	..	..	..	..	..	..	..	..	..
7 Bhutan	..	..	..	..	..	..	..	..	..	..	..	..	..
8 Laos, Dem. VR	..	..	..	..	..	..	..	..	..	..	..	..	..
9 Malawi	..	−0,8	..	..	..	37	..	..	..	126	..	..	..
10 Bangladesch	−3,0	0,9	101	100	100	26	32	30	31	151	112	117	120
11 Burundi	−7,5	..	..	..	..	..	..	..	..	..	..	..	..
12 Zaire	..	..	..	..	..	..	..	..	..	..	..	..	..
13 Uganda	..	..	..	..	..	..	..	..	..	..	..	..	..
14 Madagaskar	−0,8	−8,3	..	..	..	36	..	..	..	106	..	..	..
15 Sierra Leone	..	..	..	..	..	..	..	..	..	..	..	..	..
16 Mali	..	..	..	..	..	46	..	..	..	..	..	..	..
17 Nigeria	−0,8	..	..	..	..	18	..	..	..	105	..	..	..
18 Niger	..	0,4	68	..	..	..	7	6	..	..	..	..	..
19 Ruanda	..	..	..	..	..	22	10	..	..	..	..	..	..
20 Burkina Faso	..	..	..	..	..	..	..	..	..	..	..	..	..
21 Indien	0,4	3,0	123	124	127	47	49	48	48	83	166	171	169
22 Benin	..	..	..	..	..	..	..	..	..	..	..	..	..
23 China	..	4,2	..	..	..	..	..	..	..	..	..	..	..
24 Haiti	−3,3	4,6	153	157	..	..	..	..	..	..	..	..	..
25 Kenia	−3,4	0,1	102	104	104	50	44	44	44	42	186	193	203
26 Pakistan	3,4	6,1	152	155	..	21	21	21	..	51	157	164	..
27 Ghana	..	7,8	170	..	..	23	..	..	..	193	..	..	..
28 Zentralafrikanische Rep.	..	..	..	..	..	..	..	..	..	..	..	..	..
29 Togo	..	..	..	..	..	..	..	..	..	..	..	..	..
30 Sambia	−3,2	6,5	170	172	150	34	27	27	27	109	117	128	93
31 Guinea	..	..	..	..	..	..	..	..	..	..	..	..	..
32 Sri Lanka	..	2,1	106	106	..	..	17	17	..	70	130	137	..
33 Mauretanien	..	..	..	..	..	..	..	..	..	..	..	..	..
34 Lesotho	..	..	..	..	..	..	..	..	..	..	..	..	..
35 Indonesien	5,0	5,9	..	..	..	26	..	..	..	42	..	..	..
36 Honduras	..	1,5	..	..	..	..	41	40	38	..	..	..	..
37 Ägypten, Arab. Rep.	4,1	−2,1	99	94	90	54	52	37	35	89	194	205	223
38 *Afghanistan*	..	..	..	..	..	..	..	..	..	..	..	..	..
39 *Kambodscha*	..	..	..	..	..	..	..	..	..	..	..	..	..
40 *Liberia*	..	1,7	..	..	..	..	..	..	..	..	..	..	..
41 *Myanmar*	..	..	..	..	..	..	..	..	..	..	..	..	..
42 *Sudan*	..	..	..	..	..	31	..	..	..	..	..	..	..
43 *Vietnam*	..	..	..	..	..	..	..	..	..	..	..	..	..
Länder mit mittlerem Einkommen													
Untere Einkommenskategorie													
44 Bolivien	0,0	−4,8	64	64	69	43	26	27	27	65	44	41	59
45 Simbabwe	1,6	0,0	101	106	110	43	38	37	37	98	134	140	139
46 Senegal	−4,9	..	..	..	..	..	44	..	..	..	..	..	..
47 Philippinen	−3,7	6,4	145	168	182	21	26	26	25	104	110	123	139
48 Côte d'Ivoire	−0,9	..	..	..	..	27	..	..	..	52	..	..	..
49 Dominikanische Rep.	−1,1	−4,4	..	..	..	35	..	..	..	63	..	..	..
50 Papua-Neuguinea	2,9	−1,9	..	..	..	40	..	..	..	..	..	..	..
51 Guatemala	−3,2	−1,9	89	89	100	..	19	19	20	..	..	..	..
52 Marokko	..	−3,6	80	..	..	..	..	..	..	..	95	87	..
53 Kamerun	3,2	..	..	..	..	30	..	..	..	80	..	..	..
54 Ecuador	3,3	−0,2	98	95	108	27	38	33	36	83	113	114	103
55 Syrien, Arab. Rep.	2,6	−5,6	70	64	66	33	32	27	21	70	217	277	336
56 Kongo	..	..	..	..	..	34	..	..	..	..	..	..	..
57 El Salvador	2,4	−9,4	..	..	..	28	..	..	..	71	..	..	..
58 Paraguay	..	..	..	..	..	..	..	..	..	..	..	..	..
59 Peru	..	−3,0	95	..	..	..	18	..	..	82	70	..	..
60 Jordanien	..	−1,0	99	101	..	37	25	23	..	..	..	..	..
61 Kolumbien	−0,2	1,7	116	114	114	25	17	15	15	86	146	148	154
62 Thailand	1,0	6,5	..	..	..	25	24	24	24	68	135	..	..
63 Tunesien	4,2	..	..	..	..	44	..	..	..	95	..	..	..
64 Jamaika	−0,2	−0,8	104	101	..	43	..	..	..	99	81	78	..
65 Türkei	6,1	−3,1	86	80	82	26	17	15	15	108	169	167	184
66 Rumänien	..	..	..	..	..	..	..	..	..	..	..	..	..

Anmerkung: Zur Vergleichbarkeit der Daten und ihrer Abgrenzung vgl. Technische Erläuterungen. Kursive Zahlen gelten für andere als die angegebenen Jahre.

| | | Einkommen je Beschäftigten | | | | Gesamteinkommen in % der Wertschöpfung | | | | Bruttoproduktion je Beschäftigten (1980=100) | | | |
| | | Zuwachsrate | | Index (1980=100) | | | | | | | | | |
		1970–80	1980–89	1987	1988	1989	1970	1987	1988	1989	1970	1987	1988	1989
67	Polen	..	..	..	..	..	24	22	23	..	..	..	..	..
68	Panama	0,2	2,1	124	123	125	32	32	37	38	67	88	81	79
69	Costa Rica	..	..	..	..	..	41	33	31	..	..	..	..	..
70	Chile	8,1	–1,0	99	105	111	19	17	17	17	60	..	..	..
71	Botsuana	2,6	–5,7	..	..	..	..	..	..	..	..	..	..	..
72	Algerien	–1,0	..	..	..	..	45	..	..	..	120	..	..	..
73	Bulgarien	..	..	..	..	..	..	..	..	..	..	..	..	..
74	Mauritius	1,8	–0,6	93	98	97	34	43	45	45	139	69	69	71
75	Malaysia	2,0	3,2	10	126	132	29	29	27	28	96	..	..	..
76	Argentinien	–2,1	–0,8	99	94	75	28	22	20	16	78	60	56	54
77	Iran, Islam. Rep.	..	–8,2	47	..	..	25	47	..	..	84	81	..	..
78	*Albanien*	..	..	..	..	..	..	..	..	..	..	..	..	..
79	*Angola*	..	..	..	..	..	..	..	..	..	..	..	..	..
80	*Libanon*	..	..	..	..	..	..	..	..	..	..	..	..	..
81	*Mongolei*	..	..	..	..	..	..	..	..	..	..	..	..	..
82	*Namibia*	..	..	..	..	..	..	..	..	..	..	..	..	..
83	*Nicaragua*	..	–10,0	..	..	..	16	..	..	..	210	..	..	..
84	*Jemen, Rep.*	..	..	..	..	..	..	..	..	..	..	..	..	..
Obere Einkommenskategorie														
85	Mexiko	1,2	–3,9	74	73	76	44	20	20	20	77	112	113	128
86	Südafrika	2,7	0,0	101	100	104	46	49	49	48	..	..	..	..
87	Venezuela	3,8	–2,9	102	98	77	31	25	28	21	118	132	139	121
88	Uruguay	..	0,8	116	112	111	..	26	26	26	..	110	109	110
89	Brasilien	4,0	7,1	166	161	164	22	21	20	21	71	119	123	125
90	Ungarn	3,6	2,6	112	125	127	28	33	39	36	41	112	105	103
91	Jugoslawien	1,3	–0,7	93	88	102	39	30	26	26	59	89	97	75
92	Tschechoslowakei	..	..	..	..	..	49	41	40	39	..	..	..	..
93	Gabun	..	..	..	..	..	..	..	..	..	..	..	..	..
94	Trinidad u. Tobago	..	–0,7	..	..	..	..	72	70	..	..	..	..	..
95	Portugal	2,5	0,3	100	102	103	34	36	36	36	..	..	..	..
96	Korea, Rep.	10,0	6,3	145	161	163	25	27	28	28	40	166	185	187
97	Griechenland	4,9	–0,5	95	98	100	32	39	39	39	56	104	108	110
98	Saudi-Arabien	..	..	..	..	..	..	..	..	..	..	..	..	..
99	*Irak*	..	..	..	..	..	36	25	..	..	..	..	..	..
100	*Libyen*	..	..	..	..	..	37	..	..	..	45	..	..	..
101	*Oman*	..	..	..	..	..	..	..	..	..	..	..	..	..
Länder mit niedr. u. mittl. Eink.														
Afrika südlich der Sahara														
Ostasien u. Pazifik														
Südasien														
Europa														
Naher Osten u. Nordafrika														
Lateinamerika u. Karibik														
Übrige Länder														
Länder mit gravierenden Schuldenproblemen														
Länder mit hohem Einkommen														
OECD-Mitglieder														
†Übrige														
102	Irland	4,1	1,8	108	111	..	49	31	29	..	..	..	..	..
103	†Israel	8,8	–3,4	93	95	73	36	63	62	38	..	..	..	..
104	Spanien	4,4	0,8	101	106	110	52	37	38	38	..	112	..	..
105	†Singapur	3,0	5,0	146	148	164	36	29	28	30	73	121	122	130
106	†Hongkong	6,4	4,4	135	137	137	..	57	56	56	..	..	..	..
107	Neuseeland	1,1	–0,5	95	94	96	62	58	55	57	..	136	140	..
108	Belgien	4,6	–0,1	99	104	..	46	46	46	..	..	122	130	..
109	Großbritannien	1,7	2,8	119	123	125	52	41	40	40	93	135	..	..
110	Italien	4,1	1,1	103	109	112	41	41	41	41	50	130	139	145
111	Australien	2,9	0,0	103	103	101	53	47	47	45	..	120	121	121
112	Niederlande	2,5	0,8	104	106	106	52	47	47	46	68	107	110	..
113	Österreich	3,4	1,9	113	114	120	47	56	54	54	65	114	117	124
114	Frankreich	..	2,0	112	117	121	..	64	63	63	72	109	116	122
115	†Vereinigte Arab. Emirate	..	..	..	..	..	..	..	..	..	..	..	..	..
116	Kanada	1,8	0,1	101	101	101	53	44	43	43	69	112	..	..
117	Vereinigte Staaten	0,1	0,9	107	107	106	47	37	36	35	63	125	..	108
118	Dänemark	2,5	0,6	103	105	104	56	53	52	51	64	98	103	113
119	Deutschland[a]	3,5	1,8	110	113	114	46	43	42	60	60	103	107	113
120	Norwegen	2,6	1,6	109	110	110	50	59	56	54	74	116	118	127
121	Schweden	0,4	0,9	102	103	107	52	35	34	34	..	119	125	130
122	Japan	3,1	2,0	113	117	120	32	35	34	33	48	110	120	129
123	Finnland	2,6	2,7	118	122	126	47	46	44	43	73	127	132	142
124	Schweiz	..	..	..	..	..	..	..	..	..	..	..	..	..
125	†Kuwait	..	3,8	..	..	..	12	..	..	..	..	..	..	..
Gesamte Welt														
Brennstoffexporteure ohne ehem. UdSSR														

[a] Die Angaben beziehen sich auf die Bundesrepublik Deutschland vor der Vereinigung.

Tabelle 8 Wachstum von Verbrauch und Investitionen

	\multicolumn{6}{c}{Durchschnittliche jährliche Wachstumsrate (%)}
	Öffentlicher Verbrauch		Privater Verbrauch usw.		Bruttoinlands- investitionen	
	1965–80	1980–90	1965–80	1980–90	1965–80	1980–90
Länder mit niedrigem Einkommen	5,8 w	6,4 w	4,2 w	4,6 w	7,6 w	7,4 w
China und Indien	5,3 w	8,5 w	4,2 w	6,0 w	7,0 w	10,1 w
Übrige Länder	6,5 w	3,3 w	4,3 w	2,5 w	8,8 w	1,3 w
1 Mosambik	..	–0,9	..	0,8	..	1,8
2 Tansania	a	*8,4*	4,5	*3,3*	6,2	*0,3*
3 Äthiopien	6,4	..	3,0	..	–0,1	..
4 Somalia	12,7	7,0	2,7	*1,4*	12,1	–2,6
5 Nepal	..	..	..	..	..	..
6 Tschad						
7 Bhutan	..	..	..	..	..	..
8 Laos, Dem. VR	..	..	..	..	..	..
9 Malawi	5,7	6,2	3,5	2,2	9,0	–2,4
10 Bangladesch	a	a	2,0	3,7	0,0	–0,6
11 Burundi	7,3	4,4	7,6	4,0	9,0	3,2
12 Zaire	0,7	*0,3*	1,4	2,8	6,6	–1,7
13 Uganda	a	..	1,4	..	–5,7	..
14 Madagaskar	2,0	0,9	1,2	–0,9	1,5	4,8
15 Sierra Leone	a	–0,1	4,1	–0,3	–1,0	–1,0
16 Mali	1,9	2,8	5,3	2,7	1,8	9,8
17 Nigeria	13,9	–3,6	6,2	–3,3	14,7	–10,2
18 Niger	2,9	*1,8*	–1,4	–0,9	6,3	–6,0
19 Ruanda	6,2	6,3	4,6	0,1	9,0	1,7
20 Burkina Faso	8,7	7,1	2,8	2,4	8,5	10,3
21 Indien	4,7	7,8	3,1	5,3	4,3	5,0
22 Benin	0,7	0,1	2,7	0,2	10,4	–4,4
23 China	6,2	9,5	6,0	6,8	10,7	13,7
24 Haiti	1,9	*–1,4*	2,4	0,3	14,8	–3,4
25 Kenia	10,6	2,6	5,4	5,3	7,2	0,6
26 Pakistan	4,7	10,3	4,5	4,7	2,4	5,7
27 Ghana	3,8	–0,9	1,2	3,6	–1,3	7,7
28 Zentralafrikanische Rep.	–1,1	–3,6	4,8	2,3	–5,4	6,6
29 Togo	9,5	2,2	1,2	5,1	9,0	–1,9
30 Sambia	5,1	–4,1	–2,7	7,8	–3,6	–3,6
31 Guinea	..	..	..	..	..	..
32 Sri Lanka	1,1	*8,3*	4,1	4,0	11,5	0,4
33 Mauretanien	10,0	–4,7	1,3	3,7	19,2	–5,4
34 Lesotho	12,4	2,2	9,9	1,7	17,8	5,6
35 Indonesien	11,4	4,6	5,2	4,5	16,1	7,1
36 Honduras	6,9	4,3	4,8	2,4	6,8	–0,7
37 Ägypten, Arab. Rep.	a	2,2	6,7	3,4	11,3	0,2
38 *Afghanistan*	..	..	..	..	..	..
39 *Kambodscha*	..	..	..	..	..	..
40 *Liberia*	3,4	..	3,2	..	6,4	..
41 *Myanmar*	..	..	..	..	..	..
42 *Sudan*	0,2	..	4,4	..	6,4	..
43 *Vietnam*	..	..	..	..	..	..
Länder mit mittlerem Einkommen	7,4 w	2,5 w	5,9 w	2,6 w	8,6 w	–0,1 w
Untere Einkommenskategorie	9,3 w	0,7 w	4,7 w	3,0 w	8,1 w	–0,4 w
44 Bolivien	8,2	–1,9	3,1	2,3	4,4	–10,7
45 Simbabwe	10,6	8,9	5,1	2,6	0,9	–0,8
46 Senegal	2,9	3,2	2,0	2,3	3,9	2,8
47 Philippinen	7,7	0,4	5,2	2,4	7,6	–2,5
48 Côte d'Ivoire	13,2	–3,7	6,6	2,5	10,7	–11,6
49 Dominikanische Rep.	0,2	1,7	8,3	0,8	13,5	4,3
50 Papua-Neuguinea	0,1	–0,3	5,3	1,0	1,4	–1,7
51 Guatemala	6,2	2,6	5,1	0,9	7,4	–2,1
52 Marokko	10,9	5,8	*5,2*	3,4	*10,6*	2,6
53 Kamerun	5,0	6,9	4,1	2,8	9,9	–3,5
54 Ecuador	12,2	–1,5	7,2	2,0	9,5	–2,9
55 Syrien, Arab. Rep.	..	–2,2	..	3,9	..	–6,8
56 Kongo	5,5	3,8	2,2	3,1	4,5	–11,7
57 El Salvador	7,0	2,7	4,2	0,5	6,6	2,2
58 Paraguay	5,1	0,9	6,6	1,9	13,9	–1,4
59 Peru	6,3	–2,3	4,9	0,9	0,3	–5,0
60 Jordanien	..	..	..	..	..	..
61 Kolumbien	6,7	4,1	5,8	2,9	5,8	0,6
62 Thailand	9,5	4,3	6,4	6,5	8,0	8,7
63 Tunesien	7,2	3,8	8,9	3,7	4,6	–3,1
64 Jamaika	9,7	*0,1*	2,9	1,4	–3,1	4,1
65 Türkei	6,1	3,1	5,4	5,9	8,8	3,8
66 Rumänien	..	..	..	..	..	–1,2

Anmerkung: Zur Vergleichbarkeit der Daten und ihrer Abgrenzung vgl. Technische Erläuterungen. Kursive Zahlen gelten für andere als die angegebenen Jahre.

		Durchschnittliche jährliche Wachstumsrate (%)					
		Öffentlicher Verbrauch		Privater Verbrauch usw.		Bruttoinlands- investitionen	
		1965–80	1980–90	1965–80	1980–90	1965–80	1980–90
67	Polen	..	1,0	..	1,3	..	1,0
68	Panama	7,4	0,5	4,6	1,4	5,9	−12,8
69	Costa Rica	6,8	1,2	5,1	3,2	9,4	5,2
70	Chile	4,0	−0,1	0,9	1,7	0,5	4,3
71	Botsuana	12,0	12,5	10,2	6,8	21,0	0,4
72	Algerien	8,6	3,7	4,4	2,5	15,9	−1,2
73	Bulgarien		3,5		3,5		1,8
74	Mauritius	7,1	3,1	6,1	5,7	8,3	10,0
75	Malaysia	8,5	2,7	6,2	4,2	10,4	2,9
76	Argentinien	3,2	−4,0	2,9	−0,3	4,6	−8,3
77	Iran, Islam. Rep.	14,6	−4,3	5,4	5,5	11,5	−2,0
78	*Albanien*	..	..	..	..	..	..
79	*Angola*	..	..	..	..	..	..
80	*Libanon*	..	..	..	..	..	..
81	*Mongolei*	..	..	..	..	..	..
82	*Namibia*	..	4,3	..	1,1	..	−7,0
83	*Nicaragua*	6,1	1,9	2,2	−1,9	..	−4,5
84	*Jemen, Rep.*	..	..	..	..	..	..
Obere Einkommenskategorie		**5,9w**	**4,1w**	**7,1w**	**2,3w**	**9,0w**	**0,2w**
85	Mexiko	8,5	1,9	5,9	1,1	8,5	−3,4
86	Südafrika	5,7	3,4	4,0	1,7	4,7	−4,3
87	Venezuela	..	2,1	..	1,4	..	−5,4
88	Uruguay	3,2	1,9	0,9	1,0	8,2	−8,2
89	Brasilien	6,8	8,8	8,7	1,7	11,3	0,2
90	Ungarn	..	2,1	..	0,8	9,1	−0,8
91	Jugoslawien	3,6	0,3	10,1	−1,1	6,5	−3,3
92	Tschechoslowakei	..	2,6	..	1,8	..	0,1
93	Gabun	10,7	3,3	7,5	−0,2	14,1	−7,5
94	Trinidad u. Tobago	8,9	1,5	4,2	−8,0	12,1	−7,5
95	Portugal	8,1	2,5	6,6	5,0	4,6	−2,7
96	Korea, Rep.	7,7	6,0	8,0	8,0	15,9	12,5
97	Griechenland	6,6	2,8	5,1	3,4	5,3	−1,9
98	Saudi-Arabien	..	..	..	..	..	..
99	*Irak*	..	..	..	..	..	..
100	*Libyen*	19,7	..	19,1	..	7,3	..
101	*Oman*	..	..	..	..	..	..
Länder mit niedr. u. mittl. Eink.		**7,0w**	**3,5w**	**5,4w**	**3,2w**	**8,3w**	**2,3w**
Afrika südlich der Sahara		6,8w	1,0w	4,2w	0,8w	8,7w	−4,3w
Ostasien u. Pazifik		7,5w	6,2w	6,2w	6,1w	11,1w	10,6w
Südasien		4,6w	8,5w	3,1w	5,1w	4,1w	4,6w
Europa		..	1,8w	..	2,7w	..	−0,1w
Naher Osten u. Nordafrika		..	..	..	..	..	..
Lateinamerika u. Karibik		6,5w	4,2w	5,9w	1,2w	8,2w	−2,0w
Übrige Länder		..	..	..	..	..	..
Länder mit gravierenden Schuldenproblemen		**7,2w**	**3,9w**	**6,2w**	**1,4w**	**9,3w**	**−1,8w**
Länder mit hohem Einkommen		**2,9w**	**2,5w**	**4,0w**	**3,1w**	**3,3w**	**4,2w**
OECD-Mitglieder		2,8w	2,5w	4,0w	3,1w	3,2w	4,3w
†Übrige		..	0,6w	..	3,7w	..	−0,7w
102	Irland	6,6	−0,4	4,0	1,8	6,3	−0,5
103	†Israel	8,8	0,4	5,9	5,0	5,9	1,7
104	Spanien	5,1	5,1	4,9	3,0	3,6	5,7
105	†Singapur	10,2	6,6	7,8	5,9	13,3	3,6
106	†Hongkong	7,7	5,3	9,0	6,8	8,6	3,6
107	Neuseeland	3,3	1,3	2,4	2,3	0,8	4,4
108	Belgien	4,4	0,4	4,3	1,7	3,0	3,3
109	Großbritannien	2,3	1,1	2,2	4,0	1,2	6,4
110	Italien	3,3	2,7	4,8	3,0	3,2	2,0
111	Australien	5,0	3,4	4,1	3,5	2,7	3,0
112	Niederlande	3,1	1,0	4,5	1,6	1,6	2,3
113	Österreich	3,6	1,3	4,4	2,4	4,5	2,8
114	Frankreich	3,6	2,2	4,1	2,4	3,3	2,6
115	†Vereinigte Arab. Emirate	..	−3,9	..	−5,0	..	−8,7
116	Kanada	4,8	..	5,0	3,6	4,7	4,9
117	Vereinigte Staaten	1,3	3,3	3,3	3,4	2,1	4,4
118	Dänemark	4,8	0,9	2,4	1,9	1,2	3,7
119	Deutschland[b]	3,6	1,4	4,1	1,9	1,8	2,4
120	Norwegen	5,5	3,0	3,8	1,6	4,4	0,6
121	Schweden	4,0	1,5	2,5	2,1	0,9	4,2
122	Japan	5,3	2,4	6,2	3,7	6,9	5,7
123	Finnland	5,3	3,6	3,8	4,6	2,9	3,3
124	Schweiz	2,7	2,9	2,3	1,7	0,8	4,9
125	†*Kuwait*	a	0,5	5,9	0,7	11,9	−5,1
Gesamte Welt		**3,2w**	**2,6w**	**4,2w**	**3,2w**	**4,0w**	**3,8w**
Brennstoffexporteure ohne ehem. UdSSR		..	..	..	..	..	..

[a] Gesonderte Angaben für den öffentlichen Verbrauch liegen nicht vor; er wird deshalb unter dem privaten Verbrauch usw. erfaßt. [b] Die Angaben beziehen sich auf die Bundesrepublik Deutschland vor der Vereinigung.

Tabelle 9 Struktur der Nachfrage

Verteilung des Bruttoinlandsprodukts (%)

	Öffentlicher Verbrauch		Privater Verbrauch usw.		Bruttoinlands- investitionen		Bruttoinlands- ersparnis		Ausfuhr von Gütern und Dienstl. (ohne Faktoreink.)		Ressourcen- saldo	
	1965	1990	1965	1990	1965	1990	1965	1990	1965	1990	1965	1990
Länder mit niedrigem Einkommen	9w	11w	74w	61w	19w	31w	18w	28w	8w	18w	–2w	–1w
China und Indien	8w	10w	71w	57w	21w	32w	20w	33w	4w	14w	0w	1w
Übrige Länder	11w	13w	76w	67w	15w	27w	13w	20w	16w	24w	–2w	–5w
1 Mosambik	..	20	..	92	..	37	..	–12	..	16	..	–49
2 Tansania	10	*10*	74	95	15	25	16	–6	26	18	1	–31
3 Äthiopien	11	*26*	77	68	13	*13*	12	6	12	*13*	–1	–7
4 Somalia	8	a	84	78	11	16	8	22	17	10	–3	6
5 Nepal	a	12	100	80	6	18	0	8	8	12	–6	–10
6 Tschad	20	23	74	92	12	10	6	–15	19	25	–6	–26
7 Bhutan	..	*20*	..	*58*	..	*36*	..	*22*	..	*29*	..	*–14*
8 Laos, Dem. VR	..	12	..	89	..	12	..	–2	..	10	..	–14
9 Malawi	16	15	84	75	14	19	0	10	19	24	–14	–9
10 Bangladesch	9	9	83	89	11	12	8	2	10	8	–4	–10
11 Burundi	7	15	89	84	6	19	4	1	10	8	–2	–18
12 Zaire	10	..	75	..	17	11	16	..	26	25	–1	–6
13 Uganda	10	7	78	94	11	12	12	–1	26	7	1	–13
14 Madagaskar	16	9	84	83	7	17	0	8	13	15	–7	–9
15 Sierra Leone	8	10	83	85	12	11	8	5	30	17	–3	–6
16 Mali	*10*	10	*84*	80	*18*	26	*5*	10	*12*	18	*–13*	–16
17 Nigeria	7	11	83	59	15	15	10	29	11	39	–5	15
18 Niger	6	..	90	..	8	9	3	..	9	16	–5	–7
19 Ruanda	14	18	81	78	10	12	5	4	12	9	–5	–9
20 Burkina Faso	5	13	90	83	10	20	4	5	6	11	–6	–15
21 Indien	9	12	76	68	17	23	15	20	4	8	–2	–3
22 Benin	11	11	87	87	11	12	3	2	13	20	–8	–10
23 China	8	8	68	49	24	39	25	43	4	18	1	4
24 Haiti	8	9	90	90	7	11	2	1	13	12	–5	–10
25 Kenia	15	18	70	63	14	24	15	18	31	25	1	–5
26 Pakistan	11	15	76	73	21	19	13	12	8	16	–8	–7
27 Ghana	14	8	77	82	18	15	8	11	17	..	–10	–4
28 Zentralafrikanische Rep.	22	14	67	88	21	11	11	–2	27	17	–11	–13
29 Togo	11	19	65	70	22	22	23	11	32	41	1	–11
30 Sambia	15	15	45	68	25	14	40	17	49	32	15	3
31 Guinea	..	8	..	71	..	20	..	21	..	30	..	1
32 Sri Lanka	13	9	74	76	12	22	13	15	38	30	1	–8
33 Mauretanien	19	10	54	88	14	15	27	3	42	47	13	–12
34 Lesotho	18	24	109	118	11	71	–26	–41	16	14	–38	–112
35 Indonesien	5	9	87	54	8	36	8	37	5	26	0	1
36 Honduras	10	15	75	80	15	13	15	6	27	40	0	–7
37 Ägypten, Arab. Rep.	19	10	67	80	18	23	14	10	18	20	–4	–13
38 *Afghanistan*	..	..	..	..	11	..	1	..	11	..	–10	..
39 *Kambodscha*	16	..	71	..	13	..	12	..	12	..	–1	..
40 *Liberia*	12	..	61	..	17	..	27	..	50	..	10	..
41 *Myanmar*	..	..	..	..	..	..	..	..	..	..	..	..
42 *Sudan*	12	..	79	..	10	..	9	..	15	..	–1	..
43 *Vietnam*	..	..	..	..	..	..	..	..	..	..	..	..
Länder mit mittlerem Einkommen	11w	14w	67w	62w	21w	23w	22w	24w	17w	..	0w	..
Untere Einkommenskategorie	10w	12w	69w	65w	19w	23w	20w	23w	17w	28w	0w	0w
44 Bolivien	9	15	74	77	22	11	17	8	21	21	–5	–3
45 Simbabwe	12	26	65	53	15	21	23	21	..	32	8	0
46 Senegal	17	14	75	77	12	13	8	9	24	26	–4	–4
47 Philippinen	9	9	70	75	21	22	21	16	17	28	0	–6
48 Côte d'Ivoire	11	18	61	68	22	10	29	14	37	37	7	4
49 Dominikanische Rep.	19	7	75	82	10	15	6	11	16	28	–4	–4
50 Papua-Neuguinea	34	24	64	66	22	25	2	10	18	37	–20	–15
51 Guatemala	7	7	82	85	13	12	10	8	17	21	–3	–4
52 Marokko	12	16	76	65	10	26	12	20	18	25	1	–6
53 Kamerun	13	12	75	70	13	17	12	19	24	21	–1	2
54 Ecuador	9	8	80	70	14	19	11	22	16	31	–3	3
55 Syrien, Arab. Rep.	14	14	76	72	10	14	10	14	17	27	0	–1
56 Kongo	14	19	80	51	22	16	5	31	36	49	–17	15
57 El Salvador	9	11	79	88	15	12	12	1	27	16	–2	–11
58 Paraguay	7	6	79	70	15	22	14	23	15	34	–1	1
59 Peru	10	6	59	71	34	23	31	23	16	11	–3	0
60 Jordanien	..	24	..	85	..	19	..	–9	..	65	..	–27
61 Kolumbien	8	10	75	64	16	19	17	25	11	20	1	6
62 Thailand	10	10	72	57	20	37	19	34	16	38	–1	–3
63 Tunesien	15	16	71	64	28	27	14	19	19	42	–13	–7
64 Jamaika	8	15	69	56	27	30	23	30	33	59	–4	0
65 Türkei	12	14	74	68	15	23	13	18	6	19	–1	–5
66 Rumänien	..	5	..	68	..	34	..	27	..	..	..	–7

Anmerkung: Zur Vergleichbarkeit der Daten und ihrer Abgrenzung vgl. Technische Erläuterungen. Kursive Zahlen gelten für andere als die angegebenen Jahre.

Verteilung des Bruttoinlandsprodukts (%)

		Öffentlicher Verbrauch		Privater Verbrauch usw.		Bruttoinlands-investitionen		Bruttoinlands-ersparnis		Ausfuhr von Gütern und Dienstl. (ohne Faktoreink.)		Ressourcen-saldo	
		1965	1990	1965	1990	1965	1990	1965	1990	1965	1990	1965	1990
67	Polen	..	7	..	54	..	31	..	39	..	26	..	8
68	Panama	11	22	73	62	18	16	16	16	36	38	−2	0
69	Costa Rica	13	18	78	60	20	29	9	22	23	34	−10	−8
70	Chile	11	10	73	67	15	20	16	23	14	37	1	3
71	Botsuana	24	..	89	..	6	..	−13	..	32	..	−19	..
72	Algerien	15	18	66	44	22	33	19	38	22	25	−3	5
73	Bulgarien	..	18	..	54	..	29	..	28	..	40	..	−2
74	Mauritius	13	12	74	66	17	30	13	21	36	67	−4	−9
75	Malaysia	15	13	61	54	20	34	24	33	42	79	4	−1
76	Argentinien	8	5	69	79	19	9	22	16	8	14	3	7
77	Iran, Islam. Rep.	13	11	63	69	17	21	24	20	20	15	6	−1
78	*Albanien*	..	..	..	..	..	..	..	..	..	..	..	..
79	*Angola*	..	..	..	..	..	..	..	..	..	..	..	..
80	*Libanon*	10	..	81	..	22	..	9	..	36	..	−13	..
81	*Mongolei*	..	24	..	73	..	30	..	3	..	23	..	−27
82	*Namibia*	..	..	..	..	..	..	..	..	..	..	..	..
83	*Nicaragua*	8	29	74	73	21	20	18	−2	29	23	−3	−23
84	*Jemen, Rep.*	..	26	..	66	..	15	..	8	..	23	..	−8
	Obere Einkommenskategorie	11w	16w	64w	61w	23w	24w	25w	23w	19w	..	0w	..
85	Mexiko	6	11	75	70	20	20	19	19	8	16	−2	0
86	Südafrika	11	19	63	56	27	19	26	25	27	26	−1	6
87	Venezuela	10	9	56	62	25	9	34	29	26	39	9	20
88	Uruguay	14	13	65	67	14	12	21	19	18	27	7	8
89	Brasilien	11	16	67	61	20	22	22	23	8	7	2	2
90	Ungarn	a	11	75	62	26	23	..	27	..	33	..	4
91	Jugoslawien	18	7	52	72	30	21	30	21	22	24	0	−1
92	Tschechoslowakei	..	21	..	51	..	30	..	28	..	33	..	−2
93	Gabun	11	20	52	43	31	19	37	37	43	56	6	18
94	Trinidad u. Tobago	12	16	67	52	26	17	21	33	65	46	−5	16
95	Portugal	12	13	68	66	25	32	20	21	27	35	−5	−10
96	Korea, Rep.	9	a	83	63	15	37	8	37	9	32	−7	−1
97	Griechenland	12	21	73	71	26	19	15	8	9	22	−11	−11
98	*Saudi-Arabien*	18	..	34	..	14	..	48	..	60	..	34	..
99	*Irak*	20	..	50	..	16	..	31	..	38	..	15	..
100	*Libyen*	14	..	36	..	29	..	50	..	53	..	21	..
101	*Oman*	..	..	..	..	..	..	..	..	..	..	..	..
	Länder mit niedr. u. mittl. Eink.	10w	13w	70w	63w	20w	26w	20w	24w	13w	24w	−1w	0w
	Afrika südlich der Sahara	11w	15w	77w	68w	15w	16w	13w	16w	22w	29w	−3w	−1w
	Ostasien u. Pazifik	8w	10w	69w	55w	22w	37w	22w	35w	8w	31w	0w	0w
	Südasien	9w	12w	77w	69w	17w	21w	14w	19w	6w	9w	−3w	−4w
	Europa	..	14w	..	65w	..	25w	..	21w	..	29w	..	−3w
	Naher Osten u. Nordafrika	15w	..	63w	..	17w	..	22w	..	26w	..	3w	..
	Lateinamerika u. Karibik	9w	12w	69w	66w	20w	19w	22w	22w	13w	15w	0w	2w
	Übrige Länder	..	..	..	..	..	..	..	..	..	..	..	..
	Länder mit gravierenden Schuldenproblemen	9w	13w	68w	64w	21w	20w	23w	23w	13w	15w	2w	3w
	Länder mit hohem Einkommen	15w	17w	61w	61w	23w	22w	24w	22w	12w	20w	1w	0w
	OECD-Mitglieder	15w	17w	61w	61w	23w	22w	24w	22w	12w	19w	0w	0w
	†Übrige	..	..	..	..	..	..	..	..	..	..	..	..
102	Irland	14	16	72	55	24	21	15	29	35	62	−9	8
103	†Israel	20	29	65	59	29	18	15	12	19	32	−13	−6
104	Spanien	8	15	67	62	28	26	24	22	10	17	−3	−3
105	†Singapur	10	11	80	45	22	39	10	45	123	190	−12	6
106	†Hongkong	7	8	64	59	36	28	29	33	71	137	−7	5
107	Neuseeland	12	17	61	63	28	22	26	21	21	28	−2	−2
108	Belgien	13	14	64	62	23	21	23	24	43	74	0	3
109	Großbritannien	17	20	64	63	20	19	19	17	19	25	−1	−2
110	Italien	14	17	60	62	23	21	25	21	15	21	2	0
111	Australien	13	18	61	61	28	21	25	21	14	17	−2	0
112	Niederlande	15	15	59	59	27	21	26	26	43	57	−1	5
113	Österreich	13	18	59	55	28	25	27	27	25	41	−1	1
114	Frankreich	14	18	59	60	26	22	27	22	13	23	1	0
115	†Vereinigte Arab. Emirate	..	..	..	..	..	..	..	..	..	..	..	..
116	Kanada	14	20	60	59	26	21	26	21	19	25	0	0
117	Vereinigte Staaten	17	18	63	67	20	16	21	15	5	10	1	−1
118	Dänemark	16	25	59	52	26	17	25	23	29	35	−2	5
119	Deutschland[b]	15	18	56	54	28	22	29	28	18	32	0	6
120	Norwegen	15	21	56	50	30	21	29	29	41	44	−1	7
121	Schweden	18	27	56	52	27	21	26	21	22	30	−1	0
122	Japan	8	9	59	57	32	33	33	34	11	11	1	1
123	Finnland	14	21	60	53	28	27	27	26	20	23	−2	−1
124	Schweiz	10	13	60	57	30	29	30	30	29	37	−1	0
125	†*Kuwait*	13	..	26	..	16	..	60	..	68	..	45	..
	Gesamte Welt	14w	16w	63w	62w	23w	23w	23w	23w	11w	20w	0w	0w
	Brennstoffexporteure ohne ehem. UdSSR	12w	..	60w	..	20w	..	28w	..	29w	..	8w	..

[a] Gesonderte Angaben für den öffentlichen Verbrauch liegen nicht vor; er wird deshalb unter dem privaten Verbrauch usw. erfaßt. [b] Die Angaben beziehen sich auf die Bundesrepublik Deutschland vor der Vereinigung.

Tabelle 10 Struktur des Verbrauchs

Prozentualer Anteil am gesamten Verbrauch der privaten Haushalte[a]

	Ernährung		Bekleidung und Schuhwerk	Bruttomieten; Brennstoffe und Strom		Medizinische Versorgung	Erziehung	Verkehr und Kommunikation		Übriger Verbrauch	
	Insgesamt	*Getreide und Knollengewächse*		*Insgesamt*	*Brennstoffe und Strom*			*Insgesamt*	*Kraftfahrzeuge*	*Insgesamt*	*Übrige langlebige Verbrauchsgüter*
Länder mit niedrigem Einkommen											
China und Indien											
Übrige Länder											
1 Mosambik	..	..	..	..	..	..	..	..	..	..	..
2 Tansania	64	32	10	8	3	3	3	2	0	10	3
3 Äthiopien	50	24	6	14	7	3	2	8	1	17	2
4 Somalia	..	..	..	..	..	..	..	..	..	..	..
5 Nepal	57	38	12	14	6	3	1	1	0	13	2
6 Tschad	..	..	..	..	..	..	..	..	..	..	..
7 Bhutan	..	..	..	..	..	..	..	..	..	..	..
8 Laos, Dem. VR	..	..	..	..	..	..	..	..	..	..	..
9 Malawi	55	28	5	12	2	3	4	7	2	15	3
10 Bangladesch	59	36	8	17	7	2	1	3	0	10	3
11 Burundi	..	..	..	..	..	..	..	..	..	..	..
12 Zaire	55	15	10	11	3	3	1	6	0	14	3
13 Uganda	..	..	..	..	..	..	..	..	..	..	..
14 Madagaskar	59	26	6	12	6	2	4	4	1	14	1
15 Sierra Leone	56	22	4	15	6	2	3	12	..	9	1
16 Mali	57	22	6	8	2	2	4	10	1	13	1
17 Nigeria	52	18	7	10	2	3	4	4	1	20	6
18 Niger	..	..	..	..	..	..	..	..	..	..	..
19 Ruanda	30	11	11	16	6	3	4	9	..	28	9
20 Burkina Faso	..	..	..	..	..	..	..	..	..	..	..
21 Indien	52	18	11	10	3	3	4	7	0	13	3
22 Benin	37	12	14	12	2	5	4	14	2	15	5
23 China	61[b]	..	13	8	3	1	1	1	..	15	..
24 Haiti	..	..	..	..	..	..	..	..	..	..	..
25 Kenia	39	16	7	12	2	3	9	8	1	22	6
26 Pakistan	54	17	9	15	6	3	3	1	0	15	5
27 Ghana	*50*	..	*13*	*11*	..	*3*	*5*[c]	*3*	..	*15*	..
28 Zentralafrikanische Rep.	..	..	..	..	..	..	..	..	..	..	..
29 Togo	..	..	..	..	..	..	..	..	..	..	..
30 Sambia	37	8	10	11	5	7	13	5	1	16	1
31 Guinea	..	..	..	..	..	..	..	..	..	..	..
32 Sri Lanka	43	18	7	6	3	2	3	15	1	25	5
33 Mauretanien	..	..	..	..	..	..	..	..	..	..	..
34 Lesotho	..	..	..	..	..	..	..	..	..	..	..
35 Indonesien	48	21	7	13	7	2	4	4	0	22	5
36 Honduras	39	..	9	21	..	8	5[c]	3	..	15	..
37 Ägypten, Arab. Rep.	50	10	11	9	3	3	6	4	1	18	3
38 *Afghanistan*	..	..	..	..	..	..	..	..	..	..	..
39 *Kambodscha*	..	..	..	..	..	..	..	..	..	..	..
40 *Liberia*	..	..	..	..	..	..	..	..	..	..	..
41 *Myanmar*	..	..	..	..	..	..	..	..	..	..	..
42 *Sudan*	*60*	..	*5*	*15*	*4*	*5*	*3*	*2*	..	*11*	..
43 *Vietnam*	..	..	..	..	..	..	..	..	..	..	..
Länder mit mittlerem Einkommen											
Untere Einkommenskategorie											
44 Bolivien	*33*	..	*9*	*12*	*1*	*5*	*7*	*12*	..	*22*	..
45 Simbabwe	40	9	11	13	5	4	7	6	1	20	3
46 Senegal	50	15	11	12	4	2	5	6	0	14	2
47 Philippinen	51	20	4	19	5	2	4	4	2	16	2
48 Côte d'Ivoire	40	14	10	5	1	9	4	10	..	23	3
49 Dominikanische Rep.	46	13	3	15	5	8	3	4	0	21	8
50 Papua-Neuguinea	..	..	..	..	..	..	..	..	..	..	..
51 Guatemala	36	10	10	14	5	13	4	3	0	20	5
52 Marokko	40	12	11	9	2	4	6	8	1	22	5
53 Kamerun	24	8	7	17	3	11	9	12	1	21	3
54 Ecuador	30	..	10	7[d]	1[d]	5	6[c]	12[e]	..	30	..
55 *Syrien, Arab. Rep.*	..	..	..	..	..	..	..	..	..	..	..
56 Kongo	42	19	6	11	4	3	1	17	1	20	4
57 El Salvador	33	12	9	7	2	8	5	10	1	28	7
58 Paraguay	30	6	12	21	4	2	3	10	1	22	3
59 Peru	35	8	7	15	3	4	6	10	0	24	7
60 Jordanien	35	..	5	6	..	5	8	6	..	35	..
61 Kolumbien	29	..	6	12	2	7	6	13	0	27	..
62 Thailand	30	7	16	7	3	5	5	13	0	24	5
63 Tunesien	37	7	10	13	4	6	9	7	1	18	5
64 Jamaika	39	..	4	15	7	3[f]	..	17	..	22	..
65 Türkei	40	8	15	13	7	4	1	5	..	22	..
66 *Rumänien*	..	..	..	..	..	..	..	..	..	..	..

Anmerkung: Zur Vergleichbarkeit der Daten und ihrer Abgrenzung vgl. Technische Erläuterungen. Kursive Zahlen gelten für andere als die angegebenen Jahre.

		Prozentualer Anteil am gesamten Verbrauch der privaten Haushalte[a]									
		Ernährung		Bekleidung und Schuhwerk	Bruttomieten; Brennstoffe und Strom		Medizinische Versorgung	Erziehung	Verkehr und Kommunikation		Übriger Verbrauch	
		Insgesamt	Getreide und Knollengewächse		Insgesamt	Brennstoffe und Strom			Insgesamt	Kraftfahrzeuge	Insgesamt	Übrige langlebige Verbrauchsgüter
67	Polen	29	..	9	7	2	6	7	8	2	34	9
68	Panama	38	7	3	11	3	8	9	7	0	24	6
69	Costa Rica	33	8	8	9	1	7	8	8	0	28	9
70	Chile	29	7	8	13	2	5	6	11	0	29	5
71	Botsuana	35	13	8	15	5	4	9	8	2	22	7
72	Algerien	..	..	..	..	..	..	..	..	..	..	..
73	Bulgarien	..	..	..	..	..	..	..	..	..	..	..
74	Mauritius	24	7	5	19	3	5	7	11	1	29	4
75	Malaysia	23	..	4	9	..	5	7	19	..	33	..
76	Argentinien	35	4	6	9	2	4	6	13	0	26	6
77	Iran, Islam. Rep.	37	10	9	23	2	6	5	6	1	14	5
78	*Albanien*	..	..	..	..	..	..	..	..	..	..	..
79	*Angola*	..	..	..	..	..	..	..	..	..	..	..
80	*Libanon*	..	..	..	..	..	..	..	..	..	..	..
81	*Mongolei*	..	..	..	..	..	..	..	..	..	..	..
82	*Namibia*	..	..	..	..	..	..	..	..	..	..	..
83	*Nicaragua*	..	..	..	..	..	..	..	..	..	..	..
84	*Jemen, Rep.*	..	..	..	..	..	..	..	..	..	..	..
	Obere Einkommenskategorie											
85	Mexiko	35[b]	..	10	8	..	5	5	12	..	25	..
86	Südafrika	34	..	7	12	..	5[f]	..	17	..	26	..
87	Venezuela	23	..	7	10	..	8	5[c]	11	..	36	..
88	Uruguay	31	7	7	12	2	6	4	13	0	27	5
89	Brasilien	35	9	10	11	2	6	5	8	1	27	8
90	Ungarn	25	..	9	10	5	5	7	9	2	35	8
91	Jugoslawien	27	..	10	9	4	6	5	11	2	32	9
92	*Tschechoslowakei*	..	..	..	..	..	..	..	..	..	..	..
93	*Gabun*	..	..	..	..	..	..	..	..	..	..	..
94	*Trinidad u. Tobago*	..	..	..	..	..	..	..	..	..	..	..
95	Portugal	34	..	10	8	3	6	5	13	3	24	7
96	Korea, Rep.	35	14	6	11	5	5	9	9	..	25	5
97	Griechenland	30	..	8	12	3	6	5	13	2	26	5
98	*Saudi-Arabien*	..	..	..	..	..	..	..	..	..	..	..
99	*Irak*	..	..	..	..	..	..	..	..	..	..	..
100	*Libyen*	..	..	..	..	..	..	..	..	..	..	..
101	*Oman*	..	..	..	..	..	..	..	..	..	..	..

Länder mit niedr. u. mittl. Eink.
  Afrika südlich der Sahara
  Ostasien u. Pazifik
  Südasien
  Europa
  Naher Osten u. Nordafrika
  Lateinamerika u. Karibik
Übrige Länder

Länder mit gravierenden Schuldenproblemen

Länder mit hohem Einkommen
  OECD-Mitglieder
  †Übrige

102	Irland	22	4	5	11	5	10	7	11	3	33	5
103	†Israel	21	..	5	20	2	9	12	10	..	23	..
104	Spanien	24	3	7	16	3	7	5	13	3	28	6
105	†Singapur	19	..	8	11	..	7	12	13	..	30	..
106	†Hongkong	12	1	9	15	2	6	5	9	1	44	15
107	Neuseeland	12	2	6	14	2	9	6	19	6	34	9
108	Belgien	15	2	6	17	7	10	9	11	3	31	7
109	Großbritannien	12	2	8	17	4	8	9	14	4	36	7
110	Italien	19	2	8	14	4	10	7	11	3	31	7
111	Australien	13	2	5	21	2	10	8	13	4	31	7
112	Niederlande	13	2	6	18	6	11	8	10	3	33	8
113	Österreich	16	2	9	17	5	10	8	15	3	26	7
114	Frankreich	16	2	6	17	5	13	7	13	3	29	7
115	†Vereinigte Arab. Emirate	..	..	..	..	..	..	..	..	..	..	..
116	Kanada	11	2	6	21	4	5	12	14	5	32	8
117	Vereinigte Staaten	13	2	6	18	4	14	8	14	5	27	7
118	Dänemark	13	2	5	19	5	8	9	13	5	33	7
119	Deutschland[g]	12	2	7	18	5	13	6	13	4	31	9
120	Norwegen	15	2	6	14	5	10	8	14	6	32	7
121	Schweden	13	2	5	19	4	11	8	11	2	32	7
122	Japan	16	4	6	17	3	10	8	9	1	34	6
123	Finnland	16	3	4	15	4	9	8	14	4	34	6
124	Schweiz	17	..	4	17	6	15	..	9	..	38	..
125	†*Kuwait*	..	..	..	..	..	..	..	..	..	..	..

Gesamte Welt
Brennstoffexporteure ohne ehem. UdSSR

[a] Angaben beziehen sich entweder auf 1980 oder auf 1985. [b] Einschließlich Getränke und Tabakwaren. [c] Bezieht sich nur auf die Staatsausgaben. [d] Ohne Brennstoffe. [e] Einschließlich Brennstoffe. [f] Ohne Staatsausgaben. [g] Die Angaben beziehen sich auf die Bundesrepublik Deutschland vor der Vereinigung.

Tabelle 11 Ausgaben der Zentralregierung

Prozentualer Anteil an den Gesamtausgaben

	Verteidigung 1972	Verteidigung 1990	Erziehung 1972	Erziehung 1990	Gesundheit 1972	Gesundheit 1990	Wohnung; Gemeinschaftseinrichtungen; Sozialversicherung u. Wohlfahrt[a] 1972	Wohnung; Gemeinschaftseinrichtungen; Sozialversicherung u. Wohlfahrt[a] 1990	Wirtschaftsförderung 1972	Wirtschaftsförderung 1990	Sonstiges[a] 1972	Sonstiges[a] 1990	Gesamtausgaben in % des BSP 1972	Gesamtausgaben in % des BSP 1990	Gesamtüberschuß/-defizit in % des BSP 1972	Gesamtüberschuß/-defizit in % des BSP 1990
Länder mit niedrigem Einkommen																
China und Indien																
Übrige Länder																
1 Mosambik	..	..	..	..	..	..	..	..	..	..	..	..	..	..	..	..
2 Tansania	11,9	..	17,3	..	7,2	..	2,1	..	39,0	..	22,6	..	19,7	..	−5,0	..
3 Äthiopien	14,3	..	14,4	..	5,7	..	4,4	..	22,9	..	38,3	..	13,7	..	−1,4	..
4 Somalia[b]	23,3	..	5,5	..	7,2	..	1,9	..	21,6	..	40,5	..	13,5	..	0,6	..
5 Nepal	7,2	6,0	7,2	10,9	4,7	4,8	0,7	8,4	57,2	41,2	23,0	28,6	8,5	20,4	−1,2	−8,1
6 Tschad	24,6	..	14,8	..	4,4	..	1,7	..	21,8	..	32,7	..	14,9	..	−2,7	..
7 Bhutan	..	0,0	..	11,6	..	5,3	..	4,7	..	56,6	..	21,9	..	43,9	..	−7,2
8 Laos, Dem. VR	..	..	..	..	..	..	..	..	..	..	..	..	..	..	..	..
9 Malawi[b]	3,1	5,4	15,8	8,8	5,5	7,4	5,8	3,2	33,1	35,0	36,7	40,2	22,1	29,2	−6,2	−1,9
10 Bangladesch[b]	5,1	10,1	14,8	11,2	5,0	4,8	9,8	8,0	39,3	34,4	25,9	31,5	9,2	15,0	−1,9	−0,4
11 Burundi	10,3	..	23,4	..	6,0	..	2,7	..	33,9	..	23,8	..	19,9	..	0,0	..
12 Zaire	11,1	6,7	15,1	1,4	2,4	0,7	2,1	1,5	13,2	25,0	56,2	64,7	14,1	13,0	−2,7	1,9
13 Uganda	23,1	..	15,3	..	5,3	..	7,3	..	12,4	..	36,6	..	21,8	..	−8,1	..
14 Madagaskar	3,6	..	9,1	..	4,2	..	9,9	..	40,5	..	32,7	..	16,7	..	−2,0	..
15 Sierra Leone[b]	3,6	5,3	15,5	10,4	5,3	3,6	2,7	2,3	24,6	9,0	48,3	69,4	23,9	11,1	−4,4	−1,4
16 Mali	..	8,0	..	9,0	..	2,1	..	3,1	..	5,3	..	72,4	..	28,9	..	−4,6
17 Nigeria[b]	40,2	..	4,5	..	3,6	..	0,8	..	19,6	..	31,4	..	9,1	..	−0,8	..
18 Niger	..	..	..	..	..	..	..	..	..	..	..	..	..	..	..	..
19 Ruanda	25,6	..	22,2	..	5,7	..	2,6	..	22,0	..	21,9	..	12,5	..	−2,7	..
20 Burkina Faso	11,5	..	20,6	..	8,2	..	6,6	..	15,5	..	37,6	..	8,4	..	0,3	..
21 Indien	26,2	17,0	2,3	2,5	1,5	1,6	3,2	6,9	19,9	20,8	46,9	51,2	10,5	18,2	−3,2	−7,3
22 Benin	..	..	..	..	..	..	..	..	..	..	..	..	..	..	..	..
23 China	..	..	..	..	..	..	..	..	..	..	..	..	..	..	..	..
24 Haiti	..	..	..	..	..	..	..	..	..	..	..	..	14,5	..	..	..
25 Kenia[b]	6,0	7,8	21,9	19,8	7,9	5,4	3,9	3,6	30,1	26,6	30,2	36,9	21,0	31,4	−3,9	−6,8
26 Pakistan	39,9	30,9	1,2	2,0	1,1	0,7	3,2	3,1	21,4	12,4	33,2	50,9	16,9	23,6	−6,9	−7,2
27 Ghana[b]	7,9	3,2	20,1	25,7	6,3	9,0	4,1	11,9	15,1	19,2	46,6	31,1	19,5	14,0	−5,8	0,4
28 Zentralafrikanische Rep.	..	..	..	..	..	..	..	..	..	..	..	..	..	26,1	..	..
29 Togo	..	..	..	..	..	..	..	..	..	..	..	..	..	..	..	..
30 Sambia[b]	0,0	0,0	19,0	8,6	7,4	7,4	1,3	2,0	26,7	24,8	45,7	57,2	34,0	21,9	−13,8	−5,0
31 Guinea	..	..	..	..	..	..	..	..	..	..	..	..	..	24,9	..	−4,2
32 Sri Lanka	3,1	7,4	13,0	9,9	6,4	5,4	19,5	14,9	20,2	16,8	37,7	45,6	25,4	28,4	−5,3	−7,9
33 Mauretanien	..	..	..	..	..	..	..	..	..	..	..	..	..	33,5	..	−4,2
34 Lesotho	0,0	9,9	19,5	15,2	8,0	7,4	6,5	2,4	24,5	27,4	41,5	37,6	16,6	25,1	−0,9	−2,8
35 Indonesien	18,6	8,0	7,4	8,4	1,4	2,0	0,9	1,5	30,5	27,6	41,3	52,4	15,1	20,4	−2,5	−2,1
36 Honduras	12,4	..	22,3	..	10,2	..	8,7	..	28,3	..	18,1	..	16,1	..	−2,9	..
37 Ägypten, Arab. Rep.	..	12,7	..	13,4	..	2,8	..	17,8	..	8,2	..	45,3	..	40,2	..	−6,9
38 Afghanistan	..	..	..	..	..	..	..	..	..	..	..	..	..	..	..	..
39 Kambodscha	..	..	..	..	..	..	..	..	..	..	..	..	..	..	..	..
40 Liberia	5,3	9,8	15,2	11,6	9,8	5,4	3,5	1,8	25,8	29,5	40,5	41,9	16,7	..	1,1	..
41 Myanmar	31,6	24,7	15,0	16,8	6,1	4,6	7,5	15,4	20,1	20,5	19,7	18,1	..	..	..	..
42 Sudan[b]	24,1	..	9,3	..	5,4	..	1,4	..	15,8	..	44,1	..	19,2	..	−0,8	..
43 Vietnam	..	..	..	..	..	..	..	..	..	..	..	..	..	..	..	..
Länder mit mittlerem Einkommen																
Untere Einkommenskategorie																
44 Bolivien	..	14,1	..	18,0	..	2,3	..	17,9	..	19,1	..	28,6	..	18,8	0,0	−1,9
45 Simbabwe	..	16,5	..	23,4	..	7,6	..	3,9	..	22,4	..	26,2	..	40,5	..	−7,9
46 Senegal	..	..	..	..	..	..	..	..	..	..	..	..	17,4	..	−0,8	..
47 Philippinen[b]	10,9	11,0	16,3	16,9	3,2	4,1	4,3	2,3	17,6	23,6	47,7	42,1	14,2	19,8	−2,1	−3,5
48 Côte d'Ivoire	..	..	..	..	..	..	..	..	..	..	..	..	..	..	..	..
49 Dominikanische Rep.	8,5	4,6	14,2	9,5	11,7	11,3	11,8	24,2	35,4	36,7	18,3	13,6	17,7	15,3	−0,2	0,0
50 Papua-Neuguinea[b]	..	4,7	..	15,3	..	9,4	..	3,1	..	20,8	..	46,6	..	29,0	..	−0,9
51 Guatemala	11,0	13,3	19,4	19,5	9,5	9,9	10,4	7,8	23,8	21,7	25,8	27,8	9,9	12,0	−2,2	−1,8
52 Marokko	12,3	..	19,2	..	4,8	..	8,4	..	25,6	..	29,7	..	22,8	..	−3,9	..
53 Kamerun	..	6,7	..	12,0	..	3,4	..	8,7	..	48,1	..	21,2	..	20,8	..	−3,2
54 Ecuador[b]	15,7	12,9	27,5	18,2	4,5	11,0	0,8	2,5	28,9	11,8	22,6	43,6	13,4	15,6	0,2	2,0
55 Syrien, Arab. Rep.	37,2	40,7	11,3	8,6	1,4	1,3	3,6	3,3	39,9	30,4	6,7	15,7	29,0	28,0	−3,5	−0,7
56 Kongo	..	..	..	..	..	..	..	..	..	..	..	..	..	..	..	..
57 El Salvador[b]	6,6	24,5	21,4	16,2	10,9	7,8	7,6	5,5	14,4	16,7	39,1	29,3	12,8	9,9	−0,9	−0,1
58 Paraguay	13,8	13,3	12,1	12,7	3,5	4,3	18,3	14,8	19,6	12,8	32,7	42,1	13,1	9,3	−1,7	2,9
59 Peru[b]	14,5	11,2	23,6	16,2	5,5	5,1	1,8	0,1	30,9	..	23,6	67,4	16,1	10,0	−0,9	−5,0
60 Jordanien	33,5	23,1	9,4	14,2	3,8	5,8	10,5	11,7	26,2	12,9	16,2	32,3	..	39,4	..	−6,0
61 Kolumbien	..	..	..	..	..	..	..	..	..	..	..	..	13,1	15,1	−2,5	−2,0
62 Thailand	20,2	17,3	19,9	20,1	3,7	6,6	7,0	5,8	25,6	22,1	23,5	28,0	16,7	15,1	−4,2	4,9
63 Tunesien	4,9	6,5	30,5	16,3	7,4	6,1	8,8	14,4	23,3	31,0	25,1	25,7	23,1	37,2	−0,9	−4,5
64 Jamaika	..	..	..	..	..	..	..	..	..	..	..	..	..	..	..	..
65 Türkei	15,5	11,7	18,1	19,2	3,2	3,6	3,1	3,6	42,0	17,8	18,1	44,2	22,7	24,6	−2,2	−4,2
66 Rumänien	5,4	10,3	2,9	2,7	0,5	8,7	16,2	31,5	61,8	38,3	13,1	8,6	..	34,2	..	0,9

Anmerkung: Zur Vergleichbarkeit der Daten und ihrer Abgrenzung vgl. Technische Erläuterungen. Kursive Zahlen gelten für andere als die angegebenen Jahre.

			*Prozentualer Anteil an den Gesamtausgaben*													
		Verteidigung		Erziehung		Gesundheit		Wohnung; Gemeinschaftseinrichtungen; Sozialversicherung u. Wohlfahrt[a]		Wirtschaftsförderung		Sonstiges[a]		Gesamtausgaben in % des BSP		Gesamtüberschuß/-defizit in % des BSP	
		1972	1990	1972	1990	1972	1990	1972	1990	1972	1990	1972	1990	1972	1990	1972	1990
67	Polen	..	..	..	..	..	..	..	..	..	..	..	40,4	..	-2,4		
68	Panama	0,0	7,9	20,7	18,5	15,1	17,9	10,8	24,1	24,2	7,5	29,1	24,1	27,6	31,8	-6,5	-8,2
69	Costa Rica	2,6	..	28,5	19,0	4,0	26,3	26,5	14,9	21,2	10,3	17,2	29,6	19,0	27,1	-4,5	-3,3
70	Chile	6,1	8,4	14,5	10,1	10,0	5,9	39,8	33,9	15,3	8,8	16,3	33,0	43,2	32,8	-13,0	-0,2
71	Botsuana[b]	0,0	11,6	10,0	20,2	6,0	4,8	21,7	10,6	28,0	20,9	34,5	32,0	33,7	42,2	-23,8	12,6
72	Algerien	..	..	..	..	..	..	..	..	..	..	..	..	..	..	..	..
73	Bulgarien	..	6,5	..	6,0	..	4,1	..	24,0	..	47,2	..	12,1	..	76,9	..	-1,5
74	Mauritius	0,8	1,3	13,5	14,4	10,3	8,6	18,0	17,0	13,9	16,5	43,4	42,2	16,3	24,2	-1,2	-0,5
75	Malaysia	..	..	..	..	..	..	..	..	..	..	..	..	26,5	31,3	-9,4	-2,8
76	Argentinien	..	8,6	..	9,3	..	2,0	..	40,9	..	20,5	..	18,7	..	15,5	0,0	-2,7
77	Iran, Islam. Rep.	24,1	13,6	10,4	22,0	3,6	8,5	6,1	18,4	30,6	14,7	25,2	22,8	30,8	16,9	-4,6	-4,0
78	*Albanien*	..	..	..	..	..	..	..	..	..	..	..	..	..	..	..	..
79	*Angola*	..	..	..	..	..	..	..	..	..	..	..	..	..	..	..	..
80	*Libanon*	..	..	..	..	..	..	..	..	..	..	..	..	..	..	..	..
81	*Mongolei*	..	..	..	..	..	..	..	..	..	..	..	..	..	..	..	..
82	*Namibia*	..	5,5	..	20,8	..	11,1	..	15,0	..	14,4	..	33,2	..	42,8	..	7,0
83	*Nicaragua*	12,3	..	16,6	..	4,0	..	16,4	..	27,2	..	23,4	..	15,8	..	-4,0	..
84	*Jemen, Rep.*	..	..	..	..	..	..	..	..	..	..	..	..	..	..	..	..
	Obere Einkommenskategorie																
85	Mexiko	4,5	2,4	16,4	13,9	4,5	1,9	25,4	13,0	35,8	13,4	13,4	55,5	11,4	18,4	-2,9	0,8
86	Südafrika	..	..	..	..	..	..	..	..	..	..	..	..	22,7	34,6	-4,4	-2,5
87	Venezuela	10,3	..	18,6	..	11,7	..	9,2	..	25,4	..	24,8	..	18,1	23,1	-0,2	-1,2
88	Uruguay	5,6	9,2	9,5	7,4	1,6	4,5	52,3	50,3	9,8	8,7	21,2	20,0	26,8	27,5	-2,7	0,4
89	Brasilien	8,3	4,2	8,3	5,3	6,7	7,2	35,0	20,1	23,3	6,9	18,3	56,2	29,1	36,0	-0,3	-16,6
90	Ungarn	..	3,6	..	3,3	..	7,9	..	35,3	..	22,0	..	27,9	..	54,8	..	0,8
91	Jugoslawien	20,5	53,4	..	..	24,8	..	35,6	6,0	12,0	19,6	7,0	21,0	21,1	5,2	4,0	0,3
92	Tschechoslowakei	..	6,7	..	1,8	..	0,4	..	25,3	..	46,1	..	19,9	..	61,1	..	-7,1
93	*Gabun*[b]	..	..	..	..	..	..	..	..	..	..	..	..	37,0	..	-11,9	..
94	*Trinidad u. Tobago*	..	..	..	..	..	..	..	..	..	..	..	..	..	..	..	..
95	Portugal	..	..	..	..	..	..	..	..	..	..	..	..	..	43,3	..	-5,0
96	Korea, Rep.	25,8	25,8	15,8	19,6	1,2	2,2	5,9	12,2	25,6	17,0	25,7	23,2	18,0	15,7	-3,9	-0,7
97	Griechenland	14,9	..	9,1	..	7,4	..	30,6	..	26,4	..	11,7	..	27,5	..	-1,7	..
98	*Saudi-Arabien*	..	..	..	..	..	..	..	..	..	..	..	..	..	..	..	..
99	*Irak*	..	..	..	..	..	..	..	..	..	..	..	..	..	..	..	..
100	*Libyen*	..	..	..	..	..	..	..	..	..	..	..	..	..	..	..	..
101	*Oman*	39,3	41,0	3,7	10,7	5,9	4,6	3,0	9,0	24,4	9,7	23,6	25,0	62,1	48,6	-15,3	-9,9
	Länder mit niedr. u. mittl. Eink.																
	Afrika südlich der Sahara																
	Ostasien u. Pazifik																
	Südasien																
	Europa																
	Naher Osten u. Nordafrika																
	Lateinamerika u. Karibik																
	Übrige Länder																
	Länder mit gravierenden Schuldenproblemen																
	Länder mit hohem Einkommen																
	OECD-Mitglieder																
	†Übrige																
102	Irland	..	2,8	..	11,3	..	12,1	..	28,9	..	15,6	..	29,3	33,0	54,5	-5,5	-5,3
103	†Israel	42,9	25,4	7,1	10,2	0,0	4,1	7,1	24,3	7,1	9,2	35,7	26,7	43,9	50,8	-15,7	-4,3
104	Spanien	6,5	5,5	8,3	5,6	0,9	12,8	49,8	37,7	17,5	10,8	17,0	27,6	19,4	33,5	-0,5	-3,6
105	†Singapur	35,3	21,6	15,7	18,1	7,8	4,7	3,9	11,7	9,9	20,0	27,3	24,0	16,7	23,3	1,3	10,5
106	†Hongkong	..	..	..	..	..	..	..	..	..	..	..	..	..	..	..	..
107	Neuseeland[b]	5,8	4,8	16,9	12,5	14,8	12,7	25,6	33,8	16,5	9,0	20,4	27,1	29,2	47,1	-3,9	4,3
108	Belgien	6,7	..	15,5	..	1,5	..	41,0	..	18,9	..	16,4	..	39,9	49,3	-4,4	-6,4
109	Großbritannien	16,7	12,2	2,6	3,2	12,2	14,6	26,5	34,8	11,1	7,4	30,8	27,9	32,0	34,8	-2,7	0,8
110	Italien	6,3	3,6	16,1	8,3	13,5	11,3	44,8	38,6	18,4	11,5	0,9	26,6	29,5	48,5	-8,7	-10,4
111	Australien	14,2	8,5	4,2	6,8	7,0	12,8	20,3	29,7	14,4	7,1	39,9	35,1	18,7	25,8	0,3	1,9
112	Niederlande	6,8	5,0	15,2	10,8	12,1	11,7	38,1	42,3	9,1	7,4	18,7	22,8	41,0	52,8	0,0	-4,9
113	Österreich	3,3	2,5	10,2	9,2	10,1	12,9	53,8	48,2	11,2	9,9	11,4	17,3	29,6	39,1	-0,2	-4,4
114	Frankreich	..	6,7	..	6,8	..	15,2	..	46,4	..	5,4	..	19,5	32,3	43,0	0,7	-2,2
115	†Vereinigte Arab. Emirate[b]	24,4	43,9	16,5	15,0	4,3	6,9	6,1	3,6	18,3	4,3	30,5	26,3	3,8	13,0	0,3	-0,6
116	Kanada	7,6	7,3	3,5	2,9	7,6	5,5	35,3	37,0	19,5	10,8	26,5	36,5	20,2	23,4	-1,3	-2,9
117	Vereinigte Staaten	32,2	22,6	3,2	1,7	8,6	13,5	35,3	28,2	10,6	10,2	10,1	23,8	19,0	24,0	-1,5	-4,0
118	Dänemark	7,3	5,4	16,0	9,3	10,0	1,1	41,6	38,8	11,3	7,3	13,7	38,1	32,6	41,2	2,7	-0,4
119	Deutschland[c]	12,4	8,3	1,5	0,6	17,5	19,3	46,7	48,2	11,3	8,0	10,4	15,5	24,2	29,4	0,7	-1,3
120	Norwegen	9,7	8,0	9,9	9,4	12,3	10,4	39,9	39,2	20,2	17,5	8,0	15,4	35,0	46,3	-1,5	0,7
121	Schweden	12,5	6,3	14,8	8,7	3,6	0,9	44,3	55,9	10,6	7,6	14,3	20,5	27,7	42,3	-1,2	3,2
122	Japan[b]	..	..	..	..	..	..	..	..	..	..	..	..	12,7	16,7	-1,9	-2,9
123	Finnland	6,1	4,6	15,3	14,4	10,6	10,8	28,4	35,1	27,9	20,8	11,6	14,3	24,3	31,1	1,2	0,1
124	Schweiz	15,1	..	4,2	..	10,0	..	39,5	..	18,4	..	12,8	..	13,3	..	0,9	..
125	†Kuwait	8,4	19,9	15,0	14,0	5,5	7,4	14,2	20,5	16,6	14,5	40,1	23,7	34,4	31,0	17,4	-7,2
	Gesamte Welt																
	Brennstoffexporteure, ohne ehem. UdSSR																

[a] Vg. Technische Erläuterungen. [b] Die Daten beziehen sich nur auf Haushaltsansätze. [c] Die Angaben beziehen sich auf die Bundesrepublik Deutschland vor der Vereinigung.

Tabelle 12 Laufende Einnahmen der Zentralregierung

Prozentualer Anteil an den laufenden Gesamteinnahmen

	Steuereinnahmen												Laufende Gesamteinnahmen in % des BSP	
	Steuern auf Einkommen, Gewinne u. Kapitalgewinne		Sozialversicherungsbeiträge		Inlandssteuern auf Güter und Dienstleistungen		Steuern auf Außenhandel u. internationale Transaktionen		Sonstige Steuern[a]		Nichtsteuerliche Einnahmen			
	1972	1990	1972	1990	1972	1990	1972	1990	1972	1990	1972	1990	1972	1990

Länder mit niedrigem Einkommen
China und Indien
Übrige Länder

1 Mosambik	..	..	..	..	..	..	..	..	..	..	..	..	..	..
2 Tansania	29,9	..	0,0	..	29,1	..	21,7	..	0,5	..	18,8	..	15,8	..
3 Äthiopien	23,0	..	0,0	..	29,8	..	30,4	..	5,6	..	11,1	..	10,5	..
4 Somalia[b]	10,7	..	0,0	..	24,7	..	45,3	..	5,2	..	14,0	..	13,7	..
5 Nepal	4,1	10,8	0,0	0,0	26,5	35,7	36,7	31,0	19,0	5,3	13,7	17,2	5,2	10,0
6 Tschad	16,7	..	0,0	..	12,3	..	45,2	..	20,5	..	5,3	..	10,8	..
7 Bhutan	..	7,9	..	0,0	..	17,6	..	0,4	..	0,6	..	73,6	..	21,0
8 Laos, Dem. VR	..	..	..	..	..	..	..	..	..	..	..	..	..	..
9 Malawi[b]	31,4	35,0	0,0	0,0	24,2	33,2	20,0	17,7	0,5	1,2	23,8	12,9	16,0	23,7
10 Bangladesch[b]	3,7	8,6	0,0	0,0	22,4	25,8	18,0	27,3	3,8	15,2	52,2	23,0	8,4	11,4
11 Burundi	18,1	..	1,2	..	18,3	..	40,3	..	15,6	..	6,5	..	11,5	..
12 Zaire	22,5	28,9	2,3	1,4	12,1	16,5	57,8	47,3	1,6	0,8	3,6	5,2	10,2	12,0
13 Uganda	22,1	5,5	0,0	0,0	32,8	19,1	36,3	75,3	0,3	0,0	8,5	0,0	13,7	5,3
14 Madagaskar	13,1	..	7,2	..	29,9	..	33,6	..	5,5	..	10,8	..	14,7	..
15 Sierra Leone[b]	32,7	26,3	0,0	0,0	14,6	25,7	42,4	44,6	0,3	0,3	9,9	3,1	19,5	8,8
16 Mali	..	10,8	..	4,4	..	28,6	..	12,0	..	30,8	..	13,5	..	18,9
17 Nigeria[b]	43,0	..	0,0	..	26,3	..	17,5	..	0,2	..	13,0	..	10,3	..
18 Niger	..	..	..	..	..	..	..	..	..	..	..	..	..	..
19 Ruanda	17,9	..	4,4	..	14,1	..	41,7	..	13,8	..	8,1	..	9,8	..
20 Burkina Faso	16,8	..	0,0	..	18,0	..	51,8	..	3,2	..	10,2	..	8,6	..
21 Indien	21,3	15,4	0,0	0,0	44,5	35,5	20,1	28,8	0,9	0,4	13,2	19,9	10,2	14,8
22 Benin	..	..	..	..	..	..	..	..	..	..	..	..	..	..
23 China	..	..	..	..	..	..	..	..	..	..	..	..	..	..
24 Haiti	..	..	..	..	..	..	..	..	..	..	..	..	..	..
25 Kenia[b]	35,6	27,4	0,0	0,0	19,9	42,8	24,3	15,8	1,4	1,2	18,8	12,8	18,0	22,6
26 Pakistan	13,6	10,0	0,0	0,0	35,9	32,2	34,2	30,6	0,5	0,2	15,8	26,9	12,5	19,0
27 Ghana[b]	18,4	28,7	0,0	0,0	29,4	28,3	40,6	35,2	0,2	0,1	11,5	7,8	15,1	13,9
28 Zentralafrikanische Rep.	..	23,9	..	0,0	..	13,1	..	45,2	..	11,4	..	6,4	..	13,3
29 Togo	..	..	..	..	..	..	..	..	..	..	..	..	..	..
30 Sambia[b]	49,7	38,1	0,0	0,0	20,2	37,0	14,3	15,8	0,1	4,9	15,6	4,2	23,2	11,9
31 Guinea	..	..	..	..	..	17,1	..	74,4	..	2,4	..	6,1	..	14,6
32 Sri Lanka	19,1	10,8	0,0	0,0	34,7	46,4	35,4	28,6	2,1	4,6	8,7	9,5	20,1	21,1
33 Mauretanien	..	32,3	..	..	..	19,4	..	36,8	..	1,4	..	10,1	..	21,8
34 Lesotho	14,3	12,4	0,0	0,0	2,0	22,8	62,9	54,5	9,5	0,2	11,3	10,2	11,7	21,2
35 Indonesien	45,5	57,5	0,0	0,0	22,8	25,1	17,6	6,0	3,5	3,0	10,6	8,3	13,4	18,3
36 Honduras	19,2	..	3,0	..	33,8	..	28,2	..	2,3	..	13,5	..	13,2	..
37 Ägypten, Arab. Rep.	..	15,9	..	14,2	..	11,9	..	14,0	..	8,2	..	35,8	..	35,9
38 Afghanistan	..	..	..	..	..	..	..	..	..	..	..	..	..	..
39 Kambodscha	..	..	..	..	..	..	..	..	..	..	..	..	..	..
40 Liberia	40,4	33,9	0,0	0,0	20,3	25,1	31,6	34,6	3,1	2,3	4,6	4,2	17,0	17,8
41 Myanmar	28,7	9,0	0,0	0,0	34,2	30,7	13,4	14,9	0,0	0,0	23,8	45,5	..	..
42 Sudan[b]	11,8	..	0,0	..	30,4	..	40,5	..	1,5	..	15,7	..	18,0	..
43 Vietnam	..	..	..	..	..	..	..	..	..	..	..	..	..	..

Länder mit mittlerem Einkommen
Untere Einkommenskategorie

44 Bolivien	..	4,9	..	8,8	..	31,6	..	7,3	..	2,9	..	44,5	..	15,7
45 Simbabwe	..	44,9	..	0,0	..	26,3	..	17,5	..	1,1	..	10,1	..	35,6
46 Senegal	17,5	..	0,0	..	24,5	..	30,9	..	23,9	..	3,2	..	16,9	..
47 Philippinen[b]	13,8	28,3	0,0	0,0	24,3	30,7	23,0	25,1	29,7	2,9	9,3	12,9	13,1	16,3
48 Côte d'Ivoire	..	..	..	..	..	..	..	..	..	..	..	..	..	..
49 Dominikanische Rep.	17,9	20,9	3,9	4,1	19,0	19,8	40,4	41,1	1,7	4,7	17,0	9,4	17,2	15,1
50 Papua-Neuguinea[b]	..	44,6	..	0,0	..	10,5	..	24,9	..	1,8	..	18,1	..	23,2
51 Guatemala	12,7	18,1	0,0	0,0	36,1	23,2	26,2	33,8	15,6	7,2	9,4	17,7	8,9	9,8
52 Marokko	16,4	..	5,9	..	45,7	..	13,2	..	6,1	..	12,6	..	18,5	..
53 Kamerun	..	45,2	..	6,4	..	20,2	..	14,0	..	9,1	..	5,1	..	17,7
54 Ecuador[b]	19,6	56,9	0,0	0,0	19,1	21,5	52,4	14,3	5,1	5,5	3,8	1,7	13,6	17,7
55 Syrien, Arab. Rep.	6,8	29,5	0,0	0,0	10,4	4,1	17,3	6,8	12,1	33,6	53,4	26,0	25,3	25,5
56 Kongo	19,4	..	0,0	..	40,3	..	26,5	..	6,3	..	7,5	..	18,4	..
57 El Salvador[b]	14,7	18,8	0,0	0,0	24,9	38,4	35,0	18,5	19,6	21,5	5,8	2,8	12,0	9,9
58 Paraguay	8,8	9,3	10,4	0,0	26,1	19,5	24,8	20,1	17,0	24,8	12,9	26,2	11,5	12,2
59 Peru[b]	16,0	10,0	0,0	0,0	34,0	44,2	14,0	26,3	26,0	16,8	10,0	2,6	14,6	5,0
60 Jordanien	9,4	10,0	0,0	2,0	15,6	20,7	36,2	29,7	3,1	8,4	35,6	29,2	..	22,3
61 Kolumbien	37,1	27,8	13,7	12,6	15,2	27,7	19,8	17,8	7,1	6,7	7,1	7,4	10,6	13,4
62 Thailand	12,1	24,2	0,0	0,1	46,3	41,4	28,7	22,1	1,8	4,3	11,2	7,9	10,6	19,9
63 Tunesien	15,9	12,9	7,1	11,1	31,6	20,1	21,8	27,9	7,8	5,1	15,7	22,8	23,6	31,8
64 Jamaika	..	..	..	..	..	..	..	..	..	..	..	..	..	..
65 Türkei	30,8	43,3	0,0	0,0	31,0	32,1	14,6	6,2	6,1	3,0	17,5	15,4	20,6	19,3
66 Rumänien	..	18,9	..	22,9	..	32,6	..	0,5	..	14,9	..	10,2	..	34,8

Anmerkung: Zur Vergleichbarkeit der Daten und ihrer Abgrenzung vgl. Technische Erläuterungen. Kursive Zahlen gelten für andere als die angegebenen Jahre.

		Prozentualer Anteil an den laufenden Gesamteinnahmen												
		Steuereinnahmen											Laufende Gesamt- einnahmen in % des BSP	
		Steuern auf Einkommen, Gewinne u. Kapital- gewinne		Sozialver- sicherungs- beiträge		Inlandssteu- ern auf Güter und Dienst- leistungen		Steuern auf Außenhandel u. internatio- nale Trans- aktionen		Sonstige Steuern[a]		Nicht- steuerliche Einnahmen			
		1972	1990	1972	1990	1972	1990	1972	1990	1972	1990	1972	1990	1972	1990
67	Polen	..	30,4	..	21,4	..	30,4	..	6,2	..	6,5	..	5,1	..	38,7
68	Panama	23,3	14,7	22,4	27,3	13,3	17,9	16,0	8,3	7,7	3,5	17,3	28,2	21,8	24,5
69	Costa Rica	18,0	9,8	13,9	28,8	37,7	27,4	18,9	23,0	1,6	-3,5	9,8	14,4	15,3	24,3
70	Chile	14,3	23,3	28,6	6,0	28,6	37,1	14,3	9,8	0,0	-0,2	14,3	24,1	30,2	31,1
71	Botsuana[b]	20,1	38,6	0,0	0,0	1,4	1,5	47,7	13,2	0,4	0,1	30,3	46,6	30,4	60,9
72	Algerien	..	..	..	..	..	..	..	..	..	..	..	..	..	..
73	Bulgarien	..	36,4	..	12,7	..	15,1	..	6,1	..	0,7	..	29,0	..	78,5
74	Mauritius	22,7	13,9	0,0	4,1	23,3	20,9	40,2	46,4	5,5	6,1	8,2	8,7	15,6	24,2
75	Malaysia	25,2	30,5	0,1	0,8	24,2	24,3	27,9	16,7	1,4	2,5	21,2	25,2	20,3	28,9
76	Argentinien	..	4,3	..	43,4	..	22,4	..	11,4	..	10,3	..	8,2	..	13,3
77	Iran, Islam. Rep.	7,9	12,6	2,7	10,9	6,4	5,0	14,6	10,5	4,9	6,6	63,6	54,4	26,2	12,9
78	*Albanien*	..	..	..	..	..	..	..	..	..	..	..	..	..	..
79	*Angola*	..	..	..	..	..	..	..	..	..	..	..	..	..	..
80	*Libanon*	..	..	..	..	..	..	..	..	..	..	..	..	..	..
81	*Mongolei*	..	..	..	..	..	..	..	..	..	..	..	..	..	..
82	*Namibia*	..	42,7	..	0,0	..	28,5	..	16,4	..	1,1	..	11,3	..	43,6
83	*Nicaragua*	9,5	..	14,0	..	37,3	..	24,4	..	9,0	..	5,8	..	12,8	..
84	*Jemen, Rep.*	..	..	..	..	..	..	..	..	..	..	..	..	..	..
Obere Einkommenskategorie															
85	Mexiko	37,3	36,5	18,6	13,6	32,2	56,0	13,6	4,6	-8,5	-18,3	6,8	7,7	10,1	14,9
86	Südafrika	54,8	48,6	1,2	1,7	21,5	34,1	4,6	4,9	5,0	2,8	12,8	7,9	22,1	30,9
87	Venezuela	54,2	57,5	6,0	2,7	6,7	3,8	6,1	7,2	1,1	5,6	25,9	23,2	18,5	31,9
88	Uruguay	4,7	6,7	30,0	27,0	24,5	35,9	6,1	9,8	22,0	15,5	12,6	5,1	24,3	28,0
89	*Brasilien*	..	..	..	..	..	..	..	..	..	..	..	..	..	..
90	Ungarn	..	17,9	..	29,2	..	31,3	..	5,8	..	0,2	..	15,5	..	55,6
91	Jugoslawien	..	..	60,0	..	20,0	66,4	20,0	31,3	..	..	..	2,3	18,7	5,5
92	Tschechoslowakei	..	21,7	..	0,0	..	34,2	..	6,0	..	21,3	..	16,8	..	54,5
93	Gabun[b]	18,2	..	6,0	..	9,5	..	44,9	..	4,2	..	17,2	..	26,1	..
94	*Trinidad u. Tobago*	..	..	..	..	..	..	..	..	..	..	..	..	..	..
95	Portugal	..	23,8	..	25,9	..	36,9	..	2,5	..	3,2	..	7,7	..	36,6
96	Korea, Rep.	29,0	34,0	0,7	4,9	41,7	33,5	10,7	10,6	5,3	5,7	12,6	11,4	13,1	15,7
97	Griechenland	12,2	..	24,5	..	35,5	..	6,7	..	12,0	..	9,2	..	25,4	..
98	*Saudi-Arabien*	..	..	..	..	..	..	..	..	..	..	..	..	..	..
99	*Irak*	..	..	..	..	..	..	..	..	..	..	..	..	..	..
100	*Libyen*	..	..	..	..	..	..	..	..	..	..	..	..	..	..
101	*Oman*	71,1	23,4	0,0	0,0	0,0	0,7	3,0	2,1	2,3	0,5	23,6	73,3	47,4	38,2
Länder mit niedr. u. mittl. Eink.															
Afrika südlich der Sahara															
Ostasien u. Pazifik															
Südasien															
Europa															
Naher Osten u. Nordafrika															
Lateinamerika u. Karibik															
Übrige Länder															
Länder mit gravierenden Schuldenproblemen															
Länder mit hohem Einkommen															
OECD-Mitglieder															
†Übrige															
102	Irland	28,3	38,0	9,0	13,6	32,1	31,0	16,7	7,7	3,2	3,2	10,6	6,6	30,3	47,1
103	†Israel	40,0	35,9	0,0	8,9	20,0	33,1	20,0	1,7	10,0	3,9	10,0	16,5	31,3	40,3
104	Spanien	15,9	28,4	38,9	37,9	23,4	24,1	10,0	2,5	0,7	1,1	11,1	6,0	19,5	30,3
105	†Singapur	24,4	24,3	0,0	0,0	17,6	19,6	11,1	2,5	15,5	14,9	31,4	38,8	21,5	27,9
106	†Hongkong	..	..	..	..	..	..	..	..	..	..	..	..	..	..
107	Neuseeland[b]	61,4	53,1	0,0	0,0	19,9	27,1	4,1	2,1	4,5	3,1	10,0	14,6	28,0	45,6
108	Belgien	31,3	35,2	32,4	34,9	28,9	23,7	1,0	0,0	3,3	3,1	3,1	3,0	35,6	43,3
109	Großbritannien	39,4	40,3	15,6	17,1	27,1	30,8	0,7	0,1	5,4	2,1	10,8	9,6	32,8	35,5
110	Italien	16,6	36,6	39,2	29,0	31,7	29,1	0,4	0,0	4,3	2,2	7,7	3,1	24,9	39,0
111	Australien	58,3	65,1	0,0	0,0	21,9	21,1	5,2	4,1	2,1	0,4	12,5	9,3	20,5	27,2
112	Niederlande	32,5	30,7	36,7	35,6	22,3	22,3	0,5	0,0	3,4	2,8	4,7	8,6	43,4	47,5
113	Österreich	20,7	19,0	30,0	29,1	28,3	25,5	5,4	1,5	10,2	8,7	5,5	8,6	29,7	35,2
114	Frankreich	16,8	17,3	37,0	43,9	37,9	28,3	0,3	0,0	3,0	3,3	4,9	7,2	33,4	40,8
115	†Vereinigte Arab. Emirate[b]	0,0	0,0	0,0	3,1	0,0	39,7	0,0	0,0	0,0	0,0	100,0	57,2	0,2	1,3
116	Kanada	54,0	53,7	8,8	14,2	15,9	19,6	11,0	3,5	-0,6	0,0	10,9	9,0	21,3	20,5
117	Vereinigte Staaten	59,4	51,6	23,6	34,6	7,1	3,2	1,6	1,6	2,5	1,1	5,7	7,9	17,6	20,0
118	Dänemark	40,0	38,0	5,1	3,2	42,1	41,2	3,1	0,1	2,8	3,3	6,8	14,2	35,5	40,1
119	Deutschland[c]	19,7	16,4	46,6	53,4	28,1	23,8	0,8	0,0	0,8	0,2	4,0	6,2	25,3	28,7
120	Norwegen	22,6	16,6	20,6	24,2	48,0	34,4	1,6	0,5	1,0	1,4	6,2	23,0	36,8	47,3
121	Schweden	27,0	18,1	21,6	30,5	34,0	28,9	1,5	0,5	4,7	8,9	11,3	13,2	32,2	45,3
122	Japan[b]	64,8	71,2	0,0	0,0	22,6	12,0	3,5	1,3	6,8	9,9	2,4	5,6	11,2	13,9
123	Finnland	30,0	30,2	7,8	9,1	47,7	45,8	3,1	1,0	5,8	4,7	5,5	9,1	26,5	31,3
124	Schweiz	13,9	..	37,3	..	21,5	..	16,7	..	2,6	..	8,0	..	14,5	..
125	†Kuwait	68,8	0,7	0,0	0,0	19,7	0,0	1,5	2,9	0,2	0,1	9,9	96,2	55,2	23,6
Gesamte Welt															
Brennstoffexporteure ohne ehem. UdSSR															

[a] Vgl. Technische Erläuterungen. [b] Die Daten beziehen sich nur auf Haushaltsansätze. [c] Die Angaben beziehen sich auf die Bundesrepublik Deutschland vor der Vereinigung.

Tabelle 13 Geldbestände und Zinssätze

	Geldbestände in weiter Abgrenzung				Durch- schnittliche jährliche Inflationsrate (BIP-Deflator)	Nominale Zinssätze der Banken (Jahresdurchschnitte in %)			
	Durchschnittliche jährliche nominale Zuwachsrate (in %)		Durchschnittliche Bestände in % des BIP			Einlagenzins		Kreditzins	
	1965–80	1980–90	1965	1980	1990	1980–90	1980	1990	1980	1990
Länder mit niedrigem Einkommen										
China und Indien										
Übrige Länder										
1 Mosambik	..	..	..	..	..	36,5	..	..	..	..
2 Tansania	19,7	21,5	..	37,2	..	25,7	4,0	*17,0*	11,5	*31,0*
3 Äthiopien	12,7	12,2	12,5	25,3	52,5	2,1	..	2,4	..	6,0
4 Somalia	20,4	50,0	12,7	17,8	..	49,7	4,5	*25,0*	7,5	..
5 Nepal	17,9	19,7	8,4	21,9	34,9	9,1	4,0	*8,5*	14,0	*14,4*
6 Tschad	12,5	10,3	9,3	20,0	23,3	1,2	5,5	*4,3*	11,0	*11,5*
7 Bhutan	..	33,9	..	..	20,7	8,4	..	6,5	..	15,0
8 Laos, Dem. VR	..	..	..	..	..	..	7,2	*14,0*	4,8	*15,0*
9 Malawi	15,4	*18,1*	17,6	20,5	..	14,7	7,9	12,1	16,7	21,0
10 Bangladesch	..	21,6	..	16,7	28,3	9,6	8,3	*12,0*	11,3	16,0
11 Burundi	15,8	9,9	10,1	13,5	17,8	4,2	2,5	..	12,0	..
12 Zaire	28,2	69,1	8,6	6,4	10,7	60,9	..	..	..	..
13 Uganda	*23,2*	..	..	12,7	*7,8*	107,0	6,8	35,0	10,8	38,7
14 Madagaskar	12,2	*17,5*	15,8	22,3	*21,4*	17,1	5,6	..	9,5	..
15 Sierra Leone	15,9	55,6	11,7	20,6	16,1	56,2	9,2	40,5	11,0	52,5
16 Mali	14,4	9,4	..	17,9	20,8	3,0	6,2	7,0	9,4	*8,8*
17 Nigeria	28,5	14,1	10,7	23,8	17,6	18,2	5,3	*13,1*	8,4	*35,0*
18 Niger	18,3	6,1	3,8	13,3	19,9	3,3	6,2	7,0	9,4	*8,8*
19 Ruanda	19,0	9,0	15,8	13,6	17,6	3,8	6,3	6,9	13,5	13,2
20 Burkina Faso	17,1	11,7	6,9	13,8	17,8	4,6	6,2	7,0	9,4	*8,8*
21 Indien	15,3	16,7	23,7	36,2	44,7	7,9	..	..	16,5	16,5
22 Benin	17,3	4,8	8,6	17,2	23,0	1,9	6,2	7,0	9,4	*8,8*
23 China	..	25,4	..	33,6	74,7	5,8	5,4	..	5,0	*11,2*
24 Haiti	20,3	*8,6*	9,9	26,1	..	7,2	10,0	..	..	..
25 Kenia	*18,6*	14,9	..	36,8	38,3	9,2	5,8	13,7	10,6	18,8
26 Pakistan	14,7	13,3	40,7	38,7	36,8	6,7	..	..	..	..
27 Ghana	25,9	44,8	20,3	16,2	12,5	42,7	11,5	..	19,0	..
28 Zentralafrikanische Rep.	12,7	5,2	13,5	18,9	17,8	5,5	5,5	*7,5*	10,5	*12,5*
29 Togo	20,3	6,5	10,9	29,0	34,6	4,8	6,2	7,0	9,4	*8,8*
30 Sambia	12,7	..	..	32,6	..	42,3	7,0	*11,4*	9,5	*18,4*
31 Guinea	..	..	..	..	..	..	..	..	..	..
32 Sri Lanka	15,4	15,1	32,3	35,3	32,6	11,0	14,5	19,4	19,0	13,0
33 Mauretanien	20,7	11,4	5,7	20,5	24,4	8,8	..	..	..	..
34 Lesotho	..	17,8	..	..	39,8	13,0	..	13,0	11,0	20,4
35 Indonesien	54,4	25,8	..	13,2	36,2	8,4	6,0	17,3	..	20,6
36 Honduras	14,8	12,5	15,4	22,8	33,1	5,4	7,0	*8,6*	18,5	*15,8*
37 Ägypten, Arab. Rep.	17,7	21,9	35,3	52,2	93,2	11,9	8,3	12,0	13,3	19,0
38 *Afghanistan*	14,0	..	14,4	26,8	..	..	9,0	..	13,0	..
39 *Kambodscha*	..	..	..	..	..	..	..	..	..	..
40 *Liberia*	..	..	..	..	..	..	10,3	*6,8*	18,4	*13,8*
41 *Myanmar*	11,5	*11,2*	..	..	..	..	1,5	*1,5*	8,0	*8,0*
42 *Sudan*	21,6	28,0	14,1	32,5	..	..	6,0	..	..	..
43 *Vietnam*	..	..	..	..	..	..	..	..	..	..
Länder mit mittlerem Einkommen										
Untere Einkommenskategorie										
44 Bolivien	24,3	*444,2*	10,9	16,2	*21,7*	318,4	18,0	..	28,0	..
45 Simbabwe	..	..	..	..	54,0	10,8	3,5	8,8	17,5	11,7
46 Senegal	15,6	6,4	15,3	26,6	22,6	6,6	6,2	7,0	9,4	*8,8*
47 Philippinen	*17,7*	*16,1*	19,9	11,0	21,1	14,9	12,3	19,5	14,0	24,1
48 Côte d'Ivoire	20,4	4,6	21,8	25,8	31,7	2,7	6,2	7,0	9,4	*8,8*
49 Dominikanische Rep.	18,5	26,9	18,0	21,8	22,0	21,8	..	..	..	..
50 Papua-Neuguinea	..	8,0	..	32,9	34,0	5,3	6,9	8,7	11,2	15,5
51 Guatemala	16,3	15,7	15,2	20,5	19,1	14,6	9,0	18,2	11,0	23,3
52 Marokko	15,7	*14,5*	29,4	42,4	..	7,2	4,9	*8,5*	7,0	*9,0*
53 Kamerun	19,0	7,9	11,7	18,3	22,7	5,6	7,5	*7,5*	13,0	*14,0*
54 Ecuador	22,6	35,5	15,6	20,2	13,4	36,7	..	43,6	9,0	37,5
55 Syrien, Arab. Rep.	21,9	*19,4*	24,6	40,9	..	14,7	5,0	..	..	..
56 Kongo	14,2	7,3	16,5	14,7	19,8	0,7	6,5	*8,0*	11,0	*12,5*
57 El Salvador	14,3	16,9	21,6	28,1	25,8	17,2	..	18,0	..	21,2
58 Paraguay	21,3	20,0	12,1	19,8	..	24,4	..	..	..	..
59 Peru	25,9	*157,0*	18,8	16,5	..	233,7	..	..	..	..
60 Jordanien	19,1	12,9	..	..	129,8	..	..	..	..	..
61 Kolumbien	26,5	..	19,8	23,7	..	24,8	..	27,7	19,0	28,2
62 Thailand	17,9	18,8	23,6	37,4	71,5	3,3	12,0	12,3	18,0	15,0
63 Tunesien	17,4	*15,5*	30,2	42,1	..	7,4	2,5	*7,4*	7,3	*9,9*
64 Jamaika	17,2	24,1	24,3	35,4	50,2	18,3	10,3	26,0	13,0	34,2
65 Türkei	27,5	51,9	23,0	17,2	21,3	43,2	8,0	47,6	25,7	..
66 Rumänien	..	..	..	33,4	..	1,8	..	..	..	..

Anmerkung: Zur Vergleichbarkeit der Daten und ihrer Abgrenzung vgl. Technische Erläuterungen. Kursive Zahlen gelten für andere als die angegebenen Jahre.

		Geldbestände in weiter Abgrenzung				Durch-schnittliche jährliche Inflationsrate (BIP-Deflator)	Nominale Zinssätze der Banken (Jahresdurchschnitte in %)			
		Durchschnittliche jährliche nominale Zuwachsrate (in %)		Durchschnittliche Bestände in % des BIP			Einlagenzins		Kreditzins	
		1965–80	1980–90	1965	1980	1990	1980–90	1980	1990	1980	1990
67	Polen	..	51,5	..	58,4	22,4	54,3	3,0	27,8	8,0	101,4
68	Panama	..	..	..	..	..	2,4	..	..	..	..
69	Costa Rica	24,6	25,6	19,3	38,8	38,1	23,5	..	21,2	..	32,6
70	Chile	..	30,3	16,3	21,0	..	20,5	37,5	40,3	47,1	48,8
71	Botsuana	..	25,9	..	30,7	32,0	12,1	5,0	6,1	8,5	7,9
72	Algerien	22,3	14,3	..	58,5	82,2	6,6	..	..	..	..
73	Bulgarien	..	..	..	..	..	2,3	..	1,6	..	5,1
74	Mauritius	21,8	21,9	27,3	41,1	61,4	8,8	..	12,6	..	18,0
75	Malaysia	21,5	12,6	26,3	69,8	..	1,6	6,2	5,9	7,8	7,2
76	Argentinien	86,6	368,5	18,1	22,2	7,6	395,1	79,4	1.586,0	..	..
77	Iran, Islam. Rep.	28,4	16,7	21,6	54,5	..	13,8	..	..	..	..
78	*Albanien*	..	..	..	..	..	..	..	..	..	..
79	*Angola*	..	..	..	..	..	..	..	..	..	..
80	*Libanon*	16,2	72,7	83,4	176,1	..	..	..	16,9	..	39,9
81	*Mongolei*	..	..	..	..	..	−1,3	..	..	..	..
82	*Namibia*	..	..	..	..	..	13,2	..	..	..	..
83	*Nicaragua*	15,0	..	15,4	22,1	..	432,0	7,5	..	..	..
84	*Jemen, Rep.*	..	18,7	..	..	..	..	9,3	..	..	..
Obere Einkommenskategorie											
85	Mexiko	21,9	62,4	25,1	27,5	20,4	70,4	20,6	31,2	28,1	..
86	Südafrika	14,0	16,6	58,8	50,9	56,2	14,4	5,5	18,9	9,5	21,0
87	Venezuela	22,9	17,8	17,4	43,0	33,8	19,3	..	27,8	..	28,2
88	Uruguay	65,8	65,9	26,8	32,1	45,7	61,4	50,3	97,8	66,6	174,5
89	Brasilien	−22,0	..	20,6	18,4	..	284,4	115,0	9.387,5	..	..
90	Ungarn	..	..	..	..	..	9,0	3,0	23,0	9,0	28,0
91	Jugoslawien	25,7	119,0	43,6	59,1	29,7	122,8	5,9	5.644,8	11,5	4.353,8
92	Tschechoslowakei	..	6,1	..	..	69,2	1,9	2,7	2,8	..	..
93	Gabun	25,2	5,3	16,2	15,2	22,0	−1,7	7,5	8,8	12,5	12,5
94	Trinidad u. Tobago	23,1	..	21,3	32,0	..	6,3	..	6,0	10,0	12,9
95	Portugal	19,4	15,9	77,7	95,6	71,1	18,2	19,0	13,6	18,8	21,7
96	Korea, Rep.	35,5	21,0	11,1	31,7	53,2	5,1	19,5	10,0	18,0	10,0
97	Griechenland	21,4	27,5	35,0	61,6	..	18,0	14,5	19,5	21,3	27,6
98	Saudi-Arabien	32,1	8,4	16,4	18,6	..	−5,2	..	..	..	..
99	*Irak*	..	..	19,7	..	..	..	..	..	..	..
100	*Libyen*	29,2	2,3	14,2	34,7	75,8	0,2	5,1	..	7,0	..
101	*Oman*	..	11,6	..	13,8	..	..	..	8,3	..	9,7

Länder mit niedr. u. mittl. Eink.
  Afrika südlich der Sahara
  Ostasien u. Pazifik
  Südasien
  Europa
  Naher Osten u. Nordafrika
  Lateinamerika u. Karibik
  Übrige Länder

Länder mit gravierenden Schuldenproblemen

Länder mit hohem Einkommen
  OECD-Mitglieder
  †Übrige

102	Irland	16,1	6,5	..	58,1	44,8	6,5	12,0	6,3	16,0	11,3
103	†Israel	52,7	101,8	15,3	56,4	63,6	101,4	..	14,1	176,9	31,6
104	Spanien	19,7	10,4	58,5	74,4	65,0	9,2	13,1	10,7	16,9	16,0
105	†Singapur	17,6	13,3	58,4	74,4	121,9	1,7	9,4	4,7	11,7	7,4
106	†Hongkong	..	..	..	69,3	..	7,2	..	..	..	..
107	Neuseeland	12,8	..	54,8	51,2	..	10,5	..	10,9	12,6	14,4
108	Belgien	10,4	7,1	59,2	57,0	..	4,4	7,7	6,1	..	13,0
109	Großbritannien	13,8	..	48,4	46,0	..	5,8	14,1	6,2	16,2	14,8
110	Italien	17,9	12,0	68,8	81,9	77,0	9,9	12,7	6,8	19,0	14,1
111	Australien	15,9	12,8	48,9	57,9	73,5	7,4	8,6	13,7	10,6	20,3
112	Niederlande	14,7	..	54,5	79,0	..	1,9	6,0	3,3	13,5	11,8
113	Österreich	13,3	7,3	49,0	72,6	86,1	3,6	5,0	3,4	..	..
114	Frankreich	15,0	9,9	53,7	69,7	..	6,1	6,3	6,7	18,7	16,0
115	†Vereinigte Arab. Emirate	..	11,1	..	19,0	..	1,1	9,5	..	12,1	..
116	Kanada	15,3	8,6	40,5	65,0	72,5	4,4	12,9	12,8	14,3	14,1
117	Vereinigte Staaten	9,2	8,4	63,8	58,8	66,6	3,7	..	..	15,3	10,0
118	Dänemark	11,5	12,0	45,8	42,6	58,2	5,6	10,8	8,3	17,2	13,4
119	Deutschland[a]	10,1	6,1	46,1	60,7	66,6	2,7	8,0	7,1	12,0	11,6
120	Norwegen	12,8	10,8	51,9	52,9	63,6	5,5	5,0	9,7	12,6	14,2
121	Schweden	10,7	9,8	46,5	46,5	47,4	7,4	11,3	9,9	15,1	17,2
122	Japan	17,2	9,0	106,7	134,0	183,1	1,5	5,5	4,1	8,4	7,0
123	Finnland	14,7	13,8	39,1	39,5	52,7	6,8	..	7,5	9,8	11,6
124	Schweiz	7,1	7,3	101,1	107,4	117,4	3,7	..	8,3	..	7,4
125	†Kuwait	17,8	5,1	28,1	33,1	..	−2,9	4,5	4,5	6,8	6,8

Gesamte Welt
Brennstoffexporteure ohne ehem. UdSSR

[a] Die Angaben beziehen sich auf die Bundesrepublik Deutschland vor der Vereinigung.

Tabelle 14 Wachstum des Warenhandels

	Warenhandel (in Mio $)		Durchschnittliche jährliche Zuwachsrate[a] (in %)				Terms of Trade (1987 = 100)	
	Ausfuhr	Einfuhr	Ausfuhr		Einfuhr			
	1990	1990	1965–80	1980–90	1965–80	1980–90	1985	1990
Länder mit niedrigem Einkommen	141.176 s	144.431 s	5,1 w	5,4 w	4,8 w	2,8 w	107 m	100 m
China und Indien	80.059 s	77.037 s	4,1 w	9,8 w	4,4 w	8,0 w	103 m	103 m
Übrige Länder	61.117 s	67.394 s	5,8 w	1,5 w	5,0 w	–1,9 w	107 m	100 m
1 Mosambik	..	..	..	..	..	..	..	..
2 Tansania	300	935	–4,2	–7,4	1,6	–0,5	101	*108*
3 Äthiopien	297	1.081	–0,5	–0,3	–0,9	4,2	117	84
4 Somalia	130	360	4,4	–3,3	4,4	–4,3	107	*111*
5 Nepal	*162*	*543*	..	..	..	..	98	..
6 Tschad	200	450	..	..	..	..	..	..
7 Bhutan	..	..	..	..	..	..	..	..
8 Laos, Dem. VR	..	..	..	..	..	..	..	..
9 Malawi	412	576	5,1	4,3	3,3	0,7	104	93
10 Bangladesch	1.674	3.646	..	7,6	..	8,0	109	95
11 Burundi	75	235	3,3	–1,9	–0,2	5,0	133	70
12 Zaire	999	888	4,7	–11,2	–2,9	–4,0	111	163
13 Uganda	151	458	–3,4	*–1,9*	–5,3	3,2	143	*88*
14 Madagaskar	335	480	0,6	–1,5	–0,4	–0,4	98	102
15 Sierra Leone	138	146	–2,4	–1,4	–4,6	–2,3	106	80
16 Mali	347	640	9,5	9,9	4,4	6,7	95	97
17 Nigeria	13.671	5.688	11,1	–1,6	14,6	–15,1	167	100
18 Niger	435	230	12,8	4,3	6,6	–8,8	126	77
19 Ruanda	112	279	7,9	0,1	5,1	11,4	116	98
20 Burkina Faso	160	480	3,6	10,1	5,7	1,0	108	100
21 Indien	17.967	23.692	3,0	6,5	1,2	4,2	96	96
22 Benin	93	483	..	..	..	..	..	..
23 China*	62.091	53.345	4,8	11,0	7,4	9,8	109	111
24 Haiti	138	272	4,2	–12,4	6,5	*–6,2*	89	*97*
25 Kenia	1.033	2.124	3,9	1,0	2,4	1,6	114	103
26 Pakistan	5.590	7.377	–1,8	9,0	0,4	4,0	90	95
27 Ghana	739	1.199	–2,6	3,8	–1,4	–0,1	106	75
28 Zentralafrikanische Rep.	130	170	–1,3	–1,3	–4,8	6,1	107	109
29 Togo	300	700	5,6	2,4	8,5	1,4	118	114
30 Sambia	..	..	..	..	..	..	..	..
31 Guinea	..	..	..	..	..	..	..	..
32 Sri Lanka	1.984	2.689	0,2	6,8	–1,2	2,1	103	90
33 Mauretanien	468	248	4,0	3,8	6,3	–5,1	113	107
34 Lesotho[b]	..	..	..	..	..	..	..	..
35 Indonesien	25.553	21.837	9,6	2,8	13,0	1,4	134	111
36 Honduras	916	1.028	3,1	2,4	2,5	–0,7	111	104
37 Ägypten, Arab. Rep.	2.985	10.340	–0,1	2,1	3,6	–1,7	131	76
38 *Afghanistan*	..	..	..	..	..	..	..	..
39 *Kambodscha*	..	..	..	..	..	..	..	..
40 *Liberia*	500	450	4,4	–2,7	1,5	–2,2	97	111
41 *Myanmar*	322	270	–2,1	–10,1	–4,4	–14,5	106	127
42 *Sudan*	400	600	–0,3	–0,9	2,3	–8,3	106	100
43 *Vietnam*	..	..	..	..	..	..	..	..
Länder mit mittlerem Einkommen	491.128 s	485.897 s	3,9 w	3,8 w	6,1 w	0,9 w	110 m	102 m
Untere Einkommenskategorie	184.340 s	195.680 s	..	7,2 w	4,7 w	2,1 w	110 m	99 m
44 Bolivien	923	716	2,7	1,4	5,0	–2,4	167	97
45 Simbabwe	..	1.851	..	..	..	..	100	..
46 Senegal	783	1.620	2,5	5,6	4,1	4,6	106	106
47 Philippinen	8.681	13.080	4,6	2,5	2,9	2,3	93	93
48 Côte d'Ivoire	2.600	2.100	5,5	2,7	7,6	–1,2	110	80
49 Dominikanische Rep.	734	2.057	0,3	1,3	4,9	3,5	109	98
50 Papua-Neuguinea	1.140	1.288	13,0	6,2	1,6	2,6	111	75
51 Guatemala	1.211	1.626	4,8	–1,7	4,6	–1,4	108	102
52 Marokko	4.263	6.918	3,7	6,1	6,5	2,9	88	86
53 Kamerun	1.200	1.300	4,9	–1,3	5,6	–3,3	139	91
54 Ecuador	2.714	1.862	15,1	4,3	6,4	–3,2	153	109
55 Syrien, Arab. Rep.	4.173	2.400	11,4	8,7	8,5	–8,3	125	87
56 Kongo	1.130	570	10,3	5,9	0,6	–3,1	145	99
57 El Salvador	550	1.200	1,0	–0,8	2,7	–0,5	126	*114*
58 Paraguay	959	1.113	6,5	10,7	3,7	1,5	108	110
59 Peru	3.277	3.230	1,6	0,3	–1,4	–4,0	111	78
60 Jordanien	1.146	2.663	11,2	10,3	9,7	–0,5	95	112
61 Kolumbien	6.766	5.590	1,4	10,6	5,3	–2,3	140	92
62 Thailand	23.002	33.129	8,6	13,2	4,1	10,2	91	99
63 Tunesien	3.498	5.471	10,8	4,8	10,4	1,1	105	99
64 Jamaika	1.347	1.685	–0,4	0,6	–1,9	1,1	95	88
65 Türkei	12.959	22.300	5,5	9,1	7,7	7,0	82	98
66 Rumänien	..	..	..	..	..	..	..	..
* Angaben für Taiwan (China)	67.025	54.696	18,9	12,1	15,1	10,1	103	109

Anmerkung: Zur Vergleichbarkeit der Daten und ihrer Abgrenzung vgl. Technische Erläuterungen. Kursive Zahlen gelten für andere als die angegebenen Jahre.

		Warenhandel (in Mio $)		Durchschnittliche jährliche Zuwachsrate[a] (in %)				Terms of Trade (1987 = 100)	
		Ausfuhr	Einfuhr	Ausfuhr		Einfuhr			
		1990	1990	1965–80	1980–90	1965–80	1980–90	1985	1990
67	Polen	13.627	9.781	..	3,0	..	1,2	94	103
68	Panama	321	1.539	−5,7	−0,3	−1,9	−3,0	130	138
69	Costa Rica	1.457	2.026	7,0	3,1	5,7	2,5	111	114
70	Chile	8.579	7.023	8,0	4,8	1,4	0,6	102	131
71	Botsuana[b]	..	..	..	..	..	..	..	..
72	Algerien	15.241	10.433	1,8	5,3	13,0	−4,6	174	99
73	Bulgarien	..	..	..	..	..	..	..	..
74	Mauritius	1.182	1.616	3,1	9,6	5,2	11,2	83	114
75	Malaysia	29.409	29.251	4,6	10,3	2,2	5,6	117	94
76	Argentinien	12.353	4.077	4,7	1,4	1,8	−8,4	110	112
77	Iran, Islam. Rep.	15.000	13.000	..	21,1	..	8,0	160	72
78	Albanien	..	..	..	..	..	..	..	..
79	Angola	3.000	1.200	..	..	..	..	..	..
80	Libanon	..	..	..	..	..	..	..	..
81	Mongolei	..	..	..	..	..	..	..	..
82	Namibia[b]	..	..	..	..	..	..	..	..
83	Nicaragua	379	750	2,8	−5,3	1,3	−2,8	111	110
84	Jemen, Rep.	..	..	..	..	..	..	..	..
Obere Einkommenskategorie		**306.789** s	**290.217** s	**3,9** w	**1,9** w	**7,2** w	**0,1** w	**111** m	**105** m
85	Mexiko	26.714	28.063	7,7	3,4	5,7	−1,1	133	110
86	Südafrika[b]	23.612	18.258	7,8	1,7	−0,1	−3,7	105	93
87	Venezuela	17.220	6.364	−9,5	1,8	8,1	−4,6	174	164
88	Uruguay	1.696	1.415	4,6	3,2	1,2	−1,1	89	104
89	Brasilien	31.243	22.459	9,3	4,0	8,2	−0,3	92	123
90	Ungarn	9.588	8.646	..	5,5	..	1,3	104	87
91	Jugoslawien	14.365	18.911	5,6	0,1	6,6	0,6	95	121
92	Tschechoslowakei	17.950	19.862	..	..	..	..	..	..
93	Gabun	2.471	760	8,6	1,4	9,5	−1,8	140	96
94	Trinidad u. Tobago	2.080	1.262	−5,5	−3,7	−5,8	−12,8	156	110
95	Portugal	16.416	25.333	3,4	11,7	3,7	8,2	85	105
96	Korea, Rep.	64.837	69.585	27,2	12,8	15,2	10,8	103	108
97	Griechenland	8.053	19.701	11,9	3,8	5,2	4,3	94	105
98	Saudi-Arabien	31.065	24.069	8,8	−9,7	25,9	−10,0	176	92
99	Irak	16.809	4.314	..	..	..	..	..	..
100	Libyen	14.285	3.976	3,3	1,8	11,7	−10,4	196	97
101	Oman	458	2.608	..	..	..	..	..	..
Länder mit niedr. u. mittl. Eink.		**632.304** s	**630.328** s	**4,1** w	**4,1** w	**5,8** w	**1,4** w	**109** m	**100** m
Afrika südlich der Sahara		34.056 s	32.377 s	6,1 w	0,2 w	5,6 w	−4,3 w	110 m	100 m
Ostasien u. Pazifik		217.030 s	224.021 s	8,5 w	9,8 w	7,1 w	8,0 w	106 m	103 m
Südasien		27.699 s	38.217 s	1,8 w	6,8 w	0,6 w	4,1 w	101 m	95 m
Europa		94.082 s	126.493 s	..	..	..	..	94 m	103 m
Naher Osten u. Nordafrika		112.644 s	89.842 s	5,7 w	−1,1 w	12,8 w	−4,7 w	130 m	96 m
Lateinamerika u. Karibik		123.181 s	101.119 s	−1,0 w	3,0 w	4,1 w	−2,1 w	111 m	110 m
Übrige Länder		..	..	..	..	..	..	..	..
Länder mit gravierenden Schuldenproblemen		**135.856** s	**99.721** s	**−0,5** w	**3,4** w	**6,6** w	**−2,1** w	**118** m	**101** m
Länder mit hohem Einkommen		**2.555.661** s	**2.725.419** s	**7,3** w	**4,3** w	**4,4** w	**5,3** w	**97** m	**100** m
OECD-Mitglieder		2.379.089 s	2.501.753 s	7,2 w	4,1 w	4,1 w	5,2 w	94 m	100 m
†Übrige		176.573 s	223.666 s	8,8 w	8,3 w	9,8 w	6,7 w	100 m	100 m
102	Irland	23.796	20.716	10,0	7,3	4,8	3,6	97	95
103	†Israel	12.047	15.197	8,9	7,5	6,2	4,7	105	103
104	Spanien	55.607	87.487	12,4	7,4	4,4	9,0	91	106
105	†Singapur	52.627	60.647	4,7	8,6	7,0	6,7	99	100
106	†Hongkong	29.002	82.495	9,1	6,2	8,3	11,0	97	100
107	Neuseeland	9.045	9.466	3,8	3,4	1,1	3,6	88	99
108	Belgien[c]	118.002	119.725	7,8	4,7	5,2	3,1	94	96
109	Großbritannien	185.891	224.914	5,1	2,7	1,4	4,9	103	105
110	Italien	168.523	176.153	7,7	3,5	3,5	4,2	84	97
111	Australien	35.973	39.740	5,4	3,9	1,0	4,7	111	115
112	Niederlande	131.479	125.909	8,0	4,4	4,4	3,5	101	102
113	Österreich	41.876	49.960	8,2	6,2	6,1	5,2	87	92
114	Frankreich	209.491	232.525	8,5	3,4	4,3	3,2	96	102
115	†Vereinigte Arab. Emirate	..	..	13,3	..	..	..	..	..
116	Kanada	125.056	115.882	5,4	5,9	2,5	8,4	110	109
117	Vereinigte Staaten	371.466	515.635	6,4	3,3	5,5	7,6	100	100
118	Dänemark	34.801	31.562	5,4	5,1	1,7	4,2	93	104
119	Deutschland[d]	397.912	341.248	7,2	4,2	5,3	3,9	82	97
120	Norwegen	34.072	26.889	8,2	7,2	3,0	2,5	130	91
121	Schweden	57.326	54.536	4,9	4,4	1,8	3,5	94	101
122	Japan	286.768	231.223	11,4	4,2	4,9	5,6	71	91
123	Finnland	26.718	27.098	5,9	3,0	3,1	4,7	85	98
124	Schweiz	63.699	69.427	6,2	3,5	4,5	3,8	86	100
125	†Kuwait	8.300	4.800	18,5	−11,1	11,8	−5,7	175	77
Gesamte Welt		**3.187.965** s	**3.355.746** s	**6,6** w	**4,3** w	**4,6** w	**4,5** w	**106** m	**100** m
Brennstoffexporteure ohne ehem. UdSSR		**138.638** s	**76.773** s	**2,5** w	**−1,4** w	**12,1** w	**−7,2** w	**170** m	**98** m

[a] Vgl. Technische Erläuterungen. [b] Die Angaben beziehen sich auf die Südafrikanische Zollunion, der Südafrika, Namibia, Lesotho, Botsuana und Swasiland angehören; der Handel zwischen diesen Teilgebieten ist nicht in den Angaben enthalten. [c] Einschließlich Luxemburg. [d] Die Angaben beziehen sich auf die Bundesrepublik Deutschland vor der Vereinigung.

Tabelle 15 Struktur der Wareneinfuhr

Prozentualer Anteil an der Wareneinfuhr

	Nahrungsmittel		Brennstoffe		Sonstige Rohstoffe		Maschinen, Elektrotechnik, Fahrzeuge		Übrige Industrieprodukte	
	1965	1990	1965	1990	1965	1990	1965	1990	1965	1990
Länder mit niedrigem Einkommen	**17w**	**12w**	**5w**	**9w**	**8w**	**8w**	**33w**	**33w**	**37w**	**38w**
China und Indien	15w	8w	3w	7w	12w	10w	38w	34w	31w	41w
Übrige Länder	18w	15w	5w	11w	5w	7w	30w	32w	42w	35w
1 Mosambik	17	..	8	..	7	..	24	..	45	..
2 Tansania	7	7	9	31	2	2	40	35	42	25
3 Äthiopien	6	17	6	10	6	3	37	44	44	26
4 Somalia	31	19	5	14	8	10	24	24	33	33
5 Nepal	..	9	..	9	..	10	..	26	..	46
6 Tschad	13	14	20	14	4	3	21	29	42	40
7 Bhutan	..	..	..	..	..	..	..	..	..	..
8 Laos, Dem. VR	27	..	14	..	6	..	19	..	34	..
9 Malawi	15	7	5	13	3	3	21	29	57	47
10 Bangladesch	..	30	..	14	..	6	..	17	..	33
11 Burundi	16	18	6	9	8	7	15	29	55	37
12 Zaire	18	20	7	8	5	5	33	32	37	36
13 Uganda	6	8	2	30	3	2	34	27	55	34
14 Madagaskar	19	15	5	22	2	3	25	29	48	31
15 Sierra Leone	17	20	9	20	3	3	29	25	41	32
16 Mali	20	20	6	27	5	3	23	18	47	32
17 Nigeria	9	16	6	1	3	2	34	44	48	37
18 Niger	12	21	6	15	6	6	21	26	55	32
19 Ruanda	12	9	7	16	5	6	28	35	50	35
20 Burkina Faso	23	23	4	17	14	6	19	24	40	30
21 Indien	22	8	5	17	14	12	37	18	22	45
22 Benin	18	16	6	5	7	10	17	22	53	47
23 China*	7	8	1	2	10	9	39	41	43	39
24 Haiti	19	23	6	13	4	4	21	20	51	40
25 Kenia	6	10	10	32	4	4	34	25	46	30
26 Pakistan	20	19	3	17	5	8	38	27	34	29
27 Ghana	12	11	4	35	3	2	33	21	48	31
28 Zentralafrikanische Rep.	13	20	7	2	2	4	29	34	49	41
29 Togo	14	22	4	6	5	6	32	25	45	41
30 Sambia	..	..	..	..	..	..	..	..	..	..
31 Guinea	..	..	..	..	..	..	..	..	..	..
32 Sri Lanka	41	16	8	15	4	4	12	22	34	44
33 Mauretanien	9	22	4	6	1	1	56	42	30	28
34 Lesotho[a]	..	..	..	..	..	..	..	..	..	..
35 Indonesien	6	5	3	9	2	9	39	43	50	35
36 Honduras	11	13	6	16	1	3	26	25	56	44
37 Ägypten, Arab. Rep.	26	31	7	2	12	10	23	23	31	34
38 *Afghanistan*	17	..	4	..	1	..	8	..	69	..
39 *Kambodscha*	6	..	7	..	2	..	26	..	58	..
40 *Liberia*	17	24	8	20	3	3	33	27	39	27
41 *Myanmar*	15	9	4	3	5	2	18	40	58	46
42 *Sudan*	23	18	5	19	4	4	21	22	47	37
43 *Vietnam*	..	..	..	..	..	..	..	..	..	..
Länder mit mittlerem Einkommen	**15w**	**11w**	**10w**	**12w**	**11w**	**8w**	**30w**	**34w**	**34w**	**35w**
Untere Einkommenskategorie	17w	11w	9w	10w	8w	8w	28w	34w	37w	37w
44 Bolivien	19	11	1	1	3	3	34	45	42	41
45 Simbabwe	7	3	0	16	4	5	41	37	47	38
46 Senegal	36	27	6	16	4	5	15	21	38	30
47 Philippinen	20	10	10	13	7	7	33	20	30	50
48 Côte d'Ivoire	18	16	6	22	3	4	28	22	46	36
49 Dominikanische Rep.	24	12	10	35	4	3	23	23	40	27
50 Papua-Neuguinea	23	17	4	8	3	2	25	40	45	34
51 Guatemala	11	11	7	13	2	8	29	27	50	42
52 Marokko	36	12	5	15	10	12	18	28	31	33
53 Kamerun	11	15	5	1	4	3	28	31	51	49
54 Ecuador	10	9	9	4	4	7	33	34	44	46
55 Syrien, Arab. Rep.	22	17	10	18	9	7	16	26	43	32
56 Kongo	15	18	6	2	1	2	34	36	44	43
57 El Salvador	15	14	5	11	4	5	28	26	48	43
58 Paraguay	14	9	14	23	2	5	37	30	33	33
59 Peru	17	38	3	4	5	5	41	22	34	31
60 Jordanien	28	19	6	16	6	5	18	23	42	38
61 Kolumbien	8	7	1	5	10	8	45	36	35	44
62 Thailand	6	5	9	9	6	8	31	41	49	37
63 Tunesien	16	10	6	9	7	9	31	28	41	43
64 Jamaika	21	19	9	14	5	4	23	21	42	42
65 Türkei	6	7	10	21	10	11	37	31	37	30
66 Rumänien	..	..	..	..	..	..	..	..	..	..
* Angaben für Taiwan (China)	13	6	5	9	25	14	29	37	29	34

Anmerkung: Zur Vergleichbarkeit der Daten und ihrer Abgrenzung vgl. Technische Erläuterungen. Kursive Zahlen gelten für andere als die angegebenen Jahre.

		Prozentualer Anteil an der Wareneinfuhr								
		Nahrungs-mittel		Brennstoffe		Sonstige Rohstoffe		Maschinen, Elektrotechnik, Fahrzeuge		Übrige Industrie-produkte	
		1965	1990	1965	1990	1965	1990	1965	1990	1965	1990
67	Polen	14	12	18	13	11	11	27	33	24	32
68	Panama	11	15	21	17	2	2	21	18	45	48
69	Costa Rica	9	8	5	10	2	5	29	28	54	49
70	Chile	20	4	6	12	10	4	35	44	30	36
71	Botsuana[a]	..	..	..	..	..	..	..	..	..	..
72	Algerien	27	27	0	2	6	8	15	28	52	35
73	Bulgarien	..	..	..	..	..	..	..	..	..	..
74	Mauritius	35	25	5	19	3	5	15	12	42	39
75	Malaysia	25	11	12	5	10	6	22	45	32	33
76	Argentinien	6	4	10	9	21	11	25	33	38	44
77	Iran, Islam. Rep.	16	12	0	0	6	5	36	44	42	38
78	*Albanien*	..	..	..	..	..	..	..	..	..	..
79	*Angola*	17	14	2	4	3	4	24	34	54	43
80	*Libanon*	28	..	9	..	9	..	17	..	36	..
81	*Mongolei*	..	..	..	..	..	..	..	..	..	..
82	*Namibia[a]*	..	..	..	..	..	..	..	..	..	..
83	*Nicaragua*	12	12	5	18	2	2	30	27	51	40
84	*Jemen, Rep.*	55	..	8	..	4	..	12	..	21	..
Obere Einkommenskategorie		**13**w	**10**w	**11**w	**13**w	**13**w	**9**w	**32**w	**33**w	**31**w	**34**w
85	Mexiko	5	16	2	4	10	7	50	36	33	37
86	Südafrika[a]	5	6	5	1	11	5	42	41	37	48
87	Venezuela	12	12	1	3	5	9	44	39	39	37
88	Uruguay	7	7	17	18	16	6	24	30	36	39
89	Brasilien	20	9	21	23	9	11	22	27	28	30
90	Ungarn	12	7	11	14	22	8	27	35	28	36
91	Jugoslawien	16	12	6	17	19	8	28	26	32	37
92	Tschechoslowakei	13	6	10	30	20	11	34	32	23	20
93	Gabun	16	17	5	2	2	2	37	40	40	38
94	Trinidad u. Tobago	12	19	49	11	2	7	16	23	21	39
95	Portugal	16	11	8	11	19	6	27	37	30	35
96	Korea, Rep.	15	5	7	16	26	15	13	34	38	29
97	Griechenland	15	15	8	8	11	7	35	31	30	40
98	Saudi-Arabien	30	15	1	0	5	4	27	39	37	42
99	*Irak*	24	15	0	0	7	4	25	48	44	33
100	Libyen	13	16	4	1	3	3	36	37	43	43
101	Oman	1	18	4	4	2	2	17	37	75	39
Länder mit niedr. u. mittl. Eink.		**15**w	**11**w	**9**w	**11**w	**10**w	**8**w	**31**w	**34**w	**35**w	**36**w
Afrika südlich der Sahara		15w	16w	6w	14w	3w	4w	30w	30w	46w	36w
Ostasien u. Pazifik		13w	7w	6w	9w	9w	10w	32w	38w	40w	35w
Südasien		25w	13w	4w	16w	11w	10w	34w	20w	27w	41w
Europa		14w	11w	12w	17w	17w	9w	32w	34w	28w	34w
Naher Osten u. Nordafrika		24w	17w	5w	6w	7w	6w	24w	33w	40w	37w
Lateinamerika u. Karibik		12w	12w	13w	13w	8w	7w	32w	31w	35w	35w
Übrige Länder		..	..	..	..	..	..	..	..	..	..
Länder mit gravierenden Schuldenproblemen		**14**w	**15**w	**9**w	**11**w	**10**w	**9**w	**32**w	**31**w	**34**w	**35**w
Länder mit hohem Einkommen		**19**w	**9**w	**10**w	**11**w	**19**w	**7**w	**20**w	**34**w	**32**w	**39**w
OECD-Mitglieder		19w	9w	11w	11w	20w	8w	20w	34w	31w	39w
†Übrige		23w	7w	..	..	15w	7w	22w	33w	42w	45w
102	Irland	18	10	8	6	10	4	25	36	39	43
103	†Israel	16	7	6	9	12	6	28	27	38	52
104	Spanien	19	10	10	12	16	7	27	38	28	33
105	Singapur	23	5	13	16	19	5	14	42	30	32
106	†Hongkong	25	6	3	2	13	5	13	26	46	60
107	Neuseeland	7	7	7	8	10	4	33	41	43	41
108	Belgien[b]	14	10	9	8	21	8	24	25	32	49
109	Großbritannien	30	10	11	6	25	7	11	37	23	40
110	Italien	24	12	16	11	24	11	15	31	21	36
111	Australien	5	5	8	5	10	4	37	42	41	44
112	Niederlande	15	12	10	10	13	6	25	30	37	42
113	Österreich	14	5	7	6	13	7	31	38	35	44
114	Frankreich	19	9	15	10	18	7	20	34	27	40
115	†Vereinigte Arab. Emirate	..	..	..	..	..	..	..	..	..	..
116	Kanada	10	6	7	6	9	4	40	50	34	33
117	Vereinigte Staaten	19	6	10	13	20	5	14	40	36	36
118	Dänemark	14	12	11	7	11	6	25	31	39	45
119	Deutschland[c]	22	10	8	8	21	8	13	32	35	42
120	Norwegen	10	6	7	4	12	10	38	36	32	39
121	Schweden	12	6	11	9	12	6	30	38	36	41
122	Japan	22	14	20	25	38	16	9	16	11	30
123	Finnland	10	5	10	12	12	7	35	38	34	38
124	Schweiz	16	6	6	5	11	5	24	31	43	53
125	†*Kuwait*	22	18	1	1	7	4	32	29	39	46
Gesamte Welt		**18**w	**9**w	**10**w	**11**w	**17**w	**8**w	**23**w	**34**w	**32**w	**39**w
Brennstoffexporteure o. ehem. UdSSR		**16**w	**16**w	**6**w	**2**w	**5**w	**5**w	**31**w	**38**w	**42**w	**39**w

[a] Die Angaben beziehen sich auf die Südafrikanische Zollunion, der Südafrika, Namibia, Lesotho, Botsuana und Swasiland angehören; der Handel zwischen diesen Teilgebieten ist in den Angaben nicht enthalten. [b] Einschließlich Luxemburg. [c] Die Angaben beziehen sich auf die Bundesrepublik Deutschland vor der Vereinigung.

Tabelle 16 Struktur der Warenausfuhr

	Prozentualer Anteil an der Warenausfuhr									
	Brennstoffe, Mineralien und Metalle		Sonstige Rohstoffe		Maschinen, Elektrotechnik, Fahrzeuge		Übrige Industrieprodukte		Textilien und Bekleidung[a]	
	1965	1990	1965	1990	1965	1990	1965	1990	1965	1990
Länder mit niedrigem Einkommen	17w	27w	52w	20w	3w	9w	28w	45w	17w	21w
China und Indien	13w	10w	29w	17w	6w	15w	52w	58w	31w	26w
Übrige Länder	21w	48w	69w	24w	1w	1w	10w	28w	6w	15
1 Mosambik	14	..	84	..	0	..	2	..	1	..
2 Tansania	1	5	86	84	0	1	13	10	0	3
3 Äthiopien	0	3	100	94	0	0	0	3	0	1
4 Somalia	0	1	86	94	4	0	10	4	..	0
5 Nepal	..	0	..	25	..	0	..	74	..	57
6 Tschad	5	9	92	83	0	5	3	3	0	1
7 Bhutan	..	..	..	..	..	..	..	..	..	..
8 Laos, Dem. VR	62	..	32	..	0	..	6	..	0	..
9 Malawi	0	0	99	95	0	0	1	5	0	3
10 Bangladesch	..	1	..	25	..	1	..	72	..	60
11 Burundi	0	0	94	98	0	0	6	1	0	0
12 Zaire	72	56	20	37	0	1	8	6	0	0
13 Uganda	13	3	86	97	0	..	1	0	0	0
14 Madagaskar	4	8	90	85	1	2	4	6	1	3
15 Sierra Leone	25	38	14	32	0	..	60	31	0	0
16 Mali	1	0	96	98	1	..	2	2	1	2
17 Nigeria	32	97	65	2	..	0	2	0	0	0
18 Niger	0	81	95	17	1	1	4	2	1	1
19 Ruanda	40	5	60	94	0	0	1	1	..	0
20 Burkina Faso	1	0	94	89	1	4	4	6	2	2
21 Indien	10	8	41	19	1	7	47	66	36	23
22 Benin	1	4	94	48	2	4	3	44	0	2
23 China*	15	10	20	16	9	17	56	56	29	27
24 Haiti	17	12	57	37	..	7	26	44	4	11
25 Kenia	13	19	77	70	0	0	10	11	0	1
26 Pakistan	2	1	62	29	1	0	35	70	29	58
27 Ghana	13	35	86	64	0	0	1	1	0	0
28 Zentralafrikanische Rep.	1	0	45	74	0	0	54	26	0	..
29 Togo	33	53	62	38	1	1	4	7	0	0
30 Sambia	..	..	..	..	..	..	..	..	..	..
31 Guinea	..	..	..	..	..	..	..	..	..	..
32 Sri Lanka	0	6	99	47	0	0	1	47	0	34
33 Mauretanien	94	81	5	13	1	5	0	1	0	0
34 Lesotho[b]	..	..	..	..	..	..	..	..	..	..
35 Indonesien	43	48	53	16	3	1	1	34	0	11
36 Honduras	6	8	90	85	0	0	4	7	1	1
37 Ägypten, Arab. Rep.	8	41	71	20	0	0	20	39	15	27
38 *Afghanistan*	*0*	..	*87*	..	..	..	*13*	..	*12*	..
39 *Kambodscha*	0	..	99	..	0	..	0	..	0	..
40 *Liberia*	72	65	25	34	1	0	3	1	0	..
41 *Myanmar*	5	4	94	93	0	..	0	3	0	0
42 *Sudan*	1	5	99	94	..	0	0	1	0	1
43 *Vietnam*	..	..	..	..	..	..	..	..	..	..
Länder mit mittlerem Einkommen	38w	32w	39w	20w	11w	17w	14w	33w	3w	9w
Untere Einkommenskategorie	30w	32w	52w	30w	7w	11w	9w	27w	2w	9w
44 Bolivien	93	69	3	27	0	0	4	5	0	1
45 Simbabwe	24	..	47	..	6	..	23	..	6	..
46 Senegal	9	22	88	56	1	2	2	20	1	1
47 Philippinen	11	12	84	26	0	10	6	52	1	7
48 Côte d'Ivoire	2	10	93	80	1	2	4	8	1	2
49 Dominikanische Rep.	10	0	88	76	0	4	2	19	0	0
50 Papua-Neuguinea	0	61	90	34	..	1	10	1	..	0
51 Guatemala	0	2	86	74	1	1	13	23	4	4
52 Marokko	40	23	55	30	0	4	5	42	1	20
53 Kamerun	17	29	77	55	3	5	2	11	0	2
54 Ecuador	2	49	96	48	0	0	2	2	1	0
55 Syrien, Arab. Rep.	1	45	89	17	1	1	9	37	7	25
56 Kongo	4	89	45	8	2	1	49	2	0	0
57 El Salvador	2	4	82	74	1	2	16	21	6	6
58 Paraguay	0	0	92	90	0	0	8	10	0	2
59 Peru	45	55	54	29	0	2	1	14	0	8
60 Jordanien	33	45	60	10	2	1	5	44	1	5
61 Kolumbien	18	32	75	42	0	1	6	24	2	8
62 Thailand	11	2	86	34	0	20	3	44	0	16
63 Tunesien	31	19	51	12	0	8	19	61	2	35
64 Jamaika	28	16	41	26	0	1	31	58	4	13
65 Türkei	9	7	89	25	0	7	2	61	1	37
66 Rumänien	..	..	..	..	..	..	..	..	..	..
* Angaben für Taiwan (China)	2	2	57	41	4	36	37	57	15	15

Anmerkung: Zur Vergleichbarkeit der Daten und ihrer Abgrenzung vgl. Technische Erläuterungen. Kursive Zahlen gelten für andere als die angegebenen Jahre.

		\multicolumn{10}{c}{Prozentualer Anteil an der Warenausfuhr}
		\multicolumn{2}{c}{Brennstoffe, Mineralien und Metalle}	\multicolumn{2}{c}{Sonstige Rohstoffe}	\multicolumn{2}{c}{Maschinen, Elektrotechnik, Fahrzeuge}	\multicolumn{2}{c}{Übrige Industrieprodukte}	\multicolumn{2}{c}{Textilien und Bekleidung[a]}
		1965	1990	1965	1990	1965	1990	1965	1990	1965	1990
67	Polen	20	18	9	15	36	34	25	34	6	5
68	Panama	35	2	63	78	0	0	2	19	1	7
69	Costa Rica	0	2	84	72	1	3	15	22	2	6
70	Chile	89	57	7	33	1	1	4	9	0	1
71	Botsuana[b]	..	..	..	..	..	..	..	..	..	..
72	Algerien	57	96	39	0	2	2	2	2	0	0
73	Bulgarien	..	..	..	..	..	..	..	..	..	..
74	Mauritius	0	0	100	70	0	0	0	30	0	24
75	Malaysia	34	19	60	37	2	27	4	17	0	5
76	Argentinien	1	6	93	59	1	7	5	29	0	3
77	Iran, Islam. Rep.	88	98	8	1	0	0	4	1	4	0
78	*Albanien*	..	..	..	..	..	..	..	..	..	..
79	*Angola*	6	82	76	5	1	..	17	12	0	..
80	*Libanon*	14	..	52	..	14	..	19	..	2	..
81	*Mongolei*	..	..	..	..	..	..	..	..	..	..
82	*Namibia*[b]	..	..	..	..	..	..	..	..	..	..
83	*Nicaragua*	4	0	90	94	0	0	6	6	0	1
84	*Jemen, Rep.*	..	..	..	..	..	..	..	..	..	..
	Obere Einkommenskategorie	44w	32w	26w	13w	14w	20w	18w	37w	4w	9w
85	Mexiko	22	43	62	13	1	25	15	19	3	2
86	Südafrika[b]	24	14	44	12	3	3	29	71	1	1
87	Venezuela	97	87	1	2	0	2	2	9	0	1
88	Uruguay	0	0	95	60	0	2	5	37	2	14
89	Brasilien	9	16	83	31	2	18	7	35	1	3
90	Ungarn	5	9	25	26	32	26	37	40	9	6
91	Jugoslawien	10	9	33	12	24	30	33	49	8	7
92	Tschechoslowakei	7	4	6	6	50	54	37	36	6	6
93	Gabun	52	86	37	8	1	1	10	5	0	0
94	Trinidad u. Tobago	84	68	9	6	0	2	7	25	0	0
95	Portugal	4	6	34	13	3	19	58	61	24	29
96	Korea, Rep.	15	2	25	5	3	37	56	57	27	22
97	Griechenland	8	14	78	32	2	4	11	50	3	27
98	Saudi-Arabien	98	88	1	1	1	0	1	11	0	0
99	Irak	95	35	4	41	0	0	1	24	0	0
100	*Libyen*	99	100	1	0	0	0	0	0	0	0
101	*Oman*	100	14	0	18	..	41	0	27	..	6
	Länder mit niedr. u. mittl. Eink.	33w	31w	42w	20w	9w	15w	17w	35w	7w	12w
	Afrika südlich der Sahara	23w	63w	70w	29w	0w	1w	7w	7w	0w	1w
	Ostasien u. Pazifik	21w	13w	48w	18w	5w	22w	27w	47w	13w	19w
	Südasien	6w	6w	57w	24w	1w	5w	36w	65w	29w	33w
	Europa	10w	9w	21w	16w	33w	27w	32w	47w	8w	16w
	Naher Osten u. Nordafrika	74w	75w	24w	12w	0w	1w	4w	15w	3w	4w
	Lateinamerika u. Karibik	45w	38w	48w	29w	1w	11w	6w	21w	1w	3w
	Übrige Länder	..	..	..	..	..	..	..	..	..	..
	Länder mit gravierenden Schuldenproblemen	39w	42w	42w	22w	8w	14w	9w	22w	2w	4w
	Länder mit hohem Einkommen	10w	8w	21w	11w	31w	42w	38w	40w	7w	5w
	OECD-Mitglieder	9w	7w	21w	12w	31w	42w	38w	39w	7w	4w
	†Übrige	39w	11w	24w	7w	5w	36w	36w	48w	16w	15w
102	Irland	3	2	63	24	5	32	29	43	7	4
103	†Israel	6	2	28	11	2	24	63	62	9	6
104	Spanien	9	7	51	17	10	39	29	37	6	4
105	†Singapur	21	19	44	8	10	48	24	25	6	5
106	†Hongkong	1	1	5	3	7	23	87	73	52	39
107	Neuseeland	1	10	94	65	0	5	5	20	0	2
108	Belgien[c]	13	8	11	11	20	27	55	54	12	7
109	Großbritannien	7	11	9	8	42	40	42	41	7	4
110	Italien	8	3	14	7	30	38	47	52	15	13
111	Australien	13	34	73	29	5	6	10	30	1	1
112	Niederlande	12	12	32	24	21	22	35	41	9	4
113	Österreich	8	4	17	8	20	37	55	51	12	8
114	Frankreich	8	5	21	18	26	37	45	40	10	5
115	†Vereinigte Arab. Emirate	99	..	1	..	0	..	..	..	..	..
116	Kanada	28	19	35	18	15	37	22	26	1	1
117	Vereinigte Staaten	8	6	27	16	37	47	28	31	3	2
118	Dänemark	2	5	55	31	22	26	21	38	4	4
119	Deutschland[d]	7	4	5	6	46	49	42	41	5	5
120	Norwegen	21	58	28	9	17	13	34	19	2	1
121	Schweden	9	6	23	9	35	44	33	40	2	2
122	Japan	2	1	7	1	31	66	60	32	17	2
123	Finnland	3	5	40	12	12	31	45	52	2	3
124	Schweiz	3	3	7	4	30	32	60	62	10	5
125	†Kuwait	98	5	1	7	1	26	0	58	0	9
	Gesamte Welt	16w	12w	27w	13w	25w	36w	33w	39w	7w	6w
	Brennstoffexporteure ohne ehem. UdSSR	85w	85w	14w	7w	0w	1w	2w	8w	0w	0w

[a] Vgl. Technische Erläuterungen. [b] Die Angaben beziehen sich auf die Südafrikanische Zollunion, der Südafrika, Namibia, Lesotho, Botsuana und Swasiland angehören; der Handel zwischen diesen Teilgebieten ist nicht in den Angaben enthalten. [c] Einschließlich Luxemburg. [d] Die Angaben beziehen sich auf die Bundesrepublik Deutschland vor der Vereinigung.

Tabelle 17 OECD-Importe von Industrieprodukten: Herkunft und Zusammensetzung

	Importwert von Industrieprodukten nach Herkunftsländern (in Mio $)[a]		Zusammensetzung der Importe von Industrieprodukten im Jahr 1990 (in %)[a]				
	1970	1990[a]	Textilien und Bekleidung	Chemische Erzeugnisse	Elektrotechnische und elektronische Erzeugnisse	Fahrzeuge	Übrige Erzeugnisse
Länder mit niedrigem Einkommen	1.259 s	59.379 s	40 w	5 w	7 w	3 w	45 w
China und Indien	777 s	43.249 s	38 w	6 w	9 w	1 w	47 w
Übrige Länder	483 s	16.130 s	46 w	4 w	1 w	8 w	41 w
1 Mosambik	7	16	57	1	5	0	37
2 Tansania	9	47	60	2	1	2	36
3 Äthiopien	4	74	11	7	2	4	75
4 Somalia	0	2	5	0	17	7	70
5 Nepal	1	214	92	0	1	1	7
6 Tschad	0	11	1	90	0	0	8
7 Bhutan	0	1	8	1	0	0	91
8 Laos, Dem. VR	0	7	86	0	1	0	13
9 Malawi	1	14	81	0	5	1	14
10 Bangladesch	0	1.212	87	0	0	0	13
11 Burundi	0	3	36	2	1	3	57
12 Zaire	9	334	0	1	0	1	98
13 Uganda	1	2	7	9	13	30	42
14 Madagaskar	7	46	59	11	0	2	28
15 Sierra Leone	2	87	1	0	0	0	99
16 Mali	2	23	3	1	5	23	68
17 Nigeria	13	269	6	16	2	1	76
18 Niger	0	280	0	82	0	0	18
19 Ruanda	0	1	2	14	12	0	72
20 Burkina Faso	0	7	7	1	8	1	83
21 Indien	534	9.182	44	5	1	1	49
22 Benin	0	2	12	0	5	0	82
23 China	243	34.068	36	6	11	1	46
24 Haiti	17	373	54	2	13	2	29
25 Kenia	16	111	8	2	6	4	80
26 Pakistan	207	2.878	82	1	0	0	17
27 Ghana	8	130	0	1	1	0	98
28 Zentralafrikanische Rep.	12	77	0	0	0	0	100
29 Togo	0	11	1	1	2	0	97
30 Sambia	4	41	27	1	0	4	68
31 Guinea	38	119	0	27	1	0	72
32 Sri Lanka	9	1.126	70	1	1	0	28
33 Mauretanien	0	9	7	3	2	3	85
34 Lesotho	..	..	..	..	..	..	..
35 Indonesien	15	5.827	36	2	2	1	60
36 Honduras	3	175	71	2	1	2	24
37 Ägypten, Arab. Rep.	33	799	53	5	1	18	24
38 *Afghanistan*	9	49	93	1	1	0	6
39 *Kambodscha*	1	2	41	0	5	0	55
40 Liberia	20	1.480	0	0	0	73	27
41 *Myanmar*	4	43	25	3	0	3	68
42 *Sudan*	1	11	7	0	2	3	87
43 *Vietnam*	0	78	77	3	0	0	19
Länder mit mittlerem Einkommen	5.006 s	175.503 s	25 w	7 w	17 w	7 w	44 w
Untere Einkommenskategorie	1.401 s	55.667 s	34 w	7 w	17 w	3 w	40 w
44 Bolivien	1	48	16	3	0	1	80
45 Simbabwe	0	279	19	0	1	1	78
46 Senegal	4	24	8	47	3	2	40
47 Philippinen	108	5.035	36	2	29	1	33
48 Côte d'Ivoire	7	239	21	3	1	1	76
49 Dominikanische Rep.	10	1.498	51	1	7	0	42
50 Papua-Neuguinea	4	28	5	1	1	14	78
51 Guatemala	5	329	68	3	0	18	12
52 Marokko	32	2.326	67	16	7	1	10
53 Kamerun	4	57	19	0	1	2	78
54 Ecuador	3	77	16	3	4	14	64
55 Syrien, Arab. Rep.	2	40	66	1	1	5	28
56 Kongo	4	160	0	0	0	0	99
57 El Salvador	2	142	56	1	25	0	18
58 Paraguay	5	87	20	28	0	0	52
59 Peru	12	477	51	7	3	1	38
60 Jordanien	1	99	10	23	4	26	37
61 Kolumbien	52	1.027	26	6	0	0	68
62 Thailand	32	10.515	22	2	16	1	60
63 Tunesien	19	2.041	69	9	8	3	12
64 Jamaika	117	797	34	62	0	0	3
65 Türkei	47	6.709	70	4	5	2	20
66 Rumänien	188	1.729	33	5	3	1	58

Anmerkung: Zur Vergleichbarkeit der Daten und ihrer Abgrenzung vgl. Technische Erläuterungen. Kursive Zahlen gelten für andere als die angegebenen Jahre.

		Importwert von Industrieprodukten nach Herkunftsländern (in Mio $)[a]		Zusammensetzung der Importe von Industrieprodukten im Jahr 1990 (in %)[a]				
		1970	1990[a]	Textilien und Bekleidung	Chemische Erzeugnisse	Elektrotechnische und elektronische Erzeugnisse	Fahrzeuge	Übrige Erzeugnisse
67	Polen	287	4.553	21	18	7	5	49
68	Panama[c]	18	893	8	2	0	58	32
69	Costa Rica	5	610	69	1	9	0	21
70	Chile	15	611	11	29	1	1	59
71	Botsuana[b]	..	..	..	..	..	..	..
72	Algerien	39	1.326	0	5	1	1	94
73	Bulgarien	68	489	24	18	4	6	48
74	Mauritius	1	800	82	0	0	3	15
75	Malaysia	39	9.703	15	3	53	1	28
76	Argentinien	104	1.715	10	18	1	4	66
77	Iran, Islam. Rep.	133	546	93	0	0	0	7
78	*Albanien*	1	45	40	4	1	0	56
79	*Angola*	2	273	0	0	0	2	98
80	*Libanon*	17	144	17	6	4	4	69
81	*Mongolei*	0	4	64	14	1	0	22
82	*Namibia*[b]	..	..	..	..	..	..	..
83	*Nicaragua*	6	6	4	19	14	8	56
84	*Jemen*, Rep.	0	..	..	..	..	..	..
Obere Einkommenskategorie		3.605s	119.836s	21w	7w	17w	9w	46w
85	Mexiko	508	23.704	5	5	34	17	40
86	Südafrika[b]	325	3.236	5	16	2	3	75
87	Venezuela	24	955	4	11	3	7	75
88	Uruguay	23	321	47	4	0	2	48
89	Brasilien	197	11.001	7	10	5	13	65
90	Ungarn	210	3.433	23	18	10	4	45
91	Jugoslawien	443	9.229	28	8	9	11	44
92	Tschechoslowakei	467	3.315	16	16	5	5	58
93	Gabun	8	76	0	56	0	2	41
94	Trinidad u.Tobago	39	327	1	56	0	0	43
95	Portugal	396	13.069	38	6	9	10	37
96	Korea, Rep.	524	40.773	24	3	20	6	48
97	Griechenland	185	4.162	59	5	4	1	31
98	Saudi-Arabien	16	1.871	0	47	5	10	38
99	*Irak*	4	84	1	18	3	4	73
100	*Libyen*	5	381	0	95	0	1	4
101	*Oman*	0	204	16	0	15	15	53
Länder mit niedr. u. mittl. Eink.		6.266s	234.882s	29w	7w	14w	6w	44w
Afrika südlich der Sahara		193s	5.237s	17w	8w	1w	22w	53w
Ostasien u. Pazifik		1.077s	108.021s	29w	4w	19w	3w	46w
Südasien		755s	14.676s	58w	3w	1w	1w	38w
Europa		2.316s	47.712s	38w	9w	8w	7w	39w
Naher Osten u. Nordafrika		315s	10.103s	40w	20w	5w	5w	31w
Lateinamerika u. Karibik		1.285s	45.896s	11w	9w	19w	14w	47w
Übrige Länder		369s	5.618s	3w	23w	3w	10w	60w
Länder mit gravierenden Schuldenproblemen		1.296s	47.115s	11w	8w	19w	13w	49w
Länder mit hohem Einkommen		120.192s	1.566.722s	6w	12w	12w	19w	52w
OECD-Mitglieder		117.067s	1.465.897s	5w	13w	11w	20w	52w
†Übrige		3.125s	100.825s	18w	4w	18w	3w	57w
102	†Irland	439	15.204	7	26	11	2	55
103	†Israel	308	7.998	9	14	9	3	65
104	Spanien	773	30.894	5	10	7	31	47
105	†Singapur	112	19.504	5	6	30	2	57
106	†Hongkong	1.861	24.331	42	1	14	1	43
107	Neuseeland	121	1.909	9	21	8	4	59
108	Belgien[d]	7.660	80.341	8,8	19,7	5,9	20,8	44,9
109	Großbritannien	10.457	105.934	5	17	10	12	56
110	Italien	7.726	115.210	16	7	8	11	58
111	Australien	471	6.763	3	33	4	13	46
112	Niederlande	5.678	73.069	7	28	9	10	46
113	Österreich	1.637	28.723	9	8	13	6	63
114	Frankreich	9.240	133.346	6	16	9	23	47
115	†Vereinigte Arab. Emirate	1	841	30	21	3	8	38
116	Kanada	8.088	74.359	1	8	7	40	44
117	Vereinigte Staaten	21.215	206.284	2	12	13	21	52
118	Dänemark	1.413	18.267	8	14	11	4	63
119	Deutschland[e]	23.342	280.732	5	14	10	21	50
120	Norwegen	1.059	8.964	2	22	7	9	61
121	Schweden	4.143	41.476	2	9	10	19	61
122	Japan	8.851	177.815	1	3	19	30	46
123	Finnland	1.170	17.028	3	8	9	5	75
124	Schweiz	3.568	49.436	5	22	9	3	61
125	†*Kuwait*	6	147	4	46	4	6	39
Gesamte Welt		127.126s	1.808.855s	9w	11w	12w	17w	51w
Brennstoffexporteure ohne ehem. UdSSR		292s	7.773s	11w	25w	3w	5w	56w

Anmerkung: Nur OECD-Länder mit hohem Einkommen. [a] Die Handelsangaben basieren auf der Datenbasis Comtrade der VN, und zwar für 1970 auf Revision 1 des SITC und für das Jahr 1990 auf Revision 2 des SITC. [b] Die Angaben beziehen sich auf die Südafrikanische Zollunion, der Südafrika, Namibia, Lesotho, Botsuana und Swasiland angehören; der Handel zwischen diesen Teilgebieten ist nicht in den Angaben enthalten. [c] Ohne Kanalzone. [d] Einschließlich Luxemburg. [e] Die Angaben beziehen sich auf die Bundesrepublik Deutschland vor der Vereinigung.

Tabelle 18 Zahlungsbilanzen und Reserven

	Leistungsbilanzsaldo (in Mio $)				Netto-Gastarbeiter-überweisungen (in Mio $)		Bruttowährungsreserven		
	Einschl. öffentlicher Übertragungen		Ohne öffentliche Übertragungen				In Mio $		Einfuhr-deckung in Monaten
	1970	1990	1970	1990	1970	1990	1970	1990	1990
Länder mit niedrigem Einkommen							3.799 s	63.863 s	3,4 w
China und Indien							1.023 s	40.113 s	4,4 w
Übrige Länder							2.775 s	23.749 s	2,4 w
1 Mosambik	..	−335a	..	−784a	..	45a	..	..	..
2 Tansania	−36	−426	−37	−955	..	0	65	193	1,4
3 Äthiopien	−32	−146a	−43	−308a	..	..	72	55	0,6
4 Somalia	−6	−81	−18	−346	..	..	21	23	0,5
5 Nepal	−1a	−264a	−25a	−316a	..	0a	94	354	5,4
6 Tschad	2	−79	−33	−298	−6	0	2	133	3,5
7 Bhutan	..	19	..	−38	..	0	..	86	7,4
8 Laos, Dem. VR	..	−106	..	−148	..	..	6	61	2,9
9 Malawi	−35	−80	−46	−162	−4	..	29	142	2,4
10 Bangladesch	−114a	−775a	−234a	−1.541a	0a	761	..	660	1,8
11 Burundi	2a	−56a	−2a	−205	..	..	15	112	4,3
12 Zaire	−64	−643	−141	−860	−98	..	189	261	1,0
13 Uganda	20	−255a	19	−434a	−5	..	57	44	0,7
14 Madagaskar	10	−153	−42	−324	−26	−11	37	245	3,7
15 Sierra Leone	−16	−95	−20	−136	..	0	39	5	0,2
16 Mali	−2	−94	−22	−364	−1	68	1	198	2,7
17 Nigeria	−368	5.126	−412	5.027	..	−14	223	4.129	5,1
18 Niger	0	−65	−32	−247	−3	12	19	226	4,6
19 Ruanda	7	−85	−12	−224	−4	−14	8	44	1,4
20 Burkina Faso	9	−111	−21	−383	16	83	36	305	4,2
21 Indien	−385a	−9.304a	−591a	−9.828a	80a	1.947a	1.023	5.637	1,9
22 Benin	−3	−94a	−23	−153a	0	70a	16	69	1,4
23 China*	−81a	12.000a	−81a	11.935a	0a	108a	..	34.476	7,4
24 Haiti	11	−55	4	−158	13	47	4	10	0,3
25 Kenia	−49	−477	−86	−684	..	−2	220	236	0,9
26 Pakistan	−667	−1.362	−705	−1.902	86	1.947	195	1.046	1,2
27 Ghana	−68	−229	−76	−442	−9	3	43	309	2,3
28 Zentralafrikanische Rep.	−12	−97	−24	−260	−4	−260	1	118	3,6
29 Togo	3	−100	−14	−208	−3	5	35	358	5,3
30 Sambia	108	−343	107	−490	−48	−23	515	201	0,9
31 Guinea	..	−182	..	−283	..	..	..	..	..
32 Sri Lanka	−59	−296	−71	−474	3	401	43	447	1,7
33 Mauretanien	−5	−199	−13	−199	−6	0	3	59	1,0
34 Lesotho	18a	97	−1a	−148	29a	391	..	72	1,2
35 Indonesien	−310	−2.369	−376	−2.430	..	153	160	8.657	3,2
36 Honduras	−64	−190	−68	−397	..	..	20	47	0,4
37 Ägypten, Arab. Rep.	−148	−1.425a	−452	−2.535a	29	3.744a	165	3.620	2,7
38 *Afghanistan*	..	−142	..	−454	..	..	49	638	10,3
39 *Kambodscha*	..	..	..	..	..	..	..	..	..
40 *Liberia*	−16a	..	−27a	..	−18a	..	..	8	..
41 *Myanmar*	−63	−163a	−81	−204a	..	0a	98	410	4,7
42 *Sudan*	−42	−876a	−43	−1.217a	..	188a	22	11	0,1
43 *Vietnam*	..	−213	..	−323	..	..	243	..	..
Länder mit mittlerem Einkommen							16.301 s	194.139 s	3,4 w
Untere Einkommenskategorie							6.292 s	81.842 s	3,1 w
44 Bolivien	4	−194	2	−339	..	1	46	511	4,5
45 Simbabwe	−14a	−158	−26a	−266	..	..	59	295	1,5
46 Senegal	−16	−125	−66	−481	−16	32	22	22	0,1
47 Philippinen	−48	−2.695	−138	−3.052	..	262	255	2.036	1,5
48 Côte d'Ivoire	−38	−1.104	−73	−1.210	−56	−540	119	21	0,1
49 Dominikanische Rep.	−102	−59	−103	−114	25	315	32	69	0,3
50 Papua-Neuguinea	−89a	−352	−239a	−566	..	51	..	427	2,6
51 Guatemala	−8	−279	−8	−335	..	64	79	362	2,1
52 Marokko	−124	−200	−161	−520	27	1.995	142	2.338	3,2
53 Kamerun	−30	−278a	−47	−278a	−11	3a	81	92	0,5
54 Ecuador	−113	−136	−122	−236	..	..	76	1.009	3,5
55 Syrien, Arab. Rep.	−69	1.827	−72	1.747	7	375	57	..	..
56 Kongo	−45a	−123	−53a	−197	−3a	−41	9	21	0,2
57 El Salvador	9	−135	7	−360	..	345	64	595	4,4
58 Paraguay	−16	102a	−19	102a	..	..	18	700	4,6
59 Peru	202	−674	146	−921	..	..	339	1.891	4,3
60 Jordanien	−20	−754a	−130	−1.147a	..	500a	258	1.139	3,3
61 Kolumbien	−293	391	−333	406	6	488	207	4.453	5,6
62 Thailand	−250	−7.053	−296	−7.235	..	74	911	14.258	4,4
63 Tunesien	−53	−500	−88	−715	20	591	60	867	1,6
64 Jamaika	−153	−271	−149	−386	29	..	139	168	0,7
65 Türkei	−44	−2.616	−57	−3.778	273	3.246	440	7.626	3,1
66 Rumänien	−23	−3.254	−23	−3.254	..	..	..	1.374	1,7
* Angaben für Taiwan (China)	1	10.769	2	10.774	..	..	627	77.653	13,4

Anmerkung: Zur Vergleichbarkeit der Daten und ihrer Abgrenzung vgl. Technische Erläuterungen. Kursive Zahlen gelten für andere als die angegebenen Jahre.

| | | Leistungsbilanzsaldo (in Mio $) | | | Netto-Gastarbeiterüberweisungen (in Mio $) | | Bruttowährungsreserven | | |
| | | Einschl. öffentlicher Übertragungen | | Ohne öffentliche Übertragungen | | | | In Mio $ | | Einfuhrdeckung in Monaten |
		1970	1990	1970	1990	1970	1990	1970	1990	1990
67	Polen	..	3.067	..	2.762	..	0	..	4.674	2,9
68	Panama	−64	91	−79	−27	..	..	16	406	0,9
69	Costa Rica	−74	−514	−77	−679	..	..	16	525	2,3
70	Chile	−91	−790	−95	−935	..	..	391	6.784	7,1
71	Botsuana	−30ª	137	−35ª	−179	−9ª	−41	..	3.385	17,0
72	Algerien	−125	1.420	−163	1.419	178	321	352	2.703	2,6
73	Bulgarien	..	−1.710	..	−1.710	..	..	..	..	..
74	Mauritius	8	−119	5	−128	..	..	46	761	4,7
75	Malaysia	8	−1.672	2	−1.733	..	..	667	10.659	3,5
76	Argentinien	−163	1.789	−160	1.789	..	0	682	6.222	5,6
77	Iran, Islam. Rep.	−507	−385	−511	−385	..	..	217	..	..
78	Albanien	..	−154	..	−154	..	..	..	..	..
79	Angola	..	..	..	..	..	..	..	..	..
80	Libanon	..	..	..	..	..	..	405	4.210	..
81	Mongolei	..	−640	..	−647	..	0	..	..	..
82	Namibia	..	..	..	..	..	..	..	..	..
83	Nicaragua	−40	−369	−43	−571	..	..	49	..	..
84	Jemen, Rep.	..	620ª	..	503ª	..	1.366ª	..	280	1,2
	Obere Einkommenskategorie							10.009s	112.297s	3,6w
85	Mexiko	−1.068	−5.255	−1.098	−6.521	..	2.020	756	10.217	2,4
86	Südafrika	−1.215	2.253	−1.253	2.243	..	..	1.057	2.583	1,2
87	Venezuela	−104	8.198	−98	8.221	−87	−619	1.047	12.733	12,2
88	Uruguay	−45	224	−55	216	..	..	186	1.466	8,1
89	Brasilien	−837	−2.983	−861	−2.983	..	..	1.190	9.200	2,8
90	Ungarn	−25	230ª	−25	230ª	..	0ª	..	1.186	1,2
91	Jugoslawien	−372	−2.364	−378	−2.362	441	9.360	143	6.208	2,2
92	Tschechoslowakei	146	−1.227	156	−1.175	..	..	..	2.059	1,5
93	Gabun	−3	224	−15	236	−8	−141	15	40	0,2
94	Trinidad u. Tobago	−109	430	−104	434	3	3	43	513	3,3
95	Portugal	−158ª	−139	−158ª	−1.119	504ª	4.271	1.565	20.579	8,7
96	Korea, Rep.	−623	−2.172	−706	−2.181	..	0	610	14.916	2,2
97	Griechenland	−422	−3.537	−424	−6.438	333	1.775	318	4.721	2,6
98	Saudi-Arabien	71	−4.107	152	294	−183	−11.637	670	13.437	3,6
99	Irak	105	..	104	..	..	..	472	..	..
100	Libyen	645	2.203	758	2.239	−134	−446	1.596	7.225	9,2
101	Oman	..	1.095	..	1.153	..	−845	13	1.784	5,5
	Länder mit niedr. u. mittl. Eink.							20.100s	258.002s	3,4w
	Afrika südlich der Sahara							2.028s	12.684s	2,3w
	Ostasien u. Pazifik							2.885s	85.907s	3,4w
	Südasien							1.453s	8.665s	3,6w
	Europa							2.624s	49.920s	3,7w
	Naher Osten u. Nordafrika							4.526s	39.533s	4,2w
	Lateinamerika u. Karibik							5.527s	58.710s	3,2w
	Übrige Länder							..	..	..
	Länder mit gravierenden Schuldenproblemen							4.863s	51.538s	2,8w
	Länder mit hohem Einkommen							71.917s	892.347s	3,1w
	OECD-Mitglieder							69.975s	846.197s	3,1w
	†Übrige							1.942s	46.151s	4,1w
102	Irland	−198	1.433	−228	−1.249	..	..	698	5.362	2,1
103	†Israel	−562	702	−766	−3.105	..	..	452	6.598	3,4
104	Spanien	79	−16.819	79	−18.023	469	1.747	1.851	57.238	6,3
105	†Singapur	−572	2.350	−585	2.445	..	..	1.012	27.748	4,8
106	†Hongkong	225	..	225	..	..	..	..	..	..
107	Neuseeland	−232	−1.594	−222	−1.555	16	259	258	4.129	3,4
108	Belgien[b]	717	4.548	904	5.967	38	−386	..	..	..
109	Großbritannien	1.970	−24.596	2.376	−16.314	..	..	2.918	43.145	1,3
110	Italien	800	−12.733	1.096	−9.487	446	1.181	5.547	88.595	4,5
111	Australien	−777	−14.823	−682	−14.725	..	..	1.709	19.319	3,3
112	Niederlande	−489	10.393	−513	12.374	−51	−298	3.362	34.401	2,5
113	Österreich	−75	958	−73	1.067	−7	307	1.806	17.228	2,9
114	Frankreich	−204	−9.875	18	−3.648	−641	−1.983	5.199	68.291	2,4
115	†Vereinigte Arab. Emirate	90	..	100	..	..	..	..	4.891	..
116	Kanada	1.008	−18.815	960	−17.955	..	..	4.733	23.530	1,6
117	Vereinigte Staaten	2.330	−92.160	4.680	−71.710	−605	−1.100	15.237	173.094	2,9
118	Dänemark	−544	1.541	−510	1.551	..	..	488	11.226	2,5
119	Deutschland[c]	852	46.800	1.899	62.774	−1.366	−4.556	13.879	104.547	2,8
120	Norwegen	−242	3.783	−200	4.991	..	−66	813	15.788	4,2
121	Schweden	−265	−5.833	−160	−4.188	..	18	775	20.324	2,9
122	Japan	1.990	35.870	2.170	40.380	..	..	4.876	87.828	2,6
123	Finnland	−240	−6.682	−233	−5.947	..	..	455	10.415	3,1
124	Schweiz	161	6.941	203	7.111	−313	−1.980	5.317	61.281	6,4
125	†Kuwait	853ª	8.445	853ª	8.656	..	−1.287	209	4.120	4,3
	Gesamte Welt							92.016s	1.150.349s	3,1w
	Brennstoffexporteure ohne ehem. UdSSR							4.693s	48.426s	5,4w

[a] Schätzung der Weltbank. [b] Einschließlich Luxemburg. [c] Die Angaben für die Zeit vor Juli 1990 beziehen sich auf die Bundesrepublik Deutschland vor der Vereinigung.

Tabelle 19 Öffentliche Entwicklungshilfe der Mitglieder von OECD und OPEC

OECD: Gesamte Nettoabflüsse[a]	1965	1970	1975	1980	1985	1987	1988	1989	1990
					In Mio US-Dollar				
102 Irland	0	0	8	30	39	51	57	49	57
107 Neuseeland	..	14	66	72	54	87	104	87	95
108 Belgien	102	120	378	595	440	687	601	703	889
109 Großbritannien	472	500	904	1.854	1.530	1.871	2.645	2.587	2.638
110 Italien	60	147	182	683	1.098	2.615	3.193	3.613	3.395
111 Australien	119	212	552	667	749	627	1.101	1.020	955
112 Niederlande	70	196	608	1.630	1.136	2.094	2.231	2.094	2.592
113 Österreich	10	11	79	178	248	201	301	283	394
114 Frankreich	752	971	2.093	4.162	3.995	6.525	6.865	7.450	9.380
116 Kanada	96	337	880	1.075	1.631	1.885	2.347	2.320	2.470
117 Vereinigte Staaten	4.023	3.153	4.161	7.138	9.403	9.115	10.141	7.676	11.394
118 Dänemark	13	59	205	481	440	859	922	937	1.171
119 Deutschland[b]	456	599	1.689	3.567	2.942	4.391	4.731	4.949	6.320
120 Norwegen	11	37	184	486	574	890	985	917	1.205
121 Schweden	38	117	566	962	840	1.375	1.534	1.799	2.012
122 Japan	244	458	1.148	3.353	3.797	7.342	9.134	8.965	9.069
123 Finnland	2	7	48	110	211	433	608	706	846
124 Schweiz	12	30	104	253	302	547	617	558	750
Insgesamt	6.480	6.968	13.855	27.296	29.429	41.595	48.114	46.713	55.632
					In % des BSP der Geberländer				
102 Irland	0,00	0,00	0,09	0,16	0,24	0,19	0,20	0,17	0,16
107 Neuseeland	..	0,23	0,52	0,33	0,25	0,26	0,27	0,22	0,23
108 Belgien	0,60	0,46	0,59	0,50	0,55	0,48	0,39	0,46	0,45
109 Großbritannien	0,47	0,41	0,39	0,35	0,33	0,28	0,32	0,31	0,27
110 Italien	0,10	0,16	0,11	0,15	0,26	0,35	0,39	0,42	0,32
111 Australien	0,53	0,59	0,65	0,48	0,48	0,34	0,46	0,38	0,34
112 Niederlande	0,36	0,61	0,75	0,97	0,91	0,98	0,98	0,94	0,94
113 Österreich	0,11	0,07	0,21	0,23	0,38	0,17	0,24	0,23	0,25
114 Frankreich	0,76	0,66	0,62	0,63	0,78	0,74	0,72	0,78	0,79
116 Kanada	0,19	0,41	0,54	0,43	0,49	0,47	0,50	0,44	0,44
117 Vereinigte Staaten	0,58	0,32	0,27	0,27	0,24	0,20	0,21	0,15	0,21
118 Dänemark	0,13	0,38	0,58	0,74	0,80	0,88	0,89	0,93	0,93
119 Deutschland[b]	0,40	0,32	0,40	0,44	0,47	0,39	0,39	0,41	0,42
120 Norwegen	0,16	0,32	0,66	0,87	1,01	1,09	1,13	1,05	1,17
121 Schweden	0,19	0,38	0,82	0,78	0,86	0,88	0,86	0,96	0,90
122 Japan	0,27	0,23	0,23	0,32	0,29	0,31	0,32	0,31	0,31
123 Finnland	0,02	0,06	0,18	0,22	0,40	0,49	0,59	0,63	0,64
124 Schweiz	0,09	0,15	0,19	0,24	0,31	0,31	0,32	0,30	0,31
					In nationalen Währungen				
102 Irland (Mio Pfund)	0	0	4	15	37	35	37	34	35
107 Neuseeland (Mio Dollar)	..	13	55	74	109	146	158	146	160
108 Belgien (Mio Francs)	5.100	6.000	13.902	17.399	26.145	25.656	22.088	27.714	29.720
109 Großbritannien (Mio Pfund)	169	208	409	798	1.180	1.142	1.485	1.577	1.478
110 Italien (Mrd Lire)	38	92	119	585	2.097	3.390	4.156	4.958	4.068
111 Australien (Mio Dollar)	106	189	402	591	966	895	1.404	1.286	1.223
112 Niederlande (Mio Gulden)	253	710	1.538	3.241	3.773	4.242	4.410	4.440	4.720
113 Österreich (Mio Schilling)	260	286	1.376	2.303	5.132	2.542	3.722	3.737	4.477
114 Frankreich (Mio Francs)	3.713	5.393	8.971	17.589	35.894	39.219	40.897	47.529	51.076
116 Kanada (Mio Dollar)	104	353	895	1.257	2.227	2.500	2.888	2.747	2.882
117 Vereinigte Staaten (Mio Dollar)	4.023	3.153	4.161	7.138	9.403	9.115	10.141	7.676	11.394
118 Dänemark (Mio Kronen)	90	443	1.178	2.711	4.657	5.877	6.204	6.850	7.247
119 Deutschland (Mio DM)[b]	1.824	2.192	4.155	6.484	8.661	7.892	8.319	9.302	10.211
120 Norwegen (Mio Kronen)	79	264	962	2.400	4.946	5.998	6.418	6.335	7.542
121 Schweden (Mio Kronen)	197	605	2.350	4.069	7.226	8.718	9.396	11.600	11.909
122 Japan (Mrd Yen)	88	165	341	760	749	1.062	1.171	1.236	1.313
123 Finnland (Mio Finnmark)	6	29	177	414	1.308	1.902	2.542	3.031	3.236
124 Schweiz (Mio Franken)	52	131	268	424	743	815	903	912	1.041
Zusammenfassung					*In Mrd US-Dollar*				
Öffentliche Entwicklungshilfe (jeweilige Preise)	6,5	7,0	13,9	27,3	29,4	41,6	48,1	46,7	55,6
Öffentliche Entwicklungshilfe (Preise von 1987)	28,2	25,3	29,8	36,8	39,4	41,6	44,9	43,6	47,6
BSP (jeweilige Preise)	1.374,0	2.079,0	4.001,0	7.488,0	8.550,0	12.082,0	13.547,0	13.968,0	15.498,0
					Prozent				
Öffentliche Entwicklungshilfe in Prozent des BSP	0,47	0,34	0,35	0,36	0,34	0,34	0,36	0,33	0,36
					Index (1987 = 100)				
BIP-Deflator[c]	23,0	27,6	46,5	74,1	74,6	100,0	107,1	107,0	116,8

OECD: Bilaterale Nettoabflüsse in Länder mit niedrigem Einkommen[a]		1965	1970	1975	1980	1985	1986	1987	1988	1989	1990
						In % des BSP der Geberländer					
102	Irland	..	..	..	0,01	0,03	0,02	0,02	0,02	0,01	0,01
107	Neuseeland	..	..	0,14	0,01	0,00	0,01	0,01	0,01	0,01	0,00
108	Belgien	0,56	0,30	0,31	0,13	0,13	0,12	0,08	0,09	0,05	0,09
109	Großbritannien	0,23	0,09	0,11	0,10	0,07	0,07	0,05	0,06	0,07	0,05
110	Italien	0,04	0,06	0,01	0,00	0,06	0,12	0,13	0,17	0,12	0,09
111	Australien	0,08	0,00	0,10	0,07	0,04	0,04	0,04	0,04	0,06	0,05
112	Niederlande	0,08	0,24	0,24	0,32	0,23	0,28	0,25	0,27	0,23	0,25
113	Österreich	0,06	0,05	0,02	0,11	0,05	0,03	0,04	0,03	0,07	0,10
114	Frankreich	0,12	0,09	0,10	0,06	0,11	0,10	0,08	0,12	0,14	0,13
116	Kanada	0,10	0,22	0,24	0,13	0,14	0,13	0,15	0,13	0,09	0,10
117	Vereinigte Staaten	0,26	0,14	0,08	0,06	0,06	0,04	0,03	0,03	0,02	0,05
118	Dänemark	0,02	0,10	0,20	0,17	0,26	0,23	0,25	0,25	0,26	0,24
119	Deutschland[b]	0,14	0,10	0,12	0,07	0,13	0,10	0,07	0,08	0,08	0,10
120	Norwegen	0,04	0,12	0,25	0,28	0,34	0,43	0,34	0,37	0,32	0,37
121	Schweden	0,07	0,12	0,41	0,26	0,24	0,30	0,19	0,21	0,23	0,25
122	Japan	0,13	0,11	0,08	0,12	0,10	0,10	0,12	0,13	0,13	0,10
123	Finnland	..	..	0,06	0,03	0,09	0,10	0,17	0,24	0,22	0,17
124	Schweiz	0,02	0,05	0,10	0,07	0,11	0,10	0,10	0,10	0,12	0,11
	Insgesamt	0,20	0,13	0,11	0,08	0,08	0,08	0,08	0,09	0,08	0,09

OPEC: Gesamte Nettoabflüsse[d]		1976	1980	1983	1984	1985	1986	1987	1988	1989	1990
						In Mio US-Dollar					
17	Nigeria	80	35	35	51	45	52	30	14	70	13
	Katar	180	277	20	10	8	18	0	4	−2	1
72	Algerien	11	81	37	52	54	114	39	13	40	7
77	Iran, Islam. Rep.	751	−72	10	52	−72	69	−10	39	−94	2
87	Venezuela	109	135	142	90	32	85	24	55	52	15
99	Irak	123	864	−10	−22	−32	−21	−35	−22	21	55
100	Libyen	98	376	144	24	57	68	66	129	86	4
98	Saudi-Arabien	2.791	5.682	3.259	3.194	2.630	3.517	2.888	2.048	1.171	3.692
115	Vereinigte Arab. Emirate	1.028	1.118	351	88	122	87	15	−17	2	888
125	Kuwait	706	1.140	997	1.020	771	715	316	108	169	1.666
	OPEC insgesamt[d]	5.877	9.636	4.985	4.559	3.615	4.704	3.333	2.369	1.514	6.341
	OAPEC insgesamt[e]	4.937	9.538	4.798	4.366	3.610	4.498	3.289	2.261	..	..
						In % des BSP der Geberländer					
17	Nigeria	0,19	0,04	0,04	0,06	0,06	0,13	0,12	0,05	0,28	0,06
	Katar	7,35	4,16	0,40	0,18	0,12	0,36	0,00	0,08	−0,04	0,02
72	Algerien	0,07	0,20	0,08	0,10	0,10	0,19	0,07	0,03	0,11	0,03
77	Iran, Islam. Rep.	1,16	−0,08	0,01	0,03	−0,04	0,03	0,00	0,01	−0,02	..
87	Venezuela	0,35	0,23	0,22	0,16	0,06	0,14	0,06	0,09	0,13	0,03
99	Irak	0,76	2,36	−0,02	−0,05	−0,06	−0,05	−0,08	−0,04	0,04	..
100	Libyen	0,66	1,16	0,51	0,10	0,24	0,30	0,30	0,63	0,41	0,01
98	Saudi-Arabien	5,95	4,87	2,69	3,20	2,92	3,99	3,70	2,53	1,37	3,90
115	Vereinigte Arab. Emirate	8,95	4,06	1,26	0,32	0,45	0,41	0,07	−0,07	0,02	2,65
125	Kuwait	4,82	3,52	3,83	3,95	2,96	2,84	1,15	0,40	0,54	..
	OPEC insgesamt[d]	2,32	1,85	0,82	0,76	0,60	0,78	0,52	0,34	0,21	..
	OAPEC insgesamt[e]	4,23	3,22	1,70	1,60	1,39	1,80	1,10	0,86	..	..

[a] Organisation für wirtschaftliche Zusammenarbeit und Entwicklung.   [b] Die Angaben beziehen sich auf die Bundesrepublik Deutschland vor der Vereinigung.   [c] Vgl. Technische Erläuterungen.   [d] Organisation erdölexportierender Länder.   [e] Organisation arabischer erdölexportierender Länder.

Tabelle 20 Einnahmen aus öffentlicher Entwicklungshilfe

		\multicolumn{7}{c}{*Netto-Auszahlungen öffentlicher Entwicklungshilfe aus allen Quellen*}	Pro Kopf (in $)	In % des BSP
		\multicolumn{7}{c}{In Mio $}		
		1984	1985	1986	1987	1988	1989	1990	1990	1990
	Länder mit niedrigem Einkommen	**14.476**s	**15.896**s	**18.781**s	**20.555**s	**23.722**s	**23.862**s	**29.353**s	**9,6**w	**2,8**w
	China und Indien	2.471s	2.532s	3.254s	3.300s	4.086s	4.048s	3.662s	1,8w	0,6w
	Übrige Länder	12.006s	13.364s	15.527s	17.255s	19.636s	19.813s	25.691s	23,9w	6,9w
1	Mosambik	259	300	422	651	893	772	946	60,2	65,7
2	Tansania	558	487	681	882	982	920	1155	47,1	48,2
3	Äthiopien	364	715	636	634	970	752	888	17,4	14,6
4	Somalia	350	353	511	580	433	427	428	54,8	45,9
5	Nepal	198	236	301	347	399	493	429	22,7	13,8
6	Tschad	115	182	165	198	264	241	315	55,5	28,6
7	Bhutan	18	24	40	42	42	42	47	32,7	16,5
8	Laos, Dem. VR	34	37	48	58	77	140	152	36,6	17,5
9	Malawi	158	113	198	280	366	412	479	56,3	25,7
10	Bangladesch	1.200	1.152	1.455	1.635	1.592	1.800	2.103	19,7	9,2
11	Burundi	141	142	187	202	188	196	265	48,8	24,0
12	Zaire	312	325	448	627	576	634	823	22,0	10,9
13	Uganda	163	182	198	280	363	403	557	34,1	18,4
14	Madagaskar	153	188	316	321	304	321	382	32,8	12,3
15	Sierra Leone	61	66	87	86	102	100	70	16,9	7,8
16	Mali	321	380	372	366	427	454	474	56,0	19,4
17	Nigeria	33	32	59	69	120	346	234	2,0	0,7
18	Niger	161	304	307	353	371	296	358	46,7	14,2
19	Ruanda	165	181	211	245	252	232	287	40,3	13,4
20	Burkina Faso	189	198	284	281	298	272	315	34,9	9,9
21	Indien	1.673	1.592	2.120	1.839	2.097	1.895	1.586	1,9	0,6
22	Benin	77	95	138	138	162	263	261	55,1	..
23	China	798	940	1.134	1.462	1.989	2.153	2.076	1,8	0,6
24	Haiti	135	153	175	218	147	200	183	28,3	6,6
25	Kenia	411	438	455	572	808	967	1.000	41,4	11,4
26	Pakistan	749	801	970	879	1.408	1.129	1.152	10,3	2,9
27	Ghana	216	203	371	373	474	552	465	31,2	7,4
28	Zentralafrikanische Rep.	114	104	139	176	196	192	323	76,3	17,8
29	Togo	110	114	174	126	199	183	210	57,8	13,0
30	Sambia	239	328	464	430	478	392	438	54,0	14,0
31	Guinea	123	119	175	213	262	346	292	51,0	10,4
32	Sri Lanka	466	484	570	502	598	547	665	39,1	8,2
33	Mauretanien	175	209	225	185	184	242	211	107,0	20,0
34	Lesotho	101	94	88	107	108	127	138	78,0	24,5
35	Indonesien	673	603	711	1.246	1.632	1.839	1.724	9,7	1,6
36	Honduras	286	272	283	258	321	242	448	87,8	16,4
37	Ägypten, Arab.Rep.	1.794	1.791	1.716	1.773	1.537	1.568	5.604	107,6	15,9
38	*Afghanistan*	7	17	2	45	72	167	143	7,0	..
39	*Kambodscha*	17	13	13	14	18	31	42	4,9	..
40	*Liberia*	133	90	97	78	65	59	115	44,9	..
41	*Myanmar*	275	356	416	367	451	184	170	4,1	0,8
42	*Sudan*	622	1.128	945	898	937	772	792	31,5	9,3
43	*Vietnam*	109	114	147	111	148	129	190	2,9	2,1
	Länder mit mittlerem Einkommen	**9.557**s	**9.756**s	**11.438**s	**12.607**s	**11.847**s	**12.446**s	**17.882**s	**18,7**w	**0,7**w
	Untere Einkommenskategorie	7.730s	7.851s	8.847s	9.997s	9.306s	9.652s	14.365s	26,0w	1,6w
44	Bolivien	172	202	322	318	394	440	491	68,4	10,9
45	Simbabwe	298	237	225	294	273	265	343	35,0	5,5
46	Senegal	368	295	567	641	569	650	739	99,8	12,7
47	Philippinen	397	486	956	770	854	844	1.277	20,8	2,9
48	Côte d'Ivoire	128	125	186	254	439	403	689	57,9	6,9
49	Dominikanische Rep.	188	207	93	130	118	142	93	13,2	1,3
50	Papua-Neuguinea	322	259	263	322	380	339	376	96,1	11,4
51	Guatemala	65	83	135	241	235	261	199	21,6	2,6
52	Marokko	352	785	403	447	481	450	970	38,6	3,8
53	Kamerun	186	159	224	213	284	458	483	41,2	4,3
54	Ecuador	136	136	147	203	137	160	154	14,9	1,4
55	Syrien, Arab.Rep.	641	610	728	684	191	127	650	52,6	4,4
56	Kongo	98	71	110	152	89	91	209	92,0	7,3
57	El Salvador	261	345	341	426	420	443	347	66,5	6,4
58	Paraguay	50	50	66	81	76	92	57	13,1	1,1
59	Peru	310	316	272	292	272	305	392	18,1	1,1
60	Jordanien	687	538	564	577	417	273	891	282,5	22,8
61	Kolumbien	88	62	63	78	61	67	87	2,7	0,2
62	Thailand	475	481	496	504	563	739	805	14,4	1,0
63	Tunesien	178	163	222	274	316	234	316	39,2	2,5
64	Jamaika	170	169	178	168	193	262	280	115,7	7,1
65	Türkei	242	179	339	376	267	140	1.264	22,5	1,2
66	Rumänien	..	..	..	..	..	..	..	..	..

Anmerkung: Zur Vergleichbarkeit der Daten und ihrer Abgrenzung vgl. Technische Erläuterungen. Kursive Zahlen gelten für andere als die angegebenen Jahre.

			Netto-Auszahlungen öffentlicher Entwicklungshilfe aus allen Quellen					Pro Kopf (in $)	In % des BSP
			In Mio $					1990	1990
		1984	1985	1986	1987	1988	1989	1990		
67	Polen	..	..	..	..	..	..	92	38,2	1,9
68	Panama	72	69	52	40	22	18	..	..	..
69	Costa Rica	218	280	196	228	187	226	228	81,0	4,0
70	Chile	2	40	−5	21	44	61	94	7,1	0,3
71	Botsuana	102	96	102	156	151	160	148	118,2	5,5
72	Algerien	122	173	165	214	171	152	227	9,1	0,4
73	Bulgarien	..	..	..	..	..	..	..	..	..
74	Mauritius	36	28	56	65	59	58	89	82,9	3,6
75	Malaysia	327	229	192	363	104	140	469	26,3	1,1
76	Argentinien	49	39	88	99	152	211	172	5,3	0,2
77	Iran, Islam. Rep.	13	16	27	71	82	96	69	1,2	0,1
78	*Albanien*	..	..	..	..	..	..	..	..	..
79	*Angola*	95	92	131	135	159	148	212	21,2	..
80	*Libanon*	77	83	62	101	141	119	134	50,0	..
81	*Mongolei*	..	..	..	..	..	..	..	..	..
82	*Namibia*	0	6	15	17	22	59	57	32,0	..
83	*Nicaragua*	114	102	150	141	213	225	324	84,0	..
84	*Jemen, Rep.*	326	283	257	422	303	358	392	34,7	5,6
	Obere Einkommenskategorie	1.827s	1.905s	2.591s	2.610s	2.541s	2.794s	3.517s	8,5w	0,1w
85	Mexiko	83	144	252	155	173	86	140	1,6	0,1
86	Südafrika	..	..	..	..	..	..	..	..	..
87	Venezuela	14	11	16	19	18	21	79	4,0	0,2
88	Uruguay	4	5	27	18	41	38	47	15,1	0,6
89	Brasilien	161	123	178	289	210	206	164	1,1	0,0
90	Ungarn	..	..	..	..	..	..	..	..	..
91	Jugoslawien	3	11	19	35	44	43	48	2,0	0,1
92	Tschechoslowakei	..	..	..	..	..	..	..	..	..
93	Gabun	76	61	79	82	106	133	140	123,0	3,0
94	Trinidad u. Tobago	5	7	19	34	9	6	10	8,3	0,2
95	Portugal	97	101	139	64	102	78	67	6,5	0,1
96	Korea, Rep.	−37	−9	−18	11	10	52	52	1,2	0,0
97	Griechenland	13	11	19	35	35	30	35	3,5	0,1
98	Saudi-Arabien	36	29	31	22	19	36	44	2,9	..
99	*Irak*	4	26	33	91	10	11	52	2,7	..
100	*Libyen*	5	5	11	6	6	17	20	4,4	..
101	*Oman*	67	78	84	16	1	18	69	44,2	..
	Länder mit niedr. u. mittl. Eink.	24.033s	25.653s	30.219s	33.162s	35.570s	36.307s	47.235s	11,8w	1,4w
	Afrika südlich der Sahara	7.941s	9.006s	11.093s	12.500s	14.077s	14.505s	16.810s	33,9w	9,6w
	Ostasien u. Pazifik	3.553s	3.577s	4.529s	5.548s	6.405s	7.053s	7.771s	4,9w	0,8w
	Südasien	4.585s	4.655s	5.888s	5.630s	6.615s	6.118s	6.174s	5,4w	1,6w
	Europa	376s	348s	543s	522s	461s	285s	1.420s	14,1w	0,4w
	Naher Osten u. Nordafrika	4.506s	4.668s	4.405s	4.745s	3.743s	3.622s	9.680s	37,8w	3,4w
	Lateinamerika u. Karibik	3.072s	3.400s	3.761s	4.217s	4.269s	4.724s	5.380s	12,3w	0,4w
	Übrige Länder	12s	18s	18s	30s	20s	24s	33s	1,0w	..
	Länder mit gravierenden Schuldenproblemen	2.379s	2.836s	3.016s	3.267s	2.938s	2.877s	4.660s	11,4w	0,4w
	Länder mit hohem Einkommen	1.525s	2.232s	2.306s	1.746s	1.655s	1.667s	1.802s	44,7w	0,8w
	OECD-Mitglieder	..	..	..	..	..	..	..	..	..
	†Übrige	1.525s	2.232s	2.306s	1.746s	1.655s	1.667s	1.802s	44,7w	0,8w
102	Irland	..	..	..	..	..	..	..	..	..
103	†Israel	1.256	1.978	1.937	1.251	1.241	1.192	1.374	295,0	2,6
104	Spanien	..	..	..	..	..	..	..	..	..
105	†Singapur	41	24	29	23	22	95	−3	−1,0	0,0
106	†Hongkong	14	20	18	19	22	40	37	6,4	0,1
107	Neuseeland	..	..	..	..	..	..	..	..	..
108	Belgien	..	..	..	..	..	..	..	..	..
109	Großbritannien	..	..	..	..	..	..	..	..	..
110	Italien	..	..	..	..	..	..	..	..	..
111	Australien	..	..	..	..	..	..	..	..	..
112	Niederlande	..	..	..	..	..	..	..	..	..
113	Österreich	..	..	..	..	..	..	..	..	..
114	Frankreich	..	..	..	..	..	..	..	..	..
115	†Vereinigte Arab. Emirate	3	4	34	115	−12	−6	5	3,3	..
116	Kanada	..	..	..	..	..	..	..	..	..
117	Vereinigte Staaten	..	..	..	..	..	..	..	..	..
118	Dänemark	..	..	..	..	..	..	..	..	..
119	Deutschland	..	..	..	..	..	..	..	..	..
120	Norwegen	..	..	..	..	..	..	..	..	..
121	Schweden	..	..	..	..	..	..	..	..	..
122	Japan	..	..	..	..	..	..	..	..	..
123	Finnland	..	..	..	..	..	..	..	..	..
124	Schweiz	..	..	..	..	..	..	..	..	..
125	†*Kuwait*	4	4	5	3	6	4	3	1,6	..
	Gesamte Welt	25.570s	27.903s	32.542s	34.938s	37.244s	37.997s	49.070s	12,0w	1,4w
	Brennstoffexporteure ohne ehem. UdSSR	582s	637s	826s	1.048s	798s	1.077s	1.376s	5,0w	0,4w

Tabelle 21 Gesamte Auslandsschulden

		Langfristige Auslandsschulden (in Mio $)			Ausstehende IWF-Kredite (in Mio $)		Kurzfristige Auslandsschulden (in Mio $)		Gesamte Auslandsschulden (in Mio $)	
		Öffentlich und öffentlich garantiert		Privat nicht garantiert							
		1970	1990	1970	1990	1970	1990	1970	1990	1970	1990
Länder mit niedrigem Einkommen											
China und Indien											
Übrige Länder											
1	Mosambik	..	4.053	0	19	0	74	..	572	..	4.718
2	Tansania	180	5.294	15	12	0	140	..	420	..	5.866
3	Äthiopien	169	3.116	0	0	0	6	..	128	..	3.250
4	Somalia	77	1.922	0	0	0	159	..	268	..	2.350
5	Nepal	3	1.557	0	0	0	44	..	20	..	1.621
6	Tschad	33	430	0	0	3	31	..	31	..	492
7	Bhutan	..	80	0	0	0	0	..	3	..	83
8	Laos, Dem. VR	8	1.053	0	0	0	8	..	2	..	1.063
9	Malawi	122	1.366	0	3	0	115	..	60	..	1.544
10	Bangladesch	0	11.464	0	0	0	626	..	156	..	12.245
11	Burundi	7	850	0	0	8	43	..	13	..	906
12	Zaire	311	8.851	0	0	0	521	..	744	..	10.115
13	Uganda	152	2.301	0	0	0	282	..	144	..	2.726
14	Madagaskar	89	3.677	0	0	0	144	..	118	..	3.938
15	Sierra Leone	59	606	0	0	0	108	..	475	..	1.189
16	Mali	238	2.306	0	0	9	69	..	57	..	2.433
17	Nigeria	452	33.709	115	391	0	0	..	1.968	..	36.068
18	Niger	32	1.326	0	261	0	85	..	157	..	1.829
19	Ruanda	2	692	0	0	3	0	..	48	..	741
20	Burkina Faso	21	750	0	0	0	0	..	84	..	834
21	Indien	7.838	61.097	100	1.488	0	2.623	..	4.908	..	70.115
22	Benin	41	1.262	0	0	0	9	..	157	..	1.427
23	China	..	45.319	0	0	0	469	..	6.766	..	52.555
24	Haiti	40	745	0	0	3	38	..	91	..	874
25	Kenia	319	4.810	88	578	0	482	..	971	..	6.840
26	Pakistan	3.064	16.532	5	124	45	836	..	3.191	..	20.683
27	Ghana	511	2.670	10	33	46	745	..	50	..	3.498
28	Zentralafrikanische Rep.	24	815	0	1	0	37	..	48	..	901
29	Togo	40	1.096	0	0	0	87	..	113	..	1.296
30	Sambia	624	4.784	30	2	0	949	..	1.488	..	7.223
31	Guinea	312	2.230	0	0	3	52	..	215	..	2.497
32	Sri Lanka	317	4.911	0	136	79	410	..	394	..	5.851
33	Mauretanien	26	1.898	0	0	0	70	..	259	..	2.227
34	Lesotho	8	372	0	0	0	15	..	3	..	390
35	Indonesien	2.497	44.974	461	9.405	139	494	..	13.035	..	67.908
36	Honduras	90	3.159	19	66	0	32	..	222	..	3.480
37	Ägypten, Arab. Rep.	1.517	34.242	0	1.000	49	125	..	4.518	..	39.885
38	*Afghanistan*	..	..	..	..	..	..	..	..	..	..
39	*Kambodscha*	..	..	..	..	..	..	..	..	..	..
40	*Liberia*	158	1.127	0	0	4	322	..	422	..	1.870
41	*Myanmar*	106	4.447	0	0	17	0	..	229	..	4.675
42	*Sudan*	298	9.156	0	496	31	956	..	4.775	..	15.383
43	*Vietnam*	..	..	..	..	..	..	..	..	..	..
Länder mit mittlerem Einkommen											
Untere Einkommenskategorie											
44	Bolivien	480	3.683	11	177	6	257	..	159	..	4.276
45	Simbabwe	229	2.449	0	153	0	7	..	591	..	3.199
46	Senegal	115	2.954	31	60	0	314	..	417	..	3.745
47	Philippinen	625	24.108	919	1.006	69	912	..	4.431	..	30.456
48	Côte d'Ivoire	256	10.050	11	4.372	0	431	..	3.105	..	17.956
49	Dominikanische Rep.	212	3.440	141	99	7	72	..	789	..	4.400
50	Papua-Neuguinea	36	1.509	173	965	0	61	..	72	..	2.606
51	Guatemala	106	2.179	14	127	0	67	..	405	..	2.777
52	Marokko	712	22.097	15	200	28	750	..	477	..	23.524
53	Kamerun	131	4.784	9	230	0	121	..	888	..	6.023
54	Ecuador	193	9.854	49	164	14	265	..	1.823	..	12.105
55	Syrien, Arab. Rep.	233	14.959	0	0	10	0	..	1.487	..	16.446
56	Kongo	119	4.380	0	0	0	11	..	727	..	5.118
57	El Salvador	88	1.898	88	26	7	0	..	209	..	2.133
58	Paraguay	112	1.736	0	19	0	0	..	376	..	2.131
59	Peru	856	13.343	1.799	1.554	10	755	..	5.453	..	21.105
60	Jordanien	120	6.486	0	0	0	94	..	1.097	..	7.678
61	Kolumbien	1.297	14.680	283	1.123	55	0	..	1.438	..	17.241
62	Thailand	324	12.572	402	4.973	0	1	..	8.322	..	25.868
63	Tunesien	541	6.506	0	218	13	176	..	634	..	7.534
64	Jamaika	160	3.873	822	34	0	357	..	334	..	4.598
65	Türkei	1.846	38.595	42	1.054	74	0	..	9.500	..	49.149
66	Rumänien	..	19	0	0	0	0	..	350	..	369

Anmerkung: Zur Vergleichbarkeit der Daten und ihrer Abgrenzung vgl. Technische Erläuterungen. Kursive Zahlen gelten für andere als die angegebenen Jahre.

	Langfristige Auslandsschulden (in Mio $)				Ausstehende IWF-Kredite (in Mio $)		Kurzfristige Auslandsschulden (in Mio $)		Gesamte Auslandsschulden (in Mio $)	
	Öffentlich und öffentlich garantiert		Privat nicht garantiert							
	1970	1990	1970	1990	1970	1990	1970	1990	1970	1990
67 Polen	..	39.282	0	0	0	509	..	9.595	..	49.386
68 Panama	194	3.987	0	0	0	272	..	2.417	..	6.676
69 Costa Rica	134	3.077	112	304	0	11	..	380	..	3.772
70 Chile	2.067	10.339	501	4.263	2	1.157	..	3.356	..	19.114
71 Botsuana	17	510	0	0	0	0	..	6	..	156
72 Algerien	945	24.316	0	0	0	670	..	1.820	..	26.806
73 Bulgarien	..	9.564	0	0	0	0	..	1.363	..	10.927
74 Mauritius	32	739	0	148	0	22	..	30	..	939
75 Malaysia	390	16.107	50	1.489	0	0	..	1.906	..	19.502
76 Argentinien	1.880	46.146	3.291	1.800	0	3.083	..	10.115	..	61.144
77 Iran, Islam. Rep.	..	1.797	0	0	0	0	..	7.224	..	9.021
78 Albanien	..	..	..	..	..	..	..	..	..	..
79 Angola	..	7.152	0	0	0	0	..	558	..	7.710
80 Libanon	64	545	0	0	0	0	..	1.387	..	1.932
81 Mongolei	..	..	..	..	..	..	..	..	..	..
82 Namibia	..	..	..	..	..	..	..	..	..	..
83 Nicaragua	147	8.067	0	0	8	0	..	2.430	..	10.497
84 Jemen, Rep.	31	5.040	0	0	0	0	..	1.196	..	6.236
Obere Einkommenskategorie										
85 Mexiko	3.196	76.204	2.770	4.409	0	6.551	..	9.645	..	96.810
86 Südafrika	..	..	..	..	..	..	..	..	..	..
87 Venezuela	718	24.643	236	3.650	0	3.012	..	2.000	..	33.305
88 Uruguay	269	3.044	29	110	18	101	..	452	..	3.707
89 Brasilien	3.426	82.098	1.706	7.771	0	1.821	..	24.483	..	116.173
90 Ungarn	..	18.046	0	0	0	330	..	2.941	..	21.316
91 Jugoslawien	1.199	13.492	854	3.860	0	467	..	2.871	..	20.690
92 Tschechoslowakei	..	5.346	0	0	0	0	..	2.885	..	8.231
93 Gabun	91	2.945	0	0	0	140	..	562	..	3.647
94 Trinidad u. Tobago	101	1.808	0	0	0	329	..	169	..	2.307
95 Portugal	515	14.432	268	748	0	0	..	5.233	..	20.413
96 Korea, Rep.	1.816	17.814	175	5.400	0	0	..	10.800	..	34.014
97 Griechenland	..	..	..	..	..	..	..	..	..	..
98 Saudi-Arabien	..	..	..	..	..	..	..	..	..	..
99 Irak	..	..	..	..	..	..	..	..	..	..
100 Libyen	..	..	..	..	..	..	..	..	..	..
101 Oman	..	2.205	0	0	0	0	..	279	..	2.484

Länder mit niedr. u. mittl. Eink.
  Afrika südlich der Sahara
  Ostasien u. Pazifik
  Südasien
  Europa
  Naher Osten u. Nordafrika
  Lateinamerika u. Karibik
Übrige Länder

Länder mit gravierenden Schuldenproblemen

Länder mit hohem Einkommen
  OECD-Mitglieder
  †Übrige

102 Irland
103 †Israel
104 Spanien
105 †Singapur
106 †Hongkong

107 Neuseeland
108 Belgien
109 Großbritannien
110 Italien
111 Australien

112 Niederlande
113 Österreich
114 Frankreich
115 †Vereinigte Arab. Emirate
116 Kanada

117 Vereinigte Staaten
118 Dänemark
119 Deutschland
120 Norwegen
121 Schweden

122 Japan
123 Finnland
124 Schweiz
125 †Kuwait

Gesamte Welt
Brennstoffexporteure ohne ehem. UdSSR

Tabelle 22 Zufluß von öffentlichem und privatem Auslandskapital

	Auszahlungen (in Mio $)				Tilgung (in Mio $)				Zinszahlungen (in Mio $)			
	Langfristige öffentliche und öffentlich garantierte Mittel		Privat nicht garantiert		Langfristige öffentliche und öffentlich garantierte Mittel		Privat nicht garantiert		Langfristige öffentliche und öffentlich garantierte Mittel		Privat nicht garantiert	
	1970	1990	1970	1990	1970	1990	1970	1990	1970	1990	1970	1990
Länder mit niedrigem Einkommen												
China und Indien												
Übrige Länder												
1 Mosambik	..	153	0	20	..	8	0	12	..	8	0	0
2 Tansania	51	299	8	0	2	53	3	0	3	46	1	0
3 Äthiopien	28	277	0	0	15	144	0	0	6	44	0	0
4 Somalia	4	42	0	0	1	3	0	0	0	4	0	0
5 Nepal	1	166	0	0	2	31	0	0	0	26	0	0
6 Tschad	6	96	0	0	3	3	0	0	0	3	0	0
7 Bhutan	..	8	0	0	..	4	0	0	..	2	0	0
8 Laos, Dem.VR	6	107	0	0	1	8	0	0	0	3	0	0
9 Malawi	40	127	0	0	3	42	0	1	4	32	0	0
10 Bangladesch	0	1.121	0	0	0	275	0	0	0	159	0	0
11 Burundi	1	94	0	0	0	28	0	0	0	12	0	0
12 Zaire	32	226	0	0	28	51	0	0	9	93	0	0
13 Uganda	26	305	0	0	4	47	0	0	4	16	0	0
14 Madagaskar	11	185	0	0	5	70	0	0	2	93	0	0
15 Sierra Leone	8	37	0	0	11	3	0	0	3	3	0	0
16 Mali	23	110	0	0	0	23	0	0	0	17	0	0
17 Nigeria	56	727	25	0	38	1.205	30	15	20	1.758	8	3
18 Niger	12	112	0	43	2	7	0	37	1	6	0	16
19 Ruanda	0	62	0	0	0	10	0	0	0	6	0	0
20 Burkina Faso	2	79	0	0	2	18	0	0	0	10	0	0
21 Indien	883	5.191	25	214	289	2.162	25	318	187	3.275	6	135
22 Benin	2	95	0	0	1	5	0	0	0	5	0	0
23 China	..	9.620	0	0	..	3.371	0	0	..	2.534	0	0
24 Haiti	4	37	0	0	3	6	0	0	0	6	0	0
25 Kenia	35	676	41	0	17	282	12	37	13	189	4	38
26 Pakistan	489	1.786	3	25	114	863	1	39	77	497	0	11
27 Ghana	42	380	0	8	14	123	0	8	12	57	0	2
28 Zentralafrikanische Rep.	2	121	0	0	2	6	0	0	1	9	0	0
29 Togo	5	82	0	0	2	27	0	0	1	33	0	0
30 Sambia	351	152	11	2	35	91	6	0	29	58	2	0
31 Guinea	90	150	0	0	11	37	0	0	4	16	0	0
32 Sri Lanka	66	464	0	0	30	163	0	2	12	118	0	2
33 Mauretanien	5	80	0	0	3	28	0	0	0	13	0	0
34 Lesotho	0	52	0	0	0	14	0	0	0	8	0	0
35 Indonesien	441	4.615	195	5.533	59	4.140	61	977	25	2.536	21	485
36 Honduras	29	330	10	8	3	162	3	25	3	181	1	1
37 Ägypten, Arab. Rep.	199	2.192	0	102	227	1.715	0	183	40	1.054	0	89
38 *Afghanistan*	..	..	..	..	..	..	..	..	..	..	..	..
39 *Kambodscha*	..	..	..	..	..	..	..	..	..	..	..	..
40 *Liberia*	7	0	0	0	11	0	0	0	6	0	0	0
41 *Myanmar*	22	122	0	0	20	45	0	0	3	13	0	0
42 *Sudan*	53	185	0	0	22	14	0	0	12	8	0	0
43 *Vietnam*	..	..	..	..	..	..	..	..	..	..	..	..
Länder mit mittlerem Einkommen												
Untere Einkommenskategorie												
44 Bolivien	55	294	3	0	17	168	2	24	7	116	1	14
45 Simbabwe	0	297	0	94	5	227	0	18	5	139	0	9
46 Senegal	19	212	1	15	7	128	3	12	2	82	0	3
47 Philippinen	141	2.155	276	291	74	705	186	47	26	1.471	19	55
48 Côte d'Ivoire	78	826	4	900	29	280	2	529	12	187	0	212
49 Dominikanische Rep.	38	141	22	0	7	89	20	5	4	57	8	3
50 Papua-Neuguinea	43	275	111	205	0	174	20	199	1	86	8	90
51 Guatemala	37	140	6	7	20	87	2	3	6	76	1	10
52 Marokko	168	1.345	8	8	37	742	3	8	24	873	1	5
53 Kamerun	29	764	11	53	5	127	2	130	4	173	1	17
54 Ecuador	41	629	7	30	16	470	11	25	7	401	3	12
55 Syrien, Arab. Rep.	60	361	0	0	31	1.253	0	0	6	122	0	0
56 Kongo	18	134	0	0	6	140	0	0	3	104	0	0
57 El Salvador	8	109	24	0	6	111	16	14	4	72	6	3
58 Paraguay	14	80	0	0	7	111	0	9	4	75	0	0
59 Peru	148	248	240	0	100	149	233	35	43	89	119	10
60 Jordanien	15	381	0	0	3	349	0	0	2	272	0	0
61 Kolumbien	253	1.857	0	146	78	1.876	59	296	44	1.240	15	101
62 Thailand	51	1.513	169	1.149	23	2.424	107	847	16	877	17	334
63 Tunesien	89	1.021	0	30	47	909	0	37	18	399	0	10
64 Jamaika	15	264	165	0	6	300	164	8	9	224	54	3
65 Türkei	331	4.344	1	543	128	3.426	3	283	42	2.763	2	61
66 Rumänien	..	19	0	0	..	0	0	0	..	0	0	0

Anmerkung: Zur Vergleichbarkeit der Daten und ihrer Abgrenzung vgl. Technische Erläuterungen. Kursive Zahlen gelten für andere als die angegebenen Jahre.

		Auszahlungen (in Mio $)			Tilgung (in Mio $)				Zinszahlungen (in Mio $)			
		Langfristige öffentliche und öffentlich garantierte Mittel		Privat nicht garantiert		Langfristige öffentliche und öffentlich garantierte Mittel		Privat nicht garantiert		Langfristige öffentliche und öffentlich garantierte Mittel		Privat nicht garantiert	
		1970	1990	1970	1990	1970	1990	1970	1990	1970	1990	1970	1990
67	Polen	..	540	0	0	..	642	0	0	..	206	0	0
68	Panama	67	6	0	0	24	51	0	0	7	90	0	0
69	Costa Rica	30	202	30	5	21	263	20	6	7	169	7	2
70	Chile	408	707	247	1.545	166	474	41	271	78	1.096	26	252
71	Botsuana	6	25	0	0	0	62	0	0	0	36	0	0
72	Algerien	313	5.568	0	0	35	6.156	0	0	10	1.914	0	0
73	Bulgarien	..	437	0	0	..	828	0	0	..	456	0	0
74	Mauritius	2	93	0	57	1	43	0	16	2	35	0	6
75	Malaysia	45	1.779	12	685	47	2.220	9	470	22	1.125	3	104
76	Argentinien	482	914	424	0	344	1.664	428	0	121	2.129	217	144
77	Iran, Islam. Rep.	..	139	0	0	..	225	0	0	..	28	0	0
78	*Albanien*	..	..	..	..	..	..	..	..	..	..	..	..
79	*Angola*	..	628	0	0	..	133	0	0	..	89	0	0
80	*Libanon*	12	76	0	0	2	56	0	0	1	31	0	0
81	*Mongolei*	..	..	..	..	..	..	..	..	..	..	..	..
82	*Namibia*	..	..	..	..	..	..	..	..	..	..	..	..
83	*Nicaragua*	44	445	0	0	16	4	0	0	7	5	0	0
84	*Jemen, Rep.*	6	261	0	0	0	73	0	0	0	23	0	0
Obere Einkommenskategorie													
85	Mexiko	772	7.901	603	1.484	475	2.615	542	1.046	216	5.365	67	400
86	Südafrika	..	..	..	..	..	..	..	..	..	..	..	..
87	Venezuela	216	2.224	67	0	42	910	25	173	40	2.597	13	400
88	Uruguay	37	375	13	80	47	399	4	75	16	311	2	10
89	Brasilien	896	2.686	900	875	256	2.718	200	1.008	135	2.223	89	460
90	Ungarn	..	2.573	0	0	..	2.233	0	0	..	1.571	0	0
91	Jugoslawien	179	446	465	1.215	170	776	204	1.210	73	1.266	32	380
92	Tschechoslowakei	..	1.866	0	0	..	984	0	0	..	365	0	0
93	Gabun	26	161	0	0	9	53	0	0	3	75	0	0
94	Trinidad u. Tobago	8	47	0	0	10	164	0	0	6	133	0	0
95	Portugal	18	2.332	20	185	81	3.310	22	99	55	1.007	5	48
96	Korea, Rep.	444	3.198	32	1.529	198	3.539	7	2.090	71	1.267	5	507
97	Griechenland	..	..	..	..	..	..	..	..	..	..	..	..
98	Saudi-Arabien	..	..	..	..	..	..	..	..	..	..	..	..
99	*Irak*	..	..	..	..	..	..	..	..	..	..	..	..
100	*Libyen*	..	..	..	..	..	..	..	..	..	..	..	..
101	*Oman*	0	104	0	0	0	567	0	0	0	177	0	0

Länder mit niedr. u. mittl. Eink.
  Afrika südlich der Sahara
  Ostasien u. Pazifik
  Südasien
  Europa
  Naher Osten u. Nordafrika
  Lateinamerika u. Karibik
Übrige Länder

Länder mit gravierenden Schuldenproblemen

Länder mit hohem Einkommen
  OECD-Mitglieder
  †Übrige

102 Irland
103 †Israel
104 Spanien
105 †Singapur
106 †Hongkong

107 Neuseeland
108 Belgien
109 Großbritannien
110 Italien
111 Australien

112 Niederlande
113 Österreich
114 Frankreich
115 †Vereinigte Arab. Emirate
116 Kanada

117 Vereinigte Staaten
118 Dänemark
119 Deutschland
120 Norwegen
121 Schweden

122 Japan
123 Finnland
124 Schweiz
125 †*Kuwait*

Gesamte Welt
Brennstoffexporteure ohne ehem. UdSSR

Tabelle 23 Gesamte Nettomittelzuflüsse und Nettotransfers

	Nettozugänge an langfristigen Auslandsschulden (in Mio $)						Ausländische Netto-Direkt-investitionen		Gesamte Netto-mittelzuflüsse		Gesamte Nettotransfers	
	Öffentlich und öffentlich garantiert		Privat nicht garantiert		Öffentliche Zuschüsse							
	1970	1990	1970	1990	1970	1990	1970	1990	1970	1990	1970	1990
Länder mit niedrigem Einkommen												
China und Indien												
Übrige Länder												
1 Mosambik	..	145	0	8	0	764	0	0	0	917	0	909
2 Tansania	49	246	5	0	6	729	0	0	60	975	57	904
3 Äthiopien	13	133	0	0	6	590	4	0	23	723	10	678
4 Somalia	4	40	0	0	9	304	5	0	17	344	16	340
5 Nepal	−2	135	0	0	16	160	0	0	14	295	14	269
6 Tschad	3	93	0	0	11	179	1	0	15	271	13	268
7 Bhutan	..	4	0	0	0	28	0	0	0	32	0	29
8 Laos, Dem.VR	4	99	0	0	28	66	0	0	33	165	32	162
9 Malawi	37	84	0	−1	7	262	9	0	52	345	41	312
10 Bangladesch	0	846	0	0	0	891	0	3	0	1.740	0	1.582
11 Burundi	1	67	0	0	7	144	0	1	8	212	8	196
12 Zaire	3	175	0	0	37	319	0	0	41	494	2	393
13 Uganda	22	258	0	0	2	260	4	0	27	519	10	503
14 Madagaskar	5	116	0	0	20	360	10	0	36	476	34	383
15 Sierra Leone	−3	35	0	0	1	47	8	0	7	81	−1	78
16 Mali	23	87	0	0	12	229	0	−1	34	315	32	294
17 Nigeria	18	−479	−5	−15	40	149	205	588	259	243	−207	−1.653
18 Niger	11	105	0	6	15	224	1	0	26	334	23	312
19 Ruanda	0	53	0	0	10	159	0	8	10	220	10	207
20 Burkina Faso	0	61	0	0	13	170	0	0	13	230	11	220
21 Indien	594	3.029	0	−104	157	684	6	0	757	3.610	565	200
22 Benin	1	90	0	0	9	110	7	0	17	200	13	196
23 China	..	6.249	0	0	0	333	0	3.489	0	10.071	0	7.492
24 Haiti	1	31	0	0	2	88	3	8	6	128	2	114
25 Kenia	17	394	30	−37	4	942	14	26	64	1.324	−2	1.010
26 Pakistan	375	923	2	−13	79	381	23	249	479	1.540	395	978
27 Ghana	28	257	0	0	9	440	68	15	104	712	79	646
28 Zentralafrikanische Rep.	−1	116	0	0	6	87	1	0	7	203	5	194
29 Togo	3	54	0	0	7	97	1	0	11	152	5	98
30 Sambia	316	61	5	2	2	633	−297	0	26	696	−65	638
31 Guinea	80	113	0	0	1	106	0	0	80	219	76	203
32 Sri Lanka	36	301	0	−2	14	226	0	31	50	556	30	409
33 Mauretanien	1	51	0	0	3	97	1	0	5	148	−8	136
34 Lesotho	0	38	0	0	8	69	0	17	8	124	7	103
35 Indonesien	383	476	134	4.556	84	342	83	964	683	6.337	510	1.242
36 Honduras	26	167	7	−18	0	223	8	0	41	373	17	191
37 Ägypten, Arab.Rep.	−29	477	0	−81	150	4.376	0	947	122	5.719	82	4.558
38 *Afghanistan*	..	..	..	..	..	..	..	..	..	..	..	..
39 *Kambodscha*	..	..	..	..	..	..	..	..	..	..	..	..
40 *Liberia*	−4	0	0	0	1	49	0	0	−3	49	−9	49
41 *Myanmar*	2	77	0	0	16	75	0	0	17	152	14	139
42 *Sudan*	30	171	0	0	2	476	0	0	32	647	16	639
43 *Vietnam*	..	..	..	..	..	..	..	..	..	..	..	..
Länder mit mittlerem Einkommen												
Untere Einkommenskategorie												
44 Bolivien	38	125	1	−24	0	193	−76	45	−37	340	−61	193
45 Simbabwe	−5	71	0	76	0	210	0	0	−5	356	−9	209
46 Senegal	13	83	−2	4	16	512	5	0	32	599	15	481
47 Philippinen	67	1.450	90	245	16	394	−25	530	148	2.618	80	781
48 Côte d'Ivoire	49	546	2	371	12	286	31	−48	94	1.156	33	756
49 Dominikanische Rep.	31	52	2	−5	10	31	72	133	115	210	102	150
50 Papua-Neuguinea	43	101	91	7	144	277	0	0	278	385	268	209
51 Guatemala	17	53	4	4	4	67	29	0	55	124	18	38
52 Marokko	131	603	5	0	23	472	20	165	179	1.240	134	292
53 Kamerun	24	637	9	−77	21	376	16	0	70	936	61	746
54 Ecuador	26	159	−4	5	2	51	89	82	112	297	83	−241
55 Syrien, Arab.Rep.	29	−892	0	0	11	582	0	0	41	−311	35	−433
56 Kongo	13	−6	0	0	5	51	0	0	18	46	15	−58
57 El Salvador	2	−2	8	−14	2	160	4	0	15	145	−1	70
58 Paraguay	7	−31	0	−9	2	9	4	79	13	47	5	−43
59 Peru	48	99	7	−35	20	186	−70	34	4	285	−231	169
60 Jordanien	12	32	0	0	41	670	0	0	53	702	51	430
61 Kolumbien	174	−18	−59	−149	21	59	43	501	179	392	26	−1.991
62 Thailand	28	−911	62	302	6	219	43	2.376	139	1.985	87	468
63 Tunesien	42	112	0	−7	42	184	16	58	99	347	61	−173
64 Jamaika	9	−37	1	−8	3	129	162	0	174	84	6	−143
65 Türkei	203	918	−2	260	21	817	58	697	280	2.692	202	−293
66 Rumänien	0	19	0	0	0	0	0	0	0	19	0	19

Anmerkung: Zur Vergleichbarkeit der Daten und ihrer Abgrenzung vgl. Technische Erläuterungen. Kursive Zahlen gelten für andere als die angegebenen Jahre.

| | | Nettozugänge an langfristigen Auslandsschulden (in Mio $) | | | | | | Ausländische Netto-Direkt-investitionen | | Gesamte Netto-mittelzuflüsse | | Gesamte Nettotransfers | |
| | | Öffentlich und öffentlich garantiert | | Privat nicht garantiert | | Öffentliche Zuschüsse | | | | | | | |
		1970	1990	1970	1990	1970	1990	1970	1990	1970	1990	1970	1990
67	Polen	24	−102	0	0	0	0	0	89	24	−13	24	−239
68	Panama	44	−45	0	0	0	91	33	−30	77	16	51	−98
69	Costa Rica	9	−62	10	−1	4	119	26	111	49	168	31	−60
70	Chile	242	233	206	1.274	11	66	−79	595	381	2.167	172	484
71	Botsuana	6	−37	0	0	9	90	0	148	15	201	14	−133
72	Algerien	279	−589	0	0	56	76	47	0	381	−513	221	−2.578
73	Bulgarien	..	−391	0	0	0	0	0	0	0	−391	0	−847
74	Mauritius	1	50	0	41	3	27	2	41	5	160	3	96
75	Malaysia	−2	−441	3	215	4	54	94	2.902	99	2.730	−92	−417
76	Argentinien	139	−749	−4	0	1	39	11	2.036	147	1.326	−264	−1.665
77	Iran, Islam. Rep.	..	−86	0	0	0	52	28	0	28	−33	−788	−61
78	*Albanien*	..	..	..	..	..	..	..	..	..	..	..	..
79	*Angola*	..	495	0	0	0	160	0	0	0	655	0	566
80	*Libanon*	10	20	0	0	2	95	0	0	12	114	11	83
81	*Mongolei*	..	..	..	..	..	..	..	..	..	..	..	..
82	*Namibia*	..	..	..	..	..	..	..	..	..	..	..	..
83	*Nicaragua*	28	441	0	0	2	251	15	0	45	692	15	687
84	*Jemen, Rep.*	6	187	0	0	8	273	0	0	14	460	14	437
Obere Einkommenskategorie													
85	Mexiko	297	5.286	61	438	11	64	323	2.632	692	8.420	50	1.341
86	Südafrika	..	..	..	..	..	..	..	..	..	..	..	..
87	Venezuela	174	1.304	41	−173	0	9	−23	451	192	1.591	−429	−1.630
88	Uruguay	−10	−23	9	5	2	14	0	0	1	−4	−18	−325
89	Brasilien	640	−32	700	−133	26	71	421	1.340	1.787	1.247	1.177	−3.816
90	Ungarn	..	340	0	0	0	0	0	0	0	340	0	−1.268
91	Jugoslawien	9	−331	261	5	0	0	0	0	270	−326	166	−1.972
92	Tschechoslowakei	..	882	0	0	0	0	0	207	0	1.089	0	724
93	Gabun	17	108	0	0	10	41	−1	−50	26	100	23	−45
94	Trinidad u. Tobago	−3	−117	0	0	1	7	83	109	81	0	16	−331
95	Portugal	−63	−978	−1	86	0	14	0	2.123	−64	1.245	−124	78
96	Korea, Rep.	246	−341	25	−561	119	13	66	715	456	−174	374	−2.214
97	Griechenland	..	..	..	..	..	..	..	..	..	..	..	..
98	Saudi-Arabien	..	..	..	..	..	..	..	..	..	..	..	..
99	Irak	..	..	..	..	..	..	..	..	..	..	..	..
100	*Libyen*	..	..	..	..	..	..	..	..	..	..	..	..
101	*Oman*	..	−463	0	0	0	61	0	144	0	−259	0	−825

Länder mit niedr. u. mittl. Eink.
  Afrika südlich der Sahara
  Ostasien u. Pazifik
  Südasien
  Europa
  Naher Osten u. Nordafrika
  Lateinamerika u. Karibik
Übrige Länder

Länder mit gravierenden Schuldenproblemen

Länder mit hohem Einkommen
  OECD-Mitglieder
  †Übrige

102 Irland
103 †Israel
104 Spanien
105 †Singapur
106 †Hongkong

107 Neuseeland
108 Belgien
109 Großbritannien
110 Italien
111 Australien

112 Niederlande
113 Österreich
114 Frankreich
115 †Vereinigte Arab. Emirate
116 Kanada

117 Vereinigte Staaten
118 Dänemark
119 Deutschland
120 Norwegen
121 Schweden

122 Japan
123 Finnland
124 Schweiz
125 †*Kuwait*

Gesamte Welt
Brennstoffexporteure ohne ehem. UdSSR

Tabelle 24 Kennziffern der gesamten Auslandsschulden

	Gesamte Auslandsschulden in % von				Gesamter Schuldendienst in % der Ausfuhr von Waren und Dienstleistungen		Zinszahlungen in % der Ausfuhr von Waren und Dienstleistungen	
	Ausfuhr von Waren und Dienstleistungen		BSP					
	1980	1990	1980	1990	1980	1990	1980	1990
Länder mit niedrigem Einkommen	105,1 w	218,5 w	16,4 w	41,0 w	10,3 w	20,1 w	5,1 w	9,3 w
China und Indien	69,0 w	132,3 w	5,3 w	19,0 w	6,4 w	15,3 w	2,6 w	7,6 w
Übrige Länder	120,4 w	306,5 w	33,2 w	82,6 w	11,9 w	24,9 w	6,1 w	11,0 w
1 Mosambik	0,0	1.573,3	0,0	384,5	0,0	14,4	0,0	7,7
2 Tansania	317,8	1.070,7	47,7	282,0	19,6	25,8	10,0	10,9
3 Äthiopien	136,2	480,3	19,5	54,2	7,6	33,0	4,7	8,1
4 Somalia	252,0	2.576,2	109,5	276,9	4,9	11,7	0,9	5,8
5 Nepal	85,5	402,6	10,4	53,0	3,2	18,2	2,1	7,4
6 Tschad	305,9	207,1	30,2	44,8	8,3	5,1	0,7	2,2
7 Bhutan	..	81,9	0,0	32,3	..	6,8	..	2,5
8 Laos, Dem. VR	..	1.113,5	..	123,3	..	12,1	..	3,2
9 Malawi	260,8	328,5	72,1	85,6	27,7	22,5	16,7	9,1
10 Bangladesch	345,6	448,2	31,3	53,8	23,2	25,4	6,4	7,7
11 Burundi	180,1	930,1	18,2	83,2	9,5	43,6	4,8	14,5
12 Zaire	206,4	438,0	35,3	141,0	22,6	15,4	11,0	6,6
13 Uganda	240,2	1.175,2	62,9	92,1	18,3	54,5	3,7	14,5
14 Madagaskar	242,4	805,9	31,5	134,1	17,2	47,2	10,9	22,5
15 Sierra Leone	157,7	773,7	40,7	146,2	22,9	15,9	5,7	11,2
16 Mali	227,3	433,4	45,4	100,7	5,1	11,5	2,3	4,2
17 Nigeria	32,2	242,7	10,0	110,9	4,2	20,3	3,3	12,1
18 Niger	132,8	464,2	34,5	73,6	21,7	24,1	12,9	8,9
19 Ruanda	103,4	494,1	16,3	35,0	4,2	14,5	2,8	7,6
20 Burkina Faso	88,0	156,0	19,4	26,4	5,9	6,4	3,1	2,9
21 Indien	136,0	282,4	11,9	25,0	9,3	28,8	4,2	15,9
22 Benin	131,1	316,9	29,8	..	6,3	3,4	4,5	1,9
23 China	21,2	77,4	1,5	14,4	4,4	10,3	1,5	4,6
24 Haiti	72,9	258,4	20,9	36,1	6,2	9,5	1,8	4,1
25 Kenia	165,1	306,3	48,3	81,2	21,4	33,8	11,3	14,8
26 Pakistan	208,8	249,6	42,4	52,1	17,9	22,8	7,6	9,8
27 Ghana	116,0	353,4	31,8	56,8	13,1	34,9	4,4	9,9
28 Zentralafrikanische Rep.	94,7	400,7	24,3	70,6	4,9	11,9	1,6	5,1
29 Togo	180,1	212,2	95,3	81,8	9,0	14,1	5,8	7,0
30 Sambia	201,0	500,8	90,9	261,3	25,3	12,3	8,8	4,3
31 Guinea	201,9	287,1	..	97,6	19,8	8,3	6,0	2,4
32 Sri Lanka	123,4	209,8	46,1	73,2	12,0	13,8	5,7	6,2
33 Mauretanien	306,6	449,8	125,7	226,6	17,3	13,9	7,9	5,0
34 Lesotho	19,5	41,2	11,2	39,6	1,5	2,4	0,6	0,8
35 Indonesien	94,2	229,4	28,0	66,4	13,9	30,9	6,5	13,1
36 Honduras	152,0	322,2	61,5	140,9	21,4	40,0	12,4	19,4
37 Ägypten, Arab. Rep.	227,7	300,8	97,8	126,5	14,8	25,7	9,2	11,0
38 *Afghanistan*	..	..	..	..	..	..	..	..
39 *Kambodscha*	..	..	..	..	..	..	..	..
40 *Liberia*	111,8	..	62,7	..	8,7	..	5,8	..
41 *Myanmar*	269,9	..	..	..	25,4	..	9,4	..
42 *Sudan*	499,4	1.829,1	77,2	..	25,5	5,8	12,8	4,0
43 *Vietnam*	..	..	..	..	..	..	..	..
Länder mit mittlerem Einkommen	135,2 w	155,6 w	31,9 w	39,9 w	24,3 w	19,1 w	12,5 w	8,3 w
Untere Einkommenskategorie	115,2 w	179,0 w	31,7 w	53,3 w	18,8 w	20,3 w	9,1 w	8,4 w
44 Bolivien	258,2	428,2	93,3	100,9	35,0	39,8	21,1	15,9
45 Simbabwe	45,4	155,0	14,9	54,1	3,8	22,6	1,5	9,6
46 Senegal	162,7	236,8	50,5	66,5	28,7	20,4	10,5	8,1
47 Philippinen	212,3	229,2	53,8	69,3	26,6	21,2	18,2	13,0
48 Côte d'Ivoire	160,7	487,4	58,8	204,8	28,3	38,6	13,0	13,3
49 Dominikanische Rep.	133,8	188,7	31,5	63,3	25,3	10,3	12,0	3,7
50 Papua-Neuguinea	66,1	168,6	29,2	83,9	13,8	36,0	6,6	11,7
51 Guatemala	62,3	175,2	14,9	37,5	7,7	13,3	3,6	6,9
52 Marokko	224,5	282,5	53,3	97,1	32,7	23,4	17,0	11,7
53 Kamerun	136,7	257,6	36,8	56,8	15,2	21,5	8,1	10,4
54 Ecuador	201,6	371,8	53,8	120,6	33,9	33,2	15,9	14,5
55 Syrien, Arab. Rep.	106,2	301,2	27,1	118,1	11,4	26,9	4,7	3,9
56 Kongo	146,7	352,5	98,0	203,6	10,8	20,7	6,7	10,5
57 El Salvador	71,1	170,8	25,9	40,4	7,5	17,1	4,7	6,7
58 Paraguay	121,8	112,3	20,7	40,5	18,6	11,0	8,5	4,6
59 Peru	207,7	488,3	51,0	58,7	46,5	11,0	19,9	5,3
60 Jordanien	79,2	249,2	..	221,1	8,4	23,0	4,3	11,4
61 Kolumbien	117,5	183,4	20,9	44,5	16,0	38,9	11,6	15,8
62 Thailand	96,8	82,0	26,0	32,6	18,9	17,2	9,5	6,0
63 Tunesien	96,0	127,7	41,6	62,2	14,8	25,8	6,9	7,8
64 Jamaika	129,3	202,6	78,3	132,0	19,0	31,0	10,8	12,5
65 Türkei	332,9	195,0	34,3	46,1	28,0	28,2	14,9	13,3
66 Rumänien	80,3	5,5	..	1,1	12,6	0,4	4,9	0,4

Anmerkung: Zur Vergleichbarkeit der Daten und ihrer Abgrenzung vgl. Technische Erläuterungen. Kursive Zahlen gelten für andere als die angegebenen Jahre.

		Gesamte Auslandsschulden in % von				Gesamter Schuldendienst in % der Ausfuhr von Waren und Dienstleistungen		Zinszahlungen in % der Ausfuhr von Waren und Dienstleistungen	
		Ausfuhr von Waren und Dienstleistungen		BSP					
		1980	1990	1980	1990	1980	1990	1980	1990
67	Polen	54,9	251,5	16,3	82,0	17,9	4,9	5,2	1,6
68	Panama	38,4	126,5	92,3	154,7	6,3	4,3	3,3	2,0
69	Costa Rica	224,7	184,2	59,5	69,9	29,0	24,5	14,6	10,1
70	Chile	192,5	181,3	45,2	73,5	43,1	25,9	19,0	16,8
71	Botsuana	17,8	22,9	16,2	20,6	1,9	4,4	1,1	1,6
72	Algerien	130,0	193,0	47,1	53,1	27,1	59,4	10,4	15,1
73	Bulgarien	2,9	135,9	1,1	56,9	0,3	16,7	0,2	6,4
74	Mauritius	80,7	53,5	41,6	37,9	9,1	8,7	5,9	2,9
75	Malaysia	44,6	55,9	28,0	48,0	6,3	11,7	4,0	4,0
76	Argentinien	242,4	405,6	48,4	61,7	37,3	34,1	20,8	18,4
77	Iran, Islam. Rep.	32,0	48,2	4,9	7,6	6,8	3,5	3,1	2,3
78	*Albanien*	..	..	..	..	..	..	..	..
79	*Angola*	..	..	..	..	..	..	..	..
80	*Libanon*	..	..	..	..	..	..	..	..
81	*Mongolei*	..	..	..	..	..	..	..	..
82	*Namibia*	..	..	..	..	..	..	..	..
83	*Nicaragua*	422,2	2.728,6	112,1	..	22,3	4,1	13,4	3,0
84	*Jemen, Rep.*	..	214,2	..	97,1	..	5,4	..	2,9
	Obere Einkommenskategorie	159,6w	132,1w	32,0w	29,8w	31,0w	17,9w	16,6w	8,2w
85	Mexiko	259,2	222,0	30,5	42,1	49,5	27,8	27,4	16,7
86	Südafrika	..	..	..	..	..	..	..	..
87	Venezuela	131,9	158,7	42,1	71,0	27,2	20,7	13,8	15,5
88	Uruguay	104,1	155,9	17,0	46,9	18,8	41,0	10,6	15,9
89	Brasilien	304,9	326,8	31,2	25,1	63,1	20,8	33,8	8,2
90	Ungarn	95,9	188,6	44,8	67,8	18,9	37,9	10,8	15,2
91	Jugoslawien	103,1	67,1	25,6	23,7	20,8	13,7	7,2	6,1
92	Tschechoslowakei	68,6	55,6	9,8	18,6	9,5	10,4	9,5	3,8
93	Gabun	62,2	138,4	39,2	86,2	17,7	7,6	6,3	5,0
94	Trinidad u. Tobago	24,6	99,4	14,0	50,8	6,8	14,5	1,6	7,4
95	Portugal	99,5	75,4	40,5	36,5	18,3	17,8	10,5	5,3
96	Korea, Rep.	130,6	44,0	48,7	14,4	19,7	10,7	12,7	3,5
97	Griechenland	..	..	..	..	..	..	..	..
98	Saudi-Arabien	..	..	..	..	..	..	..	..
99	*Irak*	..	..	..	..	..	..	..	..
100	*Libyen*	..	..	..	..	..	..	..	..
101	*Oman*	15,4	42,1	11,2	..	6,4	13,0	1,8	3,4
	Länder mit niedr. u. mittl. Eink.	127,0w	171,3w	26,2w	40,2w	20,5w	19,4w	10,5w	8,5w
	Afrika südlich der Sahara	96,8w	324,3w	28,5w	109,4w	10,9w	19,3w	5,7w	8,9w
	Ostasien u. Pazifik	88,8w	91,1w	16,8w	26,9w	13,5w	14,6w	7,7w	5,8w
	Südasien	162,9w	281,5w	17,3w	30,7w	12,2w	25,9w	5,2w	13,1w
	Europa	90,6w	15,7w	23,8w	41,0w	15,9w	16,9w	7,1w	6,8w
	Naher Osten u. Nordafrika	114,9w	180,3w	31,1w	52,6w	16,4w	24,4w	7,4w	8,1w
	Lateinamerika u. Karibik	196,8w	257,4w	35,2w	41,6w	37,3w	25,0w	19,7w	13,3w
	Übrige Länder	..	..	..	..	..	..	..	..
	Länder mit gravierenden Schuldenproblemen	180,7w	273,8w	34,4w	46,4w	35,1w	25,3w	17,7w	11,8w
	Länder mit hohem Einkommen								
	OECD-Mitglieder								
	†Übrige								
102	Irland								
103	†Israel								
104	Spanien								
105	†Singapur								
106	†Hongkong								
107	Neuseeland								
108	Belgien								
109	Großbritannien								
110	Italien								
111	Australien								
112	Niederlande								
113	Österreich								
114	Frankreich								
115	†Vereinigte Arab. Emirate								
116	Kanada								
117	Vereinigte Staaten								
118	Dänemark								
119	Deutschland								
120	Norwegen								
121	Schweden								
122	Japan								
123	Finnland								
124	Schweiz								
125	†*Kuwait*								
	Gesamte Welt								
	Brennstoffexporteure ohne ehem. UdSSR								

Tabelle 25 Konditionen der öffentlichen Auslandskreditaufnahme

	Zusagen (in Mio $)		Durchschnittlicher Zinssatz (in %)		Durchschnittliche Laufzeit (in Jahren)		Durchschnittlicher tilgungsfreier Zeitraum (in Jahren)		Öffentliche Darlehen mit variablen Zinsen in % der öffentlichen Schulden	
	1970	1990	1970	1990	1970	1990	1970	1990	1970	1990
Länder mit niedrigem Einkommen	4.823s	36.364s	3,2w	5,4w	29w	23w	8w	7w	0,1w	19,0w
China und Indien	954s	16.682s	2,5w	6,5w	34w	20w	8w	6w	0,0w	25,5w
Übrige Länder	3.869s	19.682s	3,3w	4,4w	27w	26w	9w	7w	0,2w	16,0w
1 Mosambik	..	163	..	1,6	..	37	..	10	..	4,2
2 Tansania	271	603	1,0	0,8	40	37	11	10	0,0	4,5
3 Äthiopien	21	383	4,4	2,4	32	30	7	8	0,1	3,2
4 Somalia	22	72	0,0	0,8	20	42	16	11	0,0	1,0
5 Nepal	17	204	2,8	0,9	27	40	6	10	0,0	0,0
6 Tschad	10	66	5,7	1,0	8	35	1	11	0,0	0,0
7 Bhutan	..	0	..	0,0	..	0	..	0	..	0,0
8 Laos, Dem.VR	12	139	3,0	0,8	28	40	4	15	0,0	0,0
9 Malawi	14	237	3,8	1,0	29	36	6	10	0,0	3,5
10 Bangladesch	0	1.325	0,0	2,0	0	34	0	9	0,0	0,0
11 Burundi	1	120	2,9	0,8	5	41	2	11	0,0	0,0
12 Zaire	258	27	6,5	1,1	12	36	4	10	0,0	15,5
13 Uganda	12	469	3,9	1,0	29	33	7	9	2,4	1,7
14 Madagaskar	23	207	2,3	1,0	39	37	9	10	0,0	6,4
15 Sierra Leone	25	13	2,9	4,5	27	15	6	7	10,6	1,2
16 Mali	34	97	1,1	1,1	25	34	9	10	0,0	0,4
17 Nigeria	65	2.017	6,0	6,7	14	19	4	4	2,7	34,5
18 Niger	19	146	1,2	7,6	40	21	8	9	0,0	9,1
19 Ruanda	9	72	0,8	1,4	50	34	10	9	0,0	0,0
20 Burkina Faso	9	76	2,3	2,2	36	29	8	9	0,0	0,3
21 Indien	954	6.896	2,5	4,8	34	25	8	8	0,0	17,5
22 Benin	7	47	1,8	0,8	32	48	7	10	0,0	1,7
23 China	..	9.786	..	7,6	..	17	..	4	..	36,4
24 Haiti	5	104	4,8	1,4	10	39	1	12	0,0	0,7
25 Kenia	50	582	2,6	4,4	37	23	8	6	0,1	3,5
26 Pakistan	951	2.997	2,8	5,5	32	21	12	6	0,0	12,6
27 Ghana	51	526	2,0	2,4	37	34	10	9	0,0	0,8
28 Zentralafrikanische Rep.	7	175	2,0	1,0	36	38	8	10	0,0	0,0
29 Togo	3	97	4,5	0,8	17	41	4	10	0,0	3,4
30 Sambia	557	52	4,2	9,0	27	6	9	2	0,0	13,8
31 Guinea	68	174	2,9	0,7	13	40	5	10	0,0	8,0
32 Sri Lanka	81	789	3,0	1,9	27	34	5	9	0,0	2,6
33 Mauretanien	7	146	6,0	3,9	11	29	3	8	0,0	5,6
34 Lesotho	0	13	5,5	3,0	20	37	2	8	0,0	0,0
35 Indonesien	530	6.071	2,6	6,0	34	22	9	6	0,0	28,4
36 Honduras	23	287	4,1	6,3	30	22	7	6	0,0	18,2
37 Ägypten, Arab.Rep.	528	800	4,1	5,3	17	27	5	8	0,0	11,3
38 *Afghanistan*	..	..	..	..	..	..	..	..	..	..
39 *Kambodscha*	..	..	..	..	..	..	..	..	..	..
40 *Liberia*	12	0	6,7	0,0	19	0	5	0	0,0	10,9
41 *Myanmar*	48	0	4,1	0,0	16	0	5	0	0,0	0,0
42 *Sudan*	98	0	1,8	0,0	17	0	9	0	0,0	16,1
43 *Vietnam*	..	..	..	..	..	..	..	..	..	..
Länder mit mittlerem Einkommen	7.300s	56.313s	6,3w	7,8w	16w	14w	4w	5w	2,9w	47,6w
Untere Einkommenskategorie	3.752s	31.372s	5,6w	7,2w	18w	16w	4w	5w	0,6w	43,7w
44 Bolivien	24	495	1,9	4,1	48	30	4	8	0,0	19,9
45 Simbabwe	0	399	0,0	7,0	0	16	0	4	0,0	21,0
46 Senegal	7	376	3,9	1,8	23	33	7	9	0,0	2,7
47 Philippinen	171	3.249	7,3	6,0	11	22	2	7	0,8	40,2
48 Côte d'Ivoire	71	1.066	5,8	3,7	19	19	5	6	9,0	50,6
49 Dominikanische Rep.	20	193	2,4	5,9	28	25	5	6	0,0	29,3
50 Papua-Neuguinea	91	200	6,4	6,4	22	15	8	5	0,0	27,1
51 Guatemala	50	62	5,5	6,0	26	21	6	6	10,3	11,9
52 Marokko	187	1.503	4,6	6,3	20	21	3	7	0,0	45,1
53 Kamerun	42	451	4,7	6,9	29	16	8	5	0,0	11,9
54 Ecuador	78	643	6,2	7,2	20	15	4	4	0,0	61,6
55 Syrien, Arab.Rep.	14	375	4,4	5,8	9	21	2	5	0,0	0,0
56 Kongo	31	158	2,8	4,7	18	17	6	7	0,0	29,1
57 El Salvador	12	131	4,7	4,6	23	30	6	7	0,0	8,8
58 Paraguay	14	98	5,7	2,6	25	33	6	10	0,0	16,6
59 Peru	125	195	7,4	6,7	14	8	4	2	0,0	31,6
60 Jordanien	36	175	3,7	8,2	16	17	5	5	0,0	24,4
61 Kolumbien	363	1.268	6,0	8,2	21	16	5	5	0,0	45,4
62 Thailand	106	1.721	6,8	5,5	19	21	4	7	0,0	24,5
63 Tunesien	144	649	3,5	5,6	28	20	6	6	0,0	19,3
64 Jamaika	24	315	6,0	8,0	16	17	3	4	0,0	25,0
65 Türkei	489	3.654	3,6	8,9	19	10	5	5	0,9	32,4
66 Rumänien	..	19	..	3,0	..	26	..	10	..	0,0

Anmerkung: Zur Vergleichbarkeit der Daten und ihrer Abgrenzung vgl. Technische Erläuterungen. Kursive Zahlen gelten für andere als die angegebenen Jahre.

		Zusagen (in Mio $)		Durchschnittlicher Zinssatz (in %)		Durchschnittliche Laufzeit (in Jahren)		Durchschnittlicher tilgungsfreier Zeitraum (in Jahren)		Öffentliche Darlehen mit variablen Zinsen in % der öffentlichen Schulden	
		1970	1990	1970	1990	1970	1990	1970	1990	1970	1990
67	Polen	..	1.474	..	8,3	..	14	..	5	..	67,0
68	Panama	111	0	6,9	0,0	15	0	4	0	0,0	58,1
69	Costa Rica	58	220	5,6	6,9	28	15	6	4	7,5	24,6
70	Chile	361	1.041	6,8	7,8	12	17	3	4	0,0	65,6
71	Botsuana	38	47	0,6	6,7	39	22	10	6	0,0	14,3
72	Algerien	378	6.753	5,7	8,7	12	9	3	2	2,8	37,8
73	Bulgarien	..	88	..	8,8	..	2	..	2	..	73,7
74	Mauritius	14	136	0,0	6,2	24	18	2	6	6,0	18,1
75	Malaysia	84	2.270	6,1	7,4	19	14	5	5	0,0	48,8
76	Argentinien	494	459	7,3	8,5	12	9	3	2	0,0	80,3
77	Iran, Islam. Rep.	..	585	..	7,7	..	9	..	4	..	70,9
78	*Albanien*	..	..	..	..	..	..	..	..	..	..
79	*Angola*	..	196	..	7,0	..	17	..	3	..	6,7
80	*Libanon*	7	60	2,9	7,1	21	25	1	3	0,0	9,6
81	*Mongolei*	..	..	..	..	..	..	..	..	..	..
82	*Namibia*	..	..	..	..	..	..	..	..	..	..
83	*Nicaragua*	23	304	7,1	5,8	18	9	4	1	0,0	23,2
84	*Jemen, Rep.*	72	134	0,5	1,5	19	34	10	9	0,0	1,6
Obere Einkommenskategorie		3.548s	24.941s	7,0w	8,5w	14w	13w	4w	5w	5,9w	53,3w
85	Mexiko	858	8.004	7,9	8,6	12	13	3	4	5,7	46,3
86	Südafrika	..	..	..	..	..	..	..	..	..	..
87	Venezuela	188	2.976	7,6	8,3	8	14	2	6	2,6	56,0
88	Uruguay	71	358	7,9	9,2	12	11	3	2	0,7	74,0
89	Brasilien	1.439	1.862	7,0	8,5	14	12	3	5	11,8	69,2
90	Ungarn[a]	..	3.285	..	8,9	..	8	..	5	..	59,5
91	Jugoslawien	199	991	7,0	8,7	17	15	6	5	3,3	66,0
92	Tschechoslowakei	..	1.270	..	8,9	..	5	..	3	..	27,0
93	Gabun	33	25	5,1	7,4	11	21	1	6	0,0	10,0
94	Trinidad u. Tobago	3	157	7,4	8,0	10	17	1	5	0,0	47,4
95	Portugal	59	3.573	4,3	8,3	17	16	4	5	0,0	29,0
96	Korea, Rep.	691	2.027	5,8	7,1	19	13	6	7	1,2	22,7
97	Griechenland	..	..	..	..	..	..	..	..	..	..
98	Saudi-Arabien	..	..	..	..	..	..	..	..	..	..
99	*Irak*	..	..	..	..	..	..	..	..	..	..
100	Libyen	..	..	..	..	..	..	..	..	..	..
101	*Oman*	..	395	..	7,7	..	13	..	4	..	54,3
Länder mit niedr. u. mittl. Eink.		12.123s	92.677s	5,0w	6,8w	21w	18w	6w	5w	1,7w	37,8w
Afrika südlich der Sahara		1.890s	9.577s	3,6w	3,9w	26w	26w	8w	7w	0,9w	18,2w
Ostasien u. Pazifik		1.689s	25.581s	5,0w	6,8w	23w	19w	6w	6w	0,5w	33,1w
Südasien		2.052s	12.223s	2,7w	4,4w	32w	26w	10w	8w	0,0w	12,9w
Europa		755s	14.366s	4,6w	8,7w	19w	12w	5w	5w	1,5w	51,2w
Naher Osten u. Nordafrika		1.366s	11.429s	4,3w	7,7w	17w	13w	5w	4w	0,6w	24,1w
Lateinamerika u. Karibik		4.372s	19.501s	7,0w	8,0w	14w	15w	4w	5w	4,0w	55,9w
Übrige Länder		..	..	..	..	..	..	..	..	..	..
Länder mit gravierenden Schuldenproblemen		3.910s	26.354s	6,9w	8,0w	14w	13w	3w	4w	5,0w	55,2w
Länder mit hohem Einkommen											
OECD-Mitglieder											
†Übrige											
102	Irland										
103	†Israel										
104	Spanien										
105	†Singapur										
106	†Hongkong										
107	Neuseeland										
108	Belgien										
109	Großbritannien										
110	Italien										
111	Australien										
112	Niederlande										
113	Österreich										
114	Frankreich										
115	†Vereinigte Arab. Emirate										
116	Kanada										
117	Vereinigte Staaten										
118	Dänemark										
119	Deutschland										
120	Norwegen										
121	Schweden										
122	Japan										
123	Finnland										
124	Schweiz										
125	†Kuwait										
Gesamte Welt											
Brennstoffexporteure ohne ehem. UdSSR											

[a] Berücksichtigt sind nur Schulden in konvertibler Währung.

Tabelle 26 Bevölkerungswachstum und -projektionen

	Durchschnittliches jährliches Bevölkerungswachstum (in %)			Bevölkerung (in Mio)			Hypothetischer Umfang der stationären Bevölkerung (in Mio)	Altersstruktur der Bevölkerung (in %)			
								0–14 Jahre		15–64 Jahre	
	1965–80	1980–90	1989–2000[a]	1990	2000[a]	2025[a]		1990	2025[a]	1990	2025[a]
Länder mit niedrigem Einkommen	2,3 w	2,0 w	1,8 w	3.058 s	3.670 s	5.154 s		35,2 w	26,3 w	60,3 w	65,6 w
China und Indien	2,2 w	1,7 w	1,5 w	1.983 s	2.300 s	2.945 s		31,2 w	22,2 w	63,6 w	67,4 w
Übrige Länder	2,5 w	2,6 w	2,5 w	1.075 s	1.370 s	2.209 s		42,5 w	31,8 w	54,2 w	63,3 w
1 Mosambik	2,5	2,6	3,0	16	21	42	97	44,1	40,4	52,7	56,9
2 Tansania	2,9	3,1	3,1	25	33	64	146	46,7	40,2	50,3	57,2
3 Äthiopien	2,7	3,1	3,4	51	71	156	420	47,0	43,1	50,2	54,4
4 Somalia	2,9	3,1	3,1	8	11	21	47	46,0	39,4	51,0	57,4
5 Nepal	2,4	2,6	2,5	19	24	37	59	42,0	28,7	54,9	66,2
6 Tschad	2,0	2,4	2,7	6	7	14	28	41,9	37,0	54,5	58,9
7 Bhutan	1,6	2,1	2,4	1	2	3	5	39,9	32,7	56,8	63,1
8 Laos, Dem. VR	1,9	2,7	3,2	4	6	10	21	44,8	37,0	53,3	59,5
9 Malawi	2,9	3,4	3,4	9	12	24	63	46,7	42,3	50,7	55,2
10 Bangladesch	2,6	2,3	1,8	107	128	176	257	42,9	25,7	54,0	68,9
11 Burundi	1,9	2,8	3,1	5	7	14	32	45,6	40,7	51,4	56,7
12 Zaire	3,1	3,2	3,0	37	50	89	172	46,4	35,5	51,0	61,0
13 Uganda	3,0	2,5	3,3	16	23	42	92	48,7	39,7	48,5	58,3
14 Madagaskar	2,5	3,0	2,8	12	15	26	46	45,5	32,6	51,5	63,7
15 Sierra Leone	2,0	2,4	2,6	4	5	10	23	43,4	40,4	53,5	56,3
16 Mali	2,1	2,5	3,0	8	11	23	58	46,6	40,8	50,2	56,7
17 Nigeria	2,5	3,2	2,8	115	153	255	453	46,4	32,1	51,0	63,9
18 Niger	2,6	3,3	3,3	8	11	24	72	47,2	44,7	50,2	52,9
19 Ruanda	3,3	3,3	3,9	7	10	23	65	48,0	44,1	49,5	53,8
20 Burkina Faso	2,1	2,6	2,9	9	12	22	48	45,5	38,4	51,4	58,9
21 Indien	2,3	2,1	1,7	850	1.006	1.348	1.862	36,9	24,0	58,7	68,4
22 Benin	2,7	3,2	2,9	5	6	10	19	47,6	33,5	49,7	63,4
23 China	2,2	1,4	1,3	1.134	1.294	1.597	1.890	27,0	20,8	67,2	66,5
24 Haiti	1,7	1,9	1,9	6	8	11	20	40,0	31,2	55,9	64,2
25 Kenia	3,6	3,8	3,5	24	34	64	125	49,9	35,2	47,3	61,6
26 Pakistan	3,1	3,1	2,7	112	147	240	399	44,2	30,4	53,0	65,1
27 Ghana	2,2	3,4	3,0	15	20	34	62	46,8	32,9	50,3	63,3
28 Zentralafrikanische Rep.	1,8	2,7	2,5	3	4	6	11	42,1	33,9	54,9	62,8
29 Togo	3,0	3,5	3,2	4	5	9	18	48,1	35,4	48,8	61,4
30 Sambia	3,0	3,7	3,1	8	11	20	42	49,3	38,6	48,5	59,2
31 Guinea	1,5	2,5	2,8	6	8	15	33	46,1	40,2	51,3	57,0
32 Sri Lanka	1,8	1,4	1,1	17	19	24	28	32,3	21,0	62,7	66,0
33 Mauretanien	2,4	2,4	2,8	2	3	5	14	44,6	42,4	52,1	55,0
34 Lesotho	2,3	2,7	2,6	2	2	4	6	43,4	29,5	53,1	65,7
35 Indonesien	2,4	1,8	1,6	178	209	275	360	35,8	23,0	60,3	68,3
36 Honduras	3,2	3,4	2,9	5	7	11	18	44,8	28,1	52,1	66,9
37 Ägypten, Arab. Rep.	2,1	2,4	1,8	52	62	86	120	39,2	24,4	56,6	67,6
38 *Afghanistan*	2,4	..	..	..	..	..	..	..	..	..	..
39 *Kambodscha*	0,3	2,6	1,9	8	10	14	20	34,8	26,1	62,3	66,6
40 *Liberia*	3,0	3,1	3,0	3	3	6	11	44,9	32,2	52,0	63,6
41 *Myanmar*	2,3	2,1	2,0	42	51	70	96	37,1	24,0	58,8	68,5
42 *Sudan*	3,0	2,7	2,8	25	33	55	102	45,2	33,6	52,2	62,5
43 *Vietnam*	2,3	2,1	2,1	66	82	116	159	39,6	24,1	55,9	68,8
Länder mit mittlerem Einkommen	2,3 w	2,0 w	1,9 w	1.088 s	1.311 s	1.878 s		35,8 w	26,8 w	58,1 w	64,7 w
Untere Einkommenskategorie	2,4 w	2,2 w	2,0 w	629 s	771 s	1.163 s		37,6 w	28,3 w	57,8 w	64,2 w
44 Bolivien	2,5	2,5	2,5	7	9	14	21	42,5	26,2	54,1	68,1
45 Simbabwe	3,1	3,4	2,4	10	12	18	28	45,5	26,8	52,0	68,1
46 Senegal	2,9	2,9	3,1	7	10	19	44	46,7	40,0	50,6	57,6
47 Philippinen	2,8	2,4	1,8	61	74	101	137	39,9	23,9	56,8	68,4
48 Côte d'Ivoire	4,1	3,8	3,5	12	17	31	64	47,4	36,2	50,1	60,5
49 Dominikanische Rep.	2,7	2,2	1,6	7	8	11	14	37,3	22,9	59,3	68,0
50 Papua-Neuguinea	2,4	2,5	2,3	4	5	7	11	41,1	27,6	56,2	67,8
51 Guatemala	2,8	2,9	2,8	9	12	20	33	45,2	28,7	51,8	66,4
52 Marokko	2,5	2,6	2,4	25	32	47	70	40,8	25,7	55,6	68,0
53 Kamerun	2,7	3,0	2,9	12	16	28	53	46,3	33,7	49,9	62,4
54 Ecuador	3,1	2,4	2,0	10	13	18	24	39,5	23,7	56,9	68,5
55 Syrien, Arab. Rep.	3,4	3,6	3,6	12	18	35	66	48,2	34,3	49,1	61,8
56 Kongo	2,8	3,4	3,3	2	3	6	14	45,2	38,9	50,9	58,1
57 El Salvador	2,8	1,4	1,8	5	6	9	13	43,7	25,0	52,7	69,4
58 Paraguay	2,8	3,2	2,8	4	6	10	16	41,1	30,2	55,4	63,7
59 Peru	2,8	2,3	2,0	22	27	37	50	38,0	23,9	58,3	68,4
60 Jordanien[b]	4,3	3,7	3,8	3	5	10	28	45,4	39,7	52,1	56,8
61 Kolumbien	2,4	2,0	1,5	32	38	50	63	35,4	22,0	60,6	68,0
62 Thailand	2,9	1,8	1,4	56	64	84	105	33,9	21,9	63,1	68,0
63 Tunesien	2,1	2,3	1,9	8	10	14	18	37,8	23,4	58,1	68,5
64 Jamaika	1,3	1,3	0,7	2	3	3	4	34,2	21,7	59,3	67,6
65 Türkei	2,4	2,4	1,9	56	68	91	120	34,8	23,1	60,9	67,6
66 Rumänien	1,1	0,4	0,4	23	24	27	31	23,8	20,3	65,9	64,1

Anmerkung: Zur Vergleichbarkeit der Daten und ihrer Abgrenzung vgl. Technische Erläuterungen. Kursive Zahlen gelten für andere als die angegebenen Jahre.

		Durchschnittliches jährliches Bevölkerungswachstum (in %)			Bevölkerung (in Mio)			Hypothetischer Umfang der stationären Bevölkerung (in Mio)	Altersstruktur der Bevölkerung (in %)			
									0–14 Jahre		15–64 Jahre	
		1965–80	1980–90	1989–2000[a]	1990	2000[a]	2025[a]		1990	2025[a]	1990	2025[a]
67	Polen	0,8	0,7	0,4	38	40	44	50	25,1	19,9	64,9	62,3
68	Panama	2,6	2,1	1,6	2	3	4	5	34,9	21,9	60,4	67,2
69	Costa Rica	2,7	2,4	1,9	3	3	5	6	36,1	22,1	59,7	66,2
70	Chile	1,7	1,7	1,3	13	15	19	23	30,5	21,3	63,6	65,7
71	Botsuana	3,6	3,3	2,5	1	2	2	4	47,4	25,5	49,2	69,0
72	Algerien	3,1	3,0	2,8	25	33	52	78	43,6	25,7	52,7	68,5
73	Bulgarien	0,5	0,0	−0,2	9	9	9	9	19,9	17,9	66,6	60,9
74	Mauritius	1,6	1,0	0,9	1	1	1	2	29,4	19,0	65,2	67,0
75	Malaysia	2,5	2,6	2,3	18	22	32	44	38,3	23,9	58,1	67,4
76	Argentinien	1,6	1,3	1,0	32	36	44	54	29,8	21,5	61,1	65,0
77	Iran, Islam. Rep.	3,1	3,6	3,4	56	78	166	492	44,4	40,0	52,6	55,9
78	*Albanien*	2,4	2,0	1,5	3	4	5	6	33,5	22,1	61,2	66,3
79	*Angola*	2,8	2,6	3,0	10	13	27	62	44,8	39,9	52,1	56,9
80	*Libanon*	1,7	..	..	..	..	..	..	..	..	..	..
81	*Mongolei*	2,6	2,8	2,5	2	3	4	6	40,7	25,9	55,7	67,9
82	*Namibia*	2,4	3,2	3,0	2	2	4	7	45,8	31,2	51,1	64,5
83	*Nicaragua*	3,1	3,4	3,0	4	5	9	14	45,9	28,5	51,5	66,4
84	*Jemen, Rep.*	2,3	3,1	3,7	11	16	37	110	48,7	44,2	48,2	54,1
Obere Einkommenskategorie		**2,2**w	**1,7**w	**1,7**w	**458**s	**541**s	**715**s		**33,8**w	**24,3**w	**60,9**w	**65,7**w
85	Mexiko	3,1	2,0	1,8	86	103	142	184	37,3	22,9	59,0	68,3
86	Südafrika	2,4	2,4	2,2	36	45	65	96	38,2	25,6	57,8	67,0
87	Venezuela	3,5	2,7	2,1	20	24	34	45	38,3	23,3	58,2	67,5
88	Uruguay	0,4	0,6	0,6	3	3	4	4	25,8	20,0	62,8	63,9
89	Brasilien	2,4	2,2	1,7	150	178	237	305	35,4	22,8	60,2	66,9
90	Ungarn	0,4	−0,2	−0,4	11	10	10	10	19,5	17,5	67,0	61,1
91	Jugoslawien	0,9	0,7	0,6	24	25	28	30	22,7	18,6	67,8	62,1
92	Tschechoslowakei	0,5	0,3	0,3	16	16	17	19	23,2	19,1	65,0	62,8
93	Gabun	3,6	3,6	2,8	1	1	3	6	39,1	38,0	56,0	57,6
94	Trinidad u. Tobago	1,2	1,3	1,0	1	1	2	2	33,9	22,3	60,6	65,7
95	Portugal	0,4	0,6	0,4	10	11	11	11	20,7	16,4	66,3	63,5
96	Korea, Rep.	2,0	1,1	0,9	43	47	54	56	25,1	18,1	69,4	66,0
97	Griechenland	0,7	0,4	0,2	10	10	10	9	19,0	15,5	66,9	60,7
98	Saudi-Arabien	4,6	4,7	3,7	15	21	43	89	45,5	36,3	51,9	59,1
99	*Irak*	3,4	3,6	3,4	19	26	48	85	46,5	32,0	50,8	63,6
100	*Libyen*	4,3	4,1	3,6	5	6	14	36	46,0	39,5	51,6	56,7
101	*Oman*	3,6	4,7	3,9	2	2	5	10	46,3	36,8	51,3	58,5
Länder mit niedr. u. mittl. Eink.		**2,3**w	**2,0**w	**1,9**w	**4.146**s	**4.981**s	**7.032**s		**35,3**w	**26,5**w	**59,7**w	**65,4**w
Afrika südlich der Sahara		2,7w	3,1w	3,0w	495s	668s	1.229s		46,4w	36,9w	50,8w	59,8w
Ostasien u. Pazifik		2,2w	1,6w	1,4w	1.577s	1.818s	2.276s		29,2w	21,6w	64,3w	67,0w
Südasien		2,4w	2,2w	1,8w	1.148s	1.377s	1.896s		38,2w	25,0w	57,7w	68,0w
Europa		1,1w	0,1w	0,8w	200s	217s	252s		26,3w	20,4w	64,6w	64,4w
Naher Osten u. Nordafrika		2,8w	3,1w	2,9w	256s	341s	615s		43,3w	34,1w	53,4w	61,1w
Lateinamerika u. Karibik		2,5w	2,1w	1,8w	433s	515s	699s		36,2w	23,4w	59,3w	67,2w
Übrige Länder		1,0w	0,9w	0,7w	321s	345s	355s		25,2w	20,2w	63,4w	63,1w
Länder mit gravierenden Schuldenproblemen		**2,4**w	**2,1**w	**1,8**w	**455**s	**546**s	**757**s		**36,2**w	**24,3**w	**58,9**w	**66,5**w
Länder mit hohem Einkommen		**0,9**w	**0,6**w	**0,5**w	**816**s	**859**s	**915**s		**19,9**w	**16,8**w	**67,2**w	**60,8**w
OECD-Mitglieder		0,8w	0,6w	0,5w	777s	814s	861s		19,5w	16,7w	67,3w	60,6w
†Übrige		2,5w	1,8w	1,4w	40s	45s	55s		27,8w	18,9w	65,9w	64,0w
102	Irland	1,2	0,2	0,1	4	4	4	4	26,7	19,6	61,9	64,3
103	†Israel	2,8	1,8	3,3	5	6	8	10	31,2	21,0	59,9	65,5
104	Spanien	1,0	0,4	0,2	39	40	40	37	19,8	15,6	67,0	63,4
105	†Singapur	1,6	2,2	1,2	3	3	4	4	23,6	18,1	70,9	61,9
106	†Hongkong	2,0	1,4	0,8	6	6	7	6	21,0	15,4	70,2	61,4
107	Neuseeland	1,3	0,9	0,7	3	4	4	4	22,7	18,7	66,3	62,7
108	Belgien	0,3	0,1	0,1	10	10	10	9	17,9	15,6	67,0	59,6
109	Großbritannien	0,2	0,2	0,2	57	59	61	61	18,9	17,4	65,4	61,3
110	Italien	0,5	0,2	0,1	58	58	55	46	16,4	14,1	68,7	60,4
111	Australien	1,8	1,5	1,4	17	20	23	24	22,1	18,1	67,1	63,0
112	Niederlande	0,9	0,5	0,5	15	16	16	14	17,6	15,6	69,2	59,9
113	Österreich	0,3	0,2	0,2	8	8	8	7	17,5	15,5	67,4	60,6
114	Frankreich	0,7	0,5	0,4	56	59	63	62	20,1	17,3	66,2	50,5
115	†Vereinigte Arab. Emirate	16,5	4,3	2,2	2	2	3	3	30,8	22,2	67,5	60,7
116	Kanada	1,3	1,0	0,8	27	29	32	31	20,9	16,9	67,8	60,7
117	Vereinigte Staaten	1,0	0,9	0,8	250	270	307	317	21,6	18,1	66,1	61,2
118	Dänemark	0,5	0,0	0,0	5	5	5	4	16,9	15,3	67,8	60,2
119	Deutschland	0,2	0,1	0,1	79	80	78	67	16,2	15,1	68,8	59,2
120	Norwegen	0,6	0,4	0,4	4	4	5	5	19,0	17,1	64,6	61,0
121	Schweden	0,5	0,3	0,3	9	9	9	9	17,4	17,2	64,6	59,3
122	Japan	1,2	0,6	0,3	124	128	128	114	18,4	15,2	69,7	58,7
123	Finnland	0,3	0,4	0,2	5	5	5	5	19,5	16,7	67,2	58,9
124	Schweiz	0,5	0,6	0,4	7	7	7	6	17,0	15,8	68,1	58,3
125	†Kuwait	7,1	4,4	2,9	2	3	4	5	35,6	21,1	63,0	64,9
Gesamte Welt		**2,0**w	**1,7**w	**1,6**w	**5.284**s	**6.185**s	**8.303**s		**32,3**w	**25,1**w	**61,1**w	**64,8**w
Brennstoffexporteure ohne ehem. UdSSR		**3,0**w	**3,3**w	**3,0**w	**273**s	**367**s	**659**s		**44,8**w	**33,9**w	**52,3**w	**61,5**w

[a] Zu den Annahmen, die den Projektionen zugrunde liegen, vgl. Technische Erläuterungen. [b] Angaben für Jordanien ohne West-Bank.

Tabelle 27 Demographie und Fruchtbarkeit

	Unbereinigte Geburtenziffer je 1.000 Einwohner		Unbereinigte Sterbeziffer je 1.000 Einwohner		Frauen im gebärfähigen Alter in % aller Frauen		Zusammengefaßte Geburtenziffer			Voraussichtliches Jahr einer Nettoreproduktionsrate von 1	Verheiratete Frauen im gebärfähigen Alter, die Empfängnisverhütung praktizieren[b] (in %) 1988
	1965	1990	1965	1990	1965	1990	1965	1990	2000[a]		
Länder mit niedrigem Einkommen	42w	30w	16w	10w	46w	51w	6,3w	3,8w	3,3w		
China und Indien	41w	25w	14w	8w	46w	53w	6,3w	3,1w	2,5w		
Übrige Länder	46w	38w	21w	13w	45w	47w	6,4w	5,2w	4,6w		
1 Mosambik	49	46	27	18	47	45	6,8	6,4	6,7	2045	..
2 Tansania	49	48	23	18	45	45	6,6	6,6	6,6	2045	..
3 Äthiopien	43	51	20	18	46	43	5,8	7,5	7,3	2050	..
4 Somalia	50	48	26	18	45	44	6,7	6,8	6,6	2045	..
5 Nepal	46	40	24	14	50	47	6,0	5,7	4,6	2025	15
6 Tschad	45	44	28	18	47	46	6,0	6,0	6,1	2040	..
7 Bhutan	42	39	23	17	48	48	5,9	5,5	5,4	2035	..
8 Laos, Dem. VR	45	47	23	16	47	45	6,1	6,7	6,0	2040	..
9 Malawi	56	54	26	20	46	45	7,8	7,6	7,4	2050	..
10 Bangladesch	47	35	21	14	44	47	6,8	4,6	3,3	2015	31
11 Burundi	47	49	24	18	44	46	6,4	6,8	6,6	2045	9
12 Zaire	47	45	21	14	47	45	6,0	6,2	5,6	2035	..
13 Uganda	49	51	19	19	44	43	7,0	7,3	6,6	2045	5
14 Madagaskar	47	45	22	15	47	45	6,6	6,3	5,2	2030	..
15 Sierra Leone	48	47	31	22	47	45	6,4	6,5	6,5	2045	..
16 Mali	50	50	27	19	46	45	6,5	7,1	7,0	2050	5
17 Nigeria	51	43	23	14	45	45	6,9	6,0	5,0	2030	..
18 Niger	48	51	29	20	45	44	7,1	7,2	7,3	2055	..
19 Ruanda	52	54	17	18	45	44	7,5	8,3	7,6	2055	..
20 Burkina Faso	48	47	26	18	47	45	6,4	6,5	6,3	2045	..
21 Indien	5	30	20	11	48	49	6,2	4,0	3,0	2015	45
22 Benin	49	46	24	15	44	44	6,8	6,3	5,2	2035	..
23 China	38	22	10	7	45	56	6,4	2,5	2,1	2000	..
24 Haiti	41	36	21	13	45	47	6,1	4,8	4,2	2035	10
25 Kenia	52	45	20	10	41	42	8,0	6,5	5,5	2035	27
26 Pakistan	48	42	21	12	43	46	7,0	5,8	4,6	2030	12
27 Ghana	47	44	18	13	45	44	6,8	6,2	4,6	2030	13
28 Zentralafrikanische Rep.	34	42	24	16	47	46	4,5	5,8	5,3	2035	..
29 Togo	50	48	22	14	46	44	6,5	6,6	5,5	2035	..
30 Sambia	49	49	20	15	46	44	6,6	6,7	6,1	2040	..
31 Guinea	46	48	29	21	45	45	5,9	6,5	6,5	2045	..
32 Sri Lanka	33	20	8	6	47	54	4,9	2,4	2,1	1995	62
33 Mauretanien	47	48	26	19	47	44	6,5	6,8	6,8	2050	..
34 Lesotho	42	40	18	12	47	45	5,8	5,6	4,5	2025	..
35 Indonesien	43	26	20	9	47	52	5,5	3,1	2,4	2005	45
36 Honduras	51	38	17	7	44	46	7,4	5,2	4,1	2025	41
37 Ägypten, Arab. Rep.	43	31	19	10	43	48	6,8	4,0	3,1	2015	38
38 *Afghanistan*	53	..	..	..	..	..	..	..	..	..	..
39 *Kambodscha*	44	38	20	15	47	54	6,2	4,5	3,5	2015	..
40 *Liberia*	46	44	20	14	47	44	6,4	6,3	5,2	2035	6
41 *Myanmar*	40	31	18	9	46	50	5,8	3,8	2,9	2010	..
42 *Sudan*	47	44	24	15	46	45	6,7	6,3	5,4	2035	..
43 *Vietnam*	39	31	18	7	45	48	6,0	3,8	2,9	2010	53
Länder mit mittlerem Einkommen	37w	29w	12w	8w	45w	49w	5,4w	3,7w	3,2w		
Untere Einkommenskategorie	38w	30w	13w	9w	45w	49w	5,6w	4,0w	3,4w		
44 Bolivien	46	36	21	10	46	47	6,6	4,8	3,7	2020	30
45 Simbabwe	55	37	17	8	42	47	8,0	4,9	3,4	2015	43
46 Senegal	47	45	23	17	45	44	6,4	6,5	6,3	2045	12
47 Philippinen	42	29	12	7	44	50	6,8	3,7	2,7	2010	44
48 Côte d'Ivoire	52	45	22	12	44	43	7,4	6,7	5,8	2040	..
49 Dominikanische Rep.	47	27	13	6	43	52	7,2	3,2	2,4	2005	50
50 Papua-Neuguinea	43	36	20	11	47	48	6,2	5,1	4,0	2020	..
51 Guatemala	46	39	17	8	44	45	6,7	5,4	4,3	2025	23
52 Marokko	49	35	18	9	45	48	7,1	4,5	3,4	2020	36
53 Kamerun	40	41	20	12	47	43	5,2	5,8	5,3	2035	..
54 Ecuador	45	30	13	7	43	50	6,8	3,7	2,8	2010	53
55 Syrien, Arab. Rep.	48	44	16	7	..	43	7,7	6,5	5,4	2035	..
56 Kongo	42	48	18	15	45	43	5,7	6,6	6,3	2045	..
57 El Salvador	46	33	13	8	44	46	6,7	4,2	3,2	2015	47
58 Paraguay	41	35	8	6	41	48	6,6	4,6	4,0	2030	48
59 Peru	45	30	16	8	44	50	6,7	3,8	2,8	2010	46
60 Jordanien[c]	53	43	21	6	45	45	8,0	6,3	5,6	2055	..
61 Kolumbien	43	24	11	6	43	53	6,5	2,7	2,2	2000	66
62 Thailand	41	22	10	7	44	54	6,3	2,5	2,1	1995	66
63 Tunesien	44	28	16	7	43	50	7,0	3,6	2,7	2010	50
64 Jamaika	38	24	9	6	42	51	5,7	2,8	2,1	2000	55
65 Türkei	41	28	15	7	45	51	5,7	3,5	2,7	2010	63
66 Rumänien	15	16	9	11	50	47	1,9	2,2	2,1	1990	..

Anmerkung: Zur Vergleichbarkeit der Daten und ihrer Abgrenzung vgl. Technische Erläuterungen. Kursive Zahlen gelten für andere als die angegebenen Jahre.

		Unbereinigte Geburtenziffer je 1.000 Einwohner		Unbereinigte Sterbeziffer je 1.000 Einwohner		Frauen im gebärfähigen Alter in % aller Frauen		Zusammengefaßte Geburtenziffer			Voraussichtliches Jahr einer Nettoreproduktionsrate von 1	Verheiratete Frauen im gebärfähigen Alter, die Empfängnisverhütung praktizieren[b] (in %) 1988
		1965	1990	1965	1990	1965	1990	1965	1990	2000[a]		
67	Polen	17	15	7	10	47	48	2,5	2,1	2,1	1990	..
68	Panama	40	24	9	5	44	52	5,7	2,9	2,2	2000	..
69	Costa Rica	45	26	8	4	42	52	6,3	3,1	2,3	2005	68
70	Chile	34	23	11	6	45	53	4,8	2,5	2,1	2000	..
71	Botsuana	53	35	19	6	45	44	6,9	4,7	3,1	2015	33
72	Algerien	50	36	18	8	44	46	7,4	5,1	3,7	2020	36
73	Bulgarien	15	13	8	12	51	47	2,1	1,9	1,9	2030	..
74	Mauritius	36	17	8	6	45	56	4,8	1,9	1,8	2030	..
75	Malaysia	40	30	12	5	44	50	6,3	3,8	3,0	2015	..
76	Argentinien	23	20	9	9	50	47	3,1	2,8	2,3	2005	..
77	Iran, Islam.Rep.	46	45	18	9	42	46	7,1	6,2	5,6	2060	..
78	*Albanien*	35	25	9	6	44	51	5,4	3,1	2,3	2005	..
79	*Angola*	49	47	29	19	47	45	6,4	6,5	6,6	2045	..
80	*Libanon*	40	..	..	..	..	..	..	..	..		..
81	*Mongolei*	43	35	16	8	46	48	5,9	4,7	3,7	2020	..
82	*Namibia*	46	42	22	11	46	44	6,1	5,9	4,8	2030	..
83	*Nicaragua*	49	40	16	7	43	46	7,2	5,3	4,2	2025	..
84	*Jemen, Rep.*	49	53	27	18	47	43	7,0	7,7	7,5	2055	..
Obere Einkommenskategorie		**35w**	**26w**	**11w**	**7w**	**46w**	**51w**	**5,1w**	**3,4w**	**2,7w**		
85	Mexiko	45	27	11	5	43	52	6,7	3,3	2,4	2005	53
86	Südafrika	40	33	16	9	46	49	6,1	4,3	3,4	2020	..
87	Venezuela	42	29	8	5	44	51	6,1	3,6	2,7	2010	..
88	Uruguay	21	17	10	10	49	47	2,8	2,3	2,1	1995	..
89	Brasilien	39	27	11	7	45	52	5,6	3,2	2,4	2005	65
90	Ungarn	13	12	11	13	48	47	1,8	1,8	1,8	2030	73
91	Jugoslawien	21	15	9	9	50	49	2,7	2,0	2,0	2030	..
92	Tschechoslowakei	16	14	10	11	46	48	2,4	2,0	2,0	2030	..
93	Gabun	31	42	22	15	48	47	4,1	5,7	6,1	2045	..
94	Trinidad u.Tobago	33	24	8	6	46	52	4,3	2,8	2,3	2005	53
95	Portugal	23	12	10	9	48	49	3,1	1,6	1,6	2030	..
96	Korea, Rep.	35	16	11	6	46	58	4,9	1,8	1,8	2030	77
97	Griechenland	18	11	8	9	51	47	2,3	1,5	1,6	2030	..
98	Saudi-Arabien	48	43	20	7	45	42	7,3	7,0	5,9	2040	..
99	*Irak*	49	42	18	8	45	44	7,2	6,2	5,1	2030	..
100	*Libyen*	49	43	17	8	45	44	7,4	6,7	5,8	2050	..
101	*Oman*	50	44	24	6	47	43	7,2	7,0	5,9	2040	..
Länder mit niedr. u. mittl. Eink.		**41w**	**30w**	**15w**	**9w**	**46w**	**50w**	**6,1w**	**3,8w**	**3,2w**		
	Afrika südlich der Sahara	48w	46w	23w	16w	45w	44w	6,6w	6,5w	5,9w		
	Ostasien u. Pazifik	39w	23w	11w	7w	45w	55w	6,2w	2,7w	2,2w		
	Südasien	45w	32w	20w	11w	47w	49w	6,3w	4,2w	3,3w		
	Europa	22w	19w	10w	9w	48w	49w	3,1w	2,0w	2,2w		
	Naher Osten u. Nordafrika	47w	40w	20w	10w	44w	46w	7,1w	5,7w	4,8w		
	Lateinamerika u. Karibik	39w	27w	11w	7w	45w	51w	5,8w	3,3w	2,6w		
Übrige Länder		**20w**	**18w**	**8w**	**10w**	**47w**	**46w**	**2,7w**	**2,3w**	**2,1w**		
Länder mit gravierenden Schuldenproblemen		**37w**	**28w**	**12w**	**8w**	**46w**	**50w**	**5,5w**	**3,5w**	**2,8w**		
Länder mit hohem Einkommen		**19w**	**13w**	**10w**	**9w**	**47w**	**50w**	**2,8w**	**1,7w**	**1,8w**		
	OECD-Mitglieder	19w	13w	10w	9w	47w	50w	2,7w	1,7w	1,7w		
	†Übrige	31w	17w	6w	5w	45w	54w	4,6w	2,2w	2,0w		
102	Irland	22	16	12	9	42	49	4,0	2,2	2,1	1990	60
103	†Israel	26	22	6	6	46	49	3,8	2,8	2,3	2005	..
104	Spanien	21	11	8	9	49	49	2,9	1,5	1,5	2030	..
105	†Singapur	31	17	6	5	45	60	4,7	1,9	1,9	2030	..
106	†Hongkong	27	13	6	6	45	56	4,5	1,5	1,5	2030	81
107	Neuseeland	23	16	9	8	45	52	3,6	2,0	2,0	2030	..
108	Belgien	17	13	12	11	44	48	2,6	1,6	1,6	2030	..
109	Großbritannien	18	13	12	11	45	48	2,9	1,8	1,9	2030	81
110	Italien	19	10	10	9	48	49	2,7	1,3	1,4	2030	..
111	Australien	20	15	9	7	47	53	3,0	1,9	1,9	2030	76
112	Niederlande	20	12	8	9	47	53	3,0	1,6	1,6	2030	76
113	Österreich	18	12	13	11	43	49	2,7	1,5	1,6	2030	..
114	Frankreich	18	13	11	10	43	49	2,8	1,8	1,8	2030	80
115	†Vereinigte Arab.Emirate	41	22	14	4	47	47	6,8	4,6	3,6	2020	..
116	Kanada	21	14	8	7	47	53	3,1	1,7	1,7	2030	..
117	Vereinigte Staaten	19	17	9	9	46	52	2,9	1,9	1,9	2030	74
118	Dänemark	18	11	10	12	47	51	2,6	1,7	1,6	2030	..
119	Deutschland	17	11	12	11	45	47	2,5	1,5	1,6	2030	..
120	Norwegen	18	13	10	10	45	49	2,9	1,8	1,8	2030	84
121	Schweden	16	15	10	12	47	48	2,4	1,9	1,9	2030	..
122	Japan	19	11	7	7	56	50	2,0	1,6	1,6	2030	56
123	Finnland	17	13	10	10	48	49	2,4	1,8	1,8	2030	..
124	Schweiz	19	12	10	10	48	50	2,6	1,7	1,7	2030	..
125	†*Kuwait*	48	25	7	3	45	53	7,4	3,4	2,6	2010	..
Gesamte Welt		**35w**	**26w**	**13w**	**9w**	**46w**	**50w**	**5,1w**	**3,4w**	**3,0w**		
Brennstoffexporteure ohne ehem. UdSSR		**49w**	**42w**	**20w**	**11w**	**44w**	**45w**	**6,9w**	**5,9w**	**5,0w**		

[a] Zu den Annahmen, die den Projektionen zugrundeliegen, vgl. die Technischen Erläuterungen zu Tabelle 26. [b] Angaben einschließlich Frauen, deren Ehemänner Empfängnisverhütung praktizieren; vgl. Technische Erläuterungen. [c] Angaben für Jordanien ohne West-Bank.

Tabelle 28 Gesundheit und Ernährung

	Einwohner je				Von medizinischem Personal betreute Geburten (in %)	Säuglinge mit Untergewicht bei der Geburt (in %)	Säuglingssterbeziffer (je 1.000 Lebendgeburten)		Tägliches Kalorienangebot (pro Kopf)	
	Arzt		Beschäftigtem in der Krankenpflege							
	1965	1984	1965	1984	1985	1985	1965	1990	1965	1989
Länder mit niedrigem Einkommen	9.640w	5.800w	5.980w	2.150w			124w	69w	1.975w	2.406w
China und Indien	2.930w	1.650w	4.420w	1.650w			114w	56w	1.966w	2.464w
Übrige Länder	26.500w	14.160w	9.760w	3.540w			145w	92w	1.994w	2.298w
1 Mosambik	18.000	..	5.370	..	28	15	179	137	1.712	1.680
2 Tansania	21.700	*24.970*	2.100	*5.480*	74	14	138	115	1.831	2.206
3 Äthiopien	70.190	*78.780*	5.970	*5.390*	58	..	165	132	1.853	1.667
4 Somalia	43.810	*19.950*	4.700	*1.900*	2	..	165	126	1.718	1.906
5 Nepal	46.180	*30.220*	87.650	*4.680*	10	..	171	121	1.889	2.077
6 Tschad	72.480	*38.390*	13.610	*3.400*	..	11	183	125	2.395	1.743
7 Bhutan	..	*9.730*	..	..	3	..	171	122	..	..
8 Laos, Dem.VR	24.320	*1.360*	4.880	*530*	..	39	148	103	2.135	2.630
9 Malawi	47.320	*11.340*	40.980	..	59	10	200	149	2.259	2.139
10 Bangladesch	8.100	*6.390*	..	*8.530*	..	31	144	105	1.970	2.021
11 Burundi	55.910	*21.020*	7.320	*4.380*	12	14	142	107	2.131	1.932
12 Zaire	34.740	*13.540*	..	*1.880*	..	..	141	94	2.187	1.991
13 Uganda	11.080	..	3.120	..	..	10	119	117	2.361	2.153
14 Madagaskar	10.620	*9.780*	3.650	..	62	10	201	116	2.447	2.158
15 Sierra Leone	16.840	*13.620*	4.470	*1.090*	25	14	208	147	2.014	1.799
16 Mali	51.510	*25.390*	3.360	*1.350*	27	17	207	166	1.938	2.314
17 Nigeria	29.530	*6.410*	6.160	*900*	..	25	162	98	2.185	2.312
18 Niger	65.540	*39.670*	6.210	*460*	47	20	180	128	1.996	2.308
19 Ruanda	72.480	*35.090*	7.450	*3.690*	..	17	141	120	1.856	1.971
20 Burkina Faso	73.960	*57.183*	4.150	*1.680*	..	18	190	134	1.882	2.288
21 Indien	4.880	*2.520*	6.500	*1.700*	33	30	150	92	2.021	2.229
22 Benin	32.390	*15.940*	2.540	*1.750*	34	10	166	113	2.019	2.305
23 China	1.600	*1.010*	3.000	*1.610*	..	6	90	29	1.929	2.639
24 Haiti	14.350	*7.140*	13.210	*2.280*	20	17	158	95	2.045	2.013
25 Kenia	13.280	*10.050*	1.930	..	..	13	112	67	2.208	2.163
26 Pakistan	..	*2.900*	9.910	*4.890*	24	25	149	103	1.773	2.219
27 Ghana	13.740	*20.390*	3.730	*1.660*	73	17	120	85	1.937	2.248
28 Zentralafrikanische Rep.	34.020	..	3.000	..	..	15	157	101	2.055	2.036
29 Togo	23.240	*8.700*	4.990	*1.240*	..	20	153	88	2.454	2.214
30 Sambia	11.380	*7.150*	5.820	*740*	..	14	121	82	2.072	2.077
31 Guinea	47.050	..	4.110	..	..	18	191	138	2.187	2.132
32 Sri Lanka	5.820	*5.520*	3.220	*1.290*	87	28	63	19	2.171	2.277
33 Mauretanien	36.530	*11.900*	..	*1.180*	23	10	178	121	1.903	2.685
34 Lesotho	20.060	*18.610*	4.700	..	28	10	142	93	2.049	2.299
35 Indonesien	31.700	*9.410*	9.490	..	43	14	128	61	1.791	2.750
36 Honduras	5.370	*1.510*	1.530	*670*	50	20	128	64	1.967	2.247
37 Ägypten, Arab.Rep.	2.300	*770*	2030	..	24	7	145	66	2.399	3.336
38 *Afghanistan*	15.770	..	24.430	..	..	..	206	..	2.304	..
39 *Kambodscha*	22.410	..	3.670	..	..	..	134	117	2.292	2.166
40 *Liberia*	12.560	*9.340*	2.330	*1.370*	89	..	176	136	2.158	2.382
41 *Myanmar*	11.860	*3.740*	11.370	*900*	97	16	122	64	1.897	2.440
42 *Sudan*	23.500	*10.190*	3.360	*1.260*	20	15	160	102	1.938	1.974
43 *Vietnam*	..	*950*	14.250	*590*	..	18	134	42	2.041	2.233
Länder mit mittlerem Einkommen	3.910w	2.250w	2.140w	970w			94w	48w	2.489w	2.860w
Untere Einkommenskategorie	5.310w	3.000w	2.380w	1.050w			103w	51w	2.415w	2.768w
44 Bolivien	3.300	*1.530*	3.990	*2.470*	36	15	160	92	1.868	1.916
45 Simbabwe	8.010	*6.700*	990	*1.000*	69	15	103	49	2.075	2.299
46 Senegal	19.490	..	2.440	*2.030*	..	10	160	81	2.372	2.369
47 Philippinen	..	*6.570*	1.140	*2.680*	..	18	72	41	1.875	2.375
48 Côte d'Ivoire	20.640	..	2.000	..	20	14	149	95	2.352	2.577
49 Dominikanische Rep.	1.700	*1.770*	1.640	*1.210*	57	16	110	56	1.834	2.359
50 Papua-Neuguinea	12.640	*6.070*	620	*880*	34	25	140	57	1.996	2.403
51 Guatemala	3.690	*2.180*	8.250	*850*	19	10	112	62	2.026	2.235
52 Marokko	12.120	*4.730*	2.290	*1.050*	..	9	145	67	2.112	3.020
53 Kamerun	26.720	..	5.830	..	..	13	143	88	2.011	2.217
54 Ecuador	3.000	*810*	2.320	*610*	27	10	112	55	2.191	2.531
55 Syrien, Arab.Rep.	5.400	*1.250*	..	*890*	37	9	114	43	2.177	3.003
56 Kongo	14.210	..	950	..	..	12	129	116	2.260	2.590
57 El Salvador	..	*2.830*	1.300	*930*	35	15	120	53	1.853	2.317
58 Paraguay	1.850	*1.460*	1.550	*1.000*	22	6	73	32	2.586	2.757
59 Peru	1.650	*1.040*	900	..	55	9	130	69	2.323	2.186
60 Jordanien	2.710	*860*	1.040	*980*	75	7	..	51a	2.277	2.634
61 Kolumbien	2.500	*1.230*	890	*650*	51	15	86	37	2.179	2.598
62 Thailand	7.160	*6.290*	4.970	*710*	33	12	88	27	2.138	2.316
63 Tunesien	8.000	*2.150*	..	*370*	60	7	145	44	2.217	3.121
64 Jamaika	1.990	*2.040*	340	*490*	89	8	49	16	2.232	2.609
65 Türkei	2.900	*1.390*	..	*1.030*	78	7	169	60	2.698	3.236
66 Rumänien	760	*570*	400	..	99	6	44	27	2.988	3.155

Anmerkung: Zur Vergleichbarkeit der Daten und ihrer Abgrenzung vgl. Technische Erläuterungen. Kursive Zahlen gelten für andere als die angegebenen Jahre.

| | | Einwohner je | | | Von medizi-nischem Per-sonal betreute Geburten (in %) | Säuglinge mit Untergewicht bei der Geburt (in %) | Säuglingssterbeziffer (je 1.000 Lebendgeburten) | | Tägliches Kalorienangebot (pro Kopf) | |
| | | Arzt | | Beschäftigtem in der Krankenpflege | | | | | | | |
		1965	1984	1965	1984	1985	1985	1965	1990	1965	1989
67	Polen	800	490	410	190	..	8	42	16	3.292	3.505
68	Panama	2.130	1.000	1.600	390	83	8	56	21	2.241	2.539
69	Costa Rica	2.010	960	630	450	93	9	72	16	2.367	2.808
70	Chile	2.120	1.230	600	370	97	7	98	17	2.581	2.581
71	Botsuana	27.450	6.900	17.710	700	52	8	112	38	2.045	2.375
72	Algerien	8.590	2.340	11.770	300	..	9	154	67	1.701	2.866
73	Bulgarien	600	280	410	160	100	..	31	14	3.443	3.707
74	Mauritius	3.930	1.900	2.030	..	90	9	65	20	2.269	2.887
75	Malaysia	6.200	1.930	1.320	1.010	82	9	55	16	2.353	2.774
76	Argentinien	600	370	610	980	..	6	58	29	3.163	3.113
77	Iran, Islam. Rep.	3.890	2.840	4.270	1.110	..	9	152	88	2.060	3.181
78	Albanien	2.080	..	540	..	..	7	87	28	2.374	2.761
79	Angola	13.150	17.750	3.820	1.010	15	17	192	130	1.907	1.807
80	Libanon	1.010	..	2.030	..	..	..	56	..	2.485	..
81	Mongolei	730	..	320	..	99	10	113	62	2.364	2.479
82	Namibia	..	..	..	..	..	..	145	100	1.900	1.946
83	Nicaragua	2.560	1.500	1.390	530	..	15	121	55	2.305	2.265
84	Jemen, Rep.	31.580	..	..	1.940	..	..	194	124	..	..
	Obere Einkommenskategorie	2.240w	940w	1.870w	870w			84w	45w	2.584w	2.987w
85	Mexiko	2.080	..	980	880	..	15	82	39	2.570	3.052
86	Südafrika	2.050	..	490	..	..	12	124	66	2.759	3.122
87	Venezuela	1.210	700	560	..	82	9	65	34	2.266	2.582
88	Uruguay	880	510	590	..	..	8	47	21	2.812	2.653
89	Brasilien	2.500	1.080	3.100	1.210	73	8	104	57	2.417	2.751
90	Ungarn	630	310	240	170	99	10	39	15	3.134	3.644
91	Jugoslawien	1.200	550	850	250	..	7	72	20	3.243	3.634
92	Tschechoslowakei	540	280	200	140	100	6	26	12	3.397	3.632
93	Gabun	..	2.790	760	270	92	16	153	97	1.950	2.383
94	Trinidad u. Tobago	3.810	940	560	250	90	..	47	26	2.496	2.853
95	Portugal	1.240	140	1.160	..	..	8	65	12	2.647	3.495
96	Korea, Rep.	2.680	1.160	2.970	580	65	9	62	17	2.178	2.852
97	Griechenland	710	350	600	450	..	6	34	11	3.019	3.825
98	Saudi-Arabien	9.400	730	6.060	340	78	6	148	65	1.850	2.874
99	Irak	5.000	1.740	2.910	1.660	50	9	119	65	2.150	2.887
100	Libyen	3.860	690	850	..	76	5	138	74	1.875	3.324
101	Oman	23.790	1.700	6.420	390	60	14	191	33	..	..
	Länder mit niedr. u. mittl. Eink.	8.170w	4.980w	5.010w	1.850w			117w	63w	2.108w	2.523w
	Afrika südlich der Sahara	33.310w	26.670w	5.420w	2.180w			157w	107w	2.074w	2.122w
	Ostasien u. Pazifik	5.600w	2.390w	4.130w	1.530w			95w	34w	1.939w	2.617w
	Südasien	6.220w	3.460w	8.380w	2.650w			147w	93w	1.992w	2.215w
	Europa	1.260w	700w	510w	480w			71w	30w	3.069w	3.433w
	Naher Osten u. Nordafrika	7.740w	2.410w	6.160w	1.800w			151w	79w	2.153w	3.011w
	Lateinamerika u. Karibik	2.380w	1.220w	2.100w	1.010w			94w	48w	2.445w	2.721w
	Übrige Länder	500w	530w	300w	290w			30w	23w	3.125w	3.327w
	Länder mit gravierenden Schuldenproblemen	3.140w	1.250w	2.220w	920w			93w	50w	2.569w	2.883w
	Länder mit hohem Einkommen	890w	470w	440w	150w			24w	8w	3.091w	3.409w
	OECD-Mitglieder	880w	460w	440w	150w			24w	8w	3.099w	3.417w
	†Übrige	1.660w	880w	760w	210w			31w	13w	2.546w	3.072w
102	Irland	950	680	170	140	..	4	25	7	3.605	3.778
103	†Israel	400	350	300	110	99	7	27	10	2.799	3.174
104	Spanien	800	320	1.220	260	96	..	38	8	2.770	3.572
105	†Singapur	1.900	1.410	600	..	100	7	26	7	2.285	3.198
106	†Hongkong	2.520	1.070	1.250	240	..	4	27	7	2.486	2.853
107	Neuseeland	820	580	570	80	99	5	20	10	3.238	3.362
108	Belgien	700	330	590	..	100	5	24	8	..	..
109	Großbritannien	870	..	200	..	98	7	20	8	3.304	3.149
110	Italien	1.850	230	790	..	..	7	36	9	3.097	3.504
111	Australien	720	440	150	110	99	6	19	8	3.053	3.216
112	Niederlande	860	450	270	..	..	4	14	7	3.024	3.151
113	Österreich	720	390	350	180	..	6	28	8	3.244	3.495
114	Frankreich	830	320	380	..	..	5	22	7	3.355	3.465
115	†Vereinigte Arab. Emirate	..	1.020	..	390	96	..	103	23	2.639	3.309
116	Kanada	770	510	190	..	99	6	24	7	3.127	3.482
117	Vereinigte Staaten	670	470	310	70	100	7	25	9	3.234	3.671
118	Dänemark	740	400	190	60	..	6	19	8	3.420	3.628
119	Deutschland	640[b]	380[b]	500[b]	230[b]	..	5[b]	24	7	3.088[b]	3.433[b]
120	Norwegen	790	450	340	60	100	4	17	8	3.036	3.326
121	Schweden	910	390	310	..	100	4	13	6	2.930	2.960
122	Japan	970	660	410	180	100	5	18	5	2.668	2.956
123	Finnland	1.300	440	180	60	..	4	17	6	3.126	3.253
124	Schweiz	710	700	270	..	..	5	18	7	3.471	3.562
125	†Kuwait	790	640	270	200	99	7	64	14	2.766	3.195
	Gesamte Welt	6.050w	4.200w	3.700w	1.600w			91w	52w	2.383w	2.711w
	Brennstoffexporteure ohne ehem. UdSSR	16.870w	4.480w	5.440w	900w			149w	84w	2.093w	2.642w

[a] Angaben für Jordanien ohne West-Bank.   [b] Die Angaben beziehen sich auf die Bundesrepublik Deutschland vor der Vereinigung.

Tabelle 29 Erziehungswesen

Prozentsatz der jeweiligen Altersgruppe

	An Grundschulen				An weiterführenden Schulen				An höheren Schulen und Universitäten (insgesamt)		Netto-Einschulung an Grundschulen (in %)		Schüler/Lehrer-Relation an Grundschulen	
	Insgesamt		Weiblich		Insgesamt		Weiblich							
	1965	1989	1965	1989	1965	1989	1965	1989	1965	1989	1975	1989	1965	1989
Länder mit niedrigem Einkommen	73w	105w	..	96w	20w	38w	..	31w	2w	..	..	..	37w	38w
China und Indien	83w	119w	..	108w	25w	44w	..	35w	2w	..	..	..	35w	39w
Übrige Länder	50w	77w	39w	70w	10w	28w	5w	23w	1w	4w	..	68w	43w	38w
1 Mosambik	37	68	26	59	3	5	2	4	0	*0*	..	45	78	..
2 Tansania	32	63	25	63	2	4	1	4	0	0	..	48	52	33
3 Äthiopien	11	*38*	6	*30*	2	*15*	1	*12*	0	*1*	..	*28*	41	*43*
4 Somalia	10	..	4	..	2	..	1	..	0	..	16	..	26	..
5 Nepal	20	*86*	4	*57*	5	*30*	2	*17*	1	*6*	..	*64*	29	*37*
6 Tschad	34	57	13	35	1	7	0	3	..	*1*	..	*38*	83	67
7 Bhutan	7	*26*	1	*20*	0	*5*	..	*2*	..	..	..	..	..	*37*
8 Laos, Dem. VR	40	*111*	30	*98*	2	*27*	1	*22*	0	*2*	..	*70*	37	*28*
9 Malawi	44	67	32	60	2	4	1	3	0	*1*	..	*50*	40	..
10 Bangladesch	49	70	31	64	13	17	3	11	1	4	..	63	45	60
11 Burundi	26	*71*	15	*60*	1	*4*	1	*3*	0	*1*	..	*51*	40	*66*
12 Zaire	70	*78*	45	*67*	5	*24*	2	*16*	0	*2*	..	*60*	37	..
13 Uganda	67	*77*	50	..	4	*13*	2	..	0	*1*	..	..	35	*35*
14 Madagaskar	65	92	59	90	8	19	5	18	1	4	..	*64*	71	40
15 Sierra Leone	29	*53*	21	*40*	5	..	3	..	0	*1*	..	..	32	*32*
16 Mali	24	23	16	17	4	6	2	4	0	..	..	*19*	46	39
17 Nigeria	32	70	24	63	5	19	3	16	0	*3*	..	..	33	37
18 Niger	11	28	7	20	1	6	0	4	..	*1*	..	*17*	42	41
19 Ruanda	53	69	43	68	2	7	1	6	0	*1*	..	*65*	67	57
20 Burkina Faso	12	35	8	27	1	7	1	5	0	*1*	..	*28*	47	55
21 Indien	74	98	57	82	27	43	13	31	5	..	..	..	42	61
22 Benin	34	*65*	21	*44*	3	..	2	..	0	*2*	..	*52*	41	*35*
23 China	89	135	..	128	24	44	..	38	0	2	..	100	30	22
24 Haiti	50	*84*	44	*81*	5	*19*	3	*19*	0	..	..	*44*	46	*35*
25 Kenia	54	94	40	92	4	23	2	19	0	*2*	88	..	34	*33*
26 Pakistan	40	38	20	27	12	20	5	12	2	5	..	..	42	41
27 Ghana	69	75	57	67	13	39	7	30	1	2	..	..	32	27
28 Zentralafrikanische Rep.	56	*64*	28	*48*	2	*11*	1	*6*	..	*1*	..	*46*	54	*70*
29 Togo	55	*103*	32	*80*	5	*22*	2	*10*	0	*3*	..	*72*	50	*55*
30 Sambia	53	*95*	46	*91*	7	*20*	3	*14*	..	*2*	..	*80*	51	44
31 Guinea	31	34	19	21	5	9	2	5	0	*1*	..	*26*	43	*38*
32 Sri Lanka	93	107	86	106	35	74	35	76	2	4	..	100	..	*14*
33 Mauretanien	13	*51*	6	*42*	1	*16*	0	*10*	..	*3*	..	..	20	*49*
34 Lesotho	94	110	114	119	4	26	4	31	0	*4*	..	*72*	57	56
35 Indonesien	72	118	65	115	12	47	7	43	1	..	72	*99*	41	23
36 Honduras	80	*108*	79	*109*	10	..	9	..	1	*10*	..	..	29	..
37 Ägypten, Arab. Rep.	75	*97*	60	*89*	26	*81*	15	*71*	7	*20*	..	..	39	*24*
38 Afghanistan	16	*24*	5	*16*	2	*8*	1	*5*	0	*1*	..	..	53	..
39 Kambodscha	77	..	56	..	9	..	4	..	1	..	..	..	48	..
40 Liberia	41	..	23	..	5	..	3	..	1	*3*	..	..	32	..
41 Myanmar	71	*103*	65	*100*	15	*24*	11	*23*	1	*5*	..	..	53	*43*
42 Sudan	29	..	21	..	4	..	2	..	1	*3*	..	..	48	..
43 Vietnam	..	..	..	..	..	..	..	..	..	..	..	..	..	..
Länder mit mittlerem Einkommen	93w	102w	87w	101w	26w	55w	23w	57w	7w	17w	..	89w	35w	27w
Untere Einkommenskategorie	88w	101w	80w	99w	26w	54w	23w	56w	7w	17w	..	86w	35w	28w
44 Bolivien	73	81	60	77	18	34	15	31	5	23	73	*83*	28	25
45 Simbabwe	110	125	92	*126*	6	52	5	*42*	0	6	..	..	..	38
46 Senegal	40	58	29	49	7	16	3	11	1	3	..	*48*	43	58
47 Philippinen	113	111	111	110	41	73	40	75	19	28	95	*99*	31	33
48 Côte d'Ivoire	60	..	41	..	6	*20*	2	*12*	0	..	..	..	47	..
49 Dominikanische Rep.	87	*95*	87	*96*	12	..	12	..	2	..	..	..	53	47
50 Papua-Neuguinea	44	73	35	67	4	13	2	10	..	..	..	*73*	19	32
51 Guatemala	50	*79*	45	..	8	*21*	7	..	2	..	53	..	33	*35*
52 Marokko	57	68	35	55	11	36	5	30	1	11	47	*55*	39	26
53 Kamerun	94	101	75	93	5	26	2	21	0	3	69	*75*	47	51
54 Ecuador	91	118	88	117	17	*56*	16	57	3	*25*	78	..	37	*31*
55 Syrien, Arab. Rep.	78	108	52	102	28	54	13	45	8	20	87	*97*	36	26
56 Kongo	114	..	94	..	10	..	5	..	1	*6*	..	..	60	64
57 El Salvador	82	78	79	78	17	26	17	26	2	17	..	*70*	33	40
58 Paraguay	102	106	96	104	13	29	13	30	4	8	83	*93*	30	25
59 Peru	99	123	90	..	25	67	21	..	8	32	..	*95*	36	29
60 Jordanien	95	..	83	..	38	..	23	..	2	..	..	..	38	28
61 Kolumbien	84	107	86	108	17	52	16	53	3	14	..	*69*	36	30
62 Thailand	78	86	74	..	14	*28*	11	..	2	16	..	..	35	18
63 Tunesien	91	115	65	107	16	44	9	*39*	2	8	..	*95*	56	30
64 Jamaika	109	105	106	105	51	*61*	50	*64*	3	5	90	*99*	57	34
65 Türkei	101	112	83	108	16	51	9	39	4	13	..	*84*	46	30
66 Rumänien	101	95	100	95	39	88	32	92	10	9	..	..	23	21

Anmerkung: Zur Vergleichbarkeit der Daten und ihrer Abgrenzung vgl. Technische Erläuterungen. Kursive Zahlen gelten für andere als die angegebenen Jahre.

| | | An Grundschulen | | | | An weiterführenden Schulen | | | | An höheren Schulen und Universitäten (insgesamt) | | Netto-Einschulung an Grundschulen (in %) | | Schüler/Lehrer-Relation an Grundschulen | |
| | | Insgesamt | | Weiblich | | Insgesamt | | Weiblich | | | | | | | |
		1965	1989	1965	1989	1965	1989	1965	1989	1965	1989	1975	1989	1965	1989
67	Polen	104	99	102	99	69	81	69	83	18	20	96	97	28	16
68	Panama	102	107	99	105	34	59	36	63	7	22	87	90	30	20
69	Costa Rica	106	100	105	99	24	41	25	42	6	27	92	86	27	32
70	Chile	124	100	122	99	34	75	36	78	6	19	94	89	52	29
71	Botsuana	65	111	71	114	3	37	3	39	..	3	58	93	40	32
72	Algerien	68	94	53	86	7	61	5	53	1	11	77	88	43	28
73	Bulgarien	103	97	102	96	54	75	55	76	17	26	96	86	23	16
74	Mauritius	101	103	97	104	26	53	18	53	3	2	82	94	34	24
75	Malaysia	90	96	84	96	28	59	22	59	2	7	..	..	29	21
76	Argentinien	101	111	102	114	28	74	31	78	14	41	96	..	20	19
77	Iran, Islam. Rep.	63	109	40	101	18	53	11	44	2	7	..	94	32	24
78	Albanien	92	99	87	98	33	80	26	73	8	9	..	..	27	19
79	Angola	39	94	26	..	5	11	4	..	0	..	..	..	45	33
80	Libanon	106	..	93	..	26	..	20	..	14	..	..	..	24	..
81	Mongolei	98	98	97	100	66	..	66	..	8	..	..	..	32	..
82	Namibia	..	..	..	..	..	..	..	..	..	..	..	..	..	..
83	Nicaragua	69	99	69	104	14	43	13	58	2	8	65	76	34	32
84	Jemen, Rep.	13	..	3	..	..	..	1	..	..	..	..	..	56	45
Obere Einkommenskategorie		**99w**	**104w**	**96w**	**103w**	**26w**	**56w**	**23w**	**57w**	**5w**	**17w**	**79w**	**91w**	**36w**	**25w**
85	Mexiko	92	114	90	112	17	53	13	53	4	15	..	100	47	31
86	Südafrika	90	..	88	..	15	..	14	..	4	..	..	..	..	..
87	Venezuela	94	105	94	105	27	56	28	62	7	28	81	87	34	..
88	Uruguay	106	106	106	106	44	77	46	..	8	50	..	88	31	23
89	Brasilien	108	105	108	..	16	39	16	45	2	11	71	84	28	23
90	Ungarn	101	94	100	94	..	76	..	77	13	15	..	92	23	13
91	Jugoslawien	106	95	103	95	65	80	59	79	13	19	..	..	31	23
92	Tschechoslowakei	99	92	97	93	29	87	35	90	14	18	..	..	23	20
93	Gabun	134	..	122	..	11	..	5	..	..	4	..	..	39	46
94	Trinidad u. Tobago	93	97	90	98	36	83	34	84	2	6	87	91	34	28
95	Portugal	84	111	83	108	42	53	34	54	5	18	91	92	32	17
96	Korea, Rep.	101	108	99	109	35	86	25	84	6	38	99	100	62	36
97	Griechenland	110	102	109	102	49	97	41	94	10	28	97	98	35	22
98	Saudi-Arabien	24	76	11	70	4	46	1	39	1	12	42	..	22	16
99	Irak	74	96	45	87	28	47	14	37	4	14	79	84	22	23
100	Libyen	78	..	44	..	14	..	4	..	1	..	..	..	31	..
101	Oman	..	102	..	97	..	48	..	40	..	4	32	83	..	28
Länder mit niedr. u. mittl. Eink.		**78w**	**105w**	**62w**	**97w**	**22w**	**43w**	**14w**	**37w**	**3w**	**8w**	..	**89w**	**37w**	**35w**
Afrika südlich der Sahara		41w	69w	31w	61w	4w	18w	2w	14w	0w	2w	..	47w	43w	40w
Ostasien u. Pazifik		88w	129w	..	124w	..	46w	16w	42w	1w	5w	..	100w	33w	23w
Südasien		68w	90w	52w	75w	24w	38w	12w	27w	4w	..	..	..	42w	57w
Europa		102w	102w	97w	100w	45w	73w	41w	70w	11w	17w	..	90w	31w	22w
Naher Osten u. Nordafrika		61w	90w	43w	82w	17w	53w	9w	45w	3w	12w	..	85w	38w	25w
Lateinamerika u. Karibik		99w	107w	97w	107w	20w	50w	19w	55w	4w	18w	..	87w	34w	27w
Übrige Länder		104w	105w	104w	105w	70w	96w	77w	94w	29w	25w	..	95w	12w	10w
Länder mit gravierenden Schuldenproblemen		**96w**	**105w**	**92w**	**100w**	**25w**	**52w**	**24w**	**54w**	**6w**	**18w**	**79w**	**88w**	**33w**	**25w**
Länder mit hohem Einkommen		**104w**	**105w**	**106w**	**104w**	**61w**	**95w**	**59w**	**96w**	**21w**	**42w**	**88w**	**97w**	**28w**	**18w**
OECD-Mitglieder		104w	105w	106w	105w	63w	95w	61w	96w	21w	43w	88w	97w	28w	18w
†Übrige		99w	103w	98w	102w	39w	77w	33w	79w	11w	24w	93w	96w	27w	22w
102	Irland	108	101	108	101	51	97	50	102	12	26	91	89	33	28
103	†Israel	95	93	95	95	48	83	51	86	20	33	..	..	20	19
104	Spanien	115	111	114	110	38	105	29	111	6	31	100	100	34	25
105	†Singapur	105	110	100	109	45	69	41	71	10	..	100	100	29	26
106	†Hongkong	103	105	99	104	29	73	25	75	5	..	92	..	29	27
107	Neuseeland	106	106	104	105	75	88	74	89	15	41	100	100	22	19
108	Belgien	109	101	108	101	75	99	72	100	15	34	..	97	21	10
109	Großbritannien	92	107	92	107	66	82	66	84	12	24	97	99	25	20
110	Italien	112	96	110	96	47	78	41	78	11	29	97	..	22	12
111	Australien	99	106	99	105	62	82	61	83	16	32	98	97	28	17
112	Niederlande	104	116	104	117	61	103	57	101	17	32	92	100	31	17
113	Österreich	106	104	105	103	52	82	52	83	9	31	89	93	20	11
114	Frankreich	134	113	133	111	56	97	59	100	18	37	98	100	30	16
115	†Vereinigte Arab. Emirate	..	111	..	110	..	64	..	69	0	9	..	100	..	18
116	Kanada	105	105	104	105	56	105	55	105	26	66	..	96	26	16
117	Vereinigte Staaten	100	..	..	..	..	..	..	..	40	63	72	..	29	..
118	Dänemark	98	98	99	98	83	109	67	110	14	32	..	..	11	12
119	Deutschland	..	103	..	104	..	97	..	96	..	32	..	88	..	18
120	Norwegen	97	98	98	98	64	98	62	101	11	36	100	98	21	16
121	Schweden	95	104	96	104	62	91	60	93	13	31	100	100	20	..
122	Japan	100	102	100	102	82	96	81	97	13	31	99	100	29	21
123	Finnland	92	99	89	99	76	112	80	121	11	43	..	..	23	18
124	Schweiz	87	..	87	..	37	..	35	..	8	26	..	..	..	..
125	†Kuwait	116	100	103	91	52	90	43	87	..	18	68	85	21	18
Gesamte Welt		**85w**	**105w**	**74w**	**98w**	**31w**	**52w**	**29w**	**45w**	**9w**	**16w**	**84w**	**91w**	**33w**	**32w**
Brennstoffexporteure ohne ehem. UdSSR		51w	87w	37w	80w	11w	37w	7w	33w	1w	8w	73w	90w	34w	31w

Tabelle 30 Einkommensverteilung und IVP-Schätzungen des BIP

	IVP-Schätzungen des BIP pro Kopf[a]			Prozentuale Anteile am Haushaltseinkommen nach prozentualen Haushaltsgruppen[b]						
	Vereinigte Staaten = 100		Jeweilige internationale Dollar		Unterste 20%-Gruppe	Zweite 20%-Gruppe	Dritte 20%-Gruppe	Vierte 20%-Gruppe	Höchste 20%-Gruppe	Höchste 10%-Gruppe
	1985	1990[c]	1990[c]	Jahr						
Länder mit niedrigem Einkommen										
China und Indien										
Übrige Länder										
1 Mosambik	3,0[d]	2,9[d]	620[d]	..	..	..	..	..	..	..
2 Tansania	2,6	2,5	540	..	..	..	..	..	..	..
3 Äthiopien	1,6	1,5	310	..	..	..	..	..	..	..
4 Somalia	3,1[d]	2,5[d]	540[d]	..	..	..	..	..	..	..
5 Nepal	4,5[d]	4,4[d]	950[d]	..	..	..	..	..	..	..
6 Tschad	2,4[d]	2,1[d]	440[d]	..	..	..	..	..	..	..
7 Bhutan	2,1[d]	2,4[d]	520[d]	..	..	..	..	..	..	..
8 Laos, Dem. VR	..	..	..	..	..	..	..	..	..	..
9 Malawi	3,6	3,1	670	..	..	..	..	..	..	..
10 Bangladesch	5,0	4,9	1.050	1985-86[e]	10,0	13,7	17,2	21,9	37,2	23,2
11 Burundi	2,0[d]	2,8[d]	600[d]	..	..	..	..	..	..	..
12 Zaire	5,5[d]	4,4[d]	950[d]	..	..	..	..	..	..	..
13 Uganda	3,9[d]	3,7[d]	800[d]	..	..	..	..	..	..	..
14 Madagaskar	3,9	3,5	740	..	..	..	..	..	..	..
15 Sierra Leone	3,0	2,7	580	..	..	..	..	..	..	..
16 Mali	2,4	2,6	560	..	..	..	..	..	..	..
17 Nigeria	7,2	6,6	1.420	..	..	..	..	..	..	..
18 Niger	3,3[d]	2,8[d]	590[d]	..	..	..	..	..	..	..
19 Ruanda	3,8	2,9	610	..	..	..	..	..	..	..
20 Burkina Faso	2,8[d]	2,6[d]	560[d]	..	..	..	..	..	..	..
21 Indien	4,5	5,4	1.150	1983[e]	8,1	12,3	16,3	22,0	41,4	26,7
22 Benin	6,5	5,3	1.130	..	..	..	..	..	..	..
23 China	7,6[d]	9,1[d]	1.950[d]	..	..	..	..	..	..	..
24 Haiti	5,8[d]	4,5[d]	960[d]	..	..	..	..	..	..	..
25 Kenia	5,3	5,2	1.120	..	..	..	..	..	..	..
26 Pakistan	8,1	8,3	1.770	1984-85[f]	7,8	11,2	15,0	20,6	45,6	31,3
27 Ghana	8,4[d]	8,1[d]	1.720[d]	1988-89[e]	7,1	11,5	15,9	21,8	43,7	28,5
28 Zentralafrikanische Rep.	5,1[d]	4,2[d]	900[d]	..	..	..	..	..	..	..
29 Togo	5,4[d]	4,6[d]	990[d]	..	..	..	..	..	..	..
30 Sambia	4,7	3,8	810	..	..	..	..	..	..	..
31 Guinea	..	..	..	..	..	..	..	..	..	..
32 Sri Lanka	11,2	11,1	2.370	1985-86[g]	4,8	8,5	12,1	18,4	56,1	43,0
33 Mauretanien	6,4[d]	5,8[d]	1.240[d]	..	..	..	..	..	..	..
34 Lesotho	7,2[d]	8,0[d]	1.700[d]	..	..	..	..	..	..	..
35 Indonesien	9,9[h]	11,0	2.350	1987[e]	8,8	12,4	16,0	21,5	41,3	26,5
36 Honduras	8,4[h]	7,5	1.610	..	..	..	..	..	..	..
37 Ägypten, Arab. Rep.	15,8	14,5	3.100	..	..	..	..	..	..	..
38 *Afghanistan*	..	..	..	..	..	..	..	..	..	..
39 *Kambodscha*	..	..	..	..	..	..	..	..	..	..
40 *Liberia*	8,1[d]	..	..	..	..	..	..	..	..	..
41 *Myanmar*	..	..	..	..	..	..	..	..	..	..
42 *Sudan*	6,6[d]	5,5[d]	1.180[d]	..	..	..	..	..	..	..
43 *Vietnam*	..	..	..	..	..	..	..	..	..	..
Länder mit mittlerem Einkommen										
Untere Einkommenskategorie										
44 Bolivien	10,4[h]	8,9	1.910	..	..	..	..	..	..	..
45 Simbabwe	9,9	9,2	1.970	..	..	..	..	..	..	..
46 Senegal	7,0	6,4	1.360	..	..	..	..	..	..	..
47 Philippinen	10,9	10,9	2.320	1985[f]	5,5	9,7	14,8	22,0	48,0	32,1
48 Côte d'Ivoire	10,2	7,2	1.540	1986-87[e]	5,0	8,0	13,1	21,3	52,7	36,3
49 Dominikanische Rep.	15,0[h]	13,4	2.860	..	..	..	..	..	..	..
50 Papua-Neuguinea	8,2[h]	7,0	1.500	..	..	..	..	..	..	..
51 Guatemala	15,1[h]	13,7	2.920	1979-81	5,5	8,6	12,2	18,7	55,0	40,8
52 Marokko	13,1	12,5	2.670	1984-85[f]	9,8	13,0	16,4	21,4	39,4	25,4
53 Kamerun	14,0	9,5	2.020	..	..	..	..	..	..	..
54 Ecuador	19,8[h]	17,4	3.720	..	..	..	..	..	..	..
55 Syrien, Arab. Rep.	21,6[h]	19,2	4.110	..	..	..	..	..	..	..
56 Kongo	16,4	12,6	2.690	..	..	..	..	..	..	..
57 El Salvador	9,7[h]	8,8	1.890	..	..	..	..	..	..	..
58 Paraguay	15,6[h]	14,6	3.120	..	..	..	..	..	..	..
59 Peru	17,3[h]	12,7	2.720	1985-86[e]	4,4	8,5	13,7	21,5	51,9	35,8
60 Jordanien	26,7[d]	20,4[d]	4.530[d]	..	..	..	..	..	..	..
61 Kolumbien	22,5[h]	23,2	4.950	1988[g]	4,0	8,7	13,5	20,8	53,0	37,1
62 Thailand	15,9	21,6	4.610	..	..	..	..	..	..	..
63 Tunesien	19,8	18,6	3.979	..	..	..	..	..	..	..
64 Jamaika	13,3[h]	14,2	3.030	1988[e]	5,4	9,9	14,4	21,2	49,2	33,4
65 Türkei	21,8	23,5	5.020	..	..	..	..	..	..	..
66 Rumänien	40,0	31,7	6.780	..	..	..	..	..	..	..

Anmerkung: Zur Vergleichbarkeit der Daten und ihrer Abgrenzung vgl. Technische Erläuterungen. Kursive Zahlen gelten für andere als die angegebenen Jahre.

		IVP-Schätzungen des BIP pro Kopf[a]			Prozentuale Anteile am Haushaltseinkommen nach prozentualen Haushaltsgruppen[b]					
		Vereinigte Staaten = 100		Jeweilige internationale Dollar 1990[c]		Unterste 20%-Gruppe	Zweite 20%-Gruppe	Dritte 20%-Gruppe	Vierte 20%-Gruppe	Höchste 20%-Gruppe	Höchste 10%-Gruppe
		1985	1990[c]		Jahr						
67	Polen	24,5	21,2	4.530	1987[g]	9,7	14,2	18,0	22,9	35,2	21,0
68	Panama	25,9[h]	19,3	4.120		..	..	..	..	..	..
69	Costa Rica	22,6[h]	22,8	4.870	1986[g]	3,3	8,3	13,2	20,7	54,5	38,8
70	Chile	25,9[h]	29,0	6.190		..	..	..	..	..	..
71	Botsuana	16,1	20,1	4.300	1985-86	2,5	6,5	11,8	20,2	59,0	42,8
72	Algerien	27,8[d]	21,9[d]	4.680[d]		..	..	..	..	..	..
73	Bulgarien	41,3[d]	37,0[d]	7.900[d]		..	..	..	..	..	..
74	Mauritius	24,8	30,4	6.500		..	..	..	..	..	..
75	Malaysia	25,0[h]	27,6	5.900	1987[g]	4,6	9,3	13,9	21,2	51,2	34,8
76	Argentinien	24,8[h]	21,9	4.680		..	..	..	..	..	..
77	Iran, Islam. Rep.	28,0	20,4	4.360		..	..	..	..	..	..
78	*Albanien*	..	..	..		..	..	..	..	..	..
79	*Angola*	..	..	..		..	..	..	..	..	..
80	*Libanon*	..	..	..		..	..	..	..	..	..
81	*Mongolei*	..	..	..		..	..	..	..	..	..
82	*Namibia*	..	..	..		..	..	..	..	..	..
83	*Nicaragua*	12,6[d]	..	..		..	..	..	..	..	..
84	*Jemen, Rep.*	..	..	..		..	..	..	..	..	..
Obere Einkommenskategorie											
85	Mexiko	31,9[h]	28,0	5.980		..	..	..	..	..	..
86	Südafrika	29,8[d]	25,7[d]	5.500[d]		..	..	..	..	..	..
87	Venezuela	35,4[h]	31,6	6.740	1987[g]	4,7	9,2	14,0	21,5	50,6	34,2
88	Uruguay	27,0[h]	28,1	6.000		..	..	..	..	..	..
89	Brasilien	24,9[h]	22,4	4.780	1983	2,4	5,7	10,7	18,6	62,6	46,2
90	Ungarn	31,2	29,0	6.190	1987-89[g]	10,9	14,8	17,8	22,0	34,5	20,7
91	Jugoslawien	29,2	23,8	5.090	1987[g]	6,1	11,0	16,5	23,7	42,8	26,6
92	Tschechoslowakei	..	..	..		..	..	..	..	..	..
93	Gabun	23,8[d]	21,5[d]	4.590		..	..	..	..	..	..
94	Trinidad u. Tobago	52,7[d]	39,8[d]	8.510		..	..	..	..	..	..
95	Portugal	33,8	37,2	7.950		..	..	..	..	..	..
96	Korea, Rep.	24,1	33,7	7.190		..	..	..	..	..	..
97	Griechenland	35,5	34,4	7.340		..	..	..	..	..	..
98	Saudi-Arabien	51,9[d]	..	..		..	..	..	..	..	..
99	*Irak*	..	..	..		..	..	..	..	..	..
100	*Libyen*	53,1[d]	..	..		..	..	..	..	..	..
101	*Oman*	44,2[d]	..	..		..	..	..	..	..	..
Länder mit niedr. u. mittl. Eink.											
Afrika südlich der Sahara											
Ostasien u. Pazifik											
Südasien											
Europa											
Naher Osten u. Nordafrika											
Lateinamerika u. Karibik											
Übrige Länder											
Länder mit gravierenden Schuldenproblemen											
Länder mit hohem Einkommen											
OECD-Mitglieder											
†Übrige											
102	Irland	40,9	42,7	9.130		..	..	..	..	..	..
103	†Israel	56,7[h]	55,9	11.940	1979	6,0	12,1	17,8	24,5	39,6	23,5
104	Spanien	46,0	50,7	10.840	1980-81	6,9	12,5	17,3	23,2	40,0	24,5
105	†Singapur	56,2[d]	69,8[d]	14.920[d]	1982-83	5,1	9,9	14,6	21,4	48,9	33,5
106	†Hongkong	61,8	76,0	16.230	1980	5,4	10,8	15,2	21,6	47,0	31,3
107	Neuseeland	71,1	63,2	13.490	1981-82	5,1	10,8	16,2	23,2	44,7	28,7
108	Belgien	64,7	60,6	12.950	1978-79	7,9	13,7	18,6	23,8	36,0	21,5
109	Großbritannien	66,1	70,0	14.960	1979	5,8	11,5	18,2	25,0	39,5	23,3
110	Italien	65,6	68,1	14.550	1986	6,8	12,0	16,7	23,5	41,0	25,3
111	Australien	76,9	75,1	16.050	1985	4,4	11,1	17,5	24,8	42,2	25,8
112	Niederlande	68,2	68,3	14.600	1983	6,9	13,2	17,9	23,7	38,3	23,0
113	Österreich	66,1	69,1	14.750		..	..	..	..	..	..
114	Frankreich	69,3	71,2	15.200	1979	6,3	12,1	17,2	23,5	40,8	25,5
115	†Vereinigte Arab. Emirate	99,2[d]	77,7[d]	16.590[d]		..	..	..	..	..	..
116	Kanada	92,5	92,0	19.650	1987	5,7	11,8	17,7	24,6	40,2	24,1
117	Vereinigte Staaten	100,0	100,0	21.360	1985	4,7	11,0	17,4	25,0	41,9	25,0
118	Dänemark	74,2	72,0	15.380	1981	5,4	12,0	18,4	25,6	38,6	22,3
119	Deutschland[i]	73,8	76,3	16.290	1984	6,8	12,7	17,8	24,1	38,7	23,4
120	Norwegen	84,4	80,6	17.220	1979	6,2	12,8	18,9	25,3	36,7	21,2
121	Schweden	76,9	74,9	16.000	1981	8,0	13,2	17,4	24,5	36,9	20,8
122	Japan	71,6	79,4	16.950	1979	8,7	13,2	17,5	23,1	37,5	22,4
123	Finnland	69,5	73,1	15.620	1981	6,3	12,1	18,4	25,5	37,6	21,7
124	Schweiz	100,7[d]	101,6[d]	21.690[d]	1982	5,2	11,7	16,4	22,1	44,6	29,8
125	†*Kuwait*	91,3[d]	..	..		..	..	..	..	..	..
Gesamte Welt											
Brennstoffexporteure ohne ehem. UdSSR											

[a] IVP bezieht sich auf das Internationale Vergleichsprojekt der VN (vgl. Technische Erläuterungen). [b] Diese Schätzwerte sollten mit Vorsicht behandelt werden; wegen Einzelheiten der unterschiedlichen Verteilungskennzahlen vgl. die Technischen Erläuterungen. [c] Extrapoliert aus Zahlen von 1985 (vgl. Technische Erläuterungen). [d] Regressionsergebnisse (vgl. Technische Erläuterungen). [e] Die Angaben beziehen sich auf Pro-Kopf-Ausgaben. [f] Die Angaben beziehen sich auf Haushaltsausgaben. [g] Die Angaben beziehen sich auf Pro-Kopf-Einkommen. [h] Extrapoliert aus früheren IVP-Ergebnissen. [i] Die Angaben beziehen sich auf die Bundesrepublik Deutschland vor der Vereinigung.

Tabelle 31 Verstädterung

	Stadtbevölkerung				Bevölkerung der Hauptstadt in % der		Bevölkerung in Städten mit 1 Million oder mehr im Jahr 1990 in der			
	In % der Gesamtbevölkerung		Durchschnittliche jährliche Zuwachsrate (in %)		Stadt-bevölkerung 1990	Gesamt-bevölkerung 1990	Stadtbevölkerung		Gesamtbevölkerung	
	1965	1990	1965–80	1980–90			1965	1990	1965	1990
Länder mit niedrigem Einkommen	**18**w	**38**w	**3,5**w	..	**11**w	**3**w	**41**w	**31**w	**7**w	**9**w
China und Indien	18w	44w	2,9w	..	3w	1w	42w	29w	8w	9w
Übrige Länder	16w	27w	4,7w	5,0w	26w	7w	38w	35w	6w	10w
1 Mosambik	5	27	10,2	10,4	38	10	68	38	3	10
2 Tansania	5	33	11,3	10,5	21	7	38	18	2	6
3 Äthiopien	8	13	4,9	5,3	39	4	27	30	2	4
4 Somalia	20	36	5,4	5,6	25	9	..	..	..	..
5 Nepal	4	10	6,4	7,3	20	2	..	..	..	..
6 Tschad	9	30	8,0	6,5	43	13	..	..	..	..
7 Bhutan	3	5	3,9	5,3	22	1	..	..	..	..
8 Laos, Dem. VR	8	19	5,3	6,1	53	10	..	..	..	..
9 Malawi	5	12	7,4	6,2	31	4	..	..	..	..
10 Bangladesch	6	16	6,8	6,2	38	6	50	47	3	8
11 Burundi	2	6	6,9	5,5	82	5	..	..	..	..
12 Zaire	26	40	4,9	4,8	24	9	17	25	5	10
13 Uganda	7	10	4,8	4,4	41	4	..	..	..	..
14 Madagaskar	12	25	5,2	6,4	23	6	..	..	..	..
15 Sierra Leone	15	32	5,2	5,3	52	17	..	..	..	..
16 Mali	13	19	4,4	3,7	41	8	..	..	..	..
17 Nigeria	17	35	5,7	6,0	19	7	23	24	4	8
18 Niger	7	20	7,2	7,6	39	8	..	..	..	..
19 Ruanda	3	8	7,5	8,0	54	4	..	..	..	..
20 Burkina Faso	5	9	4,1	5,3	51	5	..	..	..	..
21 Indien	19	27	3,7	3,7	4	1	32	32	6	9
22 Benin	13	38	8,9	5,1	12	4	..	..	..	..
23 China	18	56	2,3	..	2	1	49	27	9	9
24 Haiti	18	28	3,7	3,7	56	16	47	56	8	16
25 Kenia	9	24	8,1	7,9	26	6	41	27	4	6
26 Pakistan	24	32	4,3	4,6	1	0	44	42	10	13
27 Ghana	26	33	3,2	4,2	22	7	27	22	7	7
28 Zentralafrikanische Rep.	27	47	4,3	4,8	51	24	..	..	..	..
29 Togo	11	26	6,6	6,9	55	14	..	..	..	..
30 Sambia	23	50	6,6	6,2	24	12	..	..	..	..
31 Guinea	12	26	4,9	5,7	89	23	47	88	5	23
32 Sri Lanka	20	21	2,3	1,4	17	4	..	..	..	..
33 Mauretanien	9	47	10,6	7,5	83	39	..	..	..	..
34 Lesotho	6	20	7,5	7,0	17	4	..	..	..	..
35 Indonesien	16	31	4,8	5,1	17	5	42	33	7	10
36 Honduras	26	44	5,5	5,4	35	15	..	..	..	..
37 Ägypten, Arab. Rep.	41	47	2,7	3,1	37	17	53	52	22	24
38 *Afghanistan*	9	..	..	..	..	..	41	..	4	..
39 Kambodscha	11	12	–0,4	3,8	98	11	..	..	..	..
40 Liberia	22	46	6,2	6,1	57	26	..	..	..	..
41 *Myanmar*	21	25	3,2	2,4	32	8	23	32	5	8
42 *Sudan*	13	22	5,9	3,9	35	8	30	35	4	8
43 Vietnam	16	22	3,3	3,4	22	5	37	30	6	7
Länder mit mittlerem Einkommen	**42**w	**60**w	**3,9**w	**3,4**w	**25**w	**14**w	**41**w	**40**w	**17**w	**25**w
Untere Einkommenskategorie	38w	52w	3,7w	3,6w	29w	14w	39w	39w	15w	21w
44 Bolivien	40	51	3,2	4,0	34	17	28	33	11	17
45 Simbabwe	14	28	6,0	5,9	31	9	..	..	..	..
46 Senegal	33	38	3,3	4,0	52	20	40	53	13	20
47 Philippinen	32	43	4,0	3,8	32	14	28	32	9	14
48 Côte d'Ivoire	23	40	7,6	4,5	45	18	30	45	7	18
49 Dominikanische Rep.	35	60	5,2	4,0	52	31	46	51	16	31
50 Papua-Neuguinea	5	16	8,2	4,5	32	5	..	..	..	..
51 Guatemala	34	39	3,5	3,4	23	9	..	..	..	..
52 Marokko	32	48	4,3	4,3	9	4	39	36	12	17
53 Kamerun	16	41	7,6	5,9	16	7	..	..	..	..
54 Ecuador	37	56	4,7	4,2	22	12	50	49	19	28
55 Syrien, Arab. Rep.	40	50	4,5	4,4	32	17	58	60	23	30
56 Kongo	32	41	3,5	4,7	68	28	..	..	..	..
57 El Salvador	39	44	3,2	2,1	26	11	..	..	..	..
58 Paraguay	36	48	3,8	4,6	47	22	..	..	..	..
59 Peru	52	70	4,3	3,1	41	29	37	41	19	29
60 Jordanien[a]	..	61	..	4,1	53	32	33	38	15	26
61 Kolumbien	54	70	3,6	2,9	21	15	38	39	20	27
62 Thailand	13	23	5,1	4,6	57	13	66	57	8	13
63 Tunesien	40	54	4,0	2,9	37	20	35	37	14	20
64 Jamaika	38	52	2,8	2,4	51	26	..	..	..	..
65 Türkei	34	61	4,1	5,9	8	5	41	35	14	22
66 Rumänien	38	53	2,9	1,2	18	9	21	18	8	9

Anmerkung: Zur Vergleichbarkeit der Daten und ihrer Abgrenzung vgl. Technische Erläuterungen. Kursive Zahlen gelten für andere als die angegebenen Jahre.

| | | Stadtbevölkerung | | | | Bevölkerung der Hauptstadt in % der | | Bevölkerung in Städten mit 1 Million oder mehr im Jahr 1990 in % der | | | |
| | | In % der Gesamtbevölkerung | | Durchschnittliche jährliche Zuwachsrate (in %) | | Stadtbevölkerung 1990 | Gesamtbevölkerung 1990 | Stadtbevölkerung | | Gesamtbevölkerung | |
		1965	1990	1965–80	1980–90			1965	1990	1965	1990
67	Polen	50	62	1,9	1,3	9	6	32	28	16	18
68	Panama	44	53	3,4	2,9	37	20	..	..	..	..
69	Costa Rica	38	47	3,5	3,3	77	36	62	72	24	34
70	Chile	72	86	2,6	2,3	42	36	39	42	28	36
71	Botsuana	4	28	12,6	9,9	38	10	..	..	..	..
72	Algerien	38	52	3,9	4,8	23	12	24	23	9	12
73	Bulgarien	46	68	2,5	1,0	20	13	21	19	10	13
74	Mauritius	37	41	2,5	0,4	36	15	..	..	..	..
75	Malaysia	26	43	4,6	4,9	22	10	16	22	4	10
76	Argentinien	76	86	2,2	1,8	41	36	53	49	40	42
77	Iran, Islam. Rep.	37	57	5,2	5,0	21	12	43	41	16	23
78	Albanien	32	35	2,7	2,4	21	7	..	..	..	..
79	Angola	13	28	6,4	5,8	61	17	49	61	6	17
80	Libanon	50	..	4,5	..	..	..	..	..	..	..
81	Mongolei	42	52	4,0	2,9	42	22	..	..	..	..
82	Namibia	17	28	4,6	5,3	30	8	..	..	..	..
83	Nicaragua	43	60	4,6	4,5	44	26	36	44	15	26
84	Jemen, Rep.	11	29	6,6	6,9	11	3	..	..	..	..
	Obere Einkommenskategorie	47w	71w	4,2w	3,2w	19w	14w	43w	42w	20w	30w
85	Mexiko	55	73	4,4	2,9	32	23	41	45	22	32
86	Südafrika	47	60	3,2	3,7	11	6	40	30	19	18
87	Venezuela	70	84	4,8	2,8	25	21	34	29	24	27
88	Uruguay	81	86	0,7	0,8	45	39	53	45	43	39
89	Brasilien	50	75	4,3	3,4	2	2	48	47	24	35
90	Ungarn	43	61	1,9	1,2	33	20	43	33	19	20
91	Jugoslawien	31	56	3,5	2,8	12	7	11	12	3	7
92	Tschechoslowakei	51	78	2,4	1,6	11	8	15	11	8	8
93	Gabun	21	46	7,3	6,2	57	26	..	..	..	..
94	Trinidad u. Tobago	30	69	5,6	3,3	12	8	..	..	..	..
95	Portugal	24	34	1,8	1,9	46	45	44	46	11	16
96	Korea, Rep.	32	72	5,8	3,5	36	26	74	69	24	50
97	Griechenland	48	63	2,0	1,2	55	34	59	55	28	34
98	Saudi-Arabien	39	77	8,5	6,3	17	13	23	29	9	23
99	Irak	51	71	5,3	4,4	30	21	40	29	20	21
100	Libyen	26	70	9,8	6,3	..	..	55	65	14	45
101	Oman	4	11	7,5	8,6	41	4	..	..	..	..
	Länder mit niedr. u. mittl. Eink.	24w	44w	3,7w	6,6w	15w	6w	41w	33w	10w	13w
	Afrika südlich der Sahara	14w	29w	5,8w	5,9w	32w	9w	30w	29w	4w	9w
	Ostasien u. Pazifik	19w	50w	3,0w	12,0w	9w	3w	48w	30w	9w	11w
	Südasien	18w	26w	3,9w	3,9w	8w	2w	35w	34w	6w	9w
	Europa	40w	60w	2,7w	2,6w	15w	10w	31w	27w	12w	16w
	Naher Osten u. Nordafrika	35w	51w	4,6w	4,4w	27w	13w	42w	42w	15w	21w
	Lateinamerika u. Karibik	53w	71w	3,9w	3,0w	23w	16w	44w	45w	24w	33w
	Übrige Länder	52w	66w	2,3w	1,4w	6w	4w	25w	23w	13w	15w
	Länder mit gravierenden Schuldenproblemen	51w	69w	3,8w	3,0w	20w	13w	41w	42w	22w	29w
	Länder mit hohem Einkommen	72w	77w	1,3w	0,8w	12w	9w	38w	37w	27w	29w
	OECD-Mitglieder	72w	77w	1,3w	0,8w	11w	7w	37w	36w	27w	28w
	†Übrige	70w	79w	3,2w	2,2w	65w	60w	73w	77w	65w	73w
102	Irland	49	57	2,1	0,6	46	26	..	..	..	..
103	†Israel	81	92	3,5	2,1	12	11	43	45	34	41
104	Spanien	61	78	2,2	1,1	17	13	26	28	16	22
105	†Singapur	100	100	1,6	2,2	100	100	100	100	100	100
106	†Hongkong	89	94	2,1	1,7	100	94	90	99	81	93
107	Neuseeland	79	84	1,6	1,0	12	10	..	..	..	..
108	Belgien	93	97	0,4	0,3	10	10	..	..	..	..
109	Großbritannien	87	89	0,3	0,2	14	13	33	26	28	23
110	Italien	62	69	1,0	0,6	8	5	42	37	26	25
111	Australien	83	86	2,0	1,5	2	1	60	59	50	51
112	Niederlande	86	89	1,2	0,5	8	7	18	16	16	14
113	Österreich	51	58	0,8	0,8	47	27	51	47	26	28
114	Frankreich	67	74	1,3	0,6	20	15	30	26	20	19
115	†Vereinigte Arab. Emirate	41	78	23,7	3,9	..	..	..	..	..	..
116	Kanada	73	77	1,5	1,1	4	3	37	39	27	30
117	Vereinigte Staaten	72	75	1,2	1,1	2	1	49	48	35	36
118	Dänemark	77	87	1,1	0,4	31	27	38	31	29	27
119	Deutschland	78	84	0,6	0,5	..	..	..	..	..	..
120	Norwegen	58	75	1,9	1,0	21	16	..	..	..	..
121	Schweden	77	84	0,9	0,4	23	19	17	23	13	20
122	Japan	67	77	2,1	0,7	19	15	37	36	25	27
123	Finnland	44	60	2,6	0,4	34	20	27	34	12	20
124	Schweiz	53	60	1,0	1,1	7	4	..	..	..	..
125	†Kuwait	78	96	8,2	5,0	53	50	100	55	78	53
	Gesamte Welt	36w	50w	2,6w	4,5w	14w	6w	39w	33w	14w	16w
	Brennstoffexporteure ohne ehem. UdSSR	30w	50w	5,5w	5,0w	23w	12w	30w	31w	10w	16w

a Angaben für Jordanien ohne West-Bank.

Tabelle 32 Frauen und Entwicklung

	Gesundheit und Wohlfahrt					Erziehung							
	Sterblichkeit bis zum Ende des 5. Lebensjahres (je 1.000 Lebendgeburten)		Lebenserwartung bei der Geburt (Jahre)				Müttersterblichkeit (je 100.000 Lebendgeburten)	Persistenz des Schulbesuchs bis Klasse 4 in % der Kohorte				Schülerinnen je 100 Schüler			
			Weiblich		Männlich			Weiblich		Männlich		Grundschulen		Weiterführende Schulen[a]	
	Weiblich 1990	Männlich 1990	1965	1990	1965	1990	1980	1970	1985	1970	1985	1965	1989	1965	1989
Länder mit niedrigem Einkommen	91w	98w	50w	62w	48w	61w	..	..	..	..	..	60w	78w	40w	64w
China und Indien	69w	72w	52w	66w	50w	65w	..	..	..	..	..	61w	78w	42w	64w
Übrige Länder	131w	145w	45w	56w	44w	54w	..	65w	68w	74w	74w	58w	77w	34w	65w
1 Mosambik	194	215	39	48	36	45	479[b]	..	..	..	..	56	78	85	54
2 Tansania	182	203	45	49	41	46	370[b]	82	91	88	90	60	98	33	74
3 Äthiopien	185	205	43	50	42	45	2.000[b]	57	45	56	50	38	64	28	67
4 Somalia	200	223	40	50	37	47	1.100	46	..	51	..	27	..	11	..
5 Nepal	183	175	40	51	41	53	..	..	..	..	..	17	47	17	..
6 Tschad	198	221	38	49	35	45	700	..	57	..	63	23	44	6	22
7 Bhutan	183	179	40	47	41	50	..	..	26	..	29	8	59	..	41
8 Laos, Dem. VR	159	179	42	51	39	48	..	..	..	..	..	59	77	59	66
9 Malawi	242	255	40	47	38	46	250	55	67	60	71	59	81	40	54
10 Bangladesch	160	142	44	51	45	52	600	..	40	..	37	44	78	14	47
11 Burundi	167	187	44	48	41	45	..	47	85	45	85	42	80	10	57
12 Zaire	143	162	45	54	42	50	800[b]	56	54	65	58	48	73	15	4
13 Uganda	185	206	48	47	46	46	300	..	..	..	..	58	..	30	..
14 Madagaskar	160	178	45	52	42	50	300	65	..	63	..	83	95	64	96
15 Sierra Leone	236	261	34	44	31	40	450	..	..	..	..	55	62	37	..
16 Mali	209	238	39	50	37	46	..	52	68	89	75	49	58	30	..
17 Nigeria	152	171	43	54	40	49	1.500	64	..	66	..	63	82	43	48
18 Niger	204	227	38	47	35	44	420[b]	75	..	74	..	46	57	19	75
19 Ruanda	192	213	45	50	42	47	210	63	82	65	81	69	99	37	52
20 Burkina Faso	190	210	40	49	37	46	600	71	87	68	87	48	61	27	48
21 Indien	121	116	44	58	46	60	500	42	..	45	..	57	69	35	54
22 Benin	155	173	43	52	41	49	1.680[b]	59	..	67	..	44	51	44	..
23 China	29	40	57	71	53	69	44	..	76	..	79	65	85	47	71
24 Haiti	126	144	47	56	44	53	340	..	40	..	40	..	93	44	96
25 Kenia	97	112	50	61	46	57	510[b]	84	77	84	76	57	94	38	70
26 Pakistan	151	145	45	55	47	56	600	56	..	60	..	31	50	27	39
27 Ghana	127	144	49	57	46	53	1.070[b]	77	..	82	..	71	81	34	65
28 Zentralafrikanische Rep.	156	176	41	51	40	48	600	67	67	67	72	34	63	19	38
29 Togo	133	151	44	55	40	52	476[b]	85	80	88	87	42	63	26	31
30 Sambia	123	140	46	52	43	48	110	93	..	99	..	78	91	39	59
31 Guinea	221	245	36	43	34	43	..	..	71	..	81	44	45	19	32
32 Sri Lanka	21	26	64	73	63	69	90	94	97	73	99	86	93	102	105
33 Mauretanien	193	215	39	48	36	45	119	..	83	..	83	31	69	11	45
34 Lesotho	125	142	50	57	47	55	..	87	85	70	76	157	122	100	147
35 Indonesien	75	90	45	64	43	60	800	67	83	89	98	82	93	..	82
36 Honduras	70	85	51	67	48	63	82	38	63	35	59	98	98	69	..
37 Ägypten, Arab. Rep.	95	110	50	62	48	59	500	85	..	93	..	64	81	41	77
38 Afghanistan	241	..	..	..	..	..	640	64	..	71	..	17	..	23	..
39 Kambodscha	161	180	46	52	43	49	..	..	..	..	..	56	..	26	..
40 Liberia	168	193	46	56	43	53	173	..	..	..	..	40	..	33	..
41 Myanmar	78	94	49	64	46	59	140	39	..	58	..	84	92	57	90
42 Sudan	159	178	41	52	39	49	607[b]	..	..	..	..	55	..	30	..
43 Vietnam	46	59	51	69	48	64	110	..	..	..	..	..	..	..	..
Länder mit mittlerem Einkommen	57w	68w	60w	69w	56w	64w	..	78w	86w	77w	90w	84w	90w	83w	105w
Untere Einkommenskategorie	62w	73w	58w	67w	55w	63w	..	79w	87w	78w	87w	78w	89w	79w	109w
44 Bolivien	109	127	47	62	42	58	480	..	..	..	..	68	89	57	..
45 Simbabwe	66	78	50	63	46	59	150[b]	74	83	80	83	..	98	..	73
46 Senegal	120	137	42	49	40	46	530[b]	..	91	..	95	57	72	35	51
47 Philippinen	45	57	57	66	54	62	80	..	82	..	78	94	94	96	..
48 Côte d'Ivoire	126	144	44	57	40	54	..	77	..	83	..	51	..	19	44
49 Dominikanische Rep.	68	75	57	69	54	65	56	..	52	..	70	..	98	104	..
50 Papua-Neuguinea	70	84	44	56	44	54	1.000	76	..	84	..	61	79	27	60
51 Guatemala	76	91	50	66	48	61	110	33	..	73	..	80	..	67	..
52 Marokko	84	99	51	64	48	60	327[b]	78	79	83	82	42	65	31	68
53 Kamerun	117	134	47	59	44	55	303	59	85	58	86	66	85	28	68
54 Ecuador	58	72	57	68	55	64	220	69	..	70	..	91	96	46	91
55 Syrien, Arab. Rep.	55	67	54	68	51	64	280	92	96	95	97	47	87	28	71
56 Kongo	172	185	47	56	41	50	..	86	90	89	98	71	92	29	75
57 El Salvador	63	76	56	68	53	60	74	56	..	56	..	93	98	75	95
58 Paraguay	33	44	67	69	63	65	469	70	75	71	75	88	93	89	104
59 Peru	78	93	52	65	49	61	310	..	..	..	..	82	..	69	..
60 Jordanien	62[c]	68[c]	52[c]	69[c]	49[c]	66[c]	..	90	97	92	89	72	93	40	95
61 Kolumbien	40	49	61	72	57	66	130	57	72	51	68	102	98	57	100
62 Thailand	28	38	58	68	54	63	270	71	..	69	..	89	..	68	97
63 Tunesien	50	63	52	68	51	66	1.000[d]	..	90	..	94	52	83	37	75
64 Jamaika	16	22	67	75	64	71	100	..	..	..	..	99	98	121	..
65 Türkei	73	80	55	69	52	66	207	76	98	81	98	66	89	37	62
66 Rumänien	23	32	70	73	66	67	180	90	..	89	..	94	95	147	233

Anmerkung: Zur Vergleichbarkeit der Daten und ihrer Abgrenzung vgl. Technische Erläuterungen. Kursive Zahlen gelten für andere als die angegebenen Jahre.

		Gesundheit und Wohlfahrt						Erziehung							
		Sterblichkeit bis zum Ende des 5. Lebensjahres (je 1.000 Lebendgeburten)		Lebenserwartung bei der Geburt (Jahre)				Mütter-sterblichkeit (je 100.000 Lebendgeburten) 1980	Persistenz des Schulbesuchs bis Klasse 4 in % der Kohorte				Schülerinnen je 100 Schüler			
				Weiblich		Männlich			Weiblich		Männlich		Grundschulen		Weiterführende Schulen[a]	
		Weiblich 1990	Männlich 1990	1965	1990	1965	1990		1970	1985	1970	1985	1965	1989	1965	1989
67	Polen	18	23	72	75	66	67	12	99	..	97	..	93	95	217	264
68	Panama	21	29	65	75	62	71	90	97	87	97	86	93	93	100	103
69	Costa Rica	18	22	66	78	63	73	26	93	91	91	90	94	94	110	102
70	Chile	18	23	63	76	57	69	55	86	96	83	97	96	95	106	110
71	Botsuana	41	53	49	69	46	65	300	97	94	90	92	129	106	77	109
72	Algerien	83	91	51	66	49	65	129	*90*	*95*	*95*	*97*	62	81	45	77
73	Bulgarien	14	19	73	76	68	70	22	91	97	100	98	95	93	..	188
74	Mauritius	21	28	63	73	59	67	99	97	98	97	99	90	97	53	98
75	Malaysia	17	22	60	72	56	68	59	..	..	..	..	84	95	..	102
76	Argentinien	30	40	69	75	63	68	85	92	..	69	..	97	*103*	60	*172*
77	*Iran, Islam. Rep.*	103	122	52	63	52	63	..	75	89	74	92	46	84	44	71
78	*Albanien*	28	33	67	75	65	70	..	..	..	..	..	87	92	77	121
79	*Angola*	207	230	37	48	34	44	..	..	..	..	..	49	..	89	..
80	*Libanon*	..	..	64	..	60	..	..	..	..	..	..	76	..	..	..
81	*Mongolei*	76	91	51	64	49	61	140	..	..	..	..	..	..	..	..
82	*Namibia*	119	140	47	59	44	56	..	..	..	..	..	..	109	..	128
83	*Nicaragua*	66	80	52	66	49	63	65	48	62	45	55	99	107	69	162
84	*Jemen, Rep.*	172	191	41	49	39	48	..	..	..	..	..	..	..	..	..
	Obere Einkommenskategorie	49w	60w	62w	71w	58w	65w	..	76w	86w	76w	95w	92w	93w	88w	98w
85	Mexiko	41	51	61	73	58	66	92	..	73	..	94	91	94	53	90
86	Südafrika	81	98	54	65	49	59	550[d]	..	..	..	..	99	..	87	..
87	Venezuela	36	45	65	73	61	67	65	84	84	61	87	98	96	109	*119*
88	Uruguay	22	28	72	77	65	70	56	..	98	..	96	96	95	110	..
89	Brasilien	62	75	59	69	55	63	150	*56*	..	*54*	..	98	..	93	..
90	Ungarn	16	22	72	75	67	67	28	90	97	99	97	94	95	197	198
91	Jugoslawien	25	30	68	76	64	69	27	91	..	99	..	91	94	86	97
92	Tschechoslowakei	13	17	73	75	67	68	8	96	97	98	96	93	97	195	133
93	Gabun	148	167	44	55	41	52	124[b]	73	*80*	78	*78*	84	*98*	39	*81*
94	Trinidad u. Tobago	25	34	67	74	63	69	81	78	*99*	74	*96*	97	*99*	107	102
95	Portugal	14	17	68	78	62	72	15	92	..	92	..	95	91	92	99
96	Korea, Rep.	17	24	58	73	55	67	34	96	99	96	99	91	94	59	87
97	Griechenland	13	15	72	80	69	74	12	97	99	96	99	93	*94*	86	*102*
98	Saudi-Arabien	72	87	50	66	47	63	52	93	93	91	93	29	84	8	74
99	*Irak*	81	89	53	66	51	61	..	84	86	90	92	42	*79*	29	*63*
100	*Libyen*	84	100	51	64	48	60	..	92	..	95	..	39	..	13	..
101	*Oman*	36	46	45	68	43	64	..	*82*	97	*82*	100	..	88	..	75
	Länder mit niedr. u. mittl. Eink.	82w	90w	52w	64w	50w	62w	..	61w	77w	65w	81w	67w	80w	52w	72w
	Afrika südlich der Sahara	160w	179w	43w	52w	41w	49w	..	66w	70w	69w	72w	56w	78w	36w	64w
	Ostasien u. Pazifik	37w	48w	55w	70w	52w	67w	..	..	78w	..	82w	69w	87w	50w	73w
	Südasien	124w	121w	45w	58w	46w	59w	..	45w	..	48w	..	54w	68w	34w	53w
	Europa	35w	40w	68w	74w	63w	67w	..	90w	98w	93w	98w	88w	93w	131w	148w
	Naher Osten u. Nordafrika	102w	117w	49w	62w	48w	60w	..	81w	89w	85w	92w	47w	75w	34w	68w
	Lateinamerika u. Karibik	52w	64w	60w	71w	56w	65w	..	64w	75w	59w	84w	95w	96w	77w	110w
	Übrige Länder	24w	32w	72w	76w	65w	66w	..	75w	..	..	..	95w	96w	116w	100w
	Länder mit gravierenden Schuldenproblemen	56w	67w	61w	70w	57w	64w	..	74w	80w	71w	92w	88w	91w	88w	124w
	Länder mit hohem Einkommen	9w	12w	74w	80w	68w	74w	..	95w	97w	94w	96w	94w	95w	92w	100w
	OECD-Mitglieder	9w	11w	74w	80w	68w	74w	..	95w	97w	94w	96w	94w	95w	92w	100w
	†Übrige	14w	18w	70w	77w	65w	73w	..	96w	97w	96w	97w	88w	93w	90w	106w
102	Irland	8	10	73	77	69	72	7	..	98	..	96	97	95	113	*101*
103	†Israel	11	15	74	78	71	74	5	96	98	96	98	94	97	127	118
104	Spanien	9	12	74	79	69	73	10	76	*97*	76	*96*	93	*93*	70	*101*
105	†Singapur	7	10	68	77	64	71	11	99	100	99	100	85	90	91	100
106	†Hongkong	7	10	71	80	64	75	4	94	..	92	..	85	*92*	72	*104*
107	Neuseeland	10	15	74	79	68	72	..	..	96	..	94	94	95	..	97
108	Belgien	10	12	74	80	68	73	10	..	87	..	85	94	*96*	85	*103*
109	Großbritannien	9	12	74	78	68	73	7	..	..	..	..	95	*95*	94	*96*
110	Italien	10	12	73	80	68	75	13	..	..	..	..	93	95	80	98
111	Australien	8	11	74	80	68	74	11	77	100	..	98	95	95	92	99
112	Niederlande	8	10	76	80	71	74	5	99	..	96	..	95	98	93	110
113	Österreich	9	13	73	80	66	73	11	95	99	92	97	95	95	95	94
114	Frankreich	8	10	75	81	68	73	13	97	*96*	90	*99*	95	94	108	107
115	†Vereinigte Arab. Emirate	23	32	59	74	56	69	..	*97*	*96*	*93*	*94*	..	93	0	102
116	Kanada	7	9	75	81	69	74	2	95	95	92	93	94	94	94	96
117	Vereinigte Staaten	10	13	74	80	67	73	9	..	*96*	..	*94*	92	..	..	..
118	Dänemark	9	11	75	78	70	73	4	98	*100*	96	*100*	96	96	104	105
119	Deutschland	8	11	73	80	67	73	11[e]	97	*99*	96	*97*	..	96	..	98
120	Norwegen	9	11	76	81	71	74	..	*99*	*99*	*98*	*99*	96	95	95	104
121	Schweden	6	8	76	81	72	75	4	98	..	96	..	96	95	104	108
122	Japan	5	7	73	82	68	76	15	100	100	100	100	96	95	101	99
123	Finnland	7	9	73	79	66	73	5	..	*99*	..	*99*	90	95	115	111
124	Schweiz	7	9	75	82	69	75	5	*94*	..	*93*	..	..	*96*	..	*99*
125	†Kuwait	14	20	65	76	61	72	18	*96*	*92*	*98*	*93*	76	*96*	63	*92*
	Gesamte Welt	64w	70w	58w	67w	55w	64w	..	67w	85w	70w	85w	73w	83w	59w	76w
	Brennstoffexporteure ohne ehem. UdSSR	117w	133w	48w	60w	46w	57w	..	74w	89w	74w	92w	59w	84w	47w	77w

[a] Vgl. Technische Erläuterungen. [b] Die Daten beziehen sich nur auf die Müttersterblichkeit in Krankenhäusern und anderen medizinischen Einrichtungen. [c] Angaben für Jordanien ohne West-Bank. [d] Enthält für ländliche Gebiete nur Angaben der Kommunen. [e] Die Angaben beziehen sich auf die Bundesrepublik Deutschland vor der Vereinigung.

Tabelle 33 Wälder, geschützte Gebiete und Wasser

	Waldgebiete (in 1.000 km²)				National geschützte Gebiete			Heimisches Wasseraufkommen: jährliche Entnahme (1970–1987)			
	Gesamtfläche 1980		Jährliche Waldvernichtung 1981–85		Fläche (in 1.000 km²)	Anzahl	In % der gesamten Landfläche	Insgesamt (1.000 m³)	In % des gesamten Wasseraufkommens	Pro Kopf (m³)		
	Insgesamt	Geschlossene Wälder	Insgesamt	Geschlossene Wälder						Insgesamt	Haushalte	Industrie und Landwirtschaft
Länder mit niedrigem Einkommen												
China und Indien												
Übrige Länder												
1 Mosambik	154	9	1,2	0,1	0,0	1	0,0	0,8	1	53	13	40
2 Tansania	420	14	3,0ª	..	130,0	28	13,8	0,5	1	36	8	28
3 Äthiopien	272	44	0,9	0,1	25,3	11	2,1	2,2	2	48	5	43
4 Somalia	91	15	0,1	0,0	1,8	1	0,3	0,8	7	167	5	162
5 Nepal	21	19	0,8	0,8	11,3	13	8,0	2,7	2	155	6	149
6 Tschad	135	5	0,8	..	4,1	2	0,3	0,2	0	35	6	29
7 Bhutan	21	21	0,0	0,0	9,1	5	19,3	0,0	0	15	5	10
8 Laos, Dem. VR	136	84	1,3	1,0	0,0	0	0,0	1,0	0	228	18	210
9 Malawi	43	2	1,5	..	10,6	9	8,9	0,2	2	22	7	15
10 Bangladesch	9	9	0,1	0,1	1,0	8	0,7	22,5	1	211	6	205
11 Burundi	0	0	0,0	0,0	0,9	3	3,1	0,1	3	20	7	13
12 Zaire	1.776	1.058	3,7	1,8	85,8	8	3,7	0,7	0	22	13	9
13 Uganda	60	8	0,5	0,1	18,7	32	7,9	0,2	0	20	6	14
14 Madagaskar	132	103	1,6	1,5	11,2	37	1,9	16,3	41	1.675	17	1.658
15 Sierra Leone	21	7	0,1	0,1	0,8	2	1,1	0,4	0	99	7	92
16 Mali	73	5	0,4	..	40,1	11	3,2	1,4	2	159	3	156
17 Nigeria	148	60	4,0	3,0	28,7	21	3,1	3,6	1	44	14	30
18 Niger	26	1	0,7	0,0	97,0	6	7,7	0,3	1	44	9	35
19 Ruanda	2	1	0,1	0,0	3,3	2	12,4	0,2	2	23	6	17
20 Burkina Faso	47	3	0,8	0,0	26,4	11	9,6	0,2	1	20	6	14
21 Indien	640	378	0,5ª	..	137,7	362	4,2	380,0	18	612	18	594
22 Benin	39	0	0,7	0,0	8,4	2	7,5	0,1	0	26	7	19
23 China	1.150	978	0,0	..	283,6	396	3,0	460,0	16	462	28	434
24 Haiti	0	0	0,0	0,0	0,1	3	0,3	0,0	0	46	11	35
25 Kenia	24	11	0,4	0,2	34,7	36	6,0	1,1	7	48	13	35
26 Pakistan	25	22	0,1	0,1	36,5	53	4,6	153,4	33	2.053	21	2.032
27 Ghana	87	17	0,7	0,2	10,7	8	4,5	0,3	1	35	12	23
28 Zentralafrikanische Rep.	359	36	0,6	0,1	58,6	12	9,4	0,1	0	27	6	21
29 Togo	17	3	0,1	0,0	6,5	11	11,4	0,1	1	40	25	15
30 Sambia	295	30	0,7	0,4	63,6	20	8,5	0,4	0	86	54	32
31 Guinea	107	21	0,9	0,4	1,7	3	0,7	0,7	0	115	12	104
32 Sri Lanka	17	17	0,6	0,6	7,8	43	11,9	6,3	15	503	10	493
33 Mauretanien	6	0	0,1	0,0	17,5	4	1,7	0,7	10	473	57	416
34 Lesotho	0	0	..	..	0,1	1	0,2	0,1	1	34	7	27
35 Indonesien	1.169	1.139	10,0ª	..	192,3	194	10,1	82,0	3	452	9	443
36 Honduras	40	38	0,9	0,9	7,2	35	6,4	1,3	1	508	20	488
37 Ägypten, Arab. Rep.	0	0	..	..	8,0	13	0,8	56,4	97	1.202	84	1.118
38 *Afghanistan*	12	8	..	..	1,8	5	0,3	26,1	52	1.436	14	1.422
39 *Kambodscha*	126	75	0,3	0,3	0,0	0	0,0	0,5	0	69	3	66
40 Liberia	20	20	0,5	0,5	1,3	1	1,2	0,1	0	54	15	39
41 *Myanmar*	319	319	6,0ª	..	1,7	2	0,3	4,0	0	103	7	96
42 *Sudan*	477	7	5,0	0,0	93,6	14	3,7	18,6	14	1.089	11	1.078
43 *Vietnam*	101	88	2,0ª	..	9,0	59	2,7	5,1	1	81	11	70
Länder mit mittlerem Einkommen												
Untere Einkommenskategorie												
44 Bolivien	668	440	1,2	0,9	98,6	27	9,0	1,2	0	184	18	166
45 Simbabwe	198	2	0,8	0,0	30,7	25	7,9	1,2	5	129	18	111
46 Senegal	110	2	0,5	..	21,8	10	11,1	1,4	4	201	10	191
47 Philippinen	95ᵇ	95	1,4ª	1,4ª	5,7	27	1,9	29,5	9	693	125	568
48 Côte d'Ivoire	98	45	2,6ª	..	19,9	12	6,2	0,7	1	68	15	53
49 Dominikanische Rep.	6	6	0,0	0,0	9,6	17	19,8	3,0	15	453	23	430
50 Papua-Neuguinea	382	342	0,2	0,2	0,3	5	0,1	0,1	0	25	7	18
51 Guatemala	45	44	0,9	0,9	8,3	17	7,7	0,7	1	139	13	126
52 Marokko	32	15	0,1	..	3,6	10	0,8	11,0	37	501	30	471
53 Kamerun	233	165	1,9ª	1,0ª	20,3	13	4,3	0,4	0	30	14	16
54 Ecuador	147	143	3,4	3,4	107,5	18	37,9	5,6	2	561	39	522
55 Syrien, Arab. Rep.	2	1	0,0	..	0,0	0	0,0	3,3	9	449	31	418
56 Kongo	213	213	0,2	0,2	13,3	10	3,9	0,0	0	20	12	8
57 El Salvador	1	1	0,1	0,1	0,3	9	1,2	1,0	5	241	17	224
58 Paraguay	197	41	4,5ª	..	12,0	14	3,0	0,4	0	111	17	94
59 Peru	706	697	2,7	2,7	26,9	20	2,1	6,1	15	294	56	238
60 Jordanien	1	0	..	..	1,0	8	1,1	0,4	41	173	50	123
61 Kolumbien	517	464	8,9	8,2	90,5	41	7,9	5,3	0	179	73	106
62 Thailand	157	92	2,4ª	1,6ª	55,1	90	10,7	31,9	18	599	24	575
63 Tunesien	3	2	0,1	..	0,4	7	0,3	2,3	53	325	42	283
64 Jamaika	1	1	0,0	0,0	0,4	2	3,5	0,3	4	157	11	146
65 Türkei	202	89	..	..	2,7	18	0,3	15,6	8	317	76	241
66 Rumänien	67	63	..	..	10,9	40	4,6	25,4	12	1.144	92	1.052

Anmerkung: Zur Vergleichbarkeit der Daten und ihrer Abgrenzung vgl. Technische Erläuterungen. Kursive Zahlen gelten für andere als die angegebenen Jahre.

| | | Waldgebiete (in 1.000 km²) | | | | National geschützte Gebiete | | | Heimisches Wasseraufkommen: jährliche Entnahme (1970–1987) | | | | |
| | | Gesamtfläche 1980 | | Jährliche Wald-vernichtung 1981–85 | | | | | | In % des gesamten Wasserauf-kommens | Pro Kopf (m³) | | |
		Ins-gesamt	Geschlossene Wälder	Ins-gesamt	Geschlossene Wälder	Fläche (in 1.000 km²)	Anzahl	In % der gesamten Landfläche	Ins-gesamt (1.000 m³)		Ins-gesamt	Haus-halte	Industrie und Land-wirtschaft
67	Polen	87	86	..	..	22,4	80	7,2	16,8	30	472	76	396
68	Panama	42	42	0,4	0,4	13,3	16	17,2	1,3	1	744	89	655
69	Costa Rica	18	16	0,4ᵃ	0,4ᵃ	6,2	31	12,2	1,4	1	770	31	739
70	Chile	76	76	0,5	..	137,2	66	18,1	16,8	4	1.625	98	1.528
71	Botsuana	326	0	0,2	..	100,3	9	17,2	0,1	0	98	5	93
72	Algerien	18	15	0,4	..	127,0	18	5,3	3,0	16	161	35	126
73	Bulgarien	37	33	..	..	2,6	50	2,4	14,2	7	1.600	112	1.488
74	Mauritius	0	0	0,0	0,0	0,0	3	2,2	0,4	16	415	66	349
75	Malaysia	210ᵇ	210	2,7ᵃ	..	14,9	51	4,5	9,4	2	765	176	589
76	Argentinien	445	445	1,8	..	94,0	115	3,4	27,6	3	1.059	95	964
77	Iran, Islam. Rep.	38	28	0,2	..	75,3	60	4,6	45,4	39	1.362	54	1.308
78	Albanien	..	..	..	..	0,4	13	1,5	0,2	1	94	6	88
79	Angola	536	29	0,9	0,4	26,4	6	2,1	0,5	0	43	6	37
80	Libanon	0	0	0,0	..	0,0	1	0,3	0,8	16	271	30	241
81	Mongolei	95	95	..	..	61,7	15	3,9	0,6	2	272	30	242
82	Namibia	184	..	0,3	..	103,7	11	12,6	0,1	2	79	9	69
83	Nicaragua	45	45	1,2	1,2	3,6	11	2,8	0,9	1	370	93	278
84	Jemen, Rep.	0	0	0,0	..	0,0	0	0,0	1,5	147	127	5	122
	Obere Einkommenskategorie												
85	Mexiko	484	463	10,0ᵃ	..	100,7	63	5,1	54,2	15	901	54	847
86	Südafrika	3	3	..	..	73,9	229	6,1	9,2	18	404	65	339
87	Venezuela	339	319	2,5	1,3	283,1	104	31,0	4,1	0	387	166	221
88	Uruguay	5	5	..	..	0,3	8	0,2	0,6	1	241	14	227
89	Brasilien	145	3.575	13,8ᵃ,ᵇ	..	215,7	172	2,5	35,0	1	212	91	121
90	Ungarn	16	16	..	..	5,8	54	6,2	5,4	5	502	45	457
91	Jugoslawien	105	91	..	..	7,9	62	3,1	8,8	3	393	63	330
92	Tschechoslowakei	46	44	..	..	20,6	65	16,1	5,8	6	379	87	292
93	Gabun	206	205	0,2	0,2	10,5	6	3,9	0,1	0	51	37	14
94	Trinidad u. Tobago	2	2	0,0	0,0	0,2	7	3,0	0,2	3	149	40	109
95	Portugal	30	26	..	..	5,6	25	6,0	10,5	16	1.062	159	903
96	Korea, Rep.	49	49	..	..	7,6	26	7,6	10,7	17	298	33	265
97	Griechenland	58	25	..	..	1,0	21	0,8	7,0	12	721	58	663
98	Saudi-Arabien	2	0	..	..	212,0	10	9,9	3,6	164	255	115	140
99	Irak	12	1	..	..	0,0	0	0,0	42,8	43	4.575	137	4.438
100	Libyen	2	1	..	..	1,6	3	0,1	2,8	404	623	93	503
101	Oman	0	0	..	..	0,5	2	0,3	0,4	22	561	17	544
	Länder mit niedr. u. mittl. Eink.												
	Afrika südlich der Sahara												
	Ostasien u. Pazifik												
	Südasien												
	Europa												
	Naher Osten u. Nordafrika												
	Lateinamerika u. Karibik												
	Übrige Länder												
	Länder mit gravierenden Schuldenproblemen												
	Länder mit hohem Einkommen												
	OECD-Mitglieder												
	†Übrige												
102	Irland	4	3	..	..	0,3	6	0,4	0,8	2	267	43	224
103	†Israel	1	1	..	..	2,1	21	10,0	1,9	88	447	72	375
104	Spanien	108	69	..	..	35,0	163	6,9	45,3	41	1.174	141	1.033
105	†Singapur	0	0	..	..	0,0	1	4,4	0,2	32	84	38	46
106	†Hongkong	..	..	..	..	0,4	12	36,4	..		..	..	..
107	Neuseeland	95	72	..	..	29,1	152	10,7	1,2	0	379	174	205
108	Belgien	8	7	..	..	0,7	2	2,4	9,0	72	917	101	816
109	Großbritannien	22	20	..	..	46,4	140	18,9	28,4	24	507	101	406
110	Italien	81	64	..	..	20,1	144	6,7	56,2	30	983	138	845
111	Australien	1.067	417	..	..	812,6	746	10,6	17,8	5	1.306	849	457
112	Niederlande	4	3	..	..	3,5	67	9,4	14,5	16	1.023	51	972
113	Österreich	38	38	..	..	20,9	178	24,9	3,1	3	417	79	338
114	Frankreich	151	139	..	..	53,6	81	9,7	40,0	22	728	116	612
115	†Vereinigte Arab. Emirate	0	0	..	..	0,0	0	0,0	0,9	300	565	62	503
116	Kanada	4.364	2.641	..	..	494,5	426	5,0	42,2	1	1.752	193	1.559
117	Vereinigte Staaten	2.960	2.096	1,6ᵃ	..	982,0	972	10,5	467,0	19	2.162	259	1.903
118	Dänemark	5	5	..	..	4,1	66	9,5	1,4	11	277	83	194
119	Deutschland	72ᶜ	70ᶜ	..	..	58,6	440	23,6	41,2ᶜ	26ᶜ	668ᶜ	67ᶜ	601ᶜ
120	Norwegen	87	76	..	..	14,9	82	4,6	2,0	0	489	98	391
121	Schweden	278	244	..	..	29,2	195	6,5	4,0	2	479	172	307
122	Japan	253	239	..	..	46,6	684	12,3	107,8	20	923	157	766
123	Finnland	232	199	..	..	8,1	35	2,4	3,7	3	774	93	681
124	Schweiz	11	9	..	..	7,5	112	18,2	3,2	6	502	115	387
125	†Kuwait	0	0	..	..	0,3	1	1,7	0,5	..	238	152	86
	Gesamte Welt												
	Brennstoffexporteure ohne ehem. UdSSR												

ᵃ Die Angaben betreffen folgende Zeiträume: Tansania 1989, Indien 1983–87, Indonesien 1982–90, Myanmar 1984, Vietnam 1986, Philippinen 1981–88, Côte d'Ivoire 1981–86, Kamerun 1976–86, Paraguay 1989–90, Thailand 1985–88, Costa Rica 1973–89, Malaysia 1979–89, Argentinien 1980–89, Mexiko 1981–83, Brasilien (nur Amazonas-Gebiet) 1989–90, Vereinigte Staaten 1977-87.
ᵇ Wegen alternativer Schätzungen vgl. die Technischen Erläuterungen. ᶜ Die Angaben beziehen sich auf die Bundesrepublik Deutschland vor der Vereinigung.

Technische Erläuterungen

Die Kennzahlen der Weltentwicklung vermitteln Informationen über die wichtigsten Merkmale der wirtschaftlichen und sozialen Entwicklung.

Das Hauptkriterium für die Klassifizierung der Länder ist das Bruttosozialprodukt (BSP) pro Kopf. Unter Einschluß eines neuen Weltbank-Mitgliedslandes, nämlich Albanien, enthalten die Haupttabellen nunmehr Angaben von 125 Ländern, die in steigender Rangfolge nach der Höhe des BSP pro Kopf gezeigt werden. Der Sonderbeitrag A.1 enthält grundlegende Kennzahlen für weitere siebenundfünfzig Länder mit einer Bevölkerung von unter 1 Million, wozu dieses Jahr die Marshallinseln sowie die Föderierten Staaten von Mikronesien gehören, frühere Mitgliedsländer des Treuhandgebiets der Pazifischen Inseln. Da für drei zusätzliche Länder, die Demokratische Volksrepublik Korea, Kuba und die ehemalige Sowjetunion, nur unzureichende Angaben vorliegen, sind diese Länder in den Haupttabellen nicht enthalten, ausgenommen in zusammengefaßter Form unter der Bezeichnung „Übrige Länder". Für sie werden im Sonderbeitrag A.2 ausgewählte Angaben gezeigt. Weitere Änderungen sind der Einführung zu entnehmen.

Trotz beträchtlicher Bemühungen um Standardisierung der Daten bestehen zwischen den Ländern erhebliche Unterschiede der statistischen Verfahren, des Geltungsbereichs, der Praktiken und Definitionen. Hinzu kommt, daß die Statistik in vielen Entwicklungsländern immer noch unzulänglich ist, was die Verfügbarkeit und Verläßlichkeit der Daten beeinträchtigt. Darüber hinaus bringen Länder- und Zeitvergleiche immer komplexe technische Probleme mit sich, die nicht vollständig und eindeutig gelöst werden können. Die Daten stammen aus Quellen, die als höchst kompetent gelten, aber viele Daten unterliegen beträchtlichen Fehlermargen.

Die meisten sozialen und demographischen Angaben aus nationalen Quellen werden aus regelmäßigen Datensammlungen der Behörden gewonnen, obwohl einige aus Sondererhebungen oder periodischen Volkszählungen stammen. Im Falle von Erhebungs- und Befragungsdaten müssen die Zahlen für dazwischenliegende Jahre auf Basis der Referenzstatistiken interpoliert oder anderweitig geschätzt werden. Ähnlich können einige Zahlen – insbesondere solche, die sich auf aktuelle Zeiträume beziehen – extrapoliert sein, weil nicht alle Angaben auf dem neuesten Stand sind. Verschiedene Schätzungen (beispielsweise für die Lebenserwartung) sind von Modellen abgeleitet, die auf Annahmen über das demographische Verhalten und die vorherrschenden Bedingungen basieren. Fragen im Zusammenhang mit der Verläßlichkeit demographischer Kennzahlen werden in der VN-Veröffentlichung *World Population Trends and Policies* erörtert. Den Lesern wird deshalb dringend empfohlen, diese Einschränkungen bei der Auswertung der Kennzahlen zu berücksichtigen, vor allem wenn Vergleiche zwischen den Volkswirtschaften vorgenommen werden.

Um langfristige Trendanalysen zu ermöglichen, internationale Vergleiche zu erleichtern und die Veränderungen intersektoraler relativer Preise zu berücksichtigen, werden für die meisten Länder die Daten zu konstanten Preisen komponentenweise auf drei Basisjahre umbasiert und miteinander verknüpft. Das Jahr 1970 ist das Basisjahr für Daten von 1960 bis 1975, 1980 für solche von 1976 bis 1982 und 1987 für Daten von 1983 und später. Diese drei Zeiträume werden „verkettet", um für alle drei Perioden konstante Preise von 1987 zu erhalten.

Die Verkettung wird für jeden der drei Teilzeiträume durch eine Maßstabsänderung erreicht; sie verschiebt das Jahr, in dem die zu jeweiligen und die zu konstanten Preisen berechneten Versionen derselben Zeitreihen den gleichen Wert aufweisen, ohne den Trend der Zeitreihen zu ändern. Die Komponenten des BIP werden individuell umbasiert und aufaddiert, um das BIP und seine Aggregate zu zeigen. Dabei kann zwischen dem BIP zu konstanten Preisen auf Grundlage der Entstehungsrechnung und dem BIP auf Grundlage der Ausgaben eine Umbasierungs-Abweichung auftreten. Solche Umbasierungs-Abweichungen werden vom *Privaten Verbrauch usw.* unter der Annahme absorbiert, daß das nach der Entstehungsseite ermittelte BIP eine verläßlichere Schätzung darstellt als das BIP auf Grundlage der Ausgaben.

Da der Private Verbrauch als Rest errechnet wird, bleiben die Identitäten der Volkswirtschaftlichen Gesamtrechnung erhalten. Durch die Umbasierung

Sonderbeitrag A.1 Grundlegende Kennzahlen für Länder mit einer Bevölkerung von unter 1 Million

		Bevölke-rung (in Tsd.) Mitte 1990	Fläche (in Tsd. Quadrat-kilometer)	BSP pro Kopf[a] In $ von 1990	Durch-schnitt-liches jährliches Wachs-tum in % 1965–90	Durchschnittliche jährliche Inflationsrate in %[a] 1965–80		Lebens-erwartung bei der Geburt (in Jahren) 1990	Erwachsenen-Analphabeten-quote in % Frauen 1990	Insgesamt 1990
						1965–80	1980–90			
1	Guinea-Bissau	980	36	180	..	..	54,4	39	76	64
2	Gambia	875	11	260	0,7	8,1	13,8	44	84	73
3	Guayana	798	215	330	–1,3	7,9	25,5	64	5	4
4	Äquatorialguinea	417	28	330	..	..	..	47	63	50
5	São Tomé und Príncipe	117	1	400	..	..	19,9	67	..	33
6	Malediven	214	b	450	2,8	..	..	62	..	..
7	Komoren	475	2	480	0,4	..	..	55	..	..
8	Salomonen	316	29	590	..	7,7	10,0	65	..	..
9	Westsamoa	165	3	730	..	..	9,2	66	..	..
10	Kiribati	70	1	760	..	..	5,5	55	..	..
11	Swasiland	797	17	810	2,2	9,0	11,1	57	..	..
12	Kap Verde	371	4	890	..	..	9,8	66	..	..
13	Tonga	99	1	1.010	..	..	..	67	..	..
14	Vanuatu	151	12	1.100	..	..	4,9	65	..	..
15	St. Vincent	107	b	1.720	2,9	10,9	4,6	70	..	..
16	Fidschi	744	18	1.780	1,9	10,3	5,4	65	..	..
17	St. Lucia	150	1	1.900	..	..	4,2	72	..	..
18	Belize	188	23	1.990	2,6	7,1	2,3	68	..	..
19	Grenada	91	b	2.190	..	..	..	70	..	..
20	Dominica	72	1	2.210	1,3	12,6	6,1	75	..	..
21	Surinam	447	163	3.050	1,0	..	6,4	68	5	5
22	St. Christoph und Nevis	40	b	3.330	..	..	6,5	70	..	..
23	Antigua und Barbuda	79	b	4.600	..	..	7,8	74	..	..
24	Seschellen	68	b	4.670	3,2	12,2	3,3	71	..	..
25	Barbados	257	b	6.540	2,3	11,0	5,4	75	..	..
26	Malta	354	b	6.610	7,1	3,5	2,0	73	..	..
27	Zypern	702	9	8.020	..	..	5,7	77	..	..
28	Bahamas	255	14	11.420	1,1	6,4	6,4	69	..	..
29	Katar	439	11	15.860	..	..	..	70	..	..
30	Island	255	103	21.400	3,4	26,7	32,8	78	..	..
31	Luxemburg	379	3	28.730	2,3	6,7	4,2	75	..	..
32	*Amerikanisch-Samoa*	39	b	c	..	..	..	72	..	..
33	*Andorra*	52	..	c	..	..	..	..	..	..
34	*Aruba*	61	b	d	..	..	..	..	..	..
35	*Bahrain*	503	1	c	..	..	–1,5	69	31	23
36	*Bermudas*	61	b	c	..	8,1	9,1	..	..	..
37	*Brunei*	256	6	c	..	..	–6,9	76	..	..
38	*Britische Kanalinseln*	144	..	c	..	..	..	77	..	..
39	*Dschibuti*	427	23	e	..	..	..	48	..	..
40	*Faröer*	48	1	c	..	..	..	..	..	..
41	*Föder. Staat. v. Mikronesien*	103	1	..	..	..	..	..	..	..
42	*Französisch-Guayana*	92	90	d	..	..	..	..	..	..
43	*Französisch-Polynesien*	197	4	c	..	..	..	73	..	..
44	*Gibraltar*	31	b	d	..	..	..	..	..	..
45	*Grönland*	57	342	c	..	..	..	..	..	..
46	*Guadeloupe*	387	2	c	..	..	..	74	..	..
47	*Guam*	137	1	c	..	..	..	73	..	..
48	*Insel Man*	69	..	c	..	..	..	..	..	..
49	*Macao*	459	b	d	..	..	..	72	..	..
50	*Marshall-Inseln*	34	0	..	..	..	..	..	..	..
51	*Martinique*	360	1	d	..	..	..	76	..	..
52	*Mayotte*	73	..	c	..	..	..	..	..	..
53	*Niederländische Antillen*	189	1	c	..	..	..	77	..	..
54	*Neukaledonien*	165	19	d	..	..	..	69	..	..
55	*Puerto Rico*[f]	3.530	9	c	..	..	..	76	..	..
56	*Réunion*	593	3	d	..	..	..	72	..	..
57	*Amerikanische Jungferninseln*	110	b	c	2,9	2,3	3,9	74	..	..

Anmerkung: Für kursiv gedruckte Länder kann für 1990 kein BSP pro Kopf errechnet werden; kursive Zahlen gelten für andere als die angegebenen Jahre.
a. Vgl. die Technischen Erläuterungen zu Tabelle 1.   b. Weniger als 500 Quadratkilometer.   c. Das BSP pro Kopf liegt schätzungsweise im Bereich des hohen Einkommens.   d. Das BSP pro Kopf liegt schätzungsweise im oberen Bereich des mittleren Einkommens.   e. Das BSP pro Kopf liegt schätzungsweise im unteren Bereich des mittleren Einkommens.   f. Die Bevölkerung beträgt mehr als 1 Million.

Sonderbeitrag A.2 Ausgewählte Kennzahlen für Übrige Länder

	Kuba		Demokr. Volksrep. Korea		Ehemalige Sowjetunion	
	1965	*1990*	*1965*	*1990*	*1965*	*1990*
Bevölkerung (in Mio)	8	11	12	22	232	289
Städtische Bevölkerung (in %)	58	75	45	60	52	66
Lebenserwartung bei der Geburt (Jahre)	67	76	57	71	69	71
Unbereinigte Geburtenziffer (je 1.000 Einwohner)	34	17	44	22	18	17
Unbereinigte Sterbeziffer (je 1.000 Einwohner)	8	6	12	5	7	10
Einwohner je Arzt	1.150	530	..	420	480	270
Zusammengefaßte Geburtenziffer	4,4	1,9	6,5	2,3	2,5	2,3
Säuglingssterblichkeit (je 1.000 Lebendgeburten)	38	12	63	26	28	24
Untergewicht bei der Geburt (in %)	..	8	..	..	..	6
Sterblichkeit bis Ende des 5. Lebensjahres (je 1.000 Lebendgeburten, weiblich)	..	13	..	27	..	24
Sterblichkeit bis Ende des 5. Lebensjahres (je 1.000 Lebendgeburten, männlich)	..	16	..	36	..	33
Tägliches Kalorienangebot (pro Kopf)	2.461	3.141	2.039	2.823	3.205	3.386
Index der Nahrungsmittelproduktion pro Kopf (1979/81 = 100)	82	99	73	110	86	112
Erziehung von Mädchen in Grundschulen (in % der weiblichen Altersgruppe)	119	100	..	106	103	105
Gesamte Erziehung in Grundschulen (in % der gesamten Altersgruppe)	121	103	..	103	103	105
Fläche (in Tsd. Quadratkilometer)	..	111	..	121	..	22.402
Projektierte Bevölkerung im Jahr 2000 (in Mio)	..	12	..	25	..	308

Anmerkung: Zur Vergleichbarkeit der Daten und ihrer Abgrenzung vgl. die Technischen Erläuterungen. Kursive Zahlen gelten für andere als die angegebenen Jahre.

werden dem Privaten Verbrauch sämtliche statistische Diskrepanzen zugerechnet, die bei den Ausgaben im Umbasierungsprozeß auftreten. Auch die Wertschöpfung im Dienstleistungssektor enthält eine statistische Diskrepanz, wenn eine solche in den Ursprungsquellen ausgewiesen ist.

Von einigen Ausnahmen abgesehen, ändert die Verwendung der Werte von 1987 statt von 1980 als Ländergewichte die hier angegebenen Gruppenindizes und Wachstumsraten nicht nennenswert. Die wichtigsten Ausnahmen betreffen die Ölexporteure; darin spiegelt sich deren rückläufiger Gruppenanteil am BSP, am Außenhandel und anderen Größen in den Jahren von 1980 bis 1987 wider. Das schlägt angesichts des dramatischen Rückgangs des Gewichts von Nigeria vor allem für Afrika südlich der Sahara zu Buche. Im Gegensatz dazu dürfte die Verschiebung des Basisjahres bei den Länderreihen selbst, wie oben beschrieben, deren Trends erheblich verändern. Verbreitet könnte es zu Unterschieden von einem halben Prozentpunkt pro Jahr bei den Wachstumsraten kommen; größere Änderungen könnten bei Volkswirtschaften auftreten, die beträchtliche strukturelle Veränderungen durchgemacht haben, wie etwa die brennstoffexportierenden Länder.

Die zusammenfassenden Kennzahlen werden durch einfache Addition errechnet, sofern eine Variable in sinnvoll vergleichbaren Recheneinheiten ausgedrückt ist. Kennzahlen, die von vornherein nicht additiv zu ermitteln sind, werden üblicherweise durch eine Preisgewichtung zusammengefügt. Die zusammenfassenden Kennzahlen der sozialen Indikatoren sind mit der Bevölkerung gewichtet.

Die Kennzahlen der Weltentwicklung enthalten, anders als die *World Tables,* Angaben für (üblicherweise) zwei Referenzjahre statt Jahreszeitreihen. Bei den zusammenfassenden Kennzahlen, die eine Reihe von Jahren betreffen, basieren die Berechnungen in zeitlicher und sachlicher Hinsicht auf der gleichen Länderzusammensetzung. Für die Kennzahlen der Weltentwicklung können Gruppenkennzahlen nur dann zusammengestellt werden, wenn die für ein bestimmtes Jahr verfügbaren Länderangaben mindestens zwei Drittel der gesamten Gruppe ausmachen, und zwar bezogen auf die Referenzwerte des Jahres 1987. Solange dieses Kriterium erfüllt ist, wird angenommen, daß unregelmäßig berichtende

Länder (und solche, die nicht den gesamten Zeitraum abdecken) sich in Jahren mit fehlenden Daten wie der Teil der Gruppe verhalten, für den Schätzwerte vorliegen. Die Leser sollten beachten, daß angestrebt wird, trotz zahlloser Probleme mit Länderangaben die zusammenfassenden Kennzahlen im Hinblick auf die betreffende Ländergruppe vergleichbar zu halten und daß aus den Gruppenkennzahlen keine sinnvollen Schlüsse über die Entwicklung auf Länderebene abgeleitet werden können. Zudem kann der Gewichtungsprozeß zu Diskrepanzen zwischen aufsummierten Daten der Untergruppen und den Gesamtangaben führen. Wegen weiterer Einzelheiten vergleiche die Einführung zu den *World Tables*.

Alle Zuwachsraten sind aus realen Größen abgeleitet und, soweit nichts Gegenteiliges angemerkt wird, mit Hilfe der Methode der kleinsten Quadrate berechnet. Bei diesem Verfahren erhält man die Zuwachsrate r durch Anpassung eines linearen Trends an die Logarithmen der Jahreswerte der Variablen innerhalb des Untersuchungszeitraums. Genauer gesagt, hat die Regressionsgleichung die Form $\log X_t = a + bt + e_t$, dies ist das Äquivalent der logarithmischen Umformung der exponentiellen Wachstumsgleichung $X_t = X_o (1+r)^t$. In diesen Gleichungen bezeichnet X die Variable, t die Zeit, und $a = \log X_o$ sowie $b = \log (1+r)$ sind die zu schätzenden Parameter; e ist die Fehlergröße. Wenn b^* der nach der Methode der kleinsten Quadrate geschätzte Wert von b ist, dann ergibt sich die durchschnittliche jährliche Wachstumsrate r als [antilog (b^*)] -1; um sie in Prozent auszudrücken, wird mit 100 multipliziert.

Tabelle 1: Grundlegende Kennzahlen

Die Tabelle in Sonderbeitrag A.1 enthält grundlegende Kennzahlen für Länder mit einer Bevölkerung von weniger als einer Million. Wegen ausgewählter Kennzahlen für drei „übrige Länder" vgl. Sonderbeitrag A.2.

Die *Bevölkerungszahlen* für Mitte 1990 sind Schätzungen der Weltbank. Diese sind üblicherweise Projektionen, die auf der letzten Volkszählung oder auf Erhebungen basieren; die meisten stammen aus den Jahren 1980 bis 1990 und bei wenigen Ländern aus den sechziger oder siebziger Jahren. Angemerkt sei, daß Flüchtlinge, die sich in dem asylgewährenden Land nicht auf Dauer niedergelassen haben, im allgemeinen als Teil der Bevölkerung des Herkunftslandes betrachtet werden.

Die Angaben zur *Fläche* stammen von der Organisation für Ernährung und Landwirtschaft (FAO). Die Fläche besteht aus der gesamten Oberfläche eines Landes, gemessen in Quadratkilometern, und umfaßt die Landfläche sowie inländische Wasserflächen.

Die Angaben zum *BSP pro Kopf* in US-Dollar wurden nach dem oben beschriebenen *Weltbank Atlas*-Verfahren berechnet.

Das BSP pro Kopf als solches ist weder konstitutiv noch indikativ für den Wohlstand oder den Erfolg des Entwicklungsprozesses. Es unterscheidet weder zwischen der Zweckbestimmung und der Endverwendung eines bestimmten Produkts, noch besagt es etwas darüber, ob es lediglich einige natürliche oder sonstige Nachteile ausgleicht oder die Wohlfahrt beeinträchtigt oder steigert. So ist das BSP höher in Ländern mit kälterem Klima, wo man Geld für Heizung und warme Kleidung ausgeben muß, als in mildem Klima, wo man im Freien leichte Kleidung tragen kann.

Allgemeiner betrachtet, werden Umweltaspekte vom BSP nicht adäquat erfaßt, insbesondere die Verwendung natürlicher Ressourcen. Die Bank versucht zusammen mit anderen Stellen herauszufinden, wie Volkswirtschaftliche Gesamtrechnungen über diese Fragen Aufschluß geben können. Dabei wird die Möglichkeit erwogen, „Satelliten"-Rechnungen zu entwickeln; solche Rechnungen müßten sich mit praktischen und konzeptionellen Problemen auseinandersetzen, wie der Bestimmung eines sinnvollen ökonomischen Wertes von Ressourcen, die die Märkte nicht als „knapp" empfinden, und der Zurechnung von Kosten, die im wesentlichen globaler Natur sind, innerhalb eines inhärent nationalen Rechenwerkes.

Das BSP mißt die gesamte in- und ausländische Wertschöpfung, auf die die Bewohner eines Landes Anspruch haben. Es schließt das BIP (definiert in den Erläuterungen zu Tabelle 2) zuzüglich des Netto-Faktoreinkommens aus dem Ausland ein; letzteres besteht aus dem Einkommen, das Inländern aus dem Ausland für Faktorleistungen (Arbeit und Kapital) zufließt abzüglich ähnlicher Zahlungen an Ausländer, die zum Inlandsprodukt beigetragen haben.

Bei der Schätzung des BSP pro Kopf ist sich die Bank bewußt, daß eine volle internationale Vergleichbarkeit der Schätzungen für das BSP pro Kopf nicht erreichbar ist. Neben dem klassischen, streng genommen unlösbaren Indexzahlenproblem stehen einer angemessenen Vergleichbarkeit zwei Probleme im Weg. Eines betrifft die BSP- und Bevölkerungsschätzwerte selbst. Zwischen den einzelnen Ländern gibt es Unterschiede bei den Volkswirtschaftlichen Gesamtrechnungen und den Bevölkerungsstatistiken sowie im Umfang und der Verläßlichkeit der zugrundeliegenden statistischen Informationen. Das andere Problem ergibt sich aus der Verwendung amtlicher Wechselkurse bei der Umrechnung der in verschiedenen nationalen Währungen ausgedrückten BSP-Daten mittels eines gemeinsamen Denominators – üblicherweise des US-Dollars –, um sie international zu vergleichen.

Aus der Einsicht, daß diese Unzulänglichkeiten die Vergleichbarkeit der Schätzwerte des BSP pro Kopf beeinträchtigen, hat die Weltbank verschiedene Verbesserungen des Schätzverfahrens vorgenommen. Im Zuge der regelmäßigen Überprüfung der Volkswirtschaftlichen Gesamtrechnungen ihrer Mitgliedsländer berechnet die Bank systematisch BSP-Schätzwerte, wobei sie sich besonders auf die zugrundeliegende Abgrenzung und Konzeption konzentriert und erforderlichenfalls Anpassungen vornimmt, um die Vergleichbarkeit zu verbessern. Als Teil der Überprüfung konnten vom Stab der Bank für die allerjüngsten Zeiträume Schätzungen des BSP (und gelegentlich der Bevölkerung) entwickelt werden.

Die Bank überprüft auch systematisch die Angemessenheit amtlicher Wechselkurse als Umrechnungsfaktoren. Ein alternativer Umrechnungsfaktor wird dann angewendet (und in den *World Tables* publiziert), wenn der amtliche Wechselkurs zu stark von dem Kurs abweicht, der den Auslandstransaktionen tatsächlich zugrunde liegt. Das gilt nur für eine kleine Zahl von Ländern. Für alle übrigen Länder berechnet die Bank das BSP pro Kopf unter Verwendung des *Atlas*-Verfahrens.

Der *Atlas*-Umrechnungsfaktor für jedes Jahr besteht aus dem Durchschnitt der Wechselkurse eines Landes für das jeweilige und die beiden vorhergehenden Jahre, die um das Verhältnis der Inflationsraten des betreffenden Landes und der Vereinigten Staaten bereinigt worden sind. Dieser Dreijahresdurchschnitt glättet die Preis- und Wechselkursfluktuationen für jedes Land. Das so ermittelte BSP in US-Dollar wird durch die Bevölkerungszahl von Mitte der letzten drei Jahre dividiert, um das BSP pro Kopf zu erhalten.

In den achtziger Jahren verzeichneten etwa sechzig Länder mit niedrigem und mittlerem Einkommen einen Rückgang des realen BSP pro Kopf. Außerdem haben starke Fluktuationen der Wechselkurse und der Terms of Trade das relative Einkommensniveau beeinflußt. Daher haben sich Niveau und Reihenfolge des BSP pro Kopf, das nach dem *Atlas*-Verfahren berechnet wurde, manchmal auf eine Weise geändert, die nicht notwendigerweise mit dem relativen Inlandswachstum der Volkswirtschaften zusammenhängt.

Die folgenden Formeln beschreiben das Verfahren zur Berechnung des Umrechnungsfaktors für das Jahr t:

$$(e^*_{t-2,t}) = \frac{1}{3}\left[e_{t-2}\left(\frac{P_t}{P_{t-2}}\bigg|\frac{P^\$_t}{P^\$_{t-2}}\right) + e_{t-1}\left(\frac{P_t}{P_{t-1}}\bigg|\frac{P^\$_t}{P^\$_{t-1}}\right) + e_t\right]$$

sowie für die Berechnung des BSP pro Kopf in US-Dollar für das Jahr t:

$$(Y^\$_t) = (Y_t | N_t \div e^*_{t-2,t})$$

dabei ist:
Y_t = laufendes BSP (in heimischer Währung) im Jahr t
P_t = BSP-Deflator für das Jahr t
e_t = jahresdurchschnittlicher Wechselkurs (heimische Währung/US-Dollar) im Jahr t
N_t = Bevölkerung zur Mitte des Jahres t
$P^\$_t$ = BSP-Deflator der Vereinigten Staaten im Jahr t.

Wegen der mit der Verfügbarkeit vergleichbarer Daten und mit der Bestimmung von Umrechnungsfaktoren verbundenen Probleme werden für einige Länder keine Angaben über das BSP pro Kopf gemacht.

Die Verwendung amtlicher Wechselkurse zur Umrechnung von Angaben in nationaler Währung in US-Dollar spiegelt nicht die relative inländische Kaufkraft der Währungen wider. Das Internationale Vergleichsprojekt (IVP) der Vereinten Nationen hat Meßziffern des realen BIP auf international vergleichbarer Basis entwickelt, denen als Umrechnungsfaktoren Kaufkraftparitäten (KKP) anstelle von Wechselkursen zugrunde liegen; wegen der jüngsten IVP-Schätzungen vgl. Tabelle 30. Informationen über das IVP sind in vier Untersuchungen, die mit den ersten vier Phasen korrespondieren, publiziert worden, sowie in gesonderten Berichten zur Phase V, die durch die Wirtschaftskommission für Europa (ECE), die Wirtschafts- und Sozialkommission für Asien und den Pazifik (ESCAP), die Europäischen Gemeinschaften (EG) und die Organisation für wirtschaftliche Zusammenarbeit und Entwicklung (OECD) veröffentlicht wurden.

Die in Tabelle 30 wiedergegebenen IVP-Zahlen sind vorläufig und können revidiert werden. Die Vereinten Nationen und ihre regionalen Wirtschaftskommissionen sowie andere internationale Organisationen wie die EG, die OECD und die

Weltbank arbeiten daran, die Methoden zu verbessern und jährliche Kaufkraftvergleiche auf alle Länder auszudehnen. Die Wechselkurse bleiben jedoch das einzige allgemein verfügbare Mittel, um das BSP von nationalen Währungen in US-Dollar umzurechnen.

Die *durchschnittliche jährliche Inflationsrate* wird gemessen an der Zuwachsrate des impliziten Deflators des Bruttoinlandsprodukts (BIP) für die jeweils ausgewiesenen Zeitabschnitte. Bei der Berechnung des BIP-Deflators wird zunächst der Wert des BIP zu laufenden Preisen für jedes Jahr der einzelnen Zeitabschnitte durch den Wert des BIP zu konstanten Preisen dividiert, wobei die Bewertung jeweils in nationaler Währung erfolgt. Anschließend wird die Zuwachsrate des BIP-Deflators für die einzelnen Zeiträume unter Verwendung der Methode der kleinsten Quadrate errechnet. Die Aussagefähigkeit dieser Kennzahl, wie jeder anderen Maßgröße der Inflation, ist begrenzt. Sie wird hier jedoch in einigen Fällen als Indikator der Inflation verwendet, da sie die am breitesten fundierte Kennzahl ist, die die jährlichen Preisänderungen für alle Güter und Dienstleistungen erfaßt, die in einer Volkswirtschaft produziert werden.

Die *Lebenserwartung bei der Geburt* gibt die Anzahl der Jahre an, die ein neugeborenes Kind leben würde, wenn die zum Zeitpunkt seiner Geburt vorherrschenden Sterblichkeitsrisiken während seines Lebens gleichbleiben würden. Die Angaben sind Schätzungen der Weltbank, basierend auf Daten aus der Abteilung für Bevölkerungsfragen der VN, des Statistischen Amtes der VN sowie nationaler statistischer Ämter.

Die *Analphabetenquote bei Erwachsenen* ist hier definiert als der Teil der über 15 Jahre alten Bevölkerung, der nicht in der Lage ist, eine kurze, einfache Aussage über sein tägliches Leben mit Verstand zu lesen und zu schreiben. Dies ist nur eine von drei weitgehend akzeptierten Definitionen, und sie wird in einer Reihe von Ländern in einer modifizierten Form angewendet. Die Angaben stammen aus Schätzungen und Projektionen der Analphabetenquoten, die 1989 durch die UNESCO vorgenommen wurden. Da neuere Informationen und ein modifiziertes Modell herangezogen wurden, sind die Daten für 1990 mit den im vergangenen Jahr veröffentlichten Kennzahlen nicht voll vergleichbar.

Die zusammenfassenden Kennzahlen für das BSP pro Kopf, die Lebenserwartung und die Analphabetenquote bei Erwachsenen werden in dieser Tabelle mit der Bevölkerung gewichtet. Die Kennzahlen für die durchschnittlichen jährlichen Inflationsraten werden mit dem BIP-Anteil der Länder von 1987 gewichtet, bewertet zu jeweiligen Dollar.

Tabellen 2 und 3:
Wachstum und Struktur der Produktion

Die verwendeten Definitionen sind überwiegend identisch mit den Definitionen in der *Systematik für Volkswirtschaftliche Gesamtrechnungen* (SVG), Reihe F, Nr. 2, Revision 3 der VN. Schätzungen stammen aus nationalen Quellen und erreichen die Weltbank gelegentlich über internationale Organisationen, werden jedoch häufiger durch den Stab der Weltbank bei Länderbesuchen zusammengetragen.

Der Stab der Weltbank überprüft die Qualität der Angaben zur Volkswirtschaftlichen Gesamtrechnung und trägt in einigen Fällen durch Länderbesuche und technische Unterstützung zur Anpassung der nationalen Reihen bei. Wegen der gelegentlich begrenzten Fähigkeiten statistischer Stellen und Problemen mit Basisdaten kann eine strikte internationale Vergleichbarkeit nicht erreicht werden, insbesondere bei schwierig zu messenden wirtschaftlichen Aktivitäten, wie bei Transaktionen auf Parallelmärkten, beim informellen Sektor und der Subsistenzlandwirtschaft.

Das *BIP* mißt die gesamte zur Endverwendung bestimmte Erzeugung von Gütern und Dienstleistungen, die sowohl von Gebietsansässigen als auch von Ausländern produziert werden, ohne Rücksicht darauf, ob das Verfügungsrecht über diese Leistungen Inländern oder Ausländern zusteht. Bei der Berechnung des BIP werden keine Abzüge für den Verbrauch von „produzierten" Aktiva oder für Substanzverluste oder Verschlechterung natürlicher Ressourcen vorgenommen. Zwar sieht die SVG vor, daß die Beiträge der Sektoren zum BIP auf Basis von Erzeugerpreisen geschätzt werden, doch melden viele Länder solche Details zu Faktorkosten. Die internationale Vergleichbarkeit der Schätzungen wird durch die Anwendung unterschiedlicher Bewertungssysteme durch die Länder bei der Berichterstattung über die Wertschöpfung nach Wirtschaftsbereichen beeinträchtigt. Als Teillösung werden die BIP-Schätzungen zu Käuferpreisen angegeben, wenn die Komponenten hierauf basieren; in diesen Fällen zeigt dies eine Fußnote an. In den Tabellen 2 und 3 ist jedoch bei einigen wenigen Ländern das BIP zu Käuferpreisen durch das BIP zu Faktorkosten ersetzt worden.

Die BIP-Angaben sind Dollar-Werte, die mittels amtlicher Wechselkurse des jeweiligen Jahres aus heimischer Währung umgerechnet wurden. Für einige Länder, bei denen der amtliche Wechselkurs die bei den Fremdwährungstransaktionen tatsächlich angewandten Kurse nicht widerspiegelt, wird ein alternativer Umrechnungsfaktor benutzt (und in den World Tables publiziert). Es sei angemerkt, daß in Tabelle 3 nicht die Dreijahres-Durchschnittsberechnung angewandt wird, die bei der Ermittlung des BSP pro Kopf in Tabelle 1 benutzt wurde.

Die Landwirtschaft umfaßt Forstwirtschaft, Jagd, Fischerei und Landwirtschaft im engeren Sinn. In Entwicklungsländern mit ausgeprägter Subsistenzlandwirtschaft wird ein Großteil der landwirtschaftlichen Erzeugung weder getauscht noch gegen Geld gehandelt. Dies vergrößert die Schwierigkeiten, den Beitrag der Landwirtschaft zum BIP zu messen, und mindert die Verläßlichkeit und Vergleichbarkeit solcher Daten.

Zur Industrie gehören die Wertschöpfung des Bergbaus, des Verarbeitenden Gewerbes (auch als separate Untergruppe gezeigt), der Bauwirtschaft, Strom-, Wasser- und Gasversorgung. Die Wertschöpfung aller übrigen Wirtschaftszweige, einschließlich der unterstellten Bankdienstleistungen, der Einfuhrabgaben und aller von nationalen Stellen angegebenen statistischen Diskrepanzen, wird unter Dienstleistungen usw. ausgewiesen.

Die komponentenweise umbasierten verketteten Zeitreihen auf Preisbasis 1987 in heimischen Währungen werden, wie zu Beginn der Technischen Erläuterungen erklärt, zur Errechnung der Wachstumsraten in Tabelle 2 benutzt. Die sektoralen Anteile des BIP in Tabelle 3 beruhen auf Zeitreihen in jeweiligen Preisen.

Bei der Berechnung der zusammenfassenden Kennzahlen in Tabelle 2 werden für jedes Land komponentenweise umbasierte Beträge in US-Dollar von 1987 für jedes Jahr der angegebenen Zeiträume berechnet, die Jahreswerte werden häufig nach Regionen aggregiert, und dann wird die Methode der kleinsten Quadrate zur Berechnung der Zuwachsraten angewendet. Die durchschnittlichen sektoralen Anteile der Tabelle 3 wurden aus den gruppenweise zusammengefaßten Werten des sektoralen BIP in jeweiligen US-Dollar berechnet.

Tabelle 4: Landwirtschaft und Nahrungsmittel

Die Ausgangsdaten zur Wertschöpfung in der Landwirtschaft stammen aus Zeitreihen der Weltbank über nationale Volkswirtschaftliche Gesamtrechnungen zu jeweiligen Preisen in nationalen Währungen. Die Wertschöpfung in jeweiligen Preisen und nationaler Währung wird unter Anwendung des in den Technischen Erläuterungen für Tabelle 2 und 3 beschriebenen Umrechnungsverfahrens in US-Dollar umgerechnet.

Die übrigen Angaben dieser Tabelle stammen von der Organisation für Ernährung und Landwirtschaft (FAO). Die Getreideeinfuhr ist in Getreideeinheiten ausgedrückt und so definiert, daß sie alle Getreidesorten in den Gruppen 041 – 046 des Internationalen Warenverzeichnisses für den Außenhandel (SITC – Standard International Trade Classification, Revision 2) umfaßt. Die Nahrungsmittelhilfe in Form von Getreide umfaßt Weizen und Mehl, Bulgur, Reis, Grobgetreide und den Getreideanteil von Lebensmittelzubereitungen. Die Angaben sind wegen Unterschieden im Berichtswesen und bei der zeitlichen Abgrenzung nicht ohne weiteres vergleichbar. Die Getreideimporte basieren auf Angaben der Empfängerländer nach Kalenderjahren, während die Angaben zur Nahrungsmittelhilfe in Getreide auf Daten von Geberländern und internationalen Organisationen (einschl. des Weltweizenrates und des Welternährungsprogramms) über Erntejahre beruhen. Außerdem können die Angaben über Nahrungsmittelhilfe seitens der Geberländer von den tatsächlichen Eingängen bei den Empfängerländern in einem bestimmten Zeitraum wegen Verzögerungen beim Transport und der Erfassung abweichen oder weil die Hilfe gelegentlich der FAO oder anderen einschlägigen internationalen Organisationen nicht gemeldet wird. Importe von Nahrungsmittelhilfen können zudem nicht in den Zollstatistiken enthalten sein. Die frühest verfügbaren Angaben über Nahrungsmittelhilfe betrafen das Jahr 1974. Der Zeitraum für die Nahrungsmittelhilfe ist das Erntejahr Juli bis Juni.

Der Düngemittelverbrauch mißt die angewandten Pflanzennährstoffe im Verhältnis zu den vorhandenen Anbauflächen. Zu den Düngemitteln gehören Stickstoff-, Kali- und Phosphatdünger (einschließlich mineralischer Phosphate). Zu den anbaufähigen Flächen zählen Flächen mit wechselnden Kulturen (Böden mit Mehrfachernten werden nur einmal gezählt) sowie zeitweilig angelegte Wiesen zum Mähen oder Weiden, Gärten für den Markt oder Eigenbedarf und vorübergehend brachliegendes oder ungenutztes Land sowie Dauerkulturen. Der Zeitraum für Düngemittelverbrauch ist das Erntejahr Juli bis Juni.

Der Durchschnittsindex der Nahrungsmittelproduktion pro Kopf mißt die durchschnittliche jährliche Nahrungsmittelmenge pro Kopf, die in den Jahren

1988 bis 1990 erzeugt wurde, bezogen auf die durchschnittliche Jahresproduktion im Zeitraum 1979 bis 1981. Die Schätzwerte wurden durch Division der mengenmäßigen Nahrungsmittelerzeugung durch die gesamte Bevölkerung ermittelt. Der Begriff Nahrungsmittel umfaßt Nüsse, Hülsenfrüchte, Früchte, Getreide, Gemüse, Zuckerrohr und -rüben, stärkehaltige Wurzeln und Knollen, Pflanzen zur Erzeugung von Speiseöl, Viehbestand und Tierprodukte. Unberücksichtigt bleiben Viehfutter, Saatgut für die Verwendung in der Landwirtschaft sowie Verluste bei Verarbeitung und Vertrieb.

Die zusammenfassenden Kennzahlen für den Düngemittelverbrauch sind gewogen mit den gesamten anbaufähigen Flächen; diejenigen der Nahrungsmittelproduktion pro Kopf sind mit der Bevölkerung gewogen.

Tabelle 5: Kommerzielle Energie

Die Angaben zur Energie stammen hauptsächlich aus Quellen der Vereinten Nationen. Sie umfassen die handelsüblichen primären Energieformen Erdöl, Erdgas und verflüssigtes Erdgas, feste Brennstoffe (Stein- und Braunkohle u.a.) sowie Primärstrom (mit Wasser- und Kernkraft sowie geothermisch erzeugte Elektrizität), jeweils umgerechnet in Erdöleinheiten. Die Angaben zum Verbrauch flüssiger Brennstoffe schließen Mineralölerzeugnisse ein, die nicht als Energieträger verbraucht wurden. Bei der Umrechnung von Primärstrom in Erdöleinheiten wurde ein fiktiver thermischer Wirkungsgrad von 34 Prozent unterstellt. Die Verwendung von Brennholz, getrockneten Tierexkrementen und anderen herkömmlichen Brennstoffen wurde, obwohl sie in einigen Entwicklungsländern von erheblicher Bedeutung ist, nicht berücksichtigt, da hierüber keine verläßlichen und umfassenden Angaben vorliegen.

Die *Energieeinfuhr* bezieht sich auf den Dollar-Wert der Energieimporte – Abschnitt 3 des *Internationalen Warenverzeichnisses für den Außenhandel* (SITC-Standard International Trade Classification), Revision 1 – und ist ausgedrückt als Prozentsatz der Warenausfuhrerlöse. Da die verfügbaren Daten zur Energieeinfuhr keine Unterscheidung zwischen Rohöleinfuhren für den Brennstoffverbrauch und für den Einsatz in der Petrochemie erlauben, könnten diese Prozentzahlen die Abhängigkeit von der Energieeinfuhr überbewerten.

Die zusammenfassenden Kennzahlen von Energieproduktion und -verbrauch sind durch Aggregation der jeweiligen Mengen für jedes Jahr im betreffenden Zeitraum und durch Anwendung einer Trendschätzung nach der Methode der kleinsten Quadrate ermittelt worden. Für den Energieverbrauch pro Kopf wurden Bevölkerungsgewichte benutzt, um zusammenfassende Kennzahlen für die angegebenen Jahre zu errechnen.

Die zusammenfassenden Kennzahlen der Energieeinfuhren als Prozentsatz der Warenausfuhren wurden aus den gruppenweise zusammengefaßten Werten der Energieeinfuhren und Warenausfuhren in jeweiligen Dollar errechnet.

Tabelle 6:
Struktur des Verarbeitenden Gewerbes

Die Ausgangsdaten für die *Wertschöpfung im Verarbeitenden Gewerbe* stammen aus den Zeitreihen der Weltbank über Volkswirtschaftliche Gesamtrechnungen zu jeweiligen Preisen und in nationalen Währungen. Die Wertschöpfung in jeweiligen Preisen und nationalen Währungen wurde in US-Dollar umgerechnet, wobei das Umrechnungsverfahren nach einzelnen Jahren angewandt wurde, das in den Technischen Erläuterungen zu den Tabellen 2 und 3 beschrieben wird.

Die Daten über die prozentuale *Verteilung der Wertschöpfung* auf die Wirtschaftszweige stammen von der Organisation für Industrielle Entwicklung der Vereinten Nationen (UNIDO), und die Berechnungen der Verteilung gehen von heimischen Währungen zu jeweiligen Preisen aus.

Die Untergliederung des Verarbeitenden Gewerbes stimmt mit dem *Internationalen Verzeichnis der Wirtschaftszweige der Vereinten Nationen für alle wirtschaftlichen Aktivitäten* (ISIC – International Standard Industrial Classification of All Economic Activities), Revision 2, überein. *Nahrungsmittel, Getränke und Tabak* umfassen die ISIC-Abteilung 31; *Textilien und Bekleidung* die Abteilung 32; *Maschinen, Elektrotechnik und Fahrzeuge* die Hauptgruppen 382 bis 384 und *Chemische Erzeugnisse* die Hauptgruppen 351 und 352. *Übriges* umfaßt Holz und verwandte Erzeugnisse (Abteilung 33), Papier und verwandte Erzeugnisse (Abteilung 34), Erdöl und verwandte Erzeugnisse (Hauptgruppen 353 bis 356), Grundmetalle und mineralische Erzeugnisse (Abteilung 36 bis 37), verarbeitete Metallprodukte und Arbeitsgeräte (Hauptgruppen 381 und 385) sowie übrige Industriezweige (Hauptgruppe 390). Sofern Angaben für Textilien, Maschinen oder chemische Erzeugnisse als nicht verfügbar gekennzeichnet sind, sind sie in *Übriges* enthalten.

Die für die Wertschöpfung im Verarbeitenden Gewerbe angegebenen zusammenfassenden Kennzahlen sind Gesamtangaben, die mittels des zu Beginn der Technischen Erläuterungen erwähnten Aggregationsverfahrens berechnet wurden.

**Tabelle 7:
Einkommen und Produktion im Verarbeitenden Gewerbe**

In dieser Tabelle werden vier Kennzahlen gezeigt – zwei betreffen das Realeinkommen je Beschäftigten, eine den Anteil des Arbeitseinkommens an der gesamten Wertschöpfung und eine die Arbeitsproduktivität im Verarbeitenden Gewerbe. Die Kennzahlen basieren auf Daten der Organisation für Industrielle Entwicklung der Vereinten Nationen (UNIDO), wobei die Deflatoren – wie unten dargelegt – aus anderen Quellen stammen.

Die *Einkommen je Beschäftigten* sind in konstanten Preisen ausgedrückt und abgeleitet durch Deflationierung nominaler Einkommen je Beschäftigten mit dem Verbraucherpreisindex (VPI) des Landes. Der VPI ist den *International Financial Statistics* (IFS) des Internationalen Währungsfonds entnommen. Die *Gesamteinkommen in Prozent der Wertschöpfung* wurden durch Division der gesamten Nominaleinkommen der Beschäftigten durch die Wertschöpfung in jeweiligen Preisen gewonnen und zeigen den Anteil des Faktors Arbeit an dem im Verarbeitenden Gewerbe geschaffenen Einkommen. Die *Bruttoproduktion je Beschäftigten* wird in konstanten Preisen und als Index der gesamten Arbeitsproduktivität im Verarbeitenden Gewerbe mit dem Basisjahr 1980 angegeben. Um diese Kennzahlen abzuleiten, wurden die UNIDO-Daten über die Bruttoproduktion je Beschäftigten zu jeweiligen Preisen bereinigt, indem die impliziten Deflatoren der Wertschöpfung im Verarbeitenden Gewerbe oder in der Industrie, die aus den Datensammlungen der Weltbank stammen, angewandt wurden.

Um die Vergleichbarkeit zwischen den Ländern zu verbessern, hat die UNIDO, soweit möglich, den Kreis der erfaßten Unternehmen auf solche mit fünf oder mehr Beschäftigten standardisiert.

Die Begriffe und Definitionen stimmen überein mit den von den Vereinten Nationen veröffentlichten *Internationalen Empfehlungen für Industriestatistiken*. Einkommen (Löhne und Gehälter) sind alle vom Arbeitgeber an den Arbeitnehmer im Verlauf des Jahres geleisteten Vergütungen. Die Zahlungen schließen ein (a) alle regelmäßigen und Überstundenvergütungen sowie Zulagen und Kaufkraftausgleichszahlungen; (b) während Urlaub und Krankheit gezahlte Löhne und Gehälter; (c) Steuern, Sozialversicherungsbeiträge und dergleichen, die von den Beschäftigten zu entrichten sind und vom Arbeitgeber abgezogen werden, sowie (d) Zahlungen in Naturalien.

Die Bezeichnung „Beschäftigte" in dieser Tabelle faßt zwei von den VN definierte Kategorien zusammen: regelmäßig Beschäftigte und mitwirkende Personen. Diese Gruppen zusammen umfassen die regelmäßig Beschäftigten, die mitarbeitenden Besitzer, die aktiv tätigen Geschäftspartner und ohne Bezahlung tätige Familienmitglieder; Heimarbeiter sind davon ausgenommen. Die Angaben beziehen sich auf den Durchschnitt der Beschäftigtenzahl während eines Jahres.

Die „Wertschöpfung" ist definiert als der laufende Wert der Bruttoproduktion abzüglich der laufenden Kosten (a) von Materialien, Brennstoffen und sonstigen verbrauchten Gütern, (b) von Auftrags- und Kommissionsleistungen durch Dritte, (c) von Reparatur- und Instandhaltungsarbeiten durch Dritte und (d) von Gütern, die im gleichen Zustand verkauft wie bezogen wurden.

Der Wert der Bruttoproduktion wird entweder auf der Basis der Erzeugung oder der Lieferungen geschätzt. Auf der Basis der Erzeugung besteht er aus (a) dem Wert aller Erzeugnisse des Betriebes, (b) dem Wert der für andere erbrachten industriellen Dienstleistungen, (c) dem Wert der Güter, die im gleichen Zustand verkauft wie bezogen wurden, (d) dem Wert der abgegebenen Elektrizität und (e) der Nettoveränderung des Bestandes an halbfertigen Produkten im Verlauf der Referenzperiode. Bei Schätzungen auf Lieferungsbasis wird die Nettoveränderung der Lagerbestände an Fertigerzeugnissen im Verlauf der Referenzperiode ebenfalls einbezogen.

Tabellen 8 und 9: Zunahme von Verbrauch und Investitionen; Struktur der Nachfrage

Das BIP wird in den Erläuterungen zu Tabelle 2 und 3 definiert; in diesen beiden Tabellen ist es aber in Käuferpreisen angegeben.

Der *Allgemeine Staatsverbrauch* erfaßt alle laufenden Ausgaben auf allen öffentlichen Verwaltungsebenen für den Erwerb von Gütern und Dienstleistungen. Die Investitionsausgaben für nationale Verteidigung und Sicherheit werden als Verbrauchsausgaben behandelt.

Der *Private Verbrauch usw.* setzt sich zusammen aus dem Materialwert aller Güter und Dienstleistungen (einschließlich langlebiger Verbrauchsgüter wie Autos, Waschmaschinen und Heimcomputer), die von privaten Haushalten und gemeinnützigen Institutionen gekauft oder als Sacheinkommen bezogen werden. Er schließt Wohnungskäufe aus, aber die kalkulatorische Eigenmiete für Wohnraum ein, der vom Eigentümer genutzt wird (wegen Einzelheiten vgl. Tabelle 10). In der Praxis schließt er sämtliche statistischen Diskrepanzen bei der Ressourcennutzung ein. Zu konstanten Preisen umfaßt er auch die Abweichung infolge der komponentenweisen Umbasierung, die zu Beginn der Technischen Erläuterungen erklärt wird.

Die *Bruttoinlandsinvestitionen* umfassen alle Ausgaben für die Aufstockung des Anlagevermögens in der Volkswirtschaft, zuzüglich des Nettowertes von Lagerbestandsveränderungen.

Die *Bruttoinlandsersparnis* wird errechnet durch Subtraktion des gesamten Verbrauchs vom BIP.

Die *Ausfuhr von Waren und Dienstleistungen (ohne Faktoreinkommen)* erfaßt den Wert aller Waren- und Dienstleistungsexporte in die übrige Welt; hierzu gehören Waren, Fracht, Versicherung, Reisen und sonstige Dienstleistungen. Der Wert von Faktoreinkommen wie Investitionserträge, Zinsen und Arbeitseinkommen ist in dieser Summe nicht enthalten. Laufende Übertragungen sind ebenfalls ausgeschlossen.

Der *Ressourcensaldo* ist die Differenz zwischen der Ausfuhr und der Einfuhr von Waren und Dienstleistungen ohne Faktoreinkommen.

Zur Berechnung der Kennzahlen in Tabelle 8 wurden komponentenweise umbasierte Zeitreihen auf Basis 1987 zu konstanten Preisen in Inlandswährung verwendet. Die Verteilung des BIP in Tabelle 9 ist aus den nationalen Volkswirtschaftlichen Gesamtrechnungen zu laufenden Preisen in Inlandswährung errechnet.

Die zusammenfassenden Kennzahlen sind nach der Methode errechnet, die in den Anmerkungen zu Tabelle 2 und 3 erklärt wird.

Tabelle 10: Struktur des Verbrauchs

Die prozentualen Anteile ausgewählter Positionen der gesamten Verbrauchsausgaben der privaten Haushalte werden aus Detailangaben zum BIP errechnet (Ausgaben zu nationalen Marktpreisen), definiert in der *Systematik für Volkswirtschaftliche Gesamtrechnungen* der VN (SVG), die überwiegend für die Phasen IV (1980) und V (1985) des Internationalen Vergleichsprojekts (IVP) zusammengestellt wurden. Für nicht vom IVP erfaßte Länder sind – soweit verfügbar – weniger detaillierte Schätzungen der Volkswirtschaftlichen Gesamtrechnungen enthalten, um ein allgemeines Bild der Gesamtstruktur des Verbrauchs zu zeigen. Die Daten betreffen vierundachtzig Länder (einschl. Schätzungen des Weltbankstabs für China) und beziehen sich auf die jüngsten Schätzungen, im allgemeinen für 1980 und 1985. Sofern sie sich auf frühere Jahre beziehen, werden sie kursiv gezeigt. Der *Verbrauch* ist hier der private (nichtöffentliche) Verbrauch, wie er in der SVG und den Erläuterungen zu den Tabellen 2, 3, 4 und 9 definiert ist, mit der Ausnahme, daß die Ausgaben für Erziehung und medizinische Versorgung sowohl öffentliche als auch private Ausgaben umfassen. Das IVP-Konzept des „erweiterten Verbrauchs" spiegelt wider, wer die Verbrauchsgüter verbraucht und nicht wer sie bezahlt, und erhöht die internationale Vergleichbarkeit, weil es von unterschiedlichen nationalen Praktiken bei der Finanzierung von Gesundheits- und Erziehungsdiensten weniger tangiert wird.

Eine wichtige Untergruppe bei der *Ernährung* bilden *Getreide und Knollengewächse*. Dazu gehören die wichtigsten Stapelwaren Reis, Mehl, Brot, alle übrigen Getreidesorten und Getreideprodukte, Kartoffeln, Yam und andere Knollengewächse. Bei den OECD-Ländern mit hohem Einkommen enthält diese Untergruppe jedoch keine Knollengewächse. Die Position *Bruttomieten, Brennstoffe und Strom* umfaßt tatsächliche und kalkulatorische Mieten sowie Aufwendungen für Reparatur und Instandhaltung; gleiches gilt für die Unterposition *Brennstoffe und Strom* (für Heizung, Beleuchtung, Kochen, Klimaanlagen usw.). Es sei angemerkt, daß in dieser Position die Energie für Verkehrszwecke nicht enthalten ist (die in den Ländern mit niedrigem und mittlerem Einkommen selten mehr als 1 Prozent der Gesamtposition ausmacht). Wie bereits erwähnt, schließen *Medizinische Versorgung* und *Erziehung* sowohl staatliche als auch private Ausgaben ein. Zu *Verkehr und Kommunikation* gehört auch der Erwerb von *PKWs*, der als Unterposition gezeigt wird. Die restliche Gruppe *Übriger Verbrauch* enthält Getränke und Tabakwaren, kurzlebige Haushaltswaren und Haushaltsdienstleistungen, Freizeitdienstleistungen sowie Dienstleistungen von Hotels und Gaststätten (einschl. Mahlzeiten); Mitnahme-Verpflegung ist hierin eingeschlossen. Sie umfaßt auch die getrennt gezeigte Unterposition *Übrige längerlebige Verbrauchsgüter*, bestehend aus Haushaltsgeräten,

Möbeln, Bodenbelägen, Freizeitgeräten, Uhren und Schmuck.

Die Schätzung der Verbrauchsstruktur ist eine der schwächsten Stellen der Volkswirtschaftlichen Gesamtrechnung in Ländern mit niedrigem und mittlerem Einkommen. Die Struktur wird durch Befragungen über die Haushaltsausgaben und ähnliche Erhebungsmethoden geschätzt. Sie spiegelt daher alle Verzerrungen wider, die durch die Anlage der Stichprobe entstehen. Da die Ausgaben konzeptionell nicht mit dem Verbrauch identisch sind, entstehen andere offensichtliche Diskrepanzen, so daß für einige Länder die Daten mit Vorsicht zu behandeln sind. Beispielsweise beschränken einige Länder die Erhebung auf städtische Gebiete oder noch enger auf die Hauptstädte. Dies führt tendenziell zu außerordentlich niedrigen Anteilen der Ernährung und zu hohen Anteilen von Verkehr und Kommunikation, Bruttomieten, Brennstoffen und Strom und Übrigem Verbrauch. Kontrollierte Nahrungsmittelpreise und die vollständige Erfassung der Subsistenzwirtschaft durch die Volkswirtschaftlichen Gesamtrechnungen tragen ebenfalls zu dem niedrigen Ernährungsanteil bei.

Tabelle 11:
Ausgaben der Zentralregierung

Die Angaben zur Finanzierung der Zentralregierung in den Tabellen 11 und 12 stammen aus dem *Government Finance Statistics Yearbook* (1990) des IWF sowie aus dessen Datensammlung. Die Haushaltspositionen werden für jedes Land unter Verwendung des Systems von einheitlichen Definitionen und Klassifikationen ausgewiesen, die das *Manual on Government Finance Statistics* (1986) des IWF enthält.

Wegen vollständiger und maßgeblicher Erklärungen der Konzepte, Definitionen und Datenquellen vergleiche diese IWF-Quellen. Mit den folgenden Kommentaren wird hauptsächlich beabsichtigt, diese Angaben in den Gesamtzusammenhang der in dieser Ausgabe gebotenen Kennzahlen zu stellen.

Die Anteile der verschiedenen Positionen an den *Gesamtausgaben* und *laufenden Einnahmen* wurden auf der Grundlage nationaler Währungen berechnet. Bedingt durch die unterschiedliche Abgrenzung der verfügbaren Daten sind die einzelnen Bestandteile der Ausgaben und laufenden Einnahmen der Zentralregierungen, die in diesen Tabellen ausgewiesen werden, nicht ohne weiteres vergleichbar.

Darüber hinaus kann durch die unzulängliche statistische Erfassung der Behörden auf Landes-, Provinz- und Gemeindeebene, wie sie durch die Verwendung von Angaben der Zentralregierung zwangsläufig eintritt, das statistische Bild über die Verteilung der finanziellen Mittel auf die verschiedenen Ausgabenbereiche stark verzerrt werden, vor allem in Ländern, in denen die nachgeordneten Regierungsebenen erhebliche Autonomie besitzen und für eine Vielzahl wirtschaftlicher und sozialer Leistungen zuständig sind. Außerdem können die Ausgaben der „Zentralregierung" entweder in konsolidierter Rechnung oder nach Haushaltsrechnung erfaßt sein. In den meisten Ländern sind die Finanzdaten der Zentralregierung in einem Gesamtkonto konsolidiert worden, in anderen Ländern ist nur die Haushaltsrechnung der Zentralregierung verfügbar. Da die Haushaltsrechnung nicht immer sämtliche Regierungsstellen enthält, ergibt sie üblicherweise ein unvollständiges Bild der gesamten Aktivitäten der Zentralregierung. Länder die Haushaltsdaten melden, werden in Fußnoten erwähnt.

Infolgedessen sind die angegebenen Daten, vor allem die für Erziehung und Gesundheit zwischen den einzelnen Ländern nicht vergleichbar. Viele Länder verfügen im Gesundheits- und Erziehungswesen über ein beträchtliches Angebot an privaten Leistungen. In anderen Ländern hingegen sind die öffentlichen Leistungen zwar die wichtigste Ausgabenkomponente; sie werden jedoch u. U. von nachgeordneten Verwaltungsebenen finanziert. Aus diesen Gründen sollten die Angaben nur mit großer Vorsicht für Länderquervergleiche verwendet werden. Die Ausgaben der Zentralregierung umfassen die Ausgaben aller Ministerien, Ämter, staatlichen Einrichtungen und sonstigen Stellen, die ausführende Organe oder Instrumente der zentralen Verwaltungsbehörden eines Landes sind. Sie schließen sowohl laufende als auch Investitions-(Entwicklungs-)Ausgaben ein.

Verteidigungsausgaben sind, unabhängig davon, ob sie durch die Verteidigungsministerien oder andere Ämter erfolgen, alle Ausgaben für die Streitkräfte, einschließlich der Ausgaben für militärische Versorgung und Ausrüstung, Bauten, Rekrutierung und Ausbildung. Hierzu zählen außerdem verwandte Positionen wie militärische Hilfsprogramme. Zu den Verteidigungsausgaben zählen nicht Ausgaben für die öffentliche Ordnung und Sicherheit, die gesondert klassifiziert werden.

Die Ausgaben für *Erziehung* umfassen Ausgaben für die Bereitstellung, Leitung, Überwachung und Unterhaltung von Vor-, Grund- und weiterführenden Schulen, Universitäten und Hochschulen sowie von berufsbezogenen, technischen und sonstigen Ausbildungseinrichtungen. Erfaßt werden außerdem Ausgaben für die allgemeine Administration und Lenkung des Erziehungswesens; für Forschung über dessen Ziele, Organisation, Verwaltung und Konzeption; sowie Ausgaben für ergänzende Leistungen wie Transport, Schulspeisung und allgemein- und zahnmedizinische Behandlung an den Schulen. Es sei angemerkt, daß in Tabelle 10 alternative Angaben über die privaten und öffentlichen Ausgaben für Erziehung im Verhältnis zum Verbrauch der privaten Haushalte gezeigt werden.

Die Ausgaben für *Gesundheit* erfassen die öffentlichen Ausgaben für Krankenhäuser, allgemein- und zahnmedizinische Behandlungszentren, für Kliniken, soweit die Versorgung mit medizinischen Leistungen wesentlicher Bestandteil ihrer Tätigkeit ist, sowie Ausgaben für nationale gesundheitspolitische Maßnahmen und öffentliche Krankenversicherungen und schließlich auch für Familienplanungen und medizinische Vorsorgeleistungen. Es sei angemerkt, daß in Tabelle 10 ebenfalls eine Angabe über die privaten und öffentlichen Ausgaben für medizinische Versorgung im Verhältnis zum Verbrauch der privaten Haushalte enthalten ist.

Wohnungswesen und Gemeindeeinrichtungen, Sozialversicherungen und Wohlfahrt umfassen Ausgaben für den Wohnungsbau (ohne Zinssubventionen, die üblicherweise unter „Übriges" erfaßt werden), wie etwa einkommensabhängige Fördermaßnahmen; Ausgaben für Wohnraumbeschaffung, Mietzuschüsse und Sanierung von Elendsvierteln; für Gemeindeentwicklung und für sanitäre Einrichtungen. Dazu gehören auch Ausgleichszahlungen für Einkommenseinbußen an Kranke und vorübergehend Arbeitsunfähige; Zahlungen an alte, dauernd Arbeitsunfähige und Arbeitslose; Familien-, Mutterschafts- und Kindergeld sowie die Kosten von Wohlfahrtsleistungen, wie die Pflege von Alten, Invaliden und Kindern. Viele Ausgaben im Zusammenhang mit dem Umweltschutz, wie Eindämmung der Luftverschmutzung, Wasserversorgung, Abwasser- und Abfallbeseitigung, sind in dieser Kategorie untrennbar enthalten.

Die *Wirtschaftsförderung* umfaßt die Ausgaben, die mit der Lenkung, Unterstützung und Leistungsverbesserung der Wirtschaft in Verbindung stehen, außerdem Ausgaben für die wirtschaftliche Entwicklung, den Ausgleich regionaler Ungleichgewichte sowie für Arbeitsplatzbeschaffungsmaßnahmen. Zu den berücksichtigten Aktivitäten gehören Forschung, Handelsförderung, geologische Erhebungen sowie die Überwachung und Steuerung bestimmter Wirtschaftszweige.

Die Position *Sonstiges* umfaßt Zinszahlungen und anderweitig nicht berücksichtigte Ausgaben; im Falle einiger Volkswirtschaften gehören hierzu auch Beträge, die anderen Positionen nicht zugerechnet werden konnten (oder Anpassungen von der Perioden- an die Kassenrechnung).

Die *Gesamtausgaben* sind enger abgegrenzt als der allgemeine Staatsverbrauch in Tabelle 9, weil sie die Verbrauchsausgaben der Länder und Gemeinden nicht enthalten. Gleichzeitig sind die Ausgaben der Zentralregierung weiter abgegrenzt, weil sie deren Bruttoinlandsinvestitionen und Transferzahlungen einschließen.

Die Position *Gesamtüberschuß/-defizit* ist definiert als laufende Einnahmen, Vermögenserträge und empfangene unentgeltliche Leistungen abzüglich Gesamtausgaben und Nettokreditgewährung.

Tabelle 12:
Laufende Einnahmen der Zentralregierung

Herkunft und Vergleichbarkeit der verwendeten Daten werden in den Anmerkungen zu Tabelle 11 beschrieben. Die laufenden Einnahmen aus den einzelnen Quellen sind als Prozentsatz der *gesamten laufenden Einnahmen* ausgedrückt, die sich aus dem Steueraufkommen und den nichtsteuerlichen Einnahmen zusammensetzen; die Berechnung erfolgt auf der Grundlage nationaler Währungen.

Die *Steuereinnahmen* umfassen die Einnahmen aus obligatorischen, unentgeltlichen und nicht rückzahlbaren Zahlungen für öffentliche Aufgaben. Sie schließen Zinseinnahmen auf rückständige Steuern sowie eingenommene Strafgebühren auf nicht oder zu spät entrichtete Steuern ein und werden abzüglich Rückerstattungen und bereinigt um andere korrigierende Transaktionen ausgewiesen. *Steuern auf Einkommen, Gewinne und Kapitalgewinne* sind Steuern, die auf das tatsächliche oder mutmaßliche Nettoeinkommen von Einzelpersonen, auf Unternehmensgewinne sowie auf Kapitalgewinne erhoben werden, im letzten Fall unabhängig davon, ob sie aus Verkäufen von Grundstücken, Wertpapieren oder anderen Vermögenswerten realisiert wurden. Zahlungen zwischen Regierungsstellen sind durch Konsolidierung ausgeschaltet. *Beiträge zur Sozialversicherung* umfassen die Sozialversicherungsbeiträge von Arbeitgebern und Arbeitnehmern wie auch der Selbständigen und Arbeitslosen. *Inländische Steuern auf Güter und Dienstleistungen* umfassen allgemeine Verkaufs-, Umsatz- oder Mehrwertsteuern, spezielle Verbrauchsteuern auf Güter, spezielle Verbrauchsteuern auf Dienstleistungen, Steuern auf die Nutzung von Gütern oder Eigentum sowie die Gewinne staatlicher Monopole. Zu den *Steuern auf Außenhandel und internationale Transaktionen* gehören Einfuhr- und Ausfuhrzölle, die Gewinne von Ausfuhr- oder Einfuhrmonopolen, Wechselkursgewinne und Devisensteuern. Die *sonstigen Steuern* umfassen die Lohnsummen- oder Beschäftigtensteuern der Arbeitgeber, Vermögenssteuern sowie andere Steuern, die sich den übrigen Positionen nicht zurechnen lassen. Diese Position kann negative Werte enthalten, die Berichtigungen darstellen, beispielsweise für im Auftrag von Länder- und Regionalregierungen eingezogene Steuern, die sich den einzelnen Steuerarten nicht zurechnen lassen.

Zu den *nichtsteuerlichen Einnahmen* gehören die Einnahmen, die keine obligatorischen nicht rückzahlbaren Zahlungen für öffentliche Zwecke sind, wie Bußgelder, Verwaltungsgebühren oder Unternehmereinkommen aus Staatseigentum. Nicht eingeschlossen sind Zahlungseingänge aus Übertragungen und Kreditaufnahmen, finanzielle Mittel, die aus der Rückzahlung früher gewährter Regierungskredite zurückfließen, das Eingehen von Verbindlichkeiten sowie Einnahmen aus dem Verkauf von Investitionsgütern.

Tabelle 13:
Geldbestände und Zinssätze

Die Daten über die Geldbestände basieren auf Angaben der *International Financial Statistics* (IFS) des IWF. Die *Geldbestände in weiter Abgrenzung* umfassen die monetären und quasimonetären Verbindlichkeiten des Finanzsektors eines Landes gegenüber Inländern, mit Ausnahme der Zentralregierung. Bei den meisten Ländern entsprechen die Geldbestände der Summe aus Geld (IFS Zeile 34) und Quasigeld (IFS Zeile 35). Zum Geld gehören die Zahlungsmittel einer Volkswirtschaft: der Bargeldumlauf außerhalb der Banken und die Sichteinlagen. Das Quasigeld umfaßt Termin- und Spareinlagen sowie ähnliche Bankguthaben, die der Inhaber ohne weiteres in Geld umwandeln kann. Wenn Quasigeld in größerem Umfang bei nichtmonetären Finanzinstituten gehalten wird, sind diese Beträge ebenfalls in den Geldbeständen enthalten.

Die Zuwachsraten der Geldbestände sind aus Jahresendständen abgeleitet, während die Verhältniszahlen der Geldbestände zum BIP auf dem Mittelwert zwischen den Jahresendständen des angegebenen Jahres und des vorhergehenden Jahres basieren.

Die *nominalen Zinssätze der Banken,* die ebenfalls dem IFS entnommen sind, repräsentieren die Zinssätze, die von Geschäfts- oder ähnlichen Banken an die Inhaber ihrer quasimonetären Verbindlichkeiten gezahlt werden (Einlagenzins) bzw. von Banken erstklassigen Kunden berechnet werden (Kreditzins). Sie sind jedoch nur bedingt international vergleichbar, teilweise weil Geltungsbereich und Definitionen variieren, aber auch weil der Spielraum der Banken bei der Anpassung der Zinssätze an die Marktbedingungen von Land zu Land unterschiedlich ist.

Da die Zinssätze (und die Zuwachsraten der Geldbestände) in nominalen Größen ausgedrückt sind, ist ein Großteil der Abweichung zwischen den Ländern durch Inflationsdifferenzen bedingt. Zum bequemeren Gebrauch werden die aktuellen Inflationsraten aus Tab. 1 in dieser Tabelle wiederholt.

Tabelle 14: Wachstum des Warenhandels

Die Hauptdatenquelle für die laufenden Außenhandelswerte ist die Handelsdatensammlung Commodity Trade (Comtrade) der VN, ergänzt um Schätzungen der Weltbank. Die Statistiken über den Warenhandel basieren auf Zollerhebungen der Länder.

Die *Warenausfuhr und -einfuhr* umfaßt mit wenigen Ausnahmen alle Warenbewegungen, die die Zollgrenzen überschreiten; der Handel in Dienstleistungen ist nicht enthalten. Die Exporte werden, soweit die vorgenannten Quellen nichts anderes besagen, auf fob (free on board)-Basis und die Importe auf cif (cost, insurance and freight)-Basis bewertet und in jeweiligen Dollar ausgedrückt.

Die Zuwachsraten der Warenausfuhr und -einfuhr werden zu konstanten Preisen angegeben, die aus Export- und Importwerten durch Deflationierung mit den entsprechenden Preisindizes errechnet werden. Zur Berechnung dieser Mengenindizes benutzt die Weltbank ihre eigenen Preisindizes, die auf internationalen Preisen für Rohstoffe und Durchschnittswertindizes für Industrieerzeugnisse basieren. Diese Preisindizes sind länderspezifisch und nach großen Warengruppen aufgeschlüsselt. Dies gewährleistet die Konsistenz der Angaben für eine Ländergruppe und für einzelne Länder. Die Datenkonsistenz wird sich erhöhen, da die Weltbank ihre Außenhandels-Preisindizes für eine wachsende Zahl von Ländern laufend verbessert. Diese Zuwachsraten können von den durch einzelne Länder ermittelten Raten abweichen, weil nationalen Preisindizes andere Basisjahre und Gewichtungsverfahren zugrundeliegen können, als die Weltbank anwendet.

Die *Terms of Trade* oder Nettoaustauschverhältnisse im Außenhandel messen die relative Veränderung der Ausfuhrpreise gegenüber derjenigen der Einfuhrpreise. Diese Kennzahl wird als Verhältnis des Durchschnittspreisindex der Ausfuhr eines Landes zu einem Durchschnittspreisindex seiner Einfuhr berechnet und bringt damit Veränderungen des Exportpreisniveaus als Prozentsatz der Importpreise gegenüber einem Basisjahr zum Ausdruck. Die Terms of Trade-Indexwerte werden auf der Basis 1987 = 100 für die Jahre 1985 und 1990 ausgewiesen. Die Preisindizes stammen aus den obengenannten Quellen für die Zuwachsraten der Ausfuhr oder Einfuhr.

Die zusammenfassenden Kennzahlen der Zuwachsraten sind ermittelt durch Aggregation der Einzelwerte auf Grundlage konstanter Dollarpreise von 1987 für jedes Jahr und durch die Anwendung einer Trendschätzung nach der Methode der kleinsten Quadrate für die angegebenen Zeiträume.

**Tabellen 15 und 16:
Struktur des Warenhandels**

Die Anteile in diesen Tabellen wurden aus den in laufenden Dollar ausgedrückten Handelswerten abgeleitet, die im VN-Handelsdatensystem gespeichert und im *Jahrbuch für Außenhandelsstatistik* der VN enthalten sind, ergänzt durch Schätzungen der Weltbank, wie dies in den Technischen Erläuterungen zu Tabelle 14 dargelegt wurde.

Der Begriff der *Warenausfuhr und -einfuhr* wird dort ebenfalls definiert.

Die Untergliederung der Ausfuhren und Einfuhren entspricht dem *Internationalen Warenverzeichnis für den Außenhandel* (SITC), Serie M, Nr. 34, Revision 1. Für einige Länder sind Angaben für bestimmte Warengruppen nicht verfügbar, und eine vollständige Aufgliederung ist nicht möglich.

In Tabelle 15 umfaßt die Gruppe *Nahrungsmittel* die SITC-Abschnitte 0, 1 und 4 sowie Teil 22 (Nahrungsmittel und lebende Tiere, Getränke, Öle und Fette, Ölsaaten und Nüsse) ohne Teil 12 (Tabak), der in *Sonstigen Rohstoffen* enthalten ist; daher sind die Daten mit denen des Vorjahres nicht voll vergleichbar, insbesondere wenn Tabak ein wichtiger Einfuhrposten ist. Die Gruppe *Brennstoffe* bezieht sich auf die Güter in Abschnitt 3 des SITC (mineralische Brennstoffe, Schmiermittel und verwandte Produkte). *Sonstige Rohstoffe* umfassen SITC-Abschnitt 2 (Rohmaterialien ohne Brennstoffe), abzüglich Teil 22 (Ölsaaten und Nüsse), zuzüglich Teil 12 (Tabak) und Teil 68 des SITC (NE-Metalle). *Maschinen, Elektrotechnik und Fahrzeuge* entsprechen den in Abschnitt 7 des SITC aufgeführten Gütern. *Übrige Industrieprodukte*, als Restposten aus dem Gesamtwert der Importe von Industrieprodukten ermittelt, umfassen die SITC-Abschnitte 5 bis 9 ohne Abschnitt 7 und Teil 68.

In Tabelle 16 bezieht sich die Gruppe *Brennstoffe, Mineralien und Metalle* auf die Güter in Abschnitt 3 des SITC (mineralische Brennstoffe, Schmiermittel und ähnliche Produkte), Teil 27 und 28 (Mineralien, Rohdünger und eisenhaltige Erze), sowie auf Teil 68 (NE-Metalle). Die Gruppe *Sonstige Rohstoffe* umfaßt die Abschnitte 0, 1, 2 und 4 des SITC (Nahrungsmittel und lebende Tiere, Getränke und Tabak, unverzehrbare Rohmaterialien, Öle, Fette und Wachse), abzüglich der SITC-Teile 27 und 28. *Maschinen, Elektrotechnik und Fahrzeuge* sind die in Abschnitt 7 des SITC aufgeführten Güter. *Übrige Industrieprodukte* umfassen die Abschnitte 5 bis 9, ohne Abschnitt 7 sowie Teil 68 des SITC. *Textilien und Bekleidung*, die die Teile 65 und 84 des SITC umfassen (Textilien, Garne, Gewebe und Bekleidung), werden als Untergruppe der *Übrigen Industrieprodukte* gezeigt.

Die zusammenfassenden Kennzahlen in Tabelle 15 sind mit der gesamten Wareneinfuhr und die in Tabelle 16 mit der gesamten Warenausfuhr der einzelnen Länder, jeweils in laufenden Dollar, gewogen. (Vgl. die Technischen Erläuterungen zu Tabelle 14.)

**Tabelle 17:
OECD-Importe von Industrieprodukten:
Herkunft und Zusammensetzung**

Die Angaben stammen von den VN, denen die OECD-Länder mit hohem Einkommen berichten, wozu die OECD-Mitglieder ohne Griechenland, Portugal und die Türkei gehören.

Die Tabelle enthält die Werte der *Einfuhren von Industrieprodukten* der OECD-Länder mit hohem Einkommen nach Ursprungsländern und die Zusammensetzung dieser Einfuhren nach wichtigen Gruppen von Industrieprodukten.

Die Tabelle ersetzt eine in früheren Ausgaben enthaltene Tabelle über die regionale Exportstruktur für Industrieprodukte, die auf den Exportangaben einzelner Länder basierte. Da viele Entwicklungsländer mit jahrelanger Verzögerung berichten, sind diese Lücken durch Schätzungen anhand verschiedenster Quellen gefüllt worden. Bis diese Schätzungen verbessert werden können, wird statt dessen diese Tabelle eingefügt, die auf zeitnahen und konsistenten, aber weniger umfassenden Angaben beruht. Die Importe von Industrieprodukten der wichtigsten Märkte aus den einzelnen Ländern bilden die beste Annäherung an Umfang und Zusammensetzung der Exporte von Industrieprodukten dieser Länder nach sämtlichen Empfängerländern.

Industrieprodukte umfassen die Güter in den Abschnitten 5 bis 9 des *Internationalen Warenverzeichnisses für den Außenhandel* (SITC), Revision 1 (Chemikalien und verwandte Erzeugnisse, industrielle Grundstoffe und bearbeitete Waren, Maschinenbauerzeugnisse, elektrotechnische Erzeugnisse und Fahrzeuge sowie sonstige bearbeitete Waren und anderweitig nicht erfaßte Waren), ausgenommen Teil 68 (NE-Metalle). Diese Definition ist etwas weiter als die zur Abgrenzung der Exporteure von Industrieprodukten verwendete.

Die ausgewiesenen Hauptgruppen von Industrieprodukten sind wie folgt definiert: *Textilien und Bekleidung* (SITC, Abschnitte 65 und 84), *Chemikalien* (SITC, Abschnitt 5), *Elektrotechnische und Elektronische Erzeugnisse* (SITC, Abschnitt 72), *Fahrzeuge* (SITC, Abschnitt 73) und *Übriges,* definiert als Restgröße. Angaben des SITC, Revision 1 werden für das Jahr 1970, entsprechende Daten der Revision 2 für 1990 verwendet.

Tabelle 18:
Zahlungsbilanzen und Reserven

Die Statistiken für diese Tabelle entsprechen normalerweise denen des IWF, enthalten jedoch neuere Schätzungen der Weltbank und, in seltenen Fällen, einige Anpassungen der Weltbank hinsichtlich Geltungsbereich und Klassifikation, um die internationale Vergleichbarkeit zu verbessern. Die Wertangaben in dieser Tabelle lauten auf jeweilige US-Dollar, umgerechnet zu jeweiligen Wechselkursen.

Der *Leistungsbilanzsaldo einschl. öffentlicher Übertragungen* ist die Differenz zwischen den (a) Exporten von Gütern und Dienstleistungen (Faktor- und Nichtfaktorleistungen) sowie den erhaltenen unentgeltlichen Übertragungen (öffentlichen und privaten) und den (b) Importen von Gütern und Dienstleistungen sowie den geleisteten unentgeltlichen Übertragungen.

Die *Leistungsbilanz ohne öffentliche Übertragungen* entspricht dem Leistungsbilanzsaldo, bei dem die öffentlichen unentgeltlichen Netto-Übertragungen wie öffentliche Kapitalbewegungen behandelt werden. Der Unterschied zwischen beiden Zahlungsbilanzgrößen besteht im wesentlichen aus ausländischer Entwicklungshilfe in Form von Zuschüssen, technischer Hilfe und Nahrungsmittelhilfe, die bei den meisten Entwicklungsländern das Leistungsbilanzdefizit tendenziell gegenüber dem Finanzierungsbedarf verringert.

Die *Netto-Gastarbeiterüberweisungen* beinhalten eingehende und ausgehende Einkommenstransfers von Wanderarbeitern, die tatsächlich oder voraussichtlich länger als ein Jahr in ihrer neuen wirtschaftlichen Umgebung beschäftigt sind, in der sie als Gebietsansässige gelten. Diese Überweisungen werden als private unentgeltliche Übertragungen klassifiziert und sind in der Leistungsbilanz enthalten, während diejenigen von kürzerfristigen Aufenthalten als Arbeitseinkommen in den Dienstleistungen enthalten sind. Diese Unterscheidung stimmt mit international vereinbarten Richtlinien überein; viele Entwicklungsländer klassifizieren Gastarbeiterüberweisungen aber als Faktoreinkommen (und daher als BSP-Komponente). Die Weltbank hält sich an die internationalen Richtlinien der BSP-Definition und kann daher von nationalen Praktiken abweichen.

Die *Bruttowährungsreserven* setzen sich zusammen aus Goldbeständen, Sonderziehungsrechten (SZR), Reservepositionen von IWF-Mitgliedsländern und Beständen an Devisenreserven, über die Währungsbehörden verfügen. Die Angaben zu den Beständen an Währungsreserven stammen aus der Datensammlung des IWF. Die Goldkomponente dieser Reserven ist durchweg zum Londoner Goldpreis am Jahresende (31. Dezember) bewertet. Dieser entspricht 37,37 Dollar je Unze für 1970 und 385 Dollar je Unze für 1990. Die für die Jahre 1970 und 1990 angegebenen Reservebestände beziehen sich jeweils auf das Jahresende und sind in laufenden Dollar zu jeweiligen Wechselkursen ausgedrückt. Aufgrund von Abweichungen bei der Bewertung der Währungsreserven und der Goldkomponente sowie unterschiedlicher Praktiken bei der Reservenverwaltung sind die in nationalen Quellen veröffentlichten Reservebestände nur bedingt vergleichbar. Für die Reservebestände von Ende 1990 wird auch angegeben, wie viele Monatsimporte von Gütern und Dienstleistungen mit ihnen bezahlt werden könnten.

Die zusammenfassenden Kennzahlen sind aus gruppenweise zusammengefaßten Werten der Bruttowährungsreserven und der gesamten Einfuhr von Waren und Dienstleistungen in jeweiligen Dollar errechnet.

Tabelle 19:
Öffentliche Entwicklungshilfe der Mitglieder von OECD und OPEC

Die *öffentliche Entwicklungshilfe* (ÖEH) setzt sich zusammen aus Nettoauszahlungen in Form von Zuschüssen und Krediten zu konzessionären finanziellen Bedingungen, die seitens öffentlicher Stellen der Mitglieder des Entwicklungshilfeausschusses (DAC), der Organisation für wirtschaftliche Zusammenarbeit und Entwicklung (OECD) sowie der Mitgliedsländer der Organisation ölexportierender Staaten (OPEC) gewährt werden, um die wirtschaftliche Entwicklung und den Wohlstand zu fördern. Wenngleich diese Definition dazu dient, rein militärische Hilfe auszuschalten, ist die Abgrenzung manchmal unscharf; in der Regel ist die vom Geberland gewählte Abgrenzung maßgebend. ÖEH schließt auch den Wert der technischen Zusammenarbeit und technischen Hilfe ein. Alle wiedergegebenen Daten stammen von der OECD, und sämtliche US-Dollar-Werte sind mit amtlichen Wechselkursen umgerechnet worden.

Die *gesamten Nettoabflüsse* sind Nettoauszahlungen an Entwicklungsländer und multilaterale Institutionen. Die Auszahlungen an multilaterale Institutionen werden inzwischen einheitlich für alle DAC-Mitglieder zum Stichtag der Begebung von Schuldscheinen erfaßt; bislang berichteten einige DAC-Mitglieder zum Stichtag des Zahlungstransfers. Die *gesamten bilateralen Nettoabflüsse in Länder mit niedrigem Einkommen* vernachlässigen unaufgeschlüsselte bilaterale Transfers und alle Auszahlungen an multilaterale Institutionen.

Die Nominalwerte der öffentlichen Entwicklungshilfe, die in der Zusammenfassung für die OECD-Länder mit hohem Einkommen ausgewiesen werden, wurden mit Hilfe des Dollar-BIP-Deflators auf der Preisbasis von 1987 umgerechnet. Dieser Deflator basiert auf dem Preisanstieg in den OECD-Ländern (ohne Griechenland, Portugal und Türkei), jeweils gemessen in Dollar. Er berücksichtigt Paritätsänderungen zwischen dem Dollar und anderen nationalen Währungen. Wertet zum Beispiel der Dollar ab, so sind die in nationalen Währungen gemessenen Preissteigerungsraten um den Betrag der Dollarabwertung nach oben zu korrigieren, um die in Dollar ausgedrückte Preisveränderung zu erhalten.

Außer den Summenangaben für die OPEC enthält die Tabelle zusammenfassende Angaben für die Organisation arabischer ölexportierender Länder (OAPEC). Zu den Geberländern der OAPEC gehören Algerien, Irak, Katar, Kuwait, Libyen, Saudi-Arabien und die Vereinigten Arabischen Emirate. Die Angaben zur Entwicklungshilfe der OPEC und OAPEC stammen ebenfalls von der OECD.

Tabelle 20
Einnahmen aus öffentlicher Entwicklungshilfe

Die *Netto-Auszahlungen von ÖEH aus sämtlichen Quellen* bestehen aus Krediten und Zuschüssen, die zu konzessionären Bedingungen von allen bilateralen öffentlichen Stellen und aus multilateralen Quellen gewährt werden, um Wirtschaftsentwicklung und Wohlfahrt zu fördern. Sie umfassen auch den Wert der technischen Zusammenarbeit und Unterstützung. Die in dieser Tabelle enthaltenen Auszahlungen sind nicht genau vergleichbar mit denen in Tabelle 19, da die Einnahmen aus sämtlichen Quellen stammen; die Auszahlungen in Tabelle 19 beziehen sich nur auf diejenigen der OECD-Länder mit hohem Einkommen und der OPEC-Mitgliedsländer. Netto-Auszahlungen entsprechen den um Rückzahlungen von früher gewährter Entwicklungshilfe an Geberländer verminderten Brutto-Auszahlungen. Die Netto-Auszahlungen der ÖEH werden pro Kopf und in Prozent des BSP gezeigt.

Die zusammenfassenden Kennzahlen der ÖEH pro Kopf werden aus gruppenweise zusammengefaßten Angaben für die Bevölkerung und die ÖEH errechnet. Die zusammenfassenden Kennzahlen für die ÖEH als Prozentsatz des BSP werden aus den Gruppensummen für die ÖEH und für das BSP in jeweiligen US-Dollar berechnet.

Tabelle 21:
Gesamte Auslandsschulden

Die Angaben zur Verschuldung in dieser und den nachfolgenden Tabellen stammen aus dem Schuldenberichtssystems der Weltbank, ergänzt durch Schätzungen der Weltbank. Dieses Berichtssystem befaßt sich ausschließlich mit Entwicklungsländern und sammelt für andere Ländergruppen keine Angaben über die Auslandsverschuldung, auch nicht von Ländern, die keine Mitglieder der Weltbank sind. Die Dollarzahlen über die Schulden in den Tabellen 21 bis 25 beziehen sich auf US-Dollar, umgerechnet zu amtlichen Wechselkursen.

Die Angaben über die Schulden enthalten die privaten nichtgarantierten Schulden, die von siebenundzwanzig Entwicklungsländern gemeldet werden, sowie vollständige oder teilweise Schätzungen für weitere zwanzig Länder, die nicht berichten, für die aber diese Schuldenart signifikant ist.

Öffentliche Kredite sind die Auslandsverbindlichkeiten öffentlicher Schuldner, die die Regierung, ihre Behörden und autonome öffentliche Stellen einschließen. *Öffentlich garantierte Darlehen* sind die Auslandsverbindlichkeiten privater Schuldner, deren Rückzahlung durch eine öffentliche Stelle garantiert ist. Diese beiden Daten sind in den Tabellen zusammengefaßt. *Private nichtgarantierte Kredite* sind Auslandsverbindlichkeiten privater Schuldner, deren Rückzahlung nicht durch eine öffentliche Stelle garantiert ist.

Als *Inanspruchnahme von IWF-Krediten* werden die Rückzahlungsverpflichtungen an den IWF aus sämtlichen Inanspruchnahmen von IWF-Mitteln bezeichnet, ohne Ziehungen in der Reservetranche. Sie bezieht sich auf das Ende des angegebenen Jahres und enthält ausstehende Käufe im Rahmen der Kredittranchen, einschließlich des Erweiterten Zugangs und aller Sonderfazilitäten (Ausgleichslager, kompensierende Finanzierung, erweiterte Fondsfazilität sowie Ölfazilitäten), Treuhandfonds-Kredite sowie Kredite im Rahmen der Erweiterten Strukturanpassungsfazilitäten. Die am Jahresende ausstehende Inanspruchnahme von IWF-Krediten (eine Bestandszahl) wird mit dem am Jahresende geltenden Dollar/SZR-Wechselkurs in US-Dollar umgerechnet.

Kurzfristige Auslandsschulden sind solche mit einer ursprünglichen Laufzeit von einem Jahr oder weniger. Die verfügbaren Daten erlauben keine Unterscheidung zwischen öffentlichen und privaten nichtgarantierten kurzfristigen Schulden.

Die *gesamten Auslandsschulden* sind für die Zwecke dieses Berichtes definiert als Summe der öffentlich garantierten und der privaten nichtgarantierten langfristigen Schulden, der Inanspruchnahme von IWF-Krediten und der kurzfristigen Schulden.

Tabelle 22: Zufluß von öffentlichem und privatem Auslandskapital

Die Angaben über die Auszahlungen, Tilgungen (Amortisation) und Zinszahlungen beziehen sich auf die öffentlichen, öffentlich garantierten und privaten nichtgarantierten langfristigen Kredite.

Auszahlungen sind Inanspruchnahmen langfristiger Kreditzusagen im angegebenen Jahr.

Tilgungen sind Kapitalbeträge (Amortisation), die in dem angegebenen Jahr in Devisen, Gütern oder Dienstleistungen effektiv zurückgezahlt wurden.

Zinszahlungen sind die Zinsbeträge, die in dem angegebenen Jahr in Devisen, Gütern oder Dienstleistungen effektiv gezahlt wurden.

Tabelle 23: Gesamte Nettomittelzuflüsse und Nettotransfers

Die *Nettozugänge an langfristigen Auslandsschulden* sind Auszahlungen abzüglich Tilgungen von öffentlichen, öffentlich garantierten und privaten nichtgarantierten langfristigen Mitteln. *Öffentliche Zuschüsse* sind Übertragungen durch eine öffentliche Stelle, die in Geld oder auf eine Weise erfolgen, bei der für den Empfänger eine rechtliche Verbindlichkeit nicht entsteht. Angaben über öffentliche Zuschüsse enthalten keine Zuschüsse für technische Hilfe.

Ausländische Netto-Direktinvestitionen sind definiert als Investitionen, die zum Erwerb einer dauerhaften Beteiligung (üblicherweise mindestens 10 Prozent der Stimmrechte) bei einem Unternehmen vorgenommen werden, das in einem anderen Land als dem des Investors tätig ist (definiert nach der Gebietsansässigkeit), wobei der Investor eine tatsächliche Mitwirkung am Management des Unternehmens beabsichtigt. *Gesamte Nettomittelzuflüsse* sind die Summe aus Nettozugängen an langfristigen Schulden (ohne IWF-Mittel) plus öffentliche Zuschüsse (ohne technische Hilfe) und ausländische Netto-Direktinvestitionen. Die *gesamten Nettotransfers* entsprechen den gesamten Nettomittelzuflüssen abzüglich Zinszahlungen auf langfristige Kredite und aller transferierten Gewinne.

Tabelle 24: Kennziffern der gesamten Auslandsschulden

Die *gesamten Auslandsschulden in Prozent der Ausfuhren von Waren und Dienstleistungen* erfassen die am Jahresende in Anspruch genommenen öffentlichen, öffentlich garantierten und privaten nichtgarantierten langfristigen Schulden, die Inanspruchnahme von IWF-Krediten sowie die ausstehenden kurzfristigen Schulden abzüglich Tilgungen und erlassene Schulden. In dieser Tabelle sind in den Gütern und Dienstleistungen die Gastarbeiterüberweisungen enthalten. Bei der Ermittlung der *gesamten öffentlichen Auslandsschulden in Prozent des BSP* wurden die Angaben über die nicht auf Dollar lautenden Schulden mit amtlichen Wechselkursen vom Jahresende in Dollar umgerechnet. Das BSP wurde von nationalen Währungen in US-Dollar durch Anwendung des Verfahrens umgerechnet, das in den Technischen Erläuterungen zu den Tabellen 2 und 3 beschrieben wird.

Gesamter Schuldendienst in Prozent der Ausfuhren von Waren und Dienstleistungen ist die Summe aus Tilgungen und Zinszahlungen auf die gesamten Auslandsschulden (definiert in den Erläuterungen zu Tabelle 21). Diese Relation ist eine von mehreren gebräuchlichen Kennziffern zur Einschätzung der Schuldendienstfähigkeit eines Landes.

Zinszahlungen in Prozent der Ausfuhren von Waren und Dienstleistungen sind die tatsächlichen Zahlungen auf die gesamten Auslandsschulden.

Die zusammenfassenden Kennzahlen sind mit Exporten von Gütern und Dienstleistungen in jeweiligen Dollar bzw. dem BSP in jeweiligen Dollar gewichtet.

Tabelle 25:
Konditionen der öffentlichen Kreditaufnahme

Die *Zusagen* beziehen sich auf öffentliche und öffentlich garantierte Kredite, für die im jeweils angegebenen Jahr Darlehensverträge unterzeichnet wurden. Sie werden in Tilgungswährungen gemeldet und zu jahresdurchschnittlichen amtlichen Wechselkursen in US-Dollar umgerechnet.

Die Angaben über *Zinssätze, Laufzeiten und tilgungsfreie Zeiträume* sind Durchschnittswerte, die mit den Kreditbeträgen gewogen sind. Der Zins ist die größte Kreditkostenkomponente und wird gewöhnlich auf der Grundlage der bereits beanspruchten und noch ausstehenden Kreditbeträge berechnet. Die Kreditlaufzeit entspricht dem Intervall zwischen dem Zeitpunkt, zu dem ein Darlehensvertrag unterzeichnet oder eine Anleihe begeben wird, und dem Zeitpunkt der letzten Tilgungszahlung. Der tilgungsfreie Zeitraum ist identisch mit dem Intervall zwischen Kreditabschluß und erster Tilgungsrate.

Öffentliche Kredite mit variablen Zinsen in Prozent der öffentlichen Schulden beziehen sich auf Kredite, deren Zinssätze an einen wichtigen Marktsatz gebunden sind, wie den Londoner Interbanken-Angebotssatz (London interbank offered rate, LIBOR) oder den Kreditzins für erste Adressen in den USA. Diese Spalte zeigt, in welchem Maße der Schuldner Veränderungen des internationalen Zinsniveaus ausgesetzt ist.

Die zusammenfassenden Kennzahlen in dieser Tabelle sind mit den Kreditbeträgen gewichtet.

Tabelle 26:
Bevölkerungswachstum und -projektionen

Die Wachstumsraten für die Bevölkerung sind Periodendurchschnitte, die auf der Grundlage der Bevölkerungsstände zur jeweiligen Jahresmitte berechnet wurden.

Die Schätzungen der *Bevölkerungszahlen* für Mitte 1990 sowie der Fruchtbarkeits- und Sterbeziffern wurden von der Weltbank anhand von Daten vorgenommen, die von der Abteilung für Bevölkerungsfragen der VN, dem Statistischen Amt der VN sowie den statistischen Ämtern einzelner Länder stammen. Die Schätzungen berücksichtigen die Ergebnisse der letzten Volkszählungen, die in einigen Fällen aber weder zeitnah noch genau sind. Man beachte abermals, daß Flüchtlinge, die sich in dem asylgewährenden Land nicht auf Dauer niedergelassen haben, im allgemeinen als ein Teil der Bevölkerung des Herkunftlandes betrachtet werden.

Die Bevölkerungsprojektionen für die Jahre 2000 und 2025 sowie das Jahr, in dem die Bevölkerung schließlich stationär wird (vgl. die untenstehende Definition), wurden für jedes Land gesondert durchgeführt. Informationen über die Gesamtbevölkerung hinsichtlich Alter und Geschlecht, Fruchtbarkeits- und Sterbeziffern sowie des Anteils internationaler Wanderungsbewegungen werden auf der Basis verallgemeinernder Annahmen in die Zukunft projiziert, bis die stationäre Bevölkerung erreicht ist.

Eine stationäre Bevölkerung ist eine Bevölkerung, deren alters- und geschlechtsspezifische Sterbeziffern über einen langen Zeitraum hinweg unverändert geblieben sind, während gleichzeitig die altersspezifischen Geburtenziffern auf dem Reproduktionsniveau verharrten; dies ist der Fall, wenn die Nettoreproduktionsziffer (definiert in den Erläuterungen zu Tabelle 27) gleich 1 ist. In einer solchen Bevölkerung ist die Geburtenziffer konstant und identisch mit der Sterbeziffer, der Altersaufbau verändert sich nicht, und die Zuwachsrate ist Null.

Bevölkerungsprojektionen werden altersgruppenweise erstellt. Sterblichkeit, Fruchtbarkeit und Wanderungsbewegungen werden getrennt projiziert und die Ergebnisse iterativ auf die Altersstruktur des Basisjahres 1985 angewendet. Für den Projektzeitraum 1985 bis 2005 sind die Veränderungen der Sterblichkeit länderspezifisch: Die Steigerungsraten der Lebenserwartung und die Rückgangsraten der Säuglingssterblichkeit basieren auf der bisherigen Entwicklung in jedem einzelnen Land. Bei hohen Einschulungsquoten von Mädchen an weiterführenden Schulen wird ein rascherer Rückgang der Sterblichkeit angenommen. Die Säuglingssterblichkeit wird getrennt von der Erwachsenensterblichkeit projiziert. Es sei angemerkt, daß die Angaben die möglicherweise signifikanten Auswirkungen der epidemischen Verbreitung des menschlichen Immunschwäche-Virus (HIV) widerspiegeln.

Die projektierten Fruchtbarkeitsziffern basieren ebenfalls auf der bisherigen Entwicklung. Bei Ländern, in denen die Fruchtbarkeit abzunehmen begonnen hat („Fruchtbarkeitsübergang" genannt), wird ein Anhalten dieses Trends unterstellt. Es wurde beobachtet, daß es in keinem Land, dessen Bevölkerung eine Lebenserwartung von weniger als 50 Jahren aufweist, zu einer Abnahme der Fruchtbarkeit kam; für diese Länder wird ein verzögerter Fruchtbarkeitsübergang angenommen, und es wird dann der durchschnittliche Rückgang in der Gruppe der Länder im Stadium des Fruchtbarkeitsübergangs zugrunde gelegt. Für Länder, wo die Fruchtbarkeit das Reproduktionsniveau unterschreitet, wird angenommen, daß die zusammengefaßten Geburtenziffern bis 1995/2000 konstant bleiben und dann bis zum Jahr 2030 das Reproduktionsniveau wieder erreichen.

Die internationalen Wanderungsquoten beruhen auf der vergangenen und aktuellen Entwicklung der Wanderungsbewegungen und der Wanderungspolitik. Zu den herangezogenen Quellen gehören Schätzungen und Projektionen von nationalen Statistikämtern, internationalen Stellen und Forschungsinstituten. Wegen der Unsicherheit zukünftiger Wanderungstrends wird in den Projektionen unterstellt, daß die Netto-Wanderungsquoten bis 2025 auf Null zurückgehen.

Die Schätzwerte für den Umfang der stationären Bevölkerung sind sehr langfristige Projektionen. Sie wurden nur aufgenommen, um unter verallgemeinernden Annahmen die Implikationen neuerer Fruchtbarkeits- und Sterblichkeitstrends aufzuzeigen. Eine ausführlichere Beschreibung es Verfahrens und der Annahmen, die den Schätzungen zugrunde liegen, enthält die demnächst erscheinende Veröffentlichung *World Population Projections*, Ausgabe 1992/93.

Tabelle 27:
Demographie und Fruchtbarkeit

Die *unbereinigten Geburten- und Sterbeziffern* geben die Zahl der Lebendgeburten bzw. Sterbefälle je tausend Einwohner und Jahr an. Sie stammen aus den gleichen Quellen, die in den Erläuterungen zu Tabelle 26 erwähnt wurden.

Frauen im gebärfähigen Alter sind Frauen von 15 bis 49 Jahren.

Die *zusammengefaßte Geburtenziffer* mißt die Zahl der Kinder, die eine Frau bekommen würde, falls sie bis zum Ende ihres gebärfähigen Alters leben und in jeder Altersstufe in Übereinstimmung mit den vorherrschenden altersspezifischen Fruchtbarkeitsziffern Kinder zur Welt bringen würde. Die angegebenen Ziffern stammen aus den gleichen Quellen, die in Tabelle 26 genannt werden.

Die *Nettoreproduktionsziffer* (NRZ), die die Zahl der Töchter angibt, die ein neugeborenes Mädchen im Verlauf seines Lebens gebären wird, wenn feste altersspezifische Fruchtbarkeits- und Sterbeziffern unterstellt werden, spiegelt das Ausmaß wider, in dem sich eine neugeborene Gruppe von Mädchen selbst reproduziert. Eine Nettoreproduktionsziffer von 1 gibt an, daß sich die Fruchtbarkeit auf dem Reproduktionsniveau befindet. Bei dieser Ziffer bringen Frauen im Durchschnitt nur so viele Töchter zur Welt, wie zu ihrer eigenen Bestandserhaltung innerhalb der Gesamtbevölkerung notwendig sind. Wie der Umfang der stationären Bevölkerung ist das angenommene Jahr, in dem die bestandsneutrale Fruchtbarkeit erreicht wird, spekulativ und sollte nicht als Voraussage aufgefaßt werden.

Der Prozentsatz *der verheirateten Frauen im gebärfähigen Alter, die Empfängnisverhütung praktizieren*, bezieht sich auf die Frauen, die – oder deren Ehemänner – irgendeine Form der Empfängnisverhütung praktizieren. Die Verhütungspraxis wird allgemein für Frauen im Alter von 15 bis 49 Jahren erfaßt. In einigen Ländern wird die Verhütungpraxis für andere Altersgruppen erfaßt, insbesondere von 15 bis 44.

Die Daten stammen vorwiegend aus demographischen und Gesundheitserhebungen, Erhebungen über die Verbreitung von Empfängnisverhütung, aus Länderangaben der Weltbank sowie aus dem Artikel von Mauldin und Segal „Prevalence of Contraceptive Use: Trends and Issues" in Band 19 der *Studies in Family Planning* (1988). Für einige wenige Länder, für die keine Erhebungsdaten verfügbar sind, und für einige afrikanische Länder wurden Programmstatistiken verwendet. Die Programmstatistiken könnten allerdings die Verbreitung der Empfängnisverhütung zu niedrig ausweisen, da Verfahren wie Ausnutzung der unfruchtbaren Tage, Coitus interruptus oder Enthaltsamkeit ebensowenig erfaßt werden wie Empfängnisverhütungsmittel, die nicht über das offizielle Familienplanungsprogramm bezogen werden. Die Daten gelten für verschiedene Jahre, die jedoch in der Regel um nicht mehr als zwei Jahre von dem in den Tabellen angegebenen Jahr abweichen.

Alle zusammenfassenden Kennzahlen sind Länderangaben, die mit dem Anteil jeden Landes an der gesamten Bevölkerung gewichtet sind.

Tabelle 28: Gesundheit und Ernährung

Die Schätzungen über die *Einwohner je Arzt und je Beschäftigten in der Krankenpflege* stammen aus Unterlagen der Weltgesundheitsorganisation (WHO), ergänzt durch Angaben, die die Weltbank direkt von nationalen Quellen erhielt. Die Daten gelten für verschiedene Jahre, die jedoch in der Regel um nicht mehr als zwei Jahre von dem angegebenen abweichen. Die Angaben über Ärzte umfassen zusätzlich zur Gesamtzahl der registrierten praktizierenden Ärzte eines Landes Medizinalassistenten, deren medizinische Ausbildung weniger qualifiziert als die der Ärzte ist, die aber dennoch ähnliche medizinische Dienste verrichten, einschließlich einfacher Operationen. Die in der Krankenpflege Beschäftigten umfassen graduierte Mitarbeiter sowie das praktische, Assistenz- und Hilfspersonal sowie halbprofessionelles Personal, wie Mitarbeiter im Gesundheitsdienst, Sanitäter, Geburtshelfer herkömmlicher Art usw. Die Einbeziehung des Hilfs- und des halbprofessionellen Personals ermöglicht eine realistischere Einschätzung des Angebots an Krankenpflege. Die Angaben für die beiden Kennzahlen sind strenggenommen nicht zwischen den Ländern vergleichbar, da die Definition der in der Krankenpflege Beschäftigten von Land zu Land abweicht und sich die Daten auf die verschiedensten Jahre beziehen.

Die von *medizinischem Personal betreuten Geburten* zeigen den Prozentsatz der registrierten Geburten, bei denen ein staatlich anerkannter Mitarbeiter des Gesundheitsdienstes Hilfe leistete. Die Angaben stammen von der WHO und wurden durch Daten von UNICEF ergänzt. Sie basieren auf nationalen Quellen und sind zumeist aus amtlichen Berichten von Gemeinden und Unterlagen von Krankenhäusern abgeleitet worden; einige berücksichtigen nur die Geburten in Krankenhäusern und anderen medizinischen Einrichtungen. Manchmal sind kleinere private und ländliche Krankenhäuser nicht berücksichtigt, und manchmal sind sogar verhältnismäßig einfache örtliche Einrichtungen einbezogen. Der Geltungsbereich ist deshalb nicht immer umfassend, und die Angaben sollen mit äußerster Vorsicht verwendet werden.

Die Angaben zum Prozentsatz der *Säuglinge mit Untergewicht bei der Geburt* beziehen sich auf Neugeborene mit einem Gewicht unter 2.500 Gramm. Untergewicht bei der Geburt hängt häufig mit mangelnder Ernährung der Mutter zusammen; es steigert tendenziell das Risiko der Säuglingssterblichkeit und führt zu mangelndem Wachstum im Säuglings- und Kindesalter, wodurch wiederum das Auftreten anderer Formen von Entwicklungsstörungen zunimmt. Die Zahlen wurden von WHO- und UNICEF-Quellen entnommen und beruhen auf nationalen Angaben. Die Daten sind zwischen den Ländern nicht streng vergleichbar, weil sie aus einer Kombination von Befragungen und Unterlagen der Verwaltung zusammengestellt wurden, die für das gesamte Land nicht repräsentativ sein mag.

Die *Säuglingssterbeziffer* ist die Zahl der Säuglinge, die in einem bestimmten Jahr vor der Vollendung des ersten Lebensjahres sterben, bezogen auf tausend Lebendgeburten. Die Daten stammen aus der VN-Veröffentlichung *Mortality of Children under Age 5, Projections, 1950–2025* sowie von der Weltbank.

Das *tägliche Kalorienangebot (pro Kopf)* wurde durch Division des Kaloriengegenwertes des Nahrungsmittelangebots in einem Land durch seine Bevölkerungszahl ermittelt. Zum Nahrungsmittelangebot gehören Inlandsproduktion, Einfuhr abzüglich Ausfuhr sowie Bestandsveränderungen. Nicht berücksichtigt werden Tierfutter, landwirtschaftliches Saatgut und die Nahrungsmittelmengen, die bei Verarbeitung und Vertrieb verlorengehen. Diese Schätzwerte stammen von der Organisation für Ernährung und Landwirtschaft.

Die zusammenfassenden Kennzahlen dieser Tabelle sind Länderangaben, die mit dem Anteil jeden Landes an der gesamten Bevölkerung gewichtet sind.

Tabelle 29: Erziehungswesen

Die in dieser Tabelle ausgewiesenen Daten beziehen sich auf mehrere Jahre, die jedoch im allgemeinen um nicht mehr als drei Jahre von den angegebenen abweichen; Zahlen für das weibliche Geschlecht beziehen sich jedoch gelegentlich auf ein früheres Jahr als die Gesamtangaben. Die Daten stammen überwiegend von der UNESCO.

Die Angaben über den Besuch von *Grundschulen* sind Schätzungen über die Anzahl der Kinder aller Altersstufen in Grundschulen. Die Zahlen geben das Verhältnis der Schülerzahl zur Bevölkerung im schulfähigen Alter wider. Zwar sehen viele Länder das Alter von 6 bis 11 Jahren als Grundschulalter an, doch ist dies keine allgemeine Praxis. Die zwischen den Ländern bestehenden Unterschiede hinsichtlich des Einschulungsalters und der Dauer des Grundschulbesuchs schlagen sich in den angegebenen Relationen nieder. In einigen Ländern mit allgemeiner Grundschulerziehung können die Bruttorelationen für den Schulbesuch den Wert 100 übersteigen, weil einige Schüler jünger oder älter sind als das amtliche Grundschulalter eines Landes.

Die Angaben zum Besuch von *weiterführenden Schulen* sind entsprechend aufgebaut, aber auch hier ist die Abgrenzung der Altersjahrgänge an weiterführenden Schulen von Land zu Land verschieden. Ganz überwiegend wird ein Alter von 12 bis 17 Jahren angenommen. Der späte Eintritt von älteren Schülern sowie die Wiederholung und die sogenannte „Bündelung" in den letzten Klassen können diese Quoten beeinflussen.

Die Angaben zum Besuch von *höheren Schulen und Universitäten* wurden errechnet, indem die Zahl der Schüler und Studenten an jeder Art höherer Schulen und Universitäten durch die Bevölkerung im Alter von 20 bis 24 Jahre geteilt wurde. Hierin sind enthalten Berufsschüler, Teilnehmer an Programmen der Erwachsenenfortbildung, zweijährige Gemeindekollegs und Fernunterrichtszentren (hauptsächlich Korrespondenzkurse). Die Verteilung der Schüler auf die verschiedenen Arten von Institutionen variiert von Land zu Land. Die Jugend, das ist die Altersgruppe der 20- bis 24jährigen, ist von der UNESCO als Bezugsgröße verwendet worden, weil sie eine durchschnittliche Jahrgangskohorte in höheren Schulen und Universitäten repräsentiert, selbst wenn Personen oberhalb und unterhalb dieser Altersgruppe in solchen Einrichtungen eingeschrieben sein können.

Die *Netto-Einschulungsquote an Grundschulen* ist der Prozentsatz der schulpflichtigen Kinder, die die Grundschule besuchen. Anders als die Brutto-Einschulungsquote sind die Nettoquoten auf die Zahl der Kinder im Grundschulalter des jeweiligen Landes bezogen. Dieser Indikator macht viel deutlicher, wieviel Kinder in der Altersgruppe tatsächlich die Schule besuchen, ohne daß diese Zahl aufgebläht wird durch die Kinder, die älter (oder jünger) als die Altersgruppe sind.

Die *Schüler-Lehrer-Relation an Grundschulen* ist die Zahl der Schüler an den Schulen eines Landes, dividiert durch die Zahl der Lehrer im Erziehungswesen.

Die zusammenfassenden Kennzahlen dieser Tabellen sind Länderangaben, die mit dem Anteil jeden Landes an der gesamten Bevölkerung gewichtet sind.

Tabelle 30: Einkommensverteilung und IVP-Schätzungen des BIP

Die ersten drei Spalten dieser Tabelle enthalten die Ergebnisse des Internationalen Vergleichsprojekts (IVP) der VN, dieses Jahr kombiniert mit Schätzungen der Weltbank für Länder, die in der jüngsten IVP-Untersuchung, Phase V für 1985, nicht berücksichtigt sind. Der Rest der Tabelle zeigt die Verteilung von Einkommen oder Ausgaben auf prozentuale Haushaltsgruppen, die nach ihrem gesamten Haushaltseinkommen, dem Pro-Kopf-Einkommen oder den Ausgaben geordnet sind.

Die Indexzahlen für das BIP pro Kopf im Jahr 1985 (USA = 100) werden in der ersten Spalte gezeigt. Dazu gehören: (i) vorläufige Ergebnisse der IVP-Phase für 1985; (ii) die letztverfügbaren Ergebnisse entweder von IVP-Phase III für 1975 oder Phase IV für 1980, die für Länder, die nur an früheren Phasen teilnahmen, für 1985 extrapoliert wurden und (iii) Schätzungen anhand von Regressionen für Länder, die an keiner Phase teilnahmen. Auf Volkswirtschaften, deren Zahlen für 1985 aufgrund früherer Berechnungen extrapoliert oder durch Regressionen geschätzt wurden, wird in Fußnoten entsprechend hingewiesen.

Die tatsächlichen, extrapolierten oder auf Regressionen basierenden Zahlen für 1985, die der ersten Spalte zugrundeliegen, wurden bis 1990 unter Verwendung von Weltbankschätzungen des realen BIP-Wachstums pro Kopf extrapoliert und in der zweiten Spalte als Index ausgedrückt (USA = 100). Diese wurden in der dritten Spalte in „internationale Dollars" von 1990 umgerechnet, indem sämtliche Ergebnisse mit der US-Inflationsrate zwischen 1985 und 1990 hochgerechnet wurden. Diese Anpassung berücksichtigt keine Änderungen der Terms of Trade.

Das IVP formt die herkömmliche Volkswirtschaftliche Gesamtrechnung um mit Hilfe einer Auswahl spezieller Preise und der Disaggregation des BIP nach Ausgaben-Komponenten. Die Detailangaben des IVP werden von den nationalen statistischen Ämtern vorbereitet und die Ergebnisse vom Statistischen Amt der VN (UNSO) koordiniert, mit Unterstützung durch andere internationale Stellen, insbesondere das Statistische Amt der Europäischen Gemeinschaften (Eurostat) und die Organisation für wirtschaftliche Zusammenarbeit und Entwicklung (OECD). Die Weltbank, die Wirtschaftskommission der VN für Europa (ECE) und die Wirtschafts- und Sozialkommission für Asien und den Pazifik (ESCAP) tragen ebenfalls zu diesem Programm bei. An Phase V des IVP haben insgesamt vierundsechzig Länder teilgenommen, und für siebenundfünfzig Länder sind vorläufige Ergebnisse verfügbar. Für ein Land (Nepal) waren Gesamtangaben zum BIP nicht verfügbar, so daß Vergleiche nur für den Verbrauch vorgenommen wurden. Luxemburg und Swasiland, zwei Länder mit einer Bevölkerung unter 1 Million (für die Kennzahlen von Tabelle 1 im Sonderbeitrag A.1 gezeigt werden), haben am IVP teilgenommen; ihre Ergebnisse für 1985, ausgedrückt in Prozent des US-Ergebnisses sind 81,3 bzw. 13,6. Umfassendere IVP-Ergebnisse für 1985 (einschl. verschiedener karibischer Länder) werden für 1992 erwartet. Die hier angegebenen Zahlen können sich ändern und sollten nur als indikativ betrachtet werden.

Der „internationale Dollar" (I$) hat im angegebenen Jahr die gleiche Kaufkraft gegenüber dem gesamten BIP wie der US-Dollar, die Kaufkraft gegenüber Teilaggregaten ist aber nicht durch die relativen Preise in den USA, sondern durch durchschnittliche internationale Preise dieser Komponenten bestimmt. Diese Dollarwerte, die sich von den Dollarwerten des BSP oder BIP in Tabelle 1 und 3 unterscheiden (vgl. die Technischen Erläuterungen zu diesen Tabellen), werden durch spezielle Umrechnungsfaktoren erhalten, die so bestimmt werden, daß sie die Kaufkraft der Währungen in den jeweiligen Ländern ausgleichen. Dieser allgemein als Kaufkraftparität (KKP) bekannte Umrechnungsfaktor ist definiert als die Zahl der Währungseinheiten eines Landes, die erforderlich sind, um die gleiche Menge an Gütern und Dienstleistungen am Inlandsmarkt zu kaufen, die mit einem Dollar in den Vereinigten Staaten gekauft werden kann. Zur Ermittlung der KKP werden implizite Mengen aus den Ausgabenbeträgen der Volkswirtschaftlichen Gesamtrechnung gesondert erhoben und Preisangaben berechnet; diese impliziten Mengen werden dann für die einzelnen Länder mit einem einheitlichen Satz von Durchschnittspreisen neu bewertet. Der Durchschnittspreisindex gleicht somit die Dollarpreise aller Länder einander an, so daß der darauf basierende BIP-Vergleich zwischen den Ländern die unterschiedlichen Mengen von Gütern und Dienstleistungen frei von Preisniveauunterschieden widerspiegelt. Dieses Verfahren dient dazu, Länderquervergleiche in Übereinstimmung mit intertemporalen Realeinkommens-Vergleichen zu bringen, die auf Angaben zu konstanten Preisen basieren.

Die hier gezeigten Zahlen der IVP-Phase V sind die Ergebnisse eines zweistufigen Verfahrens. Länder einer Region oder Gruppe, wie etwa der OECD, werden zuerst verglichen, indem die Durchschnittspreise ihrer eigenen Gruppe angewendet werden. Sodann werden die Gruppenpreise, die voneinander abweichen können, wodurch die zu unterschiedlichen Gruppen gehörenden Länder nicht vergleichbar sind, angepaßt, um sie weltweit vergleichbar zu machen. Die vom UNSO vorgenommenen Anpassungen beruhen auf Preisdifferentialen, die in einem Netzwerk von „Verknüpfungs"-Ländern beobachtet wurden, die jede Gruppe repräsentieren. Die Verknüpfung erfolgt jedoch derart, daß beim Weltvergleich die in den Gruppenvergleichen beobachteten relativen BIP-Niveaus erhalten bleiben (die sog. Fixierung).

Das zweistufige Verfahren wurde gewählt, weil sich die relativen BIP-Niveaus und die Rangfolge von zwei Ländern ändern können, wenn zusätzliche Länder in den Vergleich einbezogen werden. Man ging davon aus, daß dies nicht innerhalb einer geographischen Region geschehen sollte, also daß das Verhältnis etwa zwischen Ghana und Senegal nicht durch die Preise in den Vereinigten Staaten beeinflußt werden sollte. Daher werden die Gesamtniveaus des BIP pro Kopf mit „regionalen" Preisen errechnet und dann verknüpft. Die Verknüpfung erfolgt durch Umbewertung des BIP aller Länder mit durchschnittlichen „Welt"-Preisen und länderweiser Zurechnung der neuen regionalen Gesamtbeträge auf Basis der Länderanteile im ursprünglichen Vergleich.

Ein solches Verfahren erlaubt keinen Vergleich von ins einzelne gehenden Mengenangaben (beispielsweise des Nahrungsmittelverbrauchs). Deshalb werden solche Teilaggregate und detailliertere Kategorien mit Hilfe der Welt-Preise errechnet.

Diese Mengengrößen sind somit in der Tat international vergleichbar, doch lassen sie sich nicht zu den angegebenen BIP-Werten aufaddieren, weil sie mit unterschiedlichen Preisrelationen berechnet werden.

Einige Länder gehören verschiedenen Regionalgruppen an. Einige wenige Gruppen haben Vorrang, andere sind gleichwertig. So bleiben zwischen den Mitgliedsländern der Europäischen Gemeinschaften die Relationen durchweg erhalten, selbst innerhalb des OECD- und des Weltvergleichs. Für Finnland und Österreich wird jedoch die bilaterale Relation, die innerhalb des OECD-Vergleichs besteht, auch beim globalen Vergleich angewendet. Ein deutlich anderes Verhältnis (basierend auf zentraleuropäischen Preisen) gilt jedoch beim Vergleich innerhalb dieser Gruppe, und zwar dasjenige, welches in einer gesonderten Veröffentlichung über den europäischen Vergleich gezeigt wird.

Um für die Länder, die bisher noch nicht an einer IVP-Erhebung teilgenommen haben, IVP-basierte Zahlen für 1985 abzuleiten, wird zunächst durch Bestimmung der folgenden Regression für Daten von 1985 eine Schätzgleichung gewonnen:

$$\ln(r) = .5726 \ln(\text{ATLAS}) + .3466 \ln(\text{ENROL}) .3865;$$
$$(.0319) \qquad (.0540) \qquad (.1579)$$
$$\text{RMSE} = .2240; \text{Adj.R-Sq} = .9523; N = 76$$

wobei sämtliche Variablen und Schätzwerte ausgedrückt sind als Meßziffern mit der Basis USA = 100;

r = IVP-Schätzungen des BIP pro Kopf, umgerechnet in US-Dollar mittels der KKP, wobei die Menge der r aus allen tatsächlichen IVP-Werten von 1985 sowie den Extrapolationen der letztverfügbaren IVP-Zahlen jener Länder besteht, die an den Erhebungen für 1980 oder 1975, aber nicht für 1985 teilgenommen haben;

ATLAS = BSP pro Kopf, geschätzt nach dem Atlasverfahren;
ENROL = Einschulungsquote an weiterführenden Schulen und
RMSE = Standardfehler der Residuen.

ATLAS und ENROL werden als grobe Näherungswerte der Lohnunterschiede zwischen ungelernten und qualifizierten Arbeitskräften in den Ländern verwendet. In Anlehnung an Isenman (vgl. Paul Isenman „Inter-Country Comparisons of ‚Real' (PPP) Incomes: Revised Estimates and Unresolved Questions", in *World Development,* 1980, Band 8, S. 61–72) läßt sich diese Vorgehensweise damit begründen, daß die IVP- und konventionelle BSP-Schätzungen sich hauptsächlich wegen der Lohndifferenzen unterscheiden, die zwischen den Ländern infolge mangelnder internationaler Arbeitsmobilität bestehen. Eine methodische Ausarbeitung mit eingehenderen Erläuterungen ist auf Anfrage verfügbar. Weitere Einzelheiten des IVP-Verfahrens können Leser dem Bericht über das IVP, Phase IV, entnehmen: *World Comparisons of Purchasing Power and Real Product for 1980* (Vereinte Nationen, New York 1986).

Die Angaben über die Einkommensverteilung umfassen ländliche und städtische Gebiete für alle Länder. Die Daten beziehen sich auf verschiedene Jahre zwischen 1979 und 1989 und stammen aus verschiedenen Quellen. Dazu gehören die Wirtschaftskommission für Lateinamerika und die Karibik (ECLAC), die Wirtschafts- und Sozialkommission für Asien und den Pazifik, die Einkommensuntersuchung von Luxemburg, die OECD, die VN-Veröffentlichung *National Accounts Statistics: Compendium of Income Distribution Statistics, 1985,* die Weltbank und nationale Quellen. Für viele Länder sind die Angaben auf den neuesten Stand gebracht worden, und einige früher veröffentlichte Angaben über die Einkommensverteilung wurden fallengelassen, weil sie sich auf weit zurückliegende Jahre beziehen.

Die Erhebung der Daten über die Einkommensverteilung ist in vielen Ländern nicht systematisch organisiert und auch nicht in das amtliche statistische Erfassungswesen integriert. Die Daten werden aus Untersuchungen mit einer anderen Aufgabenstellung abgeleitet – in den meisten Fällen aus Erhebungen über Verbraucherausgaben –, die jedoch auch Informationen über die Einkommen erfassen. Diese Untersuchungen verwenden die unterschiedlichsten Einkommensbegriffe und Stichprobenabgrenzungen, und in vielen Fällen ist ihr geographischer Repräsentationsgrad zu begrenzt, um verläßliche landesweite Schätzungen der Einkommensverteilung zu ermöglichen. Wenn auch die ausgewiesenen Daten die besten verfügbaren Schätzwerte sind, so schließen sie diese Probleme nicht völlig aus; sie sollten deshalb mit außerordentlicher Vorsicht interpretiert werden.

Ähnlich ist die Aussagekraft der Kennzahlen bei bestimmten Ländern begrenzt, und die Angaben für andere Länder sind nicht voll vergleichbar. Da sich die Haushalte in ihrer Größe unterscheiden, ist eine Verteilung, die die Haushalte nach dem Haushaltseinkommen pro Kopf untergliedert, für viele Zwecke besser geeignet als eine Verteilung nach deren Gesamteinkommen. Diese Unterscheidung ist von

Bedeutung, da Haushalte mit niedrigem Pro-Kopf-Einkommen häufig große Haushalte sind, deren Gesamteinkommen relativ hoch sein kann, und umgekehrt dürften viele Haushalte mit einem niedrigen Gesamteinkommen kleine Haushalte mit hohem Pro-Kopf-Einkommen sein. Angaben über die Verteilung der Haushaltseinkommen pro Kopf stehen allerdings nur für wenige Länder zur Verfügung und werden nur gelegentlich auf den neuesten Stand gebracht. Soweit möglich, werden die Verteilungsdaten nach Maßgabe des Pro-Kopf-Einkommens klassifiziert; häufiger werden sie anhand des Haushaltseinkommens, in anderen Fällen nach Pro-Kopf-Ausgaben oder Haushaltsausgaben klassifiziert. Da Haushalte mit niedrigem Einkommen wahrscheinlich aus wenigen Personen bestehen (beispielsweise Ein-Personen-Haushalte und Ehepaare ohne Kinder), kann die Verteilung des Haushaltseinkommens die Einkommensungleichheit überzeichnen. Auch führt die Klassifizierung auf Basis der Ausgaben tendenziell zur Unterzeichnung der Einkommensungleichheit, da die Haushaltsersparnisse im allgemeinen rascher steigen als das Einkommensniveau. Im Rahmen eines Forschungsvorhabens zur Messung des Lebensstandards (Living Standards Measurement Study) und des Social Dimensions of Adjustment-Projekt (das die afrikanischen Länder südlich der Sahara erfaßt) unterstützt die Weltbank eine Reihe von Ländern, um deren Erhebung und Auswertung von Daten über die Einkommensverteilung zu verbessern.

Tabelle 31: Verstädterung

Die Angaben über die Stadtbevölkerung und über die Bevölkerungsagglomeration in großen Städten stammen aus der VN-Publikation *World Urbanization Prospects*, ergänzt durch Angaben der Weltbank. Die Zuwachsraten für die Stadtbevölkerung werden aus den Bevölkerungsschätzungen der Weltbank berechnet; die Schätzwerte für die Anteile der Stadtbevölkerung werden aus den obengenannten Quellen abgeleitet.

Da die Schätzwerte in dieser Tabelle auf unterschiedlichen nationalen Definitionen des Begriffs „städtisch" beruhen, sollten Länderquervergleiche mit Vorsicht interpretiert werden.

Die zusammenfassenden Kennzahlen für den prozentualen Anteil der Stadtbevölkerung an der Gesamtbevölkerung werden aus den Anteilen für die einzelnen Länder berechnet, die mit dem Anteil jeden Landes an der gesamten Bevölkerung gewichtet werden; die anderen zusammenfassenden Kennzahlen in dieser Tabelle werden unter Verwendung der Zahlen über die Stadtbevölkerung auf die gleiche Weise gewichtet.

Tabelle 32: Frauen und Entwicklung

Diese Tabelle enthält einige disaggregierte grundlegende Kennzahlen, um die Unterschiede zwischen den Geschlechtern zu zeigen und so die Situation der Frauen in der Gesellschaft zu illustrieren. Die Kennzahlen zeigen ihre demographische Lage und ihren Zugang zu Leistungen des Gesundheits- und Erziehungswesens. Statistische Anomalien werden deutlich sichtbar, wenn soziale Indikatoren nach Geschlechtern analysiert werden, weil die Erhebungssysteme häufig auf Gebieten unzureichend sind, die für Frauen eine besondere Rolle spielen. Aus Volkszählungen und Befragungen abgeleitete Kennzahlen, wie diejenigen über die Bevölkerung, sind tendenziell für Frauen und Männer gleichermaßen verläßlich; Kennzahlen, die hauptsächlich auf administrativen Unterlagen beruhen, wie diejenigen über die Mütter- und Säuglingssterblichkeit, sind dagegen weniger zuverlässig. Gegenwärtig werden vermehrt Mittel zur Entwicklung besserer Statistiken auf diesem Gebiet aufgewandt, aber die Verläßlichkeit selbst der in dieser Tabelle gezeigten Daten ist sehr unterschiedlich.

Die *Sterblichkeit bis zum Ende des 5. Lebensjahres* gibt die Wahrscheinlichkeit an, daß ein Neugeborenes vor Vollendung des fünften Lebensjahres stirbt. Die Kennziffern wurden aus Sterbetafeln abgeleitet, die auf Schätzungen über die jeweilige Lebenserwartung bei der Geburt und auf Säuglingssterbeziffern beruhen. Allgemein werden auf der Welt mehr Jungen als Mädchen geboren. Unter günstigen Ernährungs- und Gesundheitsbedingungen und in Friedenszeiten weisen Jungen unter 5 Jahren eine höhere Sterberate auf als Mädchen. Die Zahlen in diesen Spalten zeigen, daß die Unterschiede beim Sterberisiko von Mädchen und Jungen unter 5 Jahren beträchtlich variieren. In marktwirtschaftlichen Industrieländern ist das Risiko, bis zum Ende des fünften Lebensjahres zu sterben, bei weiblichen Säuglingen 23 Prozent niedriger als bei männlichen; in einigen Ländern mit niedrigem Einkommen ist dieses Risiko für Mädchen sogar höher als für Jungen. Dies deutet auf eine unterschiedliche Behandlung von Mädchen und Jungen hinsichtlich Ernährung und medizinischer Betreuung hin.

Von solcher Diskriminierung sind besonders ganz junge Mädchen betroffen, die von knapper Nahrung einen geringeren Anteil oder kostspielige medizinische Betreuung weniger rasch erhalten dürften. Zwischen dieser Art der Diskriminierung und dem Entwicklungsniveau besteht kein einheitlicher Zusammenhang. Es gibt Länder mit niedrigerem und mittlerem Einkommen (und Regionen innerhalb der Länder), wo das relative Sterberisiko bis Ende des fünften Lebensjahres für Mädchen im Vergleich zu Jungen den Relationen von Industrieländern nahekommt. In vielen anderen Ländern zeigen die Zahlen jedoch überdeutlich die Notwendigkeit, Frauen stärker in den Entwicklungsprozeß einzubinden. Die Kennzahlen zur Gesundheit und Wohlfahrt in Tabelle 28 und in der Spalte Müttersterblichkeit in dieser Tabelle lenken die Aufmerksamkeit insbesondere auf die mit der Niederkunft verbundenen Bedingungen. In den Entwicklungsländern ist die Niederkunft für Frauen im gebärfähigen Alter immer noch mit dem höchsten Sterberisiko verbunden. Die Kennzahlen spiegeln sowohl die den Frauen zur Verfügung stehenden Gesundheitsdienste als auch die allgemeine Wohlfahrts- und Ernährungslage von Müttern wider, ohne diese jedoch zu messen.

Die *Lebenserwartung bei der Geburt* ist in den Erläuterungen zu Tabelle 1 definiert.

Unter der *Müttersterblichkeit* versteht man die während der Entbindung auftretende Zahl der Todesfälle von Frauen, bezogen auf 100.000 Lebendgeburten. Da in einigen Ländern eine weitere Abgrenzung der Sterbefälle bei der Entbindung verwendet wird als in anderen – um Komplikationen während der Schwangerschaft oder nach der Entbindung oder bei einer Abtreibung einzubeziehen – und da viele schwangere Frauen mangels angemessener Gesundheitsvorsorge sterben, ist es schwierig, die Müttersterblichkeit konsistent und verläßlich im Ländervergleich zu messen. Die Angaben für diese beiden Zeitreihen stammen aus verschiedenen nationalen Quellen und wurden von der Weltgesundheitsorganisation (WHO) zusammengestellt, auch wenn viele nationale Verwaltungssysteme unzulänglich sind und demographische Tatbestände nicht systematisch erfassen. Die Daten sind zumeist aus amtlichen Berichten von Gemeinden und Unterlagen von Krankenhäusern abgeleitet worden, und einige enthalten nur die Todesfälle in Krankenhäusern und anderen medizinischen Einrichtungen. Manchmal sind kleinere private und ländliche Krankenhäuser nicht berücksichtigt, und manchmal sind sogar verhältnismäßig einfache örtliche Einrichtungen einbezogen. Der Geltungsbereich ist deshalb nicht immer umfassend, und die Angaben sollen mit äußerster Vorsicht verwendet werden.

Offensichtlich wird die Müttersterblichkeit in vielen Fällen untererfaßt, insbesondere in Ländern mit weit verstreut lebender ländlicher Bevölkerung; dies erklärt einige der in der Tabelle enthaltenen sehr niedrigen Zahlen, vor allem bei verschiedenen afrikanischen Ländern. Darüber hinaus ist nicht klar, ob eine Zunahme der in Krankenhäusern betreuten Mütter eine umfassendere medizinische Versorgung von Frauen oder zahlreichere Komplikationen bei Schwangerschaft und Niederkunft, etwa infolge unzureichender Ernährung, widerspiegelt. (Tabelle 28 enthält Angaben zum Untergewicht bei der Geburt.)

Mit diesen Zeitreihen wird versucht, leicht verfügbare Informationen zusammenzutragen, die in internationalen Veröffentlichungen nicht immer gezeigt werden. Die WHO warnt vor unvermeidlichen Lücken in den Zeitreihen und hat die Länder gebeten, umfassendere Zahlen zur Verfügung zu stellen. Sie sind hier aus der WHO-Veröffentlichung *Maternal Mortality Rates* von 1986 wiedergegeben, ergänzt um die UNICEF-Veröffentlichung *The State of the World's Children 1989*, und zwar als Teil der internationalen Bemühungen, Daten aus diesem Gebiet stärkere Beachtung zu verschaffen. Die Angaben beziehen sich auf unterschiedliche Jahre zwischen 1977 und 1984.

Die Kennzahlen zur *Erziehung*, basierend auf Angaben der Unesco, zeigen, inwieweit Mädchen gleichen Zugang zur Schulbildung haben wie Jungen.

Die *Persistenz des Schulbesuchs bis zur vierten Klasse in Prozent der Kohorte* ist der Prozentsatz der Kinder, die die Grundschule im Jahr 1970 bzw. 1985 begannen und bis zur vierten Klasse im Jahr 1973 bzw. 1988 durchhielten. Kursive Zahlen repräsentieren frühere oder spätere Altersgruppen. Die Angaben beruhen auf Einschulungsunterlagen. Die etwas höhere Persistenz des Schulbesuchs bei Mädchen in einigen afrikanischen Ländern dürfte auf die Beschäftigung von Jungen, etwa als Viehhirten, hindeuten.

Unter sonst gleichen Verhältnissen und bei gleichen Chancen sollte die Relation für *Mädchen je 100 Jungen* nahe bei 100 liegen. Ungleichheiten könnten jedoch zu Abweichungen der Verhältniszahlen in unterschiedlicher Richtung führen. Beispielsweise wird die Zahl der Mädchen je 100 Jungen an weiterführenden Schulen steigen, wenn die Zahl der Jungen in den letzten Klassen wegen besserer Berufschancen für Jungen, die Einberufung zum Wehrdienst oder der Auswanderung zur Arbeitssuche rascher abnimmt. Da sich außerdem die Zahlen in diesen Spalten hauptsächlich auf die Erziehung in allgemeinbildenden weiterführenden Schulen beziehen, erfassen sie jene Jugendlichen (meistens Jungen) nicht, die technische Schulen und Berufsschulen besuchen oder eine ganztägige Lehre absolvieren, wie in Osteuropa.

Die zusammenfassenden Kennzahlen sind Länderangaben, die mit dem Anteil jeden Landes an der Gesamtbevölkerung gewichtet sind.

Tabelle 33:
Wälder, geschützte Gebiete und Wasser

Diese Tabelle über natürliche Ressourcen stellt einen Schritt dar, Umweltdaten in die Bewertung der Entwicklung und die Planung von Wirtschaftsstrategien zu integrieren. Sie vermittelt ein partielles Bild des Zustands der Wälder, des Umfangs der Landflächen, die aus Gründen der Erhaltung oder anderen Umwelterwägungen geschützt sind, sowie der Verfügbarkeit und Nutzung von Trinkwasser. Die hier wiedergegebenen Daten stammen aus den maßgeblichsten verfügbaren Quellen. Diese Daten sollten jedoch noch mehr als andere Angaben in diesem Bericht mit Vorsicht benutzt werden. Obwohl sie größere Diskrepanzen in der Verfügbarkeit und Nutzung von Ressourcen zwischen den Ländern zutreffend kennzeichnen, ist eine wirkliche Vergleichbarkeit wegen der Unterschiede der Datenerfassung der statistischen Methoden, der Definitionen und des staatlichen Mitteleinsatzes begrenzt.

Bisher hat man sich noch nicht auf einen konzeptionellen Rahmen geeinigt, der Daten über natürliche Ressourcen und herkömmliche ökonomische Daten integriert. Auch sind die in dieser Tabelle gezeigten Maßgrößen nicht als definitive Kennzahlen der Ausstattung mit natürlichen Ressourcen, der Gesundheit der Umwelt oder des Raubbaus an Ressourcen gedacht. Sie sind ausgewählt worden, weil sie für die meisten Länder verfügbar und überprüfbar sind und einige allgemeine Umweltbedingungen widerspiegeln.

Die *gesamte Waldfläche* bezieht sich auf die gesamten naturwüchsigen Bestände von Waldvegetation, in der Bäume überwiegen. Diese Schätzungen sind von Länderstatistiken abgeleitet, die von der Organisation für Ernährung und Landwirtschaft (FAO) 1980 zusammengestellt wurden. Einige von ihnen basieren auf jüngeren Bestandsaufnahmen oder auf in den achtziger Jahren vorgenommenen satellitengestützten Auswertungen. Im Jahr 1992 wird die FAO eine Erhebung über die Weltwaldbestände und ihre Gesundheit abschließen und veröffentlichen, die einige dieser Schätzungen beträchtlich modifizieren dürfte. Die *Gesamtfläche geschlossener Wälder* bezieht sich auf die Waldflächen, wo Bäume einen großen Teil des Bodens bedecken und es keine zusammenhängende Bodendecke gibt. Die Mitgliedsländer der Wirtschaftskommission für Europa (ECE) definieren geschlossene Wälder jedoch als solche Waldflächen, wo die Baumkronen mehr als 20 Prozent der Fläche bedecken. Diese naturwüchsigen Bestände umfassen nicht Baumpflanzungen. Für einige Länder sind neuere Schätzungen der gesamten Waldfläche verfügbar. Für die Philippinen wurde für 1987 die gesamte Waldfläche auf 68.000 bis 71.000 Quadratkilometer geschätzt. Die allerjüngste Schätzung für Malaysia beträgt 185.000 Quadratkilometer.

Die *gesamte jährliche Waldvernichtung* bezieht sich auf geschlossene und offene Waldgebiete. Offener Wald wird definiert als eine Baumdecke von mindestens 10 Prozent bei zusammenhängender Bodendecke. In den ECE-Ländern weist der offene Wald eine Baumkronendecke von 5–20 Prozent auf oder eine Mischung aus Buschbäumen und verkümmerten Bäumen. Waldvernichtung ist definiert als dauerhafte Umwandlung von Waldflächen in anders genutzte Flächen, wie Weideland sowie vom Wanderfeldbau oder der mechanisierten Landwirtschaft oder zur Entwicklung von Infrastruktur genutzte Flächen. Entwaldete Gebiete umfassen weder abgeholzte Gebiete, deren Aufforstung vorgesehen ist, noch Flächen, die durch Sammeln von Brennholz, sauren Regen oder Waldbrände degradiert wurden. In den Industrieländern der gemäßigten Zonen ist die dauerhafte Umwandlung des verbliebenen Waldes zu anderen Nutzungszwecken verhältnismäßig selten. Schätzungen der jährlichen Waldvernichtung sind in offenen und geschlossenen Waldgebieten schwierig und erfolgen üblicherweise im Rahmen von Sonderuntersuchungen. Die hier für die Jahre 1981–85 gezeigten Schätzungen wurden 1980 für eine Projektion der Waldvernichtungsquoten in der ersten Hälfte der achtziger Jahre vorgenommen. Kursive Zahlen sind Schätzungen für andere Zeiträume und basieren auf neueren oder besseren Erhebungen als den in den Projektionen von 1980 verwendeten.

Besondere Beachtung sollte Brasilien geschenkt werden – das Land mit dem größten geschlossenen tropischen Waldgebiet der Welt –, das nunmehr jährliche Erhebungen über die Waldvernichtung vornimmt. Die Schätzung über die Waldvernichtung in Brasilien ist die aktuellste Information. Brasilien ist das einzige Land, das über verschiedene Erhebungen des Waldbestandes und der Waldvernichtung verfügt, die auf Basis von Aufnahmen der Landsat-Satelliten nach einer einheitlichen Methode erstellt werden. Die Vernichtung geschlossener Wälder im Amazonasgebiet Brasiliens wird für 1990 auf 13.800 Quadratkilometer geschätzt, nach noch 17.900 Quadratkilometern im Jahr 1989. Zwischen 1978 und 1988 hat die Waldvernichtung in diesem Gebiet jahresdurchschnittlich rund 21.000 Quadratkilometer betragen; nach dem Höhepunkt im Jahr 1987 nahm sie später stark ab. Bis 1990 belief sich die kumulative Waldvernichtung im Amazonasgebiet (die in neuerer Zeit und in früheren Jahren) auf insgesamt 415.000 Quadratkilometer. Außerhalb des Amazonasgebiets findet ebenfalls Waldvernichtung statt, über deren Ausmaß es aber weit weniger Informationen gibt. Eine Schätzung von 1980, wonach die Vernichtung geschlossener Waldgebiete in Brasilien insgesamt rund 10.500 Quadratkilometer betrug, ist die neueste verfügbare Information.

National geschützte Landflächen sind Gebiete von mindestens 1.000 Hektar, die in eine der fünf folgenden Kategorien fallen: wissenschaftliche Reservate und Naturreservate, Nationalparks von nationaler oder internationaler Bedeutung (die nicht wesentlich durch menschliche Aktivitäten beeinflußt sind), Naturmonumente und Naturlandschaften mit einigen einzigartigen Erscheinungsformen, bewirtschaftete Naturparks und Wildschutzgebiete sowie geschützte Landschaften und Küstengebiete (die Kulturlandschaften einschließen können). In dieser Tabelle ist Gelände nicht enthalten, das nur durch Vorschriften von örtlichen oder Provinzbehörden geschützt ist oder Gebiete, in denen eine konsumtive Nutzung der Flora und Fauna erlaubt ist. Diese Angaben sind beeinflußt von Unterschieden der Definitionen und der Berichterstattung an Organisationen, wie das World Conservation Monitoring Centre, die solche Daten sammeln und verbreiten.

Die Angaben über die *heimische Wasserentnahme* beruhen auf unterschiedlichen Erhebungs- und Schätzmethoden, weisen aber die Größenordnung des gesamten und des Pro-Kopf-Verbrauchs an Wasser zutreffend aus. Diese Daten verbergen jedoch mögliche signifikante Veränderungen des gesamten Wasseraufkommens von einem Jahr zum anderen. Auch werden saisonale Schwankungen und regionale Unterschiede der Wasserverfügbarkeit innerhalb eines Landes nicht erkennbar. Da die Angaben über Süßwasserressourcen auf langfristigen Durchschnitten basieren, schließt ihre Schätzung jahrzehntelange Zyklen des Wasseraufkommens explizit aus. Diese Daten sind anhand nationaler, internationaler und professioneller Veröffentlichungen aus unterschiedlichen Jahren zusammengestellt. Wenn andere Angaben fehlen, werden Schätzungen der sektoralen Wasserentnahme bei Bedarf aus Modellen abgeleitet (basierend auf Informationen über die Industrie, die Bewässerungsverfahren, den Viehbestand, die Anbaustruktur und den Niederschlag). Angaben über kleinere Länder und über Dürrezonen sind vermutlich weniger verläßlich als solche über große Länder und feuchte Zonen. In den Daten ist das von Entsalzungsanlagen hergestellte Trinkwasser nicht enthalten.

Die *jährliche Entnahme* bezieht sich auf die durchschnittlichen jährlichen Ströme von Flüssen und Untergrundgewässern, die von den Niederschlägen innerhalb des jeweiligen Landes gespeist werden. Die Tabelle zeigt sowohl die *Gesamt*zunahme als auch die Entnahme in *Prozent* des gesamten Wasseraufkommens. Der gesamte Wasserverbrauch kann das gesamte Wasseraufkommen eines Landes aus zwei Gründen übersteigen. Das Wasser kann einem See oder Fluß entnommen werden, den das Land mit anderen Ländern teilt, oder es könnte einem Wasserreservoir entnommen werden, das nicht Teil des Erneuerungszyklus ist. Die Verbrauch der *Haushalte* umfaßt Trinkwasser, städtische Nutzung oder Bereitstellung und Verwendung für öffentliche Dienstleistungen, Betriebsstätten und private Haushalte. Die direkten Entnahmen für die *industrielle* Verwendung, einschließlich der Entnahmen für die Kühlung von Wärmekraftwerken, sind in der letzten Spalte dieser Tabelle mit den Entnahmen für die *Landwirtschaft* (Bodenbewässerung und Viehproduktion) zusammengefaßt. Die Wasserentnahme pro Kopf wurde errechnet durch Division der gesamten Entnahmen eines Landes durch seine Bevölkerung in dem Jahr, für das Entnahme-Schätzungen verfügbar sind.

Verzeichnis der Datenquellen

Produktion und inländische Absorption	UN Department of International Economic and Social Affairs, *Statistical Yearbook*, verschiedene Jahre, New York. _____, *Energy Statistics Yearbook*, Statistical Papers, Reihe J, verschiedene Jahre, New York. Internationales Vergleichsprogramm der VN, Berichte der Phasen IV (1980) und V (1985) sowie Daten von ECE, ESCAP, Eurostat, OECD und VN. Daten von FAO, IWF, UNIDO und Weltbank sowie nationale Quellen.
Finanzwirtschaftliche und monetäre Statistiken	Internationaler Währungsfonds, *Government Finance Statistics Yearbook*, Bd. 11, Washington, D.C. _____, *International Financial Statistics*, verschiedene Jahre, Washington, D.C. UN Department of International Economic and Social Affairs, *World Energy Supplies*, Statistical Papers, Reihe J, verschiedene Jahre, New York. Daten des IWF.
Wichtigste internationale Transaktionen	Internationaler Währungsfonds, *International Financial Statistics*, verschiedene Jahre, Washington, D.C. Konferenz der VN für Handel und Entwicklung, *Handbook of International Trade and Development Statistics*, verschiedene Jahre, Genf. UN Department of International Economic and Social Affairs, *Monthly Bulletin of Statistics*, verschiedene Jahre, New York. _____, *Yearbook of International Trade Statistics*, verschiedene Jahre, New York. Daten von FAO, IWF, VN und Weltbank.
Auslandsfinanzierung	Organisation für Wirtschaftliche Zusammenarbeit und Entwicklung, *Development Co-operation*, verschiedene Jahre, Paris. _____, *Geographical Distribution of Financial Flows to Developing Countries*, 1988, Paris. Daten von IWF, OECD und Weltbank; Schuldenberichtssystem der Weltbank.
Humankapital	Eduard Bos, Patience W. Stephens und My T. Vu, *World Population Projections, 1992–93 Edition*, (demnächst erscheinend), Baltimore Md., Johns Hopkins University Press. Institute for Resource Development/Westinghouse, *Child Survival: Risks and the Road to Health*, 1987, Columbia, Md. Mauldin, W. Parker und Holden, J. Segal „Prevalence of Contraceptive Use: Trends and Issues", *Studies in Family Planning*, 19 (1988), Nr. 6, S. 335–53. Sivard, Ruth, *Women – A World Survey*, 1985, Washington, D.C., World Priorities. UN Department of International Economic and Social Affairs, *Demographic Yearbook*, verschiedene Jahre, New York. _____, *Population and Vital Statistics Report*, verschiedene Jahre, New York. _____, *Statistical Yearbook*, verschiedene Jahre, New York. _____, *Levels and Trends of Contraceptive Use as Assessed in 1988*, 1989, New York. _____, *Mortality of Children under Age 5: Projections 1950-2025*, 1988, New York. _____, *World Urbanization Prospects 1991*, 1991, New York. _____, *World Population Prospects: 1990*, 1991, New York. U.N. Educational, Scientific, and Cultural Organization, *Statistical Yearbook*, verschiedene Jahre, Paris. _____, *Compendium of Statistics on Illiteracy*, 1988, Paris. UNICEF, *The State of the World's Children 1989*, 1989, Oxford, Oxford University Press. Weltgesundheitsorganisation, *World Health Statistics Annual*, verschiedene Jahre, Genf. _____, *Maternal Mortality Rates: A Tabulation of Available Information*, zweite Auflage, 1986, Genf. _____, *World Health Statistics Report*, verschiedene Jahre, Genf. World Resources Institute, *World Resources 1990–91*, 1990, New York. Daten von FAO und Weltbank.